Christian Kleinschmidt, Jan Logemann (Hrsg.)
Konsum im 19. und 20. Jahrhundert

Handbücher zur Wirtschaftsgeschichte

—

Herausgegeben von
Marcel Boldorf und Christian Kleinschmidt

Konsum im 19. und 20. Jahrhundert

Herausgegeben von
Christian Kleinschmidt
und Jan Logemann

ISBN 978-3-11-099148-2
e-ISBN (PDF) 978-3-11-057039-7
e-ISBN (EPUB) 978-3-11-056772-4

Library of Congress Control Number: 2020941921

Bibliografische Information der Deutschen Nationalbibliothek
Die Deutsche Nationalbibliothek verzeichnet diese Publikation in der
Deutschen Nationalbibliografie; detaillierte bibliografische Daten
sind im Internet über http://dnb.dnb.de abrufbar.

© 2022 Walter de Gruyter GmbH, Berlin/Boston
Dieser Band ist text- und seitenidentisch mit der 2021 erschienenen
gebundenen Ausgabe.
Umschlagabbildung: Konsum-Kaufhalle „Am Roederplatz" 20. Februar 1974.
Bundesarchiv, Bild 183-N0220-004 / Fotograf: Heinz Junge
Satz: Dr. Rainer Ostermann, München
Druck und Bindung: CPI books GmbH, Leck

www.degruyter.com

Vorwort Gesamtreihe *Handbuch Wirtschaftsgeschichte*

Das neue *Handbuch Wirtschaftsgeschichte* soll einen Überblick über neuere Forschungen auf dem Gebiet der Wirtschaftsgeschichte unter besonderer Berücksichtigung spezifischer Themengebiete geben. Damit unterscheidet es sich von den bisherigen Handbüchern zur Wirtschaftsgeschichte, die einen eher chronologischen oder auch regionalen bzw. länderspezifischen Ansatz verfolgten und deren Erscheinen inzwischen einige Jahrzehnte zurück liegt. Das Fach hat sich inzwischen weiter ausdifferenziert und dabei auch neue Themen und Methoden in den Blick genommen. Das neue *Handbuch Wirtschaftsgeschichte* soll dementsprechend eine vertiefte, sachbezogene Auseinandersetzung mit spezifischen Schwerpunktthemen des Fachs auf der Basis neuerer Forschungen ermöglichen. Es richtet sich in erster Linie an Fachhistorikerinnen und Fachhistoriker, aber auch an Studierende, Lehrerinnen und Lehrer sowie an ein breites, historisch interessiertes Publikum.

Während für den englischsprachigen Raum vergleichbare Handbuchkonzepte für unterschiedliche Fächer und Forschungsfelder schon seit längerem vorliegen (*Oxford Handbook*), ist dies für das Fach Wirtschaftsgeschichte im deutschsprachigen Raum nicht der Fall. Die vorliegende Handbuchreihe richtet sich dementsprechend in erster Linie am deutschsprachigen Forschungsraum aus, nicht ohne die jeweiligen Inhalte auch in einen internationalen bzw. transnationalen Kontext zu stellen.

Das übergeordnete Thema „Wirtschaft" wird von uns in einem breiten Verständnis rezipiert und soll Anschlussmöglichkeiten an gesellschaftliche, politische, soziale und kulturelle Fragen bieten, ohne Vollständigkeit anstreben zu können. Dementsprechend zeichnen sich die Beiträge der einzelnen Bände durch eine inhaltliche und methodische Vielfalt aus, wobei die jeweilige Schwerpunktsetzung und Gestaltung in der Verantwortung der Herausgeber der Bände liegt.

Marcel Boldorf & Christian Kleinschmidt (Reihenherausgeber)

Inhalt

Vorwort Gesamtreihe *Handbuch Wirtschaftsgeschichte* —— V

Christian Kleinschmidt / Jan Logemann
Einleitung —— 1

I Von der „Industrious Revolution" zur „Entfaltung der Konsumgesellschaft" (1770–1918)

Christian Kleinschmidt
Von der exklusiven zur inklusiven Konsumgesellschaft. ‚Industrious Revolution'
und Anfänge des Massenkonsums (1770–1918) —— 11

A Konsumenten

Thomas Welskopp
Feine Unterschiede oder scharfe Differenzen: Klassen, Milieus und Konsum
im Kapitalismus —— 59

Reinhild Kreis
Die kleine Fabrik zu Hause. Haushaltsproduktion als Versorgungsstrategie,
Lebensstil und Markt vom 18. bis 20. Jahrhundert —— 87

B Produzenten und Unternehmen

Alexander Engel
Die Globalität von Gütern und ihre Ökonomien, 1450–1900 —— 115

Gunter Mahlerwein
Grundlagen der Nahrungsmittelversorgung: Landwirtschaft im langen
19. Jahrhundert —— 137

Wolfgang König
Maschinisierung, Massenproduktion, Rationalisierung. Zur Produktentstehung
im 19. Jahrhundert —— 165

Ralf Banken / Christian Kleinschmidt / Jan Logemann
Absatz und Reklame: Die Anfänge von modernem Einzelhandel und die Werbung
bis zum Ersten Weltkrieg —— 191

C Gesellschaft und Konsumpolitik

Paul Lukas Hähnel
Verbraucherpolitik im Kaiserreich —— 211

David Ciarlo
Die Aura des Exotischen. Werbliche Darstellung von *Kolonialwaren* im Kaiserreich —— 235

Karl Ditt
Konsuminfrastruktur und öffentliche Betriebe —— 263

II Konsum in der „Hochmoderne" und „nach dem Boom" (1918–2008)

Jan Logemann
Dynamiken der Massenkonsumgesellschaft im 20. Jahrhundert, 1918–2008 —— 297

A Konsumenten

Sina Fabian
Individualisierung, Pluralisierung und Massenkonsum: Wandel von Konsummustern im 20. Jahrhundert —— 337

Detlef Siegfried
„Neue" Konsumenten: Die Entdeckung der Jugend und anderer Verbrauchergruppen —— 363

Sebastian Knake
Die Geschichte des Konsumentenkredits in internationaler Perspektive —— 391

B Produzenten und Unternehmen

Reinhold Bauer
Vom Fordismus zur ‚Industrie 4.0'. Massenproduktion und Konsum im 20. Jahrhundert —— 433

Ingo Köhler
Marketing als Lockmittel des Konsums: Innovationen in Marktforschung und Werbung —— 459

Ralf Banken
Vom Warenhaus zum Online-Versand. Die Entwicklung des Einzelhandels im 20. Jahrhundert —— 483

Roman Köster
Abfall und Konsum —— 515

C Gesellschaft und Konsumpolitik

Hartmut Berghoff
Front und Heimatfront: Konsum in den Weltkriegen des 20. Jahrhunderts —— 537

Dierk Hoffmann
Mangelwirtschaft – Konsum als Herausforderung in der Planwirtschaft der DDR —— 563

Christian Bala und Kathrin Loer
Konsum- und Verbraucherpolitik in der Bundesrepublik Deutschland —— 589

Hartmut Kaelble
Grenzenlos. Der transnationale europäische Konsum 1918–2018 —— 617

Autoren und Herausgeber —— 643

Index —— 647

Christian Kleinschmidt / Jan Logemann
Einleitung

Der Konsum ist in den vergangenen Jahrzehnten einer der am stärksten und kontroversesten diskutierten Aspekte modernen Wirtschaftens geworden. Das Leben in einer Konsumgesellschaft, die Entwicklung des Konsumklimas oder immer neue Marken- und Produktinnovationen beschäftigen uns genauso wie die Themen des Verbraucherschutzes, Fair Trade und bewusstes Kaufen sowie die ökologischen Kosten des Konsums durch Energieverbrauch und Umweltverschmutzung. Dabei hat Konsum eine sehr lange und komplexe Geschichte, wie der Historiker Frank Trentmann jüngst verdeutlicht hat, die weit hinter unsere heutige Massenkonsumgesellschaft zurückreicht. Trentmann setzt mit seiner Geschichte des Konsums, den er weit gefasst als den „Erwerb, Nachschub und Verbrauch von Dingen" begreift, zu Beginn der Frühen Neuzeit in den Jahren um 1500 ein. Schon seitdem sei der Konsum allmählich „zum bestimmenden Merkmal unseres Lebens" geworden.[1]

Wenn Trentmann von der „Herrschaft der Dinge" in der Neuzeit spricht, impliziert dies nicht nur Prozesse langer Dauer sondern auch einen weiten Begriff dessen, was unter Konsum zu fassen ist. Konsum umfasst die gesamte Warenkette, von der Produktion über den Vertrieb und den Verkauf bis hin zu Verwendung, Verbrauch und Entsorgung bzw. Wieder- oder Weiterverwendung. So verstanden berührt Konsum nicht nur wirtschaftliche Entwicklungen, sondern hat weitreichende kulturelle, soziale und sogar politische Implikationen. Schon in den entstehenden Konsumgesellschaften des 16. bis 18. Jahrhunderts diente Konsum der sozialen Distinktion, wie z. B. im Tragen höfischer oder bürgerlicher Kleidung. Er brachte neue kulturelle Muster und Praktiken hervor, wie das Beispiel des aufkommenden Kaffeegenusses in Kaffeehäusern verdeutlicht. Nicht zuletzt im kolonialen Kontext war Konsum eng mit der Ausübung wirtschaftlicher und politischer Macht verknüpft, wie etwa im Zuge der amerikanischen Revolution, als Protest gegen die britische Herrschaft vielfach durch Konsumgüter vermittelt wurde. Die Beschäftigung mit Konsum schärft nicht nur unser Verständnis für den historischen Wandel von Praktiken und Diskursen, sondern auch für die Bedeutung von Materialität in der Geschichte und spricht so zentrale methodische Anliegen der jüngeren Geschichtswissenschaft an.[2]

Ein solch breites Verständnis von Konsum liegt auch den Beiträgen dieses Handbuches zugrunde, das gleichwohl einen Schwerpunkt auf Wirtschaftsprozesse in der Neuzeit legt. Das Handbuch will die Wirtschaftsgeschichte des Konsums im 19. und 20. Jahrhundert besonders beleuchten, wobei der Untersuchungszeitraum in zwei

---
[1] F. Trentmann, Herrschaft der Dinge. Die Geschichte des Konsums vom 15. Jahrhundert bis heute, München 2018, S. 1.
[2] S. Derix/B. Gammerl/C. Reinecke/N. Verheyen (Hg.), Der Wert der Dinge. Zur Wirtschafts- und Sozialgeschichte der Materialitäten, in: Zeithistorische Forschungen/Studies in Contemporary History 3, 2016, S. 387–403.

Abschnitte untergliedert wird. Sowohl für die „Entfaltung der Konsumgesellschaft" (c. 1770–1918) in Deutschland und für den „Konsum in der ‚Hochmoderne' und ‚nach dem Boom'" (c. 1918–2008) werden jeweils die Konsumenten, die Produzenten und Unternehmen sowie gesellschaftliche und politische Akteure der Konsumgeschichte untersucht. Während der Fokus der Beiträge auf der Entwicklung des Konsums in Deutschland liegt, war diese natürlich Teil von global verflochtenen Prozessen. Entsprechend weisen etliche der Beiträge dezidiert transnationale und international vergleichende Bezüge auf, wobei einzelne Autoren dann Kernthemen der Globalisierungsgeschichte wie etwa die Entstehung globaler Warenketten, die kolonialen Kontexte neuer Produkte und Konsumbilder oder die Integration des europäischen Wirtschaftsraums noch einmal gesondert in den Blick nehmen.

In seinem Fokus auf Wirtschaftsprozesse versteht dieses Handbuch Konsumgeschichte als integralen Bestandteil einer breiteren Geschichte des Kapitalismus in der Neuzeit.[3] In diesem Zusammenhang kam Markthandeln und marktförmigem Konsum eine neue und besondere Bedeutung zu. Thomas Welskopp definiert Konsum im engeren Sinn entsprechend als eine Form des ökonomischen Handelns, die den Endverbrauch von Gütern und Dienstleistungen an den vorhergehenden Markttransfer und die Geldwirtschaft koppelt. Wesentliche Voraussetzungen dieses Konsums seien eine kaufkräftige Nachfrage bzw. ein relativer Überfluss, verfügbare Zeit sowie das Entstehen von Auswahlmöglichkeiten gewesen. Darauf aufbauend bezeichnet der Begriff „Konsumgesellschaft" einen Entwicklungsstand, wonach „die Mehrheit der Bevölkerung oder zumindest große und vor allem wachsende Anteile der Bevölkerung ihre Angelegenheiten im Modus des Konsums regeln."[4] Unter diesem „Modus des Konsums" versteht Welskopp dabei insbesondere marktförmigen Konsum, „die systemspezifische Regelung der Versorgung unter kapitalistischen Bedingungen", die etwa zu unterscheiden sei von anderen Modi wie einer Versorgung durch Dritte, beispielsweise mit Blick auf die Bereitstellung öffentlicher Infrastruktur und Daseinsvorsorge.[5]

Welskopps Definition bietet in ihrer konzisen Klarheit viele Vorzüge für eine wirtschaftshistorische Analyse von Konsumentwicklungen. Allerdings folgen wir seiner Unterscheidung von Konsum und Versorgung nicht gänzlich und orientieren uns hier an einem umfassenderen Verständnis von Konsum, das auch öffentliche Güter und Dienstleistungen sowie private oder gemeinschaftliche Haushaltsproduktion miteinschließt. So kann auch die staatliche Versorgung mit Infrastruktureinrichtungen bzw. die Daseinsvorsorge genauso wie das Selbermachen im eigenen Heim als Teil kapita-

---

[3] Dazu jüngst *W. Plumpe*, Das kalte Herz. Kapitalismus: die Geschichte einer andauernden Revolution, Berlin 2019.
[4] *T. Welskopp*, Konsum, in: *C. Dejung/M. Dommann/D. Speich Chassé* (Hg.), Auf der Suche nach der Ökonomie, S. 125–152, hier S. 145, s. a. S. 139.; S. a. den Beitrag von Thomas Welskopp in diesem Band.
[5] Ebd., S. 142.

listischer Konsumgesellschaften verstanden werden.⁶ Staat und Gesellschaft boten bisweilen wichtige Voraussetzungen zum Ausbau eines marktförmigen Konsums und gerade öffentliche Einrichtungen waren zumindest seit der „Zweiten Industrialisierung" und der Etablierung von Konsumclustern im Rahmen von Energieversorgung, Haushaltstechnik und Massenkultur gegen Ende des 19. Jahrhunderts auch „Wegbereiter der Konsumgesellschaft".⁷

Aus dieser Perspektive rücken neben den handelnden Akteuren des Konsums auch solche Institutionen der Konsumgesellschaft in den Blickpunkt, die nicht allein der ökonomischen Sphäre zuzuordnen sind. Eine Leitfrage des Handbuches zielt entsprechend auf die Rolle ökonomischer und politischer Institutionen ab, die die Teilhabe an einer Konsumgesellschaft befördert oder behindert haben. Institutionen können nach Acemoglu/Robinson eher „extraktiven" oder auch „inklusiven" Charakter haben und dienen nicht nur zur Analyse von Macht- und Wohlstandsbeziehungen,⁸ sondern sind auch geeignet, die Entwicklung der Konsumgesellschaft unter Berücksichtigung des Ein- oder Ausschlusses sozialer Gruppen darzustellen, gerade auch, wenn es um quantitative Aspekte („Mehrheit der Bevölkerung") geht. Übertragen auf das hier zu betrachtende Phänomen ließe sich einerseits von einer inklusiven Konsumgesellschaft sprechen, die sich durch eine Teilhabe und Teilhabemöglichkeiten eines Großteils bzw. der Mehrheit der Bevölkerung am marktorientierten Konsum auszeichnet und andererseits von einer exklusiven Konsumgesellschaft, an der nur Minderheiten der Bevölkerung partizipieren können.

Dies verweist auch auf die Rolle der Politik bzw. die Wirtschaftspolitik, die in einer kapitalistischen Marktwirtschaft im Bereich des Konsums in Gestalt des Staates bzw. der öffentlichen Hand lenkend und regulierend eingreifen kann. Nehmen diese Regulierungen und Interventionen zu, übernimmt der Staat die zentrale Rolle bei der Versorgung der Bevölkerung mit Gütern und Dienstleistungen, wobei die kapitalistische Wirtschaftsordnung überwunden wird – wie in der DDR oder den realsozialistischen Staaten nach 1945 –, so lässt sich (nach Welskopp) nicht mehr von einer Konsumgesellschaft im engeren Sinne sprechen. Ähnliches gilt für Kriegsgesellschaften, Schwarzmärkte oder Rationierungssysteme, welche eine Art „suspendierter" Konsumgesellschaft bezeichnen,⁹ die allerdings wiederum nach einer Übergangszeit in den Status der marktförmigen Konsumgesellschaft zurückkehren können.

---

6 *R. Kreis*, Selbermachen im Konsumzeitalter. Werte, Ordnungsvorstellungen und Praktiken vom ausgehenden 19. Jahrhundert bis in die 1980er Jahre, Frankfurt am Main 2020.
7 *C. Kleinschmidt*, Stadtwerke Gelsenkirchen. Vom Regiebetrieb zum modernen Dienstleistungsunternehmen, Essen 1998, S. 81–87.; Umfangreich zum Verhältnis zwischen „Zweiter Industrialisierung" und Konsum s. *K. Ditt*, Zweite Industrialisierung und Konsum. Energieversorgung, Haushaltstechnik und Massenkultur am Beispiel nordenglischer und westfälischer Städte 1880–1939, Paderborn 2011.
8 *D. Acemoglu/J. A. Robinson*, Warum Nationen scheitern. Die Ursprünge von Macht, Wohlstand und Armut, Frankfurt am Main 2013, S. 15, 361.
9 *Welskopp*, Konsum, S. 145.

Auch Zeitfragen spielen hier offensichtlich eine Rolle, und die Betrachtung der Entwicklung von Konsumgesellschaft muss nicht nur unterschiedliche Modi, sondern auch Entwicklungsstadien berücksichtigen. So ließe sich nach den o. g. Definitionskriterien für den hier zu betrachtenden Untersuchungszeitraum in Anlehnung an den Begriff der „Proto-Industrialisierung" von einer „Proto-Konsumgesellschaft" sprechen,[10] als diese noch nicht die Bedingungen eines „vollgültigen Konsums" (Welskopp) im Sinne einer relativen Überflusssituation und breiter Teilhabe der Bevölkerung erfüllt. Dies betrifft mit Blick auf die deutschen Territorien den Zeitraum zwischen dem letzten Drittel des 18. und dem letzten Drittel des 19. Jahrhunderts, während die Zeit bis zum Ersten Weltkrieg dann den Übergang zur modernen Konsumgesellschaft markiert. Allerdings kann für das 20. Jahrhundert keineswegs von einem linearen Entwicklungsprozess hin zur „der" Massenkonsumgesellschaft gesprochen werden. Kriege, Krisen sowie z. T. radikal unterschiedliche politische und ökonomische Institutionengefüge in der Weimar Republik, dem Nationalsozialismus, der Bundesrepublik und der DDR führten zu konsumhistorischen Wechsellagen, bei denen sich die Modi des marktförmigen Konsums, der individuellen Haushaltsproduktion und der öffentlichen Versorgung immer wieder neu zusammensetzten und vermischten.

Das Handbuch nimmt somit die historische Bandbreite verschiedener „Konsumtionsregime" in der Neuzeit in den Blick. So lässt sich von einem Konsumtionsregime der DDR oder von einem nationalsozialistischen Konsumtionsregime ebenso wie von entsprechenden regionalen bzw. territorialen Varianten sprechen. Ausgehend von einer dynamischen Entwicklung unterschiedlicher Stadien und Ausprägungen der Konsumgesellschaft bietet es sich an, in Anlehnung an den Begriff der „varieties of capitalism" auch von „varieties of consumerism" zu sprechen, d. h. von Formen institutioneller Regulierung und Einbindung des Konsums, die wiederum mit der Ausgestaltung der Wirtschaftsordnung korrespondieren.[11] Der Begriff des „Konsumtionsregimes" ermöglicht es darüber hinaus, neben der Nachfrageseite, den Verbrauchern und ihren sozialen Strukturen und Beziehungen, den Märkten und Institutionen, der politischen Regulierung und staatlichen Interventionen auch die Angebotsseite, also die Produzenten, Kaufleute, Bauern, Handwerker und Unternehmer bzw. Unternehmen zu berücksichtigen. Damit können wir Konsumgesellschaft in einem integrativen Sinne unter Einbeziehung der ökonomischen, politischen und sozialen Sphäre moderner Gesellschaften verstehen.[12]

***

Innerhalb dieses konzeptionellen Rahmens gliedern sich die einzelnen Beiträge sowohl weitgehend chronologisch als auch systematisch entlang der Akteursgrup-

---

10 C. Kleinschmidt, Konsumgesellschaft, Göttingen 2008, S. 58.
11 G. Trumbull, National Varieties of Consumerism, in: Jahrbuch für Wirtschaftsgeschichte 1, 2006, S. 77–93.
12 C. Kleinschmidt, Konsumgesellschaft, S. 13.

pen Konsumenten, Produzenten und Gesellschaft – und dies jeweils für das „lange" 19. und 20. Jahrhundert. Der erste einführende Überblicksaufsatz von Christian Kleinschmidt skizziert das langsame Entstehen eines modernen Konsumtionsregimes in Deutschland sowie die Herausbildung einer zunehmend inklusiven Konsumgesellschaft zwischen dem ausgehenden 18. Jahrhundert und dem Ersten Weltkrieg. Thomas Welskopp reflektiert im folgenden Beitrag ebenfalls grundsätzlich über das Verhältnis von Konsum und Kapitalismus in der Neuzeit. Welskopp fragt dabei nach fundamentalen sozialen Verschiebungen in der Ausprägung sozialer Klassen und Milieus durch sich wandelnde Konsummuster seit dem 19. Jahrhundert. Einen Blick auf Konsumenten als wirtschaftliche Akteure wirft dann der Beitrag von Reinhild Kreis, die die zunehmende Einbindung von Haushalten in Strukturen marktförmigen Konsums diskutiert. Strukturwandel in Haushaltskonsum und -produktion, wie Jan de Vries gezeigt hat, war für Industrialisierungsprozesse von fundamentaler Bedeutung.[13] Gleichzeitig verdeutlicht Kreis, dass Haushaltsproduktion und Selbermachen auch und gerade in der entstehenden modernen Konsumgesellschaft dennoch kulturelle und wirtschaftliche Bedeutungen behielten. Sowohl Welskopp als auch Kreis betonen so Entwicklungen langer Dauer auf der Konsumentenseite, die die Nachfrageseite der Konsumwirtschaft bestimmten.

Veränderungen auf Seiten der Produktion und des Absatzes seit dem 19. Jahrhundert stehen im Mittelpunkt des folgenden Abschnitts. Alexander Engel skizziert zunächst das Entstehen globalisierter Warenketten und Märkte, die in der Phase der „ersten Globalisierung" in den Jahren vor dem Ersten Weltkrieg eine frühe Blüte erlebten. Durch global agierende Unternehmen und neue Institutionen wie Warenterminbörsen wurde die Versorgung deutscher Märkte mit zunehmend erschwinglichen Waren und neuen Konsumgütern ermöglicht. Aber auch regionale Agrarmärkte und die Stadt-Land-Beziehungen innerhalb der deutschen Konsumwirtschaft änderten sich im 19. Jahrhundert grundlegend, wie der Beitrag von Gunter Mahlerwein verdeutlicht, der die Landwirtschaft als einen grundlegenden Aspekt moderner Konsumgesellschaften beleuchtet. Wolfgang Königs technikhistorischer Essay zu neuen Produktionstechniken und der internationalen Verbreitung von Massenproduktionsweisen, die sich allerdings in Deutschland im Vergleich zu den USA recht spät und nur begrenzt durchsetzen, unterstreicht die Bedeutung wachsender Unternehmensstrukturen für den Wandel im Konsumgütermarkt. Gleichzeitig waren aber auch Innovationen in Absatz, Distribution und Handel für den Aufstieg neuer marktförmiger Konsumformen verantwortlich, wie Ralf Banken, Christian Kleinschmidt und Jan Logemann zeigen. Ohne neue Formen des Einzelhandels, vom kleinen Laden bis zum Kaufhaus, wäre die moderne Konsumgesellschaft undenkbar gewesen.[14]

---

[13] *J. de Vries*, The Industrious Revolution. Consumer Behavior and the Household Economy, 1650 to the Present. Cambridge 2009.
[14] Grundlegend: *U. Spiekermann*, Basis der Konsumgesellschaft. Entstehung und Entwicklung des modernen Kleinhandels in Deutschland 1850–1914, München 1999.

Schon im Kaiserreich war Konsum Gegenstand gesellschaftlicher Debatten und politischer Interventionen. David Ciarlo analysiert den kolonialen Diskurs um Konsum, der sich um 1900 vor allem in der Werbung und in der Verbraucherimagination rund um neue, exotische Produkte niederschlug. Paul Lukas Hähnel zeichnet die Anfänge einer Debatte um Verbraucherschutz nach. Neben gesundheitspolitischen Maßnahmen im Lebensmittelbereich stand unter anderem die anwachsende Zahl von Kredit- und Abzahlungsgeschäften im Zentrum politischer Bemühungen der Marktregulierung. Dennoch, so Hähnel, hatte sich auch zu Beginn des 20. Jahrhunderts noch kein eigenständiger Verbraucherschutzgedanke außerhalb des Gesundheitsschutzes etabliert. Karl Ditt zeigt schließlich an den Beispielen öffentlicher Infrastrukturentwicklung (Wasser, Gas, Elektrizität) und im Kulturbereich, wie stark staatliche Leistungen die Konsummöglichkeit in Städten veränderten. Dabei ging es jedoch oft weniger um Leistungen der öffentlichen Daseinsfürsorge, resümiert Ditt, sondern Kommunen traten als durchaus profitorientierte Marktakteure im Rahmen kapitalistischer Konsumgesellschaften auf.

Der Erste Weltkrieg steht nicht nur für eine massive Ausweitung staatlicher Intervention in die Konsumwirtschaft, sondern auch für deren partiellen Zusammenbruch und die „Suspendierung" der bereits entstandenen konsumgesellschaftlichen Strukturen. Die Jahre von 1914–18 bilden daher eine Zäsur in der Struktur des Bandes und Jan Logemanns zweiter Überblicksbeitrag zu Konsumentwicklungen im 20. Jahrhundert leitet den zweiten Teil des Handbuchs ein. Dieser Zeitraum sah einerseits die allmähliche Durchsetzung einer Massenkonsumgesellschaft in Deutschland mit zunehmender Beteiligung breiter Bevölkerungsschichten, blieb andererseits aber geprägt von markanten Brüchen, sehr unterschiedlichen Konjunkturen konsumgesellschaftlicher Entwicklung und einer bis ins die Gegenwart anhaltenden Heterogenität der Strukturen. So beleuchtet Sina Fabians Aufsatz das Spannungsverhältnis von „Massen"-konsum einerseits und gesellschaftlicher Pluralisierung und Individualisierung durch Konsum andererseits bei säkular steigenden Lebensstandards. Detlef Siegfried untersucht den Jugendkonsum als Beispiel eines Marktsegments, das sowohl die zunehmende (in diesem Fall generationelle) Segmentierung von Märkten als auch die spannungsgeladene Dynamik zwischen Werbung und Marketing und gesellschaftlichen Wandlungsprozessen verdeutlicht. Auf den oft prekären Charakter scheinbar inklusiver Massenkonsumgesellschaft verweist die Entwicklung der Kreditfinanzierung. Sebastian Knake zeigt einerseits, wie sehr wandelnde Formen des Konsumentenkredits zu einem grundlegenden Aspekt moderner Konsumgesellschaften wurden. Andererseits hebt sein internationaler Vergleich jedoch auch dauerhafte Unterschiede in der Konsumfinanzierung und in der Struktur des Verbraucherkreditmarktes, etwa zwischen Deutschland und den USA, hervor.

Auch jenseits neuer Finanzierungsmodelle verfolgten Konsumgüterproduzenten und Unternehmen im Handel im 20. Jahrhundert eine zunehmend proaktive und systematische Produkt- und Absatzpolitik. Es entstanden neue Formen des „consumer engineering", die spätestens seit den frühen 1970er Jahren in ein umfassendes

Marketing-Management übergingen.¹⁵ Reinhold Bauers Essay betrachtet den Aspekt einer zunehmend beschleunigten Produktinnovation, die transnationale Adaption fordistischer Massenproduktion sowie den Übergang zu immer flexibleren und differenzierteren Produktions- und Produktentwicklungsprozessen. Eng verbunden mit solchen Innovationsdynamiken und mit Veränderungen innerhalb der konsumierenden Bevölkerung war auch der Aufstieg des segmentierten Marketings, den Ingo Köhler insbesondere am Beispiel der Marktforschung verdeutlicht. Ralf Bankens Beitrag fokussiert dann auf die zentrale Rolle von Massendistributionsstrukturen, von Lebensmittelketten und Warenhäusern bis hin zu Supermärkten und Discountgeschäften, deren Wachstum und Veränderungen die Konsumwirtschaft und -gesellschaft des 20. Jahrhunderts entscheidend mitprägten. Die Konsequenzen dieser konsumwirtschaftlichen Entwicklungen in der dramatischen Zunahme des Haus- und Verpackungsmülls nach dem Zweiten Weltkrieg verdeutlicht schließlich der Beitrag von Roman Köster. Weniger die rein quantitative Expansion des Konsums in der Massenkonsumgesellschaft, argumentiert Köster, als vielmehr der spezifische Wandel wirtschaftlicher Produktions- und Distributionsstrukturen stehe hinter dem wachsenden Müllproblem heutiger Gesellschaften.

Die unterschiedlichen Ausprägungen deutscher „Konsumtionsregime" im 20. Jahrhundert stehen im Zentrum des letzten Abschnitts dieses Handbuchs. Hartmut Berghoff widmet sich jenen Momenten der „suspendierten Konsumgesellschaft" an der Heimatfront unter den Bedingungen des Ersten und Zweiten Weltkriegs, wobei Kriegswirtschaft und Erfahrung an der Heimatfront gleichzeitig auch eine beschleunigende Wirkung auf die nachfolgende Entwicklung des Massenkonsums hatten. Dierk Hoffmanns Blick auf Konsum als Herausforderung für die Planwirtschaft der DDR verweist auf eine nicht vollgültige Konsumgesellschaft im Sinne Welskopps. Gleichwohl gab es auch in der DDR Formen modernen Massenkonsums, und Hoffmann warnt davor, die DDR-Konsumgeschichte eindimensional als eine Geschichte der Mangelwirtschaft und des Scheiterns zu verstehen. Das Konsumtionsregime der Bundesrepublik wurde in den Nachkriegsjahrzehnten durch ein Zusammenspiel staatlicher, korporativer und zunehmend auch zivilgesellschaftlicher Impulse und Institutionen geprägt.¹⁶ Christian Bala und Kathrin Loer skizzieren die Entwicklung der Verbraucherpolitik nach 1945, die in Deutschland immer eine Querschnittsaufgabe über verschiedene Politikfelder blieb. Eine sich wandelnde Konstellation staatlicher und zivilgesellschaftlicher Akteure verfolgte dabei nicht nur das Ziel zunehmender Verbraucherinformation, sondern griff (unter den Rahmenbedingungen der sozialen Marktwirtschaft) auch immer wieder zu Instrumenten staatlicher Regulierung mit dem Ziel des Verbraucherschutzes. Zu Beginn des 21. Jahrhunderts fügt sich das

---

15 *J. Logemann/G. Cross/I. Köhler (Hg.)*, Consumer Engineering. Marketing between Expert Planning and Consumer Responsiveness, 1920s–1970s, New York 2019.
16 *K. Rick*, Verbraucherpolitik in der Bundesrepublik Deutschland. Eine Geschichte des westdeutschen Konsumtionsregimes, 1945–1975, Baden-Baden 2018.

deutsche Konsumtionsregime dabei stark in supranationale und insbesondere europäische Strukturen. In seinem abschließenden Beitrag zu diesem Handbuch fragt Hartmut Kaelble, inwieweit Konsum im Laufe des 20. Jahrhunderts wirklich „grenzenlos" geworden ist. Während Zollsenkungen, supranationale Institutionen sowie kulturelle und wirtschaftliche Integrationsprozesse seit den 1950er Jahren unbestreitbar Grenzen für den Konsum abgebaut hätten, so Kaelble, habe Konsum gleichzeitig auch immer wieder neue Grenzen geschaffen. Er verweist dabei auf neue Grenzen der Kaufkraft ebenso wie auf Grenzlinien zwischen Geschlechtern, Ethnien und sozialen Gruppen, befördert nicht zuletzt durch neue Formen des Marketings.

Bis heute ist die Massenkonsumgesellschaft keine uneingeschränkte Überflussgesellschaft. Auch unsere weitgehend „integrierte" Konsumgesellschaft bleibt durch Diversität, Heterogenität und Ungleichheiten geprägt. Die durchaus selektive Auswahl der Beiträge in diesem Handbuch soll wirtschafts- und sozialhistorische Perspektiven auf die Entwicklung des „Modus des Konsums" in der kapitalistischen Wirtschaft der Neuzeit eröffnen und dabei den gegenwärtigen Stand der Forschung einem breiteren Publikum zugänglich machen. Bisherige Publikationen dieser Art haben vor allem sozial-, kultur- und politikhistorische Aspekte in den Vordergrund gestellt und dem Thema „Wirtschaft" nur selektiv und am Rande Beachtung geschenkt.[17] Um die „Herrschaft der Dinge" historisch zu verstehen, ist jedoch die wirtschaftliche Dimension, die Untersuchung des Agierens von Unternehmen und das Wachstum zunehmend leistungsstarker Strukturen für Produktion und Vertrieb unerlässlich. Ihre Analyse verlangt aber gleichzeitig die Einbettung wirtschaftlicher Prozesse in breitere gesellschaftliche Veränderungen und die institutionellen Kontexte verschiedener „Konsumtionsregime", weshalb auf die Konsumenten selber ebenso wie auf staatliche und zivilgesellschaftliche Organisationen als Akteure nicht verzichtet werden kann. Die historischen Kosten und Nutzen des Konsums erschließen sich nur in dieser Gesamtschau.

***

Die Herausgeber möchten sich bei den Hilfskräften des Instituts für Wirtschafts- und Sozialgeschichte in Göttingen, insbesondere Hanna Bosse und Max Julian Groß, sowie bei Philip Schulz und Sarah Gazaral in Marburg für die tatkräftige Unterstützung bei der Formatierung und Durchsicht der Texte sowie beim Erstellen des Registers bedanken. Für ein umsichtiges Korrektorat bedanken wir uns bei Irina Spitznagel. Von Seiten des DeGryuter Verlages haben Claudia Heyer und Florian Hoppe den vorliegenden Band betreut. Beiden sind wir sehr für die gute Zusammenarbeit zu Dank verpflichtet. Herr Hoppe war es schließlich, der die Anregung für die neue Reihe „Handbücher zur Wirtschaftsgeschichte" gab, was nicht zuletzt für das Fach Wirtschafts- und Sozialgeschichte von großem Wert ist.

---

17 H.-G. *Haupt/C. Torp (Hg.)*, Die Konsumgesellschaft in Deutschland 1890–1990 ein Handbuch, Frankfurt am Main 2009.

I Von der „Industrious Revolution" zur „Entfaltung
  der Konsumgesellschaft" (1770–1918)

Christian Kleinschmidt
Von der exklusiven zur inklusiven Konsumgesellschaft. ‚Industrious Revolution' und Anfänge des Massenkonsums (1770–1918)

1 Einleitung

Die Entwicklung der Konsumgesellschaft ist ein inkrementaler Prozess. Wie bei vergleichbaren gesellschaftlichen und ökonomischen Phänomenen ist es nicht leicht, einzelne Entwicklungsphasen dieses Prozesses trennscharf voneinander abzugrenzen. Das gilt auch für den vermeintlichen Anfang der Konsumgesellschaft sowie im weiteren Verlauf zu beobachtende ‚revolutionäre' Beschleunigungs- beziehungsweise Verdichtungsphasen. Der Beginn der Konsumgesellschaft wird mit Verweis auf die Forschungen von John Brewer und Neil McKendrick sowie auf Forschungen zum deutschsprachigen Raum zumeist auf das 18. Jahrhundert datiert.[1] Dabei stehen neben England als der „*First Industrial Nation*"[2], den Niederlanden als „*First modern Economy*" und als Pionier der Konsumgesellschaft[3], Frankreich und Flandern vor allem nordwesteuropäische Staaten beziehungsweise Regionen im Zentrum der Betrachtung, während Deutschland beziehungsweise die deutschen Territorien in diesem Zusammenhang noch keine zentrale Rolle spielten.[4] Roman Sandgruber verortete bereits zu Beginn der 1980er Jahre die „Anfänge der Konsumgesellschaft" und Ariane Stihler datiert die „Entstehung des modernen Konsums" ebenfalls im 18. Jahr-

---

[1] *J. Brewer*, Was können wir aus der Geschichte der frühen Neuzeit für die moderne Konsumgeschichte lernen?, in: *H. Siegrist/H. Kaelble/J. Kocka (Hg.)*, Europäische Konsumgeschichte. Zur Gesellschafts- und Kulturgeschichte des Konsums (18. –20. Jahrhundert), Frankfurt, New York 1997, S. 51–74; *Ders.* u. *R. Porter (Hg.)*, Consumption and the World of Goods, London, New York 1993; *N. McKendrick/J. Brewer/J.H. Plump*, The Birth of the Consumer Society: The Commercialization of Eighteenth-Century England, London 1982; *N. McKendrick*, Die Ursprünge der Konsumgesellschaft. Luxus, Neid und soziale Nachahmung in der englischen Literatur des 18. Jahrhunderts, in: *H.Siegrist/H. Kaelble/J. Kocka (Hg.)*, Europäische Konsumgeschichte. Zur Gesellschafts- und Kulturgeschichte des Konsums (18. –20. Jahrhundert), Frankfurt, New York 1997, S. 75–197; *M. Prinz*, Aufbruch in den Überfluss? Die englische „Konsumrevolution" des 18. Jahrhunderts im Lichte der neueren Forschung, in: *Ders.*, Der lange Weg in den Überfluss. Anfänge und Entwicklung der Konsumgesellschaft seit der Vormoderne, Paderborn u. a. 2003, S. 191–217.
[2] *P. Mathias*, The First Industrial Nation, London 1969.
[3] *J. de Vries/Ad van de Woude*: The First Modern Economy. Success, Failure, and Perservance of the Dutch Economy, 1500–1815, Cambridge 1997; *S. Schama*: Überfluß und schöner Schein. Zur Kultur der Niederlande im Goldenen Zeitalter, München 1988.
[4] Über die langfristige Entwicklung der Konsumgesellschaft, insbesondere auch unter Berücksichtigung deutscher Territorien s. *M. Prinz (Hg.)*, Der lange Weg in den Überfluss, Paderborn u. a. 2003. Dort auch umfangreiche Hinweise zum deutschen und anglo-amerikanischen Forschungsstand bis 2003.

hundert, wohingegen die Begriffe ‚Konsum' und ‚Konsumgesellschaft' in den ersten vier Bänden von Hans-Ulrich Wehlers *Deutsche Gesellschaftsgeschichte* gar nicht auftauchen und erst für die Zeit nach der Gründung der Bundesrepublik Deutschland Berücksichtigung finden, wobei die „Konsumgesellschaft im Aufwind" vor allem als Folge des „amerikanischen Modells" sowie im Rahmen der „Durchbruchphase der westeuropäischen Konsumgesellschaft" relevant wird.[5] Auch in Friedrich-Wilhelm Hennings *Handbuch der Wirtschafts- und Sozialgeschichte Deutschlands* finden sich nur wenige Hinweise auf konsumgesellschaftliche Entwicklungen bis zum Ende des 18. Jahrhunderts.[6] Bestand bereits in der Anfangszeit der konsumhistorischen Forschung seit Beginn der 80er Jahre Uneinigkeit über die Datierung, über Formen und Ausprägungen von Konsum und Konsumgesellschaft, so setzen sich diese Diskussionen im Rahmen intensiver nationaler und internationaler Detailforschungen fort.

In jüngeren Publikationen, die die Entwicklung der Konsumgesellschaft im langen 18. Jahrhundert in *„terms of interaction between households and the market economy"* verorten und Fragen des *consumer behaviour* in den Mittelpunkt stellen, lassen sich bezüglich des Phänomens einer *„Industrious Revolution"* (Jan de Vries) ebenfalls kaum Hinweise oder Beispiele deutscher Territorien beobachten.[7] Dies findet seine Bestätigung in den Arbeiten Sheilagh Ogilvies und anderer, die mit Blick auf das Leben und Wirtschaften in Württemberg zahlreiche institutionelle Hindernisse und Blockaden auf dem Weg in die Konsumgesellschaft hervor hebt[8], welche, wenn schon nicht die Vorstellung eines ‚deutschen Sonderweges', so doch zumindest diejenige einer ‚verspäteten' Durchsetzung oder einer ‚relativen Rückständigkeit' der Konsumgesellschaft in Deutschland aufkommen lassen, die auch durch subjektive Eindrücke deutscher Reisender ins westeuropäische Ausland bestätigt wird.[9]

Insofern stellt sich zunächst die Frage, was eine Konsumgesellschaft ausmacht, welches die zentralen Kriterien beziehungsweise Definitionsmerkmale sind und

---

[5] *A. Stihler*, Die Entstehung des modernen Konsums, Berlin 1998; *R. Sandgruber*, Die Anfänge der Konsumgesellschaft. Konsumgüterverbrauch, Lebensstandard und Alltagskultur in Österreich im 18. und 19. Jahrhundert, München 1982; *H.-U. Wehler*, Deutsche Gesellschaftsgeschichte 1949–1990, München 2008, S. 67–81.

[6] *F.-W. Henning*, Handbuch der Wirtschafts-und Sozialgeschichte Deutschlands Band 1, Paderborn u. a. 1991; *Ders*. Handbuch der Wirtschafts-und Sozialgeschichte Deutschlands Band 1, Paderborn u. a. 1991 Bd. 2, 1996.

[7] *J. de Vries*, The Industrious Revolution. Consumer Behaviour and the Household Economy, 1660 to the Present, Cambridge u. a. 2008.

[8] *S. Ogilvie*, Revolution des Fleißes. Leben und Wirtschaften im ländlichen Württemberg von 1650–1800, in: *S. Hirbodian/S. Ogilvie/R. J. Regnath (Hg.)*, Revolution des Fleißes, Revolution des Konsums. Leben und Wirtschaften im ländlichen Württemberg von 1650 bis 1800, Ostfildern 2015, S. 173–193; s.a. *M. Häberlein*, Savoyische Kaufleute und die Distribution von Konsumgütern im Oberrheingebiet, ca. 1720–1840, in: *R. Walter (Hg.)*, Geschichte des Konsums, Stuttgart 2004, S. 84f.

[9] *H. Homburg*, Wahrnehmungen der Konsummoderne und die deutsche Konsumlandschaft im 18. und 19. Jahrhundert, in: *M. Prinz (Hg.)*, Die vielen Gesichter des Konsums. Westfalen, Deutschland und die USA 1850–2000, Paderborn 2016, S. 43.

schließlich, welche Faktoren ihre Entwicklung in Deutschland zwischen dem letzten Drittel des 18. Jahrhunderts und dem Ersten Weltkrieg beförderten oder behinderten. Dabei gehen wir, wie in der Einleitung vorgeschlagen, von einer Entwicklung von der ‚exklusiven' zur ‚inklusiven' Konsumgesellschaft und vom Begriff des ‚Konsumtionsregimes' aus. Betrachten wir das Konsumtionsregime beziehungsweise die Entwicklung der (kapitalistischen) Konsumgesellschaft in Deutschland ab dem letzten Drittel des 18. Jahrhunderts, so sind aus wirtschaftshistorischer Perspektive drei Bereiche von besonderem Interesse: 1. Die Entwicklung der Nachfrage und die Rolle der Konsumenten, wobei, angeregt durch die Theorie der *Industrious Revolution*, das Verhalten, die Wünsche und Bedürfnisse von Konsumenten und Privathaushalten, gesellschaftliche Moralvorstellungen sowie die Entwicklung von Löhnen und Arbeitszeiten eine Rolle spielen, 2. die Angebotsseite, die Produktion, Technik, der Handel und Vertrieb von Konsumgütern, die Rolle von Bauern, Handwerkern, Zünften, Kaufleuten und Unternehmern in regionalen, nationalen und internationalen Zusammenhängen sowie schließlich 3. die Bedeutung von Staat und öffentlicher Hand, von Institutionen und Märkten im Übergang vom Merkantilismus (in der deutschen Spielart des Kameralismus[10]) zur Marktwirtschaft, die die Entwicklung der Konsumgesellschaft regulierend und lenkend begleitet haben. Mit Blick auf die oben genannte Definition von Konsumgesellschaft und die Tatsache, dass „die Mehrheit der Bevölkerung oder zumindest große und vor allem wachsende Anteile der Bevölkerung" involviert sein müssen (‚inklusiver' Charakter der Konsumgesellschaft in Anlehnung an Acemolgu/Robinson), gilt es also vor allem, Fragen des Zugangs, des Anschlusses, der Integration, der Partizipation und der Teilhabe unterschiedlicher Stände und Klassen, der Geschlechter und Generationen an der sich entwickelnden Konsumgesellschaft zu berücksichtigen und mithin auch Aspekte der „Demokratisierung von Lebenschancen durch Konsum" (Kai-Uwe Hellmann) auszuloten.[11] Dabei geht es auch um die Berücksichtigung der Interaktion mit der Angebotsseite und dem Staat und damit um eine zunehmende Durchdringung und Verdichtung konsumgesellschaftlicher Strukturen. Deren Darstellung soll nachfolgend in zwei Schritten erfolgen, wobei zunächst die Phase der *Industrious Revolution* beziehungsweise die ‚Proto-Konsumgesellschaft' in den Blick genommen wird, um anschließend, entsprechend der Intention des vorliegenden Handbuchs, die weitere Entwicklung hin zur Entfaltung der Konsumgesellschaft in Deutschland bis zum Ersten Weltkrieg zu betrachten.

---

10 S. dazu *M. Isenmann (Hg.)*, Merkantilismus. Wiederaufnahme einer Debatte, Stuttgart 2014.
11 *K.-U. Hellmann*, Der Konsum der Gesellschaft: Studien zur Soziologie des Konsums, Wiesbaden 2013, S. 121.

2 ‚Konsumrevolution' und ‚Proto-Konsumgesellschaft' im Zeitraum der Sattelzeit (circa 1770–1850)

2.1 Nachfrageseite und Konsumenten

Die *Industrious Revolution* beziehungsweise die ‚Proto-Konsumgesellschaft' fällt in den Zeitraum der „Sattelzeit" (Reinhart Koselleck) und ist damit Teil einer umfangreichen Transformationsphase, die in den deutschen Territorien die Auswirkungen der Französischen Revolution und nachfolgende gesellschaftliche Reformen ebenso umfasst wie den Übergang von der Agrar- zur Industriegesellschaft, vom Merkantilismus zur Marktwirtschaft. Zudem stellt sie einen einschneidenden demographischen und sozialstrukturellen Wandel dar, insbesondere von der Stände- zur Klassengesellschaft sowie eine ‚Verkehrsrevolution' und eine ‚Kommerzielle Revolution'. Dies alles hatte auch einschneidende Auswirkungen auf die Entwicklung der Konsumgesellschaft.

Vorindustrielle Gesellschaften zeichneten sich noch nicht durch einen relativen Überfluss, eine kaufkräftige Nachfrage und Wahlmöglichkeiten von Gütern und Dienstleistungen aus, die in großen Teilen der Gesellschaft über den lebensnotwendigen Bereich der Grundbedürfnisse hinaus reichten. Entsprechende Konsummöglichkeiten waren einer kleinen gesellschaftlichen Minderheit vorbehalten. Wenn wir davon ausgehen, dass um 1800 circa 80 Prozent der Bevölkerung auf dem Land lebten und etwa zwei Drittel aller Beschäftigten in der Landwirtschaft tätig waren, wovon wiederum – regional durchaus unterschiedlich – in den meisten deutschen Territorien deutlich mehr als die Hälfte zu den Unterschichten/unteren Ständen (Kleinstellenbesitzer, Kätner, Häusler, Landarme, Gesinde, Tagelöhner etc.) zählten, die am Rande des Existenzminimums lebten, so wird deutlich, dass deren Teilnahme an den Konsummöglichkeiten sehr eingeschränkt war. Das galt auch für die städtische Gesellschaft, wo der Anteil der Unterschichten/unteren Stände zwischen 40 Prozent und 60 Prozent schwankte, während die städtischen Mittelschichten/mittleren Stände (zunftgebundene Handwerker, Kaufleute, Gastwirte, städtische Angestellte und Beamte etc.) etwa ein Viertel bis ein Drittel der Bevölkerung stellten. Die Oberschicht/oberen Stände in Stadt und Land, Adel und Patriziat, kamen kaum über einen Anteil von ein bis fünf Prozent hinaus.[12] Deren Konsummöglichkeiten gingen weit über die Befriedigung der Grundbedürfnisse hinaus und umfassten eine große Bandbreite von Luxuskonsumgütern (Genussmittel, Kolonialwaren wie Tee, Kaffee, Kakao, Zucker, Gewürze; Kleidung aus teuren Stoffen wie Baumwolle oder Seide; Schmuck, Gemälde, Teppiche,

---

[12] *Wehler*, Gesellschaftsgeschichte, Bd.1, S. 140–202; *Henning*, Handbuch der Wirtschafts- und Sozialgeschichte, Bd.1, S. 951ff.

Spiegel, Möbel aus edlen Hölzern aus unterschiedlichen Teilen der Erde, Theater, Oper, Konzerte, Bälle, Jagd etc.) was wiederum Werner Sombart dazu veranlasste, die Geburt des Kapitalismus und damit auch der Konsumgesellschaft auf die Entfaltung des Luxus zurückzuführen.[13]

In der eingangs gegebenen Definition lässt sich in diesem Zusammenhang jedoch nicht allgemein von Konsumgesellschaft sprechen, bestenfalls von einer exklusiven Konsumgesellschaft, da nur ein kleiner Teil der Bevölkerung an den vorhandenen Konsummöglichkeiten partizipieren konnte. Ein höherer Partizipationsgrad konnte nur erreicht werden, wenn a) die Löhne beziehungsweise Haushaltseinkommen stiegen, die dann eine Steigerung der Nachfrage nach Waren und Dienstleistungen nach sich zogen, wenn b) Luxuswaren, teure Nahrungs- beziehungsweise Genussmittel durch ähnliche Produkte substituiert wurden, beziehungsweise durch Nachahmungs- und *Trickle-Down*-Effekte der Kreis der Konsumenten erweitert wurde oder wenn c) Konsumenten Schulden machten, um sich entsprechende Güter und Dienstleistungen kaufen zu können oder wenn sie Hilfen und Unterstützung – zumeist vonseiten der öffentlichen Hand – erhielten.

Eine Erklärung zur Ausweitung des Konsums und der Konsummöglichkeiten über den engen Kreis der wohlhabenden Konsumenten und des Luxuskonsums hinaus und damit einer dynamischen Entwicklung von Konsum bietet das Konzept der *Industrious Revolution*, welches von Jan de Vries in Anlehnung an den japanischen Historiker Akira Hayami und den amerikanischen Ökonomen Gary Becker entstand und mit Blick auf die langfristigen ökonomischen Entwicklungen die Rolle der Nachfrage, speziell der Haushalte, und hier wiederum das Verhalten und die Entscheidungsfindung der Haushalte im Kontext von Produktion, Reproduktion und Konsumtion während des ‚langen 18. Jahrhunderts' in den Mittelpunkt stellt. Es bezeichnet einen entscheidenden Schritt auf dem Weg in Richtung Konsumgesellschaft und Industrieller Revolution, wobei es um Ausweitung der Teilhabe und Partizipationsmöglichkeiten an Konsum geht.[14] Dabei spielen Haushaltseinkommen, Arbeitszeiten, Produktivitätssteigerungen der Landwirtschaft sowie protoindustrielles Gewerbe und protoindustrielle Hauswirtschaft eine zentrale Rolle. Die Kombination aus Arbeitszeitverlängerungen, bedingt durch zusätzliche Arbeitstage infolge der Abschaffung von Feiertagen in Nordwesteuropa und eine wachsende Arbeitsintensivierung, markierten eine ‚Revolution des Fleißes', die den Haushalten vor allem der mittleren und unteren Schichten beziehungsweise Stände neue finanzielle Spielräume und Konsumoptionen eröffneten, die wiederum zunehmend über den Markt befriedigt wurden.[15] Hinweise auf einen wachsenden materiellen Überfluss und die

---

13 *W. Sombart*, Luxus und Kapitalismus, München 1913; siehe außerdem *Ders.*, Liebe, Luxus, Kapitalismus. Über die Entstehung der modernen Welt aus dem Geist der Verschwendung, Berlin 1996 (verkürzte Taschenbuchausgabe).
14 *De Vries*, Industrious Revolution, S. 1–10, 25–37, 71f.
15 *De Vries*, Industrious Revolution, S. 73–113; *Ogilvie*, Revolution des Fleißes, S. 174ff.

Ausstattung der Haushalte mit Konsumgütern wie Genussmittel (Kaffee, Tee Kakao etc.), Kaffee- und Teeservice, Porzellan, Möbel, Uhren und Kleidung in den nordwesteuropäischen Kolonialstaaten Niederlande, Großbritannien und Frankreich im Verlaufe des 18. Jahrhunderts – und dort nicht nur bei den gehobenen Ständen, sondern über Nachahmungs- und *Trickle-Down*-Effekte bis hinab zu den ärmeren Haushalten beobachtbar – suggerieren eine breite Diffusion von Konsumgütern infolge der ‚Revolution des Fleißes'.[16] Diese Erklärung, die zugleich in die Diskussion um die *Great Divergence* eingebunden ist und damit die unterschiedliche wirtschaftliche Dynamik Europas und Chinas seit dem 18./19. Jahrhundert analysiert, wird jedoch – insbesondere mit Blick auf die deutschen Territorien – zunehmend in Frage gestellt und ist zumindest ergänzungsbedürftig. Denn zum einen sorgte die ‚Revolution des Fleißes' weniger dafür, ein hauswirtschaftliches Surplus zu erwirtschaften, welches sich dann in der Nachfrage nach zusätzlichen Konsumgütern und in einer deutlichen Verbesserung des Lebensstandards niederschlug. Vielmehr ging es bei einem Großteil der Haushalte aufgrund tendenziell sinkender Löhne im 18. Jahrhundert darum, die Lebensgrundlagen durch die Beschaffung von Lebensmitteln und Kleidung zur Befriedigung der Grundbedürfnisse zu sichern. Die Teilhabe an einer sich entwickelnden Konsumgesellschaft war für große Teile der Bevölkerung damit zunächst noch nicht gegeben,[17] was durch jüngere makro- und mikroökonomische Untersuchungen belegt wird. Die Preise für Konsumgüter stiegen, wie Ulrich Pfister zeigt, insbesondere in der zweiten Hälfte des 18. Jahrhunderts deutlich an, wobei es erhebliche regionale Unterschiede gab. Gleichzeitig sanken die Reallöhne in diesem Zeitraum.[18] Darüber hinaus wird deutlich, dass es im europäischen Vergleich starke Reallohnunterschiede gab, wobei die Entwicklung in deutschen Territorien und anderen kontinentaleuropäischen, insbesondere südeuropäischen Regionen, hinter der englischen zurück blieb und hier erhebliche innerdeutsche Unterschiede bestanden. So lagen die Reallöhne ungelernter Bauarbeiter in der in die atlantische Wirtschaft eingebundenen Hafenstadt Hamburg nicht nur deutlich über denjenigen anderer deutscher Städte und Regionen, sondern erreichten sogar ein höheres Niveau als in London.[19]

---

16 *De Vries*, Industrious Revolution, S. 122–185.
17 F. *Trentmann*, Herrschaft der Dinge. Die Geschichte des Konsums vom 15. Jahrhundert bis heute, München 2016, S. 99–108; *Ogilvie*, Revolution des Fleißes, S. 175f.
18 *U. Pfister*, Consumer Prices and Wages in Germany, 1500–1850 (Research Paper des Center for Quantitative Economics 15/2010), Tab. S. 11 und 16. Pfister bietet hier eine differenzierte quantitative Analyse von Preisentwicklungen sowie des Consumer Price Index sowie der Reallöhne am Beispiel ungelernter Bauarbeiter in zehn verschiedenen deutschen Städten.
19 *U. Pfister*, The Timing and Pattern of Real Wage Divergence in Pre-Industrial Europe: Evidence from Germany, c. 1500–1850, in: Economic History Review 70, 3, 2017, S. 701–729, Tab. S. 722.

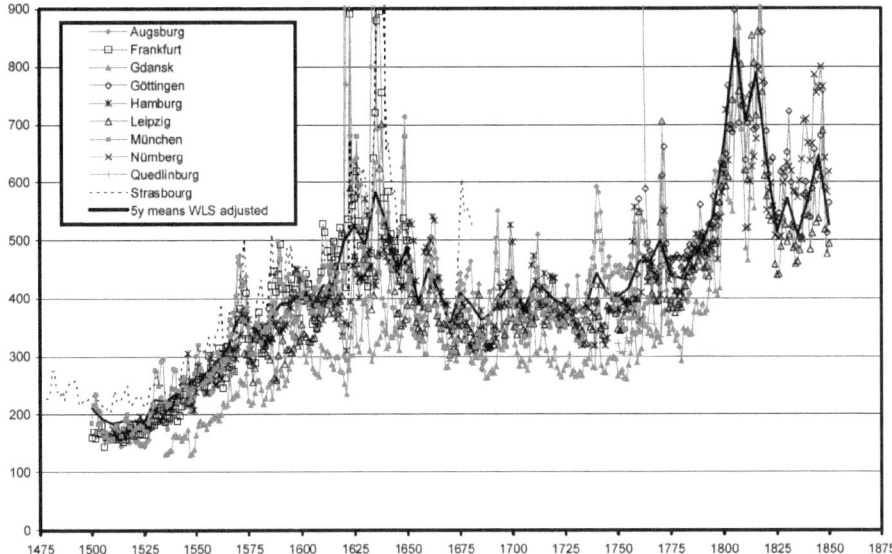

Abb. 1: Jährliche Kosten eines Konsumkorbes in Gramm Silber, 1500–1850.
Quelle: Pfister, Consumer Prices S. 11

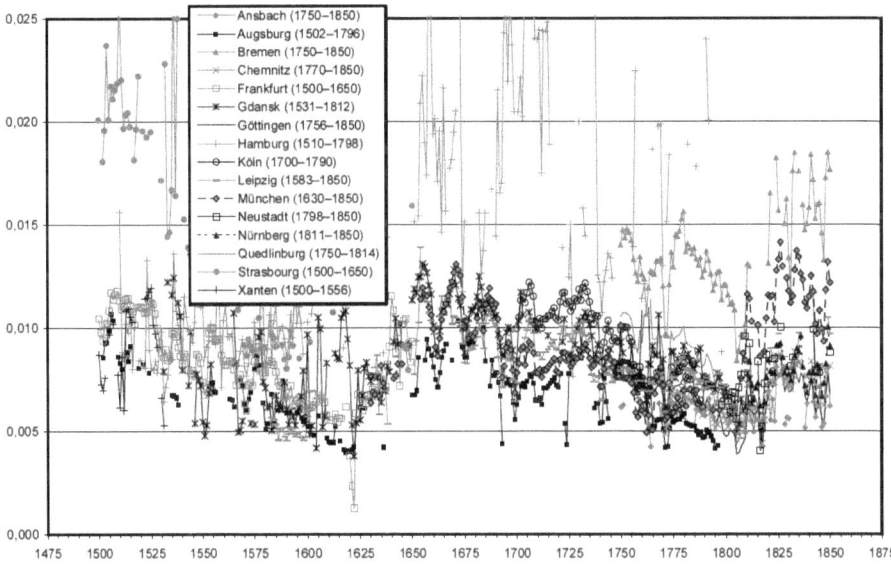

Abb. 2: Reallöhne unqualifizierter Bauarbeiter, 1500–1850.
Quelle: Pfister, Consumer Prices, S. 16

Ulrich Pfister spricht deshalb von einer „*real wage divergence in pre-industrial Europe*", und man könnte weitergehend sogar von einer doppelten Divergenz sprechen, die einerseits im Sinne einer „*little divergence*"[20] die innereuropäischen Unterschiede markiert, und die andererseits auf Unterschiede zwischen und innerhalb der deutschen Territorien verweist. Und selbst dort machten Divergenzen und Differenzierungen nicht halt, wie mikrohistorische Studien zu Konsummustern in dörflichen Zusammenhängen belegen, wonach unterschiedliche Einkommen bei Bauern, Handwerkern, Dienstboten, Gesinde, Tagelöhnern etc. zu unterschiedlichen Jahreszeiten eine breite Streuung beziehungsweise Hierarchie von Konsummöglichkeiten und Lebensstandards nach sich zogen.[21]

Am Beispiel des bayerischen Dorfes Unterfinning wird deutlich, wie komplex und differenziert die Konsumverhältnisse und die ‚proto-konsumgesellschaftlichen' Strukturen noch Mitte des 18. Jahrhunderts auf dem Lande waren. Das betraf die Standesunterschiede auf dem Dorf, die „deutlichen Hierarchien, die sich in der Nahrung, der Kleidung, dem alltäglichen Verbrauch zeig[t]en".[22] Für die meisten Dorfbewohner, kleinere Bauern und Handwerker, Dienstboten, Tagelöhner etc. gab es eine zwar ausreichende, aber sehr karge Kost, wobei die Versorgung mit Nahrungsmitteln abhängig von der Art der Einkommen war. Inklusivlöhne umfassten die tägliche Verköstigung am Arbeitsplatz und bedeuteten Einsparmöglichkeiten bei den Nahrungsmittelausgaben, waren aber nicht flächendeckend gegeben. Zum Teil wurde in Naturalabgaben, teilweise in Geldabgaben gezahlt, Handwerkerlöhne konnten saisonal stark schwanken, und vor dem Hintergrund wechselnder Auftragslagen gab es kaum Sicherheiten bezüglich der Einnahmen, was sich ebenfalls auf die Konsummöglichkeiten auswirkte.[23] Karl-Peter Ellerbrock spricht von einer „ständigen Angst um eine auskömmliche Versorgung mit Nahrungsmitteln" und einer „objektiv geringen Versorgungssicherheit",[24] die verstärkt wurde durch Kriege, Epidemien, Missernten und Teuerungen, den „Krisen alten Typs" (Ernest Labrousse), die in Europa die Versorgungslage der Bevölkerung noch bis Mitte des 19. Jahrhunderts massiv beeinflussten. Das spricht eher für eine Mangel- denn für eine Konsumgesellschaft.

Bedeutsam für die Einkommenshöhe der Haushalte war das Familieneinkommen, das Gesamteinkommen, welches von der Zahl der Familienmitglieder (Männer, Frauen, Kinder), die arbeiteten und die versorgt werden mussten, abhing. Entscheidend war auch das Verhältnis zwischen „familiären ‚Produzenten' und ‚Konsumenten'" (Rainer Beck), was wiederum darauf verweist, dass gerade dörfliche Haushalte

---

20 *J. L. van Zanden* verweist auf die unterschiedlichen Entwicklungen innerhalb Europas auf dem Weg zur Industriellen Revolution, s. *J. Luiten van Zanden*, The Long Road to the Industrial Revolution. The European Economy in a Global Perspective, 1000–1800, Leiden, Boston 2012, S. 95ff.
21 *R. Beck*, Unterfinning. Ländliche Welt vor Anbruch der Moderne, München 1993, S. 514–563.
22 *Beck*, Unterfinning, S. 563.
23 *Beck*, Unterfinning, S. 519f., 524ff., 537ff.
24 *K.-P. Ellerbrock*, An der Schwelle zur Konsumgesellschaft: Traditionelle Nahrungswirtschaft und die Anfänge der Nahrungsmittelproduktion in Preußen im ausgehenden 18. und im 19. Jahrhundert, in: *M. Prinz (Hg.)*, Der lange Weg in den Überfluss, S. 274.

in beiden Sphären, derjenigen der Produktion wie auch derjenigen der Konsumtion, zu verorten waren.

Nicht nur die Vorstellung vom „ganzen Haus"[25] wird schon seit längerem in der (wirtschafts-) historischen Forschung infrage gestellt, auch die idealtypische Trennung zwischen Haushalten, die vornehmlich subsistenzwirtschaftlich und denjenigen, die vorwiegend marktorientiert ausgerichtet waren, ist weder für groß- und kleinbäuerliche Haushalte noch für Handwerker, Heimgewerbetreibende, Tagelöhner oder Hausierer zutreffend. Es gab in dörflichen Zusammenhängen der Grundherrschaft in der ersten Hälfte des 18. Jahrhunderts zahlreiche Mischformen von Eigen- und Fremdversorgung, Subsistenz- und Marktorientierung, Geld- und Naturalwirtschaft.[26] Noch einhundert Jahre später lässt sich feststellen, dass in einigen deutschen Regionen etwa 40 Prozent der Schweine und Rinder zu Hause geschlachtet und in den 1860er Jahren sogar noch circa 60 Prozent des Brotes in Hausbäckereien hergestellt wurde. Andererseits zeigt sich, dass vor allem in Städten die Getreide- und Brotversorgung sich bereits seit den 1760er Jahren von der Eigenversorgung gelöst hatte.[27] Das spricht für einen sehr langen Transformationsprozess im Übergang von der Selbstversorgung zum Markterwerb.[28]

Was die Ausgabenstruktur privater Haushalte anbelangt, so zeigen Analysen von Ausgaben privater Haushalte in Preußen, dass um 1800 68 Prozent des Budgets für Nahrungsmittel und 30 Prozent für Kleidung und Wohnung ausgegeben wurden. 38 Prozent des Gesamthaushalts entfiel allein auf die Grundnahrungsmittel Brot und Getreideprodukte. Ein Jahrhundert später lag dieser Anteil (in Deutschland) nur noch bei neun Prozent, während sich die Gesamtausgaben der Haushalte verfünffacht hatten. Damit bestätigten sich auch die Analysen des preußischen Statistikers Ernst Engel, wonach mit steigenden Einkommen der Anteil am Haushaltseinkommen, der zur Befriedigung der lebensnotwendigen Grundbedürfnisse aufgewendet werden muss, sinkt.[29]

Mikrostudien wie diejenige zu Unterfinning oder Württemberg verweisen darauf, dass das Konsumniveau in deutschen Regionen und Territorien im 18. Jahrhundert deutlich unter demjenigen anderer westeuropäischer Regionen, insbesondere Eng-

---

25 *P. Hahn*, Trends der deutschsprachigen historischen Forschung nach 1945: Vom ‚ganzen Haus' zum ‚offenen Haus', in: *J. Eibach/I. Schmidt-Voges (Hg.)*, Das Haus in der Geschichte Europas, Berlin, Boston 2015, S. 47–63.
26 *Beck*, Unterfinning, S. 545–553, 568 ff.
27 *U. Spiekermann*, Basis der Konsumgesellschaft. Entstehung und Entwicklung des modernen Kleinhandels in Deutschland 1850–1914, München 1999, S. 45.
28 S. am Beispiel der Kleiderversorgung *A. Steiner*, Von der Eigenfertigung zum Markterwerb der Kleidung. Ein Beitrag zur Kommerzialisierung des Wirtschaftsens privater Haushalte in Deutschland im langen 19. Jahrhundert, in: *Prinz*, Der lange Weg in den Überfluss, S. 255–271.
29 *D. Saalfeld*, Bedeutungs- und Strukturwandel der Ausgaben für die Ernährung in den privaten Haushalten Deutschlands von 1800 bis 1913, in: *D. Petzina (Hg.)*, Zur Geschichte der Ökonomik der Privathaushalte, Berlin 1991, S. 133f.

Tabelle 1: Ausgabenstruktur privater Verbrauch in Deutschland in % des Budgets
aus: Saalfeld, Bedeutungs- und Strukturwandel der Ausgaben, Tab. 1, S. 134 (Auszug)

Verwendungszweck in jeweiligen Preisen	um 1800	1851/1860
Brot, Getreide	37	17
Sonst. pflanzl. Erzeugn.	10	5
Tierische Prod.	16	21
Getränke, Genussmittel	9	17
Nahrung insgesamt	72	60
Kleidung	14	12
Wohnung	11	–
Miete, Hausrat	–	13
Licht, Heizung	–	3
sonstiges	3	12

lands, lag. So wird am Beispiel Württembergs und anderer deutscher Territorien deutlich, dass dort der Verzehr von Fleisch und damit auch von Proteinen mit durchschnittlich 16 Kilogramm im 18. Jahrhundert erheblich unter dem Verbrauch von 50 Kilogramm bei englischen Tagelöhnern lag, mit der Folge, dass junge Männer in Württemberg eine geringere Körpergröße aufwiesen als in England. Auch der Konsum von Genussmitteln und, unter Berücksichtigung von Konsumclustern, der dazugehörigen Haushaltsartikel wie etwa Kaffee- und Teeservice und -accessoirs, war in württembergischen Haushalten zu Beginn des 18. Jahrhunderts kaum verbreitet und hielt dort erst mit einer zeitlichen Verzögerung von mehr als einem halben bis einem ganzen Jahrhundert Einzug.[30]

Doch waren es nicht allein die materiellen Voraussetzungen, die einen Großteil der Bevölkerung in den deutschen Territorien an der Teilhabe an Konsummöglichkeiten hinderten, sondern es gab zudem institutionelle Hürden, die die Entwicklung der Konsumgesellschaft blockierten beziehungsweise verzögerten. Im Unterschied zu früheren Forschungen über protoindustrielle Entwicklungen, die in Anlehnung an Max Webers These vom „Geist des Kapitalismus" auf eine „protestantische Ethik", auf die Mentalität des Pietismus, auf die „innerweltliche Askese" und Mäßigung sowie andere mentale Befindlichkeiten als Begründung für zurückhaltende Konsumneigungen abseits eines etwa im Katholizismus durchaus auch religiös legitimierten Konsums (Fest- und Feiertage) verwiesen, betonen jüngere Forschungen institutionelle Hindernisse für eine „Revolution des Fleißes" sowie für eine „Konsumrevolution" insgesamt (siehe Kap. 1.3).[31]

Stattdessen kann man davon ausgehen, dass der Wunsch nach besseren Konsummöglichkeiten – trotz asketisch-religiöser Konsumzurückhaltung in einigen

---

30 *Ogilvie*, Revolution des Fleißes, S. 176ff.
31 *Ogilvie*, Revolution des Fleißes, S. 185–191.

Teilen der Bevölkerung – ein weit verbreitetes gesellschaftliches Phänomen war, und dass diejenigen, die sich keine teuren Genussmittel, luxuriöse Kleidung oder Haushaltsgegenstände leisten konnten, sich am Konsum der höheren Stände orientierten, deren Konsumgewohnheiten nachahmten, Substitute nutzten sowie gebrauchte Waren oder Produkte minderer Qualität: Kartoffeln statt Fleisch, einheimischen Honig statt Zucker aus den Kolonien, Getränke aus Gerstenmalz oder Zichorie statt Kaffee, Leinen statt Baumwolle, Ton- und Keramikgefäße statt chinesisches Porzellan etc. Ähnlich wie im Amsterdam des 17. Jahrhunderts dürfte es auch in deutschen Territorien das Phänomen der Zweitverwertung von Produkten und die Einrichtung von Gebrauchtwarenmärkten gegeben haben, eine „parallele Konsumwelt" (Ulrich Ufer), wobei Lumpensammler oder Gebrauchtwarenhändler Waren an die ärmere Stadtbevölkerung verkauften, die zuvor von wohlhabenden Bürgern aussortiert worden waren.[32] Das ermöglichte auch den niedrigeren Ständen einen beschränkten Konsum auf niedrigem Niveau, die Sicherung der „ständisch-sozialen Notwendigkeiten"[33] und ausnahmsweise – etwa zu Festtagen – auch den Konsum von Annehmlichkeiten (*decencies*) oder so etwas wie einen – bescheidenen – ‚neuen Luxus', der jedoch eher in den Städten als auf dem Lande anzutreffen war.

Auch das Schuldenmachen, im 20. Jahrhundert und insbesondere nach dem Zweiten Weltkrieg eine wachsende Möglichkeit zur Partizipation am Konsum, spielte im 18. Jahrhundert noch eine untergeordnete Rolle. Kredite und Darlehen wurden in den meisten Fällen nicht aufgenommen, um den Lebensstandard zu verbessern oder sich Annehmlichkeiten oder gar Luxusgüter zu gönnen, sondern um Vorräte an Getreide und Lebensmitteln für Krisenzeiten anzulegen oder um in Produktionsmittel zu investieren.[34]

Das alles spricht mit Blick auf die Nachfrageseite und die Konsumenten in deutschen Territorien bis Ende des 18. Jahrhunderts und zum Teil auch bis Mitte des 19. Jahrhunderts nicht für eine ‚Konsumrevolution' und im oben genannten Sinne noch nicht für die Durchsetzung der Konsumgesellschaft, sondern bestenfalls für eine ‚Proto-Konsumgesellschaft' beziehungsweise eine exklusive Konsumgesellschaft, die für große Teile der Bevölkerung – anders als in nordwesteuropäischen Gesellschaften – den Zugang zu Konsummöglichkeiten einschränkte, behinderte oder blockierte.

---

32 *U. Ufer*, Welthandelszentrum Amsterdam: Globale Dynamiken und modernes Leben im 17. Jahrhundert, Köln u. a. 2008, S. 133f.
33 *T. Meyer*, Zwischen sozialer Restriktion und ökonomischer Notwendigkeit. „Konsum" im ökonomischen Texten der Frühen Neuzeit, in: *R. Reith/T. Meyer (Hg.)*, Luxus und Konsum. Eine historische Annäherung, Münster u. a. 2003, S. 69; *De Vries*, Industrious Revolution, S. 44–58.
34 *S. Ogilvie/M. Küpke/J. Maegraith*, Private Haushaltsschulden im frühneuzeitlichen Württemberg, in: *Hirbodian u. a. (Hg.)*, Revolution des Fleißes, S.132–136.

2.2 Angebotsseite: Produzenten, Handel, Vertrieb

Die beschränkten Konsummöglichkeiten eines Großteils der deutschen Bevölkerung standen im krassen Gegensatz zur Ausweitung des Konsumangebots, welches im Zuge der europäischen Expansion eine Vielzahl neuer Produkte für unterschiedliche Lebensbereiche mit sich brachte.

Seit dem 15. Jahrhundert hatte es eine erhebliche Ausweitung des Kontinentalhandels gegeben, der mit der Entdeckung Amerikas im Zuge des transatlantischen Dreieckshandels und der Erschließung des Seewegs nach Indien und Ostasien globale Züge angenommen hatte. Es waren vor allem die großen Handelskompanien der europäischen Kolonialmächte Spanien und Portugal, Niederlande, England und Frankreich sowie Kaufleute und deren internationale Handelsnetze, über die als Luxusgüter konsumierte Genussmittel und Gewürze, Stoffe, Farben, Textilien, Teppiche oder Porzellan nach Europa importiert wurden. In den deutschen Territorien beziehungsweise den großen Handelsgebieten des nieder-, mittel- und oberdeutschen Raumes sowie im rheinischen Raum trugen Kaufleute und große Handelshäuser zur Verbreitung dieser Produkte bei.[35] Die Wachstumsraten des Handels verliefen mit durchschnittlich einem Prozent jährlich moderat und führten noch nicht zu einer umfassenden Transformation, jedoch zu einer kontinuierlichen Schwerpunktverlagerung und Ausweitung des Konsumangebots.[36]

Da die deutschen Territorien nicht über Kolonien und kaum über eigene Handelsgesellschaften verfügten, kam ausländischen Kaufleuten oder auch deutschen Kaufleuten im Ausland eine zentrale Stellung im Bereich des internationalen Handels zu. So gelangten etwa Kolonialwaren wie Zucker, Kaffee, Tee, Indigo oder Baumwolle zum Beispiel über das Nanteser Handelshaus Pelloutier & Cie. und deren Kompagnons sowie über Kommissionäre in den Hamburger Raum und fanden von dort eine weitere Verbreitung.[37] Kaufleute und Wanderhändler aus Italien und Savoyen ließen sich im südwestdeutschen Raum und im Rhein-Main-Gebiet nieder und verkauften dort vor allem Strümpfe, Garne, Bänder, ‚exotische' Stoffe wie Damast, Seide oder Baumwolle, aber auch Südfrüchte und Kolonialwaren wie Tabak, Zucker und Kaffee.[38] Um einen besseren Zugang zu den englischen Kolonialmärkten zu bekom-

---

35 *M. North*, Kommunikation, Handel, Geld und Banken in der Frühen Neuzeit, München 2000, S. 13–23; *W. Reinhard*, Europa und die atlantische Welt, in: *Ders. (Hg.)*, Geschichte der Welt 1350–1750, München 2014, S. 669–764; *Ders.*: Die Unterwerfung der Welt. Globalgeschichte der Europäischen Expansion, München 2016; *F. Braudel*, Sozialgeschichte des 15.–18. Jahrhunderts. Aufbruch der Weltwirtschaft, München 1990; *C. Kleinschmidt*, Wirtschaftsgeschichte der Neuzeit. Die Weltwirtschaft 1500–1850, München 2017.
36 *Trentmann*, Herrschaft der Dinge, S. 39–45, 109–120; *De Vries*, Industrious Revolution, S. 154–185.
37 *M. A. Denzel*, Zur Geschäftspraxis eines Nanteser Handelshauses: Der Preiskurant von Pelloutier & Cie. (1763–1793), in: *J. Hook/W. Reininghaus (Hg.)*, Kaufleute in Europa, Dortmund 1997, S. 61–87.
38 *M. Häberlein*, Savoyische Kaufleute und die Distribution von Konsumgütern im Oberrheingebiet, ca. 1720–1840, in: *Walter (Hg.)*, Geschichte des Konsums, S. 81–114; *R. Banken*, Viel mehr als nur Pom-

men, gingen westfälische Kaufleute nach London und schufen von dort ein umfangreiches Handelsnetzwerk, welches unter anderem nach Sachsen, Schlesien und sogar Russland zurückwirkte.[39] Westfalen, Südwestdeutschland und der rheinische Raum, aber auch Schlesien waren als Hinterland über Amsterdam, Hamburg und Bremen an die atlantische Wirtschaft angegliedert, exportierten über diese Häfen einen Großteil ihrer Produkte und importierten Kolonialwaren und andere Konsumgüter.[40] Familiäre Netzwerke deutscher Kaufleute finden sich auch in Italien beziehungsweise der Lombardei, wo unter anderem mit Seide gehandelt wurde. Von Mailand aus gab es wiederum Kontakte nach England und zum dortigen Kolonialhandel sowie zum Lyoner Seidenhandel.[41]

Bei den hier erwähnten international gehandelten Waren handelte es sich vorwiegend um Luxusgüter oder Produkte des gehobenen Bedarfs, die bis ins 18. und zum Teil noch bis Mitte des 19. Jahrhunderts in erster Linie von den oberen Ständen konsumiert wurden. Im Handelsportfolio der größeren Handelsfirmen befanden sich neben diesen Luxusgütern aber auch Waren, die auf regionalen Märkten oder Jahrmärkten auch von einer breiteren Konsumentenschicht erworben wurden, wie etwa Glas, Lichter, Wachs, Kohle, Löffel, Handschuhe, Knöpfe, Stoffe und Tücher.[42] Waren des täglichen Bedarfs wie Lebensmittel, Textilien oder Haushaltswaren wurden über Wanderhändler und Hausierer zu den Konsumenten gebracht. Es war ein europäisches Phänomen, das zu einer grenzüberschreitenden Verbreitung von Konsumgütern beitrug, jedoch im Zeitalter des Merkantilismus auch zahlreichen Regulierungen und Verboten unterlag, um das jeweils heimische Gewerbe zu schützen.[43]

Die merkantilistisch-territoriale Wirtschaftspolitik beeinflusste, wie weiter unten noch ausführlicher zu zeigen ist, nicht nur den Handel, sondern auch die Produktion und den Absatz und somit insgesamt die Konsummöglichkeiten der Bevölkerung. Die Herstellung von Konsumgütern des täglichen Bedarfs erfolgte zumeist auf regionaler

---

meranzen und Zitronen. Italienische Handelshäuser im Rhein-Main-Gebiet des 18. Jahrhunderts, in: *B. Heidenreich u. a. (Hg.)*, Die Brentanos – Eine romantische Familie?, Frankfurt 2016, S. 33–57.
39 *M. Schulte Beerbühl*, Internationale Handelsnetze Westfälischer Kaufleute in London (ca. 1660–1815), in: *K.-P. Ellerbrock/N. Bodden/M. Schulte Beerbühl (Hg.)*, Kultur, Strategien und Netzwerke. Familienunternehmen in Westfalen im 19. und 20. Jahrhundert, Dortmund, Münster 2014, S. 153–174.
40 *C. Kleinschmidt*, Vom Hinterland zum internationalen Wirtschaftszentrum. „Westfalen und die Welt" vom 18. bis zum 20. Jahrhundert, Münster 2017, S. 23–33; *M. Boldorf*, Europäische Leinenregionen im Wandel. Institutionelle Weichenstellungen in Schlesien und Irland (1750–1859), Köln, Weimar, Wien 2006.
41 *M. Poettinger*, Deutsche Unternehmer im Mailand des Neunzehnten Jahrhunderts. Netzwerke, soziales Kapital und Industrialisierung, Lugano, Milano 2012, S. 53ff., 66ff., 179ff.
42 *I. Schwanke*, „...den wir haßen die unangenehme Correspondenz...". Handelspraktiken der Brüder Castell in Elzach im Schwarzwald (1814–1843), in: *M. Häberlein/C. Jeggle (Hg.)*, Praktiken des Handels. Geschäfte und soziale Beziehungen europäischer Kaufleute in Mittelalter und früher Neuzeit, Konstanz 2010, S. 606–613.
43 S. dazu die Beiträge des Sammelbandes von *W. Reininghaus (Hg.)*, Wanderhandel in Europa, Dortmund 1993; *Spiekermann*, Basis der Konsumgesellschaft, S. 37–41.

Ebene durch Bauern und Handwerker. Die landwirtschaftliche Produktion stieg im 18. Jahrhundert infolge unterschiedlicher Maßnahmen wie der Ausdehnung der Nutzflächen (Rodungen, Meliorationen) sowie der Intensivierung der landwirtschaftlichen Flächen an. Dazu trugen neben einer Verwissenschaftlichung und der Forschung an Universitäten zahlreiche technische Neuerungen, die Düngung des Bodens, eine verbesserte Dreifelderwirtschaft, die Entwicklung des Pflanzenbaus und die Nutzung neuer Sorten (z. B. Kartoffel) sowie eine verbesserte Tierhaltung und -züchtung bei. Dies führte einerseits zu Produktions- und Produktivitätssteigerungen der Landwirtschaft[44], bei gleichzeitigem Bevölkerungswachstum und nach wie vor auftretenden Agrarkrisen wie etwa 1763, 1770/72, 1816 und 1845/47 jedoch kaum zu einer deutlichen Verbesserung der Nahrungsmittelversorgung, sondern eher zu einer Verschiebung der Konsumstrukturen. Stellten Getreide und Gemüse um 1800 circa 52 Prozent beziehungsweise 25 Prozent des Konsums und tierische Produkte etwa 15 Prozent, so fielen diese Werte bis Mitte des 19. Jahrhunderts auf 44 Prozent, 17 Prozent beziehungsweise elf Prozent, während der Anteil der Kartoffel am Nahrungsmittelkonsum sich von acht Prozent auf 28 Prozent mehr als verdreifachte, der Fleischkonsum stagnierte beziehungsweise leicht zurück ging und die Qualität der Nahrungsmittelversorgung damit eher rückläufig war, da der Anteil kohlehydrathaltiger Produkte auf Kosten von vitamin- und eiweißhaltiger Nahrung ging.[45] Die merkantilistische Manufakturpolitik, die in verschiedenen deutschen Staaten mit dem Ziel verbunden war, durch die Errichtung von Tabak- und Kaffeemonopolen sowie die Gründung von Tabak-, Zucker und Zichorienfabriken beziehungsweise -manufakturen den Konsum von Genussmitteln aus fiskalischen Gründen zu fördern und zugleich den Import ausländischer Anbieter zu unterbinden, führte – verglichen mit den westeuropäischen Staaten – nicht zur Erhöhung des Genussmittelkonsums. Vielmehr blieb etwa der Verbrauch von Bohnenkaffee bis zur Mitte des 19. Jahrhunderts „für die Masse der Bevölkerung unerschwinglich".[46]

Bis zur Mitte des 19. Jahrhunderts kann von einer massenhaften Produktion von Lebensmitteln noch keine Rede sein. Die Herstellung von Konservendosen fällt in die Zeit der 1840er Jahre, doch handelte es sich dabei um kleinere Handwerksbetriebe. Der Übergang zur industriellen Massenproduktion begann in Deutschland erst seit den 1870er Jahren.[47] Überhaupt bewegte sich die Produktion von Lebensmitteln und Konsumgütern in vorindustrieller Zeit vor allem im handwerklichen Rahmen. Die Herstellung von Brot und Fleisch lag in den Händen des städtischen oder ländlichen

---

44 Ausführlicher dazu s. *R. Prass*, Grundzüge der Agrargeschichte Bd.2: Vom Dreißigjährigen Krieg bis zum Beginn der Moderne (1650–1880), Köln u. a. 1016, S. 94ff., 160ff.
45 *Henning*, Handbuch der Wirtschafts- und Sozialgeschichte, Bd. 1, S. 792–804, *Ders.*, Bd. 2, Paderborn u. a. 1996, S. 105; *Wehler*, Deutsche Gesellschaftsgeschichte, Bd. 1, S. 71–90; *Ders.* Deutsche Gesellschaftsgeschichte Bd. 2, S. 39–48; *H. J. Teuteberg/G. Wiegelmann*, Der Wandel der Nahrungsgewohnheiten unter dem Einfluß der Industrialisierung, Göttingen 1972, S. 105–112, 129.
46 *Ellerbrock*, An der Schwelle der Konsumgesellschaft, S. 280.
47 *W. König*, Geschichte der Konsumgesellschaft, Stuttgart 2000, S. 140.

Handwerks, ebenso wie die Produktion von Textilien, Schuhen, Möbeln und anderen Haushaltsgegenständen. Über die Zünfte bestand auch hier eine starke Regulierung der Produktion mit dem Ziel der ausreichenden ‚Nahrung' der Zunftmitglieder. Die Etablierung protoindustrieller Strukturen seit dem Spätmittelalter beziehungsweise dem Beginn der Frühen Neuzeit ist deshalb nicht zuletzt als Versuch zu werten, die stark regulierten zünftischen Produktionsstrukturen durch eine Standortverlagerung der Warenproduktion auf das Land zu umgehen und damit die Grundlagen für eine Massenproduktion – und damit auch für einen Massenkonsum – und den Vertrieb auf regionalen und überregionalen Märkten insbesondere im textilen Bereich zu legen. Dies geschah im ländlichen Raum häufig im Rahmen der Nebenerwerbslandwirtschaft, die über unterschiedliche Produktionsformen wie etwa das ‚Kaufsystem', das ‚Verlagssystem' und in geringerem Maße über Manufakturen an überregionale Märkte innerhalb und außerhalb Europas angebunden war.[48] Der Begriff der Proto-Industrialisierung verweist auf einen Entwicklungsstand der „Industrialisierung vor der Industrialisierung"[49], auf eine Übergangs- beziehungsweise Transformationsphase des Kapitalismus und der Marktwirtschaft, die auch für den Konsum und die Konsumgesellschaft eine solches ‚Proto'-Stadium markiert. „Der Kern des Neuen", so Werner Plumpe über die Rolle des Kapitalismus bei der Ausweitung der Konsumgesellschaft, „besteht in der beginnenden und sich seit dem 18. Jahrhundert rasch ausbreitenden Verbindung von marktwirtschaftlichen Strukturen und kapitalintensiver Güterproduktion."[50] Die Nachfrage der nichtvermögenden Menschen bilde eine wesentliche Bedingung der kapitalistischen Massenproduktion und damit auch der Konsumgesellschaft.[51]

Das lässt sich unter anderem am Beispiel proto-industrieller Studien zum Krefelder Seidengewerbe belegen. Seide war bis ins 18. Jahrhundert ein Luxusprodukt. Die Standortausweitung der Seidenproduktion im Krefelder Raum, die Zunahme der Webstühle in der ersten Hälfte des 19. Jahrhunderts, die Entstehung integrierter Unternehmen, die von der Rohstoffbeschaffung bis zum Absatz engagiert waren, die Erschließung neuer Märkte in Übersee und auch neuer Käuferschichten zu Hause, nicht zuletzt durch den Einsatz von Ersatzmaterialien, ermöglichte auch breiteren Bevölkerungsschichten den Zugang zu neuen Produkten. Ein ähnliches Phänomen

---
48 Zum Thema Proto-Industrialisierung s. u. a. *S. Ogilvie/M. Cerman (Hg.)*, European Proto-Industrialization, Cambridge u. a. 1996; *Dies.*: State Corporatism and Proto-Industry. The Württemberg Black Forest 1580–1797, Cambridge u. a. 1997; Jahrbuch für Wirtschaftsgeschichte 2, 1998. Proto-Industrialisierung; *J. Schlumbohm*, Lebensläufe, Familien, Höfe, Göttingen 1997; *H. Medick*, Weben und Überleben in Laichingen 1650–1900, Göttingen 1997; *P. Kriedte*, Eine Stadt am seidenen Faden, Göttingen 1992.
49 *P. Kriedte/H. Medick/J. Schlumbohm*, Industrialisierung vor der Industrialisierung. Gewerbliche Warenproduktion auf dem Land in der Formationsperiode des Kapitalismus, Göttingen 1978.
50 *W. Plumpe*, Das Kalte Herz. Kapitalismus: Die Geschichte einer andauernden Revolution, Berlin 2019, S. 20.
51 *Plumpe*, Das Kalte Herz, S. 20, 78.

zeigt sich am Beispiel der Porzellanherstellung. Porzellan war eines der wichtigsten Import-Luxusgüter, welches vor allem über die Ostindienkompanien nach Europa gelangte. Englische Hersteller ahmten die chinesischen Produkte nach, benutzten dazu preiswertes Steingut, diversifizierten die Ausstattung, Design und Farbgebung und mechanisierte Herstellungsverfahren zur Massenproduktion und Standardisierung und transferierten „*imitation into product inovation*".[52] Diese neuen „*semi-luxury consumer goods*" waren das Ergebnis einer „*creative imitation*" (Maxine Berg), die dann von Unternehmen wie Wedgewood mit Unterstützung einer entsprechenden Werbe- und Preispolitik, Markenbildung sowie der Einrichtung von *Showrooms*, gleichsam als Vorläufer moderner Marketingmethoden in Erscheinung traten.[53] Nun handelt es sich hier um das Beispiel eines Pioniers der Konsumgüterherstellung der führenden Industrienation England, die Ende des 18. Jahrhunderts schon deutliche Fortschritte auf dem Weg zur Konsumgesellschaft gemacht hatte. In Deutschland hatte Johann Friedrich Böttger bereits zu Beginn des 18. Jahrhunderts damit begonnen, Hartporzellan herzustellen.[54] Die Produkte der Meissener Porzellanmanufaktur entwickelten sich jedoch nicht zu standardisierten Massenkonsumgütern wie im Fall Wedgewood, sondern blieben weitgehend dem Luxuskonsum vorbehalten.

Noch am ehesten hatten sich neue maschinelle Produktionsmethoden im Textilgewerbe durchgesetzt, wo, ebenfalls aus England kommend, mechanisierte Spinn- und Webverfahren den Übergang zur industrialisierten Massenproduktion einläuteten. Doch der Übergang zur maschinellen Massenproduktion und zu modernen Großunternehmen war bis Mitte des 19. Jahrhunderts in deutschen Territorien zunächst kaum gegeben. Im Bereich der zumeist handwerklich geprägten Produktion und der technischen Entwicklung fehlten demnach in den meisten Gewerben in Deutschland die Voraussetzungen für den Durchbruch zur Konsumgesellschaft im Übergang zum 19. Jahrhundert.

Dies lässt sich auch mit Blick auf die gewerblichen Verkaufs-, Absatz- und Vertriebsmethoden bestätigen. Es waren vor allem die lokalen Märkte, die Wochenmärkte, auf denen die Waren des alltäglichen Bedarfs, Lebensmittel, aber auch Brennmaterial, Textilien, Eisenwaren oder Keramik, gehandelt wurden. Diese befanden sich zumeist in den Städten, sodass man von einer Art Arbeitsteilung zwischen Stadt und Land, wo die Basisversorgung der Bevölkerung mit Lebensmitteln stattfand, sprechen kann. Auf den Jahrmärkten durften auch fremde Händler ihre Waren an Ständen, Buden und Tischen anbieten. Damit ist zugleich gesagt, dass der Markt-

---

[52] M. Berg, In Pursiut of Luxury: Global History and British Consumer Goods in the Eighteenth Cenrury, in: Past and Present, Vol. 182, 2004, S. 128–132.

[53] Mc Kendrick, Ursprünge der Konsumgesellschaft, S. 99–103; H. Berghoff: Marketing im 20. Jahrhundert, in: Ders. (Hg.), Marketinggeschichte. Die Genese einer modernen Sozialtechnik, Frankfurt 2007, S. 24 ff.; Stihler, Entstehung des modernen Konsums, S. 57–69.

[54] U. Troitzsch, Technischer Wandel in Staat und Gesellschaft zwischen 1600 und 1750, in: A. Paulinyi/U. Troitzsch, Mechanisierung und Maschinisierung 1600 bis 1840, Berlin 1991, S. 181–187.

verkauf reguliert war, was in noch stärkerem Maße für den Einzelhandel der Zünfte galt.[55] Kaufleute und Großhändler nutzten neben den lokalen und den Jahrmärkten zudem die großen internationalen Messen zum An- und Verkauf ihrer Waren, wobei es, wenn auch in beschränktem Maße, auch bäuerlichen Anbietern erlaubt war, ihre Produkte dort anzubieten. Die großen Handelshäuser bezogen ihre Produkte, die ein umfangreiches Sortiment über Lebens- und Genussmittel bis hin zu Luxuswaren umfassten, von zum Teil mehr als 100 Lieferanten, wobei dies im Falle savoyischer Kaufleute einen Raum umfassen konnte, der vom Bergischen Land bis in die Schweiz und nach Italien reichte. Und ebenso umfangreich war auch das Vertriebsnetz, in das einzelne Händler mitunter auch als Zwischenhändler für andere Kaufleute oder Hausierer auch als Einzelhändler eingebunden waren.[56] Neben den regionalen und überregionalen Märkten gab es vor allem in den Städten mobile Buden und Verkaufsstände und seit Mitte des 18. Jahrhunderts auch zunehmend feste Geschäftslokale, die sich vor allem im Erdgeschoss oder in den Kellern von Wohnhäusern befanden. Größere Kaufhäuser existierten bis Mitte des 19. Jahrhunderts, anders als in anderen westeuropäischen Staaten, kaum. Eine Ausnahme bildete das in den 1840er Jahren gegründete Berliner Textil- und Konfektionskaufhaus ‚Gerson's Basar'. Auch im Bereich des Einzelhandels zeigt sich also eine deutsche ‚relative Rückständigkeit', die nicht zuletzt auf den im Vergleich zu England oder Frankreich geringeren Urbanisierungsgrad zurück zu führen ist.[57]

Dies gilt auch für moderne Methoden des Vertriebs, der Werbung und des Marketing. Wenn das oben genannte Beispiel Wedgewood als Pionier des modernen Marketing auch für England eine Ausnahme darstellte, so verbreiteten sich entsprechende Strategien wie eine zielgruppenspezifische Produkt- und Preisdifferenzierung, neue Präsentations- und Verkaufsmethoden, Werbung und Zeitungsanzeigen im westeuropäischen Raum deutlich eher als in den deutschen Territorien.[58] Das Markenwesen beziehungsweise Markenrecht des frühen 19. Jahrhunderts dagegen stand zumeist noch in der Tradition der bis ins Spätmittelalter zurückreichenden Gütezeichen und war andererseits Bestandteil der von Handwerkszünften beziehungsweise Marktaufsichtsbehörden festgelegten Qualitätsstandards, hatte also vorwiegend eine Kontrollfunktion im Rahmen von Zunftordnungen und dementsprechend noch wenig mit der bereits von Wedgewood praktizierten wettbewerbsorientierten Markenstrategie zu tun.[59] Produktwerbung spielte im 18. Jahrhundert und in den ersten Jahrzehnten

---

[55] *C. Wischermann/A. Nieberding*, Die institutionelle Revolution. Eine Einführung in die deutsche Wirtschaftsgeschichte des 19. und frühen 20. Jahrhunderts, Stuttgart 2004, S. 33f.; *Spiekermann*, Basis der Konsumgesellschaft, S. 34f.; *Homburg*, Wahrnehmungen der Konsummoderne, S. 51f.; *Beck*, Unterfinning, S. 505ff.
[56] *Häberlein*, Savoyische Kaufleute, S. 93–96; *Homburg*, Wahrnehmungen der Konsummoderne, S. 51f.
[57] *Homburg*, Wahrnehmungen der Konsummoderne, S. 49, 54ff.
[58] *Stihler*, Entstehung des modernen Konsums, S. 56–84.
[59] S. dazu *E. Wadle*, Markenwesen und Markenrecht im Übergang: Die Einflüsse des Strukturwandels am Beispiel des Bielefelder Leinengewerbes, in: *K. O. Scherner/D. Willoweit (Hg.)*, Vom Gewerbe zum

des 19. Jahrhunderts vor dem Hintergrund kaum vorhandener marktwirtschaftlicher Strukturen und Wettbewerbsbedingungen ebenfalls nur eine geringe Rolle.[60] Ausnahmen bildeten Musterbücher von Kaufleuten und Produzenten, die den Kunden als eine Art Katalog Informationen über die von den Anbietern zu verkaufenden Waren ermöglichten. Sie existierten für Stahlwaren ebenso wie für Kurzwaren und Textilien und können durchaus auch als ‚Instrumente der Werbung' betrachtet werden.[61] Eher in die Kategorie der Produkthinweise fallen die Informationen in Intelligenzblättern des 18. Jahrhunderts, die neben politischen Nachrichten auch Hinweise auf ökonomische Entwicklungen und neue Produkte verbreiteten, wobei man hier noch nicht von systematischer Produktwerbung sprechen kann.[62] Tageszeitungen schalteten Geschäftsanzeigen, die seit Ende des 18. Jahrhunderts zunehmend auch für Konsumgüter und Lebensmittel warben mit dem Ziel, das Interesse der Kunden für neue Produkte zu wecken. So entwickelte sich bis Mitte des 19. Jahrhunderts ein regelrechter Anzeigenmarkt.[63] Zeitschriften, insbesondere Modezeitschriften, sorgten ebenfalls für Informationen und Aufklärung der Konsumenten, insbesondere mit Blick auf Mode und Textilien. Als Kommunikationsmedium können sie auch als Werbemittel verstanden werden, obwohl es in den ersten deutschen Modezeitschriften, wie etwa dem seit 1786 herausgegebenen ‚Journal des Luxus und der Moden' weniger um Produktwerbung als um öffentliche ‚Erziehung' der Menschen ging, die sich vor allem an ein bürgerliches Publikum richtete.[64]

2.3 Staat, Markt, Institutionen

Der Übergang vom Merkantilismus zur Marktwirtschaft, von einer regulierten und gebundenen Wirtschaftsform zu einer liberalen Wettbewerbsordnung, den Clemens Wischermann und Anne Nieberding als „institutionelle Revolution" bezeichnen, fällt in die Zeit der zweiten Hälfte des 18. Jahrhunderts und zog sich über „mindestens ein Jahrhundert".[65] Die damit verbundenen grundstürzenden Veränderungen,

---

Unternehmen. Studien zum Recht der gewerblichen Wirtschaft im 18. und 19. Jahrhundert, Darmstadt 1982, S.152–207; *W. von Stromer*, Die Gründung der Baumwollindustrie in Mitteleuropa, Stuttgart 1978, S. 21ff.; *Wischermann/Nieberding*, Die institutionelle Revolution, S. 41f., 140.

60 *S. Haas*, Sinndiskurse in der Konsumkultur. Die Geschichte der Wirtschaftswerbung von der ständischen zur postmodernen Gesellschaft, in: *Prinz* (Hg.): Der lange Weg in den Überfluss, S. 292f.
61 *H. G. Meissner*, Musterbücher als Instrumente der Werbung, in: *O. Dascher (Hg.)*, „Mein Feld ist die Welt". Musterbücher und Kataloge 1784–1914, S. 47–51; *Schwanke*, „...den wir haßen die unangenehme Corespondenz...", S. 618; *Banken*, Viel mehr als nur Pommeranzen, S. 52.
62 *Haas*, Sinndiskurse, S. 293f.; *H. Homburg*, Werbung – „eine Kunst, die gelernt sein will". Aufbrüche in eine neue Warenwelt 1750–1850, in: Jahrbuch für Wirtschaftsgeschichte 1997/1, S. 23f.
63 *Homburg*, Werbung, S. 25–33.
64 *Daniel Purdy*, Modejournale und die Entstehung des bürgerlichen Konsums im 18. Jahrhundert, in: *Prinz (Hg.)*: Der lange Weg in den Überfluss, S. 228.
65 *Wischermann/Nieberding*, Institutionelle Revolution, S. 33, 57.

bei denen der Staat als „Mitspieler und Schiedsrichter" (Wischermann/Nieberding), unter anderem durch die Reformpolitik in den deutschen Territorien, eine nicht unerhebliche Rolle spielte, betrafen vor allem die Eigentums- und Wettbewerbsverhältnisse sowie die Organisationsformen der Wirtschaft. Das hatte auch Auswirkungen auf die Konsumgesellschaft und hier wiederum auf die Frage nach der Partizipation und Teilhabe sowie nach Restriktionen, die die Konsummöglichkeiten bestimmter Bevölkerungskreise – zusätzlich zu den jeweiligen materiellen Voraussetzungen – einschränkten. Hier spielen wiederum „inklusive" und „extraktive Institutionen" (Acemoglu/Robinson) eine entscheidende Rolle.

Torsten Meyer betont, dass im Zeitalter des Kameralismus der Konsum nicht allein durch eine negative Konnotation gekennzeichnet war, sondern zwischen „den Polen von ökonomischer Notwendigkeit und sozialer Restriktion [oszillierte]".[66] Das zeigte sich etwa anhand der Akzise sowie von Luxussteuern, die als Verbrauchssteuern nicht unwesentlich zum frühneuzeitlichen Staatshaushalt beitrugen. Das galt auch für die Einrichtung von Monopolen wie dem Tabakmonopol oder die Gründung von Manufakturen für Luxusgüter wie etwa Porzellanmanufakturen[67]. Restriktive Konsumregulierungen ergaben sich im Kameralismus aus der Vorstellung einer ständischen Ordnung der Wirtschaft, wonach es die vorhandene Gütermenge „dem jeweiligen Stand angemessen zu verteilen galt".[68] Die damit verbundene Konsumreglementierung machte sich in der Verhängung obrigkeitsstaatlicher Schutzzölle und Einfuhrverbote, die den nicht als notwendig erachteten Luxuskonsum im Sinne der kameralistischen Haushalts- und Gewerbepolitik kanalisieren sollte, ebenso bemerkbar wie in Zunft- und Gewerbeordnungen sowie Privilegien, die sich, zum Schutz bestimmter Gewerbe und Handelszweige, durch restriktive Marktzugangsmöglichkeiten auszeichneten.

Eine Art Schutzfunktion kam auch der Krisen- und Teuerungspolitik des Staates zu, die in Zeiten von Hungerkrisen und konjunkturell schwankender Nahrungsmittelversorgung für die Nahrungssicherung insbesondere der städtischen Konsumenten sorgte. So gab es einen ganzen Katalog von Maßnahmen, die im 18. Jahrhundert in Krisensituationen durch staatliche Regulierungen und Verbote insbesondere der Getreideversorgung gegen Teuerungen und Hungersnöte helfen sollten. Das betraf die vorübergehende Abschaffung oder Senkung der Getreidezölle sowie Getreideaufkäufe im Ausland, Vorratshaltung, den Verkauf billigen Brotes und Getreides, Ausfuhrverbote sowie das Verbot Branntwein herzustellen, die Beschlagnahme gehor-

---

66 *T. Meyer*, Zwischen sozialer Restriktion und ökonomischer Notwendigkeit, S. 63.
67 *Henning*, Handbuch Bd. 1, S. 905ff.; *N. Bulst*, Vom Luxusverbot zur Luxussteuer. Wirtschafts- und Sozialgeschichtliche Aspekte von Luxus und Konsum in der Vormoderne, in: *Prinz* (Hg.), Der lange Weg in den Überfluss, S. 53ff.
68 *Meyer*, Zwischen sozialer Restriktion und ökonomischer Notwendigkeit, S. 73.

teten Getreides, die Begrenzung der Zahl der Händler bis hin zu Maßnahmen zur Beruhigung der Bevölkerung.[69]

Staatliche Infrastrukturpolitik, der Bau von Straßen und Kanälen, schuf als Teil der Gewerbeförderungsmaßnahmen wichtige Voraussetzungen nicht nur für die Produktion, sondern auch für den Absatz von Konsumgütern, wobei der Handel zwischen den Territorien unter den hohen Binnen- und Durchfuhrzöllen litt, die wiederum auch Teil der kameralistischen Wirtschaftspolitik waren.[70]

Die Restriktionen betrafen sowohl die Angebots- wie auch die Nachfrageseite. Die Zünfte sowie Zwangs- und Bannrechte bestimmter Gewerbe kontrollierten die Quantitäten und Qualitäten der von ihnen hergestellten Waren und regulierten die Zeiten und Orte des Verkaufs. Der Staat beziehungsweise die Landesherren schränkten den Land- und Hausiererhandel ein, Polizeiordnungen beziehungsweise Kleiderordnungen reglementierten das Tragen bestimmter Kleidungsstücke im sozialständischen Rahmen.[71]

Sheilagh Ogilvie verweist in ihren Mikrostudien über Württemberg (die regional begrenzt und dementsprechend auch mit eingeschränkter Reichweite zu betrachten sind[72]) auf konkrete Beispiele von Gemeinde- und Zunftprivilegien, die Frauen – und damit 57 Prozent der württembergischen Bevölkerung – von bestimmten marktbezogenen Tätigkeiten ausschlossen. Auch gab es ein zünftisches Verbot des Warenankaufs bei Juden, welches wiederum diese und andere Minderheiten daran hinderte, ihren Teil zur wirtschaftlichen sowie zur Konsumentwicklung beizutragen und die deshalb im 18. Jahrhundert in großer Zahl nach Osteuropa und Amerika auswanderten.[73] Darüber hinaus existierten zahlreiche zünftisch bedingte Einzelhandelsbeschränkungen mit der Folge, dass die Einzelhandelsdichte in Württemberg mit einem Wert von 3,7 und in anderen deutschen Territorien mit einem Wert von 7,7 weit unter derjenigen der Niederlande (22,9) und Englands (22,7) lag. Ein weiteres Beispiel der Konsumbeschränkungen und -kontrollen betraf gemeindliche, staatliche und kirchliche Regelungen wie ‚Luxus-', ‚Kleider-', ‚Nahrungsmittel-' und ‚Polizeiordnungen', die einen Teil der Bevölkerung von bestimmten Konsummöglichkeiten ausschlossen.

---

[69] *M. Huhn*, Der Ernstfall des Konsums. Obrigkeitliche Teuerungspolitik im Übergang zur Moderne, in: *Prinz (Hg.)*: Der lange Weg in den Überfluss, S. 233f.
[70] *R. Gömmel*, Die Entwicklung der Wirtschaft im Zeitalter des Merkantilismus 1620–1800, München 1998, S. 50, 79; *Spiekermann*, Basis der Konsumgesellschaft, S. 48.
[71] *Ellerbrock*, Geschichte der deutschen Nahrungs- und Genußmittelindustrie, S. 139ff., *Ders.*, An der Schwelle der Konsumgesellschaft, S. 274ff.; *Homburg*, Wahrnehmungen der Konsummoderne, S. 48ff.; *Medick*, Weben und Überleben, S. 384ff.
[72] Die Situation von Frauen in Westfalen scheint etwa gegenüber der Situation in Württemberg, aber auch gegenüber der Schweiz oder Frankreich deutlich günstiger gewesen zu sein. S. dazu *C. Fertig*, Familie, Haushalt und Verwandtschaft. Das ländliche Westfalen im 18. und 19. Jahrhundert, in: *S. Hensel/B. Rommé (Hg.)*, Aus Westfalen in die Südsee, Katholische Mission in den deutschen Kolonien, Berlin 2018, S. 152.
[73] *Ogilvie*, Revolution des Fleißes, S. 183f.

So wurde die Bevölkerung Württembergs zu Beginn des 18. Jahrhunderts in neun Klassen einer Kleiderordnung eingeteilt, die genau vorschrieb, welche Stoffe und Kleidungsstücke von einzelnen Standesangehörigen getragen werden durften.[74] Es war vor allem für die unteren Stände verboten, ausländische Stoffe zu tragen. Konsumverbote dienten andererseits dem Schutz der Produktion. Ein Ziel der Kleiderordnungen war es deshalb auch, die inländische Produktion von Textilien im kameralistischen Sinne zu schützen und zu fördern.[75]

All diese kameralistisch-institutionellen Regelungen hatten die Ausprägung eines restriktiven Konsumtionsregimes zur Folge, welches nicht dazu in der Lage war, das vorhandene Konsum- und Konsumentenpotenzial auszuschöpfen. Andererseits lassen sich als Reaktion auf die vielfältigen Restriktionen seit der zweiten Hälfte des 18. Jahrhunderts zunehmend Grenzüberschreitungen, das Umgehen und Unterlaufen von Verboten und Konsumbeschränkungen, das heißt ein im institutionenökonomischen Sinne opportunistisches Verhalten bei Produzenten und Konsumenten beobachten, welches, begleitet durch ökonomische Diskurse zur Liberalisierung der Wirtschaft, mittelfristig zu einer Erosion des starren Konsumtionsregimes des Merkantilismus, zu einer Enttabuisierung eines liberalen Konsumverhaltens und schließlich zu markt- und wettbewerbswirtschaftlichen Reformen seit Beginn des 19. Jahrhunderts führte.

So hatte die Standortverlagerung der protoindustriellen Warenproduktion auf das Land unter anderem die Umgehung starrer zünftischer Regulierungen von Produktion und Absatz zum Ziel. Unzufriedenheit herrschte bezüglich der merkantilistischen Krisen- und Teuerungspolitik, die unerwünschte Nebeneffekte zeitigte sowie in einzelnen Branchen wie der Brauwirtschaft, die infolge der Erhöhung der Bierakzise in der zweiten Hälfte des 18. Jahrhunderts unter einem dramatischen Absatzeinbruch litt. Der Wander- und Hausiererhandel setzte sich trotz starker Restriktionen insbesondere in denjenigen Regionen durch, die unter Versorgungsengpässen litten. Der ‚Marktzwang' wurde ebenso wie öffentliche Kleiderordnungen zunehmend in Frage gestellt beziehungsweise umgangen. Zudem lassen sich Verstöße gegen die staatliche Manufaktur- und Gewerbepolitik beobachten.[76] Die zunehmende Infragestellung und Aushöhlung merkantilistischer Wirtschafts- und Konsumpolitik wurde seit der zweiten Hälfte des 18. Jahrhunderts von ökonomischen beziehungsweise staatswissenschaftlichen Auseinandersetzungen begleitet, die angeregt durch westeuropäische Denkschulen (unter anderem Adam Smith, François Quesnay, Bernard de

---

[74] S. Ogilvi/M. Küpker/J. Maegraith, Die lokale Regulierung des Konsums im frühneuzeitlichen Württemberg, in: *Hirbodian u. a. (Hg.)*, Revolution des Fleißes, S. 55–74; *Ogilvie*, Revolution des Fleißes, S. 187–191.
[75] *Medick*, Weben und Überleben, S. 386ff.
[76] *Medick*, Weben und Überleben in Laichingen, S. 393ff.; *Ellerbrock*, An der Schwelle zur Konsumgesellschaft, S. 278ff.; *Wischermann*, Institutionelle Revolution, S. 102; *Huhn*, Ein Ernstfall des Konsums, S. 249; *Beck*, Unterfinning, S. 508f.

Mandeville) neue Ideen und Vorstellungen über Produktion und Konsum, Freihandel und Wettbewerb rezipierten. Im deutschsprachigen Raum markieren die Werke Johann Heinrich Gottlob von Justis eine „Wende des ‚volkswirtschaftlichen' Diskurses über Konsum" (Torsten Meyer), die die individuelle ökonomische Entscheidungsfreiheit des „*Homo oeconomicus*" als zentralen Aspekt wirtschaftlicher Entwicklung betrachtete.[77] Eine praktische Umsetzung erfuhren diese Überlegungen in deutschen Territorien in Gestalt politischer und ökonomischer Reformen seit Ende des 18. Jahrhunderts, die sich unter anderem in der Einführung der Handels- und Gewerbefreiheit sowie den Steuer- und Zollreformen zeigte und den Übergang zu einer liberalen Markt- und Wettbewerbsordnung und damit eine ‚institutionelle Revolution' markierten, die sich freilich über mehrere Jahrzehnte hinzog.[78]

3 Übergang zur inklusiven Konsumgesellschaft (1850–1918)

Der Weg von der exklusiven zur inklusiven Konsumgesellschaft vollzog sich seit Mitte des 19. Jahrhunderts über die seit Beginn des Jahrhunderts einsetzenden Agrar- und Gesellschaftsreformen, die Transformation von merkantilistischen beziehungsweise kameralistischen Strukturen zur Marktwirtschaft, über Innovationen im Bereich der Landwirtschaft, über die sich rasch ausbreitende Industrialisierung, den Übergang zu Massenproduktion, Freihandel und die "erste Ära der Globalisierung"[79] (Ulrich Pfister) sowie einen damit verbundenen Anstieg der Löhne und sinkende Preise, einen relativen Überfluss und wachsende Nachfrage sowie Auswahlmöglichkeiten, die zusammen genommen ein erhebliches Konsumtionspotenzial freisetzten.

Die neuen Konsummöglichkeiten und der inklusive Charakter der Konsumgesellschaft deuteten sich zu Beginn des 20. Jahrhunderts in einer Schilderung des Nationalökonomen Paul Arndt an, der geradezu euphorisch die Vorteile der weltwirtschaftlichen Integration für den Konsum breiter Bevölkerungsschichten hervorhob: „Bis in

---

77 *Meyer*, Zwischen sozialer Restriktion und ökonomischer Notwendigkeit, S. 74ff.; *W. Plumpe*, Die Geburt des ‚*Homo oeconomicus*'. Historische Überlegungen zur Entstehung und Bedeutung des Handlungsmodells der modernen Wirtschaft, in: *W. Reinhard/J. Stagl (Hg.)*: Menschen und Märkte. Studien zur historischen Wirtschaftsanthropologie, Wien u. a. 2007, S. 319–352.
78 Auf diese Reformen soll an dieser Stelle nicht ausführlich eingegangen werden. S. dazu u. a. *Wischermann/ Nieberding*, Die institutionelle Revolution, S. 57ff., 146ff.
79 *U. Pfister*, Globalisierung und Weltwirtschaft, in: *H.-U. Thamer (Hg.)*: WBG-Weltgeschichte. Eine globale Geschichte von den Anfängen bis ins 21. Jahrhundert, Darmstadt 2010, S. 288. Auf die einzelnen Phänomene bzw. Entwicklungen wie Agrarproduktion und den Industrialisierungsprozess sowie die erste Globalisierungsphase soll an dieser Stelle nicht ausführlich eingegangen werden. S. dazu u. a., die Handbücher von *Wehler* und *Henning* sowie entsprechende Monographien zu den genannten Teilbereichen.

die kleinste deutsche Hütte erstreckt sich der Weltverkehr. Wer sich nur ein wenig in seiner alltäglichen Umgebung umsieht, stößt überall auf Gegenstände, die ganz oder teilweise aus dem Auslande stammen. Er findet – auch im Hause des wenig Bemittelten – Brot aus russischem, rumänischem, nord-amerikanischem, argentinischem oder indischem Korn, Eier aus Italien oder Russland, Fische von der norwegischen oder schottischen Küste, Fleisch, Speck und Schmalz aus den Vereinigten Staaten, Käse aus Holland oder der Schweiz, Südfrüchte aus Spanien, Italien oder der Türkei, Reis aus Ostindien, Kaffee aus Zentral- oder Südamerika ... Es dürfte in Deutschland wohl kaum eine Ware geben, deren Produzent nicht in irgendwelchen Beziehungen zu ausländischen Marktverhältnissen stände".[80]

Ein Blick auf die Nachfrage- und Konsumentenseite einerseits, auf die Angebotsseite und die Produktion von Konsumgütern sowie schließlich die entsprechenden Institution zeigt, dass das Konsumtionsregime seit Mitte des 19. Jahrhunderts tatsächlich einen deutlich stärkeren inklusiven Charakter aufwies, von einer Massenkonsumgesellschaft jedoch vor dem Ersten Weltkrieg gleichwohl keine Rede sein kann.

3.1 Nachfrageseite und Konsumenten

Eine wesentliche Voraussetzung für die Entfaltung der Konsumgesellschaft stellte die Entwicklung von Löhnen und Preisen im Zuge der Hochindustrialisierung ab Mitte des 19. Jahrhunderts dar. Hatte sich die Lohn-Preis-Schere in der zweiten Hälfte des 18. Jahrhunderts insbesondere aufgrund fallender Löhne zuungunsten der Konsumenten verschoben, so stiegen die Löhne Ende des 19. Jahrhunderts deutlich an. Zwischen den 1850er und 1880er Jahren stagnierte die Reallohnentwicklung zumeist beziehungsweise verzeichnete einen nur langsamen Anstieg. Ab den 1890er Jahren bis zum Ausbruch des Ersten Weltkriegs beschleunigte sich dieser Prozess, wobei das Kaiserreich im internationalen Vergleich eine höhere wirtschaftliche Dynamik aufwies als Frankreich und Großbritannien. Damit konnte in der Phase des ‚Wirtschaftswunders' seit der Jahrhundertwende um 1900 auch der Anstieg der Verbraucherpreise, insbesondere bei Nahrungsmitteln, weitgehend kompensiert werden.[81]

---

80 *P. Arndt*, Deutschlands Stellung in der Weltwirtschaft, Leipzig 1908, S. 14f.
81 Allgemein zur wirtschaftlich-konjunkturellen Entwicklung im Kaiserreich s. *C. Burhop*, Wirtschaftsgeschichte des Kaiserreichs 1871–1918, Göttingen 2011, S. 31–80; *W. Plumpe*, Eine wirtschaftliche Weltmacht? Die ökonomische Entwicklung Deutschlands von 1870–1914, in: *B. Heidenreich/ S. Neitzel (Hg.)*, Das Deutsche Kaiserreich 1890–1914, S. 39–60; *T. Pierenkemper*, Arbeit, Einkommen und Lebensstandard, in: *T. Rahlf (Hg.)*: Deutschland in Daten, Bonn 2015, S. 148; *R. Metz*, Preise, in: *T. Rahlf (Hg.)*: Deutschland in Daten, Bonn 2015, S.204ff.; Sozialgeschichtliches Arbeitsbuch. Materialien zur Geschichte des Kaiserreichs 1870–1914, hg.von *G. Hohorst/J. Kocka/G.A. Ritter*, München 1975, S. 107; *Wehler*, Deutsche Gesellschaftsgeschichte, Bd. 3, S. 591, 606.

Tabelle 2: Entwicklung der Reallöhne und der Lebenshaltungskosten 1871–1913
aus: Sozialgeschichtliches Arbeitsbuch. Materialien zur Geschichte des Kaiserreichs, Hg. V. G. Hohorst, J. Kocka, G.A. Ritter, München 1975, S. 107 (Auszug)

Jahr	Index Lebenshaltungskosten (1895 = 100)	Index Reallöhne (1895 = 100)
1871	105,8	70
1880	104,0	79
1890	102,2	96
1913	129,8	125

Parallel dazu sank die Arbeitszeit. Betrug die durchschnittliche jährliche Arbeitszeit um 1850 circa 3 920 Stunden, so fiel dieser Wert bis in die 1880er Jahre auf etwa 3 700 Stunden und bis zum Ersten Weltkrieg auf weniger als 3 300 Stunden.[82] Die wöchentliche Arbeitszeit in Industrie und Handwerk sank von 82,5 Stunden (1850) auf etwa 60 Stunden zu Beginn des 20. Jahrhunderts. Steigende Haushaltseinkommen und geringere Arbeitszeiten erhöhten die Konsumspielräume in diesem Zeitraum in erheblichem Maße.

Innerhalb der Haushalte verlief diese Entwicklung sehr unterschiedlich, was sich auch auf das Konsumverhalten und die Konsummuster auswirkte, wobei sich die einkommensstarken bürgerlichen Haushalte, die sich eventuell auch Dienstboten leisten konnten, deutlich von geringer verdienenden Arbeiter-, Angestellten- sowie bäuerlichen Haushalten unterschieden. Jan de Vries spricht von einer *„new household economy"*, in der es zu einer klaren Arbeitsteilung zwischen den Geschlechtern kam. Im *„Breadwinner-Homemaker Household"* war der Mann der Ernährer der Familie (*„Breadwinner"*), während sich die Frau als Hausfrau (*Homemaker*) zunehmend aus dem Bereich der Lohnarbeit zurückzog,[83] was bei insgesamt steigenden Reallöhnen und einer Zunahme sozialstaatlicher Leistungen (etwa mit Blick auf die Rentenreform, wenn auch auf niedrigem Niveau) und infrastruktureller ‚Daseinsvorsorge' (siehe Kapitel weiter unten) auch ohne allzu große Einschränkungen des bisherigen Lebensstandards bis hinein in die Arbeiterklasse möglich war. Jan de Vries beobachtet in Großbritannien einen sinkenden Anteil von Frauen auf dem Arbeitsmarkt, der selbst in Arbeiterhaushalten von etwa 60 Prozent (1840er Jahre) auf etwa 45 Prozent zwei Jahrzehnte später zurück ging. In Deutschland lag der Anteil berufstätiger verheirateter Frauen um 1900 bei knapp 30 Prozent, wobei diese dann unter der Doppelbelastung von Berufstätigkeit und Haushaltsführung litten. Der Arbeitsverdienst des Mannes machte in Arbeiter-, aber auch in Angestellten und Beamtenhaushalten über

---

[82] *W. G. Hoffmann*, Das Wachstum der Deutschen Wirtschaft seit der Mitte des 19. Jahrhunderts, Berlin u. a. 1965, S. 19. Die Werte weichen stark von denjenigen *A. Maddisons* ab, der von 2814 Arbeitsstd. (1871) und 2584 (1913) ausgeht, s. *A. Maddison*, The World Economy, Paris 2006, S. 347.
[83] *Vries*, Industrious Revolution, S. 186ff.

80 Prozent der Gesamteinnahmen der Haushalte aus. Die Einnahmen der Frau lagen dagegen nur bei drei bis sieben Prozent.[84]

Die (steigenden) Haushaltseinkommen prägen die Konsumstruktur beziehungsweise die Konsummuster. Es wird davon ausgegangen, dass zu Beginn des 20. Jahrhunderts die disponiblen Einkommen, also der Anteil der Einkommen, die über die Grundbedürfnisse hinaus konsumiert werden konnten, zwischen zehn und 25 Prozent lagen, wobei es deutliche Unterschiede zwischen Arbeiter-, Angestellten- und Beamtenhaushalten gab.[85] Klaus Tenfelde spricht von „klassenspezifischen Konsummustern im Deutschen Kaiserreich", wobei er auch innerhalb der Klassengrenzen Differenzierungen beobachtet.[86]

Aus makroökonomischer Perspektive verschob sich die Struktur des privaten Verbrauchs ab Mitte des 19. Jahrhunderts von den Nahrungs- und Genussmitteln, die zusammen etwa 60 Prozent der Ausgaben ausmachten (1850/54) in Richtung Wohnung und Hausrat, Bekleidung, Gesundheit und Verkehr kurz vor dem Ersten Weltkrieg. Auffällig sind zudem die rückläufigen Ausgaben für häusliche Dienste, die vor allem Haushalte mit höheren Einkommen betrafen.[87]

Tabelle 3: Struktur des privaten Verbrauchs nach Güterarten in Preisen von 1913
aus: Hoffmann, Wachstum der deutschen Wirtschaft, Tab. 44, S. 116f. (Ausschnitt)

Periode	Nahrungs-mittel	Genuss-mittel	Woh-nung	Möbel, Hausrat, Heizg., Beleuchtg.	Beklei-dung	Gesundh., Körperpfl.	Häus. Dienste	Bildg., Erholg.	Verkehr
1850/54	42,6	17,4	11,5	4,3	10,9	2,4	10,3	0,5	0,2
1885/89	40,2	17,5	13,3	5,5	14,0	2,3	5,1	0,9	1,2
1910/13	38,9	12,8	15,9	7,6	14,2	3,4	2,9	1,4	3,0

---

84 *Vries*, Industrious Revolution, S. 207; Sozialgeschichtliches Arbeitsbuch, S. 112. Die Gründe für die familiäre Arbeitsteilung sind vielfältig. Vries sieht in erster Linie eine gemeinsame familiäre Übereinkunft zum Wohle der Familie, während andere Autoren patriarchalische Entscheidungsstrukturen und eine Verdrängung und Ausgrenzung von Frauen aus dem Arbeitsmarkt betonen, s. *Vries*, Industrious Revolution, S. 210–217; *Henning*, Handbuch, S. 755.
85 *A. Triebel* verweist für die historische Konsumforschung zudem auf das Äquivalenzproblem, welches die Anzahl der Haushaltsmitglieder betrifft und erhebliche Auswirkungen auf die Einkommen und deren Verteilung und damit auch auf den Lebensstandard hat. Dies wird in zahlreichen quantitativen Untersuchungen nicht ausreichend berücksichtigt, was auch für die in diesem Text benutzten Daten gilt. S. *A. Triebel*, Vergleichbar machen, ohne gleich zu machen. Äquivalenzskalen in der historischen Konsumforschung, in: *T. Pierenkemper (Hg.)*, Zur Ökonomie des privaten Haushalts. Haushaltsrechnungen als Quelle historischer Wirtschafts- und Sozialforschung, Frankfurt, New York 1991, S. 98–141.
86 *K. Tenfelde*, Klassenspezifische Konsummuster im Deutschen Kaiserreich, in: *Siegrist u. a. (Hg.)*, Europäische Konsumgeschichte, S. 245–281; *König*, Geschichte der Konsumgesellschaft, S. 124f.
87 *Hoffmann*, Das Wachstum der deutschen Wirtschaft, S. 116f.

Stärker mikroökonomisch ausgerichtete Untersuchungen haben in jüngerer Zeit auf der Basis umfangreicher Datensätze (‚Kölner Datensatz') noch genauere Konsummuster ermittelt, die einerseits von ‚Klassenlagen als Marktlagen' ausgehen, diese aber um psychosoziale Dispositionen im Sinne einer Schichtenbildung ergänzen. So entstehen unterschiedliche Konsumtypen und eine Vielfalt von Konsumstilen, die sich stärker an den Einkommen und nicht allein an der Berufsstellung des Haushaltsvorstands orientieren und die dadurch die gesellschaftliche Realität besser abbilden. Festzuhalten bleibt, dass es sich bei Geringverdienenden nicht zwangsläufig ausschließlich um Arbeiterhaushalte handelte, sondern unter anderem auch um Bauern, Handwerker oder Angestellte mit sehr eingeschränkten Konsumspielräumen.[88] Die Spreizung der Konsumtypen ist sehr groß und reicht von jährlichen Haushaltsausgaben eines gering verdienenden Haushalts von 930 Mark (bei einem Haushaltsbudget von 1 045 Mark) bis hin zu einem ‚luxuriösen Konsumtypus' mit durchschnittlichen Konsumausgaben von 120 000 Mark. Die Struktur der Konsumausgaben unterschied sich vor allem bezüglich der Nahrungsmittel. Der Anteil der Nahrungsmittel am Gesamthaushalt lag bei gering verdienenden Haushalten bei 50 bis 60 Prozent und bestätigt somit das ‚Engelsche Gesetz', während in reichen Haushalten der entsprechende Anteil bei knapp 15 Prozent lag und zugleich deren Qualität höher war. Den größten Konsumposten in reichen Haushalten stellten die Ausgaben für Wohnung (circa 28 Prozent) sowie Freizeit und Vergnügen dar (circa elf Prozent). Diese machten in Geringverdienerhaushalten nur 17 Prozent beziehungsweise zwei Prozent aus.[89] Allerdings liegen die Korrelationen nicht immer so eindeutig wie bei den genannten Konsumtypen. So lassen sich auch stärker konsumorientierte, ‚leichtlebige Haushalte' mit geringen Einkommen und vergleichsweise hohen Genussmittelausgaben von mehr als fünf Prozent finden. Dabei handelt es sich zumeist um Arbeiterhaushalte ohne Kinder. Bei nominalen Summen von etwa 100 Mark jährlich lässt sich allerdings nur von einem relativen „proletarischen Hedonismus" (Armin Triebel) sprechen, wenn die Vergleichsziffern für reiche Haushalte bei etwa 25 000 Mark liegen.[90]

Die Möglichkeit Ersparnisse zu bilden war in Geringverdienerhaushalten begrenzt und stieg mit zunehmendem Einkommen. Die Ersparnisse dienten – im Zeitalter des sich seit den 1880er Jahren langsam entwickelnden Sozialstaates – dann weniger zur Befriedigung von Konsumwünschen als vielmehr zum freiwilligen Konsumverzicht in Form der Rücklagenbildung zur Absicherung gegen Krankheit, Invalidität und Alter sowie etwa zu Investitionen in Ausbildung und Aussteuer. Dabei spielte die Sparkas-

---

88 *H. K. Fischer*, Konsum im Kaiserreich. Eine statistisch-analytische Untersuchung privater Haushalte im wilhelminischen Deutschland, Berlin 2011, S. 272. Fischer kommt zu ähnlichen Ergebnissen wie bereits in den 1990er Jahren *R. Spree*, Klassen- und Schichtbildung im Medium des privaten Konsums: vom späten Kaiserreich in die Weimarer Republik, in: Historical Social Research 22, 1997, 2, S. 29–80; *A. Triebel*, Vom Konsum der Klasse zu Vielfalt der Stile: Haushaltsbudgetierung seit der ersten Hälfte des 20. Jahrhunderts, in: Historical Social Research 22, 1997, 2, S. 81–104.
89 *Fischer*, Konsum im Kaiserreich, S. 214–225, 252–256.
90 *Fischer*, Konsum im Kaiserreich, S.225 f., 253.

senidee eine wichtige Rolle, die schließlich auch von genossenschaftlichen Kreditinstituten, Raiffeisenkassen und Volksbanken übernommen wurde.[91]

Selbst wenn die Berufsstellung nicht ausschlaggebend für den Konsumententyp oder den Konsumstil ist, so finden sich unter den geringer verdienenden Haushalten doch vorwiegend diejenigen industrieller Lohnarbeiter. Es sind dann oftmals die „feinen Unterschiede" (Pierre Bourdieu), die die jeweiligen Konsumstile beschreiben. So konnten sich zwar im Kaiserreich auch gering verdienende oder auskömmliche Haushalte zunehmend Genussmittel wie Kaffee, Zucker oder Fleisch leisten, aber der Kaffee bestand dann häufig nur zu einem Drittel aus echtem Bohnenkaffee und zu zwei Dritteln aus gebranntem Korn, die Brötchen waren ‚altbacken', und die Fleischwurst setzte sich vornehmlich aus Reststücken zusammen.[92] Gerade der Fleischkonsum war ein Gradmesser für den wachsenden Wohlstand der deutschen Gesellschaft, und während der Braten eher eine ‚Herrenspeise' und das Kochfleisch eine ‚Volksspeise' war, blieben dem ‚niederen Volk' vor allem Nieren, Hirn oder Därme beziehungsweise Kehle, Maul und Füße.[93] Wenn Hans Jürgen Teuteberg mit Blick auf die Lebensmittelversorgung vom „Durchbruch zum modernen Massenkonsum" beziehungsweise von einem „revolutionären Wandlungsprozess" spricht, so bezieht sich das in erster Linie auf die mit der Industrialisierung und der Urbanisierung verbundenen Änderungen der Nahrungsmittelproduktion und -verteilung sowie der sich langsam auflösenden Arbeitsteilung zwischen Stadt und Land.[94] Die Nahrungsmittelversorgung für die Bevölkerung war weitgehend gesichert, seit der letzten Agrarkrise des *typ ancien* Mitte der 1840er Jahre hatte es keine vergleichbaren Krisenphänomene mehr in Deutschland gegeben und das Problem der ‚malthusianischen Falle' der vorindustriellen Zeit war überwunden. Insofern kann man durchaus von ‚revolutionären Entwicklungen' beziehungsweise von einem ‚grundlegenden qualitativen Wandel' der Nahrungsmittelversorgung ausgehen, der sich etwa an einem steigenden Anteil von Fett sowie tierischem und pflanzlichem Eiweiß in der zweiten Hälfte des 19. Jahrhunderts ablesen lässt.[95] Andererseits zeigen die oben genannten Beispiele, dass auch auf dem Gebiet des Nahrungsmittelkonsums die Partizipationsmöglichkeiten beziehungsweise die Konsummuster und -stile sehr ungleich waren und der Zugang zu globalen Nahrungsmittelprodukten wie Reis aus Indien, Südfrüchten aus Spanien oder Kaffee aus Südamerika sich eben nur selten „bis in die kleinste Hütte erstreckte" beziehungsweise sich auch „im Hause des wenig Bemittelten" fand, wie es der Nationalökonom Paul Arndt 1908 formulierte. Das galt auch für andere Konsum-

---
91 *P. Thomes*, Zwischen Pump und Sparen – Unterschichtenhaushalte in der Industrialisierung, in: *Pierenkemper (Hg.)*, Ökonomik des privaten Haushalts, S. 241.
92 *Fischer*, Konsum im Kaiserreich, S. 216f.
93 *H. J. Teuteberg/ G. Wiegelmann*, Der Wandel der Nahrungsgewohnheiten unter dem Einfluß der Industrialisierung, Göttingen 1972, S. 103, 118, 129.
94 *H. J. Teuteberg*, Zum Problemfeld Urbanisierung und Ernährung im 19. Jahrhundert, in: *Ders. (Hg.)*, Durchbruch zum modernen Massenkonsum, Münster 1987, S. 15.
95 *Teuteberg*, Problemfeld der Urbanisierung; Saalfeld, Bedeutungs- und Strukturwandel, S. 144.

güter. Kleidung wurde zwar zunehmend über den Markt erworben, orientierte sich durchaus auch an modischen Entwicklungen, wurde aber oftmals – die technische Innovation der Nähmaschine machte es möglich – in Heimarbeit ausgebessert und geflickt. Das ermöglichte einen zwar auskömmlichen Konsum, allerdings auf niedrigem Niveau.[96] In einkommensschwächeren Schichten war es zudem üblich, mangelnde Konsummöglichkeiten durch Verschuldung in Form von Darlehen, ‚Anschreiben' oder ‚Abstottern' zu kompensieren. Das galt für den Kauf von Lebensmitteln und Waren in Geschäften und Warenhäusern wie für handwerkliche Dienstleistungen.[97]

Einen Teil der durch technische Innovationen seit Ende des 19. Jahrhunderts auf dem Markt angebotenen Konsumgüter, wie etwa elektrisches Licht, elektrische Staubsauger, Kaffeemaschinen, Kochplatten, Heizkissen sowie andere Haushaltsgeräte oder auch Automobile, waren Luxusgüter und somit den besser verdienenden Haushalten vorbehalten. Die Technisierung der Haushalte schritt vor dem Ersten Weltkrieg nur langsam voran und betraf die gering verdienenden Haushalte kaum. Wohlhabende adelige oder großbürgerliche Haushalte dagegen sahen hier Möglichkeiten, das Dienstpersonal durch technische Geräte zu ersetzen. Ihr Etat umfasste nicht selten Ausgaben für Parks und Gärten, Jagd und Urlaubsreisen, Theater- und Konzertbesuche etc.[98] In bildungsbürgerlichen Haushalten wurden zunehmend Ausgaben in die Bildung und Erziehung der Kinder (höhere Schule, Sprachunterricht, Musikunterricht, Internat etc.) ‚investiert', wobei dieser Begriff bereits suggeriert, dass es sich hier im Selbstverständnis der Betroffenen weniger um eine Form von Konsum denn um lohnenswerte Zukunftsinvestitionen handelte.[99]

Neben den klassen- und schichtenspezifischen Konsummustern lassen sich schließlich auch geschlechts-, generationen- und regionalspezifische Aspekte des Konsums ausmachen. Das sich seit Mitte des 19. Jahrhunderts durchsetzende Modell des *Breadwinner-Homemaker*-Haushalts führte zu einer spezifischen Form der Familienökonomie, bei der Frauen – neben ihrer Rolle als Konsumentinnen – eine wichtige Bedeutung im Bereich der Konsumsphäre hatten. Das betraf nicht nur die Repräsentationsfunktion insbesondere bürgerlicher Haushalte, sondern auch die Aufgabe des Einkaufens sowie der Sicherung des Alltagsbedarfs, die Gestaltung von konsum-

---

96 *Steiner*, Von der Eigenfertigung zum Markterwerb, S. 270.
97 *I. Spieker*, Waren / Werte. Konsumgewohnheiten und Kreditverflechtungen im ländlichen Milieu um 1900, in: *Prinz (Hg.)*, Die vielen Gesichter des Konsums, S. 68–72; *Fischer*, Konsum im Kaiserreich, S. 222f.; *Steiner*, Von der Eigenfertigung zum Markterwerb, S. 268
98 *M. Hessler*, „Mrs. Modern Woman": zur Sozial- und Kulturgeschichte des Haushaltstechnisierung, Frankfurt 2001, S. 56ff.; *S. Heil*, Der Haushalt des Erbdrosten Clemens Heidenreich, Graf Droste zu Vischering, nach den Haushalts- und Ökonomie-Etats der Jahre 1860–1920, in: Pierenkemper (Hg.), Zur Ökonomie des privaten Haushalts, S. 201–224; *W. Forstmann*, Großbürgerliche Haushalte um 1900. Das Beispiel der Frankfurter Familie Bethmann, in: *ebd.*, S. 225–239; *Ditt*, Zweite Industrialisierung, S. 415–508.
99 *W. König*, Das Automobil in Deutschland. Ein Versuch über den homo automobilis, in: *Reith/Meyer (Hg.)*, Luxus und Konsum, S. 117–128; *Fischer*, Konsum im Kaiserreich, S. 243–255.

nahen Ritualen (gemeinsame Mahlzeiten), die der „Hausfrau als Konsumexpertin" (Gunilla-Friederike Budde) schichtenübergreifend eine zentrale Rolle bei der Durchsetzung der Konsumgesellschaft zuwies. Hausfrauengruppen und Frauenvereine sahen eine wichtige Aufgabe in der Vermittlung, Teilhabe und Erziehung bezüglich des Konsums.[100]

Dies galt auch für das Konsumverhalten von Kindern und Jugendlichen und damit für die Tatsache, dass im Rahmen der Durchsetzung der Konsumgesellschaft auch generationenspezifische Konsumformen an Bedeutung gewannen und damit auch Teil der Inklusion waren. Insbesondere in bürgerlichen Haushalten hielten mit der „Entdeckung der Kindheit" (Philippe Ariès) altersgerechte Kleidung, Spielzeug und Möbel Einzug in ein eigens für Kinder und Jugendliche eingerichtetes Kinderzimmer. Im Bereich der (Print-)Medien entwickelte sich mit dem Erscheinen sogenannter Groschenhefte, die auch als Sammel- und Tauschobjekte gehandelt wurden, vor dem Ersten Weltkrieg eine eigene, wenn auch noch recht bescheidene, Jugend-Konsumkultur. Diese reichte bis in die Schicht der besser verdienenden Arbeiterfamilien hinein, die ihren Kindern bereits ein geringes Taschengeld zahlten.[101] Gleichzeit wurden diese Anfänge einer populären Massenkultur – wozu seit der Jahrhundertwende auch das Kino zählte – nicht nur für Kinder und Jugendliche aus ‚sittlichen' Gründen stark reguliert.[102]

Schließlich ist darauf hinzuweisen, dass die Durchsetzung der Konsumgesellschaft vor dem Ersten Weltkrieg kein flächendeckendes Phänomen war, sondern regional auch noch sehr unterschiedliche Ausprägungen erfuhr und sich insbesondere durch ein starkes Stadt-Land-Gefälle auszeichnete. Dies lässt sich unter anderem an den wesentlich schlechteren Ausstattungen der Wohnungen sowie der mangelnden Infrastrukturversorgung auf dem Lande im Vergleich zu städtischen Wohnungen ablesen. So hatten in Baden vor 1914 etwa 35 Prozent der ländlichen Wohnungen keine Küche und mehr als 40 Prozent keine Toilette, von der Elektrizitätsversorgung ganz zu schweigen (in Berlin hatten allerdings um 1910 auch nur 3,5 Prozent aller Haushalte einen Stromanschluss). Die Durchsetzung der Konsumgesellschaft auf

---

[100] *G.-F. Budde,* Des Haushalts ‚schönster Schmuck'. Die Hausfrau als Konsumexpertin des deutschen und englischen Bürgertums im 19. und 20. Jahrhunderts, in: *Siegrist/Kaelble/Kocka (Hg.),* Europäische Konsumgescchichte, S. 411–440; *G.M. Köni,* Konsumkompetenz und Geschlechterpolitik vor dem Ersten Weltkrieg, in: *Bala u. a. (Hg.),* Verbraucher in Geschichte und Gegenwart, S. 76f.

[101] *K. Maase,* Massenmedien und Konsumgesellschaft, in: *Haupt/Torp (Hg.),* Konsumgesellschaft in Deutschland, S. 65 ff.; *Budde,* Bürgertum und Konsum: von der repräsentativen Bescheidenheit zu den ‚feinen Unterschieden', in: *Haupt, Torp (Hg.):* Konsumgesellschaft in Deutschland, S. 132ff. Fragen des Kinder- und Jugendkonsums vor dem Ersten Weltkrieg sind bislang, insbesondere für den deutschen Raum, kaum erforscht. Für die internationale Entwicklung als Überblick s. *D.Th. Cook,* Children's Consumption in History, in: *F. Trentmann (Hg.),* The Oxford Handbook of the History of Consumption, Oxford 2012, S. 585–600; *P. Capuzzo,* Youth and Consumption, in: *Trentmann (Hg.),* The Oxford Handbook of the History of Consumption, Oxford 2012, S. 601–617.

[102] *K. Maase,* Grenzenloses Vergnügen. Der Aufstieg der Massenkultur 1850–1970, S. 156ff.; *Trentmann,* Herrschaft der Dinge, S. 290f.

dem Lande verlief somit deutlich langsamer als in den Städten.[103] Dieses Phänomen der Ungleichzeitigkeit und der partiellen Unterversorgung unterstützt den Eindruck, dass wir es in der Zeit vor dem Ersten Weltkrieg noch nicht mit einer vollständig etablierten, inklusiven Konsumgesellschaft oder gar mit einer Massenkonsumgesellschaft zu tun hatten, auch wenn die Entwicklung dorthin sich in einzelnen Bereichen bereits abzeichnete.

Die unterschiedlichen Konsummuster und -stile spiegelten zugleich die divergierenden Einstellungen und Werte der Klassen beziehungsweise Schichten gegenüber dem Konsum wider und trugen auf diese Weise zur Selbstdarstellung und Identitätsbildung einerseits sowie zu Kritik, Abgrenzung und Distinktionsmechanismen andererseits bei. Das bürgerliche Konsumverständnis eines maßvollen Konsums, basierend auf rationalen Kaufentscheidungen sowie einer Haushaltsführung im Sinne einer Arbeitsteilung der Geschlechter (*breadwinner and homemaker*) verstand sich einerseits als Gegenentwurf zum exzessiven Konsumstil des Adels, andererseits aber auch in Abgrenzung zur aufkommenden Massenkonsumorientierung kleinbürgerlicher und proletarischer Aufsteigerschichten.[104] Doch nicht nur zwischen, sondern auch innerhalb der Klassen lassen sich Abgrenzungs- und Distinktionsmechanismen erkennen, wie sie mit Bezug auf die ‚Arbeiterklasse' etwa in zeitgenössischen Begriffen wie ‚Arbeiteraristokratie' oder ‚Stehkragenproletariat' zum Ausdruck kamen[105], die zugleich einen bestimmten Konsumstil repräsentierten, der sich nicht selten an bürgerlichen Vorbildern orientierte.

Im Unterschied zu den hier genannten (subjektiven) Wahrnehmungen und Einstellungen der Konsumenten, die zu Distinktionsmechanismen zwischen den Klassen und Schichten führten, konnte die Artikulation von Konsumenteninteressen auch dezidiert politische Formen annehmen. Dieser „politisierte Konsum" (Jörn Lamla) zeigte sich zum einen in Form von Konsumvereinen und -genossenschaften[106], in den Aktivitäten vor allem der Sozialdemokratischen Partei Deutschlands als Anwältin der Konsumenteninteressen sowie in Konsumprotesten und Konsumentenboykotten gegen steigende Verbraucherpreise sowie als Teil der organisierten Arbeiterbewegung[107] und schließlich in der Einbindung von Konsumenteninteressen in staatliche Institutionen des Verbraucherschutzes (siehe Kapitel ‚Institutionen' unten).

---

103 *König*, Geschichte der Konsumgesellschaft, S. 217, 223, 237.
104 *Budde*: Bürgertum und Konsum, in: *Haupt/Torp (Hg.)*, Die Konsumgesellschaft in Deutschland, S. 132–139. S. dazu auch die zeitgenössische soziologische Literatur vor allem von *T. Veblen*, Theorie der feinen Leute. Eine ökonomische Untersuchung der Institutionen, Frankfurt 1993 (Erstausgabe 1899).
105 *H.-P. Müller*, Die ‚feinen Unterschiede', wo es keine geben sollte: Anmerkungen zum Verhältnis von Arbeiteraristokratie und Luxus, in: *Reith/Meyer (Hg.)*, Luxus und Konsum, S. 209–220.
106 *M. Prinz*, Brot und Dividende. Konsumvereine in Deutschland und England vor 1914, Göttingen 1996; *B. Fairbairn*, Konsumgenossenschaften in internationaler Perspektive: ein historischer Überblick, in: *Prinz (Hg.)*, Der lange Weg in den Überfluss, S. 437–461.
107 *C. Nonn*, Die Entdeckung der Konsumenten im Kaiserreich, in: *Haupt/Torp (Hg.)*, Konsumgesellschaft in Deutschland, S. 221–231; *Ders*: Verbraucherprotest und Parteiensystem im wilhelminischen

3.2 Angebotsseite: Produzenten, Handel, Vertrieb

Der grundlegende Wandel der Nahrungsmittelversorgung ab Mitte des 19. Jahrhunderts basierte auf tiefgreifenden Veränderungen in der Landwirtschaft und im Bereich der Nahrungsmittelindustrie. Die Ausdehnung der Ackerflächen, der verstärkte Anbau von Blattfrüchten, der Einsatz von Kunstdünger, die verbesserte Fütterung der Tiere sowie die Erhöhung der Anzahl der Tiere führten zu einer deutlichen Steigerung der Produktion und der landwirtschaftlichen Produktivität, sodass trotz wachsender Bevölkerung die Ernährung bei gleichzeitiger qualitativer Verbesserung der Nahrungsmittel gesichert war.[108] Dies wirkte sich wiederum auf die Nahrungs- und Genussmittelindustrie aus, die, abgesehen von den Grundstoffindustrien des Steinkohlenbergbaus und der Eisen- und Stahlindustrie, neben der Textilindustrie ein konsumnaher Führungssektor der Industrialisierung in Deutschland war. Die Zuckerindustrie, Molkereien, Ölmühlen, die Fleisch- und Fischverarbeitung, Konservenfabriken, die Tabak- und Schokoladenindustrie, Brauereien oder die Mineralbrunnenindustrie waren zwar zumeist klein- und mittelständisch organisiert, doch zählte die Branche sowohl im technischen Bereich beim Durchbruch der modernen Massenproduktion sowie hinsichtlich der Gründung von Aktiengesellschaften zu den Vorreitern im Deutschen Reich.[109] Am Beispiel der Nahrungsmittelindustrie lassen sich zudem zwei wesentliche Aspekte der sich entfaltenden Konsumgesellschaft beobachten: die Entwicklung von Luxusgütern zu alltäglichen Gebrauchsgegenständen sowie die globale Zirkulation von Waren.

Der Übergang von der handwerklichen zur modernen Massenproduktion wird anhand der Konservenherstellung deutlich. So stieg etwa die Produktion von Spargelkonserven durch den Einsatz von Maschinen im Braunschweiger Raum von etwa 600 Tonnen Mitte der 1880er Jahre auf knapp 3 000 Tonnen fünf Jahre später. Für Gesamtdeutschland wuchs die Konservenproduktion zwischen 1889 und 1914 um das Zwanzigfache. Ähnliches lässt sich für die Fleischindustrie beobachten, wobei die Haltbarkeit der Konserven und die Transportmöglichkeiten per Schiff und Eisenbahn eine überregionale und internationale beziehungsweise globale Verbreitung ermöglichten. Neue Konservierungsverfahren wie zum Beispiel die Herstellung von Fleischextrakt (,Liebigs Fleischextrakt', Maggi, Knorr) boten zudem ärmeren Ein-

---

Deutschland, Düsseldorf 1996; *M. Gerth*, Wenn Verbraucher streiken. Ein Überblick zu Rahmenbedingungen des moralisierten Verbraucherverhaltens am Beispiel des Konsumbyokotts zur Zeit des Deutschen Kaiserreichs, in: *C. Bala/C. Kleinschmidt/K. Rick/W. Schuldzinski (Hg.)*, Verbraucher in Geschichte und Gegenwart, Düsseldorf 2017, S. 85–103.
108 *Henning*, Handbuch der Wirtschafts- und Sozialgeschichte Deutschlands, Bd. 2, Paderborn u. a. 1996, S. 635–657; *Hoffmann*, Wachstum der deutschen Wirtschaft, S. 270–311.
109 *Ellerbrock*, Geschichte der deutschen Nahrungs- und Genußmittelindustrie, S. 281 ff., 425ff. Dort auch (quantitative) Hinweise zu einzelnen Zweigen der Nahrungs- und Genussmittelindustrie. Ebenso bei *Hoffmann*, Das Wachstum der deutschen Wirtschaft, S. 375–387. *U. Spiekermann*, Künstliche Kost: Ernährung in Deutschland, 1840 bis heute, Göttingen 2018, S. 32–46.

kommensschichten neue Möglichkeiten der Ernährung.[110] Neben dieser Form der Konservierung boten technische Innovationen der Kühlung (Lindes Kältemaschine) die Chance, leicht verderbliche Lebensmittel wie Fleisch, Obst und Gemüse mit Hilfe moderner dampfgetriebener Kühlschiffe über tausende von Kilometern unter anderem aus Nord- und Südamerika zu transportieren. Die Kältetechnik (Kühlhäuser, Kühlwagen, Kühlketten) führte insgesamt zu einer enormen Ausdehnung von Lebensmittelmärkten (Brauereien, Schlachthäuser, Kunsteisfabriken etc.). Das Beispiel des Rübenanbaus und deren Verarbeitung wiederum zeigt, wie aus dem ehemaligen Luxusgut der Kolonialware Rohrzucker durch chemisch-technische Verfahren der Zuckeranteil der Runkelrübe deutlich erhöht und dadurch der Rohrzuckerimport weitgehend substituiert wurde. Deutschland entwickelte sich in der zweiten Hälfte des 19. Jahrhunderts zu einem der größten Zuckerproduzenten weltweit.[111]

Auch in anderen Bereichen der Konsumgüterherstellung zeigt sich zwischen Mitte des 19. Jahrhunderts und dem Ersten Weltkrieg der Übergang von der handwerklichen Produktionsweise zur industriellen Massenproduktion mit den Effekten der *economies of scale*, also von Kostendegressionseffekten, die für die Verbraucher in vielen Fällen die Produktpreise sinken ließen, wobei auch hier deutlich wird, dass dies kein flächendeckender und allumfassender Prozess war.

Die deutsche Textilindustrie hatte im 18. und frühen 19. Jahrhundert zahlreiche technische Innovationen aus England übernommen, wobei sich dieser Prozess im Zuge der Mechanisierung und Maschinisierung im 19. Jahrhundert fortsetzte (Selfaktor, Ringspinnmaschine, Nähmaschine), wobei vor allem der Übergang zur industriellen Baumwollspinnerei und -weberei die textile Massenproduktion beschleunigte, die wiederum vor dem Hintergrund der Kostenvorteile für die Verbraucher den Übergang von der Eigenfertigung zum Markterwerb von Kleidung forcierte.[112] Für die Getränkeindustrie (Bier, Mineralwasser) waren neue Techniken der Glasherstellung (Befeuerung der Öfen, Halbautomatisierung) hinsichtlich der Massenherstellung von Flaschen von großer Bedeutung, während sich auf anderen Gebieten der Konsumgüterherstellung die Grenzen der Massenproduktion zeigten. Bei der Möbelherstellung kamen zwar auch zunehmend Maschinen zum Einsatz, doch verhinderten der Markt und die Nachfrage der Kunden nach Einzelstücken oder geringeren Stückzahlen eine Massenproduktion, der erst nach dem zweiten Weltkrieg von Großunternehmen in Angriff genommen wurde.[113] Kleinere Stückzahlen wurden zunächst auch in der deutschen Automobilindustrie hergestellt. Im Vergleich zu den USA mangelte es in Deutschland vor dem Ersten Weltkrieg an kaufkräftigen Kunden, sodass der Pkw

---

110 *Trentmann*, Herrschaft der Dinge, S. 226 f.; *Ellerbrock*, Geschichte der deutschen Nahrungs- und Genußmittelindustrie, S. 360–376.
111 *König*, Geschichte der Konsumgesellschaft, S. 140ff., 156ff.; *Ellerbrock*, Geschichte der deutschen Nahrungs- und Genußmittelindustrie, S. 206ff., 349ff.
112 *Steiner*, Von der Eigenfertigung zur Markterwerb, S. 265.
113 *König*, Geschichte der Konsumgesellschaft, S. 65ff.

bis nach dem Zweiten Weltkrieg ein Luxusgut blieb. In ganz Deutschland wurden 1913 nur circa 17 000 Pkw produziert und die Kraftwagendichte in Deutschland (circa ein bis zwei pro tausend Einwohner) lag deutlich hinter derjenigen der USA, Frankreichs, Großbritanniens, Neuseelands, Kanadas oder Australiens.[114] Hohe Preise verhinderten vor dem Ersten Weltkrieg auch eine raschere Durchsetzung der elektrischen Energie und den Absatz elektrischer Haushaltsgeräte in Privathaushalten, sodass sich die Produzenten von Strom und elektrischen Haushaltsgeräten, wie etwa Siemens oder die AEG (Staubsauger, Bügeleisen, Haartrockner, Kaffeemaschinen) und die Einführung elektrischer Beleuchtung oder des Telefons zunächst auf gewerbliche Betriebe und wohlhabendere Haushalte konzentrierten, bevor auch hier die Massenproduktion und der Massenkonsum erst nach den beiden Kriegen einsetzte – in den Städten wiederum eher als auf dem Lande.[115] Die Beispiele mögen zeigen, dass auch seitens der Produzenten der Übergang zur Massenproduktion beziehungsweise zur (Massen-) Konsumgesellschaft vor dem Ersten Weltkrieg nicht umfassend und flächendeckend verlief. Wo dies jedoch zu beobachten ist, nämlich vor allem in den (Groß-)Städten, wurde der Prozess durch entsprechende Maßnahmen der Distribution und der Marktkommunikation flankiert.

Der Übergang vom Konsum durch Selbstversorgung, auf Wochenmärkten, beim Bauern oder im Rahmen des Handwerkshandels in der ersten Hälfte des 19. Jahrhunderts, wo persönliche Kontakte und das personale Vertrauen zwischen Produzenten und Konsumenten noch eine große Rolle spielten, wich im Zuge des steigenden Warenangebots und längerer Warenketten, zunehmender Arbeitsteilung, neuer Transportmöglichkeiten, wachsender Marktintegration und Globalisierung einer zunehmenden Anonymisierung und neuen Formen beziehungsweise einer Ausdifferenzierung von Distribution und Absatz. Uwe Spiekermann hat gezeigt, wie sich allein im letzten Viertel des 19. Jahrhunderts zahlreiche neue Formen des Einzelhandels entwickelten, von Magazinen, Bazaren und Warenhäusern über Versandgeschäfte und Konsumgenossenschaften bis hin zu Filialbetrieben und Verkaufsautomaten, die wiederum in der Summe die „Basis der Konsumgesellschaft" (Uwe Spiekermann) stellten.[116]

Die damit verbundene stärkere Anonymisierung des Kaufaktes verlangte wiederum nach neuen Formen der Marktkommunikation und der Informationsgewinnung sowohl für die Konsumenten als auch für die Produzenten. Diese Aufgabe übernahm die ‚Reklame', die als neue Form der Massenkommunikation im Zeitalter der Indust-

---

114 *R. Flik*, Von Ford lernen? Automobilbau und Motorisierung in Deutschland bis 1933, Köln u. a. 2001, S. 3ff.; 292.
115 *Kleinschmidt*, Stadtwerke Gelsenkirchen, S. 65ff.; *König*, Geschichte der Konsumgesellschaft, S. 226ff.; zur Haushaltstechnisierung s. ausführlich *Hessler*, „Mrs. Modern Woman", Frankfurt 2001, S. 58ff. und *Ditt*, Zweite Industrialisierung, S. 415–508.
116 *Spiekermann*, Basis der Konsumgesellschaft, S. 218–336; *König*, Geschichte der Konsumgesellschaft, S. 91ff.

rialisierung, der Urbanisierung, der Massenproduktion und des wachsenden Wettbewerbs aus Sicht der Produzenten vor allem mit dem Ziel der Marktbehauptung und der Absatzsteigerung verbunden war. Im Unterschied zu den noch sehr begrenzten Methoden der Werbung über Zeitungsannoncen und Musterbücher in der ersten Hälfte des 19. Jahrhunderts bot sich nun vor dem Hintergrund neuer Technologien und innovativer Präsentationsformen eine große Vielfalt an ‚Reklame-' und ‚Propaganda-' Maßnahmen. Dazu zählten die in den 1850er Jahren erstmals aufgestellte Litfaßsäule, der Reklamewagen, die Schaufensterwerbung, die Lichtreklame ebenso wie die aufwendige Ausgestaltung von Verkaufsräumen, die Dekorationskunst oder die allmähliche Durchsetzung des Markenartikels.[117] Letzterer versprach im Zuge eines wachsenden und unübersichtlicher werdenden Konsumangebots den Verbrauchern Verlässlichkeit und gleichbleibende Qualität der Produkte, die gerade vor dem Hintergrund anonymer Märkte und Massenprodukte Sicherheit, Verlässlichkeit und Vertrauen signalisieren sollte.[118] In der Literatur wird die Zeit um 1890 als der „Beginn des modernen Markenwesens" (Kai-Uwe Hellmann) dargestellt, und tatsächlich lässt sich seitdem eine Vielzahl neuer Markenprodukte wie ‚Kathreiner's Malzkaffee', ‚Leibniz-Cakes', ‚Odol', ‚Nivea-Crème', ‚Persil' oder ‚Dr. Oetker' beobachten.[119] Dass es sich bei diesen neuen Formen der Distribution und des Absatzes nicht allein um individuelle und voneinander weitgehend unabhängige unternehmerische Methoden der Marktbeeinflussung handelte, sondern einige Unternehmen bereits vor dem Ersten Weltkrieg eine koordinierte und integrierte Marketingstrategie verfolgten, ist ein Ergebnis der jüngeren Unternehmens- beziehungsweise Marketinggeschichtsschreibung. War bis vor wenigen Jahren davon ausgegangen worden, dass *Marketing*, ein Begriff, der erst in den 1960er Jahren Eingang in die deutschsprachige Managementliteratur fand (dt. ‚Absatzlehre'), auch erst in diesem Zeitraum als koordiniertes Vorgehen der Unternehmen in den vier Bereichen *„Product"*, *„Price"*, *„Place"* und *„Promotion"* (PPPP) zu beobachten sei, so geht die jüngere Forschung davon aus, dass zumindest vereinzelte Unternehmen moderne Marketingstrategien bereits vor dem Ersten Weltkrieg verfolgten. Die Anfänge einer Entwicklung von der Produktions- zur Marketingorientierung lassen sich – gerade im Konsumgüterbereich – als Ausdruck des Übergangs zur Konsumgesellschaft bereits zu Beginn des 20. Jahr-

---

117 *C. Lamberty*, Reklame in Deutschland 1890–1914. Wahrnehmung, Professionalisierung und Kritik der Wirtschaftswerbung, Berlin 2000; *Spiekermann*, Basis der Konsumgesellschaft, S. 572–613.
118 *E. Wadle*, Markenschutz für Konsumartikel. Entwicklungsstufen des modernen Markenrechts in Deutschland, in: *Siegrist u. a. (Hg.)*, Europäische Konsumgeschichte, S. 649–677; *Lamberty*, Reklame, S. 110ff.; *König*, Geschichte der Konsumgesellschaft, S. 396ff.; *Spiekermann*, Basis der Konsumgesellschaft, S. 522ff.
119 *K.-U. Hellmann*, Soziologie der Marke, Frankfurt 2003, S. 52; s.a. ausführlich *D. Reinhardt*, Von der Reklame zum Marketing. Geschichte der Wirtschaftswerbung in Deutschland, Berlin 1993; sowie einzelne Beiträge in *P. Borscheid/C. Wischermann (Hg.)*, Bilderwelt des Alltags. Werbung in der Konsumgesellschaft des 19. und 20. Jahrhunderts, Stuttgart 1995.

hunderts beobachten.[120] Sie waren zugleich stark beeinflusst durch Vorbilder aus Westeuropa und den USA, seien es neue Formen des Einzelhandels wie das Warenhaus oder der Versandhandel, seien es innovative Methoden der Werbung oder andere Formen der Marktkommunikation.[121]

Die Werbung als Ausdruck einer sich entwickelnden und auf der Produktion von massenhaft hergestellten Gütern beruhenden Konsumgesellschaft stieß auch auf Kritik. Als einer der bekanntesten Konsumkritiker im Kaiserreich entpuppte sich Friedrich Nietzsche, der mit Blick auf die Produktwerbung von der „Kunst des Scheins" sprach und damit zugleich die Qualität der industriell gefertigten Waren insgesamt infrage stellte. Dies war Teil einer umfassenden Diskussion, die die Minderwertigkeit industrieller Massenprodukte und damit auch des Massenkonsums und der entsprechenden Werbung dafür den qualitativ hochwertigen, auf die individuellen Bedürfnisse der Konsumenten ausgerichteten Produkte des alten Handwerks gegenüber stellte. An ihr beteiligten sich Künstler – unter anderem im Rahmen des 1907 gegründeten ‚Deutschen Werkbunds' – und Intellektuelle wie Friedrich Nietzsche ebenso wie Unternehmer wie Walther Rathenau, der die „schauderhaft-hässliche" Warenwelt sowie deren „Bequemlichkeit und Sinnenreiz" beklagte.[122] Diese Konsumkritik wiederum stand einerseits in der Tradition einer christlichen Sozialmoral, die grundsätzliche Bedenken gegenüber ausschweifendem Konsum, Überfluss und Geld hatte sowie auch eines gebildeten Publikums, welches preiswerte Güter eines Massenmarktes schon zu Beginn der Industrialisierung seit dem späten 18. Jahrhundert als minderwertig charakterisierte und schließlich auch antiindustrieller Strömungen des 19. Jahrhunderts im Bereich der (Lebens-)Reformbewegungen (Jugendbewegung, Heimat-, Land- und Vegetarismusbewegung), die insgesamt als Kritiker der Moderne und damit der Industrie- und Marktwirtschaft wie auch der Konsumgesellschaft gelten können.[123]

---

120 *R. Rossfeld*, Markenherrschaft und Reklameschwung. Die Schweizerische Schokoladenindustrie zwischen Produktions- und Marketingorientierung, 1860–1914, in: *Berghoff (Hg.)*, Marketinggeschichte, S. 87–119; *A. Epple*, Das Unternehmen Stollwerck. Eine Mikrogeschichte der Globalisierung, Frankfurt, New York 2010, S. 145ff.
121 *König*, Entwicklung der Konsumgesellschaft, S. 394f.
122 *T. Buddensieg*, Der „Effect und das Auge". Nietzsche und die „Fabrikwaare", in: *J. Meißner (Hg.)*, Strategien der Werbekunst, Berlin 2004, S. 18–28; *J. Campbell*, Der Deutsche Werkbund 1907–1934, München 1989.
123 *Plumpe*, Das kalte Herz, S. 78f.; zu Reformbewegungen s. *D. Kerbs/J. Reulecke (Hg.)*, Handbuch der deutschen Reformbewegungen 1880–1933, Wuppertal 1998; *U. Linse*: Ökopax und Anarchie. Die Geschichte der ökologischen Bewegungen in Deutschland, München 1986.

3.3 Staat, Markt, Institutionen

Der Übergang vom Merkantilismus beziehungsweise vom Kameralismus zu einer Markt- und Wettbewerbswirtschaft, befördert durch Gewerbereformen im 19. Jahrhundert, Freihandel und eine erste Globalisierungsphase, bildeten die Voraussetzung für eine Liberalisierung auch im Bereich des Konsums und der Konsumgesellschaft. Gleichwohl kam es in diesem Zeitraum nicht zu einem rein marktwirtschaftlichen Modell, bei dem sich mit Blick auf den Konsum ausschließlich die Angebots- und Nachfrageseite, Produzenten und Konsumenten, unmittelbar gegenüberstanden. Vielmehr lassen sich auch seit der zweiten Hälfte des 19. Jahrhunderts, insbesondere im Zuge der Reichsgründung, ein intensives staatliches Engagement, Interventionen, Regulierungen, institutionelle Arrangements beobachten, die zu einer spezifischen Ausprägung der Konsumgesellschaft im Kaiserreich beziehungsweise eines spezifischen Konsumtionsregimes führten. Insofern spricht einiges für Kontinuitäten obrigkeitsstaatlicher Einflussnahme auf den Konsum (,Neomerkantilismus'), etwa auf dem Gebiet der Steuer- und Zollpolitik sowie bei Infrastrukturmaßnahmen, ergänzt durch neue Institutionen, die einerseits dem Schutz der Verbraucher, andererseits dem Produzentenschutz dienen.

Die Konsumgesellschaft war für den Staat eine wichtige Einnahmequelle. Verbrauchssteuern auf Zucker, Kaffee, Tabak, Alkohol etc. zählten noch vor den Zolleinnahmen zu den wichtigsten Einnahmequellen des Deutschen Reichs. Ihr Anteil stieg von 41 Prozent (1874) auf 43 Prozent (1913).[124]

Nach einer knapp zwei Jahrzehnte währenden Periode des Freihandels markierte Bismarcks Zollpolitik ab Ende der 1870er Jahre einen Schritt in Richtung Importrestriktionen, die neben der Schwerindustrie vor allem die Einfuhr und den Konsum von Lebensmitteln betraf.[125] Im Zuge des Zollgesetzes 1879 wurden die Zölle für Vieh und Futtermittel deutlich heraufgesetzt. Hinzu kamen Maßnahmen, die auf den ersten Blick dem Schutz der Konsumenten, auf den zweiten Blick aber vor allem dem der Produzenten dienten. So etwa das Rinderpestgesetz von 1872, welches ursprünglich Teil einer Veterinärpolitik war, die die Konsumenten vor gesundheitsschädlichem Fleisch schützen sollte. Nach der zollpolitischen Wende entwickelte es sich in einer verschärften Version von 1880 zu einer ,Blankovollmacht' für Importsperren.[126]

Das Fleischbeschaugesetz von 1900 dehnte die Fleischbeschau auch auf Importe von ausländischem Fleisch aus. Damit sollten die Produzenten vor unlauterem Wett-

---

124 *Henning*, Handbuch Wirtschafts- und Sozialgeschichte Deutschlands, Teil 2, S. 1080f.
125 Zum Agrarprotektionismus s. ausführlich *R. Aldenhoff-Hübinger*, Agrarpolitik und Protektionismus. Deutschland und Frankreich im Vergleich 1879–1914, Göttingen 2002. Allgemeiner zur ersten Globalisierungspahse s. *C. Torp*, Die Herausforderung der Globalisierung. Wirtschaft und Politik in Deutschland 1860–1914, Göttingen 2005.
126 *D. Wottawa*, Protektionismus im Außenhandel Deutschlands mit Vieh und Fleisch zwischen Reichsgründung und Beginn des Zweiten Weltkrieges, Frankfurt, Bern, New York 1985, S. 52.

bewerb und die Konsumenten vor minderwertigem Fleisch geschützt werden – mit dem für die Produzenten willkommenen Nebeneffekt, dass Fleischwaren aus den USA und zahlreichen europäischen Staaten fast vollständig vom deutschen Markt verdrängt wurden.[127] Quasi im Tausch wurden hier von den Produzenten Kompetenzen an den Staat abgetreten – für ein Mehr an Sicherheit und die Abwehr der ‚amerikanischen Gefahr'. Dies war, trotz zunehmender staatlicher Intervention und Regulierung, die vonseiten der Unternehmen zumeist als Hindernis betrachtet wurden, im Rahmen des weltweiten Wettbewerbs auf dem Lebensmittelmarkt ein Erfolg für die Produzenten. Andererseits führte es zu Preiserhöhungen für deutsche Konsumenten mit den bereits genannten Folgen der Verbraucherproteste.

Dass man mit Protektionismus und bilateralen Verhandlungen allein nicht weiterkam, zeigt die Brüsseler Zuckerkonvention, nicht zuletzt, weil sie – schon des Namens wegen – durchaus auch als ein Vorläufer der europäischen Wirtschaftsintegration betrachtet werden kann. Das wird in den einschlägigen Veröffentlichungen bislang nicht ausreichend gewürdigt. Auf dem hart umkämpften europäischen Zuckermarkt kam es 1902 nach langjährigen Verhandlungen zu einem Interessenausgleich der europäischen Zuckerexporteure Deutschland, Österreich-Ungarn, Belgien, Frankreich, England, Italien, Holland und Schweden, der die bisherige Praxis der Exportsubventionen untersagte. Damit wurde erstmals eine permanente Kommission auf internationaler Ebene und ein Organ mit begrenzter supranationaler Kompetenz geschaffen.[128] Dies kann, zumindest auf diesem Gebiet, als eine vorsichtige Abkehr von einer ausschließlich auf Protektionismus setzenden Strategie interpretiert werden – hin zu einer europäischen Zusammenarbeit.

Neben der staatlichen Protektion setzten die Produzenten auch auf dem Gebiet der Nahrungsmittelherstellung auf Selbstorganisation durch Kartellbildung. Dabei handelte es sich um neue, nicht marktkonforme Institutionen, die allerdings vonseiten des Staates weitgehend geduldet waren und die dem Preisverfall vor dem Hintergrund des zunehmenden Wettbewerbs auf dem Lebensmittelmarkt entgegenwirken sollten. Und auch hier gibt es Kontinuitäten zur Phase des Merkantilismus, denn Kartellabsprachen lassen sich im traditionell zünftisch organisierten Fleischergewerbe in den 1870er/80er Jahren ebenso beobachten wie in der Zuckerindustrie um 1900.[129] Gleichzeitig kam es zur Verbandsbildung in der Lebensmittelindustrie. Kurz nach der Jahrhundertwende schlossen sich die einzelnen Branchen zum ‚Bund deutscher Nahrungsmittelfabrikanten und -händler' zusammen.

---

[127] *H. J. Teuteberg/G. Wiegelmann*, Unsere tägliche Kost. Geschichte und regionale Prägung, Münster 1986, S. 376; *Ellerbrock*, Lebensmittelqualität, S. 169; *G. Ambrosius*, Regulativer Wettbewerb und koordinative Standardisierung zwischen Staaten. Theoretische Annahmen und historische Beispiele, Stuttgart 2005, S. 79–81.
[128] *Ambrosius*, Regulativer Wettbewerb und koordinative Standardisierung, Stuttgart 2005, S. 86; *U. Teichmann*, Politik der Agrarpreisstützung, Köln 1955, S. 346f.
[129] Zum Fleischmarkt s. *C. Nonn*, Fleischvermarktung in Deutschland im 19. und frühen 20. Jahrhundert, in *JWG1996/1*, S. 71; *Ellerbrock*, Geschichte, S. 391.

Ein wichtiges Thema war in diesem Zusammenhang die Nahrungsmittelsicherheit. Hier stand die Branche seit einigen Jahren nach zahlreichen Nahrungsmittelverfälschungen und Skandalen in der öffentlichen Kritik. Lebensmittelrechtliche Normen und Standards waren sehr unübersichtlich. Die Produzenten versuchten zunehmend, bestehende Regelungen zu ihren Gunsten zu interpretieren, zu unterlaufen beziehungsweise zu umgehen und legten damit – in den Worten der Institutionenökonomik – opportunistisches Verhalten an den Tag. Das lässt sich unter anderem am Beispiel von Bier zeigen. Die Streckung von Bier durch Wasser war aus Sicht der Produzenten durchaus auch eine Wohltat für die ‚unteren Volksklassen', denn die entsprechenden Bierverleger seien „nützliche Mitglieder der menschlichen Gemeinschaft, indem sie dahin wirkten, dass auch weniger Bemittelte sich des Biergenusses erfreuen könnten, wenn auch nicht in seiner ursprünglichen Stärke, die nicht einmal jedem zuträglich sei".[130] Diese und ähnliche Vorkommnisse beförderten schließlich die Gründung des Kaiserlichen Gesundheitsamtes 1876 als Zentralbehörde und technische Sonderbehörde, die zugleich auch als Vorläuferinstitution des modernen staatlichen Verbraucherschutzes betrachtet werden kann. Sie diente der Kontrolle von Nahrungsmitteln und vor allem der Vermittlung und des Interessenausgleichs zwischen Wissenschaft, Staat, Produzenten und Konsumenten und verstand sich als Teil staatlicher Gesundheitspolitik.[131] Eine solche Verflechtung staatlicher Behörden, Forschungs- und Bildungseinrichtungen und der Industrie (z. B. Königlich-Landwirtschaftliche Hochschule in Berlin – Laboratorien der Zuckerindustrie) steht zudem für das international erfolgreiche deutsche Modell der Industrialisierung im Sinne einer „Koevolution von Unternehmen, Technologie und nationalen Institutionen"[132] sowie schließlich auch für ein spezifisches deutsches Konsumtionsregime im Kaiserreich. Die amtlichen Nahrungsmittelchemiker des Kaiserlichen Gesundheitsamtes sowie entsprechender kommunaler Institutionen gelten als „Pioniere des modernen Verbraucherschutzes".[133] Drei Jahre nach der Gründung des Kaiserlichen Gesundheitsamtes trat – zeitgleich mit dem Zollgesetz 1879 – das Nahrungsmittelgesetz in Kraft, welches eine strengere staatliche Überwachung, analytische Kontrollen und – auch im Sinne der Prävention – eine strafrechtliche Verschärfung sowie reichseinheitliche Grundlagen für Nahrungsmittel vorsah.[134]

---

130 Stenogr. Berichte über die Verhandlungen des Deutschen Reichstages 1878, zitiert nach *E. Schmauderer*, Die Beziehungen zwischen Lebensmittelwissenschaft, Lebensmittelrecht und Lebensmittelversorgung im 19. Jahrhundert, problemgeschichtlich betrachtet, in: *E. Heischkel-Artelt (Hg.)*, Ernährung und Ernährungslehre im 19. Jahrhundert, S. 168.
131 *K.-P. Ellerbrock*, Lebensmittelqualität vor dem Ersten Weltkrieg: Industrielle Produktion und staatliche Gesundheitspolitik, in: *Teuteberg (Hg.)*, Durchbruch zum modernen Masasenkonsum, S. 129f.
132 Vgl. *J. P. Murmann*, Knowledge and Competitive Advantage. The Coevolution of Firms, Technology, and National Institutions, Cambridge 2003.
133 *Ellerbrock*, Lebensmittelqualität, S. 184.
134 Ausführlich dazu: *V. Hierholzer*, Nahrung nach Norm. Regulierung von Nahrungsmittelqualität in der Industrialisierung 1871–1914, Göttingen 2010, S. 79–162; *E. Schmauderer*, Die Beziehungen zwi-

Schließlich war auch die Festlegung allgemeiner Geschäftsbedingungen, etwa der Konservenindustrie im Jahr 1912, ein weiterer Schritt zur Schaffung einheitlicher Qualitätsstandards, die insbesondere für die Konsumenten Vorteile brachten. Dabei ging es unter anderem um die Festlegung des Rauminhalts von Gemüsekonserven, des Nettogewichts der Dosenfüllung sowie um Kriterien der Etikettierung.[135] Das war ein Schritt in Richtung von mehr Konsumenteninformation und -sicherheit.

Neben dem Kaiserlichen Gesundheitsamt und dem Nahrungsmittelgesetz, welches für den ‚Verbraucherschutz' im Bereich der Nahrungsmittel zuständig zeichnete, gab es auch Institutionen, die für die Überprüfung technischer Geräte zuständig waren. Das betraf zwar in erster Linie die gewerbliche Wirtschaft, jedoch war davon auch die Technisierung der Haushalte betroffen. Mit dem preußischen Gesetz über die regelmäßige Überwachung von Dampfkesseln von 1856 übernahmen ab den 1860er Jahren Dampfkesselüberwachungsvereine als Vorläufer der späteren Technischen Überwachungsvereine in gewerblicher Eigenregie die Überwachung von Dampfkesseln, elektrotechnischen Anlagen, Aufzügen, Mineralwasseranlagen und Automobilen und können so als seine Form des technischen Verbraucherschutzes betrachtet werden. Eine ähnliche Funktion hatten auch die staatlichen Materialprüfungsämter, die seit der zweiten Hälfte des 19. Jahrhunderts für technische Prüfungen auch alltäglicher Konsumgüter wie Papier und Textilien, Öle, Fette und Seifen zuständig waren.[136]

Die genannten Institutionen können als komplementäre Entwicklungen des deutschen Sozialstaates unter Bismarck verstanden werden. Das gilt auch für den Ausbau der „Daseinsvorsorge" (Ernst Forsthoff) als Ausdruck staatlicher Dienstleistungen und Infrastrukturmaßnahmen zur Grundversorgung der Bevölkerung im Bereich Lebensmittel, Wasser, Energie, Mobilität und Kultur.

Bis weit ins 19. Jahrhundert war ein Teil dieser Leistungen privatwirtschaftlich organisiert gewesen, bevor im Zuge der Kommunalisierung in den Städten die Wasserversorgung, die Gas- und Elektrizitätsversorgung, die Einrichtung von Schlachthöfen und Markthallen, die Müllentsorgung, der Nahverkehr, Sportplätze, Theater- und Konzerthäuser – zum Teil im Rahmen kommunaler Unternehmen (Stadtwerke) – in öffent-

---

schen Lebensmittelwissenschaft, Lebensmittelrecht und Lebensmittelversorgung im 19. Jahrhundert, problemgeschichtlich betrachtet, in: *E. Heischkel-Artelt (Hg.)*, Ernährung und Ernährungslehre im 19. Jahrhundert, S. 173f.; während *Hierholzer* die Zentralebene des Reiches in ihrer Arbeit in den Mittelpunkt stellt, betrachtet *Hähnel* auch die föderale Ebene des frühen Verbraucheraschutzes. S. P. *Hähnel*, Anfänge eines koordinierten Verbraucherschutzes in Deutschland. Administrative Verflechtungen bei der Regulierung der Nahrungsmittelqualität im Deutschen Kaiserreich (1871–1914), in: *Bala u. a. (Hg.)*, Verbraucher in Geschichte und Gegenwart, S. 167–185.
135 *Ellerbrock*, Lebensmittelqualität, S. 185ff.
136 *C. Kleinschmidt*, Technischer Verbraucherschutz in Deutschland im 19. Jahrhundert, in: *Ders., R. Stokes (Hg.)*, Technikentwicklung zwischen Wirtschaft und Verwaltung in Großbritannien und Deutschland (19./20. Jh.), Jahrbuch für Europäische Verwaltungsgeschichte 20, 2008, S. 51–66.

liche Regie übergingen.¹³⁷ Auch wenn diese Versorgungsinfrastruktur sich zunächst an die Haushalte höherer Einkommen richtete und die ‚besseren Viertel' eher davon betroffen waren als ärmere Haushalte¹³⁸, so profitierten von den Maßnahmen des ‚Munizipalsozialismus' nach und nach auch breitere Bevölkerungsschichten. Hier gibt es durchaus Ähnlichkeiten zu anderen europäischen Staaten wie Großbritannien und Frankreich und zugleich deutliche Unterschiede zu den USA, wo der Einfluss der öffentlichen Hand deutlich geringer war.¹³⁹

Die „Vernetzung der Stadt" (Dieter Schott) mit ihren entsprechenden Institutionen steht somit ebenfalls für die ‚Institutionelle Revolution' des 19. Jahrhunderts und ist Teil eines Konsumtionsregimes unter starker Beteiligung der Kommunen. Sie steht für eine stärkere konsumgesellschaftliche Durchdringung und Verdichtung und somit auch für mehr Teilhabe und Inklusion der Konsumgesellschaft.

Gleichzeitig traten der Staat beziehungsweise die öffentliche Hand auch in der Tradition obrigkeitsstaatlicher Lenkung und Verbotsmaßnahmen im Bereich des Konsums auf. Die Gewerbeordnung regulierte die Ladenschlusszeiten, das ‚Verunstaltungsgesetz' wandte sich unter anderem gegen die ‚Verschandelung' von Bauwerken durch ein Übermaß an Schaufensterwerbung, das Strafgesetzbuch untersagte die Verbreitung ‚unzüchtiger' Literatur, Zensurmaßnahmen betrafen einzelne Kinofilme, der Alkoholkonsum wurde einerseits durch Steuererhöhungen, andererseits durch Schankverordnungen reguliert, die den Alkoholkonsum eingrenzen sollten und damit ähnliche Ziele unterstützten wie kirchliche oder bürgerliche Organisationen sowie Vereinigungen der Arbeiterbewegung im Zuge der Temperenzbewegung. Obrigkeitliche Einschränkungen und Verbote bezogen sich auch auf Freizeitveranstaltungen wie Jahrmärkte, Kirmessen, Theater- und Tanzveranstaltungen. Diese unterlagen polizeilichen Genehmigungen und konnten bei Grenzüberschreitungen ihre Lizenz verlieren.¹⁴⁰

Die größten Einschränkungen und die stärksten Rückschritte auf dem Weg in eine ‚inklusive' Konsumgesellschaft des Kaiserreichs brachte dann allerdings der Erste Weltkrieg mit sich, der, wie auch der Zweite Weltkrieg, zugleich eine Sonder-

---

137 S. ausführlich *Ditt*, Zweite Industrialisierung und Konsum; *D. Schott*, Die Vernetzung der Stadt. Kommunale Energiepolitik, öffentlicher Nahverkehr und die „Produktion" der modernen Stadt, Darmstadt 1998; *D. Burgholz*, Privater Lebensmittelverbrauch und kommunale Lebensmittelversorgung während der Urbanisierung in Preußen, in: *Teuteberg (Hg.)*, Durchbruch zum modernen Massenkonsum, S. 118–124; *Kleinschmidt*, Stadtwerke Gelsenkrichen, S. 10–44.
138 *Welskopp*, Konsum, S. 142f.
139 Zu Europa s. *U. Kühl (Hg.)*, Der Munizipalsozialismus in Europa, München 2001.
140 *H. Tappe*, Der Kampf gegen den Alkoholmißbrauch als Aufgabe bürgerlicher Mäßigkeitsbewegung und staatlich-kommunaler Verwaltung, in: *Teuteberg (Hg.)*, Durchbruch zum modernen Massenkonsum, S. 189–235; *Maase*, Grenzenloses Vergnügen, S. 156ff.; *W. Speitkamp*, Jugendschutz und kommerzielle Interessen Schunddebatte und Zensur in der Weimarer Republik, in: *H. Berghoff (Hg.)*, Konsumpolitik. Die Regulierung des privaten Verbrauchs im 20. Jahrhundert, Göttingen 1999, S. 54f.; *C. Torp*, Wachstum, Sicherheit, Moral. Politische Legitimation des Konsums im 20. Jahrhundert, Göttingen 2012, S. 16ff.; *Haas*, Sinndiskurse in der Konsumkultur, S. 308.

situation beziehungsweise eine „Suspendierung der Konsumgesellschaft" (Thomas Welskopp) bedeutete.

3.4 Kriegskonsumgesellschaft

Der Erste Weltkrieg als die ‚Urkatastrophe' des 20. Jahrhunderts war auch eine Katastrophe für die Konsumgesellschaft, denn am Ende des Krieges waren nicht nur die landwirtschaftliche, die industrielle Produktion sowie die Dienstleistungen deutlich zurückgegangen und die Mobilisierung der Wirtschaft in Form des Hindenburg-Programms gescheitert. Die mangelnde Versorgung der Bevölkerung mit lebenswichtigen Gütern, insbesondere mit Nahrungsmitteln, Bekleidung und Wohnraum, führte zu krisenhaften Entwicklungen, zur Delegitimation der Regierung, zu Streiks und Revolution[141] und bedeuteten auch eine erhebliche Belastung für die wirtschaftliche und konsumgesellschaftliche Entwicklung der Weimarer Republik.[142]

Während die konsumhistorische Forschung in den letzten Jahren den Zweiten Weltkrieg zunehmend in den Blick genommen hat[143], fehlen vergleichbare Darstellungen für den Ersten Weltkrieg weitgehend. Und auch in Überblicksdarstellungen und Sammelbänden spielt die Konsumgesellschaft in Kriegszeiten kaum eine Rolle.[144] Dies mag damit zu tun haben, dass die Diskrepanz zwischen dem Anspruch, den Planungen und Visionen einer nationalsozialistischen Konsumgesellschaft und der Realität ihres Scheiterns deutlich größer war als im Kaiserreich und im Ersten Weltkrieg, so dass hier weniger Forschungsanreize und -herausforderungen bestehen. Insgesamt gesehen ist es gleichwohl aus konsumhistorischer Perspektive interessant zu analysieren – und das gilt für stark regulierte und gelenkte Konsumgesellschaften wie diejenigen der beiden Weltkriege in ähnlichem Maße wie für sozialistische Planwirtschaften –, an welchem Punkt Erfahrungen des Mangels und der Unzufriedenheit mit der Versorgung von Konsumgütern und -dienstleistungen zu einer gesellschaft-

---

141 *G. D. Feldman*, Armee, Industrie und Arbeiterschaft in Deutschland 1914–1918, Berlin, Bonn 1985, S. 369ff.; *Burhop*, Wirtschaftsgeschichte des Kaiserreichs, S. 191ff.; *M. Boldorf*, Wirtschaftliche Organisation und Ordnungspolitik im Ersten Weltkrieg, in: Ders./R. Haus (Hg.), Die Ökonomie des Ersten Weltkriegs im Lichte der zeitgenössischen Kritik, Berlin, Boston 2016, S. 168ff.
142 *C. Torp*, Konsum und Politik in der Weimarer Republik, Göttingen 2011, S. 65ff.
143 *H. Berghoff/J. Logemann/F. Römer* (ed.), The Consumer on the Home Front. Second World War Civilian Consumption in Comparative Perspective, Oxford 2017; *T. Schantezky*, Wirtschaft und Konsum im Dritten Reich, München 2015; *W. König*, Volkswagen, Volksempfänger, Volksgemeinschaft. „Volksprodukte" im Dritten Reich: Vom Scheitern einer nationalsozialistischen Konsumgesellschaft, Paderborn u. a. 2004; *N. Petrick-Felber*, Kriegswichtiger Genuss. Tabak und Kaffee im „Dritten Reich", Göttingen 2015.
144 Vgl. etwa *König*, Geschichte der Konsumgesellschaft oder *Prinz* (Hg.), Der lange Weg in den Überfluss. In *Haupt/Torp* (Hg.), Die Konsumgesellschaft findet sich ein Beitrag von *B. Davi*, Konsumgesellschaft und Politik im Ersten Weltkrieg, S. 232–249.

lichen Delegitimation und in deren Folge eventuell auch zu einem Zusammenbruch führten beziehungsweise inwieweit der Konsummangel daran beteiligt war.

Kriegsgesellschaften zeichnen sich durch eine starke staatliche Intervention, durch Lenkung und Regulierung des Konsums, letztendlich vor dem Hintergrund eines Primats der Rüstungsindustrie aus. Darunter leiden die Konsummöglichkeiten, selbst wenn es gelingt, die Löhne und damit die Leistungsbereitschaft der Beschäftigten in Industrie und Landwirtschaft auf einem in Friedenszeiten vergleichbaren Niveau zu halten und die steuerliche Abschöpfung der Bevölkerung unter anderem im Bereich der Verbrauchssteuern vorsichtig zu gestalten[145], um den bis dahin erreichten Lebensstandard der Bevölkerung nicht zu gefährden. Über das ‚Gesetz über den vaterländischen Hilfsdienst' im Jahr 1916 wurden den Gewerkschaften und der Industriearbeiterschaft zudem Zugeständnisse, insbesondere in Form ihrer Anerkennung als legitime Interessenvertretung, gemacht. In den ersten beiden Kriegsjahren verbesserte sich die Lohnsituation. Von 1914 (=100) auf 1915 (=109) stiegen die Reallöhne deutlich an, und selbst 1916 lagen sie noch über dem Niveau des Kriegsbeginns. Das änderte sich spätestens im Jahr 1917, als das Lohnniveau und damit auch die Versorgungslage der Bevölkerung drastisch zurück ging.[146] Das betraf schließlich nicht nur den bescheidenen Wohlstand, den selbst Haushalte mit geringeren Einkommen auf der Basis disponibler Spielräume seit der Jahrhundertwende aufwiesen, sondern zunehmend auch die Versorgung mit lebensnotwendigen Gütern, insbesondere mit Nahrungsmitteln. Erste Anzeichen von Nahrungsmittelknappheit hatten sich bereits Ende des Jahres 1915 angedeutet, was schließlich zu staatlichen Lenkungsmaßnahmen im Bereich der Nahrungsmittelimporte geführt hatte. Die Gründung des Kriegsernährungsamtes im Frühjahr 1916 setzte diese Politik fort, ohne dass es in den folgenden Jahren gelang, das Nahrungsmittelproblem in den Griff zu bekommen. Verstärkt wurden diese Probleme durch die Seeblockaden der Alliierten. Das hatte Auswirkungen nicht allein auf die quantitative Versorgung mit Nahrungsmitteln, sondern auch auf deren Qualität. Zudem zeichnete sich eine ungleiche Verteilung zwischen Stadt und Land ab, was wiederum zu Animositäten zwischen Stadt- und Landbevölkerung führte. Es kam zu Rationierungen und erheblichen Preissteigerungen für Lebensmittel. Die Nahrungsmittelverknappung betraf vor allem die ‚Normalverbraucher', deren Bedarf im Frühjahr 1917 nur noch etwa zu 53 Prozent gedeckt werden konnte, im Unterschied zu Schwer- und Rüstungsarbeitern, deren Bedarf zumindest zu etwa zwei Dritteln befriedigt werden konnte, wie das Kriegsernährungsamt errechnete.[147]

---

145 *Boldorf*, Wirtschaftliche Organisation, S. 153.
146 *Boldorf*, Wirtschaftliche Organisation, S. 140; Burhop, Wirtschaftsgeschichte des Kaiserreichs, S. 210; *Feldman*, Armee, Industrie und Arbeiterschaft, S. 76ff., 169ff.
147 *A. Roerkohl,* Die Lebensmittelversorgung während des Ersten Weltkrieges im Spannungsfeld kommunaler und staatlicher Maßnahmen, in: *Teuteberg (Hg.),* Durchbruch zum modernen Massenkonsum, S. 309–324, 341; *Burhop*, Wirtschaftsgeschichte des Kaiserreichs, S. 204; *Davis*, Konsumgesellschaft und Politik im Ersten Weltkrieg, S. 234f., 245; *Spiekermann*, Künstliche Kost, S. 238–281.

Die Nahrungsmittelversorgung war ein wichtiges Stimmungsbarometer im Ersten Weltkrieg, und es wird deutlich, dass sich mit der dramatischen Verschlechterung im Jahr 1917, dem Ausbruch von Streiks und Lebensmittelunruhen die Lebensmittelfrage zu einer existenziellen Bedrohung nicht nur der Bevölkerung, sondern der Reichsregierung und der Obersten Heeresleitung auswuchs, deren Legitimation nicht mehr allein von großen Teilen der Arbeiterschaft und der Bevölkerung, sondern auch von den Soldaten infrage gestellt wurde.[148]

Auch andere Bereiche der Grundversorgung beziehungsweise der Befriedigung von Grundbedürfnissen wie beispielsweise die Kleidungsfrage zeichneten ein ähnliches Bild. Engpässe im Bereich der Kleiderversorgung beziehungsweise der Textilproduktion führten zunächst zu Importen aus dem Ausland und dann, verstärkt durch die Seeblockade, zur Bewirtschaftung und zur Konsumlenkung im Rahmen der Kriegsrohstoffabteilung, zur Ersatzstoffproduktion unter Inkaufnahme von Qualitätsverlusten und schließlich zu Preissteigerungen und Schwarzmarktbildung, die ebenfalls entsprechende Legitimationsverluste zur Folge hatten.[149]

Von einer Konsumgesellschaft kann dementsprechend während des Ersten Weltkriegs kaum die Rede sein, eher von deren ‚Suspendierung', die nach 1918 wiederum ein Anknüpfen an die konsumgesellschaftliche Entwicklung der Vorkriegszeit erschwerte und diese um mehrere Jahre verzögerte.

4 Fazit

Die Entwicklung von einer ‚exklusiven' zu einer ‚inklusiven' Konsumgesellschaft wurde hier als langfristiger Transformationsprozess dargestellt, der sich vom Zeitalter des Merkantilismus bis zum Kaiserreich in regional unterschiedlichen Bahnen vollzog. Inklusion meint in diesem Zusammenhang die Teilhabe an und den Zugang zu den sich im Laufe des Untersuchungszeitraums von fast eineinhalb Jahrhunderten stark ausweitenden Konsummöglichkeiten. Letztere waren insbesondere seit der Phase der europäischen Expansion und der Ausweitung des Handels mit Genuss- und Luxusgütern gegeben und setzten sich über die Steigerung der landwirtschaftlichen und gewerblichen Produktion fort, wobei bis weit ins 19. Jahrhundert hinein eine große Schere zwischen dem steigenden Konsumangebot und den realen Konsumpartizipationsmöglichkeiten eines Großteils der Bevölkerung bestand, die auch durch die *Industrious Revolution* nicht geschlossen werden konnte. Für die so entstandene Konsumlücke – die in den deutschen Territorien, auch im Vergleich mit anderen Regionen und Staaten Nordwesteuropas deutlich hervortrat und zu unterschiedlichen

---

[148] *Feldman*, Armee, Industrie und Arbeiterschaft, S. 267ff.; *G. Hardach,* Der Erste Weltkrieg, München 1973, S. 196f.; *Davis*, Konsumgesellschaft und Politik im Ersten Weltkrieg, S. 236f.
[149] *U. Balder*, Spinnstoffwirtschaft im Ersten Weltkrieg, in: *Boldorf/Haus* (Hg.), Ökonomie des Ersten Weltkriegs, S. 235ff., 244f.

Ausprägungen konsumgesellschaftlicher Strukturen führte (*varieties of consumerism*) –, waren verschiedene Exklusionsfaktoren der ständisch-staatlichen Ordnung merkantilistischer beziehungsweise kameralistischer Konsumpolitik verantwortlich, die von Konsumzöllen und -steuern bis hin zu Polizei- und Kleiderordnungen sowie Zunftprivilegien reichten, welche die Entwicklung der Konsumgesellschaft eher behinderten als beförderten.

Erst die Gesellschafts- und Gewerbereformen in den deutschen Territorien, der Wegfall restriktiver Regulierungen im Bereich von Produktion und Konsum, die ‚institutionelle' und die ‚industrielle Revolution', die allmähliche Durchsetzung von Markt- und Wettbewerbsstrukturen, Massenproduktion und technische Innovationen mit den entsprechenden Kostendegressionseffekten im Rahmen der kapitalistischen Industriegesellschaft einerseits sowie steigende Löhne gegen Ende des 19. Jahrhunderts andererseits, hatten eine stark inkludierende Wirkung und führten zu einer allmählichen Schließung der Konsumlücke im Kaiserreich. Als Teil dieser ‚institutionellen Revolution' müssen auch die Anstrengungen zum Ausbau einer öffentlichen Infrastruktur im Sinne der ‚Kommunalisierung' beziehungsweise ‚Daseinsvorsorge' betrachtet werden sowie eine aktive Konsum- und Verbraucherschutzpolitik im Kaiserreich, die zugleich Ausdruck eines spezifischen Konsumtionsregimes war, welches die differenzierten Arrangements, Interessenlagen und Aushandlungsprozesse zwischen Konsumenten, Produzenten und Staat widerspiegelt und schließlich als seine Art Komplementärfunktion zum Bismarck'schen Sozialstaat verstanden werden kann. Dabei scheint es, betrachtet man den kurzen Zeitraum des ‚ersten Wirtschaftswunders' zwischen dem Ende des 19. Jahrhunderts und dem Ausbruch des Ersten Weltkriegs, nur Gewinner gegeben zu haben. Die öffentliche Hand beziehungsweise der Staat profitierte nach der Reichsgründung durch Zentralisierung und Machtgewinn sowie durch steigende Zoll- und Steuereinnahmen, die nicht zuletzt auch die Konsumenten belasteten, jedoch in Zeiten dieses ‚Wirtschaftswunders' kaum die gleiche restriktive Konsequenz hatten wie im Zeitalter des Merkantilismus. Die Produzenten von Konsumgütern profitierten von Markt- und Wettbewerbsbedingungen, die ihnen Wachstum und steigende Gewinne ermöglichten, sowie von Maßnahmen des Produzentenschutzes, die oftmals zugleich als Konsumentenschutz firmierten, und die letzteren ein größeres Maß an Konsumsicherheit und Verbraucherschutz garantierten. Damit bestätigt auch der Blick auf die Entwicklung der Konsumgesellschaft einen erweiterten, nuancenreicheren Blick auf das Kaiserreich.[150] Der im Unterschied zur ‚Proto-Konsumgesellschaft' des 18. und frühen 19. Jahrhunderts stärker inklusive Charakter der Konsumgesellschaft des Kaiserreichs mit seinen gestiegenen Konsummöglichkeiten soll jedoch nicht über die Tatsache hinwegtäuschen, dass es sich hier noch nicht um eine Massenkonsumgesellschaft im oben definierten Sinne handelte, bei der der größte Teil der Bevölkerung sich die am Markt angebotenen Produkte und

---

150 *C. Torp/S.O. Müller*, Das Bild des Deutschen Kaiserreichs im Wandel, in: *S.O. Müller/C. Torp* (Hg.), Das Deutsche Kaiserreich in der Kontroverse, Göttingen 2009, S. 19f.

Dienstleistungen, trotz (fort-)bestehender, teilweise großer sozialer Unterschiede, leisten konnte. Der Weg dorthin sollte noch etwa ein weiteres halbes Jahrhundert in Anspruch nehmen. Schon der Erste Weltkrieg bedeutete einen großen Rückschlag, eine ‚Suspendierung' beziehungsweise eine Unterbrechung konsumgesellschaftlicher Entwicklung, die weit über das Kriegsende hinauswirkte.

Literatur

R. Beck, Unterfinning. Ländliche Welt vor Anbruch der Moderne, München 1993.
H. Berghof/J. Logemann/F. Römer (ed.), The Consumer on the Home Front. Second World War Civilian Consumption in Comparative Perspective, Oxford 2017.
P. Borscheid/C. Wischermann (Hg.), Bilderwelt des Alltags. Werbung in der Konsumgesellschaft des 19. und 20. Jahrhunderts, Stuttgart 1995.
J. Brewer/R. Porter (Hg.), Consumption and the World of Goods, London, New York 1993.
K. Ditt, Zweite Industrialisierung und Konsum. Energieversorgung, Haushaltstechnik und Massenkultur am Beispiel nordenglischer und westfälischer Städte 1880–1939, Paderborn u. a. 2011.
K.-P. Ellerbrock, Geschichte der deutschen Nahrungs- und Genussmittelindustrie 1750–1914, Stuttgart 1993.
H. K. Fischer, Konsum im Kaiserreich. Eine statistisch-analytische Untersuchung privater, Haushalte im wilhelminischen Deutschland, Berlin 2011.
V. Hierholzer, Nahrung nach Norm. Regulierung von Nahrungsmittelqualität in der Industrialisierung 1871–1914, Göttingen 2010.
C. Kleinschmidt, Konsumgesellschaft, Göttingen 2008.
W. König, Geschichte der Konsumgesellschaft, Stuttgart 2000.
W. König, Volkswagen, Volksempfänger, Volksgemeinschaft. „Volksprodukte" im Dritten Reich: Vom Scheitern einer nationalsozialistischen Konsumgesellschaft, Paderborn u. a. 2004.
C. Lamberty, Reklame in Deutschland 1890–1914. Wahrnehmung, Professionalisierung und Kritik der Wirtschaftswerbung, Berlin 2000.
K. Maase, Grenzenloses Vergnügen. Der Aufstieg der Massenkultur 1850–1970, Frankfurt 1997.
N. McKendrick/J. Brewer/J.H. Plump, The Birth of the Consumer Society: The Commercialization of Eighteenth-Century England, London 1982.
C. Nonn, Verbraucherprotest und Parteiensystem im wilhelminischen Deutschland, Düsseldorf 1996.
N. Petrick-Felber, Kriegswichtiger Genuss. Tabak und Kaffee im „Dritten Reich", Göttingen 2015.
U. Pfister, Consumer Prices and Wages in Germany, 1500–1850, in: Research Paper des Center for Quantitative Economics 15, 2010.
U. Pfister., The Timing and Pattern of Real Wage Divergence in Pre-Industrial Europe: Evidence from Germany, c. 1500–1850, in: Economic History Review 70, 3, 2017, S. 701–729.
T. Pierenkemper, Arbeit, Einkommen und Lebensstandard, in: *T. Rahlf (Hg.)*, Deutschland in Daten, Bonn 2015, S. 142–153.
W. Plumpe, Das Kalte Herz. Kapitalismus: Die Geschichte einer andauernden Revolution, Berlin 2019.
M. Prinz (Hg.), Der lange Weg in den Überfluss, Paderborn u. a. 2003.
D.Reinhardt, Von der Reklame zum Marketing. Geschichte der Wirtschaftswerbung in Deutschland, Berlin 1993.

R. Sandgruber, Die Anfänge der Konsumgesellschaft. Konsumgüterverbrauch, Lebensstandard und Alltagskultur in Österreich im 18. und 19. Jahrhundert, München 1982.

T. Schantezky, Wirtschaft und Konsum im Dritten Reich, München 2015.

W. Sombart, Luxus und Kapitalismus, München 1913.

W. Sombart., Liebe, Luxus, Kapitalismus. Über die Entstehung der modernen Welt aus dem Geist der Verschwendung, Berlin 1996 (verkürzte Taschenbuchausgabe).

U. Spiekermann Basis der Konsumgesellschaft. Entstehung und Entwicklung des modernen Kleinhandels in Deutschland 1850–1914, München 1999.

U. Spiekermann, Künstliche Kost: Ernährung in Deutschland. 1840 bis heute, Göttingen 2018.

R. Spree, Klassen- und Schichtbildung im Medium des privaten Konsums: vom späten Kaiserreich in die Weimarer Republik, in: Historical Social Research 22, 1997, 2, S. 29–80.

A. Stihler, Die Entstehung des modernen Konsums, Berlin 1998.

C. Torp, Konsum und Politik in der Weimarer Republik, Göttingen 2011.

H. J. Teuteberg/G. Wiegelmann, Der Wandel der Nahrungsgewohnheiten unter dem Einfluß der Industrialisierung, Göttingen 1972.

F. Trentmann, Herrschaft der Dinge. Die Geschichte des Konsums vom 15. Jahrhundert bis heute, München 2016.

F. Triebel, Vergleichbar machen, ohne gleich zu machen. Äquivalenzskalen in der historischen Konsumforschung, in: *T. Pierenkemper (Hg.),* Zur Ökonomie des privaten Haushalts. Haushaltsrechnungen als Quelle historischer Wirtschafts- und Sozialforschung, Frankfurt, New York 1991, S. 98–141.

A. Triebel, Vom Konsum der Klasse zur Vielfalt der Stile: Haushaltsbudgetierung seit der ersten Hälfte des 20. Jahrhunderts, in: Historical Social Research 22, 1997, 2, S. 81–104.

T. Veblen, Theorie der feinen Leute. Eine ökonomische Untersuchung der Institutionen, Frankfurt 1993 (Erstausgabe 1899).

J. de Vries, The Industrious Revolution. Consumer Behaviour and the Household Economy, 1660 to the Present, Cambridge u. a. 2008.

T. Welskopp, Konsum, in: *C. Dejung/M. Dommann/D. Speich Chassé (Hg.),* Auf der Suche nach der Ökonomie, Tübingen 2014, S. 125–152.

A Konsumenten

Thomas Welskopp
Feine Unterschiede oder scharfe Differenzen: Klassen, Milieus und Konsum im Kapitalismus

> „When I'm watchin' my TV and a man comes on and tells me
> How white my shirts can be
> But, he can't be a man 'cause he doesn't smoke
> The same cigarettes as me."
> (I can't get no) Satisfaction, *The Rolling Stones* (1965)

1 Am Bedarf vorbei: Theorieprobleme der Konsumgeschichte

Gut vierzig Jahre nach dem ‚Ende des Booms' boomt die Konsumgeschichte.[1] Das bedeutet nicht nur die Schließung einer Nachfragelücke.[2] Konsumgeschichte gilt mittlerweile als ein frisches Paradigma, ein um die neuere Kulturgeschichte erweiterter innovativer Zugriff auf eine allgemeine Zeitgeschichte der letzten fünfzig Jahre.[3] Nicht wenige Vertreter fordern, den Begriff der ‚Konsumgesellschaft' zur Bezeichnung einer ganzen nachindustriellen Gesellschaftsordnung zuzuspitzen. Der Begriff steht dann für die historische Neubewertung des Charakters entwickelter Industriegesellschaften, in denen der ‚Konsum' von einem bestimmten Zeitpunkt an einen

---

[1] *H.-G. Haupt*, Consumption History in Europe: An Overview of Recent Trends, in: *H. Berghoff/U. Spiekermann* (Hg.), Decoding Modern Consumer Societies, Basingstoke 2012, S. 17–35; *F. Trentmann* (Hg.), The Oxford Handbook of The History of Consumption, Oxford 2012; *M. Prinz*, Konsum und Konsumgesellschaft seit dem 18. Jahrhundert, in: Archiv für Sozialgeschichte 41, 2001, S. 450–514; *D. Miller* (Hg.), Acknowledging Consumption: A Review of New Studies, London 1995; *F. Trentmann*, The Modern Genealogy of the Consumer. Meanings, Identities and Political Synapses, in: *J. Brewer/F. Trentmann* (Hg.), Consuming Cultures. Global Perspectives, Historical Trajectories, Transnational Exchanges, Oxford/New York 2006, S. 19–69; *F. Trentmann*, The Long History of Contemporary Consumer Society. Chronologies, Practices, and Politics in Modern Europe, in: Archiv für Sozialgeschichte 49, 2009, S. 107–128.
[2] Das war vor allem ein deutsches Phänomen. Als wichtiger Impulsgeber hierzulande: *H. Siegrist/H. Kaelble/J. Kocka* (Hg.), Europäische Konsumgeschichte. Zur Gesellschafts- und Kulturgeschichte des Konsums (18. bis 20. Jahrhundert), Frankfurt am Main/New York 1997; *C. Kleinschmidt*, Konsumgesellschaft, Göttingen 2008.
[3] *A. Doering-Manteuffel/L. Raphael*, Nach dem Boom. Perspektiven auf die Zeitgeschichte seit 1970, Göttingen 2008, S. 106–110.; *C. Goschler/R. Graf*, Europäische Zeitgeschichte seit 1945, Berlin 2010, S. 105–107.

dominanten Part bei ihrer Formation und Fortentwicklung übernommen habe.[4] In der zweiten Hälfte des 20. Jahrhunderts hätten sich die meisten (west)europäischen Gesellschaften endgültig auf den Wachstumspfad begeben, der die USA schon seit den 1920er Jahren tiefgreifend geprägt habe.[5] Nun habe sich auch hier der ‚Konsument' als soziopolitische Leitfigur etabliert und sein ‚Konsum' die ‚Arbeit' als beherrschenden Lebensinhalt in den Hintergrund gedrängt. Man identifiziere sich heute eher über den eigenen ‚Konsum' als über ‚Beruf' oder ‚Job'.[6] Für die USA hat Lizabeth Cohen in *A Consumers' Republic* die Nachkriegsordnung als vorstädtische ‚Konsumentengesellschaft' beschrieben, die die mittlerweile entscheidenden politischen Identitäten und Interessen hervorgebracht und neue Formen sozialer Ungleichheit ausgebildet habe.[7]

Aus einer solchen Sicht hat die moderne ‚Konsumgesellschaft', auch wenn ihre Ursprünge älteren Datums sind, die produktionsorientierte ‚Industriegesellschaft' als strukturierendes Prinzip moderner Gesellschaften abgelöst. Die Voraussetzungen und Kriterien für ihre Durchsetzung sind dabei freilich vage geblieben, sodass Schwellenwerte und Zäsuren nur willkürlich zu bestimmen sind und man letztlich dem *Common Sense* der Zeitgenossen aufsitzt: Die Mehrheit der Bevölkerung solle Zugang zu Konsumgütern jenseits ihrer Grundbedürfnisse haben beziehungsweise solle sie „die zeitgenössisch typischen materiellen Konsumgüter" besitzen.[8] Und dabei bewege sich der ‚Konsum' entlang einer Stufenfolge von elementaren Bereichen wie Ernährung und Kleidung über Status- und ‚Selbstverwirklichungs'-Güter bis hin zum Luxus.[9] Kleidung beispielsweise ist aber unter allen außer den ärmlichsten Verhältnissen nie nur Mittel zur Bedeckung der Blöße gewesen, sondern immer auch *zugleich* Ausdruck von Individualität, Stand und Distinktion.[10] Diese Position steht letztlich vor dem Dilemma, zwar zu konstatieren, dass die Jahrzehnte nach 1945 in

---

4 *M. Schramm*, Die Entstehung der Konsumgesellschaft, in: R. Sieder/E. Langthaler (Hg.), Globalgeschichte 1800–2010, Wien u. a. 2010, S. 367–386, 369–370; *Prinz*, Konsum und Konsumgesellschaft.
5 *V. de Grazia*, Irresistible Empire. America's Advance through 20th Century Europe, Cambridge, MA 2005.
6 *W. König*, Kleine Geschichte der Konsumgesellschaft. Konsum als Lebensform der Moderne, Stuttgart 2008, S. 9–10, 21, 28. Dagegen neuerdings überzeugend: *P.-P. Bänziger*, Die Moderne als Erlebnis. Eine Geschichte der Konsum- und Arbeitsgesellschaft 1840–1940, Göttingen 2020.
7 *L. Cohen*, A Consumers' Republic. The Politics of Mass Consumption in Postwar America, New York 2003.
8 *K. Ditt*, Zweite Industrialisierung und Konsumgesellschaft in Großbritannien und Deutschland: Energiewirtschaft, Haushaltstechnik und Massenkultur 1880–1939/40, Kolloquiumspapier (MS), Ruhr-Universität Bochum 20.05.2010, S. 2.
9 *Haupt*, Konsum, S. 25–27; *Goschler/Graf*, Europäische Zeitgeschichte, S. 107.
10 *T. Veblen*, The Theory of the Leisure Class. An Economic Study of Institutions, New York 1934 (zuerst New York 1899), S. 167–169; *W. Sombart*, Wirthschaft und Mode. Ein Beitrag zur Theorie der modernen Bedarfsgestaltung, Wiesbaden 1902; *D. Weichert*, Handsome Devils. Die Bedeutung von Kleidung in Subkulturen in Großbritannien 1945–1980, unver. Magisterarbeit, Bielefeld 2010, S. 5–6, 102–108.

Europa (zuvor schon in den USA) in einer neuen Qualität durch den ‚Konsum' geprägt wurden, das qualitativ Neue aber weder hinlänglich präzise identifizieren noch erklären zu können. Zugleich wirft die Einordnung jener neuartigen Durchbruchsphase des ‚Massenkonsums' in eine längerfristig angelegte Konsumgeschichte nicht unerhebliche Probleme auf.[11]

Eine zweite Position hat ‚Konsumgesellschaft' nicht als Bezeichnung für eine zeitlich abgegrenzte Ablösungsphase von der ‚Industriegesellschaft' eingeführt, sondern als zu dieser *alternativen* synthetischen Begriff. Damit geriet die in vielen Theorien moderner Gesellschaften postulierte Prägekraft der Produktionssphäre in industrialisierenden Gesellschaften prinzipiell in Zweifel, vor allem auch, was ihre Bedeutung für die Herausbildung von sozialer Ungleichheit anging. ‚Konsumgesellschaft' bezog damit eine Gegenposition zur ‚Klassengesellschaft'. Der Begriff konzentrierte sich auf den Bereich der erweiterten Reproduktion und betonte dort die langfristig angelegten Chancen auch für die Arbeiterschaft, dem Dilemma der vormodernen ‚Armut' wie auch der scheinbar zuschnappenden Falle moderner ‚Proletarität' zu entrinnen. Diese Position konnte aus einer sozial harmonisierenden oder aus einer retrospektiv kulturpessimistischen, konsumkritischen Sicht argumentieren.[12] Hier sind die Debatten angesiedelt, die um die Herausbildung einer ‚Konsumgesellschaft' bereits in der Renaissance (Italien), in Hollands ‚Goldenem' 17. Jahrhundert oder im ‚ausgedehnten 18. Jahrhundert' (1650–1850) in England kreisen. Zentrales Argument ist, dass die Herausbildung einer ‚Konsumgesellschaft' nicht einer vorgeschalteten Industrialisierung bedurfte, sondern der Industrialisierung vorauslief, ja, sie durch die Entstehung einer Konsumentennachfrage von solchem Umfang ankurbelte, dass der Sog des Marktes zum eigentlichen *„game changer"* wurde.[13] Danach war die Etablierung kommerzialisierter ‚Marktgesellschaften' eher als die Zentralisation der Produktion in Fabriken die entscheidende Voraussetzung für die strukturverändernde Ausbreitung des Konsums.[14]

Solange das Konzept der ‚Konsumgesellschaft' *als Alternative* zu ‚Industriegesellschaft' oder produktionsbestimmter ‚Klassengesellschaft' auftritt, laufen wir Gefahr,

---

11 *G. Therborn*, Die Gesellschaften Europas 1945–2000, Frankfurt am Main 2000, S. 164. Für Italien: *E. Scarpellini*, Material Nation. A Consumer's History of Modern Italy, Oxford/New York 2008.
12 *H. Siegrist*, Konsum, Kultur und Gesellschaft im modernen Europa. Einleitung, in: *H. Siegrist/ H. Kaelble/J. Kocka* (Hg.), Europäische Konsumgeschichte. Zur Gesellschafts- und Kulturgeschichte des Konsums (18. bis 20. Jahrhundert), Frankfurt am Main 1997/New York, S. 13–48; *J. Benson*, The Rise of Consumer Society in Britain, 1880–1980, London 1994, S. 204–207; *G. Cross*, Consumer History and the Dilemmas of Working-Class History, in: Labour History Review 62, 1997, S. 261–274; *M. Schramm*, Konsumgeschichte, in: *M. Middell* (Hg.), Dimensionen der Kultur- und Gesellschaftsgeschichte. Festschrift für Hannes Siegrist zum 60. Geburtstag, Leipzig 2007, S. 163–183.
13 *J. de Vries*, The Industrious Revolution. Consumer Behavior and the Household Economy, 1650 to the Present, Cambridge u. a. 2008; *F. Trentmann*, Herrschaft der Dinge. Die Geschichte des Konsums vom 15. Jahrhundert bis heute, München 2016.
14 *C. Eisenberg*, Englands Weg in die Marktgesellschaft, Göttingen 2009, vor allem S. 107–109, 119–122.

an Unterscheidungsfähigkeit und synthetischer Erklärungskraft für eine Theorie moderner Gesellschaften im Allgemeinen eher zu verlieren als zu gewinnen, da das, was durch ein solches Begriffsverständnis ins Zentrum der Betrachtung rückt, dazu tendiert, harte Ungleichheiten und scharfe Differenzen in der Sphäre der kapitalistischen Produktion auszublenden – oder bis zur Unkenntlichkeit weichzuspülen. Das mag der Blick auf Hannes Siegrists ‚Idealtypus' einer ‚Konsumgesellschaft' erhellen:

„Relativ viel Wohlstand konzentriert sich nicht bei einer kleinen Elite. Es gibt ein Mindestmaß an bürgerlicher Gleichheit und politischen Rechten, eine breite Mittelschicht, soziale Mobilität und Konkurrenz. Ein gewisser Wertepluralismus, Fleiß, Arbeitsethik und Streben nach Gütern aus innerweltlichen, teilweise auch religiösen Motiven sind allgemein üblich und werden als legitim verstanden. In Landwirtschaft, Industrie und Handel besteht eine gewisse Arbeitsteilung und Rationalisierung. Es gibt eine nach außen gerichtete Arbeits-, Berufs- und Erwerbsorientierung der Familien, ein differenziertes institutionelles und rechtliches System, rationales Wissen, das berechenbares und kalkulierendes Handeln ermöglicht und fördert, einen kulturellen Apparat, der die Verständigung zwischen den Produzenten, Vermittlern und Konsumenten der Güter ermöglicht und die Deutung von Kaufen und Verbrauchen anleitet. Als allgemeines Austauschmittel fungiert das Geld."[15]

Es bleibt dabei unklar, ob die hier aufgereihten Definitionskriterien eine *Symptomatik* von ‚Konsumgesellschaften' darstellen, also eine Ist-Diagnose beobachtbarer Fälle, ob sie die gesellschaftsweiten *Folgen* ihrer Etablierung und Ausbreitung beschreiben – mit einer normativen Koppelung von Kapitalismus, Massenkonsum und Demokratisierung – oder ob sie die *Voraussetzungen* und *Bedingungen* benennen sollen, unter denen Konsumgesellschaften aufblühen und florieren können. In solchen Konzepten der ‚Konsumgesellschaft' scheint – ganz im Gegensatz zum konfliktorientierten ‚Produktionsparadigma' Marx'scher Prägung – ein besonders harmonisierendes Bild vom Kapitalismus auf.[16] Der Blick vor allem auf die amerikanische Geschichte könnte dagegen zeigen, dass Konsum und der Zugang zu Konsumgütern häufig zu harten sozialen Konfliktmarkern werden und sich in ihnen durchaus scharfe Klassendifferenzen ebenso manifestieren wie *„cleavages"* ethnischer oder religiöser Art.[17]

---

15 *Siegrist*, Konsum, S. 18–19.
16 *T. Welskopp*, Der Wandel der Arbeitsgesellschaft als Thema der Kulturwissenschaften – Klassen, Professionen und Eliten, in: *F. Jaeger/J. Rüsen (Hg.)*, Handbuch der Kulturwissenschaften, Stuttgart 2004, S. 225–246.
17 *H.-G. Haupt/P. Nolte*, Konsum und Kommerz, in: *C. Mauch/K. K. Patel (Hg.)*, Wettlauf um die Moderne. Die USA und Deutschland 1890 bis heute, Bonn 2008, S. 187–214.

2 Die Beziehung zwischen Kapitalismus, Konsum, Klassen und Milieus: Mehr als ein Marketingproblem

Das schillernde Kaleidoskop sich ausschließender Vergangenheitsdeutungen und Gegenwartsdiagnosen folgt aus der Unterbestimmtheit des zugrundeliegenden Konsumbegriffs. Das liegt daran, dass die meisten Konsumforscher, ohne übermäßige Sorgfalt auf die Begriffsbildung zu legen, ‚Konsum' reflexhaft möglichst weit, zum Teil sogar historisch universell definieren und doch ein wesentlich engeres, manchmal unwillkürlich auf die Glanzzeit des modernen Konsums, für Westeuropa die *trente glorieuses* nach 1945, beschränktes Verständnis pflegen.[18] Heinz-Gerhard Haupt und Claudius Torp bestimmen in den Worten des zeitgenössischen Ökonomen Karl Oldenburg von 1914 Konsum pauschal als „Befriedigung eines Bedarfs". Das Problem dabei ist, dass Oldenburg ein neuartiges, offenbar beeindruckendes Phänomen seiner Zeit, nämlich die Befriedigung von Bedürfnissen durch individuellen Konsum, zu einer generalisierenden Definition verallgemeinerte. Das geschah im prophetischen Vorgriff auf Entwicklungen, die freilich erst das spätere 20. Jahrhundert flächendeckend prägen sollten.[19] Christian Kleinschmidt versteht unter Konsum den „Verzehr und Verbrauch materieller und immaterieller Güter und Dienstleistungen durch den Endverbraucher".[20] Das erscheint auf den ersten Blick nicht sonderlich präziser als die Oldenburg'sche Fassung. Immerhin betritt hier der individuelle Endverbraucher die Bühne, und der ist als wirtschaftliche Kategorie zweifellos erst eine Figur der Moderne.[21]

Wolfgang König schließlich offenbart eine Art zwiebelartiges Verständnis von ‚Konsum'. Zunächst ist das für ihn im breitest möglichen Sinn die „Verwendung, Nutzung und [der] Gebrauch von Gütern und Dienstleistungen". Insofern sei Konsum „so alt wie der Werkzeuge gebrauchende Mensch". Tatsächlich interessiert ihn aber Konsum als „Befriedigung von (modernen) Kulturbedürfnissen", und damit eine Geschichte, die ausschließlich in den USA (als Vorreiter) und in Westeuropa spielt, deren Entfaltungszeit sich von den 1920er Jahren in Amerika und den Nachkriegsjahrzehnten in Westeuropa bis in die Gegenwart erstreckt und die einer Nachzeichnung produktspezifischer ökologischer Sättigungsfunktionen nachkommt. Das ist an sich anschaulich und erfahrungsgesättigt, wird im Buch aber zu wenig präzise durch-

---

[18] *Schramm*, Entstehung, S. 368–369.
[19] *H.-G. Haupt/C. Torp*, Einleitung: Die vielen Wege der deutschen Konsumgesellschaft, in: *H.-G. Haupt/C. Torp (Hg.)*, Die Konsumgesellschaft in Deutschland 1890–1990. Ein Handbuch, Frankfurt am Main/New York 2009, S. 9–24, 12.
[20] *Kleinschmidt*, Konsumgesellschaft, S. 13.
[21] *J. Tanner*, Konsumtheorien in der Wirtschaftswissenschaft, in: *H.-G. Haupt/C. Torp (Hg.)*, Die Konsumgesellschaft in Deutschland 1890–1990. Ein Handbuch, Frankfurt am Main/New York 2009, S. 335–354, 336.

geführt, um weiterreichende Schlüsse zu ziehen als ein etwas banales „noch nicht – dann schon".[22]

Hannes Siegrist subsummiert in einer viel zitierten Definition unter ‚Konsum' das „Kaufen, Gebrauchen und Verbrauchen/Verzehren von Waren, eingeschlossen die damit in Zusammenhang stehenden Diskurse, Emotionen, Beziehungen, Rituale und Formen der Geselligkeit und Vergesellschaftung."[23] Das verweist den Konsum zumindest hintergründig auf eine üppige Warenwelt, die es so nur in der ‚Überfluss-Moderne' gibt. Es reiht sich zugleich in den allgemeinen Trend ein, durch Einbeziehung aller nur möglichen Praktiken im Umgang mit diesen Waren die Grundbestimmung, dass ‚Konsum' im Gegensatz zu ‚Subsistenz' „stets marktvermittelt, monetär" erfolgt, rein visuell in den Hintergrund zu drängen. Siegrist fordert, „nicht nur den *Erwerb*, sondern auch den *Gebrauch* von Gütern und Dienstleistungen durch die Konsumenten sowie gesellschaftliche *Diskurse* über Konsum – etwa als Werbung oder Konsumkritik" in die Bestimmung zu integrieren, um das Sensorium der Konsumgeschichte für kulturhistorische Aspekte zu sensibilisieren.[24] In der Konsequenz macht sie in der Folge gerade für die Moderne, der die eigentliche Aufmerksamkeit gilt, eine präzise Abgrenzung von ‚Konsum' und ‚Nicht-Konsum' analytisch unmöglich.[25]

Die klare Demarkationslinie zwischen ‚Produktion' und individuellem ‚Konsum' ist ein definierendes Charakteristikum kapitalistischer Modi des Wirtschaftens. Darauf bleibt zurückzukommen. Eine neuere Interpretationsströmung, die aus der Konsumsoziologie kommt und in der Kulturgeschichte mittlerweile angekommen ist, bemüht sich dagegen, diese Differenzierungslinie demonstrativ zu verwischen. Das geschieht, um Formen der Selbstversorgung, die auf nachhaltiger Güterverwertung und dem Selbermachen, der Eigenerzeugung, dem Basteln und Reparieren fußen und damit das traditionelle Verständnis der ‚Subsistenzarbeit' in die neueste Zeit transportieren, für die soziologische und historische Forschung neu oder erneut theoretisch zu erschließen. Das hat eine normative antikapitalistische Spitze und trägt leicht romantisierende Züge eines postkapitalistischen Modus der ‚Provision', während es der Kapitalismusanalyse die Schärfe der begrifflichen Unterscheidungsfähigkeit nimmt.[26]

---

22 *König*, Geschichte, S. 14–16.
23 *Siegrist*, Konsum, S. 16.
24 *W. Plumpe*, Konsum, in: Merkur 770, 2013, S. 619–627, 621; *Schramm*, Entstehung, S. 367.
25 Das ist letztlich das Problem des Ausuferns, das Frank Trentmann vor lauter unbegrenzter Konsumvarianten die Spezifizität der Fülle individueller Tauschakte, die einem wie auch immer gearteten Gebrauch der Dinge vorausgeht, nicht als Unterscheidungsmerkmal für den an kapitalistische Bedingungen geknüpften „modernen Konsum" sehen lässt: *Trentmann*, Herrschaft der Dinge. Das Dilemma lässt sich auch nicht dadurch lösen, dass Manuel Schramm die Tautologie des „Kaufkonsums" einführt. Siehe: *Schramm*, Entstehung, S. 368.
26 So prägnant in der Zeitschrift: Produzieren/Konsumieren – Prosumieren/Konduzieren. Österreichische Zeitschrift für Geschichtswissenschaft 30/1, 2019; *A. Warde*, Notes on the Relationship between Production and Consumption, in: *R. Burrows/C. Marsh (Hg.)*, Consumption and Class. Divisions and

3 *Raider* heißt jetzt *Twix*: Von der ‚Konsumtion' zum ‚modernen Konsum'

Als ökonomische Kategorie tauchte die ‚Konsumtion' offenbar in ersten Vorstufen zu volkswirtschaftlichen Gesamtrechnungen auf, das heißt in den Haushalten frühneuzeitlicher Territorialstaaten. Diese sollten darauf hin optimiert werden, dem Staat aus den wirtschaftlichen Aktivitäten im Lande eine maximale Ressourcenausbeute zuzuführen. Die frühneuzeitliche Staatsräson bestand darin, ein möglichst starkes stehendes Heer zu alimentieren, ein durchschlagkräftiges (bürokratisches) Herrschaftssystem aufzubauen und die (stets zu kostspieligen) anfallenden Kriegszüge zu finanzieren. Der Ressourcenbegriff war also komplett monetarisiert. Es ging um die Anhäufung und Hortung von Geldmitteln. Um diese zu akkumulieren, sollten Exportüberschüsse realisiert (Merkantilismus) und/oder das Steueraufkommen gesteigert werden (Kameralismus). ‚Konsumtion' erschien dabei in ihrer traditionellen, ökonomisch unspezifischen Bedeutung als ‚Vernichtung durch Verzehr', konkreter um die Gefahr der ‚Auszehrung' des Staatshaushalts durch unpatriotische Befriedigung privater Bedürfnisse: Darunter verstand man im merkantilistischen Sinne die Schmälerung einer positiven Handelsbilanz durch individuellen Eigenverbrauch und im kameralistischen Sinne das Abschmelzen wertvoller Devisenbestände durch unproduktive Luxusimporte. Dem versuchten absolutistische Staaten wie Preußen durch Luxussteuern und Verbrauchsverbote (Tabak, Tee, Kaffee) entgegenzusteuern. Ob als Vernichtung von Gütern oder Verschwendung finanzieller Ressourcen, die Kategorie der ‚Konsumtion' war jedenfalls negativ besetzt. ‚Konsumtion' galt als Bremsklotz auf dem Wege zur Füllung der fürstlichen Schatztruhe.[27]

Diese negative Bewertung kehrte sich im Übergang zur Moderne um. Waren dort die privaten Haushalte der Untertanen die natürlichen Feinde des Territorialstaats, der zur (vor allem: militärischen) Machtentfaltung sämtliche Ressourcen an sich zog, die er greifen konnte, wurden sie nun als ‚Endverbraucher' gewissermaßen naturalisiert: Der größte Teil der erwirtschafteten Güter landet bei irgendeiner Sorte von ‚Endverbrauchern', von denen die meisten private Haushalte – oder einzelne private Akteure – sind. Deren monetäre Kaufkraft fließt in die Produktionssphäre zurück, günstigenfalls in einer Art erweitertem Kreislauf, der wirtschaftliches Wachstum stimuliert, anstatt unproduktiv materielle Kräfte zu binden. Diese positive Neubewertung machte aus der bloß Ressourcen vernichtenden ‚Konsumtion' den tendenziell

---

Change, London 1992, S. 15–31; *A. Warde*, Production, Consumption and Social Change: Reservations Regarding Peter Saunders' Sociology of Consumption, in: International Journal of Urban and Regional Research 14/2, 1990, S. 228–248; *A. Warde/L. Martens*, Eating Out: Social Differentiation, Consumption and Pleasure, Cambridge 2000.

27 *U. Wyrwa*, Consumption – Konsum – Konsumgesellschaft. Ein Beitrag zur Begriffsgeschichte, in: *H. Siegrist/H. Kaelble/J. Kocka (Hg.)*, Europäische Konsumgeschichte. Zur Gesellschafts- und Kulturgeschichte des Konsums (18. bis 20. Jahrhundert), Frankfurt am Main/New York 1997, S. 747–762.

wirtschaftlich aktivitätssteigernden individuellen ‚Konsum'. ‚Konsum' avancierte in der Ökonomie – wenn auch nur eine kurze Weile lang – zum hauptsächlichen Zweck der Produktion. Adam Smith schreibt 1776 geradezu programmatisch: „Der Konsum ist der einzige Sinn und Zweck aller Produktion; und das Interesse der Produzenten sollte nur insoweit berücksichtigt werden, als es für die Förderung des Konsumenteninteresses nötig sein mag."[28]

Adam Smith spricht nicht *expressis verbis* vom Kapitalismus, aber er konnte nur eine zunehmend kapitalistisch organisierte Produktion meinen, da erst unter den Bedingungen dieser Konstellation die Trennung zwischen Erzeugung und Versorgung manifest und offenbar wird – und damit auch zu einem möglichen Problem, dessen Behebung er hier der Gesellschaft als Lenkungsaufgabe überträgt. Denn wie soll gewährleistet sein, dass eine durch private Eigentümer betriebene Erzeugungswirtschaft, die einzig an der Abschöpfung der Mittel einer kaufkräftigen Nachfrage orientiert ist, auch die mittellosen Massen hinreichend und verlässlich versorgt? Das aber ist für Werner Plumpe das wahrgewordene Märchen vom „kalten Herz" des Kapitalismus, der die allgemeine Hebung von Wohlfahrt und Wohlstand über seine Entwicklungsgeschichte hinweg in beiläufiger Barmherzigkeit bewerkstelligt habe. Die ‚kapitalintensive Massenproduktion', die in seinem Verständnis den Kapitalismus ‚eigentlich' ausmache, sei ohne den ‚Massenkonsum' weder lukrativ noch wachstumsträchtig genug gewesen, um jene unvergleichliche Expansionsdynamik auszulösen, die noch unsere Gegenwart bestimmt. Zwar beseitige der Kapitalismus Ungleichheit nicht, sondern funktioniere gewissermaßen auf der Basis von Ungleichheit als Antriebsquelle – wie die ‚Unruh' in einer mechanischen Uhr – aber er habe Armut, das Kennzeichen vormoderner Gesellschaften, weit zurückgedrängt. So wird bei ihm die Geschichte des Kapitalismus doch zu einer im tiefsten Kern sozialen Veranstaltung: „Der Kapitalismus ist und war von Anfang an stets eine Ökonomie der armen Menschen und für arme Menschen."[29]

Bernard Mandeville, auf den sich Plumpe bezieht, sieht zwar drastischer als Smith („unsichtbare Hand") einen Zusammenhang zwischen „privatem Laster" (egoistischem Geschäftsgebaren) und „öffentlichen Vorteilen" (Grundversorgung der ganzen Gesellschaft), hält für diese Transformationsleistung aber einen obrigkeitlichen Ordnungsrahmen für unerlässlich. Die „soziale Ader" des „kalten Herzens" ist bei ihm also nicht so aus der Natur wie im gleichnamigen Buch letztlich normativ unterstellt.[30] Der Kapitalismus produziert Waren und Dienstleistungen für den Konsum.

---

28 *A. Smith*, Der Wohlstand der Nationen. Eine Untersuchung seiner Natur und seiner Ursachen, München 1993 (zuerst engl. 1776), S. 3.
29 *W. Plumpe*, Das kalte Herz. Kapitalismus: Die Geschichte einer andauernden Revolution, Berlin 2019, S. 639; zur Kritik: *Friedrich Lenger*, Eine eurozentrische Geschichte des Kapitalismus. Gefangen in der Kritik der Kapitalismuskritik, in: Merkur 73, 2019, S. 59–67, 60.
30 *B. Mandeville*, Die Bienenfabel oder Private Laster, öffentliche Vorteile, mit einer Einleitung von Walter Euchner, Frankfurt am Main 1980, S. 142–147.

Aber er tut das, wie Karl Marx spezifiziert, über einen Umweg: „Ein Kaufmannsstand tritt zwischen die Produzenten, ein Stand, der bloß kauft, um zu verkaufen und bloß verkauft, um wieder zu kaufen und in dieser Operation nicht den Besitz der Ware als Produkte bezweckt, sondern bloß das Erhalten von Tauschwerten als solchen, von Geld." Die Produktion unter kapitalistischen Bedingungen erfolgt daher „unmittelbar für den Handel und nur mittelbar für die Konsumtion", wobei der „Zweck des Handels [...] nicht direkt die Konsumtion" ist, sondern „das Erwerben von Geld."[31]

Die Versorgung der Gesamtbevölkerung über ‚individuellen Konsum' ist mit einer kapitalistisch organisierten Produktion gerade nicht überall und unter allen Umständen gewährleistet. Es bleiben Unsicherheiten, blinde Flecken, tote Winkel und massive Koordinationsprobleme, die ‚freie Märkte' offenbar nicht instinktiv in den Griff bekommen. Zu einer Klärung dieser zentralen Frage hat speziell die ökonomische Theorie wenig beigetragen, weil sie die Differenzierung zwischen Produktion und Konsum schlicht dupliziert hat. Darauf weist Jakob Tanner hin. Die Individualisierung des ‚Endverbrauchers' habe die paradoxe Folge gehabt, dass sich seit Mitte des 19. Jahrhunderts bis heute die ökonomische Theorie zwar massiv mit dem ‚Konsum' beschäftigte und darauf ganze akademische Schulen gründete – von der Grenznutzenlehre bis zur heutigen Präferenzforschung, Spieltheorie und Theorie des Wahlhandelns –, dass diese Theorien sich aber sowohl durch eine Frontstellung im Kampf der Paradigmen gegenüber produktionsorientierten Theorien – etwa der Arbeitswertlehre, auch weiten Teilen der Neoklassik – auszeichneten als auch durch eine radikale axiomatische Individualisierung der Perspektive. Beides hat bisher eine Integration von Produktions- und Konsumparadigma auf der Basis eines ‚systematischen Theorietransfers' unmöglich gemacht und damit eine unqualifizierte Anwendung auf die Konsumgeschichte unproduktiv bleiben lassen.[32]

4 Die ‚Fabrikation des Konsums' im gesellschaftlichen Differenzierungsprozess unter kapitalistischen Bedingungen

Der realhistorische Wandel aber, so der Göttinger Kultursoziologe Dominik Schrage, lief parallel zur semantischen Ausdifferenzierung einer wirtschaftlichen Sphäre, einer ‚Ökonomie' im modernen Sinne, ab. ‚Konsum' wurde als Bestandteil einer intern in ‚Produktion', ‚Distribution' und ‚Konsum' differenzierten Wirtschaft integriert. Erst jetzt sei ‚Konsum' zu einer eigentlichen ökonomischen Kategorie kristalliert. Die semantische Umwertung markiere auch den zeitlichen Verlauf des Wandels:

---

31 *K. Marx*, Grundrisse der Kritik der Politischen Ökonomie, Berlin (DDR) 1974, S. 67.
32 *Tanner*, Konsumtheorien, S. 354.

„Dies ist beim Konsumbegriff dann der Fall, wenn die wirtschaftliche Bedeutung des Wortes an Eigenständigkeit und Systematik gewinnt und auch außerhalb der ökonomischen Fachterminologie zur Bezeichnung eines kontextübergreifenden ‚politisch-sozialen Erfahrungszusammenhanges' verwendet wird – der Versorgung von Haushalten und Einzelpersonen am Markt. Sowohl die Eigenständigkeit der wirtschaftlichen Bedeutung von ‚Konsum' gegenüber älteren Wortbedeutungen als auch ihre systematische Verbindung mit anderen ökonomischen Begriffen – besonders dem der ‚Produktion' – wird sofort nachvollziehbar, wenn man beides als die semantische Manifestation einer Loslösung der Wirtschaft von traditionellen sozialen Regulierungen und staatlicher Politik begreift. Denn die Notwendigkeit von Wirtschaftstheorien, die Marktprozesse angemessen komplex und unter Ausschaltung von Alltagsevidenzen als ein autonomes, das heißt eigenlogisch prozessierendes System beschreiben, ergibt sich unmittelbar aus diesem Lösungsvorgang, den man soziologisch als Systemdifferenzierung fassen kann."[33]

Wenn man die Differenzierungstheorie der Moderne (wie in der Systemtheorie) nicht orthodox verengt – wonach sich Differenzierung ausschließlich in verschiedenen Funktionssystemen vollzieht –, kann man sie sich auch zwischen konkreten gesellschaftlichen Institutionen- und Organisationskomplexen und innerhalb dieser Komplexe denken. Das soll hier mit Berufung auf die ‚klassische' polit- und sozialökonomische Theorie geschehen. Hier finden sich Formulierungen, die man ohne Weiteres als differenzierungstheoretisch bezeichnen kann.

1870 koppelte Gustav Schmoller das Phänomen der Verselbständigung einer wirtschaftlichen Sphäre an ihre interne Differenzierung in eigenständige Bereiche der (zentralisierten) Produktion und der Distribution durch eine ganze Bandbreite von Betriebsformen des Handels, von denen eine Reihe der Versorgung von (privaten) Endverbrauchern diente:

„Eine Produktion durch Fabriken oder größere Handwerkergeschäfte, eine Produktion, die nicht mehr am Ort des Konsumenten zu sein braucht, die nicht mehr sich verbindet mit dem direkten Verkauf an den Konsumenten, daneben die selbstständigere Entwicklung des Handels – als Großgeschäft, als Magazin in den größeren Städten, theilweise als Detailhandel und kleines Ladengeschäft in den kleinen Städten und Dörfern, theilweise als Wandermagazin und Hausirhandel auf dem Lande, das sind Glieder ein und derselben Kette."[34]

Karl Marx spricht im ersten Kapitel des *Kapital, Band 1*, das auch den Auftakt zu einer Analyse des kapitalistischen Konsums hätte geben können, wenn er sich nicht

---

[33] D. Schrage, Die Verfügbarkeit der Dinge. Eine historische Soziologie des Konsums, Frankfurt an Main/New York 2009, S. 37.
[34] G. Schmoller, Zur Geschichte der deutschen Kleingewerbe im 19. Jahrhundert. Statistische und nationalökonomische Untersuchungen, Halle 1870, S. 253–254, zitiert nach: U. Spiekermann, Basis der Konsumgesellschaft. Entstehung und Entwicklung des modernen Kleinhandels in Deutschland 1850–1914, München 1999, S. 11.

stärker für die Ursprünge des Profits interessiert hätte, davon, der „Reichtum der Gesellschaften, in welchen kapitalistische Produktionsweise herrscht, erscheint als eine ‚ungeheure Warensammlung', die einzelne Ware als seine Elementarform". Ergo ist auch für ihn die Ware Zweck der materiellen Produktion geworden, aber um „Ware zu werden, muss das Produkt dem andern, dem es als Gebrauchswert dient" – dem (privaten) Endverbraucher – „durch den Austausch übertragen werden".[35]

Deutlicher wird er bereits zehn Jahre früher in seiner *Kritik der politischen Ökonomie* von 1859. Dort differenziert er den kapitalistischen Wirtschaftszyklus in die Stadien „Produktion ↔ Distribution ↔ Austausch ↔ Konsumtion" aus. Hier findet sich erstmals die oben geforderte analytische Synthese von Produktions- und Konsumperspektive, die eine notwendige Bedingung dafür ist, Aussagen über die Konsequenzen des ‚modernen Konsums' auf die Klassenstruktur der Gesellschaft und die Bildung verschiedener Milieus überhaupt treffen zu können. Der hier skizzierte Zusammenhang schlägt auch die Brücke zwischen der gesamtgesellschaftlichen (‚Produktion') über die gesellschaftlich strukturbildende (‚Distribution') Ebene bis zu jener des individuellen Akteurs („Austausch + Konsumtion"): „In der Produktion eignen [...] die Gesellschaftsglieder die Naturprodukte menschlichen Bedürfnissen an; die Distribution bestimmt das Verhältnis, worin der einzelne teilnimmt an diesen Produkten; der Austausch führt ihm die besondren Produkte zu, in die er das ihm durch die Distribution zugefallne Quotum umsetzen will; endlich in der Konsumtion werden die Produkte Gegenstände des Genusses, der individuellen Aneignung."[36]

Der Clou liegt in dieser integrativen Betrachtungsweise darin, dass sich eine funktionierende ‚Distribution' vielfältiger Mechanismen und Institutionen des ‚Austauschs' bedienen muss, um eine ‚Konsumtion' zu nähren, die die nötige Kaufkraft besaß, um die kalkulierten Erträge in die Kasse zu spülen, die die Produzenten benötigten, um ihre Leistungen zu erneuern oder gar zu steigern. Die Sphäre des ‚Austauschs' enthält also nicht einseitig wirksame Verteilungsmechanismen, sondern ist darauf angewiesen, Foren und Wege der Kommunikation mit den Endverbrauchern bereit zu stellen, die wie eine – wenn auch asymmetrisch – beidseitig durchlässige Membran wirken, welche die Reaktionen der Konsumenten in die Produktion zurückspiegelt. Die Konsumenten selber fungieren als aktives konstitutives Element im Austauschprozess. Es bedarf der subjektiven Eigeninitiative der Konsumenten und deren Stimulierung, damit die produzierte und grob verteilte Ware den Weg in die Haushalte der Endverbraucher findet. Damit wird ‚Konsum' konzeptionell an einen Marktvorgang gekoppelt:[37]

„Die Produktion produziert die Konsumtion daher, 1. indem sie ihr das Material schafft; 2. indem sie die Weise der Konsumtion bestimmt; 3. indem sie die erst von ihr als Gegenstand gesetzten Produkte als Bedürfnis im Konsumenten erzeugt. Sie

---
35 *K. Marx*, Das Kapital, Bd. 1 (Marx-Engels-Werke 23), Berlin (DDR) 1981, S. 49.
36 *K. Marx*, Zur Kritik der politischen Ökonomie, Berlin (DDR) 1959, S. 473.
37 Ebd., S. 3.

produziert daher Gegenstand der Konsumtion, Weise der Konsumtion, Trieb der Konsumtion. Ebenso produziert die Konsumtion die *Anlage* des Produzenten, indem sie ihn als zweckbestimmendes Bedürfnis sollizitiert."[38]

Eine zentrale zweite Differenzierungslinie ist in der ‚klassischen' Theorie ebenfalls nicht unbeachtet geblieben: die Trennung wirtschaftlicher Aktivitäten in möglichst ‚sortenreine' Arten. Arbeit wird erst jetzt, als betriebliche ‚Lohnarbeit', semantisch zur nebenzweckfreien Tätigkeit, zur Erzeugung ‚an sich'. Gleiches gilt für das ‚Wirtschaften' des Unternehmers. Friedrich Engels schreibt 1886:

> Die bisherigen – naturwüchsigen oder auch gemachten – Associationen waren der Sache nach für ökonomische Zwecke, aber diese Zwecke versteckt oder vergraben unter ideologischen Nebendingen. Die antike Polis, die mittelalterliche Stadt oder Zunft, der Feudalverband des Grundadels, alle hatten ideologische Nebenzwecke, die sie heiligten und die beim Patrizier-Geschlechterverband und der Zunft nicht minder aus Erinnerungen, Traditionen und Vorbildern der Gentilgesellschaft entsprangen als die antike Polis. Erst die kapitalistischen Handelsgesellschaften sind ganz nüchtern und sachlich – aber kommun.[39]

Max Weber präzisiert in gleichem Sinne, obwohl er hier ausdrücklich die Trennung zwischen Betrieb und *Unternehmer*-Haushalt meint, einen Begriff vom zentralisierten „Betrieb", der gerade für die abhängig Beschäftigten ein Ort ist, an dem sie arbeiten sollen – und sonst nichts.[40]

5 *Deferred Gratification*: Die Differenzierung von Arbeit und Reproduktion

Mit der Errichtung zentralisierter Produktionsstätten – und der fortschreitenden Kommerzialisierung größerer Werkstätten – setzte sich das unternehmerische Konzept semantisch durch, die Arbeiter hätten an ihrer Arbeitsstätte nichts zu tun als zu arbeiten. Die vormaligen handwerklichen Mischungen aus Arbeitsphasen, ausgedehnten Pausen, Bierholen, Abwesenheiten und kollektiven Spielritualen wurden durch einen Anspruch auf Arbeit *sans phrase* abgelöst, der freilich nie eingelöst werden konnte, weil die Arbeiterin oder der Arbeiter als ganze Menschen im Betrieb erschienen und nicht als reine Arbeitskraft. Trotzdem fand er in drakonischen Fabrikordnungen, Strafkatalogen und disziplinfixierten Kontrollpraktiken einen manifesten Ausdruck.

---

[38] Ebd., S. 476–477.
[39] *F. Engels*, Über die Assoziation der Zukunft, in: Friedrich Engels Werke – Artikel, Entwürfe Mai 1883 bis September 1886, Karl Marx Friedrich Engels Gesamtausgabe (MEGA^{II}), Bd. 30/1, Berlin 2009, S. 23.
[40] *M. Weber*, Vorbemerkung, in: *J. Winckelmann (Hg.)*, Max Weber. Die protestantische Ethik. Eine Aufsatzsammlung, Bd. 1, Gütersloh ^{8}1991, S. 9–26; 16.

So hieß es im Fabrikreglement der Eisengießerei Klett & Comp. unter § 2: „Die festgesetzten Arbeitsstunden sind von 6 bis 12 Uhr Vormittags und von 1 bis 6 ½ Uhr Nachmittags. Von 8 bis 8 ½ Uhr früh wird eine halbe Stunde zum Frühstück freigegeben, zu welchem Endzweck sämtliche Arbeiter die Werkstätten zu verlassen haben." § 13 drohte „alle[n] jene[n] Arbeiter[n], welche während der Arbeitszeit herumlaufen, mit einander plaudern oder schwätzen, und Nichts thuend bei einander stehen und somit ihre Arbeit versäumen [...] in Strafe von ¼ Tag Abzug [zu verfallen]".[41] Die Monstrosität dieses Anspruchs, jegliche menschliche Regung in der laufenden betrieblichen Arbeit zu unterdrücken, machte die Zuschrift einer gewerkschaftlich organisierten Textilarbeiterin zu einem Preisausschreiben deutlich, mit dem der *Deutsche Textilarbeiterverband* 1928 die Lebenswirklichkeit seiner weiblichen Mitgliederschaft zu erkunden versuchte. Sie schrieb:

> Kaum bin ich im Fabriksaal angelangt, heult schon die Sirene, dass es mir durch Leib und Seele fährt. Nun stehe ich am Webstuhl, bei diesem langweiligen Geklappere neun Stunden lang. Wenn es nur erst mal Mittag wäre. Zur Abwechslung gehe ich hinaus auf den Abort, schaue aus dem Gitter wie eine Gefangene den tanzenden Sonnenstrahlen zu. Doch o weh, als ich wieder hereinkomme, war ich drei Minuten zu lange draußen und es gibt zur Abwechslung mal Krach dafür von unserem Herrn Meister, der den ganzen Tag vor der Tür steht und sich höchstwahrscheinlich als Abortdirektor ausbilden will.[42]

Dass diese Differenzierung von Arbeit und Reproduktion Sache der kapitalistischen Systemlogik war, belegen zwei zeitgleich zu beobachtende Tendenzen, bei denen die Initiative nicht von Unternehmerseite, sondern von den betroffenen Akteuren ausging: Das war zum einen das Drängen vor allem hochqualifizierter Arbeiter auf Löhne, die es ihnen erlaubten, ihre Familien als Alleinverdiener durchzubringen, was die weiblichen Familienmitglieder zu unbezahlten Fachkräften für die physische Reproduktion der Arbeitskraft machte. Zwölf-Stunden-Arbeitstage und Doppelschichten mit Sonntagsbetrieb wie in der Schwerindustrie erzwangen eine solche einseitig gegenderte Arbeitsteilung geradezu. Aber der ‚Alleinverdiener' wurde über diese Zwangslagen hinaus in weiten Teilen der männlichen Arbeiterschaft zum maskulinen Ideal des ‚Familienernährers'.[43]

Zum anderen versuchten Heimarbeiter der dezentral verlegten Textilgewerbe, die auf dem Land beheimatet waren, alles, um verbliebene landwirtschaftliche Dienstpflichten bei den Bauern, auf deren Territorium sie siedelten, loszuwerden, um ihre

---
41 „Regeln und Vorschriften für die Arbeiter in der Eisengießerei & Maschinenfabrik von Klett & Comp.", in: *W. Ruppert*, Die Fabrik. Geschichte von Arbeit und Industrialisierung in Deutschland, München 1993, S. 54–56.
42 „Mein Arbeitstag – mein Wochenende". Arbeiterinnen berichten von ihrem Alltag 1928, neu hg. von *A. Lüdtke*, Hamburg 1991, S. 79.
43 *De Vries*, Industrious Revolution; *T. Welskopp*, Leben im Rhythmus der Hütte. Geschlechterbeziehungen in Stahlarbeitergemeinden des Ruhrgebiets und Pennsylvanias, 1890–1920, in: Westfälische Forschungen 45, 1995, S. 205–241.

ganze Arbeitszeit dem Heimgewerbe zu widmen, das ihnen einen Geldlohn verschaffte, so mager dieser auch ausfallen mochte.[44] Für Max Weber stehen den produzierenden Unternehmungen im Kapitalismus die „Haushaltungen" gegenüber, „sowohl den die dargebotenen Güter konsumierenden, wie den gewisse Beschaffungsmittel (Arbeit vor allem) darbietenden".[45] Physische Reproduktion meint die Versorgung der Akteure mit dem zu ihrem elementaren Lebensunterhalt Notwendigen. Diese Versorgung lässt sich prinzipiell auf verschiedene Weise regeln: Man kann sich die entsprechenden Güter aneignen, durch Diebstahl und Raub oder im Rahmen von Herrschaftsverhältnissen wie der mittelalterlichen Pflicht zur Ablieferung des Zehnten etwa an die kirchliche Obrigkeit. Man kann sich umgekehrt von Dritten versorgen lassen, wie zum Beispiel Insassen einer Anstalt, eines Lagers oder die Klienten einer städtischen Suppenküche. Obwohl ein Quantum Arbeit in fast allen Verfahren der Reproduktion steckt, stellt, drittens, die Erzeugung zur Selbstversorgung, Subsistenzarbeit, einen historisch besonders bedeutsamen Fall dar.[46] Schließlich lässt sich die Versorgung mit elementaren Gütern und Dienstleistungen zum Lebensunterhalt durch Kauf über den Markt decken, durch ‚Konsum' im modernen Sinne.[47]

Ob gewollt oder ungewollt wurden vor allem städtische Arbeiter im Verlauf des 19. Jahrhunderts zur Sicherstellung ihrer physischen und familiären Reproduktion durch ‚Konsum' mangels Alternative gezwungen. So hieß es in den Kneipengesprächen in der Hamburger „Wirtschaft von Schütte", die die örtliche Politische Polizei 1897 ablauschte:

> Wenn man die großen Geschäfte in der Hamburger Straße ansieht, so wundert man sich, wie die Leute bestehen können, aber wenn sie alles, was darin steht, bezahlen sollten, so haben sie auch nichts weiter als ihr nacktes Leben. Sie schimpfen ebenso wie wir auf das Kapital, und auf das Drücken des Arbeiters, denn der Bemittelte kauft nichts im Laden, sondern lässt sich alles im Hause anfertigen; er ist nur auf den Arbeiter angewiesen, der bei den miserablen Verhältnissen sich nichts leisten kann und seinen Lohn nur zum täglichen Unterhalt und notdürftigen Bekleidung verwenden muss.[48]

---

44 *R. Braun*, Industrialisierung und Volksleben. Veränderungen der Lebensformen unter Einwirkung der verlagsindustriellen Heimarbeit in einem ländlichen Industriegebiet (Zürcher Oberland) vor 1800, Göttingen 1979 (zuerst Zürich 1960); *J. Mooser*, Ländliche Klassengesellschaft 1770–1848. Bauern und Unterschichten, Landwirtschaft und Gewerbe im östlichen Westfalen, Göttingen 1984, S. 272–276, 299–308.
45 *M. Weber*, Wirtschaft und Gesellschaft. Grundriss der verstehenden Soziologie, hg. von *J. Winckelmann*, Tübingen ⁵1980, S. 52.
46 *M. Prinz*, Der Sozialstaat hinter dem Haus. Wirtschaftliche Zukunftserwartungen, Selbstversorgung und regionale Vorbilder: Westfalen und Südwestdeutschland 1920–1960, Paderborn u. a. 2012.
47 Zur Langlebigkeit von Subsistenzmustern besonders in deutschen Städten durch die Institution des Kleingartens siehe *M. Prinz*, Der Sozialstaat hinter dem Haus. Wirtschaftliche Zukunftserwartungen, Selbstversorgung und regionale Vorbilder: Westfalen und Südwestdeutschland 1920–1960, Paderborn u. a. 2012; zur Unterscheidung von „Subsistenz" und „Konsum" *Plumpe*, Konsum, S. 621.
48 Zitiert in: *R. Evans* (Hg.), Kneipengespräche im Kaiserreich. Stimmungsberichte der Hamburger Politischen Polizei 1892–1914, Reinbek b. Hamburg 1989, S. 55.

Der Zwang, den Lebensunterhalt durch subjektiv zu verantwortenden, individuellen ‚Konsum' zu bestreiten, scheint somit in der kapitalistischen Systemlogik angelegt. Er folgt konsequent aus der Ausdifferenzierung einer separaten Sphäre der ‚Ökonomie', deren innerer Differenzierung in Produktion, Distribution, Austausch und Konsumtion und dem *Outsourcing* der Reproduktion aus der Produktionsarbeit.[49]

6 *Shop – or you drop*: Definitionsversuch ‚Moderner Konsum'

‚Moderner Konsum' ist eine Form ökonomischen Handelns, die den *potenziellen* (privaten) Endverbrauch von Gütern und Dienstleistungen an einen vorhergehenden Markttransfer koppelt. Da dieser Markttransfer den Austausch von Gütern und Dienstleistungen gegen Geld beinhaltet, ist Konsum *per definitionem* in eine umfassende Geldwirtschaft eingebettet (Niklas Luhmann). So wie ‚Kapitalismus' der Modus des Wirtschaftens in der ‚Moderne' ist, so systemimmanent gehört ‚Konsum' zum Kapitalismus. Die Verbindung zu Kommerzialisierung und historisch entstandenen Märkten ist jedenfalls enger als die zur Industrialisierung, verstanden als Ausbreitung und flächendeckende Durchsetzung der Fertigung in zentralisierten Betrieben.[50]

Vollständiger oder vollgültiger Konsum hat auf der Seite des *Angebots* zur Voraussetzung, dass eine relative Überflusssituation in der Verfügbarkeit der Güter und Dienstleistungen, also derer, die gerade nachgefragt werden, besteht. Ebenso muss es eine reale Auswahlmöglichkeit („echte Alternative" nach Luhmann) sowohl zwischen verschiedenen Anbietern als auch zwischen verschiedenen Angeboten geben, damit der bei ökonomischem Handeln gegebene Entscheidungszwang auch Entscheidungsgründe findet.[51]

Voraussetzung für eine ‚volle' *Teilnahme an Konsum* ist zunächst eine kaufkräftige *Nachfrage*. Eine hinreichende eigene Kaufkraft ist die *conditio sine qua non*, um zum subjektivierten Konsumenten werden zu können. Daneben aber ist verfügbare Zeit nötig, um sich Informationen über ein bestehendes Angebot zu verschaffen, den Markttransfer anzubahnen und schließlich auch zu vollziehen. Das Konsumentensubjekt ist somit nur als proaktiver, orientierter Akteur denkbar, der in den Konsum

---

[49] T. *Welskopp*, Konsum, in: *C. Dejung/M. Dommann/D. Speich Chassé* (Hg.), Auf der Suche nach der Ökonomie. Historische Annäherungen, Tübingen 2014, S. 125–152.
[50] W. *Streeck*, How to Study Contemporary Capitalism?, in: European Journal of Sociology 53, 2012, S. 1–28; *Prinz*, Konsum und Konsumgesellschaft, S. 24–25.
[51] T. *Welskopp*, Unternehmen Praxisgeschichte. Historische Perspektiven auf Kapitalismus, Arbeit und Klassengesellschaft, Tübingen 2014, S. 19.

eine gehörige Portion Arbeit investiert – oder zusätzlich Geld aufwenden muss, damit ihm jemand einen Teil dieser Arbeit abnimmt.[52]

Eine solche Definition koppelt den (privaten) Endverbrauch zwar zwingend an einen vorausgehenden Markttransfer, falls es sich beim Verbrauch tatsächlich um ‚Konsum' handeln soll. Sie folgert daraus aber nicht zwingend, dass nach dem Erwerb Verbrauch im Sinne eines ‚Gebrauchs', ‚Verzehrs' oder einer ‚Vernichtung' des entsprechenden Gutes tatsächlich stattfindet.[53] Wer kennt nicht die enzyklopädisch angelegte CD-Sammlung, die sich Jazz-Liebhaber zulegen, ohne je die Zeit zu finden, sich alles anzuhören. Ungelesene Bücher, weggeworfene Speisen, die sündhaft teure Designer-Küche, deren einziges jemals benutztes Element die Mikrowelle ist – ihr vorausgegangener Erwerb macht sie zu Konsumgütern, ungeachtet ihrer späteren Verwendung. Nur so lässt sich ein Desiderat in der Forschung angehen, das in der wirtschafts- und kulturhistorischen Einordnung von Gebrauchtgütermärkten besteht. Man könnte die These formulieren, dass erst unter kapitalistischen Bedingungen (was die Kommodifizierung bestimmter Güter angeht, seit der ausgehenden Frühen Neuzeit) aus dem einfachen Weiterreichen getragener Kleidungsstücke an die unglücklichen jüngeren Geschwister oder auch das eigene Dienstpersonal oder aus der Schenkung gebrauchter, historischer Waffen etc. Märkte entstehen, Märkte etwa für ‚*Secondhand*-Bekleidung' im London des 18. Jahrhunderts bis zu den ersten Gebrauchtwagenmärkten in den USA der 1920er Jahre. Bei dem neuartigen Phänomen handelt es sich gewissermaßen um Konsumgütermärkte ‚zweiter Ordnung'.

Ferner dekonstruiert eine solche Definition den ‚Schlaraffenland'-Mythos vom Konsum. Es gibt keinen Grund anzunehmen, dass zu irgendeinem Zeitpunkt ein Überfluss an allen überhaupt wünschbaren Dingen die Knappheitsregel ökonomischen Handelns außer Kraft setzt. Im Gegenteil versucht man dort, wo sich solche Situationen anzubahnen drohen – wir erinnern uns an diverse ‚Milchseen' und ‚Butterberge' –, das Angebot künstlich zu verknappen, was nicht selten die skandalöse physische Vernichtung eines Teils der entsprechenden Güter erfordert. Die Definition spricht deswegen von einer ‚relativen' Überflusssituation, was schlicht meint, dass für entsprechende Kaufkraft verfügbare Alternativen zu einem gewählten Gut geliefert werden können. Gerade auch auf der Angebotsseite gibt es jedoch häufig Lieferengpässe und andere Mängel, die einen manifesten Konsumbedarf ins Leere laufen lassen.

Weiter macht die hier vorgeschlagene Definition den Mythos von der Bequemlichkeit des Konsums zunichte. Konsum heißt nicht zwingend passive Berieselung oder mühelosen Empfang, obwohl es beides gibt, aber besonders teuer erkauft werden muss. Stattdessen ist Konsum in der Regel in erheblichem Maße mit Arbeit verbun-

---

52 *W. Schivelbusch*, Die Verbrauchskraft, in: Merkur 66, 2012, S. 667–678.
53 *W. Schivelbusch*, Das verzehrende Leben der Dinge. Versuch über die Konsumtion, München 2015.

den, vor allem dort, wo der Zwang zum Lebensunterhalt durch Konsum besteht.[54] Um noch einmal die Umfrage des *Deutschen Textilarbeiterverbandes* von 1928 zu zitieren:

> *Viel Zeit verlieren die Textilarbeiterinnen auch beim Einkauf.* Täglich eine Stunde darf dafür angesetzt werden, auch wenn die Dauer des Einkaufs im [oben zitierten] Schema nicht so lange angegeben ist. Würde es gelingen, diesen Verlust um die Hälfte zu verringern, dann könnten sich die Frauen wöchentlich wenigstens drei Stunden an Zeit einsparen. *Unseres Dafürhaltens* wäre es *eine sehr dankbare Aufgabe für die Konsumgenossenschaften*, hier helfend tätig zu sein. ‚Dienst am Kunden' in neuer Form müssten sie allerdings betreiben. Vielleicht dadurch, dass Preislisten, Materialproben und Bestellformulare den im Betrieb tätigen Frauen *das zeitraubende Warten und Fragen im Laden abnehmen, vielleicht auch insofern, dass fahrbare Läden mit berechneten Standorten, Verkaufszeiten und Verkaufsmaximen oder die Lieferung bestellter Waren* ‚frei Haus', wenn auch erst mal versuchsweise, zur Einführung gelangen.[55]

Nicht nur materielle Knappheit macht Konsum zu einer Form von Arbeitsanstrengung. Im Supermarkt wird die Arbeitskraft der Kundin beziehungsweise des Kunden wie selbstverständlich in die Produktionsfunktion eingegliedert – beim Abwiegen der Ware, ihrem Transport zur Kasse, beim Einpacken und zunehmend beim Kassieren selbst.[56] Eine fundierte Übersicht über ein komplexes Angebot zu gewinnen kostet Zeit, Sachkunde und Geduld. Der systematische Vergleich will eingeübt sein. Spezielle Software, für Geld käuflich, soll hier erleichternd wirken, aber welche ‚Vergleichs-App' soll man nehmen, wenn gleich mannigfaltige im Angebot sind?

Schließlich spricht die Grundvoraussetzung einer kaufkräftigen Nachfrage für eine ‚volle' Teilnahme am Konsum gegen die Annahme seiner *per se* sozial harmonisierenden Wirkung. Im Gegenteil steckt die Delegation der Vollversorgung an den privaten individuellen Konsum voller brisantem Konfliktstoff für die Politik, denn das System kann diese elementare Versorgung für jedermann systemimmanent nicht garantieren. Das kapitalistische Konsumregime bedient ausschließlich die kaufkräftige Nachfrage, aber die ist kaum je deckungsgleich mit dem gesellschaftlichen Gesamtbedarf.[57]

Im 19. Jahrhundert wurde die sich in den städtischen Ballungsräumen ansiedelnde Arbeiterschaft den Herausforderungen des individuellen Konsums geradezu ausgeliefert. Eben mangels stetiger kaufkräftiger Nachfrage machte man mit diesem Regime der Versorgung jahrzehntelang ausgesprochen bittere Erfahrungen, was auch bislang erst spärlich erforschte Notbehelfe wie das ‚Anschreibenlassen', den Ratenkredit oder das Leihhaus in ein neues Licht rücken könnte.[58] Konsum als System der

---

54 *J. Tanner*, Drehkreuz zur Einsamkeit. Ein Streifzug durch die Geschichte des Herrschens und des Konsumierens, in: Du, Nr. 4, April 1996, S. 52–55.
55 „Mein Arbeitstag – mein Wochenende", S. 225.
56 *S. Voswinkel*, Selbstbedienung: Die gesteuerte Kundensouveränität, in: *K.-U. Hellmann/D. Schrage* (Hg.), Das Management der Kunden. Studien zur Soziologie des Shopping, Wiesbaden 2005, S. 89–109.
57 *C. Torp*, Konsum und Politik in der Weimarer Republik, Göttingen 2011.
58 *Prinz*, Konsum und Konsumgesellschaft, S. 15.

Versorgung mit den für den Lebensunterhalt elementaren Gütern und Dienstleistungen muss nicht funktionieren – und funktionierte über weite Strecken nur unzulänglich bis gar nicht. Am unteren Rand der Gesellschaft blieben Lebenslagen lange Zeit prekär und krisenanfällig. Besonders deutlich werden die Grenzen des Systems in Katastrophen- und Kriegszeiten. Hier tritt regelmäßig eine drastische Verknappung des Angebots, verbunden mit maßlosen Preissteigerungen auf den Plan. Sie führt umgehend zur Herausbildung von Schwarzmärkten, Tauschbörsen und Formen des ‚Hamsterns', ohne dass dies Systemversagen kompensieren könnte, denn es verschärft die ohnehin herrschenden Kaufkraftasymmetrien weiter. Deshalb sieht sich der Krieg führende Staat zur Lebensmittelrationierung und anderen Mechanismen der Zuteilung von Gütern und Bezugsrechten gezwungen, um die Sorge für die allgemeine Versorgung zumindest auf dem Papier zu übernehmen. Was die Legitimation staatlicher Herrschaft in Krisenzeiten angeht, hat sich eine leidlich funktionierende Ökonomie des Ausnahmezustands oft genug als Überlebensfrage erwiesen. Dabei handelt es sich freilich nicht um Konsum, der gewissermaßen suspendiert ist, sondern um Versorgung durch Dritte.

7 Kaufen und kaufen lassen: Konsum als ‚Modus' ökonomischer Praxis im Kapitalismus

‚Konsum' im hier definierten modernen Sinne *ist nicht (privater) Endverbrauch per se*, sondern der ‚Modus', in dem dieser – potenzielle – Endverbrauch an das kapitalistische System des Wirtschaftens gekoppelt ist. ‚Modus' gilt hier in seinen beiden lexikalischen Möglichkeiten als ‚Verfahrensweise' (*modus procedendi*) und ‚Art und Weise des Seins' (*modus vivendi*). Konsum meint danach die systemspezifische Regelung der Versorgung unter kapitalistischen Bedingungen, den ‚modernen' Modus der physischen Reproduktion, der diese an vorgängige Markttransfers bindet. Andere Modi sind oben zumindest angesprochen worden: die Aneignung, die Versorgung durch Dritte und Subsistenzarbeit. Die traditionelle Integration der Reproduktion in den Arbeitsprozess kann man ebenfalls als einen (‚vormodernen') Modus der Versorgung mit den für den Lebensunterhalt elementaren Gütern ansprechen.

Instruktiv kann hier z. B. ein Blick auf die Versorgung mit Gütern und Dienstleistungen der öffentlichen Infrastruktur und Daseinsvorsorge sein, die Heinz-Gerhard Haupt und Claudius Torp ohne Einschränkung und historische Unterscheidung dem Bereich des Konsums zuordnen.[59] Es geht hier etwa um die Kanalisation, die Versorgung mit fließendem Wasser, die Stromversorgung, den öffentlichen Nahverkehr und Ähnliches. Ein Blick in die Geschichte zeigt, dass sich diese anfangs durchweg privatwirtschaftlich organisierten Infrastrukturangebote zunächst an eine besonders

---

59 *Haupt/Torp*, Einleitung, S. 21–22.

kaufkräftige, sozial exklusive Kundschaft richteten. Die ‚besseren Viertel' der Städte waren die ersten am Netz, das alles andere als eine flächendeckende Ausdehnung erfuhr. Selbst chronisch von Cholera bedrohte Armenviertel mit hoch verdichtetem Altbaubestand wurden erst nach der Kommunalisierung der Dienste angeschlossen. Das ändert nichts an der Tatsache, dass die Versorgung mit Gütern und Dienstleistungen der öffentlichen Infrastruktur in dieser Zeit im Modus des Konsums geregelt war, mit gravierenden Mangel- und Ausfallerscheinungen. Die Teilhabe an den Infrastrukturangeboten für die kaufkräftigen ‚Besserverdienenden' war dabei durchaus mit Prestigegewinn und sozialer Distinktion verbunden. Begüterte Stadtbürger führten ihre Besucher mit Stolz durch ihre Villa, nicht ohne demonstrativen Verweis auf das neue Wasserklosett und die elektrische ‚Festbeleuchtung'.[60]

Die Verstaatlichung (Post, Eisenbahn, Telefon) und vor allem Kommunalisierung der öffentlichen Infrastruktur und Daseinsvorsorge im späten 19. Jahrhundert führte dann gerade zu ihrer *Loslösung vom Modus des Konsums* für lange Zeit und zu ihrer Überführung in den Modus der ‚Versorgung durch Dritte'. Erst jetzt wurden Netze flächendeckend ausgebaut und die entsprechenden Dienste zur Grundversorgung für alle – für einen Preis, der eine Gebühr verkörperte und keinen Marktpreis (was nicht verhinderte, dass auch solche Gebühren zuweilen als unverschämt erfahren wurden). Interessant ist nun, dass die neoliberale Wende in den 1980er Jahren exakt hier ansetzte und den Modus der Versorgung durch Dritte in bewusster ideologischer Irreführung als Modus des Konsums anprangerte, der dann in dieser Rhetorik folgerichtig nicht effizient funktionierte, weil er von Monopolen (den staatlichen und kommunalen Versorgern) beherrscht war. Mit der folgenden Deregulierung aber verbreitete sich der Modus des Konsums erst wieder – nun flächendeckend – in diesem Bereich. Nun konkurrierten viele Unternehmen um die Gunst von Kunden, die ihre Grundversorgung gesichert wissen wollen, auch wenn sich zum Beispiel in weiten Regionen Deutschlands in der Energieversorgung nur ein Oligopol an die Stelle des staatlichen Verteilungsmonopols setzte. Aber Kunden mussten nun lernen, dass es ‚gelben' und ‚grünen' Strom gibt, was den Zeitgenossen des 19. Jahrhunderts wohl nicht in den Sinn gekommen wäre. Mit der Präzisierung des Konsumkonzepts zu einem ‚Modus' der Versorgung könnte man also entgegen der pauschalen Vereinnahmung wie bei Haupt und Torp eine höchst spannende Geschichte der öffentlichen Infrastruktur schreiben.

Die vorangegangenen Passagen haben vielleicht schon darauf hingewiesen, dass Konsum als ‚Modus' nicht nur den Bereich der Versorgung mit den zur physischen Reproduktion elementaren Gütern und Dienstleistungen steuern kann, sondern viele weitere Bereiche, die einer bunten Vielzahl gesellschaftlicher Zwecke dienen. Und das war in der Tat schon viel länger der Fall als es die Durchsetzung der Moderne,

---

[60] Am Beispiel Oberhausen im Ruhrgebiet: *H. Reif*, Stadtentwicklung und Viertelbildung im Ruhrgebiet: Oberhausen 1850–1929, in: *W. Hardtwig/K. Tenfelde (Hg.)*, Soziale Räume in der Urbanisierung, München 1990, S. 155–174.

oder der Siegeszug von kommerzieller Marktgesellschaft und Kapitalismus bezeichnen könnten. ‚Konsum' in diesem Sinne konnte schon immer der Repräsentation, der sozialen Distinktion, der gesellschaftlichen Integration, dem schlichten Genuss und natürlich auch dem persönlichen Zeitvertreib, dem Entertainment dienen. Aber man wird auch hier genau hinschauen müssen, ob diese Zwecke dann im oben definierten *Modus* des Konsums verfolgt wurden und werden. Die mittelalterliche Repräsentation durch Prachtentfaltung etwa setzte zwar eine gewisse pekuniäre Liquidität der Eindruck machen wollenden Person voraus, aber die Wirkung wurde doch eher durch die Brillanz von Teppich- und Tapetenfarben, das Schimmern von Edelsteinen, das Glühen von Kronleuchtern und die Opulenz von Banketten erzielt als durch den Hinweis darauf, dass man sich die einschlägigen Kaufakte, soweit sie darauf beruhte, auch leisten konnte.

Ähnliches gilt für den Zweck der Distinktion. Sich im Florenz der Renaissance einen eigenen Dichter zu halten, mochte vormals auf künstlerischen Feinsinn schließen und insofern Distinktionsgewinne einstreichen lassen. Aber wenn es ein *„Torquato Tasso"* war, besonders teuer, den man für viel Geld quasi internieren und einer vor Hochachtung schaudernden schaulustigen Gästeschar als Partysensation präsentieren konnte, dann hatte das schon mit Konsum zu tun. Das Preisetikett musste sichtbar sein, was dann mit der Durchsetzung der Markenprodukte durchgängig der Fall wurde.

Es ist also geboten, nicht sämtliche Praktiken, Diskurse, Vergemeinschaftungen und Vergesellschaftungen, die mit dem Gebrauch und Verbrauch von Gütern und Dienstleistungen zu tun haben, unter dem dann konturenlos werdenden Begriff des ‚Konsums' zu subsummieren, sondern Praktiken des Gebrauchs und Verbrauchs daraufhin zu befragen, ob sie in einem ‚konsumistischen Modus' ablaufen. Damit ist wieder keine Umschaltung von Aktivität auf passiven Empfang impliziert.[61] ‚Konsumistische Praktiken' sind vielmehr zunächst durch eine Ausweitung der marktbezogenen Aktivitäten im Zusammenhang mit dem Erwerb auf Kosten der Weiterverarbeitung, der Veredelung oder des bloßen Gebrauchs gekennzeichnet. Eine Bedürfnisverlagerung vom Gebrauch auf den Akt des Erwerbs kann sichtbar damit verbunden sein. Gesichtspunkte wie „ostentativer Konsum" (Thorstein Veblen) als Zurschaustellung von Distinktionserrungenschaften (Pierre Bourdieu) oder eine Ästhetisierung des Gutes beziehungsweise der Dienstleistung sind damit verbunden. Dahinter kann aber auch der Drang nach Distinktionsgewinn durch Kompetenzen als ‚gewiefter Konsument' stecken und sich im Erwerb nicht des Teuersten, sondern des ‚Schnäppchens' manifestieren. Der Erwerb zum Gebrauch aus Prestigegründen folgt freilich eher Markenkriterien, da Marken höhere Distinktionsgewinne verheißen. Darüber hinaus werden Güter erworben, um die Aneignung durch Weiterverarbeitung zu vermeiden (*Convenience Food*) oder den Gebrauch bequemer zu machen (Sitzrasenmäher, Hochdruckreiniger) oder den Zugang zum Genuss zu erleichtern und von

---

[61] *Prinz*, Konsum und Konsumgesellschaft, S. 25.

öffentlicher Aktivität zu befreien, also zu privatisieren (DVD statt Kino). Schließlich gewinnt bei ‚konsumistischen Praktiken' die Neigung zum Neukauf statt Reparatur oder gar Gebrauch bis zur Zerstörung die Oberhand.

8 „Keeping up with the Joneses": Distinktion und Nivellierung, ‚Singularität' und Nachahmung

Konsum ist ein bevorzugtes Instrument der sozialen Distinktion in der ‚modernen' Gesellschaft. Das bedeutet, dass nicht nur Art und Eigenschaften eines Gutes soziale Aufmerksamkeit und Prestige auf sich ziehen, sondern auch die kennerhafte Auswahl aus einem marktförmigen Angebot und die Kenntnis des Preises eines erworbenen Guts, der auf die Liquidität und Bonität, mithin den materiellen Wohlstand des Käufers schließen lässt. Deswegen ist Werner Sombarts bekannte These grundsätzlich in Zweifel zu ziehen, die Nachfrageeffekte blühenden ‚Luxuskonsums' hätten den industriellen *Take-off* des Kapitalismus ausgelöst. Denn in den begüterten Ständen ging es um statusgerechte Repräsentation, um eine in der eigenen Statusgruppe anerkannte Ausstattung und Lebensführung, deren materielle Grundlage sogar keine offensichtliche Rolle spielen durfte. Das musste Sombart, der sich einen repräsentationsfähigen Professorenhausstand eigentlich nicht leisten konnte, an eigenem Leib erfahren.[62]

Standesgemäße Repräsentation zielte innerhalb der Statusgruppe, zu der man gehören wollte, auf Anerkennung durch *Peers*. Distinktion im Sinne von Abgrenzung spielte sich eher nach außen, gegenüber anderen sozialen Gruppierungen, ab, zunächst einmal ohne Ansehen ihrer finanziellen Situiertheit. Soziale Aufsteiger fanden mit ihrem ostentativen Konsum eher spät wirklich Zugang zu höheren Kreisen, und zwar erst dann, wenn diese sich ihre standesbewusste Abschottung finanziell nicht mehr leisten konnten (das Phänomen der ‚Koofmichs' im Deutschen Reich der Wende zum 20. Jahrhundert).[63]

Einen Übergang zu deutlich stärker markt- und kostenorientierten Formen des Konsumverhaltens bedingte schließlich die zunehmende Ausweitung des Angebots an zuvor exklusiven Gütern durch die in vielen Bereichen stark preissenkende industrielle Massenproduktion. Das galt, vor allem in den USA, für den Fleischverbrauch und den Absatz von Automobilen, dort und im Deutschen Reich aber auch für die

---

[62] *Sombart*, Wirthschaft und Mode; *F. Lenger*, Werner Sombart 1863–1941. Eine Biographie, München 1994.
[63] *G. Budde*, Auf dem Weg ins Bürgerleben. Kindheit und Erziehung in deutschen und englischen Bürgerfamilien 1840–1914, Göttingen 1994.

Ausstattung der Haushalte mit Möbeln.⁶⁴ Während damit auf der einen, gewissermaßen ‚demokratisierten' Seite des Konsums Distinktionsgewinne durch Nivellierung von Statusgefällen winkten, setzten die derart bedrohten Kreise mit dem Ausweichen auf in präzedenzlosem Maß neu kommerzialisierte, exklusive Märkte (zum Beispiel Kunst), mit der Fixierung auf bestimmte, prestigeträchtige Marken, mit bis zur Obsession gesteigerten Qualitätsansprüchen und mit einer demonstrativen Nonchalance in der Preisfrage, um die Distinktionsabstände auf stärker kommodifiziertem Terrain wiederherzustellen. Dadurch wurde die Statusfrage im herrschenden Konsumregime zu einer über die Preise skalierbaren Größe. Was sonst vielleicht der Tratsch über Nachbarn und Verwandte war oder was die Anekdoten der Älteren über den Krieg und sonst was hergegeben haben mochten, stiftet jetzt der Konsum: Gesprächsstoff für soziale Diskursgemeinschaften: „Ein ungeheures Geschwätz umspült die Waren. Was über den unmittelbar instrumentellen Nutzen der Geräte, Parfüme, Weine, Möbel oder Urlaube hinausgeht, ist insofern vor allem ihre Eignung, zum Gegenstand unendlicher Erwägungen über ihren Preis, ihren Kauf, ihr Qualität und ihren Sinn zu werden."⁶⁵

Erst in der ‚Gesellschaft des Massenkonsums' mit ihrer fast unüberschaubaren Produkt- und Markenpalette konnte Konsum zu einem Anker des Strebens nach sozialer Identität werden, indem er sowohl Zugehörigkeiten und Anerkennung als Mitglied einer sozialen Gemeinschaft (eines Milieus, einer Subkultur, eines *New Tribe*, einer Nachbarschaft („*Keeping up with the Joneses*")) verhieß als auch die Sichtbarmachung der eigenen Subjektivität innerhalb der entsprechenden *Peer-Group*. Für den Innsbrucker Soziologen Jochen Hirschle konkurriert Konsum seitdem sogar mit Religion „um die zerebrale, aber auch soziale Erregungsbereitschaft des modernen Individuums" und befriedigt damit auch in diesem Bereich elementare menschliche Bedürfnisse.⁶⁶

Für die französische Mittelklasse und insbesondere die Pariser Intellektuellen der 1950er und 1960er Jahre hat das Pierre Bourdieu in seinen „Feinen Unterschieden" klassisch herausgearbeitet. Obwohl diese feinen Unterschiede auch nichtkonsumistische Bestandteile der einschlägigen Habitusformen umfassten, spielte der zeremonielle Gebrauch von Genussgütern, die im Markt (in diesem Fall dem Kiosk) erworben waren, in der Teilöffentlichkeit, in der man sich bewegte und gesehen werden wollte (dem Café) eine herausgehobene Rolle („*Gitanes*" oder „*Gauloises*").

---

64 J. Specht, Red Meat Republic. A Hoof-to-Table History *of* How Beef Changed America, Princeton 2019; M.-S. Fünderich, Wohnen im Kaiserreich. Einrichtungsstil und Möbeldesign im Kontext bürgerlicher Selbstrepräsentation, Berlin/Boston 2019.
65 J. Beckert, The Transcending Power of Goods. Imaginative Value in the Economy, Max-Planck-Institut für Gesellschaftsforschung, Discussion Paper 4/2010, www.mpifg.de/pu/mpifg_dg/dp10-4.pdf (abgerufen 08.08.2019).
66 *J. Kaube*, Ersetzt Konsum Religion?, in: Frankfurter Allgemeine Sonntagszeitung, Nr. 34, 26.08.2012, S. 57, mit Verweis auf: *M, Lindstrom*, Buyology. Warum wir kaufen, was wir kaufen, Frankfurt am Main 2008.

Anders als in traditionellen Standesgruppen brauchte die Statusvergewisserung also die Konkurrenz in einer Ökonomie des Distinktionshandelns. Die aristokratische Oberklasse hatte das für Bourdieu wegen ihrer unverkrampften eingelebten und tradierten Statusgewissheit freilich gar nicht nötig, die Arbeiterschaft blieb für ihn im „Notwendigkeitskonsum" gefangen.[67] Eine ähnlich anstrengende Sorge um die Einzigartigkeit des modernen Selbst hat Andreas Reckwitz in den sorgsam „kuratierten" Lebensläufen der „Neuen Bürgerlichkeit" seit den 1980er Jahren ausgemacht. Zwar beinhalten die entsprechenden Bemühungen nicht nur konsumferne, sondern auch konsumabgewandte Praxisformen, die sich in manchen Bereichen als ostentativer Konsumverzicht (zumindest zeitweilig) manifestieren. Aber gerade exzentrische Konsummuster, idiosynkratische Liebhabereien und verschrobene Verbrauchs- und Gebrauchsgewohnheiten sind sehr häufig und in wachsendem Maße Grundlage des Strebens nach individueller ‚Singularität'. Reckwitz übersieht dabei freilich, dass auch die „Gesellschaft der Singularitäten" von der Dialektik von Individuation und Konformität geprägt bleibt und historisch viel weiter zurückreicht als er zugesteht.[68]

Beide Soziologen schenken darüber hinaus der Tatsache keine Aufmerksamkeit, dass auch die Arbeiterschaft seit den frühesten Phasen ihrer historischen ‚Geworfenheit' in die Rolle des individuellen Konsumenten über den Kampf um den nackten Lebensunterhalt hinaus an Konsummustern teilhatte, die ihrer Individuation, der Sinnstiftung ihrer Subjektivierung, diente. Die bunten Bänder der im Heimgewerbe beschäftigten Mädchen, die am Sonntag mit den jungen Burschen poussierten, anstatt in die Kirche zu gehen, stimmte protestantische Pfarrer in Ostwestfalen oder im Zürcher Oberland ausgesprochen zornig.[69] Englische Arbeiter wollten auch in wirtschaftlichen Krisenzeiten nicht auf ihr geliebtes *Fish and Chips* verzichten, obwohl diese frühe Form des Fastfoods nicht billig war. Schließlich bekäme man für sein gutes Geld auch ein gutes, schmackhaftes und nahrhaftes Gericht.[70] Quantitative Studien zeigen, dass Konsumausgaben sich nicht säuberlich an harten Klassengrenzen ausrichteten, sondern je nach Beruf, Standort, Milieu und Präferenz mit bürgerlichen Berufsgruppen überlappten. Die Chancen der Konsumgesellschaft reduzierten Ungleichheit nicht und überwanden auch keine Klassengrenzen, aber sie demokratisierten den Zugang zu Konsummöglichkeiten, der in der ‚vormodernen' Gesellschaft häufig durch Standesrecht und obrigkeitliche Verbote versperrt geblieben war.[71]

---

[67] P. Bourdieu, Die feinen Unterschiede. Kritik der gesellschaftlichen Urteilskraft, Frankfurt am Main 1982 (zuerst Paris 1979).
[68] A. Reckwitz, Die Gesellschaft der Singularitäten, Frankfurt am Main 2017.
[69] So etwa bei R. Braun, Industrialisierung und Volksleben. Veränderungen der Lebensformen unter Einwirkung der verlagsindustriellen Heimarbeit in einem ländlichen Industriegebiet (Zürcher Oberland) vor 1800, 2. Aufl. Göttingen 1979 (zuerst Zürich 1960).
[70] J. K. Walton, Fish and Chips and the British Working Class, 1870–1930, in: Journal of Social History 23, 1989, S. 243–266.
[71] A. Triebel, Zwei Klassen und die Vielfalt des Konsums. Haushaltsbudgetierung bei abhängig Erwerbstätigen in Deutschland im ersten Drittel des 20. Jahrhunderts, 2 Bde., Berlin 1991; H. K. Fischer,

9 „*Satisfaction guaranteed*": ‚Konsumgesellschaft' und ‚Gesellschaft des Massenkonsums'

Wie erwähnt, konnte und kann sich der Modus des Konsums mit den verschiedensten gesellschaftlichen Zwecken und Funktionen verbinden. Deshalb auch hat es in der Vormoderne immer wieder Erscheinungen gegeben, die hochgradig sensibilisierte Historiker heute dazu veranlassen, voreilig immer frühere und weiter verbreitete Geburtsstunden der „Konsumgesellschaft" auszurufen. Der Modus des Konsums – etwa bei der Repräsentation des gesellschaftlichen Status – kam immer dann zum Tragen, wenn sich die Akte des Repräsentierens an vorgängige Markttransfers ‚anhängten' und unter Umständen die Markttransfers selber einen eigenständigen Wert im Repräsentationsgefüge erlangten. Die Geschichte der Mode dürfte hierfür ein instruktives Forschungsfeld sein.

‚Konsumgesellschaft' soll eine Gesellschaft dagegen erst heißen, wenn die Mehrheit der Bevölkerung oder zumindest große und vor allem wachsende Anteile der Bevölkerung ihre Angelegenheiten überwiegend im Modus des Konsums regeln. Deshalb wurde in vorangegangenen Abschnitten so viel Wert auf die Verbindung zwischen der physischen Reproduktion (der Arbeitskraft) und dem Konsum gelegt, nämlich weil erst in den Ausdifferenzierungsprozessen im Übergang zur Moderne und hier vor allem mit der Ausbreitung eines in zentralisierten Betrieben produzierenden Kapitalismus hierfür eine systemische Grundlage geschaffen wurde und zugleich die entsprechenden quantitativen Proportionen entstanden. Erst wenn die Mehrheit der Bevölkerung oder zumindest die ihrer am schnellsten wachsenden Gruppen davon abhängig geworden ist, ihre physische Reproduktion im Modus des Konsums zu bestreiten, können wir von einer ‚Konsumgesellschaft' sprechen.[72]

Das bedeutet nicht, auch das habe ich oben anklingen lassen, dass diese Versorgung mit den elementaren Gütern und Dienstleistungen zum Lebensunterhalt über Märkte auch hinreichend funktioniert. Eine ‚Konsumgesellschaft' im Sinne der Definition und das füllhornbefüllte ‚Schlaraffenland' – ja auch nur ein ‚Verbraucherparadies' – sind verschiedene Dinge. Aber bei allen Defiziten muss das Muster des ‚vollgültigen Konsums' noch erkennbar bleiben, sonst fallen Gesellschaften auch aus dem Status der ‚Konsumgesellschaft' wieder heraus. Kriegsgesellschaften mit Rationierungssystemen, Schwarzmärkten und viel Subsistenzarbeit sind in diesem Sinne ‚suspendierte' Konsumgesellschaften, in denen der Modus des Konsums größtenteils vorübergehend außer Kraft gesetzt ist. Auch in diesem Lichte betrachtet aber war die DDR, wie Ina Merkel postuliert hat, tatsächlich *keine* Konsumgesellschaft. Eine relative Überflusssituation mit echten Wahlmöglichkeiten im Angebot gab es nirgends;

Konsum im Kaiserreich. Eine statistisch-analytische Untersuchung privater Haushalte im wilhelminischen Deutschland, Berlin 2011.
72 *Welskopp*, Konsum, S. 144–146.

dafür existierten riesige Überhänge an kaufkräftiger Nachfrage, deren Masse auch die raffiniertesten und skrupellosesten Methoden zur Kaufkraftabschöpfung nicht nachhaltig reduzieren konnten. Preise waren künstlich gesetzt, mit der Tendenz zur Subventionierung der Grundprodukte und einer Überteuerung knapper ‚Luxusgüter‘, die die Schere zwischen beiden Bereichen immer weiter aufklaffen ließ. Das alles versuchte man mit einem System von Institutionen und Organisationen in der Distribution zu moderieren, die bewusst und lange Zeit offensiv jene einer ‚echten‘ Konsumgesellschaft simulierten – einschließlich Selbstbedienung und Versandhandel. Insofern ist es sowohl instruktiv wie hilfreich, dass Ina Merkel die Existenz einer Konsumgesellschaft in der DDR zwar negiert, aber konstatiert hat, es habe dort eine ‚Konsumkultur‘ gegeben. Auf allen Seiten versuchte man so zu tun, ‚als ob‘. Welche politische Brisanz sich daraus speiste, dass den Bürgern durchaus Konsumanreize gesetzt beziehungsweise sie in ihren Konsumbedürfnissen bestärkt wurden, ohne sie jemals anders umzusetzen als in einem mangelhaften Zuteilungssystem, das vornehmlich Lücken weiterreichte, ist hier nicht zu diskutieren. Es bleibt nur der Hinweis darauf, wie weiterführend die vorgeschlagene Begriffsbildung sein könnte.[73]

Vor diesem Hintergrund ist es nur ein kleiner weiterer Schritt, die ‚Gesellschaft des Massenkonsums‘ zu spezifizieren. Nur in Konsumgesellschaften kann sich ‚Massenkonsum‘ ausbreiten, und dieser soll besagen, dass zunehmend zahlreiche gesellschaftliche Zwecke und Funktionen *über die Versorgung mit den elementaren Gütern und Dienstleistungen zum Lebensunterhalt hinaus* im Modus des Konsums geregelt sind und eine Mehrheit der Bevölkerung oder zumindest große Anteile zentraler gesellschaftlicher Gruppen zu diesen Bereichen Zugang haben. ‚Gesellschaften des Massenkonsums‘ sind durch eine letzten Endes unbeschränkt zunehmende Durchsetzung aller wirtschaftlichen, sozialen und kulturellen Bereiche mit ‚konsumistischen Praktiken‘ gekennzeichnet, das heißt genauer: immer weitere gesellschaftliche Praxisformationen laufen im ‚konsumistischen Modus‘ ab. Davor ist auch die Politik nicht gefeit. Diese Expansion des ‚konsumistischen Modus‘, oder auch, nach Jürgen Habermas, seine „Kolonisierung" immer weiterer Lebenswelten, ist von dem systemimmanent expansiven Charakter des Kapitalismus abhängig.[74] Das mag man beklagen oder nicht, schwieriger gestaltet sich, diesen Trend reversibel zu gestalten, vor allem ohne in die abgedroschene konservative Konsumkritik abzugleiten, die man sich materiell ja auch erst einmal leisten können muss.[75] Schwierig gestaltet sich dies, weil ‚moderner Konsum‘ ohne die Konsumenten nicht denkbar wäre und ihre Bereitschaft, Praktiken, die ihnen wichtig sind – der Distinktion, der Entspannung, des Entertainments, der Lustbefriedigung – auf den ‚konsumistischen Modus‘ umzustellen, sobald sich ein entsprechendes Angebot auftut, immer auch ein stillschweigendes Plebiszit zugunsten der suggerierten Entwicklung darstellt. Insofern ist Werbung

---

73 *I. Merkel*, Utopie und Bedürfnis. Die Geschichte der Konsumkultur in der DDR, Köln u. a. 1999.
74 *Streeck*, Contemporary Capitalism.
75 *Plumpe*, Konsum, S. 620.

durchaus realistisch, weil sie Träume abbildet und nicht schafft, und das unvermeidliche Gefühl des „*I can't get no satisfaction*" am Ende dreht die Traumspirale nicht ab, sondern nur eine Windung weiter.

Literatur

J. Appleby, Die unbarmherzige Revolution. Eine Geschichte des Kapitalismus, Hamburg 2011.
J. Beckert, Imaginierte Zukunft. Fiktionale Erwartungen und die Dynamik des Kapitalismus, Berlin 2018.
J. Benson, The Rise of Consumer Society in Britain. 1880–1980, London 1994.
P. Bourdieu, Die feinen Unterschiede. Kritik der gesellschaftlichen Urteilskraft, Frankfurt am Main 1982 (zuerst Paris 1979).
R. Braun, Industrialisierung und Volksleben. Veränderungen der Lebensformen unter Einwirkung der verlagsindustriellen Heimarbeit in einem ländlichen Industriegebiet (Zürcher Oberland) vor 1800, 2. Aufl. Göttingen 1979 (zuerst Zürich 1960).
J. Brewer/F. Trentmann (Hg.), Consuming Cultures. Global Perspectives, Historical Trajectories, Transnational Exchanges, Oxford/New York 2006.
L. Cohen, A Consumers' Republic. The Politics of Mass Consumption in Postwar America, New York 2003.
V. de Grazia, Irresistible Empire. America's Advance through 20th Century Europe, Cambridge, MA 2005.
H.-G. Haupt/P. Nolte, Konsum und Kommerz, in: C. Mauch/K. K. Patel (Hg.), Wettlauf um die Moderne. Die USA und Deutschland 1890 bis heute, Bonn 2008, S. 187–214.
H.-G. Haupt/C. Torp (Hg.), Die Konsumgesellschaft in Deutschland 1890–1990. Ein Handbuch, Frankfurt am Main/New York 2009.
R. Jessen/L. Langer (Hg.), Transformations of Retailing in Europe after 1945, Farnham 2012.
C. Kleinschmidt, Konsumgesellschaft, Göttingen 2008.
I. Köhler, Auto-Identitäten. Marketing, Konsum und Produktbilder des Automobils nach dem Boom, Göttingen 2018.
W. König, Kleine Geschichte der Konsumgesellschaft. Konsum als Lebensform der Moderne, Stuttgart 2008.
I. Merkel, Utopie und Bedürfnis. Die Geschichte der Konsumkultur in der DDR, Köln u. a. 1999.
D. Miller, Acknowledging Consumption: A Review of New Studies, London 1995.
T. Pierenkemper (Hg.), Haushalt und Verbrauch in historischer Perspektive. Zum Wandel des privaten Verbrauchs in historischer Perspektive, St. Katharinen 1987.
W. Plumpe, Das kalte Herz. Kapitalismus: Die Geschichte einer andauernden Revolution, Berlin 2019.
M. Prinz (Hg.), Der lange Weg in den Überfluss. Anfänge und Entwicklung der Konsumgesellschaft seit der Vormoderne, Paderborn 2003, S. 11–34.
M. Prinz, Der Sozialstaat hinter dem Haus. Wirtschaftliche Zukunftserwartungen, Selbstversorgung und regionale Vorbilder: Westfalen und Südwestdeutschland 1920–1960, Paderborn u. a. 2012.
Produzieren/Konsumieren – Prosumieren/Konduzieren. Österreichische Zeitschrift für Geschichtswissenschaft 30.1, 2019.
A. Reckwitz, Die Gesellschaft der Singularitäten, Frankfurt am Main 2017.
E. Scarpellini, Material Nation. A Consumer's History of Modern Italy, Oxford/New York 2008.
W. Schivelbusch, Das verzehrende Leben der Dinge. Versuch über die Konsumtion, München 2015.

D. Schrage, Die Verfügbarkeit der Dinge. Eine historische Soziologie des Konsums, Frankfurt a. M./New York 2009.

H. Siegrist/H. Kaelble/J. Kocka (Hg.), Europäische Konsumgeschichte. Zur Gesellschafts- und Kulturgeschichte des Konsums (18. bis 20. Jahrhundert), Frankfurt am Main/New York 1997.

A. Smith, Der Wohlstand der Nationen. Eine Untersuchung seiner Natur und seiner Ursachen, München 1993 (zuerst engl. 1776).

W. Sombart, Wirthschaft und Mode. Ein Beitrag zur Theorie der modernen Bedarfsgestaltung, Wiesbaden 1902.

U. Spiekermann, Basis der Konsumgesellschaft. Entstehung und Entwicklung des modernen Kleinhandels in Deutschland 1850–1914, München 1999.

F. Trentmann (Hg.), The Oxford Handbook of The History of Consumption, Oxford 2012.

F. Trentmann, Herrschaft der Dinge. Die Geschichte des Konsums vom 15. Jahrhundert bis heute, München 2016.

T. Veblen, The Theory of the Leisure Class. An Economic Study of Institutions, New York 1934 (zuerst New York 1899).

J. de Vries, The Industrious Revolution. Consumer Behavior and the Household Economy, 1650 to the Present, Cambridge u. a. 2008.

J. K. Walton, Fish and Chips and the British Working Class, 1870–1930, in: Journal of Social History 23, 1989, S. 243–266.

A. Warde, Notes on the Relationship between Production and Consumption, in: *R. Burrows/C. Marsh (Hg.)*, Consumption and Class. Divisions and Change, London 1992, S. 15–31.

A. Warde/L. Martens, Eating Out: Social Differentiation, Consumption and Pleasure, Cambridge 2000.

T. Welskopp, Der Wandel der Arbeitsgesellschaft als Thema der Kulturwissenschaften – Klassen, Professionen und Eliten, in: *F. Jaeger/J. Rüsen (Hg.)*, Handbuch der Kulturwissenschaften, Stuttgart 2004, S. 225–246.

T. Welskopp, Unternehmen Praxisgeschichte. Historische Perspektiven auf Kapitalismus, Arbeit und Klassengesellschaft, Tübingen 2014.

T. Welskopp, Konsum, in: *C. Dejung/M. Dommann/D. Speich Chassé (Hg.)*, Auf der Suche nach der Ökonomie. Historische Annäherungen, Tübingen 2014, S. 125–152.

U. Wyrwa, Consumption – Konsum – Konsumgesellschaft. Ein Beitrag zur Begriffsgeschichte, in: *H. Siegrist/H. Kaelble/J. Kocka (Hg.)*, Europäische Konsumgeschichte. Zur Gesellschafts- und Kulturgeschichte des Konsums (18. bis 20. Jahrhundert), Frankfurt am Main/New York 1997, S. 747–762.

Reinhild Kreis
Die kleine Fabrik zu Hause.
Haushaltsproduktion als Versorgungsstrategie, Lebensstil und Markt vom 18. bis 20. Jahrhundert

1 Einleitung

Nostalgie prägte viele Schilderungen um 1900, die untergegangene Formen der häuslichen Versorgung betrauerten. Sie beschworen Haushalte, die ‚früher' noch alles selbst hergestellt hatten, von der Nahrung über die Kleidung bis zu Spielzeug, Kerzen und Seife. Die Industrialisierung hatte diese Welt zerstört und die Eigenproduktion durch seelenlose, billige und massenhaft erzeugte Warenwelten ersetzt, so lauteten die Klagen. Aus produzierenden waren konsumierende Einheiten geworden; Wissen über Herstellungsprozesse war ebenso verloren gegangen wie die persönliche Note.[1] Die Nürnberger Kaufmannsfamilie Merkel, von der Historikerin Rebekka Habermas eindrücklich porträtiert, hatte dieses Idyll zu Beginn des 19. Jahrhunderts noch verkörpert. Als die Tochter Elise Merkel 1821 heiratete, waren sie und etliche andere Frauen monatelang damit beschäftigt, die umfangreiche Aussteuer zu Hause anzufertigen, zu ordnen und in Seidenbänder zu binden. Gute alte Tradition also? Mitnichten. Mutter Merkel begegnete der töchterlichen Eigenproduktion mit Unverständnis. Bei ihrer eigenen Heirat 1784 hatte sie ihre Aussteuer durch Schneider anfertigen lassen und hielt dies auch im Jahre 1821 für den probateren Weg.[2]

Der nostalgische Blick auf die ‚gute alte Zeit' blendete solche wechselnden Moden sowie die vielfältigen Mischungsverhältnisse zwischen Kauf und Eigenproduktion aus, die Versorgungsstrategien von Haushalten auch schon in vorindustrieller Zeit gekennzeichnet hatten. Gewerbe wie Bäcker, Schmiede, Schneider, Schreiner und Metzger boten ihre Waren bereits seit dem Mittelalter für diejenigen an, die genügend

---

[1] Vgl. *J. Elsenheimer*, Der Handfertigkeitsunterricht und die Berufswahl. Referat des Lehrers an der Schülerwerkstätte des Vereins für Verbreitung von Volksbildung im Kursus der Zentrale für private Fürsorge vom 4.5.1907, S. 8, Stadtarchiv Leipzig, Deutscher Verein für Werkunterricht/Lehrerseminar, Nr. 217; *W. Sieverts*, Wie stellen wir uns zur Einführung des Knaben-Handarbeitsunterrichts in unseren Schulen?, in: Hamburgische Schulzeitung 9/44, 1901, S. 355–357; *B. Heck*, Frauentextilarbeit zwischen Gewerbeförderung und Brauchtumspflege, in: *B. Heck u. a. (Bearb.)*, Zwischen Schule und Fabrik. Textile Frauenarbeit in Baden im 19. und 20. Jahrhundert, Sigmaringen 1993, S. 73–84, hier 79.
[2] Siehe hierzu *R. Habermas*, Frauen und Männer des Bürgertums. Eine Familiengeschichte (1750–1850), Göttingen 2000, S. 62–64.

https://doi.org/10.1515/9783110570397-004

Geld hatten; Händler verkauften Stoffe und Kurzwaren, aus denen Haushaltsmitglieder und Gewerbetreibende Kleidung und Wohntextilien herstellten; und auch externe Dienstleister standen mancherorts bereit, um beispielsweise die Wäsche zu waschen.[3] In unterschiedlichen Kombinationen stellten Haushalte Güter und Dienstleistungen selbst bereit, bezahlten Dritte dafür, erhielten sie als Geschenk oder Leihgabe, Erbschaft, Almosen, obrigkeitliche beziehungsweise staatliche Zuwendung oder durch Diebstahl.[4] Nicht allen Haushalten standen alle Versorgungswege zu jeder Zeit offen, doch grundsätzlich gilt es, sehr differenziert zu betrachten, woher Güter und Dienstleistungen jeweils in den Privathaushalt kamen.

Haushaltsproduktion meint die Herstellung und Bereitstellung von Gütern und Dienstleistungen für den eigenen Gebrauch, nicht für den Markt. Das Spektrum umfasst die Herstellung von Gütern sowie die Bereitstellung von Dienstleistungen, insbesondere im Bereich der Pflege und Erziehung. Auf sie wird an verschiedenen Stellen verwiesen, doch der Schwerpunkt dieses Beitrags liegt auf stofflich-materiellen Herstellungsprozessen von Dingen. Dabei muss nicht der komplette Produktionsprozess innerhalb des Haushalts stattfinden. Vielmehr ist entscheidend, dass Privatpersonen einen „arbeitsförmige[n] Beitrag" leisten, ohne den der Herstellungsprozess einer „Sach- oder Dienstleistung, die vornehmlich für den Eigengebrauch gedacht ist und von daher ihren Gebrauchswert bezieht", unabgeschlossen bliebe.[5] Elise Merkel konnte beispielsweise gekaufte Stoffe, Bänder und Nähnadeln verwenden, doch ihre eigene Näharbeit machte die Anfertigung der Aussteuer zur Haushaltsproduktion.

Mehr noch als der Begriff der Eigenproduktion verweist Haushaltsproduktion darauf, dass Entscheidungen über Versorgungsstrategien in ihren Auswirkungen stets den gesamten Haushalt und seine Ressourcen an Zeit, Geld, Materialien und Arbeitskraft betrafen.[6] Wer aber innerhalb eines Haushalts bestimmte Produktions-

---

3 Vgl. *H. Grünn*, Wäsche waschen. Volkskunde aus dem Lebensraum der Donau, Wien 1978, S. 48; *U. Spiekermann*, Basis der Konsumgesellschaft. Entstehung und Entwicklung des modernen Kleinhandels in Deutschland 1850–1914, München 1999, S. 165–168; *S. Ogilvie*, A Bitter Living. Women, Markets, and Social Capital in Early Modern Germany, Oxford 2003, S. 170f., 246.

4 Siehe hierzu auch *T. Welskopp*, Konsum, in: *C. Dejung/M. Dommann/D. Speich Chassé (Hg.)*, Auf der Suche nach der Ökonomie. Historische Annäherungen, Tübingen 2014, S. 125–152, hier 138; *F. Trentmann*, Materiality in the Future of Historiography: Things, Practices, and Politics, in: Journal of British Studies 48, 2009, S. 283–307, hier 295.

5 *K.-U. Hellmann*, Prosumismus und Protest. Eine Polemik, in: Forschungsjournal Soziale Bewegungen 29/3, 2016, S. 153–161, hier 154.

6 Auch Einpersonenhaushalte sind mit dieser Kategorie erfasst. Zu Versorgungsstrategien und ihrer Bedeutung für den gesamten Haushalt siehe *J. de Vries*, The Industrious Revolution. Consumer Behavior and the Household Economy. 1650 to the Present, Cambridge, NY 2008; *M. Anderson/F. Bechhofer/J. Gershuny (Hg.)*, The Social and Political Economy of the Household, Oxford 1994. Dort auch eine Auseinandersetzung mit Kritik an der Untersuchung von Haushalten als einer Einheit, S. 2. Die Historikerin Susan Porter Benson spricht beispielsweise von „*working-class family economy*" und „*working-class culture of family consumption*". Siehe hierzu *S. P. Benson*, Household Accounts. Working-Class Family Economies in the Interwar United States, Ithaca/London 2007, S. 7–11.

bereiche übernahm, hing nicht nur von Neigungen und Fertigkeiten ab, sondern auch von gesellschaftlichen Rollenzuschreibungen entlang der Grenzen von Geschlecht, Schicht, Region, Generation und Herkunft. Wie wichtig die Verbindung zwischen Tätigkeit und Person war, zeigen normative Texte wie der Eintrag in einer Enzyklopädie von 1788, der verschiedene Bereiche der Haushaltsproduktion jeweils einem Geschlecht zuordnete.[7] Auch wenn die Aufteilung solcher Aufgaben in der Praxis deutlich flexibler war, blieb gerade Geschlecht bis weit in die zweite Hälfte des 20. Jahrhunderts die zentrale Kategorie, um Bereiche der Haushaltsproduktion zuzuweisen. Erst allmählich begannen sich diese Zuweisungen zu lockern, bestehen aber teilweise bis heute weiter.

2 Pluralisierung der Versorgungsstrategien

Im Zuge von Industrialisierung, Urbanisierung, Bevölkerungswachstum, Lohnarbeit und Massenproduktion nahm die Versorgung über den Markt rapide zu. Der Übergang zur inklusiven Konsumgesellschaft griff tief in bisherige häusliche Versorgungsstrategien ein, ohne jedoch Haushaltsproduktion überflüssig zu machen. Die industrielle Massenherstellung von Gütern ersetzte viele Formen der Haushaltsproduktion, stellte aber auch vielfältige Waren bereit, die Haushaltsproduktion erst ermöglichten oder erleichterten, beispielsweise Nähmaschinen, Backpulver und selbstklebende Tapeten. Hilfsmittel dieser Art bildeten eigene Märkte aus, die auf Haushaltsproduktion ausgerichtet waren. Es greift daher zu kurz, diese Versorgungsstrategie als ein aus der Zeit gefallenes Überbleibsel vormoderner Zeiten, als Mode oder als ein Zeichen von Armut zu interpretieren. Neben dem marktbasierten Kauf industriell gefertigter Güter wurde gerade die Kombination von Waren und Rohstoffen mit selbst hergestellten Dingen sowie der eigenen Arbeitskraft, also von Konsum und Produktion im Privathaushalt, zum Charakteristikum moderner Industriegesellschaften. Indem sie meist als Konsumgesellschaften bezeichnet werden, bleibt der enorme produktive Anteil von Haushalten bei der Versorgung mit Gütern und Dienstleistungen meist unbeachtet.

Bevor der massenhafte Kauf von Waren zur alltäglichen Versorgungsstrategie weiter Teile der Gesellschaft wurde, hing das Ausmaß der Haushaltsproduktion vor allem vom lokalen Angebot an Waren und Dienstleistungen ab. Die vergleichende Analyse von Inventaren aus Kent und Cornwall zwischen 1600 und 1750 zeigt exemplarisch die höchst unterschiedliche Kombination von Konsum und Selbstherstellung in Privathaushalten. Zwar dominierte die Subsistenzwirtschaft auch im Zeitalter der Protoindustrialisierung, zumal auf dem Land, doch gab es dabei signifikante lokale Unterschiede: Eine Mühle am Ort ersetzte das eigenhändige Mahlen des Getreides

---

[7] Siehe hierzu *U. Frevert*, Frauen-Geschichte. Zwischen Bürgerlicher Verbesserung und Neuer Weiblichkeit, Frankfurt am Main 1986, S. 26.

für die häusliche Bäckerei, und wo ein Wirtshaus oder eine Brauerei bestand, lag die Quote der Hausbrauerei niedriger.[8] Auch (zum Teil sogar verarbeitete) Nahrungsmittel konnten zunehmend in Läden und Gasthäusern erworben werden.[9]

Zeitgenossinnen und -genossen beobachteten genau und nicht selten besorgt, wie das wachsende Angebot an fertigen Waren bisherige Versorgungsstrategien und damit auch die Lebens- und Arbeitsweisen der Haushaltsmitglieder veränderten.[10] Deutschland war jedoch mit Blick auf Konsummöglichkeiten ein Nachzügler, während die Bevölkerung in England oder den Niederlanden bereits im 17. und 18. Jahrhundert verstärkt kaufen konnte, was sie nicht selbst hergestellt hatte.[11]

Bei der Entscheidung zwischen Kauf und Eigenproduktion ging es zunächst nur um die Frage, wer eine bestimmte Arbeit übernahm, während unterschiedliche Herstellungsmethoden innerhalb und außerhalb des Privathaushaltes kaum eine Rolle spielten. Sie waren noch weitgehend gleich: Als in England im Verlauf des 17. und 18. Jahrhunderts zunehmend fertige Kleidung auf den Markt kam, was zu einem Rückgang der häuslichen Fertigung führte, arbeiteten auch die Näherinnen des protoindustriellen Gewerbes mit Nadel und Faden in Handarbeit – so wie auch in Nürnberg Elise Merkel oder die Schneiderinnen, die sie hätte beauftragen können.[12] Sowohl private wie auch gewerbliche Näherinnen verarbeiteten dabei oftmals gekaufte Stoffe und nur zum Teil selbstgefertigtes Gewebe.[13] Erst im Zeitalter der Fabriken und

---

8 Siehe hierzu *D. Dean/A. Hann/M. Overton/J. Whittle*, Production and Consumption in English Households, 1600–1750, London 2004, S. 57–64.

9 *S. Ogilvie*, Revolution des Fleißes. Leben und Wirtschaften im ländlichen Württemberg von 1650–1800, in: *S. Hirbodian/S. Ogilvie/R. J. Regnath (Hg.)*, Revolution des Fleißes. Revolution des Konsums? Leben und Wirtschaften im ländlichen Württemberg von 1650–1800, Ostfildern 2015, S. 173–193, hier 176f.

10 Siehe hierzu *R. Sandgruber*, Die Anfänge der Konsumgesellschaft. Konsumgüterverbrauch, Lebensstandard und Alltagskultur in Österreich im 18. und 19. Jahrhundert, München 1982, S. 286–288, 306–312.

11 Siehe hierzu *F. Trentmann*, Die Herrschaft der Dinge. Die Geschichte des Konsums vom 15. Jahrhundert bis heute, München 2017, S. 39–41, 46, 78–108, mit Ausführungen zum wachsenden Konsum im Italien der Renaissance und zu China S. 46–59, 66–77; *Ogilvie*, Revolution des Fleißes, S. 173–193; *H. Homburg*, Wahrnehmungen der Konsummoderne und die deutsche Konsumlandschaft im 18. und 19. Jahrhundert, in: *M. Prinz (Hg.)*, Die vielen Gesichter des Konsums. Westfalen, Deutschland und die USA 1850–2000, Paderborn 2016, S. 43–59.

12 Siehe hierzu *de Vries*, The Industrious Revolution, S. 104f., 141; *Trentmann*, Die Herrschaft der Dinge, S. 85.

13 Zum Kauf und Verkauf von Stoffen und Kurzwaren siehe beispielsweise *M. Häberlein*, Savoyische Kaufleute und die Distribution von Konsumgütern im Oberrheingebiet, ca. 1720–1840, in: *R. Walter (Hg.)*, Geschichte des Konsums. Erträge der 20. Arbeitstagung der Gesellschaft für Sozial- und Wirtschaftsgeschichte 23.–26. April 2003 in Greifswald, Stuttgart 2004, S. 81–114, dort auch weitere Literaturangaben zu diesem Konsumfeld; *B. Orland*, Wäsche waschen. Technik- und Sozialgeschichte der häuslichen Wäschepflege, Reinbek bei Hamburg 1991, S. 34f., zum eng getakteten Wechsel der Arbeitsschritte, die innerhalb und außerhalb des Haushalts bei der Textilherstellung um 1800 stattfanden ebd., S. 31f.

Maschinen unterschieden sich die Herstellungsmethoden von gekauften und selbstgemachten Dingen fundamental.

Mit steigendem Warenangebot in den Läden wurde Haushaltsproduktion immer weniger zum allgegenwärtigen Normalfall, sondern zu einer abgrenzbaren Versorgungsstrategie. In Deutschland war dies ab der Mitte des 19. Jahrhunderts zunehmend der Fall, in großen Städten wie Berlin bereits früher.[14] Drei Möglichkeiten der Versorgung für Haushalte lassen sich unterscheiden: erstens Selbstversorgung ohne marktbasierten Konsum; zweitens der Kauf von Gütern, die ohne weitere Veränderungen ge- oder verbraucht werden können (beispielsweise ein Möbelstück oder ein belegtes Brötchen); drittens eine Kombination aus dem Kauf von Gütern wie einem Wollknäuel oder einem Stück Fleisch, die dann im Rahmen der Haushaltsproduktion zu einem Pullover oder einem Abendessen verarbeitet werden können. Diese Versorgungsstrategien charakterisierten weniger Haushalte in ihrer Gesamtheit als einzelne Produktgruppen. So versorgte sich ein Haushalt vielleicht durch Hausschlachtung selbst mit Wurst und Fleisch, kaufte aber Kleidung von der Stange oder bemühte den Tapezierer, wenn die Wohnung renoviert werden sollte.

Diese Pluralisierung der möglichen Versorgungsstrategien eröffnete Wahlmöglichkeiten, die allerdings an Ressourcen gekoppelt waren, vor allem an die Verfügbarkeit von Zeit und Geld. Aber auch Wissen und Können beeinflussten die Wahlmöglichkeiten, denn nur wer die Kunst des Strickens, Kochens oder des Hausbaus beherrschte, konnte auf Eigenproduktion setzen.[15] Schließlich spielten auch Raumfragen eine Rolle, vor allem im Zuge der Urbanisierung seit der Mitte des 19. Jahrhunderts. Städtische Haushalte, und hier vor allem ärmere, hatten oftmals schlicht zu wenig Platz für bestimmte Formen der Haushaltsproduktion, beispielsweise für den Anbau und die Vorratshaltung von Obst und Gemüse. War hingegen genügend Platz vorhanden, versorgten sich auch städtische Haushalte bis ins 20. Jahrhundert zumindest zum Teil über eigene Gärten und Kleintierhaltung. Die Nutzgärten der Arbeiterfamilien im Ruhrgebiet sind hierfür ein prägnantes Beispiel. Das Zusammenspiel dieser Faktoren führte dazu, dass verschiedene Versorgungsstrategien nebeneinander exis-

---

14 Siehe hierzu *Spiekermann*, Basis der Konsumgesellschaft, S. 47, 113, mit tabellarischen Überblicken zur Entwicklung der Gewerbe mit Verkauf in verschiedenen Städten; *K.-P. Ellerbrock*, Geschichte der deutschen Nahrungs- und Genußmittelindustrie 1750–1914, Stuttgart 1993, S. 68; *C. Torp/H. G. Haupt*, Einleitung: Die vielen Wege der deutschen Konsumgesellschaft, in: *Dies. (Hg.)*, Die Konsumgesellschaft in Deutschland 1890–1990. Ein Handbuch. Frankfurt am Main 2009, S. 9–24, hier 11f. Als Beispiel für Warenangebot und Versorgungsstrategien auf dem Land um 1900 s. *I. Spieker*, Ein Dorf und sein Laden. Warenangebot, Konsumgewohnheiten und soziale Beziehungen im ländlichen Ostwestfalen um die Jahrhundertwende, Göttingen 2000.

15 Umgekehrt mussten aber auch das Einkaufen sowie die Auswahl, Beurteilung und Benutzung von industriell gefertigten Produkten zunächst erlernt werden. Siehe hierzu etwa *Trentmann*, Die Herrschaft der Dinge, S. 339f. oder die ersten Jahrgänge der Zeitschrift *Die Frischhaltung*, herausgegeben von der Firma Weck, in der die Kundinnen und Kunden immer wieder darauf hingewiesen wurden, wie der Weck-Apparat zu benutzen sei.

tierten. Statistische Erhebungen und Schätzungen zeigen beispielsweise, dass in den 1820er Jahren auch jenseits des ländlichen Raums immer noch mehr als ein Drittel aller Rinder und Schweine in Privathaushalten geschlachtet und verarbeitet wurden, in vielen Familien weiterhin selbstgenähte Kleidung getragen wurde und Mitte des 19. Jahrhunderts etwa zwei Drittel aller Haushalte selbst Brot backten.[16] Gerade in den Städten nahm um 1900 aber auch die Zahl der Gasthäuser und Kantinen zu, in denen sich vor allem Arbeiterinnen und Arbeiter mittags und abends verpflegten, wenn sie keine Kochgelegenheit besaßen oder aber keine Zeit hatten, selbst Zutaten einzukaufen und zu kochen.[17]

Mit Zeit, Geld, Raum und Wissen beziehungsweise Fertigkeiten sind die Faktoren benannt, an denen Akteure aus Politik, Wirtschaft, Gesellschaft und Wissenschaft immer wieder ansetzten, um Einfluss auf die Versorgungsstrategien privater Haushalte zu nehmen. Damit verbunden waren weitreichende Ziele, die von unternehmerischem Gewinnstreben über die Sorge um die Gesundheit der Bevölkerung bis zur Gestaltung der gesellschaftlichen, wirtschaftlichen und politischen Ordnung reichten. In dieser Perspektive waren häusliche Versorgungsstrategien seit der Mitte des 19. Jahrhunderts keine reine Privatsache, sondern auch Märkte sowie politische Handlungsfelder.

3 Haushaltsproduktion als Markt

Die Produkte, die allmählich seit der Mitte, vor allem aber seit dem Ende des 19. Jahrhunderts massenhaft auf den Markt kamen, griffen auf verschiedene Weise in häusliche Versorgungsstrategien ein. Erstens boten Waren wie Konfektionskleidung, Konserven, Fertigsuppen, Nudeln oder Spielzeug eine Alternative zur Eigenproduktion. Das Tempo ihrer Durchsetzung variierte stark. So gehörten ärmere Bevölkerungskreise zu denjenigen, die früh und häufig die oft billige und qualitativ minderwertige Kleidung von der Stange kauften. Konserven, die es seit dem letzten Drittel des 19. Jahrhunderts zu kaufen gab, waren hingegen zunächst sehr teuer und bis ins 20. Jahrhundert hinein wohlhabenderen Schichten vorbehalten.[18]

Zweitens kamen Waren auf den Markt, die Haushaltsproduktion nicht überflüssig machten, sondern veränderten. Wenige Jahre nach dem Aufkommen von Endlos-

---

[16] Siehe hierzu *Spiekermann*, Basis der Konsumgesellschaft, S. 45.
[17] Siehe hierzu *Sandgruber*, Die Anfänge der Konsumgesellschaft, S. 264–267; *K. R. Allen*, Von der Volksküche zum fast food. Essen außer Haus im wilhelminischen Deutschland, in: Werkstatt Geschichte 31, 2002, S. 5–25.
[18] Siehe hierzu *Ellerbrock*, Geschichte der deutschen Nahrungs- und Genußmittelindustrie 1750–1914, S. 244, 318, 360–376; *U. Spiekermann*, Zeitsprünge. Lebensmittelkonservierung zwischen Industrie und Haushalt 1880–1940, in: KATALYSE e.V., BUNTSTIFT e.V. *(Hg.)*, Ernährungskultur im Wandel der Zeiten, Köln 1997, S. 31–43, hier 32.

papier auf Rollen erschien 1840 eine Anleitung zum Selbsttapezieren für Laien, die sogar Frauen ausdrücklich mit ansprach.[19] Seit den 1860er Jahren fanden Nähmaschinen in Deutschland reißenden Absatz, seit der Mitte des Jahrhunderts setzten sich Sparherde, bis Mitte des 20. Jahrhunderts dann Gas- und Elektroherde durch. Um 1900 kamen Produkte wie Dr. Oetkers Backpulver und der Weck-Apparat zum Einkochen von Lebensmitteln auf den Markt, Drogerien verkauften bereits Ende des 19. Jahrhunderts streichfertige Farben und Lacke und selbst erste Vorläufer der späteren Bastler- und Heimwerkerbranche zeichneten sich ab.[20] Diese Produkte griffen tief in bisherige Arbeitsabläufe ein. Wer sie verwendete, musste ihre Handhabung erst lernen und die eigenen Handlungsschritte anpassen.

Drittens erzeugten einige der neuen Produkte erst die Möglichkeit oder die Notwendigkeit der Haushaltsproduktion. Für die ersten Automobilbesitzer galt der Anspruch, ihren Wagen auch selbst reparieren zu können, und erst in der Zwischenkriegszeit bildete sich das selbständige Kfz-Handwerk heraus.[21] Reparieren gehörte bis weit ins 20. Jahrhundert hinein zum Alltagswissen der meisten Haushalte, bevor der Neukauf diese Kulturtechnik weitgehend verdrängte.[22] Neue Warengruppen wie technische Geräte schufen dabei neue Betätigungsfelder an der Schnittstelle von Hobby und Notwendigkeit.

Während des 19. und mehr noch des 20. Jahrhunderts stieg die Zahl der Produkte vor allem in den beiden erstgenannten Warengruppen rapide an. Kleidung von der Stange wurde ebenso zum Normalfall wie Fertiggerichte oder Restaurantbesuche, auch wenn damit die häusliche Essenszubereitung oder, in abgeschwächtem Maße, die Herstellung von Kleidung im eigenen Haushalt keinesfalls verschwanden. Putzmittel, Seifen oder Heilmittel stellten seit dem späten 19. Jahrhundert hingegen immer weniger Haushalte selbst her.[23] Gleichzeitig entstanden neue und umsatzstarke Märkte für Hilfsmittel, die in der Haushaltsproduktion eingesetzt werden

---

19 *L. Graßhoff*, Die Kunst des Tapezierens mit Papiertapeten, Nordhausen 1840.
20 Siehe hierzu *J. Finger/S. Keller/A. Wirsching*, Dr. Oetker und der Nationalsozialismus. Geschichte eines Familienunternehmens 1933–1945, 2. Aufl. München 2013, S. 24–26; *Spiekermann*, Zeitsprünge; *K. Hausen*, Technischer Fortschritt und Frauenarbeit im 19. Jahrhundert. Zur Sozialgeschichte der Nähmaschine, in: Geschichte und Gesellschaft 4/2, 1978, S. 148–169; Anzeige Edmund Müller & Mann, in: Dies Blatt gehört der Hausfrau 9/26, 1895, S. 498; StadtA Leipzig, Deutscher Verein für Werkunterricht/Lehrerseminar, Nr. 214, Prospect Combinierte Dreh- und Hobelbänke, o. J. [1880er Jahre].
21 Siehe hierzu *S. Krebs*, „Notschrei eines Automobilisten" oder die Herausbildung des Kfz-Handwerks in Deutschland, in: Technikgeschichte 79/3, 2012, S. 185–206, v.a. 191.
22 Siehe hierzu *W. M. Heckl*, Die Kultur der Reparatur, München 2013; *Landesmuseum, Volkskundliche Sammlung*, Flick-Werk. Reparieren und umnutzen in der Alltagskultur. Begleitheft zur Ausstellung im Württembergischen Landesmuseum Stuttgart vom 15. Oktober bis 15. Dezember 1983, Stuttgart 1983; *R. Reith/G. Stöger*, Einleitung. Reparieren – oder die Lebensdauer der Gebrauchsgüter, in: Technikgeschichte 79/3, 2012, S. 173–184.
23 Für das Fallbeispiel der Kommodifizierung von Heilmitteln und Medikamenten in den USA siehe *S. Strasser*, A Historical Herbal: Household Medicine and Herbal Commerce in a Developing Consumer Society, in: *H. Berghoff/U. Spiekermann* (Hg.), Decoding Modern Consumer Societies, New York 2012,

konnten. Exemplarisch steht dafür die Nahrungsmittelindustrie, die mittlerweile von der Backmischung über die Salatsoße bis zum Tiefkühlgemüse alles bereithält, was für die häusliche Essenszubereitung benötigt wird; ein zweites Beispiel für eine neue Branche ist das Heimwerken.

Werkzeuge und Materialien für Reparaturen und Verschönerungen aller Art waren auch zuvor erhältlich, doch seit den späten 1950er Jahren entwickelte sich – nicht zuletzt inspiriert von britischen und amerikanischen Vorbildern – ein Markt, der unter den Schlagwörtern ‚Heimwerken' und *do it yourself* Produkte in den Handel brachte, die es zuvor entweder nicht gegeben hatte oder die nur an Handwerker verkauft worden waren. Tropffreie Farben, sich spreizende Plastikdübel und selbstklebende Tapeten erleichterten Arbeiten am und im Haus, und auch die elektrische Bohrmaschine setzte sich mehr als ein halbes Jahrhundert nach ihrer Erfindung als Artikel für den Privathaushalt durch. Seit den 1970er Jahren kamen Baumärkte als eigene Verkaufsstätten dieser Branche hinzu.[24]

Die neuen Produkte erleichterten und ermöglichten viele Formen der Haushaltsproduktion, doch zunächst erzeugten sie Unsicherheit. Wie waren die Geräte, Zutaten und Materialien zu verwenden? Wie würde das Ergebnis ausfallen? Um das Potenzial der neuen Produkte und Herstellungsmethoden anzupreisen, Ängste zu nehmen und die Anwendung zu erleichtern, kamen zusammen mit den industriell hergestellten Hilfsmitteln im großen Stil schriftliche Anleitungen auf den Markt. Hinzu kamen seit dem frühen 20. Jahrhundert praktische Vorführungen, um die Anwendung eines Produkts live zu demonstrieren, sowie Beratungsmöglichkeiten in Geschäften oder per Brief. Darauf setzten nicht nur große Markenunternehmen, sondern auch Einzelhandelsgeschäfte.[25]

Manche Markenhersteller wie Dr. Oetker oder Weck verknüpften ihr Produkt schon um 1900 mit genau darauf zugeschnittenen Anleitungen. Sie sollten sicherstellen, dass ihre und nicht andere Produkte bei der häuslichen Eigenproduktion zum Einsatz kamen und dass die Anwenderinnen und Anwender mit dem Ergebnis zufrieden waren. Solche Anleitungen gab es teils gratis als Anwendungs- und Rezeptbeispiele auf der Packung oder in Broschüren, teils als kostenpflichtige Publikationen. Dr. Oetker und Weck besaßen eigene Verlage, die (Ein-)Koch- und Backbücher herstellten, aber auch andere Markenhersteller wie Palmin brachten Rezeptsamm-

---

S. 211–228; zur Seifenherstellung siehe *F. Lobenhofer/T. Nonnenmacher*, Wäsche und Wäschepflege im Wandel, Großweil 1987, S. 30f.; *Orland*, Wäsche waschen, S. 49–53.

24 Siehe hierzu *Jonathan Voges*, „Selbst ist der Mann". Do-it-yourself und Heimwerken in der Bundesrepublik Deutschland, Göttingen 2017, S. 363–563; *R. Kreis*, Do it yourself mit Pioniergeist. Selbermachen in deutsch-amerikanischer Perspektive, in: *D. Pesch (Hg.)*, Do it yourself – Mach's doch selber!, Oberschönenfeld 2016, S. 22–31.

25 Siehe hierzu die Broschüre eines Berliner Farbenhändlers, die vermutlich um 1920 zum ersten Mal erschien. *Farben-Neumann*, Der Heimschmücker. Das Farbenbuch für den „Selbststreicher", 11. Aufl. Berlin [1938/39].

lungen heraus.[26] Später nutzten auch andere Branchen diese Vermarktungsstrategie, beispielsweise Bosch und AEG, um die Einsatzmöglichkeiten ihrer Elektrogeräte aufzuzeigen.[27] Daneben kamen Anleitungen in den Handel, die nicht von einem spezifischen Markenprodukt ausgingen, sondern von einem bestimmten Bereich der Haushaltsproduktion. Manche entwickelten sich wie die seit 1950 erscheinende Zeitschrift Burda Moden (heute Burda Style) zu einem eigenständigen Markenprodukt. Kochbücher, Reparaturratgeber, Näh- und Bastelanleitungen sind Beispiele dafür, wie seit Mitte des 19. Jahrhunderts, vor allem aber im Verlauf des 20. Jahrhunderts, Anleitungen selbst zu einem Verkaufsartikel wurden, der häusliche Eigenproduktion und Konsum miteinander verband. Sie stellten einen beständigen Strom neuer Vorschläge für die Haushaltsproduktion bereit und versuchten so, diese Versorgungsstrategie zu verstetigen.

Dieses Ziel verfolgten auch Werbemaßnahmen, die Hilfsmittel zum häuslichen Selbermachen anpriesen. Sie bewarben nicht nur das jeweilige Produkt, sondern gleichzeitig eine Versorgungsstrategie. Um 1900 bildete sich ein Set an Versprechen heraus, die in ihren Grundzügen Werbekampagnen für solche Produkte bis heute prägen. Sechs Werbeversprechen lassen sich unterscheiden:[28] Erstens versprachen die Werbeanzeigen, die Anwendung des Produkts sei kinderleicht und für jeden geeignet, das Ergebnis gelinge immer. Zweitens betonten die Werbeslogans Bequemlichkeit und Arbeitserleichterung, ohne aber die Kompetenzen der Anwenderinnen und Anwender infrage zu stellen. Drittens ging es um Einsparmöglichkeiten bei Zeit und Geld; viertens um die vielfältigen Anwendungsmöglichkeiten; fünftens um die Unabhängigkeit von Faktoren wie Ladenöffnungszeiten, Warenqualitäten und Jahreszeiten, wenn man einfach selbst herstellte, was im Laden nur zu bestimmten Zeiten und in genormten Ausführungen zu haben war. Sechstens schließlich versprachen die Werbemacher Gefühlserlebnisse von Stolz und Anerkennung bis zu Spaß und Freude.

Der neue Markt für Hilfsmittel und Anleitungen veränderte das Beziehungsgefüge zwischen Fachleuten und Laien. Was bisher professionellen Anbietern vorbehalten war, konnten nun in einigen Bereichen auch Privatleute immer leichter selbst herstellen. Was unterschied dann noch Laien von Fachleuten? Verschiedene Berufsbranchen sahen ihre Märkte schwinden und protestierten gegen die neue Konkurrenz. Seit dem späten 19. Jahrhundert, vor allem aber in der Zwischenkriegszeit wetterten zum Beispiel mancherorts Konditoren gegen die Hausbäckerei und Schneider gegen die große Zahl an Nähkursen in Bildungseinrichtungen und Stoffgeschäften, und in den

---

26 Siehe hierzu *E. Hannemann*, Koch-Rezepte zur Verwendung von Palmin, Berlin o. J. [ca. 1910].
27 Siehe hierzu das von der Firma AEG herausgegebene Buch von *P. Fellner*, Liebe auf den zweiten Blick. Heimwerken, Winnenden 1970, sowie Selbstgemacht mit Bosch. Das große Combi-Handbuch für begabte und unbegabte Bastler und Heimwerker. 6. Aufl. Leinfelden 1968.
28 Siehe hierzu *R. Kreis*, „Man nehme…". Haushaltsproduktion als Markt in der deutschen Konsumgesellschaft des 20. Jahrhunderts, in: ÖZG 30, 2019, S. 52–71.

1970er Jahren versuchten Handwerksverbände, das private Heimwerken als Schwarzarbeit zu diffamieren.[29] Solche Kampagnen blieben jedoch meist erfolglos.

4 Politische Lenkungsversuche

Haushaltsproduktion wird häufig als Privatangelegenheit betrachtet. Schließlich konnte, wer sich selbst versorgte, selbst über Qualitäten, Zeitpunkte und gegebenenfalls auch über Aufgabenverteilungen entscheiden. Doch frei von Vorschriften war auch diese Versorgungsstrategie nicht. Staatliche Instanzen griffen auf unterschiedlichen Ebenen immer wieder gestaltend und regulierend ein. Auch hier bilden die veränderten Produktions- und Wirtschaftsmethoden der Industrialisierung eine Zäsur. In Deutschland hatten bis ins frühe 19. Jahrhundert obrigkeitliche Instanzen durch Luxus- und Konsumgesetze geregelt, wer welche Dinge besitzen und zur Schau stellen durfte. Durch wen, wo und auf welche Weise diese Produkte hergestellt worden waren, spielte dabei keine Rolle.[30]

Griffen die Landesherren in die Haushaltsproduktion ein, ging es um Interessen wie Sicherheit, wenn etwa Vorschriften zur Anlage von Backöfen die Brandgefahr durch das häusliche Brotbacken minimieren sollten.[31] In dieser Tradition standen auch Verordnungen des 19. und 20. Jahrhunderts, die auf der Basis aktueller Wissensstände und neuer Technologien Risiken im Bereich der Haushaltsproduktion zu minimieren suchten. So ist bei Hausschlachtungen eine amtliche Fleischbeschau vorgeschrieben, Vermieter müssen Elektroinstallationen wie den Anschluss eines Elektroherdes durch Fachpersonal vornehmen lassen, und gesetzliche Vorgaben regeln, welche Inhaltsstoffe bei Produkten des Heimwerkerbedarfs als gesundheitsgefährdend verboten oder begrenzt wurden. Das Wissen um Gefahren führte jedoch nicht immer zu einer gesetzlichen Regelung. So diskutierte der Reichsgesundheitsrat zu Beginn der 1930er Jahre zwar die Gefahren, die bei der häuslichen Lebensmittelkon-

---

29 Siehe hierzu Die Conditorei und ihre Konkurrenz, in: Allgemeine Deutsche Conditor-Zeitung 4/7, 1888, S. 1–2; *S. Sakuragi*, Vom Luxusgut zum Liebesbeweis: Zur sozialen Praxis und symbolischen Bedeutung des selbstgebackenen Kuchens. Diss. Phil, Tübingen 2008, S. 68f., 86, 121; *A. Sudrow*, Reparieren im Wandel der Konsumregime. Bekleidung und Schuhe in Deutschland und Großbritannien während des Zweiten Weltkriegs, in: Technikgeschichte 79/3, 2012, S. 227–253, hier 234f.; *Voges*, „Selbst ist der Mann", S. 126–150.
30 Siehe hierzu *Trentmann*, Die Herrschaft der Dinge, S. 59–65; *Ogilvie*, Revolution des Fleißes, S. 188–191.
31 Siehe hierzu *Eva B. Ottillinger*, Küchenmöbel – Kochräume. Von der Feuerstelle zur Designerküche, in: *Dies. (Hg.)*, Küchen/Möbel. Design und Geschichte, Wien 2015, S. 29–80, hier 32; *A. Bischoff-Luithlen*, Von Amtsstuben, Backhäusern und Jahrmärkten. Ein Lese- und Nachschlagebuch im alten Württemberg und Baden, 2. Aufl. Stuttgart 1979, S. 31.

servierung durch salicylsäurehaltige Produkte entstanden, doch ein entsprechendes Verbot erging nicht.[32]

Mit der Pluralisierung der Herstellungs- und damit der Versorgungsmöglichkeiten seit dem späten 19. Jahrhundert erweiterten sich die staatlichen Aufgabenfelder. Ein erster Bereich staatlichen Eingreifens betraf die Erziehung von Kindern und Jugendlichen – zumindest wünschten sich verschiedene gesellschaftliche Gruppierungen, der Staat möge hier tätig werden. Viele zeitgenössische Beobachterinnen und Beobachter betrachteten vor allem ab den 1870er und 1880er Jahren die Auswirkungen von Urbanisierung und Industrialisierung mit großer Sorge. Veränderte Arbeits- und Lebensweisen warfen Fragen auf: Wie würden sich unbeaufsichtigte Kinder und Jugendliche nach der Schule beschäftigen, wenn beide Eltern in der Fabrik arbeiteten? Was bedeutete es für die Familien, wenn Frauen einer Erwerbsarbeit außerhalb des Hauses nachgingen? Diese Bedenken bildeten den Ausgangspunkt für die eingangs genannten nostalgischen Rückblicke.[33] Sie beschwören ein Bild sittsamer und bescheidener Häuslichkeit, in der Kinder von ihren Eltern alle Formen der Haushaltsproduktion kennenlernten, sodass sich Haushalte selbst versorgen konnten, aber auch ihre Zeit sinnvoll gebrauchten. Nun schien das Gegenteil zu drohen: Mädchen würden nicht mehr von ihren Müttern lernen, wie man kochte, nähte, flickte und putzte; Jungen würden ihre Hände nicht mehr zu gebrauchen wissen, sondern auf den Straßen Unfug treiben. Alles würde gekauft werden – das lief dem Ideal der Sparsamkeit zuwider –, vor allem aber war in den Augen der Zeitgenossinnen und -genossen die Familie mitsamt ihren auf geschlechtsspezifischen Rollenvorstellungen basierenden Funktionen als Fundament der Gesellschaft gefährdet. Die Lösung lautete Erziehung zur Haushaltsproduktion. Hier kam der Staat ins Spiel.

Mehrere Jahrzehnte lang diskutierten Lehrerverbände, Lehrerzeitschriften und private Zusammenschlüsse wie der 1886 gegründete Deutsche Verein für Knabenhandarbeit, welche Rolle praktische Schulfächer im Lehrplan einnehmen sollten.[34] Handarbeits-, Koch- und Hauswirtschaftsunterricht für Mädchen, Knabenhandarbeit beziehungsweise Werken für Jungen sowie Schulgartenunterricht galten den einen als Heilmittel für Gesellschaft und Wirtschaft, den anderen als rückständig. In einer Welt, in der vieles nicht mehr im Haushalt hergestellt werden musste, sondern gekauft werden konnte, sollten die Schulen lieber Konsumentenerziehung und tech-

---

32 Siehe hierzu *F. Sperling*, „Kampf dem Verderb" mit allen Mitteln? Der Umgang mit ernährungsbezogenen Gesundheitsrisiken im „Dritten Reich" am Beispiel der chemischen Lebensmittelkonservierung, Stuttgart 2011, S. 235–257.
33 Hier und im Folgenden *R. Kreis*, Mechanisierung als pädagogisches Argument. Schule, Arbeit und Konsum um 1900, in: Jahrbuch für historische Bildungsforschung 20, 2015, S. 199–217.
34 Vgl. exemplarisch: Die Verhandlungen der XXVIII. Allgemeinen Deutschen Lehrerversammlung zu Augsburg, in: Allgemeine Deutsche Lehrerzeitung 41/28, 1889, S. 283–290; Die Verhandlungen der XXVIII. Allgemeinen Deutschen Lehrerversammlung zu Augsburg, in: Allgemeine Deutsche Lehrerzeitung 41/29, 1889, S. 293–299.

nisches Verständnis schulen, forderten die Kritiker der praktischen Fächer.³⁵ Beide Seiten sahen den Staat in der Pflicht. Er sollte Werte, Wissen und Fertigkeiten vermitteln, die Eltern nicht mehr oder noch nicht weitergeben konnten.

Während Werkunterricht und Schulgärten vielfach optional blieben und nur langsam in den Curricula Fuß fassten, war die Erziehung der Mädchen zur Haushaltsproduktion sehr viel fester verankert. Darin spiegelt sich das Ideal der fürsorglichen und sparsamen Hausfrau und Mutter, die eigenhändig herstellte statt zu kaufen.³⁶ Erst ab den 1970er Jahten fiel die Zuordnung nach Geschlechtern weg, sodass Mädchen und Jungen zunehmend gemeinsam in allen praktischen Fächern unterrichtet wurden, und auch die Zielsetzungen änderten sich. Sparsamkeit und Selbstversorgung verloren als Unterrichtsziele an Bedeutung; Verbrauchererziehung und Umweltbewusstsein wurden wichtiger.³⁷

Kinder und Jugendliche waren nicht die einzige Zielgruppe staatlicher Versuche, Haushaltsproduktion als Versorgungsstrategie zu stärken, zu verhindern oder in bestimmte Bahnen zu lenken. Vor allem im Verlauf des 20. Jahrhunderts setzten Behörden auf Methoden des *nudging* – Anstupser, die subtil zu einem bestimmten Verhalten lenken sollen – und Anreize.³⁸ Dazu zählen die Subventionen in der Zwischen- und Nachkriegszeit für Siedlungshäuser, die in baulicher Eigenleistung errichtet wurden, ebenso wie die Förderung von eigenhändigen Modernisierungsmaßnahmen, die zu Energieeinsparungen führten.³⁹ Zu dieser *architecture of choice* können aber auch Regelungen wie die kurzen Öffnungszeiten von Kindergärten, die frühen Ladenschlusszeiten und der Mangel an Mensen und Cafeterien an den Schulen der alten Bundesrepublik sowie das Ehegattensplitting gezählt werden, die mindestens

---

35 Vgl. *H. Wigge*, Der Werkunterricht eine Form des methodischen Partikularismus, in: Allgemeine Deutsche Lehrerzeitung 63/40, 1911, S. 493–497, hier 496; *A. Mundorff*, Der neuzeitliche Handarbeitsunterricht als Vorschule für die deutsche Konsumentin, in: Die Lehrerin 31/20, 1915, S. 77f.
36 Zur Ungleichbehandlung von Männern und Frauen mit Blick auf Versorgung durch den Markt beziehungsweise durch Haushaltsproduktion vgl. *R. Kempf*, Das Leben der jungen Fabrikmädchen in München. Die soziale und wirtschaftliche Lage ihrer Familie, ihr Berufsleben und ihre persönlichen Verhältnisse, Leipzig 1911, S. 194, 196.
37 Siehe hierzu *R. Kreis*, Make or Buy? Modes of Provision and the Moral Economy of Households in Postwar Germany, in: Ute Frevert (Hg.), Moral Economies. Geschichte und Gesellschaft, Sonderheft 2019, S. 187–212.
38 Der Begriff des nudging stammt aus der Verhaltensökonomie und geht zurück auf *R. H. Thaler/ C. R. Sunstein*, Nudge. Improving Decisions about Health, Wealth and Happiness, London 2009.
39 Siehe hierzu *M. Prinz*, Der Sozialstaat hinter dem Haus. Wirtschaftliche Zukunftserwartungen, Selbstversorgung und regionale Vorbilder: Westfalen und Südwestdeutschland 1920–1960, Paderborn 2012, S. 95–106; *T. Harlander/K. Hater/F. Meiers*, Siedeln in der Not. Umbruch von Wohnungspolitik und Siedlungspolitik am Ende der Weimarer Republik, Hamburg 1999; *H. Gödde/T. Harlander/ K. Hater*, „Siedeln tut not". Wohnungsbau und Selbsthilfe im Wiederaufbau, Aachen 1992; *M. Krautzberger u. a.*, Neue Staatszuschüsse und Steuervergünstigungen für Modernisierungs- und Energieeinsparungsmaßnahmen bei Wohnungen und gewerblichen Gebäuden. Das neue Modernisierungs- und Energieeinsparungsgesetz (ModEnG), 2. Aufl. Kissing 1978, S. 29, 100–106.

indirekt bestimmte Formen der Haushaltsproduktion förderten. Sie strukturierten Wahlmöglichkeiten, indem sie an nichtberufstätigen Frauen ausgerichtet waren, die als Hausfrauen oder allenfalls teilzeitbeschäftigte Arbeitnehmerinnen selbst das Mittagessen zubereiteten, das Haus in Ordnung hielten und die Kinder betreuten, ohne diese Dienstleistungen auf dem Markt in Anspruch zu nehmen.[40]

Weniger subtil waren staatliche Eingriffe in häusliche Versorgungsstrategien in Not- und Mangelzeiten. Der Erste Weltkrieg markierte hier eine tiefe Zäsur. Angesichts der schlechten Versorgungslage galten vielerorts Kuchenback- und Hausschlachtungsverbote; Kommunen gaben Flächen frei, um Familien den Anbau von Obst und Gemüse zur Selbstversorgung zu ermöglichen; Kriegsküchen sollten die vorhandene Nahrung ressourcenschonend verteilen; viele Produkte waren rationiert und zwangen die Bevölkerung auf diese Weise, bisherige Formen und Methoden der (Selbst-)Versorgung entsprechend anzupassen.[41]

Die staatlichen Behörden begründeten ihre Eingriffe mit der Notwendigkeit, die Versorgung der gesamten Bevölkerung sicherstellen zu müssen und appellierten an die Vaterlandsliebe der Bürgerinnen und Bürger. Stopfen, flicken und reparieren wurde zur patriotischen Pflicht; überwunden geglaubte Formen der Haushaltsproduktion wie Seifenherstellung wurden wieder aktuell.[42] Die Bevölkerung war jedoch wenig begeistert von solchen Eingriffen in gewohnte Routinen. Nur in der größten Not aßen die Deutschen in den Kriegsküchen, statt ihre Mahlzeiten zu Hause selbst zuzubereiten, und viele Haushalte widersetzten sich den Verboten, frei über ihr eigenes Schlachtvieh, ihre Butter oder ihr Mehl verfügen zu dürfen. Sie schlachteten, buken und butterten heimlich und über das erlaubte Maß hinaus.[43]

Waren Regierung und Behörden während des Ersten Weltkrieges noch unvorbereitet und überfordert, wie sie die Versorgung der Bevölkerung berechnen und sicherstellen sollten, hatte das nationalsozialistische Regime aus diesen Fehlern

---

40 Siehe hierzu *C. Kuller*, Familienpolitik im föderativen Sozialstaat. Die Formierung eines Politikfeldes in der Bundesrepublik 1949–1975, München 2004; *C. v. Oertzen*, Teilzeitarbeit und die Lust am Zuverdienen. Geschlechterpolitik und gesellschaftlicher Wandel in Westdeutschland 1948–1959, Göttingen 1999; *C. Sachse*, Der Hausarbeitstag. Gerechtigkeit und Gleichberechtigung in Ost und West 1939–1994, Göttingen 2002; *A. Weinreb*, Hot Lunches in the Cold War: The Politics of School Lunches in Postwar Divided Germany, in: *K. Hagemann/S. Michel (Hg.)*, Gender and the Long Postwar. The United States and the Two Germanies, 1945–1989, Baltimore 2014, S. 227–252.
41 Vgl. etwa *A. Roerkohl*, Hungerblockade und Heimatfront. Die kommunale Lebensmittelversorgung in Westfalen während des Ersten Weltkrieges, Stuttgart 1991.
42 Siehe hierzu *Orland*, Wäsche waschen, S. 183–185; *Sudrow*, Reparieren im Wandel, S. 243.
43 Vgl. *B. Davis*, Home Fires Burning. Food, Politics, and Everyday Life in World War I Berlin, Chapel Hill/London 2000, S. 137–158; *E. Langthaler*, Schlachtfelder. Alltägliches Wirtschaften in der nationalsozialistischen Agrargesellschaft 1938–1945, Wien/Köln/Weimar 2016, S. 585–620; *K.-H. Grotjahn*, Als geheim gebuttert wurde. Ländlicher Alltag im Ersten Weltkrieg in Garbsen und Umgebung, Garbsen 1995, S. 43.

gelernt.⁴⁴ Auch während des Zweiten Weltkrieges waren viele Waren rationiert und Hausschlachtungen ebenso eingeschränkt wie die häusliche Butterherstellung. Doch das Regime ging deutlich planvoller vor und vermied es, besonders unbeliebte Maßnahmen aus dem Ersten Weltkrieg zu wiederholen. Suppenküchen gab es kaum. Dafür waren die nationalsozialistischen Propagandaorgane voll mit Anleitungen für Reparaturen, Wiederverwertungen und die Herstellung nicht mehr erhältlicher Waren. Kriegskochbücher boten wie auch schon im Ersten Weltkrieg Anregungen für die häusliche Küche in Mangelzeiten. Entsprechend der nationalsozialistischen Ideologie ging es aber nicht mehr nur um die Nation und das Vaterland, sondern um die ideologisch definierte ‚Volksgemeinschaft', die es zu stärken und zu schützen galt.

Der Erste Weltkrieg war der erste Krieg, den die Deutschen als Nationalstaat führten und der als ein Geschehen betrachtet wurde, das sich sowohl an der Front wie auch an der ‚Heimatfront' entschied. In dieser Perspektive konnten staatliche Akteure die Rechte und Pflichten der Bevölkerung neu definieren und weitreichende Eingriffe in das Wirtschaftsleben und bis in die Versorgungsstrategien des Einzelnen legitimieren.⁴⁵ Mit dem Kriegsende fielen der Frontbezug und die patriotische Überhöhung weg. Da die wirtschaftliche Lage weiterhin durch Not und Mangel gekennzeichnet war, griff der Staat dennoch für einige Jahre mit Rationierungen, Zuteilungen und Verboten in die häuslichen Versorgungsstrategien der Bevölkerung ein.

In der DDR gehörten massive staatliche Eingriffe in die Versorgungsstrategien von Privathaushalten ebenfalls zum Alltag. Auf der Basis planwirtschaftlicher Kalkulationen und immer wieder auftretender Engpässe bei der Versorgung mit Gütern und Dienstleistungen forcierten der Staat und die Sozialistische Einheitspartei Deutschlands (SED) bestimmte Formen der Haushaltsproduktion, während andere verhindert werden sollten. So sollte der flächendeckende Ausbau von Kantinen und Mensen die häusliche Essenszubereitung auf ein Minimum reduzieren – in der Tat hatte die DDR hier sehr hohe Partizipationsraten zu verzeichnen –, aber auch der kleinteilige Anbau von Obst und Gemüse im eigenen Garten galt als kleinbürgerlich-kapitalistisch und widersprach den Zentralisierungsbemühungen von Staat und Partei.⁴⁶ Darüber hinaus nahmen sich offizielle Publikationsorgane das Recht, Formen der Haushalts-

---

44 Zur nationalsozialistischen Wirtschafts-, Konsum- und Ernährungspolitik vgl. *T. Schanetzky*, „Kanonen statt Butter". Wirtschaft und Konsum im Dritten Reich, München 2015; *G. Corni/H. Gies*, Brot, Butter, Kanonen. Die Ernährungswirtschaft in Deutschland unter der Diktatur Hitlers, Berlin 1997; *Langthaler*, Schlachtfelder.
45 Siehe hierzu *J. Echternkamp/S. O. Müller*, Perspektiven einer politik- und kulturgeschichtlichen Nationalismusforschung. Einleitung, in: *Dies. (Hg.)*, Die Politik der Nation. Deutscher Nationalismus in Krieg und Krisen 1760–1960, München 2002, S. 1–24, hier 1, 13.
46 Siehe hierzu *Weinreb*, Hot Lunches in the Cold War, S. 227–252, hier 241–246, dort auch zu den anfänglichen gesellschaftlichen Widerständen gegen die außerhäuslichen Mittagsmahlzeiten für Schulkinder in der DDR; *I. Dietrich*, Hammer, Zirkel, Gartenzaun. Die Politik der SED gegenüber den Kleingärtnern, Berlin 2003, S. 28, 179, zur sich wandelnden offiziellen Haltung gegenüber Kleingärten siehe ebd., S. 282–290.

produktion, die wie im Bereich der Bekleidung dem Mangel geschuldet waren, als Hobby darzustellen, dem in erster Linie Frauen gerne nachgingen.[47]

Wo Formen der Haushaltsproduktion halfen, politische und wirtschaftliche Ziele zu erreichen, forderten Staat und Partei die Bevölkerung nachdrücklich dazu auf – immer unter der Maßgabe, dass Ausmaß und Gegenstand der Eigenproduktion den planwirtschaftlichen Vorgaben entsprachen. Besonders intensiv warben die offiziellen Stellen um private Eigenleistungen bei der Verbesserung der notorisch schlechten Wohnsituation in Ostdeutschland. Unter Verweis auf den gemeinschaftlichen ‚Aufbau des Sozialismus' waren Hausgemeinschaften aufgefordert, den volkseigenen Wohnungsbestand soweit wie möglich selbst zu renovieren und reparieren, und der seit 1967 jährlich stattfindende Wettbewerb „Mach mit – Schöner unsere Städte und Gemeinden" rief Privatleute dazu auf, in ihrer Freizeit Wohnraum instand zu setzen oder zu schaffen, Klassenzimmer zu renovieren oder Parks und Spielplätze zu erbauen und zu pflegen. Wo der Staat den versprochenen Lebensstandard nicht gewährleisten konnte, sollten die Bürgerinnen und Bürger durch Eigenleistungen einspringen, statt knappe Waren und Dienstleistungen nachzufragen. Damit einher ging der Versuch, eine Infrastruktur zu errichten, die es leichter machen würde, Renovierungs- und Bauarbeiten zu übernehmen. Reparaturstützpunkte und Kurse sollten den Zugang zu Materialien und Werkzeugen erleichtern. Wie zuvor in Kriegs- und Nachkriegszeiten stießen auch die politisch motivierten Lenkungsversuche der DDR auf erhebliche Schwierigkeiten und den Eigensinn der Bevölkerung.[48]

5 Haushaltsproduktion und Ordnungsvorstellungen: Gesellschaft, Wirtschaft und Dinge

Haushaltsproduktion war nie nur in ökonomische, sondern immer auch in gesellschaftspolitische Diskurse eingebettet. Ob Appelle an die ‚Volksgemeinschaft' oder die Beschwörung einer ‚sozialistischen Persönlichkeit', ob bei der Forcierung praktischer Schulfächer vornehmlich in den Volksschulen und weniger in den Gymnasien, ob bei Zuordnung verschiedener Formen der Haushaltsproduktion entlang von Geschlechtergrenzen: Oftmals transportierten Diskurse um Haushaltsproduktion und andere Versorgungsstrategien Vorstellungen über die Ordnung der Gesellschaft und Identitäten. Basierend auf normativen Vorstellungen darüber, wie bestimmte Bevölkerungsgruppen Zeit, Geld und dinglich-stoffliche Ressourcen einsetzen sollten, galt

---

47 *J. Stitziel*, Fashioning Socialism. Clothing, Politics and Consumer Culture in East Germany, Oxford/New York 2005, S. 149–151.
48 Siehe hierzu *R. Kreis*, A Call to Tools. DIY between State Building and Consumption Practices in the GDR, in: International Journal for History, Culture and Modernity 6/1, 2018, S. 49–75; *J. Palmowski*, Die Erfindung der sozialistischen Nation. Heimat und Politik im DDR-Alltag, Berlin 2016, S. 165–201.

Haushaltsproduktion je nach Kontext als Zeichen von Armut, als angesagt und trendbewusst, als verantwortungsvoll, als konsumkritisch oder als altmodisch und damit als gut oder schlecht, als angemessen oder unangemessen, als schön oder hässlich, gesund oder ungesund.

Wertende Zuschreibungen dieser Art sind unauflöslich an die Person gebunden, die sich oder andere mittels Haushaltsproduktion versorgt. Wer Haushaltsproduktion als Versorgungsstrategie nutzte, produzierte nicht nur Gegenstände und Dienstleistungen, sondern ‚machte' gleichzeitig auch sich selbst zur guten oder schlechten Hausfrau, zu einem guten Volksgenossen, einer umweltbewussten Bürgerin, einem echten Mann oder einer armen Außenseiterin am Rande der Konsumgesellschaft. Praktiken der Haushaltsproduktion können daher als Faktoren der Subjekt- und Identitätsbildung betrachtet werden, bei denen Erwartungen, Zuschreibungen und Selbststilisierung zusammenspielen.

Die enge Verschränkung von Identitäten, Normen und Versorgungsstrategien hatte mitunter weitreichende Folgen. Denn häufig ordneten wertende Zuschreibungen Versorgungsstrategien in weit größere Zusammenhänge als den unmittelbar betroffenen Haushalt ein. In Kriegs- und Nachkriegszeiten wurden individuelle Versorgungsentscheidungen beispielsweise auf die Interessen von Nation oder ‚Volksgemeinschaft' bezogen, aber auch darüber hinaus diente der Verweis auf gesamtgesellschaftliche Bedürfnisse immer wieder dazu, Präferenzen bei der Wahl von Versorgungsstrategien und den Gebrauch von Zeit und Geld in Privathaushalten zu begründen. So waren beispielsweise Argumente zur Förderung der praktischen Schulfächer oder gegen die Berufstätigkeit von Frauen immer auch moralisch grundiert. Gerade dem selbstgekochten Essen der Mutter wurde eine immense Bedeutung beigemessen, aber auch das handwerkliche Geschick von Jungen und Männern galt als Präventionsmaßnahme gegen Trunksucht und Wirtshausbesuche, als Ausweis von Männlichkeit und als förderlich für das Familienleben. Nadelarbeiten galten bereits seit dem späten 18. Jahrhundert als gutes Mittel, um den Bewegungsradius von Mädchen auf das Haus zu beschränken und ihre Sittsamkeit zu wahren.[49]

Ohne diese Formen der Haushaltsproduktion drohten der Gesellschaft als Ganzes viele Gefahren, lauteten die Argumente seit dem 19. und bis weit ins 20. Jahrhundert hinein: kränkliche, schwache, unproduktive und sittlich verwahrloste Kinder und Jugendliche würden zu ebensolchen Erwachsenen heranwachsen und so zum Niedergang der Gesellschaft führen. Wer seiner Verantwortung innerhalb des Haushalts nicht nachkam und so die Gesellschaft, Nation oder ‚Volksgemeinschaft' potenziell gefährdete, musste daher mit Sanktionen wie sozialer Stigmatisierung rechnen.

---

49 Siehe hierzu *B. Ehrmann-Köpke*, „Demonstrativer Müßiggang" oder „rastlose Tätigkeit"? Handarbeitende Frauen im hansestädtischen Bürgertum des 19. Jahrhunderts, Münster 2010, S. 119, 123–126.

Die Verantwortungsrhetorik zeigt Versorgungsstrategien als *moral economy*, bei der ökonomische und moralische Fragen eng miteinander verwoben sind.[50] Dies zeigt nicht zuletzt ein Blick in die Kinder- und Jugendliteratur des 19. und 20. Jahrhunderts. Rollenvorbilder für Jungen und Mädchen waren häufig die Charaktere, die strickten und nähten, kochten, bastelten oder handwerkten.[51] Das Talent war nicht immer entscheidend – was zählte, war der gute Wille. Figuren, die solche Formen der Haushaltsproduktion ablehnten, erschienen in diesen Büchern hingegen als faul, lügnerisch oder selbstbezogen und oberflächlich. Auch Erwachsene konnten um 1900 beispielsweise über die faulen Amerikanerinnen lesen, die nichts nähten, kochten oder flickten, sondern alles kauften. Die ‚deutsche Hausfrau' erschien demgegenüber als Inbegriff der Tugend. Sie hatte zwar nicht das Geld und die Annehmlichkeiten der Amerikanerin zur Verfügung, stand dafür aber moralisch auf der richtigen Seite. Stereotype dieser Art stießen vielfach auf positive Resonanz, riefen aber auch Spott hervor.[52]

Solche Topoi speisten sich nicht zuletzt aus zeitgenössischen Kritiken, die Gekauftes als seelenlos und materialistisch anprangerten, Selbstgemachtes hingegen als Liebesbeweis interpretierten. Sie dominierten vor allem in Beschreibungen des Familienlebens und der Mutterrolle. Diese hohe moralische Aufladung der Haushaltsproduktion übte sozialen Druck aus und half so, gesellschaftliche Ordnung(en) entlang der Grenzen von Geschlecht, aber auch von Klasse, Herkunft und Generation zu gestalten.

Die ordnungsstiftende Funktion der Haushaltsproduktion konnte in zwei Richtungen wirken: disziplinierend oder emanzipierend, oder, anders gewendet: stabilisierend oder transformierend. Protestgruppen und soziale Bewegungen, von der Lebensreformbewegung über die Umweltschutzbewegung bis zum alternativen Milieu der 1970er und 1980er Jahre, setzten auf das emanzipierende und transformierende Potenzial des Selbermachens. Sie kritisierten unterschiedliche Aspekte der (entstehenden) Konsumgesellschaft und griffen auf Formen der Haushaltsproduk-

---

50 Siehe hierzu *R. Kreis*, Make or Buy? Modes of Provision and the Moral Economy of Households in Postwar Germany, in: *U. Frevert (Hg.)*, Moral Economies, Göttingen 2018, S. 187–212. Zu den Chancen einer *moral history* siehe *B. Möckel/H. Knoch*, Moral History. Überlegungen zu einer Geschichte des Moralischen im „langen" 20. Jahrhundert, in: Zeithistorische Forschungen/Studies in Contemporary History 14, 2017, S. 1, 93–111.
51 Vgl. etwa Emmy von Rhodens „Trotzkopf" oder die Nesthäkchen-Reihe von Else Ury, ähnliche Zuschreibungen später auch in den Internatsserien von Enid Blyton, beispielsweise „Dolly" oder „Hanny und Nanni".
52 Als Beispiel für die Stilisierung der Amerikanerinnen als Konsumentinnen siehe *R. Wilke*, Die Amerikanerin. Betrachtungen eines deutsch-amerikanischen Junggesellen, in: Allgemeine Deutsche Lehrerzeitung 60/21, 1908, S. 241–243; positiver *A. Salomon*, Kultur im Werden. Amerikanische Reiseeindrücke, Berlin 1924, S. 27, 48–50. Die Gleichsetzung von Haushaltsproduktion und Tugendhaftigkeit mitsamt der Abwertung der Lebens- und Versorgungsweisen in den USA sorgte jedoch auch für Spott. Siehe hierzu *A. Loos*, Die Frau und das Haus, in: *A. Opel (Hg.)*, Adolf Loos – Die Schriften 1897–1900, Wien 2004, S. 201–206.

tion zurück, um andere, in ihren Augen bessere Formen der Versorgung zu leben. So buken Anhängerinnen und Anhänger der Lebensreform um 1900 wie der Umweltbewegung des späten 20. Jahrhunderts ihr eigenes Brot aus selbst geschrotetem Korn, um das als ungesund erachtete Brot vom Bäcker, später auch der Supermärkte, zu vermeiden, und bauten eigenes Obst und Gemüse an.[53] Auch selbstgenähte Kleidung oder selbstgebaute Möbel gehörten zu den Versorgungsstrategien dieser Gruppen.

Für diese alternativen Milieus erfüllte Haushaltsproduktion zwei Funktionen. Zum einen ging es den Anhängerinnen und Anhängern alternativer Lebensweisen meist weniger darum, den Kauf industriell gefertigter Dinge zu vermeiden. Sie setzten auf Eigenproduktion, weil sie mit den im Handel angebotenen Waren unzufrieden waren. Solange die von ihnen gewünschten Standards bei Qualität, Herstellungsbedingungen, Ästhetik und Funktion nicht erhältlich waren, fertigten sie das Gewünschte selbst an. Damit einher ging eine Flut von Zeitschriften und Büchern mit Anleitungen zur Herstellung von Lebensmitteln, Kleidungsstücken und anderen Bedarfsgegenständen. Haushaltsproduktion diente hier weniger der Ordnung des Sozialen als der Umgestaltung der Konsumlandschaft. Ihre Kritik an Qualitäten, Zutaten, Herstellungsbedingungen und Moden in der bestehenden Warenwelt und ihr – teilweise sehr demonstrativer – Verzicht auf den Kauf entsprechender Produkte basierte nicht zuletzt auf dem Glauben an die Macht der Konsumentinnen und Konsumenten. Die eigenhändige Herstellung sollte der Überbrückung dienen, bis Hersteller und Händler bessere Produkte anbieten würden.

Zum anderen diente Haushaltsproduktion in einigen Bereichen aber auch dazu, das Verhältnis zwischen Menschen und ihrer dinglich-materiellen Umwelt zu ändern. In dieser Perspektive war es nicht erstrebenswert, Haushaltsproduktion durch Kauf zu ersetzen. So forderten Lebensreformerinnen und -reformer Frauen dazu auf, statt des steifen Korsetts und der einschnürenden Kleidung weite Reformkleider zu tragen und diese auch möglichst selbst zu entwerfen und zu schneidern. Ein solches ‚Eigenkleid' entsprach in keiner Hinsicht den Moden und Vorgaben der Konfektions- und Schneiderware, sondern war ganz individuell auf die Trägerin zugeschnitten. Als Ausdruck ihrer Persönlichkeit war es jedoch als Hauskleid gedacht, weniger als Bekleidung in der Öffentlichkeit.[54]

Das (in der Praxis wenig verbreitete) Eigenkleid steht exemplarisch für ein Verhältnis zwischen Menschen und Dingen, das maßgeblich durch die Art der Herstellung bestimmt wurde. Ähnlich wie diejenigen, die Selbstgemachtes als Ausweis der Liebe und Zuneigung interpretierten, diagnostizierten die Anhängerinnen und Anhänger

---

53 Vgl. etwa Auch einmal wieder ein Beitrag zur Schrotbrotfrage, in: Der Naturarzt 21/7, 1882, S. 89f.; *Gmelin*, Gift im Brot?, in: Der Naturarzt 77/1, 1955, S. 13; *R. Doernach*, Handbuch für bessere Zeiten, Bd. 1: Bauen + Wohnen, Kleidung, Heimwerk, Wasser; Bd. 2: Nahrung, Tiere, Energie, Bio-Mobile, Stuttgart 1983.
54 Siehe hierzu *P. Ober*, Der Frauen neue Kleider. Das Reformkleid und die Konstruktion des modernen Frauenkörpers, Berlin 2005, S. 148.

von Lebensreform und Neuen Sozialen Bewegungen eine bewusstere Beziehung zwischen Menschen, Dingen und Umwelt durch die eigenhändige Herstellung von Ge- und Verbrauchsgütern. In seinem zweibändigen *Handbuch für bessere Zeiten* vertrat der Architekt Rudolf Doernach einen weitgefassten Ansatz der Eigenproduktion: „Man liebt nur, was man selbst machen kann: Kerzen, Nahrung, Gesellschaft..."[55] Die umfassenden Anleitungen seines 1983 erschienen Handbuchs setzten mit Kritik an den gesellschaftlichen wie auch an den ökonomischen Strukturen eines auf Konsum ausgerichteten Systems an und präsentierten Konsumverzicht und Haushaltsproduktion als Mittel zur Lösung beider Probleme. Ähnlich argumentierte die Hausbesetzerszene in den 1980er Jahren, die sich gegen Abriss und Neubau von Wohnbauten sowie gegen in ihren Augen unnütze Luxussanierungen wandte. Sie propagierten (und lebten mitunter auch) Modelle, in denen Bewohnerinnen und Bewohner bestehenden Wohnraum eigenhändig und nach eigenen Vorstellungen instand setzten. Sie betonten, dass auf diese Weise die Kommerzialisierung von Wohnraum eingedämmt, Spekulation und Gentrifizierung verhindert würden. Gleichzeitig würde die eigenhändige Arbeit gewachsene Nachbarschaften erhalten und auch das Verhältnis der Bewohnerinnen und Bewohner eines Hauses zueinander sowie zu dem Gebäude werde intensiviert und verbessert.[56]

Der Blick auf den Entstehungszusammenhang von Dingen ordnete auch jenseits alternativer, sozial- und umweltbewusster Kreise das Verhältnis zwischen Menschen und den Dingen in ihrer Umgebung, allerdings weniger reflektiert und ohne bewussten, umfassenden Gestaltungsanspruch. Vor allem nachdem der Konsum industriell hergestellter Waren zum Normalfall geworden war, beschrieben Alltagsschilderungen immer wieder Kontexte, in denen Menschen Selbstgemachtes besonders lobten und zeigten, versteckten oder verspotteten. Dabei ging es meist nicht um die Funktionalität oder Ästhetik eines Gegenstandes, sondern vornehmlich um seinen Entstehungszusammenhang. Es ist die eigenhändige Herstellung in Abgrenzung zum Kauf, die den Unterschied machte und die Bewertung bestimmte. Moden wie der aktuelle Trend des Selbstgemachten, des Selbermachens und des Reparierens zeigen Haushaltsproduktion als – allerdings wechselnden Konjunkturen unterworfenen – angesagten Lebensstil.[57] Auch im kommerziellen Bereich spielte diese Unterscheidung eine Rolle. Das Stichwort ‚selbstgemacht' (wahlweise auch ‚hausgemacht') diente seit der Jahrhundertwende in unterschiedlichen Kontexten als Qualitätsmerkmal, das zu Werbezwecken eingesetzt wurde und mitunter höhere Preise rechtfertigte.[58]

---

55 *Doernach*, Handbuch für bessere Zeiten, Bd. 2, S. 32.
56 Siehe hierzu *R. Kreis*, Heimwerken als Protest. Instandbesetzer und Wohnungsbaupolitik in West-Berlin während der 1980er-Jahre, in: Zeithistorische Forschungen 14/1, 2017, S. 41–67.
57 Aktuelle Trends seit den 2000er Jahren sind Internet-Plattformen wie Etsy oder Dawanda, Repair-Cafés und eine Vielzahl neuer Zeitschriften mit Anleitungen zum Selbermachen.
58 Siehe hierzu beispielsweise die Anzeige eines vegetarischen Restaurants in München zu Beginn des 20. Jahrhunderts, die „selbstgebackenes Grahambrot" anpries. Anzeige Ceres, abgedruckt in:

Mit fortschreitender Versorgung über den Markt bedeutete Haushaltsproduktion jedoch häufig auch Stigmatisierung. Selbstgemachtes, Geflicktes und Repariertes bedeutete vor allem im 20. Jahrhundert in der Wahrnehmung vieler Zeitgenossinnen und Zeitgenossen „sich nicht leisten können". Nur in Zeiten kollektiver Mangelerfahrung wie den beiden Weltkriegen waren Notbehelfe – Selbstgemachtes, Umgenutztes, Geflicktes – weit verbreitet und daher seltener Gegenstand des Spotts oder des Mitleids. Verspottete schon Stefan Zweig in seinem Buch *Die Welt von gestern* die „selbstgeschneiderten, geschmacklosen Kleider[n]" der Berlinerinnen um die Jahrhundertwende als Ausweis „friederizische, knickerige Haushälterischkeit",[59] so häufen sich für die Zwischen- und Nachkriegszeit Erzählungen, in denen Haushaltsproduktion verspottet oder bemitleidet wurde und die Sehnsucht nach Gekauftem wuchs.[60] Eine 1923 geborene Frau brachte ihre Erwartungen an die Nachkriegszeit auf den Punkt: „Ewig hatte man selbstgebacken, jetzt wollte man auch mal die gekauften Waffeln von Bahlsen."[61]

Diese Beispiele zeigen eindrücklich die ordnungsstiftende und identitätsbildende Kraft der Unterscheidung zwischen unterschiedlichen Versorgungsstrategien, die Zeiträume abgrenzte, Gruppen einteilte und Identitäten zuwies. Damit wird verständlich, warum die Pluralisierung von Versorgungsstrategien immer wieder große Ängste, aber auch Erwartungen auslöste. Indem sie bisherige Rollenbilder, soziale Gefüge und das Verhältnis zur materiell-dinglichen Welt veränderten, hatten veränderte Versorgungsstrategien das Potenzial, gewohnte Ordnungen ins Wanken zu bringen.

6 Haushaltsproduktion als Gegenstand der Forschung

Lebenserinnerungen, Reisebeschreibungen, Briefe, Werbeanzeigen und Anleitungsbücher sind nur einige der Quellen, die vergangene Formen der Haushaltsproduktion beschreiben. Sie zeigen eine kaum zu überblickende Vielfalt an Methoden, Motiven, Bewertungen und Erfahrungen. An Beschreibungen, wenn auch äußerst heterogen und verstreut, herrscht also kein Mangel – wohl aber an der Erforschung der Haus-

---

Thoms, Diätische Kochbücher, 284. Vgl. auch Anzeige Hengstenberg, in: Brigitte, 4, 1980, S. 182; Anzeige Knorr, in: Brigitte, 10, 1962, S. 64.
59 *S. Zweig*, Die Welt von gestern. Erinnerungen eines Europäers, Stockholm 1947, S. 137f. [zuerst erschienen 1942].
60 Siehe hierzu *L. Mayr*, Die Großmutter, in: Landeshauptstadt München *(Hg.)*, Frauenleben in München. Lesebuch zur Geschichte des Münchner Alltags. Geschichtswettbewerb 1992, München 1994, S. 200–203, hier 201; *M. Wildt*, Am Beginn der „Konsumgesellschaft". Mangelerfahrung, Lebenshaltung, Wohlstandshoffnung in Westdeutschland in den fünfziger Jahren, Hamburg 1994, S. 22, 89.
61 FZH/WdE 406, Interview mit Helma Mielcke [Aliasname], 12. Januar 1990, S. 37.

haltsproduktion. Weder die geschichtswissenschaftliche noch die wirtschaftswissenschaftliche Forschung hat, von wenigen verdienstvollen Ausnahmen abgesehen, diese Versorgungsstrategie empirisch fundiert erforscht.[62]

Dabei mahnten Vertreterinnen und Vertreter aus Wirtschafts- und Haushaltswissenschaften sowie der Frauenbewegung bereits in der ersten Hälfte des 20. Jahrhunderts an, die Produktivität und Wertschöpfung von und in Privathaushalten müsse anerkannt, berechnet und möglicherweise sogar entlohnt werden. Autorinnen und Autoren wie Käthe Schirmacher, Maria Silberkuhl-Schulte, Margaret Reid und Simon Kuznets argumentierten, ökonomische Gesamtrechnungen blieben unvollständig, solange die Haushaltsproduktion nicht einkalkuliert werde.[63] Die Frage der Entlohnung gewann schließlich in den 1970er Jahren an Popularität, als Frauengruppen aus verschiedenen Ländern „Lohn für Hausarbeit" forderten. In den Wirtschaftswissenschaften war es vor allem Gary Becker, der seit Mitte der 1960er Jahre Aufmerksamkeit für die Produktivität von Privathaushalten schuf, die er als kleine Fabriken bezeichnete.[64]

Bis heute stehen diejenigen, die eine Berechnung und Anerkennung der Haushaltsproduktion fordern, vor großen Herausforderungen.[65] Erstens fehlten (und fehlen) Daten über den Umfang der in Privathaushalten erbrachten Leistungen, auch wenn Marktforschungsinstitute seit den 1940er Jahren nach bestimmten Formen der

---

62 Vgl. *Ehrmann-Köpke*, Demonstrativer Müßiggang; *Voges*, Selbst ist der Mann; *Prinz*, Der Sozialstaat; *N. Langreiter/K. Löffler (Hg.)*, Selber machen. Diskurse und Praktiken des „Do-it-yourself", Bielefeld 2017; *B. W. Dornach*, Selbstversorgung. Das vergessene Wirtschaftssystem, Bielefeld/Köln 1982; *S. M. Gelber*, Do-it-yourself: Constructing, Repairing and Maintaining Domestic Masculinity, in: American Quarterly 49/1, 1997, S. 66–112. In den letzten Jahren haben einige Ausstellungen verschiedene Formen der Haushaltsproduktion aus vorwiegend ethnologisch-kulturwissenschaftlicher Sicht in den Blick genommen, vgl. etwa den Band *H. Gold/A. Hornung/V. Kuni/T. Nowak (Hg.)*, Do It Yourself. Die Mitmach-Revolution, Mainz 2011; als älteres Beispiel Flick-Werk. Reparieren und umnutzen in der Alltagskultur. Begleitheft zur Ausstellung im Württembergischen Landesmuseum Stuttgart vom 15. Oktober bis 15. Dezember 1983, Stuttgart 1983.
63 Vgl. *K. Schirmacher*, Die Frauenarbeit im Hause, ihre ökonomische, rechtliche und soziale Wertung, Leipzig 1905; *M. Silberkuhl-Schulte*, Welchen Wert hat die hauswirtschaftliche Arbeit?, in: Hauswirtschaftliche Jahrbücher. Zeitschrift für Hauswirtschaftswissenschaft. Jubiläumsausgabe 50 Jahre, München 1978, S. 57–64 [zuerst erschienen 1928]; *M. G. Reid*, Economics of Household Production, London 1934; *S. Kuznets*, National Income, 1929–1932, in: National Bureau of Economic Research Bulletin 49, 1934.
64 Vgl. *G. Becker*, A Theory of the Allocation of Time, in: The Economic Journal 75, 1965, S. 93–517. Zur feministischen Kritik an gängigen ökonomischen Theorien vgl. *E. Kuiper*, Ökonomie: Feministische Kritik mikro- und makroökonomischer Theorien und Entwurf alternativer Ansätze, in: *R. Becker/B. Kortendieck (Hg.)*, Handbuch Frauen- und Geschlechterforschung. Theorie, Methode, Empirie, Wiesbaden 2010, S. 591–600.
65 Siehe hierzu *K. Hesse/A. Judt*, Der Wert der Haushaltsarbeit, in: *U. Oltersdorf/T. Preuß (Hg.)*, Haushalte an der Schwelle zum neuen Jahrtausend. Aspekte haushaltswissenschaftlicher Forschung – gestern, heute, morgen, Frankfurt am Main 1996, S. 156–191; *W. E. Huffman*, Household Production Theory and Models, in: *J. L. Lusk/J. Roosen/J. F. Shogren (Hg.)*, The Oxford Handbook of the Economics of Food Consumption and Policy, Oxford 2013, S. 35–74.

Haushaltsproduktion fragen und das Statistische Bundesamt seit 1992 Zeitbudgetforschung betreibt und auf diese Weise Daten über Form und Umfang der Haushaltsproduktion generiert. Zweitens ist umstritten, wie der Wert von Haushaltsproduktion bemessen werden sollte. Ist für eine Stunde kochen, nähen, reparieren oder bauen im Haushalt der Lohn professioneller Handwerker und Dienstleister anzusetzen, das Geldäquivalent eines fertig zu kaufenden, industriell hergestellten Produkts oder eine andere Summe? Drittens ist offen, wie die unterschiedlichen Motive hinter der Haushaltsproduktion, die von der wirtschaftlichen Notwendigkeit bis zum Hobby reichen, in eine solche Berechnung einfließen sollten. Was soll einberechnet werden – nur das, was im eignen Haushalt verbraucht wird, oder auch unbezahlte Tätigkeiten für Dritte, zum Beispiel in der Nachbarschaftshilfe?

Obwohl sie die produktive Leistung von Haushalten anerkennen, tun sich Politik und Gesellschaft schwer, diese Leistung finanziell oder durch Versorgungsansprüche anzuerkennen. Frauenrechtlerinnen wie Helene Stöcker hatten bereits um 1900 eine finanzielle Absicherung von Hausfrauen und Müttern gefordert, die Güter und Dienstleistungen für ihre Familien bereitstellten, ohne dafür entlohnt zu werden.[66] Das 1986 eingeführte ‚Babyjahr' war ein erster vorsichtiger Schritt in diese Richtung. Müttern wurde ein Jahr Kindererziehungszeit auf die Rente angerechnet, als ob sie in dieser Zeit ein eigenes Einkommen aus Erwerbstätigkeit erzielt hätten. Doch bis heute resultieren aus der Ungleichbehandlung von Erwerbstätigkeit und Haushaltsproduktion soziale Schieflagen, da sozialstaatliche Absicherungen an erstere gekoppelt sind und letztere fast vollständig ausblenden.

Sozialwissenschaftliche Studien waren weniger an der Wertschöpfung durch Haushaltsproduktion interessiert als an den Formen, Motiven und der sozialen Bedeutung solcher Praktiken. Empirische Forschung ging nur selten damit einher. Weder um 1900 noch in der zweiten Hälfte des 20. Jahrhunderts, als das Thema gesteigerte Aufmerksamkeit erregte, erhoben Vertreterinnen und Vertreter aus Pädagogik und Soziologie eigene Daten.[67] Meist beschränkten sie sich darauf, zeitgenössische Formen der Haushaltsproduktion zu beschreiben und vor dem Hintergrund aktueller Problemlagen zu kommentieren. Zwei Schlagworte dominieren die sozialwissenschaftlichen Erklärungen zum Thema Haushaltsproduktion seit den 1950er Jahren: Entfremdung und Individualisierung. Formen der Haushaltsproduktion wie das Heim-

---

66 R. Lütgemeier-Davin/K. Wolff (Hg.), Helene Stöcker: Lebenserinnerungen. Die unvollendete Autobiographie einer frauenbewegten Pazifistin, Köln 2015, S. 289.
67 Ausnahmen sind einige Studien aus den 1980er Jahren: J. Jessen u. a. (Hg.), Arbeit nach der Arbeit. Schattenwirtschaft, Wertewandel und Industriearbeit, Opladen 1988; sowie Veröffentlichungen aus einem Bamberger DFG-Projekt zum Thema Heimwerken, u. a. P. Gross/R. Hitzler/A. Honer, Forschungspapier Nr. 1. Selbermacher. Symbolische Repräsentation durch Schattenarbeit: Heimwerken als Erfahrungsstil und soziale Praxis, Bamberg 1985; R. Hitzler/A. Honer, Forschungsbericht Nr. 2. Zur Ethnographie kleiner Lebenswelten. Theorie- und Methodenbaukasten im Kontext des „Heimwerker"-Projekts, Bamberg 1986; R. Hitzler/A. Honer/W. Unseld, Forschungsbericht Nr. 3. Teilzeit, Freizeit, Werkelzeit. Übertemporale Orientierungen von Bastlern im engeren und weiteren Sinn, Bamberg 1987.

werken erscheinen in diesen Deutungen als Kompensation einer als ‚entfremdet' beschriebenen Arbeitswelt oder aber für die standardisierten Massenprodukte des Konsumzeitalters.[68] Ohne nähere Belege bleiben solche Thesen jedoch Behauptungen.

Schließlich sind diejenigen zu nennen, die Haushaltsproduktion im Zusammenhang mit Prognosen zur zukünftigen Entwicklung von Wirtschaft und Gesellschaft thematisierten. Sie sagten dieser Versorgungsstrategie meist eine große Zukunft voraus und hielten eine solche Entwicklung oftmals auch für wünschenswert. Beispiele sind der Futurologe Alvin Toffler, der Philosoph und Theologe Ivan Illich sowie auch die Journalisten Thomas Ramge und Holm Friebe.[69] Bei allen Unterschieden einte sie die Annahme, dass nach Jahrzehnten des Ansehens- und Bedeutungsverlusts im Zeitalter der Industrialisierung nun Haushaltsproduktion an Bedeutung gewinnen und die Grenzen zwischen Arbeit und Freizeit, Produktion und Konsum aufweichen würde. Toffler führte den Begriff des Prosumierens ein, um die enge Verzahnung von Konsum und Produktion bei der künftigen Versorgung von Haushalten zu beschreiben.[70]

Diese Autoren begriffen Haushaltsproduktion als Rückeroberung verlorener Handlungsmacht durch die Menschen, ohne dass damit eine Rückkehr zu vormodernen Lebens- und Arbeitsweisen gemeint war. Vor allem Toffler, Ramge und Friebe betonten, dass modernste Technologien erst die Voraussetzung für die neue ‚Marke Eigenbau' bildeten. Diese Prognosen schließen an die Ergebnisse des Wirtschaftswissenschaftlers Jonathan Gershuny an, der bereits Mitte der 1970er Jahre von einer *do-it-yourself economy* sprach, in der Haushalte sich dank moderner Technologien wie Auto, Staubsauger und Fernsehern selbst mit Gütern und Dienstleistungen versorgen konnten, statt dafür Chauffeure, den öffentlichen Nahverkehr, Reinigungskräfte oder Kinos in Anspruch zu nehmen.[71]

Mit ihrer positiven, auch von Sehnsüchten und politischen Agenden geleiteten Einschätzung der Haushaltsproduktion setzen diese Publikationen Kontrapunkte

---

68 Siehe hierzu beispielsweise *D. Brinkmann*, Vorwort, in: Stiftung „Im Grüene" (Hg.), „Do-it-yourself" und der Handel. Vorträge von Michel David und Edith Hirsch und Diskussionsprotokolle, Zürich 1958, S. 3–6; *E. Weber*, Das Freizeitproblem. Anthropologisch-pädagogische Untersuchung, München/Basel 1963, S. 122, 258–268; *E. Küng*, Vorwort, Arbeit und Freizeit in der nachindustriellen Gesellschaft, Tübingen 1971; *E. K. Scheuch*, Die Problematik der Freizeit in der Massengesellschaft, in: Ders., R. Meyersohn (Hg.), Soziologie der Freizeit, Köln 1972, S. 23–41, hier 34; *B. W. Dornach*, Selbstversorgung. Das vergessene Wirtschaftssystem, Bielefeld/Köln 1982, S. 95–97, 110.
69 Siehe hierzu *I. Illich*, Selbstbegrenzung. Eine politische Kritik der Technik, Reinbek 1975; *A. Toffler*, Die Zukunftschance. Von der Industriegesellschaft zu einer humaneren Zivilisation, München 1980; *H. Friebe/T. Ramge*, Marke Eigenbau. Der Aufstand der Massen gegen die Massenproduktion, Frankfurt am Main 2008.
70 Zur theoretischen Weiterentwicklung des Begriffs siehe *B. Blättel-Mink/K.-U. Hellmann* (Hg.), Prosumer Revisited. Zur Aktualität einer Debatte, Wiesbaden 2010; *K.-U. Hellmann*, Prosumismus und Protest. Eine Polemik, in: Forschungsjournal Soziale Bewegungen 3/29, 2016, S. 153–161.
71 Siehe hierzu *J. Gershuny*, The Self-Service Economy, in: Universities Quarterly 32/1, 1977, S. 50–66; *J. Gershuny*, After Industrial Society. The Emerging Self-service Economy, London 1978, S. 71–81, 143f.

sowohl zu ihrer Gegenwart als auch zu anderen Zukunftsentwürfen. Zum einen verweisen Visionen einer wachsenden Bedeutung der Haushaltsproduktion auf weit verbreitete Wünsche nach individualisierten Beziehungen zwischen Menschen und (ihren) Dingen, die nach persönlichen Vorstellungen und durch eigene Mitarbeit hergestellt werden. Zum anderen grenzen sie sich ab gegenüber früheren Utopien wie dem Schlaraffenland oder hypermodernen Technikwelten, in denen entweder eine verwandelte Natur oder aber hochmoderne Geräte die Versorgung der Menschheit übernehmen würden. Zeichneten diese Vorstellungen das Traumbild einer Welt, in der Menschen nicht mehr produktiv sein mussten, betonten Toffler und Co. die schöpferisch-befriedigende Dimension der Haushaltsproduktion – ganz besonders im Zeitalter der industriellen Massenfertigung.

7 Fazit: Haushaltsproduktion als Notwendigkeit, Lebensstil und Markt

Haushaltsproduktion ist eine zentrale menschliche Versorgungsstrategie. Bildete sie jahrtausendelang für den ganz überwiegenden Teil der Menschheit die einzige Form der Versorgung, kamen spätestens im Verlauf der frühen Neuzeit für – wenn auch langsam – wachsende Teile der Bevölkerung allmählich Alternativen hinzu, insbesondere der Konsum fertiger Produkte über den Markt. Erst Industrialisierung, Lohnarbeit und Urbanisierung griffen tief in die bisherigen Versorgungsstrategien ein. Das schnell wachsende Warenangebot stellte Haushalte zunehmend vor *mMake-or-buy*-Entscheidungen, in denen Zeit- und Geldaufwand, persönliche Vorlieben und gesellschaftliche Erwartungen miteinander abgeglichen werden mussten. Haushaltsproduktion wurde vom Normalfall zu einer von mehreren möglichen Versorgungsstrategien. Dieser Prozess beschreibt keinesfalls einen Niedergang, sondern eine tiefgreifende Transformation der Haushaltsproduktion, der ihr zugrunde liegenden Praktiken und ihrer Bedeutung.

Erstens blieb Haushaltsproduktion in vielen Zusammenhängen eine Versorgungsstrategie aus ökonomischer Notwendigkeit, nun aber nicht mehr mangels Alternativen auf dem Markt, sondern aus Geldmangel. Insbesondere in Zeiten der Not und des Mangels, ob kollektiver oder individueller Art, hatten Menschen mitunter keine andere Wahl, als selbst herzustellen, was sie benötigten. In manchen Bereichen verkehrten sich allerdings die Verhältnisse. Spätestens im Verlauf des 20. Jahrhunderts waren industriell hergestellte Waren mitunter günstiger zu haben als ein im Haushalt gefertigter Gegenstand. Gerade im Bereich der Kleidung setzte diese Entwicklung bereits im ausgehenden 19. Jahrhundert ein. Auch in Situationen, in denen der Geldbeutel die Wahl der Versorgungsstrategie bestimmte, blieben jedoch Haushaltsproduktion und Kauf gegenseitige Referenzpunkte, wie die vielen Vergleiche etwas sei ‚wie gekauft' oder ‚wie selbstgemacht' zeigen.

Zweitens wurde Haushaltsproduktion zunehmend Ausdruck eines Lebensstils. Wenn Menschen sich angesichts wachsender Möglichkeiten aktiv für eine bestimmte Versorgungsstrategie entschieden, drückten sie damit ästhetische oder qualitative Präferenzen aus, lebten Interessen aus, folgten einer Mode oder grenzten sich davon ab. Eng damit zusammen hängt drittens, dass verschiedene Bereiche der Haushaltsproduktion allmählich zu umsatzstarken Märkten wurden, die Materialien, Zutaten, Werkzeuge und Anleitungen bereitstellten, mit deren Hilfe Haushaltsproduktion erleichtert oder ermöglicht wurde. Insofern ist Haushaltsproduktion in modernen Industriegesellschaften meist Prosumption, in der Konsum und Produktion eng miteinander verzahnt sind.

Stellt man diese Faktoren in Rechnung, so wird deutlich, dass Haushaltsproduktion nicht verschwunden ist, sondern sich gewandelt hat. Einige Bereiche sind bedeutungslos geworden, beispielsweise die Herstellung von Seife und Putzmitteln, andere sind neu hinzugekommen, wenn etwa Haarfärbeprodukte den Friseurbesuch überflüssig machen, Heimwerkerprodukte das häusliche Renovieren erleichtern oder 3D-Drucker neue Möglichkeiten der Produktion eröffnen. Nach wie vor handelt es sich jedoch um eine äußerst voraussetzungsreiche Versorgungsstrategie, die auf Wissen und Können basiert. Je enger Versorgungsstrategien mit Marktanteilen oder aber mit normativ geprägten gesellschaftlichen Ordnungsvorstellungen einhergehen, desto intensiver wurden und werden Debatten darüber geführt, was Menschen können und wissen sollen oder müssen, um sich zu versorgen.

Literatur

B. Blättel-Mink / K.-U. Hellmann (Hg.), Prosumer Revisited. Zur Aktualität einer Debatte. Wiesbaden 2010.

D. Dean/A. Hann/M. Overton/J. Whittle, Production and Consumption in English Households. 1600–1750. London 2004.

B. Ehrmann-Köpke, „Demonstrativer Müßiggang" oder „rastlose Tätigkeit"? Handarbeitende Frauen im hansestädtischen Bürgertum des 19. Jahrhunderts. Münster 2010.

H. Friebe, /T. Ramge, Marke Eigenbau. Der Aufstand der Massen gegen die Massenproduktion. Frankfurt am Main 2008.

S. Gordon, „Make it Yourself". Home Sewing, Gender, and Culture, 1890–1930. New York 2009.

R. Harris, Building a Market. The Rise of the Home Improvement Industry, 1914–1960. London/Chicago 2012.

K. Hausen, Technischer Fortschritt und Frauenarbeit im 19. Jahrhundert. Zur Sozialgeschichte der Nähmaschine, in: Geschichte und Gesellschaft 4, 1978, Nr. 2, S. 148–169.

K.-U. Hellmann, Prosumismus und Protest. Eine Polemik, in: Forschungsjournal Soziale Bewegungen 29, 2016, Nr. 3, S. 153–161.

S. Krebs/G. Schabacher/H. Weber (Hg.), Kulturen des Reparierens. Dinge – Wissen – Praktiken. Bielefeld 2018.

S. Krebs, „Notschrei eines Automobilisten" oder die Herausbildung des Kfz-Handwerks in Deutschland, in: Technikgeschichte 79, 2012, Nr. 3, S. 185–206.

R. Kreis, Selbermachen. Eine andere Konsumgeschichte. Frankfurt am Main 2020.

N. Langreiter/K. Löffler (Hg.), Selber machen. Diskurse und Praktiken des „Do-it-yourself". Bielefeld 2017.

Ludwig-Uhland-Institut für Empirische Kulturwissenschaft, Württembergisches Landesmuseum, Volkskundliche Sammlung, Flick-Werk. Reparieren und umnutzen in der Alltagskultur. Begleitheft zur Ausstellung im Württembergischen Landesmuseum Stuttgart vom 15. Oktober bis 15. Dezember 1983. Stuttgart 1983.

K. Möser, Thesen zum Pflegen und Reparieren in den Automobilkulturen am Beispiel der DDR, in: Technikgeschichte 79, 2012, Nr. 3, S. 207–226.

M. Prinz, Der Sozialstaat hinter dem Haus. Wirtschaftliche Zukunftserwartungen, Selbstversorgung und regionale Vorbilder: Westfalen und Südwestdeutschland 1920–1960. Paderborn 2012.

M. Reid, Economics of Household Production. London 1934.

R. Reith/G. Stöger (Hg.), Reparieren – oder die Lebensdauer der Gebrauchsgüter. Technikgeschichte 79, 2012, Nr. 3.

R. Sandgruber, Die Anfänge der Konsumgesellschaft. Konsumgüterverbrauch. Lebensstandard und Alltagskultur in Österreich im 18. und 19. Jahrhundert. München 1982.

M. Silberkuhl-Schulte, Welchen Wert hat die hauswirtschaftliche Arbeit?, in: Hauswirtschaftliche Jahrbücher. Zeitschrift für Hauswirtschaftswissenschaft. Jubiläumsausgabe 50 Jahre, 1978, S. 57–64. [zuerst erschienen 1928]

A. Toffler, Die Zukunftschance. Von der Industriegesellschaft zu einer humaneren Zivilisation. München 1980.

J. de Vries, The Industrious Revolution. Consumer Behavior and the Household Economy. 1650 to the Present. Cambridge, NY 2008.

J. Voges, „Selbst ist der Mann". Do-it-yourself und Heimwerken in der Bundesrepublik Deutschland. Göttingen 2017.

A. Weinreb, Modern Hungers. Food and Power in Twentieth Century Germany. New York 2017.

M. Wildt, Am Beginn der „Konsumgesellschaft". Mangelerfahrung, Lebenshaltung, Wohlstandshoffnung in Westdeutschland in den fünfziger Jahren. Hamburg 1994.

B Produzenten und Unternehmen

Alexander Engel
Die Globalität von Gütern und ihre Ökonomien, 1450–1900

1 Einleitung

Konsum erfordert Präsenz. Das konsumierte Gut (egal ob materiell oder immateriell) und die konsumierende Person müssen an ein und demselben Ort zusammenkommen. Wie sie zueinander gelangen, kann für den Konsum selbst unerheblich, aber auch ganz zentral sein. Dieses Kapitel beschäftigt sich mit letzterem Fall, nämlich der Frage der Globalität von Gütern des (mittel)europäischen Konsums, wie sie in der Frühen Neuzeit und im 19. Jahrhundert zusehends wichtig wurde.

Ein erster Abschnitt ist der Ausweitung der europäischen Warenwelten durch vormoderne Globalisierungsprozesse gewidmet: Waren, die in den Augen der Konsumenten *nicht von hier* waren – wie viele Gewürze, besondere Farben, Zucker und weitere ‚Kolonialwaren', aber auch gewerbliche Produkte wie Indiennes und Porzellan – ergänzten die Palette verfügbarer Produkte. Es handelte sich dabei nicht zwingend um exotische oder gänzlich neuartige Waren, vielmehr verdankten sie ihren Erfolg oft gerade der Ähnlichkeit zu etablierten Produkten, welche sie (gelegentlich übertreffend) substituierten. Außereuropäische Gebiete konnten auch schlichtweg zu neuen Lieferquellen für bekannte Waren werden. In jedem Fall wurden solche Waren zunehmend nicht mehr nur in anderen Kontinenten erhandelt, sondern dort auch verschiedene europäisch dominierte Produktionsregime zu ihrer Erzeugung etabliert.

Im folgenden zweiten Abschnitt stehen gegenläufige Prozesse im Mittelpunkt, die oft zeitgleich oder mit geringer Verzögerung zu den im ersten Abschnitt beschriebenen abliefen: zum einen die Akkulturation außereuropäischer Nutzpflanzen in Europa, die selbst kaum Gegenstand transkontinentalen Handels waren, wie Tomaten und Kartoffeln; zum anderen die bewusste Zurückweisung und Substituierung von Waren, die von anderen Kontinenten nach Europa gehandelt wurden, und die man auch durchaus weiterhin zur Verfügung haben wollte, aber *nicht von dort*. Letzteres betrifft die Aufnahme des Tabakanbaus in Europa ebenso wie die Nachahmung von Porzellan und Indiennes, die Entwicklung synthetischer Farbstoffe und die neue Konkurrenz europäischer Zuckerrüben gegen amerikanisches Zuckerrohr.

Mit dem Übergang vom kolonialmerkantilistischen, stark zwischen Kolonien und Mutterland gedachten Handel hin zur integrierten Weltwirtschaft des 19. Jahrhunderts veränderten sich zentrale Konzepte und Organisationsweisen des globalen Austauschs. Multinationale Unternehmen stiegen zu neuen zentralen Akteuren der Weltwirtschaft auf: integrierte, von den Produktionsstandorten in einem Erdteil zu den Konsumenten in einem anderen gespannte Unternehmungen, die planvoll immer neue Produkte – ob Nähmaschinen, Bananen oder Schweinefleisch – global verfügbar zu machen trachteten. Zugleich kam ein stärkeres Bewusstsein globaler ökonomischer Interdependenz zum Tragen: Nationale Märkte schienen nun zunehmend von ‚Weltmärkten' überwölbt. Der – vielfach an Warenterminbörsen gefundene – Weltmarktpreis für Getreide, Zucker, Kaffee und allerlei Rohstoffe wurde dabei zu einem zentralen neuen Aspekt der Globalität von Waren, welcher Produzenten und *consumer citizens* gleichermaßen betraf und erregte. Vorstellungen zugleich weltumfassender und doch abstrakter, *überall und nirgends* zu findender Weltmärkte und die zunehmende Globalität *potenziell aller* Waren werden im dritten und letzten Abschnitt näher beleuchtet.

2 Nicht von hier: Die vormoderne Globalisierung der europäischen Warenwelten

Die Globalität von Waren ist keine ausschließliche Erfahrung der Moderne. Produkte von den Grenzen der bekannten Welt (oder je nach Weltbild: tatsächlich jenseits davon) fanden in Antike und Mittelalter über Verkettungen von Fernhandelsbeziehungen ihren Weg nach Europa, größtenteils über den Mittelmeerraum. Viele dieser Produkte, wie etwa asiatische Gewürze oder Färbemittel, blieben zwar eher elitärem Konsum vorbehalten. Andere, wie der in Kirchen verglühte Weihrauch vom Südrand der arabischen Halbinsel, gehörten aber zum gesellschaftlichen Alltag.

Für die im späteren 15. Jahrhundert in Portugal einsetzende Europäische Expansion war die Beschaffung von Gütern aus der Ferne nicht der einzige Antrieb, aber ein wichtiges Moment.[1] Sichtbar wird dies etwa in der Benennung von Landstrichen beiderseits des Atlantiks nach den dort jeweils vorherrschend verfügbaren Handelswaren: So reihten sich in frühneuzeitlicher europäischer Nomenklatur an der Westküste Afrikas – vom heutigen Guinea bis ins westliche Nigeria – die Pfefferküste, Elfenbeinküste, Goldküste und Sklavenküste hintereinander. Pfefferküste bezog sich hierbei auf ein Pfeffersurrogat, die bereits im Mittelalter auf dem Landweg nach Europa gehandelten Paradieskörner. An der gegenüberliegenden Küste auf der anderen Atlantikseite fand sich zunächst vor allem Färbeholz, dass stark dem aus Asien bekannten sogenannten Brasilholz ähnelte. Es wurde nicht erhandelt, sondern von den portugiesischen Kolonisatoren beziehungsweise den von ihnen dazu gezwungenen Indigenen und afrikanischen Sklaven gefällt und in große Menge aus „Brasilien" verschifft.

Umgekehrt spielten im dann etablierten Handel geografische Herkunftsbezeichnungen außereuropäischer Waren eine wichtige Rolle dabei, in Europa zwischen ver-

---

[1] Hierzu und im Folgenden einführend *P. C. Emmer u. a. (Hg.)*, Wirtschaft und Handel der Kolonialreiche. Dokumente zur Geschichte der europäischen Expansion, Bd. 4, München 1988; *H. Gründer*, Eine Geschichte der europäischen Expansion. Von Entdeckern und Eroberern zum Kolonialismus, Stuttgart 2003.

schiedenen Sorten und Qualitäten zu unterscheiden. Dies belegt etwa ein Blick in die sogenannten Preiskuranten, wöchentlich erschienene offizielle oder offiziöse Preislisten mit Angebotspreisen des Großhandels an zentralen Umschlagorten, in denen Preise nach Sorten differenziert notiert und diese Sorten überaus häufig über ihre Herkunft bezeichnet wurden.² Beispielsweise notierte der Hamburger Preiskurant Ende des 18. Jahrhunderts unterschiedliche Preise für sechs Sorten braunen Rohzuckers, die sämtlich geografisch definiert wurden und auf die Haupterzeugungsregionen der verschiedenen Kolonialmächte verwiesen: „Brasil." (portugiesisch), „Havanna" (spanisch), „Domingo" – sprich Saint-Domingue, das heutige Haiti – und „Martiniq." (beides französisch), „Jamaica & Barb[ados]" (englisch) sowie „St. Thom[as] & St. Croix" (heutige Virgin Islands, damals Dänisch-Westindien).³

Ein großer Teil der in der Frühneuzeit neu nach Europa importierten Produkte war in außereuropäischen Ökonomien lange fest etabliert. Viele Waren afrikanischen oder asiatischen Ursprungs, von den erwähnten Paradieskörnern über das blaue, auch als Farbstoff nutzbare Pigment Indigo bis hin zu Muskatnüssen waren wie erwähnt bereits im Mittelalter in kleinen Mengen von außereuropäischen Händlern nach Europa exportiert worden, sodass in der Frühneuzeit mindestens in einigen gelehrten oder merkantilen Zirkeln eine gewisse, oft recht vage Vertrautheit mit ihnen bestand, auf die der Import durch europäische Händler aufbaute.

Eine Reihe von Gütern, die in der Frühneuzeit nach Europa gehandelt wurden, waren dort zuvor dagegen gänzlich unbekannt gewesen – neben dem arabischen Kaffee vor allem amerikanische Waren.⁴ Um drei Beispiele zu nennen: Koschenille, eine getrocknete Schildlaus, die von der indigenen Bevölkerung Zentralamerikas als hochwertiges Rotfärbemittel genutzt wurde, etablierte sich nach Silber zum wichtigsten Gut des spanischen Atlantikhandels im 16. Jahrhundert. Zur selben Zeit übernahmen Europäer verschiedener Nationen von der indigenen Bevölkerung Nord- und Südamerikas das Kauen und Rauchen von Tabak als Stimulans und Schmerzmittel. Der durch Sucht schnell zunehmende Konsum zog den Anbau von Tabakpflanzen für den Eigenbedarf der Kolonistinnen und Kolonisten nach sich, aus dem im frühen 17. Jahrhundert in Venezuela, der Karibik und Teilen Nordamerikas eine exportorientierte Produktion von beträchtlichem Umfang entstand. In den Anden beobachteten Spanier im 17. Jahrhundert, dass die indigenen Quechua Chinarinde zur Fieberbe-

---

2 *J. J. McCusker/C. Gravesteijn*, The Beginnings of Commercial and Financial Journalism: the Commodity Price Currents, Exchange Rate Currents, and Money Currents of Early Modern Europe, Amsterdam 1991.
3 Zum Hamburger Kuranten *E. Baasch*, Forschungen zur hamburgischen Handelsgeschichte, Bd. 3, Hamburg 1902, S. 123–171. Ein vollständiger Bestand liegt in der Commerzbibliothek der Handelskammer Hamburg.
4 Vgl. zum Beispiel *A. Menninger*, Genuss im kulturellen Wandel. Tabak, Kaffee, Tee und Schokolade in Europa (16. – 19. Jahrhundert), Stuttgart 2004; *S. Gänger*, World Trade in Medicinal Plants from Spanish America, 1717–1815, in: Medical History 1, 2015, S. 44–62; *J. Wimmler*, The Sun King's Atlantic: Drugs, Demons and Dyestuffs in the Atlantic World, 1640–1730, Leiden 2017.

kämpfung verwendeten – in der Folge fand das Produkt als Malariamedikament über die Jesuiten seinen Weg zu europäischen Nutzerinnen und Nutzern.

Für die europäische Adaption all dieser Waren war die interkulturelle Beobachtung der lokalen Verwendungs- beziehungsweise Konsumweisen wichtig. Entsprechendes Wissen konnte naturgemäß nicht einfach umfassend und detailliert nach Europa gespiegelt werden, sondern wurde stets in Ausschnitten gedeutet, rezipiert, adaptiert und mit begrenzten Reichweiten vermittelt. Vielfach führten auch Analogiebildungen unter Rückgriff auf europäisches Wissen zur Etablierung neuer Produkte, sowohl auf der Ebene der Anwendungspraktiken (versuchsweises ‚Würzen' einer Färbebrühe mit einem neuen Farbstoff) als auch der Waren selbst. Ein Beispiel für Letzteres ist die Betrachtung und Verwendung der Paradieskörner als Pfeffersubstitut, und auch die Koschenille hatte eine Parallele – im europäischen Kermes, einem ebenfalls aus Eiablagen von Schildläusen bereiteten Rotfarbstoff, der aber einen deutlich geringeren Anteil färbender Substanz aufwies. Koschenille erzeugte also in ganz analoger Anwendung weit brillantere Färbungen als Kermes und fand daher leicht und schnell einen Markt.

Neben anderswo bereits gebräuchlichen Produkten stießen Europäer gelegentlich in der Natur der besuchten oder kolonisierten außereuropäischen Gebiete auf bislang ungenutzte, aber vielversprechende Materialien. Die ‚Suchoptik' war hier wiederum von Analogielogiken geprägt, wie sich unter anderem im erwähnten frühen Fall des südamerikanischen ‚Brasilholzes' zeigte: der betreffende Baum war aus heutiger botanischer Warte von den asiatischen Gewächsen, welche Rotfärbeholz lieferten, durchaus verschieden, er schien einigen Mitgliedern der frühen portugiesischen Expeditionen aber allzu vertraut, vielleicht praktisch oder gar tatsächlich identisch zu sein. Insbesondere im 18. und 19. Jahrhundert setzte eine breit angelegte, systematische Durchforstung der globalen Flora und (in weit geringerem Maße) Fauna auf der Suche nach neuen, kommerziell verwertbaren Materialien ein. Einerseits waren vielfach Individuen tätig, die auf eigene Faust forschten – man denke etwa an Alexander von Humboldt, der von den peruanischen Chincha-Inseln Guano nach Europa einführte, welcher in der Folge als Düngemittel und Sprengstoffbasis große ökonomische Bedeutung gewann.[5] Andererseits sind, besonders im britischen Fall, systematische Kooperationen von heimischen wissenschaftlichen Einrichtungen (wie zunächst der Royal Society, seit den 1770er Jahren der Royal Botanic Gardens oder ab 1888 dem Imperial Institute) mit weltweit agierenden Organisationen wie der Royal Navy oder der East India Company nachweisbar.[6]

---

5 *G. T. Cushman*, Guano and the Opening of the Pacific World: a Global Ecological History, Cambridge 2013.

6 *J. Angster*, Erdbeeren und Piraten. Die Royal Navy und die Ordnung der Welt 1770–1860, Göttingen 2012, S. 145ff.; *G. Luxbacher*, Die technologische Mobilisierung der Botanik. Konzept und Wirkung der technischen Rohstofflehre und Warenkunde im 19. Jahrhundert, in: Technikgeschichte 4, 2001, S. 307–333; *A. Engel*, Farben der Globalisierung. Die Entstehung moderner Märkte für Farbstoffe 1500–1900, Frankfurt am Main 2009, S. 61ff.

Nicht zuletzt bot die frühe Globalisierung Europäern auch Möglichkeiten, als genuin europäisch geltende Produkte zusätzlich oder ersatzweise aus anderen Weltteilen zu beziehen. Ein frühes Beispiel sind Biberfelle, die in Europa zu begehrten Filzhüten verarbeitet wurden.[7] Im 17. Jahrhundert wurden die europäischen, vornehmlich russischen Biberfelle allmählich durch Felle nordamerikanischer Biberarten ersetzt, die in größerer Quantität verfügbar und von höherer Qualität waren. Biberfilzhüte wurden trotz des nun ‚globalen' Ausgangsmaterials in den Augen der europäischen Konsumentinnen und Konsumenten aber keineswegs zu einem exotischeren Produkt: Zum einen verbarg der Verarbeitungsprozess gleichsam die verwendeten Materialien und ihre potenzielle Globalität – ebenso, wie die in der europäischen Färberei des 17. bis 19. Jahrhunderts verarbeiteten Tuche weit überwiegend mit außereuropäischen Farbstoffe gefärbt wurden, ohne dass die Tuche im Konsumentenbewusstsein notwendigerweise als Produkte globaler Ökonomien begriffen wurden. Dasselbe gilt für den in der Industrialisierung vollzogenen Übergang von (ursprünglich rein europäischer) Wolle zu außereuropäischer Baumwolle als vorherrschender Textilfaser.

Zum anderen trugen Rohwaren auch ohne weitere Verarbeitung ihre Herkunft nicht von sich aus zur Schau. Herkunftsangaben einer Ware und damit verknüpfte Assoziationen wie etwa ihre Exotik waren Gegenstand und Ergebnis von Kommunikationsakten und Bedeutungszuweisungen ökonomischer Akteure. Herkunft konnte insofern nicht nur angegeben oder verschwiegen werden, sondern auch überdeutlich betont oder gar erfunden: Die Herkunft einer Ware war und ist nie objektiv gegeben, sondern wurde und wird in verschiedenen Formen und über verschiedene Medien *erzählt*. Je nach Kontext kamen dabei verschiedene Bedürfnisse zum Tragen: So konnten präzise Herkunftsangaben gerade für Händler und Verarbeiter als Orientierung für Qualität und Bepreisung wichtig sein, aber unter Umständen auch für ‚politisch korrekten' Konsum. In anderen Fällen war gerade ein vages Sprechen über Herkunft sinnvoll, wenn etwa bei Tabak und ‚Kolonialwaren' in Werbeanzeigen, auf Verpackungen oder auf *Trade cards* eine eher unspezifische Exotik herausgestellt wurde. Bei den indischen Kattunen und den chinesischen beziehungsweise japanischen Seiden-, Lack- und Porzellanwaren, die ab dem 17. Jahrhundert bei wohlhabenderen Konsumentinnen und Konsumenten zunächst in Nordwesteuropa in Mode kamen, war die Herkunft aus anderen Kulturkreisen schließlich nicht nur äußerlich sichtbar, sondern diese Äußerlichkeit eine ganz zentrale Komponente der Produkte – selbst und gerade auch dann noch, als es in Asien zunehmend zu einer auf den europäischen Bedarf ausgerichteten Auftragsfertigung kam.[8]

---

[7] *E. Brugger*, Gefragte Felle. Biber als Transaktionswährung in der Kolonie New Netherland (1609–1664), in: Historische Anthropologie 3, 2017, S. 308–326.
[8] *M. Berg/F. Gottmann/H. Hodacs/C. Nierstrasz (Hg.)*, Goods from the East, 1600–1800: Trading Eurasia, London 2015; *T. Canepa*, Silk, Porcelain and Lacquer: China and Japan and their Trade to Western Europe and the New World, 1500–1644, London 2016.

Eine fortgesetzte, signifikante europäische Nachfrage nach außereuropäischen Produkten ging zumeist mit (manchmal erheblichen) Veränderungen der lokalen Ökonomien einher, in denen diese Produkte produziert wurden. Dies galt umso mehr, wenn die produzierenden Ökonomien unter kolonialem oder imperialem Einfluss von Europäern standen beziehungsweise entstanden. In solchen Konstellationen konnten – jenseits eines einfachen Einklinkens in bestehende Handelsbeziehungen, wie es zunächst primär im asiatischen Raum geschah – kooperativ-symbiotische (wenn auch nicht machtfreie) Beziehungen entstehen. Die bis in das 19. Jahrhundert hinein auf die neuspanische, heute mexikanische Provinz Oaxaca beschränkte Produktion von Koschenille etwa wurde grundsätzlich von Indigenen betrieben, im Nebenerwerb in hauseigenen Nopalerien (Kakteengärten). Diese Produktion diente dem Erhalt von Kleinkrediten, welche spanische Zwischenhändler vergaben und in natura – eben in Form von Koschenille – zurückforderten.[9] In Indien entstand an der Wende zum 19. Jahrhundert, parallel zur beginnenden britischen Kolonialherrschaft, eine eher hybride Form der Produktion von Indigo.[10] Einzelne britische Entrepreneure errichteten in Bengalen Betriebe zur Verarbeitung von Blattindigo in Indigopigment. Mangels Verfügung über Boden und Arbeitskräfte waren sie auf die Zulieferung der Indigoblätter durch einheimische Kleinbauern angewiesen, was zunächst über freie Verträge geregelt wurde. Zunehmend gelang es den europäischen Produzenten aber, Gemeindeland von örtlichen Grundherren zu eigener Indigoproduktion in Lohnarbeit zu pachten beziehungsweise Kleinbauern in Knebelverträge und Schuldknechtschaft zu treiben und so zu Anbau und Zulieferung von Indigoblättern zu zwingen: aus einem anfangs hybrid organisierten Produktionssystem wurde zusehends ein europäisch dominiertes.

In wenigen Fällen begannen Europäer in Übersee zunächst auch ohne Beteiligung Dritter, in Europa begehrte Waren zu erzeugen. Dies trifft zum Teil auf die Gewinnung vielfältiger Färbehölzer jenseits des Brasilholzes zu, die im Golf von Mexiko in Holzfällerlagern an den Küsten Zentralamerikas beziehungsweise einiger Inseln geschlagen wurden und in Europa zentral für die massenhafte billige Rot-, Gelb-, Blau- und Schwarzfärbung waren.[11] Zu einem beachtlichen Teil ging das Angebot auf Kaperfahrer beziehungsweise Piraten zurück, die im klandestinen Nebenerwerb Farbholz schlugen und bei vorbeifahrenden Kaufleuten gegen Verpflegung und Alkohol eintauschten. Nach der Niederschlagung des karibischen Piratenwesens bis etwa 1720 wurde die Farbholzfällerei für viele vormalige Freibeuter zum Haupterwerb, und damit begann dann auch hier ein zunehmender Rückgriff auf unfreie Arbeit.

---

9 *J. Baskes*, Indians, Merchants, and Markets: a Reinterpretation of the Repartimiento and Spanish–Indian Economic Relations in Colonial Oaxaca, 1750–1821, Stanford 2000.
10 *P. Kumar*, Indigo Plantations and Science in Colonial India, Cambridge 2012.
11 Hierzu und zu den weiteren Ausführungen bzgl. Farbstoffen allgemein *Engel*, Farben der Globalisierung.

Tatsächlich waren europäische Produktionssysteme globaler Waren im Kolonialzeitalter in aller Regel macht- und gewaltdurchsetzt. Dies gilt augenscheinlich zunächst für die kriegerischen Raub- und Beuteökonomien zu Beginn der Kolonisierung der Amerikas, dann aber auch für die stärker auf Dauer gestellten Ökonomien unter permanenter kolonialer Herrschaft, die sich bis zum Ende des 18. Jahrhunderts im Wesentlichen auf die Amerikas beschränkten, im 19. Jahrhundert vor allem in Asien und Afrika ausgedehnt wurden. Hierbei entstanden Produktionssysteme, die grundsätzlich auf dem Hineinzwingen fremder Arbeitskraft beruhten, und in denen Gewalt nicht länger kriegerisch-konfrontativ – mit dem Ziel der Überwältigung und Vernichtung – sondern aus einem gesicherten Herrschaftsverhältnis heraus disziplinarisch ausgeübt wurde.[12]

Arbeitszwänge bestanden gegenüber verschiedenen Gruppen. Zunächst ist hier die *indigene Bevölkerung* zu nennen – beginnend mit dem eher situativen und vergeblichen portugiesischen Versuch, Brasilholz von Indigenen fällen zu lassen, bis hin zur Institutionalisierung von Arbeitsverpflichtungen. Unter spanischer Kolonialherrschaft etwa wurden den einzelnen Kolonisatoren von der Krone zunächst Kontingente von zu christianisierenden Indigenen unterstellt beziehungsweise ‚anvertraut' – die Kolonisatoren konnte über die Arbeitskraft jener Indigenen verfügen. Dieses ursprüngliche System der Encomienda wurde bis Ende des 16. Jahrhunderts aufgrund vielfacher Missbräuche in weiten Teilen Spanisch-Amerikas durch das Repartimiento-System ersetzt, in welchem die indigene Bevölkerung für eine Zahl von Tagen pro Jahr zu Frondiensten zur Verfügung zu stehen hatte.[13] Ein temporärer Arbeitszwang bestand im 17. Jahrhundert auch für viele *europäische Einwanderer* in die entstehenden nord- und mittelamerikanischen Kolonien der anderen europäischen Mächte (vor allem England, Frankreich und die Niederlande): um die Überfahrt finanzieren zu können, unterwarfen sich ärmere Emigranten mal mehr, mal weniger freiwillig einer zeitlich begrenzten Schuldknechtschaft in Übersee (*indentured labour*).[14] Gänzlich gegen ihren Willen wurden schließlich zwischen 1500 und 1870 etwa 12,5 Millionen Menschen vorrangig schwarzafrikanischer Herkunft als Sklaven in die Amerikas verschifft: zunächst nach Spanisch-Amerika und Brasilien, von der Mitte des 17. Jahrhunderts bis ins frühe 19. Jahrhundert (1810) mehrheitlich in die Karibik, danach (wieder) in das nun überwiegend unabhängige Lateinamerika.[15]

---

12 Insofern ist der jüngst von Sven Beckert hierfür geprägte Begriff des „Kriegskapitalismus" potenziell missverständlich, vgl. *S. Beckert*, King cotton. Eine Globalgeschichte des Kapitalismus, München 2014.
13 *V. Huber*, „Beute und Conquista". Die politische Ökonomie der Eroberung Neuspaniens, Frankfurt 2018.
14 *D. W. Galenson*, The Rise and Fall of Indentured Servitude in the Americas: an Economic Analysis, in: The Journal of Economic History 1, 1984, S. 1–26; *J. Wareing*, „There is Great Want of Servants": Indentured Migration and the Servant Trade from London to America, 1618–1718, Oxford 2017.
15 *M. Zeuske* (Hg.), Handbuch Geschichte der Sklaverei. Eine Globalgeschichte von den Anfängen bis zur Gegenwart, Berlin 2019. Zu quantitativen Entwicklungen vgl. die Trans-Atlantic Slave Trade Database (http://www.slavevoyages.org).

Unabhängig von Form und Zielgruppe war Zwangsarbeit letztendlich immer der Schlüssel zur Installation von europäisch geführten Großorganisationen der Erzeugung: den Silberbergwerken in Potosí und anderswo in Südamerika, auf die im 16. und 17. Jahrhundert gut die Hälfte der Weltsilberproduktion entfiel, und den Haciendas und anderen landwirtschaftlichen Großbetrieben der Neuen Welt.[16] Letztere produzierten in der Regel für den lokalen und überregionalen Bedarf, also zum geringeren Teil für den Export nach Europa. Anders verhielt es sich mit der kolonialkapitalistischen Plantagenökonomie, die sich ab der Mitte des 17. Jahrhunderts in der Karibik und später auch im südlichen und östlichen Nordamerika auszubreiten begann. Hier stand der von Sklaven durchgeführte monokulturelle Anbau und die (kapitalintensive) Vorverarbeitung von *Cash crops* im Mittelpunkt, die ausschließlich auf den Export zielten. Solche Produktionssysteme entstanden zunächst für Zuckerrohr und die Gewinnung von Rohzucker, der nach seiner Verschiffung in Europa weiter raffiniert wurde.[17] Die Pflanze stammte ursprünglich aus Ostasien, ihre Kultivierung hatte sich im Spätmittelalter bis in den Mittelmeerraum verbreitet und wurde schließlich bis in die Amerikas ausgedehnt. Im späten 17. und frühen 18. Jahrhundert etablierten sich als weitere *Cash crops* in der Karibik vor allem Indigo und Kaffee, in geringerem Umfang auch Baumwolle – diese wurde erst im 19. Jahrhundert in den Südstaaten der USA zum wichtigsten Produkt von Sklavenplantagen.[18] Tabak kam im 18. Jahrhundert aus Nordamerika und Kuba, Kakao aus Venezuela. Die Markt- und Profitorientierung der Plantagenökonomie und die hierbei realisierten Skaleneffekte zogen eine Massenproduktion der erwähnten Genussmittel und gewerblichen Vorprodukte und deren massive Verbilligung auf den europäischen Märkten nach sich: in der zunächst in Nordwesteuropa einsetzenden frühneuzeitlichen Konsumrevolution wurden globale Güter somit für immer weitere Bevölkerungskreise relevant.

3 Nicht von dort: Verpflanzungen und Importsubstitutionen

Wie schon für den Fall des Zuckerrohrs erwähnt, gingen und gehen globale Austauschbeziehungen immer – auch in Antike und Mittelalter – über die Zirkulation von Menschen, Waren und Ideen hinaus: verschiedene Organismen breiteten sich in andere Weltteile aus. Die wechselseitige Verbreitung von Spezies zwischen Alter und

---

16 *J. Bieber (Hg.)*, Plantation Societies in the Era of European Expansion, Aldershot 1997.
17 *S. W. Mintz*, Sweetness and Power: the Place of Sugar in Modern History, New York 1986; *S. B. Schwartz (Hg.)*, Tropical Babylons: Sugar and the Making of the Atlantic World, 1450–1680, Chapel Hill 2004.
18 *Beckert*, King cotton.

Neuer Welt im europäischen Kolonialzeitalter – der *Columbian exchange*[19] – umfasste neben uneingeladenen Organismen wie Krankheitserregern und Regenwürmern, Ratten und Waschbären vor allem unzählige Nutztier- und Kulturpflanzenarten. Infolge ihrer Akkulturation und dann ausschließlichen Produktion in Europa streiften amerikanische Produkte wie Kartoffeln, Tomaten und Erdbeeren ihre Globalität bald und überaus gründlich ab.

Andere Güter entwickelten sich in dieser Hinsicht ambivalenter, namentlich Tabak.[20] Sein Anbau breitete sich ab dem 16. Jahrhundert nach Afrika und Asien aus. In der ersten Hälfte des 17. Jahrhunderts etablierte sich zunächst in den Niederlanden, England und Wales, mit nur leichter Verzögerung auch in Frankreich und Mitteleuropa ein gewerbsmäßiger Tabakanbau, in den folgenden Jahrzehnten auch in Italien, Ost- und Südosteuropa. Gleichwohl wurde Tabak weiterhin vor allem als exotisches Produkt begriffen, wie etwa ‚indianische' Motiviken auf *Trade cards* von Tabakhändlern im 18. Jahrhundert oder die Orientmotive der Tabakwerbung im 19. Jahrhundert zeigen.[21] Hochwertiger Tabak – lange Zeit allem voran Virginiatabak – stammte tatsächlich weiterhin aus außereuropäischem Anbau, und entsprechend bemühte sich etwa die englische Obrigkeit im 17. Jahrhundert, heimischen Tabakanbau zugunsten der kolonialen Interessen durch Verbote zu unterdrücken. Umgekehrt bestand in den mittel-, ost- und südosteuropäischen Ländern mangels eigener Kolonien ein umso größeres Interesse an einem heimischen Tabakanbau, um Importe aus den Kolonialmächten zu reduzieren.

Bei anderen populären Produkten wie Kaffee war eine Akkulturation der entsprechenden Pflanze in Europa nicht möglich. So wurden im 18. Jahrhundert in einigen mitteleuropäischen Staaten obrigkeitliche Einfuhr- und Konsumbeschränkungen kolonialer Waren unternommen, wie etwa in Preußen 1766 (staatliches Einfuhrmonopol auf Kaffee) und 1781 (Verbot der privaten Bohnenröstung). Solche Regulierungen speisten sich aus verschiedenen Motiven: einmal knüpften sie an die Denktradition der Luxusordnungen zur Regelung jeweils standesgemäßer Lebensführung an, welche Kolonialwarenkonsum nur bei entsprechend hohem sozialen Status vorsah. Hiermit verband sich einerseits ein mikroökonomischer Paternalismus, der mit der befürchteten Verarmung weniger bemittelter Haushalte durch nicht standesgemäßen Konsum argumentierte, und andererseits makroökonomisch die merkantilistische Logik der Erreichung einer positiven Handelsbilanz, um den Abfluss von Zahlungsmitteln und Vermögen aus dem Land zu verhindern.[22] Auch im Bereich von Vorprodukten fanden

---

19 *A. W. Crosby*, The Columbian Exchange: Biological and Cultural Consequences of 1492, Westport 2003.
20 Zum Folgenden *Menninger*, Genuss im kulturellen Wandel.
21 *S. Schürmann*, Die Welt in einer Zigarettenschachtel. Transnationale Horizonte eines deutschen Produkts, Kromsdorf/Weimar 2017.
22 Zu Vor- und Nachteilen des Merkantilismus-Konzepts: *M. Isenmann (Hg.)*, Merkantilismus. Wiederaufnahme einer Debatte, Stuttgart 2014.

sich im 17. und 18. Jahrhundert Regulierungen, welche sich an der eigenen kolonialen Verfügbarkeit globaler Güter – oder deren Mangel – ausrichteten: So legte die 1669 erstmals, 1672 in aktualisierter Form publizierte *Instruction generale pour la teinture des laines* verbindlich fest, welche Farb- und Hilfsstoffe jeweils von den Schlicht-, Schön- und Seidenfärbern im colbertistischen Frankreich benutzt werden durften.[23] Dies diente einerseits der Qualitätssicherung, um den Absatz französischer Stoffe auf den internationalen Märkten zu stärken. Andererseits gestand das Regelwerk explizit nur die Verwendung gerade jener Farbstoffe zu, welche in Frankreich selbst oder in seinen Kolonien produziert werden konnten.

Die Ausdehnung der Rohstoffbasis des heimischen Gewerbes war vom 16. bis zum 19. Jahrhundert für verschiedene europäische Mächte Staatsraison. Sie richtete sich nach außen und nach innen gleichermaßen. Noch zu Beginn des 18. Jahrhunderts wurde in mitteleuropäischen Bergbauprivilegien (gelegentlich) festgehalten, wer die Rechte an eventuell in den Stollen gefundenem Indigo halten würde: da Indigo im Handel als blauer Pigmentklumpen vertrieben wurde, verorteten ihn Europäer als Material oft im Mineralreich, auch wenn es sich tatsächlich um einen Pflanzenextrakt handelte. Erkundungsexpeditionen außerhalb Europas zielten seit dem 16. Jahrhundert darauf, die genauen Ursprünge globaler Güter aufzuklären und Verfügung über die zu ihrer Herstellung notwendigen Pflanzen oder Tiere zu erlangen. Ökonomisch motivierten Naturkundlern ging es insofern nicht allein darum, neue Materialien und Produkte in der außereuropäischen Fauna und Flora zu entdecken, sondern ebenso sehr, bekannte und kommerziell erfolgreiche Arten zu verpflanzen und in anderen Teilen der Welt zu kultivieren.

Stand im 16. und 17. Jahrhundert noch die direkte Akkulturation im europäischen Mutterland im Vordergrund, wurden in der Folge außereuropäische Pflanzen in der Regel zunächst an botanische Gärten gesendet – Ende des 18. Jahrhunderts überzog ein ganzes Netzwerk solcher Gärten den Globus, welche miteinander korrespondierten und Realientausch betrieben.[24] Diese Einrichtungen spielten dann ihrerseits eine mal initiale, mal unterstützende Rolle bei Versuchen, Nutzpflanzen in anderen Teilen des eigenen kolonialen Herrschaftsbereichs einzuführen. Beispiele hierfür sind die Einführung der zuvor auf China beschränkten Teeproduktion in Indien ab Ende des 18. Jahrhunderts oder Ende des 19. Jahrhunderts die Kultivierung brasilianischer Kautschukbäume in Südostasien.[25] Im Übrigen ergaben sich aus der Naturkunde nicht nur im kolonialwirtschaftlichen Kontext, sondern auch in Europa selbst Impulse zur Veränderung der Produktionslandschaft globaler Güter – indem verstärkt heimische Alternativen zu Produkten aus nicht akkulturierbaren Pflanzen gesucht wurden. So war nach Einführung des Bohnenkaffees in Mitteleuropa in der zweiten Hälfte des

---

23 *Engel*, Farben der Globalisierung, S. 59f. u. 238f.
24 D. *McCorquodale*, Botanic gardens: a living history, London 2007.
25 Zur Umgestaltung des globalen Kautschukmarkts vgl. B. *Linneweh*, Global Trading Companies in the Commodity Chain of Rubber between 1890 and the 1920s, in: Business History 2, 2019, S. 1–17.

17. Jahrhunderts bald der Gebrauch von Zichorienkaffee als (minderwertige) Alternative oder zur Beimischung und Streckung aufgekommen.

Im ausgehenden 18. und frühen 19. Jahrhundert verband sich die ökonomische Naturkunde mit neuen Wissensfeldern, welche nicht mehr allein auf die Beobachtung der Natur, sondern ihre rationale Umgestaltung zielten: der Agrarwissenschaft und der Chemie. Systematische Versuche zur Züchtung und zur Verbesserung von Anbau- und Verarbeitungsmethoden erhöhten die Erfolgsaussichten kolonialer Verpflanzungs- und heimischer Substituierungsprozesse. Das ökonomisch signifikanteste Beispiel für Letzteres ist sicher die Entwicklung der Zuckerrübe als Konkurrenz zum Zuckerrohr:[26] An der Wende vom 18. zum 19. Jahrhundert gelang es dem preußischen Naturwissenschaftler Franz Carl Achard, durch Züchtung den Zuckergehalt der Runkelrübe signifikant zu erhöhen und mittels eines Darlehens der preußischen Regierung eine Fabrik zur Extraktion von Rübenrohzucker zu errichten. Durch die Kontinentalsperre ab 1806 verknappte und verteuerte sich Rohrzucker derart, dass Rübenzucker vorübergehend konkurrenzfähig wurde. Nach 1815 wurde die Rübenzuckerproduktion zunächst vor allem in Frankreich weiterentwickelt, welches seine Rohrzucker produzierenden Kolonien in der Karibik verloren hatte, dann aber auch in Deutschland. Weitere Züchtungen der Zuckerrübe und weitere Verfahrensverbesserungen erhöhten die Konkurrenzfähigkeit des Rübenzuckers, der Mitte des 19. Jahrhunderts dem Rohrzucker Weltmarktanteile abnehmen konnte. Um 1900 stammte nur noch ein Drittel des weltweit erzeugten Zuckers aus Zuckerrohr, zwei Drittel hingegen aus der Zuckerrübe. Die deutschen Zuckerrübenfabriken deckten etwa ein Viertel des weltweiten Zuckerbedarfs.[27] Die Globalität der Ware Zucker hatte sich aus deutscher Sicht damit gleichsam invertiert: vom Abnehmer einer globalen Produktion wurde man zum Produzenten für einen globalen Bedarf.

Ähnliche Re-Globalisierung vollzog sich für den Bereich der hier bereits vieldiskutierten Farbstoffe. Veränderungen ergaben sich hierbei aber nicht durch eine gründlichere Durchmusterung und Nutzbarmachung der heimischen Färbepflanzenwelt, wie sie Achard neben seiner Zuckerforschung übrigens auch betrieb, sondern durch Entwicklungen im Bereich der Chemie. Im 18. Jahrhundert entstand in zunehmender Verwissenschaftlichung der Färbekunst die moderne Farbstoffchemie – ein zentraler Treiber in der Entwicklung der Chemie als Naturwissenschaft.[28] Analyseverfahren wurden zur Basis gewerbsmäßiger Aufbereitungs- und Veredelungsprozesse von Naturfarbstoffen. Hinzu traten immer wieder (zunächst versehentlich) künstlich

---

[26] *Mintz*, Sweetness; *M.-F. Krawinkel*, Die Rübenzuckerwirtschaft im 19. Jahrhundert in Deutschland. Analyse und Bewertung der betriebswirtschaftlichen und volkswirtschaftlichen Entwicklung, Köln 1994.
[27] *C. Ratzka-Ernst*, Welthandelsartikel und ihre Preise. Eine Studie zur Preisbewegung und Preisbildung. Der Zucker, der Kaffee und die Baumwolle, Altenburg 1912, S. 38.
[28] *A. Nieto-Galan*, Colouring Textiles: a History of Natural Dyestuffs in Industrial Europe, Dordrecht 2001; *Engel*, Farben der Globalisierung.

erzeugte Farbstoffe, ab dem Ende der 1850er Jahre – in Gestalt der Anilinfarben – mit zunehmendem kommerziellem Erfolg. Die im Bereich der Veredelung von Naturfarben und Erzeugung von künstlichen ‚Teerfarben' gegründeten Unternehmen bildeten das Rückgrat der neu entstehenden chemischen Industrie. In Überflügelung der britischen und französischen Pioniere dominierten deutsche und Schweizer Firmen wie BASF, Bayer, Hoechst, Ciba und Geigy Ende des 19. Jahrhunderts den Weltmarkt für künstliche Farbstoffe, welche die Naturfarbstoffe zunehmend vom Markt drängten. Dies geschah im Fall von zwei der wichtigsten Farbstoffe – Krapp und Indigo – ganz direkt, durch die kommerziell erfolgreiche Synthese der darin enthaltenen färbenden Substanzen.

Syntheseinnovationen der chemischen Industrie veränderten auch in anderen Bereichen die globale Güterlandschaft: so verloren der peruanische Guano ebenso wie der chilenische Salpeter als Düngemittel und Sprengstoffbasis nach dem Ersten Weltkrieg gegenüber Ammoniakprodukten stark an Bedeutung. Ammoniak ließ sich mit dem für die BASF entwickelten Haber-Bosch-Verfahren seit den 1910er Jahren in großem Maßstab synthetisieren.[29] Weiterhin entwickelte sich aus der Farbenindustrie auch die moderne pharmazeutische Industrie, mit Folgen für den globalen Handel mit Medikamenten und Heilmitteln. Damit schloss sich insofern ein Kreis, als die Beschäftigung mit solchen Substanzen Anlass zur Entstehung der chemischen Farbenindustrie gegeben hatte: Als William Henry Perkin 1856 zufällig den ersten kommerziell erfolgreichen Anilinfarbstoff fand, war er eigentlich mit der Synthese von Chinin beschäftigt, dem fiebersenkenden Wirkstoff der aus Südamerika importierten Chinarinde.

Die Nachahmung kommerziell wichtiger, auf anderen Kontinenten erzeugten Substanzen durch die chemische Industrie Europas im 19. Jahrhundert stand in einer längeren Reihe von Versuchen des europäischen Gewerbes seit dem 17. Jahrhundert, erfolgreiche außereuropäische Produkte zu imitieren. Zu den begehrtesten Waren, die aus technologisch überlegener asiatischer Produktion nach Europa exportiert wurden, zählten delikates Porzellan und feinbedruckte, glänzende Baumwollstoffe.[30] Letztere waren als Indiennes, also „Indische" geläufig; in England wiederum kannte und kennt man Porzellan als *china*: die Herkunft des Produkts wurde für Konsumentinnen und Konsumenten zur Produktbezeichnung. Dass diesen Gütern sprachlich in unauflöslicher Weise Globalität (und aus dem kulturellen Kontext heraus damit: Exotik) zugesprochen wurde, war jedoch kein Hinderungsgrund, ihre Produktion auch in Europa zu unternehmen. Hinderlich war dafür vielmehr das mangelnde technologische Wissen um die Produktionsprozesse und ihre Herausforderungen.

In Italien und den Niederlanden verstand man sich im 16. und 17. Jahrhundert auf die Herstellung von Fayencen – weißglasierter Tonkeramik – die aber in ihrer Fein-

---

29 *J. A. Johnson*, Die Macht der Synthese (1900–1925), in: W. Abelshauser (Hg.), Die BASF. Eine Unternehmensgeschichte, München 2002, S. 117–219.
30 Vgl. hierzu die Literatur in Anm. 5.

heit chinesischem Porzellan nicht nahekamen.[31] Zwar war bereits seit dem frühen 16. Jahrhundert über portugiesische Asienreisende in Europa bekannt geworden, dass chinesisches Porzellan wesentlich aus Kaolin (eisenarmer Tonerde) hergestellt wird, die tatsächliche Herstellung von Porzellan gelang allerdings erst im Rahmen (al)chemischer Auftragsforschung für den sächsischen Fürsten im Jahr 1708. Zwei Jahre später nahm die Meißener Porzellanmanufaktur ihren Betrieb auf. Als in den Folgejahren detaillierteres Wissen über die chinesischen Produktionsverfahren nach Europa vermittelt wurde, entstanden ab etwa 1720 in verschiedenen europäischen Staaten eigene Manufakturen.

Die Imitation von Indiennes war nicht weniger herausfordernd, da sich hier technologische Probleme gleich auf zwei Ebenen stellten. Erstens war es schwirig, reines Baumwolltuch herzustellen – die kurzfaserige mediterrane Baumwolle war in der Weberei für Kettfäden kaum zu gebrauchen, der Faden riss zu leicht. Baumwolle wurde daher in Europa lange vorrangig in Mischgeweben verarbeitet. Zweitens war es ein großes Problem, hochwertige Farben auf Baumwolltuche so zu malen oder besser noch zu drucken, dass sie der Beanspruchung des Tragens und gar Waschens standhalten konnten. Indigoblau und Krapprot ließen sich nicht einfach haltbar auf ein Tuch stempeln. Indigo ist ein Pigment, das zum Färben chemisch in einen löslichen Zustand gebracht werden muss (Verküpung), was sich aber durch Kontakt mit Luft (wie er an einem Stempel unvermeidbar ist) wieder umkehrt. Es wurden daher stets Tuche im Ganzen in der Küpe gefärbt. Hochwertiges Krapprot auf Baumwolle erzeugte man mit der in Kleinasien entwickelten Methode der Türkischrotfärberei, welche erst ab Mitte des 18. Jahrhunderts von europäischen Färbern außerhalb des Osmanischen Reiches adaptiert werden konnte. Hierbei sind zahlreiche Behandlungsschritte des Tuches erforderlich, was ein einfaches Stempeln von Farbe ebenfalls erschwerte.

Indigodruck wurde schließlich als Reservedruck möglich – aufgestempelt wurden nicht die gewünschten blauen Muster, sondern das Inverse dieser Muster als Pappkleistermaske, die beim anschließenden Färben frei blieb (was eine neue Form einer weniger heißen Küpe erforderte). Krappdruck bewerkstelligte man durch Aufdrucken der (für die Aufnahme der Farbe in die Pflanzenfaser notwendigen) Beize in einem abgeänderten Türkischrotverfahren, nach 1811 dann auch im Ätzdruck, einem in Mühlhausen entwickelten Verfahren: nach erfolgter Färbung wurde Säure aufgedruckt, welcher den Farbstoff zersetze. In den Folgejahren begann man sich darauf zu verstehen, zugleich mit der Ätzung durch entsprechende chemische Prozesse verschiedene Mineralfarben (Berliner Blau, Chromgelb) in die freien Bereiche einzubringen: erst im frühen 19. Jahrhundert beherrschte man so in Europa die Produktion beliebiger Printmuster auf Baumwolltextilien.

---

31 Zum Folgenden *U. Mämpel*, Keramik. Kultur- und Technikgeschichte eines gebrannten Werkstoffs, Hohenberg 2003; *A. Monti*, Der Preis des „weißen Goldes". Preispolitik und -strategie im Merkantilsystem am Beispiel der Porzellanmanufaktur Meißen 1710–1830, München 2012.

Die genannten Verfahren eigneten sich allein für die pflanzlichen Fasern der Baumwolle, nicht die tierischen Fasern der Schafswolle. Sie begünstigten daher das Vordringen der Baumwolle gegenüber der in Europa traditionellen Wolle im Zuge der Industrialisierung. Hiermit verbunden war daher eine weitere Re-Globalisierung: Während bis in das späte 19. Jahrhundert hinein die in Europa verarbeitete Wolle von heimischen Schafen stammte, ließ sich der dramatisch expandierende Baumwollbedarf nicht mehr aus dem kleinasiatischen Anbau, sondern nur durch Ausbau der außereuropäischen Plantagenwirtschaft decken, was namentlich in den Südstaaten der USA geschah. Aus Indien, das seit Ende des 18. Jahrhunderts mehr und mehr unter britische Kolonialherrschaft geriet, importierte die (gleichzeitig als Kolonialverwaltung agierende) East India Company nun keine Indiennes mehr, sondern – ganz im Interesse des heimatlichen englischen Gewerbes – Rohstoffe wie den von britischen Unternehmern produzierten Indigo. Dies entsprach der allgemeinen kolonialen beziehungsweise imperialen Logik des 19. Jahrhunderts, beherrschte Gebiete vor allem zu Rohstofflieferanten für das Gewerbe im Heimatland und zum Absatzmarkt für deren Produkte zu formen.

4 Überall und nirgends: Weltmärkte und Multinationals

Globalität war wie gesehen in doppelter Hinsicht eine Bedingung von Industrialisierung: Zum einen wurde der europäische Industrialisierungsprozess im 18. Jahrhundert in Teilen von dem Versuch angestoßen beziehungsweise verstärkt, in Weiterentwicklung eigener technologischer Kompetenz begehrte Gewerbeprodukte aus Asien zu imitieren. Zum anderen erforderte die europäische industrielle Massenproduktion zwingend außereuropäische Rohstoffe wie Baumwolle, Indigo und später Zinn, Kautschuk und Petroleum in großer Menge; ebenso benötigte die zur Ernährung der nun überwiegend gewerblich tätigen Bevölkerung gezwungenermaßen industrialisierte Landwirtschaft in Europa Salpeter- und Guanodünger aus Südamerika (alle diese Rohstoffe trachtete man früher oder später wiederum in Europa zu substituieren, diesmal durch chemische Synthetisierung.)

Umgekehrt wurde Industrialisierung aber auch zunehmend zur Bedingung der spezifischen Globalität des 19. Jahrhunderts. Erstens erzeugte man die globalen agrarischen Rohstoffe ebenso wie die für den europäischen Konsum im 19. Jahrhundert nunmehr essenziellen Genussmittel wie Zucker, Kaffee, Tee und Tabak weit überwiegend als *Cash crops* auf Plantagen, in marktorientierter rationalisierter Massenproduktion mit oft industrieller Vorverarbeitung – eine Fortsetzung der kolonialkapitalistischen Plantagenökonomie, auch wenn Sklavenarbeit mehr und mehr durch Niedriglohnarbeit ersetzt wurde (was für die Lebens- und Arbeitsbedingungen allerdings oft nur geringe Unterschiede machte). Ebenso lassen sich für das 19. Jahrhundert im Bereich des Bergbaus, der US-amerikanischen Schweinefleisch- und der südamerikanischen Rindfleischproduktion *Economies of scale* und industrielle Logiken der Arbeitsorganisation und Vorverarbeitung beobachten.[32] Zweitens erfolgte eine durchgreifende Industrialisierung der Transportinfrastruktur, im Bau von Kanälen, Zugstrecken und Straßen, Bahnhöfen und Häfen, der Verbreitung von Eisenbahnen, Dampfschiffen und schließlich Automobilen, im Ausbau von Telegrafie und Telefonie. Drittens entstanden schließlich neue Weisen der globalen Verfügbarmachung von Gütern.

Eine wichtige Strategie vieler industrieller Hersteller wurde es ab den 1860er Jahren, ihre Waren für den globalen Vertrieb nicht länger unabhängigen Zwischenhändlern zu überlassen, sondern direkt zu vertreiben und partiell auch eine Produktion in den Zielmärkten selbst aufzunehmen, also Direktinvestitionen zu tätigen.[33] Ein frühes Beispiel für ein solches industrielles multinationales Unternehmen ist der US-amerikanische Nähmaschinenhersteller Singer, der in den 1860er Jahren Verkaufsbüros in Schottland, Deutschland und Brasilien unterhielt und Produktionsstandorte im Ausland zu gründen begann.[34] Die großen deutschen Farbenfabriken etablierten ab den 1870er Jahren Dependancen im Ausland, Siemens gründete seit den 1860er Jahren ausländische Tochtergesellschaften für sein Telegrafengeschäft und vermarktete Anfang des 20. Jahrhunderts Elektrotechnik vom Kraftwerk bis zum Radio in alle Welt.[35]

Eng verknüpft mit der globalen Expansion industrieller Hersteller waren neue Strategien der Vermarktung, welche die Unternehmensmarke und Markenprodukte in den Mittelpunkt stellten.[36] Dies verlieh den solchermaßen beworbenen und vertriebenen Produkten eine neue Art von Globalität, die den Ursprung des Produktes einerseits spezifischer auf einen konkreten Hersteller zurückführte, andererseits den tatsächlichen Produktionsort oftmals bewusst verunklarte. In der vorindustriellen Welt vor dem Aufstieg des modernen Unternehmens war der Vertrieb globaler Güter nie direkt durch Produzenten, sondern über unabhängige Kaufleute erfolgt – oft

---

32 Zur Fleischindustrie *R. Perren*, Taste, Trade and Technology: the Development of the International Meat Industry since 1840, Aldershot 2006; *W. J. Warren*, Tied to the Great Packing Machine: the Midwest and Meatpacking, Iowa 2007.

33 Einführend: *H. Berghoff*, Moderne Unternehmensgeschichte. Eine themen- und theorieorientierte Einführung, Berlin 2016, S. 130ff.

34 *A. Godley*, Selling the Sewing Machine around the World: Singer's International Marketing Strategies, 1850–1920, in: Enterprise and Society 2, 2006, S. 266–314.

35 *W. Feldenkirchen*, Siemens. Von der Werkstatt zum Weltunternehmen, München 2003; *M. Mutz*, „Ein unendlich weites Gebiet für die Ausdehnung unseres Geschäfts". Marketingstrategien des Siemens-Konzerns auf dem chinesischen Markt (1904 bis 1937), in: Zeitschrift für Unternehmensgeschichte 1, 2006, S. 93–115.

36 *C. Kleinschmidt/F. Triebel (Hg.)*, Marketing. Historische Aspekte der Wettbewerbs- und Absatzpolitik, Essen 2004; *H. Berghoff*, Marketinggeschichte. Die Genese einer modernen Sozialtechnik, Frankfurt 2007; *H. Berghoff/U. Spiekermann/P. Scranton (Hg.)*, The Rise of Marketing and Market Research, Houndmills 2012.

einer ganzen Kette von Händlern vom Aufkäufer über Zwischen-, Groß-, wiederum Zwischen- bis hin zum Einzelhändler.[37] Hierbei verwischte sich aus Sicht der Verbraucher die Spur zum namenlosen Hersteller, allein die Herkunftsregion bürgte für eine zu erwartende Beschaffenheit und Qualität.

Neben neuen Organisations- und Vermarktungsstrategien spielten auch neue beziehungsweise erweiterte Technologien der Verfügbarmachung eine wichtige Rolle für die weitere Zunahme der Globalität von Gütern im Zuge der Industrialisierung. Zu solchen Technologien zählten insbesondere Prozesse der Konservierung und auch der Extraktion verderblicher Stoffe, wie sie als solche im globalen Handel durchaus bereits seit langem gebräuchlich waren. So wurden etwa der extrahierte Rohzucker oder das Indigopigment zur globalen Handelsware, nicht das Zuckerrohr oder indigohaltige Blattwerk – diese Vorprodukte wären jeweils nur begrenzt haltbar gewesen und hätten vor allem weit höhere Transportkosten verursacht. Im späteren 19. Jahrhundert fanden Extraktionsprozesse insbesondere durch den Aufschwung chemischer Verfahrenstechnik gleichwohl weit größere Anwendung, was nicht nur Zwischenprodukte betraf (wie Farbholzextrakte), sondern zum Teil neue Endprodukte hervorbrachte. Augenfälligstes Beispiel ist wohl der in den 1840er Jahren von Justus Liebig entwickelte Fleischextrakt, der ab den 1860er Jahren von der mit britischem Kapital gegründeten Liebig's Extract of Meat Company (LEMCO) in industriellem Maßstab vor allem in Uruguay und Argentinien produziert und weltweit vermarktet wurde.[38] Die Rinderhaltung in Südamerika erfolgte zu jener Zeit primär zur Gewinnung von Häuten, das Rindfleisch war großenteils ein nicht exportierbares Abfallprodukt. Durch Mahlen, Auskochen und anschließendes Einkochen auf ein Dreißigstel des ursprünglichen Fleischgewichts ließ sich nun aber ein vergleichsweise billiger, haltbarer und global handelbarer Fleischsirup gewinnen, aus dem man sich leicht Fleischbrühe bereiten konnte. Ab den 1880er Jahren wurde der Extrakt in der heute vertrauten Form von (mit Rindertalg geformten) Brühwürfeln vermarktet.

Für den globalen Handel noch wichtiger als die Extraktion – welche vor allem die Transportkosten senkte – war der Aspekt der *Konservierung* verderblicher Stoffe. Die Haltbarmachung von Lebensmitteln durch Dörren, Einsalzen oder Räuchern, seit dem frühen 19. Jahrhundert auch Einkochen, ermöglichte erst ihren zeitintensiven Transfer über weite Strecken. Als sich Mitte des 19. Jahrhunderts im Mittleren Westen der USA eine Massenhaltung und Massenschlachtung von Schweinen etablierte, war dies notwendig an einen überregionalen und schließlich gar internationalen Absatz geknüpft, was nur mit haltbaren Produkten möglich war: Schweineschmalz und konserviertes Fleisch aus den USA fand gegen Ende des Jahrhunderts den Weg auf

---

37 Vgl. zum Beispiel *P. Kriedte*, Vom Großhändler zum Detaillisten. Der Handel mit „Kolonialwaren" im 17. und 18. Jahrhundert, in: Jahrbuch für Wirtschaftsgeschichte, 1994, S. 11–36.
38 Zu den zugrundeliegenden Veränderungen in der Konzeption von Ernährung und zur Idee der konzentrierten Nahrung, auch zu den folgenden Ausführungen zur Lebensmittelkonservierung: *U. Spiekermann*, Künstliche Kost. Ernährung in Deutschland, 1840 bis heute, Göttingen 2018.

europäische Märkte. Schließlich nahm auch der überregionale und internationale Transport *frischer* Lebensmittel zu, aufgrund der Verbreitung von Kühltechnik in Transportmitteln und Lagerhäusern ab den 1860er Jahren.[39] Die Kühltechnik basierte zunächst gänzlich auf der Verwendung von Natureis, ab den ausgehenden 1870er Jahren kamen nach und nach kommerziell einsetzbare Kühlapparate auf. Dies ermöglichte nicht nur auf Frischfisch zielende Hochseefischerei, sondern auch den Export von frischem Rind-, Schweine- und Lammfleisch aus Südamerika und Australien nach Europa und Nordamerika. Auch der Transport von Frischgemüse und vor allem Obst über weite Distanzen war nun machbar.

Organisiert wurde der auf Konservierung und Extraktion aufbauende globale Handel primär von multinationalen Unternehmen, die mehrere oder gar alle Schritte der globalen Wertschöpfungskette kontrollierten: Erzeugung, Vorverarbeitung, Transport und Distribution im Abnehmerland. Ein Beispiel ist die erwähnte LEMCO, ein anderes, besonders augenfälliges findet sich im Kontext der transkontinentalen Verfügbarmachung der Banane. Diese Entwicklung wurde zunächst von der ursprünglich in Boston ansässigen United Fruit Company (UFCO) dominiert, die 1899 aus dem Zusammenschluss zweier Bananenhandelsunternehmen entstand.[40] United Fruit verfügte nicht nur über Distributionskanäle in den USA und eine Flotte von mit Kühltechnik ausgestatteten Dampfschiffen (*The Great White Fleet*), sondern auch über die mittel- und südamerikanischen Plantagen, auf denen die Bananen angebaut wurden, sowie gar über das (von ihnen selbst gebaute) örtliche Eisenbahnnetz. Das Unternehmen war nicht nur der größte Landbesitzer und Arbeitgeber Zentralamerikas, es konnte die Arbeitsbedingungen auf seinen Plantagen diktieren, hatte de facto Kontrolle über die Landnutzung in Guatemala und zum Teil auch Costa Rica und dort auch einen erheblichen politischen Einfluss (daher der Begriff der ‚Bananenrepublik').

Die politische Machtstellung und quasi-staatliche Aktivität der UFCO war sicherlich außergewöhnlich und wohl allenfalls mit der führenden Rolle der British East India Company in der Kolonialisierung des indischen Subkontinents entfernt vergleichbar. Neokoloniales Auftreten *in ihrer Geschäftstätigkeit* war für westliche multinationale Unternehmen, die in Lateinamerika, Asien und Afrika agierten, im 19. Jahrhundert aber durchaus die Norm. Die Durchdringung lokaler Ökonomien durch westliche privatwirtschaftliche Unternehmen spielte eine wichtige Rolle in der Organisation informeller imperialer Herrschaft in Lateinamerika und Asien und neuer formeller Kolonialherrschaft vor allem in Afrika. Zugleich galt, dass multinationale Unternehmen in der Frage, wo sie sich geschäftlich engagierten, frei aufgrund unternehmerischer Erwägungen entschieden – informeller Einfluss oder direkte Herrschaft

---

[39] *H.-J. Teuteberg*, Zur Geschichte der Kühlkost und des Tiefgefrierens, in: Zeitschrift für Unternehmensgeschichte 3, 1991, S. 139–155.
[40] *M. Bucheli*, Bananas and Business: the United Fruit Company in Colombia, 1899–2000, New York 2005; *J. M. Colby*, The Business of Empire: United Fruit, Race, and U. S. Expansion in Central America, Ithaca 2011.

des Heimatlands im Zielland waren ein attraktiver Standortfaktor, aber eben nicht der einzige.

Damit unterschied sich die liberale Weltwirtschaft im Zeitalter des Imperialismus deutlich vom europäischen Welthandel der vorherigen Kolonialzeit, der primär durch kolonialmerkantilistische Politik und weniger durch freie Unternehmenstätigkeit strukturiert worden war: Kolonien hatten dem obrigkeitlichen Anspruch nach nur mit ihrem Mutterland Handel zu treiben (so etwa in England laut verschiedener *Navigation Acts* ab 1651, in Frankreich gemäß des *Exclusif* ab 1669). Und während der iberische Kolonialimport nach Europa von vornherein über staatliche Behörden organisiert wurde, hatten andere Länder wie die Niederlande, England, Frankreich, Dänemark und Schweden den Handel *mit bestimmten Weltregionen* (und nicht etwa Produktgruppen) nach spätmittelalterlicher Praxis per Monopolprivileg an je eine einzelne Handelsgesellschaft vergeben – dies galt besonders für Asien (,Ostindien').[41] Globale Standortfragen im modernen Sinne stellten sich für diese Unternehmungen nur in sehr begrenztem Maße.

Als im späten 18. und frühen 19. Jahrhundert die Monopolgesellschaften an Bedeutung verloren, der *Exclusif* und die *Navigations Acts* immer stärker gelockert und schrittweise aufgehoben wurden und vor allem die meisten spanischen und portugiesischen Kolonien sowie ökonomisch zentrale britische (*Thirteen colonies*/USA) und französische (Saint-Domingue/Haiti) Kolonien in den Amerikas unabhängig wurden, änderte sich das Bild der europäischen Weltwirtschaft: an die Stelle offiziell sternförmig und exklusiv auf das Mutterland ausgerichteter Handelsnetze der einzelnen Kolonialmächte trat bis zur Mitte des 19. Jahrhunderts mehr und mehr ein freierer Weltverkehr. In Verbindung mit der anhebenden Beschleunigung, Ausdehnung und globalen Integration von Transport und Kommunikation etablierten sich allmählich Idee und Praxis integrierter, die Nationen überspannender Weltmärkte.[42] Etwas überspitzt, aber in der Tendenz treffend postulierten etwa Karl Marx und Friedrich Engels 1848 im Manifest der Kommunistischen Partei:

> Die große Industrie hat den Weltmarkt hergestellt [...]. Die Bourgeoisie hat durch ihre Exploitation des Weltmarkts die Produktion und Konsumption aller Länder kosmopolitisch gestaltet. Sie hat [...] den nationalen Boden der Industrie unter den Füßen weggezogen. Die uralten nationalen Industrien [...] werden verdrängt durch neue Industrien, [...] die nicht mehr einheimische Rohstoffe, sondern den entlegensten Zonen angehörige Rohstoffe verarbeiten und deren Fabrikate nicht nur im Lande selbst, sondern in allen Weltteilen zugleich verbraucht werden. An die Stelle der alten, durch Landeserzeugnisse befriedigten Bedürfnisse treten neue, welche die Produkte der entferntesten Länder und Klimate zu ihrer Befriedigung erheischen.[43]

---

41 *J. Nagel*, Abenteuer Fernhandel. Die Ostindienkompanien, Darmstadt 2007; *A. Clulow/T. Mostert (Hg.)*, The Dutch and English East India Companies: Diplomacy, Trade and Violence in Early Modern Asia, Amsterdam 2018.
42 Aus Sicht der historischen Soziologie: *M. Bühler*, Von Netzwerken zu Märkten. Die Entstehung eines globalen Getreidemarktes, ca. 1800–1900, Frankfurt am Main 2018.
43 K. Marx/F. Engels, Manifest der Kommunistischen Partei, London 1848, S. 4f.

Nicht allein für gewerbliche Güter, auch und gerade für Primärgüter ließ sich die Herausbildung von integrierten Weltmärkten nicht übersehen. Dies zeigte sich vor allem an Verweisen auf den *Weltmarktpreis*, der rund um den Globus zur Richtschnur des Wirtschaftens mit der jeweiligen Ware wurde, gleich ob es Produktion, Handel oder Verbrauch betraf. Eine wesentliche Rolle spielten hierbei große Warenbörsen, die an internationalen Umschlagplätzen operierten. Zwischen den 1830er und 1860er Jahren entwickelten sich die Verhältnisse zunächst an niederländischen und norddeutschen, dann auch anderen europäischen und nordamerikanischen Warenbörsen dahingehend, dass nicht mehr konkrete Ware zur unmittelbaren Lieferung gehandelt wurde, sondern stattdessen Terminkontrakte (Futures): hochstandardisierte Lieferverträge für eine bestimmte Ware mit fixiertem künftigem Lieferungstermin.[44] Diese Verträge verwiesen nicht mehr auf konkrete Ware, welche der Terminverkäufer im Besitz hatte, sondern nur noch abstrakt auf das entsprechende Gut: sie formulierten ein Versprechen, eine bestimmte Menge einer Standardqualität des Gutes zu einem künftigen Zeitpunkt zu einem bereits in der Gegenwart vereinbarten Preis zu liefern beziehungsweise abzunehmen. Diesem Versprechen konnte am Erfüllungstermin durch Übergabe konkreter Ware nachgekommen werden, in den allermeisten Fällen aber kam es einfach zu Ausgleichszahlungen zwischen Tagespreis und vereinbartem Terminpreis. Damit löste sich der Terminhandel einerseits von konkreten Warenströmen, erlaubte aber andererseits die Absicherung von Preisrisiken im Handel mit konkreter Ware (Hedging) und zum anderen eine mühelose Spekulation auf die Preisentwicklung. Gerade diese Spekulation jedoch wurde angesichts des bald gewaltigen Umfangs der Terminmärkte zur entscheidenden Größe für die Preisfindung, nicht nur für abstrakte Terminware, sondern mit ihr auch für die konkrete Ware in der Realwirtschaft. Ab den 1870er und 80er Jahren waren die global wichtigsten Leitbörsen diejenigen Orte, an denen Weltmarktpreise vorrangig generiert wurden: sei es für Baumwolle (New York, New Orleans, Liverpool, Le Havre, später auch Bremen, Alexandria und Bombay), Kaffee (Le Havre, New York und Hamburg), Zucker (London, Hamburg, Magdeburg) oder vor allem auch Getreide (mit großem Abstand Chicago, in Europa unter anderem Berlin).

Entsprechend charakterisierte der deutsche Nationalökonom Richard Ehrenberg 1899 die Börse – Wertpapier- und Warenbörse gleichermaßen – als „Herz des modernen Verkehrslebens. Damit ist gesagt, dass alle Welt bei den Vorgängen, die sich dort abspielen, irgendwie beteiligt ist."[45] Die Globalität der an diesen Orten gehandel-

---

44 *J. L. Rischbieter*, Mikro-Ökonomie der Globalisierung. Kaffee, Kaufleute und Konsumenten im Kaiserreich 1870–1914, Köln 2011; *C. Dejung*, Spielhöllen des Kapitalismus? Terminbörsen, Spekulationsdiskurse und die Übersetzung von Rohstoffen im modernen Warenhandel, in: WerkstattGeschichte 58, 2012, S. 49–69; *A. Engel*, Buying Time: Futures Trading and Telegraphy in Nineteenth-Century Global Commodity Markets, in: Journal of Global History 2, 2015, S. 284–306.
45 *R. Ehrenberg*, Börsenwesen, in: *J. Conrad/L. Elster/W. Lexis/E. Loening (Hg.)*, Handwörterbuch der Staatswissenschaften. Bd. 2: Arnd – Büsching, Jena 1899, S. 1023–1053, hier S. 1039.

ten Waren war nicht länger eine relative – also aus Verbrauchersicht allein dadurch gegeben, dass sich ihre Erzeugung an einem vom eigenen Aufenthaltsort weit entfernten Produktionsstandort vollzog – sondern eine absolute. Selbst vor der eigenen Haustür produziertes Getreide war nun Welthandelsgut, selbst wenn es am Ende gar nicht in die Welt gehandelt wurde: der Preis dafür bildete sich auf der Bühne des spekulativen Weltmarkts.

Diese Form von Globalität wurde gerade für agrarische Produkte unmittelbar zum Politikum:[46] Zum einen wurden stärkere Preisanstiege oder Preisverfall gern der Börsenspekulation zur Last gelegt und damit Terminhandel zu einem Gegenstand potenzieller Regulierung oder Verbote. Zum anderen stellten europäische Landwirte Freihandelspolitiken in Frage und lobbyierten für Schutzzölle und partielle Abkopplungen von Weltmarkt. Dies rief umgekehrt die Verbraucherinnen und Verbraucher auf den Plan, die Teuerungen fürchteten und ihrerseits als *consumer citizens* zu einem politischen Faktor wurden.[47] Konsum- und Außenhandelspolitik waren damit immer weniger zu trennen – und dies galt nicht nur für Agrarerzeugnisse, sondern ebenso für gewerbliche Produkte, die in derselben Weise Zollpolitiken und Regularien unterworfen werden konnten, um Interessen heimischer Produktion und heimischer Konsumtion in einer globalisierten Welt auszubalancieren. Kurzum, ob versteckt in der Form von Vorprodukten und Hilfsstoffen aus anderen Erdteilen, ob ostentativ und schon dem Namen nach wie im Fall von Kolonialwaren, oder ob allein aufgrund der Existenz von Weltmärkten lokal erzeugter und verbrauchter Waren: der umfassenden und vielschichtigen Globalität von Konsumgütern war um 1900 nicht mehr zu entkommen.

Literatur

J. *Angster*, Erdbeeren und Piraten. Die Royal Navy und die Ordnung der Welt 1770–1860, Göttingen 2012.

J. *Baskes*, Indians, Merchants, and Markets: a Reinterpretation of the Repartimiento and Spanish-Indian Economic Relations in Colonial Oaxaca, 1750–1821, Stanford 2000.

S. *Beckert*, King cotton. Eine Globalgeschichte des Kapitalismus, München 2014.

M. *Berg/F. Gottmann/H. Hodacs/C. Nierstrasz (Hg.)*, Goods from the East, 1600–1800: Trading Eurasia, London 2015.

E. *Brugger*, Gefragte Felle. Biber als Transaktionswährung in der Kolonie New Netherland (1609–1664), in: Historische Anthropologie 3, 2017, S. 308–326.

---

46 R. *Aldenhoff-Hübinger*, Agrarpolitik und Protektionismus. Deutschland und Frankreich im Vergleich, 1879–1914, Göttingen 2002; B. *Gehlen*, „Manipulierende Händler" versus „dumme Agrarier". Reale und symbolische Konflikte um das Börsengesetz von 1896, in: Bankhistorisches Archiv 1, 2013, S. 73–90.

47 Für Großbritannien beispielhaft aufgearbeitet bei F. *Trentmann*, Free Trade Nation: Commerce, Consumption, and Civil Society in Modern Britain, Oxford 2008.

M. Bucheli, Bananas and Business: the United Fruit Company in Colombia, 1899–2000, New York 2005.
M. Bühler, Von Netzwerken zu Märkten. Die Entstehung eines globalen Getreidemarktes, ca. 1800–1900, Frankfurt am Main 2018.
T. Canepa, Silk, Porcelain and Lacquer: China and Japan and their Trade to Western Europe and the New World, 1500–1644, London 2016.
A. Clulow/T. Mostert (Hg.), The Dutch and English East India Companies: Diplomacy, Trade and Violence in Early Modern Asia, Amsterdam 2018.
J. M. Colby, The Business of Empire: United Fruit, Race, and U. S. Expansion in Central America, Ithaca 2011.
A. W. Crosby, The Columbian Exchange: Biological and Cultural Consequences of 1492, Westport 2003.
G. T. Cushman, Guano and the Opening of the Pacific World: a Global Ecological History, Cambridge 2013.
C. Dejung, Spielhöllen des Kapitalismus? Terminbörsen, Spekulationsdiskurse und die Übersetzung von Rohstoffen im modernen Warenhandel, in: WerkstattGeschichte 58, 2012, S. 49–69.
P. C. Emmer u. a. (Hg.), Wirtschaft und Handel der Kolonialreiche. Dokumente zur Geschichte der europäischen Expansion, Bd. 4, München 1988.
A. Engel, Farben der Globalisierung. Die Entstehung moderner Märkte für Farbstoffe 1500–1900, Frankfurt am Main 2009.
A. Engel, Buying Time: Futures Trading and Telegraphy in Nineteenth-Century Global Commodity Markets, in: Journal of Global History 2, 2015, S. 284–306.
S. Gänger, World Trade in Medicinal Plants from Spanish America, 1717–1815, in: Medical History 1, 2015, S. 44–62.
A. Godley, Selling the Sewing Machine Around the World: Singer's International Marketing Strategies, 1850–1920, in: Enterprise and Society 2, 2006, S. 266–314.
H. Gründer, Eine Geschichte der europäischen Expansion. Von Entdeckern und Eroberern zum Kolonialismus, Stuttgart 2003.
V. Huber, „Beute und Conquista". Die politische Ökonomie der Eroberung Neuspaniens, Frankfurt 2018.
M.-F. Krawinkel, Die Rübenzuckerwirtschaft im 19. Jahrhundert in Deutschland. Analyse und Bewertung der betriebswirtschaftlichen und volkswirtschaftlichen Entwicklung, Köln 1994.
P. Kriedte, Vom Großhändler zum Detaillisten. Der Handel mit „Kolonialwaren" im 17. und 18. Jahrhundert, in: Jahrbuch für Wirtschaftsgeschichte, 1994, S. 11–36.
P. Kumar, Indigo Plantations and Science in Colonial India, Cambridge 2012.
B. Linneweh, Global Trading Companies in the Commodity Chain of Rubber between 1890 and the 1920s, in: Business History 2, 2019, S. 1–17.
G. Luxbacher, Die technologische Mobilisierung der Botanik. Konzept und Wirkung der technischen Rohstofflehre und Warenkunde im 19. Jahrhundert, in: Technikgeschichte 4, 2001, S. 307–333.
U. Mämpel, Keramik. Kultur- und Technikgeschichte eines gebrannten Werkstoffs, Hohenberg 2003.
A. Menninger, Genuss im kulturellen Wandel. Tabak, Kaffee, Tee und Schokolade in Europa (16.–19. Jahrhundert), Stuttgart 2004.
S. W. Mintz, Sweetness and Power: the Place of Sugar in Modern History, New York 1986.
J. Nagel, Abenteuer Fernhandel. Die Ostindienkompanien, Darmstadt 2007.
A. Nieto-Galan, Colouring Textiles: a History of Natural Dyestuffs in Industrial Europe, Dordrecht 2001.
R. Perren, Taste, Trade and Technology: the Development of the International Meat Industry since 1840, Aldershot 2006.

J. L. Rischbieter, Mikro-Ökonomie der Globalisierung. Kaffee, Kaufleute und Konsumenten im Kaiserreich 1870–1914, Köln 2011.

S. Schürmann, Die Welt in einer Zigarettenschachtel. Transnationale Horizonte eines deutschen Produkts, Kromsdorf/Weimar 2017.

S. B. Schwartz (Hg.), Tropical Babylons: Sugar and the Making of the Atlantic World, 1450–1680, Chapel Hill 2004.

U. Spiekermann, Künstliche Kost. Ernährung in Deutschland, 1840 bis heute, Göttingen 2018.

H.-J. Teuteberg, Zur Geschichte der Kühlkost und des Tiefgefrierens, in: Zeitschrift für Unternehmensgeschichte 3, 1991, S. 139–155.

F. Trentmann, Free Trade Nation: Commerce, Consumption, and Civil Society in Modern Britain, Oxford 2008.

J. Wimmler, The Sun King's Atlantic: Drugs, Demons and Dyestuffs in the Atlantic World, 1640–1730, Leiden 2017.

Gunter Mahlerwein
Grundlagen der Nahrungsmittelversorgung: Landwirtschaft im langen 19. Jahrhundert

1 Einleitung

In den Jahren vor dem Ausbruch des Ersten Weltkrieges lebten im Deutschen Reich 65 Millionen Menschen. Bezogen auf die Grenzen von 1914 hatte sich die Bevölkerung seit 1800 fast verdreifacht. Während allerdings für die Zeit um 1800 der Anteil der Menschen, die in der Landwirtschaft arbeiteten, auf knapp drei Viertel aller Erwerbstätigen geschätzt wird, reduzierte er sich bis 1913 auf nur noch ein Drittel. Bei allen Problemen, die diese Schätzungen – insbesondere die des Ausgangspunktes des Vergleichs – mit sich bringen, kann die Tendenz klar erkannt werden. Gleichzeitig ist aber offensichtlich, dass angesichts des Bevölkerungswachstums 1913 in absoluten Zahlen mehr Menschen in der Landwirtschaft arbeiteten als zu Beginn des 19. Jahrhunderts: etwa 13 Millionen um 1914 gegenüber neun Millionen um 1800.[1] Die dieser Entwicklung, einer Zunahme der Arbeitskräfte im Agrarsektor um mehr als ein Drittel bei gleichzeitiger Steigerung der Versorgungsleistung des Sektors um den Faktor drei, zugrunde liegenden Prozesse sollen im Folgenden beleuchtet werden. Dabei können in der Zeitspanne zwischen dem späten 18. Jahrhundert und dem Ausbruch des Ersten Weltkrieges grob zwei Phasen unterschieden werden: eine erste Wachstumsphase, in der sich die Landwirtschaft vor allem aus ihren eigenen Potenzialen heraus entwickelte, und eine zweite, in der zunehmende Inputs von außen die landwirtschaftliche Praxis zu verändern begannen. Diese in der Agrargeschichtsschreibung nicht sehr verbreitete Zusammenschau der Entwicklungen innerhalb des ‚langen 19. Jahrhunderts' zeigt auch die zahlreichen Überlappungen zwischen den häufig abgegrenzt dargestellten Transformationsphasen auf, die sich gerade aus ihren räumlich und zeitlich vielfach differenzierten Abläufen ergeben. Die Darstellung ist also zwangsläufig immer wieder auf die regionale Ebene konzentriert.

---

[1] *T. Pierenkemper*, Beschäftigung und Arbeitsmarkt, in: *G. Ambrosius/D. Petzina/W. Plumpe (Hg.)*, Moderne Wirtschaftsgeschichte: eine Einführung für Historiker und Ökonomen, 2. Aufl. München 2006, S. 235–256; *G. Mahlerwein*, Grundzüge der Agrargeschichte Band 3: Die Moderne (1880–2010), Köln/Weimar/Wien 2016, S. 121f.

2 Kontinuitäten und Innovationen: Landwirtschaft im späten 18. Jahrhundert

Die landwirtschaftliche Praxis des späten 18. Jahrhunderts war im Alten Reich wie in vielen Teilen Europas von teilweise noch aus dem Mittelalter herrührenden, freilich vielfach modifizierten Strukturen geprägt. Aus der mittelalterlichen Grundherrschaft, in der die Verleihung von Land mit darüber hinausgehenden Herrschaftsrechten über die den Boden bewirtschaftenden Menschen verbunden war, entwickelten sich unterschiedliche Varianten von Leihbeziehungen zwischen Landeigentümern und Landnutzern, von der Pacht als am weitestgehenden von anderen herrschaftlichen Überlagerungen befreiter Form der Bodenleihe über mit teilweise noch durch zusätzliche personenrechtliche Verbindungen (Leibherrschaft, Eigenbehörigkeit) abgesicherte, sich im Verlauf der Frühen Neuzeit zunehmend versachlichende Formen der Rentengrundherrschaft bis hin zur aus der Verbindung von Eigenbetrieben der Herrschaftsträger mit der Nutzung ihnen aus anderer herrschaftsrechtlicher Begründung zustehender Verfügungsrechte resultierenden Gutsherrschaft, die sich vor allem in östlich der Elbe gelegenen Gebieten, in abgeänderter Form auch stellenweise in Teilen Schleswig-Holsteins und Sachsens etablierte.[2] In Auseinandersetzung mit unterschiedlichen natürlichen und topografischen Voraussetzungen (Boden, Klima, Verkehrsbedingungen, Marktanbindung), demografischen Entwicklungen, erbrechtlichen Traditionsbildungen zwischen den Polen ungeteilter (Anerbenrecht) und geteilter (Realerbteilung) intergenerationeller Besitzweitergabe und herrschaftspolitischen Auseinandersetzungen entstand in der Weiterentwicklung der Formen mittelalterlicher Grundherrschaft eine regional differenzierte agrarstrukturelle Vielfalt mit teilweise, etwa im Bereich der Betriebsgrößen, bis in die Gegenwart reichenden Langzeitwirkungen.[3]

Ebenfalls mittelalterlichen Ursprungs war das noch in weiten Teilen Europas praktizierte System eines Wechsels von Anbau- und Brachjahren zum Erhalt der Bodenfruchtbarkeit angesichts eines in der Vormoderne chronischen Düngermangels und zur Vermeidung von Pflanzenkrankheiten. Hier dominierte vor allem die Dreifelderwirtschaft als Folge von Wintergetreide, Sommergetreide und Brache auf aus einzelnen Flurstücken zusammengelegten Großfeldern mit Flurzwang.[4] Nicht nur, aber auch nicht zuletzt aus der Notwendigkeit der koordinierten und der teilweise kollektiven Nutzung des Bodens entwickelten sich ländliche Gemeinden in Strukturen, die sich am Ende des 18. Jahrhunderts ebenfalls noch vielfach aus mittelalterlichen

---

[2] R. Kießling/F. Konersmann/W. Troßbach, Grundzüge der Agrargeschichte Band 1: Vom Spätmittelalter bis zum Dreißigjährigen Krieg (1350–1650), Köln/Weimar/Wien 2016, S. 191–195, 212f.
[3] G. Mahlerwein, Grundzüge 3, S. 20f.
[4] G. Mahlerwein, Fruchtfolgen, in: F. Jaeger (Hg.), Enzyklopädie der Neuzeit Band 4, Stuttgart 2006, Sp. 77–79.

Ursprüngen herleiten ließen.[5] Die insbesondere durch den unterschiedlichen Zugang zu Land als wichtigster Ressource bestimmte soziale Differenzierung innerhalb der Dörfer und Siedlungen mit bedeutenden Unterschieden in der landwirtschaftlichen Praxis findet sich ebenso schon im Spätmittelalter angelegt.[6]

Bei all diesen Kontinuitätslinien kann die vormoderne Landwirtschaft aber sicher nicht als statisch angesehen werden. Zur Versorgung insbesondere der größeren Städte und der stärker gewerblich geprägten Regionen, vor allem der Bergbaureviere, lassen sich seit dem Spätmittelalter mehrstufige Handels- und Marktbeziehungen rekonstruieren, die über den innerdörflichen und regionalen Handel hinaus sich zunehmend großräumiger gestalteten. Spezialisierungen im weiten Umkreis der Städte auf Obst, Gemüse oder Milch sind neben regionalen Schwerpunktsetzungen auf die Produktion von Rohmaterial für gewerbliche Weiterverarbeitung (Textilproduktion) und auf – klimatisch vorgegeben – Wein- und Hopfenanbau ebenso auf die zuverlässige Existenz von Absatzmärkten und entstehenden Handelsverbindungen zurückzuführen, wie die Versorgung der größeren Städte mit Getreide und Fleisch, die teilweise über größere Distanzen aus Ostmittel- und Nordeuropa, aber auch aus Regionen mit günstigen Bodenverhältnissen (etwa: Magdeburger Börde, Münsterland) organisiert wurde, entsprechende Produktionskonzentrationen begünstigte.[7] Die Marktquote der landwirtschaftlichen Produktion insgesamt wird aber für die Frühe Neuzeit insgesamt nur niedrig eingeschätzt. Selbst für die Dörfer im Umland Kölns wird in einer Modellrechnung für die beginnende Neuzeit von nur etwa zehn Prozent ausgegangen.[8] Dass andererseits auch dem innerdörflichen Handel mit Agrarprodukten im 18. Jahrhundert ein teilweise höherer Stellenwert zukam als dem Handel über die Dorfgrenzen hinaus, hat Rainer Beck für das bayerische Dorf Unterfinning beschrieben.[9] Landwirtschaft im 18. Jahrhundert diente aus der Perspektive der Agrarproduzenten zunächst der Sicherstellung der eigenen Subsistenz, in einem nur schwer zu benennenden Ausmaß – nach Abzug der an die unterschiedlichsten Herrschaftsträger zu entrichtenden Abgaben –, aber eben auch der Erwirtschaftung von Gewinn über vielfältig strukturierte Vermarktungswege. Mit dem nach den Kriegen und Krisen des 17. Jahrhunderts kontinuierlich ansteigenden Bevölkerungswachstum des 18. Jahrhunderts vergrößerte sich sowohl der Bedarf für die Eigensubsistenz als auch die Marktnachfrage. Um dem nachzukommen (und der im 19. Jahrhundert vieldiskutierten Malthusianischen Falle, dem befürchteten Ungleichgewicht zwischen einer exponentiell wachsenden Bevölkerung, aber einer nur linear ansteigenden

---

5 *W. Troßbach/C. Zimmermann*, Die Geschichte des Dorfes. Von den Anfängen im Frankenreich zur bundesdeutschen Gegenwart, Stuttgart 2006, S. 40f., 132–134.
6 *G. Mahlerwein*, Geschichte des Dorfes I: Wandel im westlichen Europa, in: *W. Nell/M. Weiland (Hg.)*, Dorf. Ein interdisziplinäres Handbuch, Stuttgart 2019, S. 87–92.
7 *Kießling/Konersmann/Troßbach*, Grundzüge 1, S. 96–98, 145–157.
8 *Ebd.*, S. 147.
9 *R. Beck*, Unterfinning. Ländliche Welt vor Anbruch der Moderne, München 1993, S. 563–575.

Nahrungsmittelproduktion, zu entgehen), musste die Produktion gesteigert werden. Im Bereich des Ackerbaus bedeutete das die Erschließung neuer Anbauflächen und die Steigerung des Flächenertrages.

Nach der Wiederinbetriebnahme aufgrund der Bevölkerungsverluste der Kriege und Seuchen des 17. Jahrhunderts aus der Bewirtschaftung gefallenen Landes war es vor allem die Intensivierung vorher bereits extensiv genutzten Bodens, die zur Ausweitung der Agrarflächen führte. Durch Rodung, Be- oder Entwässerung einer intensiveren agrarischen Nutzung zugeführte Flächen, in der Sprache des 19. Jahrhunderts unter anderem als ‚Öd-‘ oder ‚Unland‘ bezeichnete Moore und Heiden, aber auch Feuchtgebiete an Flüssen oder deren Altarmen, Wälder, Wiesen und Weiden stellten eine für das 18. Jahrhundert auch nicht annäherungsweise zu quantifizierende Landreserve für die Ausweitung insbesondere des Getreidebaus dar, deren Bedeutung für eine ‚naturale Ökonomie‘ in Form einer Nutzung auch ‚marginaler Ressourcen‘ insbesondere für untere Bevölkerungsschichten allerdings auch nicht zu übersehen ist.[10]

Methoden um den Flächenertrag zu steigern, waren bereits seit Jahrhunderten bekannt. Die Versorgung der Agrarflächen mit Nährstoffen konnte durch eine Reihe von Maßnahmen, die vor allem auf der Verbindung von Pflanzenbau und intensivierter Viehzucht basierten, deutlich verbessert werden. In der Intensivlandwirtschaft der Niederlande seit dem 16. Jahrhundert – und von dort aus an den Niederrhein, nach England und nach Nordfrankreich übertragen – wurde die Bepflanzung der Brache mit Leguminosen (Klee, Esparsette, Luzerne) und Rüben betrieben, durch die das Futterangebot und somit der Viehbestand vergrößert werden konnte. Durch die Sommerstallhaltung konnte die Düngermenge verdoppelt werden. Dadurch und durch die Fähigkeit der Leguminosen, Luftstickstoff über Knöllchenbakterien in Bodenstickstoff umzuwandeln, wurden teilweise vieljährige Fruchtwechselsysteme ermöglicht, die die Brache weitgehend überflüssig machten. Diese auf Erfahrungswissen basierenden Methoden wurden in der agronomischen Literatur des 18. Jahrhunderts, in landwirtschaftlichen Gesellschaften und auch von reformorientierten Regierungen diskutiert und propagiert. In regional sehr unterschiedlicher Intensität begannen sie sich in der zweiten Hälfte des 18. Jahrhunderts in verschiedenen Territorien des Reichs zu verbreiten. Als Pioniere wirkten Praktiker, die – häufig als Außenseiter der dörflichen Gesellschaften – an die lokalen Verhältnisse angepasst nach Trial-and-Error-Prinzip vorgingen und bei Erfolg schnell Nachahmer fanden.[11] Den höheren Erträgen standen ein höheres Risiko, höherer Kapitaleinsatz und ein massiv erhöhter Arbeitskräfteeinsatz gegenüber, was auch von zeitgenössischen Landwirten schon

---

10 *R. Gudermann*, Der Take-off der Landwirtschaft im 19. Jahrhundert und seine Konsequenzen für Umwelt und Gesellschaft, in: *K. Ditt/R. Gudermann/N. Rüße (Hg.)*, Agrarmodernisierung und ökologische Folgen. Westfalen vom 18. bis zum 20. Jahrhundert, Paderborn 2001, S. 47–83, hier: S. 56–64.
11 *G. Mahlerwein*, Innovationen, landwirtschaftliche, in: *F. Jaeger (Hg.)*, Enzyklopädie der Neuzeit Band 5, Stuttgart 2007, Sp. 1004–1015.

kritisch gesehen wurde.¹² Dass deren Skepsis und infolgedessen verzögerte oder verweigerte Übernahme der neuen Methoden nicht auf ihre Unwilligkeit gegenüber Neuerungen und somit auf ihren – in der Sprache der zahlreichen zeitgenössischen Theoretiker – Hang zum ‚Schlendrian' zurückzuführen, sondern als ökonomisch rationale, auf Kosten- und Ertragskalkulationen basierende Vorgehensweise zu verstehen ist, darauf hat zuletzt unter Bezug auf die moderne Entwicklungstheorie Michael Kopsidis hingewiesen.¹³ Das erklärt die teilweise lang andauernde parallele Existenz von intensivierten und eher traditionalen Mustern folgenden Betriebsweisen nicht nur im interregionalen Vergleich, sondern auch im Lokalen.

3 Intensivierungen um 1800: Das Beispiel Südwestdeutschland

Brennspiegelartig lassen sich die Transformationsprozesse von durch geringen Viehbestand mit Sommerweide, Zwei- beziehungsweise Dreifelderwirtschaft mit Flurzwang und systemimmanenten kollektiven Nutzungen geprägte landwirtschaftliche Praktiken auf eine Agrarwirtschaft, die die Brache und verschiedene Formen der kollektiven Nutzung der Gemarkung weitgehend überwunden hat, an einigen südwestdeutschen Beispielen aufzeigen, in denen dieser Wandel vergleichsweise früh und bald auch schon flächendeckend zur Geltung kam. In den Jahrzehnten um 1800 war es nach Aussage der Zeitzeugen, aber auch nach Analyse aller quantitativ vorliegenden Daten im (heutigen) Rheinhessen, in der Pfalz, in Nordbaden und in Hohenlohe zu einer erheblichen Steigerung der Ernteerträge gekommen, im lokalen Einzelfall sogar bis zum Zwei- oder Dreifachen des Ausgangswertes. Seit der Mitte des 18. Jahrhunderts hatten vor allem mennonitische Pächter größerer, nicht von Parzellierung betroffener Höfe, einzelne Gutsbesitzer und – in Hohenlohe und Württemberg – in der Landwirtschaft aktive Dorfpfarrer mit neuen Methoden experimentiert und nach einigen Rückschlägen in ihren Betrieben und auf ihren Musteräckern vorführen können, wie durch die Bepflanzung der Brache und die Einführung der Sommerstallhaltung der Viehbestand verbessert und die Düngermenge vervielfacht werden konnte. Die kommerziellen Erfolge dieser Agrarproduzenten, die sich nicht zuletzt am – allerdings auch für diese Wirtschaftsform notwendigen – Ausbau ihrer Scheunen und Ställe zeigten, hatten dann, so übereinstimmend die Zeitzeugenberichte, innerhalb einer Generation die Berufskollegen in ihrem lokalen Umfeld zur Nachahmung

---

12 *G. Mahlerwein*, Agrarintensivierung und Wissenszirkulation. Vergleichende Beobachtungen an rheinhessischen, nordbadischen und schwäbischen Beispielen, in: *R. Dauser/P. Fassl/L. Schilling (Hg.)*, Wissenszirkulation auf dem Land vor der Industrialisierung, Augsburg 2016, S. 15–22, hier: S. 21.
13 *M. Kopsidis*, Agrarentwicklung. Historische Agrarrevolutionen und Entwicklungsökonomie, Stuttgart 2006, S. 95.

bewegt, sodass sich im frühen 19. Jahrhundert die Neuerungen regional flächendeckend durchgesetzt hatten. Allerdings deuten einige Indizien darauf hin, dass nur Inhaber mittlerer und größerer Betriebe diesen Weg gehen konnten. An der Vergrößerung des Viehbestandes konnte die landwirtschaftlich aktive Unterschicht schon wegen der fehlenden Scheunen und Ställe, abgesehen von für eine Fruchtwechselwirtschaft zu knapper Landressourcen nicht teilnehmen. Es ist daher anzunehmen, dass die Ertragssteigerungen in diesen Regionen auch deshalb so vehement ausfielen, weil sich Kleinproduzenten mit schlechteren Bodenbearbeitungs- und Düngemöglichkeiten aus dem Getreidebau zurückzogen und auf die Subsistenzalternative Kartoffelbau auswichen.[14] Die Tatsache, dass im Bereich des Getreidebaus in diesen Regionen bereits kurz nach 1800 Ertragshöhen erreicht wurden, die bis in das späte 19. Jahrhundert, also bis zur Einführung betriebsfremder Inputs in Form künstlicher Düngemittel, nicht mehr gesteigert wurden, zeigt, dass hier eine Form von Agrarmodernisierung stattgefunden hatte, deren Qualifizierung als ‚neuzeitliche Agrarrevolution' darin begründet liegt, dass der Produktivitätszuwachs durch optimierte Nutzung der Ressourcen, die fast vollständig aus dem landwirtschaftlichen Sektor selbst stammten, erreicht wurde.[15] Kennzeichnend für diese Variante der Agrarintensivierung ist, dass hier der technische Fortschritt, definiert als Steigerung der Produktivität des Faktoreinsatzes, fast ausschließlich auf bodensparenden Praktiken basiert. Während Arbeitskraft aufgrund des Bevölkerungswachstums zur Genüge zur Verfügung stand, war der Faktor Boden aufgrund nur wenig noch ausbaubarer Landreserven – zumal bei abnehmendem Grenzertrag – limitiert.[16] Tatsächlich zeigt eine Modellrechnung am Beispiel der rheinhessischen Landwirtschaft zwischen 1770/80 und 1830, die nur die Arbeitsleistungen im Ackerbau in Betracht zieht und den Arbeitsaufwand für Viehhaltung, Wein- und Gemüsebau, Lagerung, Verarbeitung und Vermarktung der Produkte, Instandhaltung von Gebäuden und Geräten, Holzfuhren und Hausarbeiten, überdies auch nicht die mit dem Mehrertrag verbundenen Anforderungen einberechnet, dass für die Bewirtschaftung eines Hofes gleicher Größe durch die Umstellung auf die neuen Methoden mit mindestens einer Verdoppelung der Arbeitszeit zu rechnen ist.[17] Grundlegende mechanische Neuerungen waren, abgesehen von Ackerwalzen und durch Eisenbesatz verbesserten Pflügen und Eggen, für diese Phase der Modernisierung nicht notwendig. Auch die Betriebsorganisation musste nicht von Grund auf geändert werden. Zwar war ein gewisser Landbesitz notwendig, um die Modifikationen im Getreidebau durchführen zu können, im traditional durch Realerbteilung und zudem intensive Sonderkulturen durch relativ geringe Betriebsgrößen geprägten Südwesten reichte aber bereits ein Grundbesitz von drei bis

---

14 *Mahlerwein*, Agrarintensivierung, S. 15–19.
15 *Kopsidis*, Agrarentwicklung, S. 9, 68.
16 *Ebd.*, S. 77.
17 *G. Mahlerwein*, Die Herren im Dorf. Bäuerliche Oberschicht und ländliche Elitenbildung in Rheinhessen 1700–1850, Mainz 2001, S. 226–234.

fünf Hektar, um im neuen System rentabel wirtschaften zu können, während eine
Ausweitung der Flächen der großen Güter (bis 50 ha) auch vom Arbeitskräftebesatz
schwer umzusetzen war.[18] Auffällig an diesem Beispiel ist, dass die von der Agrargeschichtsschreibung lange Zeit konstatierten Zusammenhänge zwischen Agrarintensivierung und Agrarreformen, also der Aufhebung der alten Agrarverfassung, die durch
die Einbindung der ländlichen Gesellschaft in verschiedene Formen überkommener
Herrschaft und die teilweise genossenschaftliche Nutzung der Agrarflächen geprägt
war, hier eine nachgeordnete Rolle zu spielen scheinen. Zwar war gerade im Linksrheinischen die alte Agrarverfassung durch das revolutionäre Recht in der Zeit seiner
Zugehörigkeit zu Frankreich in einer für die Agrarproduzenten besonders vorteilhaf-
ten Weise aufgelöst und nach 1814 auch nicht wieder restauriert worden. Der Übergang zur modernisierten Agrarpraxis hatte hier, möglicherweise begünstigt durch
günstige Erbleiheverhältnisse und einen großen Anteil an bäuerlichem Eigenbesitz,
allerdings schon deutlich vorher eingesetzt.[19] Auch die Auseinandersetzungen um
Allmendnutzungen waren bereits seit dem 18. Jahrhundert geführt worden, vielerorts
waren die Gemeindeflächen bereits zur individuellen Nutzung parzelliert worden.
Wenn es in der bevölkerungsdichten Region überhaupt noch am Ende des Jahrhunderts Grünflächen gab, die als Gemeindeweide dienten, lag deren Auflösung eher im
Interesse der unterbäuerlichen Schicht, die mangels Viehbesitz von der Aufteilung zu
Ackerland mehr profitierte, andererseits verstärkte die von den Landesherren häufig
unterstützte Aufteilung der Weide die Bereitschaft der Bauern zur Sommerstallhaltung.[20] Eine wesentliche Bedeutung kam dem Wissenstransfer über die innovativen
Methoden zu, hier ist für die Frühzeit vor allem von interpersonaler Kommunikation
auszugehen, begünstigt durch – wie im Fall der Mennoniten – religiöse und ver-
wandtschaftliche überlokale Netzwerke, die auch im Austausch zwischen den experi-
mentierenden Pfarrern eine Rolle spielten.[21] Michael Kopsidis schreibt anknüpfend
an Esther Boserup der demografischen Entwicklung die grundlegende Bedeutung für
die landwirtschaftliche Entwicklung zu: jede Nachfrage nach Agrargütern schaffe
sich ihr Angebot. Dabei führe nicht nur die Bevölkerungsexpansion zu einer „langen
Phase beschleunigten agrarischen Wachstums", sondern insbesondere auch die
Zunahme des nicht landwirtschaftlich aktiven Teils der Bevölkerung.[22] Das impliziert
die Ausweitung von Marktbeziehungen. Zweifelsohne stieg in dem hier beobachteten
Gebiet die Marktquote durch die Veränderungen in der landwirtschaftlichen Praxis
deutlich an. Anderseits verminderte sich schon in den Dörfern selbst der Anteil der
Haushalte, die durch eigenes Wirtschaften ihre Subsistenz sichern konnten. Vielmehr

---

18 *Ebd.*, S. 240.
19 *S. Brakensiek/G. Mahlerwein*, Agrarreformen, in: *F. Jaeger (Hg.)*, Enzyklopädie der Neuzeit Band 1, Stuttgart 2005, Sp. 122–131.
20 *Mahlerwein*, Herren, S. 258–262.
21 *Mahlerwein*, Agrarintensivierung, S. 17f.
22 *Kopsidis*, Agrarentwicklung, S. 89, 101

muss von einer steigenden Gruppe von Einwohnern ausgegangen werden, meist die deutliche Mehrheit innerhalb der Gemeinden, die in einer Mischung aus kleinlandwirtschaftlicher Betätigung, Handwerk und Lohnarbeit in den landwirtschaftlichen Betrieben, häufig genug auch nur durch landwirtschaftliche Lohnarbeit, meist saisonal im Tagelohn organisiert, ihr Auskommen fand.[23] Insofern ist von verstärkten Marktbeziehungen zwischen produzierenden und konsumierenden Mitgliedern der Dorfgemeinden auszugehen, die wie auch im Falle der Bereitstellung von Arbeitskraft überwiegend monetär organisiert waren. Bedeutsamer für die Entwicklung war aber der überregionale Getreidehandel, der angesichts des Fehlens bevölkerungsreicher Städte in der Region, aber begünstigt durch die Verkehrslage am Rhein und seinen Nebenflüssen schon früh exportorientiert war. Die seit den 1740er Jahren langfristig steigenden Preise auf den Getreidemärkten der Region – für die zweite Hälfte des 18. Jahrhunderts ist von einer *conjoncture rhenane* die Rede – stellten für die risikobehaftete Expansion des Getreidebaus die wesentliche Voraussetzung dar.[24] Der seit längerem diskutierte Zusammenhang von ‚Fleißrevolution' und ‚Konsumrevolution' mag zwar für Deutschland generell im Vergleich mit Flandern, den Niederlanden und England als verspätet, frühestens in der zweiten Hälfte des 18. Jahrhunderts einsetzend, beschrieben werden und für ländliche Gesellschaften ohnehin schwer nachweisbar sein, für die hier beschriebene Region ist zumindest für die Schicht der marktorientierten Agrarproduzenten der Konnex zwischen Wirtschaftsgesinnung und Konsumorientierung in der Ausdifferenzierung ihrer materiellen Ausstattung schon erkennbar und wurde auch bereits im späten 18. Jahrhundert von einem Beobachter dezidiert beschrieben: „die mehresten messen ihren Fleiß nach ihren Bedürfnissen."[25]

4 Die Agrarintensivierung im regionalen Vergleich

Der auf gesteigerter Arbeitsintensität von Mensch und Tier und einer durch verbesserte Fruchtfolgen und infolge modifizierter Tierhaltung gestiegene Düngermengen

---

23 *G. Mahlerwein*, Mischökonomie, in: *F. Jaeger (Hg.)*, Enzyklopädie der Neuzeit Band 8, Stuttgart 2008, Sp. 576–578.
24 *F. Konersmann*, Agrarproduktion – Gewerbe – Handel. Studien zum Sozialtypus des Bauernkaufmanns im linksrheinischen Südwesten Deutschlands (1740–1880), in: *F. Konersmann/K.-J. Lorenzen-Schmidt (Hg.)*, Bauern als Händler. Ökonomische Diversifizierung und soziale Differenzierung bäuerlicher Agrarproduzenten (15.–19. Jahrhundert), Stuttgart 2011, S. 77–94, hier: S. 81–84; vgl. *Kopsidis*, Agrarentwicklung, S. 10, 12.
25 *S. Ogilvie*, Revolution des Fleißes. Leben und Wirtschaften im ländlichen Württemberg von 1650 bis 1800, in: *S. Hirbodian/S. Ogilvie/R. J. Regnath (Hg.)*, Revolution des Fleißes, Revolution des Konsums? Leben und Wirtschaften im ländlichen Württemberg von 1650 bis 1800, Ostfildern 2015, S. 173–193, hier: S. 176–180; *G. Mahlerwein*, Herren, S. 149–152; *G. Mahlerwein*, Landwirtschaft und Innovation im deutschen Südwesten, in: *Hirbodian/Ogilvie/Regnath*, Revolution, S. 95–104, hier S. 95: Zitat Johann Friedrich Mayer 1793.

verbesserten Bodenproduktivität basierende Intensivierungsprozess war demnach in erster Linie marktinduziert, während der Auflösung der Agrarverfassung nur den Transformationsprozess sekundierende Qualität zugesprochen werden kann. Wenn die flächendeckende Durchsetzung dieser Praktiken in den deutschen Territorien und Staaten dann mehr als ein Jahrhundert benötigte, dann wäre im regionalen Vergleich darauf zu achten, ob die Gewichtung dieser Veränderungsfaktoren bestätigt werden kann.

Eine regional so tiefgreifende Analyse gibt die derzeitige Forschungslage nicht her. Dass es auch schon vor der vollständigen Umsetzung der Agrarreformen zu grundlegenden Umstellungen der agrarischen Praxis kam, ist für einige Territorien des Alten Reiches aufgezeigt worden. So war schon seit 1770 in einem Teil der ostwestfälischen Grafschaft Ravensberg nach Gemeinheitsteilungen und der Abschaffung von Weiderechten die auf Klee-, Rüben- und Kartoffelanbau in der besömmerten Brache basierende ‚halbe Stallfütterung' eingeführt und eine Steigerung des Nettoertrags von Getreide um 50 Prozent erreicht worden.[26] Aus der Tatsache, dass es der westfälischen Landwirtschaft insgesamt gelang, die nach 1770 schnell wachsende Bevölkerung ohne allzu umfangreiche Getreideimporte zu versorgen, leitet Kopsidis eine im Wesentlichen noch unter den Bedingungen der alten Agrarverfassung einsetzende Agrarintensivierung ab, die sich vor allem in den traditionellen ‚Gunstgebieten' wie dem Hellweg vollzogen haben dürfte.[27] In der Magdeburger Börde hatte im letzten Drittel des 18. Jahrhunderts der Futterpflanzenanbau stark zugenommen und wurde vor allem in Stadtnähe schon die ganzjährige Stallhaltung praktiziert.[28] Auch in der nordwestdeutschen Küstenmarsch war um 1800 die Brache bereits stark zurückgedrängt und wurden teilweise vieljährige Fruchtfolgen praktiziert.[29] All diesen zumindest in Teilen ihrer agrarischen Produktion fortgeschrittenen Regionen ist gemeinsam, dass eine stabile oder auch steigende Marktnachfrage mit seit der Mitte des 18. Jahrhunderts langfristig steigenden Getreidepreisen lokal und regional ohne allzu hohe Transportkosten oder überregional über gut erreichbare Fluss- oder Seehäfen bedient werden konnte. So wuchs der innere Markt für landwirtschaftliche Produkte in allen Gebieten, in denen die unterbäuerlichen Schichten infolge des Bevölkerungswachstums zunahmen, in Ostwestfalen wie in anderen protoindustriell geprägten Regionen zudem durch den großen Anteil gewerblicher Bevölkerung. Die im frühen 19. Jahrhundert mit einem Viertel der Ernte wohl schon überregionale

---

26 *S. Brakensiek*, Agrarreform und ländliche Gesellschaft. Die Privatisierung der Marken in Nordwestdeutschland 1750–1850, Paderborn 1991, S. 103–107.
27 *Kopsidis*, Agrarentwicklung, S. 328.
28 *H. Plaul*, Die Struktur der bäuerlichen Familiengemeinschaft im Gebiet der Magdeburger Börde unter den Bedingungen des agrarischen Fortschrittes in der zweiten Hälfte des 18. Jahrhunderts, in: *J. Ehmer/M. Mitterauer (Hg.)*, Familienstruktur und Arbeitsorganisation in ländlichen Gesellschaften, Wien/Köln/Graz 1986, S. 417–448, hier: S. 440.
29 *J. Cronshagen*, Einfach vornehm. Die Hausleute der nordwestdeutschen Küstenmarsch in der Frühen Neuzeit, Göttingen 2014, S. 183–189.

Marktproduktion des Hellweg wurde zu einem erheblichen Teil in die nahe gelegenen metallverarbeitenden Zentren im Sauerland geliefert.[30] Das Bevölkerungswachstum war nicht nur Auslöser, sondern auch Voraussetzung der frühen Agrarintensivierung, die im Wesentlichen auf eine Steigerung der Arbeitsintensität zurückzuführen ist, also einer Hinzuziehung von landwirtschaftlichen Lohnarbeitern vor allem in saisonalen Arbeitsspitzen bedurfte. Ohne eine gewisse Bevölkerungsdichte, also ein Arbeitskräftepotenzial, das den Mehraufwand leisten konnte, war in der Frühzeit der Agrarintensivierung die Umstellung nicht möglich. Zudem fällt auf, dass in den genannten Regionen die bäuerlichen Handlungsspielräume auch unter den Bedingungen der Grundherrschaft und fortbestehender kollektiver Nutzungen vergleichsweise groß waren, was zeigt, dass der Stellenwert der Agrarreformen für den Verlauf der Agrarintensivierung in anderen, weniger begünstigteren Gebieten auch nicht unterschätzt werden darf. Dass es sich bei allen Beispielen um Regionen handelt, in denen ausschließlich oder überwiegend bäuerliche Familienwirtschaft betrieben wurde, lässt die in diesem Stadium offensichtlichen Vorteile im Bereich der Arbeitskosten aufgrund des flexiblen Einsatzes familiärer Arbeitskraft und der effektiveren Kontrolle zusätzlicher Arbeitskräfte deutlich werden.[31] Auch wenn die Umstellung der landwirtschaftlichen Praxis teilweise mit offensichtlich gut in das System integrierbaren Spezialisierungen einherging (z B. Textilpflanzen in Westfalen, Tabak in der badischen Rheinpfalz, Zichorien in der Magdeburger Börde), lag der Schwerpunkt auf der Erhöhung der Getreideproduktion. Die im Zusammenhang damit gestiegene Viehhaltung wurde zunächst noch in erster Linie als Voraussetzung für die gesteigerten Dünge- und Zugleistungsbedürfnisse der modernisierten Wirtschaft gesehen, auch wenn der Gewinn, der etwa über eine intensive Ochsenmastung erzielt wurde, durchaus ins Kalkül der Agrarproduzenten rückte.

Trotz der auch agrarpublizistisch breit kommunizierten ökonomischen Erfolge dieser Pionierregionen gestaltete sich die lokal angepasste Übernahme der Methoden, insbesondere der Überwindung der Brache und der Steigerung der Nährstoffversorgung im regionalen Vergleich ausgesprochen differenziert und zog sich über viele Jahrzehnte hin, was der Vorstellung einer Agrarrevolution doch widerspricht. Wenn auch belastbare detaillierte statistische Daten erst aus dem späten 19. Jahrhundert vorliegen, so lässt sich doch die Vielfalt der Transformationsprozesse anhand zahlreicher zeitgenössischer Landesbeschreibungen, Abhandlungen über Landwirtschaft und Reiseberichte von Agrarökonomen aufzeigen, die, wenn auch alle von modernisierungsorientierten – und daher interessengeleiteten – Autoren verfasst, zumindest die tendenzielle Entwicklung nachzeichnen.[32] Demnach wurde das in der ersten

---

30 *Kopsidis*, Agrarentwicklung, S. 328f.
31 *Kopsidis*, Agrarentwicklung, S. 168.
32 Aus der Vielzahl entsprechender Schriften wurden ausgewertet: *J. D A. Höck*, Statistische Darstellung der Landwirtschaft in den deutschen Bundesstaaten, Ulm 1824; *A. von Lengerke*, Landwirtschaftliche Statistik der deutschen Bundesstaaten. Erster Band, Zweite Abteilung, Braunschweig

Hälfte des 19. Jahrhunderts primäre Ziel, die Getreideproduktion und somit den zu vermarktenden Anteil zu steigern, in den von vielen strukturellen Unterschieden geprägten Staaten des Deutschen Bundes auf sehr unterschiedlichen Wegen angestrebt. Dabei wird deutlich, dass das von Agrarschriftstellern wie Thaer propagierte englische Modell der Wechselwirtschaft ohne Brache nur selten realisiert wurde. Am ehesten noch wurde dieses System in seiner direkten Umgebung in Brandenburg angewendet, wo allerdings statt Rüben überwiegend Kartoffeln angebaut wurden. In weiten Teilen Deutschlands wurden noch bis in die 1870er Jahre Formen der Dreifelderwirtschaft praktiziert, deren Rentabilität auch von den Modernisierern anerkannt wurde. So wurden etwa im bayerischen Teil Schwabens in den 1820er Jahren nur ein Drittel der Brache bepflanzt, die anderen beiden Drittel aber von den Gemeinden an Schäfereien verpachtet, die durch Einpferchungen den Nährstoffeintrag deutlich erhöhten. Verbesserte und teilweise auf vieljährige Wechsel erweiterte Dreifeldersysteme wurden in so unterschiedlichen Agrarlandschaften wie Schlesien, dem Herzogtum Braunschweig, der preußischen Provinz Sachsen, Hinterpommern und am Niederrhein betrieben. In der nun bayerischen Rheinpfalz konnten damit Ernteergebnisse mit einem Saat-Ernte-Verhältnis von 1:16 erreicht werden, denen gegenüber die ebenfalls in Dreifelderwirtschaften im Herzogtum Braunschweig oder im Fürstentum Minden als immer noch gut bewerteten Ernten von 1:8 weit zurückblieben. Vor allem der Erweiterung der Fruchtfolge durch Kleejahre wurden diese Verbesserungen zugeschrieben. Während in Regionen mit klein- bis mittelbäuerlicher Struktur die parallel zur Felderwirtschaft praktizierte Alternative eines freien Wechsels oftmals durch die naturräumlichen Gegebenheiten bestimmt war, war in Regionen mit einem Nebeneinander unterschiedlicher Betriebsgrößen und -formen die Dreifelderwirtschaft eher von bäuerlichen Betrieben, kaum aber noch von den größeren Gütern praktiziert worden, so etwa in der brandenburgischen Neumark, in Hinterpommern und in Schlesien. Teilweise auf traditionelle Feld-Gras-Wechsel zurückgehende, jetzt aber mit Klee und anderen Leguminosen in ihrer Effizienz deutlich verbesserte Koppelwirtschaften, in denen auf mehrere Jahre Wiesennutzung mehrere ertragreiche Getreidejahre folgten, wurden in den nördlichen und nordöstlichen Regionen, aber auch in der süddeutschen Variante des Egartensystems im Allgäu mit Gewinn betrieben.

Dass die Bedeutung der Agrarreformen für die wirtschaftliche Entwicklung in der Historiografie lange Zeit überschätzt wurde, wird seit längerem diskutiert.[33] Während den Initiativen einiger reformabsolutistischer Regierungen, manchmal in Koordination mit interessierten Teilen der ländlichen Gesellschaft, in der zweiten Hälfte des

---

1840; *A. von Lengerke*, Encyklopädie der Landwirtschaft auf ihrem gegenwärtigen Standpunkte, Band 1 und 2, Braunschweig 1843; Die Landwirtschaft in Bayern. Denkschrift zur Feier des fünfzigjährigen Jubiläums des landwirtschaftlichen Vereines in Bayern, München 1860; Bäuerliche Zustände in Deutschland. Berichte veröffentlicht vom Verein für Socialpolitik, Band 1–3, Leipzig 1883.
33 *R. Prass*, Grundzüge der Agrargeschichte Band 2: Vom Dreißigjährigen Krieg bis zum Beginn der Moderne (1650–1880), Köln/Weimar/Wien 2016, S. 155.

18. Jahrhunderts allenfalls eine Erleichterung bestimmter Praktiken, etwa durch Verzicht auf den Kleezehnten, zugesprochen werden kann und auch deren Initiativen zur Durchsetzung von Anbautechniken oder neuen Kulturpflanzen nur eingeschränkt wirksam waren, wurden die Folgen der zweiten Phase in der Zeit zwischen der Französischen Revolution und den frühen 1820er Jahren, in der die Handlungsspielräume der reformbereiten Kräfte durch den direkten französischen Einfluss, den Systemvergleich mit dem napoleonischen Frankreich oder durch wirtschaftlichen Druck ausgeweitet wurden, und der dritten Phase bis zur Jahrhundertmitte, die am Ende durch einen beschleunigten Reformeifer infolge der Revolution 1848/49 geprägt war, als erheblich für die Agrarwirtschaft angesehen. Die Ablösung persönlicher Abhängigkeitsverhältnisse, persönlicher Dienste und naturaler Abgaben, die Übertragung des Bodeneigentums, die Aufhebung kollektiver Nutzungsformen und Schaffung zusammenhängender Flächen und die Übertragung grund- oder gutsherrlich begründeter Herrschaftsrechte an den Staat wurden als Voraussetzung einer kapitalistisch betriebenen Landwirtschaft angesehen.[34]

Diese positive Bewertung findet sich auch in den zeitgenössischen Texten zur Agrarwirtschaft, gleichwohl auch in ihnen schon die eher unterstützende als initiierende Bedeutung der Agrarreformen unterstrichen wurde.[35] Zweifelsohne erweiterte die Freisetzung aus persönlichen Abhängigkeiten und die volle Verfügungsgewalt über den Landbesitz die Entscheidungsspielräume der Agrarproduzenten, die andererseits zur finanziellen Ablösung etlicher aus der alten Agrarverfassung herrührender Rechte auch zu verstärkter Marktproduktion angehalten waren. In den preußischen Staaten führte die Regelung, dass der Erhalt der vollen Besitzrechte durch die Abtretung von Land an die Gutsherren ausgeglichen werden sollte, zu erheblichen betrieblichen Umschichtungen. Darüber hinaus mussten die ostelbischen Gutswirtschaften durch die Ablösung von Zwangsdiensten auf Lohnarbeit umstellen. Insbesondere für norddeutsche Gebiete eröffneten die Auflösung und Individualisierung von bislang kollektiv genutzten Marken, Allmenden oder Gemeinheiten ein erhebliches, vielfach noch zu kultivierendes Landpotenzial, das die Besitzverluste aufgrund von Landabtretungen teilweise auch wieder aufwog.[36] Die ebenfalls unter dem Begriff der Separation verstandene Aufhebung der Gemengelage der häufig parzellierten Grundstücke unterschiedlicher Besitzer war allerdings bis zum späten 19. Jahrhundert bei Weitem noch nicht überall durchgeführt worden, was auch die Weiterexistenz von Flursystemen erklären hilft. So waren noch bis in die 1880er Jahre in vielen Teilen Deutschlands Zusammenlegungen parzellierten bäuerlichen Besitzes trotz entsprechender Gesetzgebungen verzögert oder nur teilweise durchgeführt worden. Das gilt – wenig überraschend – für die klassischen Realerbteilungsgebiete im Südwesten, aber eben

---

34 *S. Brakensiek/G. Mahlerwein*, Agrarreformen, in: *F. Jaeger* (Hg.), Enzyklopädie der Neuzeit Band 1, Stuttgart 2005, Sp. 122–131.
35 Als Beispiel: *Lengerke*, Encyklopädie Band 1, S. 174.
36 *Brakensiek/Mahlerwein*, Agrarreformen.

auch für die Oldenburger Marsch, Teile Westfalens und Sachsens und sogar Ostpreußens. Nicht nur wurden Kosten, Benachteiligungen und die Einbuße eines Teils des Landes im Zusammenlegungsverfahren befürchtet, sondern auch mit den Vorteilen eines in der Gemarkung verteilten Besitzes argumentiert. Dass gerade in Gebieten mit starker Parzellierung wie in der Pfalz oder in Nordbaden besonders erfolgreich gewirtschaftet wurde, zeigt zudem, dass die Vorstellungen der Agrarreformer nicht immer den lokalen Verhältnissen Rechnung trugen.[37]

Die jüngst von Michael Kopsidis und Nikolaus Wolf aufgrund von statistischen Angaben aus dem Jahr 1865 errechnete Produktivität der preußischen Landwirtschaft bestätigt einmal mehr die Annahme, dass weniger die Agrarreformen als vielmehr Bodenqualität, Bevölkerungsdichte und Marktzugang die Rentabilität landwirtschaftlicher Betriebe determinierten, weswegen die ‚Zentren der preußischen agrarkulturellen Entwicklung' während der Industrialisierungsphase zwischen 1830 und 1870 nicht in den Provinzen östlich der Elbe, sondern in der Nähe der frühen industriellen Zentren im nördlichen Rheinland, Teilen Westfalens, Sachsen und im westlichen Schlesien lagen. Ganz im Sinne der Thünenschen Kreise habe die Landwirtschaft auf die Nachfrage der Städte reagiert.[38]

Bei allen regionalen Unterschieden im Aneignungsprozess der neuen Methoden kann doch aber festgestellt werden, dass die im Wesentlichen auf Arbeitsintensivierung basierende Umstellung der Agrarwirtschaft – wenn auch in unterschiedlicher Intensität – flächendeckend stattgefunden hatte. Das zeigen auch die von Gertrud Helling für verschiedene deutsche Staaten errechneten Daten, nach denen im Zehnjahresdurchschnitt sich die Produktion von Getreide und Kartoffeln von den 1820er bis zu den 1850er Jahren in Preußen und Württemberg um 30, in Sachsen um 58 und in Bayern sogar um 91 Prozent gesteigert hatte. Die durchschnittlichen Hektarerträge von Getreide waren in den 1850er Jahren gegenüber dem Anfang des Jahrhunderts in Bayern und Württemberg um 64, in Preußen um 71 und in Sachsen um 107 Prozent angestiegen. Dass die weit überdurchschnittlichen Steigerungen in Sachsen mit einer ebenso überdurchschnittlichen Erweiterung des Arbeitskräftebestandes um 62 Prozent zwischen 1800 und 1852 einhergingen, in Bayern aber 7 Prozent weniger Arbeitskräfte in der Landwirtschaft gezählt wurden, zeigt, dass in Sachsen (und in Preußen mit einem Zuwachs von 28 Prozent) die Mehrerträge offensichtlich auf höherem Arbeitseinsatz basierten, in Bayern aber eher auf einer Ausweitung der Anbauflächen für Getreide und Kartoffeln.[39]

---

37 *Mahlerwein*, Moderne, S. 22f.
38 *M. Kopsidis/N. Wolf*, Agricultural Productivity across Prussia during the Industrial Revolution: A Thünen Perspective, in: The Journal of Economic History 73 (2012), S. 634–670.
39 Datenreihen nach *Gertrud Helling*, Nahrungsmittel – Produktion und Weltaußenhandel seit Anfang des 19. Jahrhunderts, Berlin 1977, online unter: https://histat.gesis.org/histat/de/project/tables/1A57FAE2F0651B2EF612FE5FA0EED47E (abgerufen 29.8.2019).

5 Der Einstieg in die High-Input-Landwirtschaft

Bis in das späte 19. Jahrhundert war der Einsatz von außerhalb der betrieblichen Kreisläufe produzierten Düngemitteln selten. Zwar waren seit 1840 durch Justus von Liebigs Veröffentlichungen die grundlegenden Prozesse der Düngung und insbesondere die Bedeutung von Stickstoff für das Pflanzenwachstum erkannt worden, aber die praktische Umsetzung dieser Erkenntnisse in Form von nicht aus natürlichen Quellen stammenden Stickstoffgaben ließ noch mehrere Jahrzehnte auf sich warten. Die Durchbrechung der innerbetrieblichen Kreisläufe durch die Zufuhr externer Pflanzennährstoffe hatte allerdings schon vorher eingesetzt. Zum Einsatz kam schon im 18. Jahrhundert Kalk, der aber keine nachhaltige Bodenverbesserung bewirkte. Die Wirkung von Knochenmehl war seit dem frühen 19. Jahrhundert bekannt. Weiterhin bediente man sich aber vorerst vor allem tierischer (und auch menschlicher) Exkremente, die über die eigene betriebliche Produktion hinaus zunehmend auch aus urbanen Zentren stammten, zunächst in der näheren Umgebung der Städte, dann im Zuge der Verbilligung des Transportes auch in entlegeneren Gebieten. Aufgrund des starken Anstieges der städtischen Bevölkerung war auch der Anteil der in die Städte gelieferten Nahrungsmittel angewachsen, die somit als Nährstoffe innerhalb des lokalen Kreislaufes ausfielen. Die Städte wurden so zu ‚Senken für Pflanzennährstoffe', die zumindest zum Teil durch die Ausfuhr der ‚Latrine' der Landwirtschaft wieder zur Verfügung gestellt wurden. Seit der Mitte des 19. Jahrhunderts wurde Guano, ein aus den Exkrementen von Seevögeln bestehender stark stickstoffhaltiger Dünger, aus Südamerika importiert. Ebenfalls aus Südamerika stammte der so genannte Chilesalpeter, natürlich vorkommendes Natriumnitrat, das zur wichtigsten Quelle der Stickstoffdüngung wurde, bis durch die Entdeckung des Haber-Bosch-Verfahrens im Jahr 1908 Ammoniak synthetisiert und so zu einem billigen Stickstoffdünger verarbeitet werden konnte.

Bis in die 1880er Jahre blieb der Einsatz künstlichen Düngers in Süddeutschland noch eher gering, während er in einigen mittel- und ostdeutschen Regionen schon deutlich stärker angewandt wurde. Erst in den Jahrzehnten bis zum Ersten Weltkrieg wurde der Einsatz von Mineraldünger stark gesteigert, eine Verzehnfachung der Mengen an Stickstoff und Phosphat und eine Verzwanzigfachung des Kalieintrags pro Hektar wurde zwischen 1878/80 und 1911/14 reichsweit beobachtet. Trotzdem behielt der betriebseigene Dünger bis 1914 seine Vorrangstellung bei. Gerade für die nord- und ostdeutschen Sandböden und die nährstoffzehrenden Zuckerrübenkulturen spielte die durch Eisenbahntransport und industrielle Herstellung sich verbilligende Mineraldüngung eine wichtige Rolle. Insgesamt werden aber die deutlichen Ertragssteigerungen dieser Jahrzehnte zu einem hohen Anteil immer noch auf die stark intensivierte Viehwirtschaft mit entsprechender Steigerung der Düngermengen zurückgeführt.[40]

---

[40] *O. Grant*, Migration and Inequality in Germany 1870–1913, Oxford 2005, S. 234f.; *Mahlerwein*, Grundzüge 3, S. 104–107.

Das Thema Pflanzenschutz spielte in den Jahrzehnten vor dem Ersten Weltkrieg noch keine sehr große Rolle in der landwirtschaftlichen Praxis. Über mechanische Verfahren (Hacken, Absammeln, Ausreißen) hinaus wurde das Überhandnehmen von konkurrierenden Organismen vor allem durch die Abwechslung in der Fruchtfolge zu bekämpfen versucht. Das erste wirksame chemische Fungizid, die so genannte ‚Bordeauxbrühe', ein Gemisch aus Kupfervitriol und Kalk, wurde seit Ende des 19. Jahrhunderts im Wein- und Kartoffelbau eingesetzt.[41]

Eine wichtige Verbesserung im Pflanzenbau stellten die Bemühungen um das Saatgut dar. War bislang vor allem von den Landwirten selbst durch einfache Auslese gewonnenes Saatgut benutzt worden, das aufgrund des langjährigen Anbaus in einer begrenzten Region an die lokalen Verhältnisse gut angepasst war, so wurde seit der Mitte des 19. Jahrhunderts zunächst im Bereich des Zuckerrübenanbaus, dann auch im Getreidebau auf durch effektivere Auslesemethoden verbesserte Sorten gesetzt. Erst die Wiederentdeckung der Mendelschen Regeln nach 1900 ermöglichte Kreuzungszüchtungen, die als Hochzuchtsorten zu höheren Erträgen führten. Gleichzeitig wurde aber auch noch verbreitet an der Praxis festgehalten, betriebseigenes Saatgut zu verwenden.[42]

Auch in der Viehhaltung wurde zunehmend mit betriebsfremden Ressourcen gearbeitet. Die steigende Nachfrage infolge des Bevölkerungswachstums und der entstehenden Industriegesellschaft nach tierischen Veredelungsprodukten führte zu einem weiteren erheblichen Ausbau der Viehhaltung. Trotz des massiven Ausbaus der Futtermittelkulturen konnte der wachsende Futterbedarf aus eigenen Quellen nicht mehr gedeckt werden. Bereits in der ersten Phase der Agrarintensivierung im 18. Jahrhundert war mit großem Erfolg mit Abfallprodukten aus der – meist betriebseigenen – Branntweinbrennerei gefüttert worden. Im späten 19. Jahrhundert wurden Ölkuchen, entstanden als Pressrückstand bei der Ölgewinnung, genutzt, die zunehmend wie auch Reismehl, Erdnuss- und Baumwollsamen importiert wurden. Auch Getreide wurde als Futtermittel, u. a. aus Russland, eingeführt. Auch im Bereich der Viehzucht kam der Einführung leistungsfähigerer Rassen eine gestiegene Bedeutung zu.[43]

Über die Verbesserung bereits bekannter Arbeitsgeräte, etwa durch verstärkten Einsatz von Eisen, hinaus, begannen sich in der zweiten Hälfte des 19. Jahrhunderts allmählich auch Maschinen durchzusetzen, die Handarbeit erleichterten oder ersetzten. Dabei ist festzustellen, dass durch menschliche oder tierische Kraft angetriebene Maschinen zur Aussaat, zur Ernte, zum Drusch und zur Reinigung des Getreides oder Sämaschinen für Hackfrüchte zwar gegen Ende des Jahrhunderts schon in großbäuerlichen Betrieben und im Großgrundbesitz verbreitet genutzt wurden, kaum aber

---

41 *Mahlerwein*, Grundzüge 3, S. 109f.
42 *J. Harwood*, Politische Ökonomie der Pflanzenzucht in Deutschland, ca. 1870–1933, in: *S. Heim* (Hg.), Autarkie und Ostexpansion. Pflanzenzucht und Agrarexpansion im Nationalsozialismus, Göttingen 2002, S. 14–34, hier: S. 14–22; *Mahlerwein*, Grundzüge 3, S. 101f.
43 *Mahlerwein*, Grundzüge 3, S. 84–87.

in mittleren und kleinen Betrieben. Die Nutzung von Dampfkraft, vor allem für die Dreschmaschine, weniger für Pflugarbeiten, stellt einen massiven Einschnitt in der landwirtschaftlichen Produktion dar, da nun erstmals in größerem Ausmaß betriebsfremde Energie genutzt und so der Übergang von einer solarbasierten zu einer auf fossile Brennstoffe basierenden Energieversorgung bereitet wurde. Bei all diesen Innovationen ist allerdings auch zu erkennen, dass sie nur dann zum Einsatz kamen, wenn ihre Rentabilität gewährleistet war. War genügend menschliche Arbeitskraft vorhanden, wie in kleineren und mittleren Betrieben, so stellte eine kostenintensive Technisierung und Maschinisierung keine Alternative dar.[44]

Der – teilweise noch verhaltene – Einstieg in die ‚*High-Input*-Landwirtschaft' in den letzten Jahrzehnten des 19. Jahrhunderts wirkte sich schon deutlich auf die Ertragsfähigkeiten aus. Das kann am Beispiel der Hektarerträge für Roggen, Weizen und Kartoffeln gesehen werden, die reichsweit zwischen 1881/85 und 1898/1902 um etwa die Hälfte, bis 1909/13 noch um weitere 10 bis 30 Prozent anstiegen, was wohl vor allem auf die verbesserten Düngemöglichkeiten und besseres Saatgut zurückzuführen ist.[45] Die viehwirtschaftliche Produktion, also der Wert der Fleisch-, Milch- und Wollerzeugung, war im letzten Quartal des 19. Jahrhunderts um 37 Prozent, bis 1913 dann noch um weitere 28 Prozent angestiegen.[46] Hatte die erste Agrarintensivierung seit dem späten 18. Jahrhundert zunächst vor allem in Regionen mit hoher Bevölkerungsdichte und klein- bis mittelbetrieblicher Struktur zu auffälligen Ertragssteigerungen geführt, so lässt sich ab dem letzten Viertel des 19. Jahrhunderts beobachten, dass die Produktivität der ostelbischen Landwirtschaft – freilich von einem Ausgangswert, der ein Viertel unter dem deutschen Durchschnitt lag – deutlich schneller anstieg als in den Regionen links der Elbe. Während die Produktion der wichtigsten Pflanzenkulturen (Zuckerrüben, Kartoffeln, Weizen, Roggen, Gerste, Dinkel und Hafer) pro Hektar in Ostelbien zwischen 1880/84 und 1905/09 um 95,5 Prozent anstieg, waren es im restlichen Deutschland nur knapp 40 Prozent. Der Anteil der Arbeitskräfte an der Gesamtzahl der Erwerbstätigen blieb in den ostelbischen Provinzen in dieser Zeitspanne annähernd gleich, der reichsweit gemessene Anteil an der Gesamtproduktion der Hauptkulturen stieg aber von 32,5 auf 43,3 Prozent an. Diese Entwicklung wurde unter anderem zurückgeführt auf die Einführung von Zuckerrüben, deren im Vergleich zum Getreidebau zwei- bis dreifach so hoher Düngerbedarf zur Nachfragesteigerung und infolgedessen auch zur Ansiedlung von Düngerfabriken in den entsprechenden Regionen führte, deren Produkte dann wiederum ohne hohe Transportkosten im sonstigen Pflanzenbau verwendet wurden. Tatsächlich expandierte der Zuckerrübenanbau in Ostdeutschland stärker und führte der *sugar beet effect* zur Angleichung der ostdeutschen an die mittel- und westdeutschen Ernteergeb-

---

44 *Mahlerwein*, Grundzüge 3, S. 70–74.
45 *Mahlerwein*, Grundzüge 3, S. 150.
46 H.-U. *Wehler*, Deutsche Gesellschaftsgeschichte, Band 3: Von der „Deutschen Doppelrevolution" bis zum Beginn des Ersten Weltkrieges 1849–1914, München 1995, S. 695.

nisse. Aber auch Regionen mit nur wenig Zuckerrübenanbau, etwa Ost-Preußen, steigerten ihre Produktion erheblich. Das muss einerseits mit dem Einsatz von mehr Kunstdünger, verbesserten Saatguts und verbesserter Ackerbautechniken insbesondere auf den größeren Gütern und dem stärker anfallenden tierischen Dünger bei den kleineren Betrieben, deren Viehhaltung die der Großbetriebe auf die Fläche bezogen deutlich übertraf, erklärt werden.[47]

Deutlich wird, dass in der ersten Agrarintensivierung der erhöhte Arbeitseinsatz, in der zweiten aber der höhere Kapitaleinsatz ausschlaggebend war.

6 Transportwesen und Marktintegration

Höchste Bedeutung für die regionalen Differenzen agrarischer Entwicklung kam der Verkehrsinfrastruktur zu. Bereits der seit dem späten 18. Jahrhundert verstärkte Chaussee- und Kanalbau, erst recht aber Eisenbahn und Dampfschifffahrt seit den 1840er Jahren führten nicht nur zu einer bislang unvorstellbaren Beschleunigung des Transportwesens, sondern auch zu einer zunehmenden Erschließung bislang vom überregionalen Marktgeschehen weitgehend ausgeschlossener Regionen. Die Ausweitung des Getreideanbaus seit dem späten 18. Jahrhundert ist ohne den auch über weitere Strecken nun rentableren Getreidehandel nicht vorstellbar. Dementsprechend ist die verkehrsgünstige Situation an Wasserstraßen und in im Chausseebau fortgeschrittenen Regionen als mit ursächlich für die jeweiligen Fortschritte anzusehen. Während im frühen 19. Jahrhundert Württemberg und Baden, die Rheinlande und Westfalen aufgrund ihrer Verkehrsinfrastruktur, aber auch ihrer jeweils benachbarten Situation Getreide in die Schweiz, nach Frankreich und in die Niederlande absetzten, blieben weiträumigere Exporte nach England und Schweden der ostelbischen Landwirtschaft über die Ostseehäfen vorbehalten.[48] Weiterhin allerdings blieb der Binnenhandel wichtiger. Auch nach 1840 wurden die bevölkerungsreichen westlichen preußischen Provinzen im Wesentlichen von der nordwestdeutschen und nicht der ostelbischen Landwirtschaft versorgt.[49] Die verbesserten Transportbedingungen, aber auch die veränderte Nachfrage in den Städten und Gewerberegionen ließen nun auch Spezialisierungen in von den Nachfragezentren entfernteren Regionen zu. Der zunächst in bürgerlichen Kreisen, nach 1850 auch in Arbeiterhaushalten steigende Fleischkonsum korrespondierte mit der in Folge der Agrarintensivierung steigenden Viehhaltung. Wurde der wachsende Milchverbrauch ganz im Sinne der Thünenschen Kreise durch stadtnahe Produzenten sicher gestellt, so ergaben sich durch verbesserte Transportmöglichkeiten auch für entferntere Regionen Möglichkeiten, sich

---
47 *Grant*, Migration, S. 235–245.
48 *Höck*, Landwirthschaft, S. 4.
49 *Kopsidis/Wolf*, Prussia, S. 639.

städtische Märkte durch Butter- und Käseproduktion zu erschließen.[50] Regionale Spezialisierungen sind gerade im Zusammenhang mit der seit dem späten 18. Jahrhundert entstehenden frühen Lebens- und Genussmittelindustrie zu beobachten: etwa Zichorien im Magdeburger Raum und in Schlesien, Tabak in der Pfalz und in Baden, Hopfen, Ölpflanzen, seit den 1840er Jahren im zunehmenden Ausmaß Zuckerrüben. Die Ausweitung von Obst- und Gemüsebau in vielen stadtnahen Regionen folgte den verbesserten Absatzchancen und Transportbedingungen.[51]

Die Nivellierung der Getreidepreise in Preußen bereits im ersten Drittel des 19. Jahrhunderts zeigt, dass vor allem auf der Grundlage des verbesserten Chausseebaus ein flächendeckender überregionaler Markt entstanden war. In der Fleischvermarktung wiederholte sich dieses Phänomen seit den 1860er Jahren, jetzt infolge der Eisenbahnverbindungen. Die massiven Konsequenzen der Transportentwicklung für die deutsche und globale Landwirtschaft zeigten sich im letzten Viertel des 19. Jahrhunderts. Die zunehmend die westeuropäischen Märkte erfassenden Getreideexporte aus Russland und Österreich-Ungarn wurden überlagert durch vermehrte Zufuhr billigen Getreides aus Nordamerika, seit den 1890er Jahren auch aus Argentinien und Indien. Gegenüber dem deutlich billiger produzierten und aufgrund stark sinkender Verkehrskosten auch günstig transportierten Überseegetreide konnten die west- und mitteleuropäischen Produzenten kaum mithalten. Der deutsche Anteil an den Weizenimporten schrumpfte schon in den siebziger Jahren von 18 auf knapp drei Prozent. Durch die Innovation des gekühlten Transports verdrängten amerikanische Lieferanten europäische Produzenten auch beim Fleisch vom expandierenden englischen Markt. Konnten die Fleischproduzenten angesichts des wachsenden Binnenmarktes und erschwerten Einfuhrbedingungen für ausländisches Fleisch die Verluste ausgleichen, so standen die Getreideproduzenten vor größeren Problemen, da die Importe trotz ab 1879 eingeführter Getreidezölle anhielten. Andererseits bedeutete die Einbindung in den entstehenden Weltagrarmarkt auch, dass Betriebsmittel, vor allem Futtermittel und Dünger, günstig importiert werden konnten.[52]

Die zunehmende Marktintegration bedeutete allerdings nicht, dass die gesamte Agrarerzeugung auf den Markt orientiert war. Das zeigen schon die Besitzverhältnisse an. Noch 1882, das Jahr, für das die erste reichsweite Statistik vorliegt, wurden zwar 85 Prozent der landwirtschaftlichen Nutzfläche im Deutschen Reich von Betrieben bewirtschaftet, die mit mehr als fünf Hektar Landbesitz als mittlere und größere Betriebe galten. Drei Viertel der Betriebe aber waren Klein- und Kleinstbetriebe, die zum weit überwiegenden Anteil mit Flächen von weniger als zwei Hektar auskommen mussten. Bis 1907 änderte sich daran wenig, der Anteil der Betriebe unter fünf Hektar stieg sogar leicht an. Wenn auch ein Teil dieser Wirtschaften insbesondere über Sonderkulturen in das Marktgeschehen eingebunden sein konnte, ist doch bei

---

50 *Prass*, Grundzüge 2, S. 159; Landwirtschaft in Bayern, S. 741.
51 *Prass*, Grundzüge 2, S. 159.
52 *Mahlerwein*, Grundzüge 3, S. 158f.

einem Großteil von einer Subsistenzorientierung auszugehen, die auch für einen Teil der mit zwischen fünf und 20 Hektar pauschal als mittlere Größe bewerteten Betriebe noch eine Rolle gespielt haben dürfte, sagen doch diese Zahlen noch wenig über die Ertragsfähigkeit eines Betriebes in den regional ausgesprochen differenzierten deutschen Agrarlandschaften aus. Während in Südwestdeutschland angesichts der Realerbteilungstradition ein Übergewicht von Kleinst- und Kleinbetrieben festzustellen ist, aber ein Betrieb mit etwa drei Hektar, teilweise sogar mit weniger als zwei Hektar schon als vollbäuerlich galt, wurden Betriebe mit weniger als 20 Hektar im vom Anerbenrecht geprägten Nordwesten noch als ‚kleinere Besitzungen' angesehen, im ostelbischen Preußen, dessen Flächen etwa zur Hälfte von Großbetrieben mit mehr als 100 Hektar bewirtschaftet wurden, galten stellenweise selbst Eigentümer mit 50 Hektar noch als Kleinbesitzer.[53] Wenn auch infolge von Agrarreformen ein Teil der unterbäuerlichen Schichten etwa im Zuge der Gemeinheitsteilungen Möglichkeiten der Viehhaltung über kollektive Nutzungen verlor und für viele Kleinbauern in den stärker von Parzellierung geprägten Regionen die kapitalintensiven Umstellungen nicht möglich waren, so bot sich doch gerade mit der Verbreitung des Kartoffelbaus eine Subsistenzalternative, die mit vergleichsweise wenig Landbesitz umzusetzen war. Gerade jene Gruppen erwiesen sich dann in Krisensituationen wie etwa der europaweit verbreiteten Kartoffelfäule in der Mitte der 1840er Jahre als besonders vulnerabel.[54] Insgesamt aber kann die Subsistenzorientierung, die einer partiell marktorientierten Produktion nicht zu widersprechen braucht, sondern als auf diese bezogen erscheinen kann, als eine Möglichkeit der Krisenprävention in einer sich noch nicht voll Marktlogiken gehorchenden ökonomischen Praxis verstanden werden.[55]

Vor allem als Folge der durch die Entwicklungen im globalen Transport- und Verkehrswesen zunehmenden internationalen Konkurrenz endete in den 1870ern der langjährige, nur durch wenige Gegenbewegungen unterbrochene Aufwärtstrend der Preise für Agrarprodukte. Durch die Diskussion über die Notwendigkeit von Schutzzöllen begann das Zeitalter der Agrarprotektion, die in ihrer ersten Phase bis 1914 durch die Durchsetzung hoher Schutzzölle Preise oberhalb des Weltmarktniveaus zulasten der städtischen Konsumenten garantierte. Bei der Durchsetzung dieser Politik spielte das sich konstituierende agrarische Verbandswesen eine eminent wichtige Rolle. In den Jahren der Niedrigzollpolitik ab 1891 konstituierte sich der besondere Schlagkraft entwickelnde ‚Bund der Landwirte' als Massenorganisation, in

---

53 *Mahlerwein*, Grundzüge 3, S. 20–24.
54 Vgl. *Prass*, Grundzüge 2, S. 121; *Mahlerwein*, Herren, S. 208; G. *Mahlerwein*, The Consequences of the Potato Blight in South Germany, in: C. Ó Gráda/R. Paping/E. Vanhaute (Hg.), When the Potato Failed. Causes and Effects of the Last European Subsistence Crises, 1845–1850, Turnhout 2007, S. 213–221; A. *Schanbacher*, Kartoffelkrankheit und Nahrungskrise in Nordwestdeutschland 1845–1848, Göttingen 2016, S. 43f., S. 234–240.
55 Zu der Bedeutung einer als Krisenabsicherung verstandenen Subsistenzpraxis noch im 20. Jahrhundert vgl.: M. *Prinz*, Der Sozialstaat hinter dem Haus. Wirtschaftliche Zukunftserwartungen, Selbstversorgung und regionale Vorbilder: Westfalen und Südwestdeutschland 1920–1960, Paderborn 2012.

dem die ostelbischen Großgrundbesitzer dominierten, obwohl sie nur ein Prozent der Mitglieder stellten. Dabei standen deren Interessen konträr zu denen anderer Produzenten und Regionen, die, etwa im Fall von Futtermittel importierenden Viehzüchtern, niedrige Getreidepreise bevorzugt hätten.[56] Gleichwohl der gesamte Sektor angesichts der in diesen Jahrzehnten massiven Ertragssteigerungen keinesfalls als krisenhaft anzusehen ist, gelang es doch den Verbänden, den Krisendiskurs zu ihren Gunsten aufrecht zu erhalten.

7 Faktormärkte: Boden, Kredit, Arbeit

Seit den Agrarreformen war die Entstehung eines freien Bodenmarktes möglich geworden. Insbesondere die Nationalgüterversteigerungen im zeitweise zu Frankreich gehörenden linksrheinischen Deutschland und in abgewandelter Form in einigen Rheinbundstaaten können hier auch als ein erheblicher Impuls in der Umschichtung von Landbesitz gesehen werden.[57] Mikrostudien zu westfälischen und schwäbischen Dörfern zeigen allerdings, dass in der Mitte des 19. Jahrhunderts nicht nur sehr wenig Land über den freien Bodenmarkt transferiert wurde, sondern dass auch die Besitzübertragungen außerhalb der intergenerationellen Regelungen in den Kernfamilien häufig innerhalb von Verwandtschaftsnetzwerken getätigt wurden und so auch die Preisbildung von anderen als Marktlogiken beeinflusst sein konnte. Ein ähnliches Verhalten ist selbst für das späte 19. Jahrhundert noch im Hunsrück belegt. Verallgemeinerbar scheint Georg Fertigs aus der Analyse der Hellweg-Gemeinde Borgeln resultierende Beobachtung zu sein, dass agrarisches Wachstum nicht in einem „linearen Zusammenhang" mit einem ausgeprägten Bodenmarkt stehe.[58] Anders war die Situation in Brandenburg. Nachdem durch das Oktoberedikt 1807 der Gütermarkt freigegeben worden war, drängten hier bürgerliche Käufer auf den Markt, die insbesondere kleinere und mittlere, meist bereits auch innerhalb des Adels schon mehrmals veräußerte Güter erwarben. Zunächst waren vor allem die früheren Pächter als Käufer aktiv, die seit den späten 1820er Jahren, als die Rentabilität der Betriebe angesichts steigender Erträge und Preise stieg, zunehmend von Vertretern des Bürger-

---

56 *Mahlerwein*, Grundzüge 3, S. 171–174.
57 *G. Mahlerwein*, Nationalgüter, in: Friedrich Jaeger (Hrsg.), Enzyklopädie der Neuzeit Band 8. Stuttgart 2008, Sp. 1087–1089.
58 *D. W. Sabean*, Property, Production, and Family in Neckarhausen, 1700–1870, Cambridge 1990, S. 401–415; *G. Fertig*, „Der Acker wandert zum besseren Wirt"? Agrarwachstum ohne preisbildenden Bodenmarkt im Westfalen des 19. Jahrhunderts, in: ZAA 52, 2004, S. 44–63; *G. Fertig*, Äcker, Wirte, Gaben. Ländlicher Bodenmarkt und liberale Eigentumsordnung im Westfalen des 19. Jahrhunderts, Berlin 2007, S. 203–227, *Mahlerwein*, Grundzüge 3, S. 43.

tums, denen auch das Prestige von Landbesitz wichtig war, verdrängt wurden.[59] Ähnliches gilt für die anderen nordostdeutschen Provinzen. Allerdings kann auch dort ein aktiver Bodenmarkt nur im Bereich des Großgrundbesitzes beobachtet werden, während bäuerliche Besitzungen ebenso selten über den freien Bodenmarkt gehandelt wurden wie im Westen.[60] Am anderen Ende der sozialen Skala fanden in den mehr bäuerlich geprägten Regionen zunehmend Parzellenkäufe einer wachsenden Gruppe von unterbäuerlichen Gruppen, Arbeitern, Handwerkern, Gewerbetreibenden statt, die, wenn nicht für Sonderkulturen genutzt, als subsistenzökonomische Absicherung einer mischökonomischen Existenz verstanden werden müssen. Dass dadurch die Bodenpreise stark nach oben getrieben wurden, ist nicht zuletzt auch mit der Finanzierung durch außeragrarisch erworbenes Kapital zu erklären.[61]

Kann der Bodenmarkt also außerhalb des nordostdeutschen Großgrundbesitzes noch nicht als Faktormarkt im modernen Sinn, bei dem der Preis weitgehend durch Angebot und Nachfrage gebildet wird, verstanden werden, so war auch der Kreditmarkt noch in hohem Maße in soziale Beziehungen eingebettet. Auch nach der Institutionalisierung von kreditgebenden Instituten auf dem Land seit dem frühen 19. Jahrhundert wurde Geld sehr häufig von Privatpersonen verliehen. Für Südwestdeutschland kann anhand der ‚Schreibebücher' wohlhabender Bauern nachverfolgt werden, wie diese als Kreditgeber für Klein- und Parzellenbauern und die Handwerker und Gewerbetreibenden in den Dörfern agierten, wobei die Kreditvergabe dann in ein Netz anderweitiger Beziehungen eingeflochten war, Abhängigkeiten schuf oder verstärkte, soziale Kontrolle ermöglichte, aber auch auf Vertrauen basieren konnte.[62] Auch in Westfalen verliehen Bauern, Kaufleute, kirchliche Institutionen Geld, in Form von Hypothekenkrediten auch in einer Größenordnung, die für Grundlastenablösung notwendig war. Diese Form der Kreditaufnahme blieb auch noch nach der Gründung von staatlichen Ablösebanken und Sparkassen attraktiv.[63] Im Bereich der nordostdeutschen Gutsherrschaft waren seit dem späten 18. Jahrhundert ständische Kreditinstitute entstanden, meist ‚Landschaften' genannt, die die Besitzer adliger Güter mit Krediten und Darlehen versorgten. Aber auch hier waren private, durch Hypotheken abgesicherte Kredite noch sehr stark verbreitet, bis dann Bahnaktien eine gute Gelegenheit zur Geldanlage boten.[64] Auch bis zum Ende des 19. Jahrhunderts war das Kreditwesen selbst in Preußen noch nicht völlig institutionalisiert. Von den zwölf Milliarden Mark Schulden, die um 1900 auf privatem ländlichen Grundbesitz in

---

59 R. Schiller, Vom Rittergut zum Großgrundbesitz. Ökonomische und soziale Transformationsprozesse der ländlichen Eliten in Brandenburg im 19. Jahrhundert, Berlin 2003, S. 260–264.
60 Mahlerwein, Grundzüge 3, S. 42.
61 Ebd., S. 43f.
62 Konersmann, Agrarproduktion, S. 87.
63 J. Bracht, Reform auf Kredit: Grundlastenablösungen in Westfalen und ihre Finanzierung durch Rentenbank, Sparkasse und privaten Kredit (1830–1866), in: ZAA 54, 2006, S. 55–76.
64 Schiller, Rittergut, S. 84–108.

Preußen lagen, waren etwa 60 Prozent über private Anleihen und nur 40 Prozent über Kreditinstitute organisiert worden.[65]

Die lange Zeit als durch „übermäßige starke Verschuldung" geprägt dargestellte finanzielle Situation der deutschen Landwirtschaft im späten 19. Jahrhundert wird mittlerweile in einem anderen Licht gesehen. So war um 1880 zwar beobachtet worden, dass die Verschuldung der bäuerlichen Landwirtschaft in den meisten Regionen des Deutschen Reichs zugenommen hatte, sie war aber durch den fast überall ebenfalls angestiegenen Wert der Grundstücke und der verbesserten Ertragssituation in den meisten Fällen mehr als ausgeglichen worden. 1902 war etwa die Hälfte der Betriebe unterhalb des Großgrundbesitzes schuldenfrei. Die Gutsbesitzer der östlichen preußischen Provinzen waren zwar in einer Höhe bis zu zwei Dritteln des Gesamtvermögens deutlich stärker verschuldet. Aber selbst dieser Verschuldungsgrad lässt noch keine Aussage über die Wirtschaftskraft der Betriebe zu, konnte dieser doch auch aus einer höheren Investitionstätigkeit oder einer höheren Kreditfähigkeit, die auf höhere Rentabilität verweist, resultieren. Zwischen 1881 und 1914 jedenfalls nahmen Zwangsversteigerungen landwirtschaftlicher Haupterwerbsbetriebe in allen Besitzgrößenklassen stark ab.[66]

Auch von einem Arbeitsmarkt im modernen Sinn kann im Agrarsektor für das 19. Jahrhundert nicht gesprochen werden. Der weitaus größte Teil der landwirtschaftlichen Produktion wurde über Familienwirtschaften organisiert. Lediglich die mittleren und größeren Betriebe benötigten familienfremde Arbeitskräfte, die der Agrarverfassung entsprechend, regional ausgesprochen differenziert rekrutiert wurden. Im Bereich der Realteilungsgebiete halfen meist saisonale Arbeitskräfte als Tagelöhner die mit der Agrarintensivierung wachsenden Arbeitsspitzen zu bewältigen und arbeitete ganzjährig eingestelltes Gesinde in allen Bereichen der Land- und Hauswirtschaft mit. In den größeren Betrieben der Anerbengebiete und der Gutsherrschaft waren neben den freien Tagelöhnern andere Formen der temporären oder dauerhaften Arbeitskraftbeschaffung in unterschiedliche Abhängigkeitsgrade eingebunden, von feudalen Zwangsverhältnissen wie den aus der Erbuntertänigkeit legitimierten Zwangsgesindediensten in den ostelbischen Gütern bis hin zu den durch eine Überlagerung von Unterbringung, Überlassung von Land und Arbeitspflichten definierten Hierarchiebeziehungen zwischen bäuerlichen und unterbäuerlichen Schichten, die, regional und in sich noch häufig vielfach differenziert, unterschiedlich bezeichnet wurden.[67] Waren die feudal begründeten Arbeitsverhältnisse mit den Agrarreformen

---

65 *M. Blömer*, Die Organisation des Agrarkredits in Preußen bis zum Ersten Weltkrieg – Die östlichen Provinzen und Westfalen im Vergleich, in: *H. Reif (Hg.)*, Ostelbische Agrargesellschaft im Kaiserreich und in der Weimarer Republik. Agrarkrise – junkerliche Interessenpolitik – Modernisierungsstrategien, Berlin 1994, S. 95–124, hier: S. 95.
66 *Mahlerwein*, Grundzüge 3, S. 114f.
67 Für eine Übersicht immer noch geeignet: *H. Schissler*, Preußische Agrargesellschaft im Wandel, Göttingen 1978, S. 89–102; *Troßbach/Zimmermann*, Geschichte, S. 190–194.

abgeschafft worden und mussten in Formen freier Lohnarbeit umgewandelt werden, so waren die Verschränkungen zwischen Arbeitsbeziehung und anderen Abhängigkeiten auch am Ende des 19. Jahrhunderts nicht endgültig aufgelöst. Bedeutete der Gesindedienst durch die Einbeziehung in den Familienhaushalt eine besonders abhängige Form der Lohnarbeit und gab es immer noch die Heuerlinge in Nordwestdeutschland, die einen Teil ihrer Pacht für Land und Wohnung bei den Bauern abarbeiteten, so waren auch die ‚freien' Tagelöhner noch vielfach mit ihren Arbeitgebern über ihre eigentliche Arbeitsbeziehung hinaus verbunden, wenn sie etwa deren Gespann oder Gerätschaften für die Bewirtschaftung eines eigenen kleinen Betriebes benötigten.[68]

8 Der Faktor Wissen

Den Agrarschriftstellern der ‚Ökonomischen Aufklärung', die in ihren zahlreichen Veröffentlichungen seit der Mitte des 18. Jahrhunderts Vorschläge zur Verbesserung der Landwirtschaft machten, wurde bereits durch zeitgenössische Autoren eine Praxisferne vorgeworfen, die freilich – auch in sozial distinktiver Absicht – geradezu gewollt war, um ihren Wissenschaftsanspruch nicht durch bäuerliche Empirie gefährden zu lassen.[69] Ihr Erfolg scheint dementsprechend auch nicht auf ihrer Rezeption durch bäuerliche Leser basiert zu haben, sondern eher auf ihrer Resonanz innerhalb gelehrter Diskurse. Wenn Innovationen adaptiert wurden, dann eher durch lokal praktizierende Vermittler. Demgegenüber setzten sich im frühen 19. Jahrhundert zunehmend wissenschaftliche Ansätze durch, die die Erfahrungen der Praxis, sei es durch die Tätigkeit in eigenen Mustergütern, wie bei Daniel Thaer, oder durch die genaue Beobachtung erfolgreicher Landwirte auf ausgedehnten Erkundungsreisen, wie im Falle von Johann Nepomuk Schwerz, zur Grundlage einer neuen Agrarwissenschaft machten, die nun auch in entsprechenden Akademien oder Hochschulen, im Falle von Thaer ab 1806 in Möglin, im Falle von Schwerz ein Jahrzehnt später in Hohenheim, und über Lehrbücher einer neuen Generation von Landwirten vermittelt wurden.[70] Auch die jetzt entstehenden Landwirtschaftlichen Vereine unterschieden sich deutlich von den Aufklärungsgesellschaften des 18. Jahrhunderts dadurch, dass nicht mehr nur praxisfremde Bürger, sondern mehrheitlich Landwirte als Mitglieder aktiv wurden, die sich über neue Methoden und Fortschritte in der Agrarwirtschaft

---

[68] *Mahlerwein*, Grundzüge 3, S. 134–136.
[69] *V. Lehmbrock*, Agrarwissen und Volksaufklärung im langen 18. Jahrhundert. Was sehen historische Gewährsleute und was sehen ihre Historiker/innen, in: *M. Mulsow/F. Rexroth (Hg.)*, Was als wissenschaftlich gelten darf. Praktiken der Grenzziehung in gelehrten Milieus der Vormoderne, Frankfurt 2014, S. 485–514.
[70] *V. Lehmbrock*, Lob des Handwerks: Wissenstheorie heute und bei Albrecht Daniel Thaer (1752–1828), in: ZAA 62, 2014, S. 30–41; *Mahlerwein*, Herren, S. 158f.

austauschten, bei direkten Zusammenkünften von Lokalvereinen, bei regionalen und überregionalen ‚Landwirtschaftlichen Festen', über Vortragsveranstaltungen und Zeitschriften, wobei die sozial distinktive Funktion dieser Vereine zur Abgrenzung gegenüber klein- und unterbäuerlichen Gruppen auch deutlich zutage trat.[71] Diese neuen Formen von Wissensproduktion und -austausch dürften allerdings nur für einen Teil der Agrarproduzenten und dann auch nur für bestimmte Bereiche von deren Wirken von Bedeutung gewesen sein, der Stellenwert des durch alltägliche Arbeitsvorgänge weitergegebenen impliziten Wissens muss als weiterhin sehr hoch angesehen werden. Können die bis zum späten 19. Jahrhundert flächendeckend durchgesetzten Veränderungen der landwirtschaftlichen Praxis auf einer Erweiterung des bäuerlichen Wissens seit dem späten 18. Jahrhundert basierend angesehen werden, deren über einhundert Jahre andauernder Aneignungsprozess eben gerade auf die praktische Kommunikation innerhalb des Berufsstandes rückschließen lässt, so war auch die Verbreitung der aus der Agrarwissenschaft und -technik stammenden Innovationen seit der Mitte des 19. Jahrhunderts, insbesondere das Wissen über die Wirksamkeit von künstlichem Dünger, ein mehrere Jahrzehnte andauernder Prozess, in dem nunmehr aber in einer anderen Qualität als je zuvor Expertenwissen in praktisches Handeln umgesetzt wurde. Der zunehmende Einsatz betriebsfremder Produktionsmittel machte die Einschaltung betriebsfremder Experten notwendig. Jetzt erst begannen sich Agrarwissenschaften und Agrarlehre in dauerhaften Formen zu institutionalisieren: agrarwissenschaftliche Fakultäten, Akademien und Forschungsabteilungen der Betriebsmittelproduzenten bildeten ein Netz von Forschungsstätten, durch Versuchsanstalten, landwirtschaftliche Schulen, Wanderlehrer, Mustergüter und weiterhin die landwirtschaftlichen Vereine wurden die neuen Erkenntnisse vermittelt, wobei nicht zu übersehen ist, dass nur eine Minderheit der Agrarproduzenten davon erreicht wurde.[72]

9 Eher Evolution als Revolution

Die Legitimation, von Agrarrevolutionen seit dem späten 18. Jahrhundert zu sprechen, ergibt sich aus mehreren Beobachtungen. Der hohe Produktivitätszuwachs ist zu nennen, der in der ersten Phase vornehmlich auf der Intensivierung des Arbeitseinsatzes beruhte und weniger externer Inputs bedurfte, wobei freilich auch hier in der langen Dauer der (west-)europäische Einfluss durch den vornehmlich über Praktiker, nicht zuletzt auch Migranten, vollzogenen Wissenstransfer oder der im

---

[71] M. Pelzer, „Was die Schule für das heranwachsende Geschlecht ist, das ist der landwirtschaftliche Verein für die älteren Landwirte ...". Bildungsanspruch und -wirklichkeit landwirtschaftlicher Vereine im 19. Jahrhundert, in: ZAA 52, 2004, S. 41–58; *Mahlerwein*, Herren, S. 433f.
[72] F. Uekötter, Die Wahrheit ist auf dem Feld. Eine Wissensgeschichte der deutschen Landwirtschaft, Göttingen 2010, S. 23, 64; *Grant*, Migration, S. 225f.; *Mahlerwein*, Grundzüge 3, S. 141–143.

europäischen wie interkontinentalen Maßstab zu beobachtende Transfer von Kulturpflanzen (Kartoffeln, Mais) und Tierrassen nicht zu übersehen ist. Im Einsatz von fossiler Energie kann ein revolutionärer Einschnitt in der bislang auf solarer Energie basierenden landwirtschaftlichen Praxis gesehen werden. Das Gleiche gilt für den Einsatz betriebsfremder Düngemittel. Insgesamt ist die zunehmende Bedeutung von Kapitaleinsatz anstelle einer weiteren Steigerung der Arbeitsintensitäten als Ursache für Produktivitätszuwachs zu betonen. Die Transportrevolution durch den Einsatz von Eisenbahnen und Dampfschiffen hatte erhebliche Auswirkungen auf die Landwirtschaft. Globale ökonomische Beziehungen wirkten sich seit der Mitte des 19. Jahrhunderts massiv auf die landwirtschaftliche Entwicklung aus, wobei allerdings auch bereits in den vorausgegangenen Jahrhunderten stattfindende Transfers nicht zu übersehen sind. Das Angebot des Agrarsektors hatte sich nicht nur quantitativ dem Bevölkerungszuwachs seit dem 18. Jahrhundert angepasst, sondern vor allem auch qualitativ einer seit der beschleunigten Urbanisierung und Industrialisierung veränderten Konsumnachfrage. Den Beginn einer Industrialisierung der Landwirtschaft könnte man erkennen im Entstehen einer der Agrarproduktion vorgelagerten industriellen Produktion von Betriebsmitteln und der nachgelagerten Verarbeitung agrarischer Rohstoffe, wie sie bereits im späten 18. Jahrhundert in der in Manufakturen organisierten Nahrungs- und Genussmittelproduktion praktiziert wurde. Der Beginn der Verdrängung von Erfahrungswissen durch verwissenschaftlichtes Expertenwissen schließlich datiert ebenfalls in das 19. Jahrhundert. Letztlich widerspricht aber die lange Dauer der regional und sozial ausgesprochen differenzierten Diffusion der Neuerungen in der ersten Phase dem Bild einer revolutionären Entwicklung, vielmehr bietet sich eher der offenere Begriff der Intensivierung an. Für die zweite Phase ist festzustellen, dass es sich im hier untersuchten Zeitraum in den meisten Bereichen eher um den Beginn von Entwicklungsprozessen handelt, deren beschleunigte, alle Aspekte landwirtschaftlicher Praxis durchdringende Entfaltung erst in die Jahrzehnte nach dem Zweiten Weltkrieg, insbesondere seit den 1960er Jahren, zu datieren ist.

Literatur

R. Beck, Unterfinning. Ländliche Welt vor Anbruch der Moderne, München 1993.
M. Blömer, Die Organisation des Agrarkredits in Preußen bis zum Ersten Weltkrieg – Die östlichen Provinzen und Westfalen im Vergleich, in: *H. Reif (Hg.)*, Ostelbische Agrargesellschaft im Kaiserreich und in der Weimarer Republik. Agrarkrise – junkerliche Interessenpolitik – Modernisierungsstrategien, Berlin 1994, S. 95–124.
J. Bracht, Reform auf Kredit: Grundlastenablösungen in Westfalen und ihre Finanzierung durch Rentenbank, Sparkasse und privaten Kredit (1830–1866), in: ZAA 54, 2006, S. 55–76.
S. Brakensiek, Agrarreform und ländliche Gesellschaft. Die Privatisierung der Marken in Nordwestdeutschland 1750–1850, Paderborn 1991.
S. Brakensiek/G. Mahlerwein, Agrarreformen, in: Friedrich Jaeger (Hrsg.), Enzyklopädie der Neuzeit Band 1, Stuttgart 2005, Sp. 122–131.

J. Cronshagen, Einfach vornehm. Die Hausleute der nordwestdeutschen Küstenmarsch in der Frühen Neuzeit, Göttingen 2014.

G. Fertig, „Der Acker wandert zum besseren Wirt"? Agrarwachstum ohne preisbildenden Bodenmarkt im Westfalen des 19. Jahrhunderts, in: ZAA 52, 2004, S. 44–63.

O. Grant, Migration and Inequality in Germany 1870–1913, Oxford 2005.

R. Gudermann, Der Take-off der Landwirtschaft im 19. Jahrhundert und seine Konsequenzen für Umwelt und Gesellschaft, in: *K. Ditt/R. Gudermann/N. Rüße (Hg.)*, Agrarmodernisierung und ökologische Folgen. Westfalen vom 18. bis zum 20. Jahrhundert, Paderborn 2001, S. 47–83.

J. Harwood, Politische Ökonomie der Pflanzenzucht in Deutschland, ca. 1870–1933, in: *S. Heim (Hg.)*, Autarkie und Ostexpansion. Pflanzenzucht und Agrarexpansion im Nationalsozialismus, Göttingen 2002, S. 14–34.

R. Kießling/F. Konersmann/W. Troßbach, Grundzüge der Agrargeschichte Band 1: Vom Spätmittelalter bis zum Dreißigjährigen Krieg (1350–1650), Köln/Weimar/Wien 2016.

F. Konersmann, Agrarproduktion – Gewerbe – Handel. Studien zum Sozialtypus des Bauernkaufmanns im linksrheinischen Südwesten Deutschlands (1740–1880), in: *F. Konersmann/K.-J. Lorenzen-Schmidt (Hg.)*, Bauern als Händler. Ökonomische Diversifizierung und soziale Differenzierung bäuerlicher Agrarproduzenten (15.–19. Jahrhundert), Stuttgart 2011, S. 77–94.

M. Kopsidis, Agrarentwicklung. Historische Agrarrevolutionen und Entwicklungsökonomie, Stuttgart 2006.

M. Kopsidis/N. Wolf, Agricultural Productivity across Prussia during the Industrial Revolution: A Thünen Perspective, in: The Journal of Economic History 73 (2012), S. 634–670.

V. Lehmbrock, Agrarwissen und Volksaufklärung im langen 18. Jahrhundert. Was sehen historische Gewährsleute und was sehen ihre Historiker/innen, in: *M. Mulsow/F. Rexroth (Hg.)*, Was als wissenschaftlich gelten darf. Praktiken der Grenzziehung in gelehrten Milieus der Vormoderne, Frankfurt 2014, S. 485–514.

V. Lehmbrock, Lob des Handwerks: Wissenstheorie heute und bei Albrecht Daniel Thaer (1752–1828), in: ZAA 62, 2014, S. 30–41.

G. Mahlerwein, Die Herren im Dorf. Bäuerliche Oberschicht und ländliche Elitenbildung in Rheinhessen 1700–1850, Mainz 2001.

G. Mahlerwein, Fruchtfolgen, in: *F. Jaeger (Hg.)*, Enzyklopädie der Neuzeit Band 4, Stuttgart 2006, Sp. 77–79.

G. Mahlerwein, The Consequences of the Potato Blight in South Germany, in: *C. Ó Grada/R. Paping/E. Vanhaute (Hg.)*, When the Potato Failed. Causes and Effects of the Last European Subsistence Crises, 1845–1850, Turnhout 2007, S. 213–221.

G. Mahlerwein, Innovationen, landwirtschaftliche, in: *F. Jaeger (Hg.)*, Enzyklopädie der Neuzeit Band 5, Stuttgart 2007, Sp. 1004–1015.

G. Mahlerwein, Nationalgüter, in: *F. Jaeger (Hg.)*, Enzyklopädie der Neuzeit Band 8, Stuttgart 2008.

G. Mahlerwein, Mischökonomie, in: *F. Jaeger (Hg.)*, Enzyklopädie der Neuzeit Band 8, Stuttgart 2008, Sp. 576–578.

G. Mahlerwein, Landwirtschaft und Innovation im deutschen Südwesten, in: *S. Hirbodian/ S. Ogilvie/R. J. Regnath (Hg.)*, Revolution des Fleißes, Revolution des Konsums? Leben und Wirtschaften im ländlichen Württemberg von 1650 bis 1800, Ostfildern 2015, S. 95–104.

G. Mahlerwein, Agrarintensivierung und Wissenszirkulation. Vergleichende Beobachtungen an rheinhessischen, nordbadischen und schwäbischen Beispielen, in: *R. Dauser/P. Fassl/L. Schilling (Hg.)*, Wissenszirkulation auf dem Land vor der Industrialisierung, Augsburg 2016, S. 15–22.

G. Mahlerwein, Grundzüge der Agrargeschichte Band 3: Die Moderne (1880–2010), Köln/Weimar/Wien 2016.

G. Mahlerwein, Geschichte des Dorfes I: Wandel im westlichen Europa, in: *W. Nell/M. Weiland (Hg.)*, Dorf. Ein interdisziplinäres Handbuch, Stuttgart 2019, S. 87–92.

S. Ogilvie, Revolution des Fleißes. Leben und Wirtschaften im ländlichen Württemberg von 1650 bis 1800, in: *S. Hirbodian/S. Ogilvie/R. J. Regnath (Hg.)*, Revolution des Fleißes, Revolution des Konsums? Leben und Wirtschaften im ländlichen Württemberg von 1650 bis 1800, Ostfildern 2015, S. 173–193.

M. Pelzer, „Was die Schule für das heranwachsende Geschlecht ist, das ist der landwirtschaftliche Verein für die älteren Landwirte ...". Bildungsanspruch und -wirklichkeit landwirtschaftlicher Vereine im 19. Jahrhundert, in: ZAA 52, 2004, S. 41–58.

T. Pierenkemper, Beschäftigung und Arbeitsmarkt, in: *G. Ambrosius/D. Petzina/W. Plumpe (Hg.)*, Moderne Wirtschaftsgeschichte: eine Einführung für Historiker und Ökonomen, 2. Aufl. München 2006.

H. Plaul, Die Struktur der bäuerlichen Familiengemeinschaft im Gebiet der Magdeburger Börde unter den Bedingungen des agrarischen Fortschrittes in der zweiten Hälfte des 18. Jahrhunderts, in: *J. Ehmer/M. Mitterauer (Hg.)*, Familienstruktur und Arbeitsorganisation in ländlichen Gesellschaften, Wien/Köln/Graz 1986, S. 417–448.

R. Prass, Grundzüge der Agrargeschichte Band 2: Vom Dreißigjährigen Krieg bis zum Beginn der Moderne (1650–1880), Köln/Weimar/Wien 2016.

D. W. Sabean, Property, Production, and Family in Neckarhausen, 1700–1870, Cambridge 1990.

A. Schanbacher, Kartoffelkrankheit und Nahrungskrise in Nordwestdeutschland 1845–1848, Göttingen 2016.

R. Schiller, Vom Rittergut zum Großgrundbesitz. Ökonomische und soziale Transformationsprozesse der ländlichen Eliten in Brandenburg im 19. Jahrhundert, Berlin 2003.

H. Schissler, Preußische Agrargesellschaft im Wandel, Göttingen 1978.

W. Troßbach/C. Zimmermann, Die Geschichte des Dorfes. Von den Anfängen im Frankenreich zur bundesdeutschen Gegenwart, Stuttgart 2006.

F. Uekötter, Die Wahrheit ist auf dem Feld. Eine Wissensgeschichte der deutschen Landwirtschaft, Göttingen 2010.

H.-U. Wehler, Deutsche Gesellschaftsgeschichte, Band 3: Von der „Deutschen Doppelrevolution" bis zum Beginn des Ersten Weltkrieges 1849–1914, München 1995.

Wolfgang König

Maschinisierung, Massenproduktion, Rationalisierung. Zur Produktentstehung im 19. Jahrhundert

1 Industrialisierung und Fabriksystem

Die in Großbritannien in der zweiten Hälfte des 18. Jahrhunderts einsetzende Industrielle Revolution lässt sich als gesamtgesellschaftliche Umwälzung begreifen.[1] Ihr Kern bildet die Fabrik und das expandierende Maschinensystem. Das Fabriksystem kann man umschreiben als „kombinierten Einsatz von Antriebs- und Arbeitsmaschinen in arbeitsteilig organisierten Produktionsstätten".[2] Zerlegt man diese Definition in ihre Bestandteile, so besitzt die Fabrik folgende Elemente:
- die Zentralisation der Produktion in einem Gebäude oder in einer Anlage (im Gegensatz zur Heimindustrie, wo die Maschinen in den Wohnungen der Arbeiter stehen),
- die Arbeitsteilung (wodurch sich diese Produktionsform vom Handwerk unterscheidet),
- das Maschinensystem, wobei Kraft und Arbeitsmaschinen kombiniert sind. Bei den Kraftmaschinen kann es sich um Wasserräder, Dampfmaschinen oder anderes handeln.

Das mit dem Fabriksystem am längsten und am stärksten konkurrierende System war das der Heimarbeit oder Heimindustrie. In der englischen Textilindustrie dürften bis um die Mitte des 19. Jahrhunderts mehr Arbeiter in der Heimindustrie beschäftigt gewesen sein als in den Fabriken. Bei der Textil-Heimarbeit wurde für die Bedienung von Spinnrad und Webstuhl handwerkliches Können verlangt. Es handelte sich zwar

---

[1] Zur Industriellen Revolution in Großbritannien: *T. S. Ashton*, The Industrial Revolution 1760–1830, Oxford/New York 1997; *D. S. Landes*, Der entfesselte Prometheus. Technologischer Wandel und industrielle Entwicklung in Westeuropa von 1750 bis zur Gegenwart, München 1983; *J. Mokyr (Hg.)*, The British Industrial Revolution. An Economic Perspective, Boulder u. a. 1999; *M. Berg*, The Age of Manufactures: Industry, Innovation and Work in Britain 1700–1820, Totowa 1994; *A. Paulinyi*, Industrielle Revolution. Vom Ursprung der modernen Technik (Kulturgeschichte der Naturwissenschaften und der Technik), Reinbek bei Hamburg 1989; *S. King/G. Timmins*, Making Sense of the Industrial Revolution: English Economy and Society, 1700–1850, Manchester/New York 2001; *R. Floud/P. Johnson (Hg.)*, Industrialisation 1700–1860 (The Cambridge Economic History of Modern Britain 1), Cambridge 2004; *R. C. Allen*, The British Industrial Revolution in Global Perspective (New Approaches to Economic and Social History), Cambridge u. a. 2009.
[2] *R. Braun*, Sozialer und kultureller Wandel in einem ländlichen Industriegebiet (Zürcher Oberland) unter Einwirkung des Maschinen- und Fabrikwesens im 19. und 20. Jahrhundert, Erlenbach-Zürich/Stuttgart 1965, S. 12.

nicht um eine sehr abwechslungsreiche Arbeit, aber die Umformung des Materials durch Handarbeit war mit einem gewissen Maß an Kreativität verbunden. Die häufig als Idylle geschilderte Einheit von Wohn- und Arbeitsplatz brachte aber nicht nur Vorteile mit sich, da die Spinnräder und Webstühle Lärm verursachten und Staub und Faserreste in die Luft gelangten.

Die Arbeit erfolgte im Familienverbund, wobei die Kinder von frühester Jugend an zuerst für Hilfsarbeiten eingesetzt und später mit den komplizierteren handwerklichen Arbeiten vertraut gemacht wurden. Die Arbeitszeit war im Großen und Ganzen selbstbestimmt, aber unregelmäßig. Sie war einerseits meist mit einer Nebenerwerbslandwirtschaft gekoppelt, andererseits von der Auftragslage und den damit verbundenen Zwängen abhängig. Die Organisationsform der Heimarbeit konnte die des selbständigen Handwerks sein, war aber am Vorabend der Industrialisierung meist das Verlagssystem.

Das Verlagssystem hatte sich seit dem 16. Jahrhundert ausgebildet und an Umfang und Einfluss bis ins 18. ständig zugenommen. Dabei stellte meistens der Verleger, d. h. ein Textilkaufmann, den Heimarbeitern die Rohprodukte, z. B. die Wolle für das Spinnen, oder die Vorprodukte, z. B. das Garn für das Weben, zur Verfügung und rechnete mit den Heimarbeitern je nach Menge der gefertigten Produkte ab.

Bei den ersten Fabriken handelte es sich um Maschinenspinnereien. Ein Großteil ihrer Belegschaft rekrutierte sich aus den Heimarbeitern, die in zunehmendem Maße durch die Konkurrenz der Fabriken freigesetzt wurden. Die Anpassung von Mentalitäten, die sich im Laufe von Jahrhunderten in der Heimindustrie herausgebildet hatten, an das Fabriksystem stellte eines der großen Probleme in der Industriellen Revolution dar. Einer der tiefgreifenden Einschnitte bestand dabei in der radikalen Trennung zwischen Arbeitssphäre und sonstigem Leben. Der Fabrikbetrieb verlangte einen pünktlichen Arbeitsbeginn und feste Arbeitszeiten, welche die Heimarbeiter als künstlich und unnatürlich empfanden. Auch das Verlagssystem unterlag einem Arbeitsrhythmus, der aber wesentlich größere Freiräume beließ. Teilweise versuchten die Fabrikbesitzer Zeitdisziplin zu implementieren, indem sie die Tore nach Arbeitsbeginn schlossen und damit die zu spät Gekommenen vom Arbeitslohn ausschlossen oder sie sogar entließen. Neben der Zeitdisziplin war auch der Erwerbssinn der frühen Fabrikarbeiter nicht sonderlich ausgeprägt. Es gibt vereinzelte Belege dafür, dass Leistungsanreize in Form von Stücklohn in der frühen Industrialisierung nicht griffen, weil die Arbeiter ihre Arbeit niederlegten, sobald sie genug verdient hatten, um sich und ihre Familien einige Zeit zu unterhalten. Die Mentalitäten orientierten sich also mehr an der Existenzsicherung als an Wohlstand und Wachstum.

Die Selbstbestimmung von Arbeitsablauf und Arbeitstempo in der Heimarbeit wurde in der Industrie ersetzt durch eine Fremdbestimmung, die von der stärkeren Arbeitsteilung in der Fabrik sowie dem Rhythmus der ständig laufenden Maschinen abhing. Eine Durchbrechung dieses Rhythmus konnte Produktionsverluste oder Beschädigung von Material oder von Maschinen zur Folge haben. Als Reaktion führten die Fabriken eine Arbeitsorganisation ein, die teilweise militärischen Vorbildern entlehnt war. Die Arbeitenden wurden in ein streng hierarchisches System eingegliedert, in dem Befehl und Gehorsam herrschten. Keine Arbeit fand unbeaufsichtigt statt. Die Spielregeln dieses Systems wurden in Fabrik- oder Arbeitsordnungen niedergelegt, die Fragen der Disziplin oder auch die Gliederung des Arbeitsablaufs zum Inhalt hatten. In den Ordnungen dominierte die ‚Peitsche' über das ‚Zuckerbrot'. Leistungsanreize durch Belohnungen – höherer Lohn, Lebensmittel oder Kleiderzuteilungen – waren wesentlich seltener als Strafen. Das differenzierte Strafsystem reichte von Prügelstrafen über Geldstrafen bis zur Entlassung. Probleme der Fabrikdisziplin stellten sich besonders mit neuen, an die Fabriken noch nicht gewöhnten Arbeitern. Im Verlauf der Industrialisierung nahmen die Probleme sicherlich ab. Es dürfte etwa zwei bis drei Generationen gedauert haben, bis sich in einer ehemaligen Heimarbeiterfamilie eine Fabrikarbeitermentalität herausgebildet hatte.

In den ersten Jahrzehnten ging mit der Industrialisierung auch eine Ausdehnung der täglichen und wöchentlichen Arbeitszeit einher. Im 19. Jahrhundert stieg die durchschnittliche Arbeitszeit bis zur Jahrhundertmitte zunächst an und nahm erst dann allmählich ab. Um 1850 betrug je nach Gewerbe und Region die mittlere tägliche Arbeitszeit zwischen 14 und 16 Stunden. Am Samstag wurde weniger gearbeitet, der Sonntag war frei. Im Vergleich zur vorindustriellen Zeit wuchs die wöchentliche bzw. Jahresarbeitszeit eher noch stärker, weil zahlreiche Fest- und Feiertage abgeschafft wurden. Dazu kam der Weg von und zur Arbeit, der beträchtliche Zeit erfordern konnte, schließlich gab es noch keine Nahverkehrsmittel.

Neben der überlangen Arbeitszeit bestand das Problem der Kinderarbeit.[3] Kinder – und so ist hinzuzufügen: auch Frauen – trugen viel dazu bei, dass im Industrialisierungsprozess immer genügend billige Arbeitskraft zur Verfügung stand. Kinderarbeit von frühester Jugend an war bereits in der Heimindustrie verbreitet, war aber weder an Intensität noch an Extensität mit der in den Fabriken zu vergleichen. Der hohe Kinderanteil unter den Industriearbeitern hing auch damit zusammen, dass junge Menschen wegen der geringen Lebenserwartung und dem größeren Kinderreichtum einen wesentlich höheren Anteil an der gesamten Bevölkerung besaßen als heute.

Bemühungen um eine Begrenzung bzw. Humanisierung der Frauen- und Kinderarbeit setzten in England bereits früh ein: für die Kinderarbeit seit 1802, für die Frauenarbeit seit 1844. Da die Vorschriften anfänglich nicht kontrolliert wurden und auch inhaltlich unzureichend waren, dauerte es bis in die zweite Hälfte des 19. Jahrhunderts, bis eine einigermaßen brauchbare Arbeitsschutzgesetzgebung vorhanden

---

3 Zur Kinder- und Frauenarbeit: *C. Nardinelli*, Child Labour and the Industrial Revolution, Bloomington 1990; *P. Kirby*, Child Labour in Britain, 1750–1870 (Social History in Perspective), Basingstoke 2003; *P. Horn*, Children's Work and Welfare, 1780–1890 (New Studies in Economic and Social History), Cambridge 1995; *J. Rendall*, Women in an Industrializing Society: England 1750–1880 (Historical Association Studies), Oxford/Cambridge 1990; *K. Honeyman*, Women, Gender and Industrialisation in England, 1700–1820 (British Studies Series), London 2000.

war. Die Kinderarbeit dürfte in den Fabriken im 19. Jahrhundert mehr oder weniger kontinuierlich zurückgegangen sein.

Insgesamt waren die Arbeitsbedingungen im Vergleich zu den vorindustriellen äußerst schlecht. Durch die Maschinisierung kam eine neue Dimension von Arbeitsunfällen hinzu. Besonders in der Textilindustrie gab es enorm viel Lärm und Staub. In der Regel war die Entlüftung unzureichend, sodass in den Fabriken meist zu hohe Temperaturen herrschten. Man kann vermuten, dass sich bis zur Mitte des 19. Jahrhunderts die physischen und psychischen Belastungen in der Arbeitswelt durch die Industrialisierung erhöhten.

2 Textilindustrie, Kleidung und Mode

Die quantitativ größte Bedeutung unter den frühindustriellen Branchen besaß die Textilindustrie, die durch die Maschinisierung des Spinnens und Webens einen enormen Aufschwung erlebte.[4] In der Industrialisierung entstand ein riesiger und stark ansteigender Bedarf an Garnen und Tuchen durch das Bevölkerungswachstum, die Verstädterung, eine Veränderung der Kleidungsgewohnheiten und aufgrund der Weltmachtstellung Großbritanniens.

Spinnen und Weben, die Kernprozesse bei der Herstellung textiler Flächen, fanden um 1760 vom Prinzip her noch mit den gleichen Geräten und Techniken wie im Mittelalter statt. Einen Engpass bildete das Spinnen, denn ein Weber verarbeitete die von mehreren Spinnerinnen hergestellte Garnmenge. Spinnmaschinen kamen seit den 1760er Jahren auf. Damit begann die für die maschinelle Verarbeitung besser geeignete Baumwolle die Wolle vom ersten Rang der textilen Fasern zu verdrängen. Samuel Crompton entwarf 1779 mit der *Mule* eine Universalspinnmaschine, die auch Garne von höchster Qualität spann, welche mit den älteren Maschinen nicht zu fertigen waren. Die Maschine arbeitete diskontinuierlich, denn der Spindelwagen musste nach dem Spinnen einer bestimmten Fadenstrecke wieder zurückfahren, um den gesponnenen Faden aufzuwickeln. Das Kraft und Erfahrung erfordernde Ein- und Ausfahren des Spindelwagens tätigte ein Maschinenmeister. Die Spindeln trieb eine zentrale Kraftmaschine an, anfangs vor allem ein Wasserrad, später eine Dampfmaschine.

---

[4] Vgl. zusätzlich zur Literatur über die Industrialisierung: *S. D. Chapman*, The Cotton Industry in the Industrial Revolution (Studies in Economic and Social History), London 1987; *M. B. Rose*, Firms, Networks and Business Values: The British and American Cotton Industries Since 1750 (Cambridge Studies in Modern Economic History), Cambridge 2000; *M. M. Edwards*, The Growth of the British Cotton Trade 1780–1815, Manchester 1967; *D. A. Farnie*, The English Cotton Industry and the World Market 1815–1896, Oxford 1879; *A. Bohnsack*, Spinnen und Weben: Entwicklung von Technik und Arbeit im Textilgewerbe (Bramscher Schriften 3), Bramsche 2002; *D. T. Jenkins/G. Ponting (Hg.)*, The British Wool Textile Industry, 1770–1914, London u. a. 1982.

Die Bestrebungen der Maschinenbauer gingen dahin, die Spindelzahl pro Maschine und damit den Output zu erhöhen. Ab einer bestimmten Spindelzahl hieß dies, vom Holz zum Eisen als Maschinenbaumaterial überzugehen und die Bewegung des immer breiter werdenden Spindelwagens voll oder teilweise zu automatisieren. Die Grenze für den Handbetrieb lag bei gut 400 Spindeln, wobei ein solcher Spindelwagen etwa 14 Meter breit und 800 Kilogramm schwer war. Die in den ersten Jahrzehnten des 19. Jahrhunderts entwickelte halbautomatische *Mule* ermöglichte eine Vermehrung auf bis zu 1 200 Spindeln. Diese halbautomatischen Universalspinnmaschinen stellten über viele Jahrzehnte den überwiegenden Teil des Garns her. Weitere Produktionsgewinne resultierten daraus, dass die Spinner zwei sich gegenüberstehende *Mules* bedienten.

Ein weiterer Schritt in Richtung Automatisierung gelang dem Maschinenbauer Richard Roberts in der zweiten Hälfte der 1820er Jahre.[5] Sein Selfaktor (von *self-acting*) machte den Spinner nicht völlig überflüssig, da er die Maschine während eines Spinnzyklus mehrmals manuell umsteuern musste. Im Vergleich zur *Mule* erforderte die Bedienung des Selfaktors geringere Qualifikationen, was sich in niedrigeren Löhnen niederschlug. In den 1860er Jahren wurde der Selfaktor zum Vollautomaten, womit sich die erforderlichen Qualifikationen weiter reduzierten. Zunächst machte der Selfaktor der *Mule* nur bedingt Konkurrenz, da er sich ausschließlich für grobe Garne eignete. Im Laufe des 19. Jahrhunderts drang er in den Bereich der Feingarne ein und verdrängte die *Mule* weitgehend.

Sowohl die *Mule* wie der Selfaktor arbeiteten diskontinuierlich; Verziehen und Verdrehen der Fasern sowie Aufwickeln des Garns lösten sich phasenweise ab. Eine kontinuierliche Spinnmaschine gab es mit Richard Arkwrights *Waterframe* ebenfalls seit Beginn der 1760er Jahre. Der Name rührt daher, dass die Maschinengruppen in den Spinnereien von einem Wasserrad als zentraler Kraftmaschine angetrieben wurden. Eine Maschine besaß anfangs vier oder acht Spindeln, bis um 1800 erhöhte sich die Zahl auf bis zu 90.

Bei der *Waterframe* erfolgte das Verziehen und Verstrecken der Fasern sowie das Aufwickeln des Garns durch ein aus Streckwalzenpaaren und einer Flügelspindel bestehendes System. Die große Masse einer Flügelspindel begrenzte die Rotationsgeschwindigkeit und beschränkte den Anwendungsbereich auf grobes Garn, da bei feinerem häufiger Fadenbrüche aufgetreten wären. Diesen Nachteil behob eine konstruktive Weiterentwicklung, die in den 1830er Jahren in den USA zur kommerziellen Reife gebrachte Ringspinnmaschine. Anstelle des schweren Flügels besaß sie einen leichten Läufer, der sich auf einem festen Ring bewegte.

Die seit den 1760er Jahren erfolgte Maschinisierung des Spinnens hatte das Produktivitätsdefizit vom Spinnen zum Weben verschoben. Die Weber profitierten zunächst von der Produktionsausweitung während der Industriellen Revolution. In England erhöhte sich ihre Zahl von etwa 100 000 im Jahre 1788 auf 240 000 1830.

---

5 Vgl. *R. D. Hills*, Life and Inventions of Richard Roberts, 1789–1864, Ashbourne 2002.

Danach setzte aufgrund der Maschinisierung des Webens das große ‚Webersterben' ein, mit einem Rückgang auf etwa 10 000 im Jahr 1860. Die große Not der Berufsgruppe verarbeitete Gerhart Hauptmann später in seinem Drama ‚Die Weber'.

Für das Weben stellte sich die Aufgabe, die zentralen Arbeitsschritte, die Fachbildung, das Einschießen des Fadens und dessen Andrücken an das bereits fertige Gewebe, in einer Maschine zu realisieren und zu koordinieren. Zwar löste Edmund Cartwright bereits um die Mitte der 1780er Jahre im Prinzip dieses Problem, doch brachte seine Maschine keine ökonomischen Vorteile gegenüber dem Handweben. Erst mit den leistungsfähigeren Webmaschinen von Richard Roberts und anderen Maschinenbauern setzte seit den 1820er Jahren ein Verdrängungsprozess ein. Am schnellsten ging er bei der Baumwolle vonstatten, bei Wolle und Leinen dauerte er wegen deren geringerer Reißfestigkeit etwa ein halbes Jahrhundert länger.

Das in riesigen Mengen erzeugte Fasermaterial bzw. die Garne und Tuche wurden gebleicht, wenn man nicht mit den Naturfarben vorliebnahm. Für die übliche Rasenbleiche benötigte man nicht nur immense Flächen, sondern auch teure Naturstoffe. Die Textilindustrie setzte die Suche nach künstlich hergestellten Stoffen in Gang, um den Bleichprozess zu verbilligen und zu beschleunigen. Man fand sie in Chlor, Soda und Schwefelsäure.[6] So zog die Textilindustrie in ihrem Gefolge die chemische Schwerindustrie nach, die Chemikalien in anfangs jährlich hunderttausenden und später Millionen Tonnen produzierte.

Die maschinelle Produktion ließ die Preise für Garne, Tuche und Kleider zurückgehen. Die englische Baumwollverarbeitung expandierte mit großer Geschwindigkeit und überholte um 1820 die bis dahin dominierende Wolle. Um 1850 verarbeitete die Baumwollindustrie etwa die zweieinhalbfachen Rohstoffmengen (nach Gewicht) wie die Wollindustrie. Schätzungen besagen, dass die während der Industriellen Revolution in Großbritannien erheblich steigende Textilproduktion zu etwa gleichen Teilen erstens in den Export ging, zweitens die wachsende Bevölkerung mit Kleidung versorgte sowie drittens einem zunehmenden durchschnittlichen Kleidungskonsum Rechnung trug.

Die anfangs eher grobe Baumwolle eroberte sich schnell den Bereich der Arbeits- und Alltagskleidung breiter Schichten, und zwar zunächst der städtischen und später der ländlichen Bevölkerung. So trugen die englischen Arbeiter bereits vor der Industrialisierung Kleider aus Fustians, einem groben, festen Mischgewebe, bestehend aus Leinen als Kettgarn und Baumwolle als Schuss. Mit der Verbilligung der Baumwolle entwickelten sich die Fustians seit den 1780er Jahren zu einem reinen Baumwollgewebe in Form eines festen Baumwollsamts. Kleidung aus industriell verarbeiteter

---

6 Vgl. *D. Osteroth*, Soda, Teer und Schwefelsäure. Der Weg zur Großchemie (Kulturgeschichte der Naturwissenschaften und der Technik), Reinbek bei Hamburg 1985; *L. F. Haber*, The Chemical Industry During the Nineteenth Century. A Study of the Economic Aspect of Applied Chemistry in Europe and North America, Oxford 1969; *Kenneth Warren*, Chemical Foundations. The Alkali Industry in Britain to 1926 (Oxford Research Studies in Geography), Oxford 1980.

Baumwolle war erheblich billiger und tragefreundlicher als die Kleidung aus per Hand verarbeitetem Leinen oder aus Wolle, aber weniger haltbar. In die höheren sozialen Schichten drang die Baumwolle vor, als sich auch feine Garne und Tuche auf Maschinen und Automaten herstellen ließen und diese damit verbilligten. So verdrängten englische Musseline, deren Garn auf Mulemaschinen gesponnen wurde, seit den 1790er Jahren aus Indien importierte feine Baumwolltuche.

3 Technologietransfer und nachholende Industrialisierung

Hier ist beispielhaft die Textilproduktion behandelt worden. Aber auch im Maschinenbau, dem Kohlebergbau und der Eisenindustrie bestand in der ersten Hälfte des 19. Jahrhunderts eine Dominanz von Großbritannien, das größere Mengen erzeugte als alle anderen Länder der Welt zusammen. Großbritannien, das nur eine etwa halb so große Bevölkerung wie Frankreich hatte, erzeugte um 1850 etwa zwei Drittel der Weltproduktion an Kohle und über die Hälfte der Weltproduktion an Eisen und Baumwollstoffen. Im Welthandel dominierten die britischen Waren. Dem lag einerseits die industrielle Dominanz zugrunde, andererseits das sich über die gesamte Welt erstreckende britische Empire, das Rohstoffe nach Großbritannien lieferte und britische Waren aufnahm. Während die meisten anderen Staaten gezwungen waren, ihre Märkte vor den britischen Waren durch ein System von Zöllen zu schützen, konnte es sich Großbritannien erlauben, die eigenen Märkte für fremde Importe zu öffnen und für weitgehenden Freihandel einzutreten.

Aufgrund dieses Ungleichgewichts hinsichtlich der industriellen und merkantilen Potenz herrschte ein ständiger ökonomischer Druck auf die kontinentaleuropäischen Staaten, auf den diese zwei Arten von – auch kombinationsfähigen – Antworten besaßen.[7] Sie konnten versuchen, ihre heimischen Gewerbe vor der britischen Konkurrenz durch Zölle zu schützen. Und sie konnten versuchen, eine ähnliche Industrialisierung wie in Großbritannien in Gang zu setzen oder zumindest ihr heimisches Gewerbe zu modernisieren. Dabei wurden entsprechende Bemühungen durch die Revolutionskriege (1792–1799) und Napoleonischen Kriege (1799–1815) und der mit

---

[7] Zur nachholenden Industrialisierung in den europäischen Ländern: *C. M. Cipolla/K. Borchardt (Hg.)*, Europäische Wirtschaftsgeschichte. Bd. 4: Die Entwicklung der Industriellen Gesellschaften, Stuttgart 1985; *Landes*, Der entfesselte Prometheus; *S. Pollard*, Peaceful Conquest. The Industrialization of Europe 1760–1970, Oxford 1981; *T. Pierenkemper*, Umstrittene Revolutionen. Industrialisierung im 19. Jahrhundert (Europäische Geschichte), Frankfurt am Main 1996; *G. N. von Tunzelmann*, Technology and Industrial Progress. The Foundation of Economic Growth, Aldershot/Brookfield 1995; *S. N. Broadberry u. a.*, European Industry 1700–1870, in: Jahrbuch für Wirtschaftsgeschichte, 2008, S. 141–171.

diesen einhergehenden wirtschaftlichen Abschottung zwischen Kontinentaleuropa und dem Rest der Welt unterbrochen.

Sofern sich die kontinentaleuropäischen Staaten für Gewerbeförderung und Nacheiferung des britischen Vorbilds entschieden – und in einer sich in Richtung Freihandel entwickelnden Welt entschieden sich früher oder später alle Staaten dafür –, bildeten Maßnahmen des Technologietransfers ein wichtiges Mittel der nachholenden Industrialisierung.[8] Je nach Entwicklungsstand bzw. Entwicklungsdifferenz zwischen den beteiligten Regionen handelte es sich bei diesem Technologietransfer eher um eine Einbahnstraße oder eher um einen bilateralen oder multilateralen Austauschprozess. Wenn sich der Technologietransfer auch nie in einer reinen Einbahnstraße abspielte, so war doch im klassischen Zeitraum der Industriellen Revolution, etwa zwischen 1760/80 und 1830/50, Großbritannien in erster Linie ein Geberland.

Die Organisation und die Trägerschaft des Transfers hingen in erster Linie von der politischen und ökonomischen Situation der jeweiligen Nehmerländer ab. Während im 18. und in den ersten Jahrzehnten des 19. Jahrhunderts noch der vom Staat organisierte Transfer dominierte, nahm im Laufe der Zeit mit dem Entstehen privaten Unternehmertums der Anteil Privater zu. Die Regierungen unterstützten diese Kontakte aber auch dann noch häufig durch Reisestipendien und mit den üblichen diplomatischen Mitteln.

So wie sich die Trägerschaft bei Technologietransfermaßnahmen verschob, so veränderten sich auch die Formen des Transfers. Eine Konstante lag in der überragenden Bedeutung des personalen Transfers. Die große Bedeutung des an Personen gebundenen Know-hows beruhte darauf, dass nur ein Teil des technischen Wissens formalisierbar war (*tacit knowledge*). Dieses Know-how wurde durch jahre- und manchmal jahrzehntelange Arbeit in einem technischen Bereich erworben und bestimmte mehr unbewusst als bewusst das technische Handeln der Fachkräfte. Nur in der Arbeit selbst und nicht durch Gespräche, schriftliche Beschreibungen und Skizzen wurde es – wenn auch in indirekter Weise – vollständig offengelegt.

Schriftliche Informationen wie wissenschaftliche Publikationen, Patente und Lizenzen stellten in aller Regel nur Ergänzungen des personalen Transfers dar. Durch wissenschaftliche Publikationen und die Veröffentlichung von Patenten wurde man aufmerksam auf für die eigenen Vorhaben interessante Entwicklungen. Eine wichtige Rolle spielte dabei das technische Zeitschriftenwesen, zunächst die Periodika der vom Staat initiierten Gewerbeförderungsvereine und schließlich die privaten, kommerziellen Zeitschriften. Weitere Erstinformationen ließen sich auf – meist ebenfalls vom Staat initiierten – Gewerbe- und Industrieausstellungen gewinnen. Zeitschriftenartikel und ausgestellte Produkte bildeten dann häufig den Auslöser für Informationsreisen, die an Ort und Stelle des Innovationsgeschehens führten. Die Informationsrei-

---

[8] Als Einstieg für Deutschland: Technologietransfer im 19. und 20. Jahrhundert. Themenheft Technikgeschichte 50, 1983, Heft 3.

sen konnten die Form von Industriespionage annehmen.⁹ Einen Höhepunkt erlebten solche Unternehmungen in der zweiten Hälfte des 18. Jahrhunderts. Ob dieses System die in es gesetzten Erwartungen tatsächlich erfüllte, ist allerdings zweifelhaft. Kurze Beobachtungen und Besuche reichten in aller Regel nicht aus, um sich die erforderlichen Kenntnisse anzueignen.

Das gleiche galt zunächst für die Lieferung von Maschinen und Anlagen, sofern nicht auch Fachkräfte mitkamen, die diese aufbauten und in Gang setzten. Mit der Zeit entstand ein Kern einheimischer Fachkräfte, die sich Maschinenkenntnisse im Betrieb und durch Reparaturen aneigneten, später die Maschinen kopierten und schließlich eigene Varianten konstruierten. An der Spitze der Maschinenimporte standen Textilmaschinen, dann Dampfmaschinen und die eine besondere strategische Bedeutung besitzenden Werkzeugmaschinen. Die vom Staat importierten Werkzeugmaschinen dienten der Unterweisung der Techniker. Oder die Institutionen der Gewerbeförderung gaben sie als Leihgabe beziehungsweise Schenkung an private Unternehmer mit der Auflage, sie Interessenten zugänglich zu machen.

Den Technologietransfer hemmte es kaum, dass es in Großbritannien bis 1842 Exportverbote für strategisch wichtige Industriegüter gab. Die meisten dieser Exportverbote stammten aus der Zeit der Industrialisierung, einige reichten bis ins späte 17. Jahrhundert zurück. Die Verbote betrafen Produktionsmittel, umfassten aber auch Zeichnungen und Modelle. Hinter den Verboten standen die Textilfabrikanten, welche sich damit ihre Exportmärkte bewahren wollten, während – naheliegender Weise – die Maschinenfabriken auf Aufhebung drängten. 1824 wurde zunächst das Auswanderungsverbot für Fachkräfte aufgehoben. Weitergehende, auf die Freigabe von Maschinenexporten zielende Bestrebungen scheiterten zunächst. Doch bestand die Möglichkeit von Ausnahmegenehmigungen, und den Behörden fiel es schwer, nein zu sagen, wenn ausländische Regierungen um Maschinen nachsuchten. Zudem fanden sich immer genügend halblegale oder illegale Möglichkeiten, die Verbote zu umgehen, indem man die Maschinen zum Beispiel anders deklarierte oder sie von vornherein außer Landes schmuggelte.

Erfolgreicher als kurze Besuchsreisen waren längere technologische Aufenthalte in Großbritannien, die auch Staatsbeamte, vor allem aber Private – manchmal mit staatlicher Förderung – unternahmen. Durch längere Arbeit in englischen und schottischen Betrieben eigneten sie sich das notwendige Know-how allmählich an. Eher noch wichtiger wurde die Arbeit von Briten auf dem Kontinent. Dies war zwar bis 1824 verboten, doch das Verbot konnte nicht verhindern, dass zu diesem Zeitpunkt bereits über 2 000 britische Fachkräfte in Kontinentaleuropa tätig waren. Indem sie mit britischen Technikern und Fachkräften zusammenarbeiteten, erwarben die kontinentaleuropäischen allmählich deren Kenntnisse. Britische Techniker wirkten aber nicht nur bei der technischen Umrüstung kontinentaler Unternehmen mit, sondern

---

9 Vgl. *J. R. Harris*, Industrial Espionage and Technology Transfer. Britain and France in the Eighteenth Century, Aldershot u. a. 1998.

Engländer gründeten selbst Firmen auf dem Kontinent. Dabei wurden solche Gründungsmaßnahmen von den dortigen Regierungen durch billige Kredite, Subventionen oder Staatsaufträge gestützt.

Im Laufe des 19. Jahrhunderts und der zunehmenden Industrialisierung verlagerte sich der Schwerpunkt des Technologietransfers von den mehr informellen, an Pionierunternehmer und unternehmungslustige Techniker gebundenen Vorgehensweisen zu mehr formellen. Große Firmen gründeten jetzt Tochterunternehmungen im Ausland, schlossen Kooperationsabkommen mit ausländischen Firmen ab, erwarben und verkauften Lizenzen. Der Technologietransfer entwickelte sich von einer Einbahnstraße zu einem multilateralen Netzwerk. Das bedeutete nicht, dass jetzt Personen keine Rolle mehr spielten, aber sie waren weniger auf sich selbst gestellte Pioniere als in betriebliche und überbetriebliche Zusammenhänge eingebundene Funktionsträger.

Mit einer Zeitverschiebung kam die Industrielle Revolution auch außerhalb Großbritanniens in Gang. Während die USA, die als ehemalige britische Kolonie und Hauptauswanderungsland erhebliche Vorteile besaßen, etwa zwei Jahrzehnte hinter Großbritannien nachhinkten, waren es bei Frankreich und Belgien drei bis vier Jahrzehnte und bei Deutschland etwa ein halbes Jahrhundert. Die Reihenfolge schlug sich noch gegen Ende des 19. Jahrhunderts beim Industrialisierungsgrad der einzelnen Länder nieder, ehe sich die Gewichte dann deutlich verschoben.

4 Massenproduktion als Voraussetzung der Konsumgesellschaft

Die Erzeugung großer Mengen gleichartiger Güter und Dienstleistungen zu günstigen Preisen ermöglicht deren Kauf durch breite Bevölkerungskreise und bildet damit eine wichtige Voraussetzung der Konsumgesellschaft. Natürlich werden Konsumgüter auch in kleinen Serien oder sogar als Einzelstücke hergestellt. Man denke an modische Kleidung, an Schmuck, Teppiche oder Lampen. Solche Produkte kosten im Allgemeinen wesentlich mehr als massenproduzierte und besitzen teilweise den Charakter von Luxuswaren.

Seit der Mitte des 19. Jahrhunderts wurden erhebliche Anstrengungen unternommen, kunsthandwerkliche Einzelstücke und Kleinserien breiteren Bevölkerungsschichten zugänglich zu machen. Die seit 1851 veranstalteten Weltausstellungen präsentierten in erster Linie kunstgewerbliche Produkte. In ihrem Gefolge entstanden Kunstgewerbemuseen, die sich unter anderem der Geschmacksbildung verschrieben.[10] Die Beurteilung des Kunstgewerbes und seiner Produkte war allerdings geteilt.

---

[10] Vgl. z. B. *B. Mundt*, Die deutschen Kunstgewerbemuseen im 19. Jahrhundert (Studien zur Kunst des neunzehnten Jahrhunderts 22), München 1974.

So machte sich der amerikanische Sozial- und Wirtschaftswissenschaftler Thorstein Veblen in seinem 1899 publizierten Buch über die *Leisure Class* über den „demonstrativen Konsum" der Reichen lustig.[11] Diese zeichneten sich dadurch aus, dass sie handwerklich gefertigte Güter den maschinengefertigten vorzogen. Ihr Streben nach Prestige erlege ihnen dies auf, selbst wenn die Maschinenprodukte schlicht besser seien: „Die ehrenvollen Merkmale der Handarbeit bestehen im allgemeinen aus gewissen Unvollkommenheiten und Unregelmäßigkeiten, die nichts anderes beweisen, als daß der Handwerker seine Arbeit ungeschickt ausgeführt hat." Und Veblen in weiterer polemisch-ironischer Zuspitzung: „Wenn das Ergebnis schön sein soll, so muß es gleichzeitig auch teuer sein und darf sich für seinen angeblichen Zweck nicht eignen."

Veblen sah allerdings nicht, dass die Grenze zwischen einzeln, in kleinen Serien sowie in Massen produzierten Waren fließend ist.[12] In aller Regel enthalten einzeln oder in kleinen Serien gefertigte Waren in Massenproduktion entstandene Teile oder Vorprodukte. So besteht Designermode aus massenproduzierten Garnen und Tuchen, und Lampenhersteller greifen auf massenproduzierte Metalle zurück. Die Massenproduktion durchdrang die Konsumwelt auf offensichtliche, aber auch subtile Weise.

In reichlich nüchterner Weise formulierte der Nationalökonom Karl Bücher im Jahr 1910 ein ‚Gesetz der Massenproduktion'.[13] Seiner mathematischen Form entkleidet, besagt dieses Gesetz, dass die Stückkosten sinken, wenn die Fixkosten auf möglichst große Stückzahlen verteilt werden. Gelingt es zum Beispiel, den Ausstoß einer Maschine oder Anlage (Stückzahlen) ohne deren Erweiterung oder die Einstellung neuer Arbeiter (Fixkosten) zu steigern, dann erhöhen sich zum Beispiel die Materialkosten (flexible Kosten), die Stückkosten aber sinken, das heißt, die Produkte werden kostengünstiger hergestellt. Der Gedanke ist einleuchtend, auch wenn die Aufteilung der Kosten auf Fix- und flexible Kosten nicht immer eindeutig ist. Die Praxis ist überdies meist komplizierter, weil eine Vergrößerung des Outputs mit einer Veränderung aller Produktionsfaktoren einhergeht. Die Formulierung eines ‚Gesetzes der Massenproduktion' vor dem Ersten Weltkrieg zeigt jedenfalls, dass die Produktionstechnik in einem Wandel begriffen war und dass die Fachwelt darauf reagierte.

Es lassen sich allgemeine Prinzipien von Rationalisierung und Massenproduktion namhaft machen, welche die Ingenieure im 19. Jahrhundert verfolgten. Diese sind nicht überschneidungsfrei, und sie bedingten und ergänzten einander. Zunächst

---

[11] *T. Veblen*, Theorie der feinen Leute. Eine ökonomische Untersuchung der Institutionen, Frankfurt am Main, 1993. Zum Vergleich zwischen handwerklicher und maschineller Produktion: S. 129f. u. S. 157–83, die Zitate: S. 157 u. S. 162.
[12] Dies gilt auch für *P. Scranton*, Endless Novelty: Specialty Production and the American Industrialization 1865–1925, Princeton 1997.
[13] Vgl. *H. Winkel*, Die deutsche Nationalökonomie im 19. Jahrhundert (Erträge der Forschung, Bd. 74), Darmstadt 1977, S. 107f.

ist auf den engen Zusammenhang von Produkt und Produktion zu verweisen.[14] Die Konstruktion von Produkten macht der Produktion Vorgaben; sie engt deren Spielräume ein. Als die Unternehmen um 1870 begannen, einer rationellen Produktion größeres Augenmerk zu schenken, konstruierten sie zunächst ein Produkt als eine Art Modell, für dessen Produktion sie dann möglichst rationelle Fertigungseinrichtungen entwarfen und anschafften. Seit der Jahrhundertwende gehörte die Forderung nach fertigungsgerechtem Konstruieren zu den Stereotypen in der Ingenieurwelt. Für die Massenproduktion besaß die Fertigungsfreundlichkeit der Konstruktionen entscheidende Bedeutung. Kleine konstruktive Entscheidungen konnten große Auswirkungen auf die Fertigungskosten besitzen, und die vervielfachten gleichartigen Güter schleppten die Fertigungskosten auf dem Markt mit sich.

Das sich im 19. Jahrhundert herausbildende Produktionssystem unterschied sich von dem der Industriellen Revolution vor allem durch die Relation zwischen Maschinen- und Handarbeit. Das qualitativ Neue der Industriellen Revolution bestand zwar in der Einführung eines Systems von Kraft- und Arbeitsmaschinen in den Fabriken als zentralisierten Produktionsstätten. Doch die Bedienung der Arbeitsmaschinen erforderte noch lange Zeit ein hohes Maß an qualifizierter Handarbeit. Und komplexe Maschinenbauprodukte entstanden im 19. Jahrhundert in einem Mischsystem aus maschineller Vorarbeit und handwerklicher Nacharbeit.

Die Erzeugung gleichartiger Güter durch Massenproduktion vervielfachte bei der Fertigung anfallende Kostenvor- und -nachteile. Bei der ständigen Verbesserung der Fertigungseinrichtungen war es also günstig, die Stückzahlen beziehungsweise allgemeiner die ausgebrachten Mengen zu erhöhen. Daraus erwuchs eine Tendenz zur Standardisierung, das heißt zur Typisierung und Normierung der Erzeugnisse. Unter Typisierung wird hier die Vereinheitlichung ganzer Produkte, unter Normierung die Vereinheitlichung von in verschiedenartigen Produkten enthaltenen Teilen verstanden. Eine Reduzierung der Zahl der Typen wie der Normteile erhöhte die Stückzahlen beziehungsweise die Mengen und senkte die Fix- und damit die Stückkosten. Die entscheidende Frage war, ob der Markt die niedrigeren Preise honorierte und die geringere Vielfalt des Angebots in Kauf nahm oder ob die Kunden ihren Bedürfnissen und Wünschen besser angepasste Produkte vorzogen, selbst wenn sie mehr kosteten. Die Frage ergab sich gleichermaßen bei Investitions- wie bei Konsumgütern, war aber für Konsumgüter von den Herstellern schwerer zu beantworten.

Normierung bildete eine Voraussetzung für Austauschbau; Austauschbau gab Anstöße für Normierungen. Beim Austauschbau werden die Endprodukte aus gleichartigen Teilen zusammengesetzt; die Teile sind austauschbar; Anpassungsarbeit ist nicht notwendig. Damit gestaltet sich die Montage kostengünstiger, und eine Maschinisierung beziehungsweise Automatisierung von Montagearbeiten gerät in den

---

14 W. *König*, Künstler und Strichezieher. Konstruktions- und Technikkulturen im deutschen, britischen, amerikanischen und französischen Maschinenbau zwischen 1850 und 1930, Frankfurt am Main 1997.

Bereich des Möglichen. Bei Maschinenbauprodukten verbreitete sich der Austauschbau im Laufe des 19. Jahrhunderts.

Ein zentrales Prinzip der Massenproduktion bildete die Steigerung des Material-, Energie- und Informationsflusses.[15] Dies ließ sich durch Vergrößerung, Beschleunigung und Verkontinuierlichung der Produktion erreichen. Ein bis in die jüngste Vergangenheit beschrittener Weg bestand in einer Vergrößerung der Produktionseinheiten, der Fabriken, Anlagen, Maschinen. Bei einer solchen Vergrößerung wachsen die Kosten normalerweise nicht in gleichem Maß wie die Produktionseinheiten und der von diesen erzielte Ausstoß, ein Phänomen, das im Begriff der *Economies of Scale* seinen Ausdruck findet. Die Frage ist, ob die gesteigerte Produktion auch abgesetzt werden kann. Unausgelastete Großanlagen können wesentlich teurer sein als ausgelastete kleinere Anlagen. Zweitens ist eine Produktion in Großanlagen inflexibler als eine in kleineren; eine Umstellung kostet mehr Geld und braucht mehr Zeit.

Ebenso wie die Vergrößerung der Produktionseinheiten sorgt eine Beschleunigung der Produktionsprozesse für eine Erhöhung des Ausstoßes. Die Anlagen-, Energie- und Arbeitskosten wachsen meist nicht in gleichem Umfang wie die Produktion. Im Vergleich zur Strategie der *Economies of Scale* resultieren die *Economies of Speed* nicht in einem entsprechend hohen Verlust an Flexibilität.

Für das Aufrechterhalten der Produktion unterscheiden wir zwischen zeitlicher Permanenz und produktionstechnischer Kontinuität. Permanenz heißt im Extremfall, dass zu allen Jahres- und Tageszeiten produziert wird. In der vor- und frühindustriellen Zeit gab es häufig keine ganzjährige Produktion, da nicht nur die Landwirtschaft, sondern auch das Gewerbe an die naturalen Bedingungen, und zwar vor allem an die Witterung, gebunden war. So konnten manche Biersorten nur im Winter gebraut, manche Tuche nur im Sommer gefärbt werden. In vielen Fällen ermöglichte die industrielle Technik, wie Kältemaschinen beim Bierbrauen, den Übergang zur ganzjährigen Produktion. Die Vorteile lagen auf der Hand. Die Produktionsanlagen standen nicht längere Zeit still und verursachten Kosten, sondern wurden über das ganze Jahr genutzt und fuhren Gewinne ein.

Die bessere Ausnutzung der Produktionsmittel gilt gleichermaßen für ganztägige Produktionsweisen. Je höher die in die Produktionsmittel getätigten Investitionen, desto größer das Interesse, das eingesetzte Kapital schnell zu amortisieren. Nicht zuletzt deswegen verlängerten die frühindustriellen Unternehmer in den mit teuren Maschinen ausgestatteten Fabriken den Arbeitstag beträchtlich über das im vorindustriellen Gewerbe Übliche hinaus. Ein Hindernis für eine weitere Ausdehnung bildete die schlechte beziehungsweise gefährliche Beleuchtung mit offenen Flammen; eine grundlegende Verbesserung brachte erst das elektrische Licht. Damit war vom Prinzip her eine permanente Produktion im Schichtbetrieb möglich.

---

15 *A. D. Chandler*, The Visible Hand. The Managerial Revolution in American Business, Cambridge/London 1977; *L. Biggs*, The Engineered Factory, in: Technology and Culture 36, 1995, Supplement, S. 174–188.

Kontinuierliche Produktion erfolgt während festgelegter Arbeitszeiten ohne produktionstechnische oder arbeitsorganisatorische Unterbrechungen. Im Unterschied zum kontinuierlichen Produktionsfluss werden bei der diskontinuierlichen oder chargenweisen Produktion bestimmte Mengen bearbeitet, ehe eine neue Charge oder Losgröße in Angriff genommen wird. Diskontinuierliche Produktionsverfahren konnten technologische oder arbeitsorganisatorische Gründe haben. Bei der chemischen und biochemischen Umwandlung von Stoffen ließ sich der Prozess überhaupt nur so oder zumindest leichter kontrollieren. Die losweise Bearbeitung von Stückgütern war flexibler und ließ sich einfacher organisieren als eine Fließfertigung. Kontinuierliche Produktion sparte die Totzeiten der diskontinuierlichen ein und vergrößerte damit den Durchsatz und den Output.

Die erfolgreiche Umsetzung von Prinzipien der Rationalisierung und Massenproduktion, wie fertigungsfreundliches Konstruieren, Standardisierung, Steigerung des Material-, Energie- und Informationsflusses, Sparsamkeit sowie Maschinisierung und Automatisierung, verbilligte die Produkte seit der Industrialisierung in einem Umfang, dass sie in Realpreisen ausgedrückt zum Teil nur noch winzige Bruchteile des früheren Preises kosteten. Die Prinzipien der Rationalisierung und Massenproduktion durchdrangen die gesamte industrielle Technik.

Die Produktion war zunächst meist sehr arbeitsintensiv. Die Rationalisierung konzentrierte sich deswegen zunächst darauf, durch Maschinisierung und Automatisierung Arbeit einzusparen. Meist lief dies auf eine Polarisierung der für die verbleibenden Arbeiten notwendigen Qualifikationen hinaus. Die Ansprüche an die Überwachungs-, Wartungs- und Reparaturarbeit wuchsen, die an die verbleibende Hilfsarbeit nahmen im Allgemeinen ab. In einer zweiten Phase der Rationalisierung ging es um eine Leistungssteigerung der Maschinen und eine Qualitätserhöhung der Maschinenarbeit. Durch eine Beschleunigung der Abläufe steigerten die Maschinen den Output. Und sie dehnten ihren Anwendungsbereich von geringeren auf höhere Qualitäten aus.

Manche Produkte sind aus mehreren, manchmal aus tausenden von Teilen zusammengesetzt. Die Einzelteile müssen von ihrer Form und Funktion her passen, wobei sich die Präzisionsanforderungen sehr unterscheiden. Viele Güter enthalten meist einen größeren Anteil an schwer zu bearbeitenden metallischen Teilen. Solche Teile entstanden seit der Industriellen Revolution zunehmend in Maschinenarbeit.[16] Zunächst wurden so vor allem Investitionsgüter gefertigt – Maschinen bauten Maschinen. Später kamen mehr und mehr Konsumgüter dazu. Massenproduzierte, auf einen größeren Kundenkreis zielende komplexe Maschinenbauprodukte empfanden die Zeitgenossen als grandiosen Erfolg der Fertigungstechnik. Mit solchen langlebigen

---

16 Als Überblick *A. Paulinyi*, Die Umwälzung der Technik in der Industriellen Revolution zwischen 1750 und 1840 (Propyläen Technikgeschichte 3.2), Berlin 1991, S. 319–352; außerdem *A. Paulinyi*, Bemerkungen zu Bedeutung, Begriff und industrieller Vorgeschichte der Werkzeugmaschinen, in: Technikgeschichte 58, 1991, S. 263–277.

Investitions- und Konsumgütern erlangten amerikanische Firmen Weltruhm und Marktmacht:[17] Colt mit Handfeuerwaffen, Singer mit Nähmaschinen, McCormick mit landwirtschaftlichen Maschinen, Remington mit Schreibmaschinen, National Cash Register (NCR) mit Registrierkassen, Burroughs und Sundstrand mit Rechenmaschinen, Pope mit Fahrrädern und Ford mit Automobilen.

In die USA gelangte der Gedanke der Austauschbarkeit bei Handfeuerwaffen aus dem absolutistischen Frankreich in den letzten Jahrzehnten des 18. Jahrhunderts.[18] Dort hatte man kleine Mengen an Waffen, die das Gebot der Austauschbarkeit erfüllten, zu Demonstrationszwecken hergestellt. Einen entsprechenden Auftrag erteilte die amerikanische Rüstungsbehörde nach der Jahrhundertwende zwei privaten Waffenfabriken. Wenn diese das gesetzte Ziel auch nicht erreichten, so entwickelten sie doch arbeitssparende Spezialmaschinen, mit denen sich größere Stückzahlen in kürzerer Zeit produzieren ließen. Einen weiteren Anstoß erhielten die Bemühungen um Austauschbarkeit durch die Erfahrungen der amerikanischen Truppen in den kriegerischen Auseinandersetzungen mit Großbritannien in der Zeit der napoleonischen Kriege. Austauschbarkeit erzielten schließlich in den 1820er Jahren private Unternehmer, die ihre Aufträge in den staatlichen Waffenfabriken Harper's Ferry in Virginia und Springfield in Massachusetts ausführten.

Parallel zur staatlichen Waffenindustrie entstanden in der zivilen Industrie Produkte, welche der Forderung nach Passfertigkeit und Austauschbarkeit gerecht wurden. Dabei hing aber im Unterschied zur staatlichen Waffenindustrie der Umfang und der Zeitpunkt der Einführung des Austauschbaus von ökonomischen Erwägungen ab. Austauschbau musste billiger als die Fertigung von Einzelstücken sein. Seit 1807 baute ein Unternehmen einfache Wand- und Tischuhren, bei denen auch die Zahnräder aus Holz bestanden, aus austauschbaren Teilen.[19] Dies gelang, indem der Konstrukteur die Hemmung auf die Rückseite des Uhrenkastens verlegte, wo sie leicht zu justieren war. Bei hochkomplexen Produkten, wie Uhren und Schreibmaschinen, ermöglichten solche Justiereinrichtungen den Austauschbau. Um 1850 kosteten entsprechende Uhren noch 37,5 Cent und gehörten damit zur Grundausstattung eines durchschnittlichen Haushalts. Spätere Wand- und Tischuhren besaßen mehr Messingteile. Um die Mitte der 1850er Jahre fertigte ein Hersteller allein etwa 280 000 Stück im Jahr.

---

17 *D. R. Hoke*, The Rise of the American System of Manufactures in the Private Sector, Rockford 1990; *D. A. Hounshell*, From the American System to Mass Production, 1800–1932. The Development of Manufacturing Technology in the United States (Studies in Industry and Society), Baltimore/London 1987.
18 *M. R. Smith*, Harpers Ferry Armory and the New Technology. The Challenge of Change, Ithaca 1977; *Hounshell*, From the American System; *R. B. Gordon*, Who Turned the Mechanical Ideal into Mechanical Reality? in: Technology and Culture 29, 1988, S. 744–778; *R. B. Gordon*, Simeon North, John Hull, and Mechanical Manufacturing, in: Technology and Culture 30, 1989, S. 179–188; *O. Mayr/R. C. Post* (Hg.), Yankee Enterprise. The Rise of the American System of Manufactures, Washington D.C. 1982; *Hoke*, Ingenious Yankees.
19 *Hoke*, Ingenious Yankees.

Im Laufe des 19. Jahrhunderts drang der Austauschbau in immer mehr Fertigungsbereiche vor: in die Produktion von Äxten, Nähmaschinen, Schreibmaschinen, Taschenuhren und Fahrrädern. Der Arbeitsplatzwechsel von Mechanikern und Maschinenbauern zwischen den Werkzeugmaschinenfirmen, den staatlichen Waffenfabriken und privaten Maschinenbaubetrieben verbreitete diese Form des Austauschbaus als Mischsystem von Maschinen- und Handarbeit. Der Fahrradbau soll uns als Beispiel für die Weiterentwicklung der Fertigungstechnik dienen.[20] Beim Fahrrad stammten die entscheidenden konstruktiven Innovationen aus Europa. Das schon Ende des 18. Jahrhunderts entwickelte Laufrad verbesserten französische Wagenbauer in den 1860er Jahren, indem sie einen Kurbelantrieb mit Pedalen direkt an der Vorderachse anbrachten. In England ging man in den 1870er Jahren zum Hochrad über, bei dem der Fahrer seine Kraft besser einsetzen und höhere Geschwindigkeiten erzielen konnte. Mitte der 1880er Jahre begann das Sicherheitsfahrrad, vom Prinzip her die heutige Form mit Kettenantrieb auf die Hinterachse, das Hochrad abzulösen. Verkauften die Hersteller hunderttausende Hochräder, so gingen beim Sicherheitsfahrrad die Verkaufszahlen in den 1890er Jahren in die Millionen.

Aus England brachte 1876 Albert A. Pope das Hochrad in die USA. Längere Zeit ließ er es durch eine in Hartford, Connecticut, gelegene Nähmaschinenfabrik fertigen. Diese wiederum hatte produktionstechnische Erfahrungen von einer Waffenfabrik übernommen, ein instruktives Beispiel für Know-how-Transfer im amerikanischen Maschinenbau. Pope baute teure Qualitätsräder, in die das hohe Niveau des amerikanischen Präzisions- und Austauschbaus einfloss. Grundlegende produktionstechnische Innovationen fanden nicht statt.

In den 1890er Jahren, also schon in der Zeit des Sicherheitsrads, verlor Pope seine führende Marktstellung an die Western Wheel Works in Chicago, einen früheren Hersteller von Spielzeugkarren. Der Mangel an Tradition und der Mangel an qualifizierten Metallarbeitern bildeten den Hintergrund für die Einführung neuer, revolutionärer Produktionstechniken durch im Mittleren Westen gelegene Maschinenfabriken. Die Western Wheel Works ersetzten bei einer Reihe von Fertigungsarbeiten das zeitaufwendige, viel Erfahrung erfordernde Löten durch das von Elektrotechnikern entwickelte Widerstandspressschweißen. Die benötigte thermische Energie resultiert aus dem Übergangswiderstand des elektrischen Stroms zwischen den zu verbindenden Teilen. Die Firma reduzierte das Schmieden im Gesenk und das spanende Bearbeiten so weit wie möglich zugunsten des Stanzens und Pressens: bei Rahmenverbindungen, Kurbelgehäusen, Naben und Zahnkränzen. Zum Beispiel musste man bislang beim Kurbelgehäuse 80 Prozent des Metalls spanend entfernen, jetzt presste man die Teile in mehreren Schritten und fügte sie durch Widerstandspressschweißen zusammen. Solcherart gefertigte Fahrräder reichten zwar qualitativ nicht an die der ‚Ostküstenfirmen' heran, waren aber preiswerter.

---

20 *Hounshell*, From the American System, S. 189–215; *B. D. Epperson*, Peddling Bicycles to America: The Rise of an Industry, Jefferson 2010.

Für die Produktionsweise, die sich in den USA im Laufe des 19. Jahrhunderts herausbildete, bürgerte sich seit den 1880er Jahren die Bezeichnung *American System of Manufactures* ein. *American System of Manufactures*, das bedeutete Typisierung, Normierung, Präzisionsfertigung und Austauschbau. Amerikanische Maschinenbaufirmen führten deutlich weniger Produkttypen im Programm als europäische. Dafür stellten sie größere Stückzahlen her, was Investitionen in neue Produktionsmittel eher bezahlt machte. Die Normierung von Teilen, die in verschiedenen Maschinentypen häufiger vorkamen – das beste Beispiel: Schrauben und Muttern –, ging von großen marktbeherrschenden Firmen der Investitions- und Konsumgüterindustrien aus oder von Zulieferern, die zahlreiche kleinere Firmen mit ihren Erzeugnissen versorgten. Später nahmen sich Herstellervereinigungen oder Ingenieurorganisationen der Normierung an. Wie in den europäischen Industrieländern gewannen in den USA nationale Normungsinstitutionen erst während des Ersten Weltkriegs und in der Zwischenkriegszeit an Bedeutung.

Der sich seit den 1890er Jahren herausbildende rationelle Maschinenbau war also bestimmt durch passfertige Maschinenarbeit und Verkürzung der Bearbeitungszeiten.[21] Bekanntlich kann man aber nur so genau fertigen, wie man auch messen kann. Das Messen im klassischen Maschinenbau war an Einteilungsmaßstäbe gebunden, mit den schon aus der Stärke der Striche resultierenden Ungenauigkeiten, oder im Austauschbau an feste Maßverkörperungen. Solche Normallehren repräsentierten die Dimension des zu fertigenden Teils und stellten hohe Anforderungen an Augenmaß und Erfahrung des prüfenden Facharbeiters. Im seit den 1890er Jahren Passfertigkeit realisierenden Maschinenbau setzten sich Grenzlehren durch. Sie repräsentierten zwei Maße, zwischen denen sich die Abmessungen des Teils bewegen mussten, was materiell geprüft wurde, durch Durchstecken oder Durchschieben. Eine Abstufung und Normierung dieser Messwerkzeuge erlaubte es, unterschiedliche Maschinenteile und nicht mehr wie früher mit speziell gefertigten Messgeräten nur ein bestimmtes Teil zu kontrollieren. Da sich die Messwerkzeuge abnutzten, mussten sie regelmäßig im Labor überprüft und gegebenenfalls erneuert werden. Die Normierung und Systematisierung erstreckte sich nicht nur auf die Messwerkzeuge, sondern auch auf die Passungen zwischen zwei Maschinenteilen, je nach der technischen Funktion. So wurden unterschiedliche Anforderungen an die Passungen gestellt: Wie fest sollen die Teile sitzen? Soll sich ein Ölfilm ausbilden? Um die Jahrhundertwende entstanden Passungssysteme, die über ein Produkt hinaus galten, damit überbetrieblich verwendbar waren und eine Kooperation mit Zulieferern ermöglichten.

Mit dem produktionstechnischen Wandel änderte sich in den Maschinenbaufirmen das Qualifikationsprofil. Der Umfang der qualifizierten Handarbeit ging zurück, der Umfang der hochwertigen Maschinenarbeit nahm zu. Weiterhin erforderte jedoch

---

21 *V. Benad-Wagenhoff*, Industrieller Maschinenbau im 19. Jahrhundert. Werkstattpraxis und Entwicklung spanabhebender Werkzeugmaschinen im deutschen Maschinenbau 1870–1914 (Technik und Arbeit. Schriften des Landesmuseums für Technik und Arbeit in Mannheim 5), Stuttgart 1993.

das Bedienen der Werkzeugmaschinen, das Einrichten der Werkzeuge und das Spannen der Werkstücke ein hohes Maß an Wissen und Erfahrung. Wenn manuelle Passarbeiten in der Massenproduktion entfielen, so bestanden sie doch in der Kleinserien- und Einzelfertigung fort, wobei diese sich ebenfalls auf massenproduzierte Teile stützte.

5 Rationalisierung

Ein hochentwickeltes Produktionssystem stellt eine notwendige, wenn auch keine hinreichende Voraussetzung für eine Steigerung der Konsumbedürfnisse und ihre Erfüllung dar. Bemühungen um eine Produktionseffizienz sind so alt wie die Technik und damit wie die Menschheit. Markante Effizienzverbesserungen fanden in mehreren Epochen der Menschheitsgeschichte statt. Hierzu gehört vor allem die Industrielle Revolution mit der durch Kraft- und Arbeitsmaschinen ausgestatteten Fabrik als neue betriebliche Organisationsform. Gegen Ende des 19. Jahrhunderts setzte eine weitere Umgestaltung des Produktionssystems ein, welche man mit den Schlagworten Rationalisierung und Massenproduktion charakterisieren kann.

Der um die Jahrhundertwende in Technik und Wirtschaft auftauchende Begriff der Rationalisierung wurde im Allgemeinen instrumentell verstanden, also nicht an gesellschaftliche Ziele und Werte gebunden. Sprach man in den USA vor dem Ersten Weltkrieg noch vorwiegend von *Efficiency*, so trat der Begriff *Rationalization* oder *Rationalisierung* in der Zwischenkriegszeit international seinen Siegeszug an. In seiner allgemeinsten Fassung bedeutete das dabei formulierte ökonomische Rationalprinzip nichts anderes, als mit einem möglichst geringen Aufwand einen möglichst hohen Ertrag zu erzielen.

Im 19. Jahrhundert drangen Maschinisierung, Fabriksystem und Industrialisierung in weitere Länder vor. In welchem Land die Rationalisierung eine besondere Dynamik gewann, hing von den herrschenden wirtschaftlichen und gesellschaftlichen Rahmenbedingungen ab. Im 19. Jahrhundert und besonders nach dem Ende des Bürgerkriegs 1865 waren diese nirgendwo so günstig wie in den USA.[22] Kein Markt wuchs in einem solch rasanten Tempo. Zwar war schon um 1850 die territoriale Ausdehnung der USA größtenteils beendet, aber die Erschließung der riesigen Ländereien im Westen und Süden brauchte noch lange. Das Bevölkerungswachstum übertraf das aller anderen Industriestaaten. Im 19. Jahrhundert stiegen die Einwohnerzahlen von knapp zehn Millionen (1820) über gut 23 (1850), etwa 50 (1880) auf

---

[22] *D. J. Boorstin*, The Americans. The Democratic Experience, New York 1974; *T. P. Hughes*, Die Erfindung Amerikas. Der technologische Aufstieg der USA seit 1870, München 1991; *S. Ratner u. a.*, The Evolution of American Economy. Growth, Welfare, and Decision Making, New York 1979; *N. Rosenberg*, Why in America? in: *O. Mayr/R. C. Post (Hg.)*, Yankee Enterprise. The Rise of the American System of Manufactures, Washington, D.C. 1981, S. 49–61.

mehr als 90 Millionen (1910). Das Bevölkerungswachstum beruhte zum größten Teil auf einer hohen Fruchtbarkeit. Das weite agrarisch nutzbare Land versorgte nicht nur die bäuerliche Bevölkerung reichlich mit Lebensmitteln, sondern sorgte auch für ein niedriges Preisniveau, von dem ebenso die Städter profitierten. Der kleinere Teil des Bevölkerungswachstums ergab sich aus der Einwanderung. Die Einwanderer brachten Kenntnisse, Fertigkeiten und Kapital mit sich und den festen Willen, in der Neuen Welt durch harte Arbeit ihr Glück zu machen. Vor der Jahrhundertwende kamen die meisten Einwanderer aus West-, Nord- und Mitteleuropa, Großbritannien und Deutschland standen als Auswanderungsländer an der Spitze. Danach verschob sich das Herkunftszentrum nach Ost-, Südost- und Südeuropa.

In den USA expandierten die Märkte schneller als das Arbeitskräftereservoir. Die amerikanische Industrie hatte die größten Schwierigkeiten, die Binnennachfrage zu befriedigen. Besonders traf dies zu, wenn hohe Arbeitsqualifikationen erforderlich waren. Als sich um die Jahrhundertwende das Spektrum der Einwanderung aus Europa von Industrieländern zu Agrarstaaten verschob, spitzte sich die Situation weiter zu. Ein zusätzliches Problem lag in der hohen Mobilität der amerikanischen Bevölkerung, die sich, alles in allem gesehen, nach Westen verlagerte. In manchen Industriebetrieben gehörte es zur Normalität, dass – statistisch gesehen – die komplette Belegschaft zweimal im Laufe des Jahres wechselte.

All dies bildete einen hohen Anreiz, die knappe und damit teure Arbeit durch Maschineneinsatz zu substituieren. Besonders gefragt waren Maschinen, die sich von eher zur Verfügung stehenden schlechter qualifizierten und angelernten Arbeitern bedienen ließen. Zusätzlich förderten die riesigen Ländereien und das Angebot an billigen Rohstoffen die Ersetzung von Arbeit durch Maschinen. Es lohnte sich, die riesigen landwirtschaftlichen Flächen arbeitssparend mit Hilfe von Landmaschinen extensiv zu bewirtschaften. Bei den günstigen Kosten des Rohstoffes Holz spielte es keine Rolle, wenn bei der maschinellen Bearbeitung zum Beispiel von Musketenschäften größere Abfallmengen anfielen als bei der Bearbeitung von Hand.

Die wirtschaftlichen und sozialen Rahmenbedingungen machten die USA zum Eldorado der Maschinisierung und Rationalisierung. Dies bedeutete nicht, dass das Produktionssystem in seiner Gesamtheit umgestaltet wurde. Massenproduktion und Kleinserienproduktion bestanden nebeneinander und ergänzten sich. Aber in keinem anderen Land wurden Massenproduktion und Rationalisierung weiter getrieben als in den USA. Der amerikanische Verkäufermarkt erlaubte es den Unternehmen, ein geringeres Typenangebot vorzuhalten, und sie bemühten sich mehr um Normierung, das heißt um eine Reduzierung der Zahl der Maschinenteile. Die fortgeschrittensten Unternehmen senkten durch Austauschbau, durch die Herstellung aus gleichartigen, beliebig austauschbaren Teilen bestehender Produkte, ihre Kosten. Um diese Zeit erfolgte der Austauschbau noch in einem Mischsystem aus Maschinen- und Handarbeit. Die Organisatoren der Industrieproduktion standen dauernd vor der Aufgabe, die Herstellungsprozesse so weit wie möglich zu mechanisieren oder gar zu automatisieren, Hand- und Maschinenarbeit möglichst wirkungsvoll zu gestalten sowie für einen hohen Produktionsausstoß zu sorgen.

Einen weiteren quantitativen und qualitativen Sprung machte die amerikanische Produktionstechnik seit Ende des 19. Jahrhunderts. Die von den Ingenieuren gegen Ende des 19. Jahrhunderts zunehmend benutzten Begriffe *Effizienz* und *Management* stießen nicht nur in Technik und Industrie, sondern in der gesamten Gesellschaft auf Zustimmung.[23] Streben nach Effizienz wurde weithin als eine moralische Pflicht von Einzelnen und Gruppen anerkannt und gesellschaftspolitisch oder religiös begründet. Anhänger der Effizienzbewegung forderten und initiierten Rationalisierungsmaßnahmen nicht nur in der Wirtschaft, sondern auch in staatlichen und kommunalen Verwaltungen, in Kirchen und Schulen.

Eine Form von Rationalisierung stellte der Zusammenschluss von Unternehmen dar, die damit einerseits ihre Kosten senkten, andererseits ihre Stellung am Markt verbesserten.[24] Parallel zu diesem Konzentrationsprozess erfolgte im Laufe der Hochindustrialisierung eine tendenzielle Ablösung des Besitzers in der Unternehmensleitung durch den angestellten Manager. Die Manager, welche die Unternehmen auf verschiedenen Ebenen organisierten, erwarben ihre Kenntnisse und Erfahrungen in der betrieblichen Praxis, eine formalisierte Managerausbildung entstand erst in der Zwischenkriegszeit. Die meisten kamen entweder aus dem kaufmännischen oder aus dem technischen Bereich, und manche Unternehmen versuchten, sich die unterschiedlichen Erfahrungen und Denkweisen von Kaufleuten und Ingenieuren durch eine kollegiale Leitung zunutze zu machen.

Von dieser neuen Gruppe der Manager gingen die Initiativen zur Reform der alten Fabrik aus, wobei die Vorschläge zur Umgestaltung der Produktion verständlicherweise nahezu ausschließlich von Ingenieuren stammten und in Ingenieurzeitschriften publiziert und diskutiert wurden.[25] Häufig übertrugen dabei die Rationalisierungsingenieure ihre an der Konstruktion von Maschinen geschulten und erprobten Denkweisen auf die Fabrik. Wenn bei einer Maschine die einzelnen Teile mit geringstmöglicher Reibung und bestmöglicher Effizienz zusammenwirkten, warum sollte dieses Maschinenmodell dann nicht als Richtschnur für die Umgestaltung der Fabrik dienen. In solchen Denkweisen wurden die Arbeiter, der ‚menschliche Faktor' oder das ‚Menschenmaterial', wie es in den Rationalisierungsvorschlägen hieß, zu Rädern im Getriebe der Produktion.

Seit den 1870er Jahren entwickelten die Reformer der amerikanischen Fabrik eine Fülle von Rationalisierungsvorschlägen und setzten sie in den Unternehmen um. Sie veränderten die Funktion der Meister und Vorarbeiter, deren Herrschafts- und

---

[23] S. *Haber*, Efficiency and Uplift. Scientific Management in the Progressive Era, 1890–1920, Chicago/London 1962.
[24] *Chandler*, The Visible Hand.
[25] D. *Nelson*, Managers and Workers: Origins of the New Factory System in the United States, 1880–1920, Madison 1975.

Aufgabenbereich in der alten Fabrik eine Art Unternehmen im Unternehmen gebildet hatte. Die Meister hatten die Produktion organisiert und beaufsichtigt, Arbeiter eingestellt und entlassen, Material und Werkzeuge gekauft. Die Reformer schnitten den Aufgabenbereich der Meister weitgehend auf die Überwachung und Anleitung der Arbeiter zurück. Sie richteten eine zentrale Materialverwaltung ein; der Durchlauf des Materials wurde systematisch erfasst und kontrolliert. Sie führten Verfahren der Selbstkostenrechnung ein, mit denen die Maschinen- und Arbeitskosten für die einzelnen Produkte bestimmt und darauf Teile der Gemeinkosten aufgeschlagen wurden. Die Einstellung, Verwaltung und Entlassung der Arbeiter erfolgten durch besondere Abteilungen. Ein wichtiger Teil der Rationalisierungsdiskussion befasste sich mit neuen Lohnsystemen, als Anreiz für die Arbeiter, die weitverbreitete Drückebergerei aufzugeben oder einzuschränken.

Die Reorganisationsmaßnahmen erforderten natürlich mehr Bürokratie. Während die Funktionsfähigkeit der alten Fabrik auf unmittelbaren persönlichen Beziehungen zwischen den Mitarbeitern und auf dem Prinzip mündlich gegebener Anweisungen beruhte, was nur zu oft auch Abhängigkeiten und Ungerechtigkeiten mit sich brachte, verlangte die neue Fabrik eine straffe Organisation, bürokratische Behandlung aller Einzelheiten und das Prinzip der Schriftlichkeit. Gedruckte Arbeitsordnungen und Organisationsschemata sowie eine Fülle von Formularen regulierten das Leben in den Fabrikhallen und Büros. Die Zahl der Angestellten und das Verwaltungspersonal wuchsen relativ zur Zahl der Arbeiter und der in der Produktion Beschäftigten. Die von Max Weber beschriebene säkulare Tendenz der Rationalisierung und Bürokratisierung drang auch in die Fabrik ein.

Frederick W. Taylor, dessen Name heute nicht ganz zu Recht zum Synonym für Arbeitszerlegung und Dequalifizierung geworden ist, war nur ein Exponent dieser von Ingenieuren getragenen Rationalisierungsbewegung.[26] Taylor fasste zahlreiche an sich schon bekannte Rationalisierungsmaßnahmen zu einer Lehre zusammen, die er mit dogmatischer Starrheit, aber auch großem propagandistischem Talent vertrat. Prominent wurde sein Name in der breiten Öffentlichkeit erst, als sich die Gewerkschaften in den Jahren vor dem Ersten Weltkrieg gegen seine Lehre wandten und sogar der Kongress über Taylors Konzept des *Scientific Management*, der wissenschaftlichen Betriebsführung, diskutierte.

Der Titel seines 1911 erscheinenden Hauptwerks *Die Prinzipien wissenschaftlicher Betriebsführung* sagt es schon: Taylor erhob den Anspruch, die in der alten Fabrik von Erfahrung und Faustregeln geprägte Arbeit durch exakte wissenschaftliche Methoden zu ersetzen. Dabei war Taylor kein theoretischer Kopf, sein Wissenschaftsbegriff erschöpfte sich in Systematik und Empirie. Im Mittelpunkt seiner Lehre stand eine

---

26 *Boorstin*, The Americans, S. 363–370; *D. Nelson*, Frederick W. Taylor and the Rise of Scientific Management, Madison 1980; *T. J. Misa*, A Nation of Steel. The Making of Modern America, 1865–1925 (Studies in the History of Technology), Baltimore /London 1995, S. 173–209; *R. Kanigel*, The One Best Way: Frederick Winslow Taylor and the Enigma of Efficiency, New York 1997.

Analyse des Arbeitsprozesses. Mit der Stoppuhr durchgeführte Zeiterfassungen bildeten den wichtigsten originären Beitrag Taylors innerhalb der Rationalisierungsbewegung, wobei dieser später am meisten in das Kreuzfeuer der Kritik geriet. Seine Vorstellung ging dahin, dass es für jede Arbeit *the one best way*, eine optimale Form der Ausführung, gebe. Dieses Optimum gelte es durch Beobachtung und Messung zu ermitteln und dann die Arbeiter entsprechend anzulernen. Ein weiterer Schritt auf dem Weg zum *one best way* bestand darin, die Werkzeuge und Maschinen zu verbessern. Taylor, besessener Golfspieler und amerikanischer Tennismeister im Doppel, beschränkte sich dabei nicht nur auf die Fabrik, sondern entwickelte auch ein kräftesparendes Tennisracket und neuartige Golfschläger. Im nächsten Schritt wurden die Arbeiter in die neuen Verfahrensweisen eingewiesen. Es lag schon ein gewisser Euphemismus darin, diese Vorgehensweise als „wissenschaftlich" scharf von dem Bisherigen abzugrenzen. Tatsächlich profitierte die Methode von der Erfahrung der besten Facharbeiter und Meister, deren Techniken und Handfertigkeiten die Taylorisierer übernahmen. Und sie funktionierte nur, wie zahlreiche Beispiele aus der Rationalisierungspraxis belegten, wenn der Taylorisierer über umfangreiche praktische Erfahrungen mit der zu rationalisierenden Arbeit verfügte. Die *wissenschaftliche Betriebsführung* stellte also größtenteils eine systematische Zusammenfassung und Nutzung von Erfahrung dar.

Im Mittelpunkt der Auseinandersetzungen um den Taylorismus standen Zeitanalysen und Stoppuhr. Die Brisanz der taylorschen Zeitnahmen ergab sich daraus, dass die gemessenen Mindestzeiten und ein eher willkürlicher Zuschlag die Arbeits- und Lohnfestlegung bestimmten. Unter den vorhandenen Arbeitern bzw. den Bewerbern wählte Taylor die für die jeweiligen Aufgaben geeignetsten aus. Wenn Taylor auch immer betonte, die Arbeiter nicht über Gebühr belasten zu wollen, so bedeutete eine tayloristisch zugerichtete Arbeit doch meistens eine Arbeitsverdichtung. An den Produktivitätsgewinnen wollte Taylor die Arbeiter durch höhere Löhne beteiligen. Prämien sollten sie dazu bringen, die seiner Ansicht nach weit verbreitete Drückebergerei aufzugeben. Die Ingenieure trugen und leiteten die Rationalisierungsmaßnahmen. Sie schrieben den Fertigungsablauf in detaillierten Arbeitsanweisungen vor. Damit übernahmen die Ingenieure in den Betriebsbüros – später sprach man von Arbeitsvorbereitung – Aufgaben, die bislang den Meistern oder den Arbeitern selbst anvertraut waren. Mit dieser Umstrukturierung ging eine Polarisierung der Qualifikationen einher. Anfangs konnten Meister und Facharbeiter noch in die Arbeitsvorbereitung überwechseln und zu Ingenieuren aufsteigen; die verbleibenden Arbeiter und Meister verloren einen Teil ihrer höherwertigen Aufgaben. Darüber hinaus redete Taylor einer Spezialisierung das Wort. So sollten die Meister neben ihrer allgemeinen Überwachungsaufgabe spezielle Funktionen bekleiden; einer sollte zum Beispiel für die Disziplin, ein anderer für das Anlernen der Arbeiter, ein dritter für die Überwachung der Maschinen zuständig sein. Doch setzte sich in den Betrieben gerade dieser Teil von Taylors Lehre nicht durch; die Arbeitszerlegung hielt sich in den taylorisierten Betrieben in Grenzen.

Taylors Lehre wies den Ingenieuren die zentrale Rolle im Betrieb zu. Die Ingenieure übernahmen Funktionen der Meister und schoben sich zwischen die kaufmännische Leitung des Betriebs und die Werkstätten. Mit dem Anspruch, den Ablauf und die Organisation der Arbeit und sogar die Höhe der dafür zu gewährenden Entlohnung wissenschaftlich zu bestimmen, stellten sie bislang dem kaufmännischen Management vorbehaltene Kompetenzen infrage. Es kann nicht wundernehmen, dass dieses in manchen Betrieben den tayloristischen Rationalisierern einen Riegel vorschob. Insgesamt scheiterten mehr Rationalisierungsarbeiten Taylors und seiner Schüler am Widerstand des Managements als am Widerstand der Arbeiter. Doch aller Widerstände zum Trotz: In den beiden Jahrzehnten nach der Jahrhundertwende drangen die Ingenieure in die Fertigung ein, die ihnen in der alten Fabrik weitgehend verschlossen geblieben war. Die Ingenieurarbeit und die Ingenieurkompetenzen dehnten sich in den Unternehmen weiter aus.

Zwar standen in Taylors Lehre die Arbeitsabläufe im Mittelpunkt, er betonte aber immer, dass sein System nur greifen könne, wenn zunächst das technische Potenzial der zu reorganisierenden Firma voll ausgeschöpft würde. Taylor ging im Allgemeinen von den vorhandenen Maschinen und Anlagen aus, ließ sie aber überholen und in Schuss bringen. Diese Vorgehensweise machte Taylors Lehre für viele Unternehmer attraktiv, versprach sie doch Rationalisierungsgewinne bei relativ geringen Investitionen. Bei zahlreichen Rationalisierungsmaßnahmen bildete die Umrüstung der Werkzeugmaschinen den Angelpunkt für die Umgestaltung der Produktion. In jahrelangen Versuchsreihen hatte Taylor zusammen mit Mitarbeitern der Bethlehem Steel Company neue Werkzeuge und Betriebsweisen für die Maschinen der spanenden Metallbearbeitung entwickelt. Die bei höheren Temperaturen gehärteten Werkzeuge aus bereits bekannten Stahllegierungen waren wärmefester und erlaubten deshalb längere Standzeiten und höhere Schnittgeschwindigkeiten, was ihre Kennzeichnung mit dem Begriff „Schnellstahl" veranlasste. Außerdem optimierten Taylor und seine Mitarbeiter das Verhältnis der wichtigsten Parameter der spanenden Metallbearbeitung, wie Schnittgeschwindigkeit, Schnitttiefe und Vorschub. Die Art der Bearbeitung legten die Betriebsingenieure mit Hilfe von Tabellen und Spezialrechenschiebern fest und gaben sie den bislang ihrer Erfahrung vertrauenden Metallarbeitern auf Anweisungskarten vor, ein konkretes Beispiel für im Taylorismus enthaltene Dequalifizierungselemente. Die Produktivität der Werkzeugmaschinen erhöhte sich durch den Schnellstahl auf mindestens das Doppelte. Als Taylor um die Jahrhundertwende seine Arbeitsergebnisse präsentierte, stellten sie eine Sensation ersten Ranges dar. Der Schnellstahl machte ihn in der Fachwelt erst richtig bekannt und begründete seinen Ruf als Ingenieur und Rationalisierungsfachmann. Um die Vorzüge der neuen Schneidwerkzeuge voll zu nutzen, mussten entweder neue Maschinen konstruiert oder zumindest die alten verstärkt und die Antriebe und Spannvorrichtungen überarbeitet werden. Damit setzte eine auf den ersten Blick relativ unbedeutend erscheinende Verbesserung eine weitreichende technische und organisatorische Dynamik in Gang, indem die Rationalisierer den gesamten Produktionsablauf der höheren Maschinenproduktivität anpassten.

So wichtig Taylor für die Verbreitung der Rationalisierungsdebatte in der Öffentlichkeit war, die Zahl der von ihm und seiner Handvoll Schüler, die sich 1911 zur Taylor-Society zusammenschlossen, durchgeführten Firmenreorganisationen blieb eher klein. Taylor selbst verdingte sich nach 1901 nicht mehr als Rationalisierungsberater, führte aber interessierten Unternehmern und Managern zwei Musterbetriebe in Philadelphia vor, an denen er finanziell beteiligt war, stellte auf Wunsch Kontakte zu seinen Schülern her und vermittelte und erteilte Ratschläge, wenn Schwierigkeiten auftauchten. Er machte gegenüber den Interessenten keinen Hehl daraus, dass die Einführung seines Systems einen großen Zeitaufwand erforderte, und warnte davor, einzelne Maßnahmen aus ihrem Zusammenhang zu reißen, nur weil sie schnellen Erfolg versprachen. Seine Schüler verhielten sich dagegen flexibler, passten ihr Vorgehen den jeweiligen Verhältnissen an, verzichteten auf die Einführung einzelner Elemente der Lehre oder entwickelten diese sogar weiter. Für Taylor war dies Häresie. Nicht zuletzt seine Unduldsamkeit gegenüber Neuerungen hielt seinen Schülerkreis klein. Schätzungen besagen, dass die Taylor-Schüler bis zum Ersten Weltkrieg in mehr als 200 Unternehmen tätig waren. Darunter befanden sich bekannte Firmen wie der Eisenbahnwagenbauer Pullman, der Schreibmaschinenhersteller Remington und die Waffenfabrik Winchester. Gegenüber der Zahl der Betriebe, die Rationalisierungsmaßnahmen in eigener Verantwortung durchführten oder nicht aus der Taylor-Schule stammende Berater anheuerten, fallen allerdings die taylorisierten kaum ins Gewicht.

Wie kam es, dass Taylors Name dennoch bis zur Gegenwart zum Synonym für die Rationalisierungsbewegung wurde? Taylor unterschied sich von seinen Kollegen dadurch, dass er die heterogenen Rationalisierungsvorschläge und -maßnahmen zu einer recht simplen Lehre zusammenfasste und diese durch anschauliche Beispiele verdeutlichte. Seine wichtigsten originären Beiträge, der Schnellstahl und mit Hilfe der Stoppuhr durchgeführte Arbeitsanalysen, erregten beide großes Aufsehen. Während der Schnellstahl den Beifall und die Anerkennung der Fachwelt fand, wurde die Stoppuhr zum Symbol und wichtigsten Argument in der öffentlichen Diskussion um das Für und Wider des Taylorismus. Für seine Anhänger verkörperte die Stoppuhr die wissenschaftliche Exaktheit der Lehre, für die Gegner stand sie für Arbeitshetze und Antreiberei. Ins Bewusstsein einer breiten Öffentlichkeit geriet der Streit, als 1911 in einer staatlichen Waffenfabrik, die Schüler Taylors nach den Lehren ihres Meisters umgestalteten, ein wilder Streik ausbrach. Das Fass des Unbehagens zum Überlaufen brachten mit Hilfe der Stoppuhr durchgeführte Arbeitsanalysen. Die Gewerkschaften zogen den Streik an sich und entfachten eine landesweite Kampagne gegen den Taylorismus, die sogar in Anhörungen vor dem amerikanischen Kongress mündete. Auf diesen machte Taylor keine schlechte Figur, aber dennoch errangen die Waffenarbeiter und die Gewerkschaften Jahre später einen Teilerfolg. 1915/16 untersagte die

Regierung den staatlichen Waffenfabriken Zeitstudien und das Prämienlohnsystem, beides wichtige Elemente von Taylors Lehre.

Die Grundsätze der amerikanischen Rationalisierungsbewegung und die tayloristische Lehre fanden noch vor dem Ersten Weltkrieg Anhänger in Europa, welche die wichtigsten Schriften Taylors ins Deutsche und Französische übersetzten. Die Hauptversammlung des Vereins Deutscher Ingenieure stand 1913 ganz im Zeichen der Diskussion über den Taylorismus. Versuche, Elemente des Systems in die Betriebe einzuführen, blieben aber ganz vereinzelt und führten, wie in einigen französischen Firmen, zu Auseinandersetzungen und Streiks.

Literatur

H. G. J. Aitken, Scientific Management in Action: Taylorism at Watertown Arsenal, 1908–1915, Princeton 1985.
V. Benad-Wagenhoff, Industrieller Maschinenbau im 19. Jahrhundert. Werkstattpraxis und Entwicklung spanabhebender Werkzeugmaschinen im deutschen Maschinenbau 1870–1914 (Technik und Arbeit. Schriften des Landesmuseums für Technik und Arbeit in Mannheim, Bd. 5), Stuttgart 1993.
V. Benad-Wagenhoff u. a., Die Entwicklung der Fertigungstechnik. In: *U. Wengenroth (Hg.)*, Technik und Wirtschaft (Technik und Kultur, Bd. 8), Düsseldorf 1993, S. 189–241.
A. Bohnsack, Spinnen und Weben. Technik und Arbeit im Textilgewerbe (Bramscher Schriften Bd. 3), Bramsche 2002.
A. D. Chandler, Jr., The Visible Hand: The Managerial Revolution in American Business, Cambridge/London 1977.
S. D. Chapman, The Cotton Industry in the Industrial Revolution (Studies in Economic and Social History), London 1987.
R. Floud/P. Johnson (Hg.), Industrialisation, 1700–1860 (The Cambridge Economic History of Modern Britain, Bd. 1), Cambridge 2004.
J. Fourastié/Jan Schneider, Warum die Preise sinken. Produktivität und Kaufkraft seit dem Mittelalter (Deutsch-französische Studien zur Industriegesellschaft, Bd. 7), Frankfurt/New York 1989.
S. Haber, Efficiency and Uplift: Scientific Management in the Progressive Era, 1890–1920, Chicago/London 1964.
R. L. Hills, Power in the Industrial Revolution, Manchester 1970.
D. R. Hoke, Ingenious Yankees: The Rise of the American System of Manufactures in the Private Sector, New York 1990.
D. A. Hounshell, From the American System to Mass Production 1800–1932: The Development of Manufacturing in the United States (Studies in Industry and Society), Baltimore/London 1984.
R. Kanigel, The One Best Way: Frederick Winslow Taylor and the Enigma of Efficiency, New York 1997.
P. Kirby, Child Workers and Industrial Health in Britain 1780–1850, Woodbridge 2013.
W. König, Künstler und Strichezieher. Konstruktions- und Technikkulturen im deutschen, britischen, amerikanischen und französischen Maschinenbau zwischen 1850 und 1930, Frankfurt am Main 1999.
W. König, Geschichte der Konsumgesellschaft (Vierteljahrschrift für Sozial- und Wirtschaftsgeschichte. Beiheft, Bd. 154), Stuttgart 2000.

W. König, Technikgeschichte. Eine Einführung in ihre Konzepte und Forschungsergebnisse (Grundzüge der modernen Wirtschaftsgeschichte, Bd. 7), Stuttgart 2009.
Massenproduktion und Rationalisierung. Theorie und Praxis in historischer Perspektive (Themenheft Technikgeschichte, Bd. 56,3), Düsseldorf 1989.
D. Nelson, Managers and Workers: Origins of the New Factory System of the United States, 1880–1920, Madison 1975.
P. K. O. O'Brian/R. Quinault (Hg.), The Industrial Revolution and British Society, Cambridge 1993.
D. Osteroth, Soda, Teer und Schwefelsäure. Der Weg zur Großchemie (Kulturgeschichte der Naturwissenschaften und der Technik), Reinbek bei Hamburg 1985.
A. Paulinyi, Die Industrielle Revolution: Die Entstehung des Fabriksystems in Großbritannien. In: *A. Eggebrecht u. a.*, Geschichte der Arbeit. Vom alten Ägypten bis zur Gegenwart, Köln 1980, S. 193–242.
A. Paulinyi, Industrielle Revolution. Vom Ursprung der modernen Technik (Kulturgeschichte der Naturwissenschaften und der Technik), Reinbek bei Hamburg 1989.
A. Paulinyi, Die Umwälzung der Technik in der Industriellen Revolution zwischen 1750 und 1840, in: *W. König (Hg.)*, Propyläen Technikgeschichte, Bd. 3.2, Berlin 1991.
T. Pierenkemper, Umstrittene Revolutionen. Industrialisierung im 19. Jahrhundert (Europäische Geschichte), Frankfurt am Main 1996.
M. B. Rose, Firms, Networks and Business Values: The British and American Cotton Industries since 1750 (Cambridge Studies in Modern Economic History), Cambridge 2000.
J. Ruby, Maschinen für die Massenfertigung. Die Entwicklung der Drehautomaten bis zum Ende des Ersten Weltkrieges, Stuttgart 1995.
J. Ruby, Zur Entwicklungsgeschichte der Werkzeugmaschine (Technikmuseum – Magdeburger Museen. Hefte zur Technikgeschichte, Bd. 1), Magdeburg 1997.
P. Scranton, Endless Novelty.: Specialty Production and American Industrialization 1865–1925, Princeton 1997.
Technologietransfer im 19. und 20. Jahrhundert (Themenheft Technikgeschichte, Bd. 50,3), Düsseldorf 1983.
U. Wengenroth (Hg.), Technik und Wirtschaft (Technik und Kultur, Bd. 8), Düsseldorf 1993.
D. Ziegler, Die Industrielle Revolution (Geschichte kompakt), Darmstadt 2005.

Ralf Banken / Christian Kleinschmidt / Jan Logemann
Absatz und Reklame: Die Anfänge von modernem Einzelhandel und die Werbung bis zum Ersten Weltkrieg

1 Einleitung

Versteht man unter Einzelhandel allgemein diejenige Branche, in denen lokal ansässige Unternehmen Waren verschiedener Hersteller beschaffen und an Endverbraucher verkaufen, so existierten auch bereits seit dem Mittelalter Einzelhändler mit stationärem Ladengeschäft, deren zahlreiche zeitgenössische Bezeichnungen (Krämer, Detaillisten, Kleinhändler) in der frühen Neuzeit jedoch vielfach auf ihren damaligen Status als Minderkaufleute im Sinne des Handelsrecht hinweisen und die einzig in größeren Städten in größerer Zahl auftraten, da sich die Bevölkerung großteils selbst versorgte oder bei nichtstationären Händlern wie Straßenmarkt- und Wanderhändlern einkaufte. Erst aber ab dem Anfang des 19. Jahrhunderts – parallel zur Industrialisierung – verbreitete sich dann das ‚moderne' Einzelhandelsgeschäft flächendeckend in ganz Deutschland. Neben der Durchsetzung der Industrialisierung und der Massenproduktion war die Entwicklung des Einzelhandels geprägt durch die Einführung der Handels- und Gewerbefreiheit, die Beschleunigung des Warenumlaufs sowie die Veränderung von Geschäftsmethoden und Formen[1], die hier im Mittelpunkt der Betrachtung stehen.

Der Einzelhandel wurde somit zur „Basis" (U. Spiekermann) einer zunehmend auf Absatz ausgerichteten Konsumwirtschaft, zu der auch die ab dem späten 19. Jahrhundert expandierende Werbebranche gehörte. Obgleich man noch nicht von einem umfassenden Marketing im heutigen Sinne sprechen kann, halfen Innovationen im Bereich des Absatzes, nicht nur die Grundversorgung bzw. -distribution an die Bevölkerung zu gewährleisten, sondern trugen schon in der Zeit vor dem Ersten Weltkrieg zu einer quantitativen Ausweitung sowie zur Spezialisierung und Ausdifferenzierung des Warenangebots bei.

2 Die Anfänge des modernen Einzelhandels ab 1800

Der moderne Einzelhandel unterscheidet sich vor allem in mehrfacher Hinsicht von den traditionellen Formen der Warenversorgung vor 1800. So löste er langfristig die bis dahin starke Bedarfsdeckung der Bevölkerung mittels Eigenproduktion (z. B.

---

[1] *U. Pfister*, Vom Kiepenkerl zu Karstadt. Einzelhandel und Warenkultur im 19. und frühen 20. Jahrhundert, in: VSWG 87, 2000, H.1, S. 44ff.

Lebensmittel und Kleidung) zugunsten einer Bedarfsdeckung über den Markt ab, die bis dahin überwiegend über die dominierenden Straßen-, Wochen- und Jahrmärkte erfolgt war. Dies war gleichzeitig verbunden mit einer Vermarktlichung und Monetarisierung des Konsums, die wiederum ein entsprechendes Geldeinkommen voraussetzte.[2] Wenngleich in größeren Städten bereits vor 1800 zahlreiche Einzelhändler und erste größere feste Magazine existierten und auch in kleineren Orten der ein oder andere Kolonial- oder Gemischtwarenladen ansässig war, waren deutschlandweit neben den lokalen Straßenmärkten vor allem das ortsansässige Nahrungshandwerk und die herumwandernden Hausierer für die Versorgung der deutschen Bevölkerung zuständig.[3]

Der *Wanderhandel* und seine unterschiedlichen Ausprägungen wie etwa das Hausierertum gilt als „Pionier der Konsumgesellschaft" (U. Pfister), unterlag jedoch noch im 17. und 18. Jahrhundert starken Restriktionen und Kontrollen bis hin zu Verboten vonseiten der Landesherrschaft, nicht zuletzt weil er eine starke Konkurrenz zum örtlichen Kleinhandel darstellte. Hausierer betätigten sich zumeist im Auftrag der Produzenten, etwa des Textil-, Glas- oder Kleineisengewerbes und brachten die entsprechenden Waren direkt zum Endverbraucher. Sie zeichneten sich durch eine hohe Mobilität und Flexibilität aus und bedienten nicht selten ein großes Absatzgebiet, insbesondere in bevölkerungsärmeren, ländlichen Gebieten und waren so Teil eines interregionalen und transnationalen Fernwanderungssystems. Es gab regionale Ausprägungen wie den westfälischen Töddenhandel, dessen Wanderungsbewegungen und Handelsaktivitäten von Belgien und Holland bis nach Schleswig-Holstein und Riga reichten. Nicht selten gingen aus den Wanderhändlern bzw. Tödden auch feste Handelsgeschäfte hervor, wie die Beispiele Boecker, Hettlage oder Brenninkmeyer & Co. zeigen.[4]

Es gab große Unterschiede im Distributionsbereich zwischen Stadt und Land. In großen Städten wie Berlin, Hamburg oder München existierten verschiedene Formen des Einzelhandels nebeneinander, wie etwa das Beispiel der aufstrebenden Stadt München mit ihren etwa 30 000 Einwohnern im ausgehenden 18. Jahrhundert zeigt.

---

2 *A. Steiner*, Von der Eigenfertigung zum Markterwerb der Kleidung. Ein Beitrag zu Kommerzialisierung des Wirtschaftens privater Haushalte in Deutschland im langen 19. Jahrhundert, in: *M. Prinz (Hg.)*, Der lange Weg in den Überfluss. Anfänge und Entwicklung der Konsumgesellschaft seit der Vormoderne, Paderborn u. a. 2003, S. 255. Steiner spricht hier von „Kommerzialisierung", ein Begriff der oftmals auch mit ‚Vermarktlichung' oder auch ‚Ökonomisierung' synonym benutzt wird. Siehe dazu *R. Graf*, Einleitung. Ökonomisierung als Schlagwort und Forschungsgegenstand, in: *Ders. (Hg.)*, Ökonomisierung. Debatten und Praktiken in der Zeitgeschichte, Göttingen 2019, S. 9–25.
3 Mit der Dissertation von *U. Spiekermann*, Basis der Konsumgesellschaft. Entstehung und Entwicklung des modernen Kleinhandels in Deutschland 1850–1914, München 1999, liegt eine umfassende und detailreiche Studie vor, die die unterschiedlichen Formen zur Entwicklung des deutschen Einzelhandels im 19. Jahrhundert behandelt.
4 *U. Pfister*, Vom Kiepenkerl zu Karstadt, S. 41ff.; *U. Spiekermann*, S. 37–41; *H. Oberpenning*, Neue Forschungen zum Handel der Tödden: Ein Arbeitsbericht, in: *W. Reininghaus (Hg.)*, Wanderhandel in Europa, Dortmund 1993, S. 55–65.

Neben den Wochen- und wöchentlichen Getreidemärkten gab es zwei Jahrmärkte, einen Spielsachenmarkt, vier Rossmärkte, wöchentliche Hornviehmärkte, mehrere Schweinemärkte, Tauben-, Vogel- und Hundemärkte an jedem Sonn- und Feiertag, Fischmärkte an allen Fastentagen, einen Markt für Holzarbeiten, tägliche Holzmärkte an drei Orten in der Stadt, tägliche Heumärkte, zwei tägliche Früchte- und Kräutermärkte, tägliche Eier- und Geflügelmärkte, Baum- und Blumenmärkte sowie schließlich auch noch Tandler- und Trödlermärkte.[5]

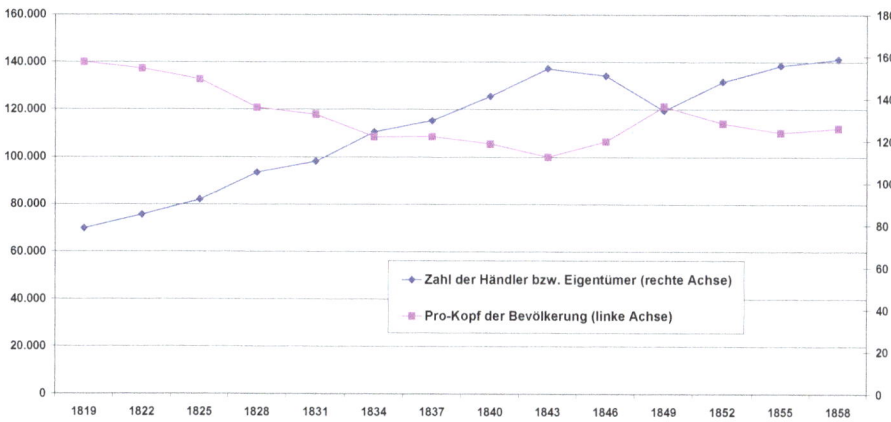

Abb. 1: Die Entwicklung des Handelsgewerbes in Preußen 1819–1858[6]

Besonders nach 1800 setzte dann ein starkes Wachstum des Einzelhandels ein, weshalb sich die Form des festen *Ladengeschäftes* als neuartige *Basisinnovation* bereits vor der Nationalstaatsgründung immer mehr verbreitete.. So verdoppelte sich z. B. in Preußen die Zahl der Handelsbetriebe zwischen 1819 und 1843, um danach bis Ende der 1850er Jahre nur noch langsam zuzunehmen. Selbst in dieser Periode langsamen Wandels wuchs die Zahl der leistungsfähigeren Händler deutlich schneller als diejenige der kleinen Krämer und Höker, wenngleich diese Gruppe immer noch ein klares quantitatives Übergewicht besaß und auch die alten Absatzformen des traditionellen Handels (Märkte, Wanderhandel und privilegierte Läden) noch dominierten. Trotz deutlicher Stadt-Land- und regionaler Unterschiede setzte sich überall langsam das örtlich fest verankerte Ladengeschäft bis vor 1870 als die dominierende Form des Absatzes durch, da nicht nur die Zahl der Läden mit einem neuen Warenangebot schneller wuchs, sondern auch deren Größe und die Zahl der dort Beschäftigten. Grund hierfür war u. a., dass sich die Einzelhandelsbetriebe immer stärker spezialisierten und ein immer engeres und tieferes Warensortiment für die zumeist

---
5 *Spiekermann*, Basis, S. 109–125.
6 Daten nach *Spiekermann*, Basis, S. 697, jeweils ohne die Zahl der Pferdehändler und Trödler.

bürgerliche Käuferschicht bereithielten. Ab 1830 entstanden in den größeren Städten zudem auch immer größere Läden, die sogenannten Magazine und Bazare.[7]

Ursachen für den Strukturwandel der Einzelhandelsbranche und die schnelle Verbreitung des spezialisierten Fachhandels auch jenseits der Großstädte waren das Bevölkerungswachstum – allerdings nahm die Zahl der Handelsbetriebe stärker zu als die Bevölkerung –, die zunehmende Verstädterung und die eng damit verbundene Abnahme der Selbstversorgung als fundamentaler Strukturwandel, was insbesondere dem überproportional wachsenden Lebensmitteleinzelhandel zugutekam. Vor allem diese Faktoren waren für das Wachstum der Branche vor 1870 verantwortlich, da die alten Handelsformen an der Grenze ihrer Leistungsfähigkeit angelangt waren und speziell die größere städtische Bevölkerung nicht mehr ausreichend mit Lebensnotwendigen und anderen Konsumgütern versorgen konnten. Weiterhin forcierten die wachsende industrielle Produktion, die Entstehung eines leistungsfähigen Großhandels und die besseren Transportmöglichkeiten für Fabrikwaren durch die Eisenbahnen – die dichtere Lieferketten zu sinkenden Preisen ermöglichten und die Bereitstellung eines größeren Sortiments auch auf dem Lande erleichterten – das Aufkommen immer neuer fester Ladengeschäfte mit spezialisiertem Warenangebot. Dagegen unterstützte die Einführung der Gewerbefreiheit diese Entwicklung nur, löste sie aber nicht aus, auch weil sich die vollständige Liberalisierung des Einzelhandelsbereichs erst in den 1860er Jahren in ganz Deutschland durchsetzte.[8]

3 Der Einzelhandel im Kaiserreich: Innovationen und Wachstum

Schon ab den 1860er Jahren zeigte sich eine abermalige Wachstumsbeschleunigung des deutschen Einzelhandels, der neben der steigenden Beschäftigung und Betriebszahl bis 1890 zudem durch neue leistungsfähige Be- und Vertriebsformen sowie einen intensivierten Wettbewerb geprägt war. Neben der nun häufigeren Verbreitung größerer Fachgeschäfte und Bazare kamen auch Wanderlager, Kauf- und Warenhäuser sowie erste Filialisten und Konsumvereine auf. Weiterhin entstanden erste Versandhändler – die sich zumeist noch auf ein spezialisiertes Sortiment begrenzten – und Abzahlungsgeschäfte. In letzteren sowie in den Konsumvereinen und Einheitspreisbazaren kaufte nunmehr auch die Arbeiterschaft ein, während die anderen Vertriebsformen das einkommenstechnisch besser gestellte Bürgertum – inklusive der Kleinbürger – als Kunden aufwiesen. Die Großbetriebe im Einzelhandel, die zumeist aus spezialisierten Fachgeschäften emporwuchsen, arbeiteten immer gewinnorientierter

---

[7] *Spiekermann*, Basis, S. 218–231.
[8] *Spiekermann*, Basis, S. 50–78 u. 614–615. Vgl. auch *L. Berekoven*, Geschichte des deutschen Einzelhandels, Frankfurt am Main 1988, S. 25–27.

und warben offensiv für ihre Geschäfte. Auch in den kleineren Städten breitete sich das spezialisierte Einzelhandelsgeschäft immer weiter aus und professionalisierte sich. Insgesamt lässt sich erkennen, dass sich der Einzelhandel bereits in den ersten Jahrzehnten des Kaiserreichs überall langsam kommerzialisierte.[9]

Ab 1890 wuchs die Zahl der Betriebe abermals schneller als die Bevölkerung. Noch schneller steigerte sich jedoch die Zahl der im Einzelhandel Beschäftigten, was auf das Wachstum der Unternehmen zurückzuführen ist. Mit zunehmender Größe – einige besaßen gegen Ende des Kaiserreiches mehr als 1 000 Beschäftigte – rationalisierten die Großunternehmen ihre Prozesse, zum Beispiel durch die Zentralisierung des Einkaufs und anderer betriebswirtschaftlicher Abläufe.

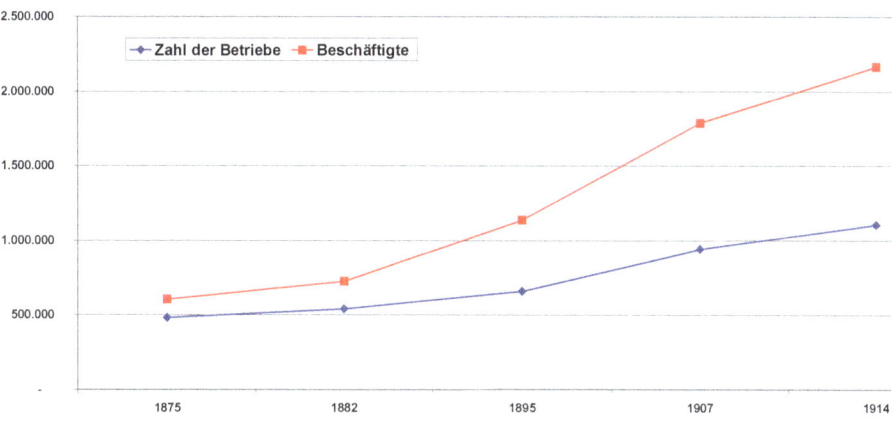

Abb. 2: Die Entwicklung des Warenhandels im Deutschen Reich 1875–1914[10]

Weiterhin gelang es den leistungsfähigen Unternehmen – gemeinsam mit den Produzenten – immer häufiger den Großhandel auszuschalten und eigene Handelsmarken aufzubauen. Zudem vermochten es die großen Ladengeschäfte – d. h. vor allem die großen Fachgeschäfte sowie Kauf- und Warenhäuser der größeren Städte – durch die spezielle Dekoration der Waren und Schaufenster regelrechte Warenwelten zu präsentieren, um die Kunden zum Kauf bei sich zu animieren. Stärker als diese Warenpräsentation bildete jedoch der nun aufkommende Preiswettbewerb ab 1890 die zentrale Stimulation, da der Weitergabe der sinkenden Verkaufspreise eine kaufleitende Funktion zukam. Aufgrund der wachsenden Einkommen auch der Arbeiterschaft im lang anhaltenden Aufschwung entstand so ein moderner Massenkonsummarkt, auf dem nicht mehr der elementare Konsumbedarf allein befriedigt wurde, sondern die Konsumenten auf zahlreiche Anreize zum Warenkauf reagierten.[11]

---

9 *Spiekermann*, Basis, S. 78–109 u. 615–617.
10 Daten nach *Spiekermann*, Basis, S. 83.
11 *Spiekermann*, Basis, S. 617–621; *Berekoven*, S. 118–120.

Unabhängig vom allgemeinen Trend entwickelten sich einige Zweige des Einzelhandels besonders dynamisch. Hierzu zählte der *Lebensmitteleinzelhandel*, dessen Zahl an Kolonial- und Gemischtwarenhändlern, Brot-, Molkereiwaren-, Grünwaren-, Obst-, Delikatessen- und Spirituosengeschäften sich zwischen 1875 und 1914 mehr als verdoppelte:[12]

Tabelle 1: Die Entwicklung des Lebensmittelgroß- und -einzelhandels im Deutschen Reich 1875–1914[13]

Jahr	1875	1882	1895	1907	1914
Betriebe	191 338	241 150	317 381	486 183	583 981
Beschäftigte	223 481	286 209	485 917	780 188	951 854

Noch schneller als die Zahl der Geschäfte stieg die dortige Beschäftigung, die sich in diesem Zeitraum mehr als vervierfachte und deutlich macht, dass die Einzelhandelsbetriebe durchschnittlich immer mehr Beschäftigte aufwiesen. Hierfür war auch das Aufkommen der Massenfilialisten wie Tengelmann verantwortlich, deren Sortiment jedoch nur aus haltbarer Stapelware (Kaffee, Schokolade, Tabakwaren) bestand und die zumeist auf einzelne Regionen begrenzt blieben. Einzig dem 1880 gegründeten Viersener Kaisers-Kaffee-Geschäft, das kurz vor dem Ersten Weltkrieg 1 369 Filialen betrieb, gelang die Ausbreitung im gesamten Deutschen Reich.[14] *Filialketten* waren dabei letztlich auch Ausdruck des Übergangs zur Massenkonsumgesellschaft und können als Pendant auch zur industriellen Massenproduktion gesehen werden, wobei auch hier das Prinzip der Kostendegressionseffekte durch massenhaften Absatz eine zentrale Rolle spielte. Als Filialbetriebe gelten Geschäfte, die mindestens zwei Betriebe umfassen. Ein Massenfilialbetrieb umfasste mindestens zehn Geschäfte. Der Einkauf erfolgte zentral, der Verkauf dezentral, sodass sich auf diese Weise entsprechende Kosteneinsparungen erzielen ließen, die wiederum, zumindest teilweise, an die Kunden weitergegeben werden konnten. Filialbetriebe umfassten fast alle Branchen und waren insbesondere in den Bereichen des Kolonialwarenhandels, des Kurzwaren-, Metall-, Textil- und Weinhandels vertreten. Trotz der erheblichen betriebswirtschaftlichen Vorteile (zentrale Kalkulation und Lagerhaltung, Masseneinkauf, einheitliche Werbung) gewannen diese Ketten jedoch nur einen Anteil von drei bis vier Prozent auf dem deutschen Lebensmittelmarkt.[15]

---

12 Neben den genannten Branchen wuchs auch der Einzelhandel mit Textilien, Schuhen, langlebigen Konsumgütern sowie – ab 1890 – auch mit Chemikalien, Metall- und Elektrowaren überdurchschnittlich. *Spiekermann*, Basis, S. 617.
13 Zahlen nach *U. Spiekermann*, Rationalisierung als Daueraufgabe. Der deutsche Lebensmitteleinzelhandel im 20. Jahrhundert. in: Scriptae Mercaturae 1997, S. 69–129, hier, S. 70.
14 *Spiekermann*, Rationalisierung, S. 69–79. Vgl. auch: *Spiekermann*, Basis, S. 325–329.
15 *Spiekermann*, Basis, S. 317–333; *Ders.* Rationalisierung, S. 69–70.

Das Größenwachstum der Betriebe war weiterhin auch auf die Errichtung zahlreicher *Konsumvereine und Konsumgenossenschaften* zurückzuführen, deren Anfänge bis in die späten 1840er Jahre zurückreichten und die zumeist ein Vollsortiment anboten. Die Mitglieder der Konsumgenossenschaften, die sich als Selbsthilfeorganisationen zur günstigen Beschaffung von Lebensmitteln verstanden, stammten vor allem aus der städtischen Arbeiterschaft und der unteren Mittelschicht, deren Käufe dieser Geschäftsform bis 1913 einen Marktanteil von ca. fünf Prozent einbrachten.[16] Das Prinzip der Selbsthilfe meint, dass Träger und Nutznießer der entsprechenden Aktivitäten zusammenfallen und dass die Ressourcen im Wesentlichen aus dem Kreis der Mitglieder stammen. Diese Selbsthilfeaktivitäten entwickelten sich zu regelrechten sozialen Bewegungen, deren Mitglieder sich aus unterschiedlichen sozialen Gruppen und Konsumentenlagen rekrutierten. Die Entstehung von Konsumvereinen und Konsumgenossenschaften war insofern auch Ausdruck von Kritik und Opposition gegenüber der Konsumgesellschaft und sozialer Ungleichheit bzw. verstand sich als gesellschaftliches Reformprojekt. Die Kritik richtete sich gegen hohe Preise, mindere Qualität oder auch gegen die Herstellungsbedingungen bestimmter Konsumgüter. Insofern waren sie auch Ausdruck eines frühen Verbraucherschutzes, der sich gegen Lebensmittelverfälschungen, manipulierte Waagen oder das Mitberechnen des Verpackungsmaterials richtete.[17]

Organisatorisch betrachtet handelte es sich um einen freiwilligen Zusammenschluss von Verbrauchern, bei denen die Prinzipien der offenen Mitgliedschaft, der demokratischen Verwaltung, der festen Verzinsung der Geschäftsanteile, der Abgabe unverdorbener Waren, der politischen und religiösen Neutralität, der Rückvergütung sowie auch Aspekte der Konsumentenerziehung eine Rolle spielten. Die ersten Selbsthilfevereine wie Hilfskassen und Sparerclubs entstanden in England. Die Ideen der Selbsthilfe, der Kooperation und der Zusammenschlüsse gehen nicht zuletzt zurück auf die des britischen Unternehmers und Frühsozialisten Robert Owen, die bereits seit den 1820er Jahren zu einer Gründungswelle von Selbsthilfeorganisationen und Kooperationen geführt hatten. Im Jahr 1844 wurde dann der inzwischen legendäre Konsumverein Rochdale, der auch eine Vorbildfunktion für weitere Neugründungen besaß, gegründet. Als erster Konsumverein in deutschen Territorien gilt die Eilenberger Lebensmittel Association, die nicht zuletzt als Folge regionaler Lebensmittelunruhen und somit im Umfeld der Revolution von 1848 gegründet wurde. Für Deutschland gilt der Liberale Hermann Schulze-Delitzsch als einer der Gründer des Genossenschaftswesens. Gemessen an den englischen Vorbildern setzte sich in Deutschland die Genossenschaftsbewegung vergleichsweise spät durch, entwickelte sich dann allerdings in der zweiten Hälfte des 19. Jahrhunderts sehr rasch.[18]

---

[16] *Spiekermann*, Basis, S. 238–276; *Spiekermann*, Rationalisierung, S. 73–75.
[17] *M. Prinz*, Brot und Dividende. Konsumvereine in Deutschland und England vor 1914, Göttingen 1996, S. 21–26.
[18] *Prinz*, Brot und Dividende, S. 31–57, 146f.

So gab es 1867 bereits etwa 100 Konsumgenossenschaften, 1870 mehr als 700 mit insgesamt 25 000 Mitgliedern. Auch wenn Konsumgenossenschaften in der Arbeiterschaft stark vertreten waren, so reichte das politische Spektrum ihrer Ausrichtung von konservativen, liberalen und sozialistischen Gründungen bis hin zu Werkskonsumvereinen, bei denen große Unternehmen ihren Beschäftigten Waren zu günstigen Konditionen anboten, was schließlich auch als ein Aspekt der betrieblichen Sozialpolitik betrachtet werden muss. Knapp 43 Prozent der Mitglieder in Konsumvereinen waren im Jahr 1876 Gehalts- und Lohnempfänger aus gewerblichen Betrieben (Fabrikarbeiter, Handwerksgesellen etc.), 26 Prozent waren Gewerbetreibende und 18 Prozent entstammten freien Berufen bzw. der Beamtenschaft. Kurz vor dem Ersten Weltkrieg hatte sich der Anteil aus dem Bereich der gewerblichen Beschäftigten auf knapp 70 Prozent und die Gesamtzahl der Mitglieder aller Vereine auf mehr als zwei Millionen erhöht. Der Erfolg dieser Bewegung resultiert sicherlich aus einer Spezialisierung der Konsumvereine auf den Grundbedarf, einem sicheren Absatz, einer weitgehenden Barzahlung, dem Verzicht auf Werbung sowie dem Zugang zu Märkten über eigene Großhandelsunternehmen. Günstige Preise konnten unter anderem auch wegen der unterdurchschnittlichen Bezahlung der eigenen Angestellten sowie durch unbezahlte Arbeit der Mitglieder als Selbstverständnis des Selbsthilfeprinzips erzielt werden. Mit den Genossenschaften entstand schließlich auch eine eigene Rechtsform, die steuerliche Privilegien und eine Einschränkung des Haftungsprinzips mit sich brachte. Der rasche Erfolg der Konsumvereine und Konsumgenossenschaften führte dementsprechend auch zu Kritik und Protesten des mittelständischen Einzelhandels, die wiederum staatliche Regulierungen, Kontrollen und Beschränkungen der Genossenschaften nach sich zogen (bezüglich Sortiment, Ausgabe von Wertmarken, Besteuerung).[19]

Neben dem Lebensmitteleinzelhandel wuchs auch die Zahl der Geschäfte für die immer zahlreicheren industriellen Konsumgüter stärker als die Gesamtbranche, wobei dieses Wachstum durch weitere Geschäftsinnovationen getragen wurde. So entwickelten sich zahlreiche größere Fachgeschäfte zu *Kaufhäusern* und Großmagazinen. Außerdem kamen erste sogenannte Abzahlungsgeschäfte mit Ratenzahlung und Einkaufspassagen auf, wobei Letztere als Ansammlung mehrerer Läden (zumeist für den Luxusbedarf) seit der Französischen Revolution in Frankreich und schließlich auch in anderen europäischen Metropolen Verbreitung fanden und als Vorläufer des Kaufhauses betrachtet werden können. In deutschen Städten übernahmen Hamburg (1842) und München (1850er Jahre) eine Vorreiterrolle, während die ‚Kaisergalerie' in Berlin zu Beginn der 1870er Jahre die repräsentativste Galerie im Deutschen Reich

---

19 *M. Prinz*, Von der Nahrungssicherung zum Einkommensausgleich. Entstehung und Durchsetzung des Selbsthilfemusters Konsumverein 1770–1914 in England und Deutschland, in: *H. Siegrist/H. Kaelble/J. Kocka* (Hg.), Europäische Konsumgeschichte. Zur Gesellschafts- und Kulturgeschichte des Konsums (18. bis 20. Jahrhundert), Frankfurt, New York 1991, S. 717–744; *Prinz*, Brot und Dividende, S. 293ff.; *Spiekermann*, Basis, S. 238–247.

war. Darüber hinaus eröffneten auch erste spezialisierte *Versandhäuser* wie Mey & Edlich ab 1876.[20] Die Geschichte der Versandhäuser wiederum ist eng verknüpft mit der ‚Kommunikations- und Transportrevolution' im 19. Jahrhundert. Dabei spielten die Post und die Eisenbahn eine zentrale Rolle. Mit Hilfe der Eisenbahn und dem rasch expandierenden Schienennetz nach der Reichsgründung konnten die Waren reichsweit versandt werden. Die entsprechenden Pakete wurden bei der Post aufgegeben, die nicht nur den Vertrieb abwickelte, sondern auch die Bestellungen (Briefe, Postkarten) sowie die Bezahlung. Das Volumen des Paketdienstes der Reichspost verdoppelte sich von 42 Millionen Paketen (1873) auf 84 Millionen (1884), um sich dann bis zum Ersten Weltkrieg noch einmal auf 176 Millionen Pakete zu verdoppeln (wobei diese nicht alle auf den Versandhandel zurückzuführen sind).[21] Das Versandgeschäft selbst war bereits vor dem Ersten Weltkrieg ausdifferenziert. Neben reinen Versandhäusern wie Mey & Edlich, die über keine eigenen Ladengeschäfte verfügten, existierten beispielsweise auch der Direktversand vonseiten der Hersteller (z. B. Textilunternehmen) sowie Versandgeschäfte, die mit dem Kolonialwarenhandel verbunden waren, wie etwa Kaffee-, Tee- oder Kakaoversandgeschäfte. Schließlich verfügten auch die Warenhäuser über Versandabteilungen, die ihren Kunden auch Umtauschmöglichkeiten anboten.[22]

Die größte öffentliche Aufmerksamkeit erregten schließlich die *Warenhäuser*, die sich ab den 1870er Jahren aus den größeren Gemischtwarenläden und Wanderlagern heraus entwickelt hatten. Ähnlich wie bei den Konsumgenossenschaften entwickelte sich diese Form des Einzelhandels in Deutschland später als in anderen westeuropäischen Staaten oder den USA. Bereits 1852 war in Paris das *Au bon marché* eröffnet worden, gefolgt von weiteren Häusern wie dem *Printemps* oder dem *La Samaritaine*. Auch in London und den USA entwickelten sich vergleichbare Einrichtungen, die als Großbetriebe des Massenabsatzes von Konsumgütern fungierten.[23] Die Entstehung von Warenhäusern kann schließlich gegen Ende des 19. Jahrhunderts auch als Ausdruck der Globalisierung betrachtet werden, verbreitete sie sich doch von Westeuropa und den USA über Australien bis nach China[24]. In Deutschland eröffneten die ersten modernen Warenhäuser in der Phase der Hochindustrialisierung, der Urbanisierung und der Reichsgründung. So eröffneten Wertheim 1876 in Stralsund, Leonhard Tietz

---

[20] *S. Gerlach*, Das Warenhaus in Deutschland. Seine Entwicklung bis zum Ersten Weltkrieg in historisch-geographischer Sicht, Stuttgart 1988, S. 15, 25f. u. 36. Berekoven, S. 39–41. *Spiekermann*, Basis, S. 295–315.
[21] *Spiekermann*, Basis, S. 310f. weist darauf hin, dass die Poststatistik keine genauen Zahlen zum Versandhandel ausweist.
[22] *Spiekermann*, Basis, S. 297–309.
[23] *Gerlach*, Das Warenhaus, S. 15–20; *H. Homburg*, Warenhausunternehmen und ihre Gründer in Frankreich und Deutschland oder: eine diskrete Elite und mancherlei Mythen, in: JWG 1, 1992, S. 183–189.
[24] *D. Miller*, Diverse Transnational Influences and Department Stores: Australian Evidence from the 1870s–1950s, in: JWG 2, 2005, S. 16–40.

(Kaufhof) 1879, Hermann Tietz (Hertie) 1882 in Gera oder Rudolf Karstadt 1881 in Wismar und Theodor Althoff in Dülmen 1885 ihre ersten Warenhäuser.[25] Diese boten ab der Jahrhundertwende nicht nur eine immer breitere Warenpalette industrieller Gebrauchsgüter zu festen Preisen in immer größeren Häusern und an zahlreichen Filialstandorten an, sondern versandten sie, wie gezeigt, auch per Post.[26] Neben gehobenen Qualitätswaren nahmen die organisch wachsenden Warenhausunternehmen auch Lederwaren, Schmuck, Möbel sowie Haus- und Küchengeräte ins Programm, die überwiegend vom Bürgertum gekauft wurden.[27] Zudem expandierten sie ab den 1880er Jahren in den Lebensmittelbereich, was zu sinkenden Preisen führte. Weitere Kennzeichen des Warenhausgedankens waren ein großer Umsatz, eine offene Präsentation der Waren, eine transparente Preisauszeichnung, die Barzahlung sowie eine Anlieferung der Waren bei größeren Bestellungen.

Trotz solcher Innovationen blieben die Warenhäuser eine „kleine, elitäre Spitzengruppe" (H.Homburg) des Einzelhandels. Die etwa 400 deutschen Warenhäuser 1914 kamen nur auf einen Marktanteil von 2,2 bis 2,5 Prozent am Gesamtumsatz des deutschen Einzelhandels,[28] und obgleich schon zahlreiche andere Geschäftsbetriebe moderne Einzelhandelspraktiken (Ausverkäufe, feste Preise, intensive Anzeigenwerbung, genaue Warenkalkulation, fehlender Kaufzwang und üppige Warenpräsentation) eingeführt hatten, gerieten die Warenhauskonzerne genauso wie die – vielfach sozialdemokratisch orientierten – Konsumgenossenschaften in die Kritik ihrer mittelständischen Konkurrenten, die ihnen unfairen Wettbewerb und die Verdrängung der mittelständischen Betriebsformen vorwarfen. Tatsächlich wurden in einigen Bundesstaaten erste Gesetze (Warenhaussteuer, Gesetz gegen den unlauteren Wettbewerb etc.) erlassen, die die Warenhäuser durch eine behördliche Kontrolle von Aus- und Sonderverkäufen in ihrem Wachstumskurs begrenzen sollten, was aber vor dem Ersten Weltkrieg weitgehend ohne Erfolg blieb; auch die Einführung des ersten Ladenschlussgesetzes im Oktober 1900 diente vornehmlich diesem Zweck.[29] Eine erfolgreichere Strategie war dagegen der Zusammenschluss zahlreicher selbständiger Ladenhändler zu Rabattsparvereinen ab Ende der 1890er Jahre sowie zu Einkaufs-

---

25 Weitere Warenhauskonzerne – darunter auch spätere Gründungen – waren weiterhin Jandorf, Gerson oder – als Nachzügler – Schocken, die sich nach 1890 hinsichtlich ihrer Warenpalette ausdifferenzierten und so neue Käuferschichten wie die Arbeiterschaft ansprachen. *Spiekermann*, Basis, S. 363–382; *U. Spiekermann*, Das Warenhaus. in: *A. Geisthövel, H. Knoch* (Hg.), Orte der Moderne. Erfahrungswelten des 19. und 20. Jahrhunderts, Frankfurt am Main, New York 2005, S. 207–217.
26 *Spiekermann*, Basis, S. 295–315.
27 *Spiekermann*, Basis, S. 364–368 u. 374–375.
28 *Spiekermann*, Basis, S. 371; *Homburg*, Warenhausunternehmen, S. 189f.
29 *Spiekermann*, Basis, S. 373–374 u. 381–382; *U. Spiekermann*, Warenhaussteuer in Deutschland. Mittelstandsbewegung, Kapitalismus und Rechtsstaat im späten Kaiserreich, Frankfurt am Main 1994; *D. Briesen*, Warenhaus, Massenkonsum und Sozialmoral. Zur Geschichte der Konsumkritik im 20. Jahrhundert, Frankfurt am Main, New York 2001, S. 54–59 u. 151–156; Gerlach, S. 47–50; Gesetz betreffend die Abänderung der Gewerbeordnung vom 30.6.1900, RGBl, S. 321.

genossenschaften, wie der 1907 gegründeten Edeka als Einkaufsgenossenschaft der Kolonialwarenhändler, die ihren selbständigen Mitgliedern halfen, die Vorteile von gemeinsamer Werbung und Großeinkauf zu nutzen.[30]

Neben der ökonomischen Kritik sah sich das Warenhaus wie kaum eine andere Form des Einzelhandels gegen Ende des 19. Jahrhunderts zunehmend auch einer stärker moralisch aufgeladenen ‚Warenhaus-Debatte' ausgesetzt, die sich unter anderem auf deren vermeintliche Gefährdung von Architektur und Städtebau bezog. Die massenhafte Präsentation von Waren stellte eine erhebliche Feuergefahr dar. Außerdem, so die Kritiker, führten die Warenhäuser durch den Verkauf massenhaft minderwertiger und billiger Artikel zu einer „Entwürdigung der deutschen Kultur."[31] Das ökonomische Argument der Gefährdung des deutschen Mittelstandes wurde zudem politisch gewendet und Kritiker sahen darin Bestrebungen, die wiederum der deutschen Sozialdemokratie in die Hände spielten, während antisemitische Argumente darauf hinwiesen, dass die Verbreitung der Warenhäuser dazu geführt habe „[...] den gesamten Detailhandel dereinst in den Händen der Judenschaft zu monopolisieren [...] das ist der Grund, warum [...] die Warenhäuser vom Volk instinktiv für etwas Fremdes, Feindliches gehalten werden."[32]

Insgesamt bildete der Einzelhandel im deutschen Kaiserreich einen stark wachsenden Wirtschaftssektor, der zahlreiche Innovationen und neue Betriebsformen aufwies und – trotz der verzögerten Durchsetzung etwa im Bereich der Konsumgenossenschaften oder der Warenhäuser – keinerlei Rückständigkeit gegenüber vergleichbaren Entwicklungen in anderen europäischen Industriestaaten verzeichnete. Trotz starker regionaler und vor allem Stadt-Land-Unterschiede wuchs der Einzelhandel im ganzen Land, verdrängte die traditionellen Handelsformen und ersetzte zunehmend die Selbstversorgung der Bevölkerung. Die Entstehung unterschiedlicher neuer Formen des Einzelhandels verstärkte auch die Konkurrenz und führte zu Auseinandersetzungen wegen Wettbewerbsverzerrungen oder etwa der Bedrohung des mittelständischen Einzelhandels durch Warenhäuser und Konsumgenossenschaften, die wiederum staatliche Regulierungen nach sich zogen. Neben Diskursen im ökonomischen Bereich ergaben sich auch gesellschaftspolitische Diskussionen und Konflikte in den Bereichen Architektur und Städtebau, in juristischen Fragen (Diebstahl, Kriminalität, Verbraucherschutz) oder auch hinsichtlich geschlechterspezifischer (Arbeitsplätze für Männer und Frauen) und religiöser Aspekte (Antisemitismus).[33]

---

30 *Spiekermann*, Basis, S. 443–480 u. 480–501; *U. Spiekermann*, Die Edeka. Entstehung und Wandel eines Handelsriesen, in: *P. Lummel, A. Deak (Hg.)*, Einkaufen! Eine Geschichte des täglichen Bedarfs, Berlin 2005, S. 93–102.
31 *D. Briesen*, Warenhaus, Massenkonsum und Sozialmoral. Zur Geschichte der Konsumkritik im 20. Jahrhundert, Frankfurt, New York 2000, S. 17.
32 Zitiert nach Briesen, Warenhaus, S. 18.
33 Dazu ausführlicher *U. Lindemann*, Das Warenhaus. Schauplatz der Moderne, Köln u. a. 2005 sowie *D. Briesen*, Warenhaus, Massenkonsum und Sozialmoral. Zur Geschichte der Konsumkritik im 20. Jahrhundert, Frankfurt, New York 2000.

Der Strukturwandel des Einzelhandels vor dem Ersten Weltkrieg war auch auf den Wandel der Konsumgewohnheiten, steigende Einkommen sowie die wachsende Zahl industriell verarbeiteter Lebensmittel und eine rationellere Handelsorganisation zurückzuführen. Die volkswirtschaftliche Bedeutung des Einzelhandels und sein Anteil im Industrialisierungsprozess zeigte sich nicht allein in der größeren Betriebszahl und Betriebsgröße – trotz der weiterhin existierenden Kleinstläden –, sondern auch am höheren Anteil an der gewerblichen Gesamtbeschäftigung, die von 9,5 Prozent 1882 auf 12,0 Prozent 1907 im gesamten Distributionssektor gestiegen war. Damit hatte der Einzelhandel 1914 mehr Beschäftigte als der Bergbau und die Metallverarbeitung zusammen, was auch ein Zeichen für die wachsende Bedeutung des Dienstleistungssektors vor dem Ersten Weltkrieg war.[34]

4 Neue Märkte schaffen: Werbung und die Anfänge des Marketings

Parallel zum Einzelhandel entwickelten sich neue Formen des Absatzes und der Werbung, denn die Entwicklung anonymer (Massen-)Märkte und neuer Formen des Einzelhandels verlangte auch nach neuen Formen der Kommunikation zwischen Produzenten und Konsumenten. Fragen von Absatz und Werbung galten in der deutschen Wirtschaftsgeschichte gegenüber der Produktionsseite lange als weniger bedeutend. Viele Unternehmer des 19. Jahrhunderts bevorzugten eine „Produktionsorientierung" (F. Blaich) und äußerten sich wie Werner von Siemens gegenüber der Werbung eher abfällig: „Wer das Beste liefert, bleibt schließlich oben und ich ziehe immer die Reklame durch Leistung der durch Worte vor."[35] Gerade in Deutschland war der Blick tatsächlich zunächst oft auf Investitions- und Exportgüter gerichtet und gesamtwirtschaftliche Ausgaben für Konsumgüterwerbung blieben insgesamt lange gegenüber denen westlicher Nachbarländer zurück. Die wirtschaftliche Bedeutung der Distributionsseite wurde von Zeitgenossen oft vernachlässigt und gerade gesellschaftliche Eliten begegneten neuen Formen der Werbung, wie etwa großen Plakatwänden, noch um 1900 mit Ablehnung und zum Teil offener Feindseligkeit.[36] In den vergangenen Jahrzehnten hat jedoch die historische Forschung auch die Absatzseite

---

34 *Spiekermann*, Basis, S. 108–109.
35 Zitiert nach *H. Berghoff* (Hg.), Marketinggeschichte: die Genese einer modernen Sozialtechnik, Frankfurt 2007, S.12, 15. Siehe auch *F. Blaich*, Absatzstrategien deutscher Unternehmen im 19. und in der ersten Hälfte des 20. Jahrhunderts, in: *H. Pohl* (Hg.), Absatzstrategien deutscher Unternehmen – Gestern – Heute – Morgen, Wiesbaden 1982, S. 5–46.
36 *R. Rossfeld*, Unternehmensgeschichte als Marketinggeschichte: zu einer Erweiterung traditioneller Ansätze in der Unternehmensgeschichtsschreibung, in: *C. Kleinschmidt* und *F. Triebel* (Hg.), Marketing – historische Aspekte der Wettbewerbs- und Absatzpolitik, Essen 2004, S. 17–39, hier S. 25 und *U. Spiekermann*, Elitenkampf um die Werbung. Staat, Heimatschutz und Reklameindustrie im frühen

der Wirtschaft verstärkt in den Blick genommen und herausgearbeitet, dass sich auch jenseits des Einzelhandels Vorläufer moderner Vertriebsstrukturen entwickelten. Auf vielfältige Weise waren Unternehmen durchaus schon vor dem Ersten Weltkrieg aktiv daran beteiligt, nicht nur neue Produkte und Produktionstechniken, sondern auch Märkte und neue Konsumenten zu schaffen.

Unternehmen waren vermehrt daran interessiert, eine direkte Kommunikations- und Vertriebsverbindung zu ihren Kunden aufzubauen. Für die USA demonstriert Susan Strasser, dass die Entwicklung von neuen Marken und Produkten im ausgehenden 19. Jahrhundert systematisch darauf abzielte, die bisherige Marktstellung von Groß- und Einzelhändlern einzuschränken und Kunden vielmehr direkt an den Hersteller und sein spezifisches Produkt zu binden. Neue Vertriebsstrukturen sowie ausgeklügelte Werbekampagnen, die zum Teil auf frühen Formen der Marktforschung basierten, ermöglichten es nun Unternehmen im Nahrungsmittelsektor und anderen Konsumgüterbranchen, überregionale Marken zu etablieren.[37] Auch in Deutschland ergänzten *Markenprodukte* zunehmend das Angebot anonymer Handelswaren. Marken wie Odol (von Ligner in Dresden), Continental Fahrradreifen, Kupferberg Sekt, Dr. Oetker Backpulver, Bahlsen Kekse oder Pelikan Füllfederhalter wurden nun zum Teil direkt durch Werbeabteilungen im Unternehmen mitentwickelt und landesweit bekannt gemacht.[38] Man warb auf nationalen Massenmärkten direkt um das Vertrauen und die Loyalität von Kunden, die sich in ihren Kaufentscheidungen bisher eher am lokalen Einzelhandel orientiert hatten.

Es war der Konsumgütersektor, der besonders früh eine Absatzorientierung aufwies. Das Aufkommen des sogenannten *Fabrikantenhandels* zeigt exemplarisch das wachsende Interesse vieler Unternehmer, ihre Vertriebswege selber zu kontrollieren und sich vom Handel unabhängiger zu machen.[39] Am Beispiel Schweizer Schokoladenfabrikanten wie Tobler und Suchard hat Roman Rossfeld gezeigt, dass deren internationaler Erfolg nicht einfach ein Ergebnis von Produktinnovation oder -qualität war, sondern auch auf offensiven Absatzstrategien beruhte. Ihr früher „Marketingmix" beinhaltete Rabatte und Preisnachlässe, Verpackungsinnovationen, den Einsatz ausgebildeter Vertreter und weitgreifende Werbekampagnen.[40] Der Kölner Süßwarenhersteller Stollwerck ist ein weiteres Beispiel für innovative Absatzorientierung durch den Vertrieb über ein eigenes Vertreternetzwerk und den frühen Einsatz

---

20. Jahrhundert, in: *P. Borscheid* und *C. Wischermann* (Hg.), *Bilderwelt des Alltags. Werbung in der Konsumgesellschaft des 19. und 20. Jahrhunderts*, Stuttgart 1995, S. 126–149.
37 *S. Strasser*, Satisfaction Guaranteed. The Making of the American Mass Market, New York 1989.
38 *P. Borscheid*, Agenten des Konsums: Werbung und Marketing, in: *H. Haupt* und *C. Torp*, Die Konsumgesellschaft in Deutschland 1890–1990. Ein Handbuch, Frankfurt 2009, S. 79–96, hier S. 84.
39 *Blaich*, Absatzstrategien.
40 *R. Rossfeld*, Schweizer Schokolade. Industrielle Produktion und kulturelle Konstruktion eines nationalen Symbols 1860–1920, Baden 2007.

von Verkaufsautomaten, die sich um 1900 als neue Verkaufstechnologie für anonyme urbane Massenmärkte rasch verbreiteten.[41]

Wie der Einzelhandel setzten auch einige Produzenten seit der Mitte des 19. Jahrhunderts auf die Möglichkeit von *Ratenkäufen* und Abzahlungsgeschäften, um den Absatz zu fördern.[42] Zu den Pionieren dieser Betriebsform gehört sicherlich der amerikanische Nähmaschinenhersteller Singer, dessen globaler Erfolg (auch in Deutschland) zu einem großen Teil auf seinem Kundenkreditgeschäft basierte. Auch andere langlebige Konsumgüter wie Pianos, Grammophone und Schreibmaschinen wurden um die Jahrhundertwende auf Ratenzahlung vertrieben und so für größere Käufermärkte erschwinglich. Neben den Herstellern waren es hier aber vor allem neue Einzelhandelsformen wie Versandkataloge, Kreditbasare und Abzahlungsgeschäfte, die nicht zuletzt auch die materielle Ausstattung von Haushalten mit Gütern von Möbeln bis Textilien vorantrieben. Obgleich umstritten und durch das Abzahlungsgesetz von 1896 erstmals gesetzlich geregelt, war die Kreditfinanzierung auch in Deutschland ein zunehmend wichtiges Instrument der Absatzförderung und der Schaffung neuer Märkte, wie der Beitrag von Sebastian Knake in diesem Band zeigt.

Die zunehmende Verbreitung der Wirtschaftswerbung seit der zweiten Hälfte des 19. Jahrhunderts war schließlich ein besonders zentraler Aspekt der entstehenden Absatzwirtschaft und die *Werbung* hat entsprechend in der Fachliteratur bisher die größte Aufmerksamkeit erhalten. Ab den 1870er Jahren etablierten sich sogenannte Annoncen-Expeditionen zu einer wichtigen Größe auf deutschen Absatzmärkten, wie Dirk Reinhard gezeigt hat. Im Kontext von Urbanisierung und dem Entstehen anonymer städtischer Massenmärkte fungierten diese zunächst als Informationsmakler für die wachsenden Anzeigenteile der Zeitungen.[43] Schon seit den späten 1850er Jahren fanden sich in Großstädten zudem die nach dem Berliner Drucker und Reklameunternehmer Ernst Litfaß benannten *Litfaßsäulen*, durch die Werbung zunehmend Teil des urbanen Raumes wurde und das Stadtbild gerade der Metropolen mitprägte.[44] Frühe, stark textlastige Werbeannoncen und -plakate zielten vor allem darauf ab, potenzielle Kunden über Waren und Warenangebote zu informieren. Um die Jahrhundertwende nahmen dann aber Versuche der subtilen Einflussnahme auf das Kaufverhalten zu und gestalterische Elemente und psychologische Erwägungen fanden einen

---

41 A. *Epple*, Das Unternehmen Stollwerck. Eine Mikrogeschichte der Globalisierung, Frankfurt 2010.
42 Für die Entwicklung in den USA bis ins frühe 20. Jahrhundert vgl. L. *Calder*, Financing the American Dream: A Cultural History of Consumer Credit, Princeton, New York 2001 u. M. *Olney*, Buy Now, Pay Later: Advertising, Credit, and Consumer Durables in the 1920s, Chapel Hill, N.C. 1991. Für Deutschland siehe U. *Spiekermann*, Basis der Konsumgesellschaft u. J. *Logemann/U. Spiekermann*, The Myth of a Bygone Cash Economy: Consumer Lending in Germany from the Nineteenth Century to the Mid-Twentieth Century, in: Entreprises et Histoire 59, 2010, S. 12–27.
43 D. *Reinhardt*, Von der Reklame zum Marketing. Geschichte der Wirtschaftswerbung in Deutschland, Berlin 1993.
44 C. *Lamberty*, Reklame in Deutschland 1890–1914. Wahrnehmung, Professionalisierung und Kritik der Wirtschaftswerbung, Berlin 2000.

verstärkten Einsatz in der Reklame.⁴⁵ Werbeplakate und gedruckte Anzeigen waren zunehmend künstlerisch gestaltet und enthielten sinnliche Appelle an die Verbraucher, neue Konsumerfahrungen zu machen. Besonders Genussmittelproduzenten wie Kaffee- und Schokoladenfabrikanten spielten, wie David Ciarlo in seinem Beitrag zu diesem Band eindrücklich demonstriert, mit kolonialen Phantasien und vermarkteten ihre Produkte, indem sie sie mit der Faszination des Exotischen in Verbindung brachten.⁴⁶

Die Werbung stellte um 1900 den sichtbarsten Teil einer zunehmend ausdifferenzierten und medial vermittelten Konsumgesellschaft dar, in der Marken und Produkte nun zunehmend selbst kulturelle ‚Medien' wurden.⁴⁷ Neben Werbefachleuten waren hier auch erste Produktgestalter und Grafikdesigner daran beteiligt, durch Werbung, Markenzeichen und *Verpackungen* ikonische und wiedererkennbare Verbrauchermarken zu kreieren. Dabei gab es schon früh Verbindungen zur modernen Kunst, wie etwa modernistische Werbeplakate für Priester Streichhölzer oder Pelikan Tinte von Künstlern wie Ludwig Hohlwein oder Lucian Bernhard zeigen. Ab 1905 war es dann vor allem das minimalistische und ausdrucksstarke Design des sogenannten Sachplakats, das bei Verbrauchern eine Assoziation zwischen Markennamen und einem Gefühl ästhetischer und kultureller Modernität hervorrufen sollte.⁴⁸ Auch die Produkte selber wurden zunehmend einem gestalterischen Prozess unterworfen. Der 1907 gegründete Werkbund etwa setzte es sich zum Ziel, durch eine Kooperation von Künstlern und Unternehmen die Warenästhetik im Zeitalter industrieller Massenproduktion zu verbessern.⁴⁹ Fabrikanten wie der Solinger Besteckhersteller Pott begannen eigene Designer zu beschäftigen und ihren Absatz und ihre Marke durch die Schaffung einer charakteristischen Formsprache zu befördern und auf diesem Wege die direkte Kommunikation mit den Kunden herzustellen.⁵⁰

In einzelnen Fällen kam es sogar schon vor dem Ersten Weltkrieg zu einer integrativen Marketingstrategie im Sinne einer *corporate identity*. Die Arbeiten des Werkbundkünstlers Peter Behrens, der unter anderem für den Elektrokonzern AEG tätig war, sind das wohl bekannteste Beispiel für frühe umfassende Gestaltungsbemühungen. Behrens entwarf nicht nur Werbegrafiken und Logos für AEG, sondern war auch in die Produktgestaltung der Firma involviert und gestaltete zudem die interne und externe

---

45 D. Reinhardt, Reklame zum Marketing.
46 D. Ciarlo, Advertising Empire. Race and Visual Culture in Imperial Germany, Cambridge, M.A. 2011.
47 Zur Medialität von Produkten in Konsumgesellschaften siehe R. Gries, Produkte als Medien: Kulturgeschichte der Produktkommunikation in der Bundesrepublik und der DDR, Leipzig 2003.
48 D. Reinhardt, Reklame zum Marketing, S. 49–76.
49 F. Schwartz, The Werkbund. Design Theory and Mass Culture Before the First World War, New Haven, C.T 1996.
50 H. Ottomeyer, Kommunikation durch Design, in: S. Bäumler (Hg.), Die Kunst zu werben: das Jahrhundert der Reklame, Köln 1996, S. 228–240.

Kommunikation des Unternehmens von Geschäftsräumen bis hin zum Briefpapier.[51] Eine derart umfassende Orientierung hin auf das Firmenimage und die Kommunikation mit Kunden war sicherlich noch ein Ausnahmefall. Dennoch lässt sich zu Beginn des 20. Jahrhunderts schon feststellen, dass Fragen des Absatzes – von Vertrieb und Absatzfinanzierung über Werbung bis hin zu Markengestaltung und Produktdesign – auch für deutsche Unternehmen von wachsender Bedeutung waren.

5. Zusammenfassung und Ausblick

Absatz und Distribution, dies zeigt die Forschung, waren für das Aufkommen moderner Konsumgesellschaften seit dem ausgehenden 19. Jahrhundert ebenso zentral wie Massenproduktionstechnologien. Durch Werbung, die Etablierung von Markenprodukten, durch Abzahlungsmodelle und nicht zuletzt durch einen wachsenden und zunehmend spezialisierten Einzelhandel wurden grundlegende Strukturen der Massendistribution als ‚Basis der Konsumgesellschaft' geschaffen.

Viele der hier beschriebenen Entwicklungen beschleunigten und potenzierten sich dann allerdings erst in den Jahrzehnten nach dem Ersten Weltkrieg. Kaufhäuser gewannen weiter an Bedeutung als ‚Tempel' neuer Konsumformen und die Metropolen der Zwischenkriegszeit waren mehr als zuvor geprägt durch Plakate, Leuchtreklame und andere Formen der Werbung im städtischen Alltag.[52] Die Kreditfinanzierung expandierte durch neue Systeme im Handel und durch die weitere Verbreitung neuer langlebiger Konsumgüter wie Automobile und Radiogeräte. Markentechniker wie Hans Domizlaff propagierten zunehmend systematische Strategien der Absatzförderung mit steigender Produktdifferenzierung. Die Werbebranche in Deutschland professionalisierte sich (unter anderem durch transnationale Austauschprozesse) und das Feld der Markt- und Absatzforschung expandierte in Wissenschaft und Praxis während der 1920er und 30er Jahre.[53] Nicht überall finden sich jedoch Kontinuitäten. Manche bedeutenden Absatzinnovationen des ausgehenden 19. Jahrhunderts wie die Konsumgenossenschaften gerieten etwa (auch aus politischen Gründen) in die Krise. Andere Innovationen wie das Selbstbedienungsgeschäft waren dagegen völlige Neuentwicklungen des 20. Jahrhunderts. Trotz dieses enormen Wandels und

---

51 *T. Buddensieg* und *I. Boyd*, Industriekultur. Peter Behrens and the AEG, 1907–1914, Cambridge, M.A. 1984; *F. Schwartz*, Commodity Signs: Peter Behrens, the AEG, and the Trademark, in: Journal of Design History 9, 1996, S. 153–184.
52 *P. Lerner*, The Consuming Temple. Jews, Department Stores, and the Consumer Revolution in Germany, 1880–1940, Ithaca, N.Y. 2015; *J. Ward*, Weimar Surfaces. Urban Visual Culture in 1920s Germany, Berkeley, C.A. 2006.
53 *G. Hirt*, Verkannte Propheten? Zur „Expertenkultur" (west-)deutscher Werbekommunikatoren bis zur Rezession 1966/67, Leipzig 2013; *C. Regnery*, Die deutsche Werbeforschung 1900–1945, Münster 2003.

der Beschleunigung im Distributionsbereich in der Zeit nach 1920 bleibt dennoch festzuhalten, dass die Anfänge der modernen Absatz- und Konsumwirtschaft schon weit vor dem Ersten Weltkrieg zu finden sind.

Literatur

L. Berekoven, Geschichte des deutschen Einzelhandels, Frankfurt am Main 1988.

H. Berghoff, (Hg.) Marketinggeschichte: die Genese einer modernen Sozialtechnik, Frankfurt 2007.

P. Borscheid, „Agenten des Konsums: Werbung und Marketing," in: H. Haupt und C. Torp, Die Konsumgesellschaft in Deutschland 1890–1990: ein Handbuch, Frankfurt 2009.

D. Briesen, Warenhaus, Massenkonsum und Sozialmoral. Zur Geschichte der Konsumkritik im 20. Jahrhundert, Frankfurt am Main, New York 2001.

T. Buddensieg und I. Boyd, Industriekultur. Peter Behrens and the AEG, 1907–1914, Cambridge, M.A. 1984.

L. Calder, Financing the American Dream: A Cultural History of Consumer Credit, Princeton, N.J. 2001.

D. Ciarlo, Advertising Empire: Race and Visual Culture in Imperial Germany, Cambridge, M.A. 2011.

S. Gerlach, Das Warenhaus in Deutschland. Seine Entwicklung bis zum Ersten Weltkrieg in historisch-geographischer Sicht, Stuttgart 1988.

G. Hirt, Verkannte Propheten? Zur „Expertenkultur" (west-)deutscher Werbekommunikatoren bis zur Rezession 1966/67, Leipzig 2013.

C. Lamberty, Reklame in Deutschland 1890–1914: Wahrnehmung, Professionalisierung und Kritik der Wirtschaftswerbung, Berlin 2000.

P. Lerner, The Consuming Temple. Jews, Department Stores, and the Consumer Revolution in Germany, 1880–1940, Ithaca, New York 2015.

U. Lindemann, Das Warenhaus. Schauplatz der Moderne, Köln u. a. 2005.

J. Logemann und U. Spiekermann, The Myth of a Bygone Cash Economy: Consumer Lending in Germany from the Nineteenth Century to the Mid-Twentieth Century, in: Entreprises et Histoire 59, 2010, S. 12–27.

U. Pfister, Vom Kiepenkerl zu Karstadt. Einzelhandel und Warenkultur im 19. und frühen 20. Jahrhundert, in: VSWG 87, 2000, H.1, S. 44ff.

M. Prinz, Brot und Dividende. Konsumvereine in Deutschland und England vor 1914, Göttingen 1996.

D. Reinhardt, Von der Reklame zum Marketing: Geschichte der Wirtschaftswerbung in Deutschland, Berlin 1993.

C. Regnery, Die deutsche Werbeforschung 1900–1945, Münster 2003.

R. Rossfeld, Schweizer Schokolade: industrielle Produktion und kulturelle Konstruktion eines nationalen Symbols 1860–1920, Baden 2007.

U. Spiekermann, Warenhaussteuer in Deutschland. Mittelstandsbewegung, Kapitalismus und Rechtsstaat im späten Kaiserreich, Frankfurt am Main 1994.

U. Spiekermann, Basis der Konsumgesellschaft. Entstehung und Entwicklung des modernen Kleinhandels in Deutschland 1850–1914, München 1999.

S. Strasser, Satisfaction Guaranteed. The Making of the American Mass Market, New York, 1989.

C Gesellschaft und Konsumpolitik

Paul Lukas Hähnel
Verbraucherpolitik im Kaiserreich

1 Einleitung

Verbraucherschutz[1] als politisches Thema spielte bereits im Kaiserreich eine Rolle. So lassen sich die Anfänge eines koordinierten Verbraucherschutzes in Deutschland in das letzte Drittel des 19. Jahrhunderts zurückverfolgen und insbesondere als Reaktion des politischen Systems auf die sozioökonomischen Wandlungsprozesse der Industrialisierung und Urbanisierung begreifen.[2] Der industrielle Aufschwung verbilligte die Lebenshaltungskosten, schuf ein schwer zu überblickendes Angebot an Waren und bildete die Grundlage für die im Entstehen begriffene Konsumgesellschaft. Darüber hinaus wurden Problemlagen durch die zunehmende funktionale Arbeitsteilung der Gesellschaft wahrgenommen und staatliche Interventionsmaßnahmen gefordert. Diese Wahrnehmung hatte ihren Ursprung in der Eingliederung immer weiterer Teile der Bevölkerung in eine Kapitalgeber-Kapitalnehmer- sowie eine Produzenten-Konsumenten-Beziehung, die durch vielfältige Asymmetrien zugunsten ersterer bestimmt wurde. Die Endabnehmer von Gütern empfanden ihre Marktposition nicht zuletzt aufgrund eines strukturellen Informationsdefizits und der rechtlichen und geschäftlichen Erfahrungen der Kapitalgeber und Produzenten als deutlich nachteilig. So bildete der Ausgleich der kollidierenden Konsumenten- und Produzenteninteressen ein Kernanliegen der Verbraucherpolitik. Für diesen Zweck sollten rechtliche Vorschriften und standardisierte Kundeninformationen die Stellung der Verbraucher gegenüber den Anbietern von Waren und Dienstleistungen verbessern.

Dies geschah vor dem Hintergrund des Liberalismus des 19. Jahrhunderts, in dessen Kontext es auch darum ging, den neuformierten Nationalstaat als einheitlichen Wirtschaftsraum zu festigen. Ein integrierter Rechtsraum sollte den Rahmen für transparente Qualitäts- und Preisvergleiche aufspannen und ‚künstliche' Wettbewerbsvorteile durch ‚unlautere' Konkurrenz und minderwertige Produkte beseitigen. Der Gesetzgeber stand vor dem noch heute aktuellen Zielkonflikt zwischen dem Schutz der schwächeren Marktteilnehmer und der wirtschaftlichen Freiheit, die von zu starken Einschränkungen bedroht wurde. Verbraucherpolitik erfolgte dabei in erster Linie mittels hierarchischer Steuerungskonzepte durch den Erlass von Geset-

---

[1] Zur historiographischen Problematik des Begriffs „Verbraucherschutz" s. *M. Schmoeckel*, Der Mythos des Verbraucherrechts, in: *B. Kannowski/M. Schmidt-Kessel (Hg.)*, Geschichte des Verbraucherrechts, (Schriften zu Verbraucherrecht und Verbraucherwissenschaften, Bd. 1.) Sipplingen 2017, S. 135–147.
[2] *P. L. Hähnel*, Anfänge eines koordinierten Verbraucherschutzes in Deutschland. Administrative Verflechtungen bei der Regulierung der Nahrungsmittelqualität im Deutschen Kaiserreich (1871–1914), in: *C. Bala/C. Kleinschmidt/K. Rick/W. Schuldzinski (Hg.)*, Verbraucher in Geschichte und Gegenwart, (Beiträge zur Verbraucherforschung, Bd. 6.) Düsseldorf 2017, S. 167–185.

https://doi.org/10.1515/978311 0570397-009

zen oder Verordnungen auf sämtlichen Staatsebenen im föderalen System des Kaiserreichs. Aus praktischen Gründen beschränken sich die folgenden Ausführungen jedoch im Wesentlichen auf die Schaffung von Reichsrecht, da Studien zur Verbraucherpolitik auf Landes- und Kommunalebene ein Forschungsdesiderat bilden. Staatliche Regulierungen mit einer dezidiert verbraucherpolitischen Stoßrichtung wurden zwar schon früher auf unterschiedlichen Ebenen der ehemals souveränen deutschen Staaten verabschiedet.[3] Die Art und Intensität staatlicher Regulierungstätigkeit erreichte allerdings im Kaiserreich eine neue Qualität und muss als Teil der innenpolitischen Wende[4] gegen Ende der 1870er Jahre begriffen werden, als infolge des Übergangs vom *Laissez-faire* zum Interventionsprinzip[5] der Staat in immer weitere Bereiche der Wirtschaft und Gesellschaft eingriff. Ein Grund hierfür war die spätestens im Jahre 1873 einsetzende Gründerkrise, die das Vertrauen in die Selbstregulierungsfähigkeit der Märkte tief erschütterte. Ein weiterer Grund war, dass sich die in der Wahl 1878 zulasten der liberalen Parteien erstarkten konservativen Kräfte bereit erklärten, zusammen mit der ‚Reichsleitung'[6] eine interventionistische Sozial- und protektionistische Finanz- und Zollpolitik zu forcieren, die auch verbraucherpolitische Maßnahmen beinhaltete.[7]

Zu erwähnen ist hier allerdings, dass politische Maßnahmen oftmals unter dem Deckmantel von Verbraucher- und Gemeinwohlinteressen eine andere Intention verfolgten und aus verschiedenen sich überlappenden Motiven gespeist wurden. Die Verbraucherperspektive wurde wiederholt instrumentalisiert, um den Wettbewerb zwischen verschiedenen Produkten einzuschränken, einzelne Anbieter zu diskreditieren und Märkte abzuschotten. Auch spiegelte die Verbraucherpolitik allgemeine Trends der Wirtschafts- und Sozialpolitik wider. Daher ist es schwierig, die einzelnen Regulierungsziele stringent zu trennen und Verbraucherpolitik im Kaiserreich als isolierten Politikbereich zu betrachten. Vielmehr war sie ein integraler Bestandteil eines gesamtpolitischen Prozesses und unterlag neben inländischen auch vielfältigen europäischen Einflüssen.

---

3 *K. Härter*, Die „gute Policey" der Lebens- und Genussmittel: Frühformen des öffentlich-rechtlichen Verbraucherschutzes durch regulierende Ordnungsgesetzgebung, in: *B. Kannowski/M. Schmidt-Kessel (Hg.)*, Geschichte des Verbraucherrechts, (Schriften zu Verbraucherrecht und Verbraucherwissenschaften, Bd. 1.) Sipplingen 2017, S. 23–58.
4 Vgl. *H. Böhme (Hg.)*, Probleme der Reichsgründungszeit 1848–1879, 2. Aufl., Köln u. a. 1972.
5 Vgl. *D. Ziegler*, Das Zeitalter der Industrialisierung, in: *M. North (Hg.)*, Deutsche Wirtschaftsgeschichte. Ein Jahrtausend im Überblick, München 2000, S. 192–281, hier S. 263–281.
6 Der Ausdruck „Reichsleitung" bürgerte sich im Kaiserreich als Bezeichnung für den Reichskanzler und die ihm unterstellten Staatssekretäre ein. Letztere leiteten die in den späten 1870er Jahren entstehenden Reichsämter. Eine verfassungsmäßig institutionalisierte Reichsregierung gab es nicht. Im Sprachgebrauch wurde die „Reichsleitung" allerdings in der späten Kaiserzeit zur „Reichsregierung".
7 Vgl. *E. Frie*, Das Deutsche Kaiserreich, 2. erweiterte und aktualisierte Aufl., Darmstadt 2013, S. 32–38; *T. Wellenreuther*, Infragestellung des ökonomischen Liberalismus in Deutschland von ca. 1870–1913, in: *R. Tilly (Hg.)*, Geschichte der Wirtschaftspolitik. Vom Merkantilismus zur Sozialen Marktwirtschaft, München u. a. 1993, S. 69–103.

Verbraucherpolitik war in erster Linie reaktiv und nicht prophylaktisch. Der Staat reagierte erst, wenn ein Sachverhalt so stark politisiert wurde, dass ihm öffentliche Relevanz zugesprochen wurde. Entweder spielte hierbei Lobbyismus eine entscheidende Rolle. In diesem Rahmen waren Petitionen für wirtschaftliche Organisationen und private Verbände ein wirkungsvolles Instrument, um staatliche Akteure und insbesondere parlamentarische Gruppen zu beeinflussen. Oder es waren Skandale, die bestimmte Missstände in das öffentliche Bewusstsein brachten. Daher fußten verbraucherpolitische Konzepte nicht auf verbraucherschutzpolitischen Dogmen oder Leitorientierungen, sondern auf singulären Problemgegenständen, sodass eher vertikale (Spezialgesetze) als horizontale Regulierungsmaßnahmen (Allgemeine Gesetze) fokussiert wurden. Dennoch trat, trotz der zum Teil heftigen Politisierung einzelner Sachlagen, der ‚Verbraucher' in dreierlei Hinsicht nicht als handelndes Subjekt im politischen Prozess in Erscheinung.

Erstens konzentrierten sich Verbraucherzusammenschlüsse vornehmlich darauf, Preisvorteile beim Bezug qualitativ hochwertiger Lebensmittel und Bedarfsgegenstände zu erzielen. Konsumentengenossenschaften bildeten zwar insbesondere seit den 1890er Jahren, als deren Gründungszahlen rapide anstiegen und die Zuwachsraten dem Bevölkerungswachstum vorauseilten, ein Massenphänomen im Kaiserreich. Der hohe Organisationsgrad der Konsumenten und die Verwurzelung in der Arbeiterbewegung hatten jedoch keine gezielte Lobbyarbeit zur Folge. Die bis 1914 registrierten 2145 Konsumentenvereine mit über zwei Millionen Mitgliedern entfalteten ihre politische Wirkung vornehmlich durch den Boykott einzelner Produzenten und Anbieter.[8]

Zweitens war der Begriff ‚Verbraucher' weder als politisches Schlagwort noch im allgemeinen Sprachgebrauch gängig. Der Ausdruck ‚Verbraucherschutz' etablierte sich erst nach dem Ende des Ersten Weltkrieges und statt vom ‚Verbraucher' wurde vom ‚Konsumenten' oder vom ‚Publikum' gesprochen. Die Bedeutung der letzteren Bezeichnung war nicht eindeutig, da sie entweder die ‚Allgemeinheit' oder aber nur einen begrenzten kontextabhängigen Personenkreis umfasste. Somit bildete der ‚Verbraucher' auch kein Rechtssubjekt und jedes Gesetz und jede Verordnung bestimmte originär den Kreis der potenziell schutzbedürftigen Objekte.

Drittens wurde der ‚Verbraucher' nicht in Gesetzgebungs- und Entscheidungsprozesse eingebunden.[9] Erst in der Weimarer Republik wurde darüber diskutiert, den ‚Verbraucher' durch Repräsentanten in staatliche Institutionen zu inkorporieren.[10] In

---

8 *M. Prinz*, Zwischen Politik und Selbsthilfe. Deutsche Konsumentenorganisationen im englischen Spiegel, in: *H. Berghoff/D. Ziegler (Hg.)*, Pionier und Nachzügler? Vergleichende Studien zur Geschichte Großbritanniens und Deutschlands im Zeitalter der Industrialisierung. Festschrift für Sidney Pollard, Bochum 1995, S. 119–143, hier S. 133 u. 143.
9 *F. Janning*, Die Spätgeburt eines Politikfeldes. Verbraucherschutzpolitik in Deutschland, in: Zeitschrift für Politik 51, 2004, S. 401–433, hier S. 410.
10 *R. Geyer*, Der Gedanke des Verbraucherschutzes im Reichsrecht des Kaiserreichs und der Weimarer Republik (1871–1933). Eine Studie zur Geschichte des Verbraucherrechts in Deutschland, (Rechtshistorische Reihe, Bd. 242.) Diss. jur. Frankfurt am Main u. a. 2001, S. 116–140.

diesem Sinne prägt ein paternalistischer Charakter die Verbraucherpolitik im Kaiserreich, die, den ‚Verbraucher' bevormundend, vor allem auf eklatante Auswüchse des freien Marktwettbewerbs reagierte. Es war nicht das Ziel des Staates, die Fähigkeit der Verbraucher zum Selbstschutz zu stärken. Vielmehr war er der konservativ-christlichen Tradition der staatlichen Fürsorge gegenüber sozial Schwächeren verhaftet.

2 Politische und strukturelle Rahmenbedingungen der Verbraucherpolitik

Verbraucherschutz war im Kaiserreich noch weniger als heutzutage eindeutig als politischer Gestaltungsbereich abgrenzbar. Auf der Reichsebene war Verbraucherpolitik eng mit der Wirtschafts-, Handels- und Agrarpolitik verwoben. In diesen Feldern etablierten sich bereits in der ersten Hälfte des 19. Jahrhunderts in den größeren Staaten des Deutschen Bundes sektorale Politiknetzwerke durch die Gründung von landwirtschaftlichen Vereinen und öffentlich-rechtlichen Handelskammern, die öffentliche und private Interessen miteinander verknüpften.[11] Diese Institutionen hatten einen privilegierten Zugang zu den Landesministerien und waren ein bedeutender Faktor in den Willensbildungsprozessen der Landesregierungen. Damit konnten die in den Handels- und Landwirtschaftskammern vertretenen Aufsichtsräte und Vorstände indirekt Einfluss auf die Reichsgesetzgebung nehmen.

Die große Schnittmenge zur Agrarpolitik bei der Versorgung der Bevölkerung mit hochwertigen Nahrungsmitteln tangierte den einzelstaatlichen Zuständigkeitsbereich. Das Reich verfügte gerade hier, wo Interessengegensätze aufeinanderprallten, über keine verfassungsmäßigen Kompetenzen. Als Querschnittsfeld kam es im föderalen System des Kaiserreichs nicht nur auf der horizontalen Ebene, sondern auch auf der vertikalen Ebene zu Kompetenzdopplungen. Auf Reichsebene fielen Sachbereiche, die nicht eindeutig einer Reichsbehörde zugewiesen wurden, in die Auffangkompetenz des Reichsamts des Inneren. Hieraus folgte, dass seit den 1880er Jahren die überwiegende Mehrheit der Maßnahmen im Ressort des Inneren konzipiert wurde. Da allerdings die meisten verbraucherpolitischen Regulierungsakte juristische Sachverhalte betrafen, wurde der Kompetenzbereich des Reichsamts der Justiz berührt. Ein weitaus stärkeres Kompetenzgerangel herrschte im kollegial entscheidenden preußischen Staatsministerium. Je nach inhaltlichem Schwerpunkt reklamierte das Justiz-, Handels-, Innen-, Kultus-, Finanz- oder Landwirtschaftsministerium die Richtlinienkompetenz für sich. Unter den übrigen obersten Landesbehörden befanden sich kollegiale wie monokratische Systeme, deren Ressortzuschnitt und entsprechende Kom-

---

11 G. *Lehmbruch*, Verbände und Politiknetzwerke im deutschen Bundesstaat. Eine historisch-institutionalistische Perspektive, in: *H. Scheller/J. Schmid* (Hg.), Föderale Politikgestaltung im deutschen Bundesstaat. Variable Verflechtungsmuster in Politikfeldern, Baden-Baden 2008, S. 50–67, hier S. 56f.

petenzverteilung erheblich differierten. Neben der ambivalenten Beziehung zwischen der preußischen Staatsbürokratie und der Reichsadministration, die durch institutionelle Verschmelzungen, Abhängigkeiten sowie Kooperation und Konkurrenz geprägt war,[12] ergaben sich aus der föderalen Struktur des Reiches in zweierlei Hinsicht Probleme für die Koordination politischer Maßnahmen.

Erstens unterschieden sich die historisch gewachsenen politischen Systeme der Einzelstaaten voneinander. Diese politisch-strukturellen und politisch-kulturellen Differenzen auf Landesebene hatten durch die in der Verfassung verankerte verbundsföderalistische Konstruktion des Reichs entscheidende Bedeutung in der föderalen Regierungspraxis. Aufgrund der Aufgabenaufteilung zwischen Gesetzgebung des Reiches und Gesetzesvollzug der Einzelstaaten waren für eine wirksame Verbraucherpolitik entsprechende Verwaltungsstrukturen auf der gliedstaatlichen Ebene nötig. Die Reichsebene verfügte über keine Vollzugsverwaltung, und fehlende Exekutivorgane in den Einzelstaaten gestalteten das Zusammenspiel zwischen den Regierungsebenen anfangs schwierig. Die weitgehende Verwaltungsautonomie der Einzelstaaten hinderte das Reich, auf den unteren Staatsebenen ein flächendeckendes Netz von Implementationsinstanzen aufzubauen. Ein effektiver Verbraucherschutz hing sowohl von den Entscheidungs- und Handlungskompetenzen als auch von den materiellen und personellen Ressourcen ab, welche die einzelstaatlichen Zentralbehörden den Durchführungsorganen zuwiesen. Status-quo-Interessen, begrenzte Ressourcen und Zielkonflikte mit anderen politischen Aufgabenfeldern beeinträchtigten die Bereitschaft der Einzelstaaten, die Voraussetzungen für einen effizienten Gesetzesvollzug zu schaffen. Freilich bauten die Gliedstaaten ihren administrativen Apparat expansiv aus, aber sie liefen überwiegend der steigenden Regulierungstätigkeit hinterher.[13] Die administrative Seite der Verbraucherpolitik beinhaltete allerdings noch ein weiteres staatliches Steuerungsproblem. Vollzugsstandards divergierten erheblich und es wurde teilweise über Rechtsunsicherheit geklagt. Um einen einheitlichen Wirtschafts- und Rechtsraum zu schaffen, mussten also die Gliedstaaten nicht nur einen Regulierungsapparat errichten, sondern auch Vollzugsstandards koordinieren und Divergenzen nivellieren. Dieser Aspekt der Verbraucherpolitik wurde mit zunehmender inhaltlicher Regulierungsdichte immer wichtiger.

Zweitens herrschte im Kaiserreich zwischen den gesetzgebenden Organen eine strukturelle Informationsasymmetrie. Für den Erlass von Rechtsnormen musste auf Reichsebene der Reichstag als demokratisches und der Bundesrat als föderales Repräsentativorgan einen übereinstimmenden Mehrheitsbeschluss treffen. Im

---

12 Siehe hierzu *W. Hubatsch*, Preußen und das Reich, in: *O. Hauser (Hg.)*, Zur Problematik „Preußen und das Reich", (FBPG, Bd. 4) Köln 1984, S. 1–11; *O. Hauser (Hg.)*, Preußen, Europa und das Reich, (FBPG, Bd. 7.) Köln 1987.
13 Insgesamt eilte die Beschäftigung im öffentlichen Dienst dem Bevölkerungswachstum um den Faktor vier voraus und der Personalbestand jeglicher Behörde vergrößerte sich, s. *R. Boch*, Staat und Wirtschaft im 19. Jahrhundert, (Enzyklopädie deutscher Geschichte, Bd. 70.) München 2004, S. 49.

Letzteren saßen Vertreter der Landesregierungen, die auch für die Ausführung der beschlossenen Maßnahmen verantwortlich waren. Normsetzer und Normanwender waren diesbezüglich identisch. Die im Bundesrat versammelten Landesexekutiven konnten somit auf die administrativen Ressourcen der Landesverwaltungen zurückgreifen und durch deren nachgeordnete Zuständigkeit beim Gesetzesvollzug bündelten sich dort praktische Erfahrungen und Sachkenntnisse, die im gleichen Maße auf Reichsebene nicht bestanden. Die meisten Gliedstaaten waren konstitutionelle Monarchien, in denen das Parlament keine Regierungsgewalt besaß. Zudem war gemäß der Reichsverfassung die Mitgliedschaft in beiden legislativen Reichsorganen inkompatibel.[14] Daher hatten die Reichstagsabgeordneten weder direkten Zugriff auf die administrativen Ressourcen der unterschiedlichen Staatsebenen noch herrschte Parteienwettbewerb im Bundestaat. Diese strukturelle Informationsasymmetrie trat insbesondere dann zutage, wenn es in Detailregelungen galt, neben juristischen und ökonomischen auch naturwissenschaftliche und technische Regulierungsrationalitäten zu berücksichtigen (beispielsweise bei der Aufstellung von Grenzwerten oder Vorschriften über die Beschaffenheit gewisser Produkte). Da die Parlamentarier über keinen Mitarbeiterstab, geschweige denn bürokratische Kapazitäten verfügten, konnten sie nur schwer sachgemäß über technische Detailregelungen entscheiden und diese in den allgemeinen Referenzrahmen eines Gesetzesentwurfs einbetten.[15] Hier hinderten auch im Reichstag habituell verankerte Politikmuster (wie das auf Massenpartizipation abzielende Interaktionsverhalten) die Reichstagsabgeordneten daran, sich intensiv mit technischen Regulierungsvorschriften auseinanderzusetzen, die weniger im Fokus der Öffentlichkeit standen. Ebenso war ein hemmender Faktor, dass bis 1906 keine Aufwandsentschädigungen für die Tätigkeit der Abgeordneten gezahlt wurden.[16] Typisch für die parlamentarische Kultur des Kaiserreichs war es auch, dass der Reichstag, obwohl er das Gesetzesinitiativrecht besaß, nur spärlich von diesem Gebrauch machte. Stattdessen forderte er die ‚verbündeten Regierungen'[17] regelmäßig in Resolutionen auf, ein nach entsprechenden Leitlinien konzipiertes Gesetz vorzulegen. Gleichfalls charakteristisch war es, dass der Bundesrat nun die Resolution zur Prüfung an den Reichskanzler weiterleitete.

---

14 *P. Burg*, Der Föderalismus im Kaiserreich. Politische Strukturen und Prozesse, in: *J. Huhn/P.-C. Witt* (Hg.), Föderalismus in Deutschland. Tradition und gegenwärtige Probleme, Baden-Baden 1992, S. 55–73.
15 Vgl. *T. Ellwein/A. Görlitz*, Parlament und Verwaltung. Gesetzgebung und politische Kontrolle, (Politik-Regierung-Verwaltung. Untersuchung zu Rechtsetzungsprozeßen der BRD, Bd. 2/1.) Stuttgart u. a. 1967, S. 250.
16 Vgl. *H. Butzer*, Diäten und Freifahrt im Deutschen Reichstag. Der Weg zum Entschädigungsgesetz von 1906 und die Nachwirkung dieser Regelung bis in die Zeit des Grundgesetzes, Düsseldorf 1999.
17 Der zeitgenössische Ausdruck „verbündete Regierungen" bezeichnete den Bundesrat und die dort vertretenen gliedstaatlichen Regierungen.

Unter den politischen Parteien verstand es die SPD, sich durch verbraucherpolitische Fragestellungen zu profilieren und gegenüber anderen abzugrenzen.[18] Sie rückte seit der Jahrhundertwende die Verbraucher als wirtschaftspolitische Gesellschaftsgruppe in den Mittelpunkt ihres politischen Kalküls, um sich über ihr Stammklientel der Industriearbeiterschaft hinaus neuen Wählerschichten zu öffnen. Die theoretische Grundlage für die auf die Interessen der Verbraucher ausgerichtete Wahlstrategie lieferte der einflussreiche Theoretiker der Sozialdemokratie Karl Kautsky. Als Ergebnis einer mehrgliedrigen Argumentationskette interpretierte er die kollidierenden Interessen von Produzenten und Konsumenten als den Gegensatz zwischen Arbeiter- und Kapitalistenklasse.[19] Indem er die Interessen der Arbeiter und Konsumenten gleichsetzte, gliederte er die Konsumenten in die marxistische Parteidoktrin ein und ermöglichte gleichzeitig dem neuen Mittelstand der Angestellten und Beamten, die SPD zu wählen, ohne sich mit dem Proletariat identifizieren zu müssen. Zusätzlich verschmolzen durch Analogien in der sozialdemokratischen Rhetorik das Volk und die Konsumenten zu einer Einheit.[20] Den Ansatzpunkt der neuen Parteistrategie bildeten in erster Linie Proteste gegenüber steigenden Lebensmittelpreisen und insbesondere Fleischteuerungen nach dem Erlass des Schlachtvieh- und Fleischbeschaugesetzes im Jahr 1900. Die SPD positionierte sich im Spannungsfeld zwischen städtischen Konsumenten und agrarischen Produzenten als ‚Anwältin von Konsumenteninteressen'[21]. Sie verlor zwar Anhänger unter der Landarbeiterschaft, die oftmals selbst Fleisch produzierte, konnte allerdings in den Wahlen der Jahre 1903 und 1912, bei denen handels- und finanzpolitische Fragen im Zentrum standen, erhebliche Stimmenzuwächse im städtischen neuen Mittelstand gewinnen.[22]

Zu den wenigen Ausnahmen unter den Parteipolitikern, die nationale Interessen und Verbraucherinteressen unmittelbar miteinander verbanden, gehörte Friedrich Naumann. Der Linksliberale sah dabei die nationalen Interessen/Verbraucherinteressen in erster Linie in einer Freihandelspolitik nach englischem Vorbild gewahrt. Auf der anderen Seite klagten die Konservativen in der späten Kaiserzeit vermehrt, dass im neuen Mittelstand der ‚Nurkonsumentenstandpunkt' starken Zuspruch fand.[23]

---

18 Zur Aufnahme des Verbraucherschutzgedankens im Parteiensystem des Kaiserreichs s. *C. Nonn*, Verbraucherprotest und Parteiensystem im wilhelminischen Deutschland, (Beiträge zur Geschichte des Parlamentarismus und der politischen Parteien, Bd. 107.) Diss. phil. Düsseldorf 1996.
19 *K. Kautsky*, Konsumenten und Produzenten, in: Die Neue Zeit 30, 1912, S. 452–464.
20 *C. Nonn*, Die Entdeckung der Konsumenten im Kaiserreich, in: *H.-G. Haupt/C. Torp (Hg.)*, Die Konsumgesellschaft in Deutschland 1890–1990. Ein Handbuch, Frankfurt am Main 2009, S. 221–231, hier S. 223.
21 *Nonn*, Verbraucherprotest, S. 313.
22 Ebd., S. 215–229.
23 *Nonn*, Konsumenten, S. 223ff.

3 Themenfelder der Verbraucherpolitik

Die inhaltliche Seite des Verbraucherschutzes lässt sich in vier Sektoren unterteilen: Haustürgeschäfte, Kreditgeschäfte, Wettbewerbsrecht und Nahrungsmittelrecht. Allerdings entfaltete der Staat bei der Regulierung von Nahrungsmitteln die quantitativ größte Normierungstätigkeit. Aufgrund dieses Übergewichts ist die Charakterisierung des Verbraucherschutzes als kohärentes Politikfeld[24] verfehlt und lediglich für den Teilbereich Nahrungsmittelregulierung zutreffend. Hier übte der Staat eine rege gesetzgeberische Tätigkeit aus und hier bildete sich auch ein stabiles Arrangement von Akteuren heraus. Denn Lebensmittel waren nicht nur das wichtigste Konsumgut, die Mehrheit der Bevölkerung gab auch den größten Teil des verfügbaren Einkommens für Nahrungsmittel aus.[25] Daher wird im Folgenden zwischen nichtlebensmittelbezogenem Verbraucherschutz, der die Bereiche Haustürgeschäfte, Kreditgeschäfte und Wettbewerbsrecht umfasst, und der Regulierung von Nahrungsmitteln unterschieden.[26] Zusätzlich ergibt sich die Trennung zwischen beiden Bereichen daraus, dass im Lebensmittelrecht, zumindest soweit es um den Gesundheitsschutz ging, die Endabnahme von Lebensmitteln für private Zwecke im Zentrum des Interesses stand.[27] In dem als nicht-lebensmittelbezogen bezeichneten Bereich verbesserten zwar die erlassenen Gesetze die Stellung der Verbraucher in verschiedenen Marktsituationen, allerdings war der Schutz des Verbrauchers nicht immer das Leitmotiv des Gesetzgebers. Es entwickelte sich hier weder ein systematisiertes Vorgehen noch institutionalisierte sich ein eigenständiger Verbraucherschutzgedanke im Sinne eines Verbraucherrechts.[28]

---

24 Es existiert kein anerkanntes Konzept zur Abgrenzung und Entstehung von Politikfeldern. Oftmals wird ein Politikfeld pragmatisch mit der Zuständigkeit eines Ressorts gleichgesetzt. In dieser Ausführung wird ein Politikfeld „als eine spezifische und auf Dauer angelegte Konstellation sich aufeinander beziehender Probleme, Akteure, Institutionen und Instrumente" verstanden, s. *K. Loer/ R. Reiter/A. E. Töller*, Was ist ein Politikfeld und warum entsteht es?, in: Der moderne Staat, Zeitschrift für Public Policy, Recht und Management 8, 2015, S. 7–28, Zitat S. 9.
25 *Nonn*, Konsumenten, S. 221.
26 Die Darstellung des nicht-lebensmittelbezogenen Verbraucherschutzes orientiert sich an, *Geyer*, Verbraucherschutz, S. 9–84 u. 92–115, während sich die Abhandlung des lebensmittelbezogenen Verbraucherschutzes auf die eigene Promotionsschrift stützt, s. *P. L. Hähnel*, Föderale Interessenvermittlung im Deutschen Kaiserreich am Beispiel der Nahrungsmittelregulierung, (Föderalismus in historisch vergleichender Perspektive, Bd. 3.) Diss. phil. Baden-Baden 2017.
27 Eine Definition des „Verbrauchers" und damit eine Abgrenzung von anderen Personengruppen ist hier ebenso offensichtlich wie trivial und erübrigt sich letztendlich, s. *Geyer*, Verbraucherschutz, S. 86f.
28 Das Mietrecht und der Anlegerschutz im Aktienrecht werden nicht in die Abhandlung integriert, sondern als gesonderte Spezialmaterie betrachtet.

3.1 Nicht-lebensmittelbezogener Verbraucherschutz

Schon während der Beratung der ‚Gewerbeordnung für den Norddeutschen Bund' im Jahre 1869 wurden Verbraucherschutzgedanken im Reichstag offen artikuliert. Der Nationalliberale Johannes Miquel appellierte an das öffentliche Interesse, den Verbraucher vor den „Folgen bedenklicher Gewerbebetriebe schützen zu wollen"[29] und kritisierte in dieser Hinsicht die vorgelegte Version des Bundesrats. Seine generellen Einwände waren zwar von sekundärer Bedeutung im gesamten Verhandlungsprozess, allerdings spielten Verbraucherschutz-Argumente eine immer wichtigere Rolle in den nachfolgenden Novellierungen bis zur Jahrhundertwende. Dabei löste während der Beratungen der Begriff ‚Konsument' den Ausdruck ‚Publikum' ab.[30]

In dreierlei Hinsicht beinhaltete besagte Gewerbeordnung, die ab dem 1. Januar 1873 schließlich Rechtskraft im gesamten Gebiet des Kaiserreichs erhalten hat, erste Maßnahmen, die als primäres Ziel den Schutz des Endabnehmers von Waren und Dienstleistungen anstrebten. Unmittelbar hiermit verbunden war das Eingeständnis, dass die Gewerbefreiheit auch Missbrauchsmöglichkeiten zulasten der Verbraucher eröffnete. Erstens begründeten in diesem Kontext die Motive der Gewerbeordnung die vorgeschriebene Konzessionierung für Dienstleistungsanbieter auf öffentlichen Straßen oder Plätzen damit, dass es für den Verbraucher in der Regel unmöglich sei, die Zuverlässigkeit entsprechender Angebote zu prüfen. Zweitens ermächtigte sie die örtlichen Polizeibehörden, Bäcker und Gastwirte zum Aushang ihrer Preise zu verpflichten sowie Waagen und geeichte Gewichte in den Verkaufsräumen als Kontrollmöglichkeit bereitzustellen.[31] Drittens wurden Haustürgeschäfte reguliert.

Haustürgeschäfte

Die Gewerbeordnung stärkte bei Haustürgeschäften die Marktposition des potenziellen Vertragspartners gegenüber den rednerischen und verkäuferischen Fertigkeiten des Verkäufers, indem sie den Vertrieb gewisser Produkte über diesen Weg verbot und die Ausweispflicht durch das Mitführen eines Legitimationsscheins einführte. Die 1883 und 1896 verabschiedeten Novellen der Gewerbeordnung intensivierten die Regulierung der Haustürgeschäfte in zwei Richtungen. Zum einen dehnte sie das Ver-

---

29 Sten. Ber., Leg.1 Sess.1869 Bd. 1, S. 142.
30 *Geyer*, Verbraucherschutz, S. 9–29.
31 §§ 72–75 Gewerbeordnung, Bundesgesetzblatt für den Norddeutschen Bund 1869, 26, S. 263f.

triebsverbot auf Leistungen[32] und weitere Produkte[33] aus, bei denen nach Ansicht des Gesetzgebers ein erhöhtes Betrugsrisiko bestand, da dem Kunden und insbesondere der Landbevölkerung die Fähigkeit fehlte, den Wert dieser wirtschaftlichen Güter sachgemäß zu beurteilen. In den entsprechenden Willensbildungs- und Entscheidungsprozessen war allerdings auch der Schutz der Ladenbesitzer vor mobilen Händlern ein Beweggrund, der insbesondere die Handelskammern und ihnen nahestehende Parlamentarier antrieb, Partei zu ergreifen. Zum anderen wurde rechtlich der Handlungsreisende vom Hausierer abgegrenzt. Das Verbraucherschutzmotiv leitete sich hier aus dem Gewerbeschutz ab, da es nicht mehr möglich sein sollte, die strengen Restriktionen des Hausiergewerbes zu umgehen.

Kreditgeschäfte

Die größte Regulierungstätigkeit im nicht-lebensmittelbezogenem Verbraucherschutz entfaltete das Reichsrecht in der Materie der Kreditgeschäfte. Hier wurde das Privatrecht für sozialpolitische Zielsetzungen zaghaft geöffnet und in detaillierten Vorschriften innerhalb der Bereiche Pfandleiher und Pfandvermittler, Wucher, Ratenzahlung und Kündigungsrecht die Vertrags- und Zinsfreiheit eingeschränkt. Den Nährboden für die sich zunehmend ausdifferenzierenden rechtlichen Regelungen bereiteten Überlegungen über strukturelle Ungleichgewichte zwischen Kreditnehmern und Kreditgebern sowie Gewerbetreibenden und Nichtgewerbetreibenden aufgrund verschiedener Geschäftserfahrungen. Es war beabsichtigt, die Marktposition der Kreditnehmer zu stärken und Kreditgeschäfte transparenter zu gestalten, um die wirtschaftliche Ausbeutung Notleidender oder der als minderbemittelt angesehenen Bevölkerungsteile zu verhindern.[34] Dabei bildete der Schutz der ‚beschränkten Landbevölkerung'[35] ein wiederkehrendes Argument.

Im Jahr 1879 ermächtigte die novellierte Gewerbeordnung die Gliedstaaten, nähere Bestimmungen aufzustellen, um den Umfang des Handels, die Pflichten und

---

32 Die 1883 getroffene Regelung verbot Darlehens- und Rückkaufgeschäfte, Heilkunde und die Bestellung von Branntwein. Der Gesetzgeber begründete diese Einschränkungen mit den ständigen Ortswechseln der Händler, gesundheitspolitischen Gründen und als Maßnahme, um der „Übernahme des Wuchers" entgegenzuwirken. Der Katalog wurde im Jahre 1896 auf den Abzahlungshandel ausgeweitet.
33 Im Jahre 1869 waren dies Wertpapiere, 1883 Gold, Silber, Arznei- und Geheimmittel (Kosmetikprodukte) und 1896 Sämereien, Futtermittel, Brillen und optische Geräte.
34 *Geyer*, Verbraucherschutz, S. 35–77.
35 *W. Schubert*, Das Abzahlungsgesetz von 1894 als Beispiel für das Verhältnis von Sozialpolitik und Privatrecht in der Regierungszeit des Reichskanzlers von Caprivi, in: ZRG GA 102, 1985, S. 130–167, Zitat S. 143.

die Geschäftsgenehmigung von Pfandleihern und Pfandvermittlern zu regeln.[36] Die Landeszentralbehörden sollten neben der Hehlerei die Ausbeutung der Zwangslage geldbedürftiger Personen durch beispielsweise Maximalzinssätze bekämpfen. Im direkten Zusammenhang mit der Regulierung des Pfandgeschäftes waren gesetzliche Regelungen gegen den „Wucher" verbunden. Über die Zunahme des ‚Wuchers' wurde schon unmittelbar nach der unbeschränkten Freigabe des vertraglichen Zinses im Jahre 1867 geklagt. Infolge der Gründerkrise wuchs der Unmut und erste prominente Politiker, wie der Reichstagsabgeordnete des Zentrums, Peter Reichensperger, drängten auf die Wiedereinführung eines Zinsmaximums. Im Jahre 1880 wurde dann der Tatbestand des Wuchers in das Strafgesetzbuch aufgenommen und die „Ausbeutung der Nothlage, des Leichtsinns oder der Unerfahrenheit eines Anderen [...] wegen Wuchers mit Gefängniß bis zu sechs Monaten und zugleich mit Geldstrafe bis zu dreitausend Mark bestraft"[37]. Eine generelle Abkehr von der Zinsfreiheit war allerdings nicht intendiert, weil die Kapitalmärkte dadurch geschont wurden, dass sich die Strafbarkeit auf Geldkreditgeschäfte beschränkte.[38] Als die legislativen Organe das Gesetz 1893 überarbeiteten[39], verfolgten sie mit der Einführung der Pflicht zur Rechnungslegung eine deutlichere verbraucherschützende Stoßrichtung. Dabei betonten staatliche und nichtstaatliche Akteure, wie der Verein für Sozialpolitik,[40] die Rolle von Genossenschaften und Vereinen sowie die Funktion von Bildung und Aufklärung der Bevölkerung als effektives Mittel im Gegensatz zu legislativen Lösungen.[41] Sie deuteten auf zukunftweisende Formen der Verbraucherpolitik.

Ebenso im engen Zusammenhang mit der Regulierung des Pfandgeschäftes und der Wuchergesetzgebung stand das Abzahlungsgesetz vom 16. Mai 1894, das oftmals in der Literatur als das früheste Spezialgesetz zum Schutz des Verbrauchers genannt wird.[42] Diese Einschätzung fußt im Wesentlichen auf dem negativen Definitionsbereich des Gesetzes, der Händler als spezifische Personengruppen aus dem Geltungsbereich

---

36 Reichsgesetzblatt 1879, 29, Gesetz, betreffend die Abänderung einiger Bestimmungen der Gewerbeordnung, S. 267–269, hier S. 268f.
37 Reichsgesetzblatt 1880, 10, Gesetz, betreffend den Wucher, S. 109f., hier S. 109.
38 *Geyer*, Verbraucherschutz, S. 41.
39 Reichsgesetzblatt 1893, 24, Gesetz, betreffend Ergänzung der Bestimmungen über den Wucher, S. 197ff.
40 Im Verein für Sozialpolitik analysierten führende Volkswirte und Politiker, unter anderem Gustav Schmoller, die soziale Frage und erstellten Lösungskonzepte.
41 *Geyer*, Verbraucherschutz, S. 43.
42 Der Rechtshistoriker Werner Schubert bewertet es als das „wichtigste sozialpolitische Privatrechtsgesetz der späteren Kaiserzeit" (*Schubert*, Abzahlungsgesetz, S. 162) während der Rechtswissenschaftler Hans-Peter Benöhr es sogar als „erste gesetzliche Regelung der Welt zum Schutz der ‚verbrauchenden Bevölkerung'" (*H.-P. Benöhr*, Konsumentenschutz vor 80 Jahren. Zur Entstehung des Abzahlungsgesetzes vom 16. Mai 1894, in: Zeitschrift für das gesamte Handels- und Wirtschaftsrecht 138, 1974, S. 492–503, hier S. 492) bezeichnet. Eine abweichende Auffassung in *J. Baltes*, Das Abzahlungsgesetz in seinem sachlichen Anwendungsbereich als Verbraucherschutzgesetz, Frankfurt am Main 1985, S. 31ff.

ausschloss. Das ausschlaggebende und explizit in den Gesetzesmotiven formulierte Kriterium für diese Abgrenzung war nämlich die unterschiedliche Schutzbedürftigkeit beider Gruppen (Händler – Nicht-Händler).[43]

Seit spätestens der Mitte des 19. Jahrhunderts nahm der wohl aus dem Möbelvertrieb stammende Kauf auf Raten spürbar zu. Aus volkswirtschaftlicher und sozialpolitischer Perspektive wurde der Abzahlungshandel als sinnvoll und notwendig erachtet, da er der einkommensärmeren Bevölkerung ermöglichte, eigene Haushalte zu gründen oder Produktionsmittel, wie Nähmaschinen, anzuschaffen. Allerdings mehrten sich auch mit der Ausbreitung des Abzahlungshandels Klagen über Geschäftspraktiken, die darauf abzielten, die Kreditnehmer aufgrund ihrer wirtschaftlichen, psychologischen oder intellektuellen Unterlegenheit zu übervorteilen. Eine Speerspitze des Protests bildeten seit Mitte der 1880er Jahre die Industrie- und Handelskammern sowie anderweitige Vertretungen organisierter Gewerbetreibender, die in einer Vielzahl an Petitionen gewerbepolizeiliche Maßnahmen oder zivilrechtliche Reformen forderten. Sie bekämpften dieses neuartige Geschäftsmodell, um den Konkurrenzdruck auf den etablierten Handel zu dämpfen. Anfang der 1890er Jahre gab es nur noch grundsätzliche Opposition gegen ein staatliches Eingreifen in die formelle Vertragsfreiheit seitens der freisinnigen Reichstagsabgeordneten, die es als Bevormundung ablehnten. Beachtlich am Entstehungsprozess des Gesetzes war die systematische Einbindung der preußischen Oberlandesgerichte durch Erfahrungsberichte und Stellungnahmen, die schließlich den gesetzgebenden Akteuren zur Verfügung gestellt wurden.

Das als Sondergesetz verabschiedete Abzahlungsgesetz beabsichtigte, die Vertragsfreiheit zwischen den Vertragspartnern zu begrenzen, ohne dabei den Geschäftsverkehr zu stark einzuschränken. Übervorteilungen aufgrund von wirtschaftlicher Schwäche oder Unerfahrenheit sollten ausgeschlossen werden. Es erkannte an, dass es an der Voraussetzung für einen Vertragsabschluss unter Gleichen fehle, wenn die eine Partei durch etwaige Restriktion gezwungen sei, sich dem Diktat der anderen Partei zu beugen.[44]

Das Gesetz des Norddeutschen Bundes von 1867, betreffend die vertragsmäßigen Zinsen, sicherte dem Kreditnehmer ein Kündigungsrecht bei Zinssätzen über 6 % in den ersten sechs Monaten nach Vertragsunterzeichnung zu.[45] Allerdings gingen die meisten Juristen davon aus, dass im Reichsgebiet von 1871 die Bestimmung in einigen Gliedstaaten aufgrund anderweitiger landesrechtlicher Regelungen keine Rechtskraft besaß. Da das Kündigungsrecht in der Praxis jedoch kaum zur Anwendung gelangte, war die etwaige Rechtsunsicherheit de facto weniger bedeutend.

---

43 Sten. Ber., Leg.9 Sess.1893/94 Bd. 1, Drucksache Nr. 113, S. 720–726, hier S. 725f.
44 *Benöhr*, Konsumentenschutz, S. 493–503; *Schubert*, Abzahlungsgesetz, S. 130–161.
45 Bundesgesetzblatt des Norddeutschen Bundes 1867, 25, Gesetz, betreffend die vertragsmäßigen Zinsen, S. 159–160, hier S. 160.

In Folge der Kodifizierung des BGB strebte die Reichsadministration nun eine reichseinheitliche Regelung an. Der erste im Reichsjustizamt konzipierte Vorentwurf des BGB verzichtete in dieser Hinsicht auf ein Kündigungsrecht, allerdings setzte sich die Mehrheit der agrarisch strukturierten Gliedstaaten in kommissarischen Beratungen für die Aufnahme einer entsprechenden reichsrechtlichen Regelung ein.[46] Das Preußische-Landes-Ökonomie-Kollegium[47] und der Westfälische Bauernverband teilten in Hinblick auf die wirtschaftliche Situation kleiner Landwirtschaftsbetriebe letztere Ansicht. Basierend auf dem Zustimmungsbedürfnis des Bundesrats und, um den Widerstand agrarischer Interessen zu überwinden, fand das Kündigungsrecht von 1867 als allgemeines Schuldnerschutzinstrument Eingang in den § 247 des BGB.[48] Letztendlich resultierte das Kündigungsrecht aus der Intention, sowohl eine Verbraucherschutznorm zugunsten unerfahrener privater Kreditnehmer im Verhältnis zu ihren Gläubigern zu schaffen, als auch den innerdeutschen Rechtsraum zu vereinheitlichen. Der Kündigungsschutz entfaltete jedoch im Kaiserreich auch nach der Aufnahme in das BGB nur minimale sozialpolitische Bedeutung.[49]

Wettbewerbsrecht

Der Verbraucherschutz war im Wettbewerbsrecht, das im Wesentlichen durch das Markenschutzgesetz (1874), das Warenzeichengesetz (1894) und die Gesetze zur Bekämpfung des Unlauteren Wettbewerbs (1896, 1909) spezifiziert wurde, nicht das primäre Ziel des Gesetzgebers, sondern ein Nebeneffekt. Allerdings verblasste das zunächst mitverfolgte Regulierungsziel des Konsumentenschutzes vollständig zugunsten des Konkurrentenschutzes bei der Novellierung des Markenrechts in den 1890er Jahren und des Lauterkeitsrechts in den 1900er Jahren. Erst in den 1930er Jahren zeichnete sich ausgehend von der Rechtsprechung ein Paradigmenwechsel ab. Dem Wettbewerbsrecht wurde wieder eine soziale Funktion beigeordnet und der Verbraucher in den Schutzbereich einbezogen.[50]

---

46 *Reichsjustizamt* (Hg.), Zusammenstellung der Aeußerungen der Bundesregierungen zu dem Entwurf eines Bürgerlichen Gesetzbuchs, Bd. 1, Neudruck der Ausgabe 1891, Osnabrück 1967, S. 47–50; Bd. 2, Neudruck der Ausgabe 1891, Osnabrück 1967, S. 14f.
47 Das Preußische-Landes-Ökonomie Kollegium war eine dem preußischen Landwirtschaftsministerium untergeordnete Behörde, die als technischer Beirat fungierte. Seine Mitglieder wurden von den preußischen Landwirtschaftskammern und dem preußischen Landwirtschaftsministerium benannt.
48 Zur Genese des § 247 im BGB s. *H. H. Jakobs/W. Schubert* (Hg.), Die Beratung des Bürgerlichen Gesetzbuchs in systematischer Zusammenstellung der unveröffentlichten Quellen, Bd. 3: Recht der Schuldverhältnisse I, §§ 241–432, Berlin u. a. 1978, S. 73–80.
49 *P. Landau*, Die Gesetzgebungsgeschichte des § 247 BGB. Zugleich ein Beitrag zur Geschichte der Einführung der Zinsfreiheit in Deutschland, in: *G. Kleinheyer/P. Mikat* (Hg.), Beiträge zur Rechtsgeschichte. Gedächtnisschrift für Hermann Conrad, Paderborn u. a. 1979, S. 385–408.
50 *Geyer*, Verbraucherschutz, S. 92–115.

Ausgangspunkt der Reichsgesetze zum Markenschutz von 1874 und 1894 war die Agitation des deutschen Handelstags, der Handelskammern und organisierter Interessenvertretungen einzelner Branchen.[51] Der Charakter einer Verbraucherschutznorm hing hier unmittelbar mit der Frage zusammen, zu welchem Zweck der Gesetzgeber Marken schützen sollte. Ging es darum, zu verhindern, dass Markeninhaber durch imitierte Warenzeichen monetäre Verluste erleiden, oder aber, dass der Verbraucher über die spezifische Qualität einer Ware getäuscht werde? Die Reichsadministration begründete ihren im Jahre 1874 vorgelegten und an das französische Recht angelehnten Gesetzesentwurf in erster Linie mit dem öffentlichen Interesse am Schutz der Abnehmer und betonte den Wert eines Warenzeichens durch das entgegengebrachte Vertrauen der Verbraucher.[52] Der Entwurf stellte den vorsätzlichen Gebrauch eines eingetragenen fremden Warenzeichens, Produkt- oder Firmennamens unter Strafe, sah allerdings ein Strafantragserfordernis seitens des Markeninhabers vor. Hier bestand ein Widerspruch zur Begründung des Entwurfs, da nicht eine Verletzung des öffentlichen Interesses die Strafverfolgung einleitete, sondern das Privatinteresse des Markeninhabers die tatsächliche Strafbarkeit legitimierte. In der Rechtfertigung des Gesetzes dienten die Interessen der Konsumenten gewissermaßen als Vorwand, damit der rechtliche Markenschutz weder als Privilegierung des Markeninhabers durch ein an Dritte gerichtetes Nutzungsverbot noch als ein hiermit verbundener Eingriff in die Gewerbefreiheit erschien. Die Bestimmung zur Strafverfolgung führte im Reichstag zu Kontroversen zwischen Abgeordneten des Zentrums und der Konservativen auf der einen Seite, die deutlicher die Interessen der Verbraucher wahren wollten, und den liberalen Parteien auf der anderen Seite, die den subjektiven Willen des Markeninhabers als ausschlaggebendes Kriterium betrachteten. Die ursprüngliche Fassung setzte sich knapp durch. Während der Überarbeitung des Gesetzes und schließlich mit dem Inkrafttreten des Warenzeichengesetzes von 1894 rückte der Gesetzgeber vollends vom öffentlichen Interesse des Verbraucherschutzes ab. Er klassifizierte Warenzeichen in erster Linie als privatrechtliches Eigentum und setzte als Teil der Kampagne im Kampf gegen den unlauteren Wettbewerb den Schwerpunkt auf die stärkere Regulierung des Konkurrenzkampfes und nicht auf den Schutz der Abnehmerschaft.[53]

Ebenso in der Begründung zum Entwurf eines Gesetzes gegen den unlauteren Wettbewerb von 1896 erkannte die Reichsadministration den Konsumentenschutz als

---

[51] E. Wadle, Fabrikzeichenschutz und Markenrecht. Geschichte und Gestalt des deutschen Markenschutzes im 19. Jahrhundert, Bd. 1: Entfaltung, Berlin 1977, S. 241–272.
[52] Sten. Ber., Leg.2 Sess.1874/75 Bd. 3, Drucksache Nr. 20, S. 634; E. Wadle, Das Markenschutzgesetz von 1874, in: Juristische Schulung, Zeitschrift für Studium und Ausbildung 14, 1974, S. 761–766.
[53] Geyer, Verbraucherschutz, S. 92–104; E. Wadle, Entwicklungslinien des deutschen Markenschutzes im 19. Jahrhundert, in: Gewerblicher Rechtsschutz und Urheberrecht, Zeitschrift der Deutschen Vereinigung für gewerblichen Rechtsschutz und Urheberrecht 81, 1979, S. 383–389; Für einen zeitgenössischen Gesetzeskommentar zum Markenschutzgesetz von 1874 s. J. Landgraf, Deutsches Reichsgesetz betreffend den Markenschutz vom 30. November 1874 erläutert zunächst für den Handels- und Fabrikstand, Stuttgart 1875.

Ziel der Gesetzgebung an, stellte aber heraus, dass es nicht die unmittelbare Absicht des Vorhabens sei.[54] Vielmehr strebte sie den Konkurrentenschutz durch faire Wettbewerbsbedingungen zwischen Produzenten an. In den anschließenden Verhandlungen des Gesetzesentwurfs verknüpften unterschiedliche Akteure Konsumenten- und Konkurrentenschutz und versuchten immer wieder erfolglos durch Anträge, den Schutz des Verbrauchers im Gesetz zu verankern. Verbrauchschutz blieb schlussendlich im wichtigsten Regelungsbereich des Gesetzes, der damals als ‚Reklamewesen' bezeichneten Werbung, lediglich ein Nebenprodukt. Das kasuistisch konzipierte Gesetz führte einige Bestimmungen für in der Praxis besonders regelungsbedürftige Fälle ein. Es untersagte beispielsweise jegliche Werbung, die auf irreführenden oder falschen Angaben beruhte.[55] Analog zum Markenrecht in den 1890er Jahren spielten Verbraucherschutzgedanken bei der Revision des Gesetzes zur Bekämpfung des unlauteren Wettbewerbs von 1909 keine wesentliche Rolle mehr.[56]

Das Wettbewerbsrecht beinhaltete keine Verbote oder Sanktionen für den Zusammenschluss von Syndikaten und Kartellen, die auf Kosten der Verbraucher bezweckten, den Wettbewerb zu behindern oder sogar auszuschließen. Im Gegenteil billigte das Reichsgericht in einer Grundsatzentscheidung von wirtschaftspolitischer Tragweite im Jahre 1897 die Satzung eines Absatzkartells sächsischer Holzproduzenten und erklärte die Vertragsstrafe gegenüber einem ausscherenden Mitglied für rechtmäßig. Als Konsequenz konnte die Einhaltung von Kartellverträgen eingeklagt werden.[57] Dies ist angesichts der Tatsache bedeutsam, dass vom späten 19. Jahrhundert und bis tief in die 1930er Jahre insbesondere die Industrie von der Vertrags- und Vereinigungsfreiheit in der Weise Gebrauch machte, dass die Kartellierung in Europa spürbar zunahm. Dabei reichte in Deutschland die Bandbreite vom mächtigen Rheinisch-Westfälischen Kohlensyndikat bis hin zu Kartellen für Schnürsenkel und Vogelsand. Die Nationalökonomie betonte den gesamtwirtschaftlichen Nutzen der

---

54 Sten. Ber., Leg.9 Sess. 1895/97 Bd. 1, Drucksache Nr. 35, S. 98–112, hier S. 101: „Der Schutz des konsumierenden Publikums gegen Uebervortheilungen ist nicht der unmittelbare Zweck eines gegen den unlauteren Wettbewerb gerichteten Gesetzes, wenngleich Maßregeln, die in den gegenseitigen Beziehungen der Gewerbetreibenden Treu und Glauben zu befestigen bestimmt sind, mittelbar auch dem Interesse ihrer Abnehmer entgegenkommen werden."; Zur zeitgenössischen juristischen Diskussion über gesetzliche Maßnahmen gegen den unlauteren Wettbewerb s. *R. A. Katz*, Empfiehlt sich die Einführung gesetzlicher Maßnahmen gegen den unlauteren Wettbewerb?, S. 127–185 und *A. Scherer*, Empfiehl sich ein allgemeiner Rechtsschutz gegen unlauteren Wettbewerb?, S. 226–248, beide in: Verhandlungen des dreiundzwanzigsten Deutschen Juristentages, Bd. 1: Gutachten, Berlin 1895; Verhandlungen des dreiundzwanzigsten Deutschen Juristentages, Bd. 2: Verhandlungen, Berlin 1895, S. 461–486, hier insbesondere S. 468.
55 *E. Wadle*, Das Reichsgesetz zur Bekämpfung des unlauteren Wettbewerbs von 1896 – Etappe eines zögerlichen Beginns, in: Juristische Schulung, Zeitschrift für Studium und Ausbildung 36, 1996, S. 1064–1067.
56 *Geyer*, Verbraucherschutz, S. 104–108.
57 *B. Röper*, Der wirtschaftliche Hintergrund der Kartell-Legalisierung durch das Reichsgericht 1897, in: Jahrbuch für die Ordnung von Wirtschaft und Gesellschaft 3, 1950, S. 239–250, hier S. 239–242.

Kartellbildung und der vor allem die Schwer- und Montanindustrie repräsentierende Centralverband deutscher Industrieller förderte offiziell und offensiv diesen Trend. Auf der anderen Seite setzte sich seit der Jahrhundertwende im Reichstag allen voran das Zentrum für die Gründung einer staatlichen Kartellbehörde auf Reichsebene ein. Dieses Anliegen teilten zwar alle bedeutenden Fraktionen, jedoch vertrat keine außer der Freisinnigen Partei eine einheitliche Position zum Einfluss von Kartellen auf die gesamtwirtschaftliche Wohlfahrt. Der SPD-Abgeordnete Eduard Bernstein etwa attackierte die Geschäftspraktiken des Rheinisch-Westfälischen Kohlensyndikats heftig, pries allerdings Kartelle als gesellschaftlich fortschrittliche Marktorganisationsform. Insgesamt nahm der Reichstag viermal mit großer Mehrheit eine Resolution des Zentrums für eine staatliche Kartellaufsicht an. Weitere substantielle Schritte unterblieben allerdings.[58]

3.2 Lebensmittelbezogener Verbraucherschutz

Die Institutionalisierung des Politikfeldes der Nahrungsmittelregulierung war eine unmittelbare Reaktion auf die Industrialisierung des Nahrungsmittel herstellenden und verarbeitenden Gewerbes,[59] da sich mit der Effizienzsteigerung von Produktionsprozessen die Relationen zwischen Nahrungsmittelproduzenten und -konsumenten verschob. Ein immer größer werdender Teil der Bevölkerung produzierte nicht mehr, um sich selbst zu ernähren, sondern wurde von der Lebensmittelindustrie und vom Lebensmittelhandel abhängig. Ausgelöst durch die Transportrevolution und Fortschritte in der Kühl- und Konservierungstechnik globalisierten sich die Nahrungsmittelmärkte. Die erstmalige Verschiffung von Gefrierfleisch zwischen Amerika und Europa im Jahre 1877[60] stand nicht nur für die Entwicklung eines transatlantischen Produzenten-Konsumenten-Verhältnisses auf den Fleischmärkten, sondern vielmehr für die weltweite Vernetzung der Absatzmärkte für Agrarprodukte. Per Eisenbahn konnte russisches Getreide kostengünstig importiert und Milch über hunderte von Kilometern transportiert werden. Weltweit sanken die Preise für Agrarprodukte und insbesondere für Grundnahrungsmittel. Luxusgüter wie Fleisch, Zucker und Kaffee waren nun für breitere Teile der Bevölkerung erschwinglich. Beispielsweise stieg der

---

58 *F. Blaich*, Die Anfänge der deutschen Antikartellpolitik zwischen 1897 und 1914, in: Jahrbuch für Sozialwissenschaft 21, 1970, S. 127–150.
59 *K.-P. Ellerbrock*, Geschichte der deutschen Nahrungs- und Genußmittelindustrie 1750–1914, (ZUG, Beih. 76.) Diss. phil. Stuttgart 1993.
60 *K.-P. Ellerbrock*, Lebensmittelqualität vor dem Ersten Weltkrieg: Industrielle Produktion und staatliche Gesundheitspolitik, in: *H. J. Teuteberg (Hg.)*, Durchbruch zum modernen Massenkonsum. Lebensmittelmärkte und Lebensmittelqualität im Städtewachstum des Industriezeitalters, Münster 1987, S. 127–188, hier S. 185.

Fleischkonsum rapide an.⁶¹ Die Nahrungsmittelchemie und Ernährungslehre etablierten sich als eigenständige wissenschaftliche Disziplinen und immer mehr synthetische Produkte und Zusatzstoffe wurden systematisch entwickelt. Die Möglichkeit, Nahrungsmittel aus fernen Teilen der Welt zu importieren, der erhöhte Lebensstandard, die breite Palette an ‚neuen' und ‚alten' Lebensmitteln und nicht zuletzt ein wachsendes Bewusstsein für die eigene Ernährungsweise wandelten die Präferenzen des Verbrauchers. Er sensibilisierte sich für ernährungsbedingte Problemlagen, veränderte sein Konsumverhalten und diversifizierte seine Ernährung.

Als Resultat nahm die Bevölkerung den Staat als verantwortlichen Steuerungsakteur in die Pflicht, eine ausgewogene Nahrungsmittelversorgung sicherzustellen. Die Qualität der Nahrungsmittel schien nun messbar zu sein und wurde zum Politikum.⁶² In den 1870er Jahren manifestierte sich diese Entwicklung in einem tiefgreifenden Misstrauen gegenüber dem Nahrungsmittel herstellenden und verarbeitenden Gewerbe, da in der Öffentlichkeit vermehrt Nahrungsmittelskandale publik wurden.⁶³ Auf dieser Basis bewerteten spätestens seit der Mitte des Jahrzehnts Interessenverbände und parlamentarische Körperschaften die geltende Rechtslage als unzureichend.

Rechtliche Ausgangslage

Auf Reichsebene bildete lediglich der Betrugstatbestand des Reichsstrafgesetzbuchs die rechtliche Grundlage, um gegen Lebensmittelverfälschung vorzugehen. Im Gegensatz dazu stellte sich das Lebensmittelrecht auf Landesebene als historisch gewachsenes Konglomerat dar. Vorschriften unterschieden sich zwischen den Gliedstaaten. Oftmals variierten sogar einzelne Regelungen innerhalb der größeren Gliedstaaten zwischen den subgliedstaatlichen Gebietskörperschaften. Die geltende Rechtslage war kaum zu überschauen, da keine systematische Zusammenstellung des geltenden Lebensmittelrechts existierte.

Verfassungsrechtlich fiel die Nahrungsmittelgesetzgebung als Teilgebiet der Medizinalgesetzgebung in den Bereich der konkurrierenden Gesetzgebung. Somit bestand kein Einigungszwang zwischen Reich und Gliedstaaten, um ernährungsbedingten Problemlagen zu begegnen. Hieraus resultierten zwei Konsequenzen für die Politikgestaltung. Erstens blieben den Gliedstaaten Entscheidungsräume, um untereinander in den Wettbewerb um die effizientesten Lösungsstrategien zu treten. Zwei-

---

61 K.-P. *Ellerbrock*, Die Entwicklung der Lebensmittelüberwachung in Dortmund im 19. Jahrhundert. Ein ernährungsgeschichtlicher Beitrag zur „Sozialen Frage" in Dortmund, in: Beiträge zur Geschichte Dortmunds und der Grafschaft Mark 78, 1987, S. 75–124, hier S. 119.
62 *Hähnel*, Föderale Interessenvermittlung, S. 81ff.
63 V. *Hierholzer*, Nahrung nach Norm. Regulierung der Nahrungsmittelqualität in der Industrialisierung, (Kritische Studien zur Geschichtswissenschaft, Bd. 190.) Göttingen 2010, S. 48–52.

tens war für die Verabschiedung von Regulierungsmaßnahmen auf der Reichsebene ein gewisses Maß an Kooperation zwischen den Staatsebenen nötig. Mit der Gründung von Reichsämtern in den späten 1870er Jahren fiel der Bereich der Nahrungsmittelregulierung in den Zuständigkeitsbereich des Reichsamts des Innern, dem das Kaiserliche Gesundheitsamt als formal kompetenzlose Behörde untergeordnet wurde. Das Kaiserliche Gesundheitsamt übernahm schnell die Funktion eines Impulsgebers bei der Ausgestaltung des Nahrungsmittelrechts.[64] Auf der subnationalstaatlichen Ebene war die Gesundheitsverwaltung zersplittert,[65] allerdings zeichnete sich die kommunale Selbstverwaltung im Gesundheitswesen als flexibel und gestaltungsfreudig aus.[66]

Konfliktlinien

Ein durch vier Konfliktlinien begründetes Spannungsfeld erschwerte die Möglichkeit, allgemein akzeptierte Lösungen für ernährungsbedingte Problemlagen zu finden. Staatliche Vorhaben mussten sich zwischen den Polen Zentrum und Peripherie (Reichs- vs. Landesebene), Stadt und Land (Konsumenten vs. Produzenten), Industrie und Landwirtschaft (synthetische Produkte vs. Naturprodukte) sowie Liberalismus und Etatismus (Selbstregulierung vs. Intervention) verorten. So galt es, die konfligierenden Interessen von Nahrungsmittelkonsumenten und -produzenten auszugleichen. Dabei fanden Verbraucherinteressen nicht im gleichen Maße Vertretung auf der politischen Bühne wie das Nahrungsmittel herstellende und verarbeitende Gewerbe, das sich zunehmend im nationalen Rahmen organisierte, um die Deutungshoheit in Regulierungsfragen zu erlangen und durch ein Bündel vertrauensbildender Maßnahmen auf die Bevölkerung einzuwirken. Analog trennte die Interessen der Industrie und der Landwirtschaft ein Graben. Zum einen traten industriell gefertigte Lebensmittel und chemische Ersatzstoffe in Konkurrenz zu tradierten landwirtschaftlichen Erzeugnissen. Populäre Lebensmittel-Substitute wie künstliche Speisefette und Süßstoffe ließen Butter- und Rübenzuckerproduzenten um ihre Absatzmärkte bangen.[67]

---

[64] A. C. Hüntelmann, Hygiene im Namen des Staates: Das Reichsgesundheitsamt 1876–1933, Diss. phil. Göttingen 2008.
[65] W. Woelk/J. Vögele, Einleitung, in: Dies. (Hg.), Geschichte der Gesundheitspolitik in Deutschland von der Weimarer Republik bis in die Frühgeschichte der „doppelten Staatsgründung", Berlin 2002, S. 11–48.
[66] M. Toyka-Seid, „Sanitary Idea" und „Volksgesundheitsbewegung". Zur Entstehung des modernen Gesundheitswesens in Großbritannien und Deutschland im 19. Jahrhundert, in: H. Berghoff/D. Ziegler (Hg.), Pionier und Nachzügler? Vergleichende Studien zur Geschichte Großbritanniens und Deutschlands im Zeitalter der Industrialisierung. Festschrift für Sidney Pollard, Bochum 1995, S. 145–166, hier S. 152.
[67] C. M. Merki, Sugar versus saccharin: sweetener policy before World War I, in: J. Burnett/D. J. Oddy (Hg.), The Origins and Development of Food Policies in Europe, London u. a. 1994, S. 192–205; B. Pelzer, R. Reith, Margarine. Die Karriere der Kunstbutter, Berlin 2001.

Zum anderen gehörte die deutsche Landwirtschaft zu den Verlierern der Globalisierung der Agrarmärkte. Sie forderte protektionische Schutzmaßnahmen gegenüber ausländischen Anbietern und konfligierte dadurch mit den Interessen des Handels und weiten Teilen der Industrie. Im Jahr 1893 ergänzte der Bund der Landwirte die schon bestehenden Vertretungsorgane der Landwirtschaft. Er galt als einflussreichster Interessenverband und „verkörperte einen Typ von ‚pressure group' wie es ihn bis dato noch nicht in Deutschland gegeben hatte"[68]. Er verfolgte kompromisslos eine radikale agrarische Interessenpolitik auf Kosten der Konsumenten und zielte darauf ab, sowohl die öffentliche Meinung als auch die Parlamente und Regierungen auf allen Staatsebenen zu beeinflussen. Nach Thomas Nipperdey vermochte der Verband, einen „ganz massiven Wahlterror zu entfalten"[69]. Im Jahre 1898 bekannten sich von 397 Reichstagsabgeordneten 118 zum protektionistischen Programm des Bundes der Landwirte. Nicht zuletzt trafen unterschiedliche ordnungspolitische Konzepte aufeinander. Sollte der Staat möglichst weitreichende Maßnahmen zum Schutz des Verbrauchers erlassen oder auf die Selbstregulierung des Marktes vertrauen?[70]

Nahrungsmittelregulierung

Nahrungsmittelregulierung auf Reichsebene begann im Jahre 1879 mit dem Erlass des Nahrungs- und Genussmittelgesetzes.[71] In den Jahren zuvor hatten unter anderem Frankreich, Belgien und England Sondergesetze erlassen, die Nahrungsmittelverfälschung bekämpfen und die Herstellung und den Handel mit Nahrungsmitteln regulieren sollten. Das Kaiserliche Gesundheitsamt verfolgte aufmerksam die europäische Nahrungsmittelgesetzgebung und nahm den 1875 in England in Kraft getretenen *The Sale of Food and Drugs Act* als Vorbild für das deutsche Gesetz.[72] Das Nahrungsmittelgesetz bildete gewissermaßen ein Rahmengesetz, das rechtlich den ‚neuen' Bereich staatlicher Intervention als abgrenzbaren Gestaltungsraum konfigurierte. Das Gesetz verbot die ‚Nachmachung' und ‚Verfälschung' von Lebensmitteln und gewissen Gebrauchsgegenständen. Weiterhin schuf es polizeiliche Visitations- und Kontrollbefugnisse und sah vor, dass öffentliche Untersuchungsstationen die Analysen der Lebensmittel durchführen sollten. Das Nahrungs- und Genussmittelgesetz setzte lediglich Mindeststandards, welche die Landesgesetzgebung überschreiten konnte.

---

68 *H.-P. Ullmann*, Der Bund der Industriellen: Organisation, Einfluß und Politik klein- und mittelbetrieblicher Industrieller im Deutschen Kaiserreich 1895–1914, Göttingen 1976, S. 89.
69 *T. Nipperdey*, Interessenverbände und Parteien in Deutschland vor dem Ersten Weltkrieg, in: PVS 2, 1961, S. 262–280, hier S. 273.
70 *Hähnel*, Föderale Interessenvermittlung, S. 83f.
71 Reichsgesetzblatt 1879, 14, Gesetz, betreffend den Verkehr mit Nahrungsmitteln, Genußmitteln und Gebrauchsgegenständen, S. 145–148.
72 *K. Riewerts*, Kosmetische Mittel vom Kaiserreich bis zur Zeit der Weimarer Republik. Herstellung, Entwicklung und Verbraucherschutz, Diss. rer. nat. Hamburg 2005, S. 37.

Es schöpfte also die konkurrierende Gesetzgebung nicht voll aus. Auch die gliedstaatliche Verwaltungsautonomie blieb unberührt, da weder administrative Standards noch verbindliche Kontroll- und Analysenormen für Lebensmittel eingeführt wurden. Aus diesen landesrechtlichen Gestaltungsspielräumen resultierte, dass Lebensmittel- und Kontrollstandards in den unterschiedlichen Gliedstaaten variierten. Doch auch aus einer anderen Richtung bot das Gesetz Auslegungs- und Interpretationsräume. Das Gesetz definierte weder klar und rechtsverbindlich die Tatbestände ‚Nachmachung' und ‚Verfälschung', noch stellte es nähere Qualitätsnormen und Ausführungsbestimmungen auf. Den Rechtsbehörden blieb es im Einzelfall überlassen, zu bestimmen, wann ein Lebensmittel nachgemacht oder verfälscht wurde. Als Folge divergierten Gerichtsurteile bei identischen Sachlagen und es wurde in Handels- und Gewerbekreisen über Rechtsunsicherheit geklagt.[73] Regionale Bräuche prägten weiterhin die Beurteilung und behinderten den regionsübergreifenden Handel. In Sachsen durften beispielsweise Händler nur Eiernudeln mit einem bestimmten Eigehalt verkaufen, während das Landgericht Frankfurt einen derartigen Standard nicht vorschrieb. Ein mit Zusatz von Invertzucker hergestellter Honig musste in Dresden als Kunsthonig deklariert werden. In Mecklenburg hingegen galt dieser Honig nicht als Kunstprodukt.[74]

Bis zum Vorabend des Ersten Weltkriegs differenzierten circa zwanzig Spezialgesetze und Verordnungen das Lebensmittelrecht auf Reichsebene aus. Diese bezogen sich hauptsächlich auf besonders schwer zu beurteilende Produkte, wie beispielsweise Wein oder künstliche Speisefette. Dabei nahm weniger die Anzahl der erlassenen Gesetze im Verlauf des Kaiserreichs zu, als die Regulierungsdichte der einzelnen Rechtsakte. Beispielsweise füllten die 17 Paragrafen des für alle Lebensmittel geltende Nahrungs- und Genussmittelgesetzes vier Seiten des Reichsgesetzesblatts, während das 1900 erlassene Schlachtvieh- und Fleischbeschaugesetz[75] 30 Paragrafen auf neun Seiten umfasste und eine Vielzahl an Ausführungsbestimmungen benötigte, um in Kraft treten zu können. Die Ausstellung von detaillierten Ausführungsbestimmungen war keine Besonderheit des Fleischgesetzes, sondern ein generelles Phänomen im Nahrungsmittelrecht. Tendenziell stärkte die Reichsgesetzgebung das Exekutivrecht über einen expandierenden Gestaltungsspielraum des Bundesrats, gesetzliche Bestimmungen durch Ausführungsverordnungen zu präzisieren. Der Umfang dieser Ausführungsverordnungen wuchs von marginalen Detailregelungen zu Bestimmungen mit einschneidenden Konsequenzen an. Durch die Zentralisierung von Regulierungskompetenzen im Bundesrat nahm die konkrete Gestaltungsmacht des Reichstags ab. Mit zunehmender Regulierungsdichte wurde die Nahrungsmittelregulierung immer exekutivlastiger.

---

73 *J. Grüne*, Anfänge staatlicher Lebensmittelüberwachung in Deutschland. Der „Vater der Lebensmittelchemie" Joseph König (1843–1930), Diss. phil. Stuttgart 1994, S. 52–63.
74 Vgl. *Ellerbrock*, Gesundheitspolitik, S. 138.
75 Reichsgesetzblatt 1900, 27, Gesetz, betreffend die Schlachtvieh- und Fleischbeschau, S. 547–555.

Spätestens ab den 1890er Jahren begannen die gliedstaatlichen Regierungen landesrechtliche Lebensmittelstandards und Verwaltungsnormen zu harmonisieren, um nichttarifäre Handelshemmnisse abzubauen. Zum einen wurden unter Moderation des Kaiserlichen Gesundheitsamts einheitliche Analyseverfahren für einzelne Lebensmittel aufgestellt und ein einheitlicher Studiengang für Lebensmittelchemie konzipiert, der Chemiker durch ein Staatsexamen für den Staatsdienst befähigen und insbesondere für die Leitung staatlicher Untersuchungsstationen qualifizieren sollte. Zum anderen übernahmen beispielsweise mit der Änderung des Brausteuergesetzes von 1906 die norddeutschen Gliedstaaten das in Süddeutschland bestehende Reinheitsgebot für die Bierherstellung. Insgesamt waren allerdings die Rahmen- und Spezialgesetze auf Reichsebene für eine systematische Kodifikation zu punktuell gesetzt. Das auf Reichsebene entstandene Lebensmittelrecht schaffte es nicht, das rechtliche Konglomerat auf Landesebene zu vereinheitlichen.[76]

Koordinations- und Kooperationsformen

Anhand von drei miteinander verwobenen Entwicklungslinien institutionalisierten sich ebenenübergreifende Strukturen zur politischen Steuerung im Politikfeld der Nahrungsmittelregulierung. In diesem Kontext ist erstens die Bürokratisierung von Willensbildungs- und Entscheidungsprozessen zu nennen, da sich bürokratische Routinen in der Interaktion zwischen den Staatsebenen einstellten. Die Reichsadministration beteiligte zunehmend die Landesregierungen an der Politikformulierung, der Informationsaustausch zwischen Reichs- und Landesebene verfestigte sich zum Automatismus und Gremien institutionalisierten sich auf Reichsebene, in denen die Medizinalverwaltungen zusammenarbeiteten. Das prominenteste Beispiel hierfür ist der 1900 gegründete Reichsgesundheitsrat.[77] Zweitens professionalisierte und verwissenschaftlichte sich die Nahrungsmittelregulierung. Mit der Ausdifferenzierung des relevanten Akteursfelds durch beispielsweise die Gründung von Verbänden und organisierten Interessenvertretungen sowie der zunehmenden Politisierung der Gesellschaft musste eine erfolgreiche Politik immer mehr Widerstände im öffentlichen Raum überwinden. Die hierarchische Steuerungsfähigkeit politischer Prozesse nahm ab und der Ausgleich vielfältiger Interessen wurde wichtiger. Mit dem Ausbau und der Modernisierung der Verwaltungen professionalisierten sich Entscheidungsabläufe. Das Kaiserliche Gesundheitsamt baute ein vertikales und horizontales Netzwerk auf, das neben staatlichen auch die nichtstaatlichen Akteure umfasste. Wissenschaftliche Autoritäten wurden sukzessive in politische Prozesse eingebunden und der Stellenwert von Expertengremien sowie der fachliche Spezialisierungsgrad der

---
76 *Hähnel*, Föderale Interessenvermittlung, S. 190–194, 256–259 u. 409f.
77 *T. Saretzki*, Reichsgesundheitsrat und Preußischer Landesgesundheitsrat in der Weimarer Republik, Diss. phil. Berlin 2000.

beteiligten Akteure nahm zu. Drittens verschränkten sich Reichs- und Landespolitik. In der Wahrnehmung der Landesexekutiven konnten immer mehr Regulierungsprobleme in dem sich zunehmend industrialisierenden und integrierenden Wirtschaftsraum nicht zufriedenstellend auf der Landesebene gelöst werden. Daneben bedingte die steigende Regulierungsdichte im Nahrungsmittelrecht auf Reichsebene ein Ausschöpfen der konkurrierenden Gesetzgebung. Einhergehend mit dem Verlust von Gestaltungsspielräumen konzentrierten die Gliedstaaten ihr Augenmerk auf die Reichsebene. Schließlich machte sich seit den 1890er Jahren ein Generationenwechsel im öffentlichen Dienst bemerkbar. Handlungsmuster und -motivationen der Personen in den leiteten Funktionen der Regierungs- und Verwaltungsebenen änderten sich, sodass staatsrechtliche Kompetenzstreitigkeiten zwischen den Regierungsebenen die Brisanz aus den Gründungsjahren verloren. Zudem nahm die personelle Durchlässigkeit zwischen der Reichsverwaltung und den nichtpreußischen Gliedstaaten zu. Nicht aus Preußen stammende Reichsbeamte sensibilisierten die Reichsadministration für lokale und regionale Bedürfnisse.[78]

4 Fazit

In der Verbraucherpolitik schlugen sich vielschichtige Strömungen, Interessen und Kontroversen nieder. Dabei beschränkte sich das Arsenal der verbraucherrechtlichen Schutzmittel im Wesentlichen auf Gesetze und Verordnungen, die meistens in Zusammenhang mit anderen Intentionen des Gesetzgebers standen. Trotzdem wirkten die verabschiedeten Maßnahmen häufig zugunsten der Verbraucher. Weiterhin hatte die Verbraucherpolitik ihren Anteil an der inneren Reichsgründung durch Rechtsvereinheitlichung.[79] Sie trug dazu bei, landesrechtliche Standards zu harmonisieren, und setzte der im Durchbruch begriffenen modernen Industriegesellschaft richtungweisende Grenzen. Sie formulierte zwar zunächst zaghafte Lösungskonzepte, um den Auswüchsen der aufstrebenden Wirtschaft des Kaiserreichs zu begegnen, die unter anderem in der immer mehr als nachteilig empfundenen Marktposition der Verbraucher begründet lagen. Allerdings legten die zögerlichen legislativen Antworten das Fundament für eine aktive Verbraucherpolitik in der Weimarer Republik und die Entdeckung des Verbrauchers als schutzbedürftiges Rechtssubjekt. Damit fügt sich der Verbraucherschutz im Kaiserreich gewissermaßen in die Vorgeschichte der Verbraucherpolitik als eigenständiges Politikfeld ein.[80]

---

78 *Hähnel*, Föderale Interessenvermittlung, S. 472–477.
79 *M. Stolleis*, „Innere Reichsgründung" durch Rechtsvereinheitlichung 1866–1880, in: *C. Starck (Hg.)*, Rechtsvereinheitlichung durch Gesetz, Göttingen 1992, S. 15–41.
80 Vgl. *M. Löhnig*, Zur Geschichte des Verbraucherrechts vom Abzahlungsgesetz (1894) bis zum Ausbruch der großen Verbraucherdebatten der 1960er Jahren, in: *B. Kannowski/M. Schmidt-Kessel (Hg.)*,

Die Rückschau auf die Anfänge einer staatlichen Verbraucherpolitik in Deutschland zeigt Kontinuitäten in der spezifischen deutschen Verbraucherschutzvariante. So haben einige der heutigen Herausforderungen der Verbraucherpolitik ihre historischen Wurzeln im Kaiserreich. Hierunter fallen Koordinationsprobleme, die sich aus der föderalen Aufteilung der Zuständigkeiten ergeben, insbesondere im Bereich der konkurrierenden und kooperativen Kompetenzwahrnehmung von Bund und Ländern. Ebenso lassen sich Parallelen zwischen der institutionellen Dynamik des Exekutivföderalismus der BRD und des Kaiserreichs ziehen. In beiden Staatswesen bedingte das verfassungsrechtliche Ausgangsarrangement eine Verflechtung der subnationalstaatlichen und nationalstaatlichen Ebene.[81]

Literatur

G. Ambrosius, Institutionelle Konkurrenz und Harmonisierung im Kaiserreich – das Beispiel der Regulierung von Lebensmitteln, in: *K.-P. Ellerbrock/C. Wischermann (Hg.)*, Die Wirtschaftsgeschichte vor der Herausforderung durch die New Institutional Economics, Dortmund 2004, S. 92–112.

H.-P. Benöhr, Konsumentenschutz vor 80 Jahren. Zur Entstehung des Abzahlungsgesetzes vom 16. Mai 1894, in: Zeitschrift für das gesamte Handels- und Wirtschaftsrecht 138, 1974, S. 492–503.

F. Blaich, Die Anfänge der deutschen Antikartellpolitik zwischen 1897 und 1914, in: Jahrbuch für Sozialwissenschaft 21, 1970, S. 127–150.

J. Burnett, Food Adulteration in Britain in the 19th Century and the Origins of Food Legislation, in: *E. Heischkel-Artelt (Hg.)*, Ernährung und Ernährungslehre im 19. Jahrhundert, Göttingen 1976, S. 117–130.

K.-P. Ellerbrock, Geschichte der deutschen Nahrungs- und Genußmittelindustrie 1750–1914, (ZUG, Beih. 76.) Diss. phil. Stuttgart 1993.

K.-P. Ellerbrock, Lebensmittelqualität vor dem Ersten Weltkrieg: Industrielle Produktion und staatliche Gesundheitspolitik, in: *H. J. Teuteberg (Hg.)*, Durchbruch zum modernen Massenkonsum. Lebensmittelmärkte und Lebensmittelqualität im Städtewachstum des Industriezeitalters, Münster 1987, S. 127–188.

R. Geyer, Der Gedanke des Verbraucherschutzes im Reichsrecht des Kaiserreichs und der Weimarer Republik (1871–1933). Eine Studie zur Geschichte des Verbraucherrechts in Deutschland, (Rechtshistorische Reihe, Bd. 242.) Diss. jur. Frankfurt am Main u. a. 2001.

J. Grüne, Anfänge staatlicher Lebensmittelüberwachung in Deutschland. Der „Vater der Lebensmittelchemie" Joseph König (1843–1930), Diss. phil. Stuttgart 1994.

Geschichte des Verbraucherrechts, (Schriften zu Verbraucherrecht und Verbraucherwissenschaften, Bd. 1.) Sipplingen 2017, S. 91–106.

81 Schließlich ist auch die niedrige Implementationskontrolle seitens des Bundestags ein Erbe des Konstitutionalismus des Kaiserreichs s. *C. Schönberger*, Der Deutsche Bundestag zwischen Konstitutionalismus und parlamentarischer Demokratie. Historische und vergleichende Variationen auf ein Thema Gerhard Loewenbergs, in: *H. Schöne/J. von Blumenthal (Hg.)*, Parlamentarismusforschung in Deutschland. Ergebnisse und Perspektiven 40 Jahre nach Erscheinen von Gerhard Loewenbergs Standardwerk zum Deutschen Bundestag, (Studien zum Parlamentarismus, Bd. 13.) Baden-Baden 2009, S. 37–52, hier S. 45f.

P. L. Hähnel, Föderale Interessenvermittlung im Deutschen Kaiserreich am Beispiel der Nahrungsmittelregulierung, (Föderalismus in historisch vergleichender Perspektive, Bd. 3.) Diss. phil. Baden-Baden 2017.

P. L. Hähnel, Anfänge eines koordinierten Verbraucherschutzes in Deutschland. Administrative Verflechtungen bei der Regulierung der Nahrungsmittelqualität im Deutschen Kaiserreich (1871–1914), in: *C. Bala/C. Kleinschmidt/K. Rick/W. Schuldzinski (Hg.)*, Verbraucher in Geschichte und Gegenwart, (Beiträge zur Verbraucherforschung, Bd. 6.) Düsseldorf 2017, S. 167–185.

V. Hierholzer, Nahrung nach Norm. Regulierung der Nahrungsmittelqualität in der Industrialisierung, (Kritische Studien zur Geschichtswissenschaft, Bd. 190.) Göttingen 2010.

A. C. Hüntelmann, Hygiene im Namen des Staates: Das Reichsgesundheitsamt 1876–1933, Diss. phil. Göttingen 2008.

F. Janning, Die Spätgeburt eines Politikfeldes. Verbraucherschutzpolitik in Deutschland, in: Zeitschrift für Politik 51, 2004, S. 401–433.

B. Kannowski/M. Schmidt-Kessel (Hg.), Geschichte des Verbraucherrechts, (Schriften zu Verbraucherrecht und Verbraucherwissenschaften, Bd. 1.) Sipplingen 2017.

P. Landau, Die Gesetzgebungsgeschichte des § 247 BGB. Zugleich ein Beitrag zur Geschichte der Einführung der Zinsfreiheit in Deutschland, in: *G. Kleinheyer/P. Mikat (Hg.)*, Beiträge zur Rechtsgeschichte. Gedächtnisschrift für Hermann Conrad, Paderborn u. a. 1979, S. 385–408.

C. Nonn, Verbraucherprotest und Parteiensystem im wilhelminischen Deutschland, (Beiträge zur Geschichte des Parlamentarismus und der politischen Parteien, Bd. 107.) Diss. phil. Düsseldorf 1996.

C. Nonn, Die Entdeckung der Konsumenten im Kaiserreich, in: *H.-G. Haupt/C. Torp (Hg.)*, Die Konsumgesellschaft in Deutschland 1890–1990. Ein Handbuch, Frankfurt am Main 2009, S. 221–231.

M. Prinz, Zwischen Politik und Selbsthilfe. Deutsche Konsumentenorganisationen im englischen Spiegel, in: *H. Berghoff/D. Ziegler (Hg.)*, Pionier und Nachzügler? Vergleichende Studien zur Geschichte Großbritanniens und Deutschlands im Zeitalter der Industrialisierung. Festschrift für Sidney Pollard, Bochum 1995, S. 119–143.

K. Riewerts, Kosmetische Mittel vom Kaiserreich bis zur Zeit der Weimarer Republik. Herstellung, Entwicklung und Verbraucherschutz, Diss. rer. nat. Hamburg 2005.

T. Saretzki, Reichsgesundheitsrat und Preußischer Landesgesundheitsrat in der Weimarer Republik, Diss. phil. Berlin 2000.

E. Schmauderer, Die Beziehungen zwischen Lebensmittelwissenschaft, Lebensmittelrecht und Lebensmittelversorgung im 19. Jahrhundert problemgeschichtlich betrachtet, in: *E. Heischkel-Artelt (Hg.)*, Ernährung und Ernährungslehre im 19. Jahrhundert, Göttingen 1976, S. 131–153.

W. Schubert, Das Abzahlungsgesetz von 1894 als Beispiel für das Verhältnis von Sozialpolitik und Privatrecht in der Regierungszeit des Reichskanzlers von Caprivi, in: ZRG GA 102, 1985, S. 130–167.

U. Spieckermann, Warenwelten. Die Normung der Nahrungsmittel in Deutschland 1850–1930, in: *R.-E. Mohrmann (Hg.)*, Essen und Trinken in der Moderne, Münster u. a. 2006, S. 99–124.

E. Wadle, Fabrikzeichenschutz und Markenrecht. Geschichte und Gestalt des deutschen Markenschutzes im 19. Jahrhundert, Bd. 1: Entfaltung, Berlin 1977, Bd. 2: Historisch – dogmatische Grundlinien, Berlin 1983.

E. Wadle, Das Reichsgesetz zur Bekämpfung des unlauteren Wettbewerbs von 1896 – Etappe eines zögerlichen Beginns, in: Juristische Schulung, Zeitschrift für Studium und Ausbildung 36, 1996, S. 1064–1067.

David Ciarlo
Die Aura des Exotischen. Werbliche Darstellung von *Kolonialwaren* im Kaiserreich

1 Einleitung: Das Exotische und das Visuelle

> Wer die einheimische Tafel mit den Produkten ferner Zonen bereichert, der stellte früher seine „Kolonialwaren" möglichst in Originalverpackung aus. Es war nicht zu leugnen – aus diesen mit chinesischen Buchstaben bemalten bunten Theekisten, aus den Manilla-Säcken und Palmblätter-Körben strömte ein Duft der Ferne, die eine empfängliche Phantasie wohl gefangen nehmen konnte.
>
> Ist es doch bekannt, daß Ferdinand Freiligrath als junger Kolonialwaren-Handlungs-Aspirant aus diesem Duft die Anregung zu seinen frühesten, von heißer Tropensonne durchtränkten Dichtungen schöpfte.
>
> Heute scheint diese Quelle der Dichtung versiegen zu wollen. Statt der originalen Umhüllung der Ware führt uns die neue Schule auf dem Wege bildlicher Anschauung direkt in die fernen Länder. Da sehen wir eine wilden Buffalo-Bill in die Rinderherden hineinsprengen, aus denen er demnächst den köstlichen Fleischextrakt destilliren wird; dort ziehen Dromedare schleppenden Gangs durch die Wüsten Hochasiens, schwer bepackt mit Theekisten, auf denen die importierende Firma des „Karawanen-Thees" in Riesenbuschstaben zu lesen ist. Jener Persenfürst, der mit der Insektenpulverspritz hantirt, ist uns ein werther bekannter wie nicht weniger jener Inder, der uns auf dem Rücken seines Elefanten den Arrow-root zuträgt.[1]

In der 1894er Ausgabe von ‚Die Reklame', der allerersten professionellen in Deutschland erschienenen Werbezeitschrift, schrieb ein „Professor Luthmer" eindrucksvoll über die dramatische Veränderung der Art und Weise, in der Waren ausgestellt wurden, insbesondere Waren, die mit einer gewissen Aura des „Exotischen" angereichert waren. Bei dem Autor handelt es sich wahrscheinlich um den Schriftsteller Ferdinand Luthmer, der nach 1879 Direktor der Kunstgewerbeschule und des Kunstgewerbemuseums in Frankfurt am Main war (und 1885 den Titel „Professor" erhielt).[2] Während Luthmer in erster Linie für seine Schriften zur Architektur bekannt wurde, war er durch seine Arbeit als Kunsthistoriker vorzüglich in der Lage, die neue visuelle Art der kommerziellen Werbebotschaften zu bewerten, die in den 1890er Jahren aufkam. Obwohl er für ein professionelles Werbejournal schrieb, konzentrierte sich Luthmers Aufsatz über „Reklame-Kunst und Plakat-Kunst" auf die künstlerischen Aspekte der neuen Werbung. In der Tat waren die Werbetreibenden selbst, als sie sich zu professionalisieren begannen, nur allzu bereit, die Rhetorik der Werbung als

---

[1] Ich möchte Simone Warstat für die Übersetzung und Christian Kleinschmidt für die redaktionellen Vorschläge herzlich danken. – F. *Luthmer*, Reklame und Plakatkunst, in: Die Reklame 4/2, 1894, S. 31.
[2] Vgl. *W. Klötzer (Hg.)*, Frankfurter Biographie 1, Frankfurt 1994, S. 480.

„Kunst" (oder sogar als „Kunst der Straße") zu verstehen, um der oftmals als amateurhaft und oder als unanständig geltenden Werbung entgegenzuwirken.³

In den 1880er Jahren tauchten in der Geschäftswelt neue Techniken der visuellen Darstellung auf. Die von Luthmer erwähnte „Reklame-Kunst" war Teil einer massiven Bilderflut in den Jahrzehnten vor der Jahrhundertwende, ermöglicht zum Teil durch die neuen Drucktechnologien, die im letzten Drittel des neunzehnten Jahrhunderts entwickelt oder perfektioniert wurden, darunter die Chromolithographie, Rotationsdruckmaschinen, der Offsetdruck und letztendlich die Halbtonwiedergabe.⁴ Sekundärtechnologien (wie die Papierherstellung) und Infrastrukturen (wie der Schienenverkehr) senkten die Kosten und weiteten den Vertrieb aus.⁵ Die Einführung neuer Drucktechnologien für gewerbliche und damit auch für Werbezwecke (Reklame) erfolgte jedoch langsamer als die Entwicklung der Drucktechnologie. Als beispielsweise die Chromolithographie in der Mitte des Jahrhunderts zunehmend erschwinglicher wurde, erschien sie zunächst weiterhin in Buchillustrationen, dekorativen Bilderbogen, Spielkarten und dergleichen.⁶ Erst in den späten 1870er Jahren begann man chromolithografierte Plakate zu benutzen, um für Veranstaltungen und Ausstellungen zu werben. Die Verwendung von Plakaten zur Produktwerbung wurde erst ein Jahrzehnt später üblich.

Bis zum Ende der späten 1890er Jahre setzten sich dann farbige Plakate als Werbeträger vor allem im großstädtischen Raum weitgehend durch.⁷ Die Kosten des chromolithographischen Druckverfahrens hatten sich bis Anfang der 1880er Jahre so weit reduziert, dass sammelbare Tauschkarten (Sammelbilder) beim Kauf bestimmter Produkte kostenlos abgegeben werden konnten. Die bekanntesten unter ihnen waren die ‚Liebigbilder' der späten 1870er Jahre, die bis Anfang der 1890er Jahre von anderen Unternehmen nachgeahmt wurden.⁸ Darüber hinaus dienten bebilderte Werbebei-

---

3 *D. Ciarlo*, Advertising Empire. Race and Visual Culture in Imperial Germany, Cambridge 2011, S. 14–15, 116, 123–138; *C. Lamberty*, Reklame in Deutschland 1890–1914. Wahrnehmung, Professionalisierung und Kritik der Wirtschaftswerbung, Berlin 2000, S. 166–202; *D. Reinhardt*, Von der Reklame zum Marketing. Geschichte der Wirtschaftswerbung in Deutschland, Berlin 1993, S. 49–87.
4 Vgl. *O. Krüger*, Die Illustrationsverfahren. Eine vergleichende Behandlung der verschiedenen Reproduktionsarten, ihrer Vorteile, Nachteile, und Kosten, Leipzig 1914; *G. Beegan*, The Mass Image. A Social History of Photomechanical Reproduction in Victorian London, New York 2008. Für Druck und Werbung, siehe *Lamberty*, Reklame, S. 166–202, und *Reinhardt*, Reklame, S. 169–266.
5 *K. Koszyk*, Deutsche Presse im 19. Jahrhundert, Teil II, S. 271; *C. Ross*, Media and the Making of Modern Germany, Oxford 2008.
6 *C. Pieske*, Das ABC des Luxuspapiers. Herstellung, Verarbeitung und Gebrauch, Berlin 1983.
7 *Ciarlo*, Advertising Empire, S. 83–87, 114–116, 220–221, 295–296. Vgl. auch *J. Meißner* (Hg.), Strategien der Werbekunst von 1850–1933, Berlin 2004, S. 28–44; und *S. Haas*, Visual Discourse and the Metropolis. Mental Models of Cities and the Emergence of Commercial Advertising, in: *C. Wischermann/ E. Shore* (Hg.), Advertising and the European City, Aldershot 2000, S. 54–78.
8 *D. Weyers/C. Köck*, Die Eroberung der Welt. Sammelbilder Vermitteln Zeitalter, Detmold, 1992. Es gab noch billigere Sammelbilder um 1910, die sogenannten „Reklamemarken": Vgl. *H.-P. Mielke*, Vom Bilderbuch des Kleinen Mannes, Köln 1982. Siehe auch *Ciarlo*, Advertising Empire, S. 172, 183–185, 297–299.

lagen nicht nur als Beilagen der neuen massenhaft zirkulierenden Zeitungen der 1890er Jahre, sie verbreiteten zudem Werbebotschaften für ein breites Lesepublikum und waren ein wesentlicher Bestandteil einer neuen visuellen Massenpresse.[9] Des Weiteren entstand der Offsetdruck auf Verpackungsdosen (Blechdosen) in den 1880er Jahren, sodass Waren buchstäblich in Bilder eingewickelt werden konnten.[10] In diesem Zusammenhang entwickelten sich Gebrauchsgrafiker und Plakatkünstler zu einem anerkannten Beruf, der bald eine formalisierte Ausbildung erfuhr.[11]

Die „neue Schule", die Luthmer so unbekümmert erwähnt, war daher viel mehr als nur eine künstlerische Vorliebe des Augenblicks. Sie spiegelte die umfassende Veranschaulichung von Werbebotschaften in den 1880er und 1890er Jahren wider und brachte dabei eine neue visuelle Welt hervor, die nicht nur das *Aussehen* des städtischen Lebens transformierte, sondern tatsächlich das eigentliche Gefüge der Gesellschaft wandelte. Zunächst schufen neue Praktiken der modernen visuellen Werbung neue Ansichten und Eindrücke im Alltagsleben. Darüber hinaus handelte es sich um Aussichten von sorgfältig konstruierter *Bedeutung*, die sehr gezielt mit dem Konsum verknüpft waren.[12] Der Massenkonsum, der sich im zwanzigsten Jahrhundert abzeichnete, war demnach untrennbar mit *Bedeutungen* verbunden, die direkt für den Konsumenten in einer neuen Welt der Visualität abgebildet wurden.[13] Die moderne Konsumkultur verdankt der modernen visuellen Produktion sehr viel.

Konsum hat viel mit Bildlichkeit und Vorstellungskraft zu tun. Tatsächlich geht es beim Konsum nicht allein um wirtschaftlichen oder materiellen Austausch, sondern ebenso um kulturell erzeugte Bedeutungen und die Identitätsbildung.[14] Der Phantasiegehalt des Konsums zeigt sich vor allem bei Luxusgütern, insbesondere bei ‚exotischen' Waren aus weit entfernten Ländern. Die Bedeutungen von ‚exotischem' Konsum waren nie statisch, ebenso wenig wie die Voraussetzungen und Prozesse, welche diese kulturellen Bedeutungen des Konsums prägten. An dieser Stelle soll auf die gewachsene, komplexe kulturelle Bedeutung der Waren für die Konsumenten, die sich nicht allein auf das Phänomen der Exotik reduzieren lässt, ebenso eingegangen werden wie auf die Präsentation der Waren durch die Verkäufer.

---

9 *P. Fritzsche*, Reading Berlin 1900, Cambridge 1996, S. 140–142; *G. Reuveni*, Reading Germany. Literature and Consumer Culture in Germany before 1933, New York 2006, S. 127–135.
10 *E. Leitherer/H. Wichmann (Hg.)*, Reiz und Hülle. Gestaltete Warenverpackungen des 19. und 20. Jahrhunderts, Stuttgart 1987.
11 *J. Aynsley*, Graphic Design in Germany (1890–1945), Berkeley 2000.
12 Ciarlo, Advertising Empire, S. 186ff. Schwarz, Bildannoncen, 10. Vgl. auch *S. Haas*, Die neue Welt der Bilder. Werbung und visuelle Kultur der Moderne, in: *P. Borscheid/C. Wischermann, (Hg.)*, Bilderwelt des Alltags. Werbung in der Konsumgesellschaft des 19. und 20. Jahrhunderts, Stuttgart, 1995, S. 64–77.
13 *P. Borscheid*, Agenten des Konsums. Werbung und Marketing, in: *H.-G. Haupt/C. Torp (Hg.)*, Die Konsumgesellschaft in Deutschland 1890–1990. Ein Handbuch, Frankfurt 2009, S. 79–96.
14 *W. D. Smith*, Consumption and the Making of Respectability (1600–1800), New York 2002, S. 19–24; *M. Norton*, Tasting Empire. Chocolate and the European Internalization of Mesoamerican Aesthetics, in: American Historical Review 111/3, 2006, S. 660–691.

Der Konsum ‚exotischer' Waren hatte mehrere Ursachen. Auf der persönlichen Ebene waren exotische Waren ungewöhnlich und boten ihren Konsumenten die Möglichkeit des Ausbruchs aus alltäglichen Gewohnheiten. Auf sozialer Ebene waren Güter aus fernen Gebieten rar und schwer zu beschaffen – und ermöglichten die Demonstration von Wohlstand und sozialem Status.[15] Schließlich konnten exotische Waren auch als eine Form des imaginativen Reisens oder als Möglichkeit des Ausbruchs aus dem Alltag dienen.

Wenn Händler und Kaufleute Waren vorstellten, die als ‚exotisch' eingestuft wurden, versuchten sie oft, ihre Warenpräsentation mit all diesen verschiedenen Bedeutungen in Verbindung zu bringen – insbesondere mit dem Gedanken, Waren mit Reisen in exotische Länder in Verbindung zu bringen. Exotische Waren galten, so machte Ferdinand Luthmer deutlich, als Ausfluss und Verkörperung der Kultur ferner Länder. Mit chinesischen Schriftzeichen geschmückte Teekisten, Manilasäcke und Palmblätter waren nicht nur praktische Behältnisse: Sie ermöglichten eine Identifizierung der Waren als Produkte aus fernen Ländern und regten damit zugleich die Fantasie der Käufer an. Die Präsenz der Waren und die entsprechende Verpackung und Präsentation im Laden weckte Fantasien von diesen Ländern, mit denen die Kunden oftmals auch etwas Geheimnisvolles verbanden. Diese kulturellen Bedeutungszuschreibungen Luthmers überdecken jedoch zugleich Fragen von Macht und Ausbeutung, die diesen exotischen Produkten bzw. den Kolonialwaren ebenfalls anhafteten.

2 Konsum von Kolonialwaren: der ‚Duft der Ferne' und Machtpositionen

Massa, du bist sehr reich! dein Saal ist voll von Pagen:
Zweimal zehn Meilen ziehn am Flusse die Plantagen
Sich hin, wo man für dich die Baumwollstaude bau't;
Wo man das Zuckerrohr für dich mit Messern schneidet,
Wo seine Kraft für dich der Kaffeebaum vergeudet,
Wo in den Raum des Schiffs man deine Ballen stau't.

Massa, du bist sehr reich! wenn unter den Agaven
Der Vogt zusammenruft die Menge deiner Sklaven,
So faßt sie kaum der Platz vor deinem Steinpalast.
Zwölf Pferde reitest du; fünf Schiffe sind dein eigen;
Sie tragen deinen Ruhm in alle Welt; es zeigen
Den Namen, den du führst, die Flaggen hoch am Mast.

---

15 *R. Sandgruber*, Genußmittel. Ihre reale und symbolische Bedeutung im neuzeitlichen Europa, in: Jahrbuch für Wirtschaftsgeschichte 1, 1994; *W. Schivelbusch*, Das Paradies, der Geschmack und die Vernunft. Eine Geschichte der Genußmittel, Hanser 1980.

> Massa, du bist sehr reich! die Tochter des Creolen,
> Leicht, wie am Mondgebirg der Zebrastute Fohlen,
> Dient dir: – o, welch ein Mund, o, welch ein Aug'! welch Haar!
>
> Sie trägt ein Kleid von Flor, gefärbt mit Cochenille;
> Erröthend reicht sie dir den braunen, mit Vanille
> Gewürzten Frühetrank der Cacaobohne dar.[16]

Ab dem 18. Jahrhundert wurden exotische Waren häufig unter der Bezeichnung ‚Kolonialwaren' zusammengefasst. Dieser Begriff bezog sich in erster Linie auf Gewürze, Tabak, Tee, Zucker, Kaffee und Kakao sowie Schokolade und umfasste zudem Farbstoffe (Indigo), Baumwolle, Reis und tropische Früchte.[17] Im Deutschen wurde der Begriff wahrscheinlich erstmals im 18. Jahrhundert verwendet und bezog sich auf das System des englischen, französischen und niederländischen Kolonialwesens im 17. und 18. Jahrhundert.[18]

Die bahnbrechenden Arbeiten von Sidney Mintz über die Produktion, den Konsum und die kulturelle Bedeutung von Zucker haben die Aufmerksamkeit für dieses Phänomen – auch für nachfolgende Arbeiten – geschärft.[19] Der Konsum exotischer Güter war bis dahin oftmals auf die ökonomischen Funktionen reduziert worden. Doch spielten dabei auch Wünsche und Fantasien eine Rolle sowie die Aura des Exotischen – der „Duft der Ferne", wie Ferdinand Luthmer es ausdrückte.

Die fantasievolle Verknüpfung zwischen dem Konsum von Verbrauchsgütern und dem „Duft der Ferne" oder der Aura exotischer Länder reicht zurück bis ins Spätmittelalter und darüber hinaus, als wachsende Handelsnetzwerke von der Mystik des ‚Orients' als Region der Gewürze profitierten. In der Tat haben einige Forscher überzeugend argumentiert, dass ein Großteil der Anziehungskraft von Gewürzen in erster Linie nicht nur medizinische und gastronomische Ursachen hatte, sondern dass diese entscheidend von deren ‚mystischer' Aufladung geprägt waren.[20] Es waren zunächst Luxusgüter, die eine solche Bedeutungszuschreibung erfuhren, gefolgt von Tabak, Kaffee, Tee und Schokolade, die als Produkte der ‚Neuen Welt' nicht nur neue Geschmäcker und Sinneserlebnisse ermöglichten, sondern insgesamt eine Faszination für die neue Welt zum Ausdruck brachten. In der Tat haben einige Forscher argu-

---

[16] *F. Freiligrath*, Scipio, in: Deutscher Musenalmanach für das Jahr 1835, 6. Jg., *A. Chamisso/G. Schwab* (Hg.), Leipzig 1835, S. 88–90. Auch in: Gedichte von Ferdinand Freiligrath. 3. Auflage, Stuttgart 1840, S. 154.
[17] *C. Füllberg-Stolber/P. Kriedte/V. Wünderich*, Kolonialwaren für Europa. Zur Sozialgeschichte der Genußmittel, in: Jahrbuch für Wirtschaftsgeschichte 1, 1994, S. 7–9. Vgl. auch *C. Becker*, Der Großhandel in Kolonialwaren, Berlin 1918, S. 4–5.
[18] *P. Kriedte*, Vom Großhändler zum Detaillisten. Der Handel mit ‚Kolonialwaren' im 17. und 18. Jahrhundert, in: Jahrbuch für Wirtschaftsgeschichte 1, 1994, S. 11–20.
[19] *S. Mintz*, Sweetness and Power. The Place of Sugar in Modern History, New York 1985.
[20] *S. H. Smith*, The Mystification of Spices in the Western Tradition, in: European Review of History 8/2, 2001, S. 119–136; *P. Freedman*, Out of the East. Spices and the Medieval Imagination, New Haven 2008.

mentiert, dass es die Rolle von Tabak und Schokolade in der ‚amerindischen' (aztekischen) Ritual- und spirituellen Kultur war, die anfangs dazu beitrug, diese beiden Verbrauchsgüter überhaupt erst für Europäer attraktiv zu machen.[21] Sicherlich trug der angebliche medizinische Nutzen des Tabaks dazu bei, die Tiraden der europäischen Moralisten gegen die ‚trockene Trunkenheit' des Tabaks zu überwinden, aber der Reiz resultierte auch aus seiner teilweise tabuisierten exotischen Spiritualität und der fremdartigen Soziabilität.[22] Auch Tee aus dem Orient diente den Europäern als Ritualgetränk, fest verbunden mit all dem Mysterium, dem Luxus, der Exotik und der erregenden Fremdartigkeit dieser Region.[23] Ähnliches galt auch für den Import von Kaffee, der ebenfalls mit exotischen Assoziationen behaftet war. Kaffee kam aus dem Nahen Osten – zunächst über venezianische Handelsbeziehungen mit dem Osmanischen Reich – nach Europa. Die Kaffeehäuser, die nach 1700 in Paris und London entstanden, waren auch Treffpunkte von Kaufleuten und Politikern und damit Räume einer bürgerlichen Öffentlichkeit, doch verkörperten sie auch eine Atmosphäre des Exotischen, was nicht allein durch ihre orientalisch anmutende Innenausstattung, sondern auch durch ihre Namen wie etwa „The Turks Head" zum Ausdruck kam.[24]

Mit all diesen Gütern hegten die geschäftstüchtigen (und nach Monopol strebenden) europäischen Handelsunternehmen solchen inländischen Konsum durch schonungslose Praktiken. Die Niederländische Ostindien-Kompanie schlug zum Beispiel aus ihrer territorialen Herrschaft im Indischen Ozean und in Indonesien Kapital, um die Preise für den Kaffee, den sie nach Europa brachte, zu kontrollieren. Die Plantagen auf dem von den Niederlanden kontrollierten Java, die auf Zwangsarbeit von Bauern beruhten, produzierten bis 1725 vier bis fünf Millionen Pfund Kaffee pro Jahr, was mit Importen aus Mocha konkurrierte.[25] Insbesondere die Britische Ostindien-Kompanie spielte eine zentrale Rolle bei der Steigerung des Teekonsums in England, indem sie größere Mengen importierte. So stieg der britische Teekonsum von neun Millionen Pfund Tee pro Jahr in den 1720er Jahren auf fast 37 Millionen Pfund Tee in den 1750er Jahren.[26] Tendenziell sinkende Preise kurbelten den Konsum an und ermöglichten auch breiteren Konsumentenschichten den Zugang zu den ‚orientalischen' exotischen Waren Kaffee und Tee.

Auch die Vermarktung der Kolonialwaren fand zunehmend im Umfeld der Anziehungskraft exotischer oder ferner Länder statt und machte sich Aspekte der Exotik

---

21 M. Norton, Sacred Gifts, Profane Pleasures. A History of Tobacco and Chocolate in the Atlantic World, Ithaca 2008.
22 T. Pollard, The Pleasures and Perils of Smoking in Early Modern England, in: S. Gilman/Z. Xun (Hg.), Smoke. A Global History of Smoking, London 2004, S. 38–44.
23 M. Ellis/R. Coulton/M. Mauger, Empire of Tea. The Asian Leaf that Conquered the World, London 2015, S. 23, 31–34, 135, 267.
24 J. Walvin, Fruits of Empire. Exotic Produce and British Taste, 1660–1800, New York 1997, S. 37, 40.
25 J. Wills, European Consumption and Asian Production in the Seventeenth and Eighteenth Centuries, in: J. Brewer/R. Porter (Hg.), Consumption and the World of Goods, London 1993, S. 140–141, 143.
26 Walvin, Fruits of Empire, S. 16.

und Mysterienbildung zunutze. „Die zentrale, unvermeidliche und wegweisende Kraft in der Geschichte der tropischen Grundnahrungsmittel", so argumentiert James Walvin, „ist die der aggressiven europäischen Kolonialexpansion."[27]

In den letzten Jahrzehnten wurde das Thema Unterdrückung und Gewalt der Kolonialherrschaften mit Blick auf die Zuckerplantagen in der Karibik, Tabakplantagen in Virginia oder Kakaoplantagen in Mesoamerika zunehmend zum Gegenstand der Forschung.[28] Die Arbeit auf Plantagen war hart und ausbeuterisch, und die meisten Produzenten wandten sich im 17. und 18. Jahrhundert der Sklavenarbeit zu. Der transatlantische Sklavenhandel speiste den unersättlichen Bedarf an Arbeitskräften, und bis zum Ende des Sklavenhandels in den 1800er Jahren waren über neun Millionen Afrikaner auf Plantagen in die neue Welt transportiert worden.[29] Das Plantagensystem, in dem versklavte Arbeitskräfte oder Zwangsarbeiter eingesetzt wurden, wurde auch auf andere Regionen ausgedehnt, einschließlich der Philippinen und sogar (bis zum Ende des 19. Jahrhunderts) der west- und ostafrikanischen Küste. Kolonialwaren hätten angesichts dieser weitverbreiteten Produktionspraktiken auch als ‚Sklavenwaren' bezeichnet werden können.

Das kapitalistische, von Sklavenarbeit getriebene Plantagensystem ermöglichte einen Anstieg der Produktion dieser ‚exotischen' Waren, und im Zuge verbesserter transatlantischer Transportmöglichkeiten führte dies langfristig zu sinkenden Preisen für die europäischen Konsumenten. So kamen Zucker, Tee, Kaffee und Kakao ab Mitte des 18. Jahrhunderts in großen Mengen nach Europa, und der Konsum stieg im Verlauf des 19. Jahrhunderts weiter an. Allein der englische Teekonsum stieg bis zur Mitte des 19. Jahrhunderts auf über 44 Millionen Pfund Tee pro Jahr (ungefähr 1,5 Pfund Tee pro Kopf).[30] Wie Sidney Mintz gezeigt hat, hing der Teekonsum wiederum von der zunehmenden Verfügbarkeit von Zucker ab, da er die Bitterkeit des Tees reduzierte. Das ehemalige Luxusgetränk Tee wurde im Verbund mit dem steigenden Zuckerverbrauch nun zunehmend von Angehörigen der Arbeiterklasse konsumiert, die damit einen großen Teil ihres täglichen Kalorienbedarfs deckten.[31] In Kontinentaleuropa war dagegen Kaffee das beliebtere Heißgetränk. In den deutschen Territorien wurden im Jahre 1850 beispielsweise 29 000 Tonnen (fast 64 Millionen Pfund) Kaffee konsumiert.[32] Tabak war im neunzehnten Jahrhundert überall

---

[27] *Walvin*, Fruits of Empire, S. xii.
[28] *P. D. Curtin*, The Rise and Fall of the Plantation Complex, Cambridge 1990; *S. Beckert*, Empire of Cotton: A Global History, London 2014.
[29] *R. B. Marks*, The Origins of the Modern World. Lanham, Maryland 2002, S. 83.
[30] *Walvin*, Fruits of Empire, S. 16–17, 25. Vgl. auch *W. J. Bernstein*, A Splendid Exchange. How Trade Shaped the World, New York 2008, S. 243–251.
[31] *Mintz*, Sweetness, S. 112–113. Vgl. auch *J. Perkins*, Sugar Production, Consumption and Propaganda in Germany, 1850–1914, in: German History 15/1, 1997, S. 22–33.
[32] *W. Hoffmann*, Das Wachstum der deutschen Wirtschaft seit der Mitte des 19. Jahrhunderts, Berlin 1965, S. 651.

in Europa weitverbreitet. Allein in den deutschen Ländern betrug er im Jahre 1850 etwa 39 000 Tonnen.[33]

Bemerkenswert am zeitgenössischen Konsum der Kolonialwaren war die Tatsache, dass die damit verbundene koloniale Ausbeutung und der Herrschaftsaspekt des Konsums nicht geleugnet oder verschwiegen wurden, sondern, ganz im Gegenteil, bei der Präsentation der Waren für die europäischen Verbraucher eine zentrale Rolle spielten. Man könnte sogar sagen: Die Machtdifferenzen trugen sogar zur Attraktivität der Waren bei den Konsumenten bei.

Wir sehen dies etwa im eingangs zitierten Gedicht. Ferdinand Luthmer war dabei offensichtlich von Ferdinand Freiligrath inspiriert, dessen Gedichte Luthmer 1894 als „von heißer Tropensonne durchtränkt" beschrieb. Freiligrath selbst setzte nie einen Fuß in die Tropen – er lebte eine Weile in Amsterdam und reiste in den 1830er Jahren bis nach London, bewegte sich aber nie außerhalb Europas[34] –, sodass die Inspiration für Freiligraths exotische Poesie, wie Luthmer behauptet, möglicherweise auch mit der Präsentation der Kolonialwaren im Laden seines Onkels in Soest zu tun hatte.

In Freiligraths frühem Gedicht „Scipio", wie im obigen Textausschnitt zu sehen, spielen exotische Waren eine herausragende Rolle: Baumwolle, Zucker, Kaffee, Cochenille-Farbstoff, Vanille und Kakao werden dort erwähnt. In späteren Versen, die oben nicht zitiert wurden, werden Gewürze, Wein, tropische Früchte und „andere Raritäten" ebenfalls erwähnt als Produkte, die den großen Reichtum der „Massa", das Thema des Gedichts, ausmachen. In der Tat beschreibt der Sprecher des Gedichts (Scipio, ein Sklave) den Reichtum und die Macht seines „Massa" über sieben Strophen, in denen er in erster Linie all die verschiedenen Waren auflistet, die der „Massa" genießt. Nur eine Köstlichkeit fehle noch, so Scipio: „Doch ein Gericht, o Herr, fehlt dir: [...] ich meine Menschenfleisch!"[35]

Im Gedicht zeigt sich der Wohlstand des Massa natürlich auch *ad oculus* durch den erzwungenen Dienst seiner mutmaßlichen Untergebenen. Der Erzähler ist ein Sklave: „Ich bin dein Lieblingssklave; du nennst mich Scipio" – nicht nur den Reichtum seines Herrn bewundernd, sondern auch seine Macht. Die Plantagen „Massa's", auf denen Baumwolle, Zuckerrohr und Kaffee angebaut werden, werden von Sklaven bearbeitet. Und der große Herr wird bedient mit exotischen Luxusgütern von schönen, schüchternen kreolischen Mädchen in mit Cochenille gefärbten Kleidern mit Blumendruck. Macht über Menschen, mit anderen Worten, erscheint hier als ein ebenso wichtiges Merkmal des Wohlstandes des Massa wie sein Zugang zu Verbrauchsgütern.

Das Gedicht beschreibt auch die Macht des Massa über den Transport („Zwölf Pferde reitest du; fünf Schiffe sind dein eigen") und die entsprechende Beherrschung

---

33 *Hoffmann*, Wirtschaft, S. 651.
34 *F. Vassen*, Exotismus, Revolution und Vaterland. Ferdinand Freiligrath (1810–1876). Ein Lyriker des 19. Jahrhunderts, in: Zeitschrift für Germanistik, 2013, 2010, S. 622–623.
35 *F. Freiligrath*, Scipio, in: Deutscher Musenalmanach für das Jahr 1835, 6. Jg., *A. Chamisso/G. Schwab (Hg.)*, Leipzig 1835, S. 90.

von Distanz und Raum („Sie tragen deinen Ruhm in alle Welt ..."). Freiligraths Gedicht „Scipio" verweilt an exotischen Orten, Namen andeutend wie Guyana, Paramaribo und Quito aus Südamerika, sowie Dongola und das Mondgebirge (die Quelle des Nils) in Afrika. Natürlich würde kein echter Händler in so weit voneinander entfernt liegenden Teilen der Welt tätig sein. Aber diese entfernten Länder sind gedanklich mit der Idee exotischer Güter verbunden. Es sind die Orte der Plantagen und ihrer Arbeiter. Die verstreuten Ortsnamen betonen damit wiederholt die Exotik der im Gedicht genannten Güter. Die Ortsnamen erhöhen zudem die Bedeutung des Massa, indem sie auf den Umfang seiner Reisetätigkeit verweisen. Damit wird das Bild des „Massa" als eines Europäers konstruiert, dessen Präsenz von Guyana bis nach Dongola reicht, dessen Aktivitäten sich also weltweit erstreckten, er verkörpert den *Europäer* im weiteren Sinne.

Freiligraths Gedicht ist dann also nicht nur „von heißer Tropensonne durchtränkt" und voll von Hinweisen auf die materiellen Produkte des Kolonialismus; es ist auch eine Verflechtung dieser Güter zu einer größeren, selbst projizierten Identität, der Identität eines Verbrauchers, eines Meisters und Kolonisators. In der Tat schwelgt das Gedicht in der Selbstidentität der Kolonialherrschaft, indem fantasiert wird, wie mächtig und wohlhabend die Europäer für die ihnen gegenüber vermeintlich sozial Minderwertigen ausgesehen haben müssen. Freiligraths fantasievolle Darstellung ist, kurz gesagt, nicht nur Ausdruck eines Exotismus ferner Länder: Es zeigt die Herrschaft über diese Länder (durch die Befehlsherrschaft über die Plantage oder die geografische Reichweite von Schiffen und Pferden) und die Herrschaft über Untergebene in diesen Ländern (ob Sklaven oder kreolische Mädchen in hübschen Kleidern). Und *all* dies wird durch den Zugang zu und den befriedigten Konsum dieser ‚kolonialen' Waren widergespiegelt. Es muss betont werden, dass Freiligrath nie über Europa hinaus gereist ist, sondern sich zumindest laut Ferdinand Luthmer 1894 diese Machtdynamik durch bloße Nähe zu den exotischen Gütern selbst vorgestellt hat.

Freiligraths Gedicht „Scipio" bietet ein Beispiel für die jahrhundertealte europäische Auseinandersetzung mit exotischen Gütern und Kolonialwaren. Es bietet zugleich einen Hinweis auf den „Duft der Ferne" und seine Verflechtung mit kolonialen Machtstrukturen, wie sie etwa in Luthmers Beschreibung chinesisch beschrifteter Teekisten zum Ausdruck kommt oder in Holzdrucken, die dazu dienten, ein bestimmtes Handelsgut visuell mit dem fernen Ursprungsland in Verbindung zu bringen. Ein bekanntes Beispiel einer solchen visuellen Verknüpfung ist der ‚Tabakmohr', der in der Handelskultur aller westeuropäischen Nationen seit mehr als gut dreihundert Jahren mit Tabak in Verbindung gebracht wird.[36] ‚Tabakmohr'-Figuren waren allgegenwärtig und konnten aus einem Holzschnittblock gedruckt, auf einen Sack genäht oder sogar

---

36 Auf English wurde die Figur *Blackamoor* genannt, auf Niederländisch *Tabak Neger*. In der frühen nordamerikanischen Tabakkultur hießen diese Figuren *Black Boys* oder *Virginians*, wurden aber schließlich in *Cigar Store Indians* umbenannt. Siehe *J. N. Pieterse*, White on Black. Images of Africa and Blacks in Western Popular Culture, New Haven 1992, S. 189–92; *D. Dabydeen*, Hogarth's Blacks. Images of Blacks in Eighteenth Century English Art, Kingston-upon-Thames 1985.

als Statuetten in einem Geschäft eines Tabakwarenhändlers geschnitzt werden.³⁷ Das älteste Exemplar einer solchen ‚Tabakmohr'-Figur befindet sich in einem Stillleben von Hubert van Ravesteijn aus dem Jahr 1644, in dem die Figur (von einem Holzblock) auf eine braune Papierhülle, die auf dem Gemälde zu sehen ist, gedruckt zu sein scheint.³⁸

Die frühesten Versionen des ‚Tabakmohren' enthielten gewöhnlich einen Bogen, einen Federkopfschmuck und einen Rock aus Federn beziehungsweise aus Tabakblättern³⁹. Dies waren allegorische Zeichen des ‚edlen Wilden' in der Ikonographie der Neuen Welt.⁴⁰ Als edler Wilder hat die Figur eine ganz andere visuelle Bedeutung als die des ‚Kammermohrs', welche ursprünglich aus den Kreuzzügen hervorging, ein exotifizierendes Element des höfischen Lebens und später ein Hauptmittel der Porträtmalerei. Schließlich wurden mit ihm Kaffee und Kakao in Verbindung gebracht, und er ist einer der visuellen Vorläufer des ‚Sarotti-Mohrs'.⁴¹ Für einige Jahrhunderte dienten dann diese ‚Tabakmohr'-Figuren als Symbole für die ferne Herkunft des Tabaks.

Papierverpackungen mit Rohtabak wurden mit ‚Tabakmohr'-Figuren gestempelt. Im Laufe des 18. und frühen 19. Jahrhunderts wurden diese Holzschnitte aufwändiger, und die Figuren wurden zunehmend in eine größere Szene oder ein größeres Tableau gesetzt. Solche Szenen können ein von Palmen gesäumtes tropisches Ufer, einen Stapel von Fracht oder ein Segelschiff im Hintergrund einschließen.⁴² Anfänglich erinnerten

---

37 Abbildungen von Tabakmohren-Statuetten sind in: *H. Pollig (Hg.)*, Exotische Welten, Europäische Phantasien, Stuttgart 1987, S. 189; *M. Fansa (Hg.)*, Schwarzweissheiten. Vom Umgang mit fremden Menschen, Oldenburg 2001, Nr. 73; *R. Sandgruber/H. Kühnel*, Genuss & Kunst. Kaffee, Tee, Schokolade, Tabak, Cola, Innsbruck 1994, S. 107; *E. Parry*, The Image of the Indian and the Black Man in American Art, New York 1974, S. 68–70.
38 *G. Brongers*, Nicotiana Tabacum. The History of Tobacco and Tobacco Smoking in the Netherlands, Amsterdam 1964, S. 125.
39 Für Beispiele von frühen Tabakmohren, siehe *Pieterse*, White on Black, S. 124–127; *Ciarlo*, Advertising Empire, S. 70–75; *W. Loewe*, Petum Optimum. A book on Tobacco in Sweden from the Beginning of the 17th century until Modern Times. Boras 1990, S. 128–130.
40 Siehe z. B. *H. Honour*, The European Vision of America. Cleveland 1975, S. 112–122; *C. Ernst/S. Tischer*, Die Darstellung der Kolonialisierten in der europäischen Kunst, in: *V. Harms (Hg.)*, Andenken an den Kolonialismus, Tübingen 1984; *H. Honour*, The New Golden Land. European Images of America from the Discoveries to the Present Time, New York 1975; *B. Schmidt*, Inventing Exoticism. Geography, Globalism, and Europe's Early Modern World, Philadelphia 2015, S. 227–257.
41 Vgl. *D. Ciarlo*, Rasse konsumieren. Von der exotischen zur kolonialen Imagination in der Bildreklame des Wilhelminischen Kaiserreichs, in: *B. Kundrus, (Hg.)* Phantasiereiche. Der deutsche Kolonialismus in kulturgeschichtlicher Perspektive, New York 2003; *Ciarlo*, Advertising Empire, S. 1, 5, 9–10, 51–56, 127, 193, 250–251, 286–287, 301, 319; *P. Martin*, Schwarze Teufel, edle Mohren. Afrikaner in Bewußtsein und Geschichte der Deutschen. Hamburg 1993; *D. Bindman/H. L. Gates (Hg.)*, The image of the Black in Western Art, Cambridge 2010; *Pieterse*, White on Black, S. 124–127; *C. Molineux*, Faces of Perfect Ebony. Encountering Atlantic Slavery in Imperial Britain, Cambridge 2012.
42 Vgl. *Molineux*, Faces of Perfect Ebony, S. 146–152; *C. Molineux*, Pleasures of the Smoke. ‚Black Virginians' in Georgian London's Tobacco Shops, in: William and Mary Quarterly 66/2, 2007; *Ciarlo*, Advertising Empire, S. 159–160, 187–190. Für deutsche Versionen, siehe *Deutscher Verein für Buchwesen*

entsprechende Abbilder an ferne Länder, zeigten den dortigen Reichtum und betonten die Tüchtigkeit des Kaufmanns (symbolisiert durch Segelschiffe), der die entsprechenden Handelsbeziehungen pflegte. Spätere Tableaus zeichneten jedoch die ‚Tabakmohr'-Figuren neu. Sie wurden nicht mehr nur als ‚edle Wilde' abgebildet, sondern explizit als ‚schwarze' Arbeitskräfte.[43] Die überarbeiteten ‚Tabakmohr'-Tableaus, die arbeitende schwarze Figuren betonten, spiegelten die Sklavenarbeiter der Plantagen wider. Tatsächlich wurden in Nordamerika Holzschnitte mit dem ‚Tabakmohren' auch für ganz andere Zwecke verwendet, nämlich um Kleinanzeigen zu illustrieren, die den Verkauf von Sklaven in amerikanischen Zeitungen inserierten. Dies scheinen sogar dieselben Holzschnittblöcke zu sein, die von einer Ware (Tabak) zu einer anderen (Sklaven) umfunktioniert wurden.[44] Das sich verändernde Tableau des ‚Tabakmohren' präsentierte folglich dem Konsumenten stolz die Prozesse der Zwangsarbeit.

Als Beispiel zeigt Abbildung 1 einen europäischen Tabakholzschnitt für eine Tabaksorte, die im 17., 18. und 19. Jahrhundert großflächig in einer Vielzahl von europäischen Ländern vertrieben wurde. Diese Tabaksorte, *Petum Optimum Subter Solem*, wurde beispielsweise in schwedischen Theaterstücken aus den 1770er Jahren und in niederdeutschen Gedichten aus dem frühen 19. Jahrhundert erwähnt.[45] Das gravierte Tableau dieser Art ist gleichermaßen historisch. Es gibt Dutzende von Varianten dieses Bildes, welche sich über mehr als ein Jahrhundert erstrecken, mit Untertiteln in vielen Sprachen, einschließlich Latein, Englisch, Französisch, Niederländisch, Schwedisch und Deutsch. In den frühesten Versionen sind die arbeitenden Figuren schraffiert und tragen Röcke aus Tabakblatt und Kopfschmuck aus Federn und erinnern an die ‚edlen wilden Tabakmohren'. Spätere Versionen sind jedoch eindeutig als schwarze Sklaven zu erkennen.[46]

---

und Schrifttum (Hg.), Alte Tabakzeichen, Berlin 1924. Für niederländische Versionen, siehe *I. M. van Daalen*, Zigarrentüten und andere niederländische Tabakverpackungen, in: *W. Brückner u.a. (Hg.)*, Arbeitskreis Bild Druck Papier Bd. 12, Münster 2008, S. 61–74.
43 Siehe *Ciarlo*, Advertising Empire, S. 72–73; *R. Wheeler*, Colonial Exchanges, in: *G. Quilley/K. D. Kriz (Hg.)*, An Economy of Colour. Visual Culture and the Atlantic World (1660–1830), New York 2003.
44 Siehe *B. E. Lacey*, Visual Images of Blacks in Early American Imprints, in: William and Mary Quarterly 53/1, 1996; *E. Parry*, The Image of the Indian and the Black Man in American Art. New York 1974, S. 45.
45 „Petum" war ein früher Name für Tabak, aber auch oft eine Kurzform für die Tabaksorte „Petum optimum Subter Solem". Vgl. „Bacchi Tempel", ein Theaterstück von dem schwedischen Dichter und Komponisten *Carl Michael Bellman* von 1777, in: Samlade Skrifter Af. Carl Michael Bellman. Stockholm 1861, S. 208; das Gedicht „Butzemann" von *Klaus Goth* von 1855, in: Klaus Groth, Kiel, 1906, S. 17; *J. Meyer*, Ditmarscher Gedichte. Plattdeutsche Poesien in ditmarscher Mundart, Hamburg 1858, S. 223.
46 „Petum Optimum" war dabei weder ein Markenartikel noch ein frühes Beispiel für Firmen-„Branding", da unabhängige Tabakhändler ihren eigenen Geschäftsnamen unter ähnliche (aber nicht identische) Tableaus gravierten, z. B. „Croftons" oder „Archers" (London) oder „Lundren" (Stockholm). Vgl. *Ciarlo*, Advertising Empire, S. 73–75; *Molineux*, Perfect Ebony, S. 149; *Molineux*, Pleasures of the Smoke, S. 333, 334, 336; und *Loewe*, Petum Optimum, S. 1, 128–130. Siehe auch Tabakverpackung von Norsk Folkemuseum, Oslo, Nr. NF.2011–3203.

Abb. 1: Tabakmohr von circa 1850
Quelle: *Eduard Maria Schranka*, Tabak-Anekdoten. Köln 1914, 31–33.

Die Dynamik im Zentrum der eingravierten Szene zeigt schwarze Figuren bei der Arbeit – einer erntet Tabak, der andere rollt ein Fass –, während der europäische ‚Herr' mit dreieckigem Hut und langem Mantel auf einem gekippten Stuhl zurückgelehnt dasitzt und eine Pfeife genießt, während er auf einem Haufen von Waren sitzt, die seinen Reichtum repräsentieren. Segelschiffe befördern die Ladung vom befestigten (kolonialen?) Außenposten unter der strahlenden Sonne über das Meer. Das Motto, *Petum Optimum Subter Solem*, erscheint in mehreren Sprachen. Das Tableau, das seit Jahrhunderten in verschiedenen Varianten immer wieder wiederholt wurde, enthält die drei zentralen Abbildungen: arbeitende ‚Schwarze', Segelschiff und rauchende Europäer in der Mitte unter einer lächelnden Sonne und steht damit symbolisch für den Luxuskonsum als Ausdruck europäischer Identität, die sich aus der Beherrschung der Schwarzen und der Beherrschung der Ozeane ergibt und die von der göttlichen Vorsehung gesegnet wird. Die Übereinstimmung dieser *Subter Solem*-Szene mit Ferdinand Freiligraths Gedicht ist bemerkenswert. In der Tat könnte man sich sogar fragen, ob das gravierte Tableau, das zweifellos im Kolonialwarenladen seines Vaters in Soest zu finden war, vielleicht die wahre Inspiration für das Gedicht war.

Während der ‚Tabakmohr' im achtzehnten Jahrhundert ursprünglich für die kolonialen Verbindungen von London oder Amsterdam stand, war die Figur bis Mitte des neunzehnten Jahrhunderts untrennbar mit vielen lokalen Handelskulturen in ganz Europa verwoben, einschließlich der deutschen Länder. Deutsche Tabakwarenhändler in Köln übernahmen die niederländischen ‚Tabakmohr'-Bilder und gaben sie als ihre eigenen aus.[47] Im frühen neunzehnten Jahrhundert wurden mit ‚Tabakmohren' bedruckte Etiketten um so manche Zigarre gewickelt, und deutsche Tabakwarenhändler begannen bis zu den 1830er Jahren, Holzschnitte von ‚Tabakmohren' als eine rudimentäre Form der illustrierten Werbung in Kleinanzeigen zu verwenden. ‚Tabakmohr'-ähnliche Figuren tauchen seit den 1870er Jahren häufig in Schutzmarken (Warenzeichen) auf.[48] In diesem Zusammenhang wurde das Symbolbild des Tabakmohren im späten 19. Jahrhundert ‚germanisiert'. Werbetexter in Deutschland bestanden darauf, dass ‚Tabakmohr'-Bilder eine uralte ‚deutsche' Tradition beinhalteten. Indem sie die Ursprünge der Figur in der frühen niederländischen und englischen Kultur herunterspielten, trugen sie dazu bei, Zigarettenwerbung im neuen Deutschen Reich zu legitimieren, indem sie sie mit einer spezifisch germanischen Vergangenheit verbanden.[49] Große Zigarettenhersteller wie Joseph Feinhals und Emil Garbaty beteiligten sich an der Neuformulierung dieser Tradition, indem sie Abhandlungen über Tabak förderten – teils in Form von Essays, teils als Werbetexte –, die diese schwarzen Figuren in eine lange und explizit deutsche Tradition der Tabakkultur einbauten.[50]

Noch in der Weimarer Zeit blieb die exotische Aufladung des ‚Tabakmohren' erhalten. Ein Sammler von Zigarrenetiketten des frühen 19. Jahrhunderts schrieb über Bildinhalte der Papieretiketten: „Viele muten an wie Märchen und heimliche Geschichten aus Kinderbüchern mit ihrem Fabelgetier und mythologischen Apparat in Naivität und Einfalt; andere spiegeln mit ihren Schiffen, Negern, Palmen und wuchernden Tabakpflanzen der Seele Sehnsucht nach fernen Welten, nach unheimlichen Abenteuern und unerhörten Reichtümern."[51]

Dieser Weimarer Sammler griff dabei auch Freiligraths Bemerkungen auf, die entsprechende Assoziationen von Exotik und Macht in Verbindung mit Wohlstand und Konsum hervorriefen und die sich als sehr langlebig erwiesen. Derlei frühe Bildspra-

---

47 Siehe *A. Boerner*, Kölner Tabakhandel und Tabakgewerbe (1628–1910), Essen 1912.
48 Warenzeichenblatt des kaiserlichen Patentamts (WZB), 1895, S. 925, Nr. 8088. (Original von 1875); und auch WZB, 1896., S. 1287, Nr. 20843; *Ciarlo*, Advertising Empire, S. 160, 187–190.
49 Siehe *E. E. H. Schmidt (Hg.)*, Tabak und Reklame. Eine Artikel-Serie. Erscheinen in Der Zeitschrift Das Kontor, 1916, Berlin 1916, S. 32ff., 93ff.
50 *J. Feinhals (Hg.)*, Der Tabak in Kunst Und Kultur, Köln 1911; *E. M. Schranka*, Tabak-Anekdoten. Ein Historisches Braunbuch, Köln 1914.
51 *E. Erasmus*, Alte Tabakzeichen, Berlin 1924, Vorwort.

che des Tabaks ist neben den Robinsonaden oder Reiseberichten aus Patagonien ein Ausdruck für die Partizipation des deutschen Bürgertums am europäischen Kolonialismus des 18. und 19. Jahrhunderts.[52]

3 Kolonialansichten

In der zweiten Hälfte des neunzehnten Jahrhunderts waren die ‚Kolonialwaren' Tee, Kaffee, Kakao und Tabak immer weniger exotische Produkte, sondern zunehmend Teil des alltäglichen Konsums, den sich auch breitere Bevölkerungsschichten leisten konnten. In Deutschland betrug der Pro-Kopf-Kaffeekonsum Anfang der 1860er Jahre noch 1,87 Kilogramm; bis Ende der 1880er Jahre war der Konsum auf 2,38 Kilogramm und bis 1912 auf 2,53 Kilogramm pro Person angewachsen. Der Zuckerkonsum verzeichnete eine noch größere Steigerung, er verdoppelte sich zwischen den 1860er und 1890er Jahren (von 5,06 Kilogramm auf 10,31 Kilogramm pro Kopf) und abermals bis 1912 (auf 22,43 Kilogramm).[53] Als diese ‚Kolonialwaren' zu Grundnahrungsmitteln des täglichen Konsums wurden, ging ein Großteil der Aura des Exotischen verloren. Dies spiegelt sich auch in der Tatsache, dass der Begriff ‚Kolonialwarenhändler' durch den Begriff ‚Lebensmittelhändler' ersetzt wurde.[54] Dies zeigt das Beispiel ‚Edeka', die 1898 als ‚Einkaufsgenossenschaft der Kolonialwarenhändler', kurz ‚E.d.K.', gegründet wurde.

All dies wurde möglich gemacht durch die massive Zunahme der Produktion von Tee, Kaffee, Kakao und Tabak um die Jahrhundertwende. Wirtschaftshistorisch betrachtet war es ein Bestandteil der ersten Welle der Globalisierung, die einher ging mit dem ‚neuen Imperialismus' der 1890er Jahre und die sich zwar in der Praxis, wenn auch nicht unbedingt ideologisch, davon unterschied.[55] Die meisten Waren dieser neuen Weltwirtschaft wurden allerdings nicht offiziell unter kolonialen Rahmenbedingungen hergestellt, was insbesondere für deutsche Importe von Genussmitteln galt. Der größte Einzellieferant von Kakao nach Deutschland im Jahr 1900 war beispielsweise Ecuador, während der größte Einzellieferant von Kaffee nach Deutschland im Jahr 1900 Brasilien war[56]. Dabei handelte es sich um unabhängige Republiken, die weder Kolonien waren noch unter den Bedingungen von Sklavenarbeit produzierten.

---

52 S. Zantop, Colonial Fantasies. Conquest, Family, and Nation in Precolonial Germany (1770–1870), Durham 1997.
53 C. Becker, Der Großhandel in Kolonialwaren, Berlin 1918, S. 18–19.
54 Becker, Großhandel in Kolonialwaren, S. 11–12, 326–330
55 S. Conrad, Globalisierung und Nation im deutschen Kaiserreich, München 2006, insbes. S. 6–7
56 F. Hitchcock, U.S. Department of Agriculture. Agricultural Imports of Germany (1897–1901), Washington DC 1903, S. 105–106.

Ein interessantes Musterbeispiel für diese neuen globalen Produktions- und Konsumzusammenhänge bildet die multinationale Liebig Company. Das im Jahre 1865 gegründete Unternehmen war eines der ersten echten multinationalen Unternehmen mit deutscher Führung und technischem Sachverstand, britischem Kapital und einem uruguayischen Produktionsstandort, der Land, Vieh und Arbeitskräfte bereitstellte. Ihr ‚Liebig's Extract of Meat' war eines der frühesten Markenprodukte. Als solches beschäftigte sich das Unternehmen Anfang der 1870er Jahre als eines der ersten intensiv mit modernen Formen der visuellen Werbung (bereits ein ganzes Jahrzehnt vor den bekannteren Werbebemühungen etwa der Pears Soap Company).[57] Deren früheste und erfolgreichste Werbeform war die sammelbare Tauschkarte (Liebigbilder), die seit 1875 in Paris gedruckt wurde. Diese chromolithografischen Werbekarten wurden ästhetisch anspruchsvoll produziert und folgten ursprünglich (in den späten 1870er Jahren) Bildtraditionen, die von Gravuren abgeleitet waren, wie etwa allegorische Darstellungen von Kontinenten oder romantische Figurationen der Kindheit. Bis in die 1890er Jahre widmete sich eine wachsende Anzahl von ihnen kolonialen Themen, das heißt entweder Themen des täglichen Lebens in den Kolonien mit ethnografisch gesinnten Darstellungen von exotischen ‚Anderen' oder auch Bildern, auf denen die Überlegenheit der europäischen Zivilisation durch Gegenüberstellung mit ‚primitiven' Völkern oder gehorsamen kolonialen Untergebenen demonstriert wurde.[58]

Der Kolonialismus in Deutschland war in erster Linie eine politische Bewegung. Forderungen, dass das Kaiserreich in den Reigen der Kolonialmächte Großbritannien, Frankreich und anderer europäischer Nationen aufsteigen sollte, begannen in den 1870er Jahren und sind gewöhnlich datiert auf Friedrich Fabris einflussreiche Broschüre ‚Bedarf Deutschland der Kolonien' aus dem Jahr 1879. Fabri und andere Kolonialpropagandisten nutzten dabei allerdings weniger populäre Auffassungen oder Romantisierungen von Kolonialwaren. Fabri verwendet zum Beispiel den Begriff nirgendwo in seiner Broschüre, sondern setzte sich mit abstrakteren wirtschaftlichen Ideen des Freihandels (‚Manchesterismus') und nationalistisch begründetem Protektionismus auseinander.[59] Die Vorstellung, dass der Kolonialismus in erster Linie das Mittel zum Erwerb von Kolonialwaren oder ‚exotischen' Gütern sei, stand nie wirklich im Zentrum deutscher kolonialer Interessen und entsprechender Veröffentlichungen. Dies lag zum Teil daran, dass diese kolonialistischen Agitatoren – Geografen, Entdecker, aristokratische Armeeoffiziere, Bank- und andere Geschäftsleute – sich

---

[57] Siehe *A. Ramamurthy*, Imperial Persuaders. Images of Africa and Asia in British Advertising, Manchester 2003, S. 24–48; *A. MacQueen*, The King of Sunlight. How William Lever Cleaned Up the World, New York 2004.
[58] *Ciarlo*, Advertising Empire, S. 182–185. Vgl. auch *J. Zeller*, Bilderschule der Herrenmenschen. Koloniale Reklamesammelbilder, Berlin 2008.
[59] *E. C. M. Breuning/M. E. Chamberlain (Hg.)*, Bedarf Deutschland der Kolonien?/Does Germany Need Colonies?, Lewiston 1998.

als ‚ernsthafte' Kolonialisten betrachteten, die von rationalen, ökonomischen Argumenten ausgingen und die im Erwerb von Kolonien eine ökonomische Notwendigkeit sahen, den Kolonialismus als Gegenmittel zum Sozialismus betrachteten und die mit romantischen Fantasien und Exotik wenig anfangen konnten.[60] Sie hatten wenig Sinn für altmodische, romantisierte Vorstellungen von Kolonialwaren. Ihre Vorstellungen und ihr Interesse an den Kolonien beruhte in erster Linie auf dem Zugewinn ökonomischen Potenzials, auf geografischen Erkundungen und ethnografischen Erkenntnissen, die nicht zuletzt von einem deutschen Nationalismus angetrieben wurden.

Ich habe an anderer Stelle argumentiert, dass die ‚Deutsche Kolonialgesellschaft' auch als neue Form der Konsumgesellschaft betrachtet werden kann. Dabei spielte der Konsum von Kolonialzeitschriften und den dort abgedruckten Reiseberichten einer große Rolle,[61] die neuen Möglichkeiten eröffneten Raum für ‚populärere' Visionen und ‚plebejische Verzauberung' durch ferne Länder und Regionen.[62] Während die Werbeanzeigen in Publikationen wie der ‚Deutschen Kolonialzeitung' dementsprechend in erster Linie auf Konsumgüter wie Alkohol, Zigarren und Kakao verwiesen und viele dieser Genussmittel zugleich ‚Kolonialwaren' waren, hatten sie sich inzwischen zu Grundnahrungsmitteln und Bestandteilen der bildungsbürgerlichen Freizeitkultur entwickelt.[63] Tatsächlich vermieden Kolonialenthusiasten und Kaufleute wie etwa das Kolonialhaus Bruno Antelmann den Begriff ‚Kolonialwaren' fast vollständig. Stattdessen betonten sie das Bedürfnis Deutschlands nach ‚echten', nämlich deutschen Kolonialwaren und bestanden auf der viel umständlicheren Formulierung ‚Produkte aus den deutschen Kolonien.' Dabei machten deutsche Kolonialisten Versprechungen von wirtschaftlichem Wohlstand und Überfluss, die insbesondere die Arbeiterschaft von ihren Sympathien für den Sozialismus und die Sozialdemokratie abbringen sollten.[64]

Doch sollte sich für die Kolonialbegeisterten nie der Wunsch erfüllen, dass die deutschen Kolonien die Rolle eines ‚Deutschen Indiens' einnahmen. Auch viele Jahre nach dem Erwerb deutscher Kolonien in Afrika wurden dort nur wenige Güter hergestellt, die auf den Märkten der deutschen Metropole zu finden waren, darunter Zigarren aus Neuguinea-Tabak, Kakao aus Kamerun und Kaffee aus Ostafrika.

---

[60] Siehe *Ciarlo*, Advertising Empire, S. 138–146. Vgl. auch *K. Bade*, Friedrich Fabri und der Imperialismus in der Bismarckzeit, Freiburg 1975; *H. U. Wehler*, Bismarck und der Imperialismus, Köln 1969; *L. Wildenthal*, German Women for Empire, 1884–1945, Durham 2001; *B. Kundrus*, Moderne Imperialisten. Das Kaiserreich im Spiegel seiner Kolonien, Köln 2003.
[61] *D. Ciarlo*, Mass-Marketing the Empire in German Colonialism in a Global Age, in: *G. Eley/B. Naranch* (Hg.), German Colonialism in a Global Age, Durham 2014, S. 187–209.
[62] *J. P. Short*, Magic Lantern Empire. Colonialism and Society in Germany, Ithaca 2012.
[63] *Ciarlo*, Mass-Marketing the Empire, S. 191–192.
[64] *G. Eley*, Reshaping the German Right. Radical Nationalism and Political Change after Bismarck, New Haven 1980; und *F. Coetzee/M. S. Coetzee*, Rethinking the Radical Right in Germany and Britain before 1914, in: Journal of Contemporary History 21, 1986, S. 515–537.

Die kolonialwirtschaftlichen Akteure setzten beim Verkauf dieser Genussmittel vor allem auf ‚treue' deutsche kolonialbegeisterte Konsumenten, um oft minderwertige oder bestenfalls gleichwertige Produkte zu höheren Preisen verkaufen zu können. Als das 1896 gegründete Kolonialwirtschaftliche Komitee beispielsweise im Jahre 1902 Proben von togolesischem Kakao zur Prüfung und Bewertung an deutsche Schokoladenhersteller sandte, schätzte die renommierte Firma Stollwerck die Qualität als eher minderwertig ein, „nur geeignet, um sie mit besseren Sorten zu mischen". Auch die Firma Theodor Hildebrand & Sohn bewertete die Probe als „von mittlerer Qualität", nicht ohne hinzuzufügen, dass der Kakao aus Kamerun, mit dem man ihn vergleichen könnte, in den letzten zwei Jahren besser geworden sei.[65] Das hielt kolonialbegeisterte Unternehmen wie Bruno Antelmanns Kolonialhaus (welches von Schlüsselfiguren der ‚Deutschen Kolonialgesellschaft' gesponsert wurde) nicht davon ab, Kakao aus Togo hartnäckig als hochwertig ‚zertifiziert' anzupreisen.[66] Das Kolonialhaus griff im Falle ihrer Zigaretten unter dem Markennamen ‚Kiautschou Cigarettes' zudem auf einen Verkaufstrick zurück, denn in der deutschen Kolonie an der chinesischen Küste wurde gar kein Tabak produziert. Verärgerte deutsche Verbraucher protestierten gelegentlich in Briefen an das Kolonialamt, wurden aber weitgehend ignoriert.[67] Die einzige echte ‚Erfolgsgeschichte' dieser Art bildete Kakao aus Kamerun, dessen Produktion bis zum Jahr 1900 jährlich 260 000 Kilogramm erreichte. Allerdings betrug der Kakaokonsum in Deutschland im selben Jahr 19,2 Millionen Kilogramm, sodass die deutsche Kolonialproduktion nur einen winzigen Teil des Inlandsbedarfs decken konnte. Stollwerck, Hoffmann & Tiede (Sarotti) und andere deutsche Schokoladen- und Kakaoproduzenten erwarben nahezu ihren gesamten Kakao von unabhängigen Produzenten auf den globalen Rohstoffmärkten.[68] Unterdessen wuchs der Kakaokonsum in Deutschland weiter an. Im Jahre 1890 waren es noch 0,10 Kilogramm pro Kopf. Bis 1912 war die Menge um mehr als das Achtfache auf 0,81 Kilogramm pro Kopf gestiegen. Der Mehrverbrauch verdankte sich zu einem Großteil neuer Werbepraktiken, wie bereits Zeitgenossen bemerkten.[69]

Ab den 1890er Jahren lieferten chromolithografische Plakate, Blechdosen und illustrierte Beilagen (‚Inserate') für Marken wie Ruger, Tell und Van Houten starke und scheinbar unwiderstehliche visuelle Argumente für den Nutzen von Kakao. Auf der Verpackung selbst konnten die Verbraucher die cherubischen Kinder sehen, die durch das darin enthaltene Produkt vermeintlich gesund und glücklich waren. Überall auf

---

65 Tropenpflanzer Band VI, 1902, S. 249–250; Tropenpflanzer Band VIII, 1904, S. 255–257.
66 Tropenpflanzer Band VI, 1902, S. 250.
67 D. Ciarlo, The Visual Politics of a Colonialist Chain Store at the Brink of Modernity, 1896–1914 (im Erscheinen); und Bundesarchiv R8023/813, Dok. 7. Vgl. auch J. Zeller, Das Deutsche Kolonialhaus in der Lützowstraße, in: U. van der Heyden/J. Zeller (Hg.), Kolonialmetropole Berlin. Eine Spurensuche, Berlin 2002, S. 85.
68 2 211 312 kg Kakao wurden aus Ecuador allein 1900 importiert. *Stollwerck*, Der Kakao und die Schokoladenindustrie. Eine Wirtschafts-Statistische Untersuchung, S. 11, 30, 61.
69 Siehe *Seÿffert*, Die Reklame des Kaufmanns, S. 186.

Plakaten und Anzeigenbeilagen zeigten schlanke moderne Frauen ihre mütterliche Fürsorge, indem sie ihrem Kind das gesunde Produkt Kakao gaben.[70] Zwei Jahrzehnte später war heißer Kakao ein fester Bestandteil des häuslichen Konsums, und beliebte Marken wie Sarotti nutzen exotische Themen und Abbildungen afrikanischer Plantagenarbeiter oder orientalischer Diener, die die entsprechenden Produkte auf wertvollen Tabletts servierten, dazu, diese bei europäischen Konsumenten zu bewerben.[71]

Obwohl Deutschland im Kaiserreich zur Kolonialmacht aufgestiegen war, hatten diese Kolonien nur sehr geringe Auswirkungen auf die deutsche Konsumgesellschaft. Die spezifischen ‚Erfolge' der deutschen Kolonialwirtschaft blieben in einer zunehmend globalisierten deutschen Wirtschaft ein marginales Phänomen und spielten im Alltag der deutschen Verbraucher nur eine untergeordnete Rolle.[72] Nur einige wenige ‚national gesinnte' deutsche Konsumenten, die von der politischen Rhetorik der Kolonialagitatoren inspiriert waren, waren auch tatsächlich bereit, für ‚echte Produkte aus den deutschen Kolonien', die nicht selten von minderer Qualität waren, einen entsprechenden und oftmals sogar höheren Preis zu zahlen, um der deutschen Kolonialwirtschaft Auftrieb zu verleihen. Dabei handelte es sich jedoch nur um einen geringen Anteil am täglichen Verbrauch in Deutschland.

4 Kolonialismus und kommerzielle Visualisierung um die Jahrhundertwende

Das Bild der Kolonien – und insbesondere der verallgemeinerten Vorstellungen von Kolonialmacht – gewann erst in der Welt der kommerziellen Visualisierung an Bedeutung. Bis zur Jahrhundertwende wurden moderne Gewerbeflächen in Deutschland mit leuchtenden und farbenfrohen Plakaten, Etiketten und Verpackungen ausgestattet, die die Aufmerksamkeit der Kunden einforderten. Die neuen Illustrationstechnologien ermöglichten es nun, Produkte mit farbenfrohen Bildern zu bewerben und/oder darin zu verpacken. Was einst ein Akt der persönlichen Vorstellungskraft war – das ‚Aroma ferner Orte' aus Manila-Säcken oder Palmblattkörben zu erahnen –, wurde nun in einer zweidimensionalen Darstellung materiell veranschaulicht. Kommerzielle Visualität konnte die Vorstellungskraft der Verbraucher in einem Ausmaß beflügeln, von dem man bisher nur träumen konnte. Im Laufe der 1890er Jahre grün-

---

70 Für Beispiele siehe *J. Meißner (Hg.)*, Strategien der Werbekunst von 1850–1933, Berlin 2004; *Scholz*-Hänsel (Hg.), *Feuerhorst/Steinle (Hg.)*, Die Bunte Verführung Zur Geschichte der Blechreklame. Essen 2008; *Schmidt-Linsenhoff/Wettengl/Junker, (Hg.)*, Plakate 1880–1914, Frankfurt am Main 1986.
71 Monographien Deutscher Reklamekünstler 6. Jg., 1912, S. 40; *Ciarlo*, Rasse Konsumieren; Das Exotische Plakat. Stuttgart 1987.
72 *L. H. Gann*, Marginal Colonialism. The German Case, in: *A. J. Knoll/L. H. Gann (Hg.)*, Germans in the Tropics, New York 1987; *F. Schinzinger*, Die Kolonien und das Deutsche Reich. Die wirtschaftliche Bedeutung der deutschen Besitzungen in Übersee, Stuttgart 1984.

dete sich eine „neue Schule auf dem Wege bildlicher Anschauung" (*pace* Luthmer), die eine grundlegend neue und umfassende Vorstellung des Verhältnisses zwischen Kunden und Designer propagierte. Sowohl das ‚Exotische' als auch das ‚Koloniale' behielten einen herausragenden Platz in dieser neuen Welt der illustrierten Konsumentenvorstellung.[73]

Die wesentliche Erfolgsgeschichte der modernen Manufaktur- und Herstellungsmethoden, die in der Werbung mit Darstellungen des Exotischen und der Aura des Fremden verknüpft wurden, lässt sich am Beispiel der Zigarette demonstrieren. Zigaretten wurden ursprünglich aus der Türkei und Ägypten importiert (wo die Arbeit zum Zigarettendrehen billig war), und ihr exotisches Flair beruhte zum Teil auf dieser Sensibilität des ‚Orients' als Quelle der Zigarette.[74] Bis zu den 1870er Jahren exportierten ägyptische Zigarettenhersteller ihre Zigaretten in chromolithografischen Zigarettendosen. Dies unterscheidet sich geringfügig von der von Luthmer behaupteten „Original-Verpackung". Statt einer ‚natürlichen' Verpackung oder Kiste sollten die ägyptischen Zigarettendosen als eine der frühesten Formen illustrierter Verpackungen betrachtet werden, die im Deutschland der 1880er Jahre weit verbreitet waren – und dabei eine gewisse Exotik ausstrahlten.[75] Als deutsche Firmen, hauptsächlich in Dresden, mit maschinell gerollten Zigaretten (unter Verwendung von Varianten der Bonsack-Maschine) die Zigarettenherstellung aufnahmen, wurden diese ebenfalls in chromolithografischen Dosen verkauft, die aufwändige Szenen von Pyramiden und Minaretten, Wüstenoasen, Kamelreitern mit Turbanen und Palmen darboten. Ihre Markennamen wie ‚Salem Aleikum', ‚Sulima', ‚Kios', ‚Ramses' und ‚Nessim' erinnerten ebenfalls an den mythenumwobenen Orient – auch wenn sie aus Fabriken in Dresden und Berlin stammten. Die Verpackung und die damit verbundene Druckwerbung suggerierten eine orientalische Herkunft der Produkte, obwohl die Zigaretten in Deutschland mit amerikanischem Tabak hergestellt wurden und absolut nichts mit ‚dem Orient' zu tun hatten. Der Anstieg des Zigarettenkonsums war der erste allgemein anerkannte ‚Sieg' der visuellen Werbung in Deutschland.[76] Sowohl die auffälligen Zigarettendosen selbst, die in den 1880er Jahren im Umlauf waren, als auch der zunehmende Einfluss professioneller Werbetexter in den 1890er Jahren machten nicht nur auf den anhaltenden Erfolg der Zigarette aufmerksam, sondern verwiesen auch auf die Möglichkeiten, welche die exotischen Verpackungen für den Verkaufs-

---

73 Siehe *Ciarlo*, Advertising Empire, S. 20–21, 302–303, 323.
74 *R. Shechter*, Selling Luxury. The Rise of the Egyptian Cigarette and the Transformation of the Egyptian Tobacco Market (1850–1914), in: International Journal of Middle East Studies 35/1, 2003, S. 51–75. Siehe auch *Gilman/Xun*, Smoke; *M. Weisser*, Cigaretten-Reclame. Über die Kunst Blauen Dunst zu Verkaufen, Münster 1980; *M. Moeller*, Plakate für den blauen Dunst. Reklame für Zigarren und Zigaretten (1880–1940), Dortmund 1983.
75 *T. Jacobs/S. Schürmann*, Rauchsignale. Struktureller Wandel und Visuelle Strategien auf dem deutschen Zigarettenmarkt im 20. Jahrhundert, in: Werkstatt Geschichte 16/45, 2007, S. 33–52.
76 Siehe Der Siegeszug der Zigarette, in: Berliner Kolonialwaren-Zeitung Nr. 30, 27.07.1913, 559; *Schmidt* Tabak und Reklame, 1916.

erfolg boten. Der mystische, magische Orient war jahrzehntelang die meist verbreitete exotische Region in der deutschen Wirtschaftswerbung. Mit Hilfe von ‚Harem-Mädchen' wurde erstmals die Darstellung exotischer, mysteriöser Erotik als Teil der Werbung genutzt. Ferdinand Luthmer sprach in seinem Aufsatz in ‚Die Reklame' im Jahre 1894 bewundernd davon, dass die „Rauchenden Odalisken" uns die Geheimnisse des Harems entschleiern: „Shocking!"[77]

Der Orientalismus in der Werbung ging schließlich von der Zigarettenwerbung auch auf andere, weniger ‚exotische' Produkte wie etwa Margarine über.[78] Während des ersten Jahrzehnts der Massenproduktion kommerzieller Bilder blieb der Orient der Inbegriff für Luxusgüter. Die Bilder des Exotischen verkauften sich.

Man kann das Potenzial des Exotischen am deutlichsten erkennen, wo im Inland hergestellte Waren so verpackt wurden, als hätten sie ihren Ursprung in einem exotischen Land. So wurden beispielsweise Farbstoffe und Farbwaren, die bis ins 19. Jahrhundert vor allem aus dem Osten importiert worden waren, seit den 1890er Jahren von der deutschen chemischen Industrie synthetisch hergestellt. Trotzdem bewarben große Chemieunternehmen wie die Farbwerke Hoechst oder auch kleinere Produzenten wie das Farbstoffunternehmen Holzapfel ihre Produkte weiterhin mit den exotischen Assoziationen ihrer Farbstoffe. Dabei nutzten sie Motive wie Elefanten-Karawanen in Indien oder Kamel-Karawanen in Arabien. Bayer ließ bestimmte Motive und Bildszenen markenrechtlich schützen. Eine Szene aus dem Jahr 1895 zeigt Jäger mit Turbanen, die auf einem Elefanten reiten und auf einen springenden Tiger schießen.[79] Die Actien-Gesellschaft für Anilin-Fabrikation (Agfa) nutzte vor allem Abbildungen aus dem indischen Kontext für ihre Werbung und für Markenzeichen.[80] Indien und Ceylon waren vor 1900 über mehrere Jahre hinweg oftmals Gegenstand deutscher Markenzeichenregistrierungen. Die Tatsache, dass sowohl Indien als auch Ceylon fest im britischen Empire verankert waren und die Tatsache, dass die Farbstoffe oder Fotomaterialien in deutschen Chemiefabriken hergestellt wurden und nicht aus dem Überseehandel stammten, erwies sich dabei nicht als Hindernis.

Diese Funktion übernahm dann zunehmend der afrikanische Kontinent. In der deutschen Handelsmarkeneintragung wurden in den 1890er Jahren immer häufiger Namen verwendet, die an Afrika erinnerten, sodass dies zu einer regelrechten Modewelle wurde. Wir sehen das deutlich im Bereich der Textilindustrie. Der Farbstoff ‚Congo Red' wurde zum Beispiel 1885 erstmals von der Agfa verkauft.[81] Er hatte nichts mit dem Kongo zu tun. Der Name scheint allein wegen der Nachrichtenwürdigkeit

---

77 *Luthmer* Reklame und Plakat-kunst, 1894, S. 31.
78 *Ciarlo*, Advertising Empire, S. 63, 152–155.
79 Vgl. AG Farbwerke vorm. Meister Lucius & Brüning, Höchst aM, in: Warenzeichenblatt des kaiserlichen Patentamt (WZB), 1902, S. 839, Nr. 56054; Samuel Fr. Holzapfel Grub b. Coburg WZB, 1895, S. 768, Nr. 7296 (Original von 1881); AG Farbenfabriken F. Bayer & Co., Elberfeld WZB, 1895, S. 768, Nr. 7229.
80 Vgl. z. B. AGFA Warenzeichen mit Indien-Szenen in: WZB, 1901, S. 99ff., Nr. 47281–47532.
81 Deutsches Reichs-Patent Nr. 35615. 13. Mai 1886. Siehe auch *C. Duisberg*, Abhandlung, Vorträge und Reden (1882–1921) 1923, S. 41–42.

der Berliner Westafrika-Konferenz gewählt worden zu sein, die zum Zeitpunkt des ersten Auftretens des Farbstoffs stattfand. Der neue Farbstoff brachte der Agfa ein Vermögen ein, und ein gewisser Teil dieses Erfolgs war sicherlich auf die entsprechende Vermarktung und auf den exotisch klingenden Namen zurückzuführen. Nachahmer sowohl der Herstellung als auch der Vermarktung folgten bald. Bis 1910 wurden Textilfarbstoffe unter anderem unter den Bezeichnungen ‚Kongo-Korinth‘, ‚Kongo-Rubin‘, ‚Kongo-Blau‘ oder ‚Kongo-Braun‘ vermarktet. Ähnliches gilt für ‚Sudan-Schwarz‘ und ‚Somalia-Gelb‘, die etwa zeitgleich auftraten.[82] Der Kongo oder der Sudan waren keine Ursprungsbezeichnung, sondern ein Markenbegriff des exotischen und kolonialen Marketings. Diese wachsende Präsenz Afrikas in der deutschen Handels- und Konsumkultur spiegelte weder die tatsächlichen Muster der Handelsverlagerungen noch der neuen Rohstoffquellen für deutsche Produkte wider. Sie war vor allem ein Ausdruck modischen Wandels.

Visuelle Muster folgten Markennamen. So trat die Werbung für ein Fixiermittel für Textilfarbstoff der Kölner Firma Jean Cremer & Co. in die Fußstapfen der Agfa, indem diese ihr chemisches Produkt mithilfe eines visuellen Markenzeichens, das eine Palme skizzierte und eine schwarze Figur in einer Ruheposition zeigt, wobei die Hand der Figur auf dem Produkt ruht (Abbildung 2), bewarb. Dies erinnert stark an die Werbefigur des Tabakmohren, doch gab es auch deutliche Unterschiede. Statt Kopfschmuck, Federrock und Bogen zu tragen, wird der Ureinwohner jetzt eindeutig als Afrikaner dargestellt, was vor allem durch den einheimischen Schmuck (Ohrringe), eine Hüfttasche und nackte Füße zum Ausdruck gebracht wird.[83] Bei dem entsprechenden Produkt handelt es sich nicht um Rohtabak, sondern um das mit einem Markennamen verpackte Produkt ‚Congolin‘, das also auf das Herkunftsland Kongo verweist. Diese Szene erinnert an das ehrwürdige Tableau des ‚Tabakmohren‘, wobei die bildlichen Hinweise von Palme, Fracht, Eingeborenen nun explizit auf die afrikanische Herkunft verweisen. Das Bild des afrikanischen Ureinwohners bestätigt so die Echtheit des Produkts als tropisch oder kolonial – obwohl dies eine reine Fiktion beziehungsweise eine Werbestrategie ist.

Um die Jahrhundertwende erschienen dann zunehmend afrikanische Ureinwohner in der deutschen visuellen Werbung, marktübergreifend in einer Vielzahl von Firmen, Marken und Produktkategorien. Solche Figuren wurden am häufigsten in einem Stil skizziert, der angemessen als ‚kolonial‘ bezeichnet wurde.[84] Entsprechende Abbildungen und werbliche Darstellungen zeigten afrikanische Ureinwohner in dienender oder arbeitender Funktion, quasi als Diener europäischer Konsumenten.[85]

---

82 D. Steensma, Congo Red. Out of Africa?, in: Archives of Pathology and Laboratory Medicine, 2001, S. 250–252.
83 Vgl. Ciarlo, Advertising Empire, S. 155–160, 187–192.
84 Ciarlo, Advertising Empire, S. 206–212.
85 D. Ciarlo, Advertising and the Optics of Colonial Power, in: M. Jay/S. Ramaswamy (Hg.), Empires of Vision. Durham, 2014, S. 189–210

Abb. 2: „Congolin" Fixiermittel für Textilfarbstoff 1899
Quelle: WZB, 1899, S. 133, Nr. 35519

Die Manifestation afrikanischer Figuren in der deutschen Werbung um 1900 war nicht allein ein Nebenprodukt der ersten Grundströmung nationalistischer Kolonialbegeisterung der politischen Rechten Mitte der 1880er Jahre. Sie war auch nicht allein das Produkt der Kolonialpropaganda und kolonialwirtschaftlicher Strategien. Die koloniale Wirtschaft blieb für die deutsche Metropole eher unbedeutend, und die kleinen deutschen Kolonialfirmen, die in den Kolonien ansässig waren, vermieden eine zu offensive Darstellung. Es waren vor allem die heimischen deutschen Unternehmen, darunter die global agierenden Massenproduzenten, die das Rohmaterial für ihre Produkte über die internationalen Rohstoffmärkte bezogen und die zu kolonialen Bildern und Werbestrategien griffen. Sie adressierten in erster Linie die deutschen Konsumenten,[86] auch wenn es sich dabei nicht selten um eine Verschleierung der

---

86 Ciarlo, Optics of Colonial Power, S. 193–203.

Realität handelte, wie am Beispiel von ‚Congolin' gezeigt werden konnte. Auch die Verpackung ‚Echte Perleberger Elfenbein-Seife' der Gebrüder Schultz zeigte beispielsweise afrikanische Ureinwohner, die Elfenbein auf ihren Schultern tragen, um dem Betrachter visuell anzudeuten, dass es sich bei der Ware um echte ‚Elfenbein'-Seife handelte.[87] Böhlkes Verpackung von Elfenbein-Seife aus dem Jahre 1911, welche auf ähnliche Weise illustriert war, nämlich mit schwarzen Kamelen, die mit Elfenbein beladen waren und Palmen im Hintergrund, zeigt eine ähnliche Strategie.[88] Tatsächlich hatten diese Seifen nichts mit Elfenbein zu tun. Es handelte sich um die Übernahme, quasi um Werbeplagiate deutscher Firmen von Proctor & Gambles überaus erfolgreicher Marke ‚Ivory Soap', die 1879 eingeführt worden war. Die Gebrüder Schultz und Böhlke versuchten ihren (plagiierten) Produktnahmen durch fadenscheinige Assoziation mit Elfenbein – und damit Afrika – unter Verwendung von Bildern afrikanischer Ureinwohner zu authentifizieren.[89]

In den zehn Jahren, die auf die Jahrhundertwende folgten, wurden Darstellungen kolonialer Hierarchien in der deutschen Werbung häufig expliziter. Schwarze Figuren schultern zunehmend schwere Lasten – meistens die Ware selbst, manchmal aber auch das Firmenlogo oder eine Repräsentation des Rohstoffs, der für die Herstellung des Produkts verwendet wird, wie zum Beispiel einen Sack Kaffee. Dabei kristallisierten sich vor allem zwei Bildmuster heraus: Entweder werden die Arbeiter aus großer Entfernung dargestellt, sodass sie völlig anonym sind, oder es handelt sich um Nahaufnahmen, die den Betrachter sehr nahe an das Objekt heranholen. Dabei geht es immer um die Hervorhebung kolonialer Hierarchien sowie um die Betonung der Unterordnung schwarzer Arbeiter. Auf diese Weise wird der potenzielle Konsument durch die Werbung in das Kolonialsystem hineingezogen, da er visuell – und auch praktisch – zum Empfänger der Kolonialwaren wird.

Eine Werbung für Kaffee aus dem Jahr 1909 bindet beispielsweise den Konsumenten direkt und persönlich in eine implizit kolonialistische Hierarchie ein. (Abbildung 3) Die schwarze Figur – mit gut definierter Muskulatur – trägt das Gewicht der ganzen Welt auf seinen Schultern, sogar als er die Tasse ‚Krelhaus-Kaffee' stützt, und trägt dabei diese Last zu dem Betrachter, der implizit Nutznießer dieser kolonisierten Arbeit ist. Das Motto auf der Weltkugel – „reellster und preiswürdigster Kaffee der Welt" – ist nicht nur ein Werbespruch und Mittel der Vermarktung. Das Lesen des Werbespruchs lenkt auch den Blick auf den Globus, welcher an sich die neue Repräsentation der ‚fernen Länder', den ‚Duft der Ferne', darstellt. Tatsächlich ist es die Krelhaus-Kaffeetasse, die die Basis des Globus bildet und ihn stützt. Die Arbeit des schwarzen Untergebenen wird dabei als Zwischenelement zwischen der Marke (Krelhaus) und dem Globus (dem fernen Land, aus dem der Kaffee kommt und aus dem er

---
87 *Ciarlo*, Advertising Empire, S. 194–195.
88 WZB, 1911, Nr. 142774.
89 Siehe *P. Messaris*, Visual Persuasion. The Role of Images in Advertising. London 1997; *C. Forceville*, Pictorial Metaphor in Advertising, London 1996.

Abb. 3: Werbung für Krelhaus Kaffee 1909
Quelle: WZB, 1909, S. 1874, Nr. 121631

verschifft wird) dargestellt. Auf der einen Seite ist die schwarze Figur sowohl zentral als auch unverzichtbar für das Bild; unverzichtbar als verallgemeinerte Darstellung von Arbeit, unverzichtbar als visueller Hinweis auf den Status des Kaffees als „reellster und preiswürdigster Kaffee der Welt" und unverzichtbar als Mittel, mit welchem die Werbung versucht, den betrachtenden Konsumenten persönlich einzubeziehen. Gleichzeitig tritt die Figur selbst in den Hintergrund. Erstens, weil sie grafisch an den Rand gedrängt ist – der Kopf der Figur wird vom Globus zur Seite gedrückt und fällt damit aus der Achse, die zwischen Ware und Welt geformt ist. Gleichzeitig dient die abgebildete Arbeit der afrikanischen Figur dazu, die Vorrangstellung des Markennamens zu verdeutlichen. Durch das zweimalige Erscheinen der Markennamens – auf der ganzen Welt und auf der Tasse – wird dieser von dem arbeitenden kolonialen Ureinwohner buchstäblich in die Höhe gehalten. Die Marke steht gleichzeitig *über* und *vor* dem Arbeiter. Der Konsument wird so darauf hingewiesen, dass die Marke Krelhaus-Kaffee wichtiger ist als der Arbeiter und Produzent. Die Konfiguration des Bildes macht deutlich, dass der Markenname wichtig ist, *indem* die Figur ihn stützt und dadurch selbst an den Rand gedrängt wird. Eine solche Form der Abstraktion ist im Bereich des Grafikdesigns eine der effizientesten Möglichkeiten, dies zu veranschaulichen.⁹⁰

Diese Krelhaus-Kaffeewerbung zeigt uns also eine koloniale Besinnung auf ferne Länder und Völker. Sie ist „kolonial", aber *nicht* in dem Sinne, dass der Kaffee aus deutschen Kolonien stammte, denn mit ziemlicher Sicherheit war dies beim Kaffee nicht der Fall. Stattdessen ist sie ‚kolonial', indem sie den Konsumenten durch visuelle Darstellung in eine Machtkonstellation hineinversetzt. Wie bei den Darstellungen des ‚Tabakmohren' ein oder zwei Jahrhunderte früher, steht die menschliche Figur in der Werbung von Krelhaus als visuelles Argument für den Ursprung in einem exotischen Land. Es bietet eine visuelle Zertifikation, dass dieser Kaffee in der Tat ‚echt' ist, dass es sich um eine Kolonialware handelt, weil der Betrachter das ‚ferne Land' sieht, sowohl im Globus als auch personifiziert und verkörpert durch den eingeborenen Arbeiter. Wie bei den Arbeitsszenen des Tabakmohren zeigt diese Abbildung die Arbeit, die erforderlich ist, um diese Ware zum Verbraucher zu bringen und die Echtheit des Produkts zu bestätigen. In der Krelhaus-Werbung rückt dann die Arbeit in den Vordergrund, um den Wert der Ware zu unterstreichen. Das Bild wertet diese Arbeit gleichzeitig als unwichtig ab, indem es die Figur (optisch) marginalisiert und mit Hilfe von Rassenmarkierungen differenziert.⁹¹ Vor allem spricht die Figur den Betrachter – den Konsumenten – aus einer Position klarer Unterordnung und mit Verweis auf die dienende Tätigkeit an und versetzt so den deutschen oder europäischen Konsumenten in die Position des wohlhabende „Massa", der dieses kostbare Gut empfängt. Die Verbraucher finden sich so in der Situation der Kolonialherren, deren Überlegenheit sich aus dem Konsum von Kolonialwaren herleitet.

Beim kolonialen Konsum ging es also nicht nur um den Konsum von Kolonialwaren als solche. Es ging auch – und vielleicht sogar in erster Linie – um den Konsum kolonialer *Bedeutungen*, die mit diesen Gütern verbunden waren. Und während sich die Drucktechniken, die Kontexte des Handels, die Politik des Imperialismus und die Darstellungspraktiken, die die Kolonialmacht mit exotischen Gütern verbanden, alle im Laufe der Jahrhunderte dramatisch veränderten, blieb das Kernelement dieser Strukturen erhalten: Die Erhöhung des Konsumenten als Konstrukt kaufmännischer und werblicher Strategien.

Literatur

J. *Aynsley*, Graphic Design in Germany (1890–1945), Berkeley 2000.
S. *Beckert*, Empire of Cotton: A Global History, New York 2014.
W. J. *Bernstein*, A Splendid Exchange. How Trade Shaped the World, New York 2008.

---

90 *Ciarlo*, Optics of Colonial Power, S. 202–203.
91 Siehe *Ciarlo*, Advertising Empire, Kapitel 5 und 6.

S. Haas, Die neue Welt der Bilder. Werbung und visuelle Kultur der Moderne, in: P. Borscheid/
C. Wischermann, (Hg.), Bilderwelt des Alltags. Werbung in der Konsumgesellschaft des 19. und 20. Jahrhunderts, Stuttgart 1995, S. 64–77.

G. Brongers, Nicotiana Tabacum. The History of Tobacco and Tobacco Smoking in the Netherlands, Amsterdam 1964.

D. Ciarlo, Advertising Empire. Race and Visual Culture in Imperial Germany, Cambridge 2011.

D. Ciarlo, Advertising and the Optics of Colonial Power, in: M. Jay/S. Ramaswamy (Hg.), Empires of Vision, Durham 2014.

D. Ciarlo, Mass-Marketing the Empire, in German Colonialism in a Global Age, in: G. Eley/B. Naranch (Hg.), German Colonialism in a Global Age, Durham 2014.

D. Ciarlo, Rasse konsumieren. Von der exotischen zur kolonialen Imagination in der Bildreklame des Wilhelminischen Kaiserreichs, in: B. Kundrus (Hg.), Phantasiereiche. Der deutsche Kolonialismus in kulturgeschichtlicher Perspektive, New York 2003.

S. Conrad, Globalisierung und Nation im deutschen Kaiserreich, München 2006.

P. D. Curtin, The Rise and Fall of the Plantation Complex, Cambridge 1990.

M. Ellis/R. Coulton/M. Mauger, Empire of Tea. The Asian Leaf that Conquered the World, London 2015.

U. Feuerhorst/H. Steinle (Hg.), Die Bunte Verführung. Zur Geschichte der Blechreklame, Essen 2008.

F. Schinzinger, Die Kolonien und das Deutsche Reich. Die wirtschaftliche Bedeutung der deutschen Besitzungen in Übersee, Stuttgart 1984.

P. Freedman, Out of the East. Spices and the Medieval Imagination, New Haven 2008.

C. Füllberg-Stolber/P. Kriedte/V. Wünderich, Kolonialwaren für Europa. Zur Sozialgeschichte der Genußmittel, in: Jahrbuch für Wirtschaftsgeschichte 35/1, 1994.

L. H. Gann, Marginal Colonialism. The German Case, in: A. J. Knoll/L. H. Gann (Hg.), Germans in the Tropics, New York 1987.

S. Gilman/Z. Xun (Hg.), Smoke. A Global History of Smoking, London 2004.

H.-G. Haupt/C. Torp (Hg.), Die Konsumgesellschaft in Deutschland 1890–1990. Ein Handbuch, Frankfurt 2009.

W. Hoffmann, Das Wachstum der deutschen Wirtschaft seit der Mitte des 19. Jahrhunderts, Berlin 1965.

T. Jacobs/S. Schürmann, Rauchsignale. Struktureller Wandel und Visuelle Strategien auf dem deutschen Zigarettenmarkt im 20. Jahrhundert, in: WerkstattGeschichte 45, 2007, S. 33–52.

P. Kriedte, Vom Großhändler zum Detaillisten. Der Handel mit ‚Kolonialwaren' im 17. und 18. Jahrhundert, in: Jahrbuch für Wirtschaftsgeschichte 35/1, 1994, S. 11–20.

C. Lamberty, Reklame in Deutschland 1890–1914. Wahrnehmung, Professionalisierung und Kritik der Wirtschaftswerbung, Berlin 2000.

J. Meißner (Hg.), Strategien der Werbekunst von 1850–1933, Berlin 2004.

P. Messaris, Visual Persuasion. The Role of Images in Advertising, London 1997.

S. Mintz, Sweetness and Power. The Place of Sugar in Modern History, New York 1985.

M. Norton, Sacred Gifts, Profane Pleasures. A History of Tobacco and Chocolate in the Atlantic World, Ithaca 2008.

M. Norton, Tasting Empire. Chocolate and the European Internalization of Mesoamerican Aesthetics, in: American Historical Review 111/3, 2006, S. 660–691.

J. Perkins, Sugar Production, Consumption and Propaganda in Germany, 1850–1914, in: German History 15/1, 1997, S. 22–33.

H. Pollig (Hg.), Exotische Welten, Europäische Phantasien, Stuttgart 1987.

A. Ramamurthy, Imperial Persuaders. Images of Africa and Asia in British Advertising, Manchester 2003.

D. Reinhardt, Von der Reklame zum Marketing. Geschichte der Wirtschaftswerbung in Deutschland, Berlin 1993.

R. Sandgruber, Genußmittel. Ihre reale und symbolische Bedeutung im neuzeitlichen Europa, in: Jahrbuch für Wirtschaftsgeschichte 35/1, 1994.

R. Sandgruber/H. Kühnel, Genuss & Kunst. Kaffee, Tee, Schokolade, Tabak, Cola, Innsbruck 1994.

W. Schivelbusch, Das Paradies, der Geschmack und die Vernunft. Eine Geschichte der Genußmittel, Hanser 1980.

S. H. Smith, The Mystification of Spices in the Western Tradition, in: European Review of History 8/2, 2001, S. 119–136.

W. D. Smith, Consumption and the Making of Respectability (1600–1800), New York 2002.

S. Haas, Die neue Welt der Bilder. Werbung und visuelle Kultur der Moderne, in: *P. Borscheid/ C. Wischermann, (Hg.)*, Bilderwelt des Alltags. Werbung in der Konsumgesellschaft des 19. und 20. Jahrhunderts, Stuttgart, 1995, S. 64–77.

J. Walvin, Fruits of Empire. Exotic Produce and British Taste, 1660–1800, New York 1997.

M. Weisser, Cigaretten-Reclame. Über die Kunst Blauen Dunst zu Verkaufen, Münster 1980

J. Wills, European Consumption and Asian Production in the Seventeenth and Eighteenth Centuries, in: *J. Brewer/R. Porter (Hg.)*, Consumption and the World of Goods, London 1993.

J. Zeller, Bilderschule der Herrenmenschen. Koloniale Reklamesammelbilder, Berlin 2008.

Karl Ditt
Konsuminfrastruktur und öffentliche Betriebe

1 Was ist Konsuminfrastruktur?

Konsum ist die Nutzung, zum Teil auch der Verbrauch, von materiellen und ideellen Gütern oder Dienstleistungen. Eine Infrastruktur des Konsums ist ein System, das durch die Organisation der Produktion und des Angebots von Gütern und Dienstleistungen wichtige Voraussetzungen für deren Konsum bieten soll. Dieses System kann im Bereich der Wirtschaft technische, personelle und institutionelle Vorleistungen für den Transport und Verkehr, die Lagerhaltung und den Verkauf, im Bereich der Gesellschaft für die Information und Kommunikation, die Bildung und den Kulturgenuss und anderes mehr beinhalten.

Da in kapitalistischen Gesellschaften private Unternehmen das Gros der Konsumgüter und die entsprechenden Infrastrukturen anbieten, beschränkten sich die Aufgaben von Staat und Kommunen, das heißt der öffentlichen Hand, bis in das 19. Jahrhundert vor allem auf die Gestaltung und Kontrolle der Rahmenbedingungen des wirtschaftlichen und sozialen Lebens, zum Beispiel auf die Gefahrenabwehr oder die Einhaltung der Regeln des Marktgeschehens. Seitdem drangen sie jedoch mit Regulierungen, Interventionen, Übernahmen und Gründungen eigener Betriebe in traditionelle Betätigungsfelder der Privatwirtschaft und der Gesellschaft ein. Aufgrund der Dominanz liberalistischer Anschauungen, die vor allem die wirtschaftliche Staatstätigkeit möglichst beschränken wollten, übernahmen vor allem die Kommunen, die aufgrund ihres Selbstverwaltungsrechts eine universale Zuständigkeit für das städtische Leben beanspruchten und die den Bedürfnissen der Gesellschaft näher standen, den Aufbau einer Leistungsverwaltung.[1]

Seit der zweiten Hälfte des 19. Jahrhunderts begannen sie eigene Betriebe und damit sowohl eine Infrastruktur als auch ein eigenes Konsumangebot aufzubauen. Sie ergänzten im Hygiene-, Gesundheits- und Sozialwesen die Krankenhäuser, die häufig von Kirchen und privaten Stiftungen getragen wurden, durch eigene Anstalten. Kommunalverbände gründeten zur Entlastung der Krankenhäuser psychiatrische Kliniken mit regionalen Einzugsgebieten. Zudem errichteten die Kommunen Bade- beziehungsweise Waschanstalten für eine bessere Körper- und Schlachthöfe für eine bessere Nahrungsmittelhygiene. In der Müllbeseitigung lösten sie seit den 1870er Jahren die individuelle Bürgerpflicht, die zum Teil schon durch die Beauftragung von Fuhrleuten ersetzt worden war, durch eine kommunale Müllabfuhr ab. Die Gründung

---

[1] Vgl. generell *P. Badura*, Die Daseinsvorsorge als Verwaltungszweck der Leistungsverwaltung und des sozialen Rechtsstaats, in: Die öffentliche Verwaltung 19, 1966, S. 624–633; *J. Reulecke*, Geschichte der Urbanisierung in Deutschland, Frankfurt 1985, S. 56–67; *W. R. Krabbe*, Die deutsche Stadt im 19. und 20. Jahrhundert, Göttingen 1989, S. 99–128.

von Stadtsparkassen sollte anfangs gerade die ärmeren Schichten zum Sparen und damit zur Eigenvorsorge veranlassen und mit einem kleinen Zins ‚belohnen'. In den Bereichen Wirtschaft und Verkehr bauten die Kommunen Stadthäfen und Lagerhallen. Zudem machten sie durch die Einrichtung oder Übernahme von Pferde- sowie elektrischen Straßen- und Kleinbahnen ein Massentransportangebot. Im Bereich der Sicherheit ließen sie durch die Installierung von Petroleum- oder Gaslaternen ihre Straßen und Plätze beleuchten und lösten eine der Bürgerpflichten durch den Aufbau einer Berufsfeuerwehr ab. Im Schulwesen ergänzten sie die Kirchspiel- und die Privatschulen durch ein Volks- und Mittelschul-, zum Teil auch Gymnasialangebot. Schließlich wandten sie sich der Bereitstellung von Freizeitangeboten zu: von der Gründung von Bibliotheken, Theatern und Museen bis hin zur Schaffung von Grünanlagen und Parks.² Auch der Staat beteiligte sich im 19. Jahrhundert an dem Ausbau eines eigenen Leistungsangebots, so etwa im Bildungs- und Wissenschaftsbereich, in der Übernahme eines Teils des Verkehrs-, Transport- und Kommunikationswesens oder in der Ergänzung eines Teils des privaten Versicherungswesens durch die Sozialpolitik. Zudem versuchte er durch die Gesetzgebung und Einzelinitiativen den Markt zu regulieren.

Worin lagen die Ursachen für die zunehmende Betätigung der öffentlichen Hand in Wirtschaft und Gesellschaft? Der sozialdemokratische Kommunalexperte Hugo Lindemann sah um die Wende des 19./20. Jahrhunderts die Ursache darin, „daß das Profitstreben der privaten Unternehmungen überall in Konflikt mit der Wohlfahrt der Gemeinschaft kommen mußte." Infolgedessen hätten die Städte im Interesse der Bevölkerung begonnen, zahlreiche Grundversorgungen zu kommunalisieren. Lindemann plädierte dafür, dass die Kommunalbetriebe nach dem Prinzip der Kostendeckung, nicht der Gewinnorientierung geführt werden sollten, und wies den Städten unter der Zielsetzung ‚Munizipalsozialismus' teils eine Ersatzfunktion, teils eine Vorreiterrolle für einen friedlichen Weg in den Sozialismus zu.³ Der Verfassungsrechtler Ernst Forsthoff sah dagegen seit den 1930er Jahren in der zunehmenden Kontrolle und Übernahme der technischen Infrastruktur durch Staat und Kommunen einen notwendigen Prozess, Formen der Daseinsvorsorge für den einzelnen Staatsbürger in einer zunehmend technisierten, zentralisierten und komplexer werdenden Wirtschaft und Gesellschaft zu übernehmen. Die öffentliche Hand müsse nicht nur für

---

2 Vgl. als Überblick *M. Hietala*, Services and Urbanization at the Turn of the Century. The Diffusion of Innovations, Helsinki 1987.

3 Zitat in: *H. Lindemann*, Die städtische Regie, Berlin 1907, S. 3; *C. Eiden*, Versorgungswirtschaft als regionale Organisation. Die Wasserversorgung Berlins und des Ruhrgebiets zwischen 1850 und 1930, Essen 2006, S. 92. Vgl. generell *W. R. Krabbe*, Munizipalsozialismus und Interventionsstaat. Die Ausbreitung der Städtischen Leistungsverwaltung im Kaiserreich, in: Geschichte in Wissenschaft und Unterricht 30, 1979, S. 265–283; *G. Ambrosius*, Die öffentliche Wirtschaft in der Weimarer Republik. Kommunale Versorgungsunternehmen als Instrumente der Wirtschaftspolitik, Baden-Baden 1984, S. 26–33; *U. Kühl (Hg.)*, Der Munizipalsozialismus in Europa. Le socialisme municipal en Europe, München 2001.

rechtliche Gleichheit, sondern auch für die uneingeschränkte Teilhabe des Einzelnen an den Existenzvoraussetzungen in einer modernen Gesellschaft, das heißt etwa der Wasser- und Energieversorgung oder den Transportmöglichkeiten sorgen, weil sie die infrastrukturellen Voraussetzungen für die Freiheit und Entfaltung des Individuums seien.[4] Argumentierte Lindemann aus antikapitalistischer Perspektive mit sozialistischer Zielsetzung, so tat dies Forsthoff aus rechtlich-liberaler Perspektive mit individualistischer Zielsetzung – im Ergebnis, dass bestimmte Bereiche der Konsumvoraussetzungen und des Konsums demokratisiert werden müssten, stimmen sie jedoch überein.

Sind der ‚Munizipalsozialismus' und die ‚Daseinsvorsorge' als zentrale Motive für das heterogene wirtschaftliche, soziale, dann auch kulturelle Engagement der öffentlichen Hand zutreffend beziehungsweise ausreichend, um zu erklären, warum sich Staat und Kommunen in traditionelle Handlungsbereiche der Wirtschaft und der Gesellschaft durch die Schaffung einer eigenen Infrastruktur des Konsums und eigene Konsumangebote einmischten? Welche Folgen hatte dieses öffentliche Engagement für die Konsumenten? Diese Fragen werden im Folgenden am Beispiel zweier unterschiedlicher Bereiche der Betätigung von Staat und Kommunen für die Zeit des 19. und frühen 20. Jahrhunderts behandelt. Aus dem Bereich der materiellen, das heißt der technisch-wirtschaftlichen Infrastruktur werden die Wasser-, Gas- und Elektrizitätsversorgung, aus dem Bereich der ideellen, das heißt der kulturellen Infrastruktur die Museen, Bibliotheken und Theater näher betrachtet.

2 Engagement der öffentlichen Hand

2.1 Technisch-wirtschaftliche Infrastruktur

Wasserversorgung

Zu Beginn des 19. Jahrhunderts wurde Wasser als Trinkwasser und zur Nahrungsmittelzubereitung, im Haushalt und zur Körperhygiene, Straßenreinigung und Feuerbekämpfung, in Handwerken, Manufakturen und der Landwirtschaft gebraucht. Die Wassergewinnung war heterogen. Zum Ersten bezogen Hauseigentümer Wasser

---

[4] Vgl. *E. Forsthoff*, Die Verwaltung als Leistungsträger, Stuttgart 1938; ders., Der Staat der Industriegesellschaft. Dargestellt am Beispiel der Bundesrepublik Deutschland, München 1971, S. 75–81; ders., Die Daseinsvorsorge und die Kommunen, in: ders., Rechtsstaat im Wandel. Verfassungsrechtliche Abhandlungen 1950–1964, Stuttgart 1964, S. 111–128. Vgl. zur Kritik der Forsthoff-Position *H. Gröttrup*, Die kommunale Leistungsverwaltung, Stuttgart 1973, S. 63–79; *L. Jellinghaus*, Zwischen Daseinsvorsorge und Infrastruktur. Funktionswandel von Verwaltungswissenschaften und Verwaltungsrecht in der zweiten Hälfte des 19. Jahrhunderts, Frankfurt 2005.

häufig aus Brunnen auf eigenem Grund. In den größeren Städten gab es deshalb mehrere hundert Brunnen, die jeweils von den Grundstückseigentümern oder den Hausbewohnern genutzt und sauber gehalten wurden.[5] Deren Wasserqualität blieb jedoch fragwürdig, da viele Brunnen in der Nähe von Aborten und Sickergruben lagen. Zum Zweiten gab es Brunnengenossenschaften, die Brunnen vor der Stadt betrieben oder Wasser über Fuhrleute in die Stadt bringen und dort verteilen oder verkaufen ließen. Zum Dritten bezogen die Gemeinden Wasser von eigenen Brunnen, die von der Bevölkerung kostenlos genutzt werden konnten. Oder die Gemeinden bezogen Wasser aus nahen Seen beziehungsweise Flüssen und leiteten es mehr oder weniger gefiltert zu Sammelstellen, zum Teil auch zu angeschlossenen Häusern.[6] Die Hauseigentümer bezahlten es pauschal und legten die Summe im Falle von Miets-häusern auf die Mieter je nach Wohnungs-, Familien- oder Stockwerkzahl oder einem Prozentsatz der Wohnungsmiete um.[7]

Mit der Konzentration der Bevölkerung und Industrie in den Städten wuchs die Notwendigkeit einer ausreichenden, sauberen und kostengünstigen Wasserlieferung. Hinzu kam, dass seit der Mitte des 19. Jahrhunderts Ärzte und Ärztevereinigungen darauf hinwiesen, dass sauberes Trinkwasser und eine geregelte Abwasserableitung durch die Einrichtung einer Kanalisation, die ihre Inhalte nicht in Flüsse, sondern auf (Riesel-) Felder leiten sollte, gegen Krankheiten und Epidemien vorbeugen würden.[8] Diese Empfehlungen entsprachen der regulativen Idee der körperlichen Reinlichkeit, die sich gerade im Bürgertum seit Ende des 18. Jahrhunderts durchsetzte und die zur Verbreitung von Wannenbädern, Bade- und Waschanstalten, Bidets und der Übernahme der englischen Erfindung des Wasserklosetts beitrug.[9]

---

[5] Vgl. *T. Kluge/E. Schramm*, Wassernöte. Umwelt- und Sozialgeschichte des Trinkwassers, 2. Aufl., Aachen 1988, S. 9; Mensch und Wasser in der Geschichte. Dokumente zu Umwelt, Technik und Alltag vom 16. bis zum 19. Jahrhundert. Ausstellung des Hauptstaatsarchivs Stuttgart, Katalog, bearb. von *J. Hagel*, Stuttgart 1989.

[6] Zum Brunnen- und zum Leitungsbau vgl. z. B. *M. Grabowski*, Lübecks Wasserversorgung seit der Stadtgründung bis zur Entstehung der zentralen Wasserwerke 1867 unter besonderer Berücksichtigung der Wasserkünste, in: Frontinus-Tagung in Wiesbaden 1995 und weitere Beiträge über histori-sche und wasserwirtschaftliche Entwicklungen, hg. von der Frontinus-Gesellschaft e. V., Bonn 1996, S. 7–29.

[7] Dieses Verfahren begünstigte die Wasserverschwendung. Sie ließ erst nach, als gegen Ende des 19. Jahrhunderts Wassermesser installiert wurden. Vgl. *I. Zadek*, Hygiene der Städte. I. Die Trinkwas-serversorgung, Berlin 1909, S. 45–54; *P. Münch*, Stadthygiene im 19. und 20. Jahrhundert. Die Wasserversorgung, Abwasser- und Abfallbeseitigung unter besonderer Berücksichtigung Münchens, Göttingen 1993, S. 92.

[8] Vgl. *H. Berndt*, Hygienebewegung des 19. Jahrhunderts als vergessenes Thema von Stadt- und Architektursoziologie, in: Die alte Stadt 14, 1987, S. 140–163; *A. L. Hardy*, Ärzte, Ingenieure und städtische Gesundheit. Medizinische Theorien in der Hygienebewegung des 19. Jahrhunderts, Frankfurt 2005.

[9] Vgl. *H. Lachmayer u. a. (Hg.)*, Das Bad. Eine Geschichte der Badekultur im 19. und 20. Jahrhundert, Salzburg 1991; *Manuel Frey*, Der reinliche Bürger. Entstehung und Verbreitung bürgerlicher Tugenden in Deutschland, 1760–1860, Göttingen 1997.

Die Deckung des wachsenden Wasserbedarfs und das von medizinischen Erkenntnissen geförderte Bedürfnis nach einem größeren Hygienestandard forderten zu einer systematischen Lösung der Wasserversorgung heraus. Seit der Mitte des 19. Jahrhunderts begannen anfangs Privatunternehmen, dann, als sich deren Rentabilität erwies, Kommunen Wasserwerke zu gründen. Vorreiter wurden die Städte Hamburg, Altona, Magdeburg und Nürnberg, denen in den 1860er/70er Jahren Stuttgart, Leipzig, Berlin, Köln, Frankfurt, München und andere folgten. Sie waren reich genug, um Experten – zum Teil aus England, das auf dem Feld der technischen Stadtversorgung führend in Europa war – zu verpflichten und großzügige Planungen erstellen zu lassen.[10] Kleinere Städte, aber auch die jungen Industriegroßstädte des entstehenden Ruhrgebiets gingen aufgrund hoher sonstiger Ausgaben, aber auch geringerer Betroffenheit durch Krankheitsepidemien das Problem der zentralisierten Wasserversorgung relativ spät, das heißt erst seit den 1880/90er Jahren, energischer an.[11] Um die Jahrhundertwende sollen von den etwa 1 500 Wasserwerken im Deutschen Reich 83 Prozent in kommunalem Besitz gewesen sein.[12]

Es scheint, als ob anfangs vor allem Privatunternehmen und Stadtverwaltungen die treibenden Kräfte waren, eine zentralisierte Wasserversorgung einzuführen. Sie wurden gegen Ende des 19. Jahrhunderts durch den Staat, das heißt die Bezirksregie-

---

10 Vgl. im Einzelnen die Beschreibung der Gründung, Träger und Funktionsweise der Wasserwerke im Deutschen Reich durch *E. Grahn*, Die städtische Wasserversorgung, Bd. 1: Statistik der städtischen Wasserversorgungen mit einer geschichtlichen Einleitung, München 1878; *ders.*, Die städtische Wasserversorgung im Deutschen Reich sowie in einigen Nachbarländern, Bd. 1: Königreich Preussen, Bd. 2, 1. Heft: Königreich Bayern, Bd. 2, 2. Heft, Die deutschen Staaten außer Preußen, München 1898–1902. Vgl. auch die Städteliste mit den Gründungs- bzw. Übernahmedaten von Wasserwerken in: *G. E. Braun/K. Jacobi*, Die Geschichte des Querverbundes in der Kommunalen Versorgungswirtschaft, Köln 1990, S. 45–52; *Hietala*, Services, S. 195. – Als eine der ersten deutschen Städte ließ die Stadt Hamburg nach dem großen Brand des Jahres 1842 ein Wasserwerk bauen. Nachdem im Jahre 1892 die Cholera ausgebrochen war, baute die Stadt auch eine Filteranlage bei der Wassergewinnung ein. Sofern die Städte Wasser nicht aus Flüssen abzogen, setzten sie Dampfmaschinen ein, um Grundwasser aus großen Tiefen hochzupumpen. Es galt aufgrund der Filterwirkung des Bodens als sauberer als das Oberflächenwasser der Flüsse und Brunnen. Vgl. vorzüglich *Th. Bauer*, Im Bauch der Stadt. Kanalisation und Hygiene in Frankfurt am Main 16.–19. Jahrhundert, Frankfurt 1998; *Münch*, Stadthygiene.
11 Vgl. z. B. *M. Weyer-von Schoultz*, Stadt und Gesundheit im Ruhrgebiet 1850–1929. Verstädterung und kommunale Gesundheitspolitik am Beispiel der jungen Industriestadt Gelsenkirchen, Essen 1994; *R. Stremmel*, „Gesundheit – unser einziger Reichtum?" Kommunale Gesundheits- und Umweltpolitik 1800–1945 am Beispiel Solingen, Solingen 1992, S. 78–89.
12 Vgl. *J. Büschenfeld*, Flüsse und Kloaken. Umweltfragen im Zeitalter der Industrialisierung (1870–1918), Stuttgart 1997, S. 266. Mehr als 90 Prozent der Städte über 20 000, dagegen nur knapp 60 Prozent der Gemeinden zwischen 2 000 und 20 000 verfügten über ein Wasserwerk. Vgl. *H. A. Wessel*, Die Versorgung von Kommunen mit Wasser, Gas und elektrischer Energie von etwa 1850 bis 1914, in: *J. Wysocki (Hg.)*, Kommunalisierung im Spannungsfeld von Regulierung und Deregulierung im 19. und 20. Jahrhundert, Berlin 1995, S. 49–89; *Münch*, Stadthygiene, S. 68; *B. Witzler*, Großstadt und Hygiene. Kommunale Gesundheitspolitik in der Epoche der Urbanisierung, Stuttgart 1995, S. 76.

rungen, unterstützt, die zur Überprüfung der Wasserhygiene der Brunnen aufforderten. Dabei wurde nicht selten eine Überschreitung der Grenzwerte für eine ausreichende Wasserqualität festgestellt, sodass die Regierungen gerade die Klein- und Mittelstädte, die kaum von den großen Typhus- und Choleraepidemien betroffen waren, energisch zur Anlage einer hygienisch kontrollierten, zentralisierten Wasserversorgung aufforderten. Demgegenüber bevorzugten zahlreiche Hausbesitzer und Mieter unter Verweis auf die zureichende Wasserqualität ihrer Brunnen eher die Aufrechterhaltung des Status quo. Denn die Kosten für den Wasseranschluss von der Straße zum Haus und für die Verlegung von Leitungen im Haus waren hoch. Zudem trug der Bau von Wasserwerken erheblich zur Verschuldung der Städte bei, sodass die städtischen Steuern der Hausbesitzer und Bürger zu steigen drohten.[13]

Schließlich war auch für das Wasser aus Wasserwerken zu zahlen. Der Wasserpreis schwankte im Kaiserreich von Stadt zu Stadt stark um 8 Pfennig pro Kubikmeter. Der Jahresverbrauch betrug um die Jahrhundertwende zum Beispiel in Duisburg pro Person etwa 400 Kubikmeter, der Tagesverbrauch zwischen 80 und 120 Litern.[14] Hinzu kamen gegebenenfalls die Verfügung einer Mindestabnahme und eine Miete für die seit dem Ende des 19. Jahrhunderts eingeführten Wassermesser. Diese Kosten waren gerade für diejenigen, die einen kostenlosen Zugang zu einem bislang hygienisch unbedenklichen Haus- oder Gemeindebrunnen hatten, häufig ein Grund, den Anschluss an die Wasserleitung zu verweigern.[15] Deshalb wurden in der Regel zuerst die Viertel der wohlhabenden Bürger, die sich den Luxus der Wasserversorgung leisten konnten, an das Leitungsnetz angeschlossen.[16]

Erst gegen Ende des 19. Jahrhunderts scheint der Kostengesichtspunkt gegenüber der Einsicht in die Notwendigkeit einer ausreichenden und sauberen Wasserversorgung zurückgetreten zu sein. Unter dem Eindruck der Sauberkeit und Bequemlichkeit einer zentralisierten Wasserversorgung und vermutlich auch des Rückgangs der Durchfallerkrankungen begannen die Stadtvertreter und die Bevölkerung, ein gewisses zivilisatorisches Anspruchsniveau zu entwickeln. Zudem erwarteten die wohlhabenden Schichten jetzt bei der Anmietung einer Wohnung die Versorgung mit flie-

---

13 Vgl. *H. Winkler*, Wasserversorgung und Abwasserbeseitigung als Probleme der Bielefelder Stadtpolitik in der zweiten Hälfte des 19. Jahrhunderts, in: Jahresbericht des Historischen Vereins für die Grafschaft Ravensberg 77, 1988/89, S. 105–172, S. 139; *Witzler*, Großstadt, S. 77. Die städtische Verschuldung stieg gegen Ende des 19. Jahrhunderts vor allem wegen der Infrastrukturinvestitionen. Sie beanspruchten in den preußischen Großstädten die höchsten Summen hinter dem Schuldendienst und vor Bildung, Sozialem, Gesundheit und Verkehr. Vgl. *Reulecke*, Geschichte, S. 212.
14 Vgl. *E. Baer*, Die öffentliche Wasserversorgung in Duisburg von 1875 bis 1929. Eine Betrachtung im Zusammenhang mit der Entwicklung der Stadt, Duisburg 2004, S. 51–56, 161, 199–200; *S. Mohajeri*, 100 Jahre Berliner Wasserversorgung und Abwasserentsorgung 1840–1940, Stuttgart 2005, S. 138; *Hietala*, Services, S. 197.
15 In Duisburg stieg die Quote der Wasseranschlüsse der Häuser zwischen 1876/77 und 1905/06 von 20 auf 86 Prozent. Vgl. *Baer*, Wasserversorgung, S. 197.
16 Vgl. z. B. *Winkler*, Wasserversorgung, S. 145; *Mohajeri*, 100 Jahre, S. 65–72.

ßendem Wasser. Hinzu kamen seitens der Stadtvertreter zum Teil auch ein Gefühl der Städtekonkurrenz, der wachsende kommunale Eigenbedarf und nicht zuletzt auch ein Gewinninteresse.[17] Schließlich konnte auch das Reich aufgrund des im Jahre 1900 erlassenen Reichsseuchengesetzes die Kommunen zwingen, Maßnahmen zur Wasserver- und Abwasserentsorgung zu treffen.[18] Alle diese Faktoren forderten die Stadtverwaltungen zum Handeln heraus.

Hatten sich die Städte einmal für den Eigenbetrieb entschieden, waren sie gezwungen, ihn mit dem wachsenden Bedarf auch auszubauen. Das bedeutete vor allem, den Einzugsbereich ihrer Wassergewinnung auszudehnen und Zweckverbände zur Wasserversorgung zu gründen. Dort, wo es die geografisch-geologischen Verhältnisse zuließen, wie zum Beispiel im Bergischen Land und dem Sauerland, dem Vorfeld des Ruhrgebiets, dessen Montanindustrie und Bevölkerung einen hohen Wasserbedarf entwickelten, schlossen sie sich kurz vor der Jahrhundertwende sogar zusammen, um Talsperren für die Wasserversorgung und die Elektrizitätsgewinnung zu bauen.[19]

Die Abwasser- und Fäkalienentsorgung erfolgte in den Städten auf dem eigenen Grund in Gruben, über die Rinnsteine beziehungsweise Straßengräben oder durch Kübel, die teils in nahe Bäche oder Flüsse gekippt, teils von Landwirten der Umgebung zur Düngung abgeholt wurden.[20] Kanalsysteme wurden, da sie keine Gewinne brachten, seit der Mitte des 19. Jahrhunderts nur von Kommunen geplant und gebaut, auch wenn manche Städte, um die Kosten einigermaßen zu amortisieren, einen Anschlusszwang der Häuser verfügten.[21] Ihr Bau wurde durch das wachsende Bedürfnis nach Beseitigung des Gestanks auf den Straßen, der Durchsetzung der Wasserklosetts seit den 1860er Jahren, die den Standard für Mietwohnungen des Bürgertums zu setzen begannen,[22] sowie durch den wachsenden Anfall von Gewerbe- und Industrieabwäs-

---

17 Je nach Größe und Wasserabgabe konnten die Städte um die Jahrhundertwende jährlich mehrere 10 000 bzw. 100 000 M Gewinn machen. Vgl. *C. Hugo*, Die deutsche Städteverwaltung. Ihre Aufgabe auf den Gebieten der Volkshygiene, des Städtebaus und des Wohnungswesens, Stuttgart 1901, S. 203. In Duisburg lag der Gewinn des Wasserwerks seit der Jahrhundertwende bei etwa 24 Prozent. Vgl. *Baer*, Wasserversorgung, S. 61.
18 Vgl. *Münch*, Stadthygiene, S. 60; *Eiden*, Versorgungswirtschaft, S. 304.
19 Vgl. *A. Heinrichsbauer*, Die Wasserwirtschaft im rheinisch-westfälischen Industriegebiet, Essen 1936; *B. Olmer*, Wasser. Historisch. Zu Bedeutung und Belastung des Umweltmediums im Ruhrgebiet 1870–1930, Frankfurt 1998, S. 229–262, 471–487.
20 Vgl. z.B. *J. Sydow (Hg.)*, Städtische Versorgung und Entsorgung im Wandel der Geschichte, Sigmaringen 1981; *M. Illi*, Wasserentsorgung in spätmittelalterlichen Städten, und *V. Roscher*, Die Einführung der Kanalisation in Hamburg und der Neubau der Stadt 1842/43, beide in: Die alte Stadt 20, 1993, S. 221–228 bzw. 229–241.
21 Vgl. *J. von Simson*, Kanalisation und Städtehygiene im 19. Jahrhundert, Düsseldorf 1983; *Winkler*, Wasserversorgung, S. 163–164.
22 Vgl. *S. Hauser*, „Reinlichkeit, Ordnung und Schönheit" – Zur Diskussion über Kanalisation im 19. Jahrhundert, in: Die alte Stadt 19, 1992, S. 292–312, S. 304–305.

sern befördert.²³ Die sog. Schwemmkanalisierung, die einen hohen Wassereinsatz erforderte, wurde wiederum zu einem wichtigen Motiv, um auch die Wasserversorgung zu kommunalisieren.

Insgesamt gesehen trugen der Bau zentraler Wassergewinnungs- und Filteranlagen sowie von Abwasserkanälen dazu bei, dass die Seuchen und Krankheiten, insbesondere die Cholera- und Typhusepidemien, die die Städte bis in die 1870er Jahre periodisch erfassten – die Choleraepidemie in Hamburg im Jahre 1892 war ein Nachzügler²⁴ –, zurückgingen; damit sank auch die Sterblichkeit.²⁵

Gas

Früher als die Wasser- wurde die Gasversorgung zentralisiert. Den Anfang machten englische Gesellschaften, die im Jahre 1825 in Hannover und ein Jahr später in Berlin Gaswerke errichteten.²⁶ Hauptzweck der Gaserzeugung war anfangs die Erleichterung und Verbesserung der Beleuchtung der kommunalen Straßen, Plätze und Gebäude, dann der Geschäfte, Restaurants, Hotels und Fabriken, schließlich auch der Privathaushalte. Gaslampen ersetzten aus Gründen der Sicherheit und Bequemlichkeit Öllampen und Kerzen.

Die Stadtverwaltungen waren anfangs an einer eigenen Betriebsgründung nicht interessiert: Zu fest standen sie in der Tradition der Ordnungsverwaltung, als dass sie bereit gewesen wären, sich wirtschaftlich zu engagieren und finanzielle Risiken zu übernehmen, zu hoch war vielfach auch ihre Verschuldung aus der Zeit der französischen Besatzung und der anschließenden Kriege. Ihre Lehre aus den britischen und französischen Erfahrungen bestand vor allem darin, die Konzession für die Versorgung eines Stadtgebietes mit Gas nur an ein und nicht an mehrere Unternehmen zu vergeben. Die ursprüngliche Überlegung, durch die Vergabe mehrerer Konzessionen für ein Gebiet die Konkurrenz fördern und dadurch die Preise reduzieren zu können,

---

23 Vgl. *Büschenfeld*, Flüsse, S. 32–48.
24 Vgl. *R. Evans*, Tod in Hamburg. Stadt, Gesellschaft und Politik in den Cholera-Jahren 1830–1910, Reinbek 1990.
25 Vgl. *J. Vögele*, Sanitäre Reformen und der Sterblichkeitsrückgang in den deutschen Städten 1877–1913, in: Vierteljahrschrift für Sozial- und Wirtschaftsgeschichte 80, 1993, S. 345–365; *Witzler*, Großstadt.
26 Vgl. für Berlin *H. Bärthel*, Die Geschichte der Gasversorgung in Berlin. Eine Chronik, Berlin 1997. Vgl. generell zur Entwicklung der deutschen Gaswirtschaft *F. Elsas*, Die deutsche Gaswirtschaft, in: *J. Landmann (Hg.)*, Moderne Organisationsformen der öffentlichen Unternehmung, Zweiter Teil: Deutsches Reich, München 1931, S. 1–74; *W. Wehrmann*, Die Entwicklung der deutschen Gasversorgung von ihren Anfängen bis zum Ende des 19. Jahrhunderts, Diss. Köln 1958; *J. Körting*, Geschichte der deutschen Gasindustrie. Mit Vorgeschichte und bestimmenden Einflüssen des Auslandes, Essen 1963; *H.-D. Brunckhorst*, Kommunalisierung im 19. Jahrhundert, dargestellt am Beispiel der Gaswirtschaft in Deutschland, München 1978.

hatte sich als irreal erwiesen, da die Unternehmen Preisabsprachen trafen. Zudem sollte die Vergabe einer Monopolkonzession das mehrfache Aufreißen der Straßen verhindern. Bis zum Beginn der 1860er Jahre verfügten in Deutschland nahezu alle Städte über 20 000 Einwohner über eine Gasversorgung; diese Quote wurden von den Städten mit einer zentralen Wasserversorgung bei Weitem nicht erreicht.

Seit den 1860er Jahren begannen die Städte jedoch eigene Gasunternehmen zu gründen oder private Gasunternehmen aufzukaufen. Ausschlaggebend dafür war, dass zahlreiche Gasunternehmen angesichts der zumeist auf 20 bis 25 Jahre befristeten Monopollizenzen eher auf die Erwirtschaftung einer hohen Dividende durch die Konzentration auf die abnahmestarken Stadtgebiete als auf die Bereitstellung einer sicheren, gesundheitlich unbedenklichen, kostengünstigen und flächendeckenden Gasversorgung setzten. Zudem befürchteten die Städte als Konsumenten einerseits, aufgrund der Monopolsituation von den privaten Gasgesellschaften ausgebeutet zu werden.[27] Andererseits wollten sie, nachdem die Erfahrung gezeigt hatte, dass die Risiken eines Gaswerkbetriebes zu bewältigen waren, als Produzenten die nahezu sicheren Gewinne selber einstreichen.[28] Dies galt insbesondere seit dem Ende des 19. Jahrhunderts, als das Gas nicht mehr nur für die Beleuchtung, sondern aufgrund seiner leichteren Handhabung, Arbeitsersparnis und Sauberkeit gegenüber dem Holz und der Kohle zunehmend auch für die Kraft- und Wärmeerzeugung eingesetzt wurde. Davon profitierte vor allem der Haushalt, da der Betrieb von Herden, Bügeleisen, Heizapparaten, Waschmaschinen, Boilern usw. einen Fortschritt an Sauberkeit, Bequemlichkeit und Kraftersparnis brachte. Im Jahre 1862 befanden sich etwa ein Viertel, 1908 zwei Drittel, 1920 drei Viertel und 1930 schließlich vier Fünftel der Gaswerke in kommunaler Hand.[29] Für die privaten Gaskonsumenten war der finanzielle Nutzen des Kommunalisierungsprozesses jedoch eher gering. Denn die Gaspreise der kommunalen Unternehmen lagen zumindest bis zur Jahrhundertwende in der Regel nicht unter denen der privatwirtschaftlichen Unternehmen, wollten die Städte doch

---

27 Sie nahmen bis in die 1860er Jahre in der Regel das Gros der Gaserzeugung, d. h. mehr Gas als die gesamten Privatnutzer ab. Vgl. *Brunckhorst*, Kommunalisierung, S. 138–139.
28 Vgl. *Brunckhorst*, Kommunalisierung, S. 160–196. Der Magistrat in Frankfurt setzte dagegen die Absicht, einen Eigenbetrieb zu errichten, als Drohung gegen die private Gasgesellschaft ein, um deren Gaspreise zu drücken. Vgl. *A. Fischer*, Kommunale Leistungsverwaltung im 19. Jahrhundert. Frankfurt am Main unter Mumm von Schwarzenstein 1868 bis 1880, Berlin 1995, S. 160–161.
29 Der Rest war teils gemischtwirtschaftlich (acht Prozent) organisiert, teils in privater Trägerschaft (zwölf Prozent). Vgl. *F. Elsas*, Kommunalwirtschaft und Gas, und Willi Vollbrecht, Wirtschaftsgeschichte der deutschen Gasproduktion, beide in: *W. Vollbrecht/R. Sternberg-Raasch (Hg.)*, Das Gas in der deutschen Wirtschaft, Berlin 1929, S. 295–302, S. 297 bzw. S. 23–33, S. 25, 30; *H. Kellner*, Die grundsätzlichen Auseinandersetzungen über die kommunale Wirtschaftsbetätigung in der Nachkriegszeit, Diss. Münster, Emsdetten 1936, S. 5; *R. Adrian*, Zechengas- und Gruppengasversorgung. Eine Darstellung und volkswirtschaftliche Untersuchung der zentralisierten und dezentralisierten Gasfernversorgung Deutschlands, Diss. Würzburg 1932, S. 4; *Brunckhorst*, Kommunalisierung, S. 25–35. Vgl. im Einzelnen die Städteliste mit den Gründungs- bzw. Übernahmedaten von Gaswerken in: *Braun/Jacobi*, Geschichte, S. 35–41.

– offenbar häufiger als in Großbritannien, wo es primär um die Bereitstellung billiger Energie für Industrie und Bevölkerung ging[30] – Gewinne machen, um andere kommunale Aufgaben querzufinanzieren.[31]

Die seit Ende der 1870er Jahre einsetzende Konkurrenz durch das elektrische Licht veranlasste die Gasgesellschaften zu Rationalisierungs- und Innovationsanstrengungen. Die Erfindung des Gasglühstrumpfes verbesserte die Lichtstärke und reduzierte den Gasverbrauch;[32] zudem erschloss seit den 1890er Jahren die Durchsetzung des Gasmotors und mehrerer Haushaltsgeräte dem Gasabsatz neue Möglichkeiten. Zu Beginn des 20. Jahrhunderts machten diese Nutzungen bereits ein Drittel des Gasverbrauchs aus und überflügelten, als sich das bequemere und sichere elektrische Licht durchsetzte, den Gasverbrauch für die Beleuchtung.[33]

Seit der Jahrhundertwende erfolgte ein weiterer technologisch induzierter Schub des Gasabsatzes. Nach der Erfindung des nahtlosen Schweißens von Röhren, das die Erhöhung des Drucks für den verlustfreien Gastransport über längere Strecken erlaubte, traten einige Zechenkokereien des Ruhrgebiets als Gasanbieter auf den Markt und boten den Kommunen per Fernleitung ihr Überschussgas günstig an. Einige gingen darauf ein und vermischten daraufhin das Zechengas mit dem selbsterzeugten, manche legten sogar ihre eigene Gasproduktion still.[34] Die Idee der Ruhrindustriellen, mit dem in ihren Großkokereien gewonnenen Überschussgas eine reichsweite Ferngasversorgung aufzubauen, die im Jahre 1926 zur Gründung der AG für Kohleverwertung, seit 1928 Ruhrgas AG, führte, wurde dagegen nur sehr begrenzt realisiert.[35]

---

30 Vgl. *T. I. Williams*, A History of the British Gas Industry, Oxford 1981, S. 43.
31 Vgl. *W. R. Krabbe*, Kommunalpolitik und Industrialisierung. Die Entfaltung der städtischen Leistungsverwaltung im 19. und frühen 20. Jahrhundert. Fallstudien zu Dortmund und Münster, Stuttgart 1985, S. 46–49; *ders.*, Städtische Wirtschaftsbetriebe im Zeichen des „Munizipalsozialismus". Die Anfänge der Gas- und Elektrizitätswerke im 19. und frühen 20. Jahrhundert, in: *H. H. Blotevogel (Hg.)*, Kommunale Leistungsverwaltung und Stadtentwicklung vom Vormärz bis zur Weimarer Republik, Köln 1990, S. 117–135, S. 124.
32 Vgl. *H.-J. Braun*, Gas oder Elektrizität? Zur Konkurrenz zweier Beleuchtungssysteme, 1880–1914, in: Technikgeschichte 47, 1987, S. 1–19.
33 Vgl. *H. Geitmann*, Die wirtschaftliche Bedeutung der deutschen Gaswerke, München 1910, S. 79–83; *Körting*, Geschichte, S. 183. Vgl. für Recklinghausen *P. Döring*, „... eine neue Errungenschaft unserer Stadt." Die Geschichte der öffentlichen Energieversorgung in Recklinghausen, in: *ders. (Hg.)*, 100 Jahre Strom für Recklinghausen 1905–2005, Essen 2005, S. 23–74, S. 47.
34 Vgl. *T. Runte*, Die Gasversorgung der Provinz Westfalen unter besonderer Berücksichtigung der zentralorganisierten Zechenferngasversorgung, eine wirtschaftsgeschichtliche und organisatorische Studie, Diss. Frankfurt, Essen 1931, S. 11–12.
35 Vgl. *Körting*, Geschichte, S. 488–499; Gasfernversorgung von den Kohlengewinnungsstätten aus. Denkschrift des Deutschen Vereins von Gas- und Wasserfachmännern E.V., Berlin 1927; *L. Segelken*, Großraumwirtschaft in der deutschen Gasversorgung, München 1937; *H.-W. Niemann*, „Dornröschenschlaf" der deutschen Gaswirtschaft? Das Großsystem Ferngasversorgung im Spannungsfeld konkurrierender politischer und ökonomischer Interessen, in: Zeitschrift für Unternehmensgeschichte 43,

Denn Vertreter des Staates, der kommunalen Gasunternehmen und der eng mit ihnen verflochtenen Berufsorganisationen der Gas- und Wasseringenieure wiesen darauf hin, dass die Lieferungssicherheit eines wichtigen Konsumgutes durch eine militärische Besetzung des Ruhrgebiets seitens fremder Mächte oder durch Streiks gefährdet sei, und ferner auf die Gefahr einer Preisdiktatur durch die Ausnutzung einer Monopolstellung. Schließlich sei es auch unmöglich, die Provinzen im Osten des Reiches vom Ruhrgebiet zu gleichen Konditionen wie die Westprovinzen zu versorgen. Ja, es sei generell aufgrund der hohen Leitungskosten fraglich, ob der Gastransport über lange Strecken preisgünstiger sei als die Versorgung durch eigene Großgaswerke. Sinnvoll seien allenfalls regionale Lösungen und die Ergänzung der bestehenden Gasversorgung durch die Ruhrgasindustrie. Hinter diesen Argumenten stand wohl auch die Befürchtung, dass eine im Ruhrgebiet zentralisierte Gaserzeugung die Autonomie vieler Städte und Privatunternehmen beschränken würde.[36]

Dennoch lieferten Ende der 1920er Jahre die Ruhrzechen bereits etwa 18 Prozent der Gasabgabe der deutschen Stadtgaswerke mit stark steigender Tendenz. Seit dem Jahre 1934 übertraf zudem die Absatzmenge des Kokereigases – nicht nur aus dem Ruhrgebiet – diejenige des Stadtgases.[37] Die Existenz des Zechenferngases begrenzte die Möglichkeiten der Städte, ihre Gaspreise aus Gewinngründen zu erhöhen, und veranlasste viele, ihrerseits regionale Verbundsysteme der Gasbelieferung (,Gruppengasversorgung') auf der Basis ihrer eigenen Gaswerke aufzubauen.[38] In Thüringen, Sachsen, dem Magdeburger Raum, der Pfalz und dem Saargebiet entstanden interkommunale Gasnetze, die auf wenigen Großgaswerken aufbauten. In den Provinzen Preußens beteiligten sich häufig die Provinzialverbände, das heißt höhere Kommunalverbände, an Zusammenschlüssen von kommunalen Gaswerken und nahmen aufgrund ihres Wegerechtes an den Provinzialstraßen Einfluss auf die Vereinheitlichung sowie die rationale Produktion und Verteilung des Gases, sodass diese Verbundsysteme ihr Gas in der Regel kostengünstiger als die einzelnen kommunalen Gaswerke anbieten konnten.[39]

1997, S. 39–64; *D. Bleidick*, Schlaglichter. Die ersten 75 Jahre. 1926–2001: Die Chronik der Ruhrgas AG, Essen 2001.

36 Vgl. im Einzelnen *K. Ditt*, Zweite Industrialisierung und Konsum. Energieversorgung, Haushaltstechnik und Massenkultur am Beispiel nordenglischer und westfälischer Städte 1880–1939, Paderborn 2011, S. 208–209.

37 Vgl. *Albrecht*, Die deutsche Gaswirtschaft, in: Technik und Wirtschaft 21, 1928, S. 253–257, S. 254; *F. Lücke*, Die Gasfernversorgung, Berlin 1933, S. 133–134; *C. Krecke/G. Seebauer*, Organisation und Regelung der deutschen Elektrizitäts- und Gasversorgung, in: Deutsche Energiewirtschaft. Deutsche Berichte zur III. Weltkraftkonferenz Washington 1936, Berlin 1936, S. 164–193, S. 166.

38 Vgl. *M. Meyer*, Gasversorgung, in: Statistisches Jahrbuch deutscher Städte 25, 1930, S. 105–131, S. 106–107; *R. Nübling*, Die Gruppengasversorgung, und *H. Müller*, Die Gasfernversorgung, beide in: *W. Vollbrecht/R. Sternberg-Raasch (Hg.)*, Das Gas in der deutschen Wirtschaft, Berlin 1929, S. 256–264 bzw. S. 265–276; *Elsas*, Gaswirtschaft, S. 11–16.

39 Vgl. z. B. *K. Jeserich*, Die preußischen Provinzen. Ein Beitrag zur Verwaltungs- und Verfassungsreform, Berlin-Friedenau 1931, S. 178–180; *O. Müller-Haccius*, Die Preussischen Provinzialverbände im Gefüge des Dritten Reiches, Stuttgart 1936, S. 30–32; *Körting*, Geschichte, S. 491–492.

Elektrizität

Die Nutzung der Elektrizität für Licht, Wärme und Kraft bedeutete gegenüber dem Gas mehr Flexibilität, Sicherheit, Sauberkeit und Bequemlichkeit; sie war jedoch deutlich teurer. Wiederum ging die Privatwirtschaft voran. Die ersten privaten Anlagen zur Erzeugung von Elektrizität für die Versorgung mehrerer Häuser (Blockmaschinenzentralen) mit Licht entstanden im Jahre 1882. Die erste Konzession für ein Elektrizitätswerk erteilte im Jahre 1884 die Stadt Berlin der von Emil Rathenau gegründeten Städtische Electricitätswerke AG zu Berlin für die elektrische Beleuchtung der Innenstadt.[40] Die Platzierung dieses und anderer E-Werke orientierte sich vor allem an der Nähe zum größtmöglichen Lichtstromabsatz. Daher erfolgte sie in den Innenstädten mit ihren Verwaltungsgebäuden, Kaufhäusern, Läden, Cafés, Restaurants, Hotels, Banken und wohlhabenden Privathaushalten. Seit den 1890er Jahren begann die Abgabe von Kraftstrom schneller als die Abgabe von Lichtstrom zu steigen. Er wurde für die Elektrifizierung der Straßenbahnen,[41] des Handwerks und der Industrie sowie der aufkommenden Haushaltstechnik genutzt.

Trotz der praktischen Vorteile der Elektrizität verhielt sich die Mehrzahl der Kommunen – ähnlich wie bei der Gasversorgung – gegenüber dem Aufbau einer eigenen Stromversorgung zunächst sehr vorsichtig. Denn die beste technische Lösung der Elektrizitätserzeugung – vor allem die Frage, ob Gleich-, Wechsel- oder Drehstrom installiert werden sollte – war lange Zeit umstritten. Außerdem wollten die Städte ihren eigenen Gaswerken keine Konkurrenz machen. Erst seit Mitte der 1890er Jahre wuchs die kommunale Bereitschaft, eine eigene Stromversorgung aufzubauen beziehungsweise privatwirtschaftliche Elektrizitätswerke zu übernehmen. Denn wie im Falle der Gasnutzung wuchs in den Kommunen der Eigenbedarf für den Betrieb der Straßenbeleuchtung, der kommunalen Gebäude und der Straßenbahnen deutlich, sodass die Eigenerzeugung eine beträchtliche Kosteneinsparung versprach. Zudem wollten die Kommunen auch in diesem Fall die sichere Rendite nicht der Privatwirt-

---

40 Vgl. zur Entstehung der Berliner Elektrizitätsindustrie 50 Jahre Berliner Elektrizitätswerke 1884–1934. Im Auftrage der Berliner Städtische Elektrizitätswerke Akt.-Ges. bearb. von *C. Matschoß u. a.*, Berlin 1934; *R. von Zastrow*, Elektrizitätswirtschaft der Stadt Berlin, in: *J. W. van Heys (Hg.)*, Deutschlands Elektrizitätswirtschaft, Dresden 1931, S. 243–275; *F. Haubner*, Aus den Anfängen der öffentlichen Elektrizitätsindustrie in Berlin (1882–1899), in: Tradition 7, 1962, S. 1–11. Vgl. zur Entstehung der deutschen Elektrizitätsindustrie *H. Büggeln*, Die Entwicklung der öffentlichen Elektrizitätswirtschaft in Deutschland. Unter besonderer Berücksichtigung der süddeutschen Verhältnisse, Stuttgart 1930; *A. Th. Gross*, Zeittafel zur Entwicklung der Elektrizitäts-Versorgung, in: Technikgeschichte 25, 1936, S. 126–138; *Bernhard Stier*, Staat und Strom. Die politische Steuerung des Elektrizitätssystems in Deutschland 1890–1950, Ubstadt-Weiher 1999.
41 Vgl. *K. H. Kaufhold*, Straßenbahnen im Deutschen Reich vor 1914. Wachstum, Verkehrsleistungen, wirtschaftliche Verhältnisse, in: *D. Petzina/J. Reulecke (Hg.)*, Bevölkerung, Wirtschaft, Gesellschaft seit der Industrialisierung. Festschrift für Wolfgang Köllmann zum 65. Geburtstag, Dortmund 1990, S. 219–238; *Krabbe*, Kommunalpolitik, S. 61–77.

schaft überlassen, sondern selbst nutzen.[42] Bis zum Ersten Weltkrieg produzierten die öffentlichen, das heißt vor allem die in kommunalem Eigentum befindlichen Elektrizitätswerke etwa 40 Prozent der Leistung aller für die Öffentlichkeit produzierenden E-Werke.[43] Wie bei den Gaswerken war auch bei den kommunalen E-Werken der Preis nicht niedriger als bei den privaten Unternehmen.[44]

Zu Beginn des 20. Jahrhunderts verfügten alle Städte über 50 000 Einwohner und 77 Prozent aller Städte zwischen 20 000 und 50 000 Einwohnern über ein E-Werk.[45] Bis zum Jahre 1913 stieg die Quote derjenigen öffentlichen E-Werke, die in kommunalem oder gemischtwirtschaftlichem, mit kommunaler Mehrheit ausgestattetem Besitz waren, auf 60–70 Prozent.[46] Stärker noch als der kommunale stieg der gemischtwirtschaftliche Besitz. Hinter der Bereitschaft der Kommunen, gemeinsam mit der Privatwirtschaft ein Elektrizitätswerk zu betreiben, stand häufig die Erkenntnis, dass ein gemischtwirtschaftliches Unternehmen erlaube, die Grenzen der Stadt und damit wesentliche Schranken für ein anhaltendes Wachstum zu überschreiten.[47] Die dadurch mögliche Nutzung der *economies of scale* sei erforderlich, um gegenüber den privatwirtschaftlichen Stromgroßerzeugern konkurrenzfähig zu bleiben.

Denn einige privatwirtschaftliche Unternehmen hatten seit der Jahrhundertwende begonnen, nicht nur einzelne Gemeinden, sondern auch Regionen mit Strom zu beliefern. Wie beim Gas erlaubte die technische Entwicklung auch beim Strom – in diesem Fall die Hochspannung des Stroms und der Bau von Überlandzentralen – diese Energie über größere Entfernungen ohne hohe Verluste zu transportieren, sodass die Elektrizitätswerke nicht mehr in der Nähe der Konsumenten, sondern kostengünstiger in der Nähe der Erzeugung, das heißt der Kohlebergwerke oder Talsperren, errichtet werden konnten. Infolgedessen entwickelten die Privatunternehmen vor dem Ersten Weltkrieg die Anfänge regionaler, zum Teil sogar überregionaler Stromnetze und konnten den kommunalen E-Werken eine überlegene Preiskonkur-

---

42 Vgl. für Aachen *C. Lindemann*, Chancen und Grenzen kommunaler Elektrizitätspolitik. Die Entwicklung des Elektrizitätswerks Aachen und der Rurtalsperren-Gesellschaft von 1890 bis 1928, Frankfurt 1996, S. 41–44. Vgl. generell *Krabbe*, Wirtschaftsbetriebe, S. 125–133.
43 Vgl. *H. Ott* (Hg.), Statistik der öffentlichen Elektrizitätsversorgung Deutschlands 1890–1913, St. Katharinen 1986, S. 6. Eine Liste der Gründungsdaten privatwirtschaftlicher und öffentlicher Elektrizitätsunternehmen findet sich in: *Braun/Jacobi*, Geschichte, S. 56–62.
44 Vgl. *K. Ditt*, Munizipalsozialismus und Elektrizitätswirtschaft in Deutschland im ersten Drittel des 20. Jahrhunderts, in: *H. Reif/M. Feichtinger* (Hg.), Ernst Reuter. Kommunalpolitiker und Gesellschaftsreformer 1921–1953, Bonn 2009, S. 51–65, S. 54.
45 Vgl. *Krabbe*, Wirtschaftsbetriebe, S. 126–127.
46 Vgl. *H.-P. von Peschke*, Elektroindustrie und Staatsverwaltung am Beispiel Siemens 1847–1914, Frankfurt 1981, S. 125; *Büggeln*, Entwicklung, S. 37; *Hans Pohl*, Einführung, in: *ders.* (Hg.), Kommunale Unternehmen. Geschichte und Gegenwart, Stuttgart 1987, S. 1–15, S. 9.
47 Vgl. generell *C. Heiß*, Die gemischt-wirtschaftlichen Unternehmungen bei der öffentlichen Elektrizitätsversorgung, in: Schmollers Jahrbuch 40 (1916), S. 313–385; *Leoni*, Die Verbindung von Gemeinde und Privatkapital zu wirtschaftlichen Unternehmungen, in: Technik und Wirtschaft 7 (1914), S. 1–27; *Krabbe*, Wirtschaftsbetriebe, S. 129–130. Vgl. beispielhaft für Aachen *Lindemann*, Chancen, S. 45–52.

renz machen. Zum größten privatwirtschaftlichen Unternehmen dieser Art entwickelte sich die Rheinisch-Westfälische Elektrizitätswerk AG (RWE).[48]

Manche Städte gaben daraufhin ihre Stromerzeugung auf und kauften bei der preisgünstigeren Privatwirtschaft. Andere setzten sich gegenüber der Privatwirtschaft zur Wehr, um sich nicht abhängig zu machen, auch wenn sie Strom günstiger anbot.[49] Wie bei der Ferngasversorgung förderten auch in der Stromversorgung die Provinzialverbände Überlandzentralen im ländlichen Raum oder beteiligten sich an kommunalen oder gemischtwirtschaftlichen Unternehmen.[50] Ihnen standen Kapital beziehungsweise Kreditwürdigkeit und die Wegerechte für die Provinzialstraßen zur Verfügung, die erforderlich waren, um die Leitungen verlegen zu können. Vor allem die RWE reagierte auf kommunale Verweigerungen oder Konkurrenzen häufig mit dem Angebot, die jeweilige Stadt beziehungsweise den Provinzialverband als Aktionär aufzunehmen, das heißt sie war bereit, sich zunehmend in ein gemischtwirtschaftliches Unternehmen umzuwandeln. In der Tat entwickelte sich in der Weimarer Republik das gemischtwirtschaftliche Unternehmen zur dominierenden Unternehmensform in der Elektrizitätsversorgung, da die Städte auf diese Weise das Know-how der Privatwirtschaft nutzen, die Beschränkung auf die Gemeindegrenzen überwinden und wesentliche Einfluss- und Kontrollrechte wahren konnten.[51]

Der Staat engagierte sich wie in der Gas-, so auch in der Elektrizitätserzeugung zunächst nicht. Erst seit dem Jahre 1908 begannen sich die Vertreter des Reiches, sich über eine staatliche Regelung der Elektrizitätsversorgung Gedanken zu machen. Sie versuchten, die Ziele zu vereinen, den Elektrizitätskonsum durch die Erhebung von Steuern und Konzessionsabgaben für die Erhöhung der eigenen Einnahmen zu nutzen sowie die Elektrizitätserzeugung zu rationalisieren und zu verbilligen. Dabei standen sich in den Jahren vor und während des Ersten Weltkriegs die Meinungen gegenüber, die Elektrizitätsversorgung durch Verstaatlichungen und den Bau regionaler Großkraftwerke oder durch eine Zusammenarbeit zwischen Privatwirtschaft, Kommunen oder Reich zu konzentrieren und zu verbilligen.[52]

Die erste Möglichkeit, die Schaffung eines Reichselektrizitätsmonopols durch die staatliche Übernahme privatwirtschaftlicher Werke, schien kaum durchsetzbar. Die Entschädigungskosten seien zu hoch und könnten in absehbarer Zeit durch Gewinne kaum wieder eingebracht werden. Die Anlagen seien technisch außerordentlich

---

48 Vgl. *Krabbe*, Wirtschaftsbetriebe, S. 131–133; *W. Thieme/D. Schweer (Hg.)*, „Der gläserne Riese". RWE. Ein Konzern wird transparent, Wiesbaden 1998.
49 Vgl. *VEW AG (Hg.)*, Mehr als Energie. Die Unternehmensgeschichte der VEW 1925–2000, Essen 2000, *Ditt*, Zweite Industrialisierung, S. 259–280.
50 Vgl. *Jeserich*, Provinzen, S. 172–178; *Müller-Haccius*, Provinzialverbände, S. 25–30; Fünfzig Jahre Provinzialverband von Pommern. *Herausgegeben vom Landeshauptmann der Provinz Pommern*, [Stettin] 1926, S. 35–40.
51 Vgl. *G. Ambrosius*, Aspekte kommunaler Unternehmenspolitik in der Weimarer Republik, in: Archiv für Kommunalwissenschaften 19, 1980, S. 239–261.
52 Vgl. *Stier*, Staat, S. 230–261, 355–378; *Ditt*, Zweite Industrialisierung, S. 234–241.

heterogen, sodass eine Vereinheitlichung den Staat sehr teuer käme. Ferner würde auch ein staatliches Elektrizitätsmonopol zu einem vergleichsweise unwirtschaftlichen Betrieb gegenüber der Privatwirtschaft führen, da der Reichstag zweifellos eine subventionierte Versorgung strukturschwacher Gebiete fordern würde. Schließlich schrieben die Vertreter des Staates der Privatinitiative auch eine größere Effektivität zu. Letztlich überforderten alle Pläne in Richtung eines Reichsmonopols die Bereitschaft der Staatsvertreter sowie die Möglichkeiten der Organisation und des Kapitaleinsatzes seitens des Reiches. Die Entwicklung der Stromerzeugung blieb im Wesentlichen den Ländern, den Kommunen und der Privatwirtschaft überlassen und wurde erst durch das Energiewirtschaftsgesetz des Dritten Reiches aus dem Jahre 1935 stärker gesteuert.[53]

2.2 Kulturelle Infrastruktur

Die Übernahme oder Gründung von Kulturbetrieben – Theatern, Museen, Archiven, Bibliotheken – lag der öffentlichen Hand ursprünglich ferner als die Unterhaltung von Betrieben, die der Bewältigung elementarer Lebensbedürfnisse wie der Wasser- und Abwasser- sowie der Energieversorgung dienten. Denn die Teilhabe und der Genuss von Kultur in Form von Theateraufführungen, Museumsbesuchen oder Bibliotheksnutzungen galten als Formen der Freizeitnutzung und des freiwilligen ‚Konsums'. Sie interessierten allenfalls den Zensor und konnten Unternehmen und Vereinen überlassen werden. Traditionen des kulturellen Engagements der öffentlichen Hand gab es allenfalls in Residenzstädten, in denen der Herrscher zum Nutzen seiner Familie und der Hofgesellschaft häufig ein Hoftheater, eine Hofbibliothek sowie natur- und kunsthistorische Sammlungen unterhielt.[54]

Die Bereitschaft der öffentlichen Hand für ein kulturelles Engagement und Angebot wurde durch Ideen der Romantik und das Erwachen eines Nationalgefühls vorbereitet. Zuerst begann das Bürgertum – durchaus im Gegensatz zu den Selbstver-

---

53 Vgl. *H. D. Hellige*, Entstehungsbedingungen und energietechnische Langzeitwirkungen des Energiewirtschaftsgesetzes von 1935, in: Technikgeschichte 53, 1986, S. 123–155; *J. O. C. Kehrberg*, Die Entwicklung des Elektrizitätsrechts in Deutschland. Der Weg zum Energiewirtschaftsgesetz von 1935, Frankfurt 1997; *B. Stier*, Zwischen kodifikatorischer Innovation und materieller Kontinuität. Das Energiewirtschaftsgesetz von 1935 und die Lenkung der Elektrizitätswirtschaft im Nationalsozialismus, in: *J. Bähr/R. Banken (Hg.)*, Wirtschaftssteuerung durch Recht im Nationalsozialismus. Studien zur Entwicklung des Wirtschaftsrechts im Interventionsstaat des „Dritten Reichs", Frankfurt am Main 2006, S. 281–305.
54 Vgl. *U. Daniel*, Hoftheater. Zur Geschichte des Theaters und der Höfe im 18. und 19. Jahrhundert, Stuttgart 1995; *P. Ther*, In der Mitte der Gesellschaft. Opernthreater in Zentraleuropa 1915–1914, München 2006; *W. Arnold*, Fürstenbibliotheken, in: *ders. u. a. (Hg.)*, Die Erforschung der Buch- und Bibliotheksgeschichte in Deutschland, Wiesbaden 1987, S. 398–419; *J. J. Sheehan*, Geschichte der deutschen Kunstmuseen. Von der fürstlichen Kunstkammer zur modernen Sammlung, München 2002.

herrlichungsbestrebungen der Herrscherdynastien – die Geschichte der deutschen Nation und ihrer künstlerischen Leistungen als ein wertvolles Produkt und Konsumgut anzusehen, das durch Sammlungen und Forschungen hergestellt, geschützt und der Gesellschaft breit zugänglich gemacht werden sollte. Durch diese implizite Selbstdarstellung und Abgrenzung von der Geschichte und Kultur seiner Herrscherdynastien wollte es nicht zuletzt Gemeinsamkeiten schaffen, zur Stärkung des Selbst- und Nationalbewusstseins beitragen und einer bürgerlich bestimmten Nationalstaatsbildung vorarbeiten.

Diese Zielsetzung wurde nach dem Sieg über Napoleon von den Kultusverwaltungen der deutschen Staaten übernommen. Sie sahen keinen zwangsläufigen Gegensatz zwischen den Bestrebungen des Bürgertums für die Erhaltung, Erforschung und Präsentierung der nationalen Kultur sowie einer staatlichen Kulturpolitik. Vielmehr akzeptierten sie die Einsicht der preußischen Reformer, die Bürger nicht mehr nur als Untertanen, sondern auch als Staatsbürger zu betrachten und ihre Entfaltungsbestrebungen, insbesondere auf dem unmittelbar wenig gefährlichen Feld der vergangenheitsorientierten Kultur, Rechnung zu tragen. Zudem glaubten sie, dass eine nationale Kulturpolitik in der Lage sei, sozial und politisch integrierend zu wirken. Die Förderung eines kulturell bestimmten Nationalgefühls könne den zumeist partikularen sozialen und politischen Interessenartikulationen der Unterschichten entgegengestellt werden. Diese Überlegungen erleichterten es den Kultusverwaltungen, auf kulturelle Initiativen aus der bürgerlichen Gesellschaft einzugehen, ja sie sogar anzuregen.

Zu den ersten kulturpolitischen Maßnahmen der bundesdeutschen Staaten gehörte die Einleitung einer Denkmalpflege. Sie begann, historische und künstlerische Bauten als Zeugnisse eines wertvollen nationalen Erbes zu inventarisieren, unter Schutz zu stellen und zum Teil auch zu restaurieren.[55] Einzelne Herrscher übertrugen auch ihre Kunstsammlungen auf den Staat oder öffneten sie zeitweise für die breite Bevölkerung. Mit dieser Zugänglichmachung ihrer ‚Schatzkammern' wollten sie der Öffentlichkeit ihre Liberalität demonstrieren, ihr zugleich an konkreten Bildern und Skulpturen die Erfahrung von Schönheit und die Veredlung des ästhetischen Geschmacks ermöglichen sowie den Entwicklungsgang der Kunst illustrieren. Auf diese Weise entstanden etwa im Jahre 1830 das Alte Museum in Berlin, im Jahre 1836 die Alte und 1853 die Neue Pinakothek in München und im Jahre 1843 die Staatsgalerie in Stuttgart.[56]

---

55 Vgl. z. B. *N. Huse* (Hg.), Denkmalpflege. Deutsche Texte aus drei Jahrhunderten, 2. Aufl., München 1996; *F. Buch*, Studien zur Preußischen Denkmalpflege am Beispiel konservatorischer Arbeiten Ferdinand von Quasts, Worms 1990; *H.-M. Körner*, Staat und Geschichte im Königreich Bayern 1806–1918, München 1992, S. 325–411.
56 Vgl. *V. Plagemann*, Das deutsche Kunstmuseum 1790–1870. Lage, Baukörper, Raumorganisation, Bildprogramm, München 1967; *W. Hochreiter*, Vom Musentempel zum Lernort. Zur Sozialgeschichte deutscher Museen, 1800–1945, Darmstadt 1994, S. 9–57; *W. Mittlmeier*, Die neue Pinakothek in München 1843–1854. Planung, Baugeschichte und Fresken, München 1977; *Irene Antoni*, Die Staatsgalerie in Stuttgart im 19. Jahrhundert. Ein „Museum der bildenden Künste", München 1988.

Nach der Gründung des Kaiserreichs setzte eine systematischere staatliche Kulturpolitik ein. Sie wollte nicht nur das kulturelle Erbe sichern, sondern auch eine kulturelle Infrastruktur aufbauen und das zeitgenössische Kulturleben anregen. Dazu konzentrierte sie sich vor allem auf die Pflege und Förderung der Künste und der Wissenschaften, die als Kern der Kultur galten. Jenseits der Denkmalpflege und der staatlichen Museen subventionierte sie vor allem Kultur- und Wissenschaftsvereinigungen. Das kulturelle Leben sollte nicht nur durch die Präsentation der Zeugnisse der bürgerlichen und nationalen Hochkultur inspiriert werden, das heißt der Gesellschaft und dem Wechselverhältnis ihrer Ideen überlassen bleiben, sondern auch zugunsten der Monarchie und des Staates beeinflusst werden. Auf diese Weise wollte sich das Reich als Kulturstaat nach innen und außen präsentieren.[57]

Das Bürgertum überließ die Sicherung des nationalen Kulturerbes jedoch nicht dem Staat, sondern wurde in seinem lokalen Rahmen selbst aktiv. Im Folgenden seien einige seiner Aktivitäten, die zur Gründung kommunaler Kulturbetriebe, das heißt zu Museen, Bibliotheken und Theatern, führten, näher betrachtet.

Museen

Während in der ersten Hälfte des 19. Jahrhunderts auf nationaler Ebene vor allem Kunstmuseen gegründet wurden, entstanden auf lokaler Ebene Sammlungen von ‚Alterthümern'.[58] Hierbei ging es darum, Zeugnisse der Kunst und Geschichte, die als ästhetisch und historisch wertvoll galten und die im Zuge der Säkularisierung der Klöster, aber auch der Industrialisierung und Urbanisierung verloren zu gehen drohten, zu retten und zu bewahren.[59] Vor allem gegen Ende des 19. Jahrhunderts differenzierten sich dann in einer breiten Gründungswelle unterschiedliche Museumstypen aus, die die Bevölkerung in einem weiteren Sinne mit dem kulturellen Erbe der Nation, Region und Stadt, aber auch mit der Naturkunde, der Medizin und der Technik vertraut machen und bilden sollten. Ausgangspunkt in den Städten waren in einigen Fällen bürgerliche Mäzene, die entsprechende Gelder oder Spezialsammlungen stifteten, meist aber Kulturvereine. Sie legten Sammlungen von Kunst und Kunstgewerbe sowie aus der Kulturgeschichte und Naturkunde an, die ihre Mitglieder durch Funde und Schenkungen permanent ergänzten. Die entsprechenden Objekte sollten gleichsam als bewegliche Denkmäler erhalten, zentralisiert und präsentiert

---

57 Vgl. *K. Düwell*, Deutschlands auswärtige Kulturpolitik 1918–1932, Köln 1976; *ders./W. Link*, Deutsche auswärtige Kulturpolitik seit 1871. Geschichte und Struktur. Referate und Diskussionen eines interdisziplinären Symposiums, Köln 1981.
58 Vgl. *Plagemann*, Kunstmuseum, S. 33–35.
59 Vgl. generell *H. Lübbe*, Der Fortschritt und das Museum, in: *ders.*, Die Aufdringlichkeit der Geschichte. Herausforderungen der Moderne vom Historismus bis zum Nationalsozialismus, Graz 1989, S. 13–29; *O. Hartung*, Kleine deutsche Museumsgeschichte. Von der Aufklärung bis zum frühen 20. Jahrhundert, Köln 2010.

werden. Anfangs wurden sie in Räumen einer Schule oder des Rathauses untergebracht sowie für einige Tage und Stunden in der Woche zugänglich gemacht. Damit sollte in der Bevölkerung das Bedürfnis geweckt werden, sich mit der Geschichte und der Kunst der Stadt und ihrer Umgebung zu beschäftigen.

Zu dem am häufigsten realisierten Museumstyp wurde das kulturgeschichtliche Museum. Vorbild wurde vielfach das im Jahre 1852 auf private Initiative hin entstandene Germanische Nationalmuseum in Nürnberg. Es verfolgte den Anspruch, an die Zustände, die Zeugnisse und führenden Persönlichkeiten der gesamtdeutschen Geschichte zu erinnern sowie ‚den Fortschritt' zu demonstrieren. Dazu sammelte es vor allem Zeugnisse der materiellen Kultur, die weniger nach ihrem ästhetischen Wert als ihrer geschichtlichen Bedeutung aufgenommen wurden. Auf diese Weise wollte es das Nationalgefühl der Bevölkerung wecken und stärken.[60]

Kulturgeschichtliche Museen entstanden vor allem seit den 1870er Jahren. Je kleiner die Stadt war, desto eher nahmen sie den Charakter universal ausgerichteter Heimatmuseen an. Sie sammelten und präsentierten Zeugnisse der Geschichte aller Art, von der Vor- und Frühzeit bis zur Gegenwart, darunter Kunstwerke, Gegenstände der Volkskultur aus dem bäuerlichen und dem handwerklichen Bereich, zum Beispiel Möbel, Trachten und Handwerksgeräte, aber auch naturkundliche Objekte wie etwa Versteinerungen.[61] Angestrebt wurde zumeist die Darstellung der Geschichte der eigenen Stadt mit dem Ziel, ihren wirtschaftlichen, sozialen, kulturellen und politischen Aufschwung zu würdigen.

Eine andere Zielsetzung verfolgte die Gründung von Kunstgewerbemuseen. Sie gingen zumeist aus Sammlungen einzelner Interessenten, Kunstgewerbevereine oder aus Ausstellungen, zum Teil aber auch aus staatlichen Gründungsinitiativen hervor. Aus einer Vereinssammlung entstand etwa im Jahre 1867 das Deutsche Gewerbe-Museum in Berlin oder das im Jahre 1874 gegründete Museum für Kunst und Gewerbe in Hamburg. Sie wollten dem Gewerbe und dem Publikum Anschauung über den Entwicklungsstand, die Funktionsweise und die Gestaltung technischer Erzeugnisse anhand von Originalen und Reproduktionen geben, nicht zuletzt, um die Rückständigkeit der Gewerbe und der Industrie im „Geschmack" gegenüber Frankreich und England aufzuholen. Infolgedessen durften die Besucher häufig auch die Ausstellungsgegenstände abzeichnen, ja ausleihen. Auf diese Weise sollte die Bildung der

---

60 Vgl. *V. Scherer*, Deutsche Museen. Entstehung und kulturgeschichtliche Bedeutung unserer öffentlichen Kunstsammlungen, Jena 1913, S. 186–200; Das Germanische Nationalmuseum Nürnberg 1852–1977. Beiträge zu seiner Geschichte. Im Auftrage des Museums herausgegeben von *B. Deneke/ R. Kahsnitz*, München 1978; *Hochreiter*, Musentempel, S. 58–86.

61 Vgl. *C. E. Döring*, Das kulturgeschichtliche Museum. Geschichte einer Institution und Möglichkeiten des Selbstverständnisses dargestellt am Beispiel „Heimatmuseum", Diss. Frankfurt 1977; *M. Roth*, Heimatmuseum. Zur Geschichte einer deutschen Institution, Berlin 1990.

Gewerbetreibenden und letztlich die Wirtschaft gefördert werden.[62] Jedoch konnten die Kunstgewerbemuseen ihre Vorbildfunktion für die Geschmacksbildung nicht erfüllen, sondern inspirierten eher zur Nachahmung.[63]

Die Sammlungen sprengten bald die einzelnen Schul- und Rathausräume, sodass sich die Frage ihrer Unterbringung stellte. Die Unterhaltung und die Öffnungszeiten eines eigenen Museumsgebäudes überforderten in der Regel die personellen und finanziellen Möglichkeiten der Vereine, sodass sich die Besucherzahlen der Sammlungen auf wenige hundert pro Jahr beschränkten. Professionelle Aufführungs-, Sammlungs- und Präsentationsstandards waren so nicht zu realisieren.[64] Infolgedessen versuchten die Trägervereine seit dem Ende des 19. Jahrhunderts, die Kommunen für die Subventionierung, dann für die Übernahme ihrer Sammlungen oder Museen zu interessieren. Dazu boten sie ihnen häufig ihre Sammlungen als Dauerleihgabe oder als Geschenk an oder leisteten einen finanziellen Beitrag für ein kommunales Museumsgebäude.

Die Kommunen hatten bei diesen Anträgen abzuwägen. Die Vorteile wurden vor allem in der Möglichkeit gesehen, die Geschichte der Gemeinde der eigenen Stadtgesellschaft und den auswärtigen Besuchern präsentieren zu können. Damit konnte das Museum der Identitätsstärkung der eigenen Bevölkerung dienen. Die Nachteile bestanden darin, dass aufgrund einer Vielzahl anderer Infrastrukturanforderungen, in Hamm zum Beispiel dem Projekt eines Volksbades,[65] andere Einrichtungen zurückstehen oder die städtische Verschuldung weiter steigen musste. Die Entscheidung hing häufig von dem Einfluss der Vereinshonoratioren in den bürgerlichen Parteien und dem Stadtrat ab, denen sie häufig angehörten, weniger von den Forderungen einer breiten Öffentlichkeit.

Es dauerte jedoch nicht lange, bis – ähnlich wie im Bereich der technischen Infrastruktur – auch die kulturellen Einrichtungen als eine Sache des Prestiges, ja als eine Selbstverständlichkeit angesehen wurden, ohne dass darin gleich ein Standortvorteil

---

62 Vgl. *B. Mundt*, Die deutschen Kunstgewerbemuseen im 19. Jahrhundert, München 1974; *dies.*, Museumsalltag vom Kaiserreich bis zur Demokratie. Chronik der Berliner Kunstgewerbemuseums, Köln 2018; *K. H. Kaufhold*, Fragen der Gewerbepolitik und der Gewerbeförderung, in: *E. Mai u. a. (Hg.)*, Kunstpolitik und Kunstförderung im Kaiserreich. Kunst im Wandel der Sozial- und Wirtschaftsgeschichte, Berlin 1982, S. 95–109; *I. Cleve*, Geschmack, Kunst und Konsum. Kulturpolitik als Wirtschaftspolitik in Frankreich und Württemberg, Göttingen 1996; *B.-K. Seemann*, Stadt, Bürgertum und Kultur. Kulturelle Entwicklungen und Kulturpolitik in Hamburg von 1839 bis 1933 am Beispiel des Museumswesens, Husum 1998, S. 39–48.
63 Vgl. *Hartung*, Museumsgeschichte, S. 41–42.
64 Vgl. zur Ablösung des bürgerschaftlichen Engagements durch die Stadt z. B. *T. Adam*, Die Kommunalisierung von Kunst und Kultur als Grundkonsens der deutschen Gesellschaft ab dem ausgehenden 19. Jahrhundert. Das Beispiel Leipzig, in: Die alte Stadt 26 (1999), S. 79–99; *T. Höpel*, Von der Kunst- zur Kulturpolitik. Städtische Kulturpolitik in Deutschland und Frankreich 1918–1939, Stuttgart 2007.
65 Vgl. *M. Griepentrog*, Vom „Sammeln und Retten" zur „Volkserziehung"? Kulturhistorische Museumsarbeit in Westfalen vom Ausgang des 19. Jahrhunderts bis zum Nationalsozialismus, in: Westfalen 79, 2001, S. 83–95, S. 89–90.

gesehen wurde: Zu dieser Grundausstattung gehörte auch ein Museum.⁶⁶ Unter dem Einfluss der bürgerlichen Interessentengruppen und der Städtekonkurrenz reichte das kommunale Engagement von der Bereitstellung von Räumen bis zum Bau eines Museumsgebäudes, der Finanzierung eines Museumsleiters im Nebenamt – meist eines Gymnasiallehrers – bis hin zur Bestallung eines hauptamtlichen Museumsleiters. Je nach der Persönlichkeit und Fähigkeit des Museumsleiters erhielten die bislang heterogenen, da durch den Zufall der Schenkungen und Funde zusammengesetzten Sammlungen dann eine Struktur und einen Schwerpunkt oder blieben im Stadium eines Sammelsuriums.⁶⁷

Um die Jahrhundertwende erhielten die kulturgeschichtlichen Museen einen ersten Impuls zur Modernisierung. Sie rückten in den Blickpunkt der Volksbildungsbewegung, die vor allem die Weiterbildung der Unterschichten im Anschluss an den Schulbesuch forderte. Unter wesentlichem Einfluss des Direktors der Hamburger Kunsthalle, Alfred Lichtwark, entwickelten sich die Museen durch die Reduzierung der Präsentationsdichte ihrer Objekte, die besondere Wendung an die Jugend, die Integration einer Kunsterziehung, die Angliederung von Bibliotheken und Lesesälen, die Abhaltung von Vorträgen und weitere Angebote, die ihren häufigen Charakter als tote Sammlungsstätten verändern und zu größerer Resonanz führen sollten: Sie sollten Volksbildungsstätten werden.⁶⁸ Faktisch blieben die Museen im Kaiserreich jedoch Institutionen, die vor allem Objekte der bürgerlichen Welt ausstellten und das Bürgertum ansprachen; die Interessen und die Lebenswelt der Unterschichten blieben unberücksichtigt, sodass sie nur selten die Eingangsschwelle übertraten.⁶⁹

Ebenfalls seit der Jahrhundertwende erfasste ein zweiter Modernisierungsimpuls die vergleichsweise seltenen Kunstmuseen. Einige begannen, nicht mehr nur Kunstwerke der Vergangenheit, sondern auch zeitgenössische Kunst anzukaufen. Damit mischten sie sich ein in die Auseinandersetzung über das, was als Kunst und als museumswürdig gelten sollte, das heißt, sie trugen direkter denn je zum aktuellen kulturellen Leben bei.⁷⁰ In wenigen Fällen, wie etwa dem einer Initiative des Kunst-

---

66 Vgl. z. B. für Hamburg *Plagemann*, Kunstmuseum, S. 189. Vgl. auch *H. H. Blotevogel*, Kulturelle Stadtfunktionen und Urbanisierung. Interdependente Beziehungen im Rahmen der Entwicklung des deutschen Städtesystems im Industriezeitalter, in: *H. J. Teuteberg (Hg.)*, Urbanisierung im 19. und 20. Jahrhundert. Historische und Geographische Aspekte, Köln 1983, S. 143–185.
67 Vgl. *G. Weiß*, Sinnstiftung in der Provinz. Westfälische Museen im Kaiserreich, Paderborn 2005; *M. Griepentrog*, Kulturhistorische Museen in Westfalen (1900–1950). Geschichtsbilder, Kulturströmungen, Bildungskonzepte, Paderborn 1998, S. 87–103.
68 Vgl. *G. Kaldewei*, Museumspädagogik und Reformpädagogische Bewegung 1900–1933. Eine historisch-systematische Untersuchung zur Identifikation und Legitimation der Museumspädagogik, Frankfurt 1990; *A. Joachimides*, Die Museumsreformbewegung in Deutschland und die Entstehung des modernen Museums 1880–1940, Dresden 2001.
69 Vgl. z. B. *Seemann*, Stadt, S. 194–197.
70 Vgl. generell *W. Mommsen*, Stadt und Kultur im deutschen Kaiserreich, in: *ders.*, Bürgerliche Kultur und politische Ordnung. Künstler, Schriftsteller und Intellektuelle in der deutschen Geschichte 1830–1933, Frankfurt 2000, S. 11–45.

mäzens Karl Ernst Osthaus zur Errichtung des Folkwang-Museums in Hagen, kam es sogar zur Gründung eines speziellen Museums für Moderne Kunst.[71] Damit traf es innerhalb des Bürgertums nur den Geschmack einer kleinen Minderheit.

Bibliotheken

Zu Beginn des 19. Jahrhunderts setzte sich die Bibliothekslandschaft vor allem aus Hof-, Kloster-, Gymnasial-, Universitätsbibliotheken und knapp zwei Dutzend Stadtbibliotheken zusammen.[72] Sie waren weniger für das breite Publikum als für bestimmte Lesergruppen bestimmt. Wichtiger für die Befriedigung des breiten Lesebedürfnisses des Bürgertums als diese Bibliotheken waren die Lesegesellschaften, die sich vor allem seit der zweiten Hälfte des 18. Jahrhunderts bildeten. Hinter der Gründung dieser Vereine, die ihren Mitgliedern Bücher und Zeitschriften gegen die Zahlung eines Mitgliedsbeitrags im Rahmen eines Zirkelverkehrs oder eines Lesekabinetts boten, standen nicht nur das in der Zeit der Aufklärung wachsende Lesebedürfnis des Bürgertums, die Politisierung und die berufliche Spezialisierung auf der einen Seite, sondern auch „die Entstehung der modernen Massenliteratur und des Trivialromans" und die nach wie vor hohen Buchpreise auf der anderen Seite.[73] Die Lesevereine wurden dann im frühen 19. Jahrhundert durch kommerzielle Leihbibliotheken, häufig Gründungen von Buchhändlern,[74] sowie durch Büchersammlungen der Kultur- und Gewerbevereine ergänzt und abgelöst.

Hinzu kamen erste Bestrebungen, teils aus philanthropisch-pädagogischen, teils aus gewerblichen Kreisen, auf Vereinsbasis Volksbibliotheken in Land und Stadt zu gründen.[75] Wie die Lesegesellschaften wurden sie von den Staatsvertretern misstrauisch beobachtet, insbesondere, wenn sie von liberalen Kreisen eingerichtet wurden. Gleiches galt für die kleinen Bibliotheken, die von den ersten politischen und gewerkschaftlichen Arbeitervereinigungen gegründet wurden. Volks- und Arbeiterbewegungsbibliotheken sollten die Bildung der Unterschichten ermöglichen; diese

---

71 Vgl. *H. Hesse-Frielinghaus u. a.*, Karl Ernst Osthaus. Leben und Werk, Recklinghausen 1971; *P. Vogt*, Das Museum Folkwang in Essen. Die Geschichte einer Sammlung junger Kunst, Köln 1965; *T. Belgin/ C. Dorsz (Hg.)*, Der Folkwang Impuls. Das Museum von 1902 bis heute, Hagen 2012.
72 Vgl. *B. Bruch*, Die Entwicklung der deutschen Stadtbibliotheken vom Beginn des 19. Jahrhunderts bis zur Gegenwart, in: Zentralblatt für Bibliothekswesen 54, 1937, S. 591–610; *L. Buzas*, Deutsche Bibliotheksgeschichte der neuesten Zeit (1800–1945), Wiesbaden 1978.
73 Zitat aus: *W. Thauer/P. Vodosek*, Geschichte der öffentlichen Bücherei in Deutschland, 2. Aufl., Wiesbaden 1990, S. 17. Vgl. generell *O. Dann (Hg.)*, Lesegesellschaften und bürgerliche Emanzipation. Ein europäischer Vergleich, München 1981; *ders.*, Lesegesellschaften im 18. Jahrhundert. Ein Forschungsbericht, in: Internationales Archiv für Sozialgeschichte der Literatur 14, H. 2, 1989, S. 45–58.
74 Vgl. *G. Jäger*, Die deutsche Leihbibliothek im 19. Jahrhundert. Verbreitung – Organisation – Verfall, in: Internationales Archiv für Sozialgeschichte der Literatur 2, 1977, S. 96–133; *A. Martino*, Die deutsche Leihbibliothek. Geschichte einer literarischen Institution (1756–1914), Wiesbaden 1990.
75 Vgl. *Buzas*, Bibliotheksgeschichte, S. 61–78.

Zielsetzung erschien gerade dem reformorientierten Bürgertum als ein wesentliches Mittel zur Selbsthilfe und zur Lösung der ‚Sozialen Frage'. Demgegenüber waren die seit den 1840er Jahren von den beiden großen Kirchen eingerichteten Bibliotheken von vornherein staatspolitisch unverdächtig, da ihre Lektüreangebote im Sinne einer religiös-sittlichen Erziehung, nicht der politischen Aufklärung der Bevölkerung zusammengestellt wurden.[76]

Nach Anfängen in den 1870er Jahren, als liberale Kreise und die „Gesellschaft für Verbreitung von Volksbildung" zahlreiche, von einigen Bundesstaaten auch subventionierte Volksbibliotheken gründeten,[77] fand der Gedanke, Literatur für die breite Bevölkerung bereit zu stellen, vor allem seit den 1890er Jahren größere Resonanz.[78] Eigens vom Bürgertum gegründete, von den Kommunen subventionierte Vereine, aber auch die Kommunen selber wollten sich mit Bücher- und Lesehallen an die gesamte Bevölkerung und damit vor allem an die Unterschichten wenden. Diese modernisierte Form der Volksbibliotheken knüpfte an die Idee der Arbeiterbildung aus liberalen und sozialistischen Kreisen, vor allem aber an das Vorbild der Public Libraries in den USA und Großbritannien an. Jedermann sollte seine Schulbildung sowohl durch fachliche als auch unterhaltende Literatur kostenlos und ohne religiöse oder sozialistische Beeinflussung fortführen können.[79] In Deutschland war jedoch die sozialpädagogische Motivation der Erziehung stärker als in den angelsächsischen Ländern ausgeprägt. Die Lektüre ‚guter Bücher' galt als ein ideales Mittel, um die Bevölkerung mit der Kultur des Bürgertums vertraut zu machen, sie in ihrem Geiste zu erziehen und sie damit von „billigen" Vergnügungen, zum Beispiel von sog. Schundliteratur und dem Wirtshausbesuch, abzuziehen. Im Unterschied zu den Stadt- und den alten Volksbibliotheken sollten die dezentralisiert angelegten Bücher- und Lesehallen großzügige Öffnungszeiten und nicht nur einige hundert Bücher, sondern größere Bestände in eigenen Gebäuden und günstiger Lage bieten sowie professionell geleitet werden. Sie waren keine reinen Ausleihbibliotheken mehr, sondern boten auch Lesesäle, in denen unter anderem Tageszeitungen auslagen.[80] Vor allem nach der Jahrhundert-

---

[76] So richtete der im Jahre 1844 gegründete Borromäusverein bei den Pfarreien Volksbibliotheken ein, die den Mitgliedern vor allem katholische Literatur kostenlos zur Verfügung stellen sollten. Mit gleicher Zielsetzung entstanden evangelische Gemeindebüchereien. Vgl. *Buzas*, Bibliotheksgeschichte, S. 89–93; *L. Koep/A. Vodermayer*, Die katholischen Volksbüchereien in Deutschland. Borromäusverein und Michaelsbund, in: *J. Langfeldt (Hg.)*, Handbuch des Büchereiwesens, II. Halbband, Wiesbaden 1965, S. 387–420.

[77] Vgl. *Buzas*, Bibliotheksgeschichte, S. 72; *H. Dräger*, Die Gesellschaft für Verbreitung von Volksbildung. Eine historisch-problemgeschichtliche Darstellung von 1871–1914, Stuttgart 1975.

[78] Vgl. generell *Thauer/Vodosek*, Geschichte der öffentlichen Bücherei, S. 51–95.

[79] Vgl. *D. Langewiesche*, „Volksbildung" und „Leserlenkung" in Deutschland von der wilhelminischen Ära bis zur nationalsozialistischen Diktatur, in: Internationales Archiv für Sozialgeschichte der deutschen Literatur 14, 1989, S. 108–125.

[80] Vgl. konkret zur Organisation *E. Jaeschke*, Volksbibliotheken (Bücher- und Lesehallen), ihre Einrichtung und Verwaltung, Leipzig 1907. Eine Auflistung der deutschen Volksbibliotheken und Lesehallen bietet *B. Otten*, Die deutschen Volksbibliotheken und Lesehallen, Leipzig 1910.

wende wurden die von Vereinen betriebenen Lesehallen häufig von den Kommunen übernommen, in kommunale Volksbibliotheken umbenannt oder in die stärker wissenschaftlich orientierten Stadtbibliotheken überführt.[81]

Die ursprünglich in ihren Beständen eng begrenzten Verwaltungs- und Stadtbibliotheken,[82] deren Zahl seit den 1860er Jahren zugenommen hatte,[83] nahmen in der zweiten Hälfte des 19. Jahrhunderts Bibliotheken der bürgerlichen Vereine sowie über Ankauf beziehungsweise Schenkung auch zahlreiche private Sammlungen auf, sodass sie bald tausende beziehungsweise zehntausende von Bänden zählten. Ihre Zielsetzung wandelte sich von der Deckung eines spezialisierten und wissenschaftlichen Bedarfs dahingehend, dass sie der gesamten Bevölkerung, das heißt insbesondere der Jugend, den Berufstätigen und den Zerstreuung und Bildung suchenden Lesern und Leserinnen, unterhaltende, wissenschaftliche und berufsfachliche Literatur sowie Zeitungen und Zeitschriften zur Verfügung stellen wollten.[84] Wie bei den Lese- und Bücherhallen wurden auch ihre Lesesäle zum Teil täglich bis 21 oder 22 Uhr geöffnet; die Ausleihe war kostenlos. Daraufhin stieg die Leserquote, die gemessen an der Einwohnerzahl in den 1880er Jahren noch unter einem Prozent gelegen hatte, bis zum Ersten Weltkrieg auf vier bis fünf Prozent an.[85] Das Gros der Entleihungen entfiel auf die schöngeistige Literatur. Insgesamt gesehen kamen das Bücherangebot und die Zahl der Zweigstellen kaum gegen die Nachfrage an. Der Leser- und Entleiherkreis, der bis dahin faktisch auf das Bürgertum beschränkt war,[86] öffnete sich allmählich. Vor dem Ersten Weltkrieg bestand er vor allem aus der Jugend, den angestellten und beamteten Mittelschichten; Frauen waren darunter zu etwa einem Drittel vertreten. Die Arbeiterschaft war deutlich unterrepräsentiert; sie nutzte jedoch zum Teil die von

---

81 Vgl. generell *W. Thauer*, Die Bücherhallenbewegung, Wiesbaden 1970. Vgl. als Beispiele *H. Pilzer*, Bürgerliches Wohlfahrtsdenken und kommunale Bildungspolitik. Die Anfänge des öffentlichen Bibliothekswesens im wilhelminischen Bielefeld 1897 bis 1906, in: Ravensberger Blätter 1/2008, S. 24–50; *J. Fligge*, Stadt und Bibliothek. Literaturversorgung als kommunale Aufgabe im Kaiserreich und in der Weimarer Republik: Das Bibliothekswesen der Freien und Hansestadt Lübeck in den Jahren 1870 bis zum Beginn des Nationalsozialismus, in: *ders./A. Klotzbücher* (Hg.), Stadt und Bibliothek als kommunale Aufgabe im Kaiserreich und in der Weimarer Republik, Wiesbaden 1997, S. 61–177, S. 93–115; *B. Robeneck*, Geschichte der Stadtbücherei Köln von den Anfängen im Jahre 1890 bis zum Ende des Zweiten Weltkrieges, Köln 1983; *A. Klotzbücher*, Öffentliche Literaturversorgung in einer industriellen Großstadt: das städtische Bibliothekswesen in Dortmund im Kaiserreich und in der Weimarer Republik, in: *J. Fligge/ders.* (Hg.), Stadt und Bibliothek. Literaturversorgung als kommunale Aufgabe im Kaiserreich und in der Weimarer Republik, Wiesbaden 1997, S. 297–329.
82 Vgl. *Buzas*, Bibliotheksgeschichte, S. 54–60.
83 Vgl. *Prigge*, Über öffentliche Bibliotheken und Lesehallen, sowie volkstümliche Vortragskurse im Jahre 1911, in: Statistisches Jahrbuch deutscher Städte 20 (1914), S. 514–545.
84 *J. Fligge/A. Klotzbücher* (Hg.), Stadt und Bibliothek. Literaturversorgung als kommunale Aufgabe im Kaiserreich und in der Weimarer Republik, Wiesbaden 1997.
85 Vgl. z. B. für Düsseldorf *J. Peters*, Die Düsseldorfer Stadtbüchereien vor dem Ersten Weltkrieg. Ein Kapitel kommunaler Kulturpolitik im kaiserlichen Deutschland, in: Düsseldorfer Jahrbuch 57/58, 1980, S. 341–411, S. 350, 373.
86 Vgl. z. B. für Lübeck im Jahre 1899 *Fligge*, Stadt, S. 81.

den Unternehmen, den Gewerkschaften und der Sozialdemokratie aufgebauten Bibliotheken.[87] Um die Stadtbibliotheken kristallisierten sich häufig Fördergesellschaften und Literarische Vereine, die dort Lesungen und Vorträge abhielten. Die Stadtbibliotheken wurden damit zu Zentren des kommunalen Kulturangebots.

Theater

Stehende Theater gab es zu Beginn des 19. Jahrhunderts in der Regel nur in Residenz- und Großstädten. Andere Städte und die Provinz, deren Einzugsbereich an Interessenten geringer war, wurden dagegen von privatwirtschaftlich geführten Schauspieltruppen bespielt, die im Rahmen von Rundreisen zumeist in großen Sälen von Gastwirtschaften auftraten, nur einige Wochen blieben und leichte Unterhaltungskost boten.[88] Im Unterschied etwa zu Großbritannien überließ das Bürgertum in Deutschland die Theater jedoch nicht nur dem freien Markt, weil es sie außer als Unterhaltungs-, auch als Bildungs- und Erziehungsstätten, ja sogar als „moralische Anstalten" betrachtete. Seit dem Ende des 18. Jahrhunderts bauten Aktiengesellschaften, deren Mitglieder sich aus reichen, theaterbegeisterten Bürgern zusammensetzten, in einigen Großstädten eigene Theatergebäude. Sie sollten das Theaterspiel durch die Konzentration auf die Aufführung ohne Restaurationsbetrieb, die Bereitstellung eines geeigneten Bühnen- und Zuschauerraums sowie die Beschäftigung einer Theatertruppe über die gesamte Saison hinweg auf das Aufführungsniveau und das Ambiente der Hoftheater erheben, kurzum das Produkt Theateraufführung und dessen Genuss verbessern.[89]

---

87 Vgl. *Peters*, Düsseldorfer Stadtbüchereien, S. 394–397; *A. Klotzbücher*, Von der Wilhelm-Auguste-Viktoria-Bücherei zur Stadt- und Landesbibliothek Dortmund (1907–1932), in: *ders. (Hg.)*, Von Büchern und Bibliotheken in Dortmund. Beiträge zur Bibliotheksgeschichte einer Industriestadt, Dortmund 1982, S. 13–99, S. 49; *D. Langewiesche/K. Schönhoven*, Arbeiterbibliotheken und Arbeiterlektüre im Wilhelminischen Deutschland, in: Archiv für Sozialgeschichte 16, 1976, S. 135–204; *L. Abrams*, Zur Entwicklung einer kommerziellen Arbeiterkultur im Ruhrgebiet (1850–1914), in: *D. Kift (Hg.)*, Kirmes, Kneipe, Kino. Arbeiterkultur im Ruhrgebiet zwischen Kommerz und Kontrolle (1850–1914), Paderborn 1992, S. 33–59, S. 51–52. Auch die Vereinsbibliotheken des katholischen Borromäus-Vereins öffneten sich unter dem Eindruck des Erfolgs der Volksbibliotheken und ließen jetzt auch Nichtmitglieder als Leser und Entleiher zu.
88 Vgl. z. B. *W. Herrmann*, Städte- und Wandertheater im 18. Jahrhundert, in: *B. Kirchgässner/H.-P. Becht (Hg.)*, Stadt und Theater, Stuttgart 1999, S. 119–128; *H. Pahl*, Geschichte des Lüdenscheider Stadttheaters 1897–1913, Lüdenscheid 1980. Vgl. zur Geschichte des Theaters *F. Michael/H. Daiber*, Geschichte des deutschen Theaters, Frankfurt 1990; *E. Fischer-Lichte*, Kurze Geschichte des deutschen Theaters, Tübingen 1993; *M. Brauneck*, Die Welt als Bühne. Geschichte des europäischen Theaters, Bd. 2, Stuttgart 1996, Bd. 3, Stuttgart 1999.
89 Vgl. *F. Möller*, Zwischen Kunst und Kommerz. Bürgertheater im 19. Jahrhundert, in: *D. Hein/A. Schulz (Hg.)*, Bürgerkultur im 19. Jahrhundert. Bildung, Kunst und Lebenswelt, München 1996, S. 19–33.

Nach der im Jahre 1869 erfolgten Einführung der Gewerbefreiheit im Norddeutschen Bund setzte eine Welle von Theatergründungen ein. Zudem wuchs auch im Bürgertum der Mittel- und Kleinstädte das Bedürfnis nach einem niveauvollen Theater, und es versuchte, seine Stadtverwaltungen zur Übernahme oder Gründung von stehenden Theatern zu veranlassen. Trotz zum Teil großzügiger Stiftungsangebote und -zahlungen von Mäzenen scheiterten diese Pläne zunächst an den hohen Kosten der geplanten repräsentativen Theatergebäude.

Erst seit den 1890er Jahren, als die Finanzkraft der Kommunen zunahm, wuchs ihre Bereitschaft, sich repräsentative Theatergebäude zu leisten. Zunächst verpachteten sie den Theaterbetrieb; seit der Jahrhundertwende übernahmen sie ihn allmählich in eigener Regie, verständigten sich mit einer benachbarten Stadt auf die Unterhaltung eines gemeinsamen Ensembles oder bauten ein eigenes, ständiges Ensemble auf.[90] Bis zum Ende der 1920er Jahre waren zwei Drittel der deutschen Theater in öffentlicher Hand.[91] Gespielt wurden in der Regel die Klassiker der Oper (Mozart, Wagner, Verdi) und des Dramas (Schiller, Goethe, Hebbel, Shakespeare), Lustspiele, Possen und Märchen. Je kleiner die Stadt, desto stärker scheint der Anteil der zeitgenössischen, rein unterhaltenden Stücke gewesen zu sein. Jetzt entwickelte das Theater eine breite, milieubildende Kraft und spezifische Form der Öffentlichkeit, die vor allem dem Bürgertum entgegenkam, ja das Bürgertum von den Unterschichten separierte.

Der Anspruch der Theater war jedoch, alle Kreise der Bevölkerung zu erreichen, nicht zuletzt, um das Platzangebot auszulasten und sich – mit Gewinn – selbst zu tragen. Zusammen mit den Bibliotheken gehörten sie zu denjenigen Einrichtungen der Hochkultur, die die größte Attraktivität für die städtische Bevölkerung entfalteten; ihre Anziehungskraft reichte weit in das Umland hinein. Abgesehen von dem vielfältigen Angebot an Sprech- und Musikstücken mit unterschiedlichem Niveau differenzierten sie dazu die Ausstattung und die Preise ihres Platzangebots, sodass der Besuch tendenziell auch den ärmeren Bevölkerungsgruppen möglich wurde. Schließlich entstand im Jahre 1890 in Berlin aus Kreisen der Sozialdemokratischen Partei auch die Theaterbesucherorganisation ‚Freie Volksbühne', die aufgrund ihrer Marktmacht Einfluss auf den Spielplan und deutliche Preisermäßigungen für den Theaterbesuch erzielen konnte. Diese Organisation, die nach der Jahrhundertwende auch in anderen Städten gegründet wurde, machte vor allem Arbeitern, kleinen Angestellten

---

90 Vgl. z. B. *C. Spahn*, Die Theatergeschichte des Ruhrgebietes unter besonderer Berücksichtigung der Theatergemeinschaften bis 1933, Diss. Köln 1972; *Theater Dortmund (Hg.)*, 100 Jahre Theater Dortmund. Rückblick und Ausblick, Dortmund 2004; 100 Jahre Theater Bielefeld, *Red. A. Görsch*, Bielefeld 2004; *G. C. Schimpf*, Geld Macht Kultur. Kulturpolitik in Frankfurt am Main zwischen Mäzenatentum und öffentlicher Finanzierung 1866–1933, Frankfurt 2007, S. 258–354.
91 Vgl. generell *K. C. Führer*, „Kulturkrise" und Nationalbewusstsein. Der Niedergang des Theaters in der späten Weimarer Republik als bürgerliche Identitätskrise, in: *ders. u. a. (Hg.)*, Eliten im Wandel. Gesellschaftliche Führungsschichten im 19. und 20. Jahrhundert. Für Klaus Saul zum 65. Geburtstag, Münster 2004, S. 155–178, S. 155.

und Beamten und Rentnern insbesondere sozialkritische Stücke zugänglich.[92] Nichtsdestoweniger blieb der Schwerpunkt der Theaterbesucher auf den bürgerlichen Gruppen.

Dennoch zeigte sich bereits im Kaiserreich, dass die meisten Stadttheater sich nicht selbst tragen konnten, sondern hohe Zuschüsse erforderten. Infolgedessen wurde die Spielplangestaltung zu einem Dauerthema im Stadtparlament. Bei den Unterschichten standen sie in der Konkurrenz zu den sog. Tingeltangels und Varietés, die – ähnlich wie die britischen Music Halls – freizügige Lieder, Ringkämpfe, Akrobatik etc. boten, und ferner zu den nach der Jahrhundertwende aufkommenden Kinos.[93] Trotz aller Versuche zur Erweiterung des Besucherkreises machte die Finanzierung der Theater häufig den größten Teil, zum Teil die Hälfte der kommunalen Kulturausgaben aus.

3 Zusammenfassung

Überblickt man die einleitend zitierten Motive der öffentlichen Hand, sich seit dem 19. Jahrhundert zugunsten des Aufbaus einer Infrastruktur des Konsums durch die Übernahme privater und die Gründung eigener Betriebe zu engagieren, so zeigen die hier behandelten Beispiele aus Wirtschaft und Kultur, dass sie nicht ausreichend sind. Die Analyse des sozialdemokratischen Kommunalpolitikers Hugo Lindemann, dass die Städte sich engagieren mussten, um die Bevölkerung vor überhöhten Preisen bei der Partizipation an Wasser, Gas und Elektrizität und letztlich vor einer Ausbeutung durch privatkapitalistische Monopolunternehmen zu schützen, war eher sekundär – die entsprechenden Unternehmen in kommunaler Hand unterschieden sich in ihrer Preisgestaltung kaum von der Privatwirtschaft. In der Weimarer Republik sprachen deshalb sogar Sozialdemokraten nicht von der Existenz eines ‚Munizipalsozialismus', sondern eines ‚Munizipalkapitalismus'.[94] Ihre Gemeinwirtschaftlichkeit kam darin zum Ausdruck, dass ihre Gewinne dem städtischen Etat zugutekamen. Das

---

92 Vgl. W. *Feldmann*, Die Theaterbesucherorganisationen und ihre wirtschaftliche und soziale Bedeutung für das Theater, Diss. Göttingen, Lübeck 1931; J. *Bab*, Wesen und Weg der Berliner Volksbühnenbewegung, Berlin 1919; M. *Brauneck*, Literatur und Öffentlichkeit im ausgehenden 19. Jahrhundert. Studien zur Rezeption des naturalistischen Theaters in Deutschland, Stuttgart 1974.
93 Vgl. zur Geschichte des Varietés E. *Günther*, Geschichte des Varietés, Berlin 1978; W. *Jansen*, Das Varieté. Die glanzvolle Geschichte einer unterhaltenden Kunst, Berlin 1990. Vgl. generell D. *Kift (Hg.)*, Kirmes – Kneipe – Kino. Arbeiterkultur im Ruhrgebiet zwischen Kommerz und Kontrolle (1850–1914), Paderborn 1992.
94 Vgl. Handbuch für Kommunalpolitik. Erläuterungen zu den kommunalpolitischen Richtlinien und zum Agrarprogramm der SPD, München 1929, S. 29. Eine Denkschrift des Deutschen Städtetages aus dem Jahre 1927 stellte fest, dass im Jahre 1913 der Finanzbedarf der Städte zu 11, 7 %, im Jahre 1925 zu 15 %. aus Gewinnen der Gas-, Wasser- und E-Werke gedeckt werde. Vgl. Gas- und Wasserfach 70 (1927), S. 416–419; *Elsas*, Gaswirtschaft, S. 66–72.

gleiche galt für die Begründung, die öffentliche Hand sei eher als die Privatwirtschaft in der Lage, die Garantie für die Versorgungssicherheit mit lebenswichtigen Gütern zu übernehmen.[95] Zu Beginn der zentralisierten Wasser- und Energieversorgung traf eher das Motiv zu, dass sich die Kommunen selbst vor zu hohen Preisen und Ausbeutung schützen wollten, da sie zu den Hauptabnehmern dieser Güter gehörten.

Die Vorstellung des Verfassungsrechtlers Ernst Forsthoff, dass die öffentliche Hand den Individuen die Teilnahme an bestimmten infrastrukturellen Errungenschaften ermöglichen müsse, um ihnen die Voraussetzungen zur freien Entfaltung zu schaffen, war ein Postulat, dessen Realisierung den Vertretern des Staates und der Kommunen durchaus vorschwebte. Die Zielsetzung der kollektiven Daseinsfürsorge, die nahezu jedwedes öffentliche Engagement legitimieren konnte, wurde nur sukzessive und spät erreicht und war auch normativ besetzt. Denn zunächst profitierte vor allem die Bevölkerung derjenigen Viertel, die im Bereich der technischen Infrastruktur die neuen Leistungen und Güter auch bezahlen konnte und wollte. Die ärmeren, absatzschwächeren Stadtgebiete wurden später ausgestattet, der ländliche Raum zuletzt. Das heißt, die Demokratisierung der Grundversorgungen mit einer zentralisierten Wasser- und Energieversorgung folgte eher ökonomischen als demokratischen Regeln; die Einrichtung kommunaler Kultureinrichtungen orientierte sich an dem Gesichtspunkt der Zentralität.[96]

Demgegenüber werden aus dem Durchgang durch die Kommunalisierung der Bereiche der technischen und kulturellen Infrastruktur noch weitere Motive für das Engagement der öffentlichen Hand deutlich. Der Aufbau der Wasserversorgung und vor allem der Abwasserentsorgung resultierte in hohem Maße aus der Sicherstellung eines elementar notwendigen Existenzgutes und der Verhinderung von Krankheitsepidemien. Im Unterschied zur Abwasserentsorgung hätte man die Wasserversorgung sicherlich der Privatwirtschaft überlassen können. Hier, wie auch in der Gas- und Elektrizitätsversorgung, zeigten sich jedoch zwei weitere Motive für das öffentliche Engagement: Zum Ersten wollten sie die Wasser- und Energieversorgung in die Hand bekommen, weil sie damit angesichts des anhaltenden Bevölkerungswachstums ihre Bauplanung besser gestalten konnten. Zum Zweiten begannen sie, nachdem die Privatwirtschaft vorangegangen war und die Gewinnträchtigkeit dieser Betriebe gezeigt hatte, die entsprechenden Werke als finanzielle ‚Melkkühe' zu betrachten, das heißt, deren Güter nicht mehr nahe dem Selbstkostenpreis, sondern nach einer privatwirt-

---

95 Vgl. für die Gasversorgung *Brunckhorst*, Kommunalisierung, S. 214. Vgl. jedoch für Frankfurt *Fischer*, Kommunale Leistungsverwaltung, S. 262–263. Vgl. generell J. *Hauschildt*, Die Absatzpolitik der Energieversorgungsunternehmen im Spannungsfeld von Gewinnstreben und öffentlichen Leistungsansprüchen, Tübingen 1964.
96 Vgl. zur räumlichen Ausdehnung des öffentlichen Leistungsangebots auf den städtischen und den ländlichen Raum und damit die Grenzen des Munizipalsozialismus: H. *Matzerath*, „Kommunale Leistungsverwaltung". Zu Bedeutung und politischer Funktion des Begriffs im 19. und 20. Jahrhundert, in: *H. H. Blotevogel (Hg.)*, Kommunale Leistungsverwaltung und Stadtentwicklung vom Vormärz bis zur Weimarer Republik, Köln 1990, S. 3–24.

schaftlichen Kalkulation abzugeben. Planungserleichterung und eigenes Gewinnstreben, das heißt kommunales Eigeninteresse, sind gegenüber der Erklärung, dass die öffentliche Hand bestrebt gewesen sei, der Bevölkerung die Partizipation am zivilisatorischen Fortschritt zu ermöglichen, ihr existentielle Freiheits- und Entfaltungsmöglichkeiten zu verschaffen oder zu einer Demokratisierung des Konsums beizutragen, nicht zu vernachlässigen.[97] Es verwundert deshalb nicht, dass seit der Jahrhundertwende aus liberalen Kreisen immer wieder Kritik an den kommunalen Infrastrukturbetrieben erfolgte, die auf die Verfälschung des Wettbewerbs, mangelnde Rationalisierungsanreize und Ineffizienz hinwies, sowie Kontrolle, die Zulassung von Konkurrenz oder Privatisierungen forderte.[98]

Ein weiteres Motiv für das kommunale Engagement macht schließlich die Betrachtung der Gründungszeit der kulturellen Einrichtungen deutlich. Sie wurden gegenüber den Einrichtungen der technischen Infrastruktur vergleichsweise spät gegründet, da sie keinen Gewinn brachten, sondern Geld kosteten. Das Engagement der Kommunen auf diesem Feld sollte offiziell der gesamten Bevölkerung zugutekommen, um nicht nur für ihr materielles, sondern auch für ihr geistiges Wohlergehen durch die Verdeutlichung der lokalen Vergangenheit, die Weiterbildung und eine gehobene Unterhaltung zu sorgen. In einem weiteren Sinne erhofften sich die Vertreter des Staates und der Kommunen davon auch, dass sie zu Instrumenten der Verbürgerlichung der Gesellschaft und der Entwicklung eines Kulturnationalismus würden, die imstande sein sollten, die großen sozialen und religiösen Differenzen abzumildern oder zu überwinden. Faktisch wurden diese Einrichtungen jedoch primär vom Bürgertum gefordert und genutzt. Das heißt, in diesem Fall gelang es einer Konsumentengruppe, ihr Interesse bei der und über die Stadt durchzusetzen. Nur in einigen Großstädten mag die Empfänglichkeit des Rates für die Bewilligung derartiger Anträge auch durch die Überlegung befördert worden sein, dadurch die Attraktivität und Urbanität ihrer Stadt zu erhöhen.[99]

Das Gros der Unterschichten war im 19. Jahrhundert an der Kultur, die in diesen Einrichtungen geboten wurde, nur mäßig interessiert: Sie waren eher für das Kulturangebot der kommerziell orientierten Privatwirtschaft und ihrer eigenen Vereine empfänglich – allenfalls die Bibliotheken und die Theater fanden bei ihnen ein gewisses Interesse. Der schichtenspezifische Konsum war in diesem Bereich der Hochkultur jedenfalls deutlich stärker und länger ausgeprägt als bei der Nutzung der technischen Grundversorgung; die Vorreiterfunktion des Bürgertums blieb gering. Erst in der Weimarer Republik engagierten sich die Städte dann stärker für die Kulturinteressen der

---

[97] Vgl. auch *Hietala*, Services, S. 170–171.
[98] Vgl. generell *P. Eichhorn*, Stadtwerke in der Sozialen Marktwirtschaft: Notwendiger Bestandteil oder störender Fremdkörper?, in: *M. Schöneich* (Hg.), Stadt-Werke. Festschrift für Gerhard Widder, Frankfurt 2007, S. 55–64.
[99] Vgl. generell *T. Höpel*, Kulturpolitik in Europa im 20. Jahrhundert. Metropolen als Akteure und Orte der Innovation, Göttingen 2017.

Unterschichten, indem sie etwa im Bereich der Freizeit- und Massenkultur Radrennbahnen und Sportplätze einrichteten.[100]

Die Kritik an dem öffentlichen Kulturengagement war jedoch deutlich geringer als an ihrem Engagement zugunsten der technischen Infrastruktur. Im kulturellen Leben, insbesondere in den Bereichen des sogenannten kulturellen Erbes, war eine öffentliche Förderung unumgänglich, wenn man entsprechende Einrichtungen sowie Vielfalt und Standards einrichten und erhalten wollte. Hier gab es auch keine Monopole. Ferner erschien zumindest der öffentlichen Hand die Alternative, Kultur nur von gesellschaftlichen oder wirtschaftlichen Gruppen finanzieren zu lassen, insgesamt als ungleich gefährlicher und missbrauchsanfälliger als die Unterhaltung eigener Einrichtungen. Schließlich war hier auch das Interesse privater Träger, das heißt von Mäzenaten, ungleich geringer als bei den kommunalen und staatlichen, tendenziell profiterwirtschaftenden Infrastrukturbetrieben. Dementsprechend waren die Formen des *public-private-partnership* im Kulturbereich auch deutlich seltener als die Existenz gemischtwirtschaftlicher Betriebe im Bereich der technisch-wirtschaftlichen Infrastruktur.

Literatur

G. Ambrosius, Aspekte kommunaler Unternehmenspolitik in der Weimarer Republik, in: Archiv für Kommunalwissenschaften 19, 1980, S. 239–261.

G. Ambrosius, Das Verhältnis von Staat und Wirtschaft in historischer Perspektive – vornehmlich im Hinblick auf die kommunale Ebene, in: *J. Harms/C. Reichard (Hg.)*, Die Ökonomisierung des öffentlichen Sektors: Instrumente und Trends, Baden-Baden 2003, S. 29–46.

P. Badura, Die Daseinsvorsorge als Verwaltungszweck der Leistungsverwaltung und des sozialen Rechtsstaats, in: Die öffentliche Verwaltung 19, 1966, S. 624633.

M. Brauneck, Die Welt als Bühne. Geschichte des europäischen Theaters, Bd. 2, Stuttgart 1996, Bd. 3, Stuttgart 1999.

T. Bauer, Im Bauch der Stadt. Kanalisation und Hygiene in Frankfurt am Main 16.–19. Jahrhundert, Frankfurt 1998.

B. Bruch, Die Entwicklung der deutschen Stadtbibliotheken vom Beginn des 19. Jahrhunderts bis zur Gegenwart, in: Zentralblatt für Bibliothekswesen 54, 1937, S. 591–610.

H.-D. Brunckhorst, Kommunalisierung im 19. Jahrhundert, dargestellt am Beispiel der Gaswirtschaft in Deutschland, München 1978.

L. Buzas, Deutsche Bibliotheksgeschichte der neuesten Zeit (1800–1945), Wiesbaden 1978.

K. Ditt, Zweite Industrialisierung und Konsum. Energieversorgung, Haushaltstechnik und Massenkultur am Beispiel nordenglischer und westfälischer Städte 1880–1939, Paderborn 2011.

K. Ditt, Munizipalsozialismus und Elektrizitätswirtschaft in Deutschland im ersten Drittel des 20. Jahrhunderts, in: *H. Reif/M. Feichtinger (Hg.)*, Ernst Reuter. Kommunalpolitiker und Gesellschaftsreformer 1921–1953, Bonn 2009, S. 51–65.

---

[100] Vgl. *N. Dinçkal*, Sportlandschaften. Sport, Raum und (Massen-)Kultur in Deutschland 1880–1930, Göttingen 2013.

E. Fischer-Lichte, Kurze Geschichte des deutschen Theaters, Tübingen 1993.
J. Fligge/A. Klotzbücher (Hg.), Stadt und Bibliothek als kommunale Aufgabe im Kaiserreich und in der Weimarer Republik, Wiesbaden 1997.
E. Forsthoff, Der Staat der Industriegesellschaft. Dargestellt am Beispiel der Bundesrepublik Deutschland, München 1971.
E. Forsthoff, Die Daseinsvorsorge und die Kommunen, in: *ders.*, Rechtsstaat im Wandel. Verfassungsrechtliche Abhandlungen 1950–1964, Stuttgart 1964, S. 111–128.
E. Grahn, Die städtische Wasserversorgung, Bd. 1: Statistik der städtischen Wasserversorgungen mit einer geschichtlichen Einleitung, München 1878.
M. Griepentrog, Kulturhistorische Museen in Westfalen (1900–1950). Geschichtsbilder, Kulturströmungen, Bildungskonzepte, Paderborn 1998.
H. Gröttrup, Die kommunale Leistungsverwaltung, Stuttgart 1973.
O. Hartung, Kleine deutsche Museumsgeschichte. Von der Aufklärung bis zum frühen 20. Jahrhundert, Köln 2010.
M. Hietala, Services and Urbanization at the Turn of the Century. The Diffusion of Innovations, Helsinki 1987.
W. Hochreiter, Vom Musentempel zum Lernort. Zur Sozialgeschichte deutscher Museen 1800–1914, Darmstadt 1994.
L. Jellinghaus, Zwischen Daseinsvorsorge und Infrastruktur. Funktionswandel von Verwaltungswissenschaften und Verwaltungsrecht in der zweiten Hälfte des 19. Jahrhunderts, Frankfurt 2005.
A. Joachimides, Die Museumsreformbewegung in Deutschland und die Entstehung des modernen Museums 1880–1940, Dresden 2001.
J. Körting, Geschichte der deutschen Gasindustrie. Mit Vorgeschichte und bestimmenden Einflüssen des Auslandes, Essen 1963.
W. R. Krabbe, Kommunalpolitik und Industrialisierung. Die Entfaltung der städtischen Leistungsverwaltung im 19. und frühen 20. Jahrhundert. Fallstudien zu Dortmund und Münster, Stuttgart 1985.
W. R. Krabbe, Munizipalsozialismus und Interventionsstaat. Die Ausbreitung der Städtischen Leistungsverwaltung im Kaiserreich, in: Geschichte in Wissenschaft und Unterricht 30, 1979, S. 265–283.
W. R. Krabbe, Städtische Wirtschaftsbetriebe im Zeichen des „Munizipalsozialismus". Die Anfänge der Gas- und Elektrizitätswerke im 19. und frühen 20. Jahrhunderts, in: *Hans Heinrich Blotevogel (Hg.)*, Kommunale Leistungsverwaltung und Stadtentwicklung vom Vormärz bis zur Weimarer Republik, Köln 1990, S. 117–135.
U. Kühl (Hg.), Der Munizipalsozialismus in Europa. Le socialisme municipal en Europe, München 2001.
J. Langfeldt, Zur Geschichte des Büchereiwesens, in: *ders. (Hg.)*, Handbuch des Büchereiwesens, 1. Halbband, Wiesbaden 1973, S. 57–786.
F. Michael/H. Daiber, Geschichte des deutschen Theaters, Frankfurt 1990.
P. Münch, Stadthygiene im 19. und 20. Jahrhundert. Die Wasserversorgung, Abwasser- und Abfallbeseitigung unter besonderer Berücksichtigung Münchens, Göttingen 1993.
B. Mundt, Die deutschen Kunstgewerbemuseen im 19. Jahrhundert, München 1974.
H. Pohl (Hg.), Kommunale Unternehmen. Geschichte und Gegenwart, Stuttgart 1987.
M. Shahrooz, 100 Jahre Berliner Wasserversorgung und Abwasserentsorgung 1840–1940, Stuttgart 2005.
B. Stier, Staat und Strom. Die politische Steuerung des Elektrizitätssystems in Deutschland 1890–1950, Ubstadt-Weiher 1999.
W. Thauer, Die Bücherhallenbewegung, Wiesbaden 1970.

W. Thauer/P. Vodosek, Geschichte der öffentlichen Bücherei in Deutschland, 2. Aufl., Wiesbaden 1990.
G. Weiß, Sinnstiftung in der Provinz. Westfälische Museen im Kaiserreich, Paderborn 2005.
J. Wysocki (Hg.), Kommunalisierung im Spannungsfeld von Regulierung und Deregulierung im 19. und 20. Jahrhundert, Berlin 1995.

II Konsum in der „Hochmoderne" und
„nach dem Boom" (1918–2008)

Jan Logemann
Dynamiken der Massenkonsumgesellschaft im 20. Jahrhundert, 1918–2008

1 Einleitung

In seinem 1887 erschienen utopischen Roman *Looking Backward* beschrieb Edward Bellamy die Erfahrungen des jungen Amerikaners Julian West, der nach 113 Jahren Schlaf im Boston des Jahres 2000 aufwacht. Bellamy entwarf die Vision einer zukünftigen Wohlstandsgesellschaft, in der alle Bürger gleichermaßen eine gesicherte materielle Grundversorgung und Freizeit genießen und an einer vielfältigen Warenwelt teilhaben können. Vieles kommt dem heutigen Leser dabei prinzipiell bekannt vor. Ähnlich einem Streaming-Service bringen Telefonanlagen eine große Auswahl an Unterhaltungsmusik im 24-Stundenservice in Wohn- und Schlafzimmer. Julian West entdeckt riesige Selbstbedienungswarenhäuser, die in ihrer Atmosphäre modernen Shopping-Centern ähneln. Zahlungen erfolgen bargeldlos über Kreditkarten und Haushalte erhalten Konsumgüter über einen Bestellservice per Rohrpost schnell und direkt ins Haus geliefert. Alle erdenkbaren Güter für den individuellen Geschmack sind gegen einen entsprechenden Preis erhältlich und das fast ohne staatliche Kontrollen oder gesellschaftlich-moralische Konsumrestriktionen. Diese auf technischer Rationalisierung basierende Form der Wohlstandsgesellschaft, erfährt Julian West, sei zunächst in den USA entstanden und hätte sich dann im 20. Jahrhundert global verbreitet. Mit seiner amerikanischen Kreditkarte, so lernen wir, könnte er im Jahr 2000 auch in Berlin alles besorgen, was er benötigt.[1]

Bellamys Zukunft war jedoch ganz anders als unsere Konsumgesellschaft zu Beginn des 21. Jahrhunderts und in vieler Hinsicht das genaue Gegenteil dessen, was wir gemeinhin mit dem „amerikanischen Modell" verbinden. Es war eine Welt ohne Werbung und ohne Schaufenster und Julian West fand in Boston weder Verkäufer noch einen klassischen Einzelhandel vor. Sämtliche Betriebe waren in Staatseigentum, Pläne nicht Preise steuerten die Produktion, Konsumvereine übernahmen die Distribution und kommunale Küchen und gemeinschaftliche Wäschereien versorgten die Familien. Bellamy hatte mit Anleihen bei August Bebel und anderen Denkern eine sozialistische Utopie entworfen, die Vision einer egalitären Wohlstandsgesellschaft mit weitgehender Geschlechtergleichheit und ohne Klassenunterschiede. Für seine Leser im ausgehenden 19. Jahrhundert waren es wohl weniger die Konsumgüter selbst und die technischen Neuerungen, die faszinierten. Große Warenhäuser, Rohrpostsysteme, Kreditkarten und Telefonsysteme waren in Metropolen wie Boston und Berlin prinzipiell ebenso bekannt wie die Reize einer vielfältigen und modischen Waren-

---

1 *E. Bellamy*, Looking Backward: 2000–1887, Boston 1887.

welt. Spannend erschien vielmehr die Möglichkeit, dass die Wunder der Konsumgesellschaft für alle Menschen gleichermaßen erreichbar sein sollten. Soziale Unterschiede oder die Gefälle von Stadt und Land spielten in dieser Vision für die Teilhabe am Konsum keine Rolle mehr – für Bellamy und viele seiner Zeitgenossen in den USA ebenso wie in Europa schien das unter den Bedingungen einer kapitalistischen Marktwirtschaft kaum erreichbar. *Looking Backward* erinnert uns so einerseits daran, dass der Traum von einer egalitären Wohlstandsgesellschaft schon von Beginn an auf das 20. Jahrhundert projiziert wurde. Bellamys Zukunftsvision unterstreicht andererseits aber auch, dass die Form, die diese Konsumgesellschaft und die ihr zugrundeliegende Konsumwirtschaft nehmen würde, lange durchaus offen und umstritten war.

Nicht nur in der Fiktion, sondern auch im tatsächlichen historischen Rückblick bietet es sich aus der Perspektive des frühen 21. Jahrhunderts an, die Geschichte der vergangenen 100 Jahre als eine Geschichte der Durchsetzung der Massenkonsumgesellschaft zu schreiben. Konsum, nun verstanden als der vor allem marktvermittelte Erwerb und Verbrauch von Gütern und Dienstleistungen durch private Haushalte, spielt in der gegenwärtigen Wirtschaft und Gesellschaft eine herausragende Rolle. Im Jahr 2017 lagen die Ausgaben für den privaten Konsum in Deutschland bei 1 732 Milliarden Euro, was preisbereinigt ziemlich genau einer Verdopplung der privaten Konsumausgaben seit 1970 entspricht.[2] Selbst nach dem Ende der wirtschaftlichen „Boom-Phase" der ersten Nachkriegsjahrzehnte, in der gemeinhin der Durchbruch zur Massenkonsumgesellschaft verortet wird, kam es also zu einer weiteren signifikanten Steigerung des Konsums in Deutschland. Allerdings fassen solche aggregierten Zahlen eine große Anzahl sehr heterogener Verbrauchsausgaben zusammen und ebnen regionale oder individuelle Unterschiede ebenso ein wie den qualitativen Bedeutungswandel unterschiedlicher Konsumausgaben. Inwiefern haben wir uns im Laufe des 20. Jahrhunderts also tatsächlich einer egalitären oder wenigstens weitgehend sozial-inkludierenden Wohlstandsgesellschaft genähert, wie Bellamy und seine Zeitgenossen es sich erhofften?

Im „ersten Wirtschaftswunder" zwischen 1890 und 1913 hatte sich, wie der erste Überblicksbeitrag von Christian Kleinschmidt gezeigt hat, bereits eine komplexe Konsumgesellschaft in Deutschland entwickelt. Trotz zunehmender Inklusivität handelte es sich jedoch eben noch nicht um eine „Massenkonsumgesellschaft" im eigentlichen Sinne. Auch am Vorabend des Ersten Weltkrieges konnte es sich nur ein kleiner Teil der Bevölkerung leisten, in vollem Umfang von den zunehmend am Markt angebotenen Waren und Dienstleistungen Gebrauch zu machen. Zudem waren die Verbrauchsausgaben eines Großteils der Bevölkerung nach wie vor hauptsächlich durch Aufwendungen für den starren Bedarf geprägt. Kosten für Nahrungsmittel,

---

[2] Statistisches Bundesamt, Volkswirtschaftliche Gesamtrechnungen: Private Konsumausgaben und Verfügbares Einkommen, 3. Vierteljahr 2018, in: https://www.destatis.de/DE/Themen/Wirtschaft/Volkswirtschaftliche-Gesamtrechnungen-Inlandsprodukt/_inhalt.html?__blob=publicationFile (abgerufen 12.02.2019).

Miete oder Heizkosten ließen vielen Deutschen nur ein geringes Maß an echter Wahlfreiheit, über diese notwendigen Ausgaben hinaus Geld für zusätzliche Konsumgüter, Genussmittel oder Freizeitvergnügungen aufzuwenden. Durch zwei Weltkriege, schwere wirtschaftliche Krisen und einschneidende politische Eingriffe wurde auch diese entstehende Konsumgesellschaft dann in den folgenden Jahrzehnten zunächst immer wieder eingeschränkt und teilweise „suspendiert."[3]

Seit den 1920er Jahren kann man allerdings vom Beginn eines langsamen, sukzessiven Wandels von einer exklusiven zu einer inklusiven Konsumgesellschaft in Deutschland sprechen. Im engen Austausch mit anderen Gesellschaften in Europa und Nordamerika und eingebettet in globale Märkte, entwickelten sich leistungsstarke Produktions- und Vertriebsstrukturen für eine zunehmend große Bandbreite neuer Produkte und Dienstleistungen. Die Einführung von Massenproduktionsmethoden und die Expansion einer Massendistribution durch Warenhäuser, Konsumgenossenschaften und Filialgeschäfte waren keine genuinen Innovationen des 20. Jahrhunderts, doch setzten sie sich erst im Laufe dieses Zeitraums weiträumiger durch. Eine Professionalisierung der Werbung und des Marketings verstärkte ebenso wie der Einsatz neuer Medien die gesellschaftliche Breiten- und Tiefenwirkung der kommerziellen Konsumwirtschaft, deren politische Bedeutung ebenfalls immer deutlicher wurde. Marktförmiger Konsum durchdrang zunehmend die Alltags- und Populärkultur, zumal kommerzielle Unterhaltungsangebote vom Kino und dem Besuch von Tanzlokalen in der Zwischenkriegszeit bis hin zu Pauschalreise und Pay-TV zur Jahrtausendwende integrale Bestandteile der Freizeitgestaltung wurden. Privater Verbrauch ist dabei mehr als ein reiner Wirtschaftsfaktor. Neue Konsummuster und kommerzielle Lifestyle-Angebote, so eine verbreitete Analyse der Prozesse der vergangenen Jahrzehnte, hätten traditionelle gesellschaftliche Schichten ebenso wie die Bedeutung der Arbeit als identitätsstiftende Größen weitgehend ersetzt.

Aus historischer Sicht ist solchen Deutungen allerdings mit einer gewissen Vorsicht zu begegnen. Anders als der Begriff suggeriert, handelte es sich auch bei der sich herausbildenden „Massenkonsumgesellschaft" weder um ein homogenes Phänomen noch um einen linearen Entwicklungsprozess hin zu immer mehr Markt oder immer mehr Konsum. Stattdessen blieben Ungleichzeitigkeiten lange prägend. Sektoral, schichtenspezifisch und regional schritt die Durchsetzung marktförmigen Konsums unterschiedlich schnell voran und in weiten Teilen war das 20. Jahrhundert durch eine Koexistenz von Mangel und Überfluss geprägt. Das, was als Konsum gefasst wurde, hat sich ebenso wie die ökonomische und gesellschaftliche Bewertung des Konsums im Betrachtungszeitraum mehrfach und grundlegend gewandelt. Kriege, Krisen und staatliche Marktinterventionen führten nicht nur zu Perioden des „suspendierten Konsums" und zu Einbrüchen im allgemeinen Lebensstandard, sondern zu Konjunk-

---

[3] Zum Begriff der „suspendierten Konsumgesellschaft" siehe *T. Welskopp*, Konsum, in: *C. Dejung/ M. Dommann/D. Speich Chassé (Hg.)*, Auf der Suche nach der Ökonomie. Historische Annäherungen, Tübingen 2014, S. 125–152.

turen der Marktintegration privater Haushalte. In Zeiten der Knappheit kam es zum Beispiel immer wieder zu einer Erhöhung der Eigenproduktion von Haushalten, wie der Beitrag von Reinhild Kreis in diesem Band gezeigt hat. Auch der Ausbau öffentlicher Güter und Leistungen gerade in den Jahrzehnten nach 1950 eröffnete für viele Deutsche ebenfalls Alternativen zur marktförmigen Versorgung. Die Entwicklung der Massenkonsumgesellschaft beinhaltete also gleichermaßen steigende Ausgaben für den häuslichen Bierkonsum ebenso wie das Aufkommen einer alternativen Selbstversorgerkultur oder kommunale Angebote für öffentliche Bäder und Verkehrsmittel. Auch bei einer Wirtschaftsgeschichte des Konsums kann daher der Blick nicht allein auf am Markt agierende Unternehmen und ihre Kunden gerichtet sein, sondern muss, wie in diesem Band, staatliche und gesellschaftliche Akteure mit einbeziehen.

Um eine Geschichte der Dynamiken des Massenkonsums mit seinen wirtschaftlichen und gesellschaftlichen Implikationen zu schreiben, bietet sich daher der Begriff des „Konsumtionsregime" an.[4] Eine Analyse von Konsumtionsregimen umfasst dabei nicht nur angebotsseitige Strukturen von (Massen-)Produktion und Distribution, sondern setzt sie in Beziehung zu sich wandelnden Verbrauchsmustern auf der Konsumentenseite sowie zu den politischen und gesellschaftlichen Akteuren und institutionellen Arrangements, die diese jeweils beeinflussen. Im Folgenden sollen daher, der groben Gliederungsstruktur dieses Handbuchs folgend, in drei Abschnitte erstens Veränderungen in Verbrauch und Nachfrage, zweitens Innovationen und Kontinuitäten seitens Industrie und Handel sowie schließlich drittens die institutionellen Rahmensetzungen durch Staat und Gesellschaft für das zwanzigste Jahrhundert grob skizziert werden.

Periodisierungsversuche

Die im Begriff des Konsumtionsregimes angelegte Verbindung der Ebenen wirtschaftlicher, gesellschaftlicher und politischer Prozesse macht eine Unterteilung des Untersuchungszeitraums in klar abzugrenzende Abschnitte konsumgesellschaftlicher Entwicklung problematisch. Sicherlich bieten sich einige einschneidende Zäsuren an. So bildet der Erste Weltkrieg mit seiner staatlich organisierten Kriegswirtschaft und den kollektiven Mangelerfahrungen der „suspendierten" Konsumgesellschaft einen sinnvollen Einstiegspunkt. Aus wirtschaftshistorischer Perspektive wären eine Reihe weiterer einschneidender Wendepunkte zu nennen, wie z. B. die Hyperinflation von 1923, die Weltwirtschaftskrise ab 1929 oder der Ölpreisschock von 1973. Wirtschaftspolitische Initiativen wie der Vierjahresplan von 1936, die Wirtschaftsreformen von 1948 oder die Rentenreform von 1957 bilden weitere markante Einschnitte. Krisen,

---

[4] Siehe die Einleitung von Kleinschmidt/Logemann in diesem Band sowie *K. Rick*, Verbraucherpolitik in der Bundesrepublik Deutschland: Eine Geschichte des westdeutschen Konsumtionsregimes, 1945–1975. Baden-Baden 2018, besonders S. 20–26.

Umbrüche und Reformen wie diese waren prägend für die Konjunkturen konsumgesellschaftlicher Entwicklung im 20. Jahrhundert.

Auch die klassischen politikhistorischen Eckdaten haben die Entwicklung von Konsumtionsregimen nachhaltig beeinflusst. Die nationalsozialistische Machtergreifung 1933 betraf schon allein durch die Boykotte jüdischer Einzelhändler auch die Konsumwirtschaft in Deutschland.[5] Ähnlich bedeutend für Produktion und Nachfrage waren der Beginn der Besatzungsherrschaft 1945 oder die Herausbildung zweier deutscher Staaten nach 1949. Gerade die Ost-West-Teilung im Kalten Krieg bedeutete die Koexistenz zweier fundamental unterschiedlicher Konsumtionsregime für weite Teile des Jahrhunderts, von denen sich jedoch nur die westdeutsche Konsumgesellschaft zu einer Massenkonsumgesellschaft im engeren Sinne, also mit weitgehend marktförmig organisiertem Konsum, entwickelte. Insofern bilden die Jahre 1989/90 eine weitere wichtige Zäsur. Auch gesellschaftliche Umbrüche wie in den 1960er Jahren trugen schließlich zu den Dynamiken der Konsumentwicklung im 20. Jahrhundert bei. Neue soziale Bewegungen verwiesen auch auf Wandlungsprozesse unter Konsumenten, die von Verbraucherorganisationen aber nicht zuletzt auch vom Marketing proaktiv aufgenommen wurden.[6]

Die Konsumgeschichte des 20. Jahrhunderts ist somit vor allem von wechselnden Konjunkturen und tiefen Brüchen in Konsumtionsregimen gekennzeichnet. Ich werde im Folgenden daher auf periodisierende Einteilung zugunsten einer systematischen Gliederung verzichten. Gleichwohl möchte ich zur groben zeitlichen Orientierung sechs Phasen als Periodisierungsmodell vorschlagen:

1. *Die prekäre Konsumgesellschaft der Zwischenkriegszeit (1918–1933).* Die Zeit der Weimarer Republik wurde in der Konsumgeschichtsschreibung häufig mit Blick auf den Mythos der „Goldenen Zwanziger Jahre" diskutiert. Die „neue Frau" und neue Formen des Jugendkonsums trugen ebenso wie das Aufleben der Werbung und der kommerziellen Unterhaltung zur zeitgenössischen Wahrnehmung einer modernen und dynamischen Konsumgesellschaft bei.[7] Auch sogenannte „Amerikanismen" vom Jazz über den Kaugummi bis hin zur Verbreitung von Konsumentenkrediten wurden weit diskutiert. Dennoch blieb es vornehmlich eine Zeit des prekären Konsums, da die wenigen Jahre wirtschaftlicher Prosperität zwischen 1924 und 1928 den Nachwirkungen des Weltkrieges ebenso wie den Krisen von Inflation und Weltwirtschaftskrise gegenüberstanden. Konsummöglichkeiten waren zudem regional sehr unterschiedlich und das Leben in Metropolen wie Berlin kontrastierte stark zu den Erfahrungen in Kleinstädten und auf dem Lande. Im Gegensatz zu den in Film und Warenhäusern antizipierten Konsumträumen blieben die Weimarer Jahre für einen großen Teil der Bevölke-

---

5 H. Ahlheim, „Deutsche, kauft nicht bei Juden!". Antisemitismus und politischer Boykott in Deutschland 1924 bis 1935, Göttingen 2012.
6 A. Sedlmaier, Konsum und Gewalt. Radikaler Protest in der Bundesrepublik, Berlin 2018.
7 J. Ward, Weimar Surfaces. Urban Visual Culture in 1920s Germany, Berkeley 2001.

rung entbehrungsreich und durch Mangelerfahrungen geprägt. Eine oft paternalistische staatliche Konsumpolitik spiegelte zudem ambivalente gesellschaftliche Einstellungen gegenüber einer Ausweitung des Massenkonsums wider.[8]

2. *Die virtuelle Konsumgesellschaft des Nationalsozialismus (1933–1941).* Die Bedeutung des „virtuellen Konsums" in der NS-Zeit hat Hartmut Berghoff betont, der die weitgreifenden Konsumversprechen des Regimes mit einer bestehenden Realität des Mangels kontrastiert.[9] Einerseits schürte das Regime Hoffnungen auf eine Verbesserung des allgemeinen Lebensstandards durch die Förderung von Volksempfängern, Volkswagen und anderen Volksprodukten, die das Zeitalter der fordistischen Massenproduktion auch in Deutschland einläuten sollten.[10] Entgegen der zeitgenössischen Wahrnehmung einer Verbesserung des Lebensstandards breiter Bevölkerungsschichten (nicht zuletzt vor dem Hintergrund der Erfahrungen der Weltwirtschaftskrise), wurde jedoch die Schwer- und Rüstungsindustrie besonders nach Beginn des Vier-Jahres Planes 1936 auf Kosten der Konsumgüterindustrie gefördert. So wurde etwa der propagandistisch ausgeschlachtete Traum vom eigenen Wagen für die wenigsten Deutschen Realität. Stattdessen wurde das Konsumtionsregime zunehmend ideologisch überformt. Trotz vieler Kontinuitäten in der Konsumgüter- und Werbeindustrie sowie im Handel wurde „schädlicher" Wettbewerb nun staatlich eingegrenzt, wurde auf „deutsche" Sprache in der Werbung und auf den Verbrauch heimischer Produkte im Sinne der Autarkiepolitik geachtet. Der „Nazi Marketplace" (J. Wiesen) war Teil einer „Volksgemeinschaft," die auf rassischer Ausgrenzung, aber auch auf Inklusion durch Konsum beruhte, wie das Beispiel der staatlich organisierten KdF-Reisen zeigt.[11]

3. *Die suspendierte Konsumgesellschaft der Kriegs- und Nachkriegszeit (1942–1948).* Während es in den ersten Kriegsjahren auch durch systematische Plünderungen der besetzten europäischen Gebiete gelang, einen ähnlich dramatischen Zusammenbruch der Versorgungslage wie im Ersten Weltkrieg zu vermeiden, verschlechterte sich der Zustand an der Heimatfront ab etwa 1942 zusehends, wie auch Hartmut Berghoff in seinem Beitrag diskutiert. Die Verheißungen der „virtuellen" NS-Konsumgesellschaft fielen nun in sich zusammen. Kriegswirtschaft und alliierte Luftangriffe führten zur Verknappung von Wohnraum, Lebensmitteln und anderen Gütern des täglichen Bedarfs. Besonders in den Städten

---

8 C. Torp, Konsum und Politik in der Weimarer Republik, Göttingen 2011.
9 H. Berghoff, Enticement and Deprivation. The Regulation of Consumption in Pre-war Nazi Germany, in: M.J. Daunton/M. Hilton (Hg.), The Politics of Consumption: Material Culture and Citizenship in Europe and America, New York 2001, S. 165–184. Siehe auch T. Schanetzky, Kanonen statt Butter. Wirtschaft und Konsum im Dritten Reich, München 2015.
10 W. König, Volkswagen, Volksempfänger, Volksgemeinschaft: „Volksprodukte" im Dritten Reich. Vom Scheitern einer nationalsozialistischen Konsumgesellschaft, Paderborn 2004.
11 J. Wiesen, Creating the Nazi Marketplace. Commerce and Consumption in the Third Reich, Cambridge 2011; S. Baranowski, Strength Through Joy. Consumerism and Mass Tourism in the Third Reich. Cambridge 2007.

brachen die Institutionen der Marktgesellschaft zusammen und das Entstehen von Schwarzmärkten zeugte vom Vertrauensverlust in die Versorgungskapazitäten von Markt und Staat.[12] Während etablierte Markenprodukte aus dem täglichen Leben verschwanden, nahm die häusliche Eigenproduktion bei Haushalten in Stadt und Land wieder eine große Bedeutung an.[13] Diese Suspendierung konsumwirtschaftlicher Strukturen setzte sich in der „Zusammenbruchsgesellschaft" (C. Kleßmann) nach 1945 fort. Rationierungen, Entbehrungen und der Verlust materieller Güter in Folge des Krieges waren Erfahrungen, die sich quer durch alle Gesellschaftsschichten fanden, aber Flüchtlinge und Vertriebene in besonderem Maße betrafen. Obgleich die Zeit der suspendierten Konsumgesellschaft vergleichsweise kurz war, blieb sie – wie generell die Erfahrung extremen Mangels in Kriegs- und Nachkriegszeiten in der ersten Jahrhunderthälfte – für Konsumerfahrungen der Folgezeit sehr prägend.

4. *Die nachholende Konsumgesellschaft der Rekonstruktions- und „Wirtschaftswunder"-Phase (1949–1957).* In beiden deutschen Staaten waren die Jahre ab den späten 1940er Jahren durch die Rekonstruktion von Produktions- und Vertriebsstrukturen sowie durch nachholenden Konsum geprägt. Nach 1949 bildeten sich in BRD und DDR zwei fundamental verschiedene Konsumtionsregime heraus, deren markt- bzw. planwirtschaftliche Strukturen sich mit ungleicher Geschwindigkeit und mit unterschiedlichem Erfolg entwickelten. Die bundesdeutsche Konsumgüterindustrie profitierte Anfang der 1950er von den Auswirkungen der Korea-Krise und auch in anderer Hinsicht stellte der Kalte Krieg eine wichtige Triebfeder der Konsumentwicklung in Ost- und West dar.[14] Transatlantische Transfers aus den USA beeinflussten die wirtschaftliche und kulturelle Ausprägung des westdeutschen Konsums. Trotz gesamtwirtschaftlichem Wachstum und steigender Lebensstandards im sogenannten „Wirtschaftswunder" blieb die Ausweitung des privaten Konsums zunächst jedoch vielfach bescheiden und weitgehend in konservative Familienmodelle und Geschlechterrollen eingebettet. Sie betraf zudem eher die Verbesserung der Ernährungslage als die Ausstattung von Haushalten mit neuen Konsumgütern. Erst ab dem Jahr 1957, so der Historiker Michael Wildt, lässt sich vom Aufkommen einer ersten, genuinen Massenkonsumgesellschaft in Deutschland sprechen, die jedoch zunächst noch auf den westlichen Teil begrenzt blieb.[15]

5. *Die (hoch)moderne Massenkonsumgesellschaft (1958–1970er).* Die „langen" 1960er Jahre stellten dann für beide deutsche Staaten den eigentlichen Eintritt in

---

12 *M. Zierenberg*, Stadt der Schieber: der Berliner Schwarzmarkt 1939–1950, Göttingen 2008.
13 *P. Swett*, Selling Under the Swastika. Advertising and Commercial Culture in Nazi Germany, Stanford (Ca) 2014; *R. Kreis*, Selbermachen. Eine andere Geschichte des Konsumzeitalters, Frankfurt 2020.
14 *D. Crew* (Hg.), Consuming Germany in the Cold War, Oxford 2003.
15 *M. Wildt*, Am Beginn der „Konsumgesellschaft". Mangelerfahrung, Lebenshaltung, Wohlstandshoffnung in Westdeutschland in den fünfziger Jahren, Hamburg 1994.

die Massenkonsumgesellschaft dar. Expandierender Verbrauch galt zunehmend als ein Schlüssel zur Lösung wirtschaftlicher Probleme im Zuge einer keynesianischen Wachstumsorientierung.[16] Sowohl im Osten als auch im Westen wurden „moderne" Konsummuster und die Ausstattung von Haushalten mit langlebigen Konsumgütern eingebettet in staatliche Entwicklungsprogramme im Wohnungs- und Städtebau und den Ausbau wohlfahrtsstaatlicher Leistungen. Zeitgenossen sahen die Dynamik der Zeit in den Gestaltungsmöglichkeiten und futuristischen Formen neuer Plastikwaren, in der zunehmenden gesellschaftlichen Automobilisierung und in der Verbreitung immer neuer elektronischer Haushaltsprodukte. Jugendkonsum gewann an wirtschaftlicher Bedeutung und setzte neue gesellschaftliche Trends, die traditionelle Werte und Gesellschaftsnormen herausforderten.[17] Trotz fortbestehender und auch neu artikulierter Konsumkritik wurde die „Konsumgesellschaft" zunehmend Teil eines gesellschaftlichen Selbstverständnisses, was sich nicht zuletzt auch im Erstarken von Verbraucherorganisationen in der Bundesrepublik niederschlug. Die frühen 1970er Jahre bildeten in vieler Hinsicht einen Höhepunkt des Konsumoptimismus bei Unternehmen, staatlichen Akteuren und Verbrauchern mit der Erwartung eines stetig steigenden und expandierenden materiellen Lebensstandards. Trotz bestehender Unterschiede in den Konsumtionsregimen versprach dieser moderne Massenkonsum die Zukunft sowohl der Bundesrepublik als auch der DDR zu prägen (vgl. Beitrag von D. Hoffmann in diesem Band).

6. *Die differenzierte Massenkonsumgesellschaft (ab 1970er).* In der jüngeren historischen Literatur werden die 1970er Jahre häufig als Umbruchs- und Krisenjahrzehnt diskutiert sowie als Epochenschwelle zu einer Zeit „nach dem Boom" in der Bundesrepublik.[18] Für die Konsumgeschichte ist dieser Interpretation jedoch nur bedingt zu folgen, da es in den 1970er Jahren in mancher Hinsicht zunächst keinen fundamentalen Bruch in der westdeutschen Konsumentwicklung gab. Sicherlich gerieten nicht zuletzt durch den Ölpreisschock die Grenzen des materiellen Wachstums sowie auch dessen ökologische Kosten stärker in den Blick der Öffentlichkeit. Auch auf Anbieterseite gab es etwa in der Automobilbranche ein wachsendes Krisenbewusstsein in Hinblick auf Marktsättigung und Absatzschwierigkeiten, das zum Teil schon in der kurzen Rezession 1967/68 seinen Ausgang nahm.[19] In der DDR der 1970er Jahre wurden die Strukturprobleme und

---

16 Grundlegend für den gesellschaftlichen Wandel und Konsum in den 1950er und 1960er Jahren: A. Schildt (Hg.), Moderne Zeiten. Freizeit, Massenmedien und 'Zeitgeist' in der Bundesrepublik der 50er Jahre, Hamburg 1995; *Ders./D. Siegfried/K. C. Lammers (Hg.),* Dynamische Zeiten: Die 60er Jahre in beiden deutschen Gesellschaften, Hamburg 2000.
17 D. *Siegfried*, Time is on my side. Konsum und Politik in der westdeutschen Jugendkultur der 60er Jahre, Göttingen 2006.
18 A. *Doering-Manteuffel/L. Raphael*, Nach dem Boom, Göttingen 2012.
19 I. *Köhler*, Auto-Identitäten. Marketing, Konsum und Produktbilder des Automobils nach dem Boom, Göttingen 2018.

die Grenzen des Konsums in Versorgungsengpässen zunehmend offensichtlich. Im Westen kam es in dieser Zeit eher zu einem Wandel denn zur Schrumpfung des Konsumniveaus. Automobilität und Auslandsreisen nahmen weiter zu, wie Sina Fabian jüngst gezeigt hat, und wurden erst jetzt zu wirklichen Massenphänomenen.[20] Wie in mehreren anderen europäischen Ländern auch, kam es unter der sozial-liberalen Koalition zu einem weiteren Ausbau des öffentlichen Konsums. Gleichzeitig pluralisierten sich Konsummuster und -stile und reflektierten etwa das Anwachsen alternativer Milieus, zunehmende Einwanderung oder sich wandelnde Geschlechterrollen. Das letzte Viertel des 20. Jahrhunderts sah also ein weiteres Wachstum und einen qualitativen Wandel im Konsum. Flexible Produktion und zunehmende europäische bzw. globale Marktintegration wandelten die Angebotsseite ebenso wie ein stärker segmentiertes und kundenorientiertes Marketing. Dies förderte eine zunehmend differenzierte und marktorientiere Massenkonsumgesellschaft, die Individualität und Differenz betonte, gleichzeitig aber auch ein mehr an Ungleichheit akzeptierte, was nun (auch durch sinkende Investitionen in öffentliche Konsumangebote) zum Teil zulasten der zuvor tendenziell steigenden Inklusivität von Massenkonsum ging.

Solche eher kleinteiligen Periodisierungen bergen jedoch die Gefahr, grundlegende Prozesse längerer Dauer zu überdecken, die den Untersuchungszeitraum als Ganzes strukturieren. Am bedeutendsten ist hier sicherlich der graduelle gesellschaftliche Wandel vom Mangel zum Überfluss, der sich nicht nur in aggregierten Verbrauchsziffern niederschlug, sondern auch in der Verschiebung von Ausgaben hin zu Gütern, die das Lebensnotwendige oder den alltäglichen Bedarf weit überschritten. Die Pole extremer Entbehrung in Krieg und Krise einerseits und das Erleben zuvor unbekannten materiellen Wohlstands andererseits prägten auch die Erfahrungswelt deutscher Konsumentinnen und Konsumenten im zwanzigsten Jahrhundert nachhaltig.[21] In dieser besonders in den Nachkriegsjahrzehnten verbreiteten Grunderfahrung eines zunehmenden Lebensstandards sahen einige Zeitgenossen und sozialwissenschaftliche Beobachter einen gesellschaftlichen „Wertewandels" im Konsum ab den 1960er/70er Jahren begründet: von einem auf Verbrauchsgüter und Gegenstände orientierten "materialistischen" Konsum zu einer „postmaterialistischen" Hinwendung zu Erfahrungskonsum und individueller Selbsterfüllung.[22] Diese von Werbung und

---

20 *S. Fabian*, Boom in der Krise. Konsum, Tourismus, Autofahren in Westdeutschland und Großbritannien, 1970–1990, Göttingen 2016.
21 *K. Jarausch/M. Geyer*, Shattered Past. Reconstructing German Histories, Princeton 2009, S. 269–315.
22 Siehe z.B. *R. Ingelhart*, Modernization and Postmodernization, Princeton 1997; Zu den Problemen solcher zeitgebundenen sozialwissenschaftlichen Beobachtungen siehe *R. Graf/K. C. Priemel*, Zeitgeschichte in der Welt der Sozialwissenschaften. Legitimität und Originalität einer Disziplin, in: Vierteljahreshefte für Zeitgeschichte 59, 2011, S. 479–508.

Marketing vielfach aufgegriffene Beobachtung lässt sich jedoch in ihrer Pauschalität schwer verallgemeinern und ist aus historischer Sicht kritisch zu hinterfragen.

Allein das verstärkte Aufkommen von Modephänomenen und von wiederkehrenden Konsumkonjunkturen seit der Zwischenkriegszeit widerspricht dem Bild einer linearen Entwicklung der Konsumgesellschaft und von Verbrauchsmustern in eine bestimmte Richtung. Es trifft zu, dass ein gewisses Set langlebiger Konsumgüter von Staubsauger und Kühlschrank zu Radio und Telefon für einen großen Teil des Jahrhunderts gesellschaftliche Vorstellungen von Massenkonsum stark dominierte. Diese Produkte standen exemplarisch für eine „Hochmoderne" des Konsums, die sich zeitlich grob auf die 1920er bis 1970er Jahre verorten lässt.[23] Diese Phase war durch eine Technisierung und Rationalisierung des Konsums im Haushalt gekennzeichnet und durch eine verbreitete Orientierung am „fordistischen" Modell von Massenproduktion und -distribution mit Standardisierung und Reduktion von Typenvielfalt. Ein weiteres Merkmal dieser Hochmoderne des Konsums waren die zunehmende Bedeutung von Differenzierungs- und Professionalisierungstendenzen im Konsumsektor mit neuen Formen von Konsumwissen. Werbe- und Absatzexperten, Marktforscher, Produktdesigner, Konsumforscher und Verbraucherberater etablierten sich in Unternehmen, staatlichen Organisationen, Interessenverbänden und im gesellschaftlichen Diskurs über den Konsum. Ihnen gemeinsam war das Interesse, die Konsumwirtschaft und das Verbraucherverhalten besser zu verstehen, zu lenken und zu optimieren. Massenkonsum und Konsumtionsregime waren über weite Strecken des 20. Jahrhunderts also nicht nur durch unternehmerisches Handeln geprägt, sondern wurden zentrale Bestandteile liberaler – aber auch sozialistischer und nationalsozialistischer – Gesellschaftsentwürfe in Deutschland. Im Folgenden sollen nun zentrale Dynamiken des Wandels dieser Konsumtionsregime im Zusammenspiel von Nachfrage- und Angebotsentwicklung sowie der gesellschaftlichen Rahmung der Konsumwirtschaft schlaglichtartig behandelt werden.

2 Verbraucher und Nachfrage: Von einer exklusiven zur inklusiven Konsumgesellschaft?

Zunächst wird die Veränderung des Verbrauchs und der Nachfrageseite im 20. Jahrhundert kurz umrissen. Dabei wird neben der allgemeinen Entwicklung des Lebensstandards seit dem Ersten Weltkrieg besonders der Wandel in Konsumstrukturen in den Blick genommen mit den sich wandelnden Ausgaben für neue Produkte, für Dienstleistungen und für den Erfahrungskonsum. Schließlich werden die sozialen

---

[23] Zum Konzept der Hochmoderne siehe *L. Raphael*, Ordnungsmuster der „Hochmoderne"? Die Theorie der Moderne und die Geschichte der europäischen Gesellschaften im 20. Jahrhundert, in: *Ders./U. Schneider (Hg.)*, Dimensionen der Moderne. Frankfurt am Main 2008, S. 73–91.

Strukturen des Konsums ebenso wie Veränderungen von Verbraucherbildern und der gesellschaftlichen Konstruktion des „Konsumenten" skizziert.

Konjunkturen des Lebensstandards

Die Vorstellung eines allgemeinen gesellschaftlichen Lebensstandards ist eine Erfindung des 20. Jahrhunderts. Statistische Erhebungen zum Verbrauch von Haushalten gab es punktuell zwar schon im 19. Jahrhundert, aber systematische Daten liegen erst ab der Zwischenkriegszeit und dann vor allem für die Jahrzehnte nach dem Zweiten Weltkrieg vor. Als Lebensstandard wurden diese Zusammenstellungen von Verbrauchsausgaben noch nicht gedacht. Erst Ende der 1920er Jahre stellte die International Labor Organisation – auf Anregung der Ford Motor Company – zum ersten Mal vergleichende Daten zu Lebenshaltungskosten und Lohnniveau zusammen und half dabei, Vorstellungen eines sich an US-amerikanischen Vorgaben messenden Lebensstandards in Europa zu etablieren.[24] Das Konsumniveau, gemessen an der Kaufkraft der Haushalte und ihrer Ausstattung mit Konsumgütern, galt zunehmend als Maßstab gesellschaftlicher Entwicklung und Erwartungen.

Diskrepanzen zwischen Erfahrung und Erwartung mit Blick auf den Lebensstandard prägten die Zeit zwischen 1918 und 1948. Die Jahre unmittelbar nach dem Ersten Weltkrieg waren für Verbraucher in Deutschland durch Mangel sowie vielfach durch die Erfahrung von Verlust und Rückschritt mit Blick auf persönliche und gesellschaftliche Konsumstandards geprägt. Versorgungsengpässe durch den Krieg und das teilweise Zusammenbrechen einer arbeitsteiligen Weltwirtschaft sorgten dafür, dass das allgemeine Konsumniveau im internationalen Vergleich und im Verglich zu den Vorkriegsjahren zurückfiel. Rationierung und Mangelernährung bestimmten den Nachkriegsalltag und auch in den Jahren der Hyperinflation kam es zu Hungertoten. Uwe Spiekermann konstatiert eine „Ernährungskrise", die erst 1924 endete.[25] Auch die Reallöhne der meisten Beschäftigten blieben lange unter dem Niveau von 1913 und stiegen erst in der kurzen Erholungsphase zwischen 1924 und 1929 wieder signifikant an. Nun kam es zu einer gewissen Expansion der Konsumausgaben, doch die Konsumerfahrungen der meisten Bürger bleiben hinter den im internationalen Vergleich wachsenden Erwartungen an einen modernen Lebensstandard zurück. Die Lebenshaltungsuntersuchung des Statistischen Reichsamts von 1927/28 zeigte zwar wachsende finanzielle Spielräume bei Arbeiter-, Angestellten- und Beamtenhaushal-

---

[24] V. De Grazia, Das unwiderstehliche Imperium: Amerikas Siegeszug im Europa des 20. Jahrhunderts, Stuttgart 2010.
[25] U. Spiekermann, Künstliche Kost. Ernährung in Deutschland 1840 bis heute, Göttingen 2018, S. 267–268.

ten, doch zu einem „neuartigen Wohlstandsniveau" kam es in den eben nur scheinbar „goldenen" 1920er Jahren nicht.[26]

Sinkende Arbeitseinkommen und vor allem die Massenarbeitslosigkeit in der Weltwirtschaftskrise bedeuteten dann in den 1930er Jahren erneute Armutserfahrungen für breite Bevölkerungskreise. Vor diesem Hintergrund erschien vielen Deutschen der relative Anstieg von Beschäftigung und Reallöhnen unter den ersten Jahren nationalsozialistischer Herrschaft als eine Verbesserung des allgemeinen Lebensstandards, eine Wahrnehmung, die zudem durch das gezielte Erwecken von Konsumerwartungen seitens staatlicher Propaganda unterstützt wurde. Die neuere Forschung zeigt dagegen, dass die 1930er Jahre keineswegs eine breite und nachhaltige Verbesserung des Lebensstandards bedeuteten. Neben einer staatlichen Diskriminierung gegen ganze Bevölkerungsschichten belastete vielmehr der Rüstungsboom spätestens ab 1936 auch die allgemeine Konsumgüterversorgung.[27] Die Jahre des Krieges ebenso wie die unmittelbaren Nachkriegsjahre stellten dann einen absoluten Tiefpunkt der Versorgungslage und des Lebensstandards in Deutschland dar. Kriegszerstörung, Schwarzmarkt und Rationierung und der Zusammenbruch einer marktförmigen Konsumversorgung hatten schichtenübergreifend eine nachhaltige Wirkung auf die Entwicklung der deutschen Konsumgesellschaft.[28]

Auch wenn das „Wirtschaftswunder" einen großen Teil der westdeutschen Haushalte erst ab 1957 erreichte, stieg der Lebensstandard in den 1950er und 1960er Jahren dann signifikant an.[29] Neben Haushaltsbüchern zeugen auch zunehmend systematische statistische Erhebungen der Bundesregierung von einem breiten Wandel der Haushaltsausgaben und -versorgung. Ob Kalorienverbrauch, Wohnraum oder Bekleidung, die Ausgabemöglichkeiten bundesdeutscher Haushalte überstiegen in allen Kategorien zunehmend deutlich den „starren" Bedarf, gefördert durch zum Teil gezielte Preispolitik.[30] Die Einkommenssituation deutscher Haushalte änderte sich dabei u. a. durch einen Wandel der Geschlechterrollen mit der Zunahme von weiblicher Teilzeitbeschäftigung.[31] Die bundesdeutsche Verbraucherberichte der 1970er Jahre betonten darüber hinaus die Verbesserung der Lebensqualität durch öffentliche Einrichtungen von Krankenhäusern und expandierenden Bildungseinrichtungen zu

---

26 *C. Torp*, Konsum und Politik in der Weimarer Republik, Göttingen 2011, bes. S. 33.
27 *Schanetzky*, Kanonen statt Butter; *A. Tooze*, Ökonomie der Zerstörung. Die Geschichte der Wirtschaft im Nationalsozialismus, München 2007.
28 *R. Gries*, Die Rationen-Gesellschaft. Versorgungskampf und Vergleichsmentalität. Leipzig, München und Köln nach dem Kriege, Münster 1991; *Zierenberg*, Stadt der Schieber.
29 *Wildt*, Am Beginn der „Konsumgesellschaft".
30 *A. Reckendrees*, Konsummuster im Wandel. Haushaltsbudgets und Privater Verbrauch 1952–98, in: *Jahrbuch für Wirtschaftsgeschichte* 48/2, 2007, S. 29–61; Siehe auch *I. Zündorf*, Der Preis der Marktwirtschaft staatliche Preispolitik und Lebensstandard in Westdeutschland 1948 bis 1963, Stuttgart 2006.
31 C. von Oertzen, Teilzeitarbeit und die Lust am Zuverdienen. Geschlechterpolitik und gesellschaftlicher Wandel in der Bundesrepublik 1948–1969, Göttingen 1999.

Schwimmbädern und Theatern. Auch in der DDR nahmen die Konsummöglichkeiten der Bevölkerung nicht zuletzt durch staatliche Konsumangebote und Preissubventionierung ab den 1960er Jahren in der Breite deutlich zu.[32] Sozialistische Konzeptionen von Lebensstandard gaben öffentlichen Versorgungs- und Konsumangeboten einen besonders hohen Stellenwert. Allerdings blieben Hoffnungen, mit dem Westen im Bereich des Konsums konkurrieren zu können, weitgehend enttäuscht und die Wahrnehmung des Lebensstandards in der DDR blieb einerseits durch die Erfahrung von Mangel und Güterknappheit sowie andererseits durch die Modi der Selbstversorgung und der informellen Tauschwirtschaft mitgeprägt.[33]

Enttäuschungen mit Blick auf die Entwicklung des Lebensstandards fanden sich gegen Ende des zwanzigsten Jahrhunderts aber auch im Westen. Hohe Inflationsraten in den 1970er Jahren relativierten die Nominallohngewinne vieler Arbeitnehmer und spätestens ab den 1980er Jahren wurde deutlich, dass ein fortgesetztes, kontinuierliches Wachstum des Lebensstandards keine Zwangsläufigkeit war.[34] Eine Zunahme von Vermögensbeständen und wachsende Möglichkeiten der Kreditfinanzierung erlaubten zwar eine weitere Expansion des privaten Konsums, jedoch war dieser in mancher Hinsicht zur Jahrtausendwende prekärer als in den Jahrzehnten der Nachkriegszeit und durch höhere soziale Differenzierungen und Ungleichheiten gekennzeichnet.[35]

Wandel der Konsumstrukturen

Veränderungen in der Konsumstruktur, also der Zusammenstellung der Güter und Dienstleistung, für die Geld ausgegeben wurde, sind ein weiterer zentraler Aspekt der Konsumgeschichte des 20. Jahrhunderts. Die Versorgung der Haushalte mit langlebigen Konsumgütern, von der Waschmaschine bis zum Automobil, galt dabei lange als ein wichtiger Indikator für die relative „Modernität" einer Konsumgesellschaft.[36] Wichtig war hier u. a. die im Beitrag von Reinhold Bauer beschriebene Durchsetzung

---

32 *A. Steiner*, Preispolitik und Lebensstandard. Nationalsozialismus, DDR und Bundesrepublik im Vergleich, Köln 2006; *J. Schevardo*, Vom Wert des Notwendigen. Preispolitik und Lebensstandard in der DDR der fünfziger Jahre, Stuttgart 2006.
33 *I. Merkel*, Utopie und Bedürfnis. Die Geschichte der Konsumkultur in der DDR, Köln 1999; *R. Kreis*, A "Call to Tools". DIY between State Building and Consumption Practices in the GDR, in: International Journal for History, Culture and Modernity 6/1, 2018, S. 49–75.
34 *Fabian*, Boom in der Krise; Zu den 1980er Jahren siehe *A. Schild*, Die letzten Jahrzehnte der Bonner Republik. Überlegungen zur Erforschung der 1980er Jahre, in: Archiv für Sozialgeschichte 52, 2012, S. 21–46; und zur jüngsten Sozialgeschichte der Essay *H.-U. Wehler*, Die neue Umverteilung. Soziale Ungleichheit in Deutschland, München 2013.
35 *D. Mertens*, Erst sparen, dann kaufen? Privatverschuldung in Deutschland, Frankfurt am Main 2015.
36 *H. Kaelble*, Europäische Besonderheiten des Massenkonsums 1950–1990, in: *Ders./H. Siegrist/ J. Kocka* (Hg.), Europäische Konsumgeschichte: Zur Gesellschafts- und Kulturgeschichte des Konsums, Frankfurt am Main 1997, S. 169–203.

fordistischer Massenproduktionsmethoden, nicht zuletzt im internationalen Vergleich. So wurde die technisch voll ausgestattete Küche sogar zu einem Aspekt des Systemwettbewerbs im Kalten Krieg.[37] In Westdeutschland stieg die Verbreitung von elektrischen Kühlschränken zum Beispiel von 8 % im Jahr 1950 auf 98 % um 1990, aber auch E-Herde, Waschmaschinen, Geschirrspüler sahen eine ähnlich rasante Verbreitung.[38] Diese besonders ab den 1950er Jahren propagierte „Technisierung" des Haushalts blieb dabei zunächst noch eng mit dem Erhalt traditioneller Geschlechter- und Familienmodelle verknüpft. Gleichzeitig trug sie zum Entstehen einer „Hochenergiegesellschaft" in der zweiten Hälfte des Jahrhunderts bei; der Energiekonsum westdeutscher Haushalte wuchs – allen widerkehrenden Sparsamkeitsdiskursen zum Trotz – zwischen 1950 und 1980 um mehr als das Dreifache.[39] Ob bei der Wäsche, beim Kochen und Reinigen oder beim Transport, die wachsenden Energieausgaben spiegelten insgesamt eine Verschiebung in der Konsumstruktur von menschlicher Arbeit und Ausgaben für Dienstleistungen (etwa bei Haushaltspersonal, Wäscherei oder Transport) hin zu langlebigen, energiekonsumierenden Maschinen in den mittleren Jahrzehnten des 20. Jahrhunderts wider.[40]

Sosehr Automobile, Haushaltstechnik sowie Unterhaltungs- und Medienelektronik die „Konsumvisionen" der Jahrhundertmitte bestimmten, so wichtig blieben Ausgaben für die „Grundbedürfnisse" des Wohnens, der Kleidung und der Nahrung.[41] Im Jahr 1950 gaben bundesdeutsche Haushalte im Durchschnitt gut 25 D-Mark für Kleidung aus. Während der relative Anteil dieser Ausgaben am Einkommen über die folgenden 25 Jahre nahezu konstant bei 8–9 % blieb, hatten sich die Durchschnittsausgaben für Bekleidung 1975 mit 143 D-Mark schon mehr als verfünffacht.[42] Schon vor dem Aufkommen von „Fast Fashion" wuchs die Menge an verfügbarer Kleidung also immens an. Im Jahr 2013 konnte ein erwachsener Brite dann etwa 100 Kleidungsstücke sein eigen nennen, von denen ein Viertel nie den Schrank verließ, wie Frank Trentmann feststellt.[43] Während durchschnittliche Aufwendungen für Wohnkosten (bei allgemein steigender Wohnfläche) fast durchgängig einen signifikanten Anteil der Haushaltsbudgets ausmachten, sanken die relativen Ausgaben für Nahrung-

---

37 *R. Oldenziel/K. Zachmann*, Cold War Kitchen. Americanization, Technology, and European Users, Cambridge, MA 2011.
38 *S. Gerber*, Küche, Kühlschrank, Kilowatt. Zur Geschichte des privaten Energiekonsums in Deutschland 1945–1990, Bielefeld 2015, S. 69.
39 Ebd., S. 58; *F. Trentmann*, Materielle Kultur und Energiekonsum. Verbraucher und ihre Rolle für eine nachhaltige Entwicklung, München 2016.
40 *J. Gershuny*, After Industrial Society. The Emerging Self-service Economy, London 1978, zeigt dies für Großbritannien, besonders S. 71–91.
41 *M. Heßler*, Visionen des Überflusses. Entwürfe künftiger Massenkonsumgesellschaften im 20. Jahrhundert, in: *H. Berghoff/J. Vogel (Hg.)*, Wirtschaftsgeschichte als Kulturgeschichte. Dimensionen eines Perspektivenwechsels, Frankfurt am Main 2004, S. 455–480.
42 *J. Schnaus*, Kleidung zieht jeden an. Die deutsche Bekleidungsindustrie 1918–1973, Berlin 2017, S. 382.
43 *Trentmann*, Empire of Things, S. 1.

und Genussmittel über die Jahrzehnte jedoch dramatisch von deutlich über 50 % zu Beginn des Jahrhunderts auf nur knapp 15 % um das Jahr 2000. Das populäre Narrativ von einer „Fresswelle" im frühen „Wirtschaftswunder" verweist auf die Bedeutung, die der qualitativen und quantitativen Verbesserung der Lebensmittelversorgung im Übergang zur Massenkonsumgesellschaft beigemessen wurde.[44] Gerade in Mangelsituationen kam den Genussmitteln eine besondere Bedeutung zu, wie etwa der Konsum von Kaffee und Tabak in Kriegszeiten verdeutlicht.[45] Von zentraler Bedeutung waren schließlich die Verschiebungen innerhalb der Lebensmittelbudgets, wie Uwe Spiekermann jüngst am Aufstieg der „künstlichen Kost" verdeutlicht hat. Konserven und andere industriell gefertigte Lebensmittel kamen schon im 19. Jahrhundert auf, fanden dann aber erst in der Zwischenkriegszeit und vor allem ab den 1950er Jahren massenhafte Verbreitung. Standardisierte Agrarprodukte, Tiefkühlkost oder neue Convenience-Produkte führten zu einem grundlegenden Wandel im Ernährungsverhalten der Bevölkerung.[46]

Weder die Technisierung des Haushalts noch die Entwicklung von künstlicher Kost eignen sich jedoch als lineare Narrative des Wandels von Konsumstrukturen. Die Renaissance von Wochenmärkten, die Bedeutungszunahme ökologischer Produkte oder der Anteil von Haushaltsausgaben für Restaurantbesuche verkomplizieren unser Bild vom Ernährungswandel in der Massenkonsumgesellschaft.[47] Eine erneute Zunahme für Dienstleistungsausgaben, aber auch Ausgaben für Güter mit kurzen Mode-Zyklen oder die wachsenden Ausgaben für Reisen relativierten zunehmend die Bedeutung langlebiger Konsumgüter in den letzten Jahrzehnten des Jahrhunderts. Ähnlich der Bedeutung des kommerziellen Unterhaltungskonsums zu Beginn der Konsumgesellschaft in Deutschland um 1900 standen nun wieder Formen des Erfahrungskonsums (mit Ausgaben für Freizeit, Entertainment, Sport und mediale Kommunikation) stärker im Mittelpunkt konsumgesellschaftlicher Visionen.[48] Demografische Faktoren wie der gesellschaftliche Alterungsprozess oder das damit einhergehende Anwachsen von Privatvermögen führten schließlich zu einer relativen Bedeutungsverschiebung innerhalb der Haushaltsbudgets hin zu Ausgaben für Gesundheits- und Pflegeprodukte sowie zu Finanzdienstleistungen, die mittlerweile auch zu den Konsumausgaben im weiteren Sinne zählen sollten.[49]

---

44 A. *Andersen*, Der Traum vom guten Leben. Alltags- und Konsumgeschichte vom Wirtschaftswunder bis heute, Frankfurt am Main 1999.
45 N. *Petrick-Felber*, Kriegswichtiger Genuss. Tabak und Kaffee im „Dritten Reich", Göttingen 2015.
46 U. *Spiekermann*, Künstliche Kost. Ernährung in Deutschland 1840 bis heute, Göttingen 2018.
47 M. *Möhring*, Fremdes Essen. Die Geschichte der ausländischen Gastronomie in der Bundesrepublik Deutschland, München 2012.
48 K. *Maase*, Grenzenloses Vergnügen. Der Aufstieg der Massenkultur, 1850–1970, Frankfurt am Main 1997.
49 D. *Mertens*, Erst sparen, dann kaufen.

Konsumentenbilder

Gesellschaftliche Vorstellungen über „die Konsumenten" änderten sich im Verlauf des Jahrhunderts ebenso grundlegend. Anders als etwa in Großbritannien galt die Figur des „Konsumenten" im Kaiserreich weniger als ein bürgerlicher „consumer citizen" mit politischem Gewicht, sondern wurde eher als „Arbeiterverbraucher" abgetan. Zeitgenössischen Beobachtern erschien die Verbraucherschaft zu Beginn des Jahrhunderts zunächst vor allem als eine urbane Masse ohne eigene gesellschaftliche Gestaltungsmacht.[50] Der Historiker Nepomuk Gasteiger hat den Wandel vorherrschender Konsumentenbilder unter Werbe- und Marketingexperten sowie Konsumforschern seit der Zwischenkriegszeit dann als eine Abfolge von Leitbildern beschrieben. Hatten sie zunächst die Irrationalität der konsumierenden Masse in den Vordergrund gestellt, setzte sich in der frühen Bundesrepublik unter den Vorzeichen des Kalten Krieges das Ideal des „rationalen" Konsumenten durch, der durch abwägende Entscheidungen zum Erfolg der sozialen Marktwirtschaft beitragen sollte.[51] Konsumkritiker führten dagegen besonders in den 1960er Jahren den durch Werbung und Markteinflüsse „beherrschten" oder psycho-sozial „manipulierten" Konsumenten ins Felde. Ab Mitte der 1970er habe sich schließlich das Bild des „postmodernen Konsumenten" durchgesetzt, der wiederum als individueller, reflektierter und selbstbestimmter galt.[52]

Auch die jüngere Konsumgeschichtsschreibung hat die zunehmende Diversität und Segmentierung der Konsumentenschaft in Deutschland herausgearbeitet (so auch Sina Fabian in diesem Band). Klassen- oder schichtenspezifische Konsummuster mit nicht allein einkommensabhängigen Differenzen in Ausgaben- und Präferenzstrukturen gab es, ebenso wie ausgeprägte Stadt-Land-Unterschiede im Konsum, bereits im Kaiserreich.[53] Während sich die Bedeutung regionaler Besonderheiten und traditioneller Milieubindungen für die Verbrauchsmuster im Laufe des Jahrhunderts abschwächte, wurden andere Differenzierungen wichtiger. Schon in der Weimarer Republik wurden Frauen zu einer spezifisch beworbenen Zielgruppe jenseits der bis dahin dominierenden Rollenzuschreibung als Haushalts- und Familienversorger.[54]

---

50 *C. Nonn*, Die Entdeckung des Konsumenten im Kaiserreich, in: *H.-G.Haupt/C. Torp (Hg.)*, Die Konsumgesellschaft in Deutschland, Frankfurt am Main 2009, S. 221–231.
51 *E. Carter*, How German is She? Postwar West German Reconstruction and the Consuming Woman, Ann Arbor 1997.
52 *N. Gasteiger*, Der Konsument. Verbraucherbilder in Werbung, Konsumkritik und Verbraucherschutz 1945–1989, Frankfurt am Main 2010.
53 *H. Fischer*, Konsum im Kaiserreich. Eine statistisch-analytische Untersuchung privater Haushalte im wilhelminischen Deutschland, Berlin 2011.
54 *A. Schmidt*, From Thrifty Housewives to Shoppers with Needs. On a Capitalist Program of Education, in: *Ders./C. Conrad (Hg.)*, Bodies and Affects in Market Societies, Tübingen 2016, S. 167–187; Siehe auch *N. Reagin*, Sweeping the German Nation. Domesticity and National Identity in Germany, 1870–1945, Cambridge 2007.

Zudem bildete sich ein Jugendmarkt heraus (siehe Beitrag von D. Sigfried), der sich im eigenen Selbstverständnis und in den Bemühungen des Marketings dann ganz besonders ab den 1960ern von der „breiten Masse" der Konsumierenden absetzte.[55] Eine ethnische Ausdifferenzierung des Konsums, etwa durch das Aufkommen verschiedener Spezialitätenrestaurants, war dann nicht zuletzt in der zweiten Jahrhunderthälfte auch eine Folge einer verstärkten Zuwanderung nach Deutschland. Ob mit Blick auf Musik, Ernährung oder Autos, in den letzten Jahrzehnten des Jahrhunderts identifizierten Marketingexperten eine Vielzahl von unterschiedlichen Life-Style-Milieus.[56] Nicht „Homogenität" sondern „feine Unterschiede" charakterisierten die Konsumentinnen und Konsumenten dieser Massenkonsumgesellschaft, die immer größere Teile der Gesellschaft mit einschloss, ohne sie dabei im engeren Sinne zu integrieren. Hier zeigte sich wieder die zwiespältige Inklusivität der modernen Massenkonsumgesellschaft, die einerseits zunehmend breite gesellschaftliche Teilhabe über Konsum ermöglichte, gleichzeitig aber, wie Hartmut Kaelble in seinem abschließenden Beitrag zu diesem Band beobachtet, auch neue Differenzierungen und soziale Grenzziehungen beförderte.

3 Die Angebotsseite: Innovationen, Kontinuitäten und Verdichtungen in Produktion und Handel

Auf der Angebotsseite stand für die Konsumgeschichtsschreibung des 20. Jahrhunderts lange die Durchsetzung zunächst der Massenproduktionstechniken (versinnbildlicht durch das Fließband) und von Massenverkaufsmethoden (versinnbildlicht etwa durch Warenhaus und Supermarkt) im Vordergrund. Deren zunehmende Verbreitung, so die herrschende Interpretation, bereitete den Weg für ein „fordistisches Konsumtionsregime", das beginnend in der Zwischenkriegszeit und dann mit zunehmender Geschwindigkeit in den Nachkriegsjahrzehnten auch in Deutschland und Europa die Hochmoderne des Konsums bis in die 1970er Jahre hinein prägte.[57] In der jüngeren Forschung wird hingegen stärker auch auf die Grenzen der Durchsetzung solcher Massenproduktionsverfahren hingewiesen ebenso wie auf die Bedeutung der Konsumwirtschaft für das Entstehen neuer „kreativer Ökonomien" im 20. Jahrhundert. Jenseits von Standardisierung und *economies of scale* zielten Werbung, Design und Marketing auf zunehmend dynamische und segmentierte Käufermärkte ab.

---

55 *D. Peukert*, Das Mädchen mit dem „wahrlich metaphysikfreien Bubikopf". Jugend und Freizeit im Berlin der zwanziger Jahre, in: *P. Alter (Hg.)*, Im Banne der Metropolen, Göttingen1993, S. 157–175 und *Siegfried*, Time is on my Side.
56 *Köhler*, Auto-Identitäten.
57 *V. de Grazia*, Changing Consumption Regimes in Europe 1930–1970: Comparative Perspectives on the Distribution Problem, in: *S. Strasser/M. Judt/C. McGovern (Hg.)*, Getting and Spending, S. 59–83.

Dabei spielten neue Formen des Wissens über Konsum, das Aufkommen neuer Experten wie Marktforscher und Werbefachleute und die wachsende Medialisierung von Konsumpraktiken und -diskursen auch für die Struktur der Konsumwirtschaft eine immer wichtigere Rolle.

Die „Hochmoderne" des Konsums: Massenproduktion und -distribution

Der Einzug des „Fordismus", der standardisierten Massenproduktion nach amerikanischem Vorbild, wurde in der Zwischenkriegszeit in Deutschland kontrovers diskutiert (siehe Beitrag von R. Bauer). Befürwortern in Wirtschaft, Politik und bei den Gewerkschaften erschienen die amerikanischen Rationalisierungsgewinne in der Produktion, das Potenzial für Lohnsteigerung und die erweiterten Konsummöglichkeiten für Verbraucher durch Senkung der Stückkosten als der Königsweg in die Konsummoderne.[58] Schon im Zuge des Ersten Weltkriegs gab es verstärkte Bemühungen, auch in Deutschland serielle Produktion und Normierung in der Industrie voranzutreiben und Typenvielfalt zu reduzieren. Ingenieure und Produktgestalter der 1920er Jahre strebten in verschiedensten Bereichen nach „Zweckformen", die Verbraucherbedürfnisse und Anforderungen der Massenproduktion ideal verbinden sollten.[59] Dabei stieß das Versprechen konsumsteigernder Massenproduktion und technokratischer Lösungen des Fordismus ideologieübergreifend auf Resonanz. Sowohl Vordenker der sozialistischen Planwirtschaft in der Sowjetunion in den 1930er Jahren als auch die Propaganda des Nationalsozialismus bedienten sich bei Ford und seinem Konsumtionsmodell: Volkskühlschrank, Volksempfänger oder Volkswagen basierten auf dem Konzept standardisierter Massenproduktion.[60]

In den Jahrzehnten um die Jahrhundertmitte wurde das zunehmend günstige, da seriell gefertigte, langlebige Konsumgut so zum Inbegriff der Konsumgesellschaft der „Hochmoderne." Weitere Bestrebungen zur Typenreduzierung im Zweiten Weltkrieg sowie eine auf Massendurchsatz orientierte Wirtschaftspolitik in der frühen Bundesrepublik, die „einen Kühlschrank für jeden Haushalt" propagierte, trugen zu einer weiteren Durchsetzung der Massenproduktion in den 1940er bis 1960er Jahren bei. Auch in der DDR förderten neue Produktionsmethoden und Werkstoffe wie Plastik

---

58 *M. Nolan*, Visions of Modernity. American Business and the Modernization of Germany, New York 1994; *R. Hachtmann/A. von Saldern*, „Gesellschaft am Fließband". Fordistische Produktion und Herrschaftspraxis in Deutschland, in: Zeithistorische Forschungen/Studies in Contemporary History 6, 2009, S. 186–208.
59 *A. Sudrow*, Der Typus als Ideal der Formgebung: Zur Entstehung der professionellen Produktgestaltung von industriellen Konsumgütern (1914–1933), in: Technikgeschichte 3, 2009, S. 191–210.
60 *W. König*, Volkswagen, Volksempfänger, Volksgemeinschaft: „Volksprodukte" im Dritten Reich; vom Scheitern einer nationalsozialistischen Konsumgesellschaft. Paderborn 2004; *D. Schäfer*, Amerikanismus im Dritten Reich, in: *M. Prinz/R. Zitelmann (Hg.)*, Nationalsozialismus und Modernisierung, S. 199–215; *S. Link*, Rethinking the Ford-Nazi Connection, in GHI Bulletin 2, 2011, S. 135–150.

das Bild einer modernen Konsumwirtschaft.[61] Angesichts transatlantischer Transfers und Rationalisierungsbestrebungen sprachen Beobachter im Westen dabei zunehmend von einer „Amerikanisierung" europäischer Unternehmen und Produktionsmethoden.[62] Eng verbunden mit diesem Massenproduktionsmodell ist zudem die Verbreitung neuer Vertriebs- und Absatzmethoden wie etwa der Kreditfinanzierung. Besonders für langlebige Konsumgüter wie Nähmaschinen finden sich solche organisierten Kredit- und Ratenzahlungsmodelle schon seit dem späten 19. Jahrhundert, deren Verbreitung und die Diskussion um den Konsumentenkredit gewann dann aber in der Zwischenkriegszeit und besonders in den 1950er und 60er Jahren zunehmend an Dynamik.[63]

Der Aufstieg von Massendistributionsformen im Handel war ähnlich zentral wie der Wandel auf der Produktionsseite für die unternehmenshistorische Interpretation der Massenkonsumgesellschaft (vergleiche insbesondere die Beiträge von R. Banken in diesem Band). Die seit dem 19. Jahrhundert entstandene Infrastruktur des Einzelhandels mit modernen Fachgeschäften, Einkaufsgenossenschaften, Konsumgenossenschaften sowie Kettenläden und Warenhäusern entwickelte sich im 20. Jahrhundert zunächst weiter, wobei vor allem den großen Warenhäusern und den Konsumgenossenschaften in der Zwischenkriegszeit eine exponierte Position zukam, die kontrovers diskutiert wurde.[64] In den Nachkriegsjahrzehnten erlebten die Warenhäuser dann die Phase ihrer größten Expansion und relativen Bedeutung innerhalb des deutschen Handels und der Einzelhandelsstruktur deutscher Städte.[65] Zugleich beförderten Versandkataloge wie Quelle und Neckermann eine kostenreduzierende Massendistribution und der zunehmende Trend zur Selbstbedienung leistete der amerikanischen

---

61 *E. Rubin*, Synthetic Socialism. Plastics and Dictatorship in the German Democratic Republic, Chapel Hill 2012.
62 *V. Berghahn*, Umbau im Wiederaufbau. Amerika und die deutsche Industrie im 20. Jahrhundert, Göttingen 2013. *H. Schröter*, Americanization of the European Economy: A Compact Survey of American Economic Influence in Europe Since the 1880s, Dordrecht 2005.
63 *J. Logemann*, Americanization through Credit? A Transnational and Comparative History of Consumer Credit in Germany, 1860s–1960s, in: Business History Review 3, 2011, S. 529–550; *J. Logemann/ U. Spiekermann*, The Myth of a Bygone Cash Economy. Consumer Lending in Germany from the Nineteenth Century to the Mid-Twentieth Century, in: Enterprises et Histoire 59, 2010, S. 12–27; *B. Stücker*, Konsum auf Kredit in der Bundesrepublik, in: Jahrbuch für Wirtschaftsgeschichte 2, 2007, S. 63–88.
64 *P. Lerner*, The Consuming Temple. Jews, Department Stores, and the Consumer Revolution in Germany, 1880–1940, Ithaca 2015, *D. Briesen*, Warenhaus, Massenkonsum und Sozialmoral. Zur Geschichte der Konsumkritik im 20. Jahrhundert. Frankfurt am Main 2001.
65 *R. Banken*, Schneller Strukturwandel trotz institutioneller Stabilität. Die Entwicklung des deutschen Einzelhandels 1949–2000, in: Jahrbuch für Wirtschaftsgeschichte 2, 2007, S. 117–146; Als jüngere Fallstudie *M. Spoerer*, C & A. Ein Familienunternehmen in Deutschland, den Niederlanden und Großbritannien, München 2016; Zum europäischen Kontext der Veränderungen im Einzelhandel nach dem zweiten Weltkrieg siehe auch: *R. Jessen/L. Nembach-Langer*, Transformations of Retailing in Europe After 1945, Farnham 2012.

Innovation der Supermärkte ab den späten 1950er Jahren auch in Europa Vorschub.[66] Die Möglichkeit einer geschlossenen Kühlkette unterstützte dabei die weitere Verbreitung industriell hergestellter Lebensmittel.[67] Ob in Katalogen oder an Supermarktregalen, insgesamt traten Konsument und Produkt im Laufe des 20. Jahrhunderts immer direkter in unvermittelte Kommunikation zu einander.[68]

Spätestens ab den 1970er Jahren wurde die Bedeutung der großen Kaufhäuser durch eine Reihe weiterer Innovationen im Einzelhandel herausgefordert. Einkaufzentren und große Verbrauchermärkte ebenso wie Baumärkte eröffneten eine autofreundliche Konsuminfrastruktur „auf der grünen Wiese", wenngleich in geringerem Ausmaß als in den USA und einige anderen westeuropäischen Ländern.[69] Lebensmitteldiscounter wie Aldi und Lidl verschärften dagegen den Preiswettbewerb im Lebensmittelmarkt. Gleichzeitig begannen spezialisierte und zum Teil global aktive Ladenketten den Handel mit Büchern, Textilien, Kosmetika und anderen Markenwaren in den Innenstädten zu dominieren. Schon vor dem Aufkommen des Internethandels hatte sich der Einzelhandel im späten 20. Jahrhundert stark differenziert und segmentiert.

Auch hier stoßen allzu lineare Narrative vom Aufstieg eines zunehmend homogenen Massenproduktions- und Massendistributionsregimes im 20. Jahrhundert rasch an ihre Grenzen. Zunächst ist auf ein Fortbestehen nichtserieller Massenproduktion in vielen Unternehmen und Branchen bis weit ins 20. Jahrhundert hinzuweisen. Selbst in den USA hatte die fordistische Fließbandproduktion kleinteiligere und an wechselnden Aufträgen und Kundenwünschen orientierte Produktionsweisen etwa in der Möbel- oder Haushaltswarenindustrie nie völlig abgelöst.[70] In Deutschland bildete sich zudem ein Diskurs um deutsche „Qualitätsarbeit" in Abgrenzung zu allzu standardisierten Produktionsformen heraus und eine Vielzahl kleiner und mittelständischer Konsumgüterhersteller trug trotz zunehmender Normierung zu einer relativ hohen Bedeutung von Typenvielfalt und Produktvarianz bis in die Nach-

---

66 *L. Langer*, Revolution im Einzelhandel. Die Einführung der Selbstbedienung in Lebensmittelgeschäften der Bundesrepublik Deutschland (1949–1973), Köln 2013; *K. Ditt*, Rationalisierung im Einzelhandel. Die Einführung und Entwicklung der Selbstbedienung in der Bundesrepublik Deutschland 1949–2000, in: *M. Prinz (Hg.)*, Der lange Weg in den Überfluß. Anfänge und Entwicklung der Konsumgesellschaft seit der Vormoderne, Paderborn 2003, S. 315–356.
67 *Spiekermann*, Künstliche Kost, S. 661–667
68 *S. Brändli*, Der Supermarkt im Kopf. Konsumkultur und Wohlstand in der Schweiz nach 1945, Wien 2000.
69 Siehe *J. Logemann*, Down and Out Downtown? Transatlantische Unterschiede in der Entwicklung urbaner Einkaufsräume, 1945–2010, in: *M. Prinz (Hg.)*, Die vielen Gesichter des Konsums, 1850–2000, Paderborn 2015, S. 231–249; Zum suburbanen Siegeszug der Baumärkte siehe *J. Voges*, „Selbst ist der Mann". Do-it-yourself und Heimwerken in der Bundesrepublik Deutschland, Göttingen 2017.
70 *R. Blaszczyk*, Imagining Consumers. Design and Innovation from Wedgwood to Corning, Baltimore 2002; *P. Scranton*, Endless Novelty: Specialty Production and American Industrialization, 1865–1925, Princeton 1998.

kriegsjahrzehnte bei.[71] Auch im Handel blieb der Erfolg der Massendistribution nur partiell. Noch in den 1960er Jahren blieb der Einzelhandel in Deutschland durch Fachhandel, Handwerksbetriebe und eine Vielzahl kleiner „Tante Emma"-Läden gekennzeichnet. Durch Ladenschlussregelungen, die lange bestehende Preisbindung der zweiten Hand sowie eine Reihe lokaler Maßnahmen gegen Großbetriebe und zu viel Wettbewerb im Einzelhandel strebten Verbände und konservative Konsumpolitik in Deutschland eine „gesunde Mischung" zwischen Massendistribution und einer Kontinuität von Kleinhandel und Fachgeschäften an.[72]

Mit dem Ende der „Hochmoderne" des Konsums setzten sich dann zunehmend „post-fordistische" Produktions- und Vertriebsstrukturen durch. Flexible und nur teilweise standardisierte Produktionssysteme sowie zielgruppenorientierte Absatzstrategien und Einzelhandelsformate widersprachen wenigstens oberflächlich dem Bild einer zunehmend standardisierten Massenkonsumwirtschaft.[73] Die Stärke der westlichen Konsumwirtschaften lag immer weniger in ihrer Fähigkeit, günstige Massenware zu produzieren, sondern in ihrem Vermögen, eine große Bandbreite immer neuer und individualisierter Produkte zu erzeugen und an ihre Kunden zu liefern. Im direkten Vergleich stellte dies die Konsumwirtschaft der DDR dagegen in den 1970er und 80er Jahren vor wachsende Herausforderungen, da ihre planwirtschaftlichen Strukturen zwar fordistische *economies of scale*, aber kaum individualisierte und zunehmend dynamische Kundenwünsche bedienen konnten. Der Schlüssel zur Massenkonsumgesellschaft lag also nur zum Teil in der Durchsetzung von Massenproduktion und -distribution.

Marketing als Beschleunigungsfaktor

Zur Bedeutung der Konsumwirtschaft im 20. Jahrhundert gehört auch ihre Rolle beim Entstehen stetiger wirtschaftlicher Innovationsdynamiken und „kreativer Ökonomien" in Branchen wie Mode, Design, Werbung und Medien. Mit dem Soziologen Andreas Reckwitz lässt sich auf den Konsumgütermärkten eine Grundspannung des modernen Kapitalismus beobachten, bei der rationalisierende und standardisierende Tendenzen sowie das technokratische Streben nach Berechenbarkeit (M. Weber) in zunehmendem Widerspruch zu einem Bedürfnis nach Innovation und Veränderung (J. Schumpeter) stehen. Nach Reckwitz führt dies zu Bemühungen um permanente kontrollierte Innovation und zu einer Ästhetisierung der Wirtschaft in Bereichen wie

---

[71] Zum Topos der Qualitätsarbeit siehe *A. Lüdtke*, ‚Deutsche Qualitätsarbeit', ‚Spielereien' am Arbeitsplatz und ‚Fliehen' aus der Fabrik. Industrielle Arbeitsprozesse und Arbeiterverhalten in den 1920er Jahren, in: *Friedhelm Boll (Hg.)*, Arbeiterkulturen zwischen Alltag und Politik: Beiträge zum europäischen Vergleich in der Zwischenkriegszeit, Wien 1986, S.155–197.
[72] *J. Logemann*, Trams or Tailfins. Public and Private Prosperity in Postwar West Germany and the United States Chicago 2012.
[73] *Köhler*, Auto-Identitäten; *M. Piore/C. Sabel*, Das Ende der Massenproduktion. Studie über die Requalifizierung der Arbeit und die Rückkehr der Oekonomie in die Gesellschaft, Berlin 1985.

Mode und Design, bei denen der Imperativ der Kreativität und die Wertschätzung ästhetisch-schöpferischer Innovation gegenüber einer allein an Kostenkalkulationen orientierten ökonomischen Rechenhaftigkeit an Bedeutung gewinne.[74]

Andere Beobachter betonen ebenfalls eine dynamische Beschleunigung wirtschaftlichen Wandels durch Werbung und Produktinnovation im „Fast Capitalism" der Konsummoderne sowie eine damit einhergehende symbolische Aufladung von Produkten als Medien.[75] Bei diesem Beschleunigungsprozess geht es allerdings nicht nur um technische Fragen der Verbesserung und Rationalisierung von Produktions- und Distributionsprozessen, sondern ganz besonders auch um den Wandel und die Professionalisierung von Marketingprozessen.[76] Der Kommunikation zwischen Produzenten, Produkten und Konsumenten kam in der Konsumwirtschaft des 20. Jahrhunderts auch in Deutschland eine wachsende Bedeutung zu, die sich allerdings nicht auf den vermeintlich manipulativen Charakter des Marketings reduzieren lässt, wie Kritiker vielfach behaupteten.[77]

Ein zentraler Aspekt des Bedeutungsgewinns des Marketings war das Entstehen einer professionalisierten Werbewirtschaft, deren Anfänge zwar im 19. Jahrhundert lagen, die aber seit den 1920er Jahren durch spezialisierte Werbeagenturen und Werbeabteilungen der Unternehmen signifikant anwuchs.[78] Werbung auf Plakaten und an Litfaßsäulen, in Schaufenstern und in Zeitungen und Magazinen prägte nun das alltägliche Erscheinungsbild von Metropolen wie München.[79] Organisationen wie

---

74 A. Reckwitz, Die Erfindung der Kreativität. Zum Prozess gesellschaftlicher Ästhetisierung, Berlin 2012.
75 G. Cross, What does Fast Capitalism mean for consumers? in: J. Logemann/G. Cross/I. Köhler (Hg.), Consumer Engineering. Marketing between Expert Planning and Consumer Responsiveness, 1920s–1970s, London 2019, S. 47–62; Zur Beschleunigung siehe P. Borscheid, Das Tempo-Virus. Eine Kulturgeschichte der Beschleunigung, Frankfurt am Main 2004; zur symbolischen Aufladung R. Gries, Produkte als Medien Kulturgeschichte der Produktkommunikation in der Bundesrepublik und der DDR, Leipzig 2003.
76 C. Wischermann (Hg.), Unternehmenskommunikation deutscher Mittel- und Großunternehmen, Ardey 2003; C. Kleinschmidt/F. Triebel (Hg.), Marketing. Historische Aspekte der Wettbewerbs- und Absatzpolitik, Essen 2004; Berghoff, Marketinggeschichte. Die Genese einer modernen Sozialtechnik, Frankfurt am Main 2007; als Überblick I. Köhler/J. Logemann, Marketing History. Germany, in: B. Jones/M. Tadajewski (Hg.), Routledge Companion to Marketing History, New York, 2016, S. 371–388.
77 S. Ewen, Captains of Consciousness Advertising and the Social Roots of the Consumer Culture, New York 1977.
78 Zur Geschichte der Werbung siehe D. Reinhart, Von der Reklame zum Marketing. Geschichte der Wirtschaftswerbung in Deutschland, Berlin 1993; P. Borscheid/C. Wischermann (Hg.), Bilderwelt des Alltags. Werbung in der Konsumgesellschaft des 19. und 20. Jahrhunderts, Stuttgart 1995; C. Lamberty, Reklame in Deutschland 1890–1914. Wahrnehmung, Professionalisierung und Kritik der Wirtschaftswerbung, Berlin 2000; P. Swett/J. Wiesen/J. Zatlin, Selling Modernity. Advertising in Twentieth-Century Germany, Durham 2007.
79 S. Uhrig, Der Stachus – Ein Platz im Wandel der Reklame, in S. Bäumler (Hg.), Die Kunst zu Werben, München 1996, S. 87–93. Siehe auch J.Ward, Weimar Surfaces. Urban Visual Culture in 1920s Germany, Berkeley 2001.

der *Verein Deutscher Reklamefachleute* (VDR) setzten sich zugleich für eine Professionalisierung des Werbeberufs ein und versuchten die Legitimität und Akzeptanz des neuen Berufsfeldes in Wirtschaft und Gesellschaft durch Ausbildungsprogramme und spezialisierte Publikationen wie *Seidels Reklame* zu steigern.[80] Mitte der 1930er Jahre arbeiteten bereits 50 000 spezialisierte Werbefachleute bei deutschen Unternehmen, Agenturen oder im Medienbereich.[81]

Das Dienstleistungsangebot von Werbefirmen erweiterte sich im Laufe der Jahrzehnte deutlich. Während frühe Annoncen-Expeditionen sich oft auf die mediale Platzierung von Werbeanzeigen beschränkt hatten, förderte gerade die Konkurrenz amerikanischer Agenturen wie J. Walter Thompson schon in der Zwischenkriegszeit den Ausbau erster sogenannter Full-Service-Agenturen, die ganze Werbekampagnen mit Textgestaltung und Grafikdesign sowie Marktanalysen anboten.[82] Neben der künstlerischen Ästhetik des Sachplakats fanden sich nun zunehmend auch Werbetexte mit psychologisch versierten Verkaufsanreizen.[83] Trotz der staatlichen Gleichschaltung der Werbewirtschaft und der Verdrängung ausländischer Wettbewerber stellten die Jahre des Nationalsozialismus in vieler Hinsicht keinen signifikanten Bruch in der Entwicklung der deutschen Werbewirtschaft dar, wenngleich es Bemühungen um ein „Germanisierung" der Werbesprache und eine zunehmende Verquickung kommerzieller und politischer Propaganda gab.[84] Selbst unter den Bedingungen einer suspendierten Konsumgesellschaft im Krieg setzten Unternehmen ihre Kommunikationsbemühungen für Markenprodukte fort, wie Pamela Swett gezeigt hat, um ihre Kunden für die Nachkriegszeit weiterhin an sich zu binden.[85]

In den Nachkriegsjahrzehnten wuchsen die Werbebudgets deutscher Firmen dann weiter signifikant an. Die expandierende Welt der Waren der Boom-Jahre wurde medial nun auch durch Radio und Fernsehen kommuniziert und das *Full-Service-*

---

[80] G. Hirt, Verkannte Propheten? Zur „Expertenkultur" (west-)deutscher Werbekommunikatoren bis zur Rezession 1966/67, Leipzig 2013.
[81] A. Schug, Werbung und die Kultur des Kapitalismus, in: H.-G. Haupt/C. Torp (Hg.), Die Konsumgesellschaft in Deutschland 1890–1990. Ein Handbuch, Frankfurt am Main 2009, S. 355–369, S. 361
[82] A. Schug, Wegbereiter der modernen Absatzwerbung in Deutschland. Advertising Agencies und die Amerikanisierung der deutschen Werbebranche in der Zwischenkriegszeit, Werkstatt Geschichte 34, 2003, S. 29–51 und ders., Missionare der globalen Konsumkultur. Corporate Identity und Absatzstrategien amerikanischer Unternehmen in Deutschland im frühen 20. Jahrhundert, in: W. Hardtwig (Hg.), Politische Kulturgeschichte der Zwischenkriegszeit 1918–1939, Göttingen 2005, S. 307–342.
[83] *De Grazia*, Irresistible Empire, S. 250–260.
[84] H. Berghoff, ‚Times change and we change with them.' The German Advertising Industry in the ‚Third Reich', Business History 1, 2003, S. 128–147; P. Swett, Preparing for Victory. Heinrich Hunke, the Nazi *Werberat*, and West German Prosperity, in: Central European History 42, 2009, S. 675–707; J. Wiesen, Creating the Nazi Marketplace.
[85] P. Swett, Selling under the Swastika. Advertising and Commercial Culture in Nazi Germany, Stanford 2013.

Modell setzte sich bei Werbeagenturen weitgehend durch.[86] Werbefachleute verstanden sich als Teil einer kreativen Avantgarde und als Vorkämpfer der Sozialen Marktwirtschaft, eine Rolle, in der sie zunehmend von Industriedesignern Unterstützung fanden. Organisationen wie der Werkbund hatten sich schon seit Beginn des 20. Jahrhunderts für eine ästhetische, zweckmäßige und zugleich kundenfreundliche Gestaltung industrieller Konsumprodukte eingesetzt. Zugleich begannen Firmen in einer frühen Form der Corporate-Identity-Bildung auf Designer zurückzugreifen, wie das Beispiel des prominenten Gestalters Peter Behrens bei AEG zeigte. Eine Koordination von Werbe- und Produktgestaltung, von Logos bis hin zur Raumgestaltung sollte die Außen- und Innenkommunikation von Unternehmen befördern.[87] Besonders Markenartikelproduzenten setzten schon seit der Jahrhundertwende auf distinktive Gestaltung und symbolträchtige Markenzeichen. In der zweiten Jahrhunderthälfte wurde die Betonung einer modernen „guten Form" dann ein immer wichtigerer Bestandteil des Konsumgütermarketings und das Industriedesign etablierte sich als neue Profession in vielen Unternehmen z. T. mit eigenen Abteilungen.[88]

Dynamisierung durch Ästhetisierung, individuell gestylte Produktausführungen oder Modellwechsel wurden Teil eines zunehmend systematischeren Marketingmanagements auf Unternehmensseite. Während deutsche Firmen in den Nachkriegsjahrzehnten in vielen Branchen zunächst kaum Absatzprobleme hatten, kam es ab den 1960er Jahren und besonders im Zuge der krisenhaften 1970er Jahre zu einer „Marketingrevolution." Neue Marketingabteilungen in den Unternehmen bemühten sich um kundenorientierte Produktions- und Vertriebsprozesse, wie Ingo Köhler am Beispiel der Automobilindustrie gezeigt hat.[89]

Das neue Streben nach individualisierten Produkten für eine Vielzahl von Kundensegmenten war eng verbunden mit einer gesteigerten Bedeutung des Designs und mit symbolgeladenen und „kreativen" Werbestrategien. Dabei stand das unternehmerische Marketing jedoch in einer engen Wechselbeziehung zu einer sich wandelnden

---

86 *H. Schröter*, Die Amerikanisierung der Werbung in der Bundesrepublik Deutschland, in: Jahrbuch für Wirtschaftsgeschichte 38, 1997, S. 93–115; *C. Zimmermann*, Marktanalysen und Werbeforschung der frühen Bundesrepublik. Deutsche Traditionen und US-Amerikanische Einflüsse, 1950–1965, in: *M. Berg/P. Gassert (Hg.)*, Deutschland und die USA in der Internationalen Geschichte des 20. Jahrhunderts, Stuttgart 2004, S. 473–491; *Hirt*, Verkannte Propheten; Zur ambivalenten Haltung gegenüber Marketinginnovationen in der DDR und Osteuropa siehe *P. Patterson*, The Bad Science and the Black Arts. The Reception of Marketing in Socialist Europe, in: *H. Berghoff/P. Scranton/U. Spiekermann (Hg.)*, The Rise of Marketing and Market Research, New York 2012, S. 269–293.
87 *T. Buddensieg*, Industriekultur. Peter Behrens und die AEG 1907–1914, Berlin 1978; *F. Schwartz*, The Werkbund. Design Theory and Mass Culture Before the First World War, New Haven 1996.
88 *G. Selle*, Design-Geschichte in Deutschland. Produktkultur als Entwurf und Erfahrung, Köln 1987; *C. Oestereicher*, Gute Form im Wiederaufbau: Zur Geschichte der Produktgestaltung, in: Westdeutschland nach 1945, Berlin 2010; *Y. Grossmann*, Von der Berufung zum Beruf. Industriedesigner in Westdeutschland, 1959–1990, Bielefeld 2018.
89 *I. Köhler*, Overcoming Stagnation. Product Policy and Marketing in the German Automobile Industry of the 1970s, in: Business History Review 1, 2010, S. 53–78; *ders.*, Auto-Identitäten.

Konsumgesellschaft. Werbeschaffende nahmen zum Beispiel neue, hedonistische, aber z. T. auch normbrechende Werte und Praktiken der Jugendbewegung als Inspirationsquelle mit auf. Gleichzeitig versuchten sie natürlich auch, Jugendliche als Zielgruppe für Werbung und Waren zu prägen und zu beeinflussen.[90] Der von Reckwitz beobachtete Imperativ der Kreativität fand sich in Marketingabteilungen und Werbeagenturen besonders prominent wieder und strahlte auf andere Bereichen einer relativen Wohlstandsgesellschaft des letzten Jahrhundertdrittels aus, in der feine kulturelle und ästhetische Unterschiede sowie symbolische Produktkommunikation eine zunehmende Wirkmacht hatten.[91]

Wissen über Konsum

Solch segmentiertes und symbolisch aufgeladenes Marketing verweist auf einen dritten zentralen Aspekt der Konsumwirtschaft im 20. Jahrhundert: ihre zunehmende Selbst-Reflexivität durch Medialisierung und Verwissenschaftlichung. War Medialität für entstehende Konsumgesellschaften schon seit der Frühen Neuzeit wichtig, so gewann dieser Aspekt durch die Verbreitung von Massenprintmedien, das Kino und neue Rundfunkmedien sowie zuletzt durch das Internet im Untersuchungszeitraum zusätzlich an Relevanz.[92] Medien waren dabei viel mehr als nur Werbeträger, sondern sie halfen bei der symbolischen Auflading von Produkten und der Verbreitung neuer Konsumpraktiken. Steigende Mediennutzung beförderte zudem nicht nur den Aufstieg von Medienunternehmen etwa im Verlags- und Filmwesen zu zentralen Akteuren der Kreativ- und Konsumwirtschaft, sondern bereitete auch einen wichtigen Resonanzboden für gesellschaftliche Debatten über Konsum und für einen wachsenden Korpus an Wissen über Konsum und Konsumenten.

Seit den 1920er Jahren wuchs eine sowohl wissenschaftlich als auch kommerziell betriebene Markt- und Konsumforschung, wie Ingo Köhler in seinem Beitrag demonstriert.[93] Medienunternehmen waren federführend an der frühen Kundenforschung

---

90 S. Malinowski/A. Sedlmaier, „1968" als Katalysator der Konsumgesellschaft. Performative Regelverstöße, kommerzielle Adaptionen und ihre gegenseitige Durchdringung, in: Geschichte und Gesellschaft 2, 2006, S. 238–267.
91 P. Bourdieu, Die feinen Unterschiede. Kritik der gesellschaftlichen Urteilskraft, Frankfurt am Main 1982.
92 N. McKendrick/J Brewer/J.H. Plumb (Hg.), The Birth of a Consumer Society. The Commercialization of Eighteenth-Century England Bloomington, 1982 zu Medien im 18. Jahrhundert; zur Medialisierung des Konsums im 20. Jahrhundert siehe überblickshaft: K. Maase, Massenmedien und Konsumgesellschaft, in C. Torp und H.-G. Haupt (Hg.), Die Konsumgesellschaft in Deutschland, S. 62–78.
93 Zu den Anfängen der wissenschaftlichen Konsumforschung in Deutschland C. Regnery, Die Deutsche Werbeforschung 1900–1945, Münster 2003; Zur Entwicklung der Markt- und Meinungsforschung im europäischen Vergleich siehe K. Brückweh (Hg.); The Voice of the Citizen Consumer. A History of Market Research, Consumer Movements, and the Political Public Sphere, Oxford 2011. Siehe auch: H. Berghoff/ P. Scranton/U. Spiekermann (Hg.), The Rise of Marketing and Market Research, New York

beteiligt und Verlage und Filmproduzenten gehörten neben Werbeagenturen zu den ersten Kunden, die Mediennutzungs- und Kundenrezeptionsstudien nachfragten.[94] Schon in der Zwischenkriegszeit kam es zur Gründung erster Marktforschungsorganisationen, wie der Wirtschaftspsychologischen Forschungsstelle in Wien oder der Gesellschaft für Konsumforschung in Nürnberg, die sowohl quantitativ-empirische als auch qualitativ-psychologische Marktuntersuchungen durchführten.[95] Während die Marktforschung wirkliche Verbreitung in der unternehmerischen Praxis zuerst in den USA in den 1930er und 40er Jahren erfuhr, waren es oft europäische Emigranten wie der Wiener Motivforscher Ernest Dichter, die dort für methodische Innovationen sorgten.[96] In Deutschland setzte sich die Marktforschung dann zunehmend in den Nachkriegsjahrzehnten durch und Firmen griffen zunehmend auf neu eingerichtete Marktforschungsabteilungen zurück, um strategisches Handlungswissen zu generieren. Besonders die unternehmerische Krisenwahrnehmung Anfang der 1970er Jahre führte zu immer ausgefeilteren Maßnahmen wie der Erstellung psychologischer Kundenprofile, die das unternehmerische Wissen über gesellschaftlichen Wandel, Pluralisierung und Marktsegmentierung entscheidend mitkonstruierten.[97]

Der Aufstieg neuer Konsumexperten im Bereich der Marktforschung, aber auch im Design, in der Werbung und in anderen Bereichen des Marketing beförderte in der klassischen „Hochmoderne" der 1930er bis 1970er Jahre gesteigerte Erwartungen an die Plan- und Steuerbarkeit des Konsums im Sinne eines *Consumer Engineering*.[98] Als Teil allgemeiner Tendenzen zur Verwissenschaftlichung des Sozialen wurde Marketing im 20. Jahrhundert immer mehr zu einer Art „Sozialtechnik", wie Hartmut Berghoff beobachtet hat. Diese Tendenz deutete sich in Deutschland schon um 1930 etwa in der Markentechnik Hans Domizlaffs an und findet heute in

---

2012; *S. Schwarzkopf*, In Search of the Consumer. The History of Market Research from 1890 to 1960, in: *B. Jones/M. Tadajewski (Hg.)*, The Routledge Companion to Marketing History, Abingdon 2016, S. 61–83.
94 *G. Bakker*, Building Knowledge about the Consumer. The Emergence of Market Research in the Motion Picture Industry, in: Business History 1, 2003, S. 101–130.
95 *R. Fullerton*, Tea and the Viennese. A Pioneering Episode in the Analysis of Consumer Behavior, in: *T. Allen, D. John (Hg.)*, Advances in Consumer Research, S. 418–421; *W. Feldenkirchen/D. Fuchs*, Die Stimme des Verbrauchers zum Klingen bringen. 75 Jahre Geschichte der GFK Gruppe, München 2009.
96 *J. Logemann*, Engineered to Sell. European Émigrés and the Making of Consumer Capitalism, Chicago 2019; Zu Dichter siehe *S. Schwarzkopf*, Ernest Dichter and Motivation Research. New Perspectives on the Making of Post-War Consumer Culture, Basingstoke 2010; *R. Gries*, Ernest Dichter. Doyen der Verführer, Wien 2007.
97 *I. Köhler*, Imagined Images, Surveyed Consumers, in: *J. Logemann/G. Cross/I. Köhler (Hg.)*, Consumer Engineering, S. 191–213. Zur Entwicklung der Marktforschung siehe auch *H. Schröter*, Zur Geschichte der Marktforschung in Europa im 20. Jahrhundert, in: *R. Walter (Hg.)*, Geschichte des Konsums, Stuttgart 2004, S. 319–341.
98 *J. Logemann/G. Cross/I. Köhler (Hg.)*, Consumer Engineering. Marketing between Expert Planning and Consumer Responsiveness, 1920s–1970s, London 2019.

neuer Form unter anderem im Data-Mining großer Internet-Firmen wie Facebook ihre Fortsetzung.⁹⁹

4 Institutionelle Rahmungen: Staat und Gesellschaft im Konsumtionsregime

Ein solches Verständnis von Marketing als Sozialtechnik richtet den Blick schließlich wieder auf den größeren Rahmen sich wandelnder politischer und gesellschaftlicher Konsumtionsregime im 20. Jahrhundert. Sosehr privater Konsum und Konsumwirtschaft vielen Kritikern als zunehmend kommerzialisiert, individualisiert und sozial „entbettet" galten, so waren (und blieben) sie doch im gesamten Untersuchungszeitraum durch Konsumpolitik sowie durch staatliche, zivilgesellschaftliche und auch transnationale Institutionen und Bewegungen mitgeprägt. Diese gesellschaftlichen Akteure und Kontexte des Konsums sollen im Folgenden kurz skizziert werden.

Verbrauchslenkung und staatliche Verbraucherpolitik

Die Entwicklung der Konsumgesellschaft im 20. Jahrhundert wurde in Deutschland ebenso wie in anderen Ländern massiv durch staatliche Konsumpolitik und Versuche der Verbrauchsbeeinflussung und -lenkung unter nationalen und politischen Gesichtspunkten mitgeprägt.¹⁰⁰ In den Jahren der Weimarer Republik waren, wie Claudius Torp gezeigt hat, Versuche der staatlichen Konsumförderung gepaart mit paternalistischen Ansätzen einer Verbrauchlenkung etwa mit Blick auf Alkohol- und Kreditkäufe.¹⁰¹ In Großbritannien und in den USA errang der „Konsument als Bürger" (*consumer citizen*) schon in der ersten Hälfte des Jahrhunderts einen festen Platz als ein einflussreicher politischer Akteur und Konsumenteninteressen hatten ein gesell-

---

99 *Berghoff*, Marketinggeschichte; Zu Domizlaff siehe auch *H. Friebe*, Branding Germany. Hans Domizlaff's Markentechnik and its Ideological Impact, in: *Swett/Wiesen/Zatlin. (Hg.)*, Selling Modernity, S. 78–101.
100 Siehe *H. Berghoff (Hg.)*, Die Regulierung des privaten Verbrauchs im 20. Jahrhundert, Göttingen, 1999; *M. Daunton/M. Hilton (Hg.)*, The Politics of Consumption. Material Culture and Citizenship in Europe and America, Oxford 2002, *C. McGovern*, Sold American. Consumption and citizenship, 1890–1945. Chapel Hill 2006; *F. Trentmann*, Free Trade Nation. Commerce, Consumption, and Civil Society in Modern Britain, Oxford 2008; *F. Eder/O. Kühschelm (Hg.)*, Konsum und Nation. Zur Geschichte nationalisierender Inszenierungen in der Produktkommunikation, Bielefeld 2012.
101 *Torp*, Konsum und Politik in der Weimarer Republik.

schaftliches Gewicht.[102] In Deutschland hingegen blieben Konsumentinnen und Konsumenten bis in die Nachkriegsjahrzehnte hinein eine gegenüber Produzenten und Arbeiternehmern politisch unterrepräsentierte Interessengruppe, die erst langsam in staatliche Verbraucherpolitik mit eingebunden wurde (vgl. Beitrag von C. Bala und K. Loer in diesem Band).

Während man zu Beginn des Jahrhunderts, wie Paul Hähnel in seinem Beitrag zu diesem Band betont, noch nicht von einer Verbraucher- oder Verbraucherschutzpolitik sprechen kann, wurden Konsumenteninteressen durch staatliche Akteure allerdings durchaus punktuell berücksichtig. Spätestens das Konsumtionsregime der Bundesrepublik seit den frühen 1950er Jahren zeichnete sich dann durch eine zunehmend breite Einbeziehung von Verbraucherinteressen und -organisationen aus.[103] Dabei wies die federführende Arbeitsgemeinschaft der Verbraucherverbände (AgV) jedoch im internationalen Vergleich ein nur geringes Maß an Graswurzelaktivismus und ein relativ hohes korporatistisches Organisationsniveau auf. Während es an Verbraucheraktivismus in Deutschland entsprechend vielfach mangelte, waren Hausfrauenverbände und andere Verbraucherorganisationen allerdings in eine – besonders im transatlantischen Vergleich – große Bandbreite staatlicher Regulierungsbestrebungen mit eingebunden. Die bundesdeutsche Massenkonsumgesellschaft kannte noch bis in die 1960er Jahre in Bereichen wie der Verkehrs- und Wohnungswirtschaft administrierte Preise, und Einzelhandelsstrukturen wurden nicht zuletzt durch Gesetzgebung zu Flächennutzung, Preisbindungen und Ladenschlusszeiten weitgreifend reguliert.[104] Öffentliche Versorgungsangebote vom Personenverkehr auf der Schiene über den Wohnungsbau bis hin zu kommunalen Schwimmbädern und Theatern waren und blieben Teil eines steuerfinanzierten Teils der Konsumgesellschaft, der den marktförmigen Konsum komplementär ergänzte und in den Nachkriegsjahrzehnten eine Hochphase erlebte.[105] Trotz Liberalisierungstendenzen in den vergangenen Jahrzehnten sind Fragen des Verbraucherschutzes nicht zuletzt durch die EU und ihre Vorgängerorganisationen ein bedeutendes politisches Thema in Europa geblieben bzw. erst geworden. Es lässt sich somit keine lineare Geschichte staatlicher Deregulierung durch wachsenden Massenkonsum im 20. Jahrhundert konstatieren.

---

102 *L. Cohen*, A Consumer's Republic. The Politics of Mass Consumption in Postwar America, New York 2003; *K. Soper/F. Trentmann (Hg.)*, Citizenship and Consumption, Basingstoke 2008; *M. Jacobs*, Pocketbook Politics. Economic Citizenship in Twentieth-Century America, Princeton 2007.
103 *K. Rick*, Verbraucherpolitik in der Bundesrepublik Deutschland. Eine Geschichte des westdeutschen Konsumtionsregimes, 1945–1975, Baden-Baden 2018.
104 *Zündorf*, Der Preis der Marktwirtschaft und Logemann, *Trams and Tailfins*, S. 44–50.
105 *J. Logemann*, Is It in the Interest of the Consumer to Pay Taxes? Transatlantic Differences in Postwar Approaches to Public Consumption, in: Journal of Consumer Culture 3, 2011, S. 339–365.

Zivilgesellschaftliche Einhegungen und Gegenentwürfe

Es waren jedoch nicht nur staatliche, sondern auch zivilgesellschaftliche Institutionen, die den marktförmigen Konsum ergänzten und teilweise einhegten. Eine zentrale Rolle spielten hier zu Beginn des Untersuchungszeitraums vor allem die Konsumgenossenschaften.[106] Konsumgenossenschaften bildeten eine nichtprofitorientierte Alternative zum Einzelhandel, bei der Konsumenten als Käufergemeinschaften gegenüber Produzenten auftraten. Um 1914 hatten Konsumgenossenschaften eine bedeutende Stellung im Lebensmittelmarkt erlangt – ihr Marktanteil lag durchschnittlich zwar nur bei etwa 5 %, jedoch war ihr Anteil regional deutlich höher und insgesamt über zwei Millionen Haushalte hatten über eine Mitgliedschaft zu ihnen Zugang.[107] Obwohl ihre relative Bedeutung im Laufe des 20. Jahrhunderts abnahm, blieben Genossenschaften bis in die Nachkriegsjahrzehnte und international sogar bis in die Gegenwart ein wichtiger Innovationsagent im Vertrieb.[108] Gewerkschaften spielten eine verwandte Rolle, indem sie versuchten, für ihre Mitglieder im Bereich des Handels, aber auch bei Bank- und Versicherungsprodukten sowie im Wohnungsbau gemeinwirtschaftliche Konsumoptionen bereitzustellen.[109] Zudem waren es dann ab den 1950er bzw. 1960er Jahren die bereits erwähnten Verbraucherverbände und staatliche geförderte Institutionen wie die Verbraucherzentralen und die Stiftung Warentest, die Marktstrukturen zivilgesellschaftlich beeinflussten.[110]

Gleichzeitig erwuchsen aus verschiedenen sozialen Bewegungen heraus Gegenentwürfe zum marktförmigen Konsum, die die Konsumwirtschaft des späten 20. Jahrhunderts veränderten. Ob in Headshops, alternativen Buch- oder Bioläden: die Jugend-, Frauen- und Umweltbewegungen entwickelten spätestens ab den 1970ern vielfach ihre eigenen Konsumräume, von denen einige dem sogenannten alternativen Milieu vorbehalten blieben, während andere durchaus auch den Mainstream-Konsum zu beeinflussen begannen.[111] Besonders die Umweltbewegung hatte einen zunehmend nachhaltigen Einfluss auf den Wandel von Produktions- und Konsumtionspraktiken.[112]

---

106 *B. Fairbairn*, The Rise and Fall of Consumer Cooperation in Germany, in: *E. Furlough/C. Strikwerda (Hg.)*, Consumers against Capitalism? Consumer Cooperation in Europe, North America and Japan, 1840–1990, Lanham 1999, S. 267–302.
107 *Spiekermann*, Basis der Konsumgesellschaft, S. 261–262.
108 *P. Battilani/H. Schröter (Hg.)*, The Cooperative Movement, 1950 to the Present, Cambridge 2012.
109 Siehe z. B. *P. Kramper*, Neue Heimat. Unternehmenspolitik und Unternehmensentwicklung im gewerkschaftlichen Wohnungs- und Städtebau 1950–1982, Stuttgart 2008.
110 *Rick*, Verbraucherpolitik und *C. Kleinschmidt*, Konsumgesellschaft, Verbraucherpolitik und soziale Marktwirtschaft. Verbraucherpolitische Aspekte des ‚Modell Deutschland' (1947–1975), in: Jahrbuch für Wirtschaftsgeschichte 1, 2006, S. 13–28.
111 Siehe *J. C. Davis*, From Head Shops to Whole Foods. The Rise and Fall of Activist Entrepreneurs, New York 2017 und zu Konsum im alternativen Milieu *S. Reichardt*, Authentizität und Gemeinschaft. Linksalternatives Leben in den siebziger und frühen achtziger Jahren, Berlin 2014.
112 *F. Uekötter*, Affluence and Sustainability. Environmental History and the History of Consumption, in: *H. Berghoff/U. Spiekermann (Hg.)*, Decoding Modern Consumer Societies, New York 2012, S. 111–124;

Ökologisches Nachhaltigkeitsstreben in Verbindung mit zivilgesellschaftlichem Aktivismus für Menschenrechte führten etwa zur Etablierung von *Fair-Trade*-Produkten und zu Zertifizierungen in Produktion und Handel.[113] So speiste der Protest gegen den Massenkonsum auch immer wieder neue konsumwirtschaftliche Innovationsdynamiken.[114]

Transnationale Bezüge

Transnationale Bemühungen um *Fair Trade* bringen schließlich jene grenzübergreifenden Kontexte der modernen Konsumwirtschaft in den Blick, die sich nationalstaatlicher oder gesellschaftlicher Regulierung oft entzogen. Konsumentwicklung war im gesamten Zeitraum durch globale Marktentwicklungen, nationale Außenhandelspolitik und internationale Handelsvereinbarungen beeinflusst und gleichzeitig spielten transnationale Transfers von Konsumpraktiken und Modellen eine zentrale Rolle. Besondere Bedeutung kam dabei gerade in den Jahrzehnten nach dem zweiten Weltkrieg dem amerikanischen Konsummodell zu, das unter anderem durch Ausstellungen und Studienreisen in Europa systematisch rezipiert wurde.[115] Auch deutsche Unternehmen waren an solchen transatlantischen Transfers in Produktions- und Vertriebsmethoden beteiligt, jedoch bestand diese „Amerikanisierung" eher aus selektiven Adaptionen.[116] Auch während der Jahrhundertmitte blieben Austauschprozesse mit den USA eher wechselseitig und ab den 1970er Jahren waren auch europäische Firmen und Werbeagenturen wieder maßgeblich an der gemeinsamen Ausgestaltung „westlicher" Konsumgesellschaften beteiligt.[117]

H. Berghoff/A. Rome (Hg.), Green Capitalism? Business and the Environment in the Twentieth Century, Philadelphia 2017.
113 *B. Möckel*, Gegen die Plastikwelt der Supermärkte. Konsum- und Kapitalismuskritik in der Entstehungsgeschichte des „fairen Handels", in: Archiv für Sozialgeschichte 56, 2016, S. 335–352; *ders.* „Free Nelson Mandela". Popmusik und zivilgesellschaftlicher Protest in der britischen Anti-Apartheid-Bewegung, in: Jahrbuch des Zentrums für populäre Kultur und Musik 60/61(2015/16), S. 187–205.
114 *A. Sedlmaier*, Konsum und Gewalt: Radikaler Protest in der Bundesrepublik, Berlin 2018.
115 *De Grazia*, Irresistible Empire, *G.Castillo*, Cold War on the Home Front. The Soft Power of Midcentury Design. Minneapolis 2010 und *S. Kroen*, Negotiations with the American Way. The Consumer and Social Contract in Postwar Europe, in: *J. Brewer/F. Trentmann (Hg.)*, Consuming Cultures, Global Perspectives. Historical Trajectories, Transnational exchanges, Oxford 2006, S. 251–277.
116 *C. Kleinschmidt*, Der produktive Blick. Wahrnehmung amerikanischer und japanischer Management- und Produktionsmethoden durch deutsche Unternehmer 1950–1985, Berlin 2000; *S. Hilger*, Amerikanisierung deutscher Unternehmen. Wetterwerbsstrategien und Unternehmenspolitik bei Henkel, Siemens und Daimler-Benz (1945/49–1975), Wiesbaden 2004.
117 *J. Logemann*, Consumer Modernity as Cultural Translation. European Émigrés and Knowledge Transfers in Mid-Century Design and Marketing, in: Geschichte und Gesellschaft 3, 2017, S. 413–437; *S. Schwarzkopf*, From Fordist to Creative Economies. The de-Americanisation of European Advertising Cultures Since the 1960s, in: European Review of History 5, 2013, S. 859–879.

Die "Globalisierung" von Konsumgesellschaften durch multinationale Unternehmen mit globalen Marken und Marketingstrategien sowie durch international agierende NGOs bildet einen wichtigen Schwerpunkt der jüngeren Forschung.[118] Globale Wertschöpfungsketten prägen heute unseren Alltagskonsum, nicht zuletzt aufgrund der massiven Senkung von Transportkosten in der Containerschifffahrt.[119] Gleichzeitig wurde besonders für deutsche Verbraucher, Einzelhändler und Konsumgüterproduzenten die „regionale", europäische Ebene immer wichtiger. Schon vor der Einführung einer weitgreifenden europäischen Wirtschafts- und Währungsunion und der europäischen Überformung des Wettbewerbsrechts hatte besonders die Integration der Agrarmärkte in der EWG seit den 1960er Jahren spürbare Folgen für Verbraucher in Deutschland und anderen europäischen Staaten.[120] Heute sind nicht nur Konsumgütermärkte, sondern auch Konsumhorizonte durch grenzüberschreitende Mobilität und Tourismus weitgehend europäisch integriert. Wenngleich der europäische Konsum auch heute noch nicht gänzlich ohne Grenzen bleibt, wie Hartmut Kaelble in seinem Beitrag betont, und nationale Spezifika vielfach bestehen blieben, glichen sich europäische Konsummuster im Laufe des vergangenen Jahrhunderts jedoch merklich an, sodass zur Jahrtausendwende von einem im transatlantischen und globalen Vergleich besonderen „europäischen" Muster des Massenkonsums gesprochen wurde.[121]

5 Rückblick aus dem 21. Jahrhundert: Sechs Mythen der Konsumgeschichte

In zeitgenössischen und populären Darstellungen der Konsumgeschichte des zwanzigsten Jahrhunderts finden sich eine Reihe von Mythen und Zerrbildern, die von der jüngeren historischen Forschung in Frage gestellt, relativiert und korrigiert wurden. Im Sinne eines Rückblicks auf die konsumgesellschaftliche Entwicklung der vergan-

---

118 *G. Jones*, Multinationals and Global Capitalism. From the Nineteenth to the Twenty-First Century, Oxford Oxford 2005; *B. Rieger*, The People's Car. A Global History of the Volkswagen Beetle, Cambridge 2013; *C. Ludwig*, Amerikanische Herausforderungen. Deutsche Großunternehmen in den USA nach dem Zweiten Weltkrieg, Frankfurt 2016; *A. Reckendrees*, Beiersdorf die Geschichte des Unternehmens hinter den Marken NIVEA, tesa, Hansaplast & Co., München 2018; Für eine Globalgeschichte der Verbraucherbewegungen siehe *M. Hilton*, Prosperity for All. Consumer Activism in an Era of Globalization, Ithaca 2009.
119 *M. Levinson*, The Box. How the Shipping Container Made the World Smaller and the World Economy Bigger, Princeton 2008.
120 *K. K. Patel*, Europäisierung wider Willen. Die Bundesrepublik Deutschland in der Agrarintegration der EWG 1955–1973, München 2009.
121 *S. Haustein*, Vom Mangel zum Massenkonsum. Deutschland, Frankreich und Großbritannien im Vergleich 1945–1970, Frankfurt am Main 2007; besonders H. Kaelble, Europäische Besonderheiten des Massenkonsums, 1950–1990, in: *H Siegrist/H. Kaelble/J. Kocka (Hg)*, Europäische Konsumgeschichte. Zur Gesellschafts- und Kulturgeschichte des Konsums, Frankfurt am Main 1997, S. 169–203.

genen 100 Jahre bietet es sich daher an, abschließend einige dieser Mythen, die die konzeptionelle Herangehensweise an das Thema Konsum und Wirtschaft betreffen, kurz systematisch anzusprechen. Dabei gilt es, irreführende oder vereinfachende Narrative der Konsumentwicklung aufzubrechen, zu hinterfragen und ein Bewusstsein für die historische Kontingenz und Vielfältigkeit konsumwirtschaftlicher Entwicklungen zu schärfen.

Mythos der Massengesellschaft. Besonders in den Nachkriegsjahrzehnten wurde Konsumveränderungen in der bundesdeutschen Diskussion oft eine „nivellierende" Tendenz zur „Vermassung" unterstellt. Massenproduktion, Produktstandardisierung und massenmedial vermittelte Konsumbilder, so die Argumentation, führten zu einer Erosion individuellen Ausdrucks und einer Einebnung bestehender gesellschaftlicher oder regionaler Unterschiede. Helmuth Schelskys These einer entstehenden „nivellierten Mittelstandsgesellschaft" von 1953 verband sich für viele Beobachter mit der Vorstellung einer Gesellschaft des zunehmend gleichförmigen Konsums.[122] Tatsächlich lässt sich aber eine solche Gleichförmigkeit des Konsums über den gesamten Untersuchungszeitraum kaum finden. Zwar gab es punktuelle Standardisierungsphänomene, aber auch die Etablierung nationaler oder gar transnationaler Märkte bedeutete nicht das Ende regionaler Differenzierung. Soziale Segmentierungen in Konsummuster verschoben sich im Laufe des Jahrhunderts signifikant, doch lässt sich gerade zu Beginn sowie am Ende des Jahrhunderts von jeweils stark milieuspezifischen Verbrauchsstrukturen sprechen. Wie gezeigt wurde, trugen sowohl gesellschaftliche Differenzierungsprozesse als auch Segmentierungsbestrebungen des Marketings zum Teil eher zu einer Pluralisierung denn zu einer Vereinheitlichung des Konsums im zwanzigsten Jahrhundert bei.

Mythos des passiven Konsumenten. Andere Kritiker des Massenkonsums stießen sich an der vermeintlich passiven Rolle der Konsumenten in Wirtschaft und Gesellschaft. Theoretiker der sogenannten Frankfurter Schule wie Theodor Adorno sahen Verbraucher tendenziell als Objekte einer zunehmend konzentrierten Konsum- und Kulturindustrie und einer gezielt manipulierenden Werbung.[123] Die relative Organisationsschwäche von Konsumenten in Deutschland gegenüber den traditionell gut organisierten Interessengruppen von Arbeit und Industrie trug weiter zu der Wahrnehmung von Verbrauchern als nur wenig gestaltende Wirtschaftssubjekte bei. Dagegen unterstreicht die jüngere Forschung die aktive individuelle und kollektive Gestaltungsrolle von Konsumenten im Wirtschaftsprozess. Sinn- und Bedeutungszuschreibungen des Konsums lassen sich nur bedingt durch gezielte Werbemaßnahmen steuern, wie die Marketinggeschichte zeigt, sondern sie entstehen in sozialen Aushandlungsprozessen unter Beteiligung der Verbraucher – man spricht auch von „Con-

---

[122] *H. Braun*, Helmut Schelskys Konzept der ‚nivellierten Mittelstandsgesellschaft' in der Bundesrepublik der 50er Jahre, in Archiv für Sozialgeschichte 29, 1989, S. 199–223
[123] *M. Horkheimer/T. W. Adorno*, Dialektik der Aufklärung: philosophische Fragmente, Amsterdam 1947.

sumer Co-Creation".¹²⁴ Die politische und gesellschaftliche Rolle von Verbrauchern als Konsumbürger („*consumer citizens*") ist vielfach untersucht, ebenso wie deren kollektive Interessenvertretung durch Konsumvereine, Verbraucherbewegungen, Boykotte oder alternative Konsumformen. Immer wieder zeigte sich im 20. Jahrhundert also auch die aktive Handlungsmacht („*agency*") der Verbraucher.

Mythen von „Kommerzialisierung" und „Materialismus". Vielen Analysen des Massenkonsums liegt die Annahme eines kulturellen Wandels in der Bedeutung des Verbrauchs zugrunde, der zunehmend marktförmig und durch materielle Werte geprägt sei. Marktförmiger Konsum und eine wachsende Warenwelt waren unbestreitbar wichtig für die Konsumentwicklung im vergangenen Jahrhundert, jedoch ist von linearen Erzählungen Abstand zu nehmen. Zum einen finden sich viele kommerzielle Blüten bereits in der großstädtischen Konsumkultur der Jahrhundertwende und der 1920er Jahre. Gleichzeitig verkennt dieses Narrativ die phasenweise sehr starke Bedeutung öffentlicher Konsumangebote sowie die wiederkehrenden Konjunkturen des Selbermachens und der Haushaltsproduktion, wie etwa von Reinhild Kreis in diesem Band skizziert. Schließlich muss auf die Bedeutung von Ausgaben für Dienstleistungen, Kultur- und Unterhaltungsveranstaltungen, gastronomische Geselligkeit, aber auch Reisen und andere Freizeitaktivitäten verwiesen werden. Konsum im 20. Jahrhundert bezog sich eben nicht nur auf Dinge, sondern auch auf Erfahrungen, und wurde zudem keineswegs nur marktförmig bereitgestellt.

Mythos der Amerikanisierung. Alle bereits genannten Punkte werden häufig mit einem weiteren, immer wiederkehrenden Topos der deutschen Konsumgeschichte verbunden, der „Amerikanisierung." Schon in den 1920er Jahren schrieben Konsumkritiker über „Amerikanismen" wie Kaugummi, Jazzmusik oder Ratenkredite.¹²⁵ Materialismus, manipulierende Werbung und die populäre Massenkultur wurden auch nach dem Zweiten Weltkrieg gerne US-amerikanischen Einflüssen zugeschrieben. Die Bedeutung amerikanischer Transfers bei Innovationen und Rationalisierungstendenzen in Produktion und Marketing ist dabei ebenso unbestreitbar wie mediale Einflüsse durch die amerikanische Film- und Musikindustrie. Jedoch hat die Forschung gezeigt, dass es sich bei solchen Wirtschafts- und Kulturtransfers in der Regel um selektive Adaptionen handelte, Marketingmethoden oder importierte Konsumprodukte wurden dabei in neue soziale und kulturelle Kontexte eingebettet und an deutsche Verhältnisse angepasst.¹²⁶ Allen Transfers zum Trotz blieben zudem deutliche transatlantische Unterschiede bestehen, etwa mit Blick auf die Bedeutung von Kreditnutzung, von Verbrauchsstrukturen sowie der stadträumlichen und wirtschafts- und

---

124 *A. Alexander/D. Nell/A. R. Bailey/ G. Shaw,* The Co-Creation of a Retail Innovation Shoppers and the Early Supermarket in Britain, in: Enterprise & Society 3, 2009, S. 529–558.
125 *A. Lüdtke/I. Marssolek/A. von Saldern (Hg.),* Amerikanisierung. Traum und Alptraum im Deutschland des 20. Jahrhunderts, Stuttgart 1996.
126 *Kleinschmidt,* Der transatlantische Blick.

sozialpolitischen Einbettung von Konsum.¹²⁷ Selbst auf der Höhe der amerikanischen Wirkungsmacht zur Mitte des 20. Jahrhunderts gingen transatlantische Transfers in Bereichen wie Design oder in der Marktforschung auch nicht nur eine Richtung, sondern blieben durchaus reziprok.¹²⁸ Für das gesamte Jahrhundert und besonders für die Zeit nach 1970 ist schließlich auf die Bedeutung intereuropäischer Austausch- und Vernetzungsprozesse hinzuweisen, ebenso wie auf die globale Einbettung des Konsums in weltweite Warenketten. Doch auch hier blieben allen Erwartungen einer zunehmend homogenen globalen Konsumkultur zum Trotz regionale Spezifika in Konsum und Marketing durchaus erhalten.

Mythos der Wahlfreiheit. Im Kontext des Kalten Krieges erzählten marktliberale Beobachter die Geschichte der Konsumgesellschaft im 20. Jahrhundert gerne als eine Geschichte zunehmender Wahlfreiheit. Nicht der „passive Konsument" stand im Zentrum dieser Erzählung, sondern der Kunde als König, der „souverän" Entscheidungen treffen konnte. Massenkonsum, so seine Befürworter, erlaube ein immer größeres Maß an individueller Wahlfreiheit und Möglichkeiten der selbstbestimmten Bedürfnisbefriedigung.¹²⁹ Auch dieses Narrativ greift zu kurz. Verhaltensökonomen, Sozialpsychologen und Soziologen haben gezeigt, dass Konsumentenentscheidungen keineswegs immer frei und souverän sind. Finanzielle Mittel, soziale Konventionen, kulturelle Dispositionen und nicht zuletzt auch das Marketing strukturieren unsere Entscheidung vor. Neue Wahlmöglichkeiten gingen in der Entwicklung der Konsumgesellschaft häufig mit neuen Restriktionen einher und es ist daher historisch spannend, dem Wandel von Entscheidungsbedingungen nachzuspüren und einer „*architecture of choice*", die die strukturellen Grenzen rationaler und souveräner Konsumentenentscheidungen und von *consumer agency* dezidiert mitdenkt.¹³⁰

Mythos der Wohlstandsgesellschaft. Ähnlich problematisch wie das Postulat der Wahlfreiheit ist die häufig damit verknüpfte Annahme, der Massenkonsum hätte den Weg in eine vage definierte Wohlstandsgesellschaft eröffnet. Positiv gewendet wird dies als eine „Demokratisierung" durch Konsum interpretiert, die es der großen Mehrheit der Bevölkerung ermöglicht habe, an materiellem Wohlstand teilzuhaben. Negativ gewendet schwingt hier oft die Bedeutung einer Überfluss- und Freizeitgesellschaft mit, in der Konsum einen solch starken kulturellen Stellenwert habe, dass andere Werte und Identifikationen und ganz besonders die Rolle der Arbeit in der Gesellschaft dadurch überschattet wurden.¹³¹ Dagegen weist die jüngere Forschung nicht nur auf den Wandel des Armutsbegriffes hin, sondern auch auf die

---

127 *Logemann*, Trams or Tailfins.
128 *Logemann*, Engineered to Sell.
129 *S. Lebergott*, Pursuing Happiness. American Consumers in the Twentieth Century, Princeton 1993.
130 *D. Steigerwald*, All Hail to the Republic of Choice. Consumer History as Contemporary Thought, in: Journal of American History 2, 2006, S. 385–403.
131 *A. Wirsching*, Konsum statt Arbeit? Zum Wandel von Individualität in der modernen Massengesellschaft, in: Vierteljahrshefte für Zeitgeschichte 57, 2009, S. 171–199; dagegen *F. Trentmann*, Consumer Society – R.I.P. A Comment, in: Contemporary European History 1, 2011, S. 27–31.

bleibenden und nachhaltigen Ungleichheiten in modernen Konsumgesellschaften entlang von sozialen, aber auch von geschlechtsspezifischen und ethnischen Unterschieden. Die Teilhabeproblematik, Ungleichverteilungen und Diskriminierungen standen einer Demokratisierung durch Konsum in der Geschichte immer wieder im Wege. Gleichzeitig zeichnete sich auch gegen Ende des 20. Jahrhunderts kein durch Konsum eingeläutetes Ende der „Arbeitsgesellschaft" ab. Selbst in wohlhabenden Massenkonsumgesellschaften bleibt die Arbeit sowohl für den Haushalt als auch für den Markt für viele Menschen weiterhin eine zentrale Identifikationsgröße als Wirtschaftssubjekt.[132] Der in diesem Handbuch skizzierte Wandel von einer exklusiven zu einer inklusiven Konsumgesellschaft in der Neuzeit ist daher also nur mit großer Vorsicht und mit einem aufmerksamen Blick für zahlreiche Ausnahmen und auch gegenläufige Entwicklungen zu beschreiben.

Der historische Blick auf die Dynamiken der jüngeren Konsumentwicklung aus der Perspektive des frühen 21. Jahrhunderts schärft nicht zuletzt unser Bewusstsein für die Besonderheit jener Phase der „Hochmoderne" des Konsums in den Jahrzehnten der Jahrhundertmitte, die in Deutschland oft als Boom-Phase verhandelt wurde.[133] Diese Periode, geprägt durch gesellschaftliche Träume „immerwährender Prosperität" und das unternehmerische Planbarkeitsdenken des *Consumer Engineering*, kam spätestens ab den ausgehenden 1970er Jahren an ihr Ende.[134] Wolfgang König spricht entsprechend von einer Epochenscheide zwischen einer Zeit, in der Wohlstand als zunehmend „gegeben und gesichert" galt, und einer neuen konsumgesellschaftlichen Epoche, in der die „Angst vor Wohlstandsverlusten" unter prekären Bedingungen zunahm.[135] Frank Bösch hat mit ähnlicher Stoßrichtung auf das Jahr 1979 als Zäsur verwiesen.[136] Dabei nahm nicht nur das Verständnis für die globalen Abhängigkeiten moderner Konsumgesellschaften, sondern insbesondere auch für ihre sozialen und ökologischen Kosten zu. Die potenzielle Endlichkeit der für den Konsum notwendigen Ressourcen ebenso wie die Entsorgung seiner Abfälle und Überreste haben entsprechend die jüngere Geschichtswissenschaft beschäftigt (Beitrag von Roman Köster in diesem Band).[137] Würde Edward Bellamy heute eine neue Version

---

132 *P.-P. Bänziger*, Von der Arbeits- zur Konsumgesellschaft? Kritik eines Leitmotivs der deutschsprachigen Zeitgeschichtsschreibung, in: Zeithistorische Forschungen/Studies in Contemporary History 1, 2015, S. 11–38.
133 *H. Kaelble*, Der Boom 1948–1973. Gesellschaftliche und wirtschaftliche Folgen in der Bundesrepublik Deutschland und in Europa, Opladen 1992.
134 *B. Lutz*, Der kurze Traum immerwährender Prosperität. Eine Neuinterpretation der industriellkapitalistischen Entwicklung im Europa des 20. Jahrhunderts, Frankfurt am Main 1989.
135 *W. König*, Die siebziger Jahre als konsumgeschichtliche Wende in der Bundesrepublik, in: *K. H. Jarausch (Hg.)*, Das Ende der Zuversicht? Die siebziger Jahre als Geschichte, Göttingen 2008, S. 85–99, hier S. 87.
136 *F. Bösch*, Umbrüche in die Gegenwart. Globale Ereignisse und Krisenreaktionen um 1979, in: Zeithistorische Forschungen/Studies in Contemporary History 1, 2012, S. 8–32.
137 *C. Pfister*, Das 1950er Syndrom. Der Weg in die Konsumgesellschaft, Bern 1994; *R. Graf*, Öl und Souveränität. Petroknowledge und Energiepolitik in den USA und Westeuropa in den 1970er Jahren,

von *Looking Backward* schreiben, so stünde neben Fragen der sozialen Gerechtigkeit wohl ganz sicher die Frage nach der ökologischen Tragfähigkeit zukünftiger Wohlstandsgesellschaften im Zentrum seiner Erzählung. Für die Wirtschaftsgeschichte des Konsums wird dieser Wandel von einem Wachstums- zu einem Nachhaltigkeitsparadigma mit Blick auf Produktion, Marketing, Vertrieb, Verbrauch und Entsorgung ebenso auf absehbare Zeit zentrale Forschungsfragen eröffnen.

Literatur

H. Ahlheim, „Deutsche, kauft nicht bei Juden!". Antisemitismus und politischer Boykott in Deutschland 1924 bis 1935, Göttingen 2012

H. Berghoff/ P. Scranton/U. Spiekermann (Hg.), The Rise of Marketing and Market Research, New York 2012

H. Berghoff/ J. Logemann/ F. Römer (Hg.), *The Consumer on the Home Front. Second World War Civilian Consumption in Comparative Perspective*, Oxford 2017

K. Brückweh (Hg.); The Voice of the Citizen Consumer. A History of Market Research, Consumer Movements, and the Political Public Sphere, Oxford 2011

G. Castillo, Cold War on the Home Front. The Soft Power of Midcentury Design. Minneapolis 2010

J. C. Davis, From Head Shops to Whole Foods. The Rise and Fall of Activist Entrepreneurs, New York 2017

V. De Grazia, Das unwiderstehliche Imperium: Amerikas Siegeszug im Europa des 20. Jahrhunderts, Stuttgart 2010

F. Eder/O. Kühschelm (Hg.), Konsum und Nation. Zur Geschichte nationalisierender Inszenierungen in der Produktkommunikation, Bielefeld 2012

S. Fabian, Boom in der Krise. Konsum, Tourismus, Autofahren in Westdeutschland und Großbritannien, 1970–1990, Göttingen 2016

N. Gasteiger, Der Konsument. Verbraucherbilder in Werbung, Konsumkritik und Verbraucherschutz 1945–1989, Frankfurt am Main 2010

S. Gerber, Küche, Kühlschrank, Kilowatt. Zur Geschichte des privaten Energiekonsums in Deutschland 1945–1990, Bielefeld 2015

Y. Grossmann, Von der Berufung zum Beruf. Industriedesigner in Westdeutschland, 1959–1990, Bielefeld 2018

H.-G. Haupt/C. Torp (Hg.), Die Konsumgesellschaft in Deutschland 1890–1990. Ein Handbuch, Frankfurt am Main 2009

G. Hirt, Verkannte Propheten? Zur „Expertenkultur" (west-)deutscher Werbekommunikatoren bis zur Rezession 1966/67, Leipzig 2013

B. Jones/M. Tadajewski (Hg.), The Routledge Companion to Marketing History, Abingdon 2016

I. Köhler, Auto-Identitäten. Marketing, Konsum und Produktbilder des Automobils nach dem Boom, Göttingen 2018

R. Köster, Hausmüll. Abfall und Gesellschaft in Westdeutschland 1945–1990. Göttingen 2017

R. Kreis, Selbermachen. Eine andere Geschichte des Konsumzeitalters, Frankfurt 2020

Berlin 2014; R. Köster, Hausmüll. Abfall und Gesellschaft in Westdeutschland 1945–1990. Göttingen 2017.

L. Langer, Revolution im Einzelhandel. Die Einführung der Selbstbedienung in Lebensmittelgeschäften der Bundesrepublik Deutschland (1949–1973), Köln 2013

P. Lerner, The Consuming Temple. Jews, Department Stores, and the Consumer Revolution in Germany, 1880–1940, Ithaca 2015

J. Logemann, Trams or Tailfins. Public and Private Prosperity in Postwar West Germany and the United States Chicago 2012

J. Logemann, Engineered to Sell. European Emigres and the Making of Consumer Capitalism, Chicago 2019

J. Logemann/G. Cross/I. Köhler (Hg.), Consumer Engineering. Marketing between Expert Planning and Consumer Responsiveness, 1920s–1970s, London 2019

C. Ludwig, Amerikanische Herausforderungen. Deutsche Großunternehmen in den USA nach dem Zweiten Weltkrieg, Frankfurt 2016

D. Mertens, Erst sparen, dann kaufen? Privatverschuldung in Deutschland, Frankfurt am Main 2015

M. Möhring, Fremdes Essen. Die Geschichte der ausländischen Gastronomie in der Bundesrepublik Deutschland, München 2012

C. Oesterreicher, Gute Form im Wiederaufbau: Zur Geschichte der Produktgestaltung, in: Westdeutschland nach 1945, Berlin 2010

R. Oldenziel/K. Zachmann, Cold War Kitchen. Americanization, Technology, and European Users, Cambridge, MA 2011

N. Petrick-Felber, Kriegswichtiger Genuss. Tabak und Kaffee im „Dritten Reich, Göttingen 2015

S. Reichardt, Authentizität und Gemeinschaft. Linksalternatives Leben in den siebziger und frühen achtziger Jahren, Berlin 2014

A. Reckendrees, Beiersdorf die Geschichte des Unternehmens hinter den Marken NIVEA, tesa, Hansaplast & Co., München 2018

K. Rick, Verbraucherpolitik in der Bundesrepublik Deutschland: Eine Geschichte des westdeutschen Konsumtionsregimes, 1945–1975. Baden-Baden 2018

B. Rieger, The People's Car. A Global History of the Volkswagen Beetle, Cambridge 2013

E. Rubin, Synthetic Socialism. Plastics and Dictatorship in the German Democratic Republic, Chapel Hill 2012

T. Schanetzky, Kanonen statt Butter. Wirtschaft und Konsum im Dritten Reich, München 2015

J. Schnaus, Kleidung zieht jeden an. Die deutsche Bekleidungsindustrie 1918–1973, Berlin 2017

S. Schwarzkopf, Ernest Dichter and Motivation Research. New Perspectives on the Making of Post-War Consumer Culture, Basingstoke 2010

A. Sedlmaier, Konsum und Gewalt. Radikaler Protest in der Bundesrepublik, Berlin 2018

U. Spiekermann, Künstliche Kost. Ernährung in Deutschland 1840 bis heute, Göttingen 2018

P. Swett, Selling Under the Swastika. Advertising and Commercial Culture in Nazi Germany, Stanford (Ca) 2014

C. Torp, Konsum und Politik in der Weimarer Republik, Göttingen 2011

J. Voges, „Selbst ist der Mann". Do-it-yourself und Heimwerken in der Bundesrepublik Deutschland, Göttingen 2017

J. Wiesen, Creating the Nazi Marketplace. Commerce and Consumption in the Third Reich, Cambridge 2011

A Konsumenten

Sina Fabian
Individualisierung, Pluralisierung und Massenkonsum: Wandel von Konsummustern im 20. Jahrhundert

1 Einleitung

Konsum erfüllt mehrere unterschiedliche Funktionen. Er wird zum einen zur Befriedigung von Grundbedürfnissen wie Ernährung, Kleidung und Wohnen genutzt. Über die Erfüllung dieser Grundbedürfnisse hinaus kann Konsum auch der Repräsentation des sozialen Status und der Abgrenzung zu anderen dienen. Er wird zudem zur Entfaltung und Darstellung der eigenen Persönlichkeit genutzt.[1] Voraussetzung dafür ist allerdings ein gewisses Maß an Wohlstand und die damit verbundenen Möglichkeiten über die Grundbedürfnisse hinaus zu konsumieren. Durch die Zunahme des Wahlkonsums wandeln sich auch die Konsummuster, da Verbraucher freier entscheiden können, für was und in welchem Umfang sie ihr Einkommen verwenden.[2]

Mit der Ausbildung einer Massenkonsumgesellschaft, die sich auch durch eine Pluralisierung der Angebote auszeichnet, wurde es immer breiteren gesellschaftlichen Schichten möglich, Individualität mithilfe von Konsum auszuleben und nach außen zu demonstrieren.[3] Diese Entwicklungen prägten das 20. Jahrhundert in hohem Maße und beeinflussen unseren Konsum bis heute.

---

[1] Vgl. dazu: *T. Veblen*, Theory of the Leisure Class, zuerst 1899, Bremen 2010; *P. Bourdieu*, Die feinen Unterschiede. Kritik der gesellschaftlichen Urteilskraft, zuerst 1979, Frankfurt am Main 2011; Einleitung, in: *F. Trentmann*, Empire of Things. How we Became a World of Consumers, from the Fifteenth Century to the Twenty-First, London 2017, S. 1–18; *G. Budde*, Des Haushalts „schönster Schmuck". Die Hausfrau als Konsumexpertin des deutschen und englischen Bürgertums im 19. und frühen 20. Jahrhundert, in: *H. Siegrist (Hg.)*, Europäische Konsumgeschichte. Zur Gesellschafts- und Kulturgeschichte des Konsums (18. bis 20. Jahrhundert), Frankfurt am Main 1997, S. 411–440, hier insbesondere S. 426–431.

[2] Eine Unterscheidung des Konsums in „starr" und „elastisch" bzw. „essenziell" und „nichtessenziell" lässt sich jedoch weniger eindeutig bestimmen, als es statistische Untersuchungen, die mit diesen Kategorien operieren, suggerieren. Sind beispielsweise Ausgaben für Körperpflege und Kleidung dem essenziellen oder dem nichtessenziellen Konsum zuzurechnen? Auch die Verkehrsausgaben fallen nicht immer in den Bereich des Wahlkonsums, wenn etwa die Ausgaben die Kosten für den Weg zur Arbeit beinhalten. Insofern bietet die Unterscheidung in „essenziellen" und „nichtessenziellen" Konsum lediglich eine grobe Orientierung. Vgl. dazu auch: *M. Wildt*, Die Kunst der Wahl. Zur Entwicklung des Konsums in Westdeutschland in den 1950er Jahren, in: *Siegrist*, Europäische Konsumgeschichte, S. 307–325, hier S. 310f.

[3] *A. Wirsching*, Konsum statt Arbeit. Zum Wandel von Individualität in der modernen Massengesellschaft, in: Vierteljahrshefte für Zeitgeschichte 2, 2009, S. 171–199.

Individualisierung wurde in der deutschen Soziologie der 1980er-Jahre zu einem Kernbegriff, der eine wahrgenommene fortschreitende Loslösung des Individuums aus „den Sozialformen der industriellen Gesellschaft", wie Klasse, Schicht und Familie beschrieb.[4] Dies geschehe, so die zeitgenössische Auffassung, mithilfe einer Pluralisierung – verstanden als Ausdifferenzierung und Ausweitung – der Lebens- und Konsumstile. Möglich wurde dies erst mit dem Aufkommen des Massenkonsums, der rein quantitativ verstanden wird, als Konsumformen, die von einem großen Teil der Bevölkerung vollzogen werden. Die Aspekte „Individualisierung", „Pluralisierung" und „Massenkonsum" stehen demnach in einer engen, jedoch häufig konfliktreichen Beziehung zueinander. Insbesondere letzterer ist oft negativ konnotiert. So war die Ausweitung von Konsummöglichkeiten stets begleitet von Kritik und oftmals von Versuchen, diese einzudämmen oder zumindest zu kontrollieren.[5] Es stellt sich zudem die Frage, wie Individualität durch standardisierte und massenhaft produzierte Güter erreicht werden kann? Deshalb werden im Folgenden nicht nur die Ausweitung der Konsummöglichkeiten dargestellt, sondern auch die Grenzen der Pluralisierung und Individualisierung in den Blick genommen.

Konrad Jarausch und Michael Geyer haben den Verbraucher „das hauptsächliche Subjekt des 20. Jahrhunderts" genannt.[6] Sie weisen jedoch auch darauf hin, dass die Konsumentwicklung nicht linear – vom Mangel zum Massenkonsum – verlief. Stattdessen gab es sowohl Phasen einer beschleunigten Entwicklung als auch Phasen gravierenden Mangels, insbesondere während und nach den beiden Weltkriegen.[7] Das Kapitel untersucht den Wandel von Konsummustern sowie Pluralisierungs- und Individualisierungstendenzen des Massenkonsums während dieser Phasen in der Weimarer Republik, im Nationalsozialismus und in der Bundesrepublik. Dabei wird deutlich, wie sehr wirtschaftliche und politische Bedingungen diese Entwicklungen beeinflussten.

Neben generellen Tendenzen werden an ausgewählten Beispielen Pluralisierungs- und Individualisierungsprozesse näher beleuchtet. Für die Bundesrepublik lässt sich dies am besten untersuchen, da sich erst in der zweiten Hälfte des 20. Jahrhunderts die Massenkonsumgesellschaft voll und langfristig entfaltete.[8]

---

4 *U. Beck*, Risikogesellschaft. Auf dem Weg in eine andere Moderne, Frankfurt am Main 1986, S. 115.
5 „Massenkonsum" wird im Folgenden verwendet, ohne die negative Konnotierung zu übernehmen. Vgl.: *K. Maase*, Grenzenloses Vergnügen. Der Aufstieg der Massenkultur 1850–1970, Frankfurt am Main 2001.
6 *K. Jarausch/M. Geyer*, Zerbrochener Spiegel. Deutsche Geschichten im 20. Jahrhundert, München 2005, S. 303.
7 Ebd., S. 306–308.
8 *C. Kleinschmidt*, Konsumgesellschaft, Göttingen 2008, S. 32.

2 Von der Krise zum Boom und wieder zurück: Konsummuster während der Weimarer Republik

Die Voraussetzungen für eine kontinuierliche Ausweitung des Konsums schienen im späten 19. Jahrhundert recht gut. Ende des Jahrhunderts bestanden für die Mehrheit der Bevölkerung bereits vielfältige Konsummöglichkeiten. Nicht nur Personen mit besserem oder mittlerem Einkommen konnten an der Konsumgesellschaft partizipieren und etwa im Warenhaus zwischen dem immer größer werdenden Warenangebot auswählen. Auch einem Großteil der Arbeiter und Arbeiterinnen war es zumindest ab und an möglich, ihre knappe Freizeit auf Jahrmärkten, in Biergärten oder in Vergnügungsparks zu verbringen.[9]

Der Erste Weltkrieg stellte jedoch auch im Hinblick auf die Konsumentwicklung eine Zäsur dar. Die Weimarer Republik war geprägt von einer schnellen Abfolge von Mangel- und Boomerfahrungen des Konsums. Während sich die Konsummuster im Kaiserreich langsam, aber dafür kontinuierlich wandelten und vor dem Ersten Weltkrieg nahezu alle Bevölkerungsschichten zumindest einen kleinen Teil ihres Einkommens in den Wahlbedarf hatten investieren können, war die Weimarer Republik von einem schnellen und starken Wandel der Konsummuster geprägt, der parallel zur wirtschaftlichen Entwicklung verlief.[10]

Zum ersten Mal seit Langem kam es während und kurz nach dem Krieg zu Hungersnöten und -toten. Grund dafür war weniger die Nahrungsmittelknappheit als vielmehr das Versagen des staatlichen Bewirtschaftungs- und Versorgungssystems. Diese Probleme waren nach Kriegsende nicht schlagartig beseitigt, sondern bestanden bis in die 1920er Jahre hinein fort. Diese Zeit war vom Mangel basaler Konsumgüter wie Brot und Milch bestimmt.[11] Nahrungsmittelknappheit war für die meisten Menschen eine neue Erfahrung. Sowohl der Konsum basaler Güter als auch etwa von Genussmitteln lag bis Mitte der 1920er Jahre deutlich unter dem Niveau der Vorkriegszeit.[12]

Mit der wirtschaftlichen und politischen Stabilisierung 1923/24 begann eine kurze, dafür jedoch starke Boomphase des Massenkonsums. Das Bild der „goldenen Zwanziger" ist in hohem Maße durch diese Ausweitung und Veränderung der Kon-

---

9 *U. Lindemann*, Das Warenhaus. Schauplatz der Moderne, Köln 2015; *L. Abrams*, Workers' Culture in Imperial Germany. Leisure and Recreation in the Rhineland and Westphalia, London 1992; *D. Morat* u. a., Weltstadtvergnügen. Berlin 1880–1930, Göttingen 2016; *K. Tenfelde*, Klassenspezifische Konsummuster im Deutschen Kaiserreich, in: *Ders.*, Arbeiter, Bürger, Städte. Zur Sozialgeschichte des 19. und 20. Jahrhunderts, Göttingen 2012, S. 93–110.
10 *C. Torp*, Das Janusgesicht der Weimarer Konsumpolitik, in: *Ders./H.-G. Haupt*, Die Konsumgesellschaft in Deutschland 1890–1990. Ein Handbuch, S. 250–267.
11 *B. Davis*, Home Fires Burning. Food, Politics, and Everyday Life in World War I Berlin, Chapel Hill 2000; *M. H. Geyer*, Teuerungsprotest, Konsumpolitik und soziale Gerechtigkeit während der Inflation: München 1920–1923, in: Archiv für Sozialgeschichte, 1990, S. 181–215.
12 *C. Torp*, Konsum und Politik in der Weimarer Republik, Göttingen 2011, S. 65–72

summöglichkeiten geprägt. Allerdings war dies vornehmlich auf das Jahrfünft zwischen Währungsstabilisierung und Weltwirtschaftskrise beschränkt.

Die Konsummuster unterschiedlicher sozialer Gruppen wurden für diese „guten Jahre" der Weimarer Republik bereits ausführlich erforscht. Dies liegt nicht zuletzt daran, dass mit der Erhebung des Statistischen Reichsamts *Die Lebenshaltung von 2000 Arbeiter-, Angestellten- und Beamtenhaushaltungen* von 1927/28 zwar bei Weitem keine umfassende, aber doch eine im Vergleich zu anderen Erhebungen große Datenmenge vorliegt. Sie basiert auf Auswertungen von Haushaltsbüchern, die über einen Zeitraum von einem Jahr geführt wurden.[13] Die Forschung gibt je nach Analysemethode unterschiedliche Antworten auf die Frage, welche Faktoren maßgeblich das Konsumverhalten bestimmen. Zwei Positionen stehen sich dabei gegenüber: auf der einen Seite diejenigen, die das Einkommen als wichtigste Bedingung für das Konsumverhalten sehen und zum anderen diejenigen, die davon ausgehen, dass unterschiedliche soziale Schichten eigene distinkte Konsummuster ausbilden.[14]

Die umfangreiche Forschung hat gezeigt, dass das Konsumverhalten komplexer ist und sich weder nur mit dem Einkommen noch ausschließlich mit der sozialen Schicht erklären lässt. Vielmehr ist das Konsumverhalten sehr vielschichtig und lässt sich nur mithilfe beider Faktoren sowie zahlreichen anderen, wie etwa Anzahl der Kinder, Wohnort, Alter usw., untersuchen, sodass ein Überblick über die Konsummuster lediglich der Orientierung dient.[15]

Demnach war der Lebensstandard der Bevölkerung während der prosperierenden Phase der Weimarer Republik etwas höher als vor dem Ersten Weltkrieg. Dies zeigte sich etwa daran, dass Haushalte im Durchschnitt einen höheren Anteil ihres Einkommens für nichtexistentielle Konsumgüter wie Freizeit, Möbel, Verkehr und Gesundheits- und Körperpflege aufwenden konnten.[16]

Während der Krisenphasen am Beginn und am Ende nahmen die Ausgaben für den existentiellen Konsum und hier besonders für Nahrungsmittel stark zu, während

---

13 Statistisches Reichsamt (Hg.), Die Lebenshaltung von 2000 Arbeiter-, Angestellten- und Beamtenhaushaltungen, Bd. 1, Gesamtergebnisse, Bd. 2 Einzelhaushaltungen, Berlin 1932. Siehe zu den methodologischen Problemen und Einschränkungen, aber auch Vorteilen im Umgang mit Haushaltsrechnungen: *A. Triebel*, Zwei Klassen und die Vielfalt des Konsums. Haushaltsbudgetierung bei abhängig Erwerbstätigen in Deutschland im ersten Drittel des 20. Jahrhunderts, Berlin 1991; *R. Spree*, Knappheit und differentieller Konsum während des ersten Drittels des 20. Jahrhunderts in Deutschland, in: *R. Fremdling/H. Siegenthaler (Hg.)* Ressourcenverknappung als Problem der Wirtschaftsgeschichte, Berlin 1990, S. 171–221.
14 *Bourdieu*, Die feinen Unterschiede. Für die Weimarer Republik: *Triebel*, Zwei Klassen; *S. Coyner*, Class Consciousness and Consumption. The New Middle Class during the Weimar Republic, in: Journal of Social History, 1976/77, S. 310–331. Stärker in Richtung Einkommen argumentiert: *Spree*, Knappheit.
15 Vgl. für eine Clusteranalyse, die eine Vielzahl von Variablen umfasst: *Spree*, Knappheit; vgl. die jüngste Untersuchung und gleichzeitig Auseinandersetzung mit der bereits bestehenden Forschung: *Torp*, Konsum und Politik, S. 28–65.
16 *Spree*, Knappheit, S. 190–192; *Torp*, Konsum und Politik, S. 41–47.

die Konsumausgaben im prosperierenden Jahrfünft die Entwicklung des Kaiserreiches fortschrieben, indem die Ausgaben für den Wahlkonsum gegenüber dem basalen Konsum zunahmen.

Wie viel Haushalte für den grundlegenden und wie viel für den Wahlkonsum ausgaben, war vornehmlich von der Höhe ihres Einkommens abhängig. Generell gaben Haushalte mit niedrigerem Einkommen mehr für den Existenzkonsum aus als besser verdienende. Mit zunehmendem Einkommen ähnelten die Ausgaben von Arbeiterhaushalten beispielsweise denen von Angestellten und Beamten. Allerdings lassen sich auch schichtspezifische, im Sinne Pierre Bourdieus, „feine Unterschiede" erkennen.[17] So gaben etwa Beamtenhaushalte durchgängig den höchsten Anteil für Bildung aus, während Angestellte im Vergleich am meisten in den Freizeitkonsum investierten. Arbeiterhaushalte, vor allem diejenigen mit hohem Einkommen, gaben einen deutlich höheren Anteil für Nahrungs- und Genussmittel aus als Angestellten- und Beamtenhaushalte.[18]

In der Massenkonsumgüterindustrie und in den Konsumpraktiken ließen sich in der wirtschaftlich stabilen Phase der 1920er Jahre auch Pluralisierungs- und Individualisierungsprozesse erkennen. Eine bedeutsame Veränderung der Konsummuster stellten neue Massenmedien dar. Zwar hatte es bereits vor dem Krieg eine Massenpresse gegeben, doch sie pluralisierte und differenzierte sich während der Weimarer Republik noch deutlich aus. 1928 erschienen im gesamten Reich 3 356 Zeitungen. Im Vergleich zu heute war dies die doppelte Anzahl.[19] Zeitungen waren das mit Abstand wichtigste Massenmedium. Sie erschienen teilweise mehrmals täglich und unterschieden sich nach sozialen Milieus, politischen und religiösen Strömungen, in Boulevard- und Qualitätsmedien, sowie regional und lokal. Hinzu kamen die illustrierten Zeitschriften, die ebenfalls stark zunahmen und sich an unterschiedliche Zielgruppen wandten. Die Zeitungen und Zeitschriften ebenso wie der Büchermarkt kommerzialisierten sich zudem stark in den 1920er Jahren und erreichten immer breitere Konsumentenschichten.[20]

Einen großen Aufschwung erlebte auch das Kino. Im Jahr 1926 gab es mit 332 Millionen Kinobesuchen fast drei Mal mehr Besuche als heute, trotz einer deutlich

---

17 *Spree*, Knappheit, S. 219–221; *Torp*, Konsum und Politik, S. 56–62. Bourdieu geht davon aus, dass Konsum und Konsummuster durch den sozialen Status einer Person geprägt werden und es demnach keinen individuellen Geschmack gebe. Die „feinen Unterschiede" im Konsum, etwa beim Essen oder im Kunstgeschmack, lassen sich nach Bourdieu mit einem durch die soziale Herkunft eingeübten Habitus erklären. Vgl.: *Bourdieu*, Die feinen Unterschiede.
18 *Torp*, Konsum und Politik, S. 54–55, 60f. Triebel macht eine starke Differenz zwischen „proletarischem" und „bürgerlichem" Konsum aus: *Triebel*, Zwei Klassen, S. 395–414.
19 *K. Dussel*, Pressebilder in der Weimarer Republik. Entgrenzung der Information, Berlin 2012, S. 28.
20 *B. Fulda*, Press and Politics in the Weimar Republic, Oxford 2009; *G. Reuveni*, Reading Germany. Literature and Consumer Culture in Germany before 1933, New York 2006.

geringeren Bevölkerung.[21] Allerdings hat Karl Christian Führer betont, dass das Kino keineswegs ein schichtübergreifendes und soziale Unterschiede nivellierendes Vergnügen war. So gab es erhebliche Versorgungsunterschiede zwischen Stadt und Land. Während es in den Städten große Lichtspielpaläste mit mehreren tausend Sitzplätzen gab, war der Zugang zu Kinos in vielen ländlichen Regionen deutlich eingeschränkter.[22] Die Kosten für eine Kinokarte entsprachen Mitte der 1920er Jahre etwa dem Stundenlohn eines gelernten Industriearbeiters. Das heißt, dass sich eine Arbeiterfamilie einen Kinobesuch nur selten leisten konnte. Die kinofreudigste Bevölkerungsgruppe waren Angestellte. Sie gingen häufiger ins Kino als beispielsweise Beamte, obwohl diese im Durchschnitt über ein höheres Einkommen verfügten.[23]

Die Massenmedien waren nicht nur selbst Konsumgüter, sie fungierten auch als Träger und Übermittler von Werbung und neuen Konsumstilen. Sie thematisierten nicht nur Individualisierung durch Konsum, sondern trugen auch zur Umsetzung bei. Kinofilme, vor allem US-amerikanische, vermittelten Bilder einer weiter fortgeschrittenen Konsumgesellschaft und Schauspieler und Schauspielerinnen setzten neue Modetrends.

Frauen, insbesondere junge, unverheiratete und berufstätige, wurden als eine neue Zielgruppe entdeckt. Konsumgütern kam eine bedeutende Rolle im Ausleben und zur Schaustellung ihrer Individualität zu. Trotz des nur sehr geringen Absatzes warben Automobilhersteller beispielsweise explizit um Frauen. Auch eine eigene Wohnung wurde als Ort der individuellen Entfaltung gesehen, nicht zuletzt, da sie nach dem eigenen Geschmack eingerichtet werden konnte.[24]

Die Ausweitung der Konsummöglichkeiten, gerade auch für Frauen, stieß jedoch auf erheblichen Widerstand und Kritik. Insgesamt überwogen während der Weimarer Republik die kritischen Stimmen gegenüber dem Massenkonsum. Diese kamen unter anderem von bekannten Intellektuellen wie Siegfried Kracauer. Der Soziologe und Feuilleton-Journalist der Frankfurter Zeitung setzte sich in den 1920er Jahren wiederholt aus einer kapitalismuskritischen Sicht mit dem Massenkonsum auseinander.

---

21 *K. Führer*, Auf dem Weg zur „Massenkultur"? Kino und Rundfunk in der Weimarer Republik, in: Historische Zeitschrift, 1996, S. 739–781, hier S. 746. 1926 lag die Bevölkerung bei 62 Millionen, heute liegt sie bei knapp 83 Millionen. Vgl. zur aktuellen Kinostatistik: https://de.statista.com/statistik/daten/studie/2194/umfrage/entwicklung-der-anzahl-der-kinobesucher-in-deutschland-seit-1993/ (abgerufen 9.11.2018).
22 *C. Zimmermann*, Städtische Medien auf dem Land. Zeitung und Kino von 1900 bis zu den 1930er Jahren, in: Ders./Jürgen Reulecke (Hg.), Die Stadt als Moloch? Das Land als Kraftquell? Wahrnehmungen und Wirkungen der Großstädte um 1900, Basel 1999, S. 141–164.
23 *Führer*, Auf dem Weg zur „Massenkultur"?, S. 751f.
24 *M. Föllmer*, Individuality and Modernity in Berlin. Self and Society from Weimar to the Wall, Cambridge 2013, S. 57–62; *Ders.*, Auf der Suche nach dem eigenen Leben. Junge Frauen und Individualität in der Weimarer Republik, in: *Ders./R. Graf (Hg.)*, Die „Krise" der Weimarer Republik. Zur Kritik eines Deutungsmusters, Frankfurt am Main 2005, S. 287–317; *Ders.*, Das Appartement, in: *Alexa Geisthövel/Habbo Knoch (Hg.)*, Orte der Moderne. Erfahrungswelten des 19. und 20. Jahrhunderts, Frankfurt am Main 2005, S. 325–334.

Dieser fördere nicht Individualität, sondern im Gegenteil beseitige sie. Frauen seien für die Manipulation durch Massenkonsum besonders anfällig.[25] Generell existierte eine alle politische Richtungen erfassende Kritik an vermeintlich trivialer Massenkultur, die vor allem aus rechten Kreisen mit antisemitischen und rassistischen Diffamierungen verbunden wurde. Sie prangerten die „Verniggerung", beispielsweise durch Jazz, und „Verjudung", was zumeist Kommerzialisierung meinte, der deutschen Kultur an. Der Staat reagierte auf die vermeintliche Bedrohung durch den Massenkonsum mit Zensurgesetzen und Versuchen, ihrer Auffassung nach kulturell höherwertige Unterhaltung zu etablieren, jedoch mit sehr begrenztem Erfolg.[26]

Was die Konsumkritiker nicht schafften, geschah im Zuge der Weltwirtschaftskrise. Die Konsumhochphase kam durch sie zu einem abrupten Ende. Die Regierung unter Reichskanzler Heinrich Brüning (Zentrum) verfolgte während der Jahre 1930 bis 1932 eine rigide Spar- und Deflationspolitik. Verbrauchssteuern wurden angehoben, während gleichzeitig Löhne- und Gehälter gekürzt wurden. Zudem kürzte die Regierung sukzessive Sozialleistungen wie die erst 1928 eingeführte Arbeitslosenunterstützung. Nach der kurzen Boomphase mangelte es nun wieder vielen Menschen an Grundnahrungsmitteln und sie litten Hunger.[27]

3 Begrenzung von Individualisierung und Pluralisierung: Gelenkter Konsum im Nationalsozialismus

Die Krise am Ende der Weimarer Republik war eine zentrale Erfahrung, an der die Konsummöglichkeiten im NS-Regime gemessen wurden. Darüber, wie hoch der Lebensstandard der Bevölkerung im Nationalsozialismus war, gibt es unterschiedlichen Ansichten in der Forschung.[28] Dass es um den Lebensstandard und die Konsummöglichkeiten hitzige Debatten gibt, weist bereits darauf hin, dass dieses Thema

---

25 *S. Kracauer*, Die Angestellten. Kulturkritischer Essay, zuerst 1930, Leipzig 1981, S. 88–97. Ders., Die kleinen Ladenmädchen gehen ins Kino, in: *Ders.*, Das Ornament der Masse. Essays, zuerst 1927, Frankfurt am Main 1977, S. 279–294.
26 *Maase*, Grenzenloses Vergnügen, S. 173–176; *A. v. Saldern*, Massenfreizeit im Visier. Ein Beitrag zu den Deutungs- und Einwirkungsversuchen während der Weimarer Republik, in: Archiv für Sozialgeschichte, 1993, 21–58; *Torp*, Konsum und Politik, S. 269–291.
27 *H. Knortz*, Wirtschaftsgeschichte der Weimarer Republik, Göttingen 2010, S. 217–272; *A. Lüdtke*, Hunger in der Großen Depression. Hungererfahrungen und Hungerpolitik am Ende der Weimarer Republik, in: Archiv für Sozialgeschichte, 1987, S. 145–176.
28 Eine heftige Debatte entzündete sich an Götz Alys provokanter These, das NS-Regime sei eine „Gefälligkeitsdiktatur" gewesen: *G. Aly*, Hitlers Volksstaat. Raub, Rassenkrieg und nationaler Sozialismus, Frankfurt am Main 2005. Vgl. für eine kritische Auseinandersetzung damit die Beiträge in: *Sozial.Geschichte* 3, 2005.

komplexer ist, als es auf den ersten Blick scheint. Bemerkenswert ist, dass die Beurteilungen sich häufig diametral unterscheiden. Dies ist ein Resultat der ambivalenten und situativen Konsumpolitik der Nationalsozialisten, die keine stringente Linie verfolgte.[29]

Die Nationalsozialisten maßen dem Konsum und der ausreichenden Bevölkerungsversorgung einen hohen Stellenwert bei. Allerdings gaben sie der Rüstungsindustrie klar den Vorrang vor der Konsumindustrie, was sich in der Losung „Kanonen statt Butter" ausdrückte.[30] Eine Vielzahl von Untersuchungen hat gezeigt, dass der Lebensstandard selbst für die als „arisch" geltende Bevölkerung nicht über dem der „guten" Jahren der Weimarer Republik lag.[31] Diejenigen, die als nicht zur „Volksgemeinschaft" gehörend definiert wurden, erfuhren darüber hinaus massive Einschränkungen in ihrem Lebensstandard, weil sie etwa von einem Arbeitsverbot betroffen waren, enteignet wurden oder von sozialpolitischen Maßnahmen ausgeschlossen waren.[32]

Dass die Konsumpolitik hinter der Rüstungspolitik zurückstand und sich nach ihr richtete, hatte zur Folge, dass die Konsumversorgung nicht mehr so stark zwischen Basal- und Luxusgütern unterschied, sondern sich vornehmlich nach den Autarkiebestrebungen und den vorhandenen Rohstoffen richtete. Dem Import von Rohstoffen für die Aufrüstung wurde Vorrang vor dem Import von Nahrungsmitteln gegeben. So herrschte etwa bereits ab 1934 ein Mangel, der Grundnahrungsmittel wie Brot, Eier und Fette betraf. Die Qualität vieler Konsumgüter war zudem deutlich geringer als in der Weimarer Republik. Das Regime verordnete beispielsweise die Beimischung von Ersatzstoffen bei der Textil- und Seifenproduktion oder einen höheren Ausmahlungsgrad von Getreide bei der Brotherstellung.[33]

Allerdings waren die Machthaber sensibel gegenüber den Bedürfnissen und Verärgerungen der Verbraucher und Verbraucherinnen. Sie reagierten etwa mit Höchstpreis- und Produktionsverordnungen, ebenso mit temporären Konsumgüterimpor-

---

29 H. Berghoff, Gefälligkeitsdiktatur oder Tyrannei des Mangels? Neue Kontroversen zur Konsumgeschichte des Nationalsozialismus, in: Geschichte in Wissenschaft und Unterricht 58, 2007, 502–518, hier S. 515–517.
30 Vgl. zum Aufkommen und Entwicklung dieses Ausspruchs: T. Schanetzky, ‚Kanonen statt Butter'. Wirtschaft und Konsum im Dritten Reich, München 2015, S. 7–10.
31 R. Hachtmann, Lebenshaltungskosten und Reallöhne während des „Dritten Reichs", in: Vierteljahrschrift für Sozial- und Wirtschaftsgeschichte, 1988, S. 32–73; A. Steiner, Zur Einschätzung des Lebenshaltungskostenindex für die Vorkriegszeit des Nationalsozialismus, in: Jahrbuch für Wirtschaftsgeschichte, 2005, S. 129–152; Mark Spoerer/Jochen Streb, Guns and Butter – But No Margarine. The Impact of Nazi Economic Policies on German Food Consumption, 1933–38, in: Jahrbuch für Wirtschaftsgeschichte 54, 2013, S. 75–88.
32 H. Ahlheim, „Deutsche, kauft nicht bei Juden!". Antisemitismus und politischer Boykott in Deutschland 1924 bis 1935, Göttingen 2011; F. Bajohr; „Arisierung" in Hamburg. Die Verdrängung der jüdischen Unternehmer 1933–1945, Hamburg 1997.
33 Schanetzky, ‚Kanonen statt Butter', S. 7–10; H. Berghoff, Methoden der Verbrauchslenkung im Nationalsozialismus, in: D. Gosewinkel (Hg.), Wirtschaftskontrolle und Recht in der nationalsozialistischen Diktatur, Frankfurt am Main 2005, S. 281–316; Hachtmann, Lebenshaltungskosten.

ten, um dem Mangel und dem Missmut der Konsumenten und Konsumentinnen zu begegnen. Sie waren dabei jedoch kaum erfolgreich.[34]

Betrachtet man die Konsummöglichkeiten und das Konsumverhalten im Nationalsozialismus unter den Aspekten Individualisierung und Pluralisierung, stehen diese deutlich hinter der Verbraucherlenkung des Regimes zurück. Die Nationalsozialisten versuchten sogar, ihnen in vielen Bereichen entgegenzuwirken. So wurden nur noch sechs einheitliche Brotsorten zugelassen und der Konsum von Vollkornbrot massiv gefördert.[35] Mark Spoerer und Joch Streb kommen anhand eines Vergleichs des Lebensmittelkonsums der Jahre 1927/28, 1937/38 und 1951 zu dem Ergebnis, dass die Verbraucher im Nationalsozialismus – trotz vergleichbaren Einkommens – weniger individuell entscheiden konnten, was sie aßen, als während der Weimarer Republik und den frühen Jahren der Bundesrepublik. Sie konsumierten weniger hochwertige und beliebte Lebensmittel wie Schweine- statt Rindfleisch, Roggen- statt Weizenbrot und mehr Kartoffeln als frisches Obst und Gemüse. Spoerer und Streb führen dies auf die Konsumpolitik und Verbraucherlenkung der Nationalsozialisten zurück.[36]

Das Regime versuchte massiv, das Konsumverhalten der Bevölkerung zu steuern. Es griff dabei auf Werbekampagnen etwa bei der Elektrifizierung von Haushalten, auf finanzielle Anreize wie des Ehestandsdarlehen, auf Eingriffe in die Produktion- und Distribution sowie auf Zwang und Terror zurück, um etwa das Einkaufen in Geschäften von jüdischen Besitzern zu verhindern.[37]

Allerdings sollte nicht der Eindruck passiver, willenlos gelenkter Verbraucher entstehen. Sie ignorierten, kritisierten und widersetzten sich in hohem Maße der Konsumpolitik und den Lenkungsversuchen. Gerade Konsum war ein Bereich, in dem recht vehement und offen Kritik am Regime geübt wurde, wie etwa in den Stimmungsberichten des „Sicherheitsdienstes des Reichsführer SS" deutlich wurde.[38] Darauf reagierte das Regime häufig mit zumindest kurzfristigen Kursänderungen der Konsumpolitik.

Die hier dargestellten Mangelsituationen und der im Vergleich zu den späten 1920er Jahren gesunkene Lebensstandard passen allerdings nicht zur Wahrnehmung

---

34 *Berghoff*, Methoden der Verbrauchslenkung. Vgl. für die Konsumgüter Tabak und Kaffee: *N. Petrick-Felber*, Kriegswichtiger Genuss. Tabak und Kaffee im „Dritten Reich", Göttingen 2015.
35 *U. Spiekermann*, Vollkorn für die Führer. Zur Geschichte der Vollkornbrotpolitik im „Dritten Reich", in: 1999. Zeitschrift für Sozialgeschichte des 20. und 21. Jahrhunderts 1, 2001, S. 91–128.
36 *Spoerer/Streb*, Guns and Butter.
37 *M. Heßler*, „Elektrische Helfer" für Hausfrau, Volk und Vaterland. Ein technisches Konsumgut während des Nationalsozialismus, in: Technikgeschichte 3, 2001, S. 203–230; *Ahlheim*, „Deutsche, kauft nicht bei Juden!".
38 Vgl. dazu zahlreiche Berichte in: *H. Boberach* (Hg.), Meldungen aus dem Reich, 1938–1945, 17 Bd., Herrsching 1984.

einer Vielzahl der Zeitgenossen und -genossinnen. Viele empfanden den Lebensstandard in den Vorkriegsjahren als gut.[39]

Es kommt darauf an, von welchem Vergleichspunkt man ausgeht. Vergleicht man das Konsumverhalten mit der Hochphase der Weltwirtschaftskrise 1931/32, dann war der Verbrauch tatsächlich deutlich höher. Nimmt man jedoch die Jahre vor dem Ausbruch der Krise 1928/29 als Referenzpunkt, dann war der Verbrauch durchschnittlich nicht höher, sondern je nach Untersuchung etwa gleich oder etwas niedriger. Die Mehrheit der Zeitgenossen orientierte sich jedoch an den Krisenjahren und dem unsteten Auf und Ab der Konsummöglichkeiten während der Weimarer Republik und konnte so deutliche Verbesserungen feststellen. Diese Wahrnehmung wurde durch die massive NS-Propaganda noch verstärkt.[40] Im internationalen Vergleich blieb Deutschland auf das Konsumniveau bezogen hinter Großbritannien und Frankreich – von den USA ganz zu schweigen – deutlich zurück. Mit Ausnahme der Vereinigten Staaten, deren Konsumkultur von den Nationalsozialisten ambivalent beurteilt wurde, wussten jedoch die wenigsten Deutschen, welche Konsumstandards in anderen Ländern herrschten. Die Nationalsozialisten tolerierten US-amerikanische Produkte bis zum Kriegseintritt der USA weitgehend. Insbesondere Filme, aber auch Marken wie Coca-Cola, waren überaus präsent.[41] Auch dies war ein Entgegenkommen des Regimes gegenüber den Konsumwünschen der Bevölkerung.

Die Konsumpolitik und Verbraucherlenkung basierte demnach nicht nur auf Begrenzung und Regulierung, sondern auch auf Tolerierung und Förderung bestimmter Güter. Das Regime forcierte insbesondere prestigeträchtige Konsumgüter wie Rundfunkgeräte, Elektrogroßgeräte und Urlaubsreisen. Die „Volksprodukte" waren ein Versuch, politisch erwünschte Konsumgüter standardisiert und kostengünstig zu verbreiten. Dies scheiterte jedoch in den meisten Fällen, das bekannteste Beispiel ist der „Volkswagen", und privatwirtschaftliche Angebote blieben deutlich erfolgreicher. Selbst das nationalsozialistische Vorzeigeprodukt „Volksempfänger" war weniger stark nachgefragt als andere Rundfunkgeräte.[42]

---

39 *Schanetzky*, ‚Kanonen statt Butter', S. 70–72.
40 *C. Torp*, Besser als Weimar? Spielräume des Konsums im Nationalsozialismus, in: *B. Kundrus/ S. Steinbacher*, Kontinuitäten und Diskontinuitäten. Der Nationalsozialismus in der Geschichte des 20. Jahrhunderts, Göttingen 2013, S. 73–93, *Schanetzky* ‚Kanonen statt Butter', S. 70–72.
41 *K. Ditt*, Vom Luxus zum Standard? Die Verbreitung von Konsumgütern der Zweiten Industriellen Revolution in England und Deutschland im frühen 20. Jahrhundert, in: *M. Prinz (Hg.)*, Die vielen Gesichter des Konsums. Westfalen, Deutschland und die USA 1850–2000, Paderborn 2016, S. 81–117; *V. de Grazia*; Irresistible Empire. America's Advance Through Twentieth-Century Europe, Cambridge, MA 2005; *H. Schäfer*, Das gespaltene Bewußtsein. Über deutsche Kultur und Lebenswirklichkeit; 1933–1945, München 1981.
42 *Berghoff*, Methoden der Verbrauchslenkung, S. 284f. *W. König*, Volkswagen, Volksempfänger, Volksgemeinschaft. „Volksprodukte" im Dritten Reich. Vom Scheitern einer nationalsozialistischen Konsumgesellschaft, Paderborn 2004.

Individualisierung und Pluralisierung im Konsum versuchte das Regime demnach, wo es ging, zu begrenzen. Dies entsprach auch der nationalsozialistischen Ideologie, in der der Einzelne sich der „Volksgemeinschaft" unterordnen und nicht nach individueller Selbstentfaltung streben sollte. Das Regime förderte eine Normierung der Produkte und versuchte, die Verbraucher und Verbraucherinnen zum gewünschten Konsumverhalten zu drängen. Allerdings setzten die Nationalsozialisten ihre Konsumpolitik häufig nicht mit aller Macht durch, um das Gros der Bevölkerung nicht gegen sich aufzubringen.[43]

4 Wandel der Konsummuster nach dem Zweiten Weltkrieg

Die unmittelbare Nachkriegszeit war noch einmal durch extremen Mangel gekennzeichnet. Erst mit der Währungsreform in den westlichen Besatzungszonen im Jahr 1948 stabilisierte sich die Versorgungssituation.[44] Doch auch die 1950er Jahre stellten für die meisten Haushalte noch lange keine Zeit des Überflusses dar. Die häufig mit dieser Zeit verbundene Vorstellung einer „Fresswelle" entsprach nicht der Realität. Vielmehr dauerten für die Mehrzahl der westdeutschen Haushalte karge Lebensverhältnisse bis zum Ende der 1950er Jahre an. Sie verbesserten sich schrittweise und nicht plötzlich nach der Währungsreform. Für das erste Nachkriegsjahrzehnt lassen sich für Haushalte mit durchschnittlichem Einkommen kaum Pluralisierungen und Individualisierungen im Konsumverhalten ausmachen. Die Verbraucher mussten zudem erst wieder Vertrauen in die wirtschaftlichen und politischen Verhältnisse erlangen, um sich beispielsweise für die Anschaffung teurer Konsumgüter zu verschulden. Wie Michael Wildt gezeigt hat, eröffneten sich für die Mehrheit der Haushalte erst ab den späten 1950er Jahren Wahlmöglichkeiten im Konsum.[45]

Nachdem die Mangelsituation schrittweise überwunden worden war, setzte jedoch eine Entwicklung ein, die zum ersten Mal seit dem Ersten Weltkrieg den Zyklus von Konsumboom und Mangelversorgung unterbrach. Es begann eine Phase der Stabilisierung und der konstanten Ausweitung der Konsummöglichkeiten, die mit geringen Schwankungen bis heute anhält. Aus diesem Grund lassen sich Individua-

---

43 Vgl. für die nationalsozialistische Konsumpolitik im Zweiten Weltkrieg den Beitrag von Hartmut Berghoff in diesem Band.
44 *R. Gries*, Die Rationen-Gesellschaft. Versorgungskampf und Vergleichsmentalität: Leipzig, München und Köln nach dem Kriege, Münster 1991.
45 *M. Wildt*, Am Beginn der „Konsumgesellschaft". Mangelerfahrung, Lebenshaltung, Wohlstandshoffnung in Westdeutschland in den fünfziger Jahren, Hamburg 1994; *Ders.*, Plurality of Taste: Food and Consumption in West Germany during the 1950s, in: History Workshop Journal 1, 1995, S. 23–41.

lisierungen und Pluralisierungen der Konsummuster besonders gut seit den 1960er Jahren untersuchen.[46]

Alfred Reckendrees hat ausführlich den Wandel der Konsummuster für *Vier-Personen-Haushalte mittleren Einkommens* in der BRD für die Jahre 1952–1998 analysiert.[47] Anhand der Langzeitanalyse der Laufenden Wirtschaftsrechnungen (LWR) des Statistischen Bundesamtes lassen sich generelle Veränderungen der Konsummuster überblickshaft ausmachen. Pluralisierungen und Individualisierungen lassen sich damit jedoch nicht untersuchen, da die hoch aggregierten Datensätze nichts über die konkreten Konsumgüter wie etwa Marke, Qualität und Design und deren Verwendung aussagen.

Tabelle 1: Ausgewählte Ausgaben
aus: Reckendrees, Konsummuster, S. 41.

Ausgaben in % des verfügbaren Einkommens	1953	1971	1989
Nahrungsmittel	40,4	24,5	16,4
Bekleidung, Schuhe	12,7	9,1	6,3
Wohnkosten	13,7	16,6	20,6
Verkehr, Nachrichten	2,9	9,7	12,1
Freizeit, Unterhaltung, Bildung	5,5	7,3	8,3

Bemerkenswert ist der Rückgang der Ausgaben für Nahrungsmittel. Zwischen 1953 und 1989 reduzierte sich der Anteil des verfügbaren Einkommens, der dafür aufgewendet wurde, um mehr als 50 Prozent. Die Ausgaben für Bekleidung und Schuhe nahmen parallel dazu ebenfalls stark ab. Umgekehrt verhielt es sich mit den Ausgaben für Verkehr und Nachrichten. Hierunter fielen insbesondere die Ausgaben für Pkws und Telefon. Ihr Anteil an den Konsumausgaben vervierfachte sich zwischen 1953 und 1989. Der Ausgabenanteil für Freizeit, Unterhaltung und Bildung stieg ebenfalls deutlich um mehr als 50 Prozent.

Insgesamt ähnelten die Verschiebungen der Konsumausgaben westdeutscher Haushalte seit den späten 1950er Jahren denen anderer europäischer Länder. Sie

---

[46] Vgl. für neue Konsumentengruppen den Beitrag von Detlef Siegfried in diesem Band.
[47] A. *Reckendrees*, Konsummuster im Wandel, in: Jahrbuch für Wirtschaftsgeschichte, 2007, S. 28–61. Seine Untersuchung basiert auf den Laufenden Wirtschaftsrechnungen (LWR), anhand derer das Statistische Bundesamt die „Einnahmen und Ausgaben ausgewählter privater Haushalte" erfasst. Die LWR basieren auf drei ausgewählten Haushaltstypen, die jedoch nach so starren Kriterien ausgewählt wurden, dass sie insgesamt nur für fünf bis sieben Prozent aller bundesdeutschen Haushalte repräsentativ sind. Die Ergebnisse bilden also bei Weitem nicht die Konsummuster aller bundesdeutschen Haushalte ab. Hinzu kommt, dass die Zusammensetzungen und Untersuchungsgrundlagen über die Jahre mehrfach verändert wurden, sodass dadurch weitere Probleme für eine Langzeitanalyse entstehen. Vgl. zur Kritik an den statistischen Erhebungen: *Reckendrees*, Konsummuster, S. 32–37; *Wildt*, Am Beginn, S. 59f.

fanden in West wie Ost mit unterschiedlichen Geschwindigkeiten statt.[48] Im Vergleich zu anderen westlichen Staaten wie etwa Großbritannien waren die Konsummuster der westdeutschen Haushalte wesentlich stärker und länger durch höhere Ausgaben für den basalen Verbrauch als für den nichtessenziellen Konsum geprägt. Dies lag zum einen an dem niedrigeren Konsumniveau in der Zwischenkriegszeit. Ausschlaggebender waren jedoch die Kriegsfolgen, sodass Ausgaben für Nahrung und Bekleidung in den Nachkriegsjahrzehnten in der Bundesrepublik deutlich höher waren als in Großbritannien, wo die Ausgaben für Unterhaltung und Freizeit die der westdeutschen Haushalte übertrafen.[49]

Möglich wurden die Veränderungen des Konsumverhaltens erst durch mehrere Faktoren. Grundvoraussetzung für die Ausweitung des Konsums waren das hohe Wirtschaftswachstum und damit verbunden steigende Löhne. Zudem nahmen Urlaubs- und Freizeitansprüche zu, wodurch sich die Möglichkeiten zu konsumieren erweiterten. Hinzu kam der Ausbau des Sozialstaats, wie Rentenreformen und die Einführung und Reformen des Kindergeldes, sodass es insbesondere für einkommensschwache Haushalten möglich wurde, ihre Ausgaben in zunehmendem Maße für nichtessenziellen Konsum zu erhöhen. Technische Entwicklungen und die damit einhergehende Verbilligung vor allem von Haushalts- und Unterhaltungsgütern trugen ebenfalls zu einer weiteren Verbreitung bei.[50]

Jedoch führten die Konsumausweitungen nicht zu einer „nivellierten Mittelstandsgesellschaft", wie Massenkonsumkritiker zeitgenössisch konstatierten, sondern soziale Ungleichheiten blieben weitestgehend bestehen.[51] Es dauerte in vielen Fällen bis in die 1970er Jahre, bis sich auch Arbeiterhaushalte ein Auto, eine Urlaubsreise oder andere teure Konsumgüter leisten konnten.[52] Allerdings verliefen die Trennlinien immer weniger zwischen „haben" und „nicht haben", sondern die „feinen Unterschiede" wurden wichtiger.[53]

---

48 *H. Kaelble*, Sozialgeschichte Europas. 1945 bis zur Gegenwart, München 2007, S. 87–118. Vgl. außerdem seinen Aufsatz in diesem Band.
49 *S. Haustein*, Vom Mangel zum Massenkonsum. Deutschland, Frankreich und Großbritannien im Vergleich 1945–1970, Frankfurt am Main 2007; *S. Fabian*, Boom in der Krise. Konsum, Tourismus, Autofahren in Westdeutschland und Großbritannien 1970–1990, Göttingen 2016.
50 Vgl.: *S. Teupe*, Die Schaffung eines Marktes, Berlin 2016.
51 Siehe zur These der „Mittelstandsgesellschaft": *H. Schelsky*, Wandlungen der deutschen Familie in der Gegenwart. Darstellung und Deutung einer empirisch-soziologischer Tatbestandsaufnahme, Stuttgart 1953. Vgl. dazu auch: *Kleinschmidt*, Konsumgesellschaft, S. 143f.
52 *Reckendrees*, Konsummuster; *Fabian*, Boom.
53 *Bourdieu*, Die feinen Unterschiede.

5 Pluralisierung des Massenkonsums seit den 1970er Jahren

Die Ausweitung des Massenkonsums führte also nicht, wie zeitgenössische Kritiker prophezeiten, zu einer Standardisierung der Konsumpraktiken. Ebenso wenig waren die Verbraucher willenlose, von der Konsumgüterindustrie manipulierte Subjekte, die blind den Verheißungen und konstruierten Bedürfnissen der Industrie folgten.[54] Vielmehr pluralisierten sich mit der Zunahme der Konsummöglichkeiten auch die entsprechenden Praktiken. Dies lässt sich am Beispiel der Einkaufsmöglichkeiten und -gewohnheiten nachvollziehen. Gleichzeitig werden daran auch die Grenzen der Pluralisierung sichtbar.[55]

Neben die Einkaufs- und Fußgängerstraßen, die zumeist in den 1950er und 1960er Jahren entstanden waren, traten nun auch Einkaufszentren, die häufig außerhalb des Stadtzentrums gelegen waren. 1964 eröffnete mit dem Main-Taunus-Zentrum an der Peripherie Frankfurts am Main die erste westdeutsche Shoppingmall. Ihre Verbreitung nahm in den folgenden Jahren rasch zu. 1980 gab es bereits 67 Zentren im Bundesgebiet. Eine weitere Neuerung waren SB-Warenhäuser, große Supermärkte, die nicht nur Lebensmittel, sondern auch Kleidung, Spielsachen, Elektro- und Haushaltsartikel im Sortiment hatten. Während Supermärkte 1974 durchschnittlich über 3 400 Artikel verfügten, gab es in SB-Warenhäusern bereits 1968 13 000 Artikel.[56]

Die neuen Einkaufskomplexe befanden sich zumeist „auf der grünen Wiese" und trugen der zunehmenden Automotorisierung der Gesellschaft Rechnung. Sie waren auf die Bedürfnisse von Verbrauchern ausgerichtet, die einen Pkw besaßen. Diese erreichten so ohne lange Parkplatzsuche die Geschäfte und bekamen zumeist alles, was sie brauchten, an einem Ort. Die Großeinkäufe konnten sie dann bequem im Kofferraum ihres Wagens nach Hause transportieren. Die Bevölkerungsschichten, die jedoch nicht über ein Auto verfügten, zumeist einkommensschwache Haushalte, blieben auf die Stadtzentren und Nachbarschaften angewiesen. Sie profitierten in deutlich geringerem Maße von der Pluralisierung der Einkaufsmöglichkeiten.

Allerdings veränderte und differenzierte sich die Einzelhandelsstruktur insgesamt. Nachdem sich das Selbstbedienungsprinzip in den ersten Nachkriegsjahr-

---

54 V. Packard, Die geheimen Verführer. Der Griff nach dem Unbewußten in Jedermann, Düsseldorf 1958; M. Horkheimer/T. W. Adorno (Hg.), Dialektik der Aufklärung, zuerst 1944, Frankfurt am Main 1984. Vgl. zur Analyse zeitgenössischer Verbraucherbilder: N. Gasteiger, Der Konsument. Verbraucherbilder in Werbung, Konsumkritik und Verbraucherschutz 1945–1989, Frankfurt am Main 2010.
55 F. Bösch, Grenzen der Individualisierung. Soziale Einpassungen und Pluralisierungen in den 1970er/80er Jahren, in: *Thomas Großbölting/Massimiliano Livi/Carlo Spagnolo (Hg.)*, Jenseits der Moderne? Die Siebziger Jahre als Gegenstand der deutschen und der italienischen Geschichtswissenschaft, Berlin 2014, S. 123–140.
56 R. Banken, Schneller Strukturwandel trotz institutioneller Stabilität. Die Entwicklung des deutsches Einzelhandels 1949–2000, in: Jahrbuch für Wirtschaftsgeschichte, 2007, S. 117–145. Vgl. dazu auch seinen Beitrag in diesem Band.

zehnten im Einzelhandel durchgesetzt hatte, etablierten sich in den 1970er Jahren Discounter, Ladenketten und große Fachgeschäfte wie Lidl (1973), dm (1973), IKEA (in der BRD seit 1974) und Media Markt (1979). Die Pluralisierung der Einkaufsmöglichkeiten ging jedoch auf Kosten kleinerer selbstständiger Einzelhändler, die von den finanzstärkeren Filialen nach und nach verdrängt wurden. Der Trend ging eindeutig hin zu Geschäften mit großer Ladenfläche und umfangreichem Sortiment.

Hieran werden auch die Grenzen der Pluralisierung deutlich, die mit einer gleichzeitigen Standardisierung einherging. Zwar differenzierten sich die Einkaufsmöglichkeiten, aber gleichzeitig nahm die Filialisierung von Läden zu, sodass in den Einkaufsstraßen und -centren der Bundesrepublik zunehmend dieselben Ladenketten zu finden waren.[57]

Dennoch veränderten die neuen Einkaufsmöglichkeiten auch die -praktiken. Discounter und SB-Warenhäuser machten Mitte der 1980er Jahre weniger als neun Prozent der Lebensmittelgeschäfte aus, erzielten aber knapp ein Drittel des Umsatzes.[58] Anstatt fast täglich Lebensmittel einzukaufen, unternahmen viele Verbraucher nun einen Großeinkauf pro Woche, der sie „auf die grüne Wiese" führte und den Charakter eines Wochenendausflugs hatte, an dem häufig die ganze Familie teilnahm. Daran passten sich wiederum die Läden an, indem sie Cafés oder Imbisse und Unterhaltungen für Kinder anboten.[59]

Immer weniger Verbraucher hatten feste Stammläden, in denen sie einkauften, sondern sie orientierten sich an günstigen Preisen und Sonderangeboten. Sie kauften zum Beispiel Lebensmittel beim Discounter, Wein jedoch in einer kleinen Weinhandlung und Turnschuhe in einem Sportfachgeschäft. Die Konsumenten wählten die Geschäfte und Preislagen nach ihren individuellen Präferenzen aus. Für Konsumgüter, die ihnen wichtig waren, waren sie mitunter bereit, mehr zu bezahlen und sich professionell beraten zu lassen, während ihnen bei anderen Produkten lediglich ein günstiger Preis wichtig war. Dass es nicht zu einer Nivellierung und Standardisierung kam, zeigt sich auch daran, dass Mitte der 1980er Jahre unterschiedliche Lebensmittelgeschäfte, vom Tante-Emma-Laden bis zum Hypermarkt, nebeneinander existierten und die verschiedenen Ladenkategorien zwischen 10 und 30 Prozent des Gesamtumsatzes generierten.[60]

Wie bereits angedeutet, konnten jedoch nicht alle Verbraucher im selben Umfang an den neuen Einkaufsmöglichkeiten partizipieren. Für diejenigen, die kein Auto besaßen, waren die Einkaufskomplexe außerhalb der Stadt nur schwer erreichbar.

---

57 *Banken*, Strukturwandel, S. 130–135.
58 Wobei sie 28 % der Verkaufsfläche auf sich vereinten. *K. Ditt*, Rationalisierung im Einzelhandel. Die Einführung und Entwicklung der Selbstbedienung in der Bundesrepublik Deutschland 1949–2000, in: *M. Prinz (Hg.)*, Der lange Weg in den Überfluss. Anfänge und Entwicklung der Konsumgesellschaft seit der Vormoderne, Paderborn 2003, S. 315–356, hier S. 346.
59 Ebd., S. 341.
60 Ebd., S. 346.

Zudem konnten sie nicht zeitsparend einen Großeinkauf pro Woche machen, weil ihnen die Transportmöglichkeiten fehlten. Dies betraf vor allem ältere Menschen und einkommensschwache Haushalte. Gerade sie konnten demnach auch nur in geringem Maße von den günstigeren Einkaufsmöglichkeiten Gebrauch machen, für die Pkw-Besitzer längere Fahrtzeiten in Kauf nahmen. Im Jahr 1970 besaßen erst 50 Prozent der Arbeiter- und 60 Prozent der Angestelltenhaushalte ein Auto.[61] Auch deshalb blieben innerstädtische Einkaufsmöglichkeiten wichtiger als beispielsweise in den USA, wo sich der Großteil des Einzelhandelsumsatzes in suburbane Räume verlagerte.[62]

Ein weiteres Beispiel, das den Wandel von Konsummustern verdeutlicht, ist die Zunahme und Pluralisierung des Essens außer Haus. Auch hier stellten die 1970er Jahre ausgesprochene Boomjahre dar. Zu Beginn der Dekade gaben durchschnittlich verdienende Haushalte 8,5 Prozent ihrer Essensausgaben für den Außer-Haus-Verzehr aus. 1979 waren es bereits 14 Prozent, in besserverdienenden Haushalten sogar knapp 20 Prozent.[63] Knapp die Hälfte gab in einer Befragung an, dass sie mindestens einmal im Monat auswärts aß.[64]

Gleichzeitig differenzierten und erweiterten sich die Möglichkeiten des Essens außer Haus. Man hatte nicht mehr nur deutsche Küche zur Auswahl, sondern konnte vermehrt auch ausländische Gerichte konsumieren. Vor allem ehemalige „Gastarbeiter" aus Italien, Jugoslawien, Griechenland und später auch der Türkei eröffneten Gaststätten mit ausländischem Essen.[65] Obwohl die Möglichkeiten, den kulinarischen Horizont zu erweitern, stetig stiegen, lagen die Präferenzen jedoch auch Ende der 1970er Jahre noch vornehmlich bei deutschem Essen, während jüngere Konsumenten Balkangerichte und französische Speisen bevorzugten. Italienische Gerichte fielen erstaunlicherweise in allen Gruppen recht stark ab und lagen mit weniger als einem Zehntel der favorisierten Restaurants noch hinter chinesischen zurück.[66] Einen größeren Zulauf erhielten sie erst seit den späten 1970er und in den 1980er Jahren, infolge eines Booms der „mediterranen Küche", die als leichter, gesünder und einfacher zuzubereiten galt.[67]

---

[61] Statistisches Bundesamt (Hg.), Statistisches Jahrbuch für die Bundesrepublik Deutschland 1970, Stuttgart 1971, S. 467.

[62] *J. Logemann*, Down and Out Downtown? Transatlantische Unterschiede in der Entwicklung urbaner Einkaufsräume 1945–2010, in: *Prinz*, Gesichter des Konsums, S. 231–249.

[63] Statistisches Bundesamt (Hg.), Statistisches Jahrbuch für die Bundesrepublik Deutschland 1971, Stuttgart 1972, S. 489; Statistisches Bundesamt (Hg.), Statistisches Jahrbuch für die Bundesrepublik Deutschland 1980, Stuttgart 1981, S. 436.

[64] *E. Noelle-Neumann/E. Piel (Hg.)*: Allensbacher Jahrbuch der Demoskopie, 1978–1983, München 1983, S. 488.

[65] Siehe dazu grundlegend: *M. Möhring*, Fremdes Essen. Die Geschichte der ausländischen Gastronomie in der Bundesrepublik Deutschland, München 2012.

[66] *Noelle-Neumann/Piel*, Jahrbuch der Demoskopie, S. 488.

[67] *B. Gordon*, Essen wie Gott in Frankreich. Kulinarische Reisen im Spiegel der englischsprachigen Press vom 18. Jahrhundert bis heute, in: Voyage – Jahrbuch für Reise- und Tourismusforschung, 2002,

Eine weitere bedeutende Erweiterung der Essgewohnheiten stellte der rasante Aufstieg des „Fast Foods" dar. Die erste McDonalds-Filiale eröffnete 1971 in der Bundesrepublik.[68] Ihr folgten weitere US-amerikanische Fast-Food-Ketten wie Burger King (1976) und Pizza Hut (1983). Zeitgleich begann der Siegeszug eines weiteren ausländischen Gerichts, das sich erst als Fast-Food-Speise flächendeckend durchsetzte: der Dönerkebab. In der Teigtasche zum Mitnehmen anstatt als Tellergericht mit Reis wurde der Dönerkebab vermutlich in den frühen 1970er Jahren in Berlin erfunden und war Ende der 1980er Jahre das meistverkaufte Fast-Food-Gericht in der Bundesrepublik.[69]

Wie beim Einkaufen partizipierten nicht alle Bevölkerungsschichten in gleichem Maße an den neuen Konsummöglichkeiten. Auch hier spielten Einkommen und vor allem Alter eine große Rolle. Für Jüngere war es Ausdruck von Distinktion und Emanzipation anders zu essen als ihre Eltern. Sie nahmen die neuen Angebote des „fremden" Essens bereitwillig an. Auch Personen mit höherem Bildungsgrad waren ausländischem Essen gegenüber aufgeschlossener.[70]

Diese beiden Beispiele verdeutlichen exemplarisch die Ausweitung der Konsummöglichkeiten, die insbesondere in den 1970er Jahren deutlich zunahmen. Diese Entwicklung erstreckte sich auf zahlreiche weitere Konsumbereiche. Sie wurde auch durch die Ölpreis- und Wirtschaftskrisen der 1970er und frühen 1980er Jahre kaum beeinträchtigt. Dazu trug in hohem Maße auch die fortschreitende Globalisierung bei. Dadurch nahm die Angebotsvielfalt zu und Konsumgüter, insbesondere elektronische Produkte, wurden günstiger und damit für immer breitere Bevölkerungsschichten erschwinglich.[71] Diese Entwicklungen, die in den 1970er Jahren ihren Anfang nahmen, setzen sich bis heute fort. Obwohl sich die langfristigen Konsumpraktiken zumeist weniger schnell als die entsprechenden Angebote wandelten, differenzierten sich mit der Pluralisierung der Konsummöglichkeiten die Konsumenten weiter aus. Soziale und habituelle Unterschiede wurden durch die Ausweitung des Konsums nicht verringert, sondern verfestigten sich dadurch eher noch, da sich die Konsumräume separierten. Mit der Zunahme der Konsumoptionen war es jedoch auch möglich, die eigene Identität mit und durch Konsum herzustellen und nach außen zu demonstrieren.

S. 64–77, hier S. 71.
68 Vgl.: *F. Tucher von Simmelsdorf*, Die Expansion von McDonald's Deutschland Inc. Der Ausbreitungsprozess einer erfolgreichen Innovation, Wiesbaden 1994.
69 Vgl. dazu detailliert: *Möhring*, Fremdes Essen, S. 421–452.
70 Ebd., S. 137–148.
71 Vgl.: *F. Bösch*, Boom zwischen Krise und Globalisierung: Konsum und kultureller Wandel in der Bundesrepublik der 1970er und 1980er Jahre, in: Geschichte und Gesellschaft 2, 2016, S. 354–376. Siehe zum Autofahren und Reisen: *Fabian*, Boom.

6 Individualisierung durch Massenkonsum?

Die Frage, inwieweit Konsum im späten 20. Jahrhundert zum bestimmenden Identitätsmerkmal wurde, interessiert vermehrt auch die Geschichtswissenschaft. Dass es mit zunehmenden Konsumoptionen für breitere Bevölkerungsschichten erst möglich wurde, diese zur Konstruktion und als Ausdruck ihrer Identität und Individualität zu nutzen, steht außer Frage. Allerdings ist in der Forschung umstritten, ob Konsum seit dem letzten Drittel des 20. Jahrhunderts das dominante oder auch einzige Identifikationsmerkmal war und andere Faktoren, die früher prägend gewesen seien, wie beispielsweise Arbeit, an Prägekraft verloren hätten.[72]

Vor allem die Marketingwissenschaft und Soziologie der 1970er und 1980er Jahre gingen davon aus, dass sich Individuen zunehmend über Konsum- und Lebensstile definierten und sich weniger Klassen oder Schichten zugehörig fühlten, was zu einer Individualisierung der Gesellschaft führe.[73] In den Augen der Marketingforschung zeichnete sich der „neue Konsument" durch einen individualisierten Konsumstil aus, für den demnach auch individualisiertes Marketing und individualisierte Produkte angeboten werden müssten. Der Yuppie galt in der Bundesrepublik als Idealtypus dieses „neuen", individualisierten Konsumenten.[74]

Wie war jedoch konkret das Bedürfnis nach Individualität mit massenhaft produzierten und standardisierten Gütern zu befriedigen?

Das Verhältnis zwischen Individualisierung und Massenkonsum ist vielschichtiger und deshalb schwerer zu bestimmen als die Pluralisierung von Angeboten. Letztere beschränkt sich erst einmal nur auf die Angebotsseite und ist die Voraussetzung dafür, dass Verbraucher ihrer Individualität durch Konsum Ausdruck verleihen

---

[72] Vgl. die Darstellungen, die Konsum eine dominante Rolle in der Identitätskonstruktion zuweisen: A. *Wirsching*, From Work to Consumption. Transatlantic Visions of Individuality in Modern Mass Society, in: Contemporary European History 1, 2011, S. 1–26; A. *Doering-Manteuffel*, Die deutsche Geschichte in den Zeitbögen des 20. Jahrhunderts, in: Vierteljahrshefte für Zeitgeschichte 3, 2014, 321–348, hier S. 344. Kritisch dazu: F. *Trentmann*, Consumer Society – RIP. A Comment, in: Contemporary European History 1, 2011, 27–31; P.-P. *Bänziger*, Von der Arbeits- zur Konsumgesellschaft? Kritik eines Leitmotivs der deutschsprachigen Zeitgeschichtsschreibung, in: Zeithistorische Forschungen 1, 2015, S. 11–38. T. *Welskopp*, Konsum, in: C. *Dejung/M. Dommann/D. Speich Chassé (Hg.)*, Auf der Suche nach der Ökonomie. Historische Annäherungen, Tübingen 2014, S. 125–152.
[73] U. *Beck*, Risikogesellschaft; S. *Hradil*, Sozialstrukturanalyse in einer fortgeschrittenen Gesellschaft. Von Klassen und Schichten zu Lagen und Milieus, Opladen 1987.
[74] Vgl. L. *Beyering*, Individual Marketing. Wege zum neuen Konsumenten, Landsberg am Lech 1987; R. *Szallies/G. Wiswede (Hg.)*, Wertewandel und Konsum. Fakten, Perspektiven und Szenarien für Markt und Marketing, Landsberg am Lech 1991; M. *Auer/W. Horrion/U. Kalweit*, Marketing für neue Zielgruppen. Yuppies, Flyers, Dinks, Woopies, Landsberg am Lech 1989. Vgl. dazu aus geschichtswissenschaftlicher Perspektive: *Gasteiger*, Der Konsument, S. 215–242. Siehe zum Yuppie: S. *Fabian*, Der Yuppie. Projektionen des neoliberalen Wandels, in: F. *Bösch/T. Hertfelder/G. Metzler (Hg.)*, Grenzen des Neoliberalismus. Der Wandel des Liberalismus im späten 20. Jahrhundert, Stuttgart 2018, S. 93–117. Vgl. auch Ingo Köhlers Beitrag in diesem Band.

können. Hinzu kommt, dass Individualität und Massenkonsum, insbesondere von dessen Kritikern, als sich gegenseitig ausschließend betrachtet wurden. Individualisierter Konsum als Abgrenzung zum vermeintlich standardisierten Massenkonsum wurde so zu einem Distinktionsmerkmal. Mit der Ausweitung des Massenkonsums und der zunehmenden Teilhabe breiter Bevölkerungsschichten daran, erlangten so Individualität und Distinktion eine immer größere Bedeutung.

Dies zeigte sich etwa beim Reisen. Da es immer mehr Westdeutschen möglich war, dank einer Pauschalreise ihren Urlaub im Ausland zu verbringen, nahm die Kritik von distinktionsbewussten Reisenden an dieser Reiseform zu. Sie konnten nicht akzeptieren, dass Reisen nach Spanien, die bis in die 1960er Jahre aufwendig und mit Unabwägbarkeiten verbunden waren, nun nahezu ohne eigenes Zutun mithilfe einer Pauschalreise unternommen werden konnten.[75] Deshalb kritisierten sie diese als „unauthentisch" und „standardisiert", in Abgrenzung zu individuell organisierten Reisen, die die alleinige Möglichkeit für individuelle Urlaubserfahrungen böten. Ihrer Meinung nach war Individualität im Korsett des Massenkonsums, in diesem Fall des Massentourismus, nicht möglich. Dies zeigte sich auch am Aufkommen von Reiseführern, die „anders reisen" oder gar „richtig reisen" proklamierten.[76]

Allerdings war die Massenkonsumgüterindustrie durchaus in der Lage, dem Bedürfnis nach Individualität in einem immer breiteren Rahmen nachzukommen. So war es auch bei den Pauschalreisen. Mit zunehmenden Reiseerfahrungen wünschten sich auch Pauschalreisende einen selbstbestimmteren Urlaub und eine stärkere Distanz zu den Vorgaben der Reiseveranstalter.[77] Auf die Organisation, die Sicherheit und den gleichzeitig günstigen Preis, die die Veranstalter boten, wollten freilich wenige verzichten. Die Reiseveranstalter kamen den Wünschen der Urlauber nach, indem sie ihre Angebote ausbauten. Es entstanden auf der einen Seite Nischenveranstalter, die sich auf bestimmte Zielgruppen oder Orte spezialisierten.[78] Auf der anderen Seite differenzierten auch große Reiseveranstalter wie TUI ihre Angebote erheblich. Unter dem Dach des Veranstalters existierten unterschiedliche „Marken",

---

75 *C. Kopper*, Die Reise als Ware. Die Bedeutung der Pauschalreise für den westdeutschen Massentourismus nach 1945, in: Zeithistorische Forschungen 1/2, 2007, S. 61–83.
76 Vgl. exemplarisch zu dieser Kritik: *U. von Kardorff*, Ibiza – es gibt kein Zurück, in: Heyne Reisebücher „2 Wochen auf ... Europäische Inseln laden ein", München 1981, S. 64; vgl. auch das Titelbild des Spiegels, 37/1973. Vgl. zur Kritik an der Kritik: *W. Dahle*, Der häßliche Tourist, in: Voyage – Jahrbuch für Reise- und Tourismusforschung, 2003, S. 145–155. Siehe für alternative Reiseführer: Anders reisen: Spanien, Ein Reisebuch in den Alltag, Reinbek bei Hamburg 1987; New York. Richtig reisen, Ostfildern 1978.
77 *S. Fabian*, Massentourismus und Individualität. Pauschalurlaube westdeutscher Reisender in Spanien während der 1970er- und 1980er-Jahre, in: Zeithistorische Forschungen 1, 2016, S. 61–85.
78 Vgl. *O. Schneider*, Die Ferien-Macher. Eine gründliche und grundsätzliche Betrachtung über das Jahrhundert des Tourismus, Hamburg 2001. Öger Tours etwa wurde 1969 gegründet und spezialisierte sich auf Reisen in die Türkei. Vgl. zu differenzierten Angeboten auch: Hobby Reisen Aktivurlaub, Winter 1975/76, in: Hessisches Wirtschaftsarchiv (HWA) 190/57.

die verschiedene Zielgruppen ansprechen sollten. Dr. Tigges-Fahrten bot Studienreisen an, während sich Transeuropa an weniger zahlungskräftige Kunden richtete.[79]

Ähnlich wie in anderen Konsumgüterindustrien bedienten sich auch die Reiseanbieter vermehrt eines „Baukastenprinzips". Die Veranstalter boten seit Mitte der 1970er Jahre nicht mehr ausschließlich unflexible Komplettpakete an, in denen Reisemittel, Unterkunftsart und Verpflegung festgelegt waren, sondern die Kunden konnten aus verschiedenen Optionen bei jeder Komponente auswählen.[80] Der Umstellung des Angebots auf ein „Pick'n'Mix"-Prinzip standen Reiseveranstalter zunächst skeptisch gegenüber, doch dem Wunsch der Kunden nach individuelleren Gestaltungsmöglichkeiten konnten sie sich nicht lange entziehen.[81] Die Urlauber konnten nun wählen, ob sie mit dem Flugzeug oder dem eigenen Pkw anreisen wollten. Sie konnten sich aussuchen, ob sie in einer Ferienwohnung oder in einem Hotel wohnten und ob sie Voll- oder Halbpension oder lediglich Frühstück haben wollten.[82]

Während der 1970er und 1980er Jahre ließ sich ein Wandel der Urlaubspraktiken erkennen. Die Komponenten, die größtmögliche Freiheit von den vorgegebenen Strukturen der Pauschalreisen ermöglichten, wurden immer stärker nachgefragt. So verdreifachte sich der Anteil der Pauschalreisenden, die sich für eine Ferienwohnung anstatt für ein Hotelzimmer entschieden, bis Ende der 1980er Jahre auf 15 Prozent.[83] Parallel dazu wandelten sich auch die Verpflegungsarten. Zu Beginn der 1970er Jahre hatte noch mehr als die Hälfte der Urlauber Vollpension gebucht, während nur vier Prozent sich selbst verpflegten. Knapp 15 Jahre später entschied sich nur noch ein Viertel für Vollpension. Ebenso viele verzichteten ganz auf ein Verpflegungsarrangement.[84]

Hier zeigten sich demnach Bestrebungen der Konsumenten nach individuellen Konsumerlebnissen. Allerdings wird auch deutlich, dass die Konsumgüterindustrie durchaus in der Lage war, diese Bedürfnisse zu befriedigen und dennoch die Vorteile standardisierter Angebote zu nutzen. An einem Beispiel aus der Automobilindustrie –

---

79 Markenpolitik bis Juni 1976, in: TUI Archiv Akte 1745.
80 *J. Lesczenski*, Urlaub von der Stange. Reiseveranstalter und der Wandel des Pauschaltourismus in beiden deutschen Staat (1960–1990), in: *W. Plumpe/A. Steiner* (Hg.), Der Mythos von der postindustriellen Welt. Wirtschaftlicher Strukturwandel in Deutschland 1960 bis 1990, Göttingen 2016, 173–257, hier S. 228–233; *R. Hachtmann*, Tourismus und Tourismusgeschichte. Version 1.0, in: Docupedia-Zeitgeschichte, http://docupedia.de/zg/hachtmann_tourismusgeschichte_v1_de_2010 (abgerufen 22.12.2018).
81 Bericht zum Geschäftsjahr 1973/74, S. 11, in: TUI Archiv Akte 1771.
82 Vgl.: Scharnow Flugreisen 87, in: Historisches Archiv zum Tourismus (HAT) REPR/PRO/*D06/80-90 SCHARNOW; Ferienwohnung, Ferienhaus – Ferien unter eigenem Dach Sommer 1975, in: HWA 190/57.
83 StfT (Hg.), Reiseanalyse 1971, Berichtsband, Starnberg 1972, S. 65, in: HAT FV-X/STFT-RA-971-2...STAT; StfT (Hg.), Reiseanalyse 1988, Berichtsband, Starnberg 1989, S. 441, in: HAT FV-X/STFT-RA-989...STAT.
84 Stf T (Hg.), Reiseanalyse 1971, Berichtsband, Starnberg 1972, S. 66, in: HAT FV-X/STFT-RA-971-2... STAT; Stf T (Hg.), Reiseanalyse 1988, Berichtsband, Starnberg 1989, S. 455f., in: HAT FV-X/STFTRA-989... STAT.

dem VW Golf – lässt sich dies ebenfalls verdeutlichen. Dabei werden jedoch erneut die Grenzen einer Individualisierung durch Massenkonsum sichtbar.

Wie andere Hersteller weitete auch Volkswagen in den späten 1960er und 1970er Jahren seine Produktpalette aus. Dies galt nicht nur im Hinblick auf unterschiedliche Modelle, sondern auch die Modelltypen einzelner Baureihen nahmen erheblich zu.[85] Das erste Golf-Modell (1974) wurde ursprünglich in zwei Motoren- und zwei Ausstattungsvarianten angeboten. Bis in die 1980er Jahre kamen mehrere Modelltypen, zum Beispiel Golf GTI und Golf D(iesel) (beide 1976) und zusätzliche Ausstattungsvarianten hinzu.[86] Der Golf II, der 1983 auf den Markt kam, wurde zu Beginn bereits in sechs Motoren- und vier Ausstattungsvarianten angeboten. Auch die verfügbaren Farbkombinationen nahmen weiter zu. Die Grundausstattung war ebenfalls deutlich umfangreicher als bei der ersten Generation.[87] Hinzu kamen immer wieder Sondermodelle, die ebenfalls den Individualisierungswünschen der Käufer Rechnung trugen. Besondere Lackierungen oder teure Ausstattungskomponenten wurden als Sondermodell günstig angeboten und Käufer konnten sicher sein, dass nur eine begrenzte Zahl dieser Modelle auf den Straßen unterwegs war.

Für Autokäufer gab es demnach auf dem Papier eine Vielzahl von Möglichkeiten, ein massenhaft gefertigtes Produkt individuell zu gestalten. Allerdings war dies für die Mehrheit der Verbraucher tatsächlich nur in begrenztem Maße möglich. Zum einen gaben die Hersteller vor, welche Ausstattungskomponenten und Farbvarianten überhaupt, selbst mit Aufpreis, möglich waren. So waren beispielsweise einige Stoffmuster für bestimmte Modelltypen reserviert. Beim VW Golf gab es 1985 die Echtlederausstattung „nur in Verbindung mit Sportsitzen und geteilter Rückbank".[88] Hier zeigte sich, dass trotz der auf dem Papier existierenden unzähligen Gestaltungsvariationen die Autos in einem standardisierten Verfahren nach dem Baukastenprinzip hergestellt wurden und Individualisierung nur in den von den Herstellern vorgegebenen Rahmen möglich war.

Zudem fielen für Extras und Sonderwünsche erhebliche Kosten an. So konnte die luxuriöseste Ausstattung gegenüber der Basisausstattung desselben Modells fast das Doppelte kosten.[89] Daher verwundert es auch nicht, dass die Autohersteller die Kennzeichnung des Modelltyps wie „GTI" oder „Carat" außen am Auto anbrachten, damit die Besitzer gegenüber anderen demonstrieren konnten, um welche Variante es sich handelte, weil dies auf den ersten Blick nicht immer gleich zu erkennen war.

Die Gestaltungskomponenten, die im Basispreis inbegriffen waren, waren zumeist die Standardfarben und günstigen Materialien, die dann auch die Mehrzahl

---

85 Vgl.: I. Köhler, Auto-Identitäten. Marketing, Konsum und Produktbilder des Automobils nach dem Boom, Göttingen 2018, S. 300–324.
86 Autoprospekt Golf I 06/1974; „Test VW Golf", in: ADAC Motorwelt 8/1974, S. 14f.
87 Autoprospekt Golf II 08/1983; „ADAC Fahrbericht", in: ADAC Motorwelt 9/1983, S. 16ff.
88 Autoprospekt Golf II 08/1983, S. 26f.
89 Autoprospekt Golf II 08/1983.

der Käufer wählte. Häufig gaben die Hersteller durch ihre Preispolitik demnach die Ausstattungsvarianten vor.

Eine weitere wichtige Einschränkung war, dass die Mehrheit der Pkw-Käufer keinen Neuwagen erwarb, sondern einen gebrauchten.[90] Sie waren also davon abhängig, welche Modelle es auf dem Gebrauchtwagenmarkt gab. In Zeiten ohne Internet war ihr „Suchradius" eingeschränkt, sodass die meisten sich für einen Wagen von privaten Anbietern oder Gebrauchtwagenhändlern in der Nähe entschieden.

Ähnlich wie bei der Pluralisierung der Konsummöglichkeiten blieben also auch bei der Inanspruchnahme individualisierter Angebote soziale Ungleichheiten, die in erster Linie durch Einkommensunterschiede bedingt waren, bestehen. Der Erwerb individualisierter Produkte war meistens mit höheren Kosten verbunden, sodass sie gleichzeitig als Distinktionsmerkmal dienten.

7 Fazit

Der Wandel der Konsummuster im 20. Jahrhundert war in hohem Maße mit der generellen Konsumentwicklung verknüpft. Diese verlief nicht kontinuierlich in Richtung einer Ausweitung, sondern erlebte insbesondere zwischen Ende des Ersten und Ende des Zweiten Weltkriegs enorme Auf- und Abschwünge innerhalb von kurzer Zeit. Pluralisierungen und Individualisierungen durch Massenkonsum wurden erst möglich, als basale Konsumbedürfnisse wie Nahrungsmittelversorgung und Wohnen befriedigt waren. Dies zeigte sich besonders während der Weimarer Republik, als sich Phasen des Mangels mit einer Phase des Konsumaufschwungs in nur wenigen Jahren abwechselten. Während der Boomphase und der Ausweitung des Massenkonsums Mitte bis Ende der 1920er Jahre ließen sich Pluralisierungs- und Individualisierungstendenzen erkennen.

Die Nationalsozialisten versuchten den Konsum umfassend in ihrem Interesse zu lenken. Veränderte Konsummuster waren von den Verbrauchern deshalb zumeist nicht frei gewählt, sondern der Versorgungssituation und dieser Konsumlenkung geschuldet. Das Regime versuchte nach Möglichkeit, Konsumgüter zu standardisieren und so Pluralisierungs- und Individualisierungswünsche einzudämmen, da Konsuminteressen hinter dem Primat der Aufrüstung zurückstanden.

Die wirtschaftliche und politische Stabilisierung nach dem Ende des Zweiten Weltkriegs führten zu einem langanhaltenden Wohlstands- und damit einhergehenden Konsumaufschwung. Wie bereits in früheren Perioden führte auch dieser zu einer Verschiebung der Ausgaben und einem Wandel der Konsummuster. Verbrau-

---

90 Vgl. dazu: Kraftfahrtbundesamt (Hg.), Statistik des Kraftfahrzeug- und Anhängerbestandes, Neuzulassungen fabrikneuer Pkw, Besitzumschreibungen gebrauchter Kfz, in: Statistisches Bundesamt (Hg.), Statis-Archiv-CD: Statistische Zeitreihen, Wiesbaden 2004; *C. Kopper*, Der Durchbruch des PKW zum Massenkonsumgut 1950–1964, in: Jahrbuch für Wirtschaftsgeschichte, 2010, 19–36, hier S. 31f.

cher mussten immer weniger für lebensnotwenige Dinge wie Nahrung und Kleidung ausgeben und konnten mehr in den Freizeitkonsum wie beispielsweise Unterhaltung investieren. Allerdings stiegen auch die Ausgaben für Wohnen und für Transport stark an. Erst der steigende Wohlstand und die endgültige Überwindung der Mangelversorgung der großen Mehrheit der Bevölkerung machten seit den 1960er Jahren Pluralisierungen der Konsummöglichkeiten in bis dato unbekanntem Ausmaß möglich. Diese erfasste alle Konsumbereiche.

Im Fall von Individualisierung nicht trotz, sondern mithilfe von Massenkonsum ist das Verhältnis ambivalenter. Konsumkritiker propagierten individuellen Konsum als Gegenpol zum Massenkonsum und als „richtigen" Konsum. Individualisierter Konsum war demnach ein Distinktionsmerkmal, um sich vom standardisierten Massenkonsum abzusetzen. Allerdings nahm die Konsumgüterindustrie den Wunsch nach Individualisierung auf, passte ihre Marketingstrategien entsprechend an und weitete ihre Angebote dahin gehend aus. Dabei handelte es sich jedoch, wie auch bei der Pluralisierung, um eine begrenzte Individualisierung, die nur im Rahmen und in den Produktionslogiken von massenhaft und standardisiert produzierten Gütern möglich war.

Einkommensschwache Haushalte konnten zwar in weit geringerem Maße von den Pluralisierungs- und Individualisierungsmöglichkeiten im Konsum Gebrauch machen, dennoch profitierten auch sie spätestens seit den 1970er Jahren von der neuen Angebotsvielfalt, die auch den Niedrigpreissektor erfasste. Allerdings bedeutete die Ausweitung von Konsummöglichkeiten nicht, dass soziale Ungleichheiten nivelliert wurden. Sie wurden viel mehr durch Zurschaustellung von Konsum akzentuiert und verfestigt.

Literatur

R. Banken: Schneller Strukturwandel trotz institutioneller Stabilität. Die Entwicklung des deutsches Einzelhandels 1949–2000, in: Die bundesdeutsche Massenkonsumgesellschaft. 1950–2000, Jahrbuch für Wirtschaftsgeschichte, 2007, S. 117–145.

P. Bänziger: Von der Arbeits- zur Konsumgesellschaft? Kritik eines Leitmotivs der deutschsprachigen Zeitgeschichtsschreibung, in: Zeithistorische Forschungen 1, 2015, S. 11–38.

H. Berghoff: Methoden der Verbrauchslenkung im Nationalsozialismus, in: *Dieter Gosewinkel (Hg.)*, Wirtschaftskontrolle und Recht in der nationalsozialistischen Diktatur, Frankfurt am Main 2005, S. 281–316.

F. Bösch: Grenzen der Individualisierung. Soziale Einpassungen und Pluralisierungen in den 1970er/80er Jahren, in: *Thomas Großbölting/Massimiliano Livi/Carlo Spagnolo (Hg.)*, Jenseits der Moderne? Die Siebziger Jahre als Gegenstand der deutschen und der italienischen Geschichtswissenschaft, Berlin 2014, S. 123–140.

P. Bourdieu: Die feinen Unterschiede. Kritik der gesellschaftlichen Urteilskraft, Frankfurt am Main 2011.

K. Ditt: Rationalisierung im Einzelhandel: Die Einführung und Entwicklung der Selbstbedienung in der Bundesrepublik Deutschland 1949–2000, in: *Michael Prinz (Hg.)*, Der lange Weg in den Überfluss. Anfänge und Entwicklung der Konsumgesellschaft seit der Vormoderne, Paderborn 2003, S. 315–356.

S. Fabian: Boom in der Krise. Konsum, Tourismus, Autofahren in Westdeutschland und Großbritannien 1970–1990, Göttingen 2016.

S. Fabian, Massentourismus und Individualität. Pauschalurlaube westdeutscher Reisender in Spanien während der 1970er- und 1980er-Jahre, Zeithistorische Forschungen 1, 2016, S. 61–85.

M. Föllmer, Auf der Suche nach dem eigenen Leben. Junge Frauen und Individualität in der Weimarer Republik, in: *Moritz Föllmer, Rüdiger Graf (Hg.)*, Die „Krise" der Weimarer Republik, Zur Kritik eines Deutungsmusters, Frankfurt am Main 2005, S. 287–317.

M. Föllmer: Individuality and Modernity in Berlin. Self and Society from Weimar to the Wall, Cambridge 2013.

K.-C. Führer: Auf dem Weg zur „Massenkultur"? Kino und Rundfunk in der Weimarer Republik, in: Historische Zeitschrift, 1996, S. 739–781.

N. Gasteiger, Der Konsument – Verbraucherbilder in Werbung, Konsumkritik und Verbraucherschutz 1945–1989, Frankfurt am Main 2010.

S. Haustein: Vom Mangel zum Massenkonsum. Deutschland, Frankreich und Großbritannien im Vergleich 1945–1970, Frankfurt am Main 2007.

K. Jarausch/M. Geyer: Zerbrochener Spiegel. Deutsche Geschichten im 20. Jahrhundert, München 2005.

W. König: Volkswagen, Volksempfänger, Volksgemeinschaft, „Volksprodukte" im Dritten Reich. Vom Scheitern einer nationalsozialistischen Konsumgesellschaft, Paderborn 2004.

C. Kleinschmidt: Konsumgesellschaft, Göttingen 2008.

C. Kopper: Der Durchbruch des PKW zum Massenkonsumgut 1950–1964, in: Jahrbuch für Wirtschaftsgeschichte, 2010, S. 19–36.

J. Logemann, Down and Out Downtown? Transatlantische Unterschiede in der Entwicklung urbaner Einkaufsräume 1945–2010, in: *Michael Prinz (Hg.)*, Die vielen Gesichter des Konsums, Westfalen, Deutschland und die USA 1850–2000, Paderborn 2016, S. 231–249.

J. Lesczenski: Urlaub von der Stange. Reiseveranstalter und der Wandel des Pauschaltourismus in beiden deutschen Staat (1960–1990), in: *Werner Plumpe/André Steiner (Hg.)*, Der Mythos von der postindustriellen Welt. Wirtschaftlicher Strukturwandel in Deutschland 1960 bis 1990, Göttingen 2016, S. 173–257.

K. Maase: Grenzenloses Vergnügen. Der Aufstieg der Massenkultur 1850–1970, Frankfurt am Main 2001.

M. Möhring: Fremdes Essen. Die Geschichte der ausländischen Gastronomie in der Bundesrepublik Deutschland, München 2012.

A. Reckendrees: Konsummuster im Wandel, in: Jahrbuch für Wirtschaftsgeschichte, 2007, S. 28–61.

A. v. Saldern: Massenfreizeit im Visier. Ein Beitrag zu den Deutungs- und Einwirkungsversuchen während der Weimarer Republik, Archiv für Sozialgeschichte, 1993, S. 21–58.

T. Schanetzky: ‚Kanonen statt Butter'. Wirtschaft und Konsum im Dritten Reich, München 2015.

M. Spoerer/J. Streb: Guns and Butter – But No Margarine: The Impact of Nazi Economic Policies on German Food Consumption, 1933–38, in: Jahrbuch für Wirtschaftsgeschichte, 2013, S. 75–88.

R. Spree: Knappheit und differentieller Konsum während des ersten Drittels des 20. Jahrhunderts in Deutschland, in: *Rainer Fremdling/Hansjörg Siegenthaler (Hg.)*, Ressourcenverknappung als Problem der Wirtschaftsgeschichte, Berlin 1990, S. 171–221.

A. Steiner: Zur Einschätzung des Lebenshaltungskostenindex für die Vorkriegszeit des Nationalsozialismus, Jahrbuch für Wirtschaftsgeschichte 2005, S. 129–152.

C. Torp: Konsum und Politik in der Weimarer Republik, Göttingen 2011.

F. Trentmann: Empire of Things, How we Became a World of Consumers, from the Fifteenth Century to the Twenty-First, London 2017.

A. Triebel: Zwei Klassen und die Vielfalt des Konsums. Haushaltsbudgetierung bei abhängig Erwerbstätigen in Deutschland im ersten Drittel des 20. Jahrhunderts, Berlin 1991.

T. Welskopp, Konsum, in: *Christof Dejung/Monika Dommann/Daniel Speich Chassé (Hg.)*, Auf der Suche nach der Ökonomie, Historische Annäherungen, Tübingen 2014, S. 125–152

M. Wildt: Am Beginn der „Konsumgesellschaft". Mangelerfahrung, Lebenshaltung, Wohlstandshoffnung in Westdeutschland in den fünfziger Jahren, Hamburg 1994.

A. Wirsching: Konsum statt Arbeit. Zum Wandel von Individualität in der modernen Massengesellschaft, in: Vierteljahrshefte für Zeitgeschichte 2, 2009, S. 171–199.

C. Zimmermann, Städtische Medien auf dem Land. Zeitung und Kino von 1900 bis zu den 1930er Jahren, in: *Clemens Zimmermann, Jürgen Reulecke (Hg.)*, Die Stadt als Moloch? Das Land als Kraftquell?, Wahrnehmungen und Wirkungen der Großstädte um 1900, Basel 1999, S. 141–164.

Detlef Siegfried

„Neue" Konsumenten: Die Entdeckung der Jugend und anderer Verbrauchergruppen

1 Einleitung

Für die Geschichte der Konsumgesellschaft hat die Ausdifferenzierung nach Altersgruppen eine bedeutende Rolle gespielt. Vor allem die „Erfindung der Jugend" (Jon Savage) seit dem letzten Drittel des 19. Jahrhunderts wurde begleitet und befeuert durch ein immer weiter ausdifferenziertes Spektrum von Waren und Dienstleistungen, über die diese neue Konsumentengruppe definiert wurde und sich selbst definierte. Wichtigster Impulsgeber auch für den deutschen Markt waren die USA, in denen eine kommerzielle Jugendkultur erstmals entstand und die auch bei den hier immer bedeutenden Aspekten der Altersgruppendefinition, des Bildungsaufstiegs und der Massenmedien eine zentrale Rolle spielten. Während der Psychologe G. Stanley Hall 1904 über den von ihm lancierten Begriff der „Adoleszenz" eine Lebensphase zwischen Kindheit und Erwachsenensein näher bestimmte und damit die öffentliche Wahrnehmung prägte, wurde der „Teenager" seit 1944 – versinnbildlicht in der in diesem Jahr gegründeten Zeitschrift „Teenage" – zur Chiffre für den konsumorientierten Jugendlichen, dessen Identität durch Produkte und Dienstleistungen der Massenkultur bestimmt wurde.[1] Da auf diesem Feld Fragen von Erziehung, Psychologie, Sozialisation und der politischen Ordnung hineinspielten, ist der Konsum Jugendlicher kaum von anderen Debatten um Gegenwart und Zukunft der Gesellschaft zu trennen.

Es waren vor allem die profanen Vergnügungen, wie sie Groschenhefte, Kino, Schlager, später Pop ermöglichten, an denen sich die kulturellen Präferenzen Jugendlicher kristallisierten – weil sie ihrem schmalen Geldbeutel entsprachen und leicht zugänglich waren, aber auch weil sie sich vom Geschmack der Älteren abhoben. Das Interesse am Vergnügen verband Jugendliche strukturell mit dem Geschmack der Unterschichten, den Pädagogen und Kirchenmänner für minderwertig hielten. Doch über Binnendifferenzierungen des Geschmacks, wie sie sich an Vorlieben für bestimmte Filme, musikalische Stile oder Kleidung materialisierten, konnten sich auch jugendliche Subkulturen voneinander abgrenzen, gab es immer wieder die Möglichkeit, sich als Avantgarde gegenüber einer bereits etablierten Masse zu kreieren. Soziale und regionale Herkunft, Geschlecht, Alter, Ethnizität spielen hier als Variablen eine bedeutende Rolle, auch wenn derartige Grenzen gerade in Jugendkulturen immer wieder überschritten wurden. Erzieher betrachteten die Jugend als transitive Lebensphase der Offenheit und gleichzeitig Orientierungsunsicherheit, die dazu genutzt werden sollte, den jungen Menschen auf das Leben als selbständiger Erwachsener vorzubereiten. Mit der

---
[1] *Jon Savage*, Teenage. Die Erfindung der Jugend (1875–1945), Frankfurt 2008, S. 80ff. u. 457ff.

Zunahme der konsumtiven Möglichkeiten rückte das Angebot an Waren und Dienstleistungen mehr und mehr in das Blickfeld von Jugendschützern, die in ihnen in erster Linie Konkurrenten einer gedeihlichen Erziehung sahen.

Als Konsumentengruppe traten Jugendliche erstmals im letzten Drittel des 19. Jahrhunderts hervor, wobei nationale wie regionale Unterschiede ins Auge fallen. Während sie in den USA aufgrund ihrer Vorreiterrolle beim Massenkonsum schon frühzeitig sichtbar wurden, brachten sich jugendspezifische Konsumtionsmuster in den industriellen Zentren Italiens oder Spaniens erst in den 1930er Jahren zur Geltung, in ländlichen Regionen erst weit nach dem Ende des Zweiten Weltkrieges.[2] In Deutschland verhielten sich die bürgerliche Jugendbewegung ebenso wie der klassenbewusste Nachwuchs der Arbeiterschaft kritisch gegenüber dem Massenkonsum, was nicht bedeutet, dass in diesen Kreisen nicht konsumiert worden wäre. In den herkunfts- und peerbestimmten Milieus wurde schichtenspezifisch gelesen, gehört, getrunken und geraucht, wobei auch Kapitalismuskritik zum Ausdruck kommen konnte. Der Begriff der „Konsumverweigerung" trifft die aus einer derartigen Kritik erwachsenden Praktiken daher nur sehr begrenzt. Generell wurde in alternativen Jugendbewegungen anders konsumiert als es die jeweilige Masse der Bevölkerung tat – oftmals stärker nach ethisch-moralischen Maßstäben und mit dem Ziel der Distinktion. Als Konsumkritik verstanden westdeutsche „Gammler" der 1960er Jahre ebenso wie die DDR-„Blueser" und „Kunden" der 1970er Jahre das Tragen von gebraucht erstandenen Armee-Parkas, musikalische Vorlieben und Reiseformen, die sie als besonders „authentisch" betrachteten.[3] Dass reduzierte Ästhetik minoritärer Jugendszenen nicht im Widerspruch zu Mechanismen des Massenkonsums stehen muss, war auch am nachfolgenden Punk zubetrachten.

2 Massenkultur und Jugendschutz

Mit zunehmender Volksbildung las nicht mehr nur der Nachwuchs bürgerlicher Schichten Bücher und Zeitschriften. Zu den beliebten Lesestoffen gehörten Geschichten über Indianer, mit denen Jugendliche sich identifizierten, weil sie einen Gegenentwurf zur vermeintlichen Entfremdung in der Moderne und die höhere Moral des zu Unrecht Verfolgten repräsentierten. Gleichzeitig wurden sie als Verkörperungen eines auf dem Rückzug befindlichen Individualismus inmitten der modernen Massengesellschaft exotisiert, wie sich etwa an der Figur des Winnetou studieren lässt. Dass Modernitätskritik nicht ausschließlich mit „Konsumverweigerung" einherging, demonstriert etwa der Erfolg von *Karl May's Gesammelten Reiseerzählungen*, mit

---

[2] Zu Datierungsfragen vgl. P. *Capuzzo*, Youth and Consumption, in: F. *Trentmann (Hg.)*, The Oxford Handbook of the History of Consumption, Oxford 2012, S. 601–617, 602.
[3] S. *Reichardt*, Authentizität und Gemeinschaft. Linksalternatives Leben in den siebziger und frühen achtziger Jahren, Berlin 2014.

denen in den 1890er Jahren die lange Erfolgsgeschichte dieses populären Erzählers in einer jungen Leserschaft begann. Seit 1905 konnte man wöchentlich für 20 Pfennig die Groschenhefte des Verlegers Alwin Eichler am Kiosk kaufen – Geschichten, die um Helden wie Buffalo Bill oder Nick Carter kreisten, der Unterhaltung dienten und schnell zu konsumieren waren.[4] Seit der Jahrhundertwende auch etablierte sich das Lichtspieltheater als Magnet für ein breites, oftmals jugendliches Publikum. Wie beim Lesestoff zeigten sich auch in der Besucherschaft der Lichtspieltheater soziale Unterschiede: Vor 1914 gingen Schüler und unverheiratete Arbeiter häufiger ins Kino als ihre weiblichen Altersgenossinnen. Diese unterlagen stärkerer Kontrolle, und ihre freie Zeit war ebenso knapp bemessen wie ihre finanziellen Möglichkeiten, während weibliche Angestellte, nicht erwerbstätige Arbeiterfrauen und ihre Geschlechtsgenossinnen aus der Oberschicht häufig vor der Leinwand saßen.[5] Kinos waren Orte des Konsums nicht nur von Filmen, sondern auch von Getränken und Süßigkeiten, Räume des sozialen Miteinanders und damit der öffentlichen Selbstdarstellung, nicht zuletzt Orte der Begegnung der Geschlechter. Sodom und Gomorrha durch das unkontrollierte Miteinander im Schutze der Dunkelheit, Ausbeutung durch die Süßwaren- und Getränkeindustrie, geistige Verderbnis durch minderwertige Filme – so sah das Bedrohungsszenario aus, das Kämpfer gegen Schmutz und Schund gegenüber dem Kino aufbauten. Während den vermeintlich rational reagierenden Männern die Fähigkeit zur Resilienz gegenüber den auf der Leinwand gebotenen Stoffen zugestanden wurde, galten Frauen als besonders gefährdet aufgrund einer stärker ausgeprägten romantischen Ader, die sie „verführbar" machte.

Wie sehr die altersmäßige Abgrenzung im Fluss war, zeigt sich daran, dass Heranwachsende zwar immer stärker von Erwachsenen abgesetzt wurden, aber oftmals noch als „Kinder" galten. Noch 18-Jährige konnten als solche klassifiziert werden, obwohl an der Kleidung schon Zäsuren im jugendlichen Lebensverlauf markiert wurden. Kein Kind mehr war ein Junge, wenn er lange Hosen, ein Mädchen, wenn es ein langes Kleid tragen durfte. Dass vestimentäre Zäsuren für das Lebensgefühl junger Leute wichtig sein konnten, kommt in der Aussage einer jungen Berlinerin zum Ausdruck: „Wie kommt man sich doch erhaben und groß vor, wenn man zum ersten Mal einen langen Rock trägt und zum ersten Mal die Haare hochsteckt, wenn man mit ‚Fräulein' betitelt und mit ‚Sie' angeredet wird. Wie schnell wird man alles Kindliche abstreifen, um auch recht als ‚Fräulein' zu gelten."[6] Später wurde dieses generationelle Hochgefühl noch genauer spezifiziert, als sich Jugendliche nicht mehr nur zwischen großen Kinder- und kleinen Erwachsenengrößen entscheiden mussten, sondern mit der „Jugendmode" in feiner Abstufung eigene ästhetische Präferen-

---

4 Dies und das folgende: *K. Maase*, Die Kinder der Massenkultur. Kontroversen um Schmutz und Schund seit dem Kaiserreich, Frankfurt am Main 2012, S. 46ff.
5 Ebd., S. 256.
6 Zit. nach *C. Benninghaus*, Die anderen Jugendlichen. Arbeitermädchen in der Weimarer Republik, Frankfurt am Main 1999, S. 60.

zen ausbilden und verfolgen konnten. „Die neue Ökonomie des Begehrens", so hat Jon Savage diese generationelle Verschiebung durch Massenkonsum beschrieben, „begann, die Welt des Kindes allmählich zu unterminieren" und brachte Sehnsüchte hervor, die auch die ihren Träumen „innewohnenden dunklen Mächte" entfesselten, welche stets aufs Neue Kulturkritiker um den Schlaf brachten.[7]

An der Entstehung und Entwicklung der Massenkultur hatten junge Leute besonders starken Anteil, waren sie doch eine in ihrer Bedeutung wachsende Konsumentengruppe, der sich die Produktwerbung umso stärker zuwandte, als sie sich von der Beeinflussung der Konsumgewohnheiten in jungen Jahren eine lebenslange Prägung versprach. Auch dass sie die Konsummuster der Älteren beeinflussten, wusste man damals bereits. Dass ihre Präferenzen von staatlicher und kirchlicher Seite mit äußerster Skepsis betrachtet und bekämpft wurden, tat dem keinen Abbruch, zumal derartige Attacken die Anziehungskraft des Verfemten nur verstärkten. Der Vergnügungsdrang der Arbeiterschaft richtete sich auf eine Art von Kunst, für die der Hamburger Volksschulrektor Heinrich Wolgast nur Verachtung übrig hatte: „Der geschmacklose Flitter der Kleidung, der traurige Öldruck an der Zimmerwand, die Musik des Bierkonzerts und Tingeltangels, das Schauerdrama und der Schauerroman – das alles empfindet die übergroße Mehrheit des deutschen Volkes als Kunst! Was uns Ekel bereitet, wird als Lust empfunden. Dieser Unterschied im Empfinden teilt unser Volk in zwei Nationen, die sich nie verstehen werden."[8] Wie viele andere Kulturreformer hielt auch Wolgast die ästhetische Urteilskraft der Massen von Arbeitern und niederen Angestellten für unzureichend. Ihm ging es nicht darum, die wie vermeintlich unbeholfen auch immer im Volke sichtbar gewordene Neigung zur Kunst zu denunzieren, sie sollte vielmehr kulturell aufgewertet werden durch „wertvolle" Kunst. „Die Jugendschrift in dichterischer Form", so forderte Wolgast 1907, „muss ein Kunstwerk sein." Schon dreißig Jahre zuvor war in Dresden der erste Prüfungsausschuss für Jugendschriften gegründet worden, dessen Empfehlungen Eltern zur Orientierung dienen sollten, seit den späten 1880er Jahren rief das Vordringen des Massenschönen zunehmende Anstrengungen zur Hebung des Niveaus hervor. Sie nahmen in erster Linie die Jugend in den Blick, auf die sich – auch durch den Einfluss sozialdarwinistischer Vorstellungen – immer stärker die Zukunftshoffnungen und -ängste der wilhelminischen Gesellschaft richteten.

Nach dem Ende des Ersten Weltkriegs blieb der *élan vitale* (Henri Bergson) der Jugend einerseits nach wie vor Projektionsfläche für Verfallsängste gerade in den Jahren wirtschaftlicher Prosperität, aber er speiste auch Hoffnungen auf einen deutschen Wiederaufstieg nach dem verlorenen Krieg ebenso wie sozialistische Utopien. Dass die Jugend stärker ins Zentrum von Konsumgüterindustrie und Dienstleistungswirtschaft rückte, hatte nicht zuletzt damit zu tun, dass sie pekuniär potenter war als in früheren Jahren, insbesondere waren die Löhne für Ungelernte gestiegen. Die

---

7 *Savage*, Teenage, S. 79.
8 Zit. nach *Maase*, Kinder, S. 32f. Das folgende S. 38.

bessere wirtschaftliche Lage Jugendlicher verstärkte allerdings kulturkritische Vorbehalte jeglicher politischer Färbung. In konservativen Kreisen kritisierte man die bei jungen Arbeitern „heute zu beobachtende Talmieleganz, d.h. mit Handschuhen, feinen Spazierstöcken usw."[9] Von sozialdemokratischer Seite wurde beklagt, dass die ansonsten zu begrüßenden hohen Löhne „hemmungsloses und rücksichtsloses Triebleben oberflächlichster und rohester Art" zur Folge hatten.

3 Die moderne junge Frau der 1920er Jahre

Ein zentraler Faktor sozialer Differenzierung unter Jugendlichen war von Beginn an das Geschlecht. Weil junge Frauen oftmals die Speerspitze des Jugendkonsums darstellten, sind ihre Präferenzen als Sonde in das Konsumverhalten der Jugend besonders geeignet. Produkte, die besonders auf Jugendliche zugeschnitten und für diese Zielgruppe beworben wurden, waren Kleidung, Kosmetik, Film, Musik und Zigaretten – Konsumgüter, an denen insbesondere Frauen ihre Modernität unter Beweis stellen konnten. In den 1920er Jahren änderten sich die Wirklichkeit und auch das Idealbild der jungen Frau in Deutschland markant. Dies hatte nicht zuletzt mit ihrer zunehmenden Erwerbstätigkeit zu tun, wie schon zuvor in den USA zu studieren gewesen war, wo weibliche Jugendliche nicht nur als pekuniär potente Konsumentinnen eine bedeutende Rolle spielten, sondern auch als Werbeträger für alle Altersgruppen. Schon 1923 sah die *New York Evening Post* eine ähnliche Entwicklung in Deutschland und berichtete unter der Überschrift „German Women Are No Longer ‚Hausfraus'" von der Professionalisierung junger Frauen und ließ zugleich die Spezifik der Großstadt hervortreten. Ihr Bericht zitierte Alice Salomon, die Sozialreformerin und Aktivistin des Bundes Deutscher Frauenvereine, die erklärte, auf dem Lande sei das Dasein von Frauen vielleicht nach wie vor von dem veralteten Standard der Hausfrau geprägt, aber „you could hardly find a city girl not trained for a trade or profession". In „the cities every girl has been trained for secretarial work, a trade, dressmaking, art or music, or has had university training from which she goes out into social work or into the professions".[10] Während junge Frauen früher eine Erwerbstätigkeit nach der Heirat wieder aufgegeben hätten, setzten sie sie seit der Novemberrevolution in stärkerem Maße auch während der Ehe fort. Diese Frauen arbeiteten nicht mehr nur als Dienstmädchen, sondern sie waren insbesondere unter den kaufmännischen Angestellten in Handel und Industrie immer stärker vertreten, die Mehrheit der Arbeiterschaft stellten sie in der Textilindustrie und im Bekleidungsgewerbe. In den Jahren der Weimarer Republik war Erwerbstätigkeit unter jungen, unverheirateten Frauen

---

[9] Deutsche Tageszeitung, 10.8.1922. Das folgende Zitat stammt von dem sozialdemokratischen Pädagogen Johannes Schult, zit. ebd.
[10] New York Evening Post, 19.5.1923.

nicht die Ausnahme, sondern die Regel, wie die Berufszählung von 1925 ergab, der zufolge schon unter den 14- und 15-jährigen Mädchen 52 Prozent erwerbstätig waren. 72 Prozent waren es bei den 16- und 17-jährigen, bei den 20- bis 24-jährigen sogar 81 Prozent.[11] Zwischen 1907 und 1933 ging die Zahl der in der Landwirtschaft Beschäftigten, aber auch der Dienstmädchen zurück, während vor allem Handel und Verkehr zulegten.

Berufstätigkeit erhöhte nicht nur die Kaufkraft, sondern erforderte auch höhere Ausgaben. 1931 skizzierte die Journalistin Martha von Zobeltitz das Konsum- und Freizeitverhalten der „Junggesellin als Wirtschaftsfaktor": „Das Berufskleid der tätigen Hausfrau ist die Schürze, das der Angestellten das sogenannte Komplet, das ohne Aufputz doch alle Anforderungen des langen Tages, des Büros, des Ladens wie der Straße erfüllt. Die Junggesellin wird also besonders Käuferin dieser Kleidungsgattung sein, die sich für abendliche Unternehmungen im Anschluss an ihre Arbeitszeit durch elegantere Blusen variieren lässt. Daneben wird sie vielleicht eher ein ganz dekolletiertes Abendkleid als ein Teekleid brauchen, weil sie zu Tees zu gehen nicht die Zeit hat."[12] Die jungen berufstätigen Frauen, so weiter, seien auch „gezwungenermaßen tägliche Restaurantgäste". Wenn „ehemals Damen allein als Gäste hauptsächlich ihres geringen Alkoholkonsums wegen nicht gern gesehen wurden, so stellen sie jetzt um die Mittagszeit fast das größere Kontingent, und die Speisehäuser haben sich gezwungen gesehen, auf ihre Vorliebe für Gemüse im Menü Rücksicht zu nehmen." Meist wohnten sie in möblierten Zimmern, ihre Abende verbrachten sie in Theater und Konzert. Dort „können wir in Gruppen zu dreien und vieren solche Damen treffen, deren Aktenmappen beweisen, dass sie direkt aus dem Beruf kommen". Gleichzeitig richtete sich die öffentliche Meinung, befeuert von der autoritären Wende in der Politik, im Zuge der Wirtschaftskrise seit 1929 zunehmend gegen die Erwerbstätigkeit von Frauen, die als unnatürlich und in Notzeiten als wirtschaftlich schädlich betrachtet wurde.

Generell, so hat eine Studie zu Dänemark gezeigt, assoziierten Frauen, die in den 1920er und 1930er Jahren jung gewesen waren, ihr Aufwachsen sehr viel stärker mit Lebensfreude und Unterhaltung in der Freizeit, verglichen mit älteren Jahrgängen, deren Erinnerung an die Jugendzeit in erster Linie von Arbeit geprägt war.[13] Allerdings entspricht das damit verbundene Klischee der „Neuen Frau" nur begrenzt der Wirklichkeit, die neben Gemeinsamkeiten wie Kontrolle durch das Elternhaus nach wie vor auch Klassenunterschiede aufwies. Obwohl unter ihnen der Anteil der White-Collar-Worker zunahm, war der Alltag vieler weiblicher Arbeiterjugendlicher nach wie vor von harter Arbeit bei wenig Freizeit und knappen finanziellen Mitteln geprägt,

---

11 *Benninghaus*, Arbeitermädchen, S. 121.
12 Deutsche Allgemeine Zeitung, 29.3.1931.
13 B. Søland, Employment and Enjoyment. Female Coming-of-Age Experiences in Denmark, 1880s–1930s, in: *M. J. Maynes/B. Søland/C. Benninghaus (Hg.)*, Secret Gardens, Satanic Mills. Placing Girls in European History, 1750–1960, Bloomington 2005, S. 254–268.

was auch ihre Selbstwahrnehmungen prägte. Sie äußerten, verglichen mit ihren aus wohlhabenderen Familien stammenden Altersgenossinnen, in sehr viel geringerem Maße Generationskonflikte und Ansprüche auf individuelle Selbstverwirklichung.[14] Aus ihrer Sicht war Jugend nicht eine von psychologischer Besonderheit geprägte Übergangsphase, sondern Teil einer sozialen Kontinuität, aus der sich die Ambition eines individuellen Ausbruchs nicht ableiten ließ. Wenn sie um Lohnerhöhungen verhandeln sollten, so begründeten Mädchen ihre Forderungen mit familiären Verpflichtungen, während Jungen ganz offen die Befriedigung ihrer eigenen Bedürfnisse zum Ausdruck brachten.[15]

Unter nichtverheirateten jungen Frauen stärkte die Erwerbstätigkeit neben ihrer wirtschaftlichen Unabhängigkeit generell das Streben nach Selbständigkeit, sodass auch das Ideal der sexuellen Entsagung erodierte. 1928 beklagte die katholisch-liberale *Kölnische Volkszeitung* eine Tendenz unter jungen Frauen zum „freien Sichausleben", das durch eine „Überbetonung des Erotischen in Kunst und Mode" verstärkt würde. Dabei billigte die neue „Backfisch-" bzw. „Flapper"-Mode aus den USA dieser Zielgruppe zwar ein Recht auf Vergnügen zu, stellte aber zunächst vor allem jugendlich-androgyne Züge heraus – dann allerdings immer stärker versetzt mit sexuellen Signalen, mit Lippenstift und kürzer werdenden Röcken.[16] Insbesondere das Tanzen gehörte zu den Leidenschaften der jungen Frau, eine Inbesitznahme der öffentlichen Sphäre, bei der sie auch mehr oder weniger spielerisch ihre Sexualität zum Ausdruck bringen konnte. Alice von Salomon hatte weniger moralische, eher politische Vorbehalte. Während frühere Reformerinnen sich für die Befreiung der Frau und damit für ein soziales Ziel eingesetzt hätten, verwendeten heute „viele unverheiratete Frauen ihre ganze reformerische Energie darauf, das Geschlechtsleben von allen überkommenen Sitten zu befreien" – in ihren Augen eine allzu „individualistische Forderung".[17]

Hier wird deutlich, wie materielle und kulturelle Transformationen ineinandergriffen. Wie so oft wurden auch in diesem Zusammenhang Impulse aus den USA kritisiert, so die „Ehe ohne Trauschein", wie sie auch unter jungen Leuten in Deutschland modern wurde. Aber auch auf anderem Gebiet erodierten traditionelle Vorstellungen, wie ein Blick auf die Werbestrategien der Unternehmen deutlich macht. In den 1920er Jahren propagierte die deutsche Kosmetikindustrie die kosmopolitische Ästhetik der modernen jungen Frau, wie sie international auf dem Vormarsch war: schlanke Figur, kurzes Haar, schulterfreies, kurzes Kleid und kleiner Hut, exotische Gesichtszüge – in Werbeanzeigen eher abstrakt gezeichnet und damit anschlussfähig für eine internatio-

---

[14] C. Benninghaus, In Their Own Words: Girls' Representations of Growing Up in Germany in the 1920s, in: *Maynes/Søland/Benninghaus (Hg.)*, Secret Gardens, S. 178–191.
[15] *Benninghaus*, Arbeitermädchen, S. 195.
[16] Kölnische Volkszeitung, 6.10.1928.
[17] Vossische Zeitung, 9.4.1931.

nale Kundschaft.¹⁸ Dies knüpfte an das Stereotyp des Orients als Ort des Sensuellen an, aber auch das Ideal einer sportlich aktiven Frau wurde hier angepriesen – und somit eine traditionell männliche Sphäre für Frauen geöffnet. Dadurch wurde ein Selbstverständnis unterstützt, wie es in liberalen und linken urbanen Kreisen vorherrschte, zu studieren etwa an dem Spielfilm „Kuhle Wampe" (1932, Regie Slatan Dudow, Buch Bertolt Brecht, Musik Hanns Eisler), der eine techniknahe, sexuell freizügige und sportlich aktive, linkspolitisch engagierte Großstadtjugend bestehend aus gleichberechtigten Männern und Frauen beschreibt. Allerdings wurden die Jugend und die ihr zugeschriebenen Eigenschaften – Mut, Energie, Technikaffinität – auch in Kreisen der Konservativen Revolution verehrt. Das Leitbild war politisch indifferent und konnte daher in spezifischer Form (abzüglich ihrer „rassisch", politisch und sexuell unerwünschten Ausprägungen) auch unter veränderten politischen Vorzeichen fortbestehen. Konsumideale und -praktiken spielten bei derartigen Umdefinitionen eine wichtige Rolle, zumal sich soziale Unterschiede abschliffen und damit vormals politisch bestimmte Klassenkulturen allmählich an Bindekraft verloren.

4 Konsumsteuerung nach nationalistischen und rassistischen Kriterien im „Dritten Reich"

Während sich die kosmopolitische Ästhetik von Werbekampagnen der Kosmetikindustrie mit dem Ende der 1920er Jahre wieder verflüchtigte und einer nationalen Definition des Weiblichen Platz machte, wurde eine von exotischen Merkmalen befreite moderne Erscheinung auch im „Dritten Reich" goutiert – Bob-Frisur (zumeist blond), Hütchen, kurzes Kleid – allerdings kein Lippenstift, der als „undeutsch" galt –, alles Accessoires, die einen gesunden, sportlichen Körper und damit auch ein eugenisches Ideal betonten. Auch ein „jüdisches" Unternehmen wie Beiersdorf musste so seine Werbung für ein beliebtes Produkt wie NIVEA nicht groß ändern. Vor wie nach 1933 zeigten seine mit Jugend bestückten Anzeigen viel nackte Haut und sportlichen Dress, allerdings unter nationalsozialistischen Auspizien stets gekrönt von blondem Haar, sodass Missverständnisse über die „rassische" Denomination des gebräunten Körpers nicht aufkommen konnten.¹⁹

Generell bedeutete die Erholung nach der Weltwirtschaftskrise nicht, dass sie dem Konsumenten zugutekam, sondern ein Gutteil wurde von den Kriegsvorbereitun-

---

18 U. G. Poiger, Fantasies of Universality? Neue Frauen, Race, and Nation in Weimar and Nazi Germany, in: *A. E. Weinbaum, L. M. Thomas, P. Ramamurthy, U. G. Poiger, M. Y. Dong, T. E. Barlow*, (Hg.), The Modern Girl Around the World. Consumption, Modernity, and Globalization, Durham 2008, S. 317–344.
19 A. Reckendrees, Beiersdorf. Die Geschichte des Unternehmens hinter den Marken NIVEA, tesa, Hansaplast & Co, München 2018, S. 124f.

gen absorbiert, und im Krieg selbst gingen die konsumtiven Möglichkeiten beträchtlich zurück. Gleichzeitig wurden die Bemühungen zur sozialen und ethnischen Vereinheitlichung unter dem Vorzeichen der Volksgemeinschaft auch konsumpolitisch implementiert. Die Zurückdrängung der Erwerbstätigkeit von Frauen zugunsten der Ernährer-Hausfrau-Familie im „Dritten Reich" änderte allerdings nichts daran, dass junge Frauen weiterhin eine Erwerbstätigkeit anstrebten. Motive waren das „Zuverdienen" zum Familienhaushalt oder das Sparen für die Aussteuer, aber auch „eine gewisse finanzielle Unabhängigkeit zu erringen und die Mittel für ansprechende Kleidung, kleine Vergnügungen usw. zu sichern".[20] Die Berufswünsche junger Frauen richteten sich auch unter nationalsozialistischen Auspizien nicht mehr auf die klassisch weiblichen Felder von Hauswirtschaft, Pflege und Erziehung, sondern auf Büro und Handel – also auf die öffentliche Sphäre, die schon in der Weimarer Republik ihr Konsumverhalten bestimmt hatte. Während ihre Entfaltungsmöglichkeiten durch ideologische Vorgaben und politische Maßnahmen des NS-Staates beschränkt blieben, unterfütterte die Volksgemeinschaftsideologie noch die egalisierenden Tendenzen der Konsumgesellschaft, wie sie schon in den USA und zeitgleich etwa in Großbritannien zu beobachten waren, wo Klassenkonflikte zurückgingen.

Auch in Deutschland bildeten Jugendliche hinsichtlich ihres Kulturkonsums nach wie vor das Stammpublikum von Lichtspieltheatern und Tanzpalästen. Sie profitierten sogar von dem Aufschwung, den Massenmedien und Vergnügungsstätten unter dem NS-Regie nahmen. Der nationalistischen und antisemitischen Durchdringung der staatlich protegierten Vergnügungen entzogen sich jugendliche Subkulturen, die sich an Kulturimporten aus den USA orientierten, den von der Hitlerjugend als „nichtarisch" bekämpften Jazz hörten und sich „amerikanisch" kleideten. Der Krieg verschaffte „wilden Cliquen" und Jazzanhängern teilweise mehr Spielräume, ebenso wie junge Frauen durch den vermehrten Arbeitskräftebedarf in der Industrie an Selbstbewusstsein gewannen, während allenthalben eine Erosion der traditionellen Geschlechterordnung beklagt wurde. Gleichzeitig wurde jedoch der harte Kern der Jazz-Adepten verfolgt, wie sich an der von Jugendlichen mit großbürgerlichem Hintergrund geprägten Hamburger „Swing-Jugend" studieren lässt, denen HJ, Gestapo und später sogar die SS zusetzten. Die Polizeirazzia auf einer Tanzveranstaltung am 2. März 1940 war der Auftakt für eine massive Verfolgung dieser Gruppe, die sich noch steigerte, als SS-Chef Heinrich Himmler die Verbringung der Aktivisten ins KZ anordnete. Allerdings war dort auch deutlich geworden, wie groß und gemischt die Anhängerschaft des Jazz war. Die Polizei registrierte 403 Teilnehmerinnen und Teilnehmer, von denen nur siebzehn älter als 21 Jahre waren und fast die Hälfte der Hitlerjugend angehörte.[21] Nach dem Ende des Krieges sollten sich dann auch in Deutschland ohne politische Restriktionen jene über den Konsum vereinten „Teenager" als Altersgruppe entfalten, die sich seit dem Ende des 19. Jahrhunderts in den USA herausgebildet und

---

20 Die Deutsche Volkswirtschaft, Mai 1941.
21 *M. H. Kater*, Gewagtes Spiel. Jazz im Nationalsozialismus, Köln 1995, S. 283ff.

kurz vor Kriegsende eine feste Kontur gewonnen hatte – in den Augen der Öffentlichkeit, der Produktwerbung und der jugendlichen Akteure selbst.

5 Nach 1945: Jugendliche in der Massenkonsumgesellschaft

Die explosionsartige Ausdehnung des Wohlstands, der Freizeit und des Massenkonsums seit der Währungsreform erweiterte die Handlungsspielräume Jugendlicher erheblich. Sie wurde begleitet von einem Aufschwung kulturkritischer Erwägungen zur Gefährdung Jugendlicher durch Konsum zunächst unter konservativer, später unter linker Lufthoheit.[22] Neben positiver Beeinflussung etwa in Form von Ausstellungen „Das gute Buch" standen Verbote, Behinderungen oder mehr oder weniger subtile Einflussnahmen wie etwa die Radiosendung *Schlimmer geht's nimmer* des Bayerischen Rundfunks, in der Moderator Werner Götze Neuerscheinungen auf dem Schallplattenmarkt besprach und im Falle eines Verrisses – was, wie der Titel andeutet, häufig vorkam – das Vinyl hörbar zersplittern ließ.[23] Übersetzungen kulturkritischer Analysen aus dem Amerikanischen, wie etwa Grace und Fred Hechingers *Die Herrschaft der Teenager* (1963) wurden ergänzt durch deutsche Studien wie Helmut Lamprechts *Teenager und Manager* (1960), während liberale Deuter wie Helmut Schelsky im Massenkonsum Jugendlicher keinen Widerspruch zu demokratischen Normen sahen.[24] Kontroversen um Jugendkulturen, wie sie in ganz Europa anhand der Rock'n'Roll-Krawalle der späten 1950er Jahre sichtbar wurden, lassen derartige Aneignungs- und Deutungskonflikte, die über Konsum moderiert wurden, scharf hervortreten.[25] Ganz unabhängig von divergierenden Geschmackspräferenzen in Sachen Musik, Mode oder Haartracht hatten zunehmende Generationskonflikte im aufkommenden Massenkonsum eine strukturelle Ursache: Die Verfügung über signifikante Finanzmittel verschaffte Jugendlichen Spielräume, die ihnen vom Elternhaus oftmals noch verwehrt wurden – vor allem jungen Frauen aus bürgerlichen Haushalten. Kommerzielle Jugendzeitschriften wie *Bravo* (seit 1956) und *Twen* (seit 1959) moderierten den Jugendkonsum, gaben Orientierung im Dschungel der Waren und Dienstleistungen, der Moden und Lebensstile. Im Laufe der 1960er Jahre wurde immer deutlicher, dass nicht nur in randständigen Subkulturen Konsumenten selbst bestimm-

---

22 *P. J. Janssen*, Jugendforschung in der frühen Bundesrepublik. Diskurse und Umfragen, Köln 2010.
23 *S. Schmidt-Joos*, Geschäfte mit Schlagern, Bremen 1960, S. 95ff.
24 *H. Schelsky*, Die skeptische Generation. Eine Soziologie der deutschen Jugend, Düsseldorf/Köln 1957. *F.-W. Kersting*, Helmut Schelskys „Skeptische Generation" von 1957. Zur Publikations-und Wirkungsgeschichte eines Standardwerks, in: VfZ, Jg. 50, 2002, S. 465–495.
25 *K. Maase*, BRAVO Amerika. Erkundungen zur Jugendkultur der fünfziger Jahre, Hamburg 1992; *U. G. Poiger*, Jazz, Rock, and Rebels. Cold War Politics And American Culture in a Divided Germany, Berkeley u. a. 2000.

ten, was akzeptabel war und was nicht. Dies war ein Demokratisierungsvorgang, in dem zugleich die immer feinere Ausdifferenzierung der Gesellschaft sichtbar wurde – ermöglicht durch Massenkonsum, zunehmende Freizeit und Bildungsaufstieg.[26]

In der langen Linie wird deutlicher sichtbar, wie sehr sich jugendliches Freizeitverhalten ausdifferenzierte. Während das Lesen oder Hobbys wie Basteln und Handarbeit starke Kontinuitäten aufwiesen, gewannen musische Aktivitäten, Sport und zwischenmenschliche Kommunikation ebenso an Bedeutung wie Wochenendvergnügungen, Reisen, Medien- und Musikkonsum. Als Massenkultur hätte eine eigenständige Jugendkultur in den 1960er Jahren kaum entstehen können, wenn nicht in dieser Altersgruppe seit dem „Wirtschaftswunder" erhebliche Finanzmittel zur Verfügung gestanden hätten, die zu einem großen Teil in eigener Regie ausgegeben wurden. Die auf den Jugendmarkt bezogene Freizeitgüterindustrie boomte seit den 1950er Jahren, um die Kaufkraft dieses neuen, durch eigene Geschmacksrichtungen konturierten Marktes abzuschöpfen. Die Koinzidenz von vermehrtem *Geld in Nietenhosen* – so der vielzitierte Titel des publizistischen Klassikers von Ruth Münster aus dem Jahre 1961 –, dem explosionsartig angewachsenen kommerziellen Angebot und der ebenfalls zunehmenden Freizeit befeuerte die kulturpessimistischen und jugendschützerischen Diskurse in den späten 1950er und frühen 1960er Jahren.

Zwischen den frühen 1950er und den mittleren 1970er Jahren verfünffachte sich der Betrag, den Jugendliche als „Taschengeld" zur freien Verfügung hatten, während sich die Lebenshaltungskosten etwa verdoppelten.[27] Auf diese Weise verbreitete sich die soziale Basis des Konsums: Eine sichtbare Avantgarde des hedonistischen Freizeitstils, wie sie noch in den 1950er Jahren junge, männliche Arbeiter dargestellt hatten, war Mitte der 1960er Jahre nicht mehr so eindeutig zu identifizieren.[28] Zwar gaben sie, ähnlich wie Lehrlinge, nach wie vor einen größeren Anteil ihres Budgets für Vergnügungen und Genussmittel aus als Schüler und Studenten, die – nicht weiter verwunderlich – besonders viel in Hochkultur und Information investierten.[29] In den unterschiedlichen Präferenzen für die Hervorbringungen der Massenkultur wird deutlich, dass sich die Vorstellung von einem genussvollen Leben stark ausdifferenzierte. Da waren zum einen die pekuniär potenteren jungen Angestellten und Beamten, die stärker in Bekleidung, Dienstleistungen oder Kosmetik investierten und auf diese Weise einen gehobenen Lebensstil anstrebten, aber auch junge Selbstständige, deren vergnügungsorientiertes Ausgabengebaren sich nicht sehr von dem der Arbeiter unterschied. Schließlich spielte die größer werdende Gruppe der Bil-

---

26 *D. Siegfried*, Time Is on My Side. Konsum und Politik in der westdeutschen Jugendkultur der 60er Jahre, Göttingen 2017.
27 *Jugendwerk der Deutschen Shell (Hg.)*, Jugend zwischen 13 und 24. Vergleich über 20 Jahre, Bd. 3, o. O. 1975, 43ff.
28 *Maase*, BRAVO Amerika, 76.
29 So die Befunde für 1964 in *V. Blücher*, Die Generation der Unbefangenen. Zur Soziologie der jungen Menschen heute, Düsseldorf/Köln 1966, S. 273.

dungsaufsteiger als Konsumenten eine wichtige Rolle, die anders als erwerbstätige Jugendliche in erheblichem Ausmaß über ihre Zeit frei verfügten – und damit auch über Konsumzeit. Andererseits wurde in dieser Gruppe besonders stark über Konsum und Nichtkonsum reflektiert, was jener Art des Vergnügens zusätzliche Legitimität verschaffte, die sich nicht allein aus finanziellen Potenzialen ableitete.

Gesamtwirtschaftliche Kaufkraft, Steigerungsraten und publizistische Anstrengungen der Werbeindustrie und des Jugendschutzes dürfen nicht darüber hinwegtäuschen, dass der finanzielle Handlungsspielraum der meisten Jugendlichen begrenzt war. Vor dem Hintergrund der Verhältnisse in der ersten Jahrhunderthälfte hob sich die Besserstellung seit dem „Wirtschaftswunder" positiv ab, doch mussten nicht nur Arbeiter und Lehrlinge streng haushalten. Ungefähr die Hälfte der Verdienenden hatte einen Teil seines Verdienstes zu Hause abzugeben.[30] Erst angesichts zunehmender, aber nach wie vor begrenzter finanzieller Spielräume erhalten die konsumtiven Entscheidungen der Akteure das ihnen zukommende Gewicht. Sie selbst waren es, die durch ihr Verhalten auf dem Konsumgütermarkt – Kauf oder Nichtkauf von Waren, Sparen, Kreditaufnahme, demonstrative Konsumverweigerung, Diebstahl – einen gewichtigen Teil ihres Lebensstils bestimmten.

Zunehmende Freizeit und materieller Wohlstand, bessere Bildung, die Umbrüche in der Populärkultur und die Aufwertung der Medien veränderten die Art und Weise, wie Waren, Geselligkeit und Kommunikation Lebensstile beeinflussten. Am Ende der 1960er Jahre war Reflexion über die Bewegungsmechanismen der Gesellschaft nicht mehr nur Sache der Erwachsenen, sondern zu einem spezifischen Anliegen der jungen Alterskohorten geworden. Das Nachdenken über die Gesellschaft und praktische politische Teilhabe ließen auch die Selektionsmechanismen deutlicher werden, die der Konsum erforderte: Man musste mit seinem angewachsenen Budget sorgsam haushalten, durfte nicht alles glauben, was die Werbung versprach, sondern hatte selbst zu prüfen, auszuwählen und zu entscheiden.

Schlaglichtartig zeigte sich die komplizierte Vermengung dieser Tendenzen an einer Messe der Konsumgüterindustrie, die den inzwischen weit ausdifferenzierten Teenagermarkt bündelte und mehr Jugendliche anzog als jede Demonstration und jedes Popfestival. Vom 23. bis 31. August 1969 kamen 300 000 Besucher zur Teenage Fair 1969, veranstaltet von der Düsseldorfer Messegesellschaft und *Bravo*, in die Messehallen der nordrhein-westfälischen Landeshauptstadt. Eine der wichtigsten Erkenntnisse bestand darin, dass der lässig-rebellische Stil, der seit 1967 immer mehr um sich gegriffen hatte, von der Konsumgüterindustrie zur neuen Norm erhoben wurde. Die Getränkeindustrie und Modefabrikanten, Autohersteller und Sparkassen warben mit Dutzenden von Beatbands, Go-Go-Girls, Lightshows, Marx- und Che-Guevara-Emblemen sowie allerlei aufmüpfigen Sprüchen für ihre Produkte. Zum

---

30 Für 1960: *D.-L. Scharmann*, Konsumverhalten von Jugendlichen, München 1965, S. 24; für 1967: Institut für Demoskopie, Allensbach (IfD), Junge Käufer, Tab. 18, Februar 1967, Bundesarchiv Koblenz (BAK), Zsg. 132/1391.

einen war diese Veranstaltung eine Dienstleistung der *Bravo* für ihre Leser und Anzeigenkunden, zum anderen eine Möglichkeit, Zwischenbilanz über die Chancen und Grenzen des Jugendmarktes zu ziehen. Beide Aspekte gaben Anlass zu gemischten Bilanzen. Die Äußerungen aus der Konsumgüterindustrie veranlasste die Fachzeitschrift für Werbeleute zur Skepsis: „Der Umworbene ist nicht so dumm, wie es der Marketinggewaltige gern sehen würde."[31]

Für viele Beobachter trat bei der Teenage Fair das gewaltige Verbreiterungspotenzial der jugendbezogenen Konsumgüterindustrie so deutlich zu Tage wie kaum sonst. Symbole der Abgrenzung wie lange Haare, bunte Kleidung oder englischsprachige Populärmusik, ja selbst Insignien der Revolution hatten ihren Charakter als distinktive Zeichen verloren. Die linke Jugendzeitschrift *Elan* kam zu dem Schluss, „Protest" sei zur Konsummarke geworden und folgerte resigniert: „Kein Bart ist zu lang, kein Haar zu wild, keine Kleidung zu abenteuerlich, um nicht in klingende Münze verwandelt zu werden. Genossen, macht das Haar kurz, stutzt den Bart, schmeißt die Karl-May-Klamotten in die Hippie-Kiste; es war einmal. Macht das linke Make up ab. Es gehört ihnen. Diesen Protest haben sie uns abgekauft".[32]

Seit Mitte der 1960er Jahre versuchte die empirische Sozialforschung systematischer, das Konsumverhalten junger Leute zu erkunden und legte dar, dass alles, was mit Popmusik zu tun hatte, mehr und mehr finanzielle Aufwendungen auf sich zog. Dabei waren die Diskrepanzen zwischen der breiten Masse und ihren hochkommunikativen Meinungsführern beträchtlich. *Bravo-* und *Twen*-Leser kleideten sich nicht unbedingt moderner und wussten auch nicht so gut über Autos oder Fußball Bescheid wie der westdeutsche Durchschnittsjugendliche, doch sie waren besser über Beat-Musik und moderne Tänze informiert, veranstalteten häufiger eine Party und gingen öfter ins Kino.[33] Für besonders ambitionierte junge Männer bis zur Volljährigkeit waren Beat- und Popmusik spätestens seit 1967 das bevorzugte Terrain, auf dem diskursiv, durch Rezeption und den Besuch von Veranstaltungen Distinktionsgewinne zu erzielen waren. Aber auch Mädchen eroberten sich Meinungsführerqualitäten auf diesem Gebiet – wenn auch mit Abstand zu den Jungen und nachrangig zu ihren Hauptkompetenzgebieten Mode und Kosmetik. Die Lektüre einer Jugendzeitschrift, die detailliert (auch) über Popmusik berichtete, war unverzichtbar, um auf diesem Terrain mithalten zu können. Wer signifikante Informationsvorsprünge gewinnen wollte, musste sich durch Spezialzeitschriften wie *Pop* oder *Musik-Express* informieren (die Ambitioniertesten griffen zu *Sounds*), die seit 1966 den gewachsenen Bedarf an Spezialwissen bedienten.

---

31 Werben & Verkaufen, Nr. 18 v. 5.9.1969, 6.
32 Elan, Nr. 10 v. Oktober 1969, 6.
33 IfD, Junge Käufer, Februar 1967, BAK, Zsg. 132/1391; IfD, Twen-Leser. Ergebnisse einer marktsoziologischen Studie, 22.5.1967, BAK, Zsg. 132/1428.

6 Jenseits des Kapitalismus? Jugendkonsum in der DDR

Ein wesentlicher Unterschied zwischen beiden deutschen Staaten bestand darin, dass in der industriell geprägten, „arbeiterlichen" Gesellschaft der DDR traditionelle Werte ihre Verbindlichkeit teilweise länger bewahrten als in der Bundesrepublik. Unternehmen der Privatwirtschaft, die mit dem Rückenwind des Marktes Widerstände der Tradition schneller hätten überwinden können, gab es in der DDR nicht. Damit fehlte Jugendlichen, die an eigenständigen Ausdrucksformen interessiert waren, ein wichtiger Verbündeter. Jede Errungenschaft musste aus eigener Kraft erkämpft werden – umso mehr, als es sich oftmals um Rohstoff westlicher Provenienz handelte, der der SED politisch suspekt war. Natürlich bildeten Jugendliche auch in der DDR eine bedeutende Gruppe von Konsumenten, die, ähnlich wie im Westen, schon in den 1950er Jahren eifrige Kinobesucher, Musikhörer und Tänzerinnen waren. In der darauffolgenden Dekade wurde ihren kulturellen Präferenzen einerseits mehr Spielraum eingeräumt – der Jugendsender DT 64 und die Einrichtung von Jugendmode-Abteilungen in den Kaufhäusern (die seit 1966 auch die zuvor verpönten „Niethosen" anboten) waren Indikatoren –, während gleichzeitig 1965 eine neue Welle der Repression einsetzte, die u. a. in dem Verbot von Beatbands zum Ausdruck kam.[34] Zugleich reisten DDR-Jugendliche mehr als zuvor auch ins Ausland, zumeist als Campingurlauber, 1968 besaßen 30 Prozent von ihnen ein Moped oder Motorrad.[35] Ebenso war die Mode der langen Hosen unter jungen Frauen ein Zeichen für grenzüberschreitende Gemeinsamkeiten bei den Konsummustern, auch wenn sie in der DDR oftmals mit einer gewissen Verzögerung sichtbar wurden. Zum Ende der DDR hin nahm der Abstand zum Westen deutlich zu.[36]

Ihren Durchbruch hatte die Anerkennung der Jugend als bedeutende gesellschaftliche Macht in den 1970er Jahren. Doch ihre Bedürfnisse waren vielschichtig und daher nicht leicht zu befriedigen. 1970 konstatierte eine Forschergruppe: „Die Geldmittel, über die die Jugendlichen frei verfügen können, nehmen von Jahr zu Jahr zu, sodass es berechtigt erscheint, von einem speziellen Jugendmarkt zu sprechen. Wir haben es bei diesem Bedarfsträgerkreis mit einer sehr heterogenen Käuferschicht zu tun, die hinsichtlich der Altersstruktur, der sozialen Gruppierung, der Einkommensverhältnisse und anderer sozial-ökonomischer Merkmale ein bemerkenswert unterschiedliches Verbrauchsniveau aufweist."[37] Mit dem Führungswechsel von Walter Ulbricht

---

34 *A. Kaminsky*, Wohlstand, Schönheit, Glück. Kleine Konsumgeschichte der DDR, München 2001, S. 129f.
35 *M. D. Ohse*, Jugend nach dem Mauerbau. Anpassung, Protest und Eigensinn (DDR 1961–1974), Berlin 2003, S. 150.
36 *I. Merkel*, Utopie und Bedürfnis. Die Geschichte der Konsumkultur in der DDR, Köln 1999, S. 322 u. 326.
37 Zit. nach ebd., 348.

zu Erich Honecker im Frühsommer 1971 wurde die Jugend zu einem bedeutenden Referenzpunkt der SED und konnte mit gewachsenen Spielräumen und Zuwendungen rechnen. Nachgeben gegenüber der in der Jugend virulenten Westorientierung und gleichzeitig der Versuch, eine eigene Jugendkultur zu kreieren, kennzeichneten die Wende hin zu den Bedürfnissen junger Leute, wie sie etwa im Ausbau der Jugendclubs und der Förderung einer DDR-Rockmusikszene zum Ausdruck kam.[38] Insbesondere die „Weltfestspiele der Jugend und Studenten" in Ost-Berlin, die vom 28. Juli bis 5. August 1973 unter den Augen der Weltöffentlichkeit in einer entspannten Atmosphäre Beatmusik allerorten boten, waren ein Zeichen innerer Liberalisierung unter erziehungsdiktatorischen Auspizien. Mit dem Boom des DDR-Rock, der Öffnung des Rundfunks und der Entstehung einer alternativen Öffentlichkeit erweiterte sich für Jugendliche, die an Popkultur interessiert waren, das Spektrum des Möglichen erheblich. Selbst Bücher und Musik aus den USA, von Jack Kerouac bis Jimi Hendrix, fanden gelegentlich ihren Weg in die Druck- und Schallplattenpressen der DDR – ebenso wie Levis Jeans in die Jugendmode-Abteilungen der Kaufhäuser. Gleichwohl setzte sich in den staatlichen Instanzen im Zweifelsfall die Law-and-Order-Richtung durch und zog die Zügel straffer an. Vor allem das Milieu der aus den Großstädten verdrängten Bluesanhänger, die in den mittleren und späten 1970er Jahren von Konzert zu Konzert zogen und die gesellschaftlichen Konventionen durch ein nachlässiges Erscheinungsbild, demonstrativen Müßiggang und Selbstbestimmung sowie auch durch selektiven und reduzierten Konsum konterkarierten, wurde als „negativ-dekadente" Erscheinung bekämpft – und mit ihnen die Bands, deren Anhang sie bildeten.[39]

7 Im Zeichen der Individualisierung. Konsummuster seit den 1980er Jahren

Der „Strukturbruch" nach den „goldenen Jahren" beendete den „kurzen Traum der immerwährenden Prosperität" (Burkhart Lutz), aber Bildungsaufstieg, Massenkonsum und Freizeit trieben den Wandel zur Wissens- und „Dienstleistungsgesellschaft" voran. Dass das individualistische Element der Moderne aufgewertet und zum Leitmotiv einer „radikalen Pluralität" wurde, zeigte sich besonders stark in den nachwachsenden Altersjahrgängen.[40] Wenn insbesondere die jungen Westdeutschen einen Wert wie „Gehorsam" für minder wichtig, „Selbständigkeit" hingegen für wichtiger hielten, so korrespondierte dies mit der Ausdifferenzierung ihrer kulturellen Vorlieben. Ein entscheidendes Merkmal des Verbrauchs in den 1980er Jahren war,

---
38 *M. Rauhut*, Beat in der Grauzone. DDR-Rock 1964 bis 1972. Politik und Alltag, Berlin 1993.
39 *M. Rauhut/T. Kochan (Hg.)*, Bye bye, Lübben City. Bluesfreaks, Tramps und Hippies in der DDR, Berlin 2009.
40 *W. Welsch*, Unsere postmoderne Moderne, 6. Aufl. Berlin 2002.

dass er sich immer mehr von der relativen Normativität entfernte, die noch die Konsummuster der Boomphase gekennzeichnet hatte. Ein individualistischer Konsumstil wäre ohne die günstige materielle Entwicklung kaum möglich gewesen, aber er entstand auch aufgrund einer Aufwertung der inneren, subjektiven Motivation. Nun, so der Soziologe Gerhard Schulze, musste der Einzelne selbst herausfinden, wie das Ideal eines ihm gemäßen „schönen Lebens" zu gestalten sei.[41]

Der aus den gesellschaftlichen und kulturellen Wandlungen erwachsende individualästhetische Konsumstil macht auch plausibel, warum die in der jugendlich geprägten Gegenkultur der 1970er Jahre schon sichtbare Aufwertung der ersten Person in den 1980er Jahren Bedeutung weit über das alternative Milieu hinaus erlangte. Wie Dritte-Welt-Läden, Verbraucherboykott oder ökologische Nahrungsmittelproduktion zeigen, führte die von ihr vorgebrachte Konsumkritik nicht zum Konsumverzicht, sondern zu einem ethisch begründeten Konsum, der bald auch von großen Kaufhäusern oder Reiseveranstaltern bedient wurde.[42] Welche bedeutende Rolle symbolische Identifikationen spielten, lässt sich etwa an der Karriere des skandinavischen Einrichtungshauses IKEA studieren, dessen Produktpalette seit 1974 auch in der Bundesrepublik die im Laufe der Zeit sich wandelnden Identifikations- und Repräsentationsbedürfnisse widerspiegelt. Sein erfolgreichstes Produkt, das Regalsystem „Ivar", bediente in den 1970er Jahren das zeitgenössische „Do-it-yourself"-Bedürfnis einer jungen Käuferschicht, die Schlichtheit, Flexibilität und Offenheit gegen die Wucht kunstvoll gedrechselter Eichenschrankwände setzte.[43] Zum Erfolgsprodukt der 1980er Jahre wurde hingegen das aus weiß beschichteten Spanplatten bestehende, geschlossene Regalsystem „Billy", das ein moderneres ästhetisches Richtmaß repräsentierte und einer inzwischen arrivierten Käuferschicht die Möglichkeit gab, ihren neuen Status zu unterstreichen.

Untersuchungen zum Jugendkonsum am Ende der 1980er Jahre haben ergeben, dass sich die Geldausgaben Jugendlicher nach wie vor in erster Linie auf Musik richteten, vor allem auf Schallplatten und Musikkassetten sowie die entsprechenden Abspielgeräte, wobei junge Männer hier auch weiterhin mehr Geld investierten als ihre Altersgenossinnen. Differenzierungen ergaben sich auch aus dem Musikstil: „Rockmusik" wurde schicht- und altersübergreifend präferiert, allerdings stärker von jungen Männern als Frauen, während „Pop-" und „Discomusik" von jüngeren Jugendlichen mit niedriger Schulbildung bevorzugt wurden. Auch bei den Präferenzen für Musikzeitschriften wie *Bravo* und *Spex* – um die beiden Antipoden zu nehmen –

---

41 G. *Schulze*, Die Erlebnisgesellschaft. Kultursoziologie der Gegenwart, Frankfurt am Main 1997 (erstmals 1992), S. 44ff.

42 J.-O. *Hesse*/T. *Schanetzky*/J. *Scholten* (Hg.), Das Unternehmen als gesellschaftliches Reformprojekt. Strukturen und Entwicklungen von Unternehmen der „moralischen Ökonomie" nach 1945, Essen 2004.

43 P. *Eisele*, Do-it-yourself-Design: Die IKEA-Regale IVAR und BILLY, in: Zeithistorische Forschungen/ Studies in Contemporary History, Online-Ausgabe, 3 (2006), H. 3, http://www.zeithistorische-forschungen.de/16-12041-Eisele-3-2006.

schlagen sich derartige Diskrepanzen nieder. Es folgten an zweiter Stelle Ausgaben für Nahrungsmittel, Gaststättenbesuche und Kleidung, an dritter Stelle Ausgaben für Kino und Diskothek, Zigaretten und Fahrzeuge.[44] Als Kaufmotivation hält Elmar Lange fest: „Die Güter und ihre Nutzung müssen vor allem zur Selbstverwirklichung beitragen. Dass sie aus praktisch-ökonomischen Anforderungen benötigt werden, spielt demgegenüber eine geringe Rolle." Geschlechts- und altersspezifische Unterschiede waren weiterhin konstant, während die soziale Herkunft der Jugendlichen eine geringere Rolle spielte. Das bedeutet nicht, dass sie irrelevant geworden wären. Nach wie vor gaben Mädchen aus unteren Sozialschichten vergleichsweise viel Geld für Mode und Kosmetik aus, während sie eine konventionelle Lebensweise anstrebten und ihr politisches Interesse gering blieb.[45]

Der nach Wende und Vereinigung erfolgte gesellschaftliche und ökonomische Strukturwandel schlug auch auf die konsumtiven Möglichkeiten und Verbrauchsmuster Jugendlicher durch. Zwischen 1990 und 2002, insbesondere in der zweiten Hälfte der 1990er Jahre, hat sich ihr Realeinkommen verringert, wobei die Differenz zwischen west- und ostdeutschen Jugendlichen auch im Verhältnis zu den Haushaltseinkommen der Eltern erheblich abgenommen hat.[46] Geschlechtsunterschiede sind dabei nach wie vor zu konstatieren: Junge Männer verfügen in allen Statusgruppen über mehr finanzielle Mittel als Frauen. Gleichzeitig hat aufgrund der wachsenden Zahl von Gymnasiasten und Studierenden in Kombination mit der gleichbleibend geringen staatlichen Unterstützung die ökonomische Abhängigkeit von den Eltern zugenommen. Auf der Ausgabenseite sind bis zur Jahrtausendwende Handy und Computer hinzugetreten, wobei das Mobiltelefon als zentrales Kommunikationsmittel gerade unter Jugendlichen Differenzierungen nach sozialer Lage, Geschlecht oder Alter kaum aufweist, während der Computer seinerzeit noch besonders stark die finanzielle Aufmerksamkeit von jungen Männern auf sich zog. Im Unterschied zu den 1960er bis 1980er Jahren war um 2000 ein Sättigungsgrad mit Musikanlagen erreicht, nun auch unabhängig vom Geschlecht. Verändert haben sich auch die Werthaltungen junger Frauen, die weniger ausgeprägt konventionellen Lebenszielen folgten, sondern stärker Selbstverwirklichung und Ungebundenheit anstrebten, sodass Selbstentfaltungswerte und traditionelle Tugenden nicht mehr als Gegensätze erschienen, sondern sich ergänzten.

---

44 *E. Lange*, Jugendkonsum. Empirische Untersuchungen über Konsummuster, Freizeitverhalten und soziale Milieus bei Jugendlichen in der Bundesrepublik Deutschland, Opladen 1991, S. 44, 53f., 77ff., 86. Das folgende S. 61.
45 Ebd., S. 47f.
46 *E. Lange*, Jugendkonsum im 21. Jahrhundert. Eine Untersuchung der Einkommens-, Konsum- und Verschuldungsmuster der Jugendlichen in Deutschland, Wiesbaden 2004.

8 Autonome Konsumenten? Kinder am Markt

Im Laufe des 20. Jahrhunderts haben sich auch im Hinblick auf das Alter Konsumangebote und -gewohnheiten immer stärker ausdifferenziert, sodass Jugendliche nicht die einzige Altersgruppe darstellen, für die spezifische Konsumgüter hergestellt und beworben werden. Dass Kinder schon vor 1900 durch spezifische Bedürfnisse nicht nur auf die Produktwelt des Konsumkapitalismus einwirkten, sondern auch das Repräsentationsbedürfnis ihrer bürgerlichen Eltern bedienten, lässt sich etwa daran erkennen, dass diese schon im 19. Jahrhundert über den Kauf von Spielzeug sich wandelnden Vorstellungen von Erziehung, Modernität und Respektabilität folgten. Hingegen lässt sich der seit der Jahrhundertwende zu konstatierende Aufstieg des Kindes zum vermeintlich selbständigen Konsumenten am Beispiel der Kinderbekleidung skizzieren.[47] In den Jahren nach dem Ersten Weltkrieg bereits begannen Textilhersteller und Kaufhäuser in den USA, mit der Baby- und Kleinkindbekleidung verstärkt ein Segment aufzubauen, das die wachsenden Familieneinkommen abschöpfte, indem es an die Moral der Hausfrau als Mutter appellierte.[48] In das Zentrum ihrer Fürsorge rückte das Kind, das, wie sich u. a. in der Abkehr von der Kinderarbeit ausdrückte, mehr und mehr als schutzbedürftiges Wesen betrachtet wurde. Seit den 1930er Jahren wurde dieses Konzept modifiziert, denn man sah das Kind in Anlehnung an Ideen etwa von Ellen Key zunehmend als selbständiges Individuum, dem auch auf dem Konsumgütermarkt eine eigene Stimme zustand. Eltern behielten ihre zentrale Stellung, aber ihre Kaufentscheidungen zielten darauf ab, das Kind zu einem verantwortungsvollen Konsumenten zu erziehen. Nicht mehr nur gute Qualität war auf dem Markt für Kinderbekleidung ausschlaggebend, sondern ästhetische Aspekte spielten eine zunehmend wichtige Rolle, denn, so war man überzeugt, Geschmacksbildung fange schon beim Kleinkind an. Damit verschoben sich auch die Anstrengungen der Produktwerbung von der Zielgruppe der Mütter hin zu den Kindern – ein Vorgang, der in der Bekleidungsindustrie begann und sich auf andere Wirtschaftszweige ausdehnte. Erst indem Bedürfnisse und Wünsche des Kindes ernstgenommen wurden, entstand im Laufe des 20. Jahrhunderts jener weitverzweigte Raum des kindlichen Konsums, in dem eigene Kinderabteilungen in den Kaufhäusern, Verbraucherforschung und Marketing, Ikonen und Narrative der Populärkultur und politische Neuordnungsinitiativen ineinandergriffen.

Eine Zäsur stellten die 1970er Jahre dar. Der Begriff der „Kinderkultur", erstmals 1973 im *Kursbuch* gebraucht, verweist darauf, dass um die jüngsten Mitglieder der Gesellschaft ein eigenständiger kultureller Raum entstand, in dem neue Vorstellungen von Erziehung, pädagogische Initiativen, Konsummuster und Eigenaktivitäten

---

47 *B. Ganaway*, Toys, Consumption, and Middle-Class Childhood in Imperial Germany, 1871–1918, Oxford 2009.
48 Dies und das Folgende nach *D. T. Cook*, The Commodification of Childhood. The Children's Clothing Industry and the Rise of the Child Consumer, Durham 2004.

von Kindern zusammenflossen. Ziel war es, Kinder zu freien Individuen zu bilden – oder besser: sich selbst bilden zu lassen. Kinderkultur umfasste, Hermann Bausinger zufolge, „Kultur *für* Kinder", also Dinge (Spielzeug, Bekleidung), Medien (Bücher, Theater, TV) und Institutionen (Kindergarten, Spielplatz) ebenso wie die „Kultur *der* Kinder" – also ihre selbst geschaffenen Spiele und „Undergroundpoesie", ihren Umgang mit Medien, Personen, Institutionen, Orten und Artefakten.[49] Hintergrund war auch hier der gesellschaftliche Wandel: die nach dem „Pillenknick" abnehmende Kinderzahl, steigende Frauenerwerbstätigkeit und höhere Scheidungsraten wie überhaupt die Ausdifferenzierung der Lebensweisen, die den Stellenwert von Kindern veränderten. Auf dem Soziologentag 1982 fasste Rainer Münz zusammen, Kindern werde ein „Wert" zugeschrieben, der „primär mit Lebenserfüllung, mit Sinnstiftung, mit persönlichen Glückserwartungen" verbunden werde.[50]

An der amerikanischen Vorschulserie „Sesame Street", die einen Innovationsschub des ARD-Vorschulprogramms angestoßen hatte, lassen sich die Konflikte um die Neujustierung kindlichen Medienkonsums exemplifizieren.[51] Da die Serie nach dem Willen der ARD-Programmdirektoren wegen des Ortes der Handlung – einer amerikanischen Slumstraße, die in Deutschland Schutzinstinkte hervorrief –, angeblich zu starken kognitiven Lernzielen und Star-Fixierung nicht in das Erste Programm übernommen werden sollte, belebten Ernie, Bert und das Krümelmonster seit Januar 1973 die Dritten Programme der norddeutschen Anstalten. In den Informationen zur Sendereihe wurde anhand der tabubrechenden Puppen-Monster das hinter der „Sesamstraße" stehende Erziehungskonzept erläutert: „Unsere Kinder sind noch nicht angepasst. In bestimmten Dingen müssen sie sich anpassen. Zusammenleben erfordert ein gewisses Maß an Anpassung. Entwicklung, Kulturentwicklung aber erfordert ein gewisses Maß an Nichtangepasstsein, an Nichtfestgefahrensein. Wir brauchen Monster."[52] Die aus Spiel-, Zeichentrick- und Realfilmen zusammengesetzten Folgen bestanden anfangs zum größten Teil aus synchronisierten (und an die deutschen Verhältnisse angepassten) Elementen der US-Serie, 1978 ersetzte man die inkriminierte Kulisse durch ein Haus, das deutschen Kindern alltagsnäher erscheinen sollte und von deutschen Schauspielern und Puppenfiguren mit Leben gefüllt wurde. „Kinderkultur" war ein sozialemanzipatorisches und aktivistisches Konzept, das nicht auf bürgerliche Schichten begrenzt blieb, sondern vor allem über die elekt-

---

49 *H. Bausinger*, Kultur für Kinder – Kultur der Kinder, in: *K. Köstlin (Hg.)*, Kinderkultur. 25. Deutscher Volkskundekongress in Bremen v. 7. b. 12. Oktober 1985, Bremen 1987, S. 11–18.
50 Zit. nach *Y. Schütze*, Zur Veränderung im Eltern-Kind-Verhältnis seit der Nachkriegszeit, in: *R. Nave-Herz (Hg.)*, Wandel und Kontinuität der Familie in der Bundesrepublik Deutschland, Stuttgart 1988, S. 95–114, 104.
51 *M. Berghaus* u. a., Vorschule im Fernsehen. Ergebnisse der wissenschaftlichen Begleituntersuchung zur Vorschulserie Sesamstraße, Weinheim 1978.
52 Zit. nach *A. Meister*, Ungeheuerliche Kinder. Wie sich das Kindheitsbild verändert hat, in: *D. Foitzik/C. Schenda/V. Ströver (Hg.)*, When I was Young... Kindheit und Jugend in der Flower-Power-Zeit, Bremen o. J., S. 10–26, 13.

ronischen Massenmedien Erziehungsnormen in der ganzen Gesellschaft beeinflusste und gleichzeitig die Selbsttätigkeit von Kindern weiter aufwertete.

Unterstützt wurde sie von den Marketingstrategien der Unternehmen, die die Autonomie des Kindes ökonomisch definierten und zunächst über Kinderzeitschriften und Comics Produktwerbung platzierten.[53] Zum Durchbruch kam die direkte Ansprache von Kindern mit der Privatisierung des Rundfunks in den 1980er Jahren. Von Werbung begleitete Kindersendungen in Radio und Fernsehen, Printprodukte, Kassetten und lizensiertes Spielzeug ließen im Kinderzimmer multimediale Phantasiewelten entstehen. Mitte der 1990er Jahre begann man „zu akzeptieren", so urteilt die Mediensoziologin Christine Feil, „dass die Mediatisierung der Lebenswelt der Kinder auf privatwirtschaftlicher Basis nicht ohne kommerziellen Druck auf Kinder zu haben ist. Medienpädagogisches Engagement war die Folge, um die Werbekompetenz der Kinder zu fördern."[54] Die Koalition von Wirtschaft und politischer Kinderrechtsbewegung trieb eine Tendenz zum Verständnis des Kindes als autonomem Wesen voran, das die entwicklungspsychologische Perspektive auf die Kindheit als einem „Moratorium" weitgehend ausblendet. Allerdings wurde diesem Wandel auf der rechtlichen Ebene nur begrenzt Rechnung getragen, zum Beispiel durch die Legalisierung der „Taschengeldarbeit", die die 1839 einsetzende Reihe der Einschränkungen von Kinderarbeit 1997 erstmals durchbrach – bemerkenswerterweise mit Augenmerk nicht mehr auf die Rolle der Kinder in der Produktion, sondern beim Konsum.[55] In gewisser Weise handelt es sich bei dem „autonomen Kind" um eine Konstruktion der Konsumgüterindustrie, die sich über die Begrenzungen dieser Autonomie durchaus im Klaren ist, aber von der „postmodernen" Diskursverschiebung hin zur Subjektorientierung des Individuums profitiert und sie mit vorangetrieben hat. Trotz seiner Integration in den Markt entspricht das auch in der Öffentlichkeit weithin geteilte Autonomiepostulat nach wie vor nicht dem rechtlichen Status des Kindes, der an den Elternwillen gebunden bleibt.

9 Von der Altersarmut zur „Seniorenwirtschaft"

Mit dem seit den 1980er Jahren aufmerksamer wahrgenommenen und in Deutschland im EU-Vergleich besonders ausgeprägten demografischen Wandel ist die um 1900 einsetzende Fixierung auf „die Jugend" als Hoffnungsträger auch des Konsumgüter- und Dienstleistungsmarktes erodiert. Dabei hat es „junge Alte", die heute als spezifisches Gegenwartsphänomen betrachtet werden, fast immer gegeben – wenn man darunter erwerbstätige oder sozial engagierte Seventysomethings versteht, also eine gesell-

---

53 *C. Feil*, Kinder, Geld, Konsum. Die Kommerzialisierung der Kindheit, München 2003, 117.
54 Ebd., 121. Das Folgende 105.
55 Ebd., 223 u. 238.

schaftlich sichtbare und aktive Altersschicht. Erst die Rentenreform von 1957, die den Leistungsgrundsatz vom Prinzip des „Zubrots" auf das des Lohnersatzes umstellte, ließ das Bild des Alters als wohlverdienten Ruhestand entstehen, einer von Freizeit geprägten Lebensphase nach der Erwerbsarbeit.[56] Zugleich war damit ein „homogenisiertes Altersbild des Rentners entstanden mit den Merkmalen des Abgeschobenseins, der Funktionslosigkeit, der Sinnleere und Abhängigkeit", das der Wirklichkeit nur sehr begrenzt entsprach.[57] Mit der Rentenreform war die für die Lebensumstände vieler Älterer charakteristische Altersarmut erheblich abgemildert, wenn auch nicht ganz verschwunden. Auswirkungen auf den Konsum hatte auch die Tatsache, dass nach wie vor Einkünfte in der Gruppe der Rentner unterschiedlicher verteilt waren als unter Erwerbstätigen. So waren Frauen stark benachteiligt, besonders krass Witwen. In der DDR lebten Rentner „am Rande der Armut" und tradierten „am ehesten so etwas wie proletarisches Konsumverhalten als Form eines pragmatischen Umgangs mit Armut".[58]

Da ältere Menschen in erster Linie als Empfänger sozialer Dienstleistungen, kaum als Marktakteure wahrgenommen wurden, sollte es in der Bundesrepublik – im Unterschied etwa zu den USA, wo die Debatte schon in den 1930er Jahren einsetzte – lange dauern, bis die Wirtschaft sie als Konsumentengruppe wahrnahm, untersuchte und gezielt bewarb. Erst in den 1970er Jahren begann man zögerlich, das damals noch „fast unappetitlich" „Altenmarkt" genannte Phänomen zu bearbeiten.[59] Obwohl der gesellschaftliche Diskurs immer noch die Vorstellung des Alters als von Passivität geprägtem Lebensausklang perpetuierte, wuchs allmählich die Erkenntnis, dass der Konsum die Lebensbedingungen dieser Altersgruppe fundamental veränderte.

Noch herrschte die Auffassung vor, ältere Menschen würden „aus dem Markt ,heraussterben'", als um 1970 erste Bemühungen um diese Konsumentengruppe einsetzten.[60] Vorreiter waren etwa der Kaufhof-Konzern, der mit dem Slogan „Es gibt tausende Marlene Dietrichs" die ebenso selbstbewusste wie schöne ältere Frau anpries, und der Versandhändler Neckermann, der seit 1967 Mallorca-Flugreisen für „Überwinterer" und damit ein rentnertouristisches Modell mit Zukunft anbot.[61] Publizistisch begleitet wurde das beginnende Interesse am „Seniorenmarkt" durch die 1969 gegründete „Zeitschrift für die besten Lebensjahre" *Vital* des Hamburger Jahreszeiten-Verlags. Zunehmend problematisierten die Betroffenen, dass die Wirtschaft

---

56 *C. Torp*, Gerechtigkeit im Wohlfahrtsstaat. Alter und Alterssicherung in Deutschland und Großbritannien von 1945 bis heute, Göttingen 2015.
57 *G. Göckenjan*, Diskursgeschichte des Alters: Von der Macht der Alten zur „alternden Gesellschaft", in: H. Fangerau, M. Gomille, H. Herwig, C. A. d. Horst, A. v. Hülsen-Esch, H.-G. Pott, J. Siegrist, J. Vögele (Hg.), Alterskulturen und Potentiale des Alters, Berlin 2007, S. 125–140, 135.
58 *Merkel*, Utopie, S. 349.
59 Fünfter Bericht zur Lage der älteren Generation in der Bundesrepublik Deutschland, Berlin 2005, S. 234f. Zitat Heinz Blüthmann in Die Zeit, 9.9.1977.
60 Zitat: Frankfurter Rundschau, 16.6.1972.
61 Die Zeit, 3.4.1970.

mit dem alleinigen Fokus auf Jugendliche Ältere vernachlässigen würde. Sie klagten über die einseitige Ausrichtung des Marketing – „Auf ältere Damen ist die Werbung ja gar nicht eingestellt. Es ist ja meistens für jüngere Frauen." – ebenso wie über das Verkaufspersonal: „Mich stört es immer, wenn mich die jungen Dinger einmal als ‚Oma' oder dann wieder schnippisch als ‚junge Frau' anreden."[62] Die Wirtschaft solle berücksichtigen, so legte eine Studie der „Forschungsgruppe für Alters- und Sozialpsychologie" von 1972 nahe, dass die Älteren und Alten „immer größere Marktchancen bieten". Denn die Gruppe derjenigen, deren Konsumgewohnheiten von Krieg und Krise geprägt waren, wurde, wie es 1979 in der Fachpresse hieß, allmählich abgelöst von „eine[r] neue[n] Rentnergeneration, die den Lebensabend nicht mehr ausschließlich als Phase des gesellschaftlichen Rückzugs, sondern zunehmend als Phase der aktiven Teilnahme am gesellschaftlichen Leben und damit am Konsumleben begreift".[63] Gerade in diesen Jahren wird aber auch deutlich, dass die Vorstellung von altersmäßig vollkommen getrennten Marktsphären an den Tatsachen vorbeigeht. Zum einen beeinflussten Jugendliche erheblich das Konsumverhalten der Älteren, deren konsumtive Möglichkeiten – zum anderen – mit ihrer besseren finanziellen Ausstattung bei gesunkenen Preisen gewachsen waren.[64]

Dennoch blieben die Bemühungen in den 1970er Jahren ephemer. „Vom Altenmarkt", so klagte ein Düsseldorfer Werbeunternehmer 1977, „wird zwar seit Jahren geredet, aber es tut sich nichts."[65] Erst in den 1980er Jahren begann sich auch in Deutschland die in den USA seit den 1950er Jahren verbreitete Sichtweise des Alters als aktiver Lebensphase durchzusetzen. Mit dem Beginn der Rede von der „alternden Gesellschaft" am Ende dieser Dekade verstärkte und differenzierte sich das neue Interesse an den Alten, seit der Jahrtausendwende wird darin zumeist ein optimistisch zu interpretierendes soziales Faktum gesehen. Alter erscheint oftmals nicht mehr als Defizit, sondern als Potenzial – mitunter derart „überzeichnet positiv", dass sich darin nur ein begrenzter Prozentsatz der Betroffenen wiederzuerkennen vermag.[66] Alles in allem jedoch verschob sich ihre Lebenspraxis zunehmend in diese Richtung. Aus der Berliner Altersstudie BASE ging hervor, dass schon in den frühen 1990er Jahren nicht Passivität und Resignation das Leben der meisten Älteren prägte. Ihre Zeitperspektive richtete sich keineswegs allein auf die Vergangenheit, sondern in erheblichem Ausmaß auf die Zukunft. 94 Prozent der von BASE befragten älteren Bewohner Westberlins entwickelten Szenarien von Entwicklungszielen. Die am häufigsten vorkommenden Themen hatten „mit dem Streben nach Selbstakzeptanz, Autonomie und ver-

---

62 Dies und das Folgende: Frankfurter Rundschau, 16.6.1972.
63 Der ältere Verbraucher. Diskussionsbeiträge vom 5. Europäischen Verbraucherforum, in: Verbraucher Rundschau, 3/1979, o. Pag.
64 *P. Thane*, Old Age, Consumption, and Change over Time, in: Ian Rees Jones/Paul Higgs/David J. Ekerdt (Hg.), Consumption and Generational Change. The Rise of Consumer Lifestyles, New Brunswick/London 2009, S. 81–92.
65 Die Zeit, 9.9.1977.
66 *U. Lehr*, Psychologie des Alterns, 11., korr. Aufl., Wiebelsheim 2007, S. 330.

trauten Beziehungen mit anderen zu tun. Als zentrale Motive der Hoffnungen waren nicht [...] das Beibehalten der bisherigen Lebenssituation, sondern das *Erreichen von Neuem und das Wiedererleben*" zu beobachten – also etwa noch einmal eine große Reise zu machen oder eine neue Liebe zu erfahren.[67]

„Für souverän halten heißt", so formulierte eine Unternehmensberaterin 1997 die Konsequenzen eines aktiven und selbstbewussten Profils für das Marketing, „einen älteren Kunden als erfahrenen, kritischen Kunden zu schätzen."[68] Als Musterbeispiel für die Absatzmöglichkeiten auf dem „Silbermarkt" wird häufig die Hautcreme „NIVEA Vital" genannt, mit der Beiersdorf im Rahmen einer Mitte der 1980er Jahre begonnenen Diversifizierungsstrategie 1994 eine „Kosmetikserie für die reife Haut" auf den Markt brachte.[69] Der Hamburger Konzern lag mit seinem Anti-Aging-Produkt ganz im internationalen Trend des generationsspezifischen Marketing, der in den frühen 1990er Jahren einsetzte. Gleichzeitig wuchs die Sensibilität für die Probleme eines allein altersbezogenen Marketingdesigns, weil mit der zunehmenden Einsicht in die Heterogenität dieser Gruppe deutlich wurde, dass Ältere eher als „moving targets" zu betrachten waren, die eine differenzierte Herangehensweise erforderten.[70]

Die finanziellen Mittel, die ihnen dafür heute zur Verfügung stehen, sind beträchtlich. Im Hinblick auf das kaufkraftbereinigte Einkommen der über 65-Jährigen befindet sich Deutschland in der EU an vierter Stelle nach Luxemburg, Österreich und Frankreich.[71] Im Verhältnis zur Gesamtbevölkerung zeichnet sich die Einkommensverwendung der „Golden Agers" durch erhöhte Aufwendungen für Wohnung und Energie sowie für Gesundheitspflege und Pauschalreisen und geringere Aufwendungen für Verkehr und Mobilität aus.[72] Allerdings kaufen sie mehr als doppelt so häufig E-Bikes als die jüngeren Bundesbürger, und im Hinblick auf die Ausstattung mit Automobilen liegen die Haushalte der über 65-ährigen fast gleichauf.[73] Die Ausgaben von Seniorenpaaren für Freizeit und Kultur liegen gar 115 Prozent über denen jüngerer Paare, was auf einen fundamentalen Wandel verweist: Teilhabe am Konsum ist nicht notwendigerweise auf Erwerbsarbeit gegründet, sondern auch jenseits von ihr mindestens ebenso intensiv möglich.[74] Mittlerweile gelten Seniorenreisen als „Wachstumsmotor

---

[67] *J. Smith/P. B. Baltes*, Altern aus psychologischer Perspektive: Trends und Profile im hohen Altern, in: *K. U. Mayer/P. B. Baltes (Hg.)*, Die Berliner Altersstudie. Ein Projekt der Berlin-Brandenburgischen Akademie der Wissenschaften, Berlin 1996, S. 221–247, 232.
[68] *H. Meyer-Hentschel*, Die neue Beweglichkeit des Alters – Geänderte Spielregeln im Konsumverhalten, in: Forschungsinstitut der Friedrich-Ebert-Stiftung, Abt. Arbeits- und Sozialforschung, Wachstumsmotor Alter(n): Lebensstile – Kaufkraft – Konsum, Bonn 1997, S. 21–27, hier 23.
[69] *Reckendrees*, Beiersdorf, S. 304f.; Zitat: *Meyer-Hentschel*, Beweglichkeit, S. 22.
[70] *George P. Moschis*, Generational Marketing, in: *Jones/Higgs/Ekerdt (Hg.)*, Consumption, S. 149–170, hier 154.
[71] Statistisches Bundesamt, Ältere Menschen in Deutschland und der EU, Wiesbaden 2016, S. 38.
[72] Ebd., S. 229. Das Folgende 242ff.
[73] Statistisches Bundesamt, Ältere Menschen, S. 72.
[74] *F. Trentmann*, Herrschaft der Dinge. Die Geschichte des Konsums vom 15. Jahrhundert bis heute, München 2017, S. 680.

der Zukunft", darunter nicht zuletzt der Gesundheitstourismus, aber auch der Markt der neuen Medien und der Telekommunikation weist Wachstumsraten auf. Dennoch liegt diese Altersgruppe nach wie vor auch bei passiven Freizeitbeschäftigungen wie dem Fernsehen ganz vorn. Medienkonsum bildet, wie schon in den 1990er Jahren auch heute „den Hauptinhalt des Freizeitverhaltens im Alter", er hatte mit dem Beginn des Nachmittagsfernsehens in den 1980er Jahren noch einmal beträchtlich zugenommen.[75] Dabei treten in der Freizeitpraxis Differenzen nach Geschlecht, Bildungsstand, Einkommens- und Familiensituation und früheren Freizeitgewohnheiten besonders markant hervor. Mehr als jemals zuvor ist es älteren Menschen selbst vorbehalten, diese Lebensphase nach eigenem Gusto zu gestalten, was, je nach Lebensumständen, Segen und Fluch zugleich sein kann. Ganz d'accord mit den Ideologemen einer „Gesellschaft der Singularitäten" (Andreas Reckwitz) sollen die unter dem Rubrum „50 plus" versammelten Jahrgänge durch Aktivierung und Selbstoptimierung auch den vermeintlichen Mangel an jungen Leuten kompensieren.

10 Fazit

Während sich seit dem frühen 19. Jahrhundert auf die Jugend nicht nur kommerzielle, sondern auch politische Hoffnungen richteten, wird heute Jugend oder Jugendlichkeit deutlich weniger mit Enthusiasmus im politischen Feld verbunden. Schon seit der Mitte des 20. Jahrhunderts haben sich die Konstrukteure und der Modus der Konstruktion von Jugendlichkeit immer mehr zum Markt hin verschoben.[76] Es sind nicht mehr in erster Linie Institutionen, denen die Aufsicht über Jugendliche zugeschrieben wurde – der Staat, die Kirchen und Schulen oder Jugendverbände –, die ein bevorzugtes Zugriffsrecht haben, sondern Habitus und Lebensweisen Jugendlicher sind im Laufe des 20. Jahrhunderts immer stärker von Konsumgüterindustrie und Dienstleistungswirtschaft geprägt worden. Obwohl sie ganz eigene, kommerzielle Interessen verfolgen, erwiesen sie sich häufig als effiziente Schubkräfte jugendlicher Interessen – dann, wenn es um die Etablierung und Legitimierung altersspezifischer kultureller Formen ging. Insoweit, als der Markt auf Bedürfnisse der Konsumenten reagiert, erhielten Jugendliche dadurch bis zu einem gewissen Grad auch stärker als zuvor die Möglichkeit, die Durchsetzung ihrer Präferenzen selbst zu bewirken. Es liegt auf der Hand, dass die von Jugendlichen erstrebten Ziele – Glück und Anerkennung, Aufwertung in der Gruppe, Gestaltung eines bestimmten Lebensstils – durch Konsum nur teilweise zu erreichen sind. Die Konsumsphäre ist weder ein Reich der totalen Manipulation noch eines der unbegrenzten individuellen Freiheit, sondern

---

75 *Lehr*, Psychologie, S. 326.
76 *J. Zinnecker*, Metamorphosen im Zeitraffer: Jungsein in der zweiten Hälfte des 20. Jahrhunderts, in: *G. Levi/J.-C. Schmitt (Hg.)*, Geschichte der Jugend, Bd. 2: Von der Aufklärung bis zur Gegenwart, Frankfurt am Main 1997, S. 460–505, 477.

eine gemischte Sphäre, deren Ausgestaltung von sozialen Variablen und gesellschaftlichen Rahmenbedingungen abhängig ist. In der Mediengesellschaft ist der Einfluss der Kulturindustrie allgegenwärtig, aber das immer weiter ausdifferenzierte Spektrum von Waren, Dienstleistungen und Ideen, das in der kulturindustriell erzeugten Totalität zur Verfügung steht, gibt nicht nur einen Rahmen vor, sondern ermöglicht auch Entscheidungen. Ob und wie diese Spielräume genutzt werden, hängt von den Zeitumständen und von sozialen Bestimmungsfaktoren wie Herkunft, soziale Lage, Geschlecht, Ethnizität etc. ab – und ist damit historisch wandelbar.

In der langen Linie wird deutlich, dass der publizistisch so lautstark ventilierte Aufstieg des Teenagers nur Teil einer breiteren Ausdifferenzierung der Konsumenten war, die schubweise immer neue Altersgruppen erfasst hat – nach den Erwerbstätigen Jugendliche, dann Kinder und schließlich Ältere und Alte. Die wachsende Bedeutung des Konsums griff Hand in Hand mit der Ausdehnung der Freizeit und der Erhöhung des Bildungsniveaus und schuf damit verbesserte Ausgangspositionen für alle Altersgruppen, die wiederum – in Kombination mit verbesserter Gesundheitsfürsorge und höherer Lebenserwartung – bis ins hohe Alter hinein die Vielfalt der Optionen einer aktiven Lebensweise weiter auffächerte. Dies erstreckte sich auch auf die politische Teilhabe, die sich zum Teil analog zum materiellen Wohlstand der Gesellschaft erhöhte, ohne dass allerdings jederzeit direkte Parallelen gezogen werden könnten. Während zwischen den 1960er und 1980er Jahren das politische Engagement junger Menschen besonders stark hervortrat, wird heute die exzeptionell hohe Wahlbeteiligung der „Best Agers" als Anker der Demokratie betrachtet. Gleichzeitig ist der Anspruch auf Jugendlichkeit derart ubiquitär geworden, dass er selbst den älteren Jahrgängen zugeschrieben wird. Jugendlichkeit kennzeichnet nicht mehr einen Lebensabschnitt, sondern ist zu einer Zuordnung eigener Wahl geworden.

Literatur

Hermann Bausinger, Kultur für Kinder – Kultur der Kinder, in: *Konrad Köstlin (Hg.)*, Kinderkultur. 25. Deutscher Volkskundekongress in Bremen v. 7. b. 12. Oktober 1985, Bremen 1987, S. 11–18.
Christina Benninghaus, Die anderen Jugendlichen. Arbeitermädchen in der Weimarer Republik, Frankfurt am Main 1999.
Viggo Graf Blücher, Die Generation der Unbefangenen. Zur Soziologie der jungen Menschen heute, Düsseldorf/Köln 1966.
Paolo Capuzzo, Youth and Consumption, in: *Frank Trentmann (Hg.)*, The Oxford Handbook of the History of Consumption, Oxford 2012, S. 601–617.
Daniel Thomas Cook, The Commodification of Childhood. The Children's Clothing Industry and the Rise of the Child Consumer, Durham/London 2004.
Daniel Thomas Cook, Children's Consumption in History, in: *Trentmann (Hg.)*, The Oxford Handbook of the History of Consumption, S. 585–600.
Christine Feil, Kinder, Geld, Konsum. Die Kommerzialisierung der Kindheit, München 2003.

Bryan Ganaway, Toys, Consumption, and Middle-Class Childhood in Imperial Germany, 1871–1918, Oxford u. a. 2009.
Nepomuk Gasteiger, Der Konsument. Verbraucherbilder in Werbung, Konsumkritik und Verbraucherschutz 1945–1989, Frankfurt/New York 2010.
Elke Gaugele/Kristina Reiss (Hg.), Jugend, Mode, Geschlecht. Die Inszenierung des Körpers in der Konsumkultur, Frankfurt/New York 2003.
Stuart Hall/Tony Jefferson (Hg.), Resistance Through Rituals: Youth Subculture in Postwar Britain, London 1976.
Elizabeth Harvey, Youth and the Welfare State in Weimar Germany, Oxford 1993.
Philip Jost Janssen, Jugendforschung in der frühen Bundesrepublik. Diskurse und Umfragen, Köln 2010.
Ian Rees Jones/Paul Higgs/David J. Ekerdt (Hg.), Consumption and Generational Change. The Rise of Consumer Lifestyles, New Brunswick/London 2009.
Michael H. Kater, Gewagtes Spiel. Jazz im Nationalsozialismus, Köln 1995.
Franz-Werner Kersting, Helmut Schelskys „Skeptische Generation" von 1957. Zur Publikations- und Wirkungsgeschichte eines Standardwerks, in: VfZ, Jg. 50, 2002, S. 465–495.
Elmar Lange, Jugendkonsum. Empirische Untersuchungen über Konsummuster, Freizeitverhalten und soziale Milieus bei Jugendlichen in der Bundesrepublik Deutschland, Opladen 1991.
Elmar Lange, Jugendkonsum im 21. Jahrhundert. Eine Untersuchung der Einkommens-, Konsum- und Verschuldungsmuster der Jugendlichen in Deutschland, Wiesbaden 2004.
Elmar Lange/Karin R. Fries, Jugend und Geld 2005. Eine empirische Untersuchung über den Umgang von 10- bis 17-jährigen Kindern und Jugendlichen mit Geld, Münster u. a. 2006.
Kaspar Maase, BRAVO Amerika. Erkundungen zur Jugendkultur der fünfziger Jahre, Hamburg 1992.
Kaspar Maase, Grenzenloses Vergnügen. Der Aufstieg der Massenkultur 1850–1970, Frankfurt am Main 1997.
Kaspar Maase, Die Kinder der Massenkultur. Kontroversen um Schmutz und Schund seit dem Kaiserreich, Frankfurt am Main 2012.
Karl Ulrich Mayer/Paul B. Baltes (Hg.), Die Berliner Altersstudie. Ein Projekt der Berlin-Brandenburgischen Akademie der Wissenschaften, Berlin 1996.
Mary Jo Maynes/Birgitte Søland/Christina Benninghaus (Hg.), Secret Gardens, Satanic Mills. Placing Girls in European History, 1750–1960, Bloomington/Indianapolis 2005.
Annemarie Meister, Ungeheuerliche Kinder. Wie sich das Kindheitsbild verändert hat, in: *Doris Foitzik/Catherine Schenda/Victor Ströver (Hg.)*, When I was Young... Kindheit und Jugend in der Flower-Power-Zeit, Bremen o. J., S. 10–26.
Ruth Münster, Geld in Nietenhosen, Stuttgart 1961.
Marc Dietrich Ohse, Jugend nach dem Mauerbau. Anpassung, Protest und Eigensinn (DDR 1961–1974), Berlin 2003.
Detlev J. K. Peukert, Grenzen der Sozialdisziplinierung: Aufstieg und Krise der deutschen Jugendfürsorge von 1878 bis 1932, Köln 1986.
Uta G. Poiger, Jazz, Rock, and Rebels. Cold War Politics And American Culture in a Divided Germany, Berkeley u. a. 2000.
Uta G. Poiger, Fantasies of Universality? Neue Frauen, Race, and Nation in Weimar and Nazi Germany, in: *Alys Eve Weinbaum u. a. (Hg.)*, The Modern Girl Around the World. Consumption, Modernity, and Globalization, Durham/London 2008.
Michael Rauhut, Beat in der Grauzone. DDR-Rock 1964 bis 1972 – Politik und Alltag, Berlin 1993.
Jon Savage, Teenage. Die Erfindung der Jugend (1875–1945), Frankfurt/New York 2008.
Dorothea-Luise Scharmann, Konsumverhalten von Jugendlichen, München 1965.
Detlef Siegfried, Time Is on My Side. Konsum und Politik in der westdeutschen Jugendkultur der 60er Jahre, 3. Aufl. Göttingen 2017 (erstmals 2006).

Frank Trentmann, Herrschaft der Dinge. Die Geschichte des Konsums vom 15. Jahrhundert bis heute, München 2017.

Jürgen Zinnecker, Metamorphosen im Zeitraffer: Jungsein in der zweiten Hälfte des 20. Jahrhunderts, in: *Giovanni Levi/Jean-Claude Schmitt (Hg.)*, Geschichte der Jugend, Bd. 2: Von der Aufklärung bis zur Gegenwart, Frankfurt am Main 1997, S. 460–505.

Sebastian Knake
Die Geschichte des Konsumentenkredits in internationaler Perspektive

1 Einleitung

Im Jahr 1923 trat die Ford Motor Company mit einem neuen Produkt an die Öffentlichkeit. Dieses Produkt war nicht etwa ein Automobil, sondern ein Sparplan, der „Ford Weekly Purchase Plan". Dabei verpflichtete sich der Käufer dazu, an den Händler jede Woche eine gleichbleibende Summe von fünf Dollar zu zahlen. Die Ersparnis wurde im Namen des Käufers verzinslich angelegt, bis die Summe aus Einzahlungen und Zinsen den Kaufpreis erreichte. Erst dann durfte der Käufer sein Auto abholen. Henry Ford war davon überzeugt, dass dieser Plan eine konkurrenzfähige Alternative zu den Finanzierungsangeboten von General Motors darstellte, die bereits 1923 knapp die Hälfte ihrer Autos mithilfe von Ratenkrediten verkauften. Der Sparplan wurde für Ford allerdings zum Fiasko. In den zwei Jahren seiner Existenz wurden mithilfe dieses Plans weniger Autos verkauft, als Ford in einem Monat produzierte. Anstatt die potenziellen Käufer zum Sparen zu animieren, trug der Sparplan und der damit einhergehende Verzicht auf hauseigene Finanzierungsangebote dazu bei, dass Ford in den 1920er Jahren den Wettbewerb gegen General Motors verlor. Dem Erfinder der modernen Automobilindustrie blieb letztlich nichts anderes übrig, als die neue Realität der Automobilfinanzierung anzuerkennen. 1928 gründete Ford seine eigene Finanzierungsgesellschaft, die „Universal Credit Corporation".[1] Der Wettbewerb der beiden damals weltweit größten Automobilhersteller um die Form der Finanzierung ihres Produktes war nicht nur ein entscheidender Schritt auf dem Weg der Vereinigten Staaten in die Konsumgesellschaft. Die Lösung der Frage nach der Art der Finanzierung des Konsums war die zentrale Voraussetzung für das Entstehen der amerikanischen Konsumgesellschaft insgesamt.[2]

Doch nicht überall wurde die Frage nach der Finanzierung so eindeutig entschieden wie im Fall der amerikanischen Automobilindustrie. In den 1930er Jahren erlebte der Automobil-Sparplan im nationalsozialistischen Deutschland ein eigenartiges Comeback als Finanzierungsform des KdF-Wagens, aus dem nach dem Krieg der VW Käfer hervorging. Der Sparplan wurde von der Deutschen Arbeitsfront (DAF) entwickelt, die für Produktion und Vertrieb des Automobils verantwortlich war. Die Bedingungen des Plans waren deutlich ungünstiger als die des Ford-Plans. Zudem war das Automobil während der Ansparzeit noch gar nicht verfügbar. Die Kunden begannen also zu sparen, ohne zu wissen, wann sie ihr Auto bekommen würden. Trotzdem

---
[1] *L. Calder*, Financing the American Dream. A Cultural History of Consumer Credit, Princeton 1999, S. 195–199.
[2] *M. L. Olney*, Buy Now, Pay Later. Advertising, Consumer Credit and the "Consumer Durables Revolution" of the 1920s, Chapel Hill 1991, S. 182–184.

https://doi.org/10.1515/9783110570397-015

schlossen zwischen 1938 und 1939 immerhin 270 000 Interessenten einen Sparvertrag ab. Angesichts der im Vergleich mit den Vereinigten Staaten viel geringeren Größe des deutschen Automobilmarktes war diese Zahl beachtlich.[3] Der Sparplan der DAF scheiterte also nicht an mangelnder Nachfrage, sondern an den Engpässen der Produktion. Bei Kriegsende hatte kein einziger Sparer ein Auto erhalten.[4] Man könnte diese Episode als Sonderfall einer gescheiterten Diktatur abtun, wenn sie nicht für die weitere Entwicklung der Konsumfinanzierung in der Bundesrepublik bezeichnend gewesen wäre. Tatsächlich unterschied sich der deutsche Weg in die Konsumgesellschaft von dem amerikanischen vor allem dadurch, dass er hauptsächlich über die Nutzung zuvor gebildeter Ersparnisse finanziert wurde. Die Dominanz des Ansparens in Deutschland kontrastierte auch nach dem Zweiten Weltkrieg so stark mit dem amerikanischen System des „Absparens", dass der Wirtschaftspsychologe George Katona Westdeutschland gewissermaßen als Kronzeuge für seine zentrale These in Bezug auf die Divergenz der Finanzierung des Konsums in entwickelten Ländern nutzte:

> [I]t is such noneconomic variables as attitudes and expectations that must be held largely responsible for differences in the behavior of people in nations which are generally similar in affluence and technological progress.[5]

In den letzten beiden Jahrzehnten haben Historiker nach Erklärungen für die divergente Entwicklung bei der Finanzierung westlicher Konsumgesellschaften gesucht. Die bisherigen Ergebnisse dieser Forschung weisen auf die große Komplexität der Institutionen und die Vielfalt der relevanten Akteure hin, die zu dieser Divergenz beigetragen haben. Die Frage, wie eine Gesellschaft ihren Konsum finanziert, ist demzufolge einerseits eine globale Geschichte, weil sich die Frage nach der Finanzierung langlebiger Konsumgüter in allen Ländern stellte, die an der Schwelle zum Massenkonsum standen. Sie ist andererseits national, weil die Antwort auf diese Frage von den ökonomischen, sozialen, politischen und kulturellen Faktoren in spezifischen historischen Kontexten der jeweiligen Länder abhängig war. Sie ist drittens transnational, weil die institutionellen, ideologischen und ökonomischen Voraussetzungen nicht autonom in den einzelnen Staaten entstanden, sondern nur in einen Kontext transnationalen kulturellen Austauschs zu verstehen sind.[6]

---

3 Eine kritischere Bewertung des Erfolgs des KdF-Sparplans findet sich bei: *C. Kopper*, Der Durchbruch des PKW zum Massenkonsumgut 1950–1964, in: Jahrbuch für Wirtschaftsgeschichte 1, 2010, S. 19–36, S. 20f.
4 *A. Tooze*, Ökonomie der Zerstörung. Die Geschichte der Wirtschaft im Nationalsozialismus, München 2007, S. 190f.
5 *G. Katona/B. Strumpel/E. Zahn*, Aspirations and Affluence. Comparative Studies in the United States and Western Europe, New York 1971, S. 168.
6 Für einen Überblick vgl. *J. Logemann*, Introduction. Toward a Global History of Credit in Modern Consumer Societies, in: *Ders. (Hg.)*, The Development of Consumer Credit in Global Perspective. Business, Regulation, and Culture, Basingstoke 2012, S. 1–22.

Der vorliegende Beitrag folgt im Wesentlichen dieser in der Forschung vertretenden Sichtweise und vertritt somit einen genuin historischen Standpunkt. Es wird demnach davon ausgegangen, dass die Betrachtung konkreter historischer Kontexte notwendig ist, um die beobachtete Divergenz bei der Finanzierung der Konsumgesellschaften zu verstehen. Unter Rückgriff auf den aktuellen Forschungsstand soll ein Überblick über die Geschichte des Konsumentenkredites im 20. Jahrhundert gegeben werden. Dabei wird eine international vergleichende Perspektive eingenommen, wobei neben Deutschland die USA, Großbritannien, Frankreich und Japan betrachtet werden. Zuerst wird der Konsumentenkredit in seiner quantitativen Entwicklung dargestellt. Danach wird näher auf die Kreditnehmer und die gesellschaftlichen Legitimationsprozesse eingegangen. Schließlich wird der Einfluss des Staates und der Kreditgeber auf die Praxis der Konsumfinanzierung erläutert.

2 Der Konsumentenkredit und die Entwicklung der Verschuldung der privaten Haushalte

Die Wirtschaftswissenschaften untersuchen die Frage der Finanzierung des Konsums in erster Linie mithilfe makroökonomischer Kennziffern, die die Verschuldung privater Haushalte ins Verhältnis zum verfügbaren Einkommen oder zum Vermögen setzen. Die Wirtschaftshistoriker stehen dabei jedoch vor dem großen Problem der mangelnden Datenlage. Für die Zeit vor dem Ersten Weltkrieg gibt es keine zuverlässigen Datengrundlagen. Es ist demnach nicht einmal eindeutig feststellbar, ob die Bedeutung des Konsumentenkredites im 20. Jahrhundert gegenüber dem 19. Jahrhundert überhaupt gestiegen ist.[7] Auch für die Zwischenkriegszeit fehlen in den meisten Ländern die statistischen Grundlagen zur Erhebung dieser Daten. Diese Einschränkungen gilt es bei der folgenden Vorstellung des Forschungsstandes zu beachten. Die folgenden Daten beziehen sich grundsätzlich auf Konsumentenkredite im engeren Sinne. Wohnungsbaukredite sind also nur bei expliziter Erwähnung enthalten.

Entsprechend der historischen Pionierposition der Vereinigten Staaten im Übergang zur Konsumgesellschaft ist auch die Datenbasis insbesondere für die Zeit vor dem Zweiten Weltkrieg deutlich besser als in anderen entwickelten Ländern. Demnach hat sich die konsumbedingte Verschuldung der amerikanischen Haus-

---

7 Vgl. dazu für die USA: *L. Calder*, ‚Ahead a good Deal'. Taking the Long View of Household Debt and Credit in American Life, in: *J. Logemann (Hg.)*, The Development of Consumer Credit in Global Perspective, New York 2012, S. 257–273. Für Deutschland vgl. *U. Spiekermann*, Basis der Konsumgesellschaft. Entstehung und Entwicklung des modernen Kleinhandels in Deutschland 1850–1914, München 1999; *J. Logemann/U. Spiekermann*, The Myth of the Bygone Cash Economy. Consumer Lending in Germany from the Nineteenth Century to the Mid-Twentieth Century, in: Entreprises et histoire 2, 2010, S. 12–27.

halte im Verhältnis zum verfügbaren Einkommen zwischen 1919 und 1929 von knapp fünf auf fast 10 Prozent verdoppelt.[8] In der Zeit nach dem Zweiten Weltkrieg stieg die private Verschuldung schließlich stark an, wobei zwei Expansionsphasen hervorstechen.[9] In der ersten Phase von 1946 bis 1965 stieg die Verschuldung von 20 Prozent auf 60 Prozent des verfügbaren Einkommens. Getragen wurde diese Entwicklung durch die Konsumentenkredite im engeren Sinne, deren Anteil am verfügbaren Einkommen sich in diesem Zeitraum vervierfachte. Danach wuchsen Verschuldung und Einkommen etwa gleichschnell, bevor ab 1985 die Verschuldungsrate wieder stark anstieg. Im Unterschied zur ersten Expansionsphase ist diese Entwicklung allerdings hauptsächlich auf den Anstieg der Hypothekarkredite zurückzuführen.

In Deutschland begann die Deutsche Bundesbank erst 1962 mit einer systematischen Erhebung zum Konsumentenkredit, die mit den amerikanischen Daten vergleichbar ist. Im Dezember 1962 lag der Verschuldungsgrad der privaten Haushalte gemessen am Bruttoinlandsprodukt (BIP) bei 2,5 Prozent. Zur gleichen Zeit betrug das Volumen der Konsumentenkredite in den USA etwa 10 Prozent des BIP. Damit waren deutsche Haushalte zwar deutlich geringer verschuldet als die amerikanischen, jedoch lagen sie laut Bundesbank etwa im Bereich Großbritanniens und noch deutlich vor Frankreich.[10] Das Verhältnis der Konsumentenkredite zum verfügbaren Einkommen kann seit 1970 dargestellt werden. In diesem Jahr lag die Quote bei knapp 7 Prozent und damit sogar deutlich unter dem amerikanischen Niveau der 1920er Jahre. In den 1970er Jahren gewann der Konsumentenkredit in Deutschland volkswirtschaftlich gesehen erstmals eine größere Bedeutung. Bis 1980 verdoppelten sich die privaten Konsumschulden auf 15 Prozent des verfügbaren Einkommens der privaten Haushalte. Gerade der Zeitpunkt dieses Kreditbooms wirft allerdings Fragen auf, weil er weder zu dem gängigen Narrativ der Herausbildung der deutschen Konsumgesellschaft in der Zeit des Wirtschaftswunders noch zu der Entwicklung in den anderen entwickelten Ländern passt. Der Aufwärtstrend wurde zudem in den 1980er Jahren unterbrochen.[11] Erst im Zuge der Wiedervereinigung erhielt der Konsumentenkredit neue Impulse.[12]

---

8 H. L. Olney, Avoiding Default. The Role of Credit in the Consumption Collapse of 1930, in: The Quarterly Journal of Economics 1, 1999, S. 319–335, S. 321, Tabelle 1.
9 A. Ryan/G. Trumbull/P. Tufano, A Brief Postwar History of US Consumer Finance, in: Business History Review 3, 2011, S. 461–498, S. 492f.
10 Monatsberichte der Deutschen Bundesbank, Juni 1963, S. 4.
11 Eigene Berechnungen nach: Monatsberichte der Deutschen Bundesbank, April 1993, S. 19–32; Statistisches Bundesamt Fachserie 18: Volkswirtschaftliche Gesamtrechnungen, verschiedene Ausgaben.
12 Vgl. dazu D. Mertens, Erst sparen, dann kaufen? Privatverschuldung in Deutschland, Frankfurt am Main/New York 2015. Der kurzzeitige Kreditboom nach dem Mauerfall ist auch für die etwas verzerrte Darstellung der Schuldenentwicklung der deutschen Haushalte bei Gunnar Trumbull verantwortlich. Vgl. G. Trumbull, Credit Access and Social Welfare. The Rise of Consumer Lending in the United States and France, in: Politics & Society 1, 2012, S. 9–34, S. 13, Figure 2.

Die Verschuldung der privaten Haushalte zu Konsumzwecken in Deutschland fiel in den 1980er Jahren nicht nur hinter der amerikanischen, sondern auch hinter der der meisten anderen europäischen Länder sowie Japans zurück. In Großbritannien hat der Konsumentenkredit eine ähnliche Bedeutung erlangt wie in den Vereinigten Staaten. Dies ist jedoch nicht das Ergebnis einer langfristigen Entwicklung. Noch in den 1970er Jahren lag die Verschuldung privater Haushalte in Großbritannien etwa im Bereich Westdeutschlands. In den 1980er Jahren jedoch erlebte Großbritannien einen enormen Kreditboom, der die Verschuldung der Privathaushalte für Konsumzwecke sogar deutlich über das amerikanische Niveau hob. Seitdem hat Großbritannien eine der höchsten privaten Verschuldungsraten auf der Welt.[13] Ähnlich hoch ist sie noch in Japan, das ebenfalls zu den Vereinigten Staaten aufgeschlossen hat.[14] In Frankreich dagegen entwickelte sich die private Verschuldung zu Konsumzwecken zunächst deutlich langsamer als in Westdeutschland. Zwischen 1985 und 1990 erlebte Frankreich einen kurzen Kreditboom, der jedoch nicht nachhaltig war.[15]

Die divergente Entwicklung bei der Verschuldung zu Konsumzwecken lässt sich hauptsächlich mit der unterschiedlichen Partizipationsrate der privaten Haushalte an der Praxis des Konsumentenkredites erklären. In den USA stieg die Rate der Haushalte, die Konsumentenkredite abbezahlten, insbesondere nach dem Zweiten Weltkrieg stark an. In den 1950er Jahren zahlten etwa die Hälfte der amerikanischen Haushalte Konsumentenkredite ab, womit sich der Anteil gegenüber den 1930er Jahren verdoppelt hatte.[16] Seitdem ist sie nur noch geringfügig gewachsen.[17] Die erste große Expansionsphase der Verschuldung privater Haushalte nach dem Zweiten Weltkrieg ist demnach hauptsächlich auf die zunehmende Partizipation an der Konsumgesellschaft zurückzuführen. In Deutschland dagegen entwickelte sich die Partizipationsrate geradezu gegensätzlich. Der Anteil der Haushalte mit Konsumentenkrediten sank mitten im Wirtschaftswunder deutlich, von einem Drittel auf dem Höhepunkt 1955 auf 11 Prozent Mitte der 1960er Jahre.[18] Bei der Einkommens- und Verbrauchsstichprobe (EVS) 1973 gaben 16 Prozent der Haushalte an, Schulden aus Konsumentenkrediten

---

[13] Vgl. Monatsberichte der Deutschen Bundesbank, April 1993, S. 29; C. Y. *Horioka*, Japan and the Western Model. An Economist's View of Cultures of Household Finance, in: *J. Logemann* (Hg.), The Development of Consumer Credit in Global Perspective, New York 2012, S. 243–256, S. 247f., Tabelle 11.1. Dabei ist zu beachten, dass diese Statistiken nicht unwesentlich voneinander abweichen. Die Tendenzen sind jedoch sehr ähnlich.
[14] A. *Gordon*, Credit in a Nation of Savers. The Growth of Consumer Borrowing in Japan, in: *J. Logemann* (Hg.): The Development of Consumer Credit in Global Perspective, New York 2012, S. 63–81, S. 64; *Horioka*, Japan and the Western Model, S. 247, 253.
[15] G. *Trumbull*, Consumer Lending in France and America. Credit and Welfare, Cambridge, MA 2014, S. 3f.
[16] B. *Bernstein*, The Pattern of Consumer Debt 1935–1936. A Statistical Analysis, New York 1940, S. 215; *Trumbull*, Consumer Lending, S. 4.
[17] 2008 lag sie bei 61 Prozent. *Trumbull*, Consumer Lending, S. 4.
[18] P. *Horvath*, Die Teilzahlungskredite als Begleiterscheinung des westdeutschen „Wirtschaftswunders" 1948–1960, in: Zeitschrift für Unternehmensgeschichte 1, 1992, S. 19–74, S. 43; A. *Schildt*, Moderne

zu besitzen.[19] Seitdem hat sich die Partizipation leicht erhöht.[20] Deutlich wird aus diesen Zahlen, dass sich die Praxis des kreditfinanzierten Konsums in der breiten Bevölkerung bis heute nicht durchgesetzt hat. Damit steht die deutsche Entwicklung nicht nur im Gegensatz zur amerikanischen, sondern auch zur britischen. Dort nutzen heute die Hälfte aller Haushalte zumindest eine Form des Konsumentenkredites.[21] Eine mit Deutschland vergleichbare Partizipationsrate hat dagegen Frankreich. Von den 1950er bis zu den 1970er Jahren hin gaben etwa ein Viertel der Haushalte an, einen Konsumentenkredit zu bedienen. Dieser Anteil erhöhte sich durch den Kreditboom in den 1980er Jahren auf etwa ein Drittel.

Auf der Ebene der Produkte, also dem Verhältnis der kreditfinanzierten Produkte zum Gesamtabsatz, ergibt sich dagegen ein uneinheitliches Bild. In den Vereinigten Staaten hatte sich die Praxis der Kreditfinanzierung danach bereits vor dem Zweiten Weltkrieg etabliert. Insgesamt wurden 1930 17 Prozent der Verkäufe im Einzelhandel kreditfinanziert.[22] Mit Blick auf einzelne Produkte wurden 1929 knapp zwei Drittel der Automobile auf Kredit verkauft, außerdem fast alle Möbel sowie ein Großteil der Waschmaschinen und Radios.[23] In Deutschland wurden Schätzungen zufolge 1930 lediglich zwei bis drei Prozent der Verkäufe im Einzelhandel über Kredite finanziert. Nimmt man einzelne Konsumgüter in den Blick, so sind die Ergebnisse durchaus überraschend. Eine ebenfalls aus dem Jahr 1930 stammende Studie schätzte den Anteil der kreditfinanzierten Käufe für bestimmte Güter außerordentlich hoch ein. Viele Produkte des täglichen Gebrauchs wie Damenkleidung wurden offenbar mehrheitlich kreditfinanziert. Das Gleiche gilt für teure langlebige Konsumgüter wie Radios oder Autos.[24] Allerdings spielten letztere Konsumgüter im Verhältnis des Gesamtkonsums aufgrund der geringen Stückzahlen noch keine bedeutende Rolle. Nach dem Zweiten Weltkrieg erhöhte sich zwar der Anteil der kreditfinanzierten Konsumgüter in beiden Ländern, der Abstand blieb jedoch gleich. 1953 wurden in Deutschland Schätzungen zufolge 5 Prozent der Einzelhandelsverkäufe kreditfinanziert gegenüber 30 Prozent

---

Zeiten. Freizeit, Massenmedien und „Zeitgeist" in der Bundesrepublik der 50er Jahre, Hamburg 1995, S. 103.
19 Statistisches Bundesamt, Fachserie M: Preise, Löhne und Wirtschaftsrechnungen, Reihe 18: Einkommens- und Verbrauchsstichproben, Bd. 2: Vermögensbestände und Schulden privater Haushalte 1973, S. 17f.
20 *M. Grabka/C. Westermeier*, Anhaltend hohe Vermögensungleichheit in Deutschland, in: DIW Wochenbericht 9, 2014, S. 151–164, S. 159; Statistisches Bundesamt, Wirtschaftsrechnungen, Fachserie 15, Heft 2: Einkommens- und Verbrauchsstichprobe. Geld- und Immobilienvermögen sowie Schulden privater Haushalte, Wiesbaden 2014, S. 25.
21 Office of National Statistics (ONS), Household Debt Inequalities, April 2016.
22 *J. Logemann*, Americanization through Credit? Consumer Credit in Germany, 1860s–1960s, in: Business History Review 3, 2011, S. 529–550, S. 538.
23 *R. J. Gordon*, The Rise and Fall of American Growth. The US Standard of Living since the Civil War, Princeton 2016, S. 299.
24 *Logemann/Spiekermann*, Myth, S. 25, Tabelle 1.

in den USA.²⁵ Aus der Perspektive einzelner Produkte änderte sich nach dem Zweiten Weltkrieg in beiden Ländern nur wenig. In Deutschland erreichte der Anteil der finanzierten Autokäufe auf dem Höhepunkt der ersten großen Automobilisierungswelle Ende der 1950er Jahre etwa 40 Prozent der verkauften Automobile.²⁶ In den 1960er Jahren verlor die Kreditfinanzierung von Autos jedoch stark an Bedeutung.²⁷ 2015 lag sie je nach Studie zwischen 33 Prozent und 46 Prozent und damit grob auf dem Level der späten 1950er Jahre.²⁸ Demnach bezahlen nach wie vor mehr als die Hälfte der Käufer ihr Auto in bar. In Bezug auf die Produkte ist Deutschland im internationalen Vergleich wiederum eher mit Frankreich vergleichbar als mit Großbritannien oder Japan.²⁹

Die Praxis des kreditfinanzierten Massenkonsums hat in den USA bereits sehr früh große Verbreitung gefunden. Während einige westliche Länder wie Großbritannien oder Japan sich der amerikanischen Entwicklung anglichen, spielte der Konsumentenkredit in anderen Gesellschaften wie Frankreich oder Deutschland eine deutlich geringere Rolle. Zwar ist auch in diesen Ländern die private Verschuldung zu Konsumzwecken nach dem Zweiten Weltkrieg angestiegen, jedoch bei Weitem nicht so stark wie etwa im anglo-amerikanischen Raum. Vor allem jedoch gewann die Praxis des kreditfinanzierten Konsums nicht annähernd dieselbe Breitenwirkung wie in den Vereinigten Staaten. Die Nutzer von Konsumentenkrediten blieben in Deutschland wie in Frankreich klar in der Minderheit. Unbedeutend war er zwar auch in diesen Ländern nicht. Gerade am Beginn der Entwicklung der Konsumgesellschaften in den 1950er Jahren spielte die Kreditfinanzierung für einzelne Konsumgüter wie Fernseher oder Automobile eine wichtige Rolle. Diese Entwicklung führte jedoch nicht zu einem allgemeinen Wandel der Finanzierungsgewohnheiten. Von einer deutschen „Kreditgesellschaft"³⁰ kann deshalb keine Rede sein. Die Frage ist, welche Ursachen für diese divergenten Entwicklungen verantwortlich sind. Dieser Frage soll im Folgen-

---

25 *J. Logemann*, Different Paths to Mass Consumption. Consumer Credit in the United States and West Germany during the 1950s and '60s, in: Journal of Social History 3, 2008, S. 525–559, S. 530.
26 *A. Andersen*, Der Traum vom guten Leben. Alltags- und Konsumgeschichte vom Wirtschaftswunder bis heute, Frankfurt am Main 1997, S. 204; Eigene Berechnungen auf Basis von: *Kopper*, Durchbruch, S. 26f.
27 *Kopper*, Durchbruch, S. 27.
28 Eigene Berechnungen auf Basis von: Marktstudie 2018 – Konsum- und KFZ-Finanzierung, GFK SE Consumer Panels im Auftrag des Bankenfachverbandes e.V. Oktober 2018, S. 20, Internet-Quelle. URL: https://www.bfach.de/media/file/24871.Marktstudie_2018_Konsum-Kfz-Finanzierung_BFACH.pdf (abgerufen 11.03.2019); DAT-Report 2016, hg. von der Deutsche Automobil Treuhand AG, Internet-Quelle. URL: http://www.autokiste.de/service/dat-report/download/DAT-Report_2016.pdf (abgerufen 06.06.2019).
29 *I. Gaillard*, The Rise of Consumer Loans in Postwar France, in: *J. Logemann*, The Development of Consumer Credit in Global Perspective, New York 2012, S. 23–40, S. 30, 36; *Trumbull*, Consumer Lending, S. 4f.; *A. Gordon*, Credit, S. 71.
30 *B. Stücker*, Konsum auf Kredit in der Bundesrepublik, in: Jahrbuch für Wirtschaftsgeschichte Jg. 48 (2007), Nr. 2, S. 63–88, S. 88.

den weiter nachgegangen werden. Zuerst werden die Nutzer des Konsumentenkredites im internationalen Vergleich näher betrachtet.

3 Die Kreditnehmer

Die Sozialgeschichte des Konsumentenkredites beschäftigt sich hauptsächlich mit zwei Fragen. Erstens wird untersucht, inwieweit sich einzelne Formen des Konsumentenkredites bestimmten sozialen Gruppen zuordnen lassen, wobei hier auch Fragen der Identifikation und der Stigmatisierung eine Rolle spielen. Die zweite Frage betrifft den Zugang sozialer Gruppen zur kreditbasierten Konsumfinanzierung sowie den Zusammenhang zwischen diesem Zugang und den Möglichkeiten gesellschaftlicher Partizipation. Wie diese Fragen im internationalen Vergleich zu beantworten sind, wird im Folgenden dargestellt.

In den USA hatte sich der „Instalment Plan" im 19. Jahrhundert etabliert, um komplexe Maschinen an Angehörige der Mittelschicht zu verkaufen. Anfang des 20. Jahrhunderts wurde diese Kreditform in der Öffentlichkeit dagegen als Unterschichten-Phänomen wahrgenommen, als eine Praxis, mit der Arbeiter ihren täglichen Konsum finanzierten.[31] Für den informellen Geldverleih gilt dieses Urteil in verschärfter Form, zumal diese Praxis bis zum Ersten Weltkrieg illegal war.[32] In das Zentrum der Gesellschaft stieß der Konsumentenkredit erst in den 1920er Jahren im Zusammenhang mit der sogenannten „Consumer Durables Revolution" vor.[33] Die Nachfrage nach langlebigen Konsumgütern stieg dabei nicht nur absolut, sondern auch in Relation zu anderen Konsumgütern deutlich an. Im Zentrum dieses Wandels stand das Automobil. Der entscheidende gesellschaftliche Durchbruch des Ratenkaufs wird mit dem Ausgang der in der Einleitung beschriebenen Auseinandersetzung zwischen Ford und General Motors um die Finanzierung des Automobils in den 1920er Jahren in Zusammenhang gebracht, als die Angehörigen der Mittelschicht sich mit überwältigender Mehrheit für die Kreditfinanzierung entschieden.[34] Der gesellschaftliche Durchbruch des Geldverleihs gelang dagegen erst durch den Einstieg der Banken in dieses Geschäft in den 1930er Jahren.[35] Die Banken sprachen dabei gezielt Angehörige der Mittelschicht an, indem sie als Sicherheit für die Kredite nur Gehaltszahlungen, nicht jedoch Lohnzahlungen akzeptierten.[36]

Beim Wandel der Konsummuster waren die USA den europäischen Gesellschaften um etwa 30 Jahre voraus. Die Europäer blieben vor dem Zweiten Weltkrieg

---

31 *Calder*, American Dream, S. 166.
32 Ebd., S. 116.
33 *Olney*, Buy now, pay later, S. 85.
34 *Calder*, American Dream, S. 197f.
35 L. *Hyman*, Debtor Nation. The History of America in Red Ink, Princeton 2011, S. 82f.
36 Ebd., S. 89f.

weitgehend in den alten Konsummustern verhaftet, bei denen Güter des täglichen Bedarfs im Mittelpunkt standen. Langlebige Konsumgüter wie Automobile blieben dagegen ein Luxusgegenstand, der für den Großteil der Bevölkerung unerreichbar war. In Deutschland vernichtete zusätzlich die Inflation zusammen mit der anschließenden Währungsreform Anfang der 1920er Jahre große Teile der privaten Ersparnisse. Die damit einhergehende Knappheit an Barmitteln führte zu einer erhöhten Kreditnachfrage auch der Mittelschicht zur Finanzierung des alltäglichen Konsums. Diese Nachfrage war demnach kein Zeichen von Prosperität, sondern im Gegenteil ein Ausdruck wirtschaftlicher Not. Die nationalsozialistische Regierung unternahm in den ersten Jahren ihrer Herrschaft Anstrengungen, den amerikanischen Lebensstandard mithilfe der Verbreitung sogenannter „Volksprodukte" wie dem Volksempfänger oder dem Volkswagen zumindest auf einigen Feldern zu imitieren.[37] Die ohnehin eher symbolische staatliche Förderung des Massenkonsums und des Konsumentenkredites wurde jedoch bereits nach wenigen Jahren zugunsten der generellen Mobilisierung der Wirtschaft für die Rüstung aufgegeben.[38] Die Verschiebung der Prioritäten zeigte sich besonders deutlich beim in der Einleitung beschriebenen Fall des „KdF-Wagens". Ein umfassender Wandel der Konsummuster hat in Deutschland letztlich erst Ende der 1950er Jahre eingesetzt. Auch danach blieben im Vergleich mit anderen Ländern gewisse Unterschiede in den Konsummustern bestehen. Stärker als in den USA bestimmte in Westdeutschland auch noch in den 1960er Jahren die soziale Schicht oder das Milieu das Konsumverhalten der privaten Haushalte. Erst in den 1970er Jahren fanden die Arbeiterhaushalte Anschluss an die Massenkonsumgesellschaft, während die Konsummuster von Angehörigen der Mittelschicht sich bereits Ende der 1950er Jahre deutlich veränderten.[39] Auch im Vergleich mit Großbritannien waren die Konsumausgaben insbesondere der unteren Einkommensgruppen in Deutschland unterentwickelt. Diese Lücke konnte bis in die 1970er Jahre hinein nicht geschlossen werden.[40]

Ein möglicher Erklärungsansatz dafür ist die Entwicklung der Nutzung von Konsumentenkrediten. Diese verharrte in Westdeutschland bis Ende der 1950er Jahre zunächst in den Mustern aus der Zwischenkriegszeit. Finanziert wurden überwiegend Konsumgüter des Grundbedarfs wie Textilien oder Möbel. Arbeiter waren nicht nur die häufigsten Kreditnehmer, sondern nahmen auch höhere Kredite auf als Angestellte oder Beamte.[41] Mit den hohen realen Lohnzuwächsen seit Ende der

---

37 *König, Wolfgang*, Volkswagen, Volksempfänger, Volksgemeinschaft. ‚Volksprodukte' im Dritten Reich, vom Scheitern einer nationalsozialistischen Konsumgesellschaft, Paderborn 2004.
38 Vgl. *Tooze*, Ökonomie der Zerstörung, Kapitel 4, S. 167–200.
39 Vgl. *A. Reckendrees*, Konsummuster im Wandel. Haushaltsbudgets und privater Verbrauch in der Bundesrepublik 1952–98, in: Jahrbuch für Wirtschaftsgeschichte 2, 2007, S. 29–61.
40 *P. Kramper*, From Economic Convergence to Convergence in Affluence? Income Growth, Household Expenditure and the Rise of Mass Consumption in Britain and West Germany 1950–1974, (Working Paper LSE Economic History Working Papers 56/2000, London 2000).
41 *Stücker*, Konsum auf Kredit, S. 80f.

1950er Jahre veränderte sich die Art der Nutzung von Konsumentenkrediten in Westdeutschland deutlich und begann, sich dem amerikanischen Muster anzunähern. Seit Ende der 1950er Jahre standen Fernsehgeräte, elektronische Haushaltsgeräte und schließlich Automobile im Mittelpunkt der Konsumfinanzierung.[42] Im Gegensatz zur Entwicklung in den Vereinigten Staaten führte die Verbreitung der langlebigen Konsumgüter in Deutschland jedoch nicht zu einem gesellschaftlichen Durchbruch des Konsumentenkredites. Stattdessen ging der Anteil der privaten Haushalte, die solche Kredite abzahlten, in den 1960er Jahren stark zurück. Die zentrale Erklärung dafür ist die Erhöhung der Einkommen insbesondere der Arbeiter, die dadurch in die Lage versetzt wurden, die Güter des täglichen Gebrauchs aus dem laufenden Einkommen zu bestreiten. Der Kreditbedarf nach diesen Gütern ging deshalb stark zurück.[43] Dieser Rückgang konnte auch durch die zunehmende Kreditfinanzierung langlebiger Konsumgüter nicht kompensiert werden. Dies lag in erster Linie daran, dass die deutschen Konsumenten auch bei langlebigen Konsumgütern weiterhin das Ansparen favorisierten. So spielte der Erwerb von Konsumgütern als Sparmotiv in Westdeutschland seit den 1960er Jahren eine zentrale Rolle. In den USA war dieses Sparmotiv dagegen so gut wie unbekannt.[44] Die Chancen, mittels Ersparnisbildung am Massenkonsum zu partizipieren, waren in der Gesellschaft jedoch ungleich verteilt. Die Sparquote der Arbeiterhaushalte war noch Mitte der 1960er Jahre nicht einmal halb so hoch wie die der gehobenen Mittelschicht. Letztere konnte dadurch bereits relativ früh genug Ersparnisse bilden, um die begehrten langlebigen Konsumgüter damit zu bezahlen. Bis Anfang der 1970er Jahre stieg jedoch auch die Ersparnisbildung der Arbeiter stark an, sodass sich die Sparquoten anglichen.[45] Die verstärkte Spartätigkeit ermöglichte auch den Arbeitern schließlich, den Konsum überwiegend aus den Ersparnissen zu bestreiten. Bei der ersten entsprechenden Erhebung der Einkommens- und Verbrauchstichprobe im Jahr 1973 unterschied sich die Kreditnutzung bei Arbeiterhaushalten nicht mehr wesentlich von der der Angestellten- und Beamtenhaushalte.[46] Diese Entwicklung bietet einen möglichen Erklärungsansatz für den relativ späten Übergang der Arbeiterhaushalte in die Phase des Massenkonsums.

Während die Entwicklung in Frankreich der in Westdeutschland ähnelte, verlief die Entwicklung in Großbritannien anders. In den 1930er Jahren war die Praxis der Kreditfinanzierung noch eher mit der in Deutschland zu vergleichen, als mit der

---

[42] Ebd., S. 85.
[43] *S. Gonser*, Der Kapitalismus entdeckt das Volk. Wie die deutschen Großbanken in den 1950er und 1960er Jahren zu ihrer privaten Kundschaft kamen, München 2014, S. 126f.
[44] *Logemann*, Different Paths, S. 533.
[45] *Reckendrees*, Konsummuster, S. 58.
[46] Statistisches Bundesamt, Fachserie M: Preise, Löhne und Wirtschaftsrechnungen, Reihe 18: Einkommens- und Verbrauchsstichproben, Bd. 2: Vermögensbestände und Schulden privater Haushalte 1973, S. 17f.

amerikanischen.⁴⁷ Auch die Stigmatisierung des Konsumentenkredites als Finanzierungspraxis der Arbeiterklasse blieb bis zum Zweiten Weltkrieg bestehen.⁴⁸ Nach dem Zweiten Weltkrieg etablierte sich dann aber die Praxis der Kreditfinanzierung in der Mitte der britischen Gesellschaft. Dieser Durchbruch hing eng mit dem Aufstieg der großen Versandhäuser zusammen, deren flächendeckendes Kreditangebot diese Finanzierungsform salonfähig machte. Besonders Frauen profitierten von dem im Vergleich zu anderen Handelsformen einfacheren Zugang zu Krediten.⁴⁹

Die unterschiedliche Bedeutung des Kredits für die Teilhabe an der Konsumgesellschaft bestimmte auch die gesellschaftlichen Auseinandersetzungen über den Zugang zu Krediten. In den Vereinigten Staaten rückte mit der allgemeinen Anerkennung und Anwendung des Konsumentenkredites die Frage der gesellschaftlichen Teilhabe bisher ausgeschlossener sozialer Gruppen in den Vordergrund gesellschaftlicher Debatten zur Konsumgesellschaft.⁵⁰ Die verschiedenen Formen der Kreditdiskriminierung, der Kampf dagegen sowie die Auswirkungen von Antidiskriminierungsgesetzen wurden bereits eingehend erforscht.⁵¹ Die Untersuchungen zeigen, dass die in den 1970er Jahren erlassenen Anti-Diskriminierungsgesetze zwar die Formen der Kreditwürdigkeitsprüfung der Kreditgeber verändert haben, die Diskriminierung jedoch letztlich nicht verhindern konnten.⁵² Dennoch verbesserte sich in den 1980er Jahren der Zugang sozial benachteiligter Gruppen zu modernen Kreditformen und zwar hauptsächlich durch eine Änderung in der Geschäftsstrategie der großen Banken in Bezug auf die Ausgabe von Kreditkarten.⁵³ Die Risiken dieser neuen Geschäftsstrategie wurden in den folgenden Jahrzehnten mittels Verbriefung der Kreditschulden über den gesamten internationalen Kapitalmarkt verteilt. In der Finanzkrise 2007/08 zeigten sich schließlich die Risiken dieser Geschäftsmethoden. In Großbritannien halten sich traditionelle Kreditformen der Arbeiterklasse bis heute. Besonders das Angebot der sogenannten „Check Traders" bildete vor allem in den

---

47 *P. Scott*, The Twilight World of Interwar British Hire Purchase, in: Past & Present 1, 2002, S. 195–225, S. 202f.; *S. Bowden/P. Turner*, The Demand for Consumer Durables in the United Kingdom in the Interwar Period, in: The Journal of Economic History 2, 1993, S. 244–258, S. 253.
48 Über die Entwicklung des Konsumentenkredites im Arbeitermilieu existiert inzwischen eine umfangreiche Forschungsliteratur. Vgl. dazu *Logemann*, Introduction, S. 17, Fußnote 17.
49 *R. Coopey/S. O'Connell/D. Porter*, Mail Order in the United Kingdom c. 1860–1960. How Mail Order Competed with other Forms of Retailing, in: The International Review of Retail, Distribution & Consumer Research 3, 1999, S. 261–273, S. 269f.
50 *L. Cohen*, A Consumers' Republic. The Politics of Mass Consumption in Postwar America, New York 2003.
51 *L. Hyman*, Ending Discrimination, Legitimating Debt. The Political Economy of Race, Gender and Credit Access in the 1960s and 1970s, in: Enterprise & Society 1, 2011, S. 200–232; *Ders.*, Debtor Nation; *L. Bowdish*, American Women's Struggle to End Credit Discrimination in the Twentieth Century, in: *J. Logemann* (Hg.), The Development of Consumer Credit in Global Perspective. Business, Regulation, and Culture, Basingstoke 2012, S. 109–128.
52 *Hyman*, Debtor Nation, S. 216f.
53 Ebd., S. 243.

1930er bis 1950er Jahren einen wichtigen Zugang unterer Einkommensklassen zur Kreditfinanzierung.[54] Dieses Geschäftsmodell hat bis heute überlebt, nicht zuletzt aufgrund des fortdauernden Desinteresses der etablierten Finanzmarktakteure an Geringverdienern.[55]

Weil sich die Praxis des kreditfinanzierten Konsums in Deutschland nicht so weitgehend durchsetzen konnte wie in den USA, spielten auch Diskurse über die Partizipation am Konsumentenkredit hier kaum eine Rolle. Im Gegenteil: in einer regelmäßigen Erhebung von EMNID verlor der Konsumentenkredit in den Augen der Befragten zunehmend seine soziale Funktion. Die Frage, ob der Ratenkauf „gut für sozial Schwache" sei, beantworteten 1957 immerhin 12 Prozent der befragten Personen mit „ja", 1979 nur noch 2 Prozent.[56] Stattdessen wurde in den 1960er Jahren immer wieder darüber debattiert, wie man die staatliche Sparförderung gestalten könnte, damit die Arbeiter stärker davon profitierten. Schließlich gelang es durch mehrere Reformen bis Anfang der 1970er Jahre, die Ersparnisbildung der Arbeiterhaushalte gezielt zu fördern.[57] Die Frage der gesellschaftlichen Partizipation wurde in Deutschland also nicht vor dem Hintergrund der Kreditfinanzierung, sondern der Ersparnisbildung geführt.

Zusammenfassend lässt sich anhand der Entwicklung der Partizipation gesellschaftlicher Gruppen am Konsumentenkredit die gesellschaftliche Bedeutung dieser Praxis darstellen. Entscheidend für den gesellschaftlichen Durchbruch der modernen Kreditformen war ihre Übertragung auf den Kauf teurer langlebiger Konsumgüter und ihre nachhaltige Akzeptanz in den jeweiligen Mittelschichten. Dort, wo diese Akzeptanz erreicht wurde, wandelte sich der gesellschaftliche Diskurs zu Fragen des Zugangs diskriminierter Gruppen zu diesen Kreditformen. In den Ländern, in denen der Konsumentenkredit nicht von einem gesellschaftlichen Konsens getragen wurde, spielten diese Fragen dagegen keine bedeutende Rolle. Die Frage nach gesellschaftlicher Akzeptanz muss zur Betrachtung des Legitimationsprozesses des Konsumentenkredites führen, der im nächsten Abschnitt näher betrachtet wird.

---

54 *S. O'Connell/C. Reid*, Working-Class Consumer Credit in the UK, 1925–60. The Role of the Check Trader, in: The Economic History Review 2, 2005, S. 378–405.
55 *S. O'Connell*, The Business of Working Class Credit. Subprime Markets in the United Kingdom since 1880, in: *J. Logemann (Hg.)*: The Development of Consumer Credit in Global Perspective. Business, Regulation and Culture, New York 2012, S. 85–108, S. 102.
56 EMNID-Informationen 4, 1979, S. 14f.
57 Vgl. *C. Kopper*, Die Sparkassen und die staatliche Sparförderung, in: *G. Schulz (Hg.)*, Die Sparkassen in der Bundesrepublik, Bonn 2019 (im Erscheinen); *S. Knake*, Moderne Vertriebswege. Die Verbreitung erfolgsorientierter Vergütungsformen im Privatkundengeschäft bei Banken und Versicherungen in Westdeutschland in den 1970er und 80er Jahren, in: Zeitschrift für Unternehmensgeschichte 1, 2019, S. 49–82.

4 Der Wandel der ökonomischen und moralischen Legitimation des Konsumentenkredites

Ein oft genutzter Forschungsansatz erklärt die Divergenz in der Finanzierung der Konsumgesellschaft mit der unterschiedlichen Entwicklung von dominierenden moralischen Leitbildern innerhalb der einzelnen Gesellschaften.[58] Demnach bestimmten die Einstellungen und Vorurteile der Konsumenten den Verbreitungsgrad der Praxis des kreditfinanzierten Konsums. Der gesellschaftliche Legitimationsprozess des Konsumentenkredites war dabei eng mit Entwicklungen auf dem Gebiet der Wirtschaftswissenschaften verbunden. Auch in der Ökonomie stößt man im internationalen Vergleich unweigerlich auf starke Divergenzen in der Bewertung des kreditfinanzierten Konsums. Dies wird besonders beim Vergleich zwischen den Vereinigten Staaten und der Bundesrepublik deutlich.

Die gesellschaftliche Akzeptanz des kreditfinanzierten Konsums war in den beiden Ländern nahezu gegensätzlich. In den USA hatte in den 1960er Jahren etwa die Hälfte der Haushalte eine uneingeschränkt positive Einstellung zum Konsumentenkredit.[59] In Deutschland dagegen besaß der Konsumentenkredit in den Augen der Bevölkerung mindestens bis zum Ende der 1980er Jahre einen überwiegend negativen Ruf. In den 1960er Jahren standen zwei Drittel der Bevölkerung in Westdeutschland dieser Praxis ablehnend gegenüber, 1979 waren es sogar fast drei Viertel.[60] Auf dem Höhepunkt des westdeutschen Kreditbooms der 1970er Jahre war die Einstellung der Bevölkerung also weitaus negativer als noch am Beginn der Entwicklung.

Dieser Gegensatz lässt sich durch Unterschiede im historischen Legitimationsprozess des Konsumentenkredites in den beiden Ländern erklären. In den USA hatte sich aufgrund der wachsenden Bedeutung der Kreditfinanzierung Anfang des 20. Jahrhunderts zunächst die Kritik an dieser Praxis vervielfacht.[61] In den 1920er Jahren kam es jedoch zu einem relativ unvermittelten Umschwung der öffentlichen Meinung, der entscheidend beeinflusst wurde durch die breite Rezeption einer Untersuchung des Ökonomen Edwin R. A. Seligman aus dem Jahr 1927 mit dem Titel „The Economics of Instalment Selling".[62] Seligmans Ideen wurden von der stark wachsenden Kreditindustrie bereitwillig aufgegriffen, während die Kritik am Ratenkauf deutlich zurückging. Seligmans Verteidigung des Konsumentenkredites bot eine wichtige wissenschaftliche Grundlage für die gesellschaftliche Akzeptanz der Praxis des kreditfinanzierten Konsums in den Vereinigten Staaten, wobei die Legitimation des Kon-

---

58 Vgl. u. a. *D. M. Tucker*, The Decline of Thrift in America. Our cultural Shift von Saving to Spending, New York 1991.
59 *Katona/Strumpel/Zahn*, Aspirations, S. 98.
60 EMNID-Informationen 4, 1979, S. 14f.
61 *Calder, Lendol*, American Dream, S. 217–219.
62 *E. R. A. Seligman*, The Economics of Instalment Selling. A Study in Consumers' Credit, with Special Reference to the Automobile, London 1927; *Calder*, American Dream, S. 237–248.

sumentenkredites seinem Durchbruch in der Praxis folgte und nicht umgekehrt.[63] Innerhalb der Wirtschaftswissenschaften ist Seligmans Studie zunächst eher verhalten aufgenommen worden.[64] Insbesondere seine wichtigste These, dass Konsumentenkredite positive langfristige Effekte auf die Gesamtwirtschaft haben konnten, blieb in der Folge nicht unwidersprochen.[65] Sie ist bis heute umstritten.[66]

Einen weiteren Legitimationsschub erhielt der Konsumentenkredit durch seine Integration in verschiedene New-Deal-Programme der Roosevelt-Administration in den 1930er Jahren.[67] In diesem Zusammenhang wandelte sich auch das wirtschaftswissenschaftliche Interesse hin zur Frage nach dem Zusammenhang zwischen dem Konsumentenkredit und dem Konjunkturzyklus, die bei der Bekämpfung der Folgen der Weltwirtschaftskrise von überragender Bedeutung war. In den Vereinigten Staaten kamen die meisten keynesianischen Ökonomen zu dem Schluss, dass ein unregulierter Markt für Konsumentenkredite die zyklische Entwicklung der Wirtschaft signifikant verschärfte.[68] Im Sinne einer antizyklischen Wirtschaftspolitik schlugen die Ökonomen daher die staatliche Regulierung dieses Kreditmarktes vor. Der Konsumentenkredit sollte dadurch zu einem Instrument der antizyklischen Wirtschaftspolitik umgestaltet werden.[69]

Seit den 1950er Jahren veränderte sich die wirtschaftswissenschaftliche Betrachtung des Konsumentenkredites erneut signifikant. Grundlage für diesen Wandel waren die neuen mikroökonomisch fundierten Konsumtheorien. Modigliani und Brumberg stellten in diesem Zusammenhang 1954 die sogenannte Lebenszyklus-Hypothese auf.[70] Diese sowie die in vielerlei Hinsicht ähnlich argumentierende Hypothese des „permanenten Einkommens" von Milton Friedman[71] schufen indirekt eine ökonomisch-theoretische Legitimation des Konsumentenkredites in der langfristigen Per-

---

63 *Calder*, American Dream, S. 260f.
64 Ebd., S. 249.
65 Als Gegenstandpunkt vgl. *W. P. Mors*, Consumer-Credit Theories. A Historical and Critical Analysis, Studies in Business Administration (Supplement of the Journal of Business) 2, 1944, S. 1–17.
66 Vgl. zu dieser Kontroverse *Olney*, Buy Now, S. 184; *R. Gordon*, Rise and Fall, S. 296–300.
67 *Calder*, American Dream, S. 279.
68 *R. Nugent*, Consumer Credit and Economic Stability, New York 1939. Für eine Zusammenfassung der keynesianischen Untersuchungen vgl. *C. A. Dauten*, A Fresh Approach to the Place of Consumer Credit in Economic and Financial Thinking, in: Journal of Finance 2, 1954, S. 111–123, S. 111–116.
69 *Nugent*, Consumer Credit, S. 238; *G. Haberler*, Consumer Instalment Credit and Economic Fluctuations, New York 1942, S. 175; *A. Kisselgoff*, Factors Affecting the Demand for Consumer Instalment Sales Credit, New York 1952, S. 60. Der bedeutendste Befürworter dieser Forderung war John Kenneth Galbraith, der in seinem Hauptwerk „The Affluent Society" von 1958 eine deutlich kritische Haltung zum Konsumentenkredit einnahm und dabei auch kulturelle Aspekte in den Blick nahm. *J. K. Galbraith*, The Affluent Society, London 1958, S. 160–163.
70 *F. Modigliani/R. H. Brumberg*, Utility Analysis and the Consumption Function. An Interpretation of Cross-Section Data, in: *K. K. Kurihara (Hg.)*: Post Keynesian Economics, New Brunswick 1954, S. 388–436.
71 *M. Friedman*, A Theory of The Consumption Function, Princeton 1957, S. 20–37.

spektive. Die Aufnahme von Krediten ermöglichte demnach eine Aufrechterhaltung des Konsumlevels für den Fall, dass das aktuelle Einkommen unter das erwartete langfristige Einkommen sank und die bisher gebildeten Ersparnisse für die Aufrechterhaltung des langfristig optimalen Konsumniveaus nicht ausreichten. Im Sinne der Lebenszyklus-Hypothese war dies insbesondere bei jüngeren Konsumenten der Fall. Die Lebenszyklus-Hypothese gab auch den Gegnern der Regulierung des Konsumentenkredites ein neues wissenschaftlich fundiertes Argument an die Hand. Danach führte jede staatliche Regulierung des Kreditangebots potenziell zu Wohlfahrtsverlusten, weil die Konsumenten daran gehindert wurden, ihren Konsum optimal an ihr langfristiges Einkommensniveau anzupassen. Bereits im Jahr 1954 nutzte der Ökonom Carl Dauten die ersten Erkenntnisse der neueren Konsumforschung, um gegen eine (erneute) staatliche Regulierung des Kaufkredites zu argumentieren.[72] Die Lebenszyklus-Hypothese ist – mit zahlreichen Erweiterungen – bis zur Finanzkrise das Standardmodell zur Erklärung des Konsumverhaltens und damit auch des Kreditverhaltens geblieben.[73] Nach der Finanzkrise 2007/08 ging dieser Konsens der wirtschaftswissenschaftlichen Forschung zum Konsumentenkredit dagegen wieder teilweise verloren.[74]

In Westdeutschland unterschied sich der gesellschaftliche Legitimationsprozess dagegen in vielen Punkten signifikant. Ebenso wie in den Vereinigten Staaten hat der Anstieg der Bedeutung des Ratenkaufs in den 1950er Jahren zunächst vor allem die öffentliche Kritik an dieser Praxis befeuert. Sie gipfelte in der Forderung nach einer staatlichen Regulierung des Konsumentenkredites in der ersten Hälfte des Jahrzehnts. Dabei identifizierten die Kritiker die Praxis des kreditfinanzierten Konsums als amerikanische Kulturtechnik, womit die Auseinandersetzung um den Konsumentenkredit Teil der öffentlichen Debatte über die „Amerikanisierung" der deutschen Kultur und Gesellschaft wurde.[75] In diesem Zusammenhang nahm die Debatte der 1950er Jahre Elemente einer früheren Kritik am Konsumentenkredit aus den 1920er Jahren wieder auf, die ihrerseits auf den zeitglichen Durchbruch dieser Praxis in den Vereinigten Staaten reagierte.[76]

Die fundamentale Kritik des Konsums auf Kredit wurde insbesondere vom „Arbeitskreis für Absatzfragen" formuliert, den das Unternehmen C&A zusammen mit

---

72 *Dauten*, Fresh Approach, S. 123.
73 Für einen Überblick über den Stand der Forschung vor der Finanzkrise vgl. *G. Bertola/ R. Disney/ C. Grant*, The Economics of Consumer Credit Demand and Supply, in: *Dies. (Hg.)*, The Economics of Consumer Credit, Cambridge, MA 2006, S. 1–26.
74 *A. Mian/R. Atif/A. Sufir, Amin/E. Verner*, Household Debt and Business Cycle Worldwide (NBER Working Papers Nr. 21581, Cambridge, MA 2015); *R. G. Rajan*, Fault Lines. How Hidden Fractures still threaten the World Economy, Princeton 2011; *M. Schularick/A. M. Taylor*, Credit Booms Gone Bust. Monetary Policy, Leverage Cycles and Financial Crises 1870–2008, in: American Economic Review 2, 2012, S. 1029–1061.
75 *Logemann*, Americanization, S. 545f.
76 Ebd., S. 537f.

anderen Einzelhändlern finanzierte und dem unter anderem die Ökonomen Friedrich Lutz und Wilhelm Röpke angehörten.[77] Trotz der Beteiligung solch anerkannter und bedeutender Wirtschaftswissenschaftler wurde die Debatte um den Konsumentenkredit in den 1950er Jahre aus wirtschaftstheoretischer Perspektive auf einem bescheidenen Niveau geführt. Vielmehr entstammten insbesondere die Argumente der Kritiker des kreditfinanzierten Konsums dem Fundus einer allgemeinen konservativ-bürgerlichen Kulturkritik.[78]

Auch in den 1960er Jahren ging von den Wirtschaftswissenschaften in Deutschland kein positiver Impuls für die gesellschaftliche Legitimation des Konsumentenkredites aus. In der deutschen Volkswirtschaftslehre dominierte nach dem Zweiten Weltkrieg wie bereits in der Zwischenkriegszeit die Angebotsseite die innerfachliche Schwerpunktsetzung, während eine systematische Analyse der Nachfrage weitgehend ausblieb.[79] Aufgrund der daraus folgenden Vernachlässigung der Konsumtheorien bei der deutschen Rezeption der anglo-amerikanischen Strömungen der Wirtschaftswissenschaften wurden zentrale Erkenntnisse der amerikanischen Ökonomen zum Konsumentenkredit bis in die 1970er Jahre hinein nicht rezipiert.[80] Erst seit den 1980er Jahren gewannen die amerikanischen Ansätze zur Analyse des Konsumentenkredites auch in den deutschen Wirtschaftswissenschaften an Einfluss.[81]

Nicht zuletzt das Desinteresse der meisten Ökonomen am Konsumentenkredit führte dazu, dass in Deutschland lange Zeit heterodoxe wirtschaftswissenschaftliche Ansätze die Forschung zu diesem Thema prägten. Dies gilt insbesondere für verhaltensökonomische Studien, die Günther Schmölders und dessen Schüler durchführten.[82] Die Bereitschaft, sich zum Zwecke des Konsums zu verschulden, basierte dieser Forschung zufolge hauptsächlich auf den grundlegenden Charaktereigenschaften der Individuen und nicht auf ihren wirtschaftlichen Möglichkeiten.[83] Da gerade die Charaktereigenschaften, die eine Kreditaufnahme begünstigten, nahezu sämtlich eine negative Konnotation besaßen, zeigte diese Forschung einerseits die Verinnerlichung der moralisch fundierten Kritik am Konsumentenkredit durch große Teile der Bevölkerung. Gleichzeitig bestand jedoch die Gefahr, dass die Studien die moralische Kritik

---

77 *Logemann*, Different Paths, S. 540.
78 Ebd., S. 542.
79 *Hesse*, Wirtschaft als Wissenschaft, S. 396.
80 Eine Ausnahme im Zusammenhang der Keynesianismus-Rezeption bildet: A. Bosch, Konsumentenkredit. Ein Hebel der Konjunkturpolitik? In: ORDO Bd. XV/XVI, 1965, S. 485–518. Zur frühen Rezeption der Konsumtheorien Modiglianis und Friedmans vgl. *H. Janssen*, Milton Friedman und die monetaristische Revolution in Deutschland, Marburg 2006, S. 99; *H. Loef*, Lebenszyklushypothese und Geldnachfrage. Empirische Evidenz für die BRD 1950–1975, in: Zeitschrift für die gesamte Staatswissenschaft 3, 1977, S. 504–520.
81 Der Sammelband „Der volkswirtschaftliche Sparprozess" der Zeitschrift „Kredit und Kapital" aus dem Jahr 1985 zeigt diese Tendenz in aller Deutlichkeit. *W. Ehrlicher/D. B. Simmert (Hg.)*, Der Volkswirtschaftliche Sparprozess, Beihefte zu Kredit und Kapital Bd. 9, Berlin 1985.
82 Vgl. etwa: *G. Schmölders*, Psychologie des Geldes, Reinbek 1966, S. 37–57.
83 *G. Schmölders*, Der Umgang mit Geld im privaten Haushalt, Berlin 1969, S. 137f.

am Konsumentenkredit nicht nur rekonstruierten, sondern auch reproduzierten. Die Ergebnisse der verhaltensökonomischen Forschung wurden beispielsweise von Kreditinstituten angewendet, um ihre Kunden gezielter beraten zu können.[84]

Nicht nur bei den Wirtschaftswissenschaften divergierte die Entwicklung auf beiden Seiten des Atlantiks. Auch andere bedeutende gesellschaftliche Akteure entwickelten auf diesem Gebiet gegensätzliche Vorstellungen. Insbesondere die Rolle der Gewerkschaften sticht hier hervor. In den USA akzeptierten die Gewerkschaften demnach den Konsumentenkredit unter anderem deshalb, weil sie im Zusammenhang mit der Finanzierung der Arbeiter in Zeiten von Streiks selbst positive Erfahrungen mit der Praxis des kreditfinanzierten Konsums gemacht hatten. Spätestens nach dem Zweiten Weltkrieg verteidigten die Gewerkschaften den Konsumentenkredit als legitimes Mittel zur Steigerung des Lebensstandards der Arbeiter.[85] Anders als ihre amerikanischen Schwesterorganisationen wollten die deutschen und die französischen Gewerkschaften auch nach dem Zweiten Weltkrieg nicht nur den Lebensstandard ihrer Mitglieder verbessern, sondern verfolgten nach wie vor weitergehende politische Ziele. So unterstützten die deutschen Arbeitnehmervertretungen etwa das Ziel der Vermögensbildung in der Hand von Arbeitnehmern, um der starken Vermögenskonzentration entgegenzuwirken.[86] Auch unter den Arbeitgebern existierte in Westdeutschland keineswegs ein Konsens über den Nutzen von Konsumentenkrediten, wie das Beispiel des „Arbeitskreis für Absatzfragen" zeigt, der hauptsächlich von dem Unternehmen C&A finanziert wurde.[87]

In den Vereinigten Staaten hatte sich seit den 1950er Jahren bei praktisch allen gesellschaftlich relevanten Akteuren ein Konsens darüber gebildet, dass die Praxis des kreditfinanzierten Konsums große wirtschaftliche und soziale Fortschritte ermöglichte und deshalb zu unterstützen sei.[88] Dieser Konsens bleibt im Großen und Ganzen auch nach der Finanzkrise 2007/08 erhalten, wenngleich die Legitimation des kreditfinanzierten Konsums durch diese Krise durchaus Schaden genommen hat. In Deutschland war demgegenüber eine breite Koalition entstanden, deren Ziel die Ersparnisbildung war. Ludwig Erhards vorsichtiger Versuch der Legitimation des Konsumentenkredites im Jahr 1953[89] blieb auch deshalb weitgehend folgenlos, weil mit Ausnahme der Kreditinstitute nahezu niemand bereit war, die Praxis des kreditfinanzierten Konsums zu verteidigen oder zu fördern.

---

84 Vgl. *S. Knake/P. Neeb*, Der störrische Bankkunde. Intransparenz und Vertrauensprobleme in der Bank-Kunde-Beziehung. Berliner Journal für Soziologie 29, 2019, S. 1–29.
85 *Trumbull*, Credit Access, S. 9–34.
86 *Knake*, Moderne Vertriebswege, S. 59.
87 *Logemann*, Different Paths, S. 539.
88 *S. Garon*, Beyond our Means. Why America Spends While the Rest of the World Saves, Princeton 2012, S. 321.
89 *Logemann*, Different Paths, S. 531.

5 Regulierung und Förderung – Der Konsumentenkredit und der Staat

Für die Tätigkeit des Staates im Hinblick auf den Konsumentenkredit existiert eine gängige Hypothese innerhalb der geschichtswissenschaftlichen Forschung, die die staatliche Förderung des Konsumentenkredites als Alternative für den Ausbau des Wohlfahrtstaates interpretiert.[90] Im Folgenden wird ein alternativer Ansatz vorgestellt, der die Förderung des Konsumentenkredites der staatlichen Sparförderung gegenüberstellt.[91]

Bei der staatlichen Regulierung des Konsumentenkredites muss grundsätzlich zwischen Barkrediten und dem Ratenkauf unterschieden werden. Im Gegensatz zum Ratenkredit war der Barkredit nicht unmittelbar an ein Kaufgeschäft gebunden, daher wurde die Kreditsumme direkt an den Kreditnehmer ausgezahlt. Der Geldverleih fiel rechtlich gesehen in den Bereich der Antiwuchergesetzgebung. Hier lässt sich im internationalen Vergleich bereits zu Beginn des 20. Jahrhunderts eine divergente Entwicklung feststellen. In Großbritannien wurden die Antiwuchergesetze bereits 1854 abgeschafft.[92] Erst durch die „Moneylenders Acts" von 1900 und 1927 wurden Geldverleiher wieder einer staatlichen Aufsicht unterworfen. Sie mussten sich registrieren lassen und unfaire Kreditvereinbarungen konnten nun vor Gericht angefochten werden.[93] 1927 wurde zudem indirekt eine Zinsobergrenze von 48 Prozent eingeführt.[94] Die Regulierung des Geldverleihs durch das Gesetz von 1927 führte zu einem dramatischen Rückgang der Geldverleiher und in der Folge zu Ausweichbewegungen im Kreditgeschäft.[95]

In den Vereinigten Staaten war das Kleinkreditgeschäft seit dem 19. Jahrhundert starken staatlichen Beschränkungen unterworfen. Auf der Ebene der Bundesstaaten waren Gesetze zur Bekämpfung des Wuchers in Kraft. Die Folge dieser Antiwuchergesetze war die Etablierung eines kriminellen Kleinkreditgewerbes, dessen populäre Darstellung der „Kredithai" war.[96] Die illegale Praxis der Kreditvergabe zog zunehmend die Kritik verschiedener philanthropischer Vereinigungen auf sich. Sie bekämpften diese Praxis durch die Etablierung legaler Alternativen. Unter der Schirmherrschaft der Russel Sage Foundation arbeitete Arthur Ham einen Gesetzes-

---

90 Vgl. zu dieser These: *J. Logemann*, From Cradle to Bankruptcy? Credit Access and the American Welfare State, in: *Ders. (Hg.)*: The Development of Consumer Credit in Global Perspective. Business, Regulation, and Culture, Basingstoke 2012, S. 201–221.
91 Diese These wird zum Teil auch von Daniel Mertens vertreten. Vgl. *Mertens*, Erst Sparen.
92 *R. Gelpi/F. Julien-Labruyère*, The History of Consumer Credit. Doctrines and Practices, Basingstoke 2000, S. 126–128.
93 *P. Fearon*, A ‚social' Evil. Liverpool moneylenders 1920s–1940s, in: Urban History 2, 2015, S. 440–462, S. 441f.
94 Ebd., S. 449–451.
95 *O'Connell*, Subprime Markets, S. 99.
96 *Calder*, American Dream, S. 112–123.

entwurf aus, der 1917 unter dem Titel „Uniform Small Loan Law" nach und nach von der Mehrzahl der Staaten verabschiedet wurde. Dieses Gesetz legalisierte das Kleinkreditgeschäft und unterwarf die Kreditgeber im Gegenzug umfassender staatlicher Regulierung.[97]

In Deutschland wurden im Zuge der großen Bankenkrise 1931 erstmals umfangreiche Regulierungsmaßnahmen auch im Bereich des Barkredits eingeführt. Dazu gehörte die durch die erstmals 1931 abgeschlossenen Zinsabkommen bestehende Regulierung der Kreditzinsen. 1939 wurde zudem vom Reichskommissar für das Kreditwesen eine Richtlinie erlassen, die für Kredite an Privatpersonen bis 600 RM feste Zinsobergrenzen und Laufzeiten festlegte.[98] Diese Richtlinie gewann insbesondere nach dem Zweiten Weltkrieg an Bedeutung. In den 1950er Jahren behinderte sie noch den Einstieg der Geschäftsbanken in die Konsumfinanzierung. Mit der Lockerung der Richtlinie im Jahr 1958 wurde diese Hürde teilweise beseitigt, womit die Voraussetzung für den Einstieg der Banken in das Konsumentenkreditgeschäft geschaffen wurde.[99] Dem 1962 eingeführten Anschaffungs-Darlehen war ebenfalls eine aufsichtsrechtliche Regelung vorausgegangen, die wesentliche Regelungen des Kleinkredites auch für höhere Kreditsummen übernahm.[100] Diese Sonderregelungen wurden 1967 im Rahmen der allgemeinen Zinsliberalisierung aufgehoben. Von diesem Zeitpunkt an waren die Kreditgeber in der Gestaltung der Konditionen für Konsumentenkredite in Westdeutschland weitgehend frei.[101] Damit war Westdeutschland den Vereinigten Staaten und auch Großbritannien und Frankreich um mehr als ein Jahrzehnt voraus.

In den USA wurden die Kreditzinsen von Barkrediten erst Ende der 1970er Jahre liberalisiert. 1978 wurde vom Verfassungsgericht der Vereinigten Staaten in diesem Zusammenhang ein bedeutendes Urteil gefällt, das heute unter dem Namen *Marquette*-Entscheidung bekannt ist. Das Gericht kam zu dem Schluss, dass bei der Einhaltung der einzelstaatlich festgelegten Höchstgrenzen für Kreditzinsen der Staat entscheidend war, wo der Kreditgeber seinen Sitz hatte. Infolge dieses Urteils zogen die Kreditkartendivisionen der großen Banken in die Staaten mit den höchsten Obergrenzen, etwa nach South Dakota. Im folgenden Unterbietungswettbewerb schafften die meisten Bundesstaaten bestehende Zinsobergrenzen schließlich vollständig ab.[102]

Die Entwicklung des Geldverleihs stand allerdings über weite Teile des 20. Jahrhunderts im Schatten des Ratenkaufs. Dieser hatte in fast allen Ländern den Vorteil, dass er nicht als Kredit- sondern als Kaufgeschäft angesehen wurde und daher nicht unter die Antiwuchergesetzgebung fiel. Stattdessen stand die Frage der Ver-

---

[97] Ebd., 124–135.
[98] *Logemann*, Americanization, S. 540f.
[99] *Gonser*, Kapitalismus, S. 101f.
[100] *J. Mura*, Zur Geschichte des Konsumentenkredits der deutschen Sparkassen, in: Sparkasse 1, 1986, S. 32–37, S. 34.
[101] *Stücker*, Konsum auf Kredit, S. 68f.
[102] Zu dem Urteil, seinen Umständen und Folgen, siehe: *Garon*, Beyond our Means, S. 337–341; *Hyman*, Debtor Nation, S. 244–247; *Trumbull*, Postwar History, S. 489.

fügungsrechte über das Produkt im Zentrum rechtlicher Auseinandersetzungen. In Deutschland wurde der Ratenkauf durch das Abzahlungsgesetz von 1894 staatlich reguliert. In seiner Wirkung schränkte dieses Gesetz die Praxis des Ratenkaufs dabei nicht wesentlich ein.[103] Vielmehr schaffte es für diese Kreditpraxis einen eindeutigen rechtlichen Status, der diese Praxis offiziell legitimierte.[104] In Großbritannien wurde die Frage der Verfügungsrechte ebenfalls Ende des 19. Jahrhunderts durch mehrere Gesetze spezifiziert. Dieser Rechtsprechung zufolge blieben die Objekte im Eigentum des Verkäufers, der das Recht hatte, das Konsumgut zu pfänden, bis der volle Preis bezahlt war. Auch in den USA erhielt der Verkäufer um diese Zeit das Recht, im Falle des Ausbleibens der Ratenzahlungen den Verkaufsartikel sicherzustellen und auch die bis dahin gezahlten Raten einzubehalten.[105]

Abgesehen von diesen rechtlichen Regelungen blieb der Ratenkauf bis zum Ende der 1930er Jahre unreguliert. Sein Durchbruch in den Vereinigten Staaten in den 1920er Jahren erfolgte dementsprechend ohne ein Eingreifen des Staates. Durch die allgemeine Durchsetzung der Praxis der Kreditfinanzierung gewann der Ratenkauf jedoch zunehmend an Bedeutung für die gesamtwirtschaftliche Entwicklung. Großbritannien führte mit dem 1938 verabschiedeten „Hire Purchase Act" als erstes Land eine allgemeine Regulierung des Ratenkaufs ein. Dieses Gesetz reflektierte die zeitgenössische gesellschaftliche Debatte über die zentralen Probleme der Praxis des Ratenkaufs, aber auch die Vorurteile der Mittelschicht gegenüber einer Kreditpraxis, die bis dahin überwiegend von Arbeitern genutzt wurde.[106] Der „Hire Purchase Act" diente den Vereinigten Staaten als Vorbild für eigene Überlegungen zur staatlichen Regulierung des Ratenkaufs. Wie oben gezeigt, bestand unter den keynesianisch gesinnten amerikanischen Ökonomen in den 1930er Jahren Konsens, dass der Instalment Credit gesamtwirtschaftlich prozyklisch wirkte. Sie forderten deshalb, diesen Markt stärker zu regulieren. In Erwartung der wirtschaftlichen Mobilisierung für den Zweiten Weltkrieg sollte diese Regulierung, die 1941 unter dem Namen „Regulation W" unter dem Dach des Federal Reserve Systems eingeführt wurde, insbesondere die Nachfrage nach zivilen Konsumgütern drosseln. „Regulation W" wurde nach dem Krieg faktisch wieder außer Kraft gesetzt. Der Versuch, sie während des Korea-Krieges Anfang der 1950er Jahre wiedereinzusetzen, schlug fehl, womit der Ratenkauf in den Vereinigten Staaten nur für kurze Zeit staatlicher Regulierung unterworfen war.[107]

Großbritannien nahm 1952 einen mit der „Regulation W" vergleichbaren staatlichen Eingriff in die Gestaltung der Kreditkonditionen bei Ratenkäufen vor. Die Regulierungsmaßnahmen wurden in der Folge mehrfach geändert, aufgehoben und wieder

---

103 *Spiekermann*, Konsumgesellschaft, S. 347.
104 *Logemann*, Americanization, S. 533.
105 *Gonser*, Kapitalismus, S. 165f.; *R. Gelpi/F. Julien-Labruyère*, History of Consumer Credit, S. 103.
106 Vgl. *Scott*, Twilight.
107 *Hyman*, Debtor Nation, S. 98–130.

eingeführt und erst 1982 vollständig abgeschafft.[108] Von der Regulierung des Ratenkaufs generell ausgenommen blieben die sogenannten „Check Trader", die weder unter die Jurisdiktion des „Moneylenders Acts" noch unter die des „Hire Purchase Acts" fielen. Eine der Konsequenzen des Nebeneinanders einer umfassenden staatlichen Regulierung des Ratenkaufs und einer gleichzeitig lückenhaften Regulierung des Geldverleihs war das Fortbestehen und Wachstum eines weitgehend unregulierten Subprime-Marktes für Konsumentenkredite in Großbritannien in der Zeit nach 1945.[109] In Frankreich wurde der Konsumentenkredit sehr viel stärker reguliert als in den anderen Ländern. Von 1941 ab durften nur noch staatlich registrierte Finanzinstitute Konsumentenkredite vergeben. Im Jahr 1945 wurde der Conseil National du Crédit gegründet, der nicht nur für die Lizensierung der Kreditgeber, sondern auch für die umfassende Regulierung des Konsumentenkredites zuständig war. Neben der Regulierung griff der französische Staat auch direkt in die Kreditvergabe der Banken ein. Seit den 1960er Jahren beschränkte die Regierung das Kreditvolumen im Neugeschäft der Kreditinstitute, wobei Quoten für jeden Wirtschaftsbereich festgelegt wurden.[110] In der Tendenz bevorzugte der Staat dabei nationale wirtschafts- und industriepolitische Projekte gegenüber der Finanzierung des privaten Konsums.[111] Die Regulierung der Kreditkonditionen wurde 1979 teilweise und erst 1984 vollständig abgeschafft.[112] Die im Jahr 1966 eingeführten Höchstgrenzen für Zinsen wurden erst 1989 entschärft.[113] Wie in Großbritannien führte auch in Frankreich die umfassende Deregulierung des Konsumentenkredites in den 1980er Jahren zu einem kurzen Boom des kreditfinanzierten Konsums in Frankreich. In Frankreich waren die Deregulierungsmaßnahmen jedoch nicht nachhaltig.[114] In Japan wurde der Markt für Konsumentenkredite, der dem englischen System der „Check Trader" ähnelte, 1959 durch das Ministerium für Internationalen Handel und Industrie (MITI) umfangreichen Regulationen unterworfen.[115] Diese staatliche Regulierung, die bis 1992 in Kraft blieb, beeinflusste die weitere Entwicklung des Konsumentenkredites in Japan, insbesondere verhinderte es den Einstieg der Banken ins Kreditgeschäft.[116]

---

108 Vgl. dazu: *S. Aveyard/P. Corthorn/S. O'Connell*, The Politics of Consumer Credit in the UK 1938–1998, New York 2018, insbesondere Kapitel 3–5 und 8.
109 *O'Connell*, Subprime Markets, S. 102.
110 *G. Trumbull*, Explaining Patterns of Household Borrowing in the US and France, in: *J. Logemann* (Hg.), The Development of Consumer Credit in Global Perspective, New York 2012, S. 157–182, S. 171.
111 Ebd., S. 168.
112 *I. Gaillard*, Selling Television on Credit. The Rise of Consumer Loans in Postwar France, in: *J. Logemann* (Hg.): The Development of Consumer Credit in Global Perspective, New York 2012, S. 23–40, S. 31f.
113 *J. Gelpi*, History of Consumer Credit, S. 139f.
114 *Trumbull*, Household Borrowing, S. 174f.
115 *A. Gordon*, Credit, S. 74f.
116 Ebd., S. 76f.

In Deutschland dagegen blieben staatliche Regulierungsmaßnahmen im Bereich des Ratenkaufs rudimentär. Dies lag vor allem an dem seit den 1920er Jahren etablierten „Königsberger System", das ebenso wie das System der britischen „Check Trader" auf der Ausgabe von Verkaufsschecks basierte. Dieses System wurde genau wie in Großbritannien von den umfangreichen staatlichen Regulierungsmaßnahmen des Kreditgewerbes in den 1930er Jahren grundsätzlich ausgenommen. Eine staatliche Regulierung der Konditionen des Ratenkaufs nach dem Vorbild der amerikanischen „Regulation W" wurde zwar in den 1950er Jahren wiederholt gefordert, jedoch nie umgesetzt.[117]

Weitere Bereiche staatlicher Regulierung betrafen die Kreditvergabe eher mittelbar. Dies betrifft insbesondere die Möglichkeit zur Anmeldung von Privatinsolvenzen. Hier war die rechtliche Situation der Schuldner in Deutschland zumindest bis 1999 mit sehr viel mehr Härten verbunden als in den USA. Während dort im Jahr 1978 ein äußerst schuldnerfreundliches Insolvenzrecht eingeführt wurde, eröffnete die Bundesrepublik privaten Schuldnern erst 1999 die Möglichkeit einer Restschuldbefreiung. Zuvor waren die Schuldner weitgehend auf die Kulanz der Gläubiger angewiesen.[118] Demgegenüber gelang der französischen Regierung beim Problem überschuldeter Haushalte früher ein Paradigmenwechsel. Ein Privatinsolvenzrecht wurde in Frankreich zwar erst 2005 eingeführt und damit später als in Deutschland, allerdings wurden bereits 1989 per Gesetz spezielle Kommissionen unter dem Dach der Zentralbank gegründet, bei denen überschuldete Kreditnehmer einen Antrag auf Restrukturierung ihrer Schulden stellen konnten.[119]

Der Austausch von kreditrelevanten Informationen wurde in den USA wiederum stärker reguliert als in der Bundesrepublik. Im Rahmen der Antidiskriminierungsgesetzgebung der 1970er Jahre wurden die Systeme der Kreditgeber zur Feststellung der Kreditwürdigkeit unter die Aufsicht der Federal Reserve gestellt.[120] In Deutschland wurde der Handel mit Kreditinformationen durch das Bundesdatenschutzgesetz von 1976 staatlich stärker reguliert. Dieses Gesetz wirkte sich jedoch erst durch ein Gerichtsurteil im Jahr 1985 auf den einzig relevanten Akteur in diesem Bereich – die Schufa – aus. Praktisch schränkte dieses Urteil die Funktionsfähigkeit des deutschen Kreditinformationssystems kaum ein.[121]

---

117 *Horvath*, Teilzahlungskredite, S. 33–40.
118 Vgl. zum deutschen Fall: *J. L. Kilborn*, The innovative German Approach to Consumer Debt Relief. Revolutionary Changes in German Law and Surprising Lessons for the United States, in: Northwestern Journal of International Law & Business 2, 2004, S. 257–298, S. 260–268. Einen internationalen Vergleich bietet: *I. Ramsay*, Comparative Consumer Bankruptcy, in: Illinois Law Review 1, 2007, S. 241–274.
119 *Trumbull*, Household Borrowing, S. 175f.
120 Vgl. zu diesem Thema: *Hyman*, Legitimating Debt, S. 200–232
121 Vgl. dazu *L. Frohmann*, Privacy, Right to Information and Credit Reporting, in: *J. Logemann*, The Development of Consumer Credit in Global Perspective, New York 2012, S. 129–154.

Insgesamt kann die Geschichte staatlicher Regulierung die Entwicklung des Konsumentenkredites nicht gut erklären. Zwar lässt sich die geringe Nutzung von Krediten in Frankreich teilweise mit staatlichen Restriktionen erklären. Deutschland war jedoch im Hinblick auf den Konsumentenkredit ein überraschend liberales Land, während sowohl in den USA als auch in Großbritannien die staatliche Regulierung sowohl umfangreicher als auch andauernder war.

Besser lassen sich die internationalen Unterschiede in der Nutzung von Konsumentenkrediten mit dem Umfang staatlicher Förderungsmaßnahmen in diesem Bereich erklären. Die Vereinigten Staaten haben die Verschuldung der privaten Haushalte durch verschiedene Maßnahmen in erheblichem Maße gefördert. Die wohl bedeutendste staatliche Förderung war die steuerliche Anrechenbarkeit von Zinszahlungen für Kredite jeder Art. Diese Möglichkeit wurde bereits im 1913 eingeführten Einkommenssteuergesetz eingeräumt.[122] Relevanz für die privaten Haushalte bekam diese Regelung jedoch erst nach dem Zweiten Weltkrieg, nachdem ein Großteil der amerikanischen Haushalte durch die hohen Einkommenssteigerungen während des Krieges erstmals überhaupt einkommenssteuerpflichtig geworden war.[123] Der Gesetzgeber machte jedoch auch angesichts ihrer relativ unvermittelten Relevanz keine Anstalten, diese Regelung einzuschränken oder abzuschaffen. Vielmehr griff der Kongress 1954 zugunsten der Konsumenten ein, als Probleme bei der Berechnung der Zinskosten beim Ratenkauf aufkamen.[124] Die steuerlichen Vorteile der Kreditaufnahme wurden mit Ausnahme der Zinsen auf Hypothekenkredite 1986 abgeschafft.[125] In der Praxis verschob sich dadurch jedoch lediglich die Struktur privater Schulden, weil nun vermehrt Hypothekenkredite zum Zweck des Konsums aufgenommen oder erhöht wurden. Eine stärker intendierte Förderung des Konsumentenkredites stellte eines der Programme der 1934 im Rahmen des New Deal gegründeten Federal Housing Association (FHA) dar. Neben der Förderung des Neubaus von Wohnraum hatte die FHA ein Programm für die Instandsetzung und Modernisierung bestehender Wohneinheiten aufgelegt. Kredite, die bestimmte Kriterien erfüllten, konnten über die FHA gegen Kreditausfälle versichert werden. Die staatliche Kreditversicherung war eine entscheidende Voraussetzung für den Einstieg der großen Banken in das Geschäft mit Konsumentenkrediten in den 1930er Jahren.[126]

Steuerliche Vergünstigungen von Konsumentenkrediten existierten auch in anderen Ländern wie Deutschland und Großbritannien. In Deutschland wurde die Möglichkeit zur steuerlichen Anrechenbarkeit 1920 reichsweit eingeführt. Wie in den

---

122 *C. J. Berger*, Simple Interest, Complex Charges, in: Columbia Law Review 2, 1981, S. 217–260.
123 *Garon*, Beyond our Means, S. 321.
124 *Berger*, Simple Interest, S. 224f.
125 *Hyman*, Debtor Nation, S. 251f.
126 Ebd., S. 78–81.

USA war sie als Entlastung für Selbstständige und Personengesellschaften gedacht.[127] Relevant für die Konsumfinanzierung wurde diese Regelung erst mit der steigenden Zahl steuerpflichtiger Lohn- und Gehaltsempfänger nach dem Zweiten Weltkrieg. Während in den USA jedoch bereits während des Zweiten Weltkrieges der Großteil der Erwerbstätigen steuerpflichtig wurde, zog sich dieser Prozess in Westdeutschland bis in die 1960er Jahre hin.[128] Auch nachdem sie die Möglichkeit zur steuerlichen Vergünstigung in Anspruch nehmen konnten, machten nur wenige Arbeitnehmer davon Gebrauch, was nicht zuletzt an der mangelnden Kenntnis dieser Subvention lag.[129] Als schließlich Anfang der 1970er Jahre die große Expansionsphase der Kreditfinanzierung in Westdeutschland begann, reagierte die Bundesregierung restriktiv und schaffte die Möglichkeit zur steuerlichen Anrechnung von Schuldzinsen für Privatpersonen Anfang 1974 ab. Begründet wurde diese Maßnahme unter anderem mit der expansiven Wirkung des kreditfinanzierten Konsums.[130] Diese Entscheidung steht in deutlichem Gegensatz zu denen des US-Gesetzgebers während der großen amerikanischen Boomphase des kreditfinanzierten Konsums der 1950er Jahre, die die Steuervergünstigung explizit auf die Konsumentenkredite angewendet hatte. Es spricht deshalb einiges dafür, dass steuerliche Vergünstigungen des Konsumentenkredites in der Bundesrepublik deutlich geringere Lenkungswirkungen entfalten konnten als in Amerika.[131] Wie in Deutschland wurden auch in Großbritannien die steuerlichen Vergünstigungen für den Konsumentenkredit bereits 1974 abgeschafft.[132]

Die Förderung privater Ersparnisse war in Europa dagegen lange Zeit deutlich umfangreicher als in den Vereinigten Staaten. Deutschland ist hier besonders aktiv gewesen. Kapitallebensversicherungen konnten hier schon seit dem späten 19. Jahrhundert als Aufwendungen für die Altersvorsorge geltend gemacht werden, für Bausparverträge gilt dies seit den 1930er Jahren.[133] In den Jahren nach der Währungsreform 1948 wurde schließlich auch das allgemeine Kontensparen steuerlich begünstigt.

---

127 M. Hacker, Gibt es Gerechtigkeit in der Steuerpolitik? Der politisch-philosophische Diskurs über Recht und Gerechtigkeit am Beispiel der Entstehung des modernen Einkommensteuerrechts in der Weimarer Republik, Diss., Stuttgart/Berlin 2013, S. 22f. u. 145f.
128 Statistisches Jahrbuch für die Bundesrepublik Deutschland, hg. vom Statistischen Bundesamt, verschiedene Jahrgänge, Kapitel Erwerbstätigkeit sowie Finanzen und Steuern.
129 H. Lindner, Die Inanspruchnahme steuerlicher und vermögenspolitischer Vergünstigungen durch die Lohnsteuerpflichtigen, Forschungsberichte des Landes Nordrhein-Westfalen Nr. 2316, Opladen 1972.
130 Deutscher Bundestag, Protokoll der Sitzung vom 15. März 1973, S. 1000, Parlamentsdokumentation online, URL: http://dipbt.bundestag.de/doc/btp/07/07020.pdf.
131 Gegensätzlich argumentiert Daniel Mertens, der hier keinen grundsätzlichen Unterschied zwischen Westdeutschland und den Vereinigten Staaten erkennen kann. Mertens, Erst Sparen, S. 333.
132 C. Michalke, Private Ausgaben im deutschen und britischen Einkommensrecht, Münster u. a. 2000, S. 125f.
133 A. T. Rüttler, Staatliche Förderung von Lebensversicherungen als Säule der privaten Altersversorgung. Ein Vergleich der Entwicklungen in Großbritannien und in Deutschland mit Blick auf die gesetzliche Rentenversicherung, Diss. Regensburg 2006, S. 118–126; T. R. Kohlhase, Die Entwicklung

In den ersten Jahren der Bundesrepublik verfolgte die Bundesregierung mit der Sparförderung vorwiegend gesamtwirtschaftliche Ziele, insbesondere die Stärkung der privaten Kapitalbildung. Mit der Erholung des Kapitalmarktes im Laufe der 1950er Jahre traten vermehrt sozialpolitische Forderungen in den Vordergrund.[134] Dies gilt für die Einführung der Sparprämien im Jahr 1959 und der vermögenswirksamen Leistungen im Jahr 1961, noch mehr jedoch für die Reform dieser Instrumente 1969/70.[135] Insgesamt konnten die sozialpolitischen Ziele weitgehend erreicht werden. So war es gelungen, insbesondere die Arbeiter in vollem Umfang in die Förderung mit einzubeziehen.[136] Jedoch nahm dadurch auch der Umfang der staatlichen Sparförderung immer weiter zu. Erst in der zweiten Hälfte der 1970er Jahre wurde mit dem Rückbau der staatlichen Sparförderung begonnen. Es sind jedoch auch neue Förderungsformen wie die Riesterrente hinzugekommen, sodass eine staatliche Förderung des Sparens in Deutschland nach wie vor existiert.

Auch in Großbritannien wurde die Bildung von Ersparnissen staatlich gefördert. Die britische Sparbewegung hat im 20. Jahrhundert zudem zeitweise eine große gesellschaftliche Bedeutung besessen. Ihr Niedergang seit den 1970er Jahren fällt zeitlich zusammen mit dem Durchbruch der kreditfinanzierten Konsumgesellschaft.[137] Eine Art Wiederauferstehung feierte die staatliche Sparförderung in Großbritannien durch die Einführung steuerbefreiter Sparkonten seit Ende der 1980er Jahre. Diese Sparkonten ähneln in ihrer Funktion den nach dem zweiten Weltkrieg staatlich geförderten deutschen Sparverträgen.[138] In Frankreich waren Sparbücher der französischen Post, der Sparkassen und Genossenschaften (*Livret A, Livret Bleu*) bis zu einem gewissen Volumen steuerfrei und wurden vom Staat garantiert. Die Zinsen auf diese Sparbücher werden von staatlicher Seite festgelegt, wobei sie aus politischen und sozialen Gründen häufig über dem Marktzins lagen.[139] In den 1960er Jahren wurde die französische Sparförderung noch einmal deutlich ausgebaut. So wurden Steuervergünstigungen für Beiträge zu Kapitallebensversicherungen, für Einnahmen aus Aktiendividenden und Zinsen für Schuldverschreibungen gewährt.[140] Auch in Japan förderte der Staat die Bildung von privaten Ersparnissen, insbesondere in der ersten Hälfte

---

des Bausparwesens in der Bundesrepublik Deutschland in der Zeit zwischen 1949 und 1990. Eine institutionenökonomische Analyse, Diss. Köln 2011, S. 116.
134 *Kopper*, Sparkassen, S. 1–3.
135 Vgl. *Knake*, Moderne Vertriebswege, S. 59; *Kopper*, Sparkassen, S. 9–11; D. *Yorck*, Eigentum für jeden. Die vermögenspolitischen Initiativen der CDU und die Gesetzgebung 1950–1961, Stuttgart 1995.
136 *Kopper*, Sparkassen, S. 12f.
137 *Garon*, Beyond our Means, S. 352f.
138 Encouraging Savings through Tax-preferred Accounts, OECD Tax Policy Studies Nr. 15, 2007, S. 69–73.
139 *Garon*, Beyond our Means, S. 353–355.
140 J.-P. *Patat*/M. *Lutfalla*, Monetary History of France in the Twentieth Century, New York 1990, S. 186.

des 20. Jahrhunderts, mit einer selbst in Europa unerreichten Vehemenz.[141] Auch nach dem Zweiten Weltkrieg wurde von staatlicher Seite eine umfassende Sparförderung betrieben.[142] 1955 wurden Zinseinnahmen auf Sparkonten weitgehend von der Steuer befreit.[143] Die Bank of Japan schätzte 1988, dass über die Hälfte der Ersparnisse der privaten Haushalte zwischen 1973 und 1988 steuerfrei blieben.[144] Erst 1988 wurde die Steuerfreiheit der Zinseinnahmen auf Sparkonten weitgehend aufgehoben.[145]

In dem hier betrachteten Zeitraum griffen staatliche Institutionen in allen hier betrachteten Ländern systematisch in die finanziellen Belange der privaten Haushalte ein. Dabei ist auffällig, dass die staatliche Förderung des Konsumentenkredites in den USA deutlich umfangreicher und auch andauernder war als in den europäischen Ländern. Diese förderten dafür systematisch die Bildung von Ersparnissen. Gerade der deutsche Fall lässt sich dabei durchaus so interpretieren, dass die Sparförderung die Partizipation an der Konsumgesellschaft für zuvor benachteiligte Gruppen ermöglichen sollte. Damit wäre sie auch von der Funktion her mit der amerikanischen Kreditförderung vergleichbar.

6 Konsumentenkredite und die Entstehung der modernen Finanzindustrie

Die Finanzierung des Massenkonsums stellte die Kreditinstitute vor Herausforderungen, die sie mit den traditionellen Methoden der Kreditvergabe nicht mehr bewerkstelligen konnten. Parallel zur industriellen Massenproduktion von Konsumgütern entwickelten sich stattdessen auf der Finanzierungsseite verschiedene Methoden der Massenproduktion von Kreditkontrakten. Louis Hyman spricht in diesem Zusammenhang von der Entstehung einer fordistisch orientierten Finanzindustrie in den Vereinigten Staaten.[146] In anderen Ländern ist diese Entwicklung dagegen differenzierter zu betrachten.

Gemäß ihrem generellen Pionierstatus bei der Entstehung der Konsumgesellschaft entwickelten die Kreditgeber in den Vereinigten Staaten zuerst industrielle Methoden der Kreditvergabe. Ihren ersten Höhepunkt hatte diese Entwicklung in den 1920er Jahren parallel zum Durchbruch des Automobils als Massenkonsumgut. Dabei verhalfen sich das Automobil und der Ratenkauf gegenseitig zum Durchbruch

---

141 Vgl. dazu: *Garon*, Beyond our Means, Kapitel 4, 5 und 8.
142 Ebd., S. 279.
143 Ebd., S. 255–257.
144 T. Ito/Y. Kitamura, Public Policies and Household Savings in Japan, in: *J. M. Poterba (Hg.):* Public Policies and Household Savings, Chicago 1994, S. 133–160, S. 141.
145 *Ito/Kitamura*, Public Policies, S. 144.
146 *Hyman*, Debtor Nation, S. 88f.

im Massengeschäft. Zum Zweck der Automobilfinanzierung gründeten die Hersteller eigene Finanzierungsgesellschaften oder übernahmen bestehende. Im Laufe der 1920er Jahre eroberten diese herstellereigenen Gesellschaften den Großteil des Marktes.[147] Bereits in den 1920er Jahren expandierten sie zusammen mit ihren Konzernmüttern nach Europa. Als Reaktion darauf gründeten auch die großen Autohersteller in Frankreich und Deutschland eigene Finanzierungsgesellschaften.[148] In Großbritannien konnten sich daneben auch unabhängige Finanzierungsgesellschaften etablieren, wie der United Dominions Trust (UDT).[149] Insgesamt blieben diese Institute aufgrund der geringen Verkaufszahlen von Autos in Europa jedoch unbedeutend.

In Europa spielte dagegen lange Zeit eine im 19. Jahrhundert entstandene besondere Form des Konsumentenkredites eine wichtige Rolle, die sich in vielen Punkten vom amerikanischen „Instalment Purchase" unterschied und die bis in die Zeit nach dem Zweiten Weltkrieg weit verbreitet war. In Frankreich wurde im 19. Jahrhundert das sogenannte Dufayel-System entwickelt. Es gilt als Vorbild sowohl für das Ende des 19. Jahrhunderts in Großbritannien eingeführte System der „Check Traders" als auch für das deutsche Königsberger System.[150] Das Prinzip war bei allen diesen Systemen ähnlich. So wurde diese Art des Konsumentenkredites immer von spezialisierten Instituten angeboten, die sowohl von den Produzenten als auch von den etablierten Banken getrennt agierten. Der Kredit wurde direkt zwischen dem Konsumenten und einem Kreditinstitut vereinbart. Der Kunde bekam eine Zahlungsanweisung, die er bei allen Einzelhändlern einlösen konnte, die mit der jeweiligen Teilzahlungsbank kooperierten.[151] Bedeutende Unterschiede gab es jedoch im Vertriebssystem, das in Frankreich und Großbritannien auf Agenten basierte, die die Coupons und Checks direkt an der Haustür verkauften.[152] In Deutschland dagegen boten seit den 1920er Jahren sogenannte Teilzahlungsbanken Kredite im stationären Verkauf an.

Das Königsberger System entstand in Deutschland in der Zeit nach der Währungsreform 1923. Die Vernichtung der Ersparnisse durch die Inflation und die Bargeldknappheit bewogen in dieser Zeit die renommierteren Kaufhäuser und viele Einzelhändler, ihren Kunden den Ratenkauf zu ermöglichen.[153] Da die meisten Einzelhändler selbst nicht genügend Kapital besaßen, um Kredite aus Eigenmitteln bereitzustellen, benötigten sie Zugang zu Fremdkapital. Die etablierten Banken und Sparkassen lehnten jedoch eine Beteiligung an der Finanzierung des privaten Konsums ab. Aus diesem Grund schlossen sich die Händler und Warenhäuser zusammen, um eigene kleine Kreditbanken zu gründen. So entstanden die Teilzahlungsbanken als

---

147 *Olney*, Buy now, S. 119f. + 125–127.
148 *Logemann*, Americanization, S. 538.
149 *Bowden/Turner*, Demand, S. 253.
150 *O'Connell/ Reid*, Working-Class Consumer Credit, S. 392; O'Connell, Subprime Markets, S. 98.
151 *Logemann*, Americanization, S. 536.
152 *Gelpi/Julien-Labruyère*, History of Consumer Credit, S. 135–137.
153 *Logemann*, Americanization, S. 534.

neue Bankengruppe in Deutschland. Eine dieser Teilzahlungsbanken, die 1926 in Königsberg gegründete Kunden-Kredit-Bank (KKB), etablierte das System mit den Zahlungsanweisungen in Deutschland, weshalb es nach dem Herkunftsort der Bank benannt wurde.[154]

Insgesamt entsprachen die speziellen Kreditsysteme den Anforderungen an den Konsumentenkredit in Europa vor dem Zweiten Weltkrieg besser als die großen Finanzierungsgesellschaften der Vereinigten Staaten. Den Risiken bei der Finanzierung des täglichen Konsums konnten sich jedoch auch die neu gegründeten Institute nicht entziehen. Dies zeigte sich besonders in der Weltwirtschaftskrise. Im Vergleich zu den Vereinigten Staaten waren die Kreditausfallraten etwa in Deutschland sehr hoch.[155] Viele Teilzahlungsinstitute gingen in der Weltwirtschaftskrise bankrott. Die hohe Ausfallzahl ist in erster Linie darauf zurückzuführen, dass im Deutschland der Zwischenkriegszeit die Nutzung von Konsumentenkrediten kein Zeichen eines zunehmenden Wohlstands der Massen, sondern im Gegenteil Ausdruck der finanziellen Not großer Teile der Bevölkerung war. Die Praxis des Teilzahlungsgeschäftes in der Zwischenkriegszeit orientierte sich an diesen Realitäten.[156]

Der Zweite Weltkrieg und die Nachkriegszeit unterbrachen das Konsumkreditgeschäft in Deutschland weitgehend. Nach der Währungsreform wurde das in der Weimarer Republik etablierte Teilzahlungssystem jedoch rekonstruiert.[157] Auch das Königsberger System mit den Einkaufschecks etablierte sich erneut. Bis zur Mitte der 1950er Jahre übernahmen die Teilzahlungsinstitute den Großteil der Finanzierungsleistungen vom Handel, der in den ersten Jahren nach der Währungsreform noch dominiert hatte.[158] 1960 besaßen sie einen Marktanteil am Ratenkredit von fast zwei Dritteln. Seit den 1960er Jahren wurden die Teilzahlungsinstitute in Deutschland jedoch zunehmend von den großen Geschäftsbanken und Sparkassen verdrängt. Der Marktanteil sank bis 1975 auf nur noch elf Prozent.[159] In Großbritannien dagegen konnten sich die „Check Trader" auch nach dem Einstieg der Banken weiter halten. Anfang der 1990er Jahre bediente dieser Markt etwa drei Millionen Kunden. Anders als in Deutschland und Frankreich hielt sich daher in Großbritannien ein bedeutender Subprime-Markt für Konsumentenkredite.[160]

Abgelöst wurden die europäischen Kreditsysteme nach dem Zweiten Weltkrieg von Finanzierungsmethoden, die von amerikanischen Banken in den 1930er Jahren entwickelt wurden. In den Vereinigten Staaten etablierte sich bereits in den 1920er Jahren neben dem „Instalment Credit" der Kleinkredit als seriöses Geldgeschäft,

---

154 *Gonser*, Kapitalismus, S. 22f.; *Logemann*, Americanization, S. 538f
155 Vgl. *Olney*, Avoiding Default.
156 *Logemann*, Americanization, S. 539f.
157 *Horvath*, Teilzahlungskredite, S. 22f.
158 Ebd., S. 42.
159 Ebd., S. 47; Eigene Berechnungen auf Basis von: *Stücker*, Konsum auf Kredit, S. 77.
160 *O'Connell*, Subprime Market, S. 99–103.

stand jedoch zunächst noch im Schatten der großen Automobil-Finanzierungsgesellschaften. Voraussetzung für die Entstehung dieses Marktes war die oben dargestellte Legalisierung und Regulierung persönlicher Kleinkredite auf der Ebene der Bundesstaaten. Die Voraussetzungen für den Übergang zum Massenmarkt wurden dagegen erst in den 1930er Jahren geschaffen. Hintergrund war die Weltwirtschaftskrise und der damit zusammenhängende weitgehende und langfristige Ausfall der gewerblichen Kreditnehmer der Banken. Diese suchten deshalb seit Beginn der 1930er Jahre nach Alternativen zur Unternehmensfinanzierung. Der persönliche Kleinkredit schien dennoch zunächst keine Alternative zu bieten, weil die meisten Banken nicht erwarteten, dieses Geschäft profitabel gestalten zu können. Dies änderte sich erst durch die Auswirkungen des Kreditprogramms der Federal Housing Association (FHA) für die Instandsetzung und Modernisierung bestehender Wohneinheiten. Um von diesem staatlichen Programm zu profitieren, richteten fast alle amerikanischen Banken in den 1930er Jahren erstmals sogenannte „Personal Loan Departments" für die Vergabe von Personalkrediten an Privatpersonen ein. Diese neuen Abteilungen expandierten nach kurzer Zeit in weitere Bereiche der Konsumentenfinanzierungen und boten Kleinkredite und Ratenfinanzierungen auch außerhalb des FHA-Programms an.[161]

Die von den US-Banken in den 1930er Jahren neu gegründeten Abteilungen für Privatkredite dienten nach dem Zweiten Weltkrieg den europäischen Kreditinstituten als Vorbild. Pionier in Europa war im Jahr 1958 die englische Midland Bank, die den Erfolg der amerikanischen Banken mit den standardisierten persönlichen Kleinkrediten erstmals in Europa wiederholen konnte. Die britischen Banken sind in der Folge bis in die 1980er Jahre hinein im Konsumentenkredit stark expandiert und wiesen 1980 einen Marktanteil von etwa 80 Prozent bei Barkrediten auf.[162] Der Erfolg der britischen Banken wurde insbesondere von deutschen Bankmanagern registriert und diente als Blaupause für den Einstieg der deutschen Großbanken in das Geschäft mit Konsumentenkrediten ein Jahr später.[163] Im Gegensatz zu den Sparkassen, die bereits kurz nach der Währungsreform Konsumentenkredite anboten, hatten sich die großen deutschen Geschäftsbanken in den 1950er Jahren aus diesem Markt herausgehalten.[164] Sie beteiligten sich lediglich indirekt an der Finanzierung, indem sie Anteile an den Teilzahlungsbanken erwarben.[165] Diese Zurückhaltung endete jedoch 1959, als die drei größten deutschen Banken standardisierte Kleinkredite einführten. Anlass

---

161 Vgl. *Hyman*, Debtor Nation, S. 73–97.
162 *A. Bowen/G. Hoggarth/D. Pain*, The recent Evolution of the UK banking industry and some implications for financial stability (BIS Conference Papers Nr. 7, 1999), S. 251–294, S. 255.
163 *Gonser*, Kapitalismus, S. 97.
164 *K.-P. Ellerbrock*, Konsumentenkredit und „Soziale Marktwirtschaft". Zum Wandel des Sparkassenbildes und des geschäftlichen Denkens in der Sparkassenorganisation zwischen Währungsreform und dem Beginn der Marketing-Ära in den 1970er Jahren, in: *C. Kleinschmidt/F. Triebel (Hg.)*: Marketing. Historische Aspekte der Wettbewerbs- und Absatzpolitik, Essen 2004, S. 105–135, S. 115–118.
165 Vgl. dazu auch: *S. Knake*, Zwischen Ideologie und regionaler Verantwortung. Die Entwicklung der Braunschweigischen Staatsbank und der Braunschweigischen Landessparkasse unter dem

dazu war neben der bereits erwähnten Novellierung der Kleinkreditrichtlinien im Jahr 1958 die Suche nach Anlagemöglichkeiten aufgrund hoher Liquiditätsüberschüsse.[166] Bei der Konzeption des neuen Kreditangebotes orientierten sich die deutschen Banken explizit an den „Personal Loan Departments" der amerikanischen Banken.[167] Die standardisierten Kleinkredite bildeten den erfolgreichen Einstieg der Großbanken ins Privatkreditgeschäft. Im Bereich der Finanzierung langlebiger Konsumgüter wurden sie seit 1961 durch die sogenannten Anschaffungsdarlehen ergänzt, einer standardisierten Kreditform für größere Kreditvolumina.[168] Ab 1969 boten schließlich viele Banken standardisierte Hypothekarkredite an, die auch für Konsumzwecke genutzt werden konnten.[169] Die neuen von Banken und Sparkassen ausgegebenen Barkredite lösten in der Bundesrepublik bis Ende der 1960er Jahre die traditionellen Teilzahlungskredite als Hauptfinanzierungsmethode ab.[170]

Im Unterschied zu den meisten anderen Ländern waren es in Frankreich nicht die Banken, die nach dem Zweiten Weltkrieg das Dufayel-System ablösten. Stattdessen konnte eine unabhängige Branche von Finanzierungsgesellschaften einen Großteil des Marktes für die Konsumfinanzierung erobern.[171] Diese Gesellschaften übernahmen auch die Kreditpraktiken der amerikanischen „Personal Loan Departments".[172] Die großen Banken beteiligten sich dagegen auch nach dem Zweiten Weltkrieg nicht wesentlich an dem Geschäft mit Konsumentenkrediten. Dies lag hauptsächlich daran, dass die Kreditinstitute stark in die staatlich koordinierte Investitionsfinanzierung eingebunden waren und hier auch den Großteil ihres Gewinns erzielten.[173] In Japan war die Entwicklung ähnlich wie in Frankreich. Auch hier lösten unabhängige Finanzierungsgesellschaften das traditionelle „Shinpan-System" ab, das dem französischen „Dufayel-System" ähnlich war.[174]

Der entscheidende Faktor für den Durchbruch der Banken war die Erkenntnis, dass auch das Geschäft mit Kleinkrediten unter bestimmten Umständen profitabel gestaltet werden konnte. Voraussetzung dafür war jedoch die Senkung der Kosten je bearbeitetem Kreditfall. Um diese Kostensenkung zu erreichen, wandten die amerikanischen „Personal Loan Departments" und ihre europäischen Pendants das

---

Staatsbankgesetz (1919–1970), in: *L. Hagebölling (Hg.)*, Vom Leyhaus zur Sparkasse. Das öffentliche Bankwesen im Braunschweigischen Land 1765–2015, Braunschweig 2018, 511–830, S. 735–738.
166 *Gonser*, Kapitalismus, S. 99, 101.
167 Ebd., S. 96f.
168 *Mura*, Geschichte des Konsumentenkredites, S. 34.
169 *Belvederisi-Kochs*, Moral or modern Marketing, S. 54; *Frost*, Wünsche werden Wirklichkeit. Die Deutsche Bank und ihr Privatkundengeschäft, München; Zürich 2009, S. 70.
170 *Stücker*, Konsum auf Kredit, S. 74, Tabelle 4.
171 *Gaillard*, Rise of Consumer Loans, S. 25f.
172 *Trumbull*, Household Borrowing, S. 161f.
173 Ebd., S. 168.
174 *Gordon, Andrew*, Consumer Borrowing, S. 72f.

Prinzip der industriellen Massenproduktion auf das Kreditwesen an.[175] Standardisiert wurden zum einen die Kredite selbst. Sie wurden mit einheitlichen Konditionen, Tilgungsraten und Laufzeiten ausgestattet. Daneben standardisierten die Banken auch alle internen Abläufe, wobei hier nach dem Zweiten Weltkrieg erstmals in großem Umfang EDV eingesetzt wurde. Die Deutsche Bank nutzte ihr 1962 eingeführtes EDV-System sogar zuerst für die landesweite Digitalisierung der Kleinkreditkonten.[176]

Der mit Abstand wichtigste Bereich im Kreditvergabeprozess war die Überprüfung der Kreditwürdigkeit der Kunden, ohne die die Herausbildung unpersönlicher Märkte für Konsumentenkredite unmöglich gewesen wäre. Problematisch war die Standardisierung der Kleinkredite deshalb, weil deren Sicherheit im Gegensatz zum Ratenkauf allein von der Einschätzung der zukünftigen Zahlungsfähigkeit des Kreditnehmers abhing. Die Banken lösten dieses Problem zum einen durch die massenhafte Vergabe von Krediten, die eine starke Risikostreuung bewirkte. Zum andern lagerten sie die Prüfung der Kreditwürdigkeit ihrer Kunden zunehmend an externe Spezialisten aus, die sogenannten Kreditbüros. Diese Organisationen sammelten und systematisierten kreditrelevante Daten für alle Personen, erstellten aus diesen Informationen Kreditbiografien und verkauften diese an die Banken.[177] Die Kreditbüros in den USA erstellten von Anfang an persönliche Profile aller Kreditnehmer, also auch jener, die ihre Kredite zuverlässig bedienten. Sie erstellten also sogenannte „weiße Listen".[178] Die Profile waren bis in die 1960er Jahre hinein noch sehr detailliert und wenig standardisiert. Die Informationen wurden in Aktenordnern gesammelt und konnten entweder schriftlich oder telefonisch abgefragt werden.[179]

In den 1970er Jahren wurde dieses System der Kreditinformation in den Vereinigten Staaten entscheidend weiterentwickelt. Dies lag in erster Linie an den Investitionen in leistungsfähige EDV-Systeme, die kreditrelevante Informationen auf Knopfdruck abrufen und übertragen konnten. Die für die computerbasierte Kreditauskunft notwendigen Investitionen in die EDV überstiegen allerdings die finanziellen Mittel der allermeisten Kreditbüros. Die Folge war eine starke Konzentrationswelle, die schließlich dazu führte, dass nur noch drei Kreditbüros den amerikanischen Markt beherrschen.[180] Die neuen computerbasierten Auskunftssysteme ermöglichten den Banken die weitgehende Automatisierung der Bewertung der Kreditwürdigkeit. Dazu entwickelten sie auf Basis der Daten der Kreditbüros ihrerseits statistische Modelle zur Berechnung von Ausfallwahrscheinlichkeiten. Einen wichtigen Beitrag zur Weiterentwicklung dieser Modelle leisteten indirekt auch die Antidiskriminierungsgesetze der 1970er Jahre und die daraus folgende staatliche Aufsicht über den Prozess der

---

175 *Hyman*, Debtor Nation, S. 88f.
176 *R. Frost*, Wünsche werden Wirklichkeit, S. 223.
177 *Hyman*, Debtor Nation, S. 90–92.
178 *Trumbull*, Household Borrowing, S. 159f.
179 *Hyman*, Debtor Nation, S. 206–209.
180 Ebd., S. 210–212.

Ermittlung der Kreditwürdigkeit. Sie verstärkten insgesamt die Tendenz, nicht nur das Sammeln von Kreditinformationen, sondern auch deren Bewertung externen Dienstleistern zu überlassen. Hier setzte sich das Bewertungssystem der Fair, Isaac & Company durch. Der von dieser Firma entwickelte „FICO-Score" ist heute das Standard-Bewertungssystem für Kreditwürdigkeit in den USA. Die individuelle Bewertung wird von den Kreditbüros anhand der vorhandenen „credit history" erstellt und den Kreditgebern zur Verfügung gestellt.[181] Die „Credit Scoring"-Modelle bildeten die Basis der gesamten um den Konsumentenkredit revolvierenden amerikanischen Finanzindustrie. Dieser Umstand zwingt die amerikanischen Konsumenten, an diesem System zu partizipieren.[182]

In Deutschland dominierte im Gegensatz zu den USA von Anfang an nur eine einzige Organisation den Markt für kreditrelevante persönliche Informationen. Die Schutzgemeinschaft für allgemeine Kreditsicherung (Schufa) wurde 1927 von Berliner Banken und Unternehmen gegründet.[183] In den folgenden Jahren entstanden nach dem Vorbild des Berliner Institutes weitere Schutzgemeinschaften in ganz Deutschland, die sich 1931 erstmals zusammenschlossen. Nach dem Zweiten Weltkrieg entstanden die regionalen Gesellschaften in Westdeutschland erneut und gründeten im Jahr 1952 die Bundes-Schufa als nationale Dachorganisation. Die Schufa versorgte zunächst hauptsächlich die Teilzahlungsbanken mit Kreditinformationen. 1959 vereinbarten auch die drei deutschen Großbanken im Zuge ihres Einstiegs in die Konsumfinanzierung eine Zusammenarbeit mit den Schufa-Gesellschaften.[184] Sparkassen und Genossenschaften beteiligten sich ebenfalls zunehmend an diesem Informationsaustausch. 1970 kooperierten mit Ausnahme der Postbank alle relevanten Kreditinstitute mit der Schufa.[185] Die Schufa bot ebenso wie die amerikanischen Kreditbüros „weiße Listen" an. Insgesamt galt das Schufa-System in den 1960er Jahren international als vergleichsweise effizient.[186] In den 1970er Jahren stellte sie wiederum nach amerikanischem Vorbild das gesamte Informationssystem auf elektronische Datenverarbeitung um.[187] Spätestens seit dieser Umstellung herrschten in Deutschland die Voraussetzungen für den Einsatz von statistischen Modellen zur Errechnung des individuellen Kreditausfallrisikos, der sogenannten Credit-Scores. Die Schufa selbst bietet seit 1997 ein eigenes Scoring-System an.

Im Gegensatz zu Deutschland und den USA entwickelten die französischen Kreditinstitute historisch keine allgemeinen Kreditauskunftssysteme. Die Finanzierungsgesellschaften verließen sich stattdessen in erster Linie auf das Urteil der Händler.

---

181 *Hyman*, Debtor Nation, S. 217f.; Ryan; Trumbull; Tufano, Postwar History, S. 475.
182 *Hyman*, Debtor Nation, S. 265–268.
183 *Frohman*, Privacy, S. 134.
184 *Gonser*, Kapitalismus, S. 100.
185 *Frohmann*, Privacy, S. 135f.
186 Ebd., S. 139.
187 Ebd., S. 148.

Erst seit 1974 tauschten sie untereinander Informationen aus, allerding nur über Kreditnehmer, bei denen Zahlungsausfälle aufgetreten waren. Die Erstellung von „weißen Listen" stieß dagegen auf den Widerstand der Banken und war lange Zeit von staatlicher Seite untersagt.[188] Seit 1989 existiert stattdessen eine von der Zentralbank geführte offizielle „blacklist", die immerhin den gesamten Markt erfasst.[189]

Der Durchbruch der standardisierten Bankkredite in Europa nach dem Zweiten Weltkrieg führte auf beiden Seiten des Atlantiks insgesamt zu einer Annäherung der Praxis der Kreditfinanzierung des privaten Konsums. Diese Annäherung wurde jedoch von einer gegensätzlichen Entwicklung bei den flexibleren Formen des Konsumentenkredites überlagert, die heute die Praxis der Konsumfinanzierung dominiert. Im Mittelpunkt dieser neuen Entwicklung steht die Kreditkarte. Über die amerikanische Erfindung der universellen Kreditkarte existiert inzwischen eine relativ dichte Forschungsliteratur. Aktuelle Untersuchungen identifizieren in erster Linie die Kundenkontensysteme der großen Kaufhausketten als den Ursprung der Kreditkarten.[190] So wurden dort erstmals Vorformen der Kreditkarte eingesetzt, wie das besonders verbreitete und seit 1938 angebotene „Charga-Plate-System". Nach 1945 boten die größeren Kaufhausketten erstmals auch offiziell revolvierende Kredite an. Die Kunden konnten nun wählen, ob sie am Ende des Monats den Kredit zurückzahlten oder aber einen Teil „stehen ließen" und somit den Kredit zunächst bis zum nächsten Monat verlängerten. Für diesen Teil des Krediteslangten die Einzelhändler nicht nur eine Gebühr, sondern auch erstmals Zinsen.[191]

Gegenüber den großen Kaufhausketten waren insbesondere kleinere Einzelhändler im Nachteil, weshalb sie bereits früh nach Kooperationspartnern im Finanzwesen suchten. Die Banken boten sich hier aufgrund ihrer Erfahrungen bei der Kontoführung an. Die Konzepte der Kreditkarte und des revolvierenden Kredites übernahmen sie dagegen von den großen Kaufhausketten.[192] Anders als Letztere boten die Banken die Kreditkarte als universelle Plattformen für den Zahlungsverkehr an, die als Bindeglied zwischen den Händlern und Dienstleistern auf der einen und den Finanzinstituten auf der anderen Seite dienten. Die bekanntesten Plattformen VISA und MasterCard wurden in den 1970er Jahren eingeführt. Die Durchsetzung von zentralen Plattformen war ein entscheidender Faktor für die Verbreitung von Kreditkarten.[193] Den endgültigen Durchbruch zu einem der profitabelsten Geschäfte der Finanzindustrie brachten schließlich die Zinsliberalisierungen in den 1970er Jahren.[194] Im Zuge der darauffolgenden Zinserhöhungen „entdeckten" die Kreditkartenaussteller, dass

---

188 *Trumbull*, Household Borrowing, S. 160.
189 Ebd., S. 174f.
190 *Hyman*, Debtor Nation, S. 147–156; *Ryan/Trumbull/Tufano*, Postwar History, S. 474.
191 Vgl. *Hyman*, Debtor Nation, S. 112–125.
192 Ebd., S. 169f.
193 Ebd., S. 240f.
194 Ebd., S. 244–246.

ihre Kunden kaum auf Zinsänderungen reagierten. Den starken Rückgang des allgemeinen Zinsniveaus in den 1980er Jahren gaben die Banken deshalb nicht vollständig an ihre Kunden weiter, wodurch das Kreditkartengeschäft in den USA erstmals dauerhaft profitabel wurde.[195]

Eine mit den Vereinigten Staaten vergleichbare Entwicklung hat in Großbritannien stattgefunden. Hier war der Versandhandel von vornherein entscheidend an der Verbreitung des Konsumentenkredites beteiligt.[196] Wie in den USA die Kaufhäuser führten in Großbritannien die Versandhäuser in den 1950er Jahren erstmals Formen des revolvierenden Kredites ein.[197] Auch die Briten lernten diese Kreditform also zuerst im Einzelhandel kennen. Später übernahmen wie in den USA die britischen Banken das Konzept der Kreditkarten mit revolvierenden Krediten.[198]

In Deutschland, Frankreich und Japan spielten und spielen Kreditkarten dagegen nicht annähernd die Rolle wie in den USA. Hier setzten sich stattdessen alternative Systeme durch. In der Bundesrepublik übernahm eine Kombination aus Debit-Karte und Dispositionskredit die Funktion der Kreditkarte. Das Aufkommen dieses Systems hängt unmittelbar mit der flächendeckenden Einführung der bargeldlosen Gehaltszahlung in den 1960er Jahren zusammen. In direktem Zusammenhang mit der Durchsetzung des Girokontos steht auch die Verbreitung von Debit-Karten und insbesondere der Eurocheque-Karte (EC-Karte). Letztere wurde 1969 bundesweit eingeführt und verbreitete sich in den folgenden Jahren in Deutschland und vielen weiteren Ländern Europas. Die Debit-Karten erfüllten in Deutschland die zentrale Funktion des bargeldlosen Bezahlens, die in Amerika die Kreditkarten innehatten. Anders als diese stellten sie jedoch kein Kreditinstrument dar.[199] Diese Rolle übernahm stattdessen der Dispositionskredit, der von den Sparkassen und Großbanken seit 1968 angeboten wurde.[200] Dazu übertrugen die Kreditinstitute lediglich das Prinzip des Kontokorrentkredites auf das Privatkundengeschäft. Diese Kreditform bot eine ähnlich hohe Flexibilität in der Nutzung wie eine Kreditkarte. Die Einführung des Dispositionskredites war auf die Anstrengungen der Banken und Sparkassen zurückzuführen, die Lohn- und Gehaltskonten profitabel zu gestalten.[201] Die Folge dieses alternativen Arrangements war, dass deutsche Konsumenten im Gegensatz zu ihren amerikanischen Pendants in der Regel bargeldlos bezahlen, ohne dabei automatisch einen Kredit aufzuneh-

---

195 Ebd., S. 249f.
196 *Coopey/O'Connell/Porter*, Mail Order, S. 266.
197 Ebd., S. 270.
198 *D. Consoli*, The Dynamics of technological Change in UK Retail Banking Services. An Evolutionary Perspective, in: Research Policy 4, 2005, S. 461–480.
199 Vgl. zur Entwicklung des bargeldlosen Zahlungsverkehrs: *Gonser*, Kapitalismus, S. 158–173; *G. Schulz*, Strukturwandel – Von den ausgehenden 1960er Jahren bis zur Wiedervereinigung, in: *H. Pohl/B. Rudolph/G. Schulz*, Wirtschafts- und Sozialgeschichte der deutschen Sparkassen im 20. Jahrhundert, Stuttgart 2005, S. 336–428, S. 356–361.
200 *Gonser*, Kapitalismus, S. 178f.
201 Ebd., S. 165f.

men. Dass die Kreditkarte in Deutschland in den letzten Jahrzehnten überhaupt eine größere Verbreitung gefunden hat, liegt hauptsächlich daran, dass sie bei internationalen Transaktionen häufig vorausgesetzt wird.

In Frankreich fehlte die Kreditfunktion im bargeldlosen Zahlungsverkehr lange Zeit sogar vollständig. Die französischen Banken hatten mit der 1967 eingeführten „carte bleu" ebenso wie in Deutschland eine Debit-Karte für den bargeldlosen Zahlungsverkehr eingeführt. Weil sie jedoch kein nennenswertes Konsumentenkreditgeschäft besaßen, verknüpften sie dieses Zahlungssystem nur in Ausnahmefällen mit der Gewährung von Kontokorrentkrediten.[202] Den Finanzierungsgesellschaften wiederum, die den Konsumentenkredit in Frankreich dominierten, fehlten die Voraussetzungen bei dem Management von Kreditkonten in laufender Rechnung.[203] Erst mit der Liberalisierung des Finanzmarktes in den 1980er Jahren stiegen die französischen Banken im großen Stil in den Markt für Konsumentenkredite ein und konnten dank günstiger Angebote aufgrund von geringeren Refinanzierungskosten in kurzer Zeit einen großen Marktanteil gewinnen.[204] Gleichzeitig begannen die Finanzierungsgesellschaften und später auch die Banken, Kreditkarten zu verkaufen, die mit revolvierenden Krediten verbunden waren. Die Kreditkarte fand in der Folge zwar eine weitere Verbreitung als in Deutschland, dennoch dominieren auch in Frankreich nach wie vor Debit-Karten den elektronischen Zahlungsverkehr.[205] In Japan haben Kreditkarten eine ähnliche Funktion wie in Deutschland und Frankreich, wobei in Japan lange Zeit keine Debit-Karten existierten.[206] Insgesamt lässt sich so ein deutlicher Gegensatz zwischen Ländern mit Kreditkarten im amerikanischen Sinne und Ländern mit alternativen Systemen des bargeldlosen Zahlungsverkehrs ausmachen, wobei die Länder, die das amerikanische System nutzen, tendenziell höhere private Verschuldungsraten besitzen.

Eine letzte bedeutende Entwicklung innerhalb der Finanzindustrie betrifft die Refinanzierung der Konsumentenkredite. Diese hat in den Vereinigten Staaten seit den 1980er Jahren eine enorme Umwälzung erfahren, die unmittelbar auf den Durchbruch der Kreditverbriefungen zurückgeht. Das zentrale Merkmal der Verbriefungen ist die Übertragung des Risikos auf den Käufer des Kredites. Dadurch nahm der amerikanische und später der internationale Kapitalmarkt einen Großteil des Kreditrisikos auf und stellte zugleich den Konsumenten seine Kapitalkraft zur Verfügung. Die ersten „Mortgage-backed securities" (MBS) Ende der 1960er Jahre entstanden im Rahmen des staatlich geförderten Wohnungsbaus. Das Prinzip der MBS wurde jedoch in den 1980er Jahren von der Finanzwirtschaft aufgegriffen, um Konsumentenkre-

---

202 *Trumbull*, Credit Access, S. 27f.
203 *Trumbull*, Household Borrowing, S. 171.
204 Ebd., S. 168f.
205 Ebd., S. 171f.
206 *A. Gordon*, Consumer Borrowing, S. 76f.

dite mittels sogenannter „Asset-backed Securities" (ABS) zu verbriefen.[207] 1997 waren bereits die Hälfte der Kreditkartenschulden verbrieft. Die amerikanischen Konsumenten wurden von diesem Zeitpunkt an vom internationalen Kapitalmarkt finanziert, dessen Mittel im Vergleich mit einzelnen Banken geradezu endlos schienen.[208] Die Finanzkrise 2007/08 hat jedoch gezeigt, wie gefährlich die immer stärkere Diffusion der Kreditrisiken im Kapitalmarkt bei systemischen Krisen sein kann.

In Deutschland funktionierte die Refinanzierung anders. Die Teilzahlungsgesellschaften refinanzierten sich hauptsächlich über den Geldmarkt, indem sie kurzfristige Kredite und langfristige Darlehen aufnahmen.[209] Die Kreditinstitute finanzierten Konsumentenkredite in erster Linie über ihre Kundeneinlagen, die seit den späten 1950er Jahren fast immer in ausreichender Menge und zu günstigen Konditionen zur Verfügung standen. Der Überschuss an Ersparnissen in Deutschland war in den letzten Jahrzehnten sogar so groß, dass die deutschen Banken seit den 1980er Jahren auf der Suche nach lukrativen Anlagemöglichkeiten immer mehr verbriefte amerikanische Kreditschulden aufkauften. Sie halfen damit den amerikanischen Konsumenten, die Kosten der Verschuldung zu senken, setzten sich damit jedoch auch dem Risiko aus, das die wachsende private Verschuldung der USA mit sich brachte.[210] Erst Mitte der 1990er Jahre experimentierten auch einige Institute mit der Verbriefung deutscher Kredite, ohne damit jedoch ein nennenswertes Marktvolumen zu gewinnen.[211]

Die Entwicklung der Anbieter von Konsumentenkrediten ist im internationalen Vergleich äußerst heterogen verlaufen. In einigen Ländern wird der Konsumentenkredit von Banken dominiert, in anderen spielen besondere Finanzierungsgesellschaften eine bedeutende Rolle. In einigen Ländern existieren umfassende Kreditauskunfteien, in anderen werden nur Negativlisten erstellt. Zu den zentralen Gegensätzen gehören die unterschiedliche Nutzung von Kreditkarten und die unterschiedlichen Formen der Refinanzierung von Krediten.

8 Fazit und Ausblick

Als die Ford Motor Company in den 1920er Jahren ihren Sparplan beerdigen musste, hatte sich das Verhältnis der Amerikaner zum kreditfinanzierten Konsum tatsächlich grundlegend geändert. Doch der wirtschaftliche, wissenschaftliche, soziale und politische Kontext dieser Wende lässt sich nicht einfach auf andere Länder und Zeiträume übertragen. Bei der Betrachtung der Geschichte des Konsumentenkredites verbietet

---

[207] *Hyman*, Debtor Nation, S. 231.
[208] Ebd., S. 259.
[209] Vgl. dazu: *Knake*, Ideologie, S. 737f.
[210] *B. S. Bernanke*, The global Saving Glut and the US Current Account Deficit, Lecture at the Virginia Association of Economists, Richmond, March 2005.
[211] Monatsberichte der Bundesbank, November 1997, S. 59f.

es sich deshalb, allgemeingültige Entwicklungslinien oder eindimensionale Erklärungsmuster heranzuziehen. Es zeigt sich vielmehr, dass Knut Borcharts Urteil über die nationale Gestalt von Bankenmärkten auch für den Konsumentenkredit übernommen werden muss. Die Ausgestaltung nationaler Märkte für den Konsumentenkredit ist nur in ihrer kontingenten historischen Entwicklung zu erklären.[212]

Dies bedeutet jedoch nicht, dass sie sich unabhängig voneinander entwickelten. Technische Innovationen, betriebswirtschaftliche Konzepte, ökonomische Theorien oder soziale Bewegungen haben oft grenzüberschreitende Konsequenzen. Diese transnationalen Einflüsse haben jedoch nicht zu einer kongruenten Entwicklung geführt. So gab es nicht „den" Kreditkauf, sondern viele verschiedene Formen der Grundidee, den Kaufpreis von Konsumgütern in Raten zu bezahlen. Noch deutlicher wird die Spannbreite, die bei der nationalen Aneignung einer globalen Innnovation möglich ist, bei der Kreditkarte, die für Amerikaner etwas grundsätzlich anderes bedeutet als für Deutsche oder Franzosen.

Ist schon die Form des Konsumentenkredites im internationalen Vergleich deutlich zu unterscheiden, so gilt dies für seine Bedeutung für die nationalen Ökonomien und Gesellschaften noch viel mehr. Es macht einen Unterschied für das Setzen wirtschaftlicher, politischer oder sozialer Prioritäten, ob zwei Drittel der Bevölkerung Konsumkredite nutzen oder nur ein Fünftel. Auf der Suche nach Gründen für die Unterschiede lässt sich festhalten, dass die Verbreitung hauptsächlich vom Nutzungsverhalten der Mittelschicht abhing. Oft führte die Aneignung von Kreditpraktiken durch die Mittelschichten allerdings zu Exklusionserscheinungen bei Minderheiten oder der Unterschicht, die dann zu politischen Forderungen nach Partizipation an dieser Praxis führten. In Gesellschaften, bei denen die Mittelschicht die Praxis des kreditfinanzierten Konsums mehrheitlich nicht oder nur unvollständig übernommen hat, spielen diese Prozesse dagegen keine Rolle.

Die Frage, warum in einigen Ländern Angehörige der Mittelschicht den Konsumentenkredit als soziale Praxis akzeptierten und nutzten, in anderen jedoch mehrheitlich nicht, stand im Zentrum der Untersuchung des Legitimationsprozesses. Hier zeigt der internationale Vergleich, dass die zentralen Argumente und Semantiken, die in den USA entscheidend zur Legitimation des Konsumentenkredites beigetragen haben, in Deutschland zwar bekannt waren, jedoch gerade aufgrund ihrer Identifikation mit der amerikanischen Konsumgesellschaft keine Wirkung entfalteten. Das Gleiche lässt sich über den Wandel der wirtschaftswissenschaftlichen Betrachtung des Konsumentenkredites sagen. In Deutschland wurden gerade die Bereiche der modernen amerikanischen Wirtschaftswissenschaften am wenigsten rezipiert, die die Legitimation des Konsumentenkredites am stärksten hätten stützen können.

---

212 *K. Borchardt*, Das hat historische Gründe. Zu Determinanten der Struktur des deutschen Kreditwesens unter besonderer Berücksichtigung der Rolle der Sparkassen, in: *K. E. Born/H. Henning/ D. Lindenlaub/E. Wandel (Hg.)*: Wirtschafts- und sozialgeschichtliche Forschungen und Probleme. Karl Erich Born zur Vollendung des 65. Lebensjahres, St. Katharinen 1987, S.270-287.

Insofern hat gerade das Wissen um die Herkunft der Argumente ihnen einen Teil ihrer Überzeugungskraft genommen.

Die Bedeutung staatlicher Institutionen für die Entwicklung des Konsumentenkredites sind kaum zu überschätzen. Die staatliche Regulierung wirkte allerdings ambivalent. In einigen Fällen hat sie restriktiv auf die Verbreitung von Konsumentenkrediten gewirkt, in anderen hat sie im Gegenteil diese Verbreitung gefördert. Eine Deregulierung hat zwar in allen untersuchten Ländern mehr oder weniger stattgefunden, sie hatte aber unterschiedlich starke Konsequenzen. Die staatliche Förderung des Konsumentenkredites in den USA wurde in dem Umfang von keinem anderen Land übernommen und stützt deshalb die Hypothese, dass diese Förderung als Kompensation für den nur rudimentär vorhandenen Wohlfahrtsstaat diente. Der in diesem Beitrag unternommene Versuch, die amerikanischen Förderungsmaßnahmen beim Konsumentenkredit mit der Sparförderung in den anderen Ländern zu vergleichen, lässt jedoch auch eine alternative Hypothese zu. Aus den Diskussionen in Westdeutschland in den 1960er und frühen 1970er Jahren um die bessere Einbindung der Arbeiter in die Sparförderung lässt sich ableiten, dass damit die Partizipation an der Konsumgesellschaft für alle sozialen Schichten ermöglicht werden sollte. Die zusätzliche Förderung der Ersparnisbildung war demnach notwendig für den westdeutschen Weg in die Konsumgesellschaft, der nur punktuell auf Konsumentenkredite angewiesen war.

Betrachtet man schließlich die Entwicklung der Kreditwirtschaft, so gibt es auch hier große Unterschiede in den einzelnen Ländern zu beachten. Ein zentraler Unterschied betrifft die oben bereits angedeutete Frage, auf welche Weise Kreditkarten genutzt wurden und werden. Dabei spielte offensichtlich eine große Rolle, ob der revolvierende Kredit, der die eigentliche Innovation darstellte, bereits zuvor im Bereich des Einzelhandels etabliert wurde, wie dies für die Vereinigten Staaten und Großbritannien der Fall war. Drittens unterschieden sich die Länder in der Praxis der Sammlung und Systematisierung von Kreditinformationen. Viertens wurde die Frage der Refinanzierung unterschiedlich gelöst. Hier bildeten die Vereinigten Staaten wiederum einen Sonderfall, weil nur dort Konsumentenkredite in verbriefter Form in großem Stil auf dem Kapitalmarkt verkauft wurden. Damit verbunden war eine enorme Erhöhung der Liquidität für amerikanische Konsumenten, jedoch auch ein Einsickern des Kreditrisikos in die internationalen Kapitalmärkte. In der Finanzkrise 2007/08 implodierte dieses System und sorgte für einen enormen weltwirtschaftlichen Schaden. Insgesamt scheint es kein Zufall zu sein, dass die beiden hier vorgestellten Länder, die die Praxis des kreditfinanzierten Konsums am meisten verinnerlicht haben, gleichzeitig die beiden Zentren des weltweiten Finanzmarktes beheimaten. Das Angebot von Kapital spielte bei der Verbreitung des Konsumentenkredites offensichtlich eine Rolle.

Die historische Untersuchung des Konsumentenkredites ist trotz des wachsenden Forschungsstandes immer noch in Teilen ein Desiderat geblieben. Dies gilt insbesondere für die deutsche Entwicklung, die in vielerlei Hinsicht weiterer Untersuchungen bedarf. Es ist zu hoffen, dass die zukünftige Forschung dazu beitragen kann, viele der noch offenen Fragen bei der Entwicklung dieser zentralen Komponente des privaten Konsums zu beantworten.

Literatur

S. Aveyard/P. Corthorn/S. O'Connell, The Politics of Consumer Credit in the UK 1938–1998, New York 2018.

G. Bertola/ R. Disney/ C. Grant, The Economics of Consumer Credit Demand and Supply, in: Dies. (Hg.), The Economics of Consumer Credit, Cambridge, MA 2006.

S. Bowden/P. Turner, The Demand for Consumer Durables in the United Kingdom in the Interwar Period, in: The Journal of Economic History 2, 1993, S. 244–258.

L. Calder, Financing the American Dream. A Cultural History of Consumer Credit, Princeton 1999.

K.-P. Ellerbrock, Konsumentenkredit und „Soziale Marktwirtschaft". Zum Wandel des Sparkassenbildes und des geschäftlichen Denkens in der Sparkassenorganisation zwischen Währungsreform und dem Beginn der Marketing-Ära in den 1970er Jahren, in: C. Kleinschmidt/F. Triebel (Hg.): Marketing. Historische Aspekte der Wettbewerbs- und Absatzpolitik, Essen 2004, S. 105–135, S. 115–118.

S. Garon, Beyond our Means. Why America Spends while the Rest of the World Saves, Princeton 2012.

R. Gelpi/F. Julien-Labruyère, The History of Consumer Credit. Doctrines and Practices, Basingstoke 2000, S. 126–128.

S. Gonser, Der Kapitalismus entdeckt das Volk. Wie die deutschen Großbanken in den 1950er und 1960er Jahren zu ihrer privaten Kundschaft kamen, München 2014.

P. Horvath, Die Teilzahlungskredite als Begleiterscheinung des westdeutschen „Wirtschaftswunders" 1948–1960, in: Zeitschrift für Unternehmensgeschichte 1, 1992, S. 19–74

L. Hyman, Debtor Nation. The History of America in Red Ink, Princeton 2011.

L. Hyman., Ending Discrimination, Legitimating Debt. The Political Economy of Race, Gender and Credit Access in the 1960s and 1970s, in: Enterprise & Society 1, 2011, S. 200–232.

T. Ito/Y. Kitamura, Public Policies and Household Savings in Japan, in: J. M. Poterba (Hg.): Public Policies and Household Savings, Chicago 1994, S. 133–160, S. 141.

G. Katona/B. Strumpel/E. Zahn, Aspirations and Affluence. Comparative Studies in the United States and Western Europe, New York 1971.

S. Knake/P. Neeb, Der störrische Bankkunde. Intransparenz und Vertrauensprobleme in der Bank-Kunde-Beziehung. Berliner Journal für Soziologie 29, 2019, S. 1–29.

C. Kopper, Der Durchbruch des PKW zum Massenkonsumgut 1950–1964, in: Jahrbuch für Wirtschaftsgeschichte 1, 2010, S. 19–36.

J. Logemann (Hg.), The Development of Consumer Credit in Global Perspective, New York 2012.

J. Logemann./U. Spiekermann, The myth of the Bygone Cash Economy. Consumer Lending in Germany from the Nineteenth Century to the Mid-Twentieth Century, in: Entreprises et histoire 2, 2010, S. 12–27.

J. Logemann., Americanization through Credit? Consumer Credit in Germany, 1860s–1960s, in: Business History Review 3, 2011, S. 529–550.

J. Logemann., Different Paths to Mass Consumption. Consumer Credit in the United States and West Germany during the 1950s and '60s, in: Journal of Social History 3, 2008, S. 525–559.

D. Mertens, Erst sparen, dann kaufen? Privatverschuldung in Deutschland, Frankfurt am Main/New York 2015.

S. O'Connell/C. Reid, Working-Class Consumer Credit in the UK, 1925–60. The Role of the Check Trader, in: The Economic History Review 2, 2005.

H. L. Olney, Avoiding Default. The Role of Credit in the Consumption Collapse of 1930, in: The Quarterly Journal of Economics 1, 1999, S. 319–335.

Dies., Buy now, pay later. Advertising, Consumer Credit and the „Consumer Durables Revolution" of the 1920s, Chapel Hill 1991.

A. Ryan/G. Trumbull/P. Tufano, A Brief Postwar History of US Consumer Finance, in: Business History Review 3, 2011, S. 461–498, S. 492f.

P. Scott, The Twilight World of Interwar British Hire Purchase, in: Past & Present 1, 2002, S. 195–225

E. R A. Seligman, The Economics of Instalment Selling. A Study in Consumers' Credit, with Special Reference to the Automobile, London 1927.

U. Spiekermann, Basis der Konsumgesellschaft. Entstehung und Entwicklung des modernen Kleinhandels in Deutschland 1850–1914, München 1999.

B. Stücker, Konsum auf Kredit in der Bundesrepublik, in: Jahrbuch für Wirtschaftsgeschichte Jg. 48 (2007), Nr. 2, S. 63–88.

G. Trumbull, Consumer Lending in France and America. Credit and Welfare, Cambridge, MA 2014.

G. Trumbull, Credit Access and Social Welfare. The Rise of Consumer Lending in the United States and France, in: Politics & Society 1, 2012, S. 9–34.

B Produzenten und Unternehmen

Reinhold Bauer
Vom Fordismus zur ‚Industrie 4.0'. Massenproduktion und Konsum im 20. Jahrhundert

1 Einleitung

In der Zwischenkriegszeit begann sich in Deutschland eine „Konsumgüter-Revolution"[1] zu formieren, die sich erst nach dem Zweiten Weltkrieg im westdeutschen „Wirtschaftswunder" voll entfalten konnte. Charakteristisch für diese Revolution war unter anderem eine neuartige Verkopplung von Produktion und Konsum, die gemeinhin als Fordismus bezeichnet wird. Im Folgenden soll der Etablierung, Weiterentwicklung und schließlich (partiellen) Überwindung des Fordismus in der industriellen Produktion nachgegangen werden und zwar von der starren fordistischen Massenproduktion des frühen 20. Jahrhunderts bis hin zur Vision einer digitalisierten, selbstorganisierten Produktion, wie sie in der Bundesrepublik heute unter dem Label „Industrie 4.0" diskutiert wird.[2]

Massenproduktion[3] im Sinne der maschinellen Herstellung immer gleicher Produkte in großer Menge und zu zuvor unerreicht niedrigen Kosten entstand bereits mit den ersten Fabriken des industriellen Zeitalters, d. h. in den britischen Maschinenspinnereien des späten 18. Jahrhunderts.[4] Und schon diese erste Industrialisierungsphase belegt die unauflösbare Verknüpfung von Produkt- und Prozessinnovation sowie Herstellung und Konsum.[5] Eine der entscheidenden Zäsuren für die Etablierung der Massenkonsumgesellschaft war allerdings die Übertragung von Massenproduktionsverfahren auf komplexe technische Produkte. Das Ergebnis dieser Übertragung war ein neues Regime der industriellen Produktion und des Konsums, nämlich der Fordismus. Dieser markiert eine produktions-, konsum-, innovations- sowie

---

[1] Zum Begriff der „Konsumgüter-Revolution" siehe: *V. Witte*, Wie entstand industrielle Massenproduktion. Die diskontinuierliche Entwicklung der deutschen Elektroindustrie von den Anfängen der „großen Industrie" bis zur Entfaltung des Fordismus (1880–1975), Berlin 1996, hier insbesondere S. 67–84.
[2] *M. Heßler/N. Thorade*, Die Vierteilung der Vergangenheit. Eine Kritik des Begriffs Industrie 4.0, in: Technikgeschichte 86, 2019, S. 153–170. *F. Dittmann/T. Kubot*, Industrie 4.0. Geschichte einer Vision, in: Kultur & Technik 3, 2016, S. 12–21.
[3] Zu den allgemeinen Prinzipien der Massenproduktion siehe: *W. König*, Geschichte der Konsumgesellschaft, Stuttgart 2000, S. 48–51. *W. König*, Massenproduktion. Rationelle Güterherstellung für die Konsumgesellschaft, in: *H. G. Haupt, C. Torp (Hg.):* Die Konsumgesellschaft in Deutschland, 1890–1990. Ein Handbuch, Frankfurt am Main 2009, S. 46–61.
[4] Zusammenfassend dazu: *König*, Konsumgesellschaft, insbesondere S. 47–59.
[5] *S. Beckert*, Empire of Cotton. A Global History, 2. Aufl., New York 2014, insbesondere Kapitel 6, S. 136–174.

gesellschafts- und kulturhistorisch wichtige Epochenschwelle und kann als eine der markanten Signaturen des 20. Jahrhunderts charakterisiert werden.[6]

Sein Geneseprozess vollzog sich bereits vor dem Ersten Weltkrieg in den USA, womit diese zunächst in den Blick geraten werden. Insgesamt wird aber die Entwicklung in Deutschland und dann in der zweiten Hälfte des 20. Jahrhunderts vor allem in Westdeutschland im Fokus dieses Beitrags stehen.

Ein Schwerpunkt der Darstellung wird auf der produktionsorganisatorischen und -technischen Entwicklung selbst liegen. Das neue fordistische Produktionsregime wurde allerdings nicht dadurch durchgesetzt, dass etablierte „alte" Industrieprodukte einfach auf andere Art hergestellt wurden. Es waren vielmehr neue Produkte, die nun auch auf neue Weise hergestellt wurden: Prozessinnovationen waren also untrennbar mit Produktinnovationen verklammert.

Der Forschungsstand zur produktionstechnischen und -organisatorischen Entwicklung ist insbesondere für die zweite Hälfte des 20. Jahrhunderts nach wie vor bemerkenswert schlecht.[7] Das gilt schon für die Großindustrie, viel mehr aber noch für kleine und mittelständische Unternehmen. Notwendigerweise wird dieser Beitrag also exemplarisch die Leitbranchen der Konsumgüter-Revolution, d. h. die Kraftfahrzeug- und die elektrotechnische Industrie, in den Blick nehmen müssen und innerhalb dieser Branchen wiederum ausgewählte Unternehmen.

2 Das Fordistische Produktionsregime

Im Beitrag von Wolfgang König (Kap. 7) ist bereits deutlich geworden, dass die von Henry Ford und dessen Mitarbeitern bei der Ford Motor Company realisierte Massenproduktion eines komplexen Maschinenbau-Produktes, nämlich des Automobils, in einer langen Tradition industrieller Rationalisierung stand. Stichwortartig sei hier nochmals auf die zentralen Strategien der Typisierung und Normierung verwiesen, um zu möglichst hohen Stückzahlen immer gleicher Baugruppen und Teile zu kommen, sowie auf die Präzisionsfertigung, um damit die Nachbearbeitung der Einzelteile bei der Montage überflüssig zu machen und Austauschbau zu ermöglichen. Was allerdings erst im 20. Jahrhundert gelang, war mithilfe leistungsfähigerer und

---

[6] Siehe u. a.: *R. Hachtmann*, Fordismus, Version: 1.0, in: Docupedia-Zeitgeschichte, http://docupedia.de/zg/hachtmann_fordismus_v1_de_2011 (abgerufen 28.12.2018), S. 5f. R. Hachtmann/A. v. Saldern, „Gesellschaft am Fließband". Fordistische Produktion und Herrschaftspraxis in Deutschland, in: Zeithistorische Forschungen 6, 2009, S. 186–208, hier S. 199f.

[7] Dazu etwa: *M. Heßler*, Überlegungen zum Mensch-Maschine-Verhältnis in der industriellen Produktion der 1980er-Jahre. Die Halle 54 bei Volkswagen und die Grenzen der Automatisierung, in: Zeithistorische Forschungen 11, 2014, S. 56–76, hier insbesondere S. 57f.

präzise arbeitender Werkzeugmaschinen das Verhältnis von Hand- zu Maschinenarbeit dramatisch zugunsten der letzteren zu verschieben.[8]

Der erste entscheidende Faktor für den Erfolg der neuen Rationalisierungsstrategie[9] war die Reduzierung der produzierten Modelle auf nur noch ein einziges, nämlich das ab 1908 hergestellte Ford Model T. Diese radikale Typisierung war die Voraussetzung für eine durchgreifende Reorganisation der Fertigung, deren prägende Elemente Arbeitszerlegung in kleine Teilschritte, umfassender Einsatz hochproduktiver Einzweck- und Sondermaschinen, (teil-)mechanisierter Teiletransport zwischen den Maschinen und Arbeitsgängen sowie Umstellung der gesamten Produktion auf Fließfertigung waren. Letzteres bedeutet, dass die Maschinen und damit auch die einzelnen Bearbeitungsvorgänge entsprechend der Bearbeitungsreihenfolge an den verschiedenen Teilen hintereinander angeordnet wurden. Insgesamt konnte so eine örtlich fortschreitende und zeitlich getaktete Produktion verwirklicht werden. Der Einsatz von Präzisionsmaschinen garantierte in Kombination mit speziellen Messmitteln, dass bei der Montage keine Passarbeit, d. h. keine manuelle Nachbearbeitung der Teile mehr erforderlich war. Es wird im Übrigen kaum überraschen, dass der Reorganisation der Produktion bei Ford umfassende tayloristische Arbeits- und Zeitstudien vorangegangen sind.[10]

Die Fließbandmontage, die zum zentralen Symbol des Fordismus aufstieg, wurde erstmals 1913 umgesetzt, nachdem sich die zunächst noch konventionelle Baugruppen- und Endmontage zum Flaschenhals für die weitere Produktionssteigerung entwickelt hatte. Im Laufe des Jahres 1914 wurden dann sämtliche Montageprozesse bei Ford auf Fließbandmontage umgestellt. Ford war bekanntlich mitnichten der Erfinder des Fließbandes, das etwa in der amerikanischen Lebensmittelindustrie schon seit Jahrzehnten eingesetzt worden war, die Übertragung des Fließbandes auf die Montage komplexer Maschinenbauprodukte ermöglichte aber enorme Produktivitätsgewinne und eine massive Erhöhung des Produktionsvolumens. Lag der Preis für ein Model T 1908 noch bei 850 US-Dollar, so kostete es 1917 nur noch 360 US-Dollar. Parallel dazu stieg die Produktionsstückzahl von 6 000 Modell T 1908 auf über 785 000 im Jahr 1917.[11]

Freilich brachten die getaktete Fließfertigung und die Fließbandmontage auch eine Monotonisierung, Dequalifizierung und Verdichtung von Arbeit, wobei die Kontrolle über die Arbeitsleistung bzw. die Arbeitsgeschwindigkeit von der Maschinerie

---

8 *König*, Konsumgesellschaft, S. 29.
9 Nach wie vor maßgebend auch zur fordistischen Rationalisierungsstrategie: *D. Hounshell*, From the American System to Mass Production, 1800–1932. The Development of Manufacturing Technology in the United States, Baltimore/London 1987, S. 217–26. Sehr gute Einführungen in die Prinzipien der Produktion bei Ford bieten auch: *J. Bönig*, Die Einführung der Fließbandarbeit in Deutschland bis 1933. Zur Geschichte einer Sozialinnovation, Bd. 2, Münster/Hamburg 1993, S. 42–80. *D. Nye*, America's Assembly Line, Cambridge/London 2013, S. 13–38.
10 Vgl. den Artikel von *W. König* in diesem Band und *R. Hachtmann*, Fordismus, S. 3.
11 Angaben aus: *Hounshell*, American System, S. 224; *Nye*, Assembly Line, S. 32.

selbst übernommen wurde. Dass Fords Produktionsarbeiter die Arbeitsbedingungen unter dem neuen Fertigungsregime als belastend empfunden haben, dokumentiert sich nicht zuletzt darin, dass die Fluktuation innerhalb der Belegschaft nach Einführung der Fließarbeit 1913 auf 380 Prozent stieg.[12] Um dieser Situation Herr zu werden, führte das Unternehmen im Jahr 1914 den „Five-dollar-day" ein, d. h. Ford garantierte seinen Arbeitern unter bestimmten Bedingungen einen Mindestverdienst von fünf Dollar am Tag. Fords Löhne lagen damit etwa doppelt so hoch wie sonst in der US-amerikanischen Automobilindustrie üblich. Ergebnis dieser Lohnpolitik war, dass die Fluktuation auf ein erträgliches Maß zurückging. Ein betriebswirtschaftlich, gesamtwirtschaftlich und gesellschaftlich weit wichtigeres Ergebnis war allerdings, dass die Arbeiter bei Ford nun so gut verdienten, dass sie selbst zu Automobilkäufern zu werden begannen.[13]

Das neue Produktionsregime ermöglichte also die massenhafte Herstellung auch komplexer Produkte zu Kosten, die niedrige Verkaufspreise und gleichzeitig steigende Löhne erlaubten. Auch für Arbeiter und in zunehmender Zahl Arbeiterinnen wurde damit ein höheres Konsumniveau möglich. In seiner 1922 veröffentlichten Autobiografie bezeichnete Henry Ford (bzw. der als sein Ghostwriter fungierende Journalist Samuel Crowther) das neue Produktionsregime explizit als „Wohlstandsbeteiligungsplan"[14]. Fordismus wird hier zur kapitalistischen Sozialutopie, die eine Versöhnung der gegensätzlichen Interessen von Kapital und Arbeit verspricht. Ford inszenierte sich als Gesellschaftsreformer, der dem marxistischen „Roten Sozialismus" ein für alle Seiten attraktiveres Konzept gegenübergestellt hat, das er mit dem Begriff des „Weißen Sozialismus" belegt hat.[15] Allerdings müssen für den Wohlstandzuwachs die spezifischen Arbeitsbedingungen sowie die innerbetrieblichen Machtverhältnisse billigend in Kauf genommen werden.

Fordismus war mehr als ein neues Produktionssystem: Mit dem Fordismus war über die Massenproduktion hinaus das Versprechen von anhaltendem Wachstum und allgemeinem Wohlstand, von Arbeit für alle und von sozialem Frieden verbunden. In diesem Sinne handelt es sich beim Fordismus um ein umfassenderes gesellschaftliches Ordnungssystem, was wiederum erklärt, warum der Fordismus so attraktiv und so wirkungsmächtig wurde und zwar nicht zuletzt auch in Deutschland.[16]

---

12 *Hounshell*, American System, S. 258.
13 Zusammenfassend zum ‚Five-dollar day': *Nye*, Assembly Line, S. 97–101.
14 *H. Ford*, Mein Leben und Werk. Unter Mitwirkung von Samuel Crowthers, 26. Aufl., Leipzig 1923, S. 149.
15 *Hachtmann*, Fordismus, S. 3.
16 *Hachtmann/von Saldern*, Fordistische Produktion.

3 Rezeption des Fordismus in der Weimarer Republik

Als Massen- und Materialkrieg führte der Erste Weltkrieg in allen kriegführenden Staaten zu einem steigenden Rationalisierungsdruck und zur Etablierung gelenkter Kriegsökonomien. Nicht nur in Deutschland entstanden in Kooperation zwischen Industrie und Staat neue Rationalisierungsinstitutionen, aber gerade hier entwickelten sich in der Endphase des Krieges neue Vorstellungen von einer staatlich gelenkten, gemeinwirtschaftlichen Rationalisierung. Der Fordismus wurde dabei zu einem wichtigen Ideengeber, wobei das Faszinosum Ford eben nicht allein auf seinem ökonomischen Erfolg beruhte, sondern auch auf seinem sozialutopischen Versprechen.[17] Auch wenn dieses Zukunftsversprechen zunächst kaum eingelöst werden konnte, so formierte sich doch ab etwa Mitte der 1920er Jahre eine Rationalisierungswelle in Teilen der deutschen Industrie. Diese Rationalisierungswelle war eng mit einer Innovationswelle im Bereich (zukünftiger) technischer Konsumgüter verknüpft.

Im Automobilbau erfolgte nach dem Ende der Nachkriegsinflation allmählich die Umstellung der Produktion auf Fließfertigung und meist mit einer gewissen Verzögerung auch auf Fließbandmontage. Verbunden waren diese Prozessinnovationen mit der Produktionsaufnahme neuer Modelle. Eine Vorreiterrolle spielte dabei die Firma Opel, die ab 1924 den Kleinwagen Opel ‚Laubfrosch' in vergleichsweise hohen Stückzahlen herstellte. Die Fertigung erfolgte mit „amerikanischen" Produktionsmethoden, d. h. in Fließfertigung, mit neuen häufig US-amerikanischen Präzisionswerkzeugmaschinen und unter Einsatz eines Endmontagebandes. Vom ‚Laubfrosch' wurden bis 1931 knapp 120 000 Exemplare produziert, d. h. innerhalb von etwa sieben Jahren kam Opel auf eine Stückzahl, für die Ford schon 1915 nicht einmal ein halbes Jahr gebraucht hatte.[18]

Das wiederum dokumentiert ein grundsätzliches Problem bei der Einführung von Massenproduktionsverfahren in Deutschland: Nicht zuletzt aufgrund des im Vergleich mit den USA deutlich niedrigeren Wohlstandsniveaus war die Aufnahmefähigkeit der Märkte begrenzt. Angesichts der gesamtwirtschaftlichen Rahmenbedingungen war eine rasche Entgrenzung des Konsums auch bei Übergang zu fordistischen Produktionsmethoden nicht zu erreichen. Entsprechend musste die Einführung von Fließfertigung und Fließbandmontage unter deutlicher Modifikation der US-amerikanischen Vorbilder erfolgen, d. h. bei geringerem (Spezial-)Maschineneinsatz, einer

---

17 *Hachtmann*, Fordismus, S. 6. *M. Bruch/T. Lemke/K. Türk*, Organisation in der modernen Gesellschaft. Eine historische Einführung, Wiesbaden 2002, 192f., 199f. und S. 208–214. Siehe auch: *C. Kleinschmidt*, Technik und Wirtschaft im 19. und 20. Jahrhundert (Enzyklopädie deutscher Geschichte, Bd. 79), München 2007, S. 32–35. *J. Radkau*, Technik in Deutschland. Vom 18. Jahrhundert bis heute, Frankfurt am Main 2008, S. 286–300.
18 *Bönig*, Fließbandarbeit, S. 433–449. Es ist kein Wunder, dass es mit Opel gerade der „amerikanischste" der deutschen Pkw-Hersteller war, der 1929 von General Motors übernommen wurde.

weniger ausgeprägten Arbeitszerlegung, einem niedrigeren Mechanisierungsgrad des innerbetrieblichen Transportes sowie ohne Umstellung aller auch (Vor-)Montageprozesse auf Bandmontage. Typisch waren Wechselfließsysteme, bei denen mit geringem Umstellungsaufwand unterschiedliche Baugruppen und Modelle in einer Produktionsreihe gefertigt werden konnten, typisch war im Übrigen auch ein wesentlich höherer Anteil von Facharbeitern in der Produktion. Selbst bei einem für deutsche Verhältnisse Großproduzenten wie Opel erfolgte die Einführung fordistische Produktionsmethoden in Anpassung an europäische Marktverhältnisse, das galt aber noch viel mehr für die Hersteller teurer Automobile in weit geringeren Stückzahlen wie etwa Daimler-Benz, Adler oder Horch. Dessen ungeachtet sorgte die Rationalisierung in Kombination mit Ansätzen inner- und überbetrieblicher Normung für eine steigende Arbeitsproduktivität und rasch zunehmende Produktionskapazitäten.[19]

Die zweite Branche, in der Fließarbeit und Fließbandmontage bereits in der Weimarer Republik eine größere Rolle zu spielen begann, war die elektrotechnische Industrie. In Verbindung mit einer Innovations- und (bescheidenen) Konsumwelle vor allem im Bereich von Klein-Elektrogeräten wie Bügeleisen, Wasserkochern und dann auch Staubsaugern[20] sowie beim Massenartikel Glühbirne begannen sowohl bei Siemens wie bei der AEG und bei Osram 1924 Versuche mit der Umstellung auf Fließfertigung. Ab etwa 1926 setzten sich komplexere Fließfertigungsanlagen mit mechanischer Zwangstaktung von Produktion und Montage durch.[21]

Vielleicht am deutlichsten wird die Verbindung von Produkt- und Prozessinnovationen allerdings am Beispiel von Rundfunkgeräten, deren fabrikmäßige Produktion erst ab Mitte der 1920er Jahre begann. Die eigentlichen Pionierunternehmen waren hier nicht die etablierten Großunternehmen, sondern Neueinsteiger, die auf der Basis von zugekauften Radioröhren zunächst als reine Montagebetriebe die Produktion

---

19 Zur Durchsetzung der Fließfertigung in der deutschen Automobilindustrie und zu den damit verbundenen Problemen siehe u. a.: *M. Stahlmann*, Die erste Revolution in der Autoindustrie. Management und Arbeitspolitik von 1900–1940, Frankfurt am Main u. a. 1993. *H. Edelmann*, Vom Luxusgut zum Gebrauchsgegenstand. Die Geschichte der Verbreitung von Personenkraftwagen in Deutschland, Frankfurt am Main 1989. *H. J. Braun*, Automobilfertigung in den USA und Deutschland in den 20er Jahren – ein Vergleich, in: *H. Pohl (Hg.)*, Traditionspflege in der Automobilindustrie, Stuttgart 1991, S. 183–200. *R. Bauer*, „Per Aspera ad Astra" – Zu den Krisenreaktionen des deutschen Automobilbaus in den frühen 1930er Jahren und deren mittelfristigen Folgen, in: Technikgeschichte 78, 2011, S. 25–44, hier insbesondere S. 27–29. *R. Flik*, Von Ford lernen? Automobilbau und Motorisierung in Deutschland bis 1933, Köln 2001, S. 121–136. *A. Kugler*, Von der Werkstatt zum Fließband. Etappen der frühen Automobilproduktion in Deutschland, in: Geschichte und Gesellschaft 13, 1987, S. 304–339.
20 Zur beginnenden Technisierung des Haushalts in der Zwischenkriegszeit und zur damit verbundenen Übertragung fordistischer Rationalisierungslogiken auf den privaten Haushalt siehe insbesondere: *M. Heßler*, „Mrs. Modern Woman". Zur Sozial- und Kulturgeschichte der Haushaltstechnisierung, Frankfurt am Main u. a. 2001. *U. Wengenroth*, Technik der Moderne – Ein Vorschlag zu ihrem Verständnis, Version 0.9, München 2015, https://www.edu.tum.de/fileadmin/tuedz01/fggt/Wengenroth-offen/TdM-ver-0.9.pdf, (abgerufen 28.12.2018), S. 167f.
21 *Bönig*, Fließbandarbeit, S. 244–287.

aufnahmen. Firmen wie SABA, Mende, oder Braun überwanden bis Ende der 1920er Jahre den Charakter von „Bastelbetrieben" und nahmen bei deutlich steigenden Produktionsstückzahlen in den 1930er Jahren die Fließfertigung von Radiogeräten auf. Vom Schub des Massenproduktions-Geschäftsfeldes profitierten insbesondere diese von vornherein auf Konsumgüter ausgerichteten Neugründungen.[22]

Gerade am Beispiel der Elektroindustrie wird deutlich, dass die Massenproduktion von Konsumgütern neben die traditionelle Herstellung etablierter Industriegüter trat, ohne diese zu verdrängen. Allerdings wuchsen mittelfristig die Massenproduktionsbereiche schneller als alle anderen, was einen Strukturwandel befeuerte, der sich in der Zwischenkriegszeit eben erst abzuzeichnen begann.[23]

Die Weltwirtschaftskrise zerstörte zunächst einmal alle Hoffnungen darauf, dass der Fordismus auch in Deutschland rasch eine Konsumexpansion nach US-amerikanischem Muster ermöglichen werde. Angesichts der entstandenen Überkapazitäten und angesichts der im Zuge der Krise einsetzenden Massenentlassungen war im Gegenteil rasch von „Fehlrationalisierung" und „technologischer Arbeitslosigkeit" die Rede.[24]

4 Rationalisierung, Konsum und Rüstung im Nationalsozialismus

Nach der Machtübergabe an die Nationalsozialisten belebte sich als Folge von Arbeitsbeschaffungsmaßnahmen sowie Konjunktur- und insbesondere Rüstungsförderung unerwartet rasch die Inlandsnachfrage nach Wirtschafts- und eben auch Konsumgütern. Zwar war „Fordismus" als Schlagwort nach den Erfahrungen der Weltwirtschaftskrise in Deutschland nachhaltig diskreditiert, nicht jedoch die fordistischen Rationalisierungsstrategien als solche. Das Konzept des „Weißen Sozialismus" harmonierte mit dem nationalsozialistischen Versprechen einer „Volksgemeinschaft" als Konsumgemeinschaft und die disziplinierenden Elemente fordistischer Fertigungsorganisation passten zur Vorstellung einer harmonischen, aber hierarchischen NS-(Betriebs-)Gemeinschaft.[25]

---

22 *Witte*, Massenproduktion, insbesondere S. 109–112 sowie S. 122. *Bönig*, Fließbandarbeit, S. 321–328.
23 *Witte*, Massenproduktion, S. 32f. und S. 104.
24 *F. Blaich*, Die „Fehlrationalisierung" in der deutschen Automobilindustrie 1924 bis 1929, in: Tradition 18, 1973, S. 18–34, hier S. 22f. *Radkau*, Technik in Deutschland, S. 299f.
25 *C. Kleinschmidt*, Konsumgesellschaft. Göttingen 2008, insbesondere S. 118f. *R. Bavaj*, Die Ambivalenz der Moderne im Nationalsozialismus. Eine Bilanz der Forschung, München 2003, S. 117–120. *R. Hachtmann*, Industriearbeit im „Dritten Reich". Untersuchungen zu den Lohn- und Arbeitsbedingungen in Deutschland 1933–1945, Göttingen 1989, S. 83f.

Konsumpolitik stieg im „Dritten Reich" zu einem für Herrschaftslegitimierung und Systemstabilisierung zentralen Politikfeld auf. In der NS-Konsumgesellschaft sollte dabei nicht mehr primär das Einkommen, sondern die Zugehörigkeit zur Rassen- und Gesinnungsgemeinschaft über den Zugang zu begehrten, bisher aber unerreichbaren Konsumgütern entscheiden. Dieses Konzept manifestierte sich am deutlichsten bei den sogenannten „Volksprodukten", die durch fordistische Massenproduktion erschwinglich werden sollten. Tatsächlich in Produktion gingen als überbetriebliche Gemeinschaftsprodukte der Rundfunkindustrie bekanntlich nur die Volksempfänger, während Volksfernseher und -kühlschränke in der Planungsphase stecken blieben.[26] Auch abseits der Volksempfänger stieg die Rundfunkindustrie bis Ende der 1930er Jahre zu einer etablierten Teilbranche der Elektroindustrie auf. Wie bereits skizziert, waren es dabei die Neueinsteiger der 1920er Jahre, die sich auf Basis ihrer Massenproduktionsstrategien besonders dynamisch entwickelten.[27]

Was die Automobilindustrie anbelangte, so setzte bereits 1933 eine von der NS-Motorisierungspolitik befeuerte neue Motorisierungswelle ein, die dazu führte, dass sich die Rationalisierungsinvestitionen der 1920er Jahre nun erstmals tatsächlich zu rentieren begannen. Die bisher unzureichend genutzten Fertigungskapazitäten konnten bis spätestens 1936 ausgelastet werden, danach setzte eine neue Rationalisierungswelle ein, in deren Folge auch Fließfertigung und Fließbandmontage weiter ausgebaut wurden. Bezeichnend ist allerdings, dass nach Anlaufen des Vierjahresplans die steigende inländische Nachfrage nach Automobilen aufgrund unzureichender Materialzuteilungen an die Kraftfahrzeugindustrie nicht mehr hat befriedigt werden können. Die weiter steigenden Produktionsstückzahlen kamen nun fast ausschließlich dem Export zugute, was angesichts der so erwirtschafteten Deviseneinnahmen ausgesprochen erwünscht war. Ebenso charakteristisch war, dass im Zeichen der rüstungswirtschaftlichen Autarkiepolitik zu keinem Zeitpunkt zur Debatte stand, die Kraftfahrzeugnutzung durch die Senkung der Zolltarife auf Erdöl- oder Kautschukimporte zu verbilligen.[28]

---

26 *Kleinschmidt*, Konsumgesellschaft, S. 11f. und 118–125. *W. König*, Volkswagen, Volksempfänger, Volksgemeinschaft: „Volksprodukte" im Dritten Reich. Vom Scheitern einer nationalsozialistischen Konsumgesellschaft, Paderborn 2004, passim. Zusammenfassend und kommentierend: *C. Torp*, Besser als in Weimar? Spielräume des Konsums im Nationalsozialismus, in: *B. Kundrus/C. Dieckmann (Hg.)*, Kontinuitäten und Diskontinuitäten. Der Nationalsozialismus in der Geschichte des 20. Jahrhunderts, Göttingen 2013, S. 73–93.
27 Bei Markengeräten erreichten die Neueinsteiger schon Mitte der 1930er Jahre einen Anteil von insgesamt etwa 85 Prozent am deutschen Inlandsabsatz. *Witte*, Massenproduktion, S. 112f.
28 Siehe u.a.: *Bauer*, Per aspera, S. 42f. *Flik*, Ford, S. 82f. und S. 235f. *Edelmann*, Luxusgut, S. 173–180 und S. 194f. *M. Tessner*, Die deutsche Automobilindustrie im Strukturwandel von 1919 bis 1938, Köln 1994, hier insbesondere S. 45 und S. 129. *D. Hochstetter*, Motorisierung und „Volksgemeinschaft". Das Nationalsozialistische Kraftfahrkorps (NSKK) 1931–1945, München 2005, S. 151–165. *M. Spoerer*, Die Automobilindustrie im Dritten Reich: Wachstum um jeden Preis?, in: *L. Gall, M. Pohl (Hg.)*, Unternehmen im Nationalsozialismus, München 1998, S. 61–68.

Daran wurde auch in Zusammenhang mit dem vielleicht prominentesten Volksprodukt des „Dritten Reiches" nie gerüttelt, nämlich dem Volks- bzw. KdF-Wagen.[29] Ungeachtet der ungünstigen gesamtwirtschaftlichen Rahmenbedingungen sollte der KdF-Wagen den Durchbruch zur Massenmotorisierung eröffnen, wobei sich das im späteren Wolfsburg ab 1938 errichtete Werk bei Größe, Fertigungstiefe, Produktionstechnik und -organisation unmittelbar an Fords River-Rouge-Werk in Detroit orientierte. Tatsächlich entstanden ab 1940 nicht Automobile für die Massenmotorisierung, sondern verschiedenste Rüstungsgüter sowie Kübelwagen für den Kriegseinsatz.[30] Gerade das Volkswagenwerk dokumentiert aber die anhaltende Wirkungsmacht der fordistischen Wohlstandsutopie und kann gleichzeitig exemplarisch für deren Scheitern im „Dritten Reich" stehen.

Und noch in anderer Hinsicht kann das Volkswagenprojekt als exemplarisch gelten: So wenig erfolgreich nämlich die NS-Konsumpolitik im Bereich technischer Konsumgüter einerseits war, so erfolgreich war andererseits die Konsumpropaganda. Das gilt einerseits für die Systemstabilisierung durch das Versprechen zukünftigen Konsums, andererseits für das Wecken und Befeuern konkreter Konsumwünsche. Für das Konsumfeld Motorisierung sprach Thomas Südbeck in diesem Zusammenhang von der „Automobilisierung des kollektiven Bewusstseins"[31] im „Dritten Reich". Grundsätzlich gilt ähnliches aber auch für andere zentrale Konsumfelder wie etwa Unterhaltungselektronik, Haushaltstechnik oder Urlaub.[32]

Die Frage, welche Rolle nicht die Konsumgüter-, sondern die Rüstungsproduktion für eine breitere Durchsetzung fordistischer Rationalisierungsstrategien in Deutschland gespielt hat und welche Bedeutung das wiederum für die Westdeutsche

---

29 Benannt nach der NS-Organisation ‚Kraft durch Freude' (KdF), die als Unterorganisation der Deutschen Arbeitsfront (DAF) ab 1937 für die Realisierung des Projekts verantwortlich war.

30 Manfred Grieger hat dabei wiederholt darauf hingewiesen, dass es mit der tatsächlichen Umsetzung von „River Rouge" am Mittellandkanal angesichts von Devisenmangel und Priorisierung der Rüstungswirtschaft weniger weit her war, als mitunter angenommen. Siehe dazu etwa: *M. Grieger*, River Rouge am Mittellandkanal, in: *R. Bittner u. a. (Hg.)*, Zukunft aus Amerika. Fordismus in der Zwischenkriegszeit. Siedlung, Stadt, Raum, Dessau 1995, S. 162–173. Siehe auch: *M. Grieger/H. Mommsen*, Das Volkswagenwerk und seine Arbeiter im Dritten Reich, Düsseldorf 1996. *W. Abelshauser*, The Dynamics of German Industry. Germany's Path toward the New Economy and the American Challenge, New York 2005, S. 90f.

31 *T. Südbeck*, Motorisierung, Verkehrsentwicklung und Verkehrspolitik in der Bundesrepublik Deutschland der 1950er Jahre. Umrisse der allgemeinen Entwicklung und zwei Beispiele: Hamburg und das Emsland, Stuttgart 1994, S. 171.

32 In Zusammenhang mit Urlaub sei in diesem Zusammenhang etwa darauf verwiesen, dass sich gerade im nie fertiggestellten Projekt des „Seebads der 20 000" in Prora auf Rügen dokumentiert, dass im „Dritten Reich" die Wirkungsmächtigkeit fordistischer Rationalisierungslogiken über die reine Produktionssphäre hinausreichte. Mit Prora hätte gleichsam eine standardisierte Massenproduktion von Erholung etabliert werden sollen. *H. Spode*, Ein Seebad für zwanzigtausend Volksgenossen. Zur Grammatik und Geschichte des fordistischen Urlaubs, in: *P. J. Brenner (Hg.)*, Reisekultur in Deutschland. Von der Weimarer Republik zum „Dritten Reich", Tübingen 1997, S. 7–48.

Wirtschaft im Nachkriegsboom hatte, ist vielfach und kontrovers diskutiert worden.[33] Im Zuge der Reorganisation der Rüstungsproduktion ab 1942 kam es ohne Frage zu einer produktionstechnischen Erneuerung in Kombination mit einer weitergehenden Adaption US-amerikanischer Herstellungsmethoden. Eine entscheidende Rahmenbedingung für diese Entwicklungen war bekanntlich der kriegsbedingt zunehmende Facharbeitermangel und der damit steigende Einsatz – oder besser – die massiv steigende Ausbeutung von sogenannten Fremdarbeitern und Fremdarbeiterinnen, Zwangsarbeitern und Zwangsarbeiterinnen sowie KZ-Häftlingen.[34]

Für den westdeutschen Nachkriegsboom waren die in den letzten Kriegsjahren gewonnenen Erfahrungen mit der Massenproduktion sicherlich ebenso relevant wie die beschleunigte Modernisierung der Produktionsanlagen, von denen ein Großteil den Bombenkrieg überstand.[35] Die These aber, dass es in Deutschland die Rüstungs- und nicht die Konsumgüterproduktion war, die zur vollen Durchsetzung fordistischer Rationalisierungsstrategien geführte habe[36], scheint überzogen. Die eigentliche Expansionsphase der fordistischen Produktion stand immer noch bevor und vollzog sich auch in (West-)Deutschland in enger Verklammerung mit dem Durchbruch zur Massenkonsumgesellschaft seit den 1950er Jahren.

5 Massenproduktion und Massenkonsum im Nachkriegsboom

In der jungen Bundesrepublik formierte sich ab Anfang der 1950er Jahre ein langanhaltender Nachkriegsboom. Steigende Wachstumsraten, steigende Arbeitsproduktivität sowie steigende Löhne sorgten dafür, dass im Laufe der 1950er und 60er Jahre für zunehmend größere Teile der Bevölkerung und schließlich für die Bevölkerungsmehrheit Konsum über die Grundbedürfnisse hinaus möglich wurde. Im „Wirt-

---

33 Zusammenfassend zu dieser Diskussion siehe: *Bavaj*, Ambivalenz, 117–135.
34 Zu Rüstungsproduktion und Rationalisierung in technikhistorischer Perspektive siehe unter anderem: *H. Knittel*, Panzerfertigung im Zweiten Weltkrieg. Industrieproduktion für die deutsche Wehrmacht, Herford 1988. *H. J. Braun*, Fertigungsprozesse im deutschen Flugzeugbau 1926–1945, in: Technikgeschichte 57, 1990, S. 111–135. *H. Trischler*, Luft- und Raumfahrtforschung in Deutschland 1900–1970, Frankfurt am Main 1992. *L. Budraß*, Flugzeugindustrie und Luftrüstung in Deutschland 1918–1945, Düsseldorf 1998. – Zur Kontroverse um die produktionstechnische Modernisierung im Nationalsozialismus und zu deren Protagonisten siehe: *Bavaj*, Ambivalenz, insbesondere S. 122–135.
35 Das Brutto-Anlagenvermögen der deutschen Industrie lag 1945 etwa 20 Prozent über dem Niveau von 1936, wobei der Investitionsboom nach 1942 dazu geführt hat, dass das Durchschnittsalter der vorhandenen Anlagen relativ niedrig war und gerade die Werkzeugmaschinen recht modern und produktiv waren. *W. Abelshauser*, Wirtschaftsgeschichte der Bundesrepublik Deutschland (1945–1980). 1. Aufl., Frankfurt am Main 1983, S. 20f. *Ders.*, Die NS-Kriegswirtschaft und das westdeutsche Wirtschaftswunder, in: Vierteljahrshefte für Zeitgeschichte 47, 1999, S. 503–538, hier insbesondere S. 535f.
36 *Bavaj*, Ambibalenz, insbesondere S. 120.

schaftswunder" schien die mit dem Fordismus verbundene Utopie einer krisenfreien Zeit der Vollbeschäftigung und des anhaltend steigenden Konsumniveaus tatsächlich Wirklichkeit zu werden.[37]

Verwoben war der Einstieg in die Massenkonsumgesellschaft mit einer Kosten- und Preisdegression durch forcierte Rationalisierung, wobei das Modell der fordistischen Massenproduktion nun auch in Westdeutschland sein volles Potenzial für die Erschließung rasch expandierender Märkte entfalten konnte. Je nach Branche, je nach Produktgruppe und je nach Marktbedingungen erfolgte fordistische Produktion in mitunter deutlich modifizierten Formen, sie blieb aber mindestens bis in die 1970er Jahre hinein überall dort unangefochten, wo es um standardisierte Massenproduktion in hohen Stückzahlen ging. Es waren die bereits im „Dritten Reich" imaginierten Konsumfelder Haushaltstechnik, Unterhaltungselektronik und insbesondere Mobilität, in denen jetzt Konsumwünsche zunehmend realisiert werden konnten.[38]

In der elektrotechnischen Industrie setzten sich seit den 1950er Jahren Entwicklungen fort, die bereits in der Zwischenkriegszeit angelegt waren. Die in der Vorkriegszeit entstandenen Hersteller von Unterhaltungselektronik, zunächst Radios, ab den 1960er Jahren dann vor allem Fernsehern, stiegen in kurzer Zeit zu Großproduzenten auf, die ausschließlich auf Konsumgüter-Massenproduktion spezialisiert waren. Neben diese Hersteller von sogenannter „Brauner Ware" trat dabei nun eine zweite Gruppe spezialisierter Konsumgüterproduzenten, nämlich die von sogenannter „Weißer Ware", also von Haushaltsgroßgeräten wie Kühlschränken, Herden und Waschmaschinen. Firmen wie Bauknecht, Constructa oder Miele stiegen in das Konsumgütergeschäft ein und damit zu „neuen Großen" auf, die neben die „alten großen" Universalisten wie Siemens und die AEG traten. Ob nun „Braune" oder „Weiße Ware", es waren gerade die Konsumgüterhersteller, deren Anteil am Gesamtumsatz der deutschen Elektroindustrie überproportional rasch wuchs.[39]

Kennzeichnend für die Elektroindustrie war nach wie vor, dass für die expandierende Konsumgüter-Massenproduktion ganz neue Produktionsstandorte entstanden und dass diese gleichsam neben die etablierten alten Strukturen der Investitionsgüterherstellung traten. Insofern ging die stark expandierende Beschäftigung von un- oder angelernten, häufig weiblichen Arbeitskräften in der Konsumgüterproduktion auch nicht mit der Dequalifizierung oder Entlassung gelernter, vor allem männlicher Facharbeiter einher. Primäres Einsatzfeld der gering qualifizierten Arbeitskräfte waren die

---

[37] Dazu zusammenfassend: *Kleinschmidt*, Konsumgesellschaft, S. 131–144.
[38] *Hachtmann/von Saldern*, Fordistische Produktion, S. 199–201. A. *Andersen*, Der Traum vom guten Leben. Alltags- und Konsumgeschichte vom Wirtschaftswunder bis heute, Frankfurt am Main 1997. S. *Gerber*, Küche, Kühlschrank, Kilowatt. Zur Geschichte des privaten Energiekonsums in Deutschland, 1945–1990, Bielefeld 2015, insbesondere S. 89–107 und S. 183–194. *Südbeck*, Motorisierung, insbesondere S. 27–36.
[39] *Witte*, Massenproduktion, insbesondere S.132–139. S. *Wölfel*, Weiße Ware zwischen Ökologie und Ökonomie. Umweltfreundliche Produktentwicklung für den Haushalt in der Bundesrepublik Deutschland und der DDR, München 2016, S. 84–88.

neuen Massenproduktionsbereiche, primärer Einsatzort neue Standorte ohne industrielle (und gewerkschaftliche) Tradition.[40] Das alles trug sicher dazu bei, dass bis in die 1970er Jahre hinein die Arbeitsbedingungen in der Konsumgüter-Massenproduktion kaum problematisiert wurden, zumal nun eben auch in Westdeutschland das fordistische Konzept der Befriedung von (Produktions-)Arbeitern und Arbeiterinnen über deren – bescheidene – Beteiligung am wachsenden Wohlstand funktionierte.

Neben der Elektroindustrie war es bekanntlich die Automobilindustrie, die den Wirtschaftsboom in besonderem Maße befeuerte und damit selbst zur Export- und Wachstumsbranche par excellence aufstieg. Auch ihre Expansion beruhte dabei ganz wesentlich auf der konsequenten Implementierung der fordistischen Massenproduktion.[41]

Es war dabei gerade der Volkswagen, der zum Symbol des wirtschaftlichen Wiederaufstiegs wurde, und es war neben Opel nun das Volkswagenwerk, in dem das fordistische Produktionsregime am konsequentesten umgesetzt wurde. 1954 lief in Wolfsburg eine Rationalisierungsoffensive an, mit der das Werk forciert auf Massenproduktion umgestellt wurde. Ein-Produkt-Politik im Pkw-Bereich, Fließfertigung in einem System durchlaufender Produktionsstraßen, Ersatz von Universal- durch Spezialmaschinen, Mechanisierung des innerbetrieblichen Transports sowie (teil-)automatisierte Werkstückbearbeitung und Karosseriebau auf starren Transferstraßen[42] waren dabei kennzeichnend für die Produktion. Bis Ende der 1950er Jahre stieg damit der Anteil des Volkswagenwerks am westdeutschen Automobilexport auf bis zu 50 Prozent, sein Anteil am bundesdeutschen Pkw-Binnenmarkt auf etwa 40 Prozent. Entsprechend war es der nun ‚Käfer' genannte Wagen, mit dem Volkswagen 1972 den bisherigen Produktionsrekord des Ford Modell T von etwa 15 Mio. gebauten Exemplaren übertreffen konnte.[43]

---

40 *Witte*, Massenproduktion.
41 Zusammenfassend: *Andersen*, Traum, S. 154–175. *I. Köhler*, Auto-Identitäten. Marketing, Konsum und Produktion des Automobils nach dem Boom, Göttingen 2018, S. 41–60. – Es ist nur folgerichtig, dass diese Entwicklung in den 1960er Jahren mit einem Konzentrationsprozess verwoben war, an dessen Ende der westdeutsche Pkw-Bau mit sechs Herstellern, von denen fünf Massenproduzenten waren, seine über Jahrzehnte unveränderte Struktur zeigte. Als vergleichsweise kleines Unternehmen konnte lediglich die damalige Porsche KG ihre Unabhängigkeit behaupten, wobei sie als Nischenanbieterin teurer Sportwagen ein Marktsegment bediente, in dem Produktionskosten eine weniger entscheidende Rolle spielten.
42 Produktionssysteme aus mehreren starr miteinander verketteten Maschinen.
43 *M. Grieger/M. Lupa*, Vom Käfer zum Weltkonzern. Die Volkswagen Chronik, Wolfsburg 2014, S. 54–56. *V. Wellhöner*, „Wirtschaftswunder" – Weltmarkt – westdeutscher Fordismus: der Fall Volkswagen, Münster 1996, S. 109–136. *W. Abelshauser*, Kulturkampf. Der deutsche Weg in die neue Wirtschaft und die amerikanische Herausforderung, Berlin 2003, S. 127–132. *Köhler*, Auto-Identitäten, S. 56. Zusammenfassend zu Rationalisierungsstrategien bei Volkswagen in den 1950er und 60er Jahren siehe auch: *C. Kleinschmidt*, Der produktive Blick. Wahrnehmung amerikanischer und japanischer Management- und Produktionsmethoden durch deutsche Unternehmer 1950–1985, Berlin 2002, S. 158–161.

Fordistisch war das Volkswagenwerk auch insofern, als der ökonomische Erfolg erhebliche Verteilungsspielräume eröffnete, die wiederum innerbetriebliche und gesamtgesellschaftliche Befriedung durch hohe Löhne und freiwillige Sozialleistungen ermöglichten. Charakteristisch für Volkswagen und für den westdeutschen Fordismus insgesamt war, dass sich diese Strategie mit einer zumeist recht gut funktionierenden Kooperation zwischen Management und den jeweiligen Betriebsräten verband. Charakteristisch war auch, dass der westdeutsche Fordismus selbst in seinen Leitbranchen zwar auf Kostensenkung, nicht aber auf möglichst vollständige Verdrängung qualifizierter Facharbeit aus der Produktion abzielte. Qualitätsproduktion auf der Basis gelernter Arbeitskräfte blieb vielmehr ein Erfolgsfaktor der westdeutschen Industrie und zwar durchaus auch in ihren auf Massenproduktion umgestellten Segmenten.[44]

In diesem Zusammenhang sei noch einmal betont, dass fordistische Massenproduktion auch in ihrer Expansionsphase in der Bundesrepublik die industrielle Produktion zu keinem Zeitpunkt dominierte. Im Nachkriegsboom ergab sich vielmehr eine positive Rückkopplung zwischen der Massenproduktion von Konsumgütern und der (Klein-)Serienproduktion von Investitionsgütern im etablierten System der „diversifizierten industriellen Qualitätsproduktion"[45]. Die fordistischen Bereiche haben dabei nicht nur selbst Maschinen und Anlagen nachgefragt, auch die Nutzung der neuen Konsumgüter befeuerte direkt oder indirekt die Nachfrage nach Investitionsgütern, etwa um die Stromerzeugung oder die Verkehrsinfrastruktur auszubauen.[46]

Dass keinesfalls die gesamte industrielle Produktion auf Fließfertigung und Fließbandmontage umgestellt wurde und dass selbst in den hochgradig fordistisch organisierten Unternehmen des Automobilbaus bestimmte Produkte – wie etwa hochpreisige Modelle in geringeren Stückzahlen – nach wie vor eher manufakturell hergestellt wurden, stellt dabei die insgesamt prägende Kraft der fordistischen Transformation in keiner Weise in Frage. Diese fordistische Transformation vollzog sich in enger Verbindung mit einem Schwarm von Produktinnovationen. Das galt für alle expandierenden Bereiche der Konsumgüterindustrie und soll dazu Anlass geben, noch einige Anmerkungen zum Innovationsprozess in der Massenproduktion zu machen.

Innovation verlangt in der Massenproduktion einen ungleich höheren Aufwand als in der Einzel- oder Kleinserienfertigung. Es geht dabei nicht nur um die häufig beschworene fertigungsgerechte Konstruktion an sich, sondern um den Umstellungs- bzw. Anpassungsaufwand insgesamt, d. h. um die Neuplanung von Fertigungs- und

---

Y. I. Lee, Die Ausländerbeschäftigung als ein Bestandteil des deutschen Produktionsregimes für die industrielle Wachstumsgesellschaft 1955–1973, Münster 2011, S. 352–360.
44 *Abelshauser*, Kulturkampf, S. 133f. *Wellhörner*, Wirtschaftswunder, S. 137–160.
45 *Abelshauser*, Kulturkampf, S. 130. Vgl. auch: *W. Abelshauser*, Two Kinds of Fordism. On the Differing Roles of the Automobile Industry in the Development of the two German States, in: H. Shiomi/ K. Wada (Hg.), Fordism Transformed. The Development of Production Methods in the Automobile Industry, Oxford 1995, S. 269–296, hier S. 284.
46 *Witte*, Massenproduktion, S. 84 und S. 190f.

Montagebereichen, um die Taktung der Fließfertigung sowie um den Umbau- oder die Neubeschaffung spezieller Messmittel, Werkzeuge und Sondermaschinen. Nicht umsonst ist von *starrer* Massenproduktion die Rede, womit ja die physische Widerständigkeit der Produktionsanlagen gegen Umstellungen des Produktionsprogramms zum Ausdruck gebracht wird.

Es sind also zusätzliche Innovationsschritte erforderlich, was den Innovationsprozess komplexer und langwieriger macht. Bereits in der Zwischenkriegszeit kam es in den Leitbranchen der fordistischen Massenproduktion zu einer funktionalen Differenzierung innerhalb der am Innovationsprozess beteiligten Abteilungen, wobei hier mindestens zwischen Produktforschung, konkreter Produktentwicklung, Muster- und Prototypenbau, Produktionsplanung sowie Werkzeug- und Betriebsmittelbau zu unterscheiden wäre. Einher ging diese Differenzierung mit einer zunehmenden Abkopplung der Innovationsabteilungen von der Produktion. Nach dem Zweiten Weltkrieg beschleunigte sich diese Entwicklung in Richtung komplexerer und umfangreicherer Innovationsapparate. Mit dem Begriff der „Verwissenschaftlichung" ist dieser Wandel insofern unzureichend beschrieben, als die weitaus meisten Mitarbeiter und Mitarbeiterinnen dieser wachsenden Innovationsapparate eben nicht mit Forschung und Entwicklung im engeren Sinne beschäftigt waren, sondern mit Umsetzungs- und Anpassungsaufgaben. Typisch für die Leitbranche Elektroindustrie war dabei die relativ rasche Abfolge neuer bzw. modifizierter Produkte; in der Automobilindustrie waren die Produktzyklen in der Regel länger, der Modellwechsel dafür inklusive der Reorganisation von Zulieferketten umso aufwändiger.[47] Das belegt etwa der langwierige und ausgesprochen schwierige Abschied vom VW-Käfer als das für die Bundesrepublik sicherlich beste Beispiel für die Probleme des Modellwechsels in der starren Massenproduktion.

6 Von der fordistischen zur postfordistischen Produktion?

Bereits ab Mitte der 1960er Jahre begann sich das Ende des langanhaltenden Nachkriegsbooms abzuzeichnen, die 1970er Jahre können dann als Phase eines nicht zuletzt krisengetriebenen Wandels auch im Bereich von Produktionsorganisation und -technik charakterisiert werden. Wichtige Einflussfaktoren waren die trotz der Verlangsamung des wirtschaftlichen Wachstums in der Bundesrepublik weiter steigenden Löhne sowie ein Globalisierungsschub, der nicht zuletzt als Folge des beschleu-

---

47 *Witte*, Massenproduktion, S. 172–179. Für die Entwicklung bis in die Zwischenkriegszeit hinein siehe auch: *W. König*, Künstler und Strichezieher. Konstruktions- und Technikkulturen im deutschen, britischen, amerikanischen und französischen Maschinenbau zwischen 1850 und 1930, Frankfurt am Main 1999, insbesondere S. 128–149.

nigten Markteintritts neuer, vor allem japanischer Konkurrenten den internationalen Wettbewerb verschärfte.[48]

In den westlichen Industrieländern begannen sich zudem die Konsummuster zu verändern, wobei sich die dominierende Nachfrage zunehmend von der Erst- zur Ersatznachfrage verschob. Gleichzeitig waren die 1970er Jahre das Jahrzehnt der sich ausdifferenzierenden Konsumstile und der rascher wechselnden Konsummoden.[49]

In dieser Zeit entstanden neue Ideen zur Fertigungsorganisation, die sich im erstmals 1973 vorgestellten Konzept der computerintegrierten Fertigung bündelten. Hier liefen wiederum verschiedene ältere Entwicklungsstränge zusammen, so etwa die auf der Basis der ersten elektronischen Rechenanlagen vorangetriebenen Versuche, Kontroll- und Steuerungstätigkeit auf Maschinen zu übertragen. In den USA wurden in den 1950er Jahren erste numerisch gesteuerte Werkzeugmaschinen entwickelt, die vor allem seit den 1960er Jahren auch in der Bundesrepublik Eingang in die industrielle Fertigung fanden. Ebenfalls in den 1960er Jahren kamen als weiteres Element zukünftiger Rationalisierungskonzepte automatische Handhabungsgeräte hinzu, die unter der werbewirksamen Bezeichnung „Roboter" vermarktet wurden.[50]

Es war die „Mikroelektronik-Revolution" der 1970er Jahre, die sowohl Industrieroboter wie NC- und dann auch CNC-Maschinen[51] unerwartet rasch leistungsfähiger und auch preiswerter werden ließ. CNC-Maschinen und Industrieroboter zielten dabei auf unterschiedliche Rationalisierungsaufgaben: Ging es bei den CNC-Maschinen um Automatisierung, Produktivitätssteigerung und Flexibilisierung vornehmlich bei der Teilefertigung, so wurden mit Hilfe des Industrieroboters repetitive Arbeiten etwa

---

48 Am Rande sei darauf hingewiesen, dass auch die gestiegene Konkurrenzfähigkeit der japanischen Anbieter auf der Übernahme und innovativen Modifikation des fordistischen Produktionsregimes beruhte. Siehe u. a.: *Kleinschmidt*, Der produktive Blick, zur Übernahme US-amerikanischer Produktionsmethoden durch die japanische Automobilindustrie insbesondere S. 324.
49 Zum Wandel seit den 1970er Jahren siehe unter anderem: *A. Doering-Manteuffel/L. Raphael*, Nach dem Boom. Perspektiven auf die Zeitgeschichte seit 1970, Göttingen 2008. *S. Fabian*, Boom in der Krise. Konsum, Tourismus, Autofahren in Westdeutschland und Großbritannien 1970–1990, Göttingen 2016. *W. König*, Die siebziger Jahre als konsumgeschichtliche Wende in der Bundesrepublik, in: *K. Jarausch* (Hg.), Das Ende der Zuversicht? Die siebziger Jahre als Geschichte, Göttingen 2008, S. 84–102. *A. Reckendrees*, Konsummuster im Wandel. Haushaltsbudgets und Privater Verbrauch in der Bundesrepublik Deutschland 1952–1998, in: Jahrbuch für Wirtschaftsgeschichte 48, 2007, S. 29–61.
50 Siehe u. a.: *V. Benad-Wagenhoff/A. Paulinyi/J. Ruby*, Die Entwicklung der Fertigungstechnik, in: *U. Wengenroth* (Hg.), Technik und Wirtschaft (Technik und Kultur, Bd. 8), Düsseldorf 1993, S. 189–241, hier. S. 234–236. *W. Coy*, Industrieroboter. Zur Archäologie der zweiten Schöpfung, Berlin 1985, hier insbesondere S. 61–72. *D. Ichbiah*, Roboter. Geschichte, Technik, Entwicklung, München 2005, S. 9–11 und S. 27–29. *L. Nocks*, The Robot. The Life Story of a Technology, Westport 2007, S. 63–69 und S. 75–79. *R. Vahrenkamp*, Von Taylor zu Toyota. Rationalisierungsdebatten im 20. Jahrhundert. 2. Aufl., Köln 2013, S. 117–125. *M. Heßler*, Kulturgeschichte der Technik, Frankfurt am Main 2012, S. 59f. *König*, Konsumgesellschaft, S. 79f.
51 NC steht für Numerical Control, CNC für Computerized Numerical Control, CNC-Maschinen sind also mit einem integrierten Mikrocomputer ausgerüstet, was die Programmierung direkt am Arbeitsplatz ermöglicht.

beim Schweißen, beim Lackieren und dann auch bei der Montage automatisiert. Bei den rechnergesteuerten Werkzeugmaschinen ging es also eher um Rationalisierung im Bereich qualifizierter, bei den Industrierobotern im Bereich der weniger qualifizierten Arbeit.[52]

In den bundesrepublikanischen Leitbranchen der Konsumgüter-Revolution lösten die veränderten Wettbewerbsbedingungen und Konsummuster massive Anpassungsbemühungen aus. Was ihre Produktpolitik anbelangte, so reagierten die westdeutschen Automobilbauer typischerweise mit einer Verbreiterung ihrer Produktpaletten. Dabei ging die Entwicklung der breiteren Modellprogramme mit Plattform- respektive Baukastenstrategien einher, um trotz der Diversifikation bei möglichst vielen Baugruppen und Teilen hohe Produktionsstückzahlen erreichen zu können. In Abstimmung mit der Produktionsvorbereitung und -einführung der neuen Pkw-Modelle wurden fertigungstechnische und fertigungsorganisatorische Neuerungen vollzogen, wobei nun eben Flexibilisierung zu einem wichtigen Ziel der Rationalisierungsbemühungen wurde. Produkt- wie Prozessinnovationen vollzogen sich dabei in zunehmendem Maße unter dem Einfluss der Mikroelektronik.[53]

Zentrale Elemente der Flexibilisierung in der Fertigung waren computergesteuerte Produktionsanlagen und -mittel, wobei gerade der Industrieroboter zum neuen Symbol der Fertigungstechnik im Automobilbau aufstieg.[54] Was die Fertigungsorganisation anbelangt, wurden nun japanische Unternehmen und insbesondere Toyota mit Strategien der „lean production" und Zuliefererbeziehungen im Sinn des „Just-in-time"-Prinzips vorbildgebend. Den Herstellern bot sich damit die Chance, die eigene Anpassungsflexibilität zu erhöhen und Lagerhaltungskosten zumindest partiell auf die Zulieferer abzuwälzen.[55]

Auch die Elektroindustrie setzte bei Konsumgütern auf größere Typen- und Variantenvielfalt sowie raschere Abfolge von Produktinnovationen. Bei den Haushalts-Groß-

---

52 *Benad-Wagenhoff/Paulinyi/Ruby,* Fertigungstechnik, S. 236. *Coy,* Industrieroboter, S. 64–72. *Nocks,* Robot, S. 69. Zusammenfassend: *W. Kaiser,* Technisierung des Lebens seit 1945, in: *W. König (Hg.),* Energiewirtschaft Automatisierung Information seit 1945 (Propyläen Technikgeschichte Bd. 5), Berlin 1992, S. 283–529, hier S. 410–421. *G. Ropohl,* Die Entstehung flexibler Fertigungssysteme in Deutschland, in: Technikgeschichte 58, 1991, S. 331–343.
53 Dazu etwa: *W. Kaiser,* Ingenieure in der Bundesrepublik Deutschland, in: *Ders./W. König (Hg.),* Geschichte des Ingenieurs. Ein Beruf in sechs Jahrtausenden, München u. a. 2006, S. 233–267, hier S. 257.
54 *Köhler,* Auto-Identitäten, S. 297–323. *R. Bauer,* Ölpreiskrisen und Industrieroboter: Die 1970er Jahre als Umbruchphase für die Automobilindustrie in beiden deutschen Staaten, in: *K. H. Jarausch (Hg.),* Das Ende der Zuversicht? Die Strukturkrise der 1970er Jahre als zeithistorische Zäsur, Göttingen 2008, S. 68–83. *Ders.,* Pkw-Bau unter veränderten Rahmenbedingungen. Versuch eines deutsch-deutschen Vergleichs für die 1970er Jahre, in: Technikgeschichte 64, 1997, S. 19–38. *Coy,* Industrieroboter, S. 71 und S. 77. Zu den Hoffnungen und Ängsten, die mit dem Industrierobotereinsatz verbunden waren, siehe exemplarisch: *W. Wobbe-Ohlenburg,* Automobilarbeit und Roboterproduktion. Eine Fallstudie zum Einsatz von Industrierobotern im Volkswagenwerk, Berlin 1982.
55 *Vahrenkamp,* Rationalisierungsdebatten, S. 131–192.

geräten verfolgten bundesdeutsche Hersteller angesichts einer zunehmend umweltbewegten Öffentlichkeit vor allem seit den 1980er Jahren eine neue Produktentwicklungsstrategie, die auf „grüne" Technologie vor allem im Sinne eines niedrigeren Strom- und Wasserverbrauchs setzte. Was die Produktion anbelangt, so begann nun die Automatisierung unter Einsatz von Handhabungsautomaten bzw. Industrierobotern in die bis dahin noch weitgehend manuellen End- und vor allem Vormontagearbeiten vorzudringen. Durch die Kombination von Produkt- und Prozessinnovationen gelang es Herstellern wie etwa Miele, der Bosch und Siemens Hausgeräte GmbH oder auch der Liebherr-Hausgeräte GmbH vor allem im Segment hochpreisiger Geräte ihre Marktposition zu behaupten.[56]

Den bundesdeutschen Produzenten von „Brauner Ware" gelang hingegen die Krisenbewältigung in aller Regel nicht. Kostensenkungsstrategien, die auf eine Verlagerung der Produktion in sogenannte Niedriglohnländer setzten, halfen letztlich ebenso wenig wie Lizenznahmen insbesondere bei der expandierenden japanischen Konkurrenz. Die Krise führte daher mittelfristig zum Marktaustritt der allermeisten Hersteller, was in ähnlicher Weise auch für die westdeutsche Kamera- oder Uhrenindustrie galt.[57]

Die Entwicklungen der 1970er Jahre stellten nicht nur das Produktionsregime, sondern auch die fordistische Sozialutopie von immerwährendem Wachstum und Wohlstandszuwachs infrage. Auch die nun greifbar scheinende Überwindung der starren Massenproduktion ging allerdings mit utopistischen Versprechungen einher: Die Einführung rechnergesteuerter Produktionsmittel schien den Weg zu einer Vollautomatisierung der Produktion freizumachen, die wiederum die Aussicht auf eine „Befreiung des Menschen"[58] von körperlich schwerer und eintöniger Arbeit eröffnete.

---

56 *Wölfel*, Weiße Ware, insbesondere S. 167–174 und S. 189–204. *Dies.*, Weiße Ware im grünen Bereich? Umweltfreundliche Produktentwicklung für den Haushalt in der Bundesrepublik und der DDR, in: *U. Fraunholz/T. Hänseroth (Hg.)*, Ungleiche Pfade? Innovationskulturen im deutsch-deutschen Vergleich, Münster 2012, S. 121–152. *Witte*, Massenproduktion, S. 152. *Gerber*, Küche, S. 248–264 und S. 286–294. Zu Rationalisierungsstrategien bei Bosch siehe: *J. Bähr, P. Erker*, Bosch. Geschichte eines Weltunternehmens, München 2013, S. 365–374.
57 Der Forschungsstand zur unzureichenden Krisenbewältigungsfähigkeit der deutschen Unterhaltungselektronik-, Feinmechanik- und Uhrenindustrie nach 1970 ist bisher bemerkenswert schlecht. Vor allem Firmen- oder zusammenfassende Branchenstudien, die wissenschaftlichen Anforderungen genügen, fehlen bis auf wenige Ausnahmen: *M. Speidel*, Netzwerke, Kooperationen und Management-Buy-Out. Die Geschichte des Unternehmens Loewe zwischen 1962 und 1985, Essen 2010. *D. Kunz*, Der Strukturwandel in der Uhrenindustrie – Ursachen und regionale Folgen, Stuttgart 1991. *H. Brunner-Schwer/P. Zudeick*, SABA. Bilanz einer Aufgabe. Vom Aufstieg und Niedergang eines Familienunternehmens, Elster 1990. Zusammenfassend auch: *I. Köhler*, Havarie der ‚Schönwetterkapitäne'? Die Wirtschaftswunder-Unternehmer in den 1970er Jahren, in: *I. Köhler, R. Rossfeld (Hg.)*, Pleitiers und Bankrotteure. Geschichte des ökonomischen Scheiterns vom 18. bis 20. Jahrhundert, Frankfurt am Main 2012, S. 251–283.
58 Zusammenfassend zur Diskussion um die „Befreiung des Menschen" seit den 1970er Jahren und zum gleichnamigen 1974 aufgelegten staatlichen Programm: *A. Seibring*, Die Humanisierung des

Entworfen wurde die Vision einer „humanisierten Arbeit"[59] allerdings in einer Phase zunehmender Arbeitslosigkeit, die umso schockierender wirkte, als ihr mehr als ein Jahrzehnt der Vollbeschäftigung vorausgegangen war. In allen westlichen Industrieländern entspann sich eine vehement geführte Debatte um die Zukunft der industriellen Arbeit, wobei – je nach Standpunkt – das Leitbild oder das Schreckensszenario einer menschenlosen Produktion heraufbeschworen wurde.

Das sicherlich bekannteste Beispiel für die versuchte Umsetzung der neuen Automatisierungsstrategie war die Halle 54 bei Volkswagen, in der 1983/84 die Fertigung der Modelle Golf II und Jetta II anlief. Volkswagen hatte bereits ab 1973/74, nämlich mit dem Modellwechsel vom Käfer zu Golf und Passat, tiefgreifende Veränderungen bei Produktionsorganisation und -technik vollzogen. In Wolfsburg kamen nun vermehrt Industrieroboter, typenunabhängige Mehrzweckmaschinen sowie variable computergesteuerte Transportsysteme zum Einsatz. Es ging eben nicht mehr darum, die typengebundene Mechanisierung und Automatisierung weiter zu perfektionieren, sondern um Flexibilisierung der Produktion. Volkswagen bietet damit ein gutes Beispiel für die sich verändernden Modell- und Produktionsstrategien westdeutscher Hersteller in den 1970er Jahren.[60]

Schon bei der Entwicklung der zweiten Generation von Golf und Jetta wurden die neuen Modelle auf automatische Montageprozesse ausgelegt. Volkswagen nahm in der Halle 54 dann erstmals eine vollautomatisierte Montagestraße in Betrieb, an der in großer Zahl Industrieroboter eingesetzt wurden. Tatsächlich stand die automatisierte Montage allerdings häufig still, da die Roboter mit geringfügig fehlerhaften Teilen oder minimal falsch positionierten Montagemitteln eben nicht flexibel umgehen konnten. Nach vier Jahren der letztlich unzureichenden Prozessoptimierung zogen in die Halle 54 wieder in größerem Umfang Menschen ein, die nicht zuletzt dafür zuständig waren, die Fehler der Roboter zu korrigieren.[61]

Arbeitslebens in den 1970er-Jahren. Forschungsstand und Forschungsperspektiven, in: *K. Andresen (Hg.)*, „Nach dem Strukturbruch"? Kontinuität und Wandel von Arbeitsbeziehungen und Arbeitswelt(en) seit den 1970er-Jahren, Bonn 2011, S. 107–126. Im Erscheinen: *N. Kleinöder/S. Müller/ K. Uhl (Hg.)*, „Humanisierung der Arbeit". Aufbrüche und Konflikte in der rationalisierten Arbeitswelt des 20. Jahrhunderts, Bielefeld 2019. Zeitgenössisch siehe pars pro toto: *A. Gorz*, Wege ins Paradies. Thesen zur Krise, Automation und Zukunft der Arbeit, Berlin 1983. *J. Espenhorst*, Wege aus der Krise in die Zukunft der Arbeit. Von der Arbeits- in die Tätigkeitsgesellschaft, in: Aus Politik und Zeitgeschichte 33, 1983, S. 16–27. *H. Buhmann (Hg.)*, Geisterfahrt ins Leere. Roboter und Rationalisierung in der Automobilindustrie, Hamburg 1984.

59 So immer wieder in zeitgenössischen vor allem technischen Fachzeitschriften. Siehe etwa: MM Maschinenmarkt 78, 1972, S. 1595. Industrieanzeiger 99, 1977, S. 31. Siehe auch: *Heßler*, Halle 54 , hier insbesondere S. 64f. *M. Schwarz*, Fabriken ohne Arbeiter. Automatisierungsvisionen von Ingenieuren im Spiegel der Zeitschrift »automatik«, 1956–1972, in: *U. Fraunholz/S. Wölfel (Hg.)*, Ingenieure in der technokratischen Hochmoderne, Münster 2012, S. 167–178.

60 *Grieger/Lupa*, Weltkonzern, S. 116–119. *Wobbe-Ohlenburg*, Automobilarbeit, S. 10f.

61 *Heßler*, Halle 54, S. 66–69. *Dittmann/Kubot*, Industrie 4.0, S. 14 und S. 17f. *Coy*, Industrieroboter, S. 77–79.

Ähnliche Erfahrungen mit Automatisierungsprojekten wie Volkswagen machten auch andere Unternehmen, sodass das Konzept der Vollautomatisierung zumindest in seiner radikalen Ausprägung Ende der 1980er Jahre erst einmal vom Tisch war. Als naiv hatte sich insbesondere die zunächst verbreitete Einschätzung erwiesen, dass jede einfache Arbeit formalisierbar und algorithmisierbar sein würde und also auch von rechnergesteuerten Produktionsmitteln ausgeführt werden könne. Es zeigte sich vielmehr, dass das Prozesswissen der Beschäftigten eben nicht ohne Weiteres auf Maschinen übertragen werden kann.[62]

Dessen ungeachtet begann sich die Produktion technischer Konsumgüter seit den 1970er Jahren deutlich zu verändern, was sich unter anderem in einem steigenden Automatisierungsgrad ausdrückte. Ob dabei allerdings von „postfordistischer Produktion" oder vom „Ende der Massenproduktion"[63] die Rede sein kann, erscheint fraglich. Die durch Verminderung der Fertigungstiefe und digitalisierte Automatisierung erreichten Flexibilisierungseffekte führten keinesfalls zu einer Aufgabe fordistischer Rationalisierungsstrategien, sondern eher zu deren Optimierung.[64] Dabei entwickelte sich der Anteil von fordistisch organisierter Produktion an der bundesdeutschen Industrieproduktion insgesamt seit den 1970er Jahren wieder rückläufig. Das lag allerdings nicht nur am zunehmenden Automatisierungsgrad, sondern war eng verwoben mit der Ausdehnung entsprechender Produktionsbereiche in sich nachholend industrialisierende Regionen. Von einer „postfordistischen Ära" kann damit in einer globaleren Perspektive sicher nicht die Rede sein. Insofern löste sich auch der Konnex zwischen Fordismus und Konsum seit den 1970er Jahren keinesfalls auf, sondern er veränderte sich nur insofern, als die Herstellung und der Konsum der Güter räumlich in viel stärkerem Maße auseinanderrückten.

In Westdeutschland führten dabei Tertiärisierung, Strukturwandel, Produktionsverlagerung und Automatisierung zu einem Rückgang von Produktionsarbeitsplätzen und zwar insbesondere von solchen für eher gering qualifizierte Mitarbeiter und Mitarbeiterinnen. Obsolet wurde damit in stärkerem Maße als das Produktionsregime selbst die fordistische Sozialutopie von immerwährendem Wachstum und Wohlstand für alle. Vollbeschäftigung erwies sich für die Bundesrepublik jedenfalls als eine relativ kurze Episode[65], die auf die Phase des Nachkriegsbooms und der raschen Expansion der starren Massenproduktion beschränkt blieb.

---

62 *Heßler*, Halle 54, S. 69f. *Dittmann/Kubot*, Industrie 4.0, S. 17f. Vgl. auch: *Wobbe-Ohlenburg*, Automobilarbeit, S. 139
63 So etwa bei: *M. J. Piore/C. F. Sabel*, Das Ende der Massenproduktion. Studie über die Requalifizierung der Arbeit und die Rückkehr der Ökonomie in die Gesellschaft, Berlin 1985. *H. Kern/M. Schumann*, Das Ende der Arbeitsteilung? Rationalisierung in der industriellen Produktion, München 1984.
64 Dazu zusammenfassend: *Heßler*, Kulturgeschichte, S. 68–70.
65 *W. Plumpe*, Industrieland Deutschland 1945 bis 2008, in: *H. P. Schwarz* (Hg.), Die Bundesrepublik Deutschland. Eine Bilanz nach 60 Jahren, Köln u. a. 2008, S. 379–404, hier S. 388.

7 Fordismus in der DDR

Obwohl der Fordismus hier als Produktionsregime vor allem der westlichen Nachkriegs-Massenkonsumgesellschaften vorgestellt wurde, harmonierten seine zentralen Elemente auch mit der sozialistischen Planwirtschaft, in der ja gleichsam die gesamte Volkswirtschaft wie ein fordistischer Betrieb hierarchisch strukturiert und arbeitsteilig organisiert werden sollte. Standardisierung und weitgehende Typisierung waren gerade in der Planwirtschaft stark ausgeprägt, was also fordistische Produktionsprozesse grundsätzlich begünstigte. Und auch die anhaltende Übernachfrage gerade nach qualifizierten Arbeitskräften ließ fordistische Rationalisierungsstrategien sinnvoll erscheinen.[66]

Was nun die spezifische Rolle des Konsums im real existierenden Sozialismus anbelangt, so ist hier einerseits auf seine Relevanz für Systemstabilisierung und Leistungsstimulierung zu verweisen, andererseits auf die Funktion von Konsum für die Abschöpfung des stets drohenden Kaufkraftüberhangs und eng damit verbunden für die Gegenfinanzierung der Grundbedarfssubventionen. Die Konsumgüterindustrie war also politisch und gesamtwirtschaftlich unverzichtbar, auch wenn sie in der DDR fast durchgehend hinter anderen Branchen zurückstehen musste. In den Kernbranchen der (westlichen) Konsumgüter-Revolution begann jedenfalls auch in der DDR ab Ende der 1950er, Anfang der 1960er Jahre der Ausbau der bzw. die Umstellung auf Fließfertigung und Fließbandmontage. Und auch in Ostdeutschland war diese produktionsorganisatorische Umstellung mit Produktinnovationen verklammert, was sich etwa beim Automobilbau an der Produktionsaufnahme von Trabant und Wartburg Ende der 1950er Jahre und der Einführung einer zweiten Modellgeneration Mitte der 1960er Jahre festmachen lässt. Angesichts des Vorrangs der Produktions- und Investitionsgüterindustrie führten allerdings die durchgehend eher knappen Investitionsmittel, die der Konsumgüterindustrie zugeteilt wurden, in enger Wechselwirkung mit der unzureichenden Produktionsmittelversorgung und den ebenfalls niedrigen Materialzuteilungen dazu, dass die für die fordistische Massenproduktion eigentlich mindestens erforderlichen Stückzahlen kaum erreicht werden konnten. Fordistische Produktion ließ so zwar auch in der DDR die Konsumchancen steigen, das westdeutsche Konsumniveau blieb hingegen unerreichbar.[67]

---

[66] Zusammenfassend zum Fordismus in der DDR: *U. Busch*, Die DDR als staatssozialistische Variante des Fordismus, in: Jahrbuch für Forschungen zur Geschichte der Arbeiterbewegung 8, 2009, Heft 3, S. 34–56.

[67] *I. Merkel*, Im Widerspruch zum Ideal: Konsumpolitik in der DDR, in: *H. G. Haupt, C. Torp (Hg.)*, Die Konsumgesellschaft in Deutschland 1890–1990. Ein Handbuch, Frankfurt am Main u. a. 2009, S. 289–304. *J. Roesler*, Massenkonsum in der DDR. Zwischen egalitärem Anspruch, Herrschaftslegitimation und „exquisiter" Individualisierung, in: Prokla 35, 2005, S. 35–52. *R. Bauer*, Pkw-Bau in der DDR. Zur Innovationsschwäche von Zentralverwaltungswirtschaften, Frankfurt am Main 1999. *J. Bähr*, Die Raumstruktur der Elektro- und Elektronikindustrie in der Bundesrepublik und in der DDR (1945–1989). Zum Verhältnis von Standortentwicklung, Arbeitskräfterekrutierung und technologischem

Das hatte auch damit zu tun, dass die relativ hohe Dynamik bei Prozess- wie bei Produktinnovationen, die die DDR-Konsumgüterindustrie noch in den 1960er Jahren ausgezeichnet hatte, seit den 1970er Jahren zunehmend verloren ging. Es waren bei sich verschärfenden außen- und binnenwirtschaftlichen Problemen vor allem die systemimmanenten Innovationsbarrieren, die eine weitere Modernisierung von Produkten und Produktion verhinderten. Zwar kamen auch in der DDR die neuen computergesteuerten Produktionsmittel punktuell zum Einsatz, allerdings häufig eben ohne gleichzeitige Produktinnovationen, ohne Flexibilisierungseffekte und vor allem ohne durchgreifende Erneuerung des Produktionsmittelbestandes insgesamt.[68]

Realsozialistisch gewendet war der Fordismus und das mit ihm verknüpfte Wohlstandsversprechen durchaus auch in der DDR wirkungsmächtig. Schon die Implementierung fordistischer Rationalisierungslösungen gelang allerdings nur bedingt, von postfordistischer Produktion, Strukturwandel und Tertiärisierung konnte dann gar nicht mehr die Rede sein. Eine Sklerose der politischen korrespondierte mit einer Sklerose der wirtschaftlichen Strukturen, die erst nach dem Systembruch 1989/90 und in Verbindung mit einem dramatischen Deindustrialisierungsprozess überwunden werden konnte.

8 ‚Industrie 4.0' und das Ende der Arbeit?

In Zusammenhang mit den Vollautomatisierungsvisionen der 1970er und frühen 1980er Jahre fielen bereits die Stichworte Digitalisierung, flexible Automatisierung und Humanisierung der Arbeit, die heute mit dem in der Bundesrepublik seit 2011 propagierten Konzept der Industrie 4.0 wieder sehr en vogue sind. Das Versprechen lautet, dass die Verknüpfung von physischen Systemen mit der digitalen Welt zu neuen, nämlich ‚intelligenten Fabriken' führen werde, in denen statt der immer mehr oder minder gleichen fordistischen Massenprodukte dann individualisierte Produkte bis hinunter zur vielzitierten „Losgröße 1" wirtschaftlich hergestellt werden können.[69]

Die Begründungszusammenhänge erscheinen vertraut: Motiviert wird das neue Produktionsregime einerseits als Antwort auf sich weiter ausdifferenzierende Kon-

---

Wandel in beiden Teilen Deutschlands, in: *L. Baar, D. Petzina (Hg.)*, Deutsch-deutsche Wirtschaft 1945 bis 1990, St. Katharinen 1999, S. 193–215.
68 Siehe u. a.: *R. Bauer*, Pkw-Bau, S. 307–315. *Ders.*, Ölpreiskrisen, S. 68–83.
69 *Heßler/Thorade*, Vierteilung der Vergangenheit, S. 153f. *Dittmann/Kubot*, Industrie 4.0, S. 14. Vgl. auch *M. Heßler*, Industrie 4.0, in: *K. Liggieri/O. Müller (Hg.)*: Handbuch Mensch-Maschine-Interaktion, Stuttgart 2019 (im Druck).
Zur ursprünglichen Prägung und Etablierung des Begriffs „Industrie 4,0" siehe: *H. Kagermann/ W. D. Lukas/W. Wahlster*: Industrie 4.0: Mit dem Internet der Dinge auf dem Weg zur 4. industriellen Revolution, in: VDI Nachrichten 13, 2011, S. 2.

sumgewohnheiten sowie andererseits als Antwort auf die beschleunigte Globalisierung, die in Hochlohnländern neue Rationalisierungslösungen erforderlich mache.[70]

Was den Innovationsprozess anbelangt, so veränderte sich dieser mit dem Einzug der Rechner in Konstruktion und Produktionsvorbereitung seit den 1970er Jahren massiv. Auch hier ist die Kontinuität zur Industrie 4.0 nicht zu übersehen, soll doch die unmittelbare Verbindung zwischen digitalisierter Entwicklung und entsprechender Produktion nun die für den Fordismus charakteristische physische Widerständigkeit des vorhandenen Produktionsapparats gegen Veränderungen des Produktionssortiments endgültig beseitigen.[71]

Geht es um die Zukunft der Arbeit, so zeigen sich die Protagonisten der Industrie 4.0 darum bemüht, sich von den früheren Vollautomatisierungskonzepten abzugrenzen.[72] De facto ist allerdings nicht zu übersehen, dass die Vision der weitgehend menschenleeren Fabrik alles andere als tot ist.[73] Insofern ist auch die in den 1970er Jahren begonnene Diskussion um die Zukunft der Arbeit nach wie vor hochaktuell, zumal – was allerdings nicht Thema dieses Beitrags sein konnte – die fortschreitende Digitalisierung auch im Dienstleistungssektor massive Rationalisierungspotenziale eröffnen wird. Das mit dem Fordismus verbundene Versprechen der ökonomischen, sozialen und auch kulturellen Integration durch Erwerbsarbeit droht jedenfalls mit der angekündigten nächsten Automatisierungsoffensive endgültig obsolet zu werden.

9 Schluss

Abschließend sei eingestanden, dass der Beitrag auf viele und wichtige Aspekte in Zusammenhang mit Etablierung, Modifikation und partieller Überwindung des fordistischen Konsum- und Produktionsregimes nicht hat eingehen können. Verwiesen sei hier etwa auf die mit Massenproduktion und Massenkonsum einhergehenden weitreichenden sozialen und kulturellen Veränderungen. Die Leitprodukte der Massenkonsumgesellschaft veränderten mindestens das Mobilitäts-, Freizeit- und Sozialverhalten fundamental, was sich sowohl materiell manifestierte, etwa in Siedlungs-

---

70 Siehe auch: *M. J. S. Leis*, Robots – our future partners?! A Sociologist's View from a German and Japanese Perspective, Marburg 2006, S. 58–63.
71 *Kaiser*, Ingenieure, S. 261–266. Aussagen zur Innovativität in der „Industrie 4.0" sind omnipräsent, wobei das Spektrum von Handbüchern zur „Industrie 4.0" bis zu Broschüren des Bundesministeriums für Bildung und Forschung reicht. Siehe etwa: *M. Steven*, Industrie 4.0. Grundlagen – Teilbereiche – Perspektiven, Stuttgart 2019. *BMBF (Hg.)*, Industrie 4.0 – Innovationen für die Produktion von morgen, o. O. 2017.
72 Siehe etwa: *M. Kilic*, Industrie 4.0 als Teil einer global vernetzten und verwundbaren Welt, in: *F. Fuchs-Kittowski/W. Kriesel (Hg.)*, Informatik und Gesellschaft. Festschrift zum 80. Geburtstag von Klaus Fuchs-Kittowski, Frankfurt am Main u. a. 2016, S. 13–122. *E. Nullmeier/K. H. Rödiger*, Industriearbeit 4.0, in: ebd., S. 102–112.
73 *Dittmann/Kubot*, Industrie 4.0, S. 14. Vgl. auch: *Ichbiah*, Roboter, S. 29 und S. 211–215.

oder Versorgungsinfrastrukturen, wie auch kulturell, etwa in der Veränderung von Alltagsroutinen oder gängigen Vorstellungen vom „guten Leben". Die energetische Entgrenzung, die mit der Etablierung von Massenproduktion und Massenkonsum neue Dimensionen erreichte, wurde in diesem Beitrag ebenso wenig diskutiert wie die damit eng verwobenen ökologischen Folgen.

Gefragt wurde auch kaum nach den Gründen für die Attraktivität der technischen Konsumgüter. Mindestens knapp sei erwähnt, dass es gerade die individuelle Verfügungsgewalt über die technischen Konsumgüter war, die die Handlungsoptionen ihrer Besitzerinnen und Besitzer erheblich erweiterte, was wiederum zu deren hoher Attraktivität und zwar auch jenseits von Status- oder Prestigegewinn beitrug. Die rasche und nahezu flächendeckende Verbreitung technischer Konsumgüter im Nachkriegsboom ließ ihren Besitz ebenso rasch „normal" werden und die mit ihnen verknüpften Handlungsoptionen selbstverständlich. Trotz sich verändernder Produktionsregime und drängender ökologischer Fragen hat sich an dieser Selbstverständlichkeit und Normalität bis heute wenig geändert.

Auch um die technischen Rahmenbedingungen für die Verbreitung und Nutzung von Konsumgütern hat sich dieser Beitrag wenig gekümmert, sei es nun die Ausdehnung des Stromnetzes und der Ausbau entsprechender Erzeugungskapazitäten, der Straßenbau oder etwa der Aufbau von Sendenetzen für Radio und Fernsehen. Deutlich wird in diesem Zusammenhang aber noch einmal, dass es mit den fordistischen Leitprodukten selbst nicht getan ist, wenn es um die Frage nach den Bedingungen für deren Nutzung geht. Hier sei nur knapp darauf hingewiesen, dass sich die Herstellung und Instandhaltung dieser unverzichtbaren Infrastrukturen überwiegend nicht nach fordistischem Muster organisieren lässt, was erneut auf die anhaltende Dualität von fordistischer und nichtfordistischer Produktion verweist. In Zusammenhang mit den Voraussetzungen für Massenkonsum sei schließlich zumindest erwähnt, dass dessen Etablierung mit Maßnahmen zur Sicherung respektive Verstetigung von Massenkaufkraft und Nachfrage einherging, etwa in Form von konsumstabilisierender Tarif- und Sozialpolitik einerseits oder auch Werbe-, Marketing- und Vertriebsinnovationen andererseits.[74]

Das alles stellt allerdings die Bedeutung des Zusammenspiels von Produktionsorganisation, Produktionstechnik, Produkt- und Prozessinnovationen, Wohlstandszuwachs und Konsum nicht infrage. In Deutschland begann in der Zwischenkriegszeit eine fordistisch organisierte Konsumgüterproduktion neben die etablierte Industrieproduktion zu treten. Ein neues Produktions-, Innnovations- und Konsumtionsregime zeichnete sich ab, das sich im westdeutschen „Wirtschaftswunder" dann voll entfalten konnte. Es war dabei der enorme Erfolg der fordistischen Massenproduktion, der innerhalb von etwa zwei Jahrzehnten einen tiefgreifenden gesellschaftlichen, kulturellen und industriestrukturellen Wandel befeuerte.

---

74 Zusammenfassend zu den hier vernachlässigten Aspekten siehe insbesondere: *Witte*, Massenproduktion. *König*, Konsumgesellschaft. *Kleinschmidt*, Konsumgesellschaft.

Ab den 1970er Jahren zeichnete sich unter dem Einfluss einer neuen Innovationswelle, die sich mit der sogenannten „Mikroelektronik-Revolution" aufbaute, sowie unter dem Einfluss von veränderten internationalen Wettbewerbsbedingungen und Konsummustern eine Modifikation des fordistischen Produktionsregimes ab. Ziel war es dabei, weitere Produktionskostensenkungen mit größerer Flexibilität zu verbinden, eine der zentralen Strategien war die Digitalisierung von Produktionsmitteln, Produktionsorganisation und Innovationsprozessen. Diese mitunter als „Krise des Fordismus" apostrophierte Entwicklung führte unter anderem zu einer Verlagerung von Produktionsstandorten, was einen Rückgang der fordistischen Produktion in den altindustriellen Ländern und damit auch in der Bundesrepublik bewirkte.

Mit Flexibilisierung und Automatisierung auf der Basis von Digitalisierung begann sich ein neues produktionsorganisatorisches und -technisches Leitbild zu formieren, das schlussendlich auf eine Ablösung fordistischer Rationalisierungsstrategien hinausläuft und damit im Grunde von Beginn an auch das fordistische Konzept von (Industrie-)Arbeit in Frage gestellt hat. Es erscheint dabei allerdings aus heutiger Perspektive nach wie vor ungewiss, ob Produktionsmodelle, die in Deutschland unter dem Label „Industrie 4.0" verhandelt werden, tatsächlich das Potenzial haben, die kostengünstige traditionelle Massenproduktion von Konsumgütern in großen Stückzahlen abzulösen. Eine andere Frage ist freilich, ob diese dann noch in der Bundesrepublik stattfinden wird.

Literatur

R. Bauer, Ölpreiskrisen und Industrieroboter: Die 1970er Jahre als Umbruchphase für die Automobilindustrie in beiden deutschen Staaten, in: *Konrad H. Jarausch (Hg.)*, Das Ende der Zuversicht? Die Strukturkrise der 1970er Jahre als zeithistorische Zäsur. Göttingen 2008, S. 68–83.

V. Benad-Wagenhoff/A. Paulinyi/J. Ruby, Die Entwicklung der Fertigungstechnik, in: *U. Wengenroth (Hg.)*, Technik und Wirtschaft. (Technik und Kultur, Bd. 8) Düsseldorf 1993, S. 189–241.

J. Bönig, Die Einführung der Fließbandarbeit in Deutschland bis 1933. Zur Geschichte einer Sozialinnovation, 2 Bde. Münster/Hamburg 1993.

U. Busch, Die DDR als staatssozialistische Variante des Fordismus, in: Jahrbuch für Forschungen zur Geschichte der Arbeiterbewegung 8, 2009, Heft 3, S. 34–56.

F. Dittmann/T. Kubot, Industrie 4.0. Geschichte einer Vision, in: Kultur & Technik, 3, 2016, S. 12–21.

A. Doering-Manteuffel/L. Raphael, Nach dem Boom. Perspektiven auf die Zeitgeschichte seit 1970. Göttingen 2008.

H. Edelmann, Vom Luxusgut zum Gebrauchsgegenstand. Die Geschichte der Verbreitung von Personenkraftwagen in Deutschland. Frankfurt am Main 1989.

R. Flik, Von Ford lernen? Automobilbau und Motorisierung in Deutschland bis 1933. Köln 2001.

M. Grieger/H. Mommsen, Das Volkswagenwerk und seine Arbeiter im Dritten Reich. Düsseldorf 1996.

R. Hachtmann, Fordismus, Version: 1.0, in: Docupedia-Zeitgeschichte (http://docupedia.de/zg/hachtmann_fordismus_v1_de_2011).

R. Hachtmann/A. von Saldern, „Gesellschaft am Fließband". Fordistische Produktion und Herrschaftspraxis in Deutschland, in: Zeithistorische Forschungen 6, 2009, S. 186–208.

H. Shiomi/K. Wada (Hg.), Fordism Transformed. The Development of Production Methods in the Automobile Industry. Oxford 1995.

M. Heßler, Kulturgeschichte der Technik. Frankfurt am Main/New York 2012.

M. Heßler, Überlegungen zum Mensch-Maschine-Verhältnis in der industriellen Produktion der 1980er-Jahre. Die Halle 54 bei Volkswagen und die Grenzen der Automatisierung, in: Zeithistorische Forschungen 11, 2014, S. 56–76.

D. Hounshell, From the American System to Mass Production, 1800–1932. The Development of Manufacturing Technology in the United States. Baltimore/London 1987.

D. Ichbiah, Roboter. Geschichte, Technik, Entwicklung. München 2005.

C. Kleinschmidt, Konsumgesellschaft. Göttingen 2008.

W. König, Geschichte der Konsumgesellschaft. Stuttgart 2000.

W. König, Massenproduktion. Rationelle Güterherstellung für die Konsumgesellschaft, in: *H.-G. Haupt, C. Torp (Hg.)*, Die Konsumgesellschaft in Deutschland, 1890–1990. Ein Handbuch, Frankfurt am Main, New York 2009, S. 46–61.

W. König, Volkswagen, Volksempfänger, Volksgemeinschaft: „Volksprodukte" im Dritten Reich. Vom Scheitern einer nationalsozialistischen Konsumgesellschaft. Paderborn 2004.

D. Nye, America's Assembly Line. Cambridge/London 2013.

M. J. Piore/C. F. Sabel, Das Ende der Massenproduktion. Studie über die Requalifizierung der Arbeit und die Rückkehr der Ökonomie in die Gesellschaft. Berlin 1985.

M. Stahlmann, Die erste Revolution in der Autoindustrie. Management und Arbeitspolitik von 1900–1940. Frankfurt am Main u. a. 1993.

R. Vahrenkamp, Von Taylor zu Toyota. Rationalisierungsdebatten im 20. Jahrhundert. 2. Aufl., Köln 2013.

U. Wengenroth, Technik der Moderne – Ein Vorschlag zu ihrem Verständnis, Version 1.0. München 2015 (https://www.edu.tum.de/fileadmin/tuedz01/fggt/Wengenroth-offen/TdM-ver-0.9.pdf).

V. Witte, Wie entstand industrielle Massenproduktion. Die diskontinuierliche Entwicklung der deutschen Elektroindustrie von den Anfängen der „großen Industrie" bis zur Entfaltung des Fordismus (1880–1975). Berlin 1996.

Ingo Köhler
Marketing als Lockmittel des Konsums: Innovationen in Marktforschung und Werbung

1 Wirtschaft, Waren und Werben: Aufbrüche in die Moderne

Die Begriffe ‚werben' und ‚erwerben' sind im deutschen Sprachraum etymologisch eng verwandt. Sie gehen auf den Wortstamm des alt- bzw. mittelhochdeutschen ‚(h)werban' und „werven" zurück, mit dem ein ‚sich drehen und winden', ‚sich bewegen' und ‚bemühen' umschrieben ist.[1] Allein im vieldeutigen Begriff des Erwerbs mag man ein Kaleidoskop von Sinngebungen erkennen, die das geschäftige Arbeiten direkt mit dem Kaufen von Waren in Beziehung setzen. Der konsumistische Erwerb galt gleichsam als Belohnung und Anreiz für den beruflichen Erwerb – ein gedankliches Konstrukt, das im Theoriegebäude der klassischen Nationalökonomie aufgegriffen wurde und sich nicht zuletzt als Leistungsethos tief in den Arbeits- und Konsumgesellschaften der Moderne verankert hat. Das ‚werben' und die ‚Werbung' selbst etablierte sich seit dem Spätmittelalter in der Bedeutung, jemanden für einen Dienst, ein Amt oder eine Arbeit zu gewinnen oder – in einem deutlich romantischeren Sinne – als Bemühen, die Liebe einer Frau und die Gunst ihrer Eltern zu erlangen.[2] Schon bei diesen Unterfangen mag der Erfolg nicht zuletzt davon abhängig gewesen sein, ob man die richtigen Reize setzte, die passende Ansprache und Kommunikationsmittel fand. Nur indem man Aufmerksamkeit und Interesse weckte, gelang es, das Verhalten des Gegenübers positiv zu beeinflussen. In diesem Sinne gab es in der Terminologie bereits viele Brücken zur kaufmännischen Anpreisung von Waren und Dienstleistungen. Diese Bedeutung von Werbung gewann im allgemeinen Sprachgebrauch spätestens um die Wende zum 20. Jahrhundert dominante Bedeutung und löste den älteren Begriff der Reklame im Sinne von ‚ausrufen' ab.

Auch die Geschichte der Werbung und die des Konsums sind untrennbar verbunden, dient die Werbung doch als kommunikative Mittlerin zwischen Produzenten, Handel und Konsumenten. Sie soll auf Warenangebote hinweisen und Aufmerk-

---

[1] Bei diesem Beitrag handelt es sich um eine wesentlich erweiterte und bearbeitete Fassung des Artikels: Märkte und Marktkommunikation. Einführung, in: *K.-P. Ellerbrock (Hg.)*, Westfälische Wirtschaftsgeschichte. Quellen zur Wirtschaft, Gesellschaft und Technik vom 18. bis 20. Jahrhundert aus dem Westfälischen Wirtschaftsarchiv, Münster 2016, S. 380–390. Ich danke Herrn Ellerbrock für die Möglichkeit zur Weiterverwendung. – Stichwort „Werbung", in: *W. Pfeifer [u. a.]*, Etymologisches Wörterbuch des Deutschen (1993), digitalisierte Version im Digitalen Wörterbuch der deutschen Sprache, online unter https://www.dwds.de/wb/Werbung, (abgerufen 15.03.2019)
[2] Vgl. ebd., Eintrag im elektronischen Wörterbuch der deutschen Gegenwartssprache, eWDG, 1977 (abgerufen 15.03.2019).

samkeit für Konsummöglichkeiten schaffen. Die Werbung adressiert Informationen über die räumliche, zeitliche und qualitative „Verfügbarkeit der Dinge"[3] an potenzielle Kunden. In dieser Rolle unterstützt sie das Verteilungssystem des Marktes, welcher Diskrepanzen zwischen Angebot und Nachfrage eben nicht allein über den Preismechanismus ausgleichen kann. Es bedarf zusätzlicher sozialer Interaktion, um Tauschprozesse anzubahnen oder zu initiieren. Dabei dient die Streuung von Marktinformationen keinem altruistischen Zweck. Werbung fungiert vielmehr als Wettbewerbsinstrument gewinnorientierter Unternehmen, um den Absatz zu fördern und „beim Adressaten marktrelevante Einstellungen [...] im Sinne der Unternehmensziele zu verändern".[4] Sie ist durch die ökonomischen Ziele motiviert, das Verhalten der Konsumenten zu beeinflussen, Märkte zu schaffen sowie Umsatz, Image und Bekanntheitsgrad zu steigern.[5]

Ihre eigene Launch-Phase erlebte die privatwirtschaftliche Werbung in Deutschland um die Mitte des 19. Jahrhunderts. Schon zuvor – und vermutlich in allen Zeiten – gab es Marktschreier und öffentliche Ausrufer, die die Kunde über die Ankunft neuer Waren unüberhörbar in den Städten verbreiteten. Seit Erfindung des Buchdrucks wurden Schrifttafeln mehr und mehr durch Plakate, Geschäftskarten und Handzettel ersetzt, die auf Wirtshäuser, Jahrmärkte und Tanzveranstaltungen, auf medizinische Wundermittel, vor allem aber neue Druckerzeugnisse, Traktate und Serienhefte hinwiesen.[6] Gleichwohl blieb der Kommunikationsraum der Werbung an der Schwelle zur Moderne begrenzt. Zunftregeln schlossen nahezu alle handwerklichen und gewerblichen Produkte von offener Konkurrenz aus. Werbung zu lancieren galt als kaufmännisch unehrenhaft und Ausweis von Scharlatanerie. Zugleich blockierten die politische Zensur und das staatliche Anzeigenmonopol die werblichen Aktivitäten. Auf den durch Bannrechte und Zunftprivilegien eingehegten Märkten erfolgte die Warenversorgung bis zum Beginn des 19. Jahrhunderts noch im direkten persönlichen Kontakt. Die Qualität der Güter konnte unmittelbar geprüft, der Preis ausgehandelt werden. Der Konsum fokussierte sich auf eine bescheidene Bedarfsdeckung mit existenziellen Agrar- und Handwerksprodukten, die über lokale, wettbewerbsarme Produktions- und Vertriebsstrukturen bereitgestellt wurden. In der gebundenen Zunftökonomie der Vormoderne sorgte die nachbarschaftliche Nähe von Produzenten und Konsumenten für einen ausreichenden Informationsfluss.[7]

---

3 Vgl. *D. Schrage*, Die Verfügbarkeit der Dinge. Eine historische Soziologie des Konsums, Frankfurt am Main 2009.
4 *H. Meffert/C. Burmann/M. Kirchgeorg*, Marketing Grundlagen marktorientierter Unternehmensführung. Konzepte, Instrumente, Praxisbeispiele, 10. Aufl., Wiesbaden 2008, S. 649.
5 Vgl. *S. Sieling*, Psychospiel Werbung. Heimliche Verführung zum Konsum, Norderstedt 2011, S. 16.
6 Vgl. *D. Reinhardt*, Von der Reklame zum Marketing. Geschichte der Wirtschaftswerbung in Deutschland, Berlin 1993, S. 429f.
7 Vgl. *P. Borscheid*, Agenten des Konsums. Werbung und Marketing, in: *H. G. Haupt/C. Torp* (Hg.), Die Konsumgesellschaft in Deutschland. Ein Handbuch, Frankfurt/New York 2009, S. 79.

Der Aufstieg der Werbung vollzog sich mit dem Strom der zahlreichen politischen und sozioökonomischen Wandlungsprozesse, die den Weg in die Moderne bahnten. Eine entscheidende Grundlage bildete der Übergang zu einer liberalen Wirtschaftsverfassung. Mit der Einführung der Gewerbefreiheit bekannten sich zu Beginn des 19. Jahrhunderts nun auch die deutschen Länder zu einer offenen Marktwirtschaft unter den Leitlinien des Wettbewerbs, der Vertrags-, Handels- und Berufsfreiheit. Die Aufhebung korporativer Zunftregeln entgrenzte die Aktionsfelder des jungen industriellen Unternehmertums und verankerte das Konkurrenzdenken nach anfänglich heftigen Protesten sukzessive auch in Handwerk, Gewerbe und Landwirtschaft. Dies war die ideelle Saat, aus der die Werbung aufblühte.

Die Entfesselung der Marktkräfte dynamisierte sich im Zuge der Industrialisierung durch den starken Ausbau der Verkehrsinfrastruktur, den Wegfall von hemmenden Zollgrenzen und der Entfaltung zuverlässiger Zahlungs- und Kreditsysteme. Der Transport vereinfachte sich und die Handelskosten der Produzenten sanken, was sie in neue Absatzräume vorstoßen ließ. Die wachsende Marktintegration, die ja nach Branche und Region in durchaus unterschiedlichem Tempo erfolgte, war zugleich Voraussetzung und Folge der neuen industriellen Fertigungsmethoden gewerblicher Güter. Die Mechanisierung der Fabriken erlaubte die Serien- und Massenproduktion in hohen Stückzahlen, die unter Ausnutzung von Skalen- und Margeneffekten zu erschwinglichen Preisen angeboten werden konnten. Die historische Forschung hat ihren Fokus lange auf die Spezialisierung, Arbeitsteilung und Rationalisierung in der Produktionsgüterindustrie gelegt, die sich in überregionalen und längst auch internationalen Lieferketten neu organisierte. Einen ebenso intensiven Modernisierungsschub erlebte jedoch auch die Konsumgüterindustrie, die im direkten Kundengeschäft eine große Vielfalt an neuen Haushaltswaren, Hygieneartikeln, Bekleidung oder auch Nahrungs- und Genussmitteln überregional anbot.[8] Schon im 17. und 18. Jahrhundert hatte sich im Kolonialwarenhandel eine Entwicklung abgezeichnet, die jetzt an Dynamik zulegte und die Warentypen grundsätzlich neuformatierte: Auf den Märkten und Messen dominierten bis dato Roh- und Verbrauchsstoffe, die zur eigenen häuslichen oder handwerklichen Weiterverarbeitung eingekauft wurden. Jetzt etablierten sich komplexere Konsumgüter, die vom Hersteller in ihren Eigenschaften und Funktionen definiert, variiert und hochgradig vorverarbeitet wurden. Das unmittelbar zum privaten Ge- oder Verbrauch nutzbare Produkt verdrängte die Commodities der Vormoderne aus den Marktständen und Kaufmannsregalen – eine Entwicklung, die auf der Produktionsebene mit der Ablösung der Auftragsherstellung durch die Massenfertigung Hand in Hand ging.[9]

---

8 Vgl. *M. Schramm*, Die Entstehung der Konsumgesellschaft, in: *R. Sieder/E. Langthaler (Hg.)*, Globalgeschichte 1800–2010, Wien 2010, S. 372.
9 Vgl. *H. Berghoff*, Marketing im 20. Jahrhundert. Absatzinstrument – Managementphilosophie – universelle Sozialtechnik, in: *ders. (Hg.)*, Marketinggeschichte. Die Genese einer modernen Sozial-

Der Wandel von Produktion und Produkten auf der Angebotsseite der Wirtschaft verknüpfte sich auf der Nachfrageseite mit veränderten Konsumbedürfnissen. Jan de Vries geht in seiner bahnbrechenden Theorie der „Industrious Revolution" sogar davon aus, dass der Impuls für die Industrialisierung in England und Europa wesentlich stärker von den Konsumenten ausging als bislang angenommen. Der seit dem 17. Jahrhundert stetig zunehmende Wunsch der privaten Haushalte, höherwertige Nahrungs- und Gebrauchsgüter nutzen zu können, habe sie motiviert, länger und intensiver zu arbeiten.[10] Deutlich scheint heute, dass die Genese der Industrie-, Arbeits- und Konsumgesellschaft historisch nicht auseinanderzudividieren ist, sondern eine Trias des ökonomischen, sozialen und kulturellen Wandels bildete. Der allgemein wachsende Wohlstand ermöglichte immer breiteren Bevölkerungskreisen, über den existenziellen Grundbedarf hinaus zu konsumieren. Die Haushalte verfügten nun über einen größeren Anteil disponibler Mittel für den Wahlbedarf. Zunächst gerieten vor allem höherwertige Lebensmittel, Bekleidung und Einrichtungsgegenstände in den Blick, bevor im Laufe des 19. Jahrhunderts gerade in städtischen Kontexten eine Fülle von neuen Produkten in finanzielle Reichweite gelangte. Die kostengünstige Produktion in Serie sowie die Preiseffekte des intensiveren Wettbewerbs ließen ehemalige Luxusgüter nun auch in weniger vermögende Gesellschaftsschichten diffundieren (Trickle-Down-Effekt). Die zunehmend „individuelle Variierung der Bedarfsdeckung bei gleichzeitiger Standardisierung von Massenverbrauchsgütern"[11] etablierte sich als wesentliche Signatur der aufkeimenden Konsumgesellschaft. Neue Kundenbedürfnisse gewannen an Gewicht, die nicht mehr allein auf eine materielle Subsistenzversorgung fokussierten, sondern soziopsychologischen Zielen der Repräsentation und gesellschaftlichen Distinktion folgten. Zunächst weiteten sich die Konsumerwartungen noch stark entlang von einkommens- und berufsgebundenen Sozialschichtungen aus, in denen sich spezifische Konsumkulturen, Aneignungspraktiken und Moden ausprägten. Bis weit in das 20. Jahrhundert hinein blieb das Konsumverhalten viel mehr in proletarischen, bürgerlichen und adligen Zusammenhängen sozial segregiert als individuell differenziert.[12] Dabei weckten sich Angebotsvielfalt und Konsumbedürfnisse gegenseitig und gingen eine symbiotische Wachstumsbeziehung ein.

---

technik, Frankfurt/New York 2007, S. 21; *A. Engel*, Von Commodities zu Produkten. Die Transformation des Farbstoffmarktes im 18. und 19. Jahrhundert, in: *ebd.*, S. 61–86.
10 Vgl. *J. de Vries*, The Industrial Revolution and the Industrious Revolution, in: Journal of Economic History 54, 1994, S. 249–270.
11 *U. Pfister*, Vom Kiepenkerl zu Karstadt. Einzelhandel und Warenkultur im 19. und frühen 20. Jahrhundert, in: Vierteljahrschrift für Sozial- und Wirtschaftsgeschichte 87, 2000, S. 38; *R. Rossfeld*, Unternehmensgeschichte als Marketinggeschichte. Zur Erweiterung traditioneller Ansätze in der Unternehmensgeschichtsschreibung, in: *C. Kleinschmidt/F. Triebel (Hg.)*, Marketing. Historische Aspekte der Wettbewerbs- und Absatzpolitik, Essen 2004, S. 31f.
12 Vgl. am Beispiel des Kaffees etwa: *J. L. Rischbieter*, Mikro-Ökonomie der Globalisierung, Kaffee, Kaufleute und Konsumenten im Kaiserreich 1870–1914, Köln [u. a.] 2011, S. 277f.; *R. Spree*, Klassen-

Mit dem Übergang von der Kunden- zur Marktproduktion entgrenzten sich zwangsläufig die Absatzräume der Hersteller, die ihre in hohen Stückzahlen produzierten Fabrikwaren für einen möglichst großen Kundenkreis zugänglich und interessant machen wollten. Dabei ging paradoxerweise die ökonomische Integration der Märkte Hand in Hand mit einer sozialen Desintegration der Beziehungen der Unternehmen zu ihren Kunden. Die persönliche Nähe ging verloren, als der Hersteller in der Regel nicht mehr zugleich Verkäufer seiner Waren sein konnte. Für die Unternehmen reihten sich die Kunden nun in eine weitgehend anonyme Masse von Verbrauchern ein, die sich durch die schlichte Zahl ihrer Kaufakte definierte. Für den Konsumenten wiederum waren nicht mehr die Persönlichkeit des Herstellers selbst, sondern die Kaufempfehlung des Händlers und die erlebte Qualität des Produktes die wichtigsten Informationsquellen. Der Verlust des direkten Kontaktes ließ ein „Kommunikationsvakuum"[13] entstehen, das es durch alternative Formen der Warendistribution und Kundenansprache zu füllen galt.

Eines dieser Instrumente bildete der Einstieg in den sog. Fabrikantenhandel. Dabei nahmen Firmen den Vertrieb ihrer Waren in die eigene Hand. Durchreisende und eigene Direktvermarkter suchten den direkten Kontakt zu den Kunden aufrechtzuerhalten. Motiviert waren diese Ansätze allerdings nicht allein durch eine Marketingorientierung, sondern durch den schlichten Wunsch, den starken Zwischenhandel zu umgehen. Längerfristig etablierte sich diese Übergangsform der kostspieligen Absatzorganisation aber nur in wenigen Branchen, Firmen und Produktgruppen, wie etwa den Kosmetika, der Trikotkleidung oder den Metall- und Haushaltswaren.[14] Gerade bei alltäglichen Gebrauchs- und Verbrauchsgütern agierte der ebenfalls aufblühende Groß- und Einzelhandel als Mittler des Konsums. Um sich nicht allein auf die persönliche Empfehlung der Krämer zu verlassen, rückten Unternehmen ihr Produkt in das Zentrum ihrer Absatzstrategien. Der Markenartikel etablierte sich seit Mitte des 19. Jahrhunderts als eine zweite Säule der Kundenkommunikation auf anonymen Märkten. Schon lange hatten Warenzeichen und illustrierte Musterbücher als Qualitäts- und Herkunftsnachweis fungiert. Nun gingen Unternehmen dazu über, ihre Produkte durch spezielle Namen, einheitliche Verpackungen und standardisierte Maße und Gewichte umfassend zu designen. Ansprechende Firmensignets von Dr. Oetker, Kühne oder Lambertz sowie Markenartikel wie Erdal, Vivil, Penaten, Kaiser's Natron oder Melitta platzierten sich an der Wende zum 20. Jahrhundert leicht wiedererkennbar in den Warensortimenten. Das Markenprinzip eröffnete den Herstellern

---

und Schichtbildung im Medium des privaten Konsums. Vom späten Kaiserreich in die Weimarer Republik, in: Historical Social Research/Historische Sozialforschung 22, 1997, 2, S. 29–80.
13 Vgl. *Reinhardt*, Reklame, S. 430.
14 Vgl. exemplarisch *M. Burri*, Bodywear. Geschichte der Trikotkleidung, 1850–2000, Zürich 2012; *A. Godley*, Selling the Sewing Machine around the World. Singer's International Marketing Strategies, 1850–1914, Reading 2000; *F. Blaich*, Absatzstrategien deutscher Unternehmen im 19. und in der ersten Hälfte des 20. Jahrhunderts, in: *H. Pohl (Hg.)*, Absatzstrategien deutscher Unternehmen. Gestern, heute, morgen, Wiesbaden 1982, S. 5–46, hier S. 8–11.

die Möglichkeit, die Sichtbarkeit ihrer Produkte im Marktwettbewerb zu erhöhen. Zugleich diente das Zusammenspiel zwischen Warendarbietung, Qualitätsversprechen und Produkterlebnis dazu, das Vertrauen der Kunden zu gewinnen. Die gleichbleibende Beschaffenheit überbrückte die Unsicherheit der Verbraucher, den Wert und die Eigenschaften des Produktes nicht wie gewohnt vorab prüfen zu können. Die Ware selbst wurde symbolisch aufgeladen, um eine mittelbare Kommunikation zwischen den Marktakteuren herzustellen.[15]

Vor diesem Hintergrund drängten ebenfalls seit der zweiten Hälfte des 19. Jahrhunderts neue Werbemittel in den öffentlichen Raum. Nach der Liberalisierung des Pressemarktes im Zuge der 1848er-Revolution begannen zunächst Händler, später auch die Markenhersteller in Zeitschriften und Zeitungen auf ihre Ware aufmerksam zu machen. Die überwiegende Mehrzahl der gedruckten Annoncen diente zunächst dazu, in aller Schlichtheit bekannt zu machen, welche Angebote zu welchem Zeitpunkt und an welchem Ort verfügbar waren. Daneben etablierten sich jedoch bald Anzeigen, die die Eigenschaften und Funktionsweisen der Produkte wortreich erklärten. Die sachlich-informative Werbesprache konnotierte die Marken mit positiven Qualitäts- und Nutzenanmutungen, um den Bedarf der Kunden zu wecken und ihr Vertrauen zu gewinnen.[16] Aus den Printmedien fand die Werbung rasch einen direkten Weg in weitere öffentliche Räume. Großflächige Plakate eroberten die urbanen Zentren. An den Annoncier-Säulen des Berliner Druckers Ernst Litfaß prangten die Werbebotschaften seit den 1850er Jahren wie an „einer riesigen Schriftwalze"[17]. Um die Aufmerksamkeit der Passanten zu gewinnen, lockerten bald Bildelemente und kunstvolle Umrahmungen das Erscheinungsbild der Werbung auf.

Im Gefolge der ersten Reklamewelle blühte eine eigenständige Werbebranche auf. Findige sog. Annoncen-Expeditionen und Plakatanschlagsinstitute vermittelten Werbeflächen für das Gewerbe. Daneben spezialisierten sich einzelne Druckereien und Grafikanstalten auf die künstlerische Gestaltung der neuen Werbemittel und avancierten mit ihrer Expertise zugleich zu Vorläufern kommerzieller Werbeagenturen. Die Konsumgüterproduzenten bildeten eigene Werberessorts aus, die den Markenauftritt mit Hilfe der neuen Dienstleister vereinheitlichten. Qualität, Reichweite und Präsenz der Werbung nahmen immens zu. Zugleich ließen die neuen Werbe- und Markengestalter eine eigene Warenästhetik der konsumistischen Moderne entstehen. Eingängige Markenslogans, Bildsymbole und Grafiken prangten schon vor der Jahrhundertwende auf Plakaten, Verpackungen, Firmenwagen, Häuserwänden und massenhaft verteilten Werbeflyern. Deutlich zeichnete sich hier bereits der Übergang von

---

15 Vgl. *K.-U. Hellmann*, Soziologie der Marke, Frankfurt am Main 2003, S. 49.
16 Vgl. *Reinhardt*, Reklame, S. 431.
17 *Borscheid*, Agenten S. 80.

der text- zu einer bilddominierten Werbesprache ab, die statt informativer Sachlichkeit mehr und mehr auf emotionale Aufmerksamkeitseffekte setzte.[18]

Zum wichtigsten Ort der Produktinszenierung avancierten jedoch die Schaufenster, die einer neuen „Kultur des Exponierens" ihre Bühne gaben.[19] Neu gestaltete Einzelhandelsgeschäfte, vor allem aber das Warenhaus mit seinen großen Spiegelscheiben, Auslagen und Vitrinen erlaubten den Kunden ganz in die verlockende Vielfalt der Warenwelten einzutauchen und sich von der Werbung animieren zu lassen. Rund um die Werbung entstand nun eine noch größere Vielfalt an neuen Berufen. Warenhäuser und Filialisten verfügten bald über eigene Schaufenstergestalter. Kleineren Geschäften boten sich Wanderdekorateure an, ihre Auslagen stets attraktiv zu halten. Um 1900 entstanden in Deutschland erste Fachschulen für die Kunst der Werbedekoration.[20] Parallel hielten speziell ausgebildete Verkaufsangestellte und Kundenberater Einzug in die modernen Geschäfte. Die Hersteller wiederum entsandten ihrerseits Reisende durch die Lande, um Vertriebskontrakte abzuschließen sowie Preis- und Werbeaktionen vor Ort zu überwachen. Ihre wichtigste Aufgabe aber war es wohl, den Markt zu erkunden. Die von den Handlungsreisenden gesammelten Informationen über Absatzhöhe und Käuferpräferenzen flossen zurück in die Firmenzentralen und dienten dort als Orientierungshilfe für die Produktpolitik.[21] Noch war diese frühe Form der Marktforschung wenig systematisch. Gleichwohl bildeten sich bei einigen wenigen Pionierunternehmen sog. Reklamebüros und Ressorts für Absatzstatistik aus, die die Marktbeobachtungen zur Steuerung der Unternehmenskommunikation nutzten. Hier blitzten erstmals Strukturen eines strukturierten, konsumentenorientierten Marketings auf.

Während die Professionalisierung der Werbung in der kaufmännischen Praxis bereits vor dem Ersten Weltkrieg dynamisch voranschritten war, steckte die wissenschaftliche Diskussion über ihre Formen und Funktionen zumindest in Deutschland noch in den Anfängen. So gab es zumindest in der Handelsbetriebslehre einige Ansätze, das Marken- und Reklamewesen in die zeitgenössische Absatztheorie zu integrieren. Gegenüber der Warendistribution sowie der Preis- und Qualitätsstrategie wurde der Warenvermarktung durch Werbung jedoch weitläufig eine nur stark

---

18 Vgl. *S. Haas*, Sinndiskurse in der Konsumkultur. Die Geschichte der Wirtschaftswerbung von der ständischen bis zur postmodernen Gesellschaft, in: *M. Prinz (Hg.)*, Der lange Weg in den Überfluss. Anfänge und Entwicklung der Konsumgesellschaft seit der Vormoderne, Paderborn 2003, S. 291–314, hier S. 302f.
19 Vgl. *G. M. König*, Konsumkultur. Inszenierte Warenwelt um 1900, Wien 2009; *U. Spiekermann*, Window-display Advertising in German Cities During the 19th Century. A Story of an Enduring Success, in: *C. Wischermann/E. Shore (Hg.)*, Advertising and the European City. Historical Perspectives, London 2000, S. 139–171.
20 Vgl. *Borscheid*, Agenten, S. 84.
21 Siehe exemplarisch *R. Rossfeld*, Markenherrschaft und Reklameschwung. Die schweizerische Schokoladenindustrie zwischen Produktions- und Marketingorientierung, 1860–1914, in: *Berghoff*, Marketinggeschichte, S. 87–122, hier 105ff.; *ders.*, Unternehmensgeschichte, S. 17–42.

untergeordnete, allenfalls ergänzende Rolle eingeräumt.²² Stärkere Impulse erhielt die Werbeforschung dagegen aus der angewandten Wirtschafts- und Betriebspsychologie, deren Ansätze vor allem Hugo Münsterberg frühzeitig auf das Feld der Werbekommunikation zu übertragen versuchte. Er plädierte für eine aktive, psychotechnische Marktbearbeitung der Unternehmen, die die Bedürfnisse der Konsumenten in den Mittelpunkt stellen sollten.²³ Seine Thesen stützten sich auf einen langjährigen Studienaufenthalt in den USA, wo die Marketinglehre in den Anfangsjahren des 20. Jahrhundert bereits deutlich stärker an Konturen gewonnen hatte. Basierend auf den drei „Major Schools of Marketing Thought" richtete sich hier der Blick bereits sowohl auf die effektivste organisatorische Verankerung des Marketing (institutional school), auf seine unterschiedlichen Funktionsfelder innerhalb der Wertschöpfungskette (functional school) sowie auf die Spezifizierung der Absatzstrategien nach Gütergruppen (commodity school). Das Pionierland des Fordismus entwickelte sich auf dieser Basis frühzeitig zum Ideengeber für eine systematische betriebliche Absatzpolitik, die den Herausforderungen eines schnell wachsenden, wettbewerbsintensiven Massenmarktes standhalten sollte.²⁴

2 Inszenierter Konsum, gelenkte Konsumenten: Warenwelten und Werbeforscher in den 1920er und 1930er Jahren

Die wirtschaftliche Entwicklung war in der Zwischenkriegszeit in allen aufstrebenden Industrienationen von einem schnellen Wechsel zwischen tiefen Krisen und kurzen Aufschwüngen geprägt. Ebenso inkonsistent waren die Konsumerfahrungen der Zeitgenossen: Phasen des existenziellen Mangels, die Hybris der Inflation und die Verwerfungen der Weltwirtschaftskrise überlagerten sich mit neuen Anlandungen der modernen Massenkultur. Bügeleisen, Staubsauger, Gas- und Elektroherde, auch Haartrockner und erste Waschmaschinen bereicherten zunehmend den bürgerlichen Haushalt. Parallel forcierte der intensive Ausbau der kommunalen Grundversorgung mit Wasser, Gas und Strom den „*Take-off* der Konsumgesellschaft"²⁵. Selbst für Arbeiterfamilien rückte dank steigender Löhne und Massenproduktion die Anschaffung von höherwertigen Nahrungs- und Genussmitteln, von Modeartikeln, Möbeln und Haushaltsgeräten langsam in Reichweite.

---

[22] Vgl. *R. Bubik*, Geschichte der Marketing-Theorie. Historische Einführung in die Marketing-Lehre, Frankfurt am Main 1996, S. 73ff.
[23] Vgl. *Borscheid*, Agenten, S. 86f.
[24] Vgl. *J. Groucutt/P. Leadley/P. Forsyth*, Marketing. Essential Principles, New Realities, London/Sterling, VA 2004, S. 12ff.
[25] *C. Kleinschmidt*, Konsumgesellschaft, Göttingen 2008, S. 90ff. Allgemein auch *W. König*, Geschichte der Konsumgesellschaft, Stuttgart 2000.

Mehr noch als die heimische Wohnung wandelte sich der öffentliche Raum. In den oft als ‚golden' verklärten 1920er Jahren beschleunigte sich die Kommerzialisierung des urbanen Alltagslebens. Schon seit der Jahrhundertwende transportierten Straßen- und erste Untergrundbahnen die Städter im schnellen Takt zu den Tempeln des Konsums im Herzen der Metropolen. Die Teilnahme an Sport, Kunst, Kultur und Konsum stand auf der Agenda einer öffentlichen Wohlfahrtspolitik, die den Kitt für die von Krieg und Krisen zerrissene Gesellschaft liefern sollte. Viele Schwimmbäder, Museen und Theater öffneten ihre Pforten. Musikrevuen und Tanzveranstaltungen lockten Besucher zu Tausenden an und verhalfen neuartigen Formen der populären Unterhaltungsmusik zum Durchbruch. Trendige amerikanische Jazzkapellen und Filmproduktionen aus Hollywood agierten als zugkräftige Botschafter des ‚American Way of Life'.[26] Überhaupt avancierte das Kino mit seichten Unterhaltungsfilmen zum liebsten Freizeitvergnügen, während der Verkauf von Schallplatten, Radios, Zeitschriften und Groschenromanen sprunghaft anstieg. Eine neue Kultur der populären Massenunterhaltung bahnte sich den Weg über viele neue Medienformen.[27]

Die Wirtschaftswerbung spiegelte diese Entwicklung wider: Kaum ein Werbeträger blieb ungenutzt, um den Konsumenten die Verheißungen der Moderne nahezubringen. Die Medialisierung der Werbung und die omnipräsente Kommerzialisierung des Alltagslebens gingen Hand in Hand. Leuchtreklamen hatte es vereinzelt schon um die Jahrhundertwende gegeben; nun verwandelten sie die Nacht der Stadt mit Großinstallationen, blinkender Wechselschaltung und bunten Farben in eine Entdeckungslandschaft des Konsums. In den Kinos beschrieben Kurzfilme dem erstaunten Publikum die Qualitäten von Markenwaren, betteten die Produkte erstmals in Alltagsgeschichten ein und entfalteten so ganz neue Symbolkontexte. Die Radiowerbung startete und jedwede Transportmittel gerierten sich als bewegte Werbeflächen. Großen Eindruck hinterließen Flugzeuge, die 1927 als Himmelsschreiber Markenbotschaften über den Köpfen der durch Berlin strömenden Menschen zeichneten.[28]

Die Schnelllebigkeit der Stadt prägte eine neue Werbesprache. Die Pioniere des Werbe- und Gebrauchsdesigns forderten „Klartext": Prägnant und schnörkellos sollte die Werbung sein. Im kurzen Moment der Aufmerksamkeit, die sie vom vorbeihastenden Menschen erhaschen konnten, hatten sich die Werbebotschaften blitzartig in den Köpfen festzusetzen. Das blumige, von Ornamenten umrankte Kunstplakat der Vorkriegszeit wurde durch reduzierte, geordnete Formen, schematische Typografien und knappe Begriffe ersetzt. Die Gebrauchskunst des Bauhaus wirkte auf die Werbe-

---

26 Vgl. *C. Ross*, Visions of prosperity. The Americanization of Advertising in Interwar Germany, in: *P. E. Swett/S. J. Wiesen/J. R. Zatlin (Hg.)*, Selling Modernity. Advertising in Twentieth-Century Germany, Durham/London 2007, S. 52–77.
27 Vgl. *ebd*, S. 101.
28 Vgl. *S. Brune-Berns*, Im Lichte der Großstadt. Werbung als Signum der urbanen Welt, in: *P. Borscheid/H. J. Teuteberg (Hg.)*, Bilderwelt des Alltags. Werbung in der Konsumgesellschaft des 19. und 20. Jahrhunderts, Stuttgart 1995, S. 90–114.

und Produktgestaltung ein; sie brachte Klarheit, Ordnung und Funktion in die Konsumwelt zurück.[29] Kunst und Kommerz verstärkten ihre Verbindung und gaben dem urbanen Leben sein eigenes Design.[30]

Auch die Verknüpfungen zwischen angewandter Werbepraxis und Wissenschaft verstärkten sich. Die Werbepsychologie lieferte seit Jahren ein breites theoretisches Fundament und methodisches Instrumentarium für die werbenden Unternehmen. Selbsternannte Markentechniker wie Hans Domizlaff ergründeten das Bewusstsein, die Wahrnehmungsformen und das Erinnerungsvermögen des Menschen und versuchten dem Geheimnis der unterbewussten Bedürfnisbildung auf die Schliche zu kommen. Anhand psychologischer Reiz-Reaktionstests untersuchten sie die Wirkungsmuster von Werbetexten sowie der Form- und Farbgebung des Produktdesigns.[31] Folge man bestimmten psychologischen Gesetzmäßigkeiten, so lautete ihre Überzeugung, könne man sich durch eine geschickte Markenführung eine „Monopolstellung in der Psyche der Verbraucher"[32] sichern. Seit Beginn der 1920er Jahre etablierte sich die Werbepsychologie an einigen deutschen Handelshochschulen und es gründeten sich eine Reihe von wissenschaftlichen Fachblättern. Stärker noch als über die akademischen Institutionen vermittelte sich das Know-how der Psychotechnik jedoch durch Werbefachleute, die direkt in die Unternehmen einzogen. Innerhalb kurzer Zeit vervielfachte sich in Deutschland gerade in der Zeit nach der Währungsreform die Zahl der Firmen, die ihren Vertrieb durch eigene (psychologische) Werbeabteilungen effektivierten.[33]

Auf der Suche nach neuen Strategien und Modellen für die betriebliche Absatzpolitik richtete sich der Blick der deutschen Industrie und Werbewirtschaft vermehrt auf die USA. Dort verdichteten sich in der Zwischenkriegszeit die einzelnen Ansätze der Handelstheorie, Betriebsorganisation und Werbekommunikation zu einer ganzheitlichen Marketinglehre. Einerseits zeigten sich die europäischen Gäste auf ihren Studienreisen nach Übersee fasziniert von der rationalisierten Massenproduktion und von dem von ihr angetriebenen Aufblühen der amerikanischen Konsumkultur. Andererseits lieferte die USA den Beleg, dass eine aktive Absatzstrategie unverzichtbar war, um auf reifen, wettbewerbsintensiven Käufermärkten zu reüssieren. Gerade

---

29 Vgl. *P. Borscheid*, Das Tempo-Virus. Eine Kulturgeschichte der Beschleunigung, Frankfurt am Main 2004, S. 321ff.
30 Vgl. *A. Schug*, Das Ende der Hochkultur. Ästhetische Strategien der Werbung, 1900–1933, in: *W. Hardtwig (Hg.)*, Ordnungen in der Krise. Zur politischen Kulturgeschichte Deutschlands 1900–1933, München 2007, S. 501–530.
31 Vgl. auch *H. Friebe*, Branding Germany. Hans Domizlaff's Markentechnik and Its Ideological Impact, in: *Swett/Wiesen/Zatlin*, Selling Modernity, S. 78–101; *T. Jacobs*, Zwischen Intuition und Experiment. Hans Domizlaff und der Aufstieg Reemtsmas, 1921 bis 1932, in: *Berghoff*, Marketinggeschichte, S. 148–176.
32 *H. Domizlaff*, Die Gewinnung des öffentlichen Vertrauens. Ein Lehrbuch der Markentechnik, Hamburg/Berlin 1939, S. 70.
33 Insgesamt blieb die Verbreitung spezialisierter Werberessorts jedoch noch auf einem niedrigen Niveau von geschätzt rund 200 Unternehmen im Jahr 1925. Vgl. *Borscheid*, Agenten, S. 87.

von der Hintergrund der massiven Krisenerfahrungen, die die 1920er Jahre mit Inflation und Weltwirtschaftskrise einrahmten, war es nicht selten die eigene Unsicherheit über die Zukunftspfade der Marktentwicklung, die deutsche Unternehmen in den USA nach den neuen Marketingkonzepten Ausschau halten ließ.

Stark gefördert wurde der Wissenstransfer zudem durch amerikanische Werbeagenturen. Seit 1925 öffneten kommerzielle Beratungsinstitute wie Thompson und McCann Niederlassungen in Deutschland. Sie boten ihren Kunden einen vollständigen Service, der neben der Planung, Gestaltung und Wirkungsanalyse der Werbeaktivitäten auch die Sammlung von statistischen Marktforschungsdaten umfasste.[34] In dieser Rolle traten die US-Agenturen in Konkurrenz zu den deutschen Annoncen-Expeditionen und Plakatanschlagsinstituten, die ihre Tätigkeit ebenfalls in Richtung der Marktanalyse ausdehnten. Den mittlerweile nicht selten zu bedeutenden Medienkonzernen gewachsenen Anzeigenmittlern dienten Leserschafts- und Mediennutzungsstudien als Grundlagen ihrer Kundenforschung. Weitere private Dienstleister gründeten sich in Deutschland nur wenige, wodurch sich kaum eigene Wurzeln einer spezialisierten kommerziellen Expertenkultur etablierten. Anders als in den USA waren es stattdessen halböffentliche Verbands- und Wissenschaftsinstitutionen, von denen die maßgeblichen Impulse zur Verwissenschaftlichung der Marktbeobachtung ausgingen. An der *Wirtschaftspsychologischen Forschungsstelle* in Wien oder dem *Institut für Wirtschaftsbeobachtung der deutschen Fertigware* (IWF) in Nürnberg – einem Vorläufer der 1934 gegründeten *Gesellschaft für Konsumforschung* (GfK) – entwarfen Paul Lazardsfeld bzw. Wilhelm Vershofen mit seinen Schülern Erich Schäfer und Ludwig Erhard innovative Konzepte einer angewandten Verbrauchsforschung. Zunächst setzten sie auf die Auswertung von sekundärstatistischen Daten zum Kaufverhalten und zur Sozialstruktur der deutschen Konsumenten, entwickelten dann aber die methodischen Grundlagen einer qualitativ-psychologischen Verbraucheranalyse. Auf der Basis primärstatistischer Umfragen gelang es ihnen, das Marktverhalten auf Motive, Einstellungen und Urteile der Konsumenten zurückzubinden. In dem berühmt gewordenen Nutzenschema der Nürnberger Schule differenzierte Vershofen zwischen einem stofflich-technischen Grundnutzen und dem breit ausdifferenzierten psychologischen Zusatznutzen, der die Bedeutung von Konsumgütern für die Konsumenten definiert. Diese wissenschaftliche Neufundierung der Konsumentenbeobachtung gilt bis heute als wichtige Wegmarke in der Genese einer systematischen Marktforschung.[35]

---

34 Vgl. *A. Schug*, Wegbereiter der modernen Absatzwerbung in Deutschland. Advertising Agencies und die Amerikanisierung der deutschen Werbebranche in der Zwischenkriegszeit, in: Werkstatt Geschichte, 2003, Heft 2, S. 29–52; *I. Köhler/J. Logemann*, Towards Marketing Management. German Marketing in the 19th and 20th Centuries, in: *D. G. B. Jones/M. Tadajewski* (Hg.), The Routledge Companion to Marketing History, Abingdon/New York 2016, S. 371–388, hier S. 375; allgemein auch *S. Schwarzkopf*, In Search of the Consumer. The History of Market Research from 1890 to 1960, in: *ebd.*, S. 61–83.
35 Vgl. *W. Vershofen*, Handbuch der Verbrauchsforschung, Bd. 1: Grundlegung, Berlin 1940; *G. Bergler*, Die Entwicklung der Verbrauchsforschung in Deutschland und die Gesellschaft für Konsum-

Auch wenn der Kunde in den neuen Absatz- und Werbetheorien der 1920er und 1930er Jahre mehr und mehr in das Blickfeld geriet, tatsächlich verbraucherorientiert agierten die Agenten der Werbung noch nicht. Hierzu war ihr Konsumentenbild weiterhin zu wenig differenziert. So teilten die Werber am Ende der Weimarer Zeit die Vorstellungen, die Konsumenten durch geschickte Manipulationsstrategien in jede gewünschte Richtung lenken zu können. Werbekommunikation galt noch immer als Einbahnstraße, als schlichte Sender-Empfänger-Beziehung, in der Suggestion eine zentrale Rolle spielte. Sendete man die richtigen Reize an das Unterbewusstsein, ließ sich der Mensch zum Kauf animieren, sein Verhalten steuern. Dies war zumindest das Versprechen, mit dem Markenexperten aus den USA und Deutschland an die Unternehmen herantraten. Sie selbst sahen sich als experimentelle Künstler der Inszenierung, als Dompteure von Wünschen und Erwartungen des neuen Konsumzeitalters. Von hier aus war es nicht weit zu Konzepten des sozialen und politischen Marketings. Strategien zur „Gewinnung öffentlichen Vertrauens" nahmen sich seit dem Ende der 1920er Jahre Städte, Kommunen, Verbände, Parteien und politische Institutionen an. Bald bediente sich auch die NS-Bewegung intensiv der sozialpsychologischen Techniken.[36]

Die politische Propaganda des nationalsozialistischen Regimes adaptierte die Instrumente der Wirtschaftswerbung, um mit einer eingängigen Symbol- und Bildsprache ihre totalitäre Ideologie zu verbreiten. Die Einstellung der neuen Machthaber zum Konsum blieb derweil ambivalent. Einerseits versprachen Vorzeigeprojekte wie der Volksempfänger, der Volkswagen oder die KdF-Reisen der Bevölkerung eine breite soziale Teilhabe an den Errungenschaften der Moderne. Andererseits beschnitt das Regime durch rigide Lenkungsmaßnahmen den privaten Verbrauch zugunsten ihrer Rüstungsanstrengungen. Sie propagierten eine ‚Germanisierung' des Konsums und später – analog zum Verlauf der kriegswirtschaftlichen Mobilisierung – das Sparen und den bewussten Konsumverzicht. „Gemeinnutz geht vor Eigennutz" tönte die Propaganda. Mit dem Ziel der Konsumerziehung kontrollierte der NS-Staat die Werbung, die Kunst, das Pressewesen und die neuen Medien.[37]

Für die deutsche Werbewirtschaft bildete der Nationalsozialismus einen tiefen Einschnitt. Bereits kurz nach der Machterlangung leitete der NS-Staat die Gleichschaltung der Werbebranche ein. Mit dem Werberat der Deutschen Wirtschaft entstand unter der Aufsicht des Reichspropagandaministeriums eine berufsständische

---

forschung bis zum Jahre 1945, Kallmünz/Oberpfalz 1959; *C. Regnery*, Die deutsche Werbeforschung 1900–1945, Münster 2003; *W. Feldenkirchen/D. Fuchs*, Die Stimme des Verbrauchers zum Klingen bringen. 75 Jahre Geschichte der GfK Gruppe, München 2009.

36 Vgl. *A. Schug*, Braune Verführer. Wie sich die deutsche Werbebranche den Nationalsozialisten andiente, Berlin 2015; *W. Sennebogen*, Zwischen Kommerz und Ideologie. Berührungspunkte von Wirtschaftswerbung und Propaganda im Nationalsozialismus, München 2008.

37 Vgl. *H. Berghoff*, Von der „Reklame" zur Verbrauchslenkung. Werbung im nationalsozialistischen Deutschland, in: *ders. (Hg.)*, Konsumpolitik. Die Regulierung des privaten Verbrauchs im 20. Jahrhundert, Göttingen 1999, S. 77–112, hier 106f.

Zwangsvereinigung und Kontrollinstanz. Eine Vielzahl künstlerischer, sittlicher und offen rassistischer Vorgaben normierte nun die Werbepraxis.[38] Die Ausschaltung jüdischer und ausländischer Werbeexperten, der zwangsweise Rückzug amerikanischer Agenturen und Berufsverbote für eine nun als ‚artfremd' geltende künstlerische Avantgarde schufen im umkämpften Werbemarkt Platz für Aufsteiger und Anpassungswillige. Bald aber schon erstickte die Werbebranche förmlich im Dickicht der Bestimmungen des komplexen Genehmigungswesens. Ein Werbeverbot in den neuen ‚Staatsmedien' Radio und Kino ab 1936, strikte Normen für die Außen- und Annoncenwerbung sowie Maßnahmen zur Zurückdrängung des privaten Konsums beschränkten die Geschäftsperspektiven. Nicht nur die Umsätze, auch die methodische und theoretische Weiterentwicklung der Marketing-Idee stagnierte.[39] Zu groß war der Verlust an Wissen und Kreativität, den Deutschland durch den Aderlass führender Werbeexperten verzeichnete. Verfemt oder verfolgt wanderten sie größtenteils in die USA aus und gaben der Entwicklung des Marketings später von hier aus neue Impulse. So waren es Emigranten wie der Wiener Motivforscher Ernest Dichter, die in den USA in den 1940er und frühen 1950er Jahren maßgeblichen Anteil an der dynamischen Verbreitung des Marketingparadigmas und seiner Verankerung in der unternehmerischen Alltagspraxis hatten.[40]

3 Image, Lifestyle und Kundenorientierung. Die Neuentdeckung des Marketing nach 1945

Westdeutschland beschritt nach Jahren des Mangels in der unmittelbaren Nachkriegszeit den Weg in die Massenkonsumgesellschaft. Mit dem aufkeimenden Wirtschaftsboom machte sich zunächst „kleiner Wohlstand"[41] breit. Ein stabiles Wachstum, Vollbeschäftigung und steigende Löhne ermöglichten immer breiteren Kreisen der Bevölkerung am Aufschwung teilzuhaben. „Wohlstand für alle" lautete der berühmte

---

38 Siehe u. a. *P. E. Swett*, Preparing for Victory. Heinrich Hunke, the Nazi Werberat, and West German Prosperity, in: Central European History 42, 2009, S. 675–707; *dies.*, Selling under the Swastika: Advertising and Commercial Culture in Nazi Germany, Stanford 2013; *S. J. Wiesen*, Creating the Nazi Marketplace. Commerce and Consumption in the Third Reich, Cambridge [u. a.] 2011.
39 Vgl. *M. Rücker*, Wirtschaftswerbung unter dem Nationalsozialismus. Rechtliche Ausgestaltung der Werbung und Tätigkeit des Werberats der Deutschen Wirtschaft, Frankfurt am Main [u. a.] 2000; *Berghoff*, Reklame, S. 85f. u. 90f.
40 Vgl. *J. Logemann*, Engineered to Sell. European Emigres and the Making of Consumer Capitalism, Chicago 2019; *ders.*, Consumer Modernity as Cultural Translation. European Émigrés and Knowledge Transfers in Mid-Century Design and Marketing, in: Geschichte und Gesellschaft 43 (2017), S. 413–437.
41 *M. Wildt*, Vom kleinen Wohlstand. Eine Konsumgeschichte der fünfziger Jahre, Frankfurt am Main 1996; *A. Schildt (Hg.)*, Moderne Zeiten. Freizeit, Massenmedien und ‚Zeitgeist' in der Bundesrepublik der 50er Jahre, Hamburg 1995.

Slogan des Wirtschaftsministers und späteren Bundeskanzlers Ludwig Erhard. Die Konsumchancen zu steigern und gerecht zu verteilen wurde in der Sozialen Marktwirtschaft der Bundesrepublik zum politischen Konsensprogramm – stets verbunden mit der Erwartung, dass die Freiheiten eines westlich orientierten Lebensstils die junge Demokratie stärken würden.[42]

Langsam, aber stetig eroberten sich die Konsumenten in den 1950er und 1960er Jahren das, was sie lange entbehrt und begehrt hatten. Zwar blieb die Geschwindigkeit, mit der Bedürfnisse nach Wohneigentum, Haushaltsgeräten, Möbeln, Automobilität, Reisen und Freizeitgestaltung gedeckt werden konnten, weiterhin schichtenspezifisch determiniert. Im Zuge des allgemeinen Aufwärtstrends gehörten in der Mehrzahl der deutschen Haushalte Ende der 1960er Jahre Kühlschrank und Waschmaschine, das Fernsehgerät und auch das eigene Auto zur Grundausstattung.[43] In den durch eine überbordende Nachfrage geprägten sog. Verkäufermärkten des ‚Wirtschaftswunders' hatten die Konsumgüterproduzenten kaum Absatzprobleme. Ihre Sorge galt vielmehr der Frage, ob sie ausreichende Fertigungskapazitäten und Distributionskanäle bereitstellen konnten, um alle Wünsche der Kunden zu bedienen. Versandhäuser wie Quelle, Otto-Versand, Neckermann oder Baur erlebten mit ihren bunten Wäsche- und Haushaltswarenkatalogen ihre Glanzzeit. In den Innenstädten blühten die Warenhäuser auf und erweiterten ihr Sortiment um alles, was die neue Warenwelt zu bieten hatte. Im Lebensmittelhandel bauten neuartige Selbstbedingungsgeschäfte ihre Verkaufsflächen rasant aus und begannen Ende der 1960er Jahre das klassische Bediengeschäft zunehmend zu verdrängen.[44]

Mehr als je zuvor lag es nun gewissermaßen an dem Produkt selbst, mit den Konsumenten zu interagieren. Nebeneinander in Regalen und Katalogen platziert, übernahmen die Verpackung, das Design, Preisaktionen und – im Vorfeld – die Werbung die Aufgabe, die Konsumenten zum Kauf zu animieren. Obwohl die Marke als Träger der Produktkommunikation nochmals spürbar an Bedeutung gewann, setzten die

---

42 Vgl. *M. Wildt*, „Wohlstand für alle": Das Spannungsfeld von Konsum und Politik in der Bundesrepublik, in: *Haupt,* Konsumgesellschaft, S. 305–316, hier S. 313ff.;

43 Vgl. *A. Reckendrees*, Konsummuster im Wandel. Haushaltsbudgets in der Bundesrepublik Deutschland 1952–1998, in: Jahrbuch für Wirtschaftsgeschichte, 2007, Nr. 2, S. 29–61; *S. Haustein*, Vom Mangel zum Massenkonsum. Deutschland, Frankreich und Großbritannien im Vergleich 1945–1970, Frankfurt/New York 2007; *A. Andersen*, Der Traum vom guten Leben. Alltags- und Konsumgeschichte vom Wirtschaftswunder bis heute, Frankfurt/New York 1997; *W. Ruppert*, Zur Konsumwelt der 60er Jahre, in: *A. Schildt/D. Siegfried/K. C. Lammers (Hg.),* Dynamische Zeiten. Die 60er Jahre in den beiden deutschen Gesellschaften, Hamburg 2000, S. 752–767.

44 Vgl. *K. Ditt*, Rationalisierung im Einzelhandel. Die Einführung und Entwicklung der Selbstbedienung in der Bundesrepublik Deutschland, in: *Michael Prinz (Hg.),* Der lange Weg in den Überfluss. Anfänge und Entwicklung der Konsumgesellschaft seit der Vormoderne, Paderborn/München/Wien 2003, S. 315–356; *L. Langer*, Revolution im Einzelhandel. Die Einführung der Selbstbedienung in Lebensmittelgeschäften der Bundesrepublik Deutschland (1949–1973), Köln 2013; *R. Banken*, Schneller Strukturwandel trotz institutioneller Stabilität. Die Entwicklung des deutschen Einzelhandels 1949–2000, in: Jahrbuch für Wirtschaftsgeschichte, 2007, H. 2, S. 117–146.

deutschen Unternehmen zunächst auf zurückhaltende Werbestrategien.[45] In einer Zeit, in der Mangelerfahrungen noch stark präsent waren, galt es, die Gesellschaft zunächst vorsichtig an die erweiterten Konsumoptionen heranzuführen. Es dominierten Aussagen zur Verfügbarkeit und Preiswürdigkeit, zum Gebrauchsnutzen und zur Funktionsweise der neuen, oft technischen Geräte. In der Werbung, aber auch in der populären Kultur, im Heimatfilm oder der Schlagermusik, bündelte sich die wertkonservative Sehnsucht nach sozialer Stabilität, familiärer Bindung und wirtschaftlichem Aufstieg. Es entstand die typische „Wirtschaftswunder"-Ikonologie der 1950er Jahre.[46]

Aus eigenen Wurzeln, aber auch mit starken Impulsen aus den USA, startete in den 1950er Jahren der Prozess neu, der die Bundesrepublik in den kommenden zwei Dekaden zu einer Massenkonsumgesellschaft umformen sollte. Unbestreitbar entwickelte die amerikanische Konsumkultur früh eine enorme Anziehungskraft für die westdeutsche Nachkriegsgesellschaft.[47] Mithin drängten auch die Produktionsmodelle, Vertriebs-, Werbe- und Vermarktungskonzepte aus Übersee nach Deutschland.[48] Lange wurde die Genese des modernen Marketing in Deutschland daher als eine Geschichte der „Amerikanisierung" betrachtet, die sich bei genauerem Hinsehen jedoch als ein durchaus schwieriger Adaptions- und multikomplexer Austauschprozess entpuppt.[49] Dies zeigt sich etwa darin, dass sich die meisten deutschen Unternehmen zunächst kaum an kostspieligen Marktforschungs- und Marketingmethoden interessiert zeigten, solange sich die eigenen Waren in den Boomjahren fast wie von selbst verkauften. Die durchaus modernen Ansätze der Marktforschung und des Marketings aus der Zwischenkriegszeit schienen nahezu vergessen. Die deutschen Hersteller konzentrierten sich weiterhin vornehmlich auf die Belange der Produktion. In ihrer traditionellen Vorstellung stand das Marketing als nachgelagerte Hilfsfunktion am Ende der betrieblichen Wertschöpfungskette. Der Vertrieb sollte mit Hilfe der Werbung schlicht die Waren verkaufen, die möglichst rational produziert und von Ingenieuren erdacht wurden.[50]

Offener gegenüber amerikanischen Marketingmethoden zeigten sich Firmenleiter, die stark auf den Export setzten und daher über Tochterunternehmen sowie viel-

---

45 *R. Gries*, Produkte als Medien. Kulturgeschichte der Produktkommunikation in der Bundesrepublik und der DDR, Leipzig 2003.
46 Vgl. *Köhler/Logemann*, Marketing Management, S. 379.
47 Vgl. *V. de Grazia*, Irresistible Empire. America's Advance through Twentieth-Century Europe, Cambridge, MA 2005; *M. Nolan*, Visions of Modernity: American Business and the Modernization of Germany, New York 1994.
48 Vgl. *H. Berghoff/P. Scranton/U. Spiekermann (Hg.)*, The Rise of Marketing and Market Research, New York 2012.
49 Vgl. *H. G. Schröter*, Die Amerikanisierung der Werbung in der Bundesrepublik Deutschland, in: Jahrbuch für Wirtschaftsgeschichte 97, 1997, Heft 1, S. 93–115; *V. Berghahn*, Umbau im Wiederaufbau: Amerika und die deutsche Industrie im 20. Jahrhundert, Göttingen 2013.
50 Vgl. *Berghoff*, Marketing, S. 15f.

fältige geschäftliche oder private Kontakte eng mit dem US-Markt verbunden waren. Auf Geschäfts- und Studienreisen machten sie sich vor Ort einen Eindruck über die neuen Formen der Marktbearbeitung. Bezeichnenderweise waren es mit Freudenberg, Henkel, Glanzstoff oder Agfa zuerst meist Hersteller alltäglicher Verbrauchsgüter, die die offensiveren Techniken adaptierten.[51] Denn in ihren Geschäftsfeldern deutete sich früh an, dass die paradiesische Situation der Verkäufermärkte nicht ewig währen würde. Zuerst bei Waschmitteln, Hygieneartikeln und in der Mode, seit spätestens Mitte der 1960er Jahre dann auch bei höherwertigen Konsumgütern zeigten sich erste Anzeichen einer Marktsättigung. Dies bedeutete, dass sich der Konkurrenzkampf um Ersatz- und Wiederholungskäufe, um Kundenbindung und Marktanteile verschärfte.

Parallel zeichnete sich ab, dass sich auch die Nachfragepräferenzen wandelten. Die Konsumenten wurden wählerischer, zeigten sich nicht mehr allein damit zufrieden, wenn ein Gut nur seinen funktionalen Zweck erfüllte. Sie verlangten nach höherer Qualität und zusätzlichen Produkteigenschaften. Steigende Einkommen führten zu einem aufsteigenden Konsum, bei dem emotionale Bedürfnisse in den Vordergrund rückten.[52] Wie Vershofens Modell prophezeit hatte, zählte weniger der Grundnutzen als vielmehr der soziale und individuelle Zusatznutzen, den die Produkte für den Kunden generieren konnten. Der Kauf einer höherwertigen Ware sollte den eigenen ökonomischen Erfolg nach außen dokumentieren, soziale Distinktion ermöglichen und den persönlichen Lebensstil unterstreichen. Idealtypisch drückte sich dieser Prozess im schwindenden Markterfolg des VW Käfers aus. Das schlichte Automodell hatte für die meisten Deutschen in den 1950er Jahren den Einstieg in die individuelle Mobilität bedeutet. Ende der 1960er Jahre lief der Lebenszyklus dieser Produktikone des ‚Wirtschaftswunders' jedoch aus. Die Kunden präferierten nun komfortablere, leistungsstärkere und moderner gestaltete Pkw, bevorzugten sportlich schicke Opel Mantas, Ford Capris oder Modelle höherer Fahrzeugklassen.[53] Ähnliche Phänomene ließen sich mit einer gewissen zeitlichen Verschiebung in allen Konsumgüterbranchen finden. Waren die Konsumenten bereits mit einer Ware oder einem Produkt ausgestattet, welche die Grundfunktionen erfüllte, bestimmte beim Ersatzkauf die höhere Qualität, die bessere Ausstattung oder schlicht der repräsentative Markenklang über die Kaufentscheidung.

---

[51] Vgl. *C. Kleinschmidt*, Der produktive Blick. Wahrnehmung amerikanischer und japanischer Management- und Produktionsmethoden durch deutsche Unternehmer 1950–1985, Berlin 2002, S. 84ff.; *S. Hilger*, ‚Amerikanisierung' deutscher Unternehmen. Wettbewerbsstrategien und Unternehmenspolitik bei Henkel, Siemens und Daimler-Benz (1945/49–1975), Stuttgart 2004, S. 184ff.

[52] Vgl. *M. J. Silverstein/N. Fiske/J. Butman*, Trading up. Why Consumers Want New Luxury Goods, and How Companies Create Them, New York 2005; *W. Kroeber-Riel*, Konsumentenverhalten, 2. Aufl., München 1980, S. 202.

[53] Vgl. *I. Köhler*, Marketing als Krisenstrategie. Die deutsche Automobilindustrie und die Herausforderungen der 1970er Jahre, in: *Berghoff*, Marketinggeschichte, S. 259–295.

Die Nachfragedifferenzierung trieb mit Beginn der 1960er Jahre die Durchsetzung des modernen Marketings an. Um ihre Produkt- und Kommunikationsstrategien an die neuen Marktbedingungen anzupassen, benötigten die Produzenten mehr denn je Kenntnisse über die Wünsche der Konsumenten. Mit der Unterstützung professioneller Beratungsfirmen suchten sie nun, sich für den Konkurrenzkampf um die Kunden zu wappnen. Allein zwischen 1952 und 1967 verachtfachten sich die Ausgaben für Print-, Radio- und Fernsehwerbung von rund 0,6 auf 4,8 Millionen DM.[54] Allen voran die „Mad Men" aus den Werbeagenturen der New Yorker Madison Avenue angelten sich die erhöhten Werbeetats. J. Walter Thompson, McCann, der austro-amerikanische Motivforscher Ernest Dichter oder die Berater von McKinley eröffneten (wieder) eigene Niederlassungen in Deutschland. Als Full-Service-Agenturen boten sie alle Arten von PR-, Marktforschungs- und Marketing-Dienstleistungen an. Zugleich reüssierten nun auch deutsche Werbe- und Beratungsagenturen, wie Hanns W. Brose oder Kienbaum, und konnten sich langfristig am Markt etablieren.[55]

Um das Versprechen an die Auftraggeber einzulösen, mit ihrer Hilfe die Unsicherheiten der zunehmend komplexen Marktsituation zu bewältigen, bedurfte es jedoch nicht nur der Verbreitung der neuen Managementstrategien, sondern auch einer weiteren Professionalisierung und Verwissenschaftlichung der Marktforschungs- und Marketingmethoden. Bald zeichnete sich ab, dass sich das Konsumverhalten aus traditionellen sozialen Gruppenbindungen ablöste. Die Gesellschaft schichtete sich neu, differenzierte und segmentierte sich in neuen Lebensstil- und Konsummilieus.[56] Zudem geriet die Werbebranche zuerst in den USA, dann auch im Westdeutschland der ‚68er'-Bewegung in das Fadenkreuz von Verbraucherschützern und Konsumkritikern.[57] Sie warfen gleichermaßen Herstellern und Marketingexperten vor, die Konsumenten zu manipulieren, zu entmündigen und künstlich in einen übersteigerten Materialismus zu treiben, ohne ihre tatsächlichen Bedürfnisse ernst zu nehmen. Das

---

54 Vgl. *Borscheid*, Agenten, S. 95.
55 Vgl. *M. Kipping*, American Management Consulting Companies in Western Europe, 1920–1990. Products, Reputation, Relationships, in: Business History Review 73, 1999, S. 190–220; *Schröter*, Amerikanisierung; *D. Schindelbeck*, „Asbach Uralt" und Soziale Marktwirtschaft. Zur Kulturgeschichte der Werbeagentur in Deutschland am Beispiel von Hanns W. Brose (1899–1971), in: Zeitschrift für Unternehmensgeschichte 40, 1995, S. 235–252.
56 Vgl. *H. Lütdke*, Konsum und Lebensstile, in: *D. Rosenkranz/N. F. Schneider* (Hg.), Konsum. Soziologische, ökonomische und psychologische Perspektiven, Opladen 2000, S. 117–132. Grundlegend: *P. Bourdieu*, Die feinen Unterschiede. Kritik der gesellschaftlichen Urteilskraft, 8. Aufl., Frankfurt am Main 1996; *R. S. Tedlow*, New and Improved. The Story of Mass Marketing in America, New York, NY 1990.
57 Vgl. *V. Packard*, Die geheimen Verführer. Der Griff nach dem Unbewußten in Jedermann, Düsseldorf 1958; *J. K. Galbraith*, The Affluent Society, London 1969; *C. Kleinschmidt*, „Konsumerismus" versus Marketing – eine bundesdeutsche Diskussion der 1970er Jahre, in: *ders./Triebel*, Marketing. Historische Aspekte der Wettbewerbs- und Absatzpolitik, Essen 2004, S. 249–260; *C. Wischermann*, Grenzenlose Werbung? Die gesellschaftliche Akzeptanz der Werbewelt im 20. Jahrhundert, in: *ders./ P. Borscheid*, Bilderwelt, S. 372–407.

Marketing musste sich neu erfinden, um den Vertrauensverlust im politischen und gesellschaftlichen Raum zu begegnen.[58]

Tatsächlich blieben insbesondere die Reichweiten der frühen Marktforschungsaktivitäten deutscher Unternehmen begrenzt, während sich in der Verbraucherforschung ein akademischer Richtungskampf zwischen Verfechtern rein absatzstatistischer Erhebungen und der psychologisch-assoziativen Motivforschung abzeichnete, die sich wechselseitig gerne als „Nasenzähler" und „Tiefenheinis" diskreditierten.[59] In der Praxis der meisten Vertriebsabteilungen dominierten bis zur Mitte der 1960er Jahre quantitative Methoden der Markterkundung. Hier wurden zunächst primär Verkaufszahlen erfasst. Das Ziel lautete, den Marktbedarf anhand von Kaufakten zu bemessen und nicht zuletzt Richtwerte für die zukünftige Produktion zu erhalten. Die jeweiligen Industrieverbände, zum Teil aber auch bereits spezialisierte Marktforschungsinstitute wie die GFK oder das Institut für Demoskopie Allensbach stellten Branchendaten zur Verfügung, die es den Herstellern erlaubten, Konkurrenzbeobachtung zu betreiben und den Erfolg der eigenen Produkte einzuschätzen. Zunächst nur partiell wurden die Verkaufsstatistiken durch Kundentypologien flankiert, in denen das Alter, das Einkommen und der Beruf der Käuferinnen und Käufer erfasst wurden. Erst im Verlauf der 1960er Jahre gehörte die soziodemografische Identifizierung der Kundschaft zum flächendeckenden Standard der betrieblichen Marktforschung – zu einem Zeitpunkt, als sich bereits andeutete, dass diese Methode nicht mehr ausreiche, um angesichts der gesellschaftlichen Differenzierung die Zielgruppen für die Werbung adäquat abzubilden.[60]

Auch die qualitative Marktforschung setzte sich in Deutschland erst spät und sukzessive durch, während Motivforscher wie Ernest Dichter in den USA bereits in den 1940er und 1950er Jahren große Erfolge feierten. Mit Umfrage- und Interviewtechniken, psychologischen Assoziationstests und tiefenpsychologischen Analysen rekonstruierte die Motivforschung, wie die Konsumenten Produkte emotional wahrnahmen, welche Nutzenerwartungen, Gefühlstimmungen und Assoziationen sie mit ihnen verbanden. Anknüpfend an die frühen Ansätze der Werbepsychologie legte sie damit die Basis für psychologische Marktsegmentationen. So innovativ der Ansatz auch war, die Verbindungen der Konsumenten zu einer imaginierten Produktpersönlichkeit aufzudecken, so spekulativ und nicht zuletzt kostspielig erschienen den meisten deutschen „Wirtschaftswunder"-Unternehmern die psychologischen Markt-

---

[58] Vgl. u. a. *N. Gasteiger*, Konsum und Gesellschaft. Werbung, Konsumkritik und Verbraucherschutz in der Bundesrepublik der 1960er- und 1970er-Jahre in: Zeithistorische Forschungen/Studies in Contemporary History, Online-Ausgabe 6, 2009, Heft 1, S. 1–12.
[59] Vgl. *G. Bergler*, Marktforschung und Motivforschung, zum 80. Geburtstag vom Wilhelm Vershofen, in: Zeitschrift für Betriebswirtschaft 12, 1958, S. 728; *H. F. J. Kropff*, Motivforschung. Methoden und Grenzen, Essen 1960, S. 123 f.; *Gasteiger*, Konsument, S. 83.
[60] Vgl. *Köhler*, Auto-Identitäten, S. 196ff.

studien. Sie griffen meist nur im Zuge von Produkteinführungen, aber noch kaum systematisch auf die neuen Möglichkeiten der qualitativen Marktanalyse zurück.[61]

Eine festere Implementierung der qualitativen Konsumentenforschung in der unternehmerischen Praxis gelang in Deutschland erst, als sich „nach dem Boom"[62] der Wettbewerb auf den Käufermärkten verschärfte und zunehmende Unsicherheit über die Entwicklungen der Konsumwünsche einen hohen Bedarf nach externer Expertise generierte. Nahezu zeitgleich vollzogen deutsche und amerikanische Verbraucherforscher einen nächsten Schritt in der anwendungsorientierten Verwissenschaftlichung ihrer Analysemethoden: Pioniere wie der Mannheimer Marktforscher Bernt Spiegel fundierten das Imagekonzept der Motivforschung neu, indem sie es mit verhaltenswissenschaftlichen Ansätzen kombinierten. Auf der Basis von standardisierten Umfragetechniken und semantischen Differentialanalysen modellierten sie den Markt als Meinungsfeld und visualisierten die Imageentwicklungen von Produkten, Marken und Firmen in eingängigen Grafiken.[63] Diese neuartige sozialwissenschaftliche Kombination von qualitativen und quantifizierenden Methoden erlaubte es den Unternehmen, ihre Marktposition systematisch zu vermessen und Verschiebungen in den Kundenpräferenzen sichtbar zu machen. Marktforschung und Marketing erhielten mit dem Image einen neuen Zielkorridor, um die Preis-, Produkt- und Werbestrategien an den sozioökonomischen Wandlungsprozessen einer fortgeschrittenen Konsumgesellschaft auszurichten.[64]

In Wissenschaft und Praxis dynamisierte das neue Image-Paradigma den Wandel des Marketing zu einem ganzheitlichen Managementmodell, das eine konsumentenorientierte Steuerung aller Geschäftsaktivitäten gewährleisten sollte.[65] Erste betriebs-

---

[61] Vgl. *S. Schwarzkopf/R. Gries (Hg.)*, Ernest Dichter and Motivation Research. New Perspectives on the Making of Post-War Consumer Culture, Basingstoke 2010; *J. Gries*, Die Geburt des Werbeexperten aus dem Geist der Psychologie. Der „Motivforscher" Ernest W. Dichter als Experte der Moderne, in: *Berghoff/Vogel*, Wirtschaftsgeschichte, S. 353–375; zur Kritik an der Motivforschung siehe exemplarisch: *W. Bongard*, Die phantastische Welt des Ernest Dichter. Der Vater der Motivforschung erntet Beifall für blühenden Unsinn, in: Die Zeit vom 1.11.1968.

[62] *A. Doering-Manteuffel/L. Raphael*, Nach dem Boom, Göttingen 2012.

[63] Zur Bedeutung der Visualisierung in Marketing und Marktforschung siehe *F. Hoof*, Engel der Effizienz – eine Mediengeschichte der Unternehmensberatung, Konstanz 2015.

[64] Vgl. *B. Spiegel*, Die Struktur der Meinungsverteilung im sozialen Feld: das psychologische Marktmodell, Bern [u. a.] 1961; *R. Bergler*, Psychologie des Marken- und Firmenbildes, Göttingen 1963; *V. Trommsdorff*, Die Messung von Produktimages für das Marketing. Grundlagen und Operationalisierung, Köln 1975. Aus historischer Perspektive: *I. Köhler*, Imagined Images, Surveyed Consumers: Market Research as a Means of Consumer Engineering, 1950s–1980s, in: *J. Logemann/G. S. Cross/I. Köhler (Hg.)*, Consumer Engineering, 1920s–1970s. Marketing between Expert Planning and Consumer Responsiveness, Cham 2019, S. 191–212.

[65] Vgl. *C. Zimmermann*, Marktanalysen und Werbeforschung der frühen Bundesrepublik. Deutsche Traditionen und US-amerikanische Einflüsse, 1950–1965, in: *M. Berg/P. Gassert (Hg.)*, Deutschland und die USA in der Internationalen Geschichte des 20. Jahrhunderts. Festschrift für Detlef Junker, Stuttgart 2004, S. 473–491.

wirtschaftliche Lehrbücher führten ab 1966 auch in Deutschland den amerikanischen Begriff des Marketing im Titel.[66] Drei Jahre später wurde in Münster der erste Marketing-Lehrstuhl an einer deutschen Hochschule eingerichtet. Auch in den Unternehmen setzte sich die Idee des Marketing-Management nun zunehmend durch. Auf breiter Basis wurden ehemalige Vertriebsabteilungen nun zu Zentren der Strategiebildung ausgebaut. Marktforschung und Marketingplanung rückten in den Betriebsabläufen vor die operative Arbeit der Entwicklungs- und Produktionseinheiten. Erstmals übernahmen marketinggeschulte Betriebswirte die Leitung großer Konzerne.[67]

Zusätzlich befeuert wurde der Siegeszug des Marketings durch die Absatzkrise 1966/67 und die beiden Ölpreiskrisen. Nachfrageverschiebungen, Wertewandel und Wirtschaftskrisen überlagerten sich und drängten die Konsumindustrie dazu, ihre eingefahrenen Marktstrategien zu überdenken. Orientiert am Imagekonzept integrierten sich in den 1970er Jahren PR-, Marketing- und Werbemaßnahmen. Unter der Leitidee des Corporate Designs vereinheitlichten die Unternehmen ihren Außenauftritt. Vom Verkaufsraum über den Produktkatalog bis hin zum Briefpapier erhielten alle Kommunikationsträger gleiche Farben, Schriftzüge und Signets. So sollte die Markenpersönlichkeit gestärkt und bei jedem Kundenkontakt erkennbar werden. Offen zeigten sich deutsche Unternehmen nun auch gegenüber neuen Formen der Öffentlichkeitsarbeit.[68] Schon seit den 1950er Jahren wurden amerikanische Ansätze der Public Relations diskutiert. In der 1958 gegründeten Deutschen Public Relations Gesellschaft (DPRG) plädierten Theoretiker und Praktiker u. a. aus den Presseabteilungen von Krupp, Bayer, Hoechst und Daimler dafür, dass sich ihre Unternehmen aktiv mit den Belangen ihrer sozialen und politischen Umwelt beschäftigen sollten. Konfrontiert mit einer zunehmend kritischen Öffentlichkeit etablierte sich die unternehmerische ‚Meinungspflege' spätestens seit den 1970er Jahren fest in den Managementkonzepten.[69] Mithin wurden die monologischen Sender-Empfänger-Modelle durch dialogische Herangehensweisen ersetzt. Die Inszenierung von Firmenfesten, Unternehmensmuseen, Werksführungen oder ‚Tagen der offenen Tür' erweiterten das Kommunikationsreservoir deutscher Unternehmen.[70] Zugleich nahm die Eventi-

---

[66] Siehe u. a. *U. Hansen/M. Bode*, Marketing & Konsum. Theorie und Praxis von der Industrialisierung bis ins 21. Jahrhundert, München 1999, S. 71ff.; *E. J. McCarthy*, Basic Marketing. A Managerial Approach, Homewood, IL 1961; *P. Kotler*, Marketing-Management. Analyse, Planung und Kontrolle, Stuttgart 1974; *C. Homburg/H. Krohmer*, Marketingmanagement. Strategie-Instrumente-Umsetzung-Unternehmensführung, 3. Aufl., Wiesbaden 2009.
[67] Vgl. *I. Köhler*, Marketingmanagement als Strukturmodell. Der organisatorische Wandel in der deutschen Automobilindustrie der 1960er bis 80er Jahre, in: Zeitschrift für Unternehmensgeschichte 53, 2008, Heft 2, S. 216–239.
[68] Vgl. *E. Binder*, Die Entstehung unternehmerischer Public Relations in der Bundesrepublik Deutschland, Münster 1983; *P. Szyszka*, Auf der Suche nach einer Identität. Annäherungen an eine Geschichte deutscher Öffentlichkeitsarbeit, Leipzig 1996.
[69] *Kleinschmidt*, Blick, S. 204ff.
[70] Zur sog. Open Door-Politik siehe: *Hilger*, ‚Amerikanisierung', S. 261ff.

sierung der Marketing- und Öffentlichkeitsarbeit zu. Das Sponsoring von kulturellen Veranstaltungen, sozialen Einrichtungen oder Sportevents löste sich aus den Traditionen der reinen Produktwerbung. Als das Jägermeister-Emblem ab 1973 die Trikots des Fußballbundesligisten Eintracht Braunschweig zierte, Daimler auf einer Wissenschaftsausstellung 1975 Mondgestein präsentierte oder BMW mit der Stadt München 1979 das bundesweit erste Public-Private-Partnership zur Organisation von Tanz- und Musikfestivals gründete, ging es nicht mehr allein darum, die Bekanntheit der Marke zu erhöhen, sondern das Image der Firmen als moderne und verantwortungsvolle Partner der Allgemeinheit aufzuwerten.

Die Marktforschung versuchte in den 1970er Jahren neue Lifestyle-Segmente der Konsumgesellschaft zu identifizieren, um die Ansprache an die Zielgruppen zu spezifizieren. Ähnlich wie die Imageanalyse das Produkt „semantisierte", wurden nun auch die Konsumenten nach ihren Einstellungen, Wünschen und Verhaltensweisen kategorisiert. Soziale Stratifikationskriterien wurden mit soziokulturellen Präferenzvariablen kombiniert und zu Kundenprofilen verdichtet. Insbesondere das 1981 konzipierte Milieu-Modell des Heidelberger Sinus-Instituts bildete in den Folgejahren nicht nur eine wichtige Grundlage der modernen Konsumforschung, sondern entwickelte sich zu einer wirkungsmächtigen, in geistes-, sozial- und politikwissenschaftlichen Debatten omnipräsenten gesellschaftlichen Realitätskonstruktion.[71]

Die Werbetreibenden konzentrierten sich zunächst auf spezielle Mode- und Freizeitszenen und versuchten, die hier dominanten Vorlieben und Verhaltensweisen zu studieren. Das zuvor noch eher verhaltende Direktmarketing über Kundenanschreiben und Einladungen weitete sich aus. Scanner-Kassen, Kunden- und Kreditkarten erleichterten die Datensammlung über die Vorlieben der Konsumenten. Seit den 1990er Jahren sorgten schließlich die digitalen Spuren der Verbraucher im Internet für eine Präzisierung von Konsumentenprofilen. Inhaltlich fokussierte sich die Werbung darauf, Produkt-, Marken- und Firmenimages immer mehr durch ‚totemistische' Botschaften auf die Ziele der Selbstverwirklichung und Identitätsbildung der Kunden zuzuschneiden. Auf die Unübersichtlichkeit der postmodernen Massenkonsumkultur reagierte das Marketing durch eine Hypersegmentierung der Kundenansprache.[72] Heute bietet die Werbung wahlweise informative Aussagen für den reflektierten, gesundheits- und körperbetonten Konsumenten, glücksverheißende Emotionen oder soziale Zugehörigkeitsgefühle für Modefreaks oder alle Arten von Freizeit- und

---

71 Vgl. *Berghoff*, Unternehmensgeschichte, S. 324 f.; *R. Graf/K. C. Priemel*, Zeitgeschichte in der Welt der Sozialwissenschaften. Legitimität und Originalität einer Disziplin, in: Vierteljahrshefte für Zeitgeschichte 59, 2011, S. 479–508.
72 Vgl. *B. Hölscher*, Lebensstile durch Werbung? Zur Soziologie der Life-Style-Werbung, Opladen 1998; *J. Bolten*, Werbewandel – Wertewandel: Werbegeschichte als Kommunikationsgeschichte, in: Universitas 51, 1996, 2, S. 127–143; *M. Kriegeskorte*, 100 Jahre Werbung im Wandel. Eine Reise durch die deutsche Vergangenheit, Köln 1995; *G. Bergler*, Werbung und Wertewandel, in: Markenartikel, 1987, Heft 5, S. 176–181; als Branchenstudie zur Automobilwerbung der 1960er bis 1980er Jahre siehe: *Köhler*, Auto-Identitäten, S. 377 ff.

Jugendkulturen. Sie orientiert sich an Konsumtrends, vermag sie aber zugleich immer noch selbst zu generieren.

Als „Signum der Moderne"[73] nimmt das Marketing somit eine Zwitterposition als abhängige und zugleich gestaltende Variable der Genese der Massenkonsumgesellschaft ein. Längst ist es über die Rolle hinausgewachsen, durch werbliche Überredungskunst einfache Köder für den Konsum auszulegen. In einem jahrzehntelangen transnationalen Prozess der Professionalisierung, wissenschaftlichen Reflexion und praktischen Fundierung entwickelte sich das Marketing entlang der Herausforderungen des sozioökonomischen Strukturwandels zu einer komplexen Sozialtechnik, zur Basis der Unternehmen-Umfeld-Kommunikation und einem unverzichtbaren Managementinstrument.

Literatur

H. Berghoff (Hg.), Marketinggeschichte. Die Genese einer modernen Sozialtechnik, Frankfurt/New York 2007.

H. Berghoff, Von der „Reklame" zur Verbrauchslenkung. Werbung im nationalsozialistischen Deutschland, in: *ders. (Hg.)*, Konsumpolitik. Die Regulierung des privaten Verbrauchs im 20. Jahrhundert, Göttingen 1999, S. 77–112.

H. Berghoff/P. Scranton/U. Spiekermann (Hg.), The Rise of Marketing and Market Research, New York 2012.

F. Blaich, Absatzstrategien deutscher Unternehmen im 19. und in der ersten Hälfte des 20. Jahrhunderts, in: *H. Pohl (Hg.)*, Absatzstrategien deutscher Unternehmen. Gestern, heute, morgen, Wiesbaden 1982, S. 5–46.

J. Bolten, Werbewandel-Wertewandel. Werbegeschichte als Kommunikationsgeschichte, in: Universitas 51, 1996, 2, S. 127–143.

P. Borscheid/H. J. Teuteberg, (Hg.), Bilderwelt des Alltags. Werbung in der Konsumgesellschaft des 19. und 20. Jahrhunderts. Festschrift für Hans Jürgen Teuteberg, Stuttgart 1995.

P. Borscheid, Agenten des Konsums. Werbung und Marketing, in: *H. G. Haupt/C. Torp (Hg.)*, Die Konsumgesellschaft in Deutschland. Ein Handbuch, Frankfurt/New York 2009, S. 79–96.

R. Bubik, Geschichte der Marketing-Theorie. Historische Einführung in die Marketing-Lehre, Frankfurt am Main 1996.

H. Domizlaff, Die Gewinnung des öffentlichen Vertrauens. Ein Lehrbuch der Markentechnik, Hamburg/Berlin 1939.

R. Gries, Produkte als Medien. Kulturgeschichte der Produktkommunikation in der Bundesrepublik und der DDR, Leipzig 2003.

S. Haas, Sinndiskurse in der Konsumkultur. Die Geschichte der Wirtschaftswerbung von der ständischen bis zur postmodernen Gesellschaft, in: *M. Prinz (Hg.)*, Der lange Weg in den Überfluss. Anfänge und Entwicklung der Konsumgesellschaft seit der Vormoderne, Paderborn 2003, S. 291–314.

K.-U. Hellmann, Soziologie der Marke, Frankfurt am Main 2003.

B. Hölscher, Lebensstile durch Werbung? Zur Soziologie der Life-Style-Werbung, Opladen 1998.

---

[73] Berghoff, Unternehmensgeschichte, S. 330.

M. Kipping, American Management Consulting Companies in Western Europe, 1920–1990. Products, Reputation, Relationships, in: Business History Review 73, 1999, S. 190–220.

C. Kleinschmidt/F. Triebel, Marketing. Historische Aspekte der Wettbewerbs- und Absatzpolitik, Essen 2004.

C. Kleinschmidt, „Konsumerismus" versus Marketing – eine bundesdeutsche Diskussion der 1970er Jahre, in: *ders./Triebel*, Marketing, S. 249–260.

I. Köhler/J. Logemann, Towards Marketing Management: German Marketing in the 19th and 20th Centuries, in: *B.D.G. Jones/M. Tadajewski (Hg.)*, The Routledge Companion to Marketing History, Abingdon/New York 2016, S. 371–388.

I. Köhler, Auto-Identitäten. Marketing, Konsum und Produktbilder des Automobils nach dem Boom, Göttingen 2018.

I. Köhler, Imagined Images, Surveyed Consumers: Market Research as a Means of Consumer Engineering, 1950s–1980s, in: *ders./J. Logemann/G.S. Cross (Hg.)*, Consumer Engineering, 1920s–1970s. Marketing between Expert Planning and Consumer Responsiveness, Cham 2019, S. 191–212.

I. Köhler, Marketingmanagement als Strukturmodell. Der organisatorische Wandel in der deutschen Automobilindustrie der 1960er bis 80er Jahre, in: Zeitschrift für Unternehmensgeschichte 53, 2008, Heft 2, S. 216–239.

I. Köhler, Marketing als Krisenstrategie. Die deutsche Automobilindustrie und die Herausforderungen der 1970er Jahre, in: *Berghoff*, Marketinggeschichte, S. 259–295.

J. Logemann, Engineered to Sell. European Émigrés and the Making of Consumer Capitalism, Chicago 2019.

J. Logemann/G.S. Cross/I. Köhler (Hg.), Consumer Engineering, 1920s–1970s. Marketing between Expert Planning and Consumer Responsiveness, Cham 2019.

H. Lütdke, Konsum und Lebensstile, in: *D. Rosenkranz/N. F. Schneider (Hg.)*, Konsum. Soziologische, ökonomische und psychologische Perspektiven, Opladen 2000, S. 117–132.

C. Regnery, Die deutsche Werbeforschung 1900–1945, Münster 2003.

D. Reinhardt, Von der Reklame zum Marketing. Geschichte der Wirtschaftswerbung in Deutschland, Berlin 1993.

R. Rossfeld, Unternehmensgeschichte als Marketinggeschichte. Zur Erweiterung traditioneller Ansätze in der Unternehmensgeschichtsschreibung, in: *Kleinschmidt/Triebel*, Marketing, S. 17–42.

D. Schrage, Die Verfügbarkeit der Dinge. Eine historische Soziologie des Konsums, Frankfurt am Main 2009.

H. G. Schröter, Die Amerikanisierung der Werbung in der Bundesrepublik Deutschland, in: Jahrbuch für Wirtschaftsgeschichte 97, 1997, Heft 1, S. 93–115.

A. Schug, Wegbereiter der modernen Absatzwerbung in Deutschland: Advertising Agencies und die Amerikanisierung der deutschen Werbebranche in der Zwischenkriegszeit, in: WerkstattGeschichte, 2003, Heft 2, S. 29–52.

S. Schwarzkopf, In Search of the Consumer. The History of Market Research from 1890 to 1960, in: *Jones/Tadajewski*, Marketing History, S. 61–83.

B. Spiegel, Die Struktur der Meinungsverteilung im sozialen Feld: das psychologische Marktmodell, Bern [u. a.] 1961.

P. E. Swett/S. J. Wiesen/J. R. Zatlin, Selling Modernity. Advertising in Twentieth-Century Germany, Durham 2007.

C. Wischermann, Grenzenlose Werbung? Die gesellschaftliche Akzeptanz der Werbewelt im 20. Jahrhundert, in: *ders./P. Borscheid (Hg.)*, Bilderwelt des Alltags, Stuttgart 1995, S. 372–407.

Ralf Banken
Vom Warenhaus zum Online-Versand. Die Entwicklung des Einzelhandels im 20. Jahrhundert

1 Einleitung

Schon vor Beginn des ersten Weltkriegs hatte sich eine differenzierte und leistungsfähige Distributionsstruktur als „Basis" der frühen Konsumgesellschaft herausgebildet. Moderne Ladengeschäfte, Warenhäuser und Fachhandel, Konsumgenossenschaften und Filialgeschäfte hatten sich als neue Vertriebsformen bereits etabliert. Auch auf der Produktionsseite waren Absatz und Vertrieb durch gezielte Markenbildung und kundenorientierte Werbung schon zunehmend ins Blickfeld unternehmerischer Tätigkeit geraten, wie in Kapitel 8 beschrieben. Im Verlauf des 20. Jahrhunderts dynamisierten sich diese Prozesse allerdings und differenzierten sich noch einmal deutlich stärker aus. Es ist daher angezeigt, die Entwicklung der Handelsformen und des unternehmerischen Marketings trotz ihrer engen Bezüge für diesen Zeitraum separat zu betrachten. Im Folgenden soll der Wandel im Handel auf dem Weg in die Massenkonsumgesellschaft im Zentrum stehen, um Strukturwandel, betriebliche Innovationen, aber auch deren gesellschaftliche und politische Rahmung in den Blick zu nehmen und als einen Kernbereich moderner Konsumwirtschaften vorzustellen.

2 Neue Formen und Krisen: Der Einzelhandel im Ersten Weltkrieg und der Weimarer Republik

Nicht nur die unzureichende Planung der Kriegswirtschaft, sondern auch die britische Blockadepolitik sorgte im Ersten Weltkrieg für große Probleme bei der Versorgung der deutschen Bevölkerung mit Lebensmitteln und anderen notwendigen Konsumgütern. Nach den Hamsterkäufen der ersten Kriegswochen legte das Reich zwar schon im ersten Kriegsjahr Höchstpreise und Liefermengen fest bzw. führte Kundenlisten ein, doch erfolgte die Einführung eines Zuteilungssystems recht spät. Im Laufe des Krieges wurden dann immer mehr kriegswichtige Rohstoffe zentral erfasst und bewirtschaftet bzw. Kleidung und Lebensmittel strenger rationiert. Neben dem Problem zunehmender Bürokratie standen die Einzelhändler vor der Schwierigkeit, dass sie die immer zahlreicheren staatlichen Vorgaben ihren Kunden inhaltlich zu vermitteln hatten, woraus erhebliche Spannungen mit diesen erwuchsen, zumal die unzureichende Versorgung, die Zunahme qualitativ minderwertiger Waren und deren Teuerung vielfach dem Handel angelastet wurden. Tatsächlich begünstigten einzelne Händler bestimmte Kunden, hielten Waren zurück und forderten höhere Preise als erlaubt. Andererseits verlor der Einzelhandel aber auch an Marktanteilen, da die Verbraucher, aber auch Industriebetriebe und kommunale Verwaltungen für ihre Mitarbeiter direkt bei den Produzenten kauften. Das zentrale Problem der noch tätigen Einzelhändler – zahlreiche Geschäfte mussten schließen, da die Ladenbetreiber eingezogen wurden – bildete nicht mehr der Verkauf der Waren, sondern deren Beschaffung. Da die Preisprüfungs- und Wucherstellen die Handelsspannen niedrig hielten, die Inflation die realen Gewinne absinken ließ und die Kriegsgesellschaften vor allem mit den leistungsfähigen Großbetrieben des Einzelhandels kooperierten, wurde die wirtschaftliche Lage des Kleinhandels immer schwieriger, weshalb zahlreiche bisher nicht organisierte Einzelhändler den bestehenden Einkaufsvereinigungen beitraten, um nicht von der Warenverteilung ausgeschlossen zu werden. Vor allem der Umsatz mit gehobenen Konsumgütern wie Möbeln oder Galanteriewaren sank stark ab, während die Bedeutung lebenswichtiger Güter stieg, obgleich es im letzten Kriegsjahr auch erhebliche Engpässe in der Lebensmittelversorgung gab, die auch die Umsätze des Lebensmittelhandels schrumpfen ließen.[1]

Nach Kriegsende gingen die krisenhaften Entwicklungen des Einzelhandels weiter, die auch die 1919 errichtete Hauptgemeinschaft des Deutschen Einzelhandels als neue Interessenvertretung nicht abmindern konnte. Die großen ökonomischen Probleme der deutschen Volkswirtschaft (Umstellung auf die Friedenswirtschaft, Reparationen, Verlust der Auslandsmärkte) und hierbei insbesondere die Hyperinflation führten bis Ende 1923 zu zahlreichen staatlichen Interventionen im Einzelhandel. Dort ließen die behördlichen Preiskontrollen die Handelsspannen sinken, was die Kapitalbasis minderte und nicht wenige Betriebe in die Verlustzone brachte. Zudem wurden die Öffnungszeiten beschränkt, der Acht-Stundentag eingeführt und die 1916 eingeführte begrenzte Umsatzsteuer in eine allgemein geltende umgewandelt, die wegen der Freigrenzen vor allem größere Betriebe traf.

Anders als im Ersten Weltkrieg sank nun die Zahl der Unternehmen bis 1923 deutlich, was nicht nur auf die Gebietsverluste zurückführen war. Auch das Verhältnis zum Kunden blieb angespannt, die Ladenbetreiber wurden während der Hyperinflation weiter der Preistreiberei gescholten. Im Gegensatz zu den unabhängigen Einzelhändlern expandierten jedoch die Konsumgenossenschaften, deren Mitgliederzahl bis 1924 auf einen Höchststand von 4,3 Mio. stieg, sowie die Einkaufsgenossenschaften.[2] Dagegen

---

[1] *U. Spiekermann*, Rationalisierung, Leistungssteigerung und „Gesundung". Der Handel in Deutschland zwischen den Weltkriegen, in: *M. Haverkamp, H. J. Teuteberg (Hg.)*, Unterm Strich. Von der Winkelkrämerei zum E-Commerce, Bramsche 2000, S. 191–210; *Berekoven*, S. 54–56; *U. Spiekermann*, Rationalisierung als Daueraufgabe. Der deutsche Lebensmitteleinzelhandel im 20. Jahrhundert, in: Scriptae Mercaturae 1997, S. 69–129.

[2] Ausführlich zu den Konsumvereinen in der Zeit der Weimarer Republik: s. auch: *C. Torp*, Konsum und Politik in der Weimarer Republik, Göttingen 2009, S. 99–164.

konnten die Filialbetriebe, die bereits im Krieg bis zu 50 Prozent ihrer Geschäfte hatten schließen müssen, bis 1924 nicht an die Vorkriegserfolge anschließen. Auch für die überregionalen Warenhaus-Unternehmen, die sich durch die Übernahme von Konkurrenten nun erst zu Konzernen entwickelten[3] und über die Wirtschaftsstelle Deutsche Waren- und Kaufhäuser GmbH 1919/1920 die Bestände der Reichsbekleidungsstelle liquidierten, wurde der Verkauf der Waren durch die Hyperinflation zu einem unkalkulierbaren Risiko. Auch deshalb betrug der Verkauf der Warenhäuser und anderer Großkonzerne 1923 nur ein Fünftel der Warenmenge des Jahres 1913.[4] Erst nach der Stabilisierung der Währung wies der Einzelhandel ab 1924 wieder steigende Umsätze auf:

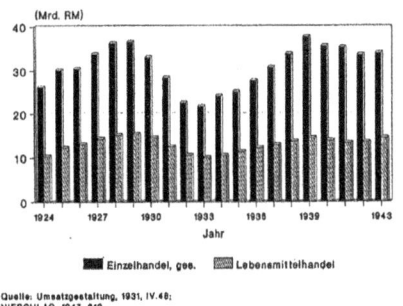 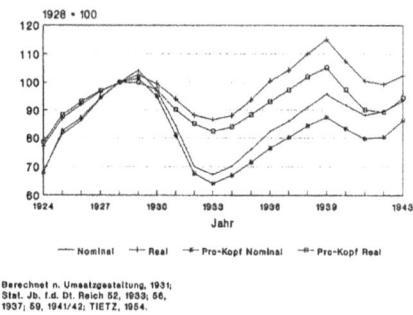

Abb. 1: Die Entwicklung des Einzelhandels 1924–1943[5]

Bis 1929 stiegen die Einzelhandelsumsätze dann kräftig um mehr als 50 Prozent gegenüber 1924, um dann 1930 zunächst auf diesem Niveau in etwa zu stagnieren und danach im weiteren Verlauf der Weltwirtschaftskrise auf einen Tiefstand im Jahr 1933 abzusinken. Die Zahl der Einzelhandelsbetriebe wies dagegen eine andere Entwicklung auf. Diese lag selbst 1933 noch deutlich höher als 1925 und stagnierte auf diesem Niveau bis Kriegsbeginn 1939.

Ähnlich verlief die Entwicklung der Beschäftigung im gesamten Einzelhandel bis 1933, die aber danach bis 1939 – anders als die Zahl der Betriebe – weiter anstieg, weshalb die durchschnittliche Betriebsgröße (gemessen an der Beschäftigtenzahl) nach 1925 deutlich von 2,14 auf 2,67 anstieg. Die Tabelle über die Betriebszahl und die Beschäftigung im Einzelhandel macht allerdings auch deutlich, dass der Lebensmitteleinzelhandel als größter Sektor des deutschen Einzelhandels von erheblich kleineren

---
3 D. *Briesen*, Warenhaus, Massenkonsum und Sozialmoral: zur Geschichte der Konsumkritik im 20. Jahrhundert, Frankfurt 2001, S. 61–62.
4 *Spiekermann*, Rationalisierung, Leistungssteigerung, S. 191–192; *Briesen*, S. 58–65; L. *Berekoven*, Geschichte des deutschen Einzelhandels, Frankfurt am Main 1988, S. 62–64; *Spiekermann*, Rationalisierung als Daueraufgabe, S. 79–82; H. *Kiehling*, Die wirtschaftliche Situation des deutschen Einzelhandels in den Jahren 1920–1923. Die Beispiele des Lebensmittel- und Bekleidungshandels, in: ZUG 1996 S. 1–27.
5 Die Grafiken entstammen: *Spiekermann*, Rationalisierung als Daueraufgabe, S. 83–84.

Tabelle 1: Die Betriebszahl und Beschäftigung im deutschen Einzelhandel 1925–1939[6]

		1925	1933	1939
Betriebe	Einzelhandel	768 618	843 611	833 192
	Lebensmittel	383 213	441 664	426 885
Beschäftigte	Einzelhandel	1 647 404	1 916 863	2 226 876
	Lebensmittel	676 859	813 559	848 902
Beschäftigte pro Betrieb	Einzelhandel	2,14	2,27	2,67
	Lebensmittel	1,77	1,84	1,99

Betriebsgrößen geprägt war, unter anderem weil die Durchschnittsgröße der Betriebe in merklich geringem Umfang wuchs.

Die gewachsenen Betriebsgrößen waren im Wesentlichen auf das unterschiedlich große Wachstum der bestehenden und das Aufkommen neuer Betriebsformen zurückzuführen. Auf den ab 1924 wieder vom Wettbewerb um den Kunden geprägten Märkten wuchsen die großbetrieblichen Formen wie vor 1914 deutlich schneller als die unabhängigen und selbständigen Einzelhändler, auch weil sie die geringe Kaufkraft eines großen Teils der unteren Bevölkerungsschichten besser bedienten.[7] So steigerten die an den Zentralverband deutscher Konsumvereine angeschlossenen Läden z. B. ihren Umsatz zwischen 1924 und 1930 von 381 auf 1 240 Mio. RM und überholten mit 4,6 Prozent Marktanteil auch die ebenfalls wieder wachsenden Warenhäuser. Diese hatten ihren Anteil von 3,9 auf 4,2 ausgeweitet, während der Fachhandel, der nur noch einen Marktanteil von etwa 80 Prozent besaß, 10 Prozent an die großbetrieblichen Einzelhändler verlor. Neben den Konsumvereinen und Warenhäuser expandierten auch die Massenfilialisten[8] und der Versandhandel – letzterer u. a. durch zahlreiche Neugründungen[9] – wieder stärker. Zudem kamen mit den Einheits- bzw. Kleinpreisgeschäften neue Betriebsformen auf, die den Preiswettbewerb erheblich verschärften. Das erste Einheitspreisgeschäft der neu gegründeten Aktiengesellschaft für Einheitspreis (Ehape) eröffnete die Leonhard Tietz AG im Juni 1926 in Köln, wo ein begrenztes Sortiment von 2 500 Artikeln – zumeist kleine Gebrauchsgegenstände wie Seife, Handschuhe, Strümpfe, Haushaltswaren oder Spielzeug –

---

6 Zu den Daten s.: *Spiekermann*, Rationalisierung als Daueraufgabe, S. 85.
7 Zur Entwicklung der Realeinkommen und deren Bedeutung für den privaten Verbrauch der Bevölkerung s.: *Torp*, S. 27–98.
8 Zahlreiche dieser bereits vor 1914 existierenden Filialisten kamen 1925/1926 wieder auf den Filialbestand wie vor dem Krieg. Nach Schätzungen gab es 1929 5 Kaffee-, 55 Lebensmittel-, 30 Bekleidungs-, 20 Tabak- und 30 sonstige Filialisten mit zusammen ca. 10 000 Filialen und einem Umsatzanteil von 11 Prozent am gesamten Einzelhandelsumsatz. *Berekoven*, S. 74.
9 Insbesondere Spezialversender – vor allem Textil- und Kurzwaren – expandierten kräftig und zahlreiche der später bekannten Versandhäuser entstanden in den Jahren nach 1924 (Klingel und Baur 1925, Wentz 1926, Quelle 1927, Bader und Schöpflin 1929). *Berekoven*, S. 66–68.

mit Preisen zwischen 25 und 50 Pfennig angeboten wurde. Diesem Beispiel folgten mit Karstadt (1926 Einheitspreis-Aktiengesellschaft = Epa, Einheitspreis-Warenvertrieb = Epawe, später Dreipreiswaren AG mit Kurzwaren, Woolworth 1927, Einheitspreisabteilungen der Mitglieder des Nürnberger Bund) schnell weitere Ketten, sodass es 1931 bereits über 400 Läden dieser Betriebsform im ganzen Reichsgebiet gab.[10]

Das stärkere Wachstum der Filialketten und großbetrieblichen Formen war dabei nicht nur auf deren stärkere Einkaufsmacht und die Economies of Scale zurückzuführen, die sie im wieder verschärften Wettbewerb in Form von niedrigen Preisen an die Kunden weitergaben. Darüber hinaus kam auch ihren stärkeren Rationalisierungsanstrengungen eine große Rolle zu. Den US-Vorbildern nacheifernd begrenzten und standardisierten sie ihr Sortiment – u. a. durch Eigenmarken –, optimierten Personalkosten, Werbung, Innendekoration und Schaufensterauslagen und zentralisierten vielfach die Kostenrechnung und Lagerhaltung, sodass es ihnen – zusätzlich zu den Umsatzsteigerungen durch aggressive Sonderverkäufe[11], Teilzahlungskäufe und Preisnachlässe – auch gelang, den Warenumschlag zu erhöhen und die Kosten zu senken. Zudem begannen stark spezialisierte Filialisten (Kaffee, Kakao, Milch, Butter) ihre Sortimente auf andere Lebensmittel auszuweiten, um so den Effekt allgemein sinkender Handelsspannen aufzufangen.[12]

Der Facheinzelhandel, der zumeist preisgebundene Markenwaren verkaufte und den Preiswettbewerb nicht im gleichen Umfang betreiben konnte, begegnete dieser Entwicklung in zahlreichen Branchen durch den Eintritt in eine Einkaufsgenossenschaft. Die Edeka trennte sich allerdings von wenig leistungsfähigen Einzelhändlern und denjenigen Geschäftsinhabern, die zwar die Vorteile eines günstigen Einkaufs wahrnahmen, aber keinerlei Verpflichtungen (gemeinsame Werbemaßnahmen, standardisierte Buchführung etc.) übernehmen wollten. Dies hatte allerdings nur einen gering sinkenden Umsatz für die Edeka zur Folge. Neben der Edeka wurden jedoch weitere Einkaufsgenossenschaften in den 1920er Jahren neu gegründet, von denen die Rewe 1927 die bekannteste war und der 1935 bereits 8 500 Einzelhändler angehörten. Den Einkaufsgenossenschaften gelang es bis 1930 im Einkauf durch Mengenrabatte und präzise Zahlungsweise Kostenvorteile zu erzielen, was zwar keine entscheidenden Vorteile gegenüber den anderen Betriebsformen begründete, aber zumindest einige Wettbewerbsnachteile ausglich.[13]

---

10 Zu den Einheits- und Kleinpreisgeschäften s.: *Berekoven*, S. 59–62; Spiekermann Rationalisierung, Leistungssteigerung, S. 200–201.
11 Zu den zahlreichen Sonderverkäufen und Werbeveranstaltungen (Weiße Wochen, Inventurausverkäufe, Weihnachtsverkäufe etc.) s.: *Briesen*, S. 60–61.
12 *Spiekermann*, Rationalisierung als Daueraufgabe, S. 87.
13 Außer im Lebensmittelsektor gab es Einkaufsgenossenschaften z. B. im Schuhhandel, bei Drogeriewaren sowie bei Hausrat- und Keramikartikeln. Selbst mittelständische Kaufhäuser schlossen sich zusammen, z. B. 1921 zur Einkaufsgenossenschaft Rheinisch-westfälischer Geschäftshäuser Erwege, deren Mitgliederzahl bis 1932 auf 270 anwuchs und nach dem Zweiten Weltkrieg weiter als Kaufring e.G.

Tabelle 2: Die Marktstrukturen im Einzelhandel 1925–1933[14]

	Fachhandel	Warenhäuser	Konsumvereine	Straßen u. Markthandel	Versandgeschäfte	Verschiedene (inkl. Einheitspreisgeschäfte)
1925	82,2	3,7	2,6	6,8	3,0	1,7
1926	–	3,8	–	–	–	–
1927	–	3,8	–	–	–	–
1928	80,6	4,0	3,6	6,5	3,0	2,3
1929	79,7	3,9	4,0	6,8	3,0	2,6
1930	78,1	4,08	4,6	7,1	3,5	2,62
1931	77,3	4,07	5,0	7,4	3,8	2,43
1932	77,5	4,07	5,0	7,4	3,8	–
1933	81,1	3,6	4,0	6,0	4,0	–

1929 besaß der selbständige Facheinzelhandel deshalb immer noch einen Marktanteil von 79,7 Prozent, während die Warenhäuser auf 3,9 Prozent, die Konsumvereine auf 4,0 Prozent, der traditionelle Straßen- und Markthandel auf 6,8 Prozent, die Versender auf 3 Prozent und die restlichen Betriebsformen inklusive Einheitspreisgeschäfte gemeinsam auf 2,6 Prozent kamen. Noch stärker als die Wachstumsunterschiede zwischen den Betriebsformen unterschied sich das Wachstum der verschiedenen Einzelhandelsbranchen. So wuchs besonders der Handel mit Konfektionsmode, Kosmetik, Fahrrädern, Fotoapparaten, Radios, Möbeln, Uhren und Kraftfahrzeugen stärker, wobei die Spezialisierung der Fachgeschäfte sich vor allem in den Großstädten verstärkte, während auf dem Land zum Teil noch vorindustrielle Strukturen vorherrschten.[15]

Im Gegensatz zum kurzen Aufschwung bis 1929 litten die größeren Betriebsformen in der Weltwirtschaftskrise stärker als der selbständige Facheinzelhandel. Zum einen lag dies an den erheblichen Investitionen in die Eigenproduktion, die sowohl die Warenhäuser als auch die Konsumvereine vor 1929 aufgebaut hatten und nun wieder aufgaben. Wichtiger aber war, dass der bis dahin betriebenen Expansion der Filialen und Verkaufsfläche- u. a. auch durch kostspielige Übernahmen – in der Krise kein entsprechender Umsatz mehr gegenüberstand und die Großunternehmen wegen der höheren Fixkosten vielfach Verluste aufwiesen. Die Konsumvereine gerieten ebenfalls in größere Probleme, als ihre Mitglieder ihre Sparbeiträge zur Bestreitung des Lebensunterhalts abzuziehen begannen. Sieht man vom Lebensmitteleinzelhandel und anderen Geschäftsbranchen mit lebensnotwendigen Gütern ab, die später

---

Düsseldorf firmierte. Insgesamt stieg die Zahl der Einkaufsgenossenschaft im Reich von 19 1925 auf 23 im Jahr 1935. Zu den Einkaufsgenossenschaften s.: *Berekoven*, S. 79–81; *Spiekermann*, Rationalisierung, Leistungssteigerung, S. 201–203; *Spiekermann*, Rationalisierung als Daueraufgabe, S. 89–90; *Spiekermann*, Edeka, S. 96–98.

14 *H. Uhlig*, Die Warenhäuser im Dritten Reich, Köln 1956, S. 217.
15 *Berekoven*, S. 57–58.

und weniger stark von der Krise erfasst wurden[16], gerieten aber auch zahlreiche selbständige Einzelhändler in große Probleme, da sich die Preiskämpfe verstärkten und die Zahl der Betriebe weiter anstieg, u. a., weil viele Arbeitslose einen Laden eröffneten und versuchten, im Kleinhandel Fuß zu fassen.[17]

Aufgrund der stark anschwellenden Proteste mittelständischer Ladenbesitzer und der politischen Agitation vieler NSDAP-Stellen versuchten die Reichsregierungen frühzeitig, durch zahlreiche gesetzliche Interventionen die Lage des selbständigen Einzelhandels zu verbessern, so z. B. durch die 1930 eingeführte Sondersteuer für alle Großbetriebe mit einem Umsatz von mehr als einer Million Reichsmark.[18] Zudem wurde per Notverordnung im März und Dezember 1932 ein Verbot für die Errichtung weiterer Großbetriebe in Städten über 100 000 Einwohner bzw. ein generelles Errichtungs- und Erweiterungsverbot (inklusive einer Verlegungssperre) für diesen Betriebstyp verhängt.[19]

3 Der Einzelhandel im „Dritten Reich": Regulierung, Bewirtschaftung und ständische Neuorganisation

An diese Maßnahmen schloss die Regierung Hitler im ersten Halbjahr 1933 nahtlos an. Schon am 12. Mai 1933 erließ diese das Gesetz zum Schutz des deutschen Einzelhandels, das eine allgemeine Errichtungssperre für neue Einzelhandelsunternehmen und einzelne Läden verfügte und bis Mitte 1934 verlängert wurde.[20] Am gleichen Tag kam auch das Gesetz über das Zugabewesen und am 15. Juli folgte das Gesetz zur Ergänzung des Gesetzes zum Schutz des Einzelhandels, das die Möglichkeit zur Schließung von Erfrischungsräumen und Schankstätten in Warenhäusern vorsah.[21] Mit weiteren Maßnahmen setzten sich die Interventionen in die Einzelhandelsbranche in der Folgezeit fort. Zu nennen ist hier neben dem Rabattgesetz mit Sonderregelungen für Großbetriebe (25. November 1933) und der Verordnung über Preissteige-

---

16 *Briesen*, S. 64–65.
17 *Berekoven*, S. 58; *Spiekermann*, Rationalisierung als Daueraufgabe, S. 89–90; *Briesen*, S. 64–66.
18 Ausführlich zur Steuerrechtsentwicklung, auch nach 1933: *R. Banken*, Hitlers Steuerstaat. Die Steuerpolitik im Dritten Reich, Berlin 2018, S. 432–437.
19 Zu den Notverordnungen vom 9.3. und 23.12.1932 und anderen Maßnahmen der letzten Weimarer Regierungen s.: *Uhlig*, S. 49–82; *Briesen*, S. 65–66. Interessant ist, dass die Hauptgemeinschaft des deutschen Einzelhandels 1932 an der Frage zusätzlicher Sondersteuern für die Großbetriebe im Einzelhandel und anderer Maßnahmen zerbrach, weil kein interner Interessenausgleich zwischen den einzelnen Protagonisten mehr möglich war.
20 S. zu den Maßnahmen der NS-Regierung betreffend den Einzelhandel bis 1935: *Berekoven*, S. 64–65; *Uhlig*, S. 91–102; *R. Lenz*, Karstadt. Ein deutscher Warenhauskonzern 1920–1950, Stuttgart 1995, S. 186–193.
21 *Uhlig*, S. 102–103.

rungen (16. Mai 1934) vor allem die Verordnung zur Durchführung des Gesetzes zum Schutz des Einzelhandels (23. Juli 1934), durch die eine generelle Konzessionspflicht für alle neu zu errichtenden Einzelhandelsgeschäfte inklusive dem Nachweis der entsprechenden Warensachkunde und persönlichen Zuverlässigkeit eingeführt wurde.[22]

Sieht man von kleineren Maßnahmen und der Errichtung der Wirtschafts- und Fachgruppen des Handels im Rahmen der Neuorganisation der Wirtschaft einmal ab, so endete 1935 die Neuordnung des Einzelhandels, die den Preiswettbewerb im Einzelhandel und die Expansion der Großbetriebsformen aus ideologischen Gründen und der Antipathie der Nationalsozialisten gegen kapitalistische Großunternehmen zu einem Ende brachte. Allerdings initiierten einzelne Parteistellen bis Ende 1935 weitere Boykottmaßnahmen auch gegen nichtjüdische Warenhauskonzerne und Filialketten.[23]

Schon die von örtlichen Parteistellen und dem Kampfbund für den gewerblichen Mittelstand organisierten Boykottmaßnahmen des Frühjahrs 1933 brachten jedoch die durch die Weltwirtschaftskrise stark angeschlagenen Warenhauskonzerne Karstadt und Hermann Tietz derart in Schieflage, dass sie durch die von der Regierung Hitler abgesegneten Kredite der teilstaatlichen Akzept- und Garantiebank noch 1933 vor dem Zusammenbruch gerettet werden mussten. Bei Hermann Tietz und anderen jüdischen Konzernen führten die Boykotte – der Umsatz der Warenhäuser lag im Juni 1933 um ein Viertel niedriger als im bereits sehr schlechten Vorjahr – und der anhaltend politische Druck in den Folgejahren zur vollständigen Arisierung.[24]

Neben den Warenhäusern, deren Lage sich erst ab 1936 wegen ausreichender Umsätze auf deutlich niedrigerem Niveau gegenüber 1928 stabilisierte[25], verzeichneten auch die Konsumvereine nach der Machtübernahme der Nationalsozialisten weiterhin große Schwierigkeiten. Diese waren nicht allein auf die Mittelstandspolitik des Regimes zurückzuführen, sondern hatten ihre Ursache in ihrer vielfach gegebenen Nähe zur Arbeiterbewegung. Aus diesem Grund wurden 1935 82 große Konsumgenossenschaften per Gesetz aufgelöst und damit 40 Prozent des Umsatzes privatisiert bzw. in Auffanggesellschaften überführt. Der Rest der Konsumgenossenschaften wurde 1941 aufgelöst und ihr Vermögen der Deutschen Arbeitsfront zugeschlagen.[26] Die andere Ausnahme bildeten die jüdischen Einzelhandelsunternehmen, die bis Ende 1938 vollständig aus dem Markt verdrängt wurden, wobei die „Entjudung" des Einzelhandels auch als Rationalisierung des – nach NS-Überzeugung – überbesetzten

---

22 *Briesen*, S. 66–69; *Uhlig*, S. 146–147.
23 *Uhlig*, S. 109. S. zu den wirtschaftlichen Problemen und dem mittelständischen Kampf gegen die Warenhäuser 1933 und 1934: *Uhlig*, S. 91–144; *Lenz*, S. 186–193; *Berekoven*, S. 64–65; *Briesen*, S. 66–71; *S. Ladwig-Winters*, Wertheim. Ein Warenhausunternehmen und seine Eigentümer. Beispiel der Entwicklung der Berliner Warenhäuser bis zur „Arisierung", Münster 1997, S. 195–223.
24 *Ebd.*
25 Der Jahresabsatz der Warenhäuser belief sich 1935 auf 54,2 Prozent des Jahres 1928. *Uhlig*, S. 224.
26 *Spiekermann*, Rationalisierung, Leistungssteigerung, S. 199; *Spiekermann*, Rationalisierung als Daueraufgabe, S. 92–93; *Berekoven*, S. 75; *Briesen*, S. 68 u. 75.

Einzelhandels diente. Schon nach den ersten Boykottmaßnahmen im Frühjahr 1933 mussten die ersten jüdischen Einzelhändler aufgrund des Drucks der lokalen und regionalen Parteistellen und zahlreicher Behörden ihre Unternehmen deutlich unter Wert verkaufen. Dies setzte sich in den Folgejahren fort, auch weil ihnen im Rahmen der Bewirtschaftungssysteme immer weniger Waren zugeteilt, Kredite verweigert oder aber durch sonstige behördliche Auflagen das Leben schwer gemacht wurde. Durch die Übernahme jüdischer Einzelhändler durch zumeist lokale Ariseure waren deshalb von den ehemals 55 000 jüdischen Einzelhandelsunternehmen (1933) Anfang 1938 nur 9 000 vorhanden, deren Geschäfte spätestens nach den Novemberpogromen Ende 1938 aufgrund der Verordnung zur Ausschaltung der Juden aus dem deutschen Wirtschaftsleben geschlossen wurden.[27]

Unabhängig von der Ausschaltung der jüdischen Einzelhändler ist zu erkennen, dass sich nach dem Erreichen der Vollbeschäftigung 1936 und der beschleunigten Aufrüstung durch den Vierjahresplan auch die Einzelhandelspolitik des NS-Staates änderte. Zentrales Ziel der staatlichen Maßnahmen war, die Warenverteilung und die Grundversorgung der Bevölkerung möglichst effizient zu organisieren, weshalb den – leistungsstarken – Einzelhändlern ein fester Platz in der Wertschöpfungskette Produzent-Großhandel-Einzelhandel-Konsument mit geringen Handelsspannen für Lebensnotwendiges – vor allem bei Agrarprodukten – zugewiesen wurde. Die viel propagierten Volksprodukte blieben bis auf den Volksempfänger jedoch eine Chimäre.[28] Ideal war nun der mittelständische ehrbare Kaufmann mit Sachkenntnis, Qualitätsbewusstsein, Effizienz und Dienstbereitschaft, der die Aufgabe hatte, die Verbraucher – auch wegen der bereits ab 1936 auftauchenden Versorgungsengpässe und Ersatzstoffe – im Sinne der staatlichen Konsum- und Autarkiepolitik zu erziehen.

Zudem wurden die unternehmerischen Handlungsspielräume bei der Kalkulation und Sortimentspolitik (Warenverknappung, Güterzuteilung) eingeschränkt, die Steuerbelastung wieder erhöht[29] sowie der Preiswettbewerb über Preisverordnungen und ein neues Wettbewerbsrecht (Zugabeverbot, Einschränkung der Sonderverkäufe etc.) eingeschränkt[30], was allerdings die Warenhäuser und andere großbetriebliche

---

[27] Zur Entwicklung und Arisierung des jüdischen Einzelhandels s.: *A. Barkai*, Vom Boykott zur „Entjudung": der wirtschaftliche Existenzkampf der Juden im Dritten Reich 1933–1943, Frankfurt am Main 1988, S. 43–46, 80–88, 117–123–125 u. 137–152.

[28] S. hierzu ausführlich: *W. König*, Volkswagen, Volksempfänger, Volksgemeinschaft. „Volksprodukte" im Dritten Reich; vom Scheitern einer nationalsozialistischen Konsumgesellschaft, Paderborn 2004.

[29] Zur wenig mittelstandsfreundlichen Steuerpolitik des Regimes – sieht man einmal von Wirkungen der allgemeinen Steuererleichterungen ab, denen Sondersteuern auf Großbetriebe des Einzelhandels sowie verschärfte Buchführungsvorschriften (Einführung des Wareneingangsbuch) und Betriebsprüfungen gegenüberstanden – und der Besteuerung des Einzelhandels s.: *Banken*, Steuerstaat, S. 432–437.

[30] *Briesen*, S. 66–68; *A. Steiner*, Der Brotpreis – ein politischer Preis unter den Bedingungen des NS-Regimes, in: *J. Bähr/R. Banken*, Wirtschaftssteuerung durch Recht im Nationalsozialismus: Studien

Formen mit ihrem großen Mengenumsatz und effizienteren Kostenstrukturen tendenziell begünstigte.[31] Wegen der größeren Effizienz wurde den Filialketten dann Ende der 1930er Jahre nicht nur die Gründung neuer Filialen erlaubt[32], auch der Versandhandel wurde während der ganzen 1930er Jahre in keiner Weise eingeschränkt.[33] Zusätzlich schlossen auch zahlreiche Klein- und Kleinsthändler ihre Läden, weil sie wegen der zu geringen Handelsspannen in der boomenden Industrie ein besseres Einkommen erzielen konnten. Auch deshalb sank die Zahl der Einzelhandelsbetriebe von 1933 bis 1939 trotz Umsatzwachstum und stabiler Beschäftigung um 18 Prozent.[34]

Aufgrund der durch die NS-Regierung stark reglementierten neuen Marktordnung begann der Zweite Weltkrieg, ohne dass der deutsche Einzelhandel in den Aufschwungjahren seit 1933 größere Innovationen wie etwa die Selbstbedienung oder neue Betriebsformen verzeichnet hatte.[35] Sieht man von den Arisierungen jüdischer Betriebe und der Auflösung der Konsumgenossenschaften sowie kleineren Verschiebungen der Marktanteile ab, so existierten immer noch die Marktstrukturen, die sich in den 1920er Jahren herausgebildet hatten. Diese änderten sich auch in den ersten Kriegsjahren nicht grundsätzlich, da die Umstellungen auf die Kriegswirtschaft und das Rationierungssystem mit Bezugsscheinen und Lebensmittelkarten trotz anfänglicher Versorgungsengpässe weitgehend reibungslos vor sich gingen. Auch deshalb sanken die Umsätze bis 1942 nur in geringem Umfang.[36] Die Rationierung konzentrierte sich auf den Grundbedarf (Lebensmittel, Kleidung, Möbel, Einrichtungsgegenstände), wobei das Marktsegment der nicht bewirtschafteten gehobenen Waren bald austrocknete und sich auch deshalb bereits in der ersten Kriegshälfte eine Schattenwirtschaft etablierte.[37] Wegen der zahlreichen Einberufungen und der Zivilarbeitspflicht wurden aber bis Ende 1941 ca. 60 000 Betriebe geschlossen – etwa ein Zehntel

---

zur Entwicklung des Wirtschaftsrechts im Interventionsstaat des „Dritten Reichs", Frankfurt am Main 2006, S. 365–423.
31 Allerdings verzeichneten die Warenhäuser noch 1936 einen erheblich kleineren Gesamtumsatz als 1928. *Uhlig*, S. 218; *Briesen*, S. 68–39.
32 Einige Filialisten erreichten kurz vor dem Krieg einen Filialhöchststand, z. B. Kaiser mit 1 800 Verkaufsstellen, auch, weil die Spezialisten im Genuss- und Lebensmittelsektor wie Tengelmann sich zum Vollsortimenter entwickelten. *Berekoven*, S. 76.
33 *Berekoven*, S. 66–68.
34 *Briesen*, S. 68.
35 Detailliert zur Rationalisierung und den Hindernissen zur Einführung der Selbstbedienung s: *Spiekermann*, Rationalisierung, Leistungssteigerung, S. 195–197.
36 *Spiekermann*, Rationalisierung, Leistungssteigerung, S. 209–210.
37 Zur Warenversorgung und der Belieferung des Einzelhandels s.: *T. Schanetzky*, „Kanonen statt Butter". Wirtschaft und Konsum im Dritten Reich, München 2015, S. 197–199; *Spiekermann*, Rationalisierung, Leistungssteigerung, S. 209–210; *Spiekermann*, Rationalisierung als Daueraufgabe, S. 97–98; *H. Fackler*, Gleichgeschaltet – der Handel im Dritten Reich, in: *M. Haverkamp/H. J. Teuteberg (Hg.)*: Unterm Strich. Von der Winkelkrämerei zum E-Commerce, Bramsche 2000, S. 245–255. Zur Forschung der Schwarzmarktentwicklung s.: *M. Zierenberg*, Stadt der Schieber. Der Berliner Schwarzmarkt 1939–1950, Göttingen 2008.

der Zahl von 1939. Zudem nahm die Beschäftigung um mehr als 50 Prozent gegenüber dem Vorkriegsbestand ab.[38] Obgleich der Einzelhandel nur noch als Warenverteiler fungierte, wuchs die Arbeitsbelastung aufgrund der immer bürokratischeren Bewirtschaftungssysteme, die sich durch Speers zentrale Planung und Lenkung ab 1942 weiter steigerte. Ab 1943 sanken dann die Umsätze der verbliebenen Betriebe immer stärker, weil sich die Versorgungslage zunehmend verschlechterte und immer mehr Geschäfte durch die alliierten Bombenangriffe zerstört wurden.[39]

4 Der westdeutsche Einzelhandel 1945 bis 1958: Wiederaufbau in traditionellen Strukturen und Wirtschaftswunder

Der Einzelhandel in den westdeutschen Besatzungszonen[40] fungierte von Kriegsende bis zur Währungsreform im Juni 1948 abermals als reine Verteilungsstelle für die rationierten Güter und hatte sich daher stärker auf die Warenbeschaffung zu konzentrieren. Die Knappheit der Güter bei gebundenen Preisen ließ auch den direkten Kauf der Verbraucher bei den Bauern, den Tauschhandel und die Schwarzmärkte weiter blühen, was eine erhebliche Konkurrenz für die Einzelhändler darstellte. Auch die Zerstörung zahlreicher Ladengeschäfte in den bombardierten Innenstädten erschwerte den Ladenbetreibern ebenso wie die zerstörte Verkehrsinfrastruktur eine normale Geschäftstätigkeit.[41] Für einzelne Großbetriebe mit zahlreichen Filialen stellte sich zudem das Problem, dass sie durch die Gebietsabtretungen und Enteignungen zahlreiche Geschäfte in Mittel- und Ostdeutschland verloren hatten. So musste beispielsweise Hertie aufgrund der deutschen Teilung auf einen Großteil der eigenen Warenhäuser im Osten verzichten, während Kaufhof und Karstadt aufgrund ihrer früheren regionalen Schwerpunkte in Westdeutschland weniger Verluste ver-

---

38 *Spiekermann*, Rationalisierung, Leistungssteigerung, S. 209–210.
39 *Schanetzky*, S. 197–199; *Fackler*, S. 253–255.
40 Zum ostdeutschen Einzelhandel und der Konsumentwicklung in der sowjetischen Besatzungszone bzw. der DDR bis 1989 s.: *C. Kleinschmidt*, Konsumgesellschaft, Göttingen 2008, S. 163–182; *I. Merkel*, Utopie und Bedürfnis: die Geschichte der Konsumkultur in der DDR, Köln u. a. 1999; *A. Ludwig (Hg.)*. Konsum. Konsumgenossenschaften in der DDR, Köln u. a. 2006; *A. Kaminsky*, Kaufrausch. Die Geschichte der ostdeutschen Versandhäuser, Berlin 1998. *Dies.*, Wohlstand, Schönheit, Glück. Kleine Konsumgeschichte der DDR, München 2001; *P. Heldmann*, Herrschaft, Wirtschaft, Anoraks. Konsumpolitik in der DDR der Sechzigerjahre, Göttingen 2004; *J. Roesler*, Privater Konsum in Ostdeutschland 1950–1960, in: *A. Schildt/A. Sywottek (Hg.)*, Modernisierung im Wiederaufbau. Die westdeutsche Gesellschaft der 50er Jahre, Bonn 1998, S. 290–303.
41 Einen kurzen Überblick über den Handel in der Besatzungszeit bis 1948 bieten: *L. Langer*, Revolution im Einzelhandel. Die Einführung der Selbstbedienung in Lebensmittelgeschäften der Bundesrepublik Deutschland (1949–1973), Köln u. a. 2013 S. 83–91; *Spiekermann*, Daueraufgabe, S. 99.

zeichneten. Als Folge dessen eröffnete Hertie bis 1970 im Westen zahlreiche Warenhäuser an sog. 1b-Standorten, die weniger umsatzträchtig waren.[42]

Die Umsätze des bundesdeutschen Einzelhandels wuchsen dann nach dem Abbau der Bewirtschaftungsmaßnahmen und der staatlichen Preisvorgaben in den 1950er Jahren kräftig an.[43] Bis 1960 steigerte sich der Gesamtumsatz real um durchschnittlich etwa 8 Prozent. Noch stärker stiegen dabei die Umsätze der Großbetriebsformen. Unternehmen mit einem Umsatz von mehr als 250 Mio. DM verdoppelten ihren Umsatz zwischen 1956 und 1960 von 7 auf 14 Prozent[44], obgleich die Zahl der Einzelhandelsbetriebe insgesamt von 490 000 1950 auf 544 000 1957 stieg – auch wegen der vermehrten Handelstätigkeit von Handwerkern – und dann stagnierte.[45] Auch die Beschäftigung wuchs zwischen 1949 und 1960 von etwa 1,3 auf 2,1 Mio., wobei Rationalisierungen und Produktivitätssteigerungen sowohl den Umsatz pro Beschäftigtem als auch denjenigen pro Quadratmeter steigen ließ.[46] Dagegen sank aber der zunächst noch sehr hohe durchschnittliche Umschlag des Warenlagers pro Jahr sowie der Lagerbestand pro Beschäftigtem, da der exzeptionelle Verkäufermarkt der ersten Wirtschaftswunderjahre sich Ende der 1950er seinem Ende näherte und ein Wandel zum Käufermarkt erfolgte. Diese deutliche Trendwende bestätigt auch die Gewinnentwicklung der Handelsunternehmen, da der steuerliche Reingewinn bis 1961 auf 7,7 Prozent anwuchs und danach kontinuierlich sank.[47]

Trotz der Modernisierung zahlreicher Einzelhandelsbetriebe etablierte sich zunächst wieder die Struktur der Betriebsformen aus der Vorkriegszeit. Bis Ende der 1950er Jahre überwog weiterhin der Facheinzelhandel. Auch eine große Zahl an Kleinstbetrieben – vielfach Einmannbetriebe – waren weiterhin am Markt vertreten und konnten auch aufgrund der insgesamt wachsenden Kaufkraft der Bevölkerung

---

42 H. Braunwarth, Die führenden westdeutschen Warenhaus-Gesellschaften, ihre Entwicklung nach dem Kriege und ihre heutigen Probleme, Nürnberg 1957, S. 22–24.
43 Zum Einzelhandel in den schwierigen Anfangsjahren der Bundesrepublik bis 1951 s.: A. Kaltenecker, Wirtschaftswunder? Handel in Zeiten wirtschaftlichen Wachstums, in: M. Haverkamp/ H. J. Teuteberg (Hg.): Unterm Strich. Von der Winkelkrämerei zum E-Commerce, Bramsche 2000, S. 273–283, hier S. 273.
44 Die Zahl der Unternehmen mit einem Umsatz von mehr als einer Viertelmillion stieg von neun auf 13: R. Banken, Schneller Strukturwandel trotz institutioneller Stabilität. Die Entwicklung des deutschen Einzelhandels und die Entstehung des Massenkonsums 1949–2000, in: Jahrbuch für Wirtschaftsgeschichte 2/2007, S. 39–67.
45 R. Banken, Die quantitative Entwicklung des bundesdeutschen Einzelhandels 1949–2000, in: Cologne Economic History Paper 3/2007, Tab. 4 (https://ideas.repec.org/p/wso/wpaper/4.html); A. Scheybani, Handwerk und Kleinhandel in der Bundesrepublik Deutschland. Sozialökonomischer Wandel und Mittelstandspolitik 1949–1961, München 1996, S. 509. Vgl. auch: Berekoven, S. 96; Spiekermann, Daueraufgabe, S. 99–116, hier S. 101.
46 Banken, Strukturwandel, S. 46–47.
47 Banken, Strukturwandel, S. 48–49. Zur Bedeutung der Einkommenssteigerung für die Verbandspolitik und gesellschaftlichem Selbstverständnis s.: Scheybani, S. 507–526. Vgl. zudem: Spiekermann, Daueraufgabe, S. 105; Berekoven, S. 84

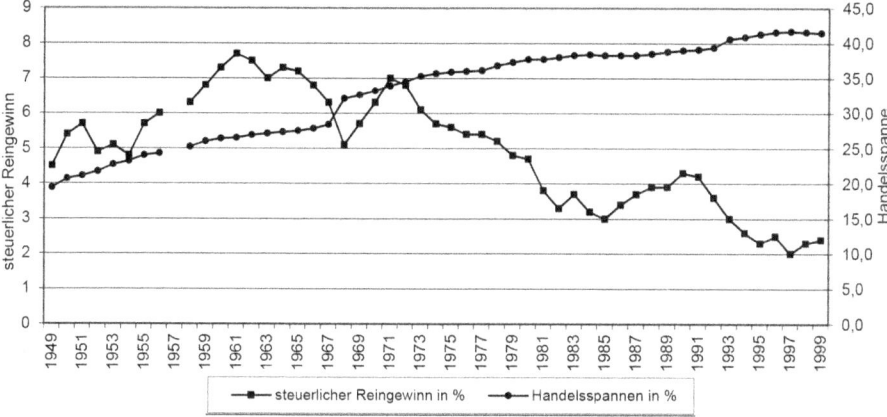

Abb. 2: Einzelhandelsgewinne und Handelsspannen 1949–2000[48]

ihre Umsätze steigern. Allerdings wuchsen und expandierten die großen Betriebsformen deutlich schneller. So konnten die Waren- und Kaufhäuser ihren Marktanteil von 3,3 Prozent 1950 auf 7,7 Prozent im Jahr 1959 ausbauen. Dies war vor allem auf das schnelle Wachstum der vier dominierenden Warenhauskonzerne (Karstadt, Kaufhof, Hertie, Horten) mit ihren Kleinpreistöchtern (Kaufhalle, Bilka) und deren Sortimentserweiterung auf Luxus- und Qualitätswaren zurückzuführen.[49] Auch die großen Filialketten erweiterten ihren Marktanteil von 5,1 auf 12,7 Prozent (1950/1960) durch ein überdurchschnittliches Wachstum, während die Filialisten insgesamt ihren Anteil nur behaupten konnten.[50] Die Konsumgenossenschaften wiederum wuchsen nur bis etwa Mitte der 1950er überdurchschnittlich[51] und auch der Marktanteil der Versender war seit 1956 rückläufig, wobei sich innerhalb dieser Branche eine starke

---

48 *Banken*, Strukturwandel, S. 48–49.
49 Das schnelle Wachstum der Warenhäuser beruhte auf der Tatsache, dass sie in der Anfangszeit der Bundesrepublik gemeinsam mit den großen Versandhandelshäusern faktisch die einzige auf den Massenkonsum ausgerichtete Betriebsform waren. Ausführlich zur Entwicklung der Warenhausbranche s.: *R. Banken*, „Was es im Kapitalismus gibt, gibt es im Warenhaus". Die Entwicklung der Warenhäuser in der Bundesrepublik 1949–2000, in: Zeitschrift für Unternehmensgeschichte 1, 2012, S. 3–30; *R. Banken*, Die quantitative Entwicklung der bundesdeutschen Warenhäuser 1948–2000. Daten/The Quantitative Development of West German Department Stores 1949–2000. Data, in: Cologne Economic History Paper 2, 2010 (http://wigesch.uni-koeln.de/index.php?id=152). (abgerufen 11.1.2019). S. auch: *Berekoven*, S. 84–86; *Scheybani*, S. 67–69.
50 *Scheybani*, S. 70. S. zu den Ursachen dieser Expansion (Kapitalkraft, Sortimentsausweitung, Umstieg der Fabrikfilialisten auf Vertragshändlersysteme etc.): *Scheybani*, S. 73; *Berekoven*, S. 86–88.
51 Ausführlich zum Wachstum der Konsumgenossenschaften und deren Probleme ab 1954 wegen des Verbots hoher Rückvergütungen und defizitärer Produktionsbetriebe s.: *Spiekermann*, Daueraufgabe, S. 103, 104; *Berekoven*, S. 89–90.

Konzentration vollzog.⁵² Insgesamt stieg der Umsatzanteil der Großbetriebe in den 1950er Jahren von 29,5 Prozent 1950 auf 34,7 Prozent 1959.⁵³

Eine der Reaktionen des Facheinzelhandels auf das Wachstum der Großbetriebe war wiederum der Anschluss der einzelnen Händler an eine der Einkaufsgenossenschaften, von denen die Edeka besonders stark wuchs. Auch außerhalb des Lebensmittelhandels – insbesondere in den Bereichen Textilien, Schuhe, Drogeriewaren – traten immer mehr selbständige Ladenbesitzer einer Einkaufsgenossenschaft bei⁵⁴ oder schlossen sich einer der neuartigen und vom Großhandel initiierten freiwilligen Ketten (Spar, A&O/Selex, Centra, Vivo u. a.) an, um einen gemeinsamen Wareneinkauf zu organisieren.⁵⁵ Auch deshalb sank der Anteil der unorganisierten Einzelhändler am Gesamtumsatz der Branche von 61,8 Prozent 1950 auf 23,8 Prozent 1958 ab.⁵⁶

Diesen Trend hielten auch die zahlreichen restriktiven gesetzlichen Maßnahmen und freiwilligen Selbstverpflichtungen der Großunternehmen nicht auf.⁵⁷ Neben der Zugabeverordnung von 1953 und dem Rabattgesetz von 1954, das allerdings die Expansion der Konsumgenossenschaften in den Folgejahren stark erschwerte⁵⁸, sind

---

52 Am Marktanteil des Versandhandels von 3,6 Prozent des Gesamtumsatzes des Einzelhandels hielten die großen sechs Anbieter – und Universalversender (Quelle, Neckermann, Otto, Schwab, Schöpflin, Witt) – Ende der 1950er Jahre allein über die Hälfte. *Scheybani*, S. 70; *Berekoven*, S. 86.

53 *Scheybani*, S. 71. Vgl. auch: *Banken*, quantitative Entwicklung, Tab. 9.

54 1959/1960 gehörten 14 Prozent der selbständigen Einzelhändler einer Einkaufsgenossenschaft an, deren Anteil am Gesamtumsatz des Einzelhandels 1959 17,4 Prozent betrug. Höher war dieser Anteil im Lebensmitteleinzelhandel (19,3 Prozent) und im Bereich Pharma/Kosmetik (23,1 Prozent). Zumeist bildeten die leistungsfähigsten Betriebe das Fundament der Einkaufsgenossenschaften, da der Beitritt an einen Mindestumsatz gebunden war. Zu den Einkaufsgenossenschaften allgemein s.: *Scheybani*, S. 76–77; *Berekoven*, S. 90–91; *Spiekermann*, Daueraufgabe, S. 103–104; *Kaltenecker*, S. 275. Zur Edeka im Besonderen vgl. auch *Spiekermann*, Edeka, S. 99–102.

55 Die freiwilligen Gruppen und Ketten boten neben dem gemeinsamen günstigeren Einkauf auch den Vorteil eines zentralen Auftritts in der Öffentlichkeit, gleichartige Ladenfronten und Werbung, die Einführung eigener Handelsmarken und der Erweiterung des Warensortiments, *Spiekermann*, Daueraufgabe, S. 104; *Berekoven*, S. 91; *Banken*, Strukturwandel, S. 58; *Scheybani*, S. 77.

56 Durch die starke Durchorganisation des Lebensmittelhandels standen dort ab den 1960er Jahren nicht einzelne Handelsbetriebe, sondern vielmehr nur noch Gruppen im Wettbewerb. Diese Entwicklung führte in den Folgejahren zu einem starken innerbetrieblichen Funktionswandel, da die Verbünde den Einzelhändler zahlreiche betriebliche Funktionen abnahmen, z. B. die Disposition preisgebundener Markenartikel und verbundeigener Handelsmarken, die Festlegung der Preise und Handelsspanne oder die Werbung. *Scheybani*, S. 78–81. Vgl. hierzu auch: *Langer*, S. 97.

57 Allgemein zur betreffenden Gesetzgebung für den Einzelhandel (z. B. die abermalige Bindung der Berufsausübung an persönliche Zuverlässigkeit und Sachkunde 1957) s.: *Scheybani*, S. 262–270; *Langer*, S. 84; *Spiekermann*, Daueraufgabe, S. 99–101; *Berekoven*, S. 96.

58 Das Ziel der Gesetzgebung war der sog. Mittelstandsschutz, hier vor allem das Zurückdrängen der expandierenden Konsumgenossenschaften, die ihren einkaufenden Mitgliedern bis zu sieben Prozent ihrer Ausgaben durch Rückvergütungen erstatteten. Das Gesetz richtete sich aber auch gegen großbetriebliche Einzelhandelsunternehmen wie Werkskonsumanstalten, Warenhäuser, Einheits-, Klein- und Serienpreisgeschäfte, die keinen Barzahlungsrabatt gewähren durften. Allerdings erklärte das Bundesverfassungsgericht diesen Paragraf 1967 für nichtig. *Scheybani*, Handwerk, S. 406–422;

auch das Gesetz gegen den unlauteren Wettbewerb und das Ladenschlussgesetz zu nennen, die beide in Teilen die Tendenz besaßen, unliebsamen Wettbewerb zu unterbinden.[59] Am wichtigsten war jedoch die wieder eingeführte vertikale Preisbindung, d. h. die Vorgabe fester Preise für den Einzelhandel zur mittelstandsfreundlichen Unterbindung des Preiswettbewerbs.[60] Obgleich aber immer mehr Produzenten Gebrauch von der Preisbindung machten[61], wurden bestimmte Güter seit Mitte der 1950er immer häufiger mit Rabatten oder von sog. Discountern massiv unter Preis in Hinterhöfen verkauft[62], auch weil trotz wachsender Kaufkraft das Güterangebot mittlerweile die Nachfrage zu den gebundenen Preisen überstieg.[63]

Eine Reaktion des Einzelhandels auf dieses Problem stellten weniger Preisnachlässe denn die Rationalisierung der Läden und die Einsparung von Personal dar, was vor allem die kapitalstarken Großbetriebe vorantrieben.[64] Neben der Vergrößerung und dem Umbau der Läden, dem Einsatz neuer Kassentechnik, dem Bau von Parkhäusern, der Gewährung von Teilzahlung oder der Sortimentsausweitung und Einführung von eigenen Handelsmarken[65] war allerdings die Einführung der Selbstbedienung von zentraler Bedeutung für die weitere Entwicklung der gesamten Branche.[66] Obgleich die ersten Selbstbedienungsläden ab 1949 im Lebensmitteleinzelhandel errichtet wurden, fand die neue Ladenform zunächst keine schnelle Verbreitung.

Beschluss des Bundesverfassungsgerichtes vom 11.4.1967, GRUR (Gewerblicher Rechtsschutz und Urheberrecht) 1967, S. 605.
59 S. zu diesen gesetzlichen Maßnahmen und deren strukturellen Auswirkungen: *Scheybani*, S. 85; *Spiekermann*, Daueraufgabe, S. 108 u. 115; *U. Spiekermann*, Freier Konsum und soziale Verantwortung. Zur Geschichte des Ladenschlusses in Deutschland im 19. und 20. Jahrhundert, in: ZUG 2004, S. 22–44.
60 Ausführlich zur Preisbindung s.: *S. Teupe*, Die Schaffung eines Marktes: Preispolitik, Wettbewerb und Fernsehgerätehandel in der BRD und den USA, 1945–1985, Berlin 2016, S. 253–298. Vgl. auch: *Banken*, Strukturwandel, S. 62–65; *Scheybani*, S. 79–80; *H. Schröter*, Konsumpolitik und „Soziale Marktwirtschaft". Die Koexistenz liberalisierter und regulierter Verbrauchsgütermärkte in der Bundesrepublik der 1950er Jahre, in: *H. Berghoff (Hg.)*, Konsumpolitik. Die Regulierung des privaten Verbrauchs im 20. Jahrhundert, Göttingen 1999, S.113–134.
61 1960 unterlagen in einigen Branchen zwischen 30 und 65 Prozent (Fahrräder bzw. Drogerien) aller Markenartikel der vertikalen Preisbildung Große Anteile der Preisbindung besaßen noch der Foto- (60 Prozent), Radio- und Fernsehhandel (50 Prozent). *Markenverband e.V. (Hg.)*, Weißbuch. Die vertikale Preisbindung im Kartellbericht der Bundesregierung, o. O., ca. 1962; *Teupe*, S. 253–298.
62 S. zu den frühen Discountläden in den späten 1950er Jahren, die sich zunächst auf dem west- und südwestdeutschen Markt für langlebige Gebrauchsgüter als Preisbrecher tummelten: *Langer*, S. 294–305; *Berekoven*, S. 92.
63 *Berekoven*, S. 93.
64 S. zur Rationalisierung und der Personaleinsparung: *Langer*, S. 314–326; *Spiekermann*, Daueraufgabe, S. 102; *Scheybani*, S. 85.
65 S. zu diesen verschiedenen Maßnahmen: *Spiekermann*, Daueraufgabe, S. 103, 107, 111–112 u. 114; *Scheybani*, S. 81–84 u. 279; *Langer*, S. 89; *Kaltenecker*, S. 274; *Berekoven*, S. 96 u. 115.
66 S. zur Bedeutung der Selbstbedienung als Basisinnovation für den Einzelhandel der Nachkriegszeit: *Langer*, S. 388–395.

Trotz einiger Zwischenformen wie den sog. Tempoläden blieb die traditionelle Form des Bedienungsladens mit Thekenverkauf vorherrschend. Ab 1956 aber stieg die Zahl der bis dahin insgesamt nur 738 Selbstbedienungsläden erheblich an.[67] Zwar erreichte die Zahl der Selbstbedienungsläden im Lebensmitteleinzelhandel erst 1968 diejenige der Bedienungsgeschäfte, doch hatten sie die traditionelle Verkaufsform bereits 1963 beim Umsatz und zwischen 1960 und 1963 in der Verkaufsfläche überholt.[68] Fast gleichzeitig mit der Einführung der Selbstbedienung erfolgte 1958 in Köln-Ehrenfeld mit der Einführung des Supermarktes die nächste Invention im Lebensmitteleinzelhandel. Auch diese Verkaufsform, faktisch ein Selbstbedienungsgeschäft auf größerer Fläche mit einem Vollsortiment an Lebensmitteln, verbreitete sich erst ab 1960, als insgesamt 250 Supermärkte in Westdeutschland existierten.

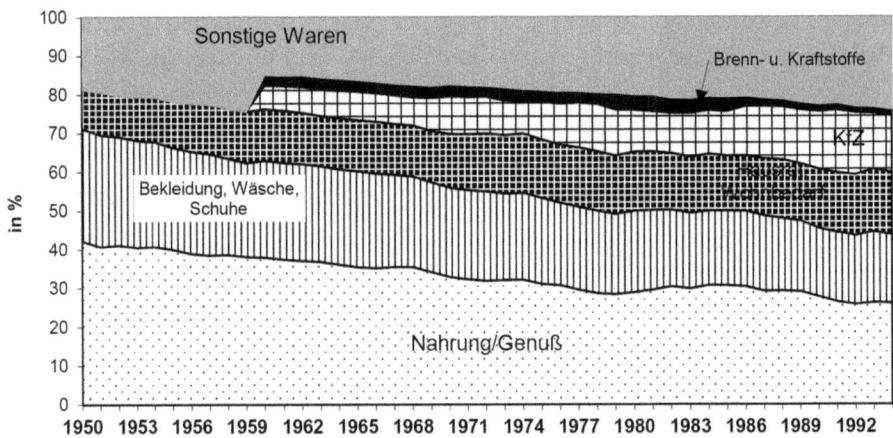

Abb. 3: Anteile verschiedener Warenbereiche am Einzelhandelsumsatz 1950–1994 (in Prozent)[69]

Vor allem der Lebensmittelhandel – und hier insbesondere die Großbetriebe[70] – war der Vorreiter bei der Selbstbedienung, insbesondere in den neu errichteten Super-

---

67 M. *Wildt*, Am Beginn der „Konsumgesellschaft". Mangelerfahrung, Lebenshaltung, Wohlstandshoffnung in Westdeutschland in den fünfziger Jahren, Hamburg 1994, S. 176–186; *K. Ditt*, Rationalisierung im Einzelhandel. Die Einführung und Entwicklung der Selbstbedienung in der Bundesrepublik Deutschland 1949–2000, in: M. Prinz (Hg.), Der lange Weg in den Überfluss, Paderborn u. a. 2003, S. 315–356, hier, S. 318–336.
68 Zu den „infrastrukturellen" Hindernissen (fehlende Verpackung der Güter durch die Industrie, zu kleine Läden, fehlende Verkaufs- und Kühlmöbel für Selbstbedienung, unzureichende Kapitalausstattung etc.) bei der Einführung der Selbstbedienung s.: *Langer*, S. 196–220; *Spiekermann*, Dauerauf-gabe, S. 111–112; *Berekoven*, S. 92; *Ditt*, Rationalisierung, S. 322–324; Dynamik im Handel, Sonderbeilage „50 Jahre Selbstbedienung" 1988, S. 28–29.
69 *Banken*, Strukturwandel, S. 50.
70 S. zu den betriebswirtschaftlichen Vorteilen der Großbetriebe (Verkürzung des Warenwegs durch Übernahme der Großhandelsfunktionen, günstigere Beschaffungsmöglichkeiten durch

märkten. Grund hierfür war, dass dieser stärker als andere Einzelhandelsbranchen nach 1955 unter Wettbewerbsdruck geriet, weil der Anteil des Lebensmittelhandels am Gesamtumsatz schon im Laufe der 1950er Jahre von 46,8 Prozent 1948 auf 35,7 Prozent 1960 deutlich absank, während sich der Umsatzanteil der Branchen mit langlebigen Gebrauchsgütern (Kfz, Möbel, Elektrogeräte etc.) deutlich steigerte.[71] Diese Entwicklung und auch die Ausdifferenzierung des modernen Massenkonsums, die ebenfalls nach dem Auslaufen der nachholenden Konsumwellen (Fress-, Kleidungs- sowie Hauseinrichtungswelle) erste Sättigungstendenzen zeigte[72], verstärkte sich dann in den 1960er Jahren, als sich der ab Mitte der 1950er Jahre angebahnte Strukturwandel des Einzelhandels endgültig vollzog.

5 Der westdeutsche Einzelhandel 1958–1980: Innovationen, Dynamik und Inflation

Nicht nur die Selbstbedienung, die sich nach 1960 auch im Non-Food-Bereich vollständig als Ordnungsprinzip des Verkaufs durchsetze, sondern auch die vielfach damit verbundenen neuen Betriebsformen veränderten die Einzelhandelslandschaft in den 1960er und 1970er Jahren. Unzweifelhaft vollzogen sich im Lebensmittelsektor die größten Umwälzungen, die allerdings auch andere Branchen tangierten. Dies gilt zum einen für den endgültigen Durchbruch der Supermärkte, die Ende der 1960er Jahre alle anderen traditionellen Ladenformen sowohl in Zahl als auch in Umsatz hinter sich gelassen hatten und deren Ladenflächen und Sortimente sich bis heute weiter vergrößerten – durchschnittlich dehnten sie das Angebot von 1 100 1958 auf 3 400 Artikel aus.[73] Während aber die Supermärkte größtenteils Lebensmittel verkauften, war dies bei den ab Mitte der 1960er Jahre auf der grünen Wiese errichteten SB-Warenhäuser anders. Diese boten auf Verkaufsflächen bis zu 30 000 qm neben Lebensmitteln von Beginn an auch große Non-Food-Abteilungen – zunächst im preisgünstigen Warensegment – und sogar Vollsortimente in mehreren Warenbereichen an, vergleichbar mit dem traditionellen Kaufhaus der Innenstadt. Bis 1980 gewannen sie – auch aufgrund ihrer niedrigen Kostenstrukturen und ihres riesigen Warenangebots (1968: 13 000 Artikel, 1988: 25 000) sowie der ab den 1960er Jahren stark zunehmen-

---

Rabatte bei Großbestellungen, höhere Kapitalbasis, attraktive Innenstadtstandorte): *Scheybani*, S. 73–74.
71 *Spiekermann*, Daueraufgabe, S. 115–116; *Banken*, quantitative Entwicklung, Tab. 8.
72 Ausführlich zur Ausdifferenzierung der Konsummuster und der damit verbundenen Pluralisierung der Betriebsformen im Einzelhandel in eine hochdifferenzierte Verkaufslandschaft ab den späten 1950er Jahren: *Scheybani*, S. 74; *Langer*, S. 311–312 u. 392; *Banken*, Strukturwandel, S. 66–67; *Banken*, Warenhaus, S. 28–30.
73 *Banken*, quantitative Entwicklung, Tab. 14. Vgl. auch *Langer*, S. 309–314 u. 382–395; *Kaltenecker*, S. 274–276.

den Motorisierung der Bevölkerung – einen Marktanteil in Höhe von 10,4 Prozent am Umsatz des Einzelhandels.[74] Ergänzend zu den SB-Warenhäuser entstanden bereits in den 1960er Jahren auch zahlreiche Verbrauchermärkte auf der grünen Wiese, die Non-Food-Bereiche nach dem gleichen Prinzip anboten[75], sowie Fachmärkte (Saturn-Hansa, Media-Markt etc.), die in den 1970er Jahren auch in den Innenstädten zu finden waren und vielfach als Filialketten organisiert wurden. Zudem wuchs den Warenhäusern und dem Facheinzelhandel außerhalb des Lebensmittelsektors durch weitere filialisierte Betriebsformen (Kaufhäuser wie C&A oder Fachgeschäftsketten wie Douglas) eine große Konkurrenz heran. Diese auch per Franchise-System organisierten Filialketten (wie Photo Porst, Juwelier Wempe, WMF, C&A, Salamander u. a.), deren Zahl vor 1965 noch gering war und die erst in den 1970er Jahren in viele Geschäftsfelder expandierten, waren ebenfalls als kapitalkräftige Großbetriebe organisiert, weshalb den Warenhäusern ihre gegenüber den Einzelunternehmen gegebenen komparativen Kostenvorteile verloren gingen.[76] Schließlich traten auch Discounter wie Aldi in den 1960er Jahren ihren Siegeszug im Lebensmittelhandel an und verstärkten den Preiswettbewerb im Einzelhandel. Die Discounter beschränkten sich auf ein Sortiment von 200 bis 300 Artikeln „trockener" Grundnahrungsmittel zu äußerst günstigen Preisen und knapp kalkulierten Handelsspannen. Damit generierten sie bei niedrigen Kosten durch eine zentrale Beschaffung und Lagerhaltung einen hohen Umsatz. In den sechziger Jahren expandierte das erprobte und verfeinerte Modell in die gesamte Republik, wobei die meisten Discounterketten (Lidl, Penny, Plus, Netto, Norma etc.) allerdings erst nach 1970 und als Reaktion auf den Riesenerfolg der Gebr. Albrecht gegründet wurden.[77]

Auf die neuen Konkurrenzformen reagierte der Facheinzelhandel in vielen Fällen abermals mit Einkaufsgemeinschaften wie z. B. Intersport, Vedes (im Bereich Spielzeug), Zweirad Experten Gruppe, Expert (Elektroartikel), die man als Mittel gegen die Größenvorteile der Konkurrenz wählte. Anders als im Non-Food-Bereich entstanden im Lebensmittelbereich aus eben diesen Einkaufsgemeinschaften mit der Edeka und Rewe selbständige Konzerne, da diese seit den 1970er Jahren begannen, das Eigen-

---

74 Zu den SB-Warenhäusern und den Verbrauchermärkten im Non-Food-Bereich s.: *Banken*, Strukturwandel, S. 53–56; *Berekoven*, S. 120–121 u. 136–138.
75 *Berekoven*, S. 94.
76 Beispielhaft sind hier mehrere Drogerieketten (Rossmann 1972, DM 1973 und Schlecker 1975), aber auch Filialunternehmen in den Bereichen Optik (Fielmann 1972, Apollo 1972), Elektro (Saturn 1971, Media Markt 1979) oder Möbel (Roller 1969, Ikea 1974, Porta 1976) zu nennen. *Banken*, Strukturwandel, S. 57–58; *Berekoven*, S. 121–128.
77 Ausführlich zu den Discountern, ihren Strategien und der Reaktion der anderen Lebensmittelanbieter *Langer*, S. 294–305 u. 311. Vgl. auch: *D. Brandes*, Die 11 Geheimnisse des ALDI-Erfolgs, Frankfurt am Main 2003, S. 28; *Banken*, Strukturwandel, S. 49–50 u. 56–57.

geschäft mit „konzerneigenen" Filialen auf- und auszubauen bzw. in den Großhandel oder das Discountergeschäft (z. B. Rewe mit Penny) zu expandieren.[78]

Unabhängig von Unternehmensverflechtungen und neuen Betriebsformen kamen nach 1960 auch neue räumliche Konzepte im Einzelhandel auf. Neben den SB-Centern auf der grünen Wiese und bereits ab Mitte der fünfziger Jahre errichteten Fußgängerzonen entstanden bereits ab Mitte der sechziger Jahre Einkaufszentren – z. B. das 1964 errichtete Main-Taunus-Zentrum in Sulzbach bei Frankfurt am Main –, deren Zahl sich bis 1980 auf 70 steigerte.[79]

Diese neuen und das Auftauchen weiterer Betriebsformen in den 1960er (Boutiquen, Getränkeheimdienste etc.) und 1970er Jahren (Baumärkte, Drogerieketten etc.)[80], aber auch die durchaus erhebliche Expansion des Facheinzelhandels – dieser vergrößerte seine Verkaufsfläche von 1962 bis 1980 um 43 Prozent von 24 auf 34 Mio. qm – ließen nicht nur die Ladenfläche des gesamten Einzelhandels steigen, sondern erhöhten auch deren Gesamtumsatz von 84 Mio. 1960 auf 376 Mio. 1980. Auch pro Kopf der Bevölkerung stieg der Umsatz erheblich, nominal von 1 581 DM (1960) auf 6 313 DM (1980), real dagegen „nur" von 1 399 DM auf 3 022 DM.[81]

Allerdings sank das reale Wachstum bereits in der ersten Hälfte der 60er Jahre langsam ab (6,4 Prozent 1960–64) und fiel bereits in der Mitte der 70er Jahre auf nur 2,5 Prozent. Die deutlich höheren nominellen Umsatzsteigerungen verdeckten dabei die ab Anfang der 1970er Jahre schwachen realen Zuwachsraten des Einzelhandels, die bis zur Mitte der 1980er Jahre anhielten (nur noch 0,5 Prozent 1980–84).[82] Auch blieb die Preisentwicklung im Einzelhandel schon ab den 1960er Jahren hinter dem Anstieg der allgemeinen Lebenshaltungskosten zurück.[83] Auch aus diesem Grund

---

[78] So engagierte sich die Rewe-Gruppe z. B. in den Bereichen Unterhaltungselektronik (Promarkt), Reisevertrieb (Atlas-Reisen u. a.), Reiseveranstaltung (Tjaereborg u. a.), Baumärkte (Toom-Baumärkten), SB-Warenhäuser (Toom). *Langer*, S. 311; *Kaltenecker*, S. 283; *Scheybani*, S. 76; *G. Schwedt*, Vom Tante-Emma-Laden zum Supermarkt, Weinheim 2006, S. 86.
[79] Zum Aufkommen der Shopping-Center s.: *Banken*, Strukturwandel, S. 59–60; *Spiekermann*, Daueraufgabe, S. 116; *B. Hahn*, 50 Jahre Shopping-Center in den USA. Evolution und Marktanpassung, Passau 2002, S. 150–169; *N. Hochheim*, Entstehung der Shopping-Center in Hamburg: unter besonderer Berücksichtigung der Geschichte der Shopping-Center Einkaufszentrum Hamburger Straße und Alstertal-Einkaufszentrum Hamburg, Hamburg Diss. 2003, S. 26–44; *H. J. Jaeck*, Das Shopping-Center. Teilbd. 2., Geschichte des Shopping Centers, Berlin 1979. Zur Entwicklung der Fußgängerzonen siehe *J. Logemann*, Einkaufsparadies und „Gute Stube": Fußgängerzonen in Westdeutschen Innenstädten der 1950er bis 1970er Jahre, in *A. v. Saldern* (Hg.), Stadt und Kommunikation in bundesrepublikanischen Umbruchszeiten, Stuttgart 2006, S. 103–122.
[80] S. zu den Baumärkten nun: *J. Voges*, „Selbst ist der Mann". Do-it-yourself und Heimwerken in der Bundesrepublik Deutschland, Göttingen 2017. Vgl. auch: *Berekoven*, S. 92.
[81] *Banken*, Strukturwandel, S. 41. *Spiekermann*, Daueraufgabe, S. 107.
[82] *Banken*, Warenhaus, S. 6–9; *W. Oehler*, Szenenwechsel im Einzelhandel 1963–1990, Köln 1980, S. 75–78.
[83] *A. Steiner*, Preise und der Wandel der Verbrauchsstruktur in der Bundesrepublik Deutschland, in: Jahrbuch für Wirtschaftsgeschichte 2007, S. 89–115.

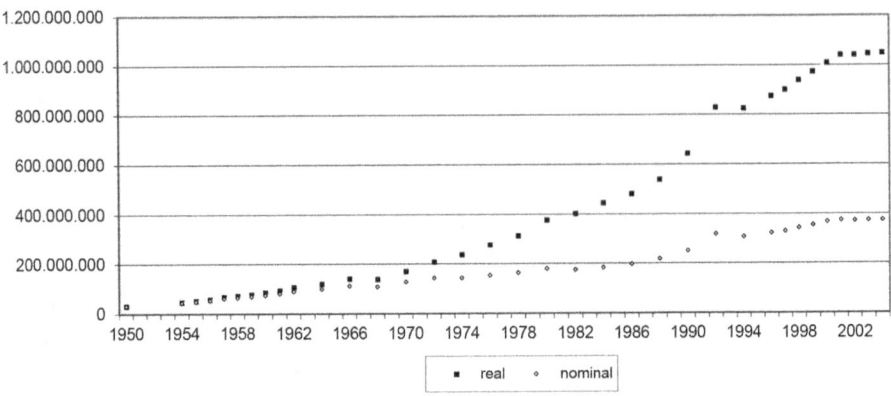

Abb. 4: Gesamtumsatz des bundesdeutschen Einzelhandels 1950–2004 in Mrd. DM[84]

erzielte der Einzelhandel geringere Wertschöpfungsbeiträge am Bruttoinlandsprodukt (BIP), obschon der Konsum sowohl absolut als auch pro Kopf der Bevölkerung zunahm. Diese Entwicklung, die sich nach 1980 fortsetzte, ist zum einen durch die Rationalisierungen und die sich daraus ergebenden Produktivitätsfortschritte, zum anderen aber auch durch die veränderten Konsumgewohnheiten der Deutschen zu erklären.[85] Das Wachstum des Einzelhandels blieb dabei seit Mitte der 1960er Jahre hinter dem anderer Wirtschaftszweige zurück, da nicht nur der kriegsbedingte Nachholbedarf, sondern auch der Grundbedarf an vielen hochwertigen und langlebigen Konsumgütern (Staubsauger, Kühlschränke, Fernseher etc.) zu einem großen Teil gedeckt war und die Bevölkerung ihr Einkommen zunehmend für Dienstleistungen ausgab: das Warenangebot des Einzelhandels stand daher auch in Konkurrenz zu alternativen Verwendungsformen wie Urlaub und Freizeitaktivitäten. Die zunehmende Sättigung der Konsumbedürfnisse verschärfte so den Wettbewerb im Einzelhandel und führte zu einer weiteren Rationalisierung[86] und Konzentration, was sich an der stark sinkenden Zahl der Einzelhandelsunternehmen zeigt, die sich von Ende der 50er Jahre bis 1976 von 550 000 auf 345 000 reduzierte.[87] Fusionen und Aufkäufe sowie Geschäftsaufgaben waren die wichtigsten Formen dieses Wandels; der größte Teil der vom Markt verschwundenen Unternehmen waren Klein- und Kleinstfirmen, die zuvor im Nebenerwerb betrieben worden waren.[88] Dagegen konnten die Großunternehmen ihren Marktanteil weiter ausbauen. Schon 1970 besaßen die acht

---

84 Zu den Daten siehe: *Banken*, quantitative Entwicklung, Tab. 2.
85 *Banken*, quantitative Entwicklung, Tab. 2. Vgl. auch *Banken*, Strukturwandel, S. 41.
86 Zur Rationalisierung, insbesondere im Lebensmittelhandel s.: *Langer*, S. 88–89.
87 *Banken*, quantitative Entwicklung, Tab. 4. Vgl. für den Lebensmittelhandel auch: *Spiekermann*, Daueraufgabe, S. 101.
88 *Scheybani*, S. 64–65; *Banken*, quantitative Entwicklung, Tab. 7. Vgl. auch: *Kaltenecker*, S. 281.

größten Einzelhandelsunternehmen 13 Prozent des Gesamtumsatzes und 1980 hatten die 17 größten Unternehmen 18,6 Prozent des Marktes inne.

Die Beschäftigung im Einzelhandel stieg dagegen nach 1970 nur noch leicht an und hielt sich dann bis zum Ende der 70er Jahre auf einem Niveau von ca. 2,2 Mio. Beschäftigten. Dies war auch der Grund, dass der Absatz pro Beschäftigtem erheblich anstieg, während der Umsatz pro Quadratmeter Verkaufsfläche bereits 1965 stagnierte, weil die Verkaufsfläche aller Einzelhandelsbetriebe weiterhin anwuchs. Ab Mitte der 1960er Jahre beschleunigte sich die zunächst moderate Ausdehnung der Verkaufsflächen erheblich und verdoppelte sich von 26 Mio. auf 58 Mio. qm (1962–1980).[89]

Der durch die Angebotsausweitung und erste Sättigungstendenzen verschärfte Wettbewerb im Einzelhandel zeigt sich auch an den betriebswirtschaftlichen Daten der Handelsunternehmen, da der durchschnittliche Jahresumschlag des Warenlagers absank[90] und die längere Bindung der finanziellen Mittel finanzstärkere Großunternehmen weiter gegenüber Kleinunternehmen begünstigte. Auch deshalb sanken die durchschnittliche Handelsspanne und der steuerliche Reingewinn immer weiter ab, letzterer z. B. von 7,7 Prozent 1961 auf 3 Prozent Mitte der achtziger Jahre.[91]

Allerdings entwickelten sich die einzelnen Handelsbereiche in sehr unterschiedlicher Weise, was auch die Marktanteile am Umsatz zeigen. So sank der Anteil des Lebensmitteleinzelhandels von über 38 (1960) auf 29 Prozent (1980) und auch der Anteil der Textilgeschäfte reduzierte sich von knapp 25 Prozent (1950) auf 21 Prozent (1982), während der Warenbereich Hausrat und Wohnbedarf seinen Anteil bis 1972 auf etwa 15 Prozent steigerte. Weitere Gewinner waren der Kfz-Handel und der Bereich der sonstigen Waren, deren Marktquote stark anwuchs.[92]

Auch die Marktstruktur der Geschäftsformen änderte sich ab Anfang der 1960er Jahre mit dem Aufkommen der neuen Betriebsformen, da diese schneller wuchsen als die traditionellen Einzelhandelsarten. Zwar verdreifachte selbst der Facheinzelhandel seinen Umsatz zwischen 1968 und 1980, doch wiesen die neuartigen Betriebsformen ein noch stärkeres Umsatzwachstum auf. Die eindeutigen Gewinner waren die Filialisten, die ihren Umsatz mehr als versiebenfachten, sowie die SB-Warenhäuser und Verbrauchermärkte, die wiederum schneller als die Warenhäuser, der Versandhandel oder die Konsumgenossenschaften wuchsen.

---

89 Die Vergrößerung ist nur zur Hälfte auf neue Betriebsformen zurückzuführen, da auch der Facheinzelhandel seine Verkaufsfläche um 43 Prozent steigerte. *Banken*, quantitative Entwicklung, Tab. 6.
90 Der jährliche Umschlag des Lagerbestandes sank von Anfang der 1950er Jahre vom sechs- bis achtfachen auf das 3,8-fache 1970 ab. *Banken*, quantitative Entwicklung, Tab. 7.
91 *Banken*, Strukturwandel, S. 49–50.
92 *Banken*, quantitative Entwicklung, Tab. 8.

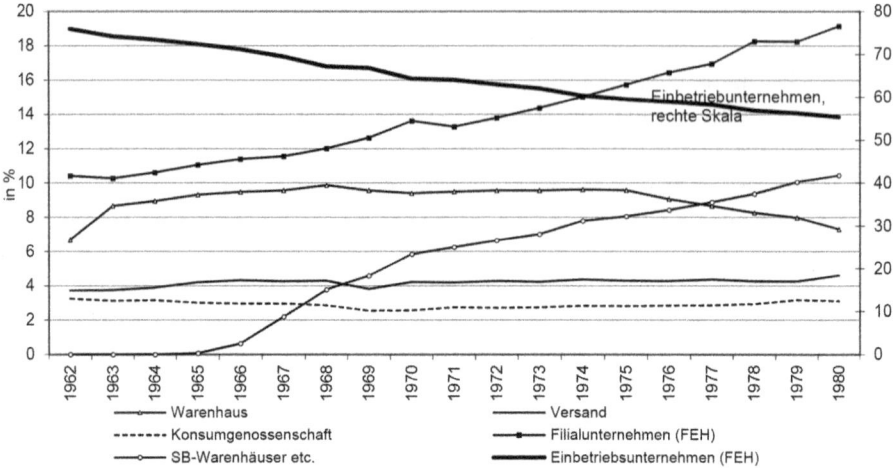

Abb. 5: Die Umsatzanteile der verschiedenen Betriebsformen 1962–1980[93]

Aufgrund des unterschiedlichen Wachstums sank der Marktanteil des Facheinzelhandels zwischen 1962 und 1980 von etwa drei Viertel des Gesamtumsatzes auf nur noch 55 Prozent. Derjenige der Konsumgenossenschaften (2,5–3,2 Prozent) und des Versandhandels (3,7–4 Prozent) stagnierte dagegen[94], während die anderen Betriebsformen ihre Anteile auf Kosten des Facheinzelhandels ausdehnten. Dabei konnten die Warenhäuser und ihre Filialunternehmen (Kaufhalle, Kepa, etc.) ihre Anteile nur in den 1960er Jahre zeitweilig ausdehnen, während die Filialisten (von 10 auf 19 Prozent) ebenso wie die SB-Warenhäuser und Verbrauchermärkte (von 0 auf 10,4 Prozent) stärker expandierten.

Die Marktgewinne der preisaggressiven Großanbieter konnte auch der im europäischen Maßstab in den 1950er Jahren wieder eingerichtete traditionelle Gesetzesrahmen für den Einzelhandel nicht verhindern, der mit Rabattgesetz, Zugabeverordnung, Ladenschlussgesetz und Preisbindung für Markenartikel auch dem Schutz des „Mittelstands" dienen sollte.[95] Die wenig verbraucherfreundlichen Rahmenbedingungen behinderten zwar einen schnelleren Strukturwandel des Einzelhandels, doch schon ab Mitte der 1950er Jahre zeigten sich erste Risse im System, vor allem bei der Preisbindung. Aufgrund der zahllosen massiven Unterbietungen der gebundenen Markenpreise durch die frühen Discountläden und andere Anbieter reagierten viele Hersteller in der Industrie (Elektrogroßgeräte, Unterhaltungselektronik) und gaben die Preisbindung zweiter Hand langfristig zugunsten von Richtpreissystemen und Ver-

---

[93] *Banken*, Entwicklung, Tab. 9. Ausführlich hierzu auch: *Banken*, Strukturwandel, S. 49–50.
[94] *Banken*, quantitative Entwicklung, Tab 9. Zur Entwicklung der Konsumgenossenschaften vgl. *Spiekermann*, Daueraufgabe, S. 104–105, für den Versandhandel *Berekoven*, S. 99–100 u. 140–145.
[95] *Langer*, S. 391; *Scheybani*, S. 238–280 u. 369–422.

triebsbindungen an spezielle Einzelhändler auf.[96] Im Laufe der 1960er Jahre folgten zahlreiche andere Konsumgüterproduzenten diesem Beispiel, z. B. für Waschmittel, Markenschokolade, Spirituosen, Sekt oder Pulverkaffee.[97] Die Ursache für den faktischen Zusammenbruch der Preisbindung zahlreicher Produkte – gesetzlich wurde diese erst 1973 abgeschafft[98] – war das Verhalten der Verbraucher, die seit Beginn der sechziger Jahre auf günstigere Preise achteten. Zahlreiche Waren, zumeist höherwertige Produkte, aber auch Genusswaren, konnten aufgrund einer die Nachfrage tendenziell übersteigenden Produktion und aufgrund eines verschärften Preiswettbewerbs im Einzelhandel mehr und mehr nur noch mit Rabatten auf die eigentlich festen Preise verkauft werden. Dieser verschärfte Kampf um den Kunden bevorteilte die neuen großbetrieblichen Verkaufsformen wie Supermärkte, Discounter, SB-Warencenter oder Filialketten, die sich durch Großeinkauf, zentrale Führung und andere Maßnahmen Skalenerträge nutzbar machten, weshalb sie sich in den wenigen Jahren schon bis 1970 mit größeren Sortimenten und einer günstigen Preisstruktur etablierten.[99] Auf der Verbraucherseite entwickelten sich dabei ein immer stärker ausdifferenzierter Konsum hinsichtlich Preis und Qualität sowie ein stark preisorientiertes Verhalten, das den Strukturwandel wiederum beschleunigte. Insgesamt bildete sich so bis 1980 innerhalb von kaum zwanzig Jahren eine neue Struktur des bundesdeutschen Einzelhandels mit einer hochdifferenzierten Verkaufslandschaft aus. Die neuen Betriebsformen und die im internationalen Vergleich hohe Einzelhandelsdichte heizen seitdem den Preiskampf an. Aus einem betulichen Wettbewerb entstand trotz des eher hemmenden Gesetzesrahmens zwischen 1960 und dem Ende der 70er Jahre einer der am schärfsten umkämpften Konsumentenmärkte Europas.[100]

---

96 Ausführlich hierzu nun: *Teupe*, S. 253–298. Vgl. auch: *Banken*, Strukturwandel, S. 60–65.
97 S. hierzu und zum wachsenden Anteil von Markenartikeln, die allein für eine Preisbindung in Frage kamen: *Spiekermann*, Daueraufgabe, S. 115; *Banken*, Strukturwandel, S. 60–65.
98 Zum langjährigen Gesetzgebungsprozess siehe: *U. Richter*, Die Beanspruchung der Wissenschaft für Verbandspositionen im Gesetzgebungsprozess, dargestellt am Beispiel der Auseinandersetzungen um das Verbot der vertikalen Preisbindung, Diss., Bochum 1976, S. 8–13.
99 *Spiekermann*, Daueraufgabe, S. 107 u. 113.
100 Ausführlich hierzu: *Langer*, S. 312 u. 392; *Banken*, Strukturwandel, S. 66–67. S. als Forschungsüberblick zur europäischen Entwicklung: *L. Langer/R. Jessen*, Introduction, in: *Dies. (Hg.)*, Transformations of Retailing in Europe after 1945, Farnham 2012, S. 1–18. Vgl. auch: *J. Logemann*, Beyond Self-Service: The Limits of ‚Americanization' in Post-War West German Retailing in Comparative Perspective, in: *Ebd.*, S. 87–102.

6 Die Entstehung neuer Einzelhandelsstrukturen: Konzentration, Liberalisierung und Onlinehandel 1980–2010

Trotz der neuen Einzelhandelsstrukturen wies der westdeutsche Einzelhandel aufgrund der schwierigen konjunkturellen Verhältnisse bis Mitte der 1980er Jahre nur ein schwaches reales Wachstum auf, da die hohen Inflationsraten die schwachen realen Zuwachsraten des Einzelhandels weiterhin verdeckten.[101] In der zweiten Hälfte der 1980er Jahre nahmen die Wachstumsraten wieder zu, doch bereits nach einem kurzen Vereinigungsboom, der auf den Nachholbedarf der ostdeutschen Bevölkerung zurückzuführen war, sanken die Umsatzzuwächse danach auf nur in etwa 2,5 Prozent ab, um erst ab 2010 wegen der sich verbessernden Wirtschaftsentwicklung wieder zu steigen.[102]

Anders als der Gesamtumsatz stieg die Zahl der Einzelhandelsunternehmen vom Tiefstand 1976 (345 000) in den 1980er Jahren wieder leicht auf 400 000 (1990) an, um nach einem durch den Beitritt der neuen Bundesländer bedingten Höchststand mit 500 000 (1992) wieder auf 410 000 (2004) abzusinken. Diese Entwicklung war vor allem auf Fusionen und Aufkäufe sowie Geschäftsaufgaben zurückzuführen, wobei der größte Teil der vom Markt verschwundenen Unternehmen Klein- und Kleinstfirmen waren.[103] Im Non-Food-Bereich, wo die Zahl der Unternehmen noch bis Anfang der 1990er weiter stieg (Hausrat und Wohnungsbedarf, Papier, Apotheken und Kosmetik, Kfz-Handel), setzte erst ab den 1990er Jahren eine Marktbereinigung ein, die sich bis Ende der 2010er Jahre fortsetzte. Dies führte dazu, dass die mittelständischen Einzelhandelsbetriebe im Jahr 2018 nur noch einen Anteil von 11 Prozent an der Zahl aller Unternehmen dieser Branche besaßen.[104] Auch die Zunahme des Anteils der Großunternehmen mit einem Umsatz von mehr als einer Milliarde DM – dieser stieg am Gesamtumsatz aller umsatzsteuerpflichtigen Unternehmen von knapp 19 Prozent (1980) auf 31 Prozent (1992) – zeigt, dass sich die Konzentration in den 1990er Jahren fortsetzte und auch danach weiter anhielt. Am Ende des Betrachtungszeitraum wurde der gegenüber 1950 mehr als verdreifachte Gesamtumsatz des Einzelhandels mit einer etwa um ein Viertel zurückgegangenen Anzahl von Unternehmen für eine erheblich größere Bevölkerung auf einer stark vergrößerten Fläche erbracht; letztere stieg bis

---

[101] Ausführlich hierzu *Ohler*, S. 75–78; *Banken*, Warenhaus, S. 7–8. Zu den Daten s. *Banken*, quantitative Entwicklung, Tab. 1.
[102] *Banken*, Strukturwandel, S. 42–43.
[103] Zum Rückgang der Unternehmenszahl im Einzelhandel s.: *Banken*, quantitative Entwicklung, Tab. 7.
[104] Zudem besaßen mittelständische Einzelhändler 2018 einen Anteil von 22 Prozent an der Belegschaft und 19 Prozent des Gesamtumsatzes des Einzelhandels. S. hierzu die Angaben des Handelsverbands Deutschland (HDE), Stand August 2018, in: https://einzelhandel.de/images/presse/Graphiken/DerEinzelhandel.pdf (abgerufen 17.1.2019).

2010 kräftig von 48 (1980) auf 95 Mio. qm (2005) an, um danach nur noch leicht zu wachsen. Diese Leistungssteigerung setzte erhebliche Rationalisierungen und Produktivitätssteigerungen voraus, die sich auch in der Beschäftigtenzahl ausdrückten, die sich von etwa 2,2 Mio. in den 1980er Jahren auf 2,8 bis 3,0 Mio. Beschäftigte in den 2010er Jahren des wiedervereinigten Deutschlands steigerte, wobei ein Großteil hiervon in Teilzeit arbeitete.[105]

Da diese Leistungssteigerung wegen der höheren Kapitalanforderungen durch gestiegenen Lagerbestand[106] und sinkende Umsatzreingewinne – diese sanken vom Mitte der 1980er Jahre auf nur noch 2 bis 2,5 Prozent Ende der 1990er Jahre – in einem immer härteren Wettbewerb erbracht werden musste, gerieten nicht nur mittelständische Anbieter in Schwierigkeiten und mussten aufgeben. Auch zahlreiche Großunternehmen wie die führenden Versandunternehmen (Neckermann, Quelle), Warenhäuser (Hertie, Karstadt, Kaufhof) hatten mit erheblichen wirtschaftlichen Schwierigkeiten zu kämpfen, was auch auf die Strukturverschiebungen zwischen den verschiedenen Betriebsformen des Einzelhandels zurückzuführen ist.[107]

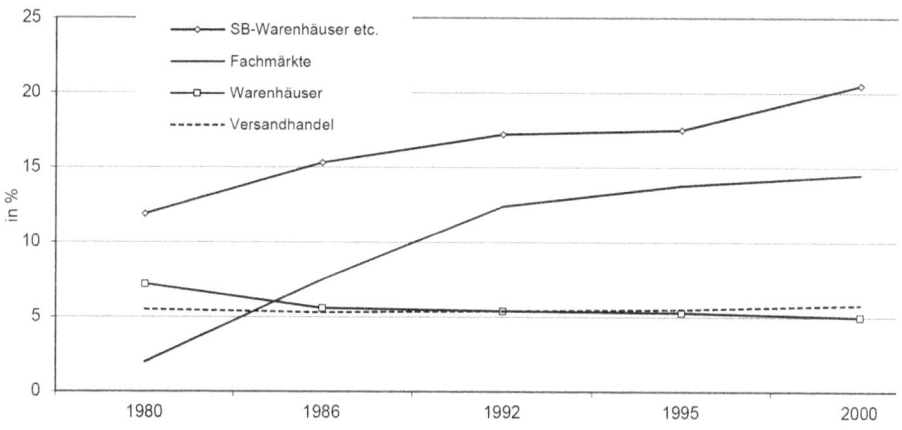

Abb. 6: Die Umsatzanteile verschiedener Betriebsformen 1980–1995[108]

So sank der Umsatzanteil der Warenhäuser bis zum Jahr 2000 weiter auf 5 Prozent ab, während der Versandhandel seinen Anteil seit 1995 geringfügig steigern konnte, was auch auf den Onlineversand zurückzuführen ist. Auf Expansionskurs blieben allerdings die SB-Warenhäuser und Verbrauchermärkte, die ihren Anteil von 12 auf

---

[105] *Banken*, quantitative Entwicklung, Tab. 12.
[106] Der Lagerbestand pro Beschäftigten stieg von 35 000 DM 1980 weiter auf 50 000 DM 1990. *Banken*, Strukturwandel, S. 46–47.
[107] Ausführlich zur Entwicklung der Warenhausbranche und deren Ursachen s.: *Banken*, Warenhaus, S. 10–28.
[108] *Banken*, quantitative Entwicklung, Tab. 10.

20,5 Prozent bis zur Jahrhundertwende fast verdoppelten[109], sowie die Fachmärkte zahlreicher Filialketten, die noch schneller wuchsen und beachtliche Marktanteile (von zwei auf 14,5 Prozent) gewannen. Dagegen verlor außer den Warenhäusern insbesondere der selbständige Facheinzelhandel, der um 2000 nur noch knapp 33 Prozent aller Umsätze verzeichnete.[110] Erfolgreich auf Wachstumskurs blieben auch die Discounter, die ihr Geschäftsmodell weiter verfeinerten und das Filialnetz in zahlreiche Dörfer ausbauten.

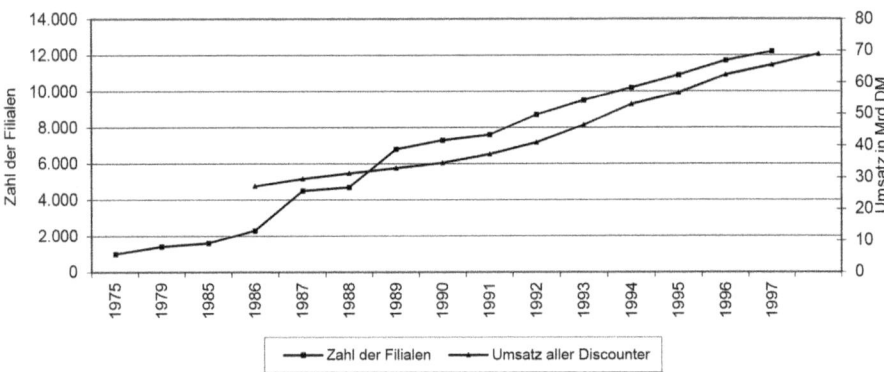

Abb. 7: Filialen und Umsätze der Lebensmitteldiscounter 1975–1997[111]

Da die Discounter zudem ihr Sortiment im Laufe der Zeit deutlich ausweiteten – die durchschnittliche Artikelzahl stieg von 600 auf 1 500[112] –, verschärften sie nicht nur den Preiswettbewerb im Lebensmittelbereich[113], sondern auch im stark ausgebauten Bereich der Non-Food-Artikel, wo das Discountprinzip ebenfalls weiter vordrang. Die wöchentlichen Sonderaktionen aller Discounter im Non-Food-Bereich wurden auch von anderen Anbietern wie etwa den Kaffeefilialisten Tchibo und Eduscho betrieben, die auf diese Weise einen weiteren neuen Geschäftstyp kreierten. Schließlich

---

109 Die Statistik der Monopolkommission nutzt nicht die sonst gebräuchliche Einteilung der Betriebsformen im Einzelhandel, weshalb die Daten nicht gut vergleichbar sind. Zu den Daten s.: Monopolkommission, Sondergutachten 23. Marktstruktur und Wettbewerb im Handel, Baden-Baden 1994; Dynamik im Handel, Sonderbeilage „50 Jahre Selbstbedienung" Oktober 1988, S.28–29; *Banken*, quantitative Entwicklung, Tab 15.
110 HDE Zahlenspiegel 2004, S. 14.
111 *Banken*, quantitative Entwicklung, Tab. 16.
112 *K. Ditt*, Rationalisierung im Einzelhandel: Die Einführung und Entwicklung der Selbstbedienung in der Bundesrepublik Deutschland 1949–2000, in: *M. Prinz (Hg.)*, Der lange Weg in den Überfluss, Paderborn 2003, S. 315–356; S. 345.
113 Ausführlich zur Entwicklung des Lebensmittelsektors (Rationalisierung, Unternehmenskonzentration, Betriebsformen, No-Name-Artikel, Convenience-Produkte, Erlebniseinkauf) nach 1970 s.: *Spiekermann*, Daueraufgabe, S. 99–116.

setzten sich auch die Filial- und Franchiseketten in den 1980er und 1990er Jahren weiter durch und intensivierten den Wettbewerb in allen Handelsbereichen. Dieser wurde wie bei den Lebensmitteln zunehmend über niedrige Preise ausgetragen, was die Bedeutung von Einkaufsgenossenschaften und anderen Kooperationen für den Mittelstand weiter verstärkte.

Anders als im Lebensmittelbereich entstanden aus den Einkaufsgemeinschaften im Non-Food-Bereich allerdings keine Konzerne, da diese Gruppen selbst kaum eigene Ladengeschäfte betreiben. Das im Lebensmittelhandel bereits seit den sechziger Jahren aufgebaute Eigengeschäft wurde von der Edeka und der Kölner Rewe-Zentrale systematisch erweitert, sodass in den 2000er Jahren z. B. nur noch ein Drittel der Rewe-Geschäfte von selbständigen Kaufleuten betrieben wurden.[114] Zusätzlich expandierten auch viele Einkaufsgenossenschaften und sonstige Verbünde in neue Betriebsformen – so etwa die Rewe mit dem Aufbau des Filialdiscounters Penny und dem Einstieg ins Großhandelsgeschäft[115] – oder sie wuchsen wie im Lebensmittelbereich durch Fusionen und Aufkäufe. So übernahm beispielsweise die Edeka erst 2005 die Spar AG sowie Netto und steigerte ihren Marktanteil von 20 auf 26 Prozent. Der Großhändler Metro wiederum erwarb Kaufhof, die Asko und die Reste der fallierten Coop, weshalb sich das traditionell gewachsene mehrstufige Vertriebssystem (Hersteller-Großhandel-Einzelhandel) vielfach auflöste und sich ein zweistufiges System etablierte.[116] Trotz der steigenden Konzentration blieb der Wettbewerb auf dem deutschen Markt jedoch weiter sehr scharf, weshalb nur wenige ausländische Unternehmen auf dem deutschen Lebensmittelmarkt aktiv wurden. Dagegen expandierten die deutschen Unternehmen, und hier insbesondere die Discounter, Rewe und die Metro erfolgreich ins Ausland.[117]

Auch im Nichtlebensmittelsektor verstärkte sich von den 1980ern bis heute die Unternehmenskonzentration weiter. So kauften z. B. die Warenhauskonzerne im Rahmen von Diversifizierungsstrategien und als Reaktion auf ein nachlassendes Umsatzwachstum zahlreiche Filialketten auf – Hertie etwa erwarb in den 1980er Jahren u. a. WOM (Musik), Schürmann (Elektro), Schaulandt (Unterhaltungselektronik) oder Wehmeyer (Textil)[118]. 1994 reduzierte sich die Zahl der noch existierenden Konzerne im Warenhaussegment durch Fusionen von vier auf zwei, da Kaufhof Horten

---

114 Hierzu s.: Monopolkommission 1994, S. 41–43; G. *Schwedt*, Vom Tante-Emma-Laden zum Supermarkt. Weinheim 2006, S. 83–86.
115 Zudem engagierte die Rewe-Gruppe sich in den Bereichen Unterhaltungselektronik (Promarkt), im Reisevertrieb (Atlas-Reisen u. a.), Reiseveranstaltung (Tjaereborg, u. a.), Baumärkte (Toom-Baumärkten) und SB-Warenhäuser (Toom).
116 Zur Bildung des Metrokonzerns s.: *Banken*, Strukturwandel, S. 59; *Schwedt*, Tante-Emma, S. 83–84.
117 Allerdings konnten im Nichtlebensmittelbereich einige ausländische Unternehmen (Woolworth, Ikea, Toys R Us, Staples, Zara, H & M) auf dem deutschen Markt Fuß fassen. Hierzu und zum scharfen Preiswettbewerb s. *Banken*, Strukturwandel, S. 59 sowie die Berichte der Monopolkommission von 1994: Monopolkommission Sondergutachten 23.
118 S. hierzu: *Banken*, Warenhaus, S. 17–20.

und Karstadt den Konkurrenten Hertie erwarb. Aber auch diese Strategien hielten den Bedeutungsverlust der Warenhauskonzerne genauso wenig auf wie ihre Expansion in die Fläche. Letztere betrieb man durch die Umwandlung von eigenen Kleinpreisfilialketten wie Kepa in normale Karstadtgeschäfte oder durch die Eröffnung von großen Niederlassungen in den weiterhin überall entstehenden Shoppingcentern, deren Zahl von 70 im Jahr 1980 auf 480 im Jahr 2004 stieg.[119] Die Verteilung der Gesamtumsätze auf die verschiedenen Warenbereiche des Einzelhandels zeigt, dass der Lebensmitteleinzelhandel – trotz der starken Sortimentsausweitung auf Non-Food-Artikel[120] – weiter an Bedeutung verlor und bereits 1992 nur noch einen Anteil von 22,1 Prozent am Gesamtumsatz des Einzelhandels besaß. Einen Rückgang verzeichnete auch der Textilsektor (10,6 Prozent), während der Bereich der Fahrzeuge (17,3 Prozent), der Pharmaprodukte (7,4) und der sonstigen Waren (24,5 Prozent) Anteilsgewinne gegenüber den 1970er Jahren verzeichnete.[121]

Interessanterweise vollzogen sich die Strukturveränderungen bis Anfang der 2000er Jahre immer noch innerhalb des alten Gesetzesrahmens. Erst 2002 wurden sowohl die Zugabeverordnung als auch das Rabattgesetz abgeschafft. Zudem wurden das Gesetz gegen den unlauteren Wettbewerb sowie das Ladenschlussgesetz erst 2004 bzw. 2006 auf andere Grundlagen gestellt. Sieht man einmal von der Einführung des Dienstleistungsabends 1989 und weiteren kleineren Aufweichungen in den 1990er Jahren ab, wurden die Öffnungszeiten erst Ende 2006 freigegeben.

Unabhängig von Friktionen des Ladenschlusses entwickelte sich der Onlinehandel im Internet. Trotz verschiedener Vorläufer wie BTX in den 1980er Jahren[122] setzte der große Boom des Internetverkaufs erst nach 2000 ein, als sich der Anteil des Internetumsatzes in vier Jahren von 1,25 Mrd. € 1999 auf 11 Mrd. € 2003 fast verzehnfachte und einen Anteil von 2,1 Prozent des Einzelhandelsumsatzes besaß. 2002 wurden dabei besonders häufig Reisen (22 Prozent des Onlineumsatzes), Bekleidung und Schuhe (14,3 Prozent), Computer und Zubehör (12,6 Prozent), Bücher (8,8 Prozent), Unterhaltungselektronik (6,6 Prozent) sowie Tonträger (inkl. Videos 5,5 Prozent) gekauft, wobei der Marktanteil des Onlinehandels bei Büchern mit 4,5 Prozent, von Tonträgern mit 6,7 Prozent und Bildtonträgern 12,7 Prozent deutlich höher als der Gesamtdurchschnitt lag.[123]

---

119 *Banken*, Strukturwandel, S. 59–60.
120 Zum Problem, dass der Umsatz des Lebensmittelhandels nicht mit den Lebensmittelkäufen der Bevölkerung gleichgesetzt werden kann, weil die Umsatzdaten der Lebensmitteleinzelhändler auch zahlreiche Non-Food-Artikel beinhalten s.: *K. H. Henksmeier*, 50 Jahre Selbstbedienung – ein Rückblick. Dynamik im Handel, Sonderbeilage „50 Jahre Selbstbedienung" Oktober 1988, S. 28–30; *M. Ochs/B. A. Steinauer*, Die Discounter: Erfolge auf dem Weg zum Verbraucher, Hamburg 2004, S. 30–34; *Banken*, Strukturwandel, S. 49–50 u. 57–58.
121 *Banken*, quantitative Entwicklung, Tab. 17.
122 *U. Riehm*, E-Commerce. Begriff, Geschichte, aktueller Stand und Ausblick. http://www.itas.kit.edu/pub/v/2004/rieh04b.pdf (abgerufen 18.1.2019).
123 Zu den Daten über den Onlinehandel im Jahr 2002 s.: *Riehm*, S. 11.

7 Fazit: Die Entwicklung des deutschen Einzelhandels im 19. und 20. Jahrhundert

In der langen Sicht, die auch vor den ersten Weltkrieg zurückgreift, lässt sich die Entwicklung des deutschen Einzelhandels im 19. und 20. Jahrhundert insgesamt in fünf Phasen einteilen. Die erste umfasste den Aufbau eines modernen Einzelhandels vor 1870 (s. Kapitel „Absatz und Reklame", S. 191 ff.), in dem sich die modernen Formen des Einzelhandelsgeschäfts herausbildeten und die Bevölkerung immer häufiger das zum Leben Notwendige in festen Ladengeschäften einkaufte statt sich traditioneller Einkaufsformen (Straßenmärkte, Hausierer etc.) zu bedienen oder sich selbst zu versorgen. Im Kaiserreich setzte sich diese Entwicklung mit einem kräftigen Wachstum fort und es kamen mit den Filialbetrieben und Warenhäusern neue Betriebsformen auf, die zusammen mit den mittelständischen Einzelhändlern in immer stärkeren Maße die Bedürfnisse der Bevölkerung bedienten. In der Zeit vom Beginn des Ersten Weltkriegs bis zur bundesdeutschen Währungsreform 1948 war der Einzelhandel durch ein schwaches Wachstum mit Umsatzrückgängen in den zahlreichen Krisen und Problemen bei der Warenbeschaffung in den Kriegen geprägt, wozu noch eine stark zunehmende gesetzliche Regulierung dieses Marktsegmentes hinzukam, die aber weder in der Weimarer Republik noch im „Dritten Reich" zu einer Befriedung der Kämpfe zwischen den mittelständischen Einzelhändlern und den großbetrieblichen Betriebsformen führte. Auch schränkte diese die Expansion der Filialketten, Warenhauskonzerne und Kleinpreisgeschäfte nur teilweise ein. Stärker wurden die Großbetriebe durch die Weltwirtschaftskrise ausgebremst und wirksamer durch die Kooperation der selbständigen Einzelhändler in Form von Einkaufsgenossenschaften bekämpft.

Von 1948 bis Ende der 1950er Jahre war die Entwicklung des Einzelhandels in der vierten Phase zum einen durch die alten Betriebsstrukturen und den Gesetzesrahmen der Vorkriegszeit geprägt, zum anderen aber durch den Nachholboom der Wirtschaftswunderzeit. Erst gegen Ende der 1950er Jahre wandelte sich der Gesamtmarkt von einem Verkäufer- zu einem Käufermarkt, was massive Strukturverschiebungen und Rationalisierungsanstrengungen auslöste. Diese waren außer auf die Expansion der Filialketten auf die Einführung der Selbstbedienung und den damit verbundenen Wandel der Betriebsformen hin zu Supermärkten, SB-Warenhäusern, Verbrauchermärkten oder Discountern zurückzuführen, aber auch auf ein verändertes Kaufverhalten der Konsumenten. Dieses war durch ein sich immer stärker „individualisierendes" Verhalten und vor allem durch ein ausgeprägtes Preisbewusstsein der Verbraucher charakterisiert, das den verschiedenen großbetrieblichen Geschäftsformen in größerem Ausmaß zugutekam und die Unternehmenskonzentration verstärkte.

Die zunehmende Kaufkraft und das veränderte Käuferverhalten sorgten nach 1960 in der fünften Phase dafür, dass sich der deutsche Einzelhandelsmarkt von einem betulichen zum härtesten Verbrauchermarkt Europas wandelte. Dieser Prozess, der sich nach 1970 beschleunigte und bis heute anhält, war durch eine zunehmende Erlebnisorientierung des Einkaufens (Shopping als Freizeitbeschäftigung) und durch ein hybrides Kaufverhalten (Kaufen bei Aldi und Armani) geprägt[124] und unterschied sich in diesem Sinn – anders als zwischen 1914 und 1960 – nicht grundsätzlich von den Einzelhandelsmärkten anderer westeuropäischer Länder. Es zeigte sich in mehreren Wellen ein starker Rückgang der mittelständischen Einzelhandelsunternehmen, die dem scharfen Wettbewerb nicht mehr gewachsen waren. Diese Entwicklung setzte sich aufgrund des schnell wachsenden Onlinehandels bis in die jüngste Zeit fort und ist aufgrund des erheblichen Leerstands von Läden in den Innenstädten zahlreicher Klein- und Mittelstädte mittlerweile zu einem großen Problem geworden. Der Trend der letzten Jahrzehnte zum Onlineeinkauf wie zu großbetrieblichen Einzelhandelsbetrieben war dabei auch auf die immer weiter zunehmende Warenvielfalt und der Ausdifferenzierung des Warenkonsums zurückzuführen, auf die kleinere Unternehmen vor allem mit Nischenstrategien und einem spezialisierten Sortimenten antworteten.[125]

Literatur

R. Banken, „Was es im Kapitalismus gibt, gibt es im Warenhaus". Die Entwicklung der Warenhäuser in der Bundesrepublik 1949–2000, in: Zeitschrift für Unternehmensgeschichte 1, 2012, S. 3–30
L. Berekoven, Geschichte des deutschen Einzelhandels, Frankfurt am Main 1988
D. Briesen, Warenhaus, Massenkonsum und Sozialmoral: zur Geschichte der Konsumkritik im 20. Jahrhundert, Frankfurt 2001
M. Haverkamp, H. J. Teuteberg (Hg.): Unterm Strich. Von der Winkelkrämerei zum E-Commerce, Bramsche 2000
L. Langer, Revolution im Einzelhandel. Die Einführung der Selbstbedienung in Lebensmittelgeschäften der Bundesrepublik Deutschland (1949–1973), Köln u.a. 2013
L. Langer/R. Jessen (Hg.), Transformations of Retailing in Europe after 1945, Farnham 2012
J. Logemann, Beyond Self-Service: The Limits of ‚Americanization' in Post-War West German Retailing in Comparative Perspective, in: *L. Langer/R. Jessen (Hg.)*, Transformations of Retailing, Farnham 2012, S. 87–102
A. Ludwig (Hg.). Konsum. Konsumgenossenschaften in der DDR, Köln u.a. 2006
A. Scheybani, Handwerk und Kleinhandel in der Bundesrepublik Deutschland. Sozialökonomischer Wandel und Mittelstandspolitik 1949–1961, München 1996
U. Spiekermann, Rationalisierung als Daueraufgabe. Der deutsche Lebensmitteleinzelhandel im 20. Jahrhundert, in: Scriptae Mercaturae 1997, S. 69–129
U. Spiekermann, Freier Konsum und soziale Verantwortung. Zur Geschichte des Ladenschlusses in Deutschland im 19. und 20. Jahrhundert, in: ZUG 2004, S. 22–44

---

124 S. zum veränderten Kundenverhalten: *H. Diller*, Discounting: Erfolgsgeschichte oder Irrweg? in: *O. Beilsheim (Hg.)*, Distribution im Aufbruch. Bestandsaufnahme und Perspektiven, München 1999, S. 351–373, hier S. 368–370; *H. Schmalen*, Handel zwischen gestern und morgen, in: *Ebd.*, S. 469–488; *G. Heinritz u. a.*, Geographische Handelsforschung, Berlin 2003, S. 155–166.
125 Banken, Strukturwandel, S. 66–67.

S. Teupe, Die Schaffung eines Marktes: Preispolitik, Wettbewerb und Fernsehgerätehandel in der BRD und den USA, 1945–1985, Berlin 2016
C. Torp, Konsum und Politik in der Weimarer Republik, Göttingen 2009
J. Voges, „Selbst ist der Mann". Do-it-yourself und Heimwerken in der Bundesrepublik Deutschland, Göttingen 2017
M. Zierenberg, Stadt der Schieber. Der Berliner Schwarzmarkt 1939–1950, Göttingen 2008

Roman Köster
Abfall und Konsum

1 Einleitung

Wer konsumiert und das Konsumierte nicht zugleich „verkonsumiert", produziert Abfälle. Das ist unvermeidlich und in gewisser Weise auch notwendig. Dementsprechend waren alle historischen Gesellschaften mit Abfällen konfrontiert, behandelten also Dinge als nutzlos und warfen sie weg. Allerdings haben sich die Formen der Produktion und des Umgangs mit Abfällen historisch stark gewandelt. Während vormoderne Gesellschaften ein Minimum an Abfällen erzeugten, war insbesondere die Ausprägung der modernen Massenkonsumgesellschaft von einem historisch beispiellosen Anwachsen der Müllmengen geprägt. Was im 19. Jahrhundert noch ein vergleichsweise nachrangiges Problem der Städtehygiene gewesen war, wurde nach dem Zweiten Weltkrieg zu einem dringenden und intensiv debattierten Umweltproblem. Insbesondere in den letzten Jahren hat die Problematik der Verschmutzung der Meere die globale Dimension der Müllfrage mit besonderer Dringlichkeit ins Bewusstsein gerufen.[1]

Im Rahmen solcher Debatten wurde das Ansteigen der Müllmengen immer wieder als Resultat eines schrankenlosen Konsums gedeutet. Dabei hat die Veränderung der Müllmengen jedoch nur bedingt etwas mit der absoluten Menge des Konsums zu tun. Das ist eine eher kontraintuitive Feststellung, die in den Debatten um Müllvermeidung teilweise kontrovers diskutiert wird.[2] Es lässt sich jedoch historisch zeigen, dass die Frage, wie Konsumgüter produziert, wie sie zum Kunden gebracht und bereitgestellt werden, für das Ansteigen der Abfallmengen wichtiger war: Logistik, Organisation des Einzelhandels, Stadtstrukturen oder Heizungssysteme hatten einen zentralen Einfluss auf Menge und Art des erzeugten Abfalls. Erst durch die Berücksichtigung solcher Aspekte lässt sich ein historisch angemessenes Bild der menschlichen Abfallproduktion zeichnen, die zugleich auch der Geschichte des menschlichen Konsums wichtige Facetten hinzufügt.

In der Geschichte moderner Gesellschaften lassen sich grundsätzlich drei „Abfallregime" unterscheiden – ein Begriff, mit dem die Soziologin Zsusza Gille die Gesamtheit der Praktiken der Abfallproduktion, -sammlung, -entsorgung und -wiederverwertung bezeichnet hat.[3] Dieser Begriff erscheint deswegen analytisch fruchtbar, weil er deutlich macht, dass diese verschiedenen Aspekte miteinander zusammenhängen und historisch stabile Konstellationen ausgebildet haben. Dabei lässt sich zunächst

---
1 *P. Ratzesberger*, Plastik, Stuttgart 2019.
2 Vgl. beispielsweise *R. Grießhammer*, Klimaretten. Jetzt Politik und Leben ändern, Freiburg 2019.
3 *Z. Gille*, From the Cult of Waste to the Trash Heap of History. The Politics of Waste in Socialist and Postsocialist Hungary, Bloomington 2007.

ein „Vormodernes Abfallregime" identifizieren, das durch geringe Abfallproduktion und ein hohes Maß an Wiederverwendung und -verwertung gebrauchter Dinge und Materialien gekennzeichnet war. Um 1850 lässt sich der Übergang zu einem „Industriellen Abfallregime" verorten, das durch neue Produktionsformen, Industrialisierung sowie einer Dominanz der Wiederverwertung gegenüber der Wiederverwendung gekennzeichnet war. Schließlich lässt sich seit den 1950er Jahren von einem Abfallregime der Massenkonsumgesellschaft sprechen, das durch stark steigende Abfallmengen, wachsende Entsorgungsprobleme sowie neue Ansätze im Recycling gekennzeichnet war.[4]

Der folgende Text beschreibt zunächst das traditionelle und das industrielle Abfallregime, bevor die Aufmerksamkeit der Abfallproduktion unter den Bedingungen der modernen Massenkonsumgesellschaft zugewandt wird. Dabei werden zunächst die Ursachen für den starken Anstieg der Abfallmengen nach dem Zweiten Weltkrieg herausgearbeitet, bevor der Abfall als Umweltproblem und die Etablierung moderner Infrastrukturen insbesondere für das Recycling von Hausmüll dargestellt werden.

2 Traditionelle Abfallregime

Vormoderne Zeiten zeichneten sich dadurch aus, dass sie sehr wenige Abfälle erzeugten. Das hatte seine Ursache in den allgemein engen Lebensbedingungen, die einen starken Anreiz dafür schufen, außer Gebrauch geratene Dinge in irgendeiner Form der Wiederverwendung oder -verwertung zuzuführen. Es gab nur weniges, für das sich nicht eine weitere Verwendung finden ließ. Menschliche und tierische Fäkalien stellten beispielsweise eine wichtige Abfallfraktion dar; in Zeiten jedoch, in denen Dünger äußerst knapp war, wurden sie in vielen Fällen gesammelt und auf die Felder ausgebracht. Das ließ sich auch mit menschlichen Fäkalien machen, wozu diese aber erst vom Urin separiert werden mussten. Gelegentlich entwickelte sich auf diese Weise, nicht zuletzt bei intensiven Formen der Bewirtschaftung, eine beinah perfekte Recyclingwirtschaft, wie Jan Luiten van Zandt für den holländischen Fall festgestellt hat.[5]

Seit dem Spätmittelalter gab es in vielen Städten „Gassenordnungen", die die Sauberhaltung der Straßen regeln sollten. Der menschliche Unrat wurde entweder in Jauchegruben gesammelt, die dann zu bestimmten Zeiten durch Bauern aus der Umgebung entleert wurden, oder sie konnten über künstliche Bäche und natürliche Gefälle abgeschwemmt werden. Das war etwa in Freiburg der Fall, wo die „Bächle"

---

[4] Diese Periodisierung ist angeregt durch *R. Reith/G. Stöger*, Western European Recycling in a Long-term Perspective, in: Jahrbuch für Wirtschaftsgeschichte 56/1, 2016, S. 267–290.
[5] *J. L. van Zanden*, The Transformation of European Agriculture in the Nineteenth Century. The Case of the Netherlands, Amsterdam 1994, S. 46, 54, 59–62.

bis heute einen charakteristischen Teil des Stadtbildes darstellen. Solche Gassenordnungen fielen regional sehr unterschiedlich aus, jedoch waren es oftmals wohlhabende Kaufmannsstädte, die besonders viel Wert auf die Sauberkeit des städtischen Erscheinungsbildes legten.[6]

Daneben war das „Recycling" gebrauchter Waren und Materialien ein allgegenwärtiger Bestandteil städtischer Wirtschaft. Um dieses vormoderne Recycling analytisch in den Griff zu bekommen, hat Reinhold Reith auf die relativen Kosten von Kapital und Arbeit verwiesen: War Kapital teuer und Arbeit billig, eine Konstellation, die in der Vormoderne beinahe immer der Fall war, dann fand normalerweise Recycling statt.[7] Georg Stöger hat in einer Fallstudie für Wien und Salzburg im 17. und 18. Jahrhundert beschrieben, in welchem Umfang ein breites Warenangebot auf solchen „Sekundären Märkten" vorhanden war.[8] Dass es dabei im 18. Jahrhundert gerade auf städtischen Märkten keineswegs immer nur um die Deckung der Grundbedürfnisse ging, hat die französische Historikerin Laurence Fontaine in einer grundlegenden Arbeit am Pariser Beispiel gezeigt. Die Entwicklung einer modernen Konsumkultur im 18. Jahrhundert, die im Wesentlichen ein urbanes Phänomen war, wurde von der Wiederverwendung von Kleidung, Gebrauchsgegenständen etc. begleitet. Auf diese Weise konnten die unteren sozialen Schichten ihre Konsumoptionen deutlich erweitern und sich breitenwirksame „Moden" entwickeln.[9] Es gab aber auch Gebrauchtwarenmärkte für Gemälde oder andere Luxusgegenstände, die eher die höheren sozialen Schichten ansprachen. Inwiefern das allerdings auch für weniger exponierte Städte als Paris oder London galt, ist größtenteils noch ein Desiderat der Forschung.

Neben der Wiederverwendung gab es aber auch ökonomisch wichtige Formen der Wiederverwertung von Materialien. Das betraf etwa die Sammlung von Metallen, die in der Regel knapp und wertvoll waren. Ein weiterer zentraler Bereich war die Weiterverarbeitung von animalischen Innereien oder Fischabfällen, die aufgrund der Geruchsbelästigung abseits der Marktorte stattfand: Tierische Abfälle wurden zumeist an den Rändern der Städte bzw. in der Nähe der Stadtmauern verarbeitet. Knochen konnten zu Tierfutter oder Düngemitteln verarbeitet werden. Carsten Jahnke hat für die Verarbeitung von Heringsabfällen (den sog. „grum") gezeigt, dass es dafür eigens Fabrikationsstätten abseits der Marktorte für Heringe gab. Der Grund dafür bestand wohl vor allem in der Geruchsbelästigung, die von diesen Fischabfällen ausging.[10]

---

[6] G. Hösel, Unser Abfall aller Zeiten. Eine Kulturgeschichte der Städtereinigung, München 1987, S. 67–110.
[7] R. Reith, „altgewender, humpler, kannenplecker". Recycling im späten Mittelalter und in der Frühen Neuzeit, in: R. Ladwig (Hg.), Recycling in Geschichte und Gegenwart, Freiberg 2003, S. 41–79.
[8] G. Stöger, Sekundäre Märkte? Zum Wiener und Salzburger Gebrauchtwarenhandel im 17. und 18. Jahrhundert, Wien 2011.
[9] L. Fontaine, The Moral Economy. Poverty, Credit, and Trust in Early Modern Europe, Cambridge 2014.
[10] C. Jahnke, Das Silber des Meeres. Fang und Vertrieb von Ostseehering zwischen Norwegen und Italien (12.–16. Jahrhundert), Köln/Wien 1999, S. 221.

Zentral war im Bereich der Wiederverwertung aber vor allem die Sammlung von Lumpen, die für die Herstellung von Fackeln, Behälterstoffen, aber vor allem von Papier gebraucht wurden. Dafür gab es spezialisierte Sammler, die oftmals in fester Verbindung mit einer Papiermühle standen. Der Lumpenmarkt wurde sehr dynamisch, als seit der zweiten Hälfte des 18. Jahrhunderts die Nachfrage aufgrund der zunehmenden Bücherproduktion stark zunahm. Das führte sowohl zu einer Ausweitung der Sammelgebiete als auch zu gravierenden Engpässen, die erst mit der Herstellung von Papier aus Holzschliff um die Mitte des 19. Jahrhunderts beseitigt werden konnten.[11]

Für das Sammeln und Wiederverwerten gebrauchter Materialien bildeten sich spezialisierte Berufsstände, die aber in der Regel „unehrlich" und nicht zunftfähig waren. Das war ein Grund dafür, dass sich traditionell viele Juden im Altstoffgewerbe betätigten, weil ihnen solche Tätigkeiten im Gegensatz zu vielen anderen offenstanden. Diese Tradition sollte sich bis zur Zeit des Nationalsozialismus bewahren, wo sie dann ein gewaltsames Ende fand. Ansonsten handelte es sich beim Altstoffgewerbe um einen klassischen Fall frühneuzeitlicher „prekärer Selbständigkeit", die oftmals nur ein mühsames Überleben ermöglichte. Sie war aber ein grundlegender Bestandteil ausdifferenzierter städtischer Ökonomien.[12]

Insgesamt lässt sich für vormoderne Zeiten mit Recht von einer „Recyclingmentalität" sprechen. Damit hat der US-amerikanische Historiker Richard Wines ein Bewusstsein für vielfältige Möglichkeiten, Güter und Materialen wiederzuverwenden bzw. zu verwerten bezeichnet.[13] Diese Mentalität resultierte jedoch kaum aus einer moralischen Überlegenheit vormoderner Gesellschaften. Vielmehr handelte es sich um eine Reaktion auf die allgemeine Knappheit, woraus ein Bewusstsein für die Möglichkeiten der Wiederverwertung entstand, das sich an bestehenden Knappheiten schulte. Die daraus wiederum resultierende Knappheit an Abfällen führte dazu, dass die Regelung ihrer Sammlung und Entsorgung bis in die zweite Hälfte des 19. Jahrhunderts insgesamt überschaubar blieben. Zwar gab es seit dem Mittelalter die bereits erwähnten Gassenordnungen. Auch war es in vielen Fällen verboten, dass Schiffe ihre Abfälle in Hafenbecken entsorgten, damit diese nicht „verlandeten".[14] Aufs Ganze gesehen schuf die vormoderne Ökonomie aber so viele Anreize, Abfälle wiederzuverwerten, dass Müllprobleme klein blieben.

---

[11] *H. Schmidt-Bachem*, Aus Papier. Eine Kultur- und Wirtschaftsgeschichte der Papier verarbeitenden Industrie in Deutschland, Berlin 2011, S. 27–39.
[12] *Hösel*, Unser Abfall aller Zeiten, S. 197–208.
[13] *R. Wines*, Fertilizer in America. From Waste recycling to Resource Exploitation, Philadelphia 1985.
[14] *P. Dollinger*, Die Hanse, 6. Aufl., Stuttgart 2012, S. 55.

3 Das Industrielle Abfallregime

Eine erste wesentliche Veränderung der Abfallproduktion und -entsorgung ging mit der Industrialisierung und Urbanisierung während des 19. Jahrhunderts einher. Dies führte zu einer signifikanten Zunahme der Abfallmengen und machte diese – neben der Wasserversorgung und Fäkalienentsorgung – zu einem der drei großen städtehygienischen Zentralprobleme. Zugleich veränderten sich insbesondere nach 1850 die Sekundärmärkte signifikant: Anstatt der *Wiederverwendung* von Waren trat nun immer stärker die industrielle *Wiederverwertung* von Materialien in den Vordergrund. Das ging mit einer Professionalisierung der Altstoffwirtschaft einher, die vor dem Ersten Weltkrieg Teil der ersten Globalisierungswelle wurde.[15]

Die Urbanisierung gehörte zu den signifikanten Entwicklungen des 19. Jahrhunderts. Dabei kam es nicht nur zu einer starken Bevölkerungszunahme, sondern auch der Charakter der Städte begann sich zu verändern. Die Stadtmauern fielen vor allem im Zeitraum zwischen 1789 und 1815, es entstanden neue Quartiere mit teilweise äußerst dichter Bebauung.[16] Besonders Städte, die sich durch eine starke industrielle Dynamik auszeichneten, hatten häufig mit prekären Wohnverhältnissen und schlechten hygienischen Bedingungen zu kämpfen. Dabei wurde auch die Produktion „fester" Abfälle zu einem wachsenden Problem, da in dichtbebauten Wohnquartieren nur wenige Möglichkeiten bestanden, die Abfälle in Gärten oder anderweitig zu entsorgen. Dementsprechend wurden auch die ersten regulären kommunalen Müllabfuhren seit den 1880er Jahren in urbanen Kernsiedlungen eingerichtet.[17]

Darüber hinaus lenkten aber auch die städtehygienischen Diskurse im 19. Jahrhundert die Aufmerksamkeit auf die festen Abfälle. Erstere wurden wiederum verstärkt durch die zahlreichen großen Cholera-Epidemien, welche die europäischen Städte seit den 1830er Jahren erschütterten. Diese führten zu einer verstärkten Aufmerksamkeit für die Verbesserung der hygienischen Verhältnisse, um auf diese Weise Seuchengefahren durch „wilde" Abfallablagerungen zu verringern.[18] Als vorrangige Aufgabe wurde dabei die Sammlung der Abfälle angesehen, für die zunächst private, seit den 1880er Jahren dann beinahe ausschließlich kommunale Müllabfuhren zuständig waren. Die abfalltechnischen Entwicklungen waren dann auch vor allem auf diesen Bereich konzentriert, wo es vor allem um eine „staubfreie" Abfuhr ging, dass also die Asche aus dem Hausbrand, die um 1900 noch ca. 30 Prozent der Abfälle aus Haushalten ausmachte, bei der Entleerung in die Sammelwagen nicht in die Luft entwich. Entscheidend dafür war insbesondere ein 1925 von der sauerländischen

---

[15] *Reith/Stöger*, Western European Recycling in a Long-term Perspective.
[16] Y. *Minzker*, The Defortification of the German City, 1689–1866, Cambridge 2012.
[17] R. *Köster*, Hausmüll. Abfall und Gesellschaft in Westdeutschland 1945–1990, Göttingen 2017, S. 84–96.
[18] A. I. *Hardy*, Ärzte, Ingenieure und städtische Gesundheit. Medizinische Theorien in der Hygienebewegung des 19. Jahrhunderts. Frankfurt/New York 2005.

Firma Schmidt & Melmer angemeldetes Patent, dass einen staubfreien Abschluss zwischen Mülltonne und Abfuhrwagen ermöglichte.[19]

Mit der städtehygienischen Sammlung der Abfälle war in Großstädten zumeist das Entsorgungskonzept des „Müllbergs" verbunden, dessen Leitbildfunktion bis in die 1960er Jahre reichte. Damit war ein Ablagerungsort außerhalb bzw. am Rand des Stadtgebietes gemeint, auf den die städtischen Abfälle zentral verbracht wurden. Dabei mussten verschiedene Voraussetzungen erfüllt sein, vor allem eine zentrale Abfallsammlung und eine Infrastruktur, um die gesammelten Abfälle auf den Müllberg verbringen zu können. Die Stadtreinigung in Dortmund schuf dafür beispielsweise vor dem Ersten Weltkrieg einen Eisenbahnanschluss.[20] Der Müllberg erscheint signifikant für die städtehygienischen Anstrengungen, die Abfälle vom Stadtraum zu separieren und damit die Krankheits- und Belästigungsrisiken effektiv zu minimieren. Gelegentlich verbanden sich damit sogar noch weitergehende Hoffnungen, wenn etwa das Stadtreinigungsamt Leipzig 1895 verkündete, der dortige Müllberg würde der Jugend die Möglichkeit zur Ausübung des Wintersports eröffnen, was im flachen Sachsen sonst nicht möglich sei.[21]

Eine andere, vor dem Ersten Weltkrieg populäre Entsorgungstechnologie war die Müllverbrennung. Eigentlich handelte es sich dabei um eine englische Technologie, die dort vergleichsweise gut funktionierte, weil der Hausbrand einen größeren Anteil nur halbverbrannter Kohle enthielt. In Deutschland war das häufig anders. Trotzdem wurde die Müllverbrennung auch hier seit den 1890er Jahre eine Zeit lang populär, nachdem in Hamburg 1896 als Reaktion auf die große Choleraepidemie vier Jahre zuvor eine erste solche Anlage errichtet worden war.[22] Teilweise verbanden sich mit der Müllverbrennung große Hoffnungen, die städtischen Abfälle energetisch verwerten zu können und mit den Überresten noch ein geeignetes Baumaterial zu erhalten. Am Ende waren es aber vor allem die wenig ermutigenden Erfahrungen mit den bisher errichteten Anlagen, die dem Konzept in der Zwischenkriegszeit ein Ende

---

19 Gutachten erstattet im Auftrage des Verbandes Städtischer Fuhrparksbetriebe Frankfurt/M. über die Frage: „Stellt die Verwendung von Müllgefäßen, die nicht von der Patentinhaberin bezogen wurden, für Müllschütteinrichtungen nach dem DRP 486 177 einen unzulässigen Eingriff in das dem Patentinhaber zustehende Ausschließungsrecht dar?" (4.7.1949). Stadtarchiv Mannheim, Tiefbauamt, Zugang 3/1968, Nr. 953.
20 K. P. Beuth, Vom Abfallkübel zur Systemabfuhr. Städtereinigung in der ersten Hälfte des 19. Jahrhunderts, in: *Bundesverband der deutschen Entsorgungswirtschaft (Hg.)*, Von der Städtereinigung zur Entsorgungswirtschaft, Köln 1986, S. 7–27.
21 Schreiben Direktion der Stadtreinigung in Leipzig an die Stadt Mannheim (3.10.1934) betr. Frage wg. Erfahrung mit Aufschüttung eines Müllberges, Stadtarchiv Mannheim, Tiefbauamt, Zugang 3/1968, Nr. 951.
22 H. Frilling/O. Mischer, Pütt un Pann'n. Geschichte der Hamburger Hausmüllbeseitigung, Hamburg 1994, S. 68–75; R. Evans, Death in Hamburg. Society and Politics in the Cholera Years 1830–1910, Oxford 1987.

bereiteten. Die Anlagen konnten insgesamt weder die versprochene Verbrennungsleistung erbringen, noch die in sie gesetzten wirtschaftlichen Hoffnungen erfüllen.[23]

Neben der Sammlung und Entsorgung der Abfälle spielte bis zur Zeit des Nationalsozialismus auch die Altstoffwirtschaft weiterhin eine zentrale Rolle. Reinhold Reith und Georg Stöger haben dabei für die Zeit nach 1850 auf den zunehmenden Bedeutungsverlust der Wiederverwendung von Gütern gegenüber der Wiederverwertung von Materialien hingewiesen.[24] Der Verkauf von Gebrauchtwaren verlor zunehmend an Bedeutung. Susan Strasser hat beispielsweise für den Fall der Vereinigten Staaten gezeigt, dass spätestens ab der Wende zum 20. Jahrhundert auch in ländlichen Regionen die Straßenhändler zunehmend verschwanden, die vorher vorrangig mit gebrauchten Waren gehandelt hatten. Die preisgünstige Neuproduktion und der Ausbau von Verkehrsinfrastrukturen führten dazu, dass sich der Handel mit Gebrauchtwaren immer weniger lohnte.[25] Zugleich trugen die hygienischen Diskurse auch zur sinkenden Bedeutung der Gebrauchtwarenmärkte bei. So wurde spätestens seit den 1860er Jahren das Tragen gebrauchter Kleidung als unhygienisch betrachtet, zumal preisgünstige Alternativen aus der Neuproduktion zur Verfügung standen, die auch ein gewünschtes Maß an modischer Diversität zuließen. Die hygienischen Bedenken hatten dabei viel mit der Sorge vor der Übertragung von Krankheiten zu tun.

Das hieß nicht, dass das Recycling auf dem Rückzug war, aber es veränderte seinen Charakter. Die Wiederverwendung von gebrauchten Gegenständen und auch manche Formen der Wiederverwertung verloren an Bedeutung. Lumpen wurden zwar weiterhin gesammelt und dienten als Ausgangsmaterial für verschiedene Produkte, jedoch war ein wichtiger Teil der Nachfrage nicht länger durch die Papierherstellung gegeben.[26] Auf der anderen Seite erlebten andere Formen der Wiederverwertung jedoch ein starkes Wachstum, sodass gerade für die Zeit vor 1914 von einer ersten Hochphase des globalen Recyclings gesprochen werden kann, das eine durchaus erstaunliche Leistungsfähigkeit erreichte.[27]

Eine wesentliche Triebkraft des „Recyclings" war aber vor allem der Schrotthandel. Dieser war auch vorher schon bedeutsam gewesen und Metalle spielten in der Altstoffsammlung seit Langem eine zentrale Rolle. Die Bedeutung von Eisen- und Stahlschrott, insbesondere im Zuge der Durchsetzung des Siemens-Martin-Verfahrens der Stahlproduktion in den 1890er Jahren, gab dem Schrotthandel jedoch einen

---

[23] *M. Gather*, Kommunale Handlungsspielräume in der öffentlichen Abfallentsorgung. Möglichkeiten und Grenzen einer aktiven Umweltplanung auf kommunaler Ebene im Raum Frankfurt am Main, Frankfurt am Main 1992, S. 72; *T. Bauer*, Im Bauch der Stadt. Kanalisation und Hygiene in Frankfurt am Main 16.–19. Jahrhundert, Frankfurt am Main 1998, S. 374.
[24] *Reith/Stöger*, Western European Recycling in a Long-term Perspective.
[25] *S. Strasser*, Waste and Want. A Social History of Trash, New York 1999, S. 106–109.
[26] *H. Stern*, Die geschichtliche Entwicklung und die gegenwärtige Lage des Lumpenhandels, Erlangen 1914.
[27] *Reith/Stöger*, Western European Recycling in a Long-term Perspective, S. 283–288.

starken Wachstumsimpuls und trug zu dessen Professionalisierung und Internationalisierung bei. Aber auch sonst entstanden zunehmend spezialisierte Firmen, die Überreste einsammelten, weiterverarbeiteten und diese damit in ein Handelsgut verwandelten.[28] Grundsätzlich lässt sich festhalten, dass sich solche Märkte besonders bei vergleichsweise einfach und „sortenrein" zu sammelnden, leicht zu verarbeitenden Materialien entwickelten. Das war bei Metallen der Fall, aber beispielsweise auch bei Materialien aus der agrarischen Produktion wie Knochenmehl oder bestimmten Ölen und Fetten, die die Basis für zahlreiche Konsumgüter bildeten. Für Seifen, Brennmittel oder Kerzen existierten häufig noch keine künstlich hergestellten Substitute, weshalb man zu ihrer Herstellung auf wiederverwertete Materialien angewiesen war.[29]

Das war im Übrigen auch ein Grund dafür, dass die Altstoffwirtschaft in beiden Weltkriegen in Deutschland, aber auch anderen in den Krieg involvierten Staaten, geradezu exzessiv betrieben wurde. Im Ersten Weltkrieg wurde in Deutschland nicht nur der Versuch unternommen, alle möglichen Metalle aus den Haushalten zu organisieren. Vielmehr wurden Hausfrauen und Schulkinder dazu angehalten, Küchenabfälle, Lumpen und andere Reststoffe zu sammeln.[30] Während des Nationalsozialismus stellte die Altstoffwirtschaft einen wichtigen Teil des 1936 ins Leben gerufenen Vierjahresplans dar. Die damit einhergehende „Verstaatlichung" der Altstoffwirtschaft drängte zugleich die private Altstoffwirtschaft mehr und mehr aus dem Geschäft.[31] Zusätzlich wurden während des Zweiten Weltkriegs wiederum die Haushalte dazu angehalten, besonders Küchenabfälle zu sammeln und abzuliefern, die etwa als Tierfutter Verwendung fanden. Diese Mobilisierung der „Heimatfront" erwies sich allerdings (wie schon im Ersten Weltkrieg) nur begrenzt als erfolgreich.

Insgesamt war die Zeit bis zum Ende des Ersten Weltkriegs durch langsam wachsende Abfallmengen und die konsequente Durchsetzung des Konzepts der Städtehygiene geprägt. Letztere vertrat das Leitbild der assanierten Stadt, in der die Abwasserentsorgung und Wasserversorgung durch fest installierte Systeme gewährleistet und für die festen Siedlungsabfälle eine regelmäßige, von der Kommune organisierte Sammlung durchgeführt wurden. Das alles wurde in einer ausgeprägten „Hell-Dunkel"-Metaphorik vorgetragen, welche die früheren Zustände, als die Städte vor Schmutz und Unrat stanken, mit dem hellen Bild der sauberen und hygienischen Stadt kontrastierte.[32] Es waren dann sowohl die dramatische Zunahme der Abfall-

---

28 Ebd.
29 Vgl. R. Köster, Konsumgüterindustrien, in: M. Boldorf (Hg.), Deutsche Wirtschaft im Ersten Weltkrieg (Handbücher zur Wirtschaftsgeschichte), Berlin/Boston 2020, S. 295–315.
30 H. Weber, Towards "Total" Recycling. Women, Waste and Food Waste Recovery in Germany, 1914–1939, in: Contemporary European History 22 (2013), S. 371–397.
31 A. Berg, The Nazi Ragpickers and their Wine. Some Preliminary Thoughts on the Politics of Waste in Nazi Germany, in: Social History 40 (2015), S. 446–472.
32 R. Köster, Recycelte Sprachbilder. Kleine Geschichte deutscher Abfalldiskurse bis 1990, in: Aus Politik und Zeitgeschichte 49–50 (2018), S. 36–41.

mengen seit Mitte der 1950er Jahre als auch die veränderte Charakter der Abfallproblematik, welche die Städtehygiene an ihre Grenzen brachte.

4 Massenkonsumgesellschaft und „Müll-Lawine"

Nach dem Zweiten Weltkrieg erwarteten die Verantwortlichen der Stadtreinigungsämter eine langsame Zunahme der Abfallmengen und eine Wiederangleichung an das Vorkriegsniveau. Es kam jedoch völlig anders. Seit Mitte der 1950er Jahre kam es zu einem starken Anwachsen der Abfallmengen, die sich allein in den 1960er Jahren etwa verdoppelten. Dieses Wachstum schwächte sich erst Mitte der 1980er Jahre etwas ab, bevor in den letzten Jahren die Abfallmengen – insbesondere durch den Online-Handel – wieder stärker zugenommen haben. 1957 prägte Vance Packard das Schlagwort der Wegwerfgesellschaft. Seit Beginn der 1960er Jahre fing man in Deutschland damit an, von einer „Müll-Lawine" zu sprechen. Insgesamt bekam der Abfall nach dem Zweiten Weltkrieg allein schon durch sein Mengenwachstum eine ganz neue Problemdimension.[33]

Wie lässt sich dieses Wachstum der Abfallmengen erklären? Insgesamt waren mehrere Faktoren dafür verantwortlich. Zunächst spielte sicherlich der zunehmende Wohlstand eine Rolle. Die Kaufkraft der westdeutschen Haushalte nahm während des langen Wirtschaftsaufschwungs nach dem Zweiten Weltkrieg kontinuierlich zu und damit auch der Konsum.[34] Ein Blick auf die Strukturveränderungen des Konsums zeigt allerdings zugleich, dass dieser Aspekt allein nicht ausreicht, um die Zunahme der Müllmengen zu erklären. Am meisten Abfall wurde nämlich durch den Lebensmittelkonsum produziert, dessen Anteil an den Ausgaben der Haushalte allerdings rückläufig war. Hingegen wurde immer mehr Geld für Autos oder Immobilien ausgegeben, die aber vergleichsweise wenig Abfall erzeugten und für die sich ein breites Reparaturgewerbe etablierte.[35]

Ein wichtiger Faktor für die Zunahme der Abfallmengen war die Durchsetzung der Selbstbedienung im Einzelhandel. Diese hatte zur Folge, dass seit den 1950er Jahren Lebensmittel, Drogerieartikel etc. vermehrt in Verpackungen angeboten wurden. Das trug im Übrigen auch dazu bei, dass sich die Zusammensetzung des Hausmülls sukzessive veränderte: Der Anteil an Verpackungsmaterialien wie Papier, Glas und schließlich Plastik nahm immer mehr zu, während die Asche aus dem Hausbrand, die zu Beginn der 1950er Jahre noch ca. 30 Prozent des Abfallvolumens ausgemacht hatte, immer stärker zurückging. Das verdeutlicht einen weiteren Faktor, der zur Zunahme der Abfallmengen beitrug: Geschlossene Zentralheizungssysteme lösten

---

[33] *Ders.*, Hausmüll, S. 27–40.
[34] *A. Reckendrees*, Konsummuster im Wandel. Haushaltsbudgets und Privater Verbrauch in der Bundesrepublik 1952–1998, in: Jahrbuch für Wirtschaftsgeschichte 30 (2007), S. 29–61, 39.
[35] *Köster*, Hausmüll, S. 45 f.

zunehmend den klassischen Hausbrand ab, in dem vormals viele Abfälle verbrannt werden konnten.

Ein weiterer Aspekt war besonders im deutschen Fall die Veränderung von Stadtstrukturen im Zuge des Wiederaufbaus deutscher Städte. Äußere Stadtteile, die vormals nicht selten einen dörflichen Charakter gehabt hatten, wichen zunehmend Vorstädten. Damit verschwanden Tiere, an die man Abfälle verfüttern konnte, genauso von den Straßen wie die Misthaufen aus den Gärten. Damit waren aber zahlreiche Möglichkeiten, Abfälle auf „natürliche" Art und Weise loszuwerden, bald nicht mehr vorhanden. Zudem, und das war noch wichtiger, fingen jetzt auch ländliche Regionen an, immer mehr Abfälle zu produzieren. Während der Anteil der in der Landwirtschaft Beschäftigten nach dem Zweiten Weltkrieg fortgesetzt absank, wohnten immer mehr Menschen auf dem Land, die mit dem Auto einer normalen Beschäftigung in der Stadt oder anderswo nachgingen und sich aus Supermärkten versorgten. Deren Abfallproduktion war von derjenigen von Großstädtern praktisch nicht mehr zu unterscheiden.[36]

Schwieriger zu bewerten ist hingegen die Bedeutung der Veränderung des Wegwerfverhaltens: Zwar wurde seit den späten 1950er Jahren von Verantwortlichen in der Abfallwirtschaft eine Zunahme des „achtlosen" Wegwerfens sowie das Verschwinden traditioneller Sparsamkeitsrationalitäten beobachtet. Für das starke Ansteigen des Müllaufkommens spielten solche individuellen Faktoren jedoch eine geringere Rolle, als die oben skizzierten strukturellen Faktoren. Zudem dürfte hier ein vergleichbarer Zusammenhang zu beobachten sein, wie das bei der „Recycling-Mentalität" der Vormoderne der Fall war: Die strukturellen Bedingungen des Konsums legten ein schnelles Wegwerfen nahe. Untersuchungen vom Ende der 1980er Jahre bezifferten jedenfalls das individuelle Potenzial zur Müllvermeidung auf etwa 20 Prozent des Gesamtaufkommens des Hausmülls: Das war nicht wenig, aber längst nicht genug, um das Abfallproblem insgesamt zu lösen.[37]

Schließlich lassen sich auch beim Recycling grundlegende Veränderungen beobachten. Die Nationalsozialisten hatten durch die Zentralisierung der Altstoffwirtschaft im Rahmen der Autarkiepolitik die bis dahin bestehenden privatwirtschaftlichen Strukturen des Altstoffhandels größtenteils zerschlagen. Diese reorganisierten sich zwar in den 1950er Jahren beim industriellen Recycling, nur sehr bedingt jedoch beim Hausmüll. Das war teilweise wirtschaftlichen Faktoren geschuldet: Die relativen Kosten von Kapital und Arbeit hatten sich in der Zwischenzeit verschoben, was die Anreize für ein privatwirtschaftliches Recycling beseitigte. Zudem wurde die Wiederverwertung von Abfällen in den 1960er Jahren zunehmend als unhygienisch betrachtet.[38]

---

36 *Köster*, Hausmüll, S. 61 f.
37 *D. Kolb*, Möglichkeiten durch das persönliche Verhalten der Konsumenten, in: *Ministerium für Umwelt Baden-Württemberg (Hg.)*, Leben ohne Müll. Wunsch oder Wirklichkeit? Kongress Abfallvermeidung/-verminderung am 10. und 11. Oktober 1988, Stuttgart 1988, S. 321–328, 326.
38 *Köster*, Hausmüll, S. 337.

Diese Aspekte trugen insgesamt dazu bei, dass der Abfall nach dem Zweiten Weltkrieg eine ganz neue Problemdimension bekam. Das betraf zunächst das Problem der Sammlung, zumal die Müllabfuhr aufgrund der seit den späten 1950er Jahren bestehenden Vollbeschäftigung und des schlechten Ansehens der Arbeit große Rekrutierungsprobleme hatte. Die Antwort darauf bestand zunächst in der technischen Rationalisierung der Abfallsammlung, der Entwicklung von neuen Abfuhrfahrzeugen und vor allem Behältertypen. Insbesondere der 1964 eingeführte Müllgroßbehälter MGB 1,1, der für große Appartementwohnhäuser geeignet war, stach dabei heraus.[39] Darüber hinaus setzten sich in den 1960er und 1970er Jahren die Plastikmülltonnen durch, die die Arbeit für die Müllwerker deutlich erleichterten. Es war die private Abfallwirtschaft, die dann zu Beginn der 1970er Jahre mit dem MGB 240 die heute noch gebräuchliche viereckige Standardmülltonne mit zwei Rädern einführte. Diese war zunächst auf die Bedürfnisse einer effizienten Abfallsammlung in ländlichen Räumen zugeschnitten, wurde seit den 1980er Jahren aber auch zum Standardmodell in den Städten.[40]

Längerfristig bedeutsamer als die Frage der Abfallsammlung – und das war gewissermaßen eine Umkehr der Verhältnisse des späten 19. Jahrhunderts – wurde jedoch die Frage der Abfallentsorgung. Die in den 1950er Jahren vorhandenen Entsorgungsinfrastrukturen waren angesichts der schnell ansteigenden Müllmengen bereits nach wenigen Jahren erschöpft. Während der 1960er Jahre gab es in jeder deutschen Großstadt dutzende „wilde" Ablagerungen, die hygienische Probleme aufwarfen und im Sommer oftmals brannten. Bei ungünstigen Windverhältnissen konnte eine Stadt wie Frankfurt am Main (wo die Zentraldeponie „Monte Scherbelino" häufig Feuer fing) sehr eindrücklich an die Notwendigkeit einer abfallwirtschaftlichen Neuordnung erinnert werden.[41] Es waren darum auch die Großstädte, die, nicht zuletzt auch aus Platzgründen, seit den frühen 1960er Jahren der Müllverbrennung zu einem „Comeback" verhalfen: Während der 1960er Jahre und der 1970er Jahre wurden zahlreiche solcher Anlagen errichtet, nachdem diese Technologie in der Zwischenkriegszeit in Deutschland eigentlich als erledigt gegolten hatte.[42] Zugleich wurde seit dem Ende der 1960er Jahre zunehmend sog. „geordnete" Großdeponien geplant. Eine Pionierfunktion übernahm dabei die 1969 eröffnete Deponie Emscherbruch in Gelsenkirchen, die zum Vorbild für zahllose weitere Großdeponien wurde.[43]

---

39 *D. Wiegand*, Der NKT und die Normung des MGB 240 – Eine Erfolgsgeschichte, in: DIN-Mitteilungen (Januar 2011), S. 15–22.
40 Ebd., S. 15.
41 *Stadt Frankfurt/M.*, Das Stadtreinigungsamt Frankfurt am Main. 15 Jahre Wiederaufbau, Frankfurt am Main 1960, S. 18.
42 *K. C. Shin*, Müllverbrennungsanlagen in der BRD, in: *Forschungs- und Entwicklungsinstitut für Industrie- und Siedlungswasserwirtschaft sowie Abfallwirtschaft e. V. Stuttgart (Hg.)*, Vor- und Nachteile der Verbrennung und der Kompostierung von kommunalen Abfällen, Berlin 1975, S. 25–35, 29f.
43 *W. Schenkel*, Die geordnete Deponie von festen Abfallstoffen. Theoretische Grundlagen und praktische Durchführung, Berlin 1974.

Insgesamt führten wie gesehen mehrere Faktoren dazu, dass nach dem Zweiten Weltkrieg die Abfallmengen exponentiell anwuchsen. Das ließ die bisherige kommunale Regelung der Abfallentsorgung zunehmend als unzureichend erscheinen. Mit dem Abfallbeseitigungsgesetz von 1972 strebte die Bundesrepublik darum eine grundlegende Neuordnung der Abfallentsorgung an. Diese beinhaltete die Beseitigung der zu Beginn der 1970er Jahre geschätzt 50 000 „wilden" Müllkippen, die Errichtung „geordneter" Großdeponien vor allem in ländlichen Regionen sowie die Müllverbrennung als bevorzugte Entsorgungslösung für urbane Ballungsräume. Diese Neuordnung wurde in den 1970er Jahren tatsächlich durchgeführt. Das hatte wiederum ganz wesentlich damit zu tun, dass der Abfall zunehmend als Umweltproblem wahrgenommen wurde.

5 Abfall als Umweltproblem

Noch bis in die späten 1950er Jahre galt der Abfall vorrangig als Mengenproblem. Zwar verbanden sich mit ihm seuchenpolitische Gefahren, diese ließen sich jedoch durch die ordnungsgemäße Sammlung und die anschließende Separierung der Abfälle von bewohnten Gebieten weitgehend lösen. Die Abfalltechnik, wie sie sich in Deutschland besonders während der Zwischenkriegszeit entwickelte, war auf diese städtehygienische Aufgabe eingestellt. Allein an der Umsetzung der notwendigen Maßnahmen konnte es noch fehlen. Seitdem veränderte sich das Abfallproblem jedoch auf zweifache Art und Weise. Erstens rückte immer mehr das Problem der Entsorgung anstatt der Sammlung in den Fokus. Zweitens wurde der Abfall nicht länger nur als städtehygienisches, sondern zunehmend als Umweltproblem wahrgenommen: Das bedeutete nicht zuletzt ein Bewusstsein dafür, dass Abfälle langfristig wirksame Gifte enthielten, die Luft und Wasser kontaminierten. Damit wurde die Entsorgung um vieles komplizierter.[44]

Um die Mengenproblematik zu lösen, mussten vorrangig ausreichend Anlagen geschaffen werden, um den Abfall zu entsorgen. Das bedeutete insbesondere für die Großstädte hohe Kosten, denn Müllverbrennungsanlagen waren teuer. Diese Lösung wurde hier aber vor allem deshalb gewählt, weil MVAs sehr viel weniger Platz in Anspruch nahmen, als das bei Großdeponien der Fall war. Die Anforderungen an Deponien waren dafür jedoch viel geringer. Betrachtet man etwa die ersten Konzepte für eine „geordnete Deponierung" ab 1967, so wurden hier noch Vorschläge gemacht, über die sich Experten zehn Jahre später die Haare rauften: So wurde etwa die gemeinsame Ablagerung von Haus- und Industriemüll empfohlen. Als Absicherung gegen

---

44 *Köster*, Hausmüll, S. 243f.

die Grundwasserbelastung sollte eine Schicht aus verdichtetem Abfall genügen, die nur wenige Meter über dem Grundwasserspiegel lag.[45]

Dass das in keinster Weise ausreiche, wurden den Verantwortlichen der Abfallwirtschaft jedoch schnell bewusst. Das hatte zunächst vor allem damit zu tun, dass das Wissen über den Müll, seinen Anfall und seine potenziellen Gefahren während der 1970er Jahre geradezu „explodierte". Parallel mit der Planung und Umsetzung neuer Entsorgungslösungen nahm auch die wissenschaftliche Beschäftigung mit dem Abfall stark zu, was schließlich in der Gründung des Umweltbundesamts 1973 kulminierte, das mit einer eigenen abfallwirtschaftlichen Abteilung ausgestattet war.[46] Damit wurde das Abfallproblem erst in seiner tatsächlichen Dimension sichtbar. Um dafür ein Beispiel zu geben: Ein vom bayerischen Landwirtschaftsministerium 1965 herausgegebener Gefahrenkatalog umfasste gerade einmal 18 Substanzen, bei deren Entsorgung besondere Vorkehrungen getroffen werden sollten. Zehn Jahre später konnte ein solcher Gefahrenkatalog bereits mehrere tausend Substanzen umfassen.[47]

Dieser Wissenszuwachs hatte längst nicht nur Konsequenzen für die Frage, welche geeigneten politischen Maßnahmen ergriffen werden sollten, um die „Müll-Lawine" zu bändigen. Vielmehr hatte er große Auswirkungen auf die politischen Debatten um neue Abfallentsorgungsanlagen, welche die Neuordnung der Abfallwirtschaft begleiteten. Auf diese Weise kam ein starkes selbstreflexives Moment in die Diskussionen hinein: Wenn heute als Sondermüll galt, was vor zehn Jahren noch bedenkenlos entsorgt worden wäre, wer konnte dafür garantieren, dass der Lernprozess mittlerweile abgeschlossen war und ein wirklich adäquates Bewusstsein für die Risiken der Abfallentsorgung bestand? Solche Logiken machten sich nicht zuletzt Bürgerinitiativen zu eigen, die in den 1970er und 1980er Jahren mit zunehmender Vehemenz gegen neue Abfallentsorgungsanlagen demonstrierten und dabei „Nichtwissen" zu einem ihrer zentralen Argumente machten.[48]

Im Rahmen dieser Debatten wurde endgültig deutlich, dass sich die „Phänomenologie" des Abfallproblems seit den 1960er Jahren grundlegend geändert hatte: Zu Beginn der 1960er Jahre hatten noch Fragen der Prävention von Seuchen und Krankheiten den Diskurs bestimmt. Das wurde nun anders: Jetzt ging es viel stärker um schleichende Belastungen, die die Menschen in der Regel nicht sofort krank machten,

---

45 *Bauingenieur IMM*, Gesichtspunkte und Erfordernisse bei der Planung einer Deponie, in: *Institut für Gewerbliche Wasserwirtschaft und Luftreinhaltung e. V. (Hg.)*, Voraussetzungen, Erfordernisse und Verantwortung bei Planung und Betrieb einer Deponie, Köln 1967, S. 1–21, 11.
46 Bundesgesetzblatt (24.7.1974): Gesetz über die Einrichtung eines Umweltbundesamtes. Bundesarchiv Koblenz, B 106, Nr. 69718.
47 Anhang *Bayerisches Staatsministerium des Inneren*: Beseitigung von Hausmüll und ähnlichen Abfällen in kommunalen Anlagen (Sonderveröffentlichung Bayerisches Staatsministerium des Inneren, August 1965). Stadtarchiv Augsburg, Bestand 49, Nr. 1473; Abfallkatalog 1978: Einteilung der ausgeschlossenen Abfälle nach Kategorien. LA NRW, NW 455, Nr. 801.
48 *Köster*, Hausmüll, S. 245.

sondern erst nach vielen Jahren. Nicht mehr ansteckende Krankheiten wie Cholera oder Typhus standen im Vordergrund, sondern Krebs, der durch seinen oft langwierigen und schmerzhaften Verlauf besonders starke Ängste weckte.

6 Vom Umgang mit der Müll-Lawine: Neuordnung, Protest, Recycling

Die Phase des prozentual stärksten Anwachsens der Müllmengen waren die 1960er Jahre, die zugleich in der Wahrnehmung vieler Zeitgenossen die Zeit waren, wo die Menschen ihre noch aus der kargen Zwischenkriegszeit und dem Zweiten Weltkrieg stammende Sparsamkeitsrationalität ablegten und was sie nicht mehr brauchten, einfach wegwarfen. Bereits 1958 meinte ein leitender Angestellter des Mannheimer Stadtreinigungsamtes, es sei „nicht zu fassen", was heute alles weggeworfen würde.[49] 1967 startete der Getränkehandel eine Werbekampagne mit dem Titel „Ex und hopp", die Plastikflaschen als leichte und einfach zu entsorgende Alternative zur Glasflasche anpries, auf die damals oftmals noch ein Pfand erhoben wurde.[50] Zugleich war diese Kampagne jedoch in gewisser Weise ein Wendepunkt. Verantwortliche der Stadtreinigungsämter schätzten, dass die Abschaffung des traditionellen Pfandflaschensystems die Müllmengen um etwa 30 Prozent erhöhen würde. Und das in einer Zeit, in der bereits ein gravierender Mangel an Entsorgungsanlagen existierte.

Hier entwickelte sich langsam ein Bewusstsein dafür, dass man grundsätzlichere Lösungen für die Entsorgung und eventuell Wiederverwertung entwickeln musste, wenn man das Abfallproblem in den Griff bekommen wollte. Abgesehen von den praktischen abfallwirtschaftlichen Problemen bestand dafür auch eine konkrete Nachfrage in der Bevölkerung. Nicht nur schrieben immer mehr Personen Protestschreiben an die zuständigen Ministerien, sich stärker im Bereich der Müllvermeidung zu engagieren.[51] Zahlreiche Wissenschaftler und Politiker entwickelten zu Beginn der 1970er Jahre „Mülldystopien", Visionen einer Gesellschaft, die im Müll zu ersticken drohte – zumal man zu diesem Zeitpunkt mit einem fortgesetzt dynamischen Anwachsen der Abfallmengen rechnete.

Die Priorität lag in den 1970er und 1980er Jahren eindeutig auf der Neuordnung der Entsorgung, dem Bau von Müllverbrennungsanlagen für urbane Ballungsräume und Großdeponien für Kleinstädte und ländliche Regionen. Diese wurden zunächst

---

49 Artikel Mannheimer Morgen (3.1.1958). Stadtarchiv Mannheim, Hauptregistratur, Zugang 40/1972, Nr. 291.
50 *H. Onasch*, Ist die Umstellung auf Einwegflaschen aus Kunststoff verantwortbar? Beurteilung aus Sicht einer Stadtreinigung, in: Städtehygiene 10 (1968), S. 228–230.
51 *A. Westermann*, When Consumer Citizens spoke up. West Germany's early Dealings with Plastic Waste, in: Contemporary European History 22 (2013), S. 477–498.

nach raumordnerischen Gesichtspunkten geplant, die in sog. Abfallbeseitigungsplänen niedergelegt wurden. Auf diese Weise gelang es tatsächlich, die Zahl der Mülldeponien von geschätzten 50 000 auf unter 300 am Ende der 1980er Jahre zu reduzieren. Im Zeitraum zwischen 1960 und 1990 wurden darüber hinaus ca. 50 Müllverbrennungsanlagen mit teilweise erheblichem Kapitalaufwand gebaut.[52]

Die Errichtung solcher Anlagen war in den 1970er und 1980er Jahren jedoch von zunehmenden Protesten begleitet. Diese waren zumeist dort besonders stark, wo die Menschen vorher noch nicht unter einer starken Umweltbelastung zu leiden gehabt hatten. Während die Protestintensität im Ruhrgebiet beispielsweise eher gering war, erschien sie in Baden-Württemberg sehr hoch.[53] Dabei eigneten sich Bürgerinitiativen zunehmend abfalltechnisches Wissen an und waren in der Lage, die Planung konkreter Anlagen begründet zu kritisieren. Auf diese Weise trugen sie dazu bei, dass die Standards der Entsorgung sukzessive verbessert wurden. Zugleich hatte eine solche Kritik aber den Nebeneffekt, dass zunehmend bewusst wurde, dass Entsorgungsanlagen, die hohen Umweltansprüchen genügten, oftmals kaum zu realisieren waren. So wurde während der 1980er Jahre zunehmend klar, dass eine wirklich wirksame Abdichtung von Deponien gegen das Grundwasser kaum zu leisten war. Zugleich wurden in den 1980er Jahren die Schadstoffemissionen von Müllverbrennungsanlagen ein großes Thema. Besonders die Dioxinproblematik wurde Mitte des Jahrzehnts zu einem vieldiskutierten Problem. Das führte aber dazu, dass gegen Ende der 1980er Jahre neue Entsorgungsanlagen politisch kaum noch durchgesetzt werden konnten.

Eine naheliegende Alternative, um das Entsorgungsproblem zu mildern, waren verstärkte Anstrengungen, den Hausmüll wiederzuverwerten. Erste konkrete Ansätze dafür gab es seit den späten 1960er Jahren, als zahlreiche lokale Initiativen mit dem Recycling von Papier und Glas begannen.[54] Großflächig durchgeführt wurden solche Versuche allerdings erst ab dem Zeitpunkt, als während der ersten Ölkrise 1973 die Papierpreise stark in die Höhe schnellten. Nun fingen auch private Abfallwirtschaftsunternehmen damit an, Sammlungen von Papier und Glas aus Privathaushalten zu organisieren. Auf diese Weise etablierten sich aber keine dauerhaften Infrastrukturen für das Recycling von Hausmüll. Das lag vor allem daran, dass sich die Preise auf den Märkten für Sekundärrohstoffe als ausgesprochen volatil erwiesen. Das war besonders bei den Altpapierpreisen der Fall, die bis heute starken Schwankungen unterworfen sind. Das bedeutete aber, dass sich ein vor kurzer Zeit noch florierendes Geschäft bald kaum mehr lohnte.

---

52 *Y.-W. Lee*, Die Abfallwirtschaft in den Gemeinden von Nordrhein-Westfalen, Bonn 1998, S. 33.
53 *Köster*, Hausmüll, S. 251.
54 *J. Park*, Von der Müllkippe zur Abfallwirtschaft: die Entwicklung der Hausmüllentsorgung in Berlin (West) von 1945 bis 1990, Berlin 2004, S. 132; Schreiben Arbeitskreis Umweltschutz an die Damen und Herren des Technischen und Umweltausschusses des Konstanzer Kreistages (25.10.1973). Bundesarchiv Koblenz, B 106, Nr. 25193.

Dementsprechend war am Ende der 1970er Jahre das Recycling von Hausmüll noch kaum vorhanden. Dann jedoch begannen sich die Verhältnisse zu verändern, vor allem weil der Staat und die Kommunen sich stärker zu engagieren begannen. Sie bemühten sich, die Recyclinginfrastrukturen zu verbessern und vor allem fingen sie damit an, privaten Recyclingfirmen Mindestpreise zu garantieren, um die Preisschwankungen auszugleichen.[55] Auf diese Weise konnten dann im Zuge der 1980er Jahre stabile Infrastrukturen für das Recycling von Glas und Papier, aber auch etwa von Dosen und in Anfängen bereits organischem Müll etabliert werden. Deren Existenz führte schließlich auch bei der Bevölkerung mittelfristig zu einem verstärkten Sortierengagement.[56]

Die dauerhafte Kapazitätsüberlastung der Entsorgungsanlagen konnte damit aber noch nicht beseitigt werden. Das war ein Grund dafür, warum 1990 die Einführung des „Dualen Systems" (Grüner Punkt) beschlossen wurde. Dabei ging es allerdings auch darum, das bislang vernachlässigte Problem der Wiederverwertung von Kunststoffabfällen anzugehen. Die Installierung dieses Systems funktionierte insgesamt jedoch nicht besonders gut. Die Betreibergesellschaft hatte über Jahre immer wieder mit Finanzierungsproblemen zu kämpfen und die Verwertungsquoten blieben lange Zeit gering.[57] Bis heute bedeutet Kunststoffrecycling hauptsächlich „thermisches Recycling", d. h. die Kunststoffe werden in der Müllverbrennungsanlage verbrannt und es wird Strom und eventuell Wärme daraus gewonnen.

Als 1989 die Mauer fiel und die Wiedervereinigung absehbar wurde, bedeutete das erneut die Notwendigkeit der Neuordnung der Abfallwirtschaft. Erstaunlicherweise war von der Protestintensität der 1980er Jahre jetzt aber kaum noch etwas zu spüren. Das mag daran gelegen haben, dass durch verbesserte Filtertechnologien die Schadstoffemissionen von Müllverbrennungsanlagen tatsächlich deutlich reduziert werden konnten. Es kam hinzu, dass die umweltpolitische Protestaffinität in den Neuen Bundesländern während der 1990er Jahre offensichtlich nicht besonders hoch war.

Generell traten seit den 1990er Jahren neue umweltpolitische Themen in den Vordergrund und der Abfall geriet bis in die jüngste Zeit etwas aus dem Fokus der Debatten. Dazu trug auch die im europäischen Maßstab sehr konsequente Regelung der Entsorgung bei. So dürfen seit 2003 keine unbehandelten Abfälle mehr auf Deponien abgelagert werden, sondern im Prinzip nur noch die Asche aus Müllverbrennungsanlagen. Die Recyclinginfrastrukturen sind mittlerweile umfassend ausgebaut. Eine Zeit

---

[55] M. Homberg, Die Abfallwirtschaft in unterschiedlich strukturierten Räumen – an Beispielen aus Westfalen. Bochum 1990, S. 148; Protokoll Sitzung VPS – UBA am 5.4.1979 (11.6.1979). Bundesarchiv Koblenz, B 106, Nr. 69732.
[56] B. Gallenkemper/H. Doedens, Getrennte Sammlung von Wertstoffen des Hausmülls: Planungshilfen zur Bewertung und Anwendung von Systemen der getrennten Sammlung, Düsseldorf 1987.
[57] A. Bünemann, Duales System Deutschland. Ein Rückblick über die Entwicklung in Deutschland, in: P. Kurth (Hg.), Ressource Abfall. Politische und wirtschaftliche Betrachtungen anlässlich des 50-jährigen Bestehens des BDE, Neuruppin 2011, S. 18–31.

lang konnte es sogar so scheinen, als ob Abfall eines der wenigen Umweltprobleme sei, die technisch einigermaßen gelöst werden konnten. Sollte ein solcher Optimismus jemals tatsächlich vorgeherrscht haben, dürften die Debatten über Müll in den Meeren oder den internationalen Giftmülltourismus hier mittlerweile eines Besseren belehrt haben.[58]

7 Schluss

Der Abfall ist eines der Umweltprobleme, die erst durch die moderne Massenkonsumgesellschaft in großem Maßstab hervorgebracht wurden. Während die „Müll-Lawine" jedoch in der Öffentlichkeit oftmals als Symptom eines schrankenlosen Konsums gewertet wird, hat dieser Beitrag dafür argumentiert, dass die Produktion und vor allem Distribution von Konsumgütern hauptverantwortlich für die nach dem Zweiten Weltkrieg in der Bundesrepublik, aber auch anderen westlichen Industrieländern stark ansteigenden Abfallmengen gewesen sind. Weniger die absolute Menge des Konsums ist für die Abfallproduktion entscheidend, sondern das gesellschaftliche System der Herstellung und Bereitstellung von Konsumgütern. Das bindet die Geschichte der menschlichen Abfallproduktion in starkem Maße an die jeweiligen wirtschaftshistorischen Verhältnisse zurück.

Vormoderne Zeiten zeichneten sich dabei grundsätzlich dadurch aus, dass sie sehr abfallarm waren. Ein Grund dafür war, dass üblicherweise starke wirtschaftliche Anreize existierten, um außer Gebrauch geratene Dinge wiederzuverwenden oder wiederzuverwerten. Das reichte von der Wiederverwendung gebrauchter Waren bis hin zur Verwertung von Tierkörpern oder menschlichen Fäkalien. Die Industrialisierung schuf durch die langfristige Erhöhung der Angebotselastizität jedoch eine neue Ausgangslage: Während die Neuproduktion die Wiederverwendung von Waren seit ca. 1850 sukzessive zurückdrängte, wurde in starkem Maße die Wiederverwertung von Materialien betrieben, die vor dem Ersten Weltkrieg zur Entwicklung globaler Altstoffmärkte führte. Zugleich führten Urbanisierung und die sie begleitende Hygienediskurse zu einer verstärkten Aufmerksamkeit für urbane Abfälle, die seit dem späten 19. Jahrhundert zumindest in den Städten regulär eingesammelt wurden.

Das Müllproblem, wie wir es heute kennen, entwickelte sich in Deutschland wie in den meisten westlichen Industrieländern erst nach dem Zweiten Weltkrieg. Wachsender Wohlstand, die Durchsetzung der Selbstbedienung, veränderte Stadtstrukturen sowie ein sich änderndes Wegwerfverhalten führten seit der zweiten Hälfte der 1950er Jahre zu einem rasanten Anstieg der Abfallmengen, der sich erst Mitte der

---

[58] Dabei handelt es sich um ein noch kaum erschlossenes Forschungsfeld. Vgl. aber *S. Müller*, Rettet die Erde vor den Ökonomen? Lawrence Summers' Memo und der Kampf um die Deutungshoheit über den internationalen Giftmüllhandel, in: Archiv für Sozialgeschichte 56 (2017), S. 353–73.

1980er Jahre abschwächte. Daraus resultierte die Notwendigkeit einer vollständigen Neuordnung der Abfallwirtschaft, die insbesondere während der 1970er Jahre vonstattenging und die von massiven politischen Protesten begleitet wurde. Erst seit dem Ende dieses Jahrzehnts wurde durch verstärktes Recycling versucht, die Müllmengen vor der Entsorgung zu reduzieren.

Gegenwärtig bestehen für das Abfallproblem zwar in Form von Verbrennung und Recycling durchaus technische Lösungen, was es von anderen Umweltproblemen unterscheidet. Trotzdem ist die Umweltbelastung durch den Müll heute so groß wie nie zuvor. Das hat einerseits mit den oftmals wenig ausgebauten abfallwirtschaftlichen Infrastrukturen besonders in asiatischen und lateinamerikanischen Ländern zu tun. Andererseits ist es aber auch ein Resultat davon, dass auch die bundesdeutsche Gesellschaft trotz aller Politikinterventionen und Vermeidungsappelle weiterhin konstant viel Abfall produziert. Wer daran etwas ändern will, muss sich damit auseinandersetzen, in welchem Maße der Abfall strukturell mit genauso effizienten wie umweltschädlichen Formen der Herstellung und Bereitstellung von Lebensmitteln und anderen Alltagsgütern zusammenhängt.

Literatur

T. Bauer, Im Bauch der Stadt. Kanalisation und Hygiene in Frankfurt am Main 16.–19. Jahrhundert, Frankfurt am Main 1998.

Bauingenieur IMM, Gesichtspunkte und Erfordernisse bei der Planung einer Deponie, in: *Institut für Gewerbliche Wasserwirtschaft und Luftreinhaltung e. V. (Hg.)*, Voraussetzungen, Erfordernisse und Verantwortung bei Planung und Betrieb einer Deponie, Köln 1967, S. 1–21.

A. Berg, The Nazi Ragpickers and their Wine. Some Preliminary Thoughts on the Politics of Waste in Nazi Germany, in: Social History 40 (2015), S. 446–472.

K. P. Beuth, Vom Abfallkübel zur Systemabfuhr. Städtereinigung in der ersten Hälfte des 19. Jahrhunderts, in: *Bundesverband der deutschen Entsorgungswirtschaft*. Von der Städtereinigung zur Entsorgungswirtschaft, Köln 1986.

A. Bünemann, Duales System Deutschland. Ein Rückblick über die Entwicklung in Deutschland, in: *Peter Kurth (Hg.)*, Ressource Abfall. Politische und wirtschaftliche Betrachtungen anlässlich des 50-jährigen Bestehens des BDE, Neuruppin 2011, S. 18–31.

P. Dollinger, Die Hanse, 6. Aufl., Stuttgart 2012.

R. Evans, Death in Hamburg, Society and Politics in the Cholera Years 1830–1910, Oxford 1987.

L. Fontaine, The Moral Economy. Poverty, Credit, and Trust in Early Modern Europe, Cambridge 2014.

H. Frilling/O. Mischer, Pütt un Pann'n. Geschichte der Hamburger Hausmüllbeseitigung, Hamburg 1994.

B. Gallenkemper/H. Doedens, Getrennte Sammlung von Wertstoffen des Hausmülls: Planungshilfen zur Bewertung und Anwendung von Systemen der getrennten Sammlung, Düsseldorf 1987.

M. Gather, Kommunale Handlungsspielräume in der öffentlichen Abfallentsorgung. Möglichkeiten und Grenzen einer aktiven Umweltplanung auf kommunaler Ebene im Raum Frankfurt am Main, Frankfurt am Main 1992.

Z. Gille, From the Cult of Waste to the Trash Heap of History. The Politics of Waste in Socialist and Postsocialist Hungary. Bloomington 2007.

R. *Grießhammer*, Klimaretten. Jetzt Politik und Leben ändern, Freiburg 2019.
A. I. *Hardy*, Ärzte, Ingenieure und städtische Gesundheit. Medizinische Theorien in der Hygienebewegung des 19. Jahrhunderts. Frankfurt/New York 2005.
G. *Hösel*, Unser Abfall aller Zeiten. Eine Kulturgeschichte der Städtereinigung, München 1987.
M. *Homberg*, Die Abfallwirtschaft in unterschiedlich strukturierten Räumen – an Beispielen aus Westfalen. Bochum 1990.
C. *Jahnke*, Das Silber des Meeres. Fang und Vertrieb von Ostseehering zwischen Norwegen und Italien (12.–16. Jahrhundert), Köln/Wien 1999.
R. *Köster*, Hausmüll. Abfall und Gesellschaft in Westdeutschland 1945–1990, Göttingen 2017.
R. *Köster*, Recycelte Sprachbilder. Kleine Geschichte deutscher Abfalldiskurse bis 1990, in: Aus Politik und Zeitgeschichte 49–50 (2018), S. 36–41.
R. *Köster*, Konsumgüterindustrien, in: *Marcel Boldorf (Hg.)*, Deutsche Wirtschaft im Ersten Weltkrieg (Handbücher zur Wirtschaftsgeschichte), Berlin/Boston 2020, S. 295–315.
D. *Kolb*, Möglichkeiten durch das persönliche Verhalten der Konsumenten, in: *Ministerium für Umwelt Baden-Württemberg (Hg.)*, Leben ohne Müll. Wunsch oder Wirklichkeit? Kongress Abfallvermeidung/-verminderung am 10. und 11. Oktober 1988, Stuttgart 1988, S. 321–328.
Y.-W. *Lee*, Die Abfallwirtschaft in den Gemeinden von Nordrhein-Westfalen, Bonn 1998.
Y. *Minzker*, The Defortification of the German City, 1689–1866, Cambridge 2012.
H. *Onasch*, Ist die Umstellung auf Einwegflaschen aus Kunststoff verantwortbar? Beurteilung aus Sicht einer Stadtreinigung, in: Städtehygiene 10 (1968), S. 228–230.
J. *Park*, Von der Müllkippe zur Abfallwirtschaft: die Entwicklung der Hausmüllentsorgung in Berlin (West) von 1945 bis 1990, Berlin 2004.
P. *Ratzesberger*, Plastik, Stuttgart 2019.
A. *Reckendrees*, Konsummuster im Wandel. Haushaltsbudgets und Privater Verbrauch in der Bundesrepublik 1952–1998, in: Jahrbuch für Wirtschaftsgeschichte 30 (2007), S. 29–61.
R. *Reith*, „altgewender, humpler, kannenplecker". Recycling im späten Mittelalter und in der Frühen Neuzeit, in: *Roland Ladwig (Hg.)*, Recycling in Geschichte und Gegenwart, Freiberg 2003, S. 41–79.
R. *Reith/G. Stöger*, Western European Recycling in a Long-term Perspective, in: Jahrbuch für Wirtschaftsgeschichte 56 (2016), S. 267–290.
W. *Schenkel*, Die geordnete Deponie von festen Abfallstoffen. Theoretische Grundlagen und praktische Durchführung, Berlin 1974.
K. C. *Shin*, Müllverbrennungsanlagen in der BRD, in: *Forschungs- und Entwicklungsinstitut für Industrie- und Siedlungswasserwirtschaft sowie Abfallwirtschaft e. V. Stuttgart (Hg.)*, Vor- und Nachteile der Verbrennung und der Kompostierung von kommunalen Abfällen, Berlin 1975, S. 25–35.
H. *Schmidt-Bachem*, Aus Papier. Eine Kultur- und Wirtschaftsgeschichte der Papier verarbeitenden Industrie in Deutschland, Berlin 2011.
Stadt Frankfurt/M., Das Stadtreinigungsamt Frankfurt am Main. 15 Jahre Wiederaufbau, Frankfurt am Main 1960.
H. *Stern*, Die geschichtliche Entwicklung und die gegenwärtige Lage des Lumpenhandels, Erlangen 1914.
G. *Stöger*, Sekundäre Märkte? Zum Wiener und Salzburger Gebrauchtwarenhandel im 17. und 18. Jahrhundert, Wien 2011.
S. *Strasser*, Waste and Want. A Social History of Trash, New York 1999.
J. *Luiten van Zanden*, The Transformation of European Agriculture in the Nineteenth Century. The Case of the Netherlands, Amsterdam 1994.
A. *Westermann*, When Consumer Citizens spoke up. West Germany's early Dealings with Plastic Waste, in: Contemporary European History 22 (2013), S. 477–498.

D. Wiegand, Der NKT und die Normung des MGB 240 – Eine Erfolgsgeschichte, in: DIN-Mitteilungen (Januar 2011), S. 15–22.
R. Wines, Fertilizer in America. From Waste Recycling to Resource Exploitation, Philadelphia 1985.
H. Weber, Towards "Total" Recycling: Women, Waste and Food Waste Recovery in Germany, 1914–1939, in: Contemporary European History 22 (2013), S. 371–397.

C Gesellschaft und Konsumpolitik

Hartmut Berghoff
Front und Heimatfront: Konsum in den Weltkriegen des 20. Jahrhunderts

1 Einleitung

Der Begriff „Heimatfront" bzw. „Home front" verbreitet sich in der zweiten Hälfte des Ersten Weltkrieges, als die Zivilbevölkerung dazu motiviert werden sollte, ihr gesamtes Leben dem Krieg unterzuordnen. Die „Heimatfront" war ursprünglich ein Kampfbegriff der Propaganda, der aber zunehmend auch neutral verwendet wurde. Er bezeichnet die Einbeziehung der Zivilbevölkerung in den Krieg, sei es durch Kampfhandlungen hinter der eigentlichen Front wie Bombenangriffe oder durch die Mobilisierung ziviler Ressourcen für die Kriegsanstrengung, etwa durch das Hochfahren der Rüstungsfertigung oder Einschränkungen des zivilen Konsums. Die Heimatfront entstand als Begriff und Realität im Ersten Weltkrieg und gewann im Zweiten Weltkrieg ungemein an Bedeutung.[1]

2 Kriege vor dem „Zeitalter der Extreme"

Vormoderne Kriege blieben überwiegend auf Schlachtfelder und Soldaten begrenzt. Zivilisten waren nur dann direkt involviert, wenn ihre Wohnorte zu Kampf- oder Besatzungszonen wurden oder Truppendurchmärsche mit Gewalt, Requirierungen, Raub oder Zwangsaushebungen einhergingen. Indirekte Effekte waren jedoch allzu oft Inflationen, Hungersnöte und Krankheiten.

Während des in vieler Hinsicht exzeptionellen Dreißigjährigen Krieges ging die Bevölkerung des Deutschen Reiches in Folge von Kriegshandlungen, Plünderungen und Vertreibung, aber vor allem von Hunger und Krankheit um etwa ein Drittel zurück.[2] Während manche Regionen diesem Schicksal weitgehend oder gänzlich entgingen, war die von Pommern bis Baden reichende „Zerstörungsdiagonale" am schlimmsten betroffen. Magdeburgs Einwohnerzahl sank von etwa 30 000 auf unter 500. Einquartierungen und Kontributionen, die Requirierungen von Nahrungsmitteln, Pferden und Vieh sowie Flucht und Vertreibung entzogen den Menschen die

---
[1] Vgl. *T. Flemming/B. Ulrich*, Heimatfront. Zwischen Kriegsbegeisterung und Hungersnot – Wie die Deutschen den Ersten Weltkrieg erlebten, München 2014, S. 17ff.
[2] Vgl. *G. Schmidt*, Der Dreißigjährige Krieg, München 2010, S. 91; *F. Adrians*, „Das sich einem Stein solt erbarmet haben." Der Dreißigjährige Krieg im Erleben der Zivilbevölkerung, in: Aus Politik und Zeitgeschichte, 2018, S. 3–10.

Lebensgrundlage. Ganze Städte wurden, so ein Nürnberger Ratsherr, von Soldaten „ausgefressen".³

In den meisten vormodernen Kriegen blieben jedoch der militärische Kampf und das zivile Leben weitgehend getrennt. Seit dem 18. Jahrhundert begannen sich die beiden Sphären immer häufiger anzunähern. Neben den klassischen Kabinettskrieg stehender Berufsheere trat bereits der „Volkskrieg", der mit Bürgerwehren, Landwehren, Freikorps, Guerillakämpfern und Milizarmeen Kämpfer jenseits des regulären Militärs aus der Zivilbevölkerung rekrutierte. Der amerikanische Unabhängigkeitskrieg (1775–83) und die französischen Revolutionskriege bzw. napoleonischen Kriege (1792–1815) trugen neue Züge, die der preußische Heeresreformer Carl von Clausewitz scharfsinnig analysierte. In Bezug auf die französische Wehrpflichtarmee, deren Dynamik und Flexibilität er bewunderte, schrieb er: „Der Krieg war urplötzlich wieder eine Sache des Volkes geworden, und zwar eines Volkes von 30 Millionen, die sich alle als Staatsbürger betrachteten. [...] Mit dieser Teilnahme des Volkes an dem Kriege trat statt eines Kabinetts und eines Heeres das ganze Volk mit seinem natürlichen Gewicht in die Waagschale. Nun hatten die Mittel, welche aufgewandt, die Anstrengungen, welche aufgeboten werden konnten, keine bestimmte Grenze mehr [...]."⁴

Die Vorstellung der völligen Entgrenzung des Krieges wies noch weit über das frühe 19. Jahrhundert hinaus, auch wenn offensichtlich war, dass die Einbeziehung des Volkes und seine Ideologisierung die Einstellung der Bürger zum Krieg veränderten. 1813 appellierte der preußische König Friedrich Wilhelm III. zum Auftakt der Befreiungskriege gegen Napoleon direkt an „Mein Volk" und forderte mit patriotischer Emphase die Bereitschaft zu Opfern ein. In der Folge sammelten Bürger Spenden für den Krieg und gründeten vaterländische Vereine. Prinzessin Marianne rief alle Frauen auf, ihren Goldschmuck gegen eine Brosche oder einen Ring aus Eisen mit der Inschrift „Gold gab ich für Eisen" einzutauschen. Es ging um Konsumverzicht zum Wohle des Vaterlandes und seines Sieges. 1814 schuf Preußen mit dem Luisenorden zum ersten Mal eine Auszeichnung, die den Einsatz von Frauen für die Kriegsanstrengung („ihre wesentlichen Hilfeleistungen für den großen Zweck")⁵ honorierte. Die allgemeine Begeisterung führte auch zu einem massenhaften Zulauf zu Freiwilligenverbänden.⁶

Der amerikanische Bürgerkrieg (1861–1865) nahm manche Charakterzüge totaler Kriege voraus. „Americans on both sides of the Mason–Dixon Line saw the effects of

---

3 Zit. nach ebd., S. 9.
4 *C. v. Clausewitz*, Vom Kriege. Hinterlassenes Werk, 3. Aufl.*(Erstauflage 1832), Berlin 1867, S. 90. Vgl. *H. Münkler*, Clausewitz über den Charakter des Krieges, in: Themenportal Europäische Geschichte, 2007, <www.europa.clio-online.de/essay/id/artikel-3195>, (abgerufen 16.12.2018).
5 Zit. n. *K. F. Gottschalck*, Almanach der Ritter-Orden. 3. Abteilung: Die Deutschen Ritter-Orden, Leipzig 1819, S. 172.
6 *C. M. Clark*, Iron Kingdom. The Rise and Downfall of Prussia, 1600–1947, Cambridge, MA 2006, S. 345–385.

an overzealous federal state creeping into their lives."[7] Dieser Volkskrieg erforderte eine nie gekannte Zentralisierung der Staatsgewalt und rigide Einschränkungen persönlicher Freiheiten, die von Steuererhöhungen bis zu Konfiskationen, von der allgemeinen Wehrpflicht zu Beschneidungen der bürgerlichen Freiheiten und der Einführung der Zensur reichten. Gewerkschaften wurden unterdrückt und verdächtige Zivilisten verhaftet. Die Angst vor Verrätern und einer „fünften Kolonne" des Feindes wurde zu einem „typical phenomenon of the home front of modern warfare".[8] Der Krieg trug ein enormes Konfliktpotenzial in die Gesellschaft hinein, wie die gewalttätigen Aufstände gegen die Wehrpflicht („draft riots") von 1862 und 1863, empfindliche Einschränkungen der Versorgung der Zivilbevölkerung sowie scharfe Eingriffe in das Alltagsleben demonstrierten.

Der Deutsch-Französische Krieg von 1870/71 ging an der Heimat nicht spurlos vorbei. In einigen Sektoren wie der Landwirtschaft kam es zu einem Mangel an Arbeitskräften, in anderen, wie etwa im Handwerk und in rüstungsfernen Industrien, zu Arbeitslosigkeit. Die Überbeanspruchung des Transportsystems und der Anstieg der Preise führten zu gravierenden Problemen. Nicht wenige Bauern, Handwerker und Arbeiter sowie ihre Familien litten daher Not. Der Staat intervenierte massiv in das Wirtschaftsgeschehen und betrieb eine systematische Lenkung der öffentlichen Meinung durch Zensur und die Förderung regierungsfreundlicher Zeitungen.[9] Was die Methoden der Kriegführung und die Kriegsziele angeht, war der Einigungskrieg jedoch weit von einem totalen Krieg entfernt, zumal dieser „gehegte Krieg" 1871 nach einem halben Jahr beendet werden konnte.[10]

3 Der Erste Weltkrieg

Der Erste Weltkrieg besaß als erster „technisch-industrieller Massenkrieg"[11] eine gänzlich andere Qualität. Er entglitt in vieler Hinsicht der Kontrolle der politischen und militärischen Führungen. Ihre Pläne waren geprägt von den Erfahrungen des 19. Jahrhunderts, von begrenz- und beherrschbaren Waffengängen. Die Fortschritte

---

[7] *J. Nagler*, Loyalty and Dissent: The Home Front in the American Civil War, in: *S. Förster/J. Nagler* (Hg.), On the Road to Total War: The American Civil War and the German Wars of Unification, 1861–1871, Cambridge 1997, S. 343.
[8] Ebd., S. 344.
[9] Vgl. *A. Seyferth*, Die Heimatfront 1870/71. Wirtschaft und Gesellschaft im deutsch-französischen Krieg, Paderborn 2007, S. 226–241 u. 324–382.
[10] Vgl. *N. Buschmann/D. Langewiesche*, „Dem Vertilgungskriege Grenzen setzen": Kriegstypen des 19. Jahrhunderts und der deutsch-französischer Krieg 1870/71. Gehegter Krieg – Volks- und Nationalkrieg – Revolutionskrieg – Dschihad, in: *D. Beyrau u. a. (Hg.)*, Formen des Krieges. Von der Antike bis zur Gegenwart, Paderborn 2007, S. 163–196.
[11] *J. Leonhard*, Die Büchse der Pandora. Geschichte des Ersten Weltkriegs, München 2014, S. 146. Vgl. Ebd., S. 146–154.

der Kriegstechnik schufen jedoch ressourcenverschlingende Massaker nie zuvor gekannten Ausmaßes. U-Boote und Flugzeuge eröffneten dem Krieg neue Räume. Den Landkrieg fochten Millionenheere aus. Sie bedienten sich einer industrialisierten Kriegsführung mit neuartigen bzw. in ihrer Effizienz ungemein gesteigerten Tötungsmaschinen. Es waren vor allem Maschinengewehre und die Artillerie, die den größten Blutzoll erzielten. Seltener, aber umso furchteinflößender, traten Panzer und Giftgas in Erscheinung. Das Töten als Handarbeit durch Säbel, Dolche und Seitengewehre besaß nur noch Seltenheitswert. 1917 wurden durch sie bei der an der Westfront eingesetzten deutschen Armee lediglich 0,1 Prozent aller Wunden verursacht.[12]

Das Dauerfeuer der Geschütze und automatisierten Waffen katapultierte den Munitionsverbrauch in ungeahnte Höhen. Die schweren Maschinengewehre spuckten bis zu 600 Schuss pro Minute aus. Die deutsche Artillerie soll auf dem Höhepunkt der Marneschlacht (5.–12.9.1914) mehr Munition verschossen haben als im gesamten Krieg von 1870/71. Im Herbst 1914 drohte den Armeen, die Munition auszugehen. Der Krieg gewann den Charakter mehrjähriger Materialschlachten, die an zumeist erstarrten Fronten kaum Bewegung kannten und vor allem kein Ende nahmen. Munition, Waffen, Fahrzeuge und sonstige Ausrüstung wurden in derartigen Mengen benötigt, die sich zu Beginn des Krieges niemand vorstellen konnte. Es erforderte massive und zeitraubende Anstrengungen, bis die Kriegswirtschaft dem Bedarf halbwegs gerecht wurde, was nur durch die umfängliche Mobilisierung aller materiellen und finanziellen Ressourcen gelang.

Ohne die Einbeziehung der Zivilisten war ein solcher Krieg nicht zu führen. Gleichwohl handelte es sich noch nicht um einen voll entwickelten „totalen Krieg". Bombardements von Städten kamen selten vor. Die Propaganda war noch nicht omnipräsent, und der flächendeckende Zugriff auf das zivile Leben wurde zwar angestrebt, blieb aber in der Praxis vorerst bruchstückhaft.

Trotzdem markierte der Erste Weltkrieg eine historische Wasserscheide, die den Krieg unwiderruflich veränderte und die moderne Heimatfront schuf. Da die Waffengänge ressourcenintensiver und ihre ideologische Überhöhung durchdringender wurden, musste sich das zivile Leben zunehmend den Imperativen des Krieges fügen. Die Frontsoldaten erschienen als Vorkämpfer eines in seiner Gesamtheit kriegsführenden Volkes. „Front and home front became blurred in an irreversible way."[13] Die Heimatfront stand dafür, dass der Krieg jedermann betraf und es streng genommen kein rein ziviles Leben mehr gab. Städte und Dörfer fern der Front wurden somit in den Krieg einbezogen.[14]

---

12 B. Ziemann, Soldaten, in: G. Hirschfeld/G. Krumeich/I. Renz (Hg.), Enzyklopädie Erster Weltkrieg, Paderborn 2003, S. 157.
13 J. M. Winter, Home Front, in: R. Cowley/G. Parker (Hg.), The Reader's Companion to Military History, New York 1996, S. 210.
14 R. Bessel, Mobilizing German Society for War, in R. Chickering/S. Förster (Hg.), Great War, Total War: Combat and Mobilization on the Western Front, 1914–1918, Cambridge 2000, S. 437–451; P. Fridenson (Hg.), The French Home Front 1914–1918, Providence, RI 1992.

Der Krieg griff daher tief in bestehende Konsummuster ein. Er besaß ein Janusgesicht, denn er drängte einerseits den privaten Konsum massiv zurück, begünstigte aber anderseits auch neue Formen des Konsums. Er wies historisch zurück auf das alte Paradigma des Mangels, wies aber auch nach vorne und gab partielle Ausblicke auf die moderne Konsumgesellschaft. „Mass warfare [...] was sustained by mass culture."[15] Im Interesse der Moral expandierten etwa die Film- und Werbeindustrie und das Theater erlebte eine Aufwertung als Forum der gesellschaftlichen Selbstmobilisierung bzw. Ablenkung, während die Produktion von Konsumgütern des zivilen Alltagsbedarfs scharf zurückging.

Einschränkungen ergaben sich aufgrund der alliierten Seeblockade bei den Mittelmächten vor allem im Ernährungssektor. Deutschland hatte 1913 ein Drittel seiner Lebensmittel importiert und konnte nicht wie Großbritannien auf Importe aus dem Kolonialreich und den USA zurückgreifen. Ferner ließen die massenhafte Einberufung von Arbeitskräften, der Mangel an Dünger und die Requirierung von Zugtieren die agrarische Produktion des Reichs um ca. ein Drittel schrumpfen. So kam es im Lebensmittelsektor zu einem absoluten Mangel und zudem zu einer regional unausgewogenen Versorgung. Minderwertige Ersatzprodukte kamen verstärkt auf den Markt, bereits im Oktober 1914 ein „Kriegsbrot", das zu 20 Prozent aus Kartoffelzusätzen bestand. Später waren es bis zu 50 Prozent. Ab 1916 mischte man Rüben, Mais, Bohnen, Erbsen und sogar Holzmehl bei. Das Strecken von Lebensmitteln durch Wasser, Farbstoffe und Abfälle wurde gang und gäbe. Im Verlauf des Krieges kamen immer mehr Surrogate wie Kunststreichfett, Kunsthonig und Ersatzmarmeladen („Kriegsmus") hinzu. Bei Kriegsende gab es mehr als 11 000 Ersatzlebensmittel, darunter 837 Sorten fleischlosen Wurstersatz.[16]

1915 flackerten erste „Hungerkrawalle" auf. Die Gründung des Reichsernährungsamtes 1916 markierte eine Reaktion auf die unzureichende Versorgung, die nun systematischer und rigider organisiert werden sollte. Die Phase der improvisierten Kriegswirtschaft mit vereinzelten Bewirtschaftungsmaßnahmen ging zu Ende. Es galt, den sozialen Sprengstoff der Lebensmittelknappheit qua flächendeckender Rationierung und administrierter Preise zu begrenzen. Die Logik dieses Systems war Egalität. Innerhalb von bestimmten Konsumentengruppen wie „Schwerstarbeiter" oder Kinder stand den Berechtigten die gleiche Menge an Kalorien zu. Es gelang aber nicht, den Mangel spürbar zu mildern oder ihn auch nur gerechter zu verteilen, sodass sich jenseits der Kommandoökonomie illegale, schwarze Märkte ausbildeten. Sie privilegier-

---

15 *D. E. Showalter*, Mass Warfare and the Impact of Technology in: *Chickering/Förster*, Great War, S. 73–93., S. 80. Vgl. auch *M. Baumeister*, Kriegstheater. Großstadt, Front und Massenkultur, 1914–1918, Essen 2004.
16 *A. Huegel*, Kriegsernährungswirtschaft Deutschlands während des Ersten und Zweiten Weltkrieges im Vergleich, Konstanz 2003, S. 174f.; *Flemming/B. Ulrich*, Heimatfront, S. 159–174; *A. Roerkohl*, Hungerblockade und Heimatfront. Die kommunale Lebensmittelversorgung in Westfalen während des Ersten Weltkriegs, Stuttgart 1991, S. 216–229.

ten zahlungskräftige gegenüber ärmeren Verbrauchern. Ihre Logik lautete: „Jedem nach seiner Kaufkraft". Damit trat ein eklatanter und sich im Kriegsverlauf weiter zuspitzender Widerspruch zwischen staatlichem Lenkungsanspruch und alltäglicher Realität hervor.[17]

Hunger und Unterernährung waren in Deutschland weit verbreitet. Die Anfälligkeit für Krankheiten nahm gegen Kriegsende dramatisch zu. Das gespaltene Versorgungssystem schuf groteske Fehlanreize. Bauern verfütterten Weizen, da Fleisch einfacher und profitabler auf dem schwarzen Markt zu verkaufen war, obwohl der Konsum von Getreideprodukten eine bessere Nährstoffbilanz aufwies. Die Konsumenten verloren auf der Suche nach Nahrungsmitteln viel Zeit und Geduld, und ihre Entbehrungen wurden zunehmend nicht mehr durch militärische Siegesmeldungen erträglich gemacht. Im berüchtigten Steckrübenwinter 1916–17 wurden Kohlrüben, im Volksmund als „preußische Ananas" verspottet, zu dem Grundnahrungsmittel schlechthin, selbst im Pudding und in der Frikadelle. Die Eintönigkeit und der schlechte Geschmack der Rüben ließen die Parolen der Behörden und die Empfehlungen der Kriegskochbücher als blanken Hohn erscheinen.

Die Menschen, die für die Kriegsanstrengung nicht gebraucht wurden, also gleichsam gar nicht mehr zur Heimatfront gehörten, litten am meisten. In Altersheimen, geschlossenen Anstalten und Gefängnissen kam es zu menschenunwürdigen Zuständen und einem Massensterben.[18] Der Bericht des Leiters der Oberfränkischen Heil- und Pflegeanstalt Bayreuth vom September 1917 vermittelt einen Eindruck dieser humanitären Katastrophe: „Das ständige Geschrei der Kranken bzw. ihre unaufhörlichen Klagen über Hunger, ihre beim Gartenbesuch zutage tretende Gier nach unreifem Obst, ja selbst nach Gras, Blumen, Laub, Eicheln, Kastanien etc. angesichts der Unmöglichkeit der Abhilfe" seien ein „die Nerven stark ergreifendes Moment".[19]

Der Krieg schuf auch auf anderen Gebieten dramatische Einschränkungen. 13 Millionen eingezogene Männer fehlten dem Arbeitsmarkt und ihren durch die Abwesenheit des Haupternährers verarmenden Familien. Sie konnten oft ihre Mieten nicht mehr aufbringen und zogen zu Verwandten. Viele Menschen waren gezwungen, den Wohnort zu wechseln, um in Rüstungsbetrieben zu arbeiten. Reine Friedensindustrien wie die Textil- und die Schmuckindustrie erhielten kaum Rohstoffe und Arbeitskräfte und mussten schließen oder auf Kriegsfertigung bzw. auf Surrogate umstellen. In der Schuhproduktion kam Papier und Holz zum Einsatz. Anstelle der nicht mehr verfügbaren Baumwolle verwendete die Textilindustrie Papier sowie Brennnessel-

---

17 Vgl. Ebd., S. 122–184; *A. Offer*, The Blockade of Germany and the Strategy of Starvation, 1914–1918. An Agency Perspective, in: *Chickering/Förster*, Great War, S. 169–188; *ders.*, The First World War. An Agrarian Interpretation, Oxford 1989, S. 23–78; *Roerkohl*, Hungerblockade, S. 65–194; *Flemming/ B. Ulrich*, Heimatfront, S. 189–201.
18 *U. Spiekermann*, Künstliche Kost. Ernährung in Deutschland, 1840 bis heute, Göttingen 2018, S. 265f.
19 Zit. in: *W. U. Eckart*, Erster Weltkrieg 1914–1918: Hunger und Mangel in der Heimat, in: Deutsches Ärzteblatt 112, 6, 2015, A. 230–232.

und Schilffasern, was zu massiven Qualitätsverschlechterungen führte. Angesichts des Mangels an Gummi wurden Schläuche privater Fahrräder beschlagnahmt und durch Metallspiralen ersetzt. Das Sammeln von Altpapier und verwertbaren Abfällen, Waldfrüchten und Wurzeln gewann den Status einer patriotischen Pflicht. Die Bautätigkeit kam praktisch zum Erliegen. Hunger und ungerechte Verteilung untergruben nicht nur die Stimmung an der Heimatfront, sondern demoralisierten auch die Soldaten, die bei Besuchen oder durch Briefe ihrer Angehörigen von den Nöten daheim erfuhren.[20]

Der Krieg führte zu einer Massenverelendung, vor allem in Zentral- und Osteuropa. In Russland mündeten existentielle Not und Kriegsmüdigkeit 1917 in die Oktoberrevolution, die neben Brot und Frieden eine klassenlose Gesellschaft mit gerechten Konsumchancen für alle versprach. Auch in Deutschland und Österreich-Ungarn trugen Versorgungsengpässe, hochschnellende Preise und der Sinkflug des Lebensstandards neben der verzweifelten militärischen Lage zum Zusammenbruch der alten Ordnung bei. Verbraucherproteste standen am Anfang des politischen Niederganges.[21]

Der Krieg wirkte aber paradoxerweise partiell auch als ein Schrittmacher der Konsummoderne. Er war, wie es Dieter Langewische für viele historische Dimensionen gezeigt hat, ein „gewaltsamer Lehrer" mit hoher Gestaltungskraft.[22] Gerade im Bereich der Konsumgeschichte sind dabei gänzlich unintendierte Konsequenzen zu beobachten. Der Krieg ermöglichte es Millionen jungen Männern, zum ersten Mal der Enge ihrer Heimatregionen zu entkommen und fremde Länder kennenzulernen. In der Etappe, auf Fronturlaub und in besetzten Territorien, in denen die Waffen schwiegen, waren touristische Erlebnisse durchaus möglich und erwünscht, allein schon, um die psychische Belastung der Front zu kompensieren. An Vergnügungsmöglichkeiten fehlte es nicht, von Schänken bis zu Kinos, von Varietés bis zu Prostituierten. In Großbritannien nahmen die Rekrutierungsstellen der Freiwilligenarmee – die Wehrpflicht kam erst 1916 – das Fernweh unmittelbar in ihren Dienst. Ein Plakat bildete zwei in Afrika stationierte Soldaten ab, die gut gelaunt und rauchend über einen arabischen Markt spazieren. Die Überschrift lautete: „See The World – And Get Paid For Doing It."[23]

---

[20] *B. J. Davis*, Home Fires Burning: Food, Politics, and Everyday Life in World War I Berlin, Chapel Hill, NC 2000.
[21] Vgl. *Leonhard*, Büchse, S. 895; *I. Kershaw*, To Hell and Back. Europe, 1914–1949, London 2016, S. 76–92.
[22] *D. Langewiesche*, Der gewaltsame Lehrer. Europas Kriege in der Moderne, München 2019, S. 13–29.
[23] Vgl. *H. Eichberg*, „Join the Army and See the World". Krieg als Touristik – Touristik als Krieg, in: *D. Kramer/R. Lutz (Hg.)*, Reisen und Alltag. Beiträge zur kulturwissenschaftlichen Tourismusforschung, Frankfurt am Main 1992, S. 207–228.

Abb. 1: Britisches Propaganda-Plakat

Ein ähnliches Plakat zeigt zwei Globetrotter, die in britischen Uniformen die Welt umrunden. „Travel all over the world with the Machine Gun Corps." Das Militär gewann seine Attraktivität auch, weil es eine Gegenwelt zum Alltäglichen darstellte.

„Battlefield tourism" wurde in der Zwischenkriegszeit zu einem Massenphänomen. Es gab spezialisierte Reiseführer und Reiseveranstalter, die hunderttausende Veteranen zuweilen mit ihren Familien an die Schlachtfelder zurückführten oder Angehörige gefallener Soldaten dorthin als eine Art Trauer- und Gedenkreise brachten. Andere Besucher kamen „to satisfy a morbid curiosity".[24] Im 19. Jahrhundert hatte es auch eine unmittelbare touristische Beobachtung von Schlachten, etwa im Krimkrieg oder im amerikanischen Bürgerkrieg gegeben. Schaulustige sahen den Kämpfen aus geschützter Entfernung zu und verbanden diese Ausflüge zuweilen mit einem Picknick. Die Kriegsführung des Ersten Weltkrieges machte diese Art des „battlefield tourism" unmöglich. Die Schlachtfelder wurden erst ex post zu touristischen Destinationen. Hinzu kamen Kriegsdenkmäler und Museen, die sich zu touristischen Attraktionen entwickelten. In den 1920er und 1930er Jahren besuchten mehr als sieben Millionen Menschen das Imperial War Museum in London.[25]

Tourismusgeschichtlich bedeutender wurde der in den 1920er Jahren stattfindende „Aufbruch in den modernen Massentourismus", der Erholung in den Mittelpunkt stellte. Die sozialpolitischen Offensiven nach 1918 sind nicht ohne die Opfer des Krieges zu verstehen. In Großbritannien versprach Premier Lloyd George 1917, ein „land fit for heroes" zu erschaffen. In Deutschland war das Ausbau des Sozialstaates eine direkte Folge der Kriegsnöte und eine Abfederung der gescheiterten Revolution. Die staatlichen Unterstützungsleistungen des Grundbedarfs erlaubten Steigerungen beim Dispositionskonsum. Das trug auch zum Durchbruch der modernen Massenkultur in der Zwischenkriegszeit bei. In Deutschland wurde – allen ökonomischen Krisen zum Trotz – der Urlaubsanspruch von Arbeitern zum Standard. Mit dem 1918/19 endgültig verankerten Tarifvertragswesen besaßen die Gewerkschaften einen Hebel, der bis 1928 ca. 90 Prozent der Arbeiter bezahlten Urlaub verschaffte.[26]

Es waren vor allem zwei Konsumverstärker, die durch den Ersten Weltkrieg einen phänomenalen Aufschwung nahmen, nämlich die Werbe- und die Filmwirtschaft. Beide profitierten von der Notwendigkeit einer systematischen Massenbeeinflussung. Es ging allgemein darum, die Heimatfront und die Moral der Truppen zu stärken.[27] Hinzu kam die Finanzierung durch Kriegsanleihen, die Lenkung des Konsums, die Aufmunterung der Heimatfront und die Anwerbung Freiwilliger, die allesamt einen

---

24 Zit. n. *D. W. Lloyd*, Battlefield Tourism. Pilgrimage and the Commemoration of the Great War in Britain, Australia and Canada, 1919–1939, Oxford 1998, S. 29.
25 Vgl. Ebd., insbes., S. 29.
26 *C. Keitz*, Reisen als Leitbild. Die Entstehung des modernen Massentourismus in Deutschland, München 1997, S. 34.
27 Vgl. *M. Ermacora*, Civilian Morale, in: *U. Daniel u. a. (Hg.)*, 1914–1918-online. International Encyclopedia of the First World War, issued by Freie Universität Berlin, Berlin 2015-08-10. 10.15463/ie1418.10699 (abgerufen 28.12.2018).

massiven Werbeeinsatz erforderten. Während die klassische Wirtschaftswerbung im Krieg als Folge von Papiermangel und Zensur zurückging, nahmen die staatlichen Kampagnen zu. Sie wurden zum Teil von den besten Werbefachleuten konzipiert, die oftmals in staatliche Institutionen berufen wurden und dadurch eine merkliche soziale Aufwertung erfuhren. Ein Teil von Ihnen gelangte mit demselben Effekt in Propagandastäbe wie das britische Department of Information.[28] In Großbritannien, wie auch in den USA, bildeten Werbeprofis 1914 inoffizielle Beraterstäbe, die zunächst auf Misstrauen, dann aber schon bald auf Anerkennung stießen. 1915 waren sie gesuchte Experten, um die verschiedene Regierungsstellen konkurrierten. Der umtriebige Hedley Le Bas, Verleger und Versandhändler, drängt sich zunächst mit anderen Werbeprofis als freiwilliger Berater der britischen Regierung auf und führte als eine Art Sonderbeauftragter einige der bis dahin größten Werbekampagnen durch. 1916 wurde er zum Leiter des Publicity Departments im neuen Ministry of Munitions berufen und als erster Werbefachmann mit einer „knighthood" geadelt. 1917 warb er auch für den Chancellor of Exchequer, nämlich für die Zeichnung von Kriegsanleihen.[29]

In den USA zogen Werbefachleute wie der spätere PR-Guru Edward Bernays in das Committee on Public Information ein, um der Wilson-Administration Zustimmung für einen Kriegseintritt der USA zu verschaffen. Dort ergriffen sie die Chance, ihr Können unter Beweis zu stellen und ihre Sichtbarkeit und Akzeptanz zu erhöhen. J. Walter Thompson triumphierte 1918. Der Krieg habe der Werbewirtschaft nicht nur die Gelegenheit geboten, „to render a valuable patriotic service [...] but also to reveal to a wide circle of influential men the real character of advertising [...]" Die Fachzeitschrift Printers' Ink ging noch weiter. Die Allmacht der Werbung sei im Krieg bewiesen worden: „it is possible to sway the minds of whole populations, change their habits of life, create belief – in any policy or idea."[30] Auch diese Botschaft traf auf fruchtbaren Boden, da die Werbeumsätze in den USA ab 1919 steil anstiegen. In Europa verlief die Entwicklung nicht ganz so stürmisch, aber sie zeigte auch hier nach oben. Bernays ersetzte übrigens den negativ konnotierten Begriff „Propaganda" durch „public relations" und bezeichnete sich in Analogie zu Rechtsanwälten als „counsel on Public Relations." Nach 1918 gewann er u. a. Mandate von General Electric, United Fruit, Proctor & Gamble und mehreren US-Präsidenten. So kreierte er den erfolgreichen Wahlkampfslogan „Keep cool with Coolidge".

Für Frankreich konnte ebenfalls gezeigt werden, dass während des Krieges eine Modernisierung der Werbung stattfand. Ihre bereits vor 1914 angelaufene Emotionali-

---

28 *I. McLaine*, Ministry of Morale. Home Front Morale and the Ministry of Information in World War II, London 1979.
29 Vgl. *N. Hiley*, Sir Hedley le Bas and the Origins of Domestic Propaganda in Britain, 1914–1917, in: Journal of Advertising 10/2, 1987, S. 30–45.
30 Beide Zitate in: *R. Marchand*, Advertising the American Dream. Making Way for Modernity, 1920–1940, Berkeley, CA 1985, S. 6. Allgemein *P. P. Pedrin*, Propaganda, Persuasion and the Great War. Heredity in the Modern Sale of Products and Political Ideas, London 2018.

sierung beschleunigte sich, vor allem durch die Symbiose von Patriotismus und Produktwerbung.[31] In England waren es Werbeprofis, die den Militärs beibrachten, dass „dull leaflets" mit Appellen an „King and Country" wenig bewirkten. Es gelang ihnen, das anfänglich große Misstrauen der konservativen Generäle zu überwinden. „We ran the gamut of all the emotions that make men risk their lives and all the factors that deter them from doing so." So wurden etwa gezielt „wives and sweethearts" angesprochen, ihren Partner zum Kriegsdienst zu drängen, da sie ja sonst dem „horror of invasion" ausgesetzt wären. Kinder würden nach dem Krieg ihre Väter beschämen: „Father, why weren't you a soldier too?"[32]

Ein ähnlicher Entwicklungsschub ist in der Filmwirtschaft festzustellen. Der Krieg hatte Deutschland von Filmimporten weitgehend abgeschnitten. Zudem schienen die Alliierten einen Vorsprung bei der Filmpropaganda zu besitzen, was angesichts der ab 1916 angestrebten Intensivierung der Kriegsanstrengung für die Oberste Heeresleitung inakzeptabel war. Anfang 1917 wurde das Bild- und Funkamt eingerichtet. Ludendorff wollte jedoch einen staatlich gesteuerten großen Filmkonzern, der Ende 1917 in Form der Universum-Film Aktiengesellschaft (Ufa) als Fusion privater Filmfirmen entstand und dank geheimer staatlicher Zuwendungen und einer Beteiligung der Deutschen Bank die deutsche Filmwirtschaft in eine neue Größenordnung katapultierte. Was als Instrument der psychologischen Kriegsführung begann, wurde in den 1920er Jahren zu dem führenden, wenngleich finanziell instabilen deutschen Produzenten von Unterhaltungsfilmen. Jedenfalls machte das Kino bereits im Krieg einen großen Entwicklungsschritt und gewann die Voraussetzung für die große Zeit des Weimarer Unterhaltungsfilms. Wie wichtig das Kino bereits im Krieg geworden war, erfuhr die Marine 1917, als die Enttäuschung über den Ausfall einer erwarteten Filmvorführung zu Meutereien führte.[33]

In Großbritannien brachten Lastwagen fahrbare Kinos, „cinemotors", in die entlegensten Regionen. Propaganda und Unterhaltung ergänzten sich gegenseitig. Der monumentale, während der Schlacht gefilmte Kriegsfilm „Battle of the Somme" wurde von 20 Millionen Briten in den ersten sechs Wochen nach dem Kinostart gesehen.[34] Auch wenn sich das Kino schon vor 1914 einer rasch steigenden Popularität erfreut hatte, waren die Vorbehalte der Eliten doch noch stark gewesen. Bei Kriegsende hatte nicht nur die Popularität erheblich zugenommen, sondern auch die Akzeptanz des Kinos. Es war zu einem integralen Bestandteil des gesellschaftlichen Lebens und der Medienpolitik geworden. Richtig ist aber zugleich auch, dass die europäi-

---

[31] *R. F. Collins*, Positioning the War: The Evolution of Civilian War-Related Advertising in France, in: Journalism History 13, 1993, S. 79–86.
[32] Alle Zitate n. *Hiley*, Sir Hedley, S. 98ff. Vgl. allgemein *D. Monger*, Propaganda at Home (Great Britain and Ireland), in: *U. Daniel u. a.*, 1914–1918-online, 31.12.2018.
[33] Vgl. *D. Horn*, The German Naval Mutinies of World War I, New Brunswick, N.J., 1969, S. 131ff.; *Showalter*, Mass Warfare, S. 81.
[34] *N. Reeves*, Official British Film Propaganda during the First World War, London 1986, S. 157–165.

sche Filmwirtschaft nach 1918 bei stark steigender Produktion relativ zu Hollywood an Bedeutung verlor und diesen Rückstand nicht wieder aufholte.[35]

Das populäre Theater und die gesamte Unterhaltungsindustrie stagnierten keineswegs während des Krieges, sondern expandierten mit Billigung der Behörden, denen die Stimmung an der Heimatfront wichtig war. Die zunehmenden Sorgen und Nöte der Menschen schufen nachfrageseitig ein steigendes Bedürfnis nach Eskapismus und Ablenkung, das dem Unterhaltungsbetrieb entgegen kam.[36] Charlie Chaplin wurde zwischen 1914 und 1918 von einem unbekannten „music-hall comedian" zu einem Kinostar in den USA und in England, der sowohl das reine Unterhaltungsgenre als auch Propagandafilme beherrschte.

Es gab ferner einen Bedarf an Konsumgütern, den der Krieg erzeugte. Patriotischer Kitsch, Spielwaren, Mundharmonikas, Zigaretten, lustige Kriegspostkarten, Andenken an die Heimat. Vieles davon hatte klein zu sein, um es massenhaft per Feldpostpaket an die Front zu schicken. Es ging darum, den Soldaten Zeit und Trübsal zu vertreiben und den Daheimgebliebenen eine symbolische Verbindung zum Krieg zu bieten. So gab es für Kinder Uniformen, Waffen, Fahnen und Miniatursoldaten. Im Krieg kamen Matrosenanzüge in exakter Nachahmung der deutschen Marineuniformen auf den Markt. Dazu passend gab es Mützen, in denen der Name eines Schiffes der Flotte eingestickt war.[37] Der Krieg zog verstärkt in die Kinderzimmer ein. Im Herbst 1914 verkündete eine Branchenzeitschrift: „Der Markt scheint nicht satt zu werden an Kriegsartikeln. Tagtäglich werden neue angekündigt [...]" Im Weihnachtsgeschäft war das „Kriegs-Spiel Hurra 1914/15" ein Verkaufsschlager „für Jung und Alt."[38] Der Krieg wurde zum Spiel und die Fantasie kannte keine Grenzen. In den Schaufenstern stand „Artilla. Ein frisch-fröhlicher Geschützkampf" neben einem Puppenensemble der Firma Steiff, das einen französischen Gefangentransport mit Lazarett abbildete. Ab 1915/16 fand sich Kriegsspielzeug jedoch auf dem Rückzug. Die Begeisterung hatte sich gelegt. Jedoch blieb die Nachfrage nach Spielwaren im Krieg hoch.

Dem Musikinstrumentenfabrikanten Hohner wurden seine Mundharmonikas im Krieg geradezu aus den Händen gerissen. Über Scheinfirmen in der Schweiz gelang es dem Unternehmen, auch die Alliierten mit Instrumenten zu versorgen, die Namen wie „Tommy Atkins" oder „Le Poilu" trugen. Für die Mittelmächte gab es Modelle wie „Unsere Feldgrauen" oder „Eiserne Zeit", ab November 1914 auch in „bequemen Feldpost-Packungen". Aufgrund der handlichen Größe und der Beliebtheit der Harmoni-

---

35 Vgl. *G. Bakker*, Entertainment Industrialised. The Emergence of the International Film Industry, Cambridge 2008, S. 229–253.
36 Vgl. *E. Krivanec*, Kriegsbühnen. Theater im Ersten Weltkrieg. Berlin, Lissabon, Paris und Wien, Bielefeld 2012; *Baumeister*, Kriegstheater.
37 *K. Wittmann*, Firmenerfolg durch Vermarktung von Nationalbewußtsein? Die Werbestrategie des Markenartiklers Bleyle vor und im Ersten Weltkrieg, in: *G. Hirschfeld u. a. (Hg.)*, Kriegserfahrungen. Studien zur Sozial- und Mentalitätsgeschichte des Ersten Weltkriegs, Essen 1997, S. 302–322
38 Zit. in: *H. Hoffmann*, „Schwarzer Peter im Weltkrieg". Die deutsche Spielwarenindustrie 1914–1918, in: *Hirschfeld u. a.*, Kriegserfahrungen, S. 330.

kas besaßen sie in den Liebesgabenpaketen einen festen Platz. Durch die Übernahme von Rüstungsaufträgen und einen kreativen Umgang mit Rohstoffzuteilungen – die Behörden sprachen von „Schiebereien" – gelang es Hohner, die Produktionszahlen der Harmonikas hoch zu halten und die eigenen Gewinnmargen zu vergrößern. Am meisten schätzte das Unternehmen die „vorzügliche Propaganda für später".[39] Tatsächlich erlebte die Mundharmonika in der Zwischenkriegszeit einen Boom und wurde bis in die 1950er Jahre hinein für Millionen Kunden in der ganzen Welt eine Art Kultprodukt".[40]

Mundharmonikas teilten sich den Platz in Paketen bzw. Uniformtaschen oft mit Zigaretten. Dieses seit dem späten 19. Jahrhundert industriell hergestellten Konsumgut befand sich im Aufstieg, aber noch im frühen Stadium des Produktlebenszyklus. Noch 1900 entfiel auf die Zigarette in Deutschland weniger als 1 Prozent des Tabakverbrauchs. Ihr großer Vorzug gegenüber älteren Formen des Tabakkonsums wie das Pfeifen- und das Zigarrenrauchen war das Moment der erheblichen Zeitersparnis. Damit war sie wie geschaffen für den Krieg. Mit der Zigarette bekämpften die Soldaten Nervosität und Langeweile, oft auch den Hunger. Sie konnte man überall mit hinnehmen, für einen Moment Ablenkung, Stimulation und Genuss erlangen. Sie diente auch als eine psychologische Brücke zur Heimat und passte dank ihrer Kompaktheit in jedes Feldpostpaket. Zudem zählte sie zum Grundbedarf. Ab 1915 erhielt jeder deutsche Soldat zwei Zigaretten pro Tag. Noch gegen Kriegsende 1918 gab die Reichswehr eine Milliarde Zigaretten pro Monat aus, zu denen private Käufe und „Liebesgaben" der Heimat hinzuzurechnen sind. Als standardisierter Markenartikel eignete sich die Zigarette auch als Tauschmittel und Währungsersatz. Allerdings verringerte sich die Qualität im Laufe des Krieges merklich. Am Ende bestanden sie größtenteils aus Ersatzstoffen wie Buchenlaub. Der Krieg trug zweifellos zur weiteren Popularisierung und Verbreitung des relativ neuen Konsumproduktes Zigarette bei, das für den schnellen Genuss zwischendurch stand und in der Zwischenkriegszeit vermehrt auch von Frauen gekauft wurde.[41]

Der Erste Weltkrieg bewirkte also beides. Er unterdrückte Konsum bis hin zur Existenzbedrohung und stimulierte ihn in anderen Bereichen, z. T. kompensatorisch und manipulativ. In der Summe dominierten ganz eindeutig die Einschränkungen und der zunehmende Mangel.

---

39 Zit. in: *H. Berghoff*, Patriotismus und Geschäftssinn im Krieg. Eine Fallstudie aus der Musikinstrumentenindustrie, in: *Hirschfeld u. a.*, Kriegserfahrungen, S. 271.
40 Vgl. allgemein *H. Berghoff*, Marketing Diversity. The Making of a Global Consumer Product: Hohner's Harmonicas, 1857–1930, in: Enterprise & Society 2/2, 2001, S. 338–372; *Flemming/B. Ulrich*, Heimatfront, S. 205–215.
41 Vgl. *T. Reichard*, Die Zeit der Zigarette. Rauchen und Temporalität in der ersten Hälfte des 20. Jahrhundert, in: *A. C. T. Geppert/T. Kössler (Hg.)*, Obsession der Gegenwart: Zeit im 20. Jahrhundert, Göttingen 2015, S. 92–122; *D. Schindelbeck u. a.*, Zigaretten-Fronten. Die politischen Kulturen des Rauchens in der Zeit des Ersten Weltkriegs, Marburg 2014, S. 77–155.

4 Der Zweite Weltkrieg

Restriktion und Expansion sind auch im Zweiten Weltkrieg zu beobachten. Er unterschied sich dadurch, dass er auf einem höheren Stand der Technik stattfand und der Massenkonsum in den westlichen Staaten, am stärksten in den USA, erhebliche Fortschritte gemacht hatte. Zudem wurde man nun nicht mehr von der Realität eines totalitären Krieges überrascht, da man die Versorgungslage im Ersten Weltkrieg ausgiebig untersucht hatte. Welche Lehren aus ihm zu ziehen seien, beschäftigte ganze Heerscharen von Militärs, Publizisten und Wissenschaftlern. 1922 legte etwa der amerikanische Journalist Walter Lippmann das „Public Opinion" vor, das aufbauend auf der Propaganda im Ersten Weltkrieg die Lenkung der Masse theoretisch fundierte. „The manufacture of consent is capable of great refinements. […] the opportunities for manipulation open to anyone who understands the process are plain enough. The creation of consent […] has […] improved enormously in technic, because it is now based on analysis rather than on rule of thumb."[42] Für den ehemaligen General Ludendorff war die „seelische Geschlossenheit" des Volkes kriegsentscheidend. Nur so könne das Kriegsziel, die totale Vernichtung des Gegners, erreicht werden. Die Versorgung stehe „an erster Stelle". „Der Mensch muß zunächst einmal leben […], um arbeiten und kämpfen zu können."[43] Der Ethnologe Wilhelm Emil Mühlmann schrieb, dass die „Extremform des Krieges" nicht etwa „durch besondere Blutigkeit gekennzeichnet" sei, sondern „durch besonders planvollen, totalen Einsatz aller geistigen, wirtschaftlichen und technischen Machtmittel."[44] Das galt in besondere Weise für die Verbrauchslenkung.

Die systemdestabilisierenden Hungerunruhen des Ersten Weltkrieges standen den Planern des Zweiten Weltkrieges ständig vor Augen. Sie hatten seit den 1920er Jahren ausgiebig über Methoden der Bevorratung, Bewirtschaftung, Verteilung und Verbrauchslenkung nachgedacht.[45] In Deutschland gelang daher die Sicherung der Ernährung bis 1944 verglichen mit dem Ersten Weltkrieg ausgesprochen gut. Obwohl die Rationen sanken, lagen Sie selbst noch 1944 über dem Stand von 1917/18, sanken gegen Kriegsende dann aber unter das langfristige Existenzminimum. Schon Jahre vor 1939 lief die Vorbereitung für den Krieg an, sodass große Vorräte angelegt wurden. Im Krieg selbst kam es zu einer ebenso systematischen wie brutalen Ausplünderung der besetzten Gebiete zugunsten der deutschen Bevölkerung. In der Landwirtschaft wurden Millionen ausländischer Zwangsarbeiter eingesetzt. Groß angelegte Kampagnen legten den Verbrauchern nahe, ihre Ernährungsweise umzustellen und auf minderwertige bzw. verfügbare heimische Lebensmittel auszuweichen sowie den

---

[42] W. Lippmann, Public Opinion, New York 1922, S. 248.
[43] E. Ludendorff, Der totale Krieg, München, 1935, S. 11 u. 37.
[44] W. E. Mühlmann, Krieg und Frieden, Heidelberg 1940, S. 9
[45] I. Zweiniger-Bargielowska/R. Duffett/A. Drouard (Hg.), Food and War in Twentieth Century Europe, Farnham 2011.

„Verderb" zu bekämpfen. Ein leidlich funktionierendes Rationierungssystem sorgte für eine relativ bedarfsgerechte Verteilung. Gleichwohl entstanden schwarze Märkte, die aber erst seit der zweiten Jahreshälfte 1943 größere Bedeutung gewannen.[46]

Die Ernährung der britischen Bevölkerung war aufgrund von Einfuhren, erhöhter heimischer Produktion und der systematischen Bewirtschaftung gesichert. Gleichwohl gaben die zunehmend monotone Kost, der Mangel an Fleisch und soziale Privilegien Anlass zu häufigen Klagen, die die Behörden um die Moral der Heimatfront bangen ließen. Letztere blieb aber stabil, und der allgemeine Gesundheitszustand der Bevölkerung scheint sich im Krieg sogar erheblich verbessert zu haben.[47]

Schließlich sollten die Konsumenten in allen kriegsführenden Ländern Produzenten werden und einen Teil ihrer Lebensmittel im eigenen Garten oder Schrebergarten anbauen. Überall gab es Kampagnen für „war gardens" oder „victory gardens." In Deutschland wurde ein „Reichskleingärtnertag" eingeführt, das Vereinswesen gleichgeschaltet und den „Laubenpiepern" Berater für eine effektivere Bewirtschaftung an die Seite gestellt. Die private Essenszubereitung wurde zunehmend durch kollektive Mahlzeiten abgelöst, in Suppenküchen, Kantinen oder Nachbarschaften. Um den Begriff „Suppenküche" zu vermeiden sprach man in Großbritannien von „British Restaurants". Es gab etwa 2 000 dieser nicht besonders populären Einrichtungen, die preiswerte Gerichte an Menschen abgaben, die keine Bezugsscheine mehr hatten.[48]

In Japan trat anders als in Großbritannien und Deutschland schon früher eine merkliche Verschlechterung der Ernährungslage ein, obwohl Lebensmittel im großen Stil aus Süd-Ost-Asien – mit verheerenden Folgen für die dortige Bevölkerung – eingeführt wurden und seit 1942 ein extrem engmaschiges Bewirtschaftungssystem existierte, dessen unterste Ebene Nachbarschaftsorganisationen von 10–20 Haushalten waren. Verbrauchslenkungskampagnen, die den Menschen zu einem „politischen Magen"[49] erziehen wollten, scheiterten jedoch hier wie anderswo. In Japan gelang es nicht, die Nachfrage nach Reis durch das Umschwenken auf Weizen, Gerste und Kartoffeln zu senken, wie auch in Deutschland der Fleisch- und Butterkonsum allen Appellen zum Trotz relativ hoch blieb. In Großbritannien, wo das 1939 gegründete

---

46 *L. Burchardt*, Die Auswirkungen der Kriegswirtschaft auf die deutsche Zivilbevölkerung im Ersten und Zweiten Weltkrieg, in: Militärgeschichtliche Mitteilungen 5, 1974, S. 65–97; *Huegel*, Kriegsernährungswirtschaft, S. 329–357; M. Zierenberg, Stadt der Schieber. Der Berliner Schwarzmarkt 1939–1950, Göttingen 2008.
47 *I. Zweiniger-Bargielowska*, Austerity in Britain: Rationing, Controls and Consumption, 1939–1955, Oxford 2000; *dies.*, Food Consumption in Britain during the Second World War, in: *H. Berghoff/ J. Logemann/F. Römer (Hg.)*, The Consumer on the Home Front. Second World War Civilian Consumption in Comparative Perspective, Oxford 2017, S. 75–92.
48 *P. J. Atkins*, Communal Feeding in War Time: British Restaurants, 1940–1947, in: *Zweiniger-Bargielowska/Duffett/Drouard*, Food and War, S. 139–54; *R. Farmer*, The Food Companions. Cinema and Consumption in Wartime Britain, 1939–45, Manchester 2011, S. 96–142; *A. Calder*, The People's War: Britain 1939–1945, London 1986, S. 386.
49 *R. Grunberger*, Das Zwölfjährige Reich. Der Deutsche Alltag unter Hitler, Wien 1972, S. 217.

„Ministry of Food" tägliche Radio-Sendungen („Kitchen Front") und Zeitungsanzeigen („Food Facts") und wöchentliche Kinokurzfilme („Food Flash") gestaltete, stießen die Ratschläge zumeist auf taube Ohren. Vollkornbrot galt als Zumutung und Hausfrauen zerkochten weiterhin das Gemüse.[50] Die kulturell tief verankerten Ernährungsmuster entzogen sich einer kurzfristigen Umsteuerung im Einklang mit den Imperativen der Kriegswirtschaft. In Japan wurde infolge des Abschneidens der Lebensmitteleinfuhren durch die alliierten Streitkräfte der Hunger endemisch. Schon 1942 verbrachten Familien in Tokio an die viereinhalb Stunden pro Tag in Schlangen vor Geschäften. Ende 1944 war der Verzehr von Gras und Unkraut verbreitet. Das Land befand sich 1945 in einer akuten Hungersnot, die eine Fortsetzung des Krieges schlechterdings unmöglich machte.[51]

Uwe Spiekermann hat gezeigt, dass das Desaster der Ernährungspolitik im Ersten Weltkrieg ganz erhebliche Modernisierungsimpulse freisetzte und sich in der Weimarer Republik ein „Eisernes Dreieck" von Wissenschaft, Staat und Wirtschaft mit dem Ziel der „Nahrungsfreiheit" herausbildete.[52] Auf Basis umfassender Stoffstromanalysen und der Verwendung synthetischer Lebensmittel sollte Deutschland aus der drückenden Abhängigkeit vom Weltmarkt befreit werden. Auch wenn die Selbstversorgung eine Chimäre blieb, drangen verstärkt künstliche Ingredienzien und Konservierungsstoffe, Convenience-Produkte und der Frischhaltekunststoff Cellophan vor, deren erstes Auftauchen gemeinhin auf die Nachkriegszeit fehldatiert wird. 1939 verfügte das Reich über mehr als 150 Produktinnovationen. Im Krieg wurden ca. 250 000 Köche ausgebildet und ca. ein Drittel der Bevölkerung in Kantinen verköstigt, sodass das neue Wissen eine erhebliche Breitenwirkung entfaltete.

Die Wehrmacht beschäftigte zahlreiche Expertenstäbe, die die Verpflegung der Truppe grundlegend umgestalteten und mittels einer Vielzahl neu kreierter Lebensmittel optimierten. Die Soldaten als befehlsabhängige „Konsumenten in Uniform" entsprachen dem Ideal des eisernen Dreiecks. Die antizipierende Modellierung der Ernährungsbedürfnisse der Soldaten führte dazu, dass zahlreiche Heeresprodukte im Massenmarkt der Nachkriegszeit reüssierten. Konzentrate, Dehydrierungstechniken sowie neue Verpackungs- und Konservierungstechnologien brachten haltbare und zeitsparende Fertiggerichte in die Wehrmachtsküchen und nach 1945 in die zivilen Haushalte. Die NS-Autarkiepolitik und Kriegsernährungswirtschaft waren par-

---

50 Vgl. *Farmer*, Food Companions.
51 Vgl. S. *Garon*, The Home Front and Food Insecurity in Wartime Japan. A Transnational Perspective, in: *Berghoff/Logemann/ Römer*, Consumer on the Home Front, S. 29–53.
52 Dieser und der folgende Abschnitt basieren auf der Göttinger Habilitation von *U. Spiekermann*, Künstliche Kost, S. 235–332, 351–386 u. 580–626. Eine kurze Zusammenfassung *ders.*, A Consumer Society Shaped by War. The German Experience 1935–1955, in: *Berghoff/Logemann/Römer (Hg.)*, Consumer, S. 301–311. Zur bereits auf den Krieg ausgerichteten Konsumpolitik des NS-Regimes vor 1939 *H. Berghoff*, Träume und Alpträume. Konsumpolitik im Nationalsozialistischen Deutschland, in: *H. G. Haupt/C. Torp (Hg.)*, Die Konsumgesellschaft in Deutschland 1890–1990. Ein Handbuch, Frankfurt am Main 2009, S. 268–288.

tiell Wegbereiter der Massenkonsumgesellschaft der Nachkriegszeit, auch wenn sie Deutschlands Mangel nur abmildern, nicht aber beseitigen konnten.

Bekleidung zählt ebenso wie Ernährung zu den Grundbedürfnissen. Sofern modische und individuelle Vorlieben ins Spiel kommen, ist sie teilweise auch dem Dispositionskonsum zuzurechnen. Je höher jedoch der Grad der Standardisierung und die Reduktion auf die Funktionalität ist, desto mehr entspricht Kleidung dem kriegswirtschaftlichen Ideal der Austerität. Das Motto des japanischen Wohlfahrtsministeriums lautete 1937 „Der Feind heißt Extravaganz". 1939 hieß der Slogan: „Kein Luxus, Kein Exzess, Keine Gier."[53] Seit 1940 legte das Komitee für die Reform der Nationalen Kleidung Schnitte, Stoffe und Farben fest, nicht zuletzt als Reaktion auf den Mangel an Wolle, Baumwolle und selbst der überwiegend in Japan hergestellten Seide. Viele dieser Vorgaben trafen auf wenig Gegenliebe. Allerdings fanden die für japanische Männer vorgesehene „nationale Uniform", ein schlichter brauner Anzug, sowie die für Frauen konzipierten „monpe", weite strapazierfähige Arbeitshosen, bis Kriegsende eine fast universelle Verbreitung. Sie galten als Zeichen nationaler Solidarität und waren auch praktisch, da sie sich gut für schwere Arbeit in Fabriken und auf Feldern sowie für die immer häufiger erforderliche Trümmerbeseitigung eigneten. Modische Kleidung war 1942, als offiziell die Rationierung der Bekleidung eingeführt wurde, praktisch aus den Läden verschwunden.

Eine solche Uniformierung der Heimatfront war in westlichen Gesellschaften nicht durchsetzbar. Hier versuchten die Planer, eine Balance zwischen kriegswirtschaftlichen Erfordernissen und der Aufrechterhaltung der Moral zu finden. Daher wurde die Mode keineswegs vollständig unterdrückt. In Großbritannien galt der Grundsatz „beauty as duty", da Frauen durch Arbeit in Rüstungsfabriken nicht ‚entweiblicht' werden sollten. Für das psychische Gleichgewicht der Soldaten galten schöne Ehefrauen und Freundinnen ebenso als zentral wie für die Stimmung in der Heimat. Schönheit war eine Brücke zur Vergangenheit und zu einer besseren Zukunft. So wurden Frauen auch in den USA ermutigt, sich gerade wegen der Entbehrungen der Kriegszeit nicht gehen zu lassen und neben ansehnlicher Kleider auch Lippenstift zu tragen.[54] Eine Anzeige forderte: „Keep your beauty on duty!". Daher blieben Kosmetika wie auch in Deutschland bis Kriegsende legal erhältlich, während sie in Japan seit 1939 verboten waren.[55]

---

53 Zit. in: *J. M. Atkins*, „Extravagance is the Enemy". Fashion and Textiles in Wartime Japan, in: *dies.* (Hg.), Wearing Propaganda. Textiles on the Home Front in Japan, Britain and the United States 1931–1945, New Haven 2005, S. 162. Vgl. Ebd., S. 162-166,
54 Vgl. *P. Kirkham*, Keeping up Home Front Morale: „Beauty and Duty" in Wartime Britain, in: *Atkins*, Wearing Propaganda: S. 205–227; *Atkins*, Extravagance, S. 163; *B. Gordon*, Showing the Colours: America, in *Atkins*, Wearing, S. 239–255.
55 Vgl. *U. G. Poiger*, Beauty, Cosmetics, and Vernacular Ethnology in Weimar and Nazi Germany, in: *H. Berghoff/T. Kühne (Hg.)*, Globalizing Beauty: Consumerism and Body Aesthetics in the Twentieth Century, Houndmills 2013, S. 191–212.

Abb. 2: Amerikanisches Propagandaposter aus dem Zweiten Weltkrieg

Anderseits machte sich der Ressourcenmangel bemerkbar. Seit 1941 griff der britische Staat mit den „utility schemes" rigoros in die Produktion von Textilien ein und legte nicht nur Preise fest, sondern auch Schnittmuster bis hin zur Anzahl von Knöpfen und Taschen, Ziernähten und Aufschlägen. Es galt, Arbeits- und Materialaufwand zu senken. Diese praktische und preiswerte Kleidung sollte allerdings zugleich modischen Ansprüchen genügen. Daher wurden die Schnitte von führenden Modeagenturen entworfen.[56] Man strebte die Quadratur des Kreises an, nämlich Austerität durchzusetzen, ohne die Bevölkerung gegen sich aufzubringen. „Utility schemes" entstanden nach und nach auch für Schuhe und Möbel und blieben bis 1952 in Kraft.

Vergleichbar diktatorische Eingriffe unterblieben im NS-Reich, auch wenn bestimmte Lebensmittel, Textilien, Möbel, Fette und Reinigungsmittel schon seit 1939 knapp wurden. Ab 1942 war es vor allem der eskalierende Mangel, nicht eine durchdachte Konsumpolitik, die den Verbrauch massiv einschränkte. Zuvor wurde aber eine erstaunlich liberale Linie verfolgt, für die Götz Aly den Begriff der „Gefälligkeitsdiktatur" einführte.[57] Großbritannien dagegen schaltete sofort mit Kriegsbeginn auf Austerität um. Die Produktion von Schmuck, diversen Haushaltswaren und Spielzeugen wurde untersagt. Kinopreise stiegen infolge einer neuen „entertainment tax". Für Frauen wurde schrittweise eine generelle Dienst- bzw. Arbeitspflicht eingeführt.[58] Alles das unterblieb in Deutschland, um die Heimatfront nicht übermäßig zu strapazieren.

Die dortige politische Führung stand ganz unter dem Eindruck des Novembertraumas von 1918. Sie glaubte ja tatsächlich an die „Dolchstoßlegende", nach der allein das Versagen der Heimatfront die Kapitulation von 1918 verursacht habe. Die Selbstwahrnehmung als „Herrenrasse", die einen Anspruch auf einen höheren Lebensstandard als „minderwertige" Völker besitze, passte nicht zu einer rigorosen Austeritätspolitik. Stattdessen versuchte das NS-Regime, solange es eben ging, allzu harte Einschnitte zu vermeiden und notwendige Härten mit realen oder virtuellen Kompensationen abzumildern.[59] Großbritannien dagegen war angegriffen worden, sodass sich die Notwendigkeit der Austerität von selbst erklärte. Schließlich war die britische Regierung demokratisch legitimiert und genoss den Rückhalt der Bevölkerung, während der NS-Staat seinen Bürgern nicht traute und deren Stimmung mit großem Aufwand überwachen ließ. Gemeinsam war beiden Ländern, dass die Markt-

---

56 *C. Sladen*, The Conscription of Fashion: Utility Cloth, Clothing, and Footwear, 1941–52, Aldershot 1995; *H. Reynolds*, The Utility Garment: Its Design and Effect on the Mass Market 1942–45, in: *J. Attfield (Hg.)*, Utility Reassessed: The Role of Ethics in the Practice of Design, Manchester 1999, S. 125–142; *P. Kirkham*, Fashion, Femininity and "Frivolous" Consumption in World-War-Two Britain, in: ebd., S. 143–56; *G. Howell*, Wartime Fashion. From Haute Couture to Homemade, 1939–1945, London 2012. Komparativ *Atkins*, Wearing Propaganda.
57 *G. Aly*, Hitlers Volksstaat. Raub, Rassenkrieg und nationaler Sozialismus, Frankfurt am Main 2005, S. 49.
58 *J. Stephenson*, The Home Front in "Total War". Women in Germany and Britain in the Second World War, in: *R. Chickering/S. Förster/B. Greiner (Hg.)*, A World at Total War. Global Conflict and the Politics of Destruction, 1937–1945, Cambridge (UK) 2005, S. 207–231.
59 Zum Begriff „virtueller Konsum" vgl. *Berghoff*, Methoden der Verbrauchslenkung im Nationalsozialismus. Konsumpolitische Normensetzung und ökonomische Folgewirkungen zwischen totalitärem Regulierungsanspruch und widerspenstiger Praxis, in: *D. Gosewinkel (Hg.)*, Wirtschaftskontrolle und Recht in der nationalsozialistischen Diktatur, Frankfurt am Main 2005, S. 289.

forschung an Bedeutung gewann, um die Verbrauchslenkung besser koordinieren zu können. Gallup führte genau wie in Deutschland die GfK regelmäßig Konsumentenbefragungen im Dienste der Lenkungsbehörden durch. Allgemein war es eine Lehre des Ersten Weltkrieges und der Debatten um staatliche Verhaltenslenkung in der Zwischenkriegszeit, dass die Meinungsforschung ebenso wie flächendeckende Überwachungsmaßnahmen einen ungemeinen Aufschwung nahmen.

Die Kriegsanstrengung wurde in Deutschland ferner von einer beispiellosen sozialpolitischen Offensive flankiert, die von dem extrem großzügigen Unterhalt für Soldatenfamilien bis zu einer im Durchschnitt 15-prozentigen Anhebung der Renten (1941) reichte. Die Familienunterstützung allein, die viele Familien finanziell besser als in der Vorkriegszeit stellte, verschlang 1941 etwa ein Achtel der gesamten Reichseinnahmen.[60] Die direkten Steuern wurden für die Mehrheit der Bevölkerung nicht erhöht. Der Anstieg der indirekten Steuern auf Tabak, Bier und andere Alkoholika schuf nur eine begrenzte Zusatzbelastung.

Der Tourismus, das Lieblingskind der NS-Propaganda, wurde innerhalb des deutschen Reichs – im scharfen Gegensatz zum britischen Vorgehen – zu keiner Phase gesetzlich eingeschränkt. Zur Verbitterung von Ausgebombten unterschied sich das Leben in den Kurorten selbst noch 1944 kaum von dem der Vorkriegszeit, sieht man vom Fehlen ausländischer Gäste ab. Die große Nachfrage nach Reisen beeinträchtigte im Krieg sogar die Beförderung von Soldaten und Arbeitern per Bahn.[61]

Im Herbst 1941 wäre es angebracht gewesen, auf den Übergang zum Abnutzungskrieg durch eine scharfe Austeritätspolitik zu reagieren. Anstelle etwa die Lohn- und Verbrauchssteuern empfindlich zu erhöhen, entschied sich das Regime für einen Weg zur Stilllegung von Kaufkraft, der auf einer Kombination von Freiwilligkeit, Täuschung und Verlockung beruhte. Der Schwerpunkt lag bei Anreizen für langfristige Sparanlagen, die – so die Versprechung – zukünftigen Mehrkonsum ermöglichen würden. Das so genannte „Eiserne Sparen" ermöglichte es Arbeitern und Gehaltsempfängern, monatlich bis zu 26 RM auf ein gesondertes Konto einzuzahlen, das erst nach dem Krieg mit einjähriger Frist kündbar war. Dafür blieben die eingezahlten Beträge von der Steuer- und Sozialabgabenpflicht befreit, ebenso wie die Zinsen. Trotz erheblichen Misstrauens gab es Ende 1943 rund vier Millionen „Eiserne Sparer", die monatlich zwischen 70 und 80 Mio. RM einzahlten und sich von den Traumrenditen von 15 bis 20 Prozent blenden ließen.[62] Die Menschen wurden auf die vermeintlich bessere Zukunft vertröstet, während ihr gegenwärtiger Lebensstandard sank, der

---

60 Vgl. *D. Eichholtz*, Geschichte der deutschen Kriegswirtschaft 1939–1945, Bd. 1: 1939–1941, Berlin 1969, S. 83f.
61 Vgl. *H. Berghoff*, Methoden, S. 313f.
62 Nicht alle Einzahlungen waren freiwillig. Seit Ende 1942 sank das Wachstum der Einlagen. Vgl. *H. Pohl/B. Rudolph/G. Schulz*, Wirtschafts- und Sozialgeschichte der deutschen Sparkassen im 20. Jahrhundert, Stuttgart 2005, S. 196ff.

Staat überschüssige Kaufkraft abschöpfte und diese „geräuschlos" der Kriegsfinanzierung zuführte, also die Spareinlagen de facto entwertete.

Mit dem Verlust der militärischen Initiative wurden auch die konsumpolitischen Spielräume immer kleiner und der Schwarzmarkt gewann an Bedeutung. Seit 1942 nahm die Flucht in Sachwerte zu. Für Kunst und Schmuck wurde das Mehrfache der Vorkriegspreise bezahlt, für gebrauchte Kleidung oft mehr als für neue, die ohne Kleiderkarte aber gar nicht zu erhalten war. Das Regime verlor die Kontrolle. Doch trotz des 1942/43 mehrfach ausgerufenen „totalen Krieges" und seiner schrumpfenden Spielräume gab das Regime seine alte Taktik, die Menschen mit Konsumkonzessionen zu bestechen, immer noch nicht auf. So wurde 1943 die Erhöhung der Speiseeisproduktion verfügt und der Vorschlag, die Pferderennbahnen zu schließen, abgelehnt.[63] Die zwangsweise Verwertung von Schmuck „arischer Volksgenossen" unterblieb gänzlich. Ebenso wurden selbst so scheinbar banale Maßnahmen wie das in Japan schon 1939 ausgesprochene Verbot von Dauerwellen nach Protesten, von denen man aus Spitzelberichten wusste, 1943 wieder aufgehoben. Kinos und Bars erfreuten sich bis 1944 eines großen Zulaufes.[64]

Trotz einer starken Antiraucherlobby innerhalb der NSDAP steigerte das Regime die Produktion von Zigaretten vor Kriegsbeginn signifikant. Der Anstieg lief danach vorerst noch weiter. Der Ausstoß sank ab 1941 zunächst langsam, dann ab 1942 beschleunigt. Erst 1944 brach er regelrecht ein. Ein erheblicher Teil der Zigaretten ging an die Soldaten, während sich die Versorgung der Heimatfront deutlich schneller und drastischer verschlechterte. Gegen Ende des Krieges gab es nur noch minderwertige Einheitszigaretten in unzureichenden Mengen. Mit der Einführung der Reichsraucherkontrollkarte begann 1942 die Rationierung an der Heimatfront. Da die Karte mangels praktikabler Unterscheidungskriterien auch Nichtraucher erhielten, schuf der NS-Staat unbeabsichtigt ein perfektes Tauschmedium für den Schwarzmarkt.[65]

Sah man Zigaretten als kriegswichtigen Grundbedarf vor allem für Soldaten, Rüstungsarbeiter und Ausgebombte, galt Bohnenkaffee dagegen als weiblich konnotierter Luxus, auf den das Regime weniger Rücksicht nahm. Bohnenkaffee wurde nach Kriegsbeginn nur noch in minimalen Mengen importiert. Im Oktober 1939 erging ein Verkaufsverbot für den Einzelhandel. Ausgelöst durch steigende Konsumerwartungen der Bevölkerung nach dem Sieg über Frankreich und die zunehmende Frustration über das Fehlen echten Bohnenkaffees wurde dieser zwischen Oktober 1940 und März 1941 wieder in kleinen Mengen verfügbar. Nach diesem Intermezzo war er über offizielle Zuteilungen nicht mehr erhältlich. Der Versuch, auf Beschwerden der

---

[63] Vgl. *H. D. Schäfer*, Das gespaltene Bewußtsein. Über deutsche Kultur und Lebenswirklichkeit 1933–1945, München 1981, S. 150; *I. Kershaw*, Hitler. 1936–1945, Stuttgart 2000, S. 749f.
[64] Vgl. *Burkhard*, Auswirkungen, S. 94; *M. Seydewitz*, Civil Life in Wartime Germany. The Story of the Home Front, New York 1945, S. 152f.
[65] Dieser und der folgende Absatz basieren auf der vorzüglichen Dissertation von *N. Petrick-Felber*, Kriegswichtiger Genuss. Tabak und Kaffee im „Dritten Reich", Göttingen 2015.

Verbraucher mit Konzessionen zu antworten, war beim Kaffee nur von kurzer Dauer, während der kriegswichtige Tabak Priorität genoss und bis 1944 sinkende, aber immer noch namhafte Einfuhren gewährleistet wurden.

Unterhaltungs- und Werbeindustrie durchliefen trotz der Vertreibung ausländischer und jüdischer Experten eine erhebliche Modernisierung. Beide waren direkt dem Propagandaministerium unterstellt, was die Bedeutung unterstreicht, die das Regime ihnen zusprach. Der NS-Staat setzte einheitliche Standards für die Wirtschaftswerbung fest und bekämpfte notorische Missbräuche. Als Instrument der Verbrauchslenkung wurde Werbung aufgewertet, auch wenn sich die Werbeumsätze im Krieg stark rückläufig entwickelten. Die 1936 gegründete Höhere Reichswerbeschule systematisierte die Ausbildung, und viele der wichtigsten Werbefachleute der Nachkriegszeit hatten diese Kaderschmiede durchlaufen. Einflüsse aus dem westlichen Ausland, seien es amerikanische Werbemethoden oder französische Modestile, wurden zwar offiziell verdammt, aber in der Praxis aufmerksam rezipiert und teilweise kopiert.[66]

1942 bekräftigte eine offizielle Richtlinie „die berechtigten Ansprüche des Volkes auf Entspannung und Erheiterung,"[67] postulierte also eine Art der Konsumentensouveränität. Radios hatten bis 1939 millionenfach Einzug in die Haushalte gehalten und neue Mediengewohnheiten etabliert. Den gelenkten Rundfunk zeichnete eine genau kalkulierte Mischung von seichter Unterhaltung ohne vordergründig politische Inhalte aus. Die Wünsche der Hörer nach Unterhaltung wurden ernst genommen und erfüllt. Werbung war aber seit 1936 genau wie schon länger in Großbritannien untersagt. Kulturpolitisch-ideologische Vorbehalte gegen westliche Musik blieben von begrenzter Wirkung. Spezielle Sendeformate verbanden Heimat und Front. Das Wunschkonzert für die Wehrmacht war mit einem Großaufgebot an bekannten Musikern, Schauspielern und Sportlern eine der populärsten Sendungen überhaupt. Hier konnten sich Soldaten und ihre Angehörigen Musikwünsche erfüllen und persönliche Nachrichten übermitteln lassen. Zudem wurden Spenden für das Winterhilfswerk gesammelt. Unter der Rubrik „Söhne für die Soldaten" verlasen die Moderatoren die Namen Neugeborener.[68]

Die Zahl der Kinos stieg von 4 800 (1935) auf 6 850 (1944). Dem Regime gelang es, tief in bislang kinofreie ländliche Räume vorzustoßen. Der steile Anstieg des Filmkonsums setzte sich bis 1943 fort.[69] Die Medienoffensive fügte sich gut in die Konsumpolitik

---

66 Vgl. *H. Berghoff*, Von der „Reklame" zur Verbrauchslenkung. Werbung im nationalsozialistischen Deutschland, in: *ders. (Hg.)*, Konsumpolitik. Die Regulierung des privaten Verbrauchs im 20. Jahrhundert, Göttingen 1999, S. 77–112. Zur Mode *I. Guenther*, Nazi „Chic"? Fashioning Women in the Third Reich, Oxford 2004.

67 Zit. in: *K. Dussel*, Kulturkonzepte im Konflikt. Britische, deutsche und schweizerische Hörfunkprogramme während des Zweiten Weltkriegs, in: Vierteljahrshefte für Zeitgeschichte 49, 2001, S. 456f.

68 *H.-J. Koch*, Das Wunschkonzert im NS-Rundfunk, Köln 2003.

69 *H. Berghoff*, Gefälligkeitsdiktatur oder Tyrannei des Mangels? Neue Kontroversen zur Konsumgeschichte des Nationalsozialismus, in: Geschichte in Wissenschaft und Unterricht 58, 2007, S. 514.

unter dem Primat der Aufrüstung ein, denn die Produktion von Kino- und Radioprogrammen war relativ preiswert und ressourcenschonend, zumindest umgerechnet auf den einzelnen Konsumenten.

Die Truppenbetreuung wurde nicht nur in Deutschland generalstabsmäßig und mit einem großen Aufgebot an Stars organisiert. Während auf britischer Seite ganz im Einklang mit der allgemeinen Austeritätspolitik eine zeitweilige Zwangsverpflichtung ganzer Ensembles vorgenommen wurde, agierte das NS-Regime vorsichtig und fuhr eine Politik der sozialen Bestechung durch zum Teil exorbitante Gagen. Ein Versuch, mittels Zwangsmaßnahmen die allseits kritisierte Höhe der Gagen zu korrigieren und eine flächendeckende Beteiligung der großen Stars durchzusetzen, scheiterte 1944 kläglich.[70]

Es ist bemerkenswert, dass Front und Heimatfront bis fast zum Schluss stabil blieben. Trotz Bombenterror und schon lange aussichtsloser militärischer Lage kam es nicht zu Aufständen der Bevölkerung. Sie wurde zunehmend apathisch und zog sich auf den individuellen Überlebenskampf zurück. Die Angst vor dem mörderischen Terror des NS-Regimes dominierte zweifelsohne. Es steht jedoch zu vermuten, dass die raffinierte Propaganda und die lange relativ günstige Versorgungslage einen Anteil daran hatten, den totalen Krieg über mehr als fünf Jahre lang durchzuhalten.

5 Das Fortwirken der Kriegserfahrung an Front und Heimatfront

Der Kriegserfahrung verflog nicht nach 1945 folgenlos, sondern wurde zu einem Katalysator sozialen Wandels und einem Wegweiser in die Massenkonsumgesellschaften in der Zeit des großen Booms. Nirgendwo kam es zu einer simplen Rückkehr zur Vorkriegssituation. Der Wunsch nach einem besseren Leben nach den Entbehrungen und Leiden des Krieges war übermächtig und ubiquitär.

Es gab einen großen zurückgestauten Bedarf. Das betraf zunächst einmal Ersatzanschaffungen von im Krieg zerstörten Gütern und den Bau neuer Häuser und Wohnungen mit moderner Ausstattung. Daneben ging es um die Erfüllung der im Krieg geweckten Konsumwünsche, um das Einlösen von Versprechungen und um nachholenden Konsum. Das Abstreifen der Fesseln von Ideologie und Bewirtschaftung war eine wichtige Facette der Befreiung in den Nachkriegsgesellschaften. In Westdeutschland war „Zwangswirtschaft" ein politischer Kampfbegriff der Regierungsparteien gegenüber der SPD und mehr noch gegenüber dem ostdeutschen Sozialismus, der seinerseits seinen Bürgern einen höheren Lebensstandard als im kapitalistischen

---

[70] A. Hirt, „Die Heimat reicht der Front die Hand". Kulturelle Truppenbetreuung im Zweiten Weltkrieg 1939–1945; ein deutsch-englischer Vergleich, Diss. Universität Göttingen 2006, im Netz abrufbar unter https://docplayer.org/20311669-Die-heimat-reicht-der-front-die-hand.html#show_full_text.

Westen versprach.⁷¹ In der innerdeutschen Systemkonkurrenz wurde das erreichbare Konsumniveau geradezu zum Gradmesser der politischen Legitimität.

In Großbritannien spielte die Rationierung im Wahlkampf von 1951 eine zentrale Rolle. Das Versprechen der Tories, sie abzuschaffen, besaß mehr Attraktivität als die Vision Labours einer „just society" mit einer fortgesetzten Bewirtschaftung. Die Mehrheit optierte für Konsumfreiheit gegen Austerität und staatliche Intervention.⁷² In Westdeutschland war die Aufhebung vieler Bewirtschaftungsvorschriften durch Ludwig Erhard im Sommer 1948 sehr populär, auch wenn es im Herbst Proteste gegen die nun auftretenden Preisanhebungen gab. Die Durchsetzung der „Sozialen Marktwirtschaft", die Konsumfreiheit im Paket mit sozialer Absicherung anbot, wurde zu dem Fundament des „Wirtschaftswunders" schlechthin, das trotz aller Bedeutungsverschiebungen im Grundsatz bis heute Bestand hat. Erhards programmatisches Buch *Wohlstand für alle"* traf den Zeitgeist genau auf den Kopf.⁷³ Bereits 1953 hatten die Bundesregierung, Nordrhein-Westfalen und die Stadt Düsseldorf eine „Große Rationalisierungsausstellung" unter dem Motto „Alle sollen besser leben" veranstaltet, in der sich ein nahezu grenzenloser Optimismus, aber auch die einstweilen noch bescheidene Konsumrealität widerspiegelten. Einerseits versprach man ein bequemes Leben im Überfluss, anderseits erhielt die 500 000ste Besucherin als Jubiläumsgeschenk „ein Paar Schuhe und ein Kinderkleid", mithin Gegenstände des Grundbedarfs, überreicht.⁷⁴

Viele politische Weichenstellungen der Nachkriegszeit sind nicht ohne die Kriegserfahrung zu verstehen. Der Beveridge Report von 1942 versprach „freedom from want" als Belohnungen für die Entbehrungen des Krieges. Ein erheblich ausgebauter „welfare state" sollte den Lebensstandard merklich anheben. Dieses Programm wurde nach Kriegsende tatsächlich umgesetzt. Sein Herzstück war der 1948 gegründete National Health Service, der allen Bürgern eine freie medizinische Versorgung zusagte. Die Bundesrepublik führte 1957 die dynamische Rente ein und drängte damit die bis dahin allgegenwärtige Altersarmut zurück. Der Lastenausgleich, der größte Vermögenstransfer der deutschen Geschichte, ermöglichte es Millionen Flüchtlingen und Vertriebenen, einen Teil ihrer materiellen Verluste wett zu machen und Anschluss an die Wirtschaftswundergesellschaft zu finden.

In den USA hatte Präsident Roosevelt 1941 ebenfalls unter dem Schlagwort „freedom from want" die Vision einer zukünftigen Konsumgesellschaft für alle entworfen. Nach dem Krieg ermöglichte die GI-Bill Millionen von Veteranen den Zugang zu Hochschulen und Eigenheimen, was die „suburban middle classes" mit einem konsumorientierten Lebensstil erheblich vergrößerte.⁷⁵ Der Siegeszug des Keyne-

---

71 *A. Kaminsky*, Wohlstand, Schönheit, Glück. Kleine Konsumgeschichte der DDR, München 2001.
72 Vgl. *Zweiniger-Bargielowska*, Food Consumption, S. 92.
73 *L. Erhard*, Wohlstand für alle, Düsseldorf 1957.
74 Der Spiegel, 05.08.1953.
75 *A. M. Winkler*, Home front U.S.A. America during World War II, 3. Aufl., Wheeling, Ill. 2012, S. 106.

sianismus, der die nachfrageseitigen Impulse und damit auch den Massenkonsum in der Mittelpunkt stellte, ist aus den Erfahrungen des Krieges und mehr noch der Weltwirtschaftskrise heraus zu verstehen.[76] Er blieb bis in die 1970er Jahre hinein in den meisten westlichen Staaten die unangefochtene wirtschaftspolitische Doktrin. Der Konsumboom der beiden ersten Nachkriegsjahrzehnte dürfte weniger mit dem Keynesianismus zu tun haben als mit exzeptionell günstigen Wachstumsbedingungen und einer konsumbejahenden Mentalität, mit der die Menschen nach den Entbehrungen des Krieges und der ideologischen Überfütterung einem „besseren Leben" entgegenstrebten.

Literatur

H. Berghoff / J. Logemann / F. Römer (Hg.), The Consumer on the Home Front. Second World War Civilian Consumption in Comparative Perspective, Oxford 2017.
H. Berghoff, Träume und Alpträume. Konsumpolitik im Nationalsozialistischen Deutschland, in: *H. G. Haupt/C. Torp (Hg.)*, Die Konsumgesellschaft in Deutschland 1890–1990. Ein Handbuch, Frankfurt am Main 2009, S. 268–288.
S. L. Carruthers, The Media at War. Communication and Conflict in the Twentieth Century, London 1999.
B. Davis, Home Fires Burning. Daily Life and Politics in World War, Chapel Hill, NC 1999.
N. Petrick-Felber, Kriegswichtiger Genuss. Tabak und Kaffee im »Dritten Reich«, Göttingen 2015.
A. Marwick, The Deluge: British Society and the First World War, London 1965.
A. Roerkohl, Hungerblockade und Heimatfront. Die kommunale Lebensmittelversorgung in Westfalen während des Ersten Weltkriegs, Stuttgart 1991.
U. Spiekermann, Künstliche Kost. Ernährung in Deutschland, 1840 bis heute, Göttingen 2018.
F. Trentmann / F. Just (Hg.), Food and Conflict in the Age of the Two World Wars, Basingstoke 2006.
V. Ullrich, Kriegsalltag. Hamburg im Ersten Weltkrieg, Köln 1982.

---

76 *M. S. Sherry*, In the Shadow of War: The United States Since the 1930s, New Haven 1995; *T. Judt*, Postwar: A History of Europe since 1945, New York 2005, S. 324–359; *B. J. Eichengreen*, The European Economy since 1945: Coordinated Capitalism and Beyond, Princeton 2007, S. 15–130.

Dierk Hoffmann
Mangelwirtschaft – Konsum als Herausforderung in der Planwirtschaft der DDR

1 Einleitung

Die Errichtung der Planwirtschaft in der Sowjetischen Besatzungszone (SBZ) bzw. in der DDR nach 1945 hatte weitreichende Folgen für die Versorgung der ostdeutschen Bevölkerung mit Konsumgütern. Die rasch aufgetretenen Versorgungsengpässe waren eine Ursache für den Ausbruch des Volksaufstands am 17. Juni 1953 und prägen bis heute das Bild vom staatssozialistischen System der DDR als Mangelwirtschaft. Dennoch wäre es eindimensional, die Geschichte der DDR-Konsumpolitik nur von ihrem Scheitern her zu begreifen. Vielmehr geht es darum, den Untersuchungsgegenstand historisch einzuordnen und einerseits nach den konsumpolitischen Zielen der Hegemonialpartei SED zu fragen, andererseits deren Zwangslagen und Handlungsspielräume zwischen 1945 und 1990 zu beleuchten.[1]

2 Ausgangslage und erste Weichenstellungen: Ernährungspolitik in der SBZ (1945–1948)

Konsumpolitik war auch in der SBZ zuallererst Ernährungspolitik. Die Versorgung der ostdeutschen Bevölkerung mit Nahrungs- und Konsumgütern wurde nach dem Ende des Zweiten Weltkriegs vor allem durch drei Faktoren wesentlich beeinflusst: die ökonomische Ausgangslage der Landwirtschaft, den Bevölkerungszuwachs durch die Aufnahme von Flüchtlingen und Vertriebenen sowie die Bodenreform. Erstens waren zahlreiche landwirtschaftliche Betriebe infolge von Kriegshandlungen zerstört worden und fielen somit für die Produktion von Agrarprodukten aus. Bei den noch bestehenden Betrieben fehlten wiederum landwirtschaftliche Geräte und Maschinen. So standen in einzelnen Kreisen Brandenburgs im Oktober 1945 nur noch rund 25 Prozent der 1939 vorhandenen Traktoren zur Verfügung.[2] Gleichzeitig war der Viehbestand in den letzten beiden Kriegsjahren stark zurückgegangen: 1946 betrug der Rückgang bei Pferden 91 Prozent, bei Rindern 78 Prozent und bei Schweinen

---

[1] Zum Folgenden ausführlicher: *D. Hoffmann*, Lebensstandard und Konsumpolitik, in: *D. Hoffmann* (Hg.), Die zentrale Wirtschaftsverwaltung in der SBZ/DDR. Akteure, Strukturen, Verwaltungspraxis, Berlin 2016, S. 423–509.
[2] *A. Bauerkämper*, Ländliche Gesellschaft in der kommunistischen Diktatur. Zwangsmodernisierung und Tradition in Brandenburg 1945–1963, Köln 2002, S. 233.

49 Prozent.³ Da es außerdem kaum Saatgut und Futtermittel gab, drohte die Produktion landwirtschaftlicher Güter vollends zusammenzubrechen. Diese veritable Agrarkrise wurde durch sowjetische Reparationsmaßnahmen zusätzlich verschärft: Einheiten der sowjetischen Streitkräfte transportierten Maschinen, aber auch Nutz- und Zugtiere einfach ab. Ein Großteil der in Thüringen produzierten Textilerzeugnisse musste etwa im II. Quartal 1946 an die sowjetische Armee abgeführt werden.⁴

Zweitens mussten in der SBZ immer mehr Menschen versorgt werden. Die Gesamtbevölkerung stieg bis Anfang 1948 auf über 19 Millionen; kurz vor Ausbruch des Zweiten Weltkrieges hatte die Zahl noch bei 16,7 Millionen gelegen.⁵ Der massenhafte Zustrom von Flüchtlingen und Vertriebenen, der schon vor 1945 eingesetzt hatte, führte dazu, dass sich die SBZ zeitweise zu einem Zuwanderungsland entwickelte. Der Vertriebenenanteil lag Ende 1947 mit 24,2 Prozent über dem Durchschnittswert in den westlichen Besatzungszonen, in Mecklenburg-Vorpommern sogar bei 44 Prozent.⁶ Die Verteilung der Vertriebenen, für die die SED den euphemistischen Begriff „Umsiedler" wählte, war vorwiegend in die dünn besiedelten Regionen erfolgt. Der Zuwandereranteil auf dem Land war – im Vergleich zur Wohnbevölkerung – fast doppelt so hoch wie in den Städten. Das hing mit der katastrophalen Lage in den ausgebombten Großstädten und der vergleichsweise besseren Versorgungslage in den ländlichen Gebieten zusammen. Die Anzahl der „Umsiedler" und deren Anteil an der Wohnbevölkerung blieben trotz fortgesetzter Wanderungsbewegungen konstant hoch. Mitte 1953 registrierte das Staatssekretariat für Innere Angelegenheiten rund 4,3 Millionen Vertriebene, was einem Bevölkerungsanteil von 24,4 Prozent entsprach.⁷ Die Integration der „Umsiedler" in die ostdeutsche Gesellschaft vollzog sich über einen längeren Zeitraum und war von zahlreichen Konflikten begleitet; insbesondere in der unmittelbaren Nachkriegszeit ging es um die Verteilung knapper Güter (Nahrung, Kleidung, Wohnraum, Arbeit). Der auch in den westlichen Besatzungszonen zu beobachtende Unterschichtungsprozess konnte erst in den nachfolgenden Generationen gestoppt werden.

Die Versorgungslage in der SBZ wurde drittens durch die Bodenreform bestimmt, die bereits im Frühherbst 1945 durchgeführt wurde und zu den zentralen sozioökonomischen Umwälzungen vor der DDR-Gründung zählt. In enger Absprache mit der Sowjetischen Militäradministration in Deutschland (SMAD) rief das ZK der KPD am 8. September 1945 zu einer Aufteilung des Großgrundbesitzes auf. Unter der Losung

---

3 *T. Bauer*, Blockpartei und Agrarrevolution von oben. Die Demokratische Bauernpartei Deutschlands 1948–1963, München 2003, S. 32.
4 *R. Karlsch*, Allein bezahlt? Die Reparationsleistungen der SBZ/DDR 1945–53, Berlin 1993, S. 289.
5 *W. Zank*, Wirtschaft und Arbeit in Ostdeutschland 1945–1949. Probleme des Wiederaufbaus in der Sowjetischen Besatzungszone Deutschlands, München 1987, S. 31.
6 *M. Schwartz*, Vertriebene und „Umsiedlerpolitik". Integrationskonflikte in den deutschen Nachkriegs-Gesellschaften und die Assimilationsstrategien in der SBZ/DDR 1945 bis 1961, München 2004, S. 53.
7 *D. Hoffmann*, Von Ulbricht zu Honecker. Die Geschichte der DDR 1949–1989, Berlin 2013, S. 23.

„Junkerland in Bauernhand" wurden rund 7 000 Eigentümer mit einem Besitz von über 100 ha entschädigungslos enteignet.[8] Bis Anfang 1950 wechselte rund ein Drittel der landwirtschaftlichen Nutzfläche den Besitzer. Die neuen Höfe waren jedoch oft so klein bemessen, dass sie wirtschaftlich nicht rentabel waren und oft nur zur Selbstversorgung reichten. Die unzureichende Ausstattung mit Maschinen erhöhte den Druck auf diese landwirtschaftlichen Betriebe. Deshalb waren Ende der 1940er Jahre zahlreiche Bauern gezwungen, ihre Höfe wieder aufzugeben. Der erste Anlauf zur Kollektivierung der Landwirtschaft 1952 kann insofern auch als Antwort der SED auf die nicht intendierte Agrar- und Versorgungskrise verstanden werden.

Die Versorgung mit Nahrungsmitteln unterschied sich in den vier Besatzungszonen 1945/46 auf insgesamt niedrigem Niveau. Nimmt man die durchschnittliche Kalorienmenge als Maßstab, so war die Ernährungslage Mitte 1946 in der amerikanischen Zone mit rund 1 330 Kalorien pro Person und pro Tag am besten, gefolgt von der sowjetischen mit 1 083 und der britischen mit 1 050.[9] Schlusslicht bildete die französische Besatzungszone mit etwa 900 Kalorien. Das Ausmaß der Unterversorgung wird deutlich, wenn man sich vergegenwärtigt, dass der ermittelte Grundbedarf zwischen 1 200 und 1 700 Kalorien liegt, und zwar im Ruhezustand.[10] Die Ernährungskrise, die die städtische Bevölkerung stärker als die ländliche betraf, begünstigte die Ausbreitung von Seuchen und Krankheiten. Der in den ersten Nachkriegsjahren allgemein gesunkene Lebensstandard führte aber keineswegs zu einer sozialen Nivellierung, denn der unterschiedliche Zugang zu Nahrungsmitteln – nicht nur zwischen Stadt und Land – „verschärfte bestehende und produzierte neue soziale Ungleichheiten".[11] Dabei standen vor allem die Vertriebenen oftmals „am unteren Ende der sozialen Skala". Schon in den Aufnahmelagern mussten sie die Erfahrung machen, dass ihnen Lebensmittel vorenthalten wurden. In der Praxis bedeutete das, dass mit der Ausgabe von Lebensmittelkarten die Lebensmittelversorgung keineswegs gesichert war. Einheimische profitierten häufig von lokalen Netzwerken, die informelle Tauschbeziehungen ermöglichten. Die ungleiche Versorgung mit Nahrungsmitteln rief den Protest von Vertriebenen hervor, die sich benachteiligt fühlten und vereinzelt sogar Umsiedlerausschüsse gründeten,[12] die aber von der sowjetischen Besatzungsmacht und der SED schnell wieder aufgelöst wurden.

---

8 Ausführlicher dazu: *M. Boldorf*, Planwirtschaft, Ordnungs- und Preispolitik, in: *D. Hoffmann* (Hg.), Die zentrale Wirtschaftsverwaltung in der SBZ/DDR. Akteure, Strukturen, Verwaltungspraxis, Berlin 2016, S. 133–216; *Bauerkämper*, Ländliche Gesellschaft.
9 Zu den Zahlen: *C. Kleßmann*, Die doppelte Staatsgründung. Deutsche Geschichte 1945–1955, Bonn 1986 (4., ergänzte Auflage), S. 47f.
10 *U. Wengst*, Rahmenbedingungen, in: *U. Wengst* (Hg.), Geschichte der Sozialpolitik in Deutschland seit 1945. Bd. 2: 1945–1949. Die Zeit der Besatzungszonen. Sozialpolitik zwischen Kriegsende und der Gründung zweier deutscher Staaten, Baden-Baden 2001, S. 1–76, hier S. 54.
11 *Schwartz*, Vertriebene und „Umsiedlerpolitik", S. 731.
12 Ebd., S. 419–477.

In der Wirtschaftspolitik verfolgte die SED-Führung frühzeitig zwei Ziele: die Steigerung der landwirtschaftlichen Produktion und die Ausarbeitung eines einheitlichen Wirtschaftsplanes, der zunächst für ganz Deutschland vorgesehen und damit Bestandteil der in Moskau und Ost-Berlin verfolgten Deutschlandpolitik war.[13] Die Durchführung der Lebensmittelversorgung überließ sie anfangs den Landes- und Kommunalverwaltungen und beschränkte sich darauf, die institutionellen Rahmenbedingungen neu festzulegen. Eine wichtige Rolle sollten die Konsumgenossenschaften einnehmen, deren historische Wurzeln bis in die Mitte des 19. Jahrhunderts zurückreichen. Das Zentralsekretariat der SED beschloss am 28. Oktober 1946, dass damit der in privater Hand befindliche Groß- und Einzelhandel zurückgedrängt werden sollte.[14] Der Aufbau der Konsumgenossenschaften auf lokaler und regionaler Ebene wurde anfangs von KPD- und SPD-Funktionären maßgeblich vorangetrieben. Zur Gründung eines Zonendachverbandes kam es erst im Frühjahr 1947; Ende August 1949 wurde schließlich der Verband deutscher Konsumgenossenschaften (VDK) gebildet. Bei der Verteilung der bewirtschafteten Güter wurden Konsumgenossenschaften, die für Lebensmittel und Industriewaren zuständig waren, von der staatlichen Verwaltung bevorzugt. Die dadurch verursachten Konflikte mit Privathändlern führten zu Reibungsverlusten und trugen zu den teilweise chaotischen Zuständen im Groß- und Einzelhandel bei.

Bei der Lebensmittelerfassung vollzogen die ostdeutschen Kommunisten einen Bruch mit dem nationalsozialistischen Abgabesystem: Anders als im ‚Dritten Reich' mussten die Bauern in der SBZ ihre Ernte nicht restlos abliefern. Es gab vielmehr gestaffelte Pflichtabgaben, die die Bodenqualität sowie die wirtschaftliche und soziale Lage der Bauern berücksichtigten.[15] Die Differenz zwischen Ernteumsatz und Abgabensoll – die sogenannten Freien Spitzen – blieben den Bauern zur freien Verfügung. Vorbild für dieses duale Erfassungssystem war die ‚Neue Ökonomische Politik' in Russland bzw. der Sowjetunion Anfang der 1920er Jahre.[16] Es sollte materielle Anreize zur Produktionssteigerung in der Landwirtschaft bieten und stellte eine Reaktion auf den florierenden Schwarzmarkt dar. Da die Bauern aber auf dem Schwarzmarkt höhere Preise verlangen konnten, blieb der erhoffte Erfolg der Maßnahme aus.

Die SED-Ernährungspolitik stand auch unter dem Einfluss externer Faktoren: Als Antwort auf die sich füllenden Schaufenster in Westdeutschland nach der Währungsreform öffneten Ende 1948 in Ost-Berlin die ersten Läden der staatlichen Handels-

---

13 Beschluss des Parteivorstandes vom 14.5.1946 („Zur Ernährungsfrage"), in: Dokumente der SED. Beschlüsse und Erklärungen des Zentralsekretariats und des Parteivorstandes, Bd. 1, Berlin (Ost) 1952, S. 34–37.
14 *Hoffmann*, Lebensstandard und Konsumpolitik, S. 431.
15 *R. Gries*, Die Rationen-Gesellschaft. Versorgungskampf und Vergleichsmentalität: Leipzig, München und Köln nach dem Kriege, Münster 1991, S. 83.
16 *M. Hildermeier*, Geschichte der Sowjetunion 1917–1991. Entstehung und Niedergang des ersten sozialistischen Staates, München 1998, S. 235.

organisation (HO).[17] Hier konnte die ostdeutsche Bevölkerung erstmals Waren ohne Bezugsscheine oder Karten zu festgesetzten Preisen erwerben, die etwas unterhalb den Schwarzmarktpreisen lagen. Darüber hinaus verfolgte die SED mit der HO das Ziel, den privaten Handel weiter einzudämmen und die überschüssige Geldmenge abzuschöpfen. Da allerdings die Preise in den HO-Läden sehr hoch und die Durchschnittseinkommen der Arbeiter und Angestellten vergleichsweise niedrig waren, stellten die dort zum Verkauf angebotenen Waren (u. a. Fleisch und Butter) Luxusgüter dar, die sich der Großteil der Bevölkerung gar nicht leisten konnte.[18] Erst Anfang der 1950er Jahre wurden viele HO-Waren attraktiv, nachdem die SED massive Preissenkungen beschlossen hatte. Doch davon profitierten nur Haushalte mit hohen Einkommen und Gehältern; dagegen stiegen die Lebenshaltungskosten von Geringverdienern.[19] Mit den Preissenkungen war nämlich die Aufhebung der Rationierung für einzelne Produkte verbunden, die nur noch in HO-Läden zu Preisen oberhalb der Kartenpreise erworben werden konnten.

Die SED feierte die Gründung der HO als schweren Schlag gegen den Schwarzmarkt.[20] Doch da das Warenangebot nicht verbessert werden konnte, wurden „die Schwarzen und Grauen Märkte" nicht beseitigt, sondern belebt.[21] Den Konsumenten standen zu den staatlich kontrollierten Preisen de facto weniger Waren zur Verfügung. Auf diese Weise etablierten sich neben der offiziellen Geldwährung weitere Zahlungsmittel. Obwohl die SMAD bereits kurz nach Kriegsende einen Preisstopp verhängt hatte, konnten sowjetische und deutsche Dienststellen nicht verhindern, dass etwa die Großhandelspreise für Konsumgüter zwischen 1944 und 1948 um 27 Prozent stiegen.[22] Deshalb war die Bevölkerung weiterhin auf Tauschgeschäfte und Hamsterfahrten angewiesen, um begehrte Güter zu erhalten. Hinzu kam der schleppende Ausbau des HO-Verkaufsstellennetzes in den ländlichen Gebieten, der nicht den Erwartungen Ost-Berlins entsprach. Die SED-Führung setzte das zuständige Ministerium für Handel und Versorgung unter Druck und verlangte Anfang 1950, die Zahl der Verkaufsstellen

---

17 *K. Pence*, Building Socialist Worker-Consumers: The Paradoxical Construction of the Handelsorganisation HO, 1948, in: *P. Hübner/K. Tenfelde* (Hg.), Arbeiter in der SBZ/DDR, Essen 1999, S. 497–526.
18 *M. Landsman*, Preisgestaltung, in: *D. Hoffmann/M. Schwartz* (Hg.), Geschichte der Sozialpolitik in Deutschland seit 1945. Bd. 8: 1949–1961. Deutsche Demokratische Republik. Im Zeichen des Aufbaus des Sozialismus. Im Auftrag des Instituts für Zeitgeschichte, Baden-Baden 2004, S. 322–344, S. 326f. Vgl. *ders.*, Dictatorship and Demand. The Politics of Consumerism in East Germany, Cambridge, MA 2005.
19 *A. Steiner*, Von Plan zu Plan. Eine Wirtschaftsgeschichte der DDR, München 2004, S. 70f.
20 Entschließung des SED-Parteivorstandes vom 21.7.1949 („Maßnahmen zur Erhöhung der Arbeitsproduktivität und zur Verbesserung der Lebenslage der Bevölkerung"), in: Dokumente der SED. Beschlüsse und Erklärungen des Parteivorstandes, des Zentralsekretariats und des Politischen Büros, Bd. II, Berlin (Ost) 1952, S. 268–278, hier S. 277.
21 *Steiner*, Von Plan zu Plan, S. 54.
22 Ebd.

auf 2 500 zu verdoppeln.[23] Da aber die dafür notwendigen Finanz- und Personalmittel nicht bereitgestellt wurden, erwies sich die Vorgabe rasch als nicht realisierbar.

Das Rationierungssystem in der SBZ enthielt regional- und arbeitsmarktpolitische Kriterien. In den Städten lagen die Lebensmittelrationen grundsätzlich höher als in den ländlichen Gebieten; Berlin hatte eine Sonderstellung mit den vergleichsweise höchsten Rationen.[24] Von ausschlaggebender Bedeutung waren jedoch die hierarchisch abgestuften Versorgungsgruppen, in die die Bevölkerung eingeteilt wurde. Bevorzugt behandelt wurden die Schwerst- und Schwerarbeiter (Gruppe I und II), gefolgt von den Arbeitern (III) und Angestellten (IV). Das Schlusslicht bildeten Kinder (V) und Rentner (VI). Ende 1949 wurde das bestehende Kartensystem abgeschafft und durch eine sogenannte Grundkarte ersetzt, die dem Niveau der früheren Kategorie IV entsprach und durch fünf Zusatzkarten ergänzt wurde, die wiederum den bisherigen Kartengruppen entsprachen. In der SBZ entfiel 1947/48 fast die Hälfte der ausgegebenen Karten auf die Gruppe IV.[25] Dagegen betrug der Anteil der „Normalverbraucher" in der Bizone zum selben Zeitpunkt nur ein Drittel.[26] Das Rationierungssystem benachteiligte in allen vier Besatzungszonen die Frauen, denn deren Mehrfachbelastung in Familie und Beruf wurde nicht berücksichtigt, sondern sogar „bestraft".[27] Bergleute der Wismut AG erhielten zusätzliche Grundnahrungsmittel und ab Frühjahr 1947 eigene Lebensmittelkarten, die von den Empfängern in Läden der Wismut AG eingelöst werden konnten.[28]

Die niedrigen Versorgungssätze und die Ungleichbehandlung bei der Kartenzuteilung zwangen viele dazu, zusätzliche Nahrungsquellen zu erschließen. Die Zahl der Selbstversorger stieg, und die Anbauflächen zur privaten Bewirtschaftung wurden insbesondere in den Städten zeitweise vergrößert. Nach Rücksprache mit der sowjetischen Besatzungsmacht reagierte die SED darauf mit der Gründung der Massenorganisation ‚Volkssolidarität'.[29] Diese führte zusammen mit der Kommunalverwaltung beispielsweise Schulspeisungen durch und betrieb sogenannte Volksküchen. In größeren Betrieben stellten schon bald Werksküchen die Versorgung der Beschäftigten sicher. Mit dem SMAD-Befehl Nr. 234 vom 9. Oktober 1947,[30] der Anreize zur Steigerung der Arbeits-

---

23 Gesetz über die Verbesserung der Versorgung der Bevölkerung und über die Pflichtablieferung landwirtschaftlicher Erzeugnisse vom 22.2.1950, in: Gesetzblatt der DDR 1950, S. 163–168, hier S. 165 (§ 9, Abs. 1).
24 *Gries*, Die Rationen-Gesellschaft, S. 93.
25 *M. Boldorf*, Sozialfürsorge in der SBZ/DDR 1945–1953. Ursachen, Ausmaß und Bewältigung der Nachkriegsarmut, Stuttgart 1998, S. 63.
26 Ebd., S. 64.
27 *Gries*, Die Rationen-Gesellschaft, S. 98.
28 *J. Schütterle*, Kumpel, Kader und Genossen: Arbeiten und Leben im Uranbergbau der DDR. Die Wismut AG, Paderborn 2010, S. 97f.
29 *P. Springer*, Da konnt' ich mich dann so'n bißchen entfalten. Die Volkssolidarität in der SBZ/DDR 1945–1969, Frankfurt am Main 1999.
30 Arbeit und Sozialfürsorge 2, 1947, S. 452f.

produktivität schuf, erfolgte über zahlreiche Betriebe noch vor der DDR-Gründung die Sonderzuteilung von Lebensmitteln und Bekleidung an die Beschäftigten. Damit war der Grundstein für die betriebliche Sozialpolitik in der DDR gelegt.

Um eine erneute Ernährungskrise wie im Winter 1946/47 zu verhindern, nahm die SED-Führung im Sommer 1947 immer mehr das Heft in die Hand und strebte eine Zentralisierung der Zuständigkeiten zugunsten der Zentralverwaltungen in Ost-Berlin und zulasten der Landesverwaltungen an. Dabei ging es beispielsweise auch um die rasche Verbesserung der Versorgung mit landwirtschaftlichen Maschinen. Ein kohärentes Gesamtkonzept lag damit aber noch nicht vor, vielmehr überwogen nach wie vor Ad-hoc-Maßnahmen. Die SED-Spitze schob dabei den zuständigen Landesverwaltungen die Verantwortung zu, während diese Ost-Berlin für die Misere verantwortlich machten. Für die weitere Entwicklung war nicht nur die Neuorganisation der Deutschen Wirtschaftskommission (DWK), die Anfang 1948 mit zusätzlichen Kompetenzen ausgestattet wurde, von entscheidender Bedeutung, sondern auch die damit verbundenen Anfänge einer zentralen Wirtschaftsplanung. Bei der Erstellung der Versorgungspläne musste sich die zuständige Zentralverwaltung für Handel und Versorgung mit der SED und der SMAD abstimmen. Im Zusammenhang mit den Vorbereitungen für den Zweijahrplan 1949/50 entschied das SED-Zentralsekretariat, die Lebensmittelrationen weiter zu erhöhen.

Bei der von der SED initiierten Neuordnung des Versorgungssystems standen nicht die Interessen der Verbraucher im Mittelpunkt.[31] Vielmehr ging es darum, die Macht der Produzenten zu brechen und die Lebensmittelerfassung und -verteilung neu zu organisieren. Der private Groß- und Einzelhandel sollte seine marktbeherrschende Stellung durch die neu etablierte HO verlieren. Dass dadurch neue Versorgungslücken entstanden, nahm die SED-Führung in Kauf, da sie vom langfristigen Erfolg ihrer Politik überzeugt war. Um Engpässe bei der Versorgung mit Nahrungsmitteln zu überbrücken, lieferte die Sowjetunion in unregelmäßigen Abständen auch Lebensmittel in die SBZ. Außerdem versuchte die SED, Versorgungsmängel auch mit repressiven Maßnahmen zu beheben. So mussten Bauern bei Nichterfüllung des Ablieferungssolls mit Gefängnisstrafen rechnen.

3 Konsumpolitik im Zeichen des „Aufbaus des Sozialismus" und der Juniaufstand (1948–1953)

Nachdem die SED bis 1949 wichtige institutionelle Weichenstellungen vorgenommen hatte, ging sie nach der Staatsgründung dazu über, den Apparat der Zentralverwaltungswirtschaft, der auch für Ernährungs- und Konsumfragen zuständig war, in ihrem Sinne personell zu verändern. Als Deckmantel diente der Kampf gegen vermeintliche

---

[31] *Gries*, Die Rationen-Gesellschaft, S. 327.

Wirtschaftssabotage, die für die wirtschaftlichen Probleme in der SBZ verantwortlich gemacht wurde.[32] Dabei stützte sich Ost-Berlin auf die Wirtschaftsstrafverordnung vom 23. September 1948 als rechtliche Grundlage. Für deren Durchführung war die Zentrale Kontrollkommission (ZKK) eigens geschaffen worden. Ab 1950 kam als weiterer Akteur das Ministerium für Staatssicherheit (MfS) hinzu.[33] Um den Druck auf Privatunternehmer und Politiker der Blockparteien zu erhöhen, ließ die SED mehrere Schauprozesse vor dem Obersten Gericht der DDR durchführen, die abschreckende Wirkung haben sollten.[34] Die Schauprozesse hatten vor allem die Funktion, die Errichtung der Planwirtschaft und die damit verbundene Enteignung von Privatunternehmern zu legitimieren. Außerdem sollten Funktionsträger der bürgerlichen Parteien eingeschüchtert werden.

Den Anfang machte im Frühjahr 1950 der ‚Dessauer Prozess' gegen Angehörige der Deutschen Continental-Gas-Gesellschaft (DCGG). Die beiden Angeklagten – der ehemalige Minister für Arbeit und Sozialpolitik von Sachsen-Anhalt, Leo Herwegen (CDU), und der Ministerialdirektor im Ministerium für Wirtschaft und Verkehr von Sachsen-Anhalt, Willi Brundert (SED) – erhielten je eine fünfzehnjährige Zuchthausstrafe. Kurz darauf folgte der ‚Raiffeisenprozess', der zur Zerschlagung dieser traditionsreichen Organisation und zur Gleichschaltung des ländlichen Genossenschaftswesens führte. Ende 1950 kam es zu zwei weiteren Verfahren: dem ‚Moog-Prozess'[35] gegen den abwesenden thüringischen Finanzminister Leonhard Moog (LDP) und dem ‚Solvay-Prozess' gegen ehemalige Direktoren und leitende Angestellte der Deutschen Solvay-Werke. Im Dezember 1952 wurde schließlich der Minister für Handel und Versorgung, Karl Hamann (LDP), unter dem Vorwand verhaftet, jahrelang die Versorgung der Bevölkerung behindert zu haben. Mit den Schauprozessen gab die SED im Übrigen das offiziell breit angelegte Parteienbündnis auf, das mit der Regierungsbildung 1949 noch zur Verschleierung der SED-Diktatur gedient hatte. Die rigorose Vorgehensweise der SED richtete sich aber auch gegen Parteigenossen im Regierungsapparat: So standen ab Ende 1951 mehrere leitende Mitarbeiter des Ministeriums für Handel und Versorgung, denen die unzureichende Versorgung der Bevölkerung zur Last gelegt wurde, im Fadenkreuz der Ermittler.

Trotz der institutionellen und personellen Eingriffe, die die SED in der Wirtschaftsverwaltung vornahm,[36] konnte die DDR die landwirtschaftlichen Hektarerträge stei-

---

32 *Hoffmann*, Von Ulbricht zu Honecker, S. 24.
33 *J. Gieseke*, Die Stasi 1945–1990, München 2011, S. 47–50.
34 Zu den Schauprozessen: *J. Braun/N. Klawitter/F. Werkentin*, Die Hinterbühne politischer Strafjustiz in den frühen Jahren der SBZ/DDR, Berlin 1997.
35 Dazu ausführlicher: *P. Weber*, Justiz und Diktatur. Justizverwaltung und politische Strafjustiz in Thüringen 1945–1961, München 2000, S. 209–216.
36 Ausführlicher dazu: *A. Malycha*, Die Staatliche Plankommission (SPK) und ihre Vorläufer 1945 bis 1990, in: *D. Hoffmann (Hg.)*, Die zentrale Wirtschaftsverwaltung in der SBZ/DDR. Akteure, Strukturen, Verwaltungspraxis, Berlin 2016, S. 17–132.

gern und 1950 das Vorkriegsniveau wieder erreichen.³⁷ Das galt zunächst aber nur für Getreide; bei Ölfrüchten, Kartoffeln und Zuckerrüben gelang das erst in der zweiten Hälfte der 1960er Jahre.³⁸ Dennoch deutete in der DDR Anfang der 1950er Jahre alles auf eine gewisse Konsolidierung der Agrarproduktion hin. Das SED-Politbüro gab sich damit jedoch nicht zufrieden, sondern verfolgte neue radikale Pläne für den primären Sektor. Dabei stand nicht die Verbesserung der Versorgung der Bevölkerung mit Lebensmitteln im Mittelpunkt des Interesses, sondern die Beseitigung des Privatsektors in der Landwirtschaft. Mit der Proklamation des „Aufbaus des Sozialismus" im Sommer 1952 beschleunigte die SED die Transformation des ostdeutschen Staates und befeuerte damit unbewusst die bis 1989 größte Krise der DDR, die das Regime 1953 an den Rand des Abgrunds führte. Konkret ging es um die Kollektivierung der Landwirtschaft und die Bildung von Landwirtschaftlichen Produktionsgenossenschaften (LPG), zu denen sich die Bauern zwangsweise zusammenschließen sollten. Außerdem nahm Ost-Berlin den Kampf gegen den privaten Einzelhandel wieder auf. In den 1950er Jahren änderte sich das Zahlenverhältnis aber nur sehr langsam: Ende 1957 war die Anzahl der Privatläden von etwa 200 000 (1951) auf 166 472 geschrumpft und die Gesamtzahl der Konsum- und HO-Geschäfte von knapp 31 000 (1951) auf 62 891 gestiegen.³⁹

Obwohl die SED-Führung die Bewirtschaftung von einzelnen Grundnahrungsmitteln wie Kartoffeln und Brot 1949/50 teilweise aufhob und gleichzeitig die Verkaufspreise für einige HO-Waren 1950/51 senkte, konnte die Versorgung der Bevölkerung zunächst kaum verbessert werden. Nach Angaben der ZK-Abteilung Handel und Versorgung lag der Lebenshaltungsindex der DDR-Bevölkerung 1950 nur bei 91 (1925 = 100).⁴⁰ Darüber hinaus waren andere Konsumgüter (Schuhe und Textilien) immer noch schwer erhältlich. Ost-Berlin hielt trotzdem am wirtschaftspolitischen Kurs fest, der ausschließlich den Auf- und Ausbau der Schwerindustrie im Blick hatte. Da der Index der DDR-Industrieproduktion 1951 erstmals den Vorkriegswert von 1936 überstieg,⁴¹ sahen sich die Wirtschaftsplaner in ihren Prognosen bestätigt: Die ambitionierten Wirtschaftsziele des ersten Fünfjahrplanes (1951–1955) waren für viele im ZK-Apparat in greifbare Nähe gerückt. Dabei wurde jedoch übersehen, dass der Aufschwung in erster Linie dem Rekonstruktionseffekt geschuldet war,⁴² der überdies deutlich schwächer ausfiel als in der Bundesrepublik.

Ab Anfang 1953 häuften sich die Berichte der Kreis- und Bezirksleitungen der SED, in denen auf den wachsenden Unmut der Bevölkerung über die zunehmend schlech-

---

37 *E. Scherstjanoi*, SED-Agrarpolitik unter sowjetischer Kontrolle 1949–1953, München 2007, S. 162.
38 *Steiner*, Von Plan zu Plan, S. 69.
39 Zu den Zahlen von 1957: Statistisches Jahrbuch der DDR 1957, S. 497.
40 *Hoffmann*, Lebensstandard und Konsumpolitik, S. 449.
41 *A. Steiner*, Wirtschaftliche Lenkungsverfahren in der Industrie der DDR Mitte der fünfziger Jahre. Resultate und Alternativen, in: *C. Buchheim (Hg.)*, Wirtschaftliche Folgelasten des Krieges in der SBZ/DDR, Baden-Baden 1995, S. 271–293, hier S. 283 (Tabelle 3).
42 *Steiner*, Von Plan zu Plan, S. 65.

ter werdende Versorgungslage hingewiesen wurde.⁴³ Die offizielle Sprachregelung, eine allgemeine Besserung der Lebenslage stünde unmittelbar bevor, war für viele offenbar nicht mehr glaubhaft. Der Beschluss des Ministerrates zur Preisregulierung vom 16. April 1953 verstärkte den Eindruck, die Versorgung mit Grundnahrungsmitteln würde sich durch versteckte Preiserhöhungen weiter verschlechtern. Der Tod des sowjetischen Diktators Josef W. Stalin am 5. März 1953 ermunterte viele DDR-Bürger dazu, den angestauten Unmut offen zu artikulieren. Hinzu kam die Unzufriedenheit zahlreicher Arbeiter über die staatliche Lohnpolitik, denn diese führte in Verbindung mit den Normenerhöhungen zu einem realen Einkommensverlust. Erste spontane Streiks waren die Folge.⁴⁴ Da es den betrieblichen Parteileitungen nicht gelang, den innerbetrieblichen Konflikt über die Arbeitsnormen zu entschärfen, spitzte sich die Krise weiter zu. SED-Funktionäre, die aus Ost-Berlin in die Betriebe geschickt wurden, erkannten wiederum nicht die Sprengkraft der Auseinandersetzung zwischen Belegschaft und Betriebsleitung. Angesichts der sich zuspitzenden innenpolitischen Lage flohen immer mehr DDR-Bürger in den Westen Deutschlands. Im ersten Halbjahr 1953 kehrten insgesamt 195 687 Menschen der DDR den Rücken.⁴⁵ Die Massenflucht hatte einerseits eine Ventilfunktion; andererseits wurde dadurch die Legitimität der SED-Herrschaft infrage gestellt.

In der DDR weitete sich die Wirtschaftskrise zu einer politischen Krise aus, sodass schließlich die sowjetische Besatzungsmacht intervenierte und der SED-Führung einen Kurswechsel verordnete. Der am 9. Juni 1953 verkündete ‚Neue Kurs' enthielt einen konkreten Maßnahmenkatalog, den die SED-Führung in Moskau erhalten hatte.⁴⁶ Die Parole vom „Aufbau des Sozialismus" wurde stillschweigend fallen gelassen. Die angeordneten Korrekturen betrafen insbesondere die ursprünglich von der Sowjetunion ausdrücklich gebilligten Wirtschaftsziele. So sollte Ost-Berlin erstens die Kollektivierung der Landwirtschaft stoppen; bereits bestehende LPG waren aufzulösen.⁴⁷ Zweitens sollte die Benachteiligung von Privatunternehmern und Einzelhändlern bei der Besteuerung beseitigt werden. Drittens ging es darum, wichtige Eckpunkte des Fünfjahrplanes kritisch zu überprüfen: Die SED sollte die einseitige Bevorzugung der Schwerindustrie beenden und die Konsumgüterindustrie bei der Vergabe von Investitionsmitteln stärker berücksichtigen. Doch damit ließ sich das

---

43 Vgl. *B. Ciesla (Hg.)*, Freiheit wollen wir! Der 17. Juni 1953 in Brandenburg, Berlin 2003; *D. Hoffmann/K.-H. Schmidt/P. Skyba (Hg.)*, Die DDR vor dem Mauerbau. Dokumente zur Geschichte des anderen deutschen Staates 1949–1961, München 1993.
44 Vgl. zu den Ereignissen im thüringischen Saalfeld: *A. Port*, Conflict and Stability in the German Democratic Republic, Cambridge 2007, S. 70–94.
45 Vgl. *D. v. Melis/H. Bispinck (Hg.)*, „Republikflucht". Flucht und Abwanderung aus der SBZ/DDR 1945 bis 1961, München 2006, S. 255 (Tabelle 1).
46 Anweisungen der sowjetischen Führung („Über die Maßnahmen zur Gesundung der politischen Lage in der Deutschen Demokratischen Republik"), in: *Hoffmann/Schmidt/Skyba (Hg.)*, Die DDR vor dem Mauerbau, S. 152–158.
47 Zum Folgenden: *Hoffmann*, Von Ulbricht zu Honecker, S. 39.

verloren gegangene Vertrauen in der Bevölkerung nicht zurückgewinnen. Dass trotz dieser Konzessionen die Erhöhung der Arbeitsnormen nicht rückgängig gemacht wurde, brachte das Fass zum Überlaufen. Die landesweiten Unruhen, die am 17. Juni 1953 ausbrachen und sich zu einem Volksaufstand ausweiteten, bedrohten das Fundament der SED-Herrschaft. Die Befehlshaber der sowjetischen Truppen verhängten den Ausnahmezustand und ließen den Aufstand mit Panzern niederwalzen.

Der Volksaufstand vom 17. Juni 1953 löste bei der SED gewisse Lerneffekte aus, denn sozial- und konsumpolitische Fragen gewannen nunmehr an Bedeutung. Die Versorgungslage wurde für das MfS zu einem wichtigen Kriterium bei der Beurteilung der Stimmungslage in der Bevölkerung. Da jedoch die SED an ihrem wirtschaftspolitischen Kurs zugunsten der Schwerindustrie grundsätzlich festhielt, änderte sich an der Versorgung mit Grundnahrungsmitteln und anderen Konsumgütern zunächst nur wenig. Der ‚Neue Kurs' drosselte letztlich nur die Zuwachsraten der industriellen Bruttoproduktion für die Grundstoff- und Schwerindustrie von 13 auf 6 Prozent; im Gegenzug sollte die Produktion in der Leichtindustrie von 7 auf 10 Prozent steigen.[48]

4 Der lange Weg zur Aufhebung der Rationierung (1953–1958)

Der Volksaufstand fiel mitten in den ersten Fünfjahrplan und beendete die Planungseuphorie, die bei der SED nach der DDR-Gründung ausgebrochen war. Ost-Berlin versuchte, verloren gegangenes Vertrauen vor allem bei den Arbeitern zurückzugewinnen. Deren Löhne wurden in der Grundstoff- und Schwerindustrie erhöht. Außerdem verbesserte das Politbüro Ende 1953 die Renten und Sozialfürsorgeleistungen; der Ministerrat senkte die Lebensmittel- und Verbrauchsgüterpreise. Schließlich bemühte sich die SED darum, die strukturellen Mängel des Handelssystems zu beseitigen. Dazu griff die Parteiführung auf die Versandhaustradition zurück, von der man sich eine Verbesserung der Versorgungslage erhoffte. Anfang 1956 nahm das Volkseigene Versandhaus Centrum in Leipzig seine Tätigkeit auf. Die Nachfrage stieg so rasch, dass fünf Jahre später ein weiteres Versandhaus (‚Konsument') in Karl-Marx-Stadt eröffnet wurde.[49] Die Erhöhung der Löhne und Gehälter – im Zusammenhang mit den staatlichen Reaktionen auf den 17. Juni 1953 – verbesserte zwar die Einkommensseite. Um die Einkommen in der DDR schon Mitte der 1950er Jahre weiter zu erhöhen, wurde von der SED die Notenpresse angeworfen. Die Geldmenge übertraf rasch das Waren-

---

[48] Entschließung des ZK der SED vom 26.7.1953 („Der neue Kurs und die Aufgaben der Partei"), in: Dokumente der SED. Beschlüsse und Erklärungen des Zentralkomitees sowie seines Politbüros und seines Sekretariats, Bd. IV, Berlin (Ost) 1954, S. 449–478, hier S. 458.

[49] *I. Merkel*, Utopie und Bedürfnis. Die Geschichte der Konsumkultur in der DDR, Köln 1999, S. 208.

angebot: Während die umlaufende Geldmenge zwischen 1953 und 1955 um 24 Prozent wuchs, vergrößerte sich der Warenumsatz im selben Zeitraum nur um 15 Prozent.[50]

Mitte der 1950er Jahre war der Grundbedarf an Lebensmitteln in der DDR weitgehend gedeckt. Die ostdeutsche Planwirtschaft konnte also durchaus Erfolge vorweisen: So hatte sich das Aufkommen an Schlachtvieh und Milch zwischen 1950 und 1960 verdoppelt, bei Eiern sogar verdreifacht.[51] Dagegen war der Umsatz bei Schuhen, Bekleidung und sonstigen Industriewaren 1956 leicht rückläufig; im Vergleich mit dem staatlichen und genossenschaftlichen Handel schnitt der private Einzelhandel noch am besten ab.[52] Doch die Konsumbedürfnisse der Bevölkerung änderten sich im Laufe der Zeit. Die Nachfrage nach qualitativ gehobenen Gütern stieg. Darauf war die SED-Führung nicht vorbereitet: Bei elektrischen Haushaltsgeräten, aber auch bei Pkw blieb das Warenangebot weit hinter der Nachfrage zurück, wobei die teilweise hohen Preise auch noch prohibitiv wirkten. Gleichzeitig wuchsen die Spareinlagen der DDR-Bevölkerung von 1,8 Milliarden Mark (1950) auf fast 30 Milliarden (1960).[53] Auf den wachsenden Kaufkraftüberhang hatten die politisch Verantwortlichen in Ost-Berlin zunächst noch keine Antwort. Für die SED-Konsumplaner kam erschwerend hinzu, dass sich die prosperierende Konsumgesellschaft der Bundesrepublik ab Mitte der 1950er Jahre für große Teile der ostdeutschen Bevölkerung immer mehr zum Vergleichsmaßstab entwickelte, an dem die Leistungen der DDR-Planwirtschaft gemessen wurden.

Die SED setzte in den 1950er Jahren zwei Instrumente zur Anhebung des Lebensstandards ein: Preissenkungen und Lohnerhöhungen. So gab es zwischen 1948 und 1958 22 Preissenkungen, die zu Beginn und zum Ende des ersten Fünfjahrplanes (1951–1955) besonders stark ausfielen.[54] Die Lebenshaltungskosten sanken zunächst etwas, stiegen aber mit der Aufhebung der Rationierung 1958 wieder an. Eine entscheidende Rolle zur langfristigen Wohlstandsstabilisierung spielten die Löhne, die dafür sorgten, die negativen Folgen der Preisbildung auszugleichen.[55] Doch diese Maßnahme kam nur den Arbeitern und Angestellten in der volkseigenen Industrie zugute; andere Bevölkerungsgruppen, die nicht erwerbstätig waren (z. B. Rentner),

---

50 M. Ermer, Von der Reichsmark zur Deutschen Mark der Deutschen Notenbank. Zum Binnenwährungsumtausch in der Sowjetischen Besatzungszone Deutschlands (Juni/Juli 1948), Stuttgart 2000, S. 185.
51 Steiner, Von Plan zu Plan, S. 107.
52 Hoffmann, Lebensstandard und Konsumpolitik, S. 464.
53 A. Kaminsky, Wohlstand, Schönheit, Glück. Kleine Konsumgeschichte der DDR, München 2001, S. 162.
54 D. Hoffmann/M. Schwartz, Gesellschaftliche Strukturen und sozialpolitische Handlungsfelder, in: D. Hoffmann/M. Schwartz (Hg.), Geschichte der Sozialpolitik in Deutschland seit 1945. Bd. 8: 1949–1961. Deutsche Demokratische Republik. Im Zeichen des Aufbaus des Sozialismus. Im Auftrag des Instituts für Zeitgeschichte, Baden-Baden 2004, S. 73–157, hier S. 97.
55 J. Schevardo, Von der Kartenwirtschaft zum „Exquisit": Verbraucherpreise, Lebensstandard und Herrschaftslegitimation in der DDR der fünfziger Jahre, in: A. Steiner (Hg.), Preispolitik und Lebensstandard. Nationalsozialismus, DDR und Bundesrepublik im Vergleich, Köln 2006, S. 87–127, hier S. 123.

blieben unberücksichtigt. Obwohl bereits Anfang 1949 einige Grundnahrungsmittel und Haushaltswaren aus der Rationierung herausgenommen worden waren, erfolgte erst 1958 die fast vollständige Abschaffung der aus der NS-Kriegswirtschaft übernommenen Kartenwirtschaft. Dazu gab es Mitte der 1950er Jahre erste Überlegungen in der zentralen Wirtschaftsverwaltung. Doch die SED-Führung befand sich in einem Dilemma: Auf der einen Seite zwang die Bundesrepublik mit der Abschaffung der Bezugsscheine Anfang 1950 zum Handeln; auf der anderen Seite drohte bei einer Aufhebung der Rationierung ein Nachfrageanstieg und damit eine Verknappung des Warenangebots in der DDR. Drei Ereignisse beschleunigten die Vorarbeiten zur Aufhebung der Rationierung 1956/57: Erstens wollte die Sowjetunion die DDR zum attraktiven Aushängeschild des Sozialismus ausbauen. Zweitens gab es Anzeichen für eine Verbesserung der wirtschaftlichen Lage in der DDR. Drittens löste der erfolgreiche Start des sowjetischen Weltraumsatelliten ‚Sputnik' am 4. Oktober 1957 eine Zukunftseuphorie im sozialistischen Lager aus. Die Überlegenheit des planwirtschaftlichen Systems gegenüber dem kapitalistischen Modell im Westen schien sich anzudeuten.

Am 28. Mai 1958 wurde schließlich die Rationierung der noch kontingentierten Lebensmittel aufgehoben.[56] Während die Mieten sowie Strom-, Gas- und Wassertarife und die Preise für wichtige Grundnahrungsmittel (Brot und Kartoffeln) unverändert blieben, erhöhten sich die Preise der anderen bisher auf Karten erhältlichen Lebensmittel. Das doppelte Preissystem (Karten- und HO-Preise) sollte durch ein einheitliches Preisniveau im Einzelhandel abgelöst werden. Als Kompensation erhöhte die SED-Führung die Löhne der unteren Einkommensgruppen. Die zuständigen Stellen in Ost-Berlin nahmen erleichtert zur Kenntnis, dass die Versorgungslage stabil und die Stimmungslage unverändert blieb. Allerdings verlagerte sich die Nachfrage Ende der 1950er Jahre immer mehr auf Genussmittel, Bekleidung und Möbel.[57] Außerdem änderte sich das Sparverhalten der ostdeutschen Bürger, die ihr Geld langfristig anlegten, um teure und schwer erhältliche Güter zu erwerben. Die DDR-Planwirtschaft konnte das Warenangebot diesem Trend nicht hinreichend anpassen. Obwohl sich also das Angebot an Haushaltsgeräten durchaus verbesserte, blieb es „quantitativ und qualitativ weiter hinter dem Bedarf zurück".[58]

---

[56] Gesetz über die Abschaffung der Lebensmittelkarten vom 28.5.1958, in: Gesetzblatt der DDR 1958, Teil I, S. 413–415.
[57] *P. Hübner*, Konsens, Konflikt und Kompromiß. Soziale Arbeiterinteressen und Sozialpolitik in der SBZ/DDR 1945–1970, Berlin 1995, S. 155.
[58] *Steiner*, Von Plan zu Plan, S. 108.

5 Konsumversprechen und Versorgung mit hochwertigen Konsumgütern (1958–1971)

Der Zukunftsoptimismus, den der Sputnikstart 1957 befeuert hatte, prägte auch noch den V. SED-Parteitag im Juli 1958, auf dem Ulbricht ein utopisches Wirtschaftsprogramm („ökonomische Hauptaufgabe") verkündete, das in der Bevölkerung große Erwartungen weckte. Es sah im Wesentlichen vor, dass die Bundesrepublik im Pro-Kopf-Verbrauch wichtiger Lebensmittel und Konsumgüter bis 1961 eingeholt werden sollte. Dafür wollte das Politbüro nicht nur alle verfügbaren Ressourcen mobilisieren, sondern auch die Kooperation innerhalb des Rates für gegenseitige Wirtschaftshilfe (RGW) vertiefen und Schlüsseltechnologien ausbauen. Auf dem Parteitag kündigte die Parteiführung aber auch einen neuen Anlauf zur Kollektivierung der Landwirtschaft an und beschwor damit die nächste Versorgungskrise in der DDR herauf. Die Umgestaltung der Landwirtschaft, die bereits 1952 begonnen und dann wieder abgebrochen worden war, sollte nun fortgesetzt und abgeschlossen werden. Die damit verbundene Verdrängung der freien Bauern konnte nur gegen teilweise erhebliche Widerstände durchgesetzt werden: Es kam zu Austritten aus den neu gebildeten LPG; zahlreiche Bauern flohen nach Westdeutschland. Mit dem „abrupte[n] Wechsel der Betriebsstrukturen und de[r] Umstellung der Arbeitsorganisation"[59] nahm das SED-Regime gravierende wirtschaftliche Folgen in Kauf. So ging die landwirtschaftliche Produktion in der Fleisch- und Milcherzeugung drastisch zurück. Dadurch geriet die Versorgung mit Lebensmitteln, die sich nach der Aufhebung der Rationierung einigermaßen stabilisiert hatte, ins Stocken.

Zu Beginn der 1960er Jahre befand sich die DDR erneut in einer wirtschaftlichen Krise, die Auswirkungen auf die Versorgungslage der Bevölkerung hatte. Nach Angaben der Staatlichen Plankommission (SPK) war die Wachstumsrate der industriellen Bruttoproduktion von 13,1 (1959) auf 6,0 Prozent (1961) zurückgegangen; noch dramatischer war der Rückgang der Investitionsquote von 15,3 (1959) auf 1,4 Prozent (1961).[60] Durch die Zwangskollektivierung der Landwirtschaft und die Verschlechterung der Versorgungslage stiegen die Flüchtlingszahlen 1960 wieder an, und zwar von 15 823 (Juli) auf 23 481 (September).[61] Erst mit dem Mauerbau am 13. August 1961, der die „Republikflucht" abrupt stoppte, wendet sich für Ost-Berlin wieder das Blatt. In der SED-Führung machte sich eine gewisse Aufbruchstimmung breit: Eine gesicherte Planung und Steuerung der Produktionsfaktoren schien nun erstmals möglich zu sein. Der Mauerbau konnte aber auch als Eingeständnis einer Niederlage gewertet werden, denn das auf dem V. SED-Parteitag proklamierte Ziel, die Bundesrepublik konsumpolitisch einzuholen, war nicht erreicht worden. Während die Bundesrepub-

---

59 *Bauerkämper*, Ländliche Gesellschaft, S. 193.
60 *Steiner*, Von Plan zu Plan, S. 40 (Tabelle 1).
61 *Melis/Bispinck*, „Republikflucht", S. 255 (Tabelle 1).

lik für die ostdeutsche Bevölkerung weiterhin die entscheidende Referenzgröße blieb, an der der Lebensstandard in der DDR gemessen wurde, ging die politische Führung in Ost-Berlin einem direkten Vergleich mit der Bundesrepublik offenbar immer mehr aus dem Weg.

Doch die Wirtschaftskrise war mit dem Mauerbau noch nicht beendet. Erschwerend kam hinzu, dass die SPK mit der Aktion „Störfreimachung" bereits Anfang Januar 1961 begonnen hatte, die Importabhängigkeit der DDR vom Westen zu reduzieren, ohne aber die wirtschaftlichen Handelskontakte zur Bundesrepublik völlig zu kappen.[62] Von dieser Maßnahme waren insbesondere Erzeugnisse der metallverarbeitenden, chemischen und metallurgischen, aber auch der Konsumgüterindustrie betroffen. Die SED-Führung musste Ersatz für die ausbleibenden Westlieferungen finden, zumal die Bundesregierung angedroht hatte, den innerdeutschen Handel ganz auf Eis zu legen. In dieser Situation erwartete Ost-Berlin von Moskau handelspolitisches Entgegenkommen. Sowjetische Lebensmittellieferungen waren jedoch nicht unbegrenzt möglich. So wies die sowjetische Plankommission GOSPLAN Mitte Februar 1961 darauf hin, dass eine Erhöhung der Lieferungen von Fleisch und tierischen Fetten in die DDR zu einer Verschlechterung der Versorgung „unserer Bevölkerung" führen würde.[63] Dagegen hatte der sowjetische Partei- und Regierungschef Nikita S. Chruschtschow ein offenes Ohr für das wirtschaftliche Anliegen der SED. Gegenüber Ulbricht erklärte er Ende Februar 1962: „Wenn ich an Ihrer Stelle sitzen würde, würde ich wohl das Gleiche sagen."[64] Für den Kremlchef war die Konkurrenzfähigkeit der DDR gegenüber der Bundesrepublik nach wie vor von entscheidender Bedeutung. Die Dauersubventionierung der ostdeutschen Wirtschaft wurde jedoch von GOSPLAN weiterhin kritisch gesehen. So forderten die sowjetischen Wirtschaftsexperten eine Senkung der Wohnungsbauinvestitionen in der DDR und stattdessen eine Steigerung der Investitionen im Maschinenbau.[65] Um das Handelsbilanzdefizit auszugleichen, sollte die SED-Führung den Verbrauch von Konsumgütern durch Preiserhöhungen und Senkung des Warenfonds reduzieren. Dagegen wehrten sich die ostdeutschen Kommunisten mit Erfolg, indem sie auf die angespannte Stimmungslage in der Bevölkerung nach dem Mauerbau verwies.

Ost-Berlin begegnete dem Ungleichgewicht zwischen Kaufkraft und Warenangebot Anfang der 1960er Jahre mit zwei Maßnahmen: Drosselung der Lohnentwicklung und

---

[62] *P. Fäßler*, Durch den „Eisernen Vorhang". Die deutsch-deutschen Wirtschaftsbeziehungen 1949–1969, Köln 2006, S. 245.
[63] Schreiben des Leiters der Abt. Warenumsatz von GOSPLAN, Trifonov, vom 14.2.1961 an den stellvertretenden Vorsitzenden von GOSPLAN, Orlov, über zusätzliche Lebensmittellieferungen (1962–1965) in die DDR, in: *D. Hoffmann/A. Malycha (Hg.)*, Erdöl, Mais und Devisen. Die ostdeutsch-sowjetischen Wirtschaftsbeziehungen 1951–1967. Eine Dokumentation, Berlin 2016, S. 95f., hier S. 96.
[64] Mitschrift des Gespräches zwischen Chruschtschow und Ulbricht am 26.2.1962, in: ebd., S. 110–122, hier S. 112f.
[65] Zum Folgenden: *Hoffmann*, Lebensstandard und Konsumpolitik, S. 479f.

Preiserhöhung.⁶⁶ Durch sogenannte Produktionsaufgebote wurden in den Betrieben die Arbeitsnormen sogar wieder erhöht. Anders als 1953 blieben jedoch Proteste weitgehend aus. Da die SED die Preise für Güter des täglichen Bedarfs auch weiterhin stabil halten wollte, kamen für die ins Auge gefassten Preiserhöhungen nur Luxusgüter in Frage, sodass der Spielraum zur Abschöpfung des Kaufkraftüberhangs relativ gering war. Kurz nach dem Mauerbau verbesserte sich die Versorgungslage zunächst noch nicht; bei einzelnen Nahrungsmitteln drohten sogar wieder Engpässe. Im Frühjahr 1962 musste Butter im Bezirk Suhl rationiert werden.⁶⁷ Daraufhin kursierten unter den Arbeitern Parolen, die sich gegen die SED richteten und Erinnerungen an den Volksaufstand von 1953 wachriefen: „Kommunisten, gebt uns mehr zu fressen, oder habt ihr den 17. Juni schon vergessen?"⁶⁸ Die Situation entspannte sich erst, als der Minister für Außenhandel im Auftrag des Politbüros zusätzliche Lebensmittel importierte. Obwohl die umlaufende Geldmenge reduziert wurde, blieb – auch nach den Meldungen des MfS – die Nachfrage nach Nahrungsmitteln unverändert bestehen.

Die deutsche-deutsche Systemauseinandersetzung im Kalten Krieg wurde auch auf dem Gebiet der Konsumpolitik ausgetragen. In dem Kontext avancierten Lebens- und Genussmittel zu „Medien der politischen Propaganda".⁶⁹ Kurz nach dem Volksaufstand am 17. Juni 1953 hatte US-Präsident Dwight D. Eisenhower umfangreiche Nahrungsmittellieferungen angeboten, die Teil einer groß angelegten Propagandaoffensive waren. Bis Mitte August kamen etwa 2,6 Millionen Pakete in die DDR, die von DDR-Bürgern in eigens eingerichteten Verteilungsstellen in West-Berlin abgeholt wurden.⁷⁰ Die DDR nahm die Herausforderung im „Päckchenkrieg" an: Allein 1965 gingen 22 Millionen Pakete vom Osten in den Westen Deutschlands – bei rund 17 Millionen DDR-Bewohnern ein durchaus bemerkenswertes Resultat. Dabei handelte es sich keineswegs nur um eine von oben gesteuerte Gegenmaßnahme. Der grenzübergreifende Paketverkehr war nicht nur ein „asymmetrisches Beziehungsmuster" im deutsch-deutschen Kommunikationsraum,⁷¹ sondern relativiert auch etwas das gängige Bild über die Versorgungsschwierigkeiten in der DDR.

Unter dem Eindruck der Wirtschaftskrise Anfang der 1960er Jahre beschloss die SED-Führung, Maßnahmen zur Steigerung der Effektivität der DDR-Wirtschaft

---

66 *Steiner*, Von Plan zu Plan, S. 127.
67 *P. Poutrus*, Die Erfindung des Goldbroilers. Über den Zusammenhang zwischen Herrschaftssicherung und Konsumentwicklung in der DDR, Köln 2002, S. 63.
68 Ebd., S. 65f.
69 *R. Gries*, „Dein Päckchen nach drüben". Antikommunismus für jedermann, in: *S. Creuzberger/ D. Hoffmann (Hg.)*, „Geistige Gefahr" und „Immunisierung der Gesellschaft". Antikommunismus und politische Kultur in der frühen Bundesrepublik, München 2014, S. 335–353, hier S. 336. Vgl. *K. Soch*, Eine große Freude? Der innerdeutsche Paketverkehr im Kalten Krieg (1949–1989), Frankfurt am Main 2018.
70 *S. Creuzberger*, Kampf für die Einheit. Das gesamtdeutsche Ministerium und die politische Kultur des Kalten Krieges 1949–1969, Düsseldorf 2008, S. 310.
71 *Gries*, „Dein Päckchen nach drüben", S. 352.

zu ergreifen. Ulbricht ließ entsprechende Vorarbeiten für eine Wirtschaftsreform („Neues Ökonomisches System der Planung und Leitung" – NÖSPL)[72] forcieren. Von Anfang an bestand für die Reformer aber ein fast unlösbares Problem darin, „marktwirtschaftliche Mechanismen zu simulieren, ohne die Grundlagen einer Marktwirtschaft einzuführen".[73] Die wirtschafts- und sozialpolitische Reformdebatte blieb zwar auf eine zahlenmäßig überschaubare Gruppe von Wissenschaftlern und Funktionären des SED-Parteiapparates bzw. des Gewerkschaftsapparates beschränkt. Dadurch konnte aber eine relativ große Zahl politischer und wissenschaftlicher Gremien in die Expertenrunde mit eingebunden werden. So wurde im Verlauf der 1960er Jahre eine wenn auch begrenzte Verwissenschaftlichung der Politik in der DDR erkennbar.[74]

Die SPK beschäftigte sich Anfang der 1960er Jahre nicht nur mit den Vorarbeiten und der Durchführung der Wirtschaftsreform, sondern auch mit Fragen, die die langfristige Steuerung des Lebensstandards in der DDR betrafen. Ende 1962 lag eine ausführliche Denkschrift („Grundfragen der Entwicklung des Lebensstandards") vor, die einerseits auf die relativ niedrige Produktivitätsrate der ostdeutschen Wirtschaft und andererseits auf die wachsende soziale Ungleichheit in der DDR hinwies.[75] Nach Einschätzung der Autoren gab es bis 1965 keine Handlungsspielräume dafür, die soziale Lage von Arbeiterfamilien mit Kindern und von Rentnern zu verbessern. Für diese Bevölkerungsgruppen schien sich erst für die zweite Hälfte der 1960er Jahre eine Verbesserung abzuzeichnen, wobei ein dafür notwendiger Wirtschaftsaufschwung stillschweigend vorausgesetzt wurde. Im weiteren Diskussionsverlauf dehnte sich der Lebensstandard-Begriff zunehmend aus; familien-, renten- und wohnungspolitische Merkmale sollten in Zukunft stärker Berücksichtigung finden. Grundlage der weiteren Überlegungen war die angestrebte Befriedigung der sogenannten gesellschaftlichen Bedürfnisse, die von der SPK in einem weitreichenden Sinne definiert wurden. Damit stiegen wiederum die Anforderungen an den sozialistischen Wohlfahrtsstaat. Unter die Entwicklung des Lebensstandards sollten nach den Vorstellungen der SPK sowohl frauen- und familienpolitische als auch wohnungspolitische Maßnahmen fallen. Außerdem blieben die Überlegungen nicht mehr wie bisher auf die erwerbstätige Bevölkerung begrenzt, sondern berücksichtigten auch die sozialen Belange der Rentner.

---

72 Vgl. dazu: *A. Steiner*, Die DDR-Wirtschaftsreform der sechziger Jahre. Konflikt zwischen Effizienz- und Machtkalkül, Berlin 1999.
73 *Steiner*, Von Plan zu Plan, S. 131.
74 Zu den Grenzen der Verwissenschaftlichung von Politik in der DDR: *A. Steiner*, Wissenschaft und Politik: Politikberatung in der DDR?, in: *S. Fisch/W. Rudloff (Hg.)*, Experten und Politik. Wissenschaftliche Politikberatung in geschichtlicher Perspektive, Berlin 2004, S. 101–125.
75 *Hoffmann*, Lebensstandard und Konsumpolitik, S. 487. Grundsätzliche Überlegungen dazu von: *J. Gieseke*, Soziale Ungleichheit im Staatssozialismus. Eine Skizze, in: Zeithistorische Forschungen 10, 2013, S. 171–198.

In der SPK liefen Mitte der 1960er Jahre die unterschiedlichen Fäden der Konsum- und Sozialpolitik zusammen.[76] Anfang 1966 beschäftigten sich im Auftrag der SPK gleich mehrere Institute mit der Lebensstandardforschung: das Institut für Ernährung Potsdam-Rehbrücke, das Institut für Bedarfsforschung Leipzig, das Institut für Politische Ökonomie des Sozialismus der Martin-Luther-Universität Halle und das Hygiene-Institut der Humboldt-Universität. Eine koordinierende Funktion übernahm die Forschungsgruppe Lebensstandard an der Hochschule für Ökonomie, die der Kontrolle Alfred Kecks unterstand, der in der SPK den Arbeitskreis Lebensstandard leitete.[77] Eine besondere Betriebsamkeit ging vom Institut für Bedarfsforschung aus, das zahlreiche Forschungsberichte produzierte und mehrere Dissertationen betreute, bei denen es etwa um die Anwendung mathematischer Methoden zur Berechnung von Konsumdaten ging. Die Aufgabe des Instituts bestand darin, den politisch Verantwortlichen in Ost-Berlin empirisch fundierte Angaben zur Entwicklung des Bevölkerungsbedarfs zu liefern. Das Kaufverhalten der Kunden sollte transparent und berechenbar werden.

Trotz aller Aktivitäten lag in der SPK vor dem Machtwechsel von Ulbricht zu Honecker 1971 kein kohärentes Konzept zur Konsumplanung vor. Obwohl die Bedarfsforschung in den 1960er Jahren stark expandierte, zeigte die SED-Führung kein gesteigertes Interesse an der wissenschaftlichen Durchleuchtung des „sozialistischen" Kunden und seiner Konsumwünsche. Ulbricht wehrte entsprechende Vorstöße auch noch in seinen letzten Amtsjahren immer wieder ab. Auch für den ZK-Sekretär für Wirtschaft, Günter Mittag, dessen Augenmerk vor allem der Industrie und dem Außenhandel galt, war Konsum zunächst nur ein Thema von untergeordneter Bedeutung. Das änderte sich erst Anfang der 1970er Jahre, als Konsum- und Sozialpolitik politisch an Bedeutung gewannen.

Mitte der 1960er Jahre zeichnete sich eine Stabilisierung der DDR-Wirtschaft ab; die volkswirtschaftliche Produktivität stieg aufgrund der zunehmenden Investitionstätigkeit.[78] Zu den Wachstumsbranchen gehörten die Energie- und Brennstoffindustrie, die Metallurgie sowie die chemische und elektrotechnische Industrie, nicht aber die Konsumgüterindustrie. Da die ostdeutsche Landwirtschaft die Versorgung der DDR-Bevölkerung aber nicht alleine sicherstellen konnte, war Ost-Berlin nach wie vor gezwungen, Nahrungsmittel zu importieren. Die Kollektivierung der Landwirtschaft Ende der 1950er bzw. Anfang der 1960er Jahre und die Ausweitung der heimischen Agrarproduktion sollten langfristig dazu beitragen, Lebensmittelimporte zu reduzieren. Diesem Autarkieziel diente der Ausbau der Geflügelproduktion[79] und Fisch-

---

76 *P. Heldmann*, Herrschaft, Wirtschaft, Anoraks. Konsumpolitik in der DDR der Sechzigerjahre, Göttingen 2004, S. 109.
77 *Hoffmann*, Lebensstandard und Konsumpolitik, S. 489.
78 *A. Steiner*, Die DDR als ökonomische Konkurrenz. Das Scheitern des „zweiten deutschen Staates" als Vergleichswirtschaft, in: *W. Plumpe/J. Scholtyseck (Hg.)*, Der Staat und die Ordnung der Wirtschaft. Vom Kaiserreich bis zur Berliner Republik, Stuttgart 2012, S. 151–176, hier S. 164.
79 *Poutrus*, Die Erfindung des Goldbroilers, S. 214.

industrie.[80] Obwohl Ende der 1960er Jahre immer mehr Haushalte über hochwertige Konsumgüter verfügten, gab es markante Ausnahmen: 1970 hatten erst 15,6 Prozent der Haushalte einen Pkw.[81] Insgesamt kann von einer gebremsten und sozial ungleichmäßigen Modernisierung der DDR-Haushalte gesprochen werden. Einige Waren stellten Luxusgüter dar, die sich nicht jeder Bürger leisten konnte (z. B. Fernseher, Kühlschrank, Waschmaschine).

Nachdem die DDR-Führung kurz vor dem Mauerbau beschlossen hatte, bei bestimmten Konsumgütern (Textilien, Obst und Gemüse) den Groß- und Einzelhandel zusammenzulegen, veränderten sich die Handelsstrukturen weiter. Dabei standen Waren des gehobenen Bedarfs im Mittelpunkt des Interesses. 1962 wurden die ersten Exquisit-Läden eröffnet, in denen die Bevölkerung modische Kleidung zu relativ hohen Preisen erwerben konnte. Die vier Jahre später gegründeten Delikat-Läden boten der Kundschaft besondere Nahrungs- und Genussmittel an.[82] Anzahl und Umsatz der Verkaufsstellen, die im Volksmund schon bald als „Ulbrichts Wucher-Buden"[83] bezeichnet wurden, stiegen allerdings erst in der Ära Honecker stark an: Während 1970 etwa 3 Prozent des Gesamtumsatzes an Textilien und Schuhen auf Exquisit-Läden entfiel, lag der Anteil 1982 bereits bei 15 Prozent.[84]

6 Konsumpolitik zu Beginn der Ära Honecker (1971–1976)

Unter Ulbricht standen die konsumpolitischen Ziele der SED stets unter dem Vorbehalt der wirtschaftlichen Machbarkeit, sodass Bevölkerungsgruppen benachteiligt wurden, die nicht erwerbstätig waren. Rentner und Behinderte waren von der Wohlstandsentwicklung in der DDR weitgehend ausgeschlossen. Mit dem Machtantritt Honeckers und unter dem Eindruck der Unruhen in Polen 1970 vollzog Ost-Berlin eine Kehrtwende, denn Konsum- und Sozialpolitik rückten ins Zentrum des SED-Regimes und verschmolzen mit der Ökonomie zur „Einheit von Wirtschafts- und Sozialpolitik", die 1976 fest im Parteiprogramm der SED verankert wurde. Deren wichtigste Aufgabe bestand darin, die Entwicklung des Lebensstandards der ostdeutschen Bevölkerung langfristig zu sichern und zu steuern. Die damit verbundenen Wohlstandsverspre-

---

80 *B. Ciesla*, Eine sich selbst versorgende Konsumgesellschaft? Industrieller Fischfang, Fischverarbeitung und Fischwarenkonsum, in: *T. Lindenberger (Hg.)*, Herrschaft und Eigen-Sinn in der Diktatur. Studien zur Gesellschaftsgeschichte der DDR, Köln 1999, S. 205–233, hier S. 230. Vgl. *S. Raillard*, Die See- und Küstenfischerei Mecklenburgs und Vorpommerns 1918 bis 1960. Traditionelles Gewerbe unter ökonomischem und politischem Wandlungsdruck, München 2012.
81 *Hoffmann*, Lebensstandard und Konsumpolitik, S. 491.
82 *Merkel*, Utopie und Bedürfnis, S. 251f.; *Steiner*, Von Plan zu Plan, S. 156.
83 *Steiner*, Von Plan zu Plan, S. 156.
84 *Merkel*, Utopie und Bedürfnis, S. 264.

chen prägten den Kurs der SED bis 1989. Konsum- und Sozialpolitik erhielten eine umfassende gesellschaftspolitische Bedeutung und entwickelten sich zum Markenzeichen des ‚real existierenden Sozialismus' unter Honecker.[85] Drei Kurskorrekturen waren von zentraler Bedeutung: Erstens wurde der von Ulbricht begonnene Modernisierungsversuch in der Wirtschaft endgültig abgebrochen. Zweitens ging die SED dazu über, die eigene Herrschaft nicht mehr nur durch repressive, sondern auch durch sozial- und konsumpolitische Maßnahmen abzusichern.[86] Drittens rückte die allgemeine Teilhabe am gesellschaftlichen und kulturellen Leben ins Zentrum der SED-Konsumpolitik. Im Mittelpunkt der „Einheit von Wirtschafts- und Sozialpolitik" stand ein ehrgeiziges Wohnungsbauprogramm, das den Bau von insgesamt 500 000 Wohnungen innerhalb von fünf Jahren vorsah.

Die Sozialleistungen wurden in der Ära Honecker immer mehr nach dem Gießkannenprinzip verteilt und verursachten eine Kostenexplosion, die sich bereits im 1972 geschnürten Sozialpaket niederschlug: Der Finanzbedarf verdreifachte sich innerhalb weniger Monate, wobei die politisch Verantwortlichen die Frage nach der Gegenfinanzierung unbeantwortet ließen. Die öffentlich angekündigten Wohlstandsversprechen weckten im Übrigen Erwartungen in der Bevölkerung, die nicht enttäuscht werden durften. Das Institut für Meinungsforschung erstellte auf der Grundlage von Umfragen eine „Dringlichkeitsliste sozialpolitischer Maßnahmen", die vom Wohnungsbau und Gesundheitswesen, über die Einkommens- und Rentenentwicklung bis hin zur Versorgung mit Konsumgütern und Dienstleistungen reichte.[87] Da jedoch die wirtschaftliche Entwicklung hinter den offiziellen Prognosen zurückblieb, stiegen der Importüberschuss und das Handelsbilanzdefizit. In den internen Debatten der SED-Führung tauchte 1975 erstmals das Schreckgespenst der Zahlungsunfähigkeit auf.

Die planwirtschaftlichen Strukturen wurden nach dem Machtantritt Honeckers wieder zentralisiert. Parallel dazu setzte ein ökonomischer Konzentrationsprozess ein. So wurden 1972 die verbliebenen kleinen und mittleren privaten und halbstaatlichen Betriebe sowie größere gewerbliche Genossenschaftsbetriebe in die sozialistische Wirtschaftsordnung überführt, wobei die Verstaatlichung nicht mehr durch eine Enteignung, sondern durch einen formal freiwilligen Verkauf erfolgte.[88] Der

---

85 *D. Hoffmann/M. Schwartz*, Einleitung, in: *Dies.* (Hg.), Sozialstaatlichkeit in der DDR. Sozialpolitische Entwicklungen im Spannungsfeld von Diktatur und Gesellschaft 1945/49–1989, München 2005, S. 1–9, hier S. 2.
86 Vgl. *P. Skyba*, Sozialpolitik als Herrschaftssicherung. Entscheidungsprozesse und Folgen in der DDR der siebziger Jahre, in: *C. Vollnhals/J. Weber* (Hg.), Der Schein der Normalität. Alltag und Herrschaft in der SED-Diktatur, München 2002, S. 39–80, hier S. 44.
87 Ebd., S. 61.
88 *P. Skyba*, Politische Rahmenbedingungen 1971–1981, in: *C. Boyer/K.-D. Henke/P. Skyba* (Hg.), Geschichte der Sozialpolitik in Deutschland seit 1945. Bd. 10: 1971–1989. Deutsche Demokratische Republik. Bewegung in der Sozialpolitik, Erstarrung und Niedergang, Baden-Baden 2008, S. 5–34, hier S. 15.

rigoros durchgeführte Schlag gegen den alten Mittelstand (Handwerk und Einzelhandel) beseitigte „relativ bewegliche Wirtschaftseinheiten, die der Wirtschaft ein Stück Anpassungselastizität verliehen" hatten.[89] Die langfristigen Folgen für die Konsumgüterproduktion waren gewaltig und in Ost-Berlin offenbar nicht berücksichtigt worden.

Mitte der 1970er Jahre konnte die SED-Führung einige sozial- und konsumpolitische Erfolge vorweisen: Die Mindestlöhne und niedrigen Einkommen waren 1971 und 1976 angehoben worden; die Mindestrenten stiegen ebenfalls. Außerdem gab es einige weitere Verbesserungen, wie z. B. zusätzliche Urlaubstage, Kürzung der Arbeitszeit für berufstätige Mütter, zinslose Darlehen für jung verheiratete Ehepaare, Ausbau der Kinderbetreuung. Schließlich stieg der Kauf von hochwertigen Konsumgütern teilweise an. Gleichzeitig ließ sich die Kluft zwischen Anspruch und Wirklichkeit nicht kaschieren: Das Rentenniveau blieb vergleichsweise niedrig. Die Nettogeldeinnahmen pro Kopf der Bevölkerung stiegen Mitte der 1970er Jahre sprunghaft an.[90] Aufgrund der Lohnentwicklung überstieg die Nachfrage aber schon bald wieder das Warenangebot,[91] sodass es erneut zu einem Kaufkraftüberhang kam.

7 Konsumpolitische Ernüchterung und neue Versorgungsengpässe (1976–1989)

Ost-Berlin war es zwar im Laufe der Zeit gelungen, mit Hilfe der Preispolitik die Grundversorgung der Bevölkerung einigermaßen sicherzustellen. Immer weniger Erfolg hatte man aber damit, die Nachfrage nach hochwertigen Konsumgütern zu befriedigen. Viele DDR-Bürger orientierten sich dabei nicht mehr am Lebensstandard der Vorkriegszeit, sondern an der Konsumwelt in der Bundesrepublik, die über das Fernsehen und die im Zuge der Entspannungspolitik vermehrten Kontakte mit Westdeutschen sichtbar und erfahrbar war. Darüber hinaus hatte die staatliche Preisregulierung mit erheblichen Problemen zu kämpfen: Obwohl es 1971 zu einem Stopp der Verbraucherpreise gekommen war,[92] konnte die DDR-Regierung die Preise von Textilerzeugnissen nicht länger stabil halten. Die Produktionszunahme in der Bekleidungsindustrie ließ sich nämlich nur durch den Einsatz teurer synthetischer Fasern bewerkstelligen.

---

89 *Steiner*, Von Plan zu Plan, S. 175.
90 Ebd., S. 188.
91 *Hoffmann*, Lebensstandard und Konsumpolitik, S. 500.
92 *A. Steiner*, Preisgestaltung, in: *C. Boyer/K.-D. Henke/P. Skyba* (Hg.), Geschichte der Sozialpolitik in Deutschland seit 1945. Bd. 10: 1971–1989. Deutsche Demokratische Republik. Bewegung in der Sozialpolitik, Erstarrung und Niedergang, Baden-Baden 2008, S. 304–323, hier S. 306.

Gleichzeitig stiegen die staatlichen Subventionen zur Preisstabilisierung: Zwischen 1971 und 1975 stellte die SED-Führung allein 32,6 Milliarden DM (Ost) für Nahrungsmittel und 12,5 Milliarden DM (Ost) für Verkehrs- und Dienstleistungen bereit.[93] Da von der Subventionierung Bezieher höherer Einkommen am meisten profitierten – sie hatten mehr Geld für höherwertige Produkte zur Verfügung – verstärkte „die Spanne zwischen subventionierten und teuren Waren" die Einkommensdifferenzierung.[94] Der Anteil der Subventionen an den gesamten verbrauchswirksamen Ausgaben der Bevölkerung (ohne Mietpreisstützungen) stieg rasant an, und zwar von 10 Prozent (1971) auf 16 Prozent (1982).[95]

Die DDR war ab Mitte der 1970er Jahre keine egalitäre, sondern eine sozial immer stärker zerklüftete Konsumgesellschaft. Luxusgüter und Genusswaren waren für Geringverdiener und Rentner häufig nicht erschwinglich. Die Mehrheit der ostdeutschen Rentner lebte in teilweise prekären Verhältnissen: Nach Angaben von DDR-Lebensstandardforschern befanden sich 1972 zwei Drittel der Rentnerhaushalte unterhalb der Armutsgrenze; der Anteil sank bis 1988 auf 45 Prozent.[96] Zu den ab 1961 stark ausgebauten Intershops,[97] in denen westliche und höherwertige Waren gegen Devisen erworben werden konnten, hatten nur Besitzer von Westwährung Zugang. Ostdeutsche registrierten mit wachsender Unzufriedenheit, dass die Konsumchancen ungleich verteilt waren. Dabei kam das MfS zu dem Ergebnis, dass sich „der überwiegende Teil der DDR-Bevölkerung, der ehrlich seiner Arbeit nachgehe und keine Gelegenheit zum Erwerb westlicher Devisen habe, [...] zwangsläufig benachteiligt fühlen" müsse.[98] Außerdem entwickelten sich die Betriebe mit ihren werkseigenen Verkaufsstellen zu einem „Verteilungszentrum der Mangelwirtschaft".[99] Das SED-Politbüro reagierte auf die zunehmende Kritik in der Bevölkerung an den Intershops und lockerte das Monopol für den Verkauf von Westprodukten. Im Herbst 1977 wurde der weitere Ausbau der Exquisit- und Delikat-Läden beschlossen, die immer mehr zu einem festen Bestandteil der allgemeinen Versorgung wurden.

Nachdem die Weltmarktpreise für Rohstoffe in der zweiten Hälfte der 1970er Jahre rasant angestiegen waren, gerieten auch die eingefrorenen Verbraucherpreise auf den

---

93 *P. Hübner*, Arbeit, Arbeiter und Technik in der DDR 1971 bis 1989. Zwischen Fordismus und digitaler Revolution, Bonn 2014, S. 143.
94 *Gieseke*, Soziale Ungleichheit im Staatssozialismus, S. 181.
95 *Steiner*, Von Plan zu Plan, S. 188.
96 *C. Lorke*, Von Anstand und Liederlichkeit. Armut und ihre Wahrnehmung in der DDR (1961–1989), in: Zeithistorische Forschungen 10, 2013, S. 199–218, hier S. 206.
97 Vgl. *J. Zatlin*, The Currency of Socialism. Money and Political Culture in East Germany, Cambridge 2007, S. 243–285.
98 Hinweise über Reaktionen verschiedener Bevölkerungskreise der DDR zur Erweiterung des Handelsnetzes der Intershop-Läden und des in diesem Handelsnetz eingesetzten Warensortiments vom 17.2.1977, in: Die DDR im Blick der Stasi 1977. Die geheimen Berichte an die SED-Führung. Bearb. von *H. Bispinck*, Göttingen 2012, S. 92–94, hier S. 92.
99 *R. Gerlach*, Betriebliche Sozialpolitik im historischen Systemvergleich. Das Volkswagenwerk und der VEB Sachsenring von den 1950er bis in die 1980er Jahre, Stuttgart 2014, S. 317.

Prüfstand. Honecker konnte sich der Debatte über die kostspielige Subventionierung von Konsumgütern nicht mehr verschließen und stimmte letztlich einer Überprüfung der bisherigen Preispolitik zu, wobei zunächst die Importe aus dem nichtsozialistischen Ausland in den Fokus gerieten. So versuchte Ost-Berlin Kaffeeimporte ohne Devisenzahlungen zu vereinbaren. Dazu nahm man Kontakt zu den kaffeeproduzierenden Ländern Äthiopien und Angola auf, zu denen die DDR ohnehin schon enge außenpolitische Beziehungen pflegte.[100] Für politischen Sprengstoff sorgten die vom Politbüro am 26. Juli 1977 beschlossenen Sparmaßnahmen bei der Kaffeeversorgung: Der Verkauf von günstigen Kaffeesorten, die allgemein sehr beliebt waren, wurde mit sofortiger Wirkung gestrichen. Außerdem wurde die Einführung eines Mischkaffees beschlossen, der zu fast 50 Prozent aus Surrogaten bestand.[101] Die SED-Führung, die mit den getroffenen Maßnahmen den Einsatz von Rohkaffee verringern wollte, unterschätzte aber den dadurch ausgelösten Proteststurm. Die Stimmungsberichte des MfS machten deutlich, dass die Bevölkerung nicht nur die Qualitätsverschlechterung und die versteckte Preiserhöhung durchschaut hatte, sondern auch einen Dominoeffekt bei anderen Konsumwaren befürchtete. Die sogenannte Kaffee-Krise konnte erst entschärft werden, als der Weltmarktpreis für Kaffee wieder sank.

Angesichts des DDR-Handelsbilanzdefizits waren Ende der 1970er Jahre immer mehr Spitzenfunktionäre der SED davon überzeugt, Einschnitte im sozial- und konsumpolitischen Bereich vornehmen zu müssen. Diese Meinung teilte zeitweise auch Honecker, der sich die von der SPK vorgeschlagene Erhöhung der Verbraucherpreise für Benzin- und Dieselkraftstoff, Heizöl, Spirituosen und Kinderbekleidung zu eigen machte.[102] In der Folge entstanden weitere Sparkonzepte, die sich auf noch mehr Konsumgüter bezogen und Preiserhöhungen im Gesamtvolumen von bis zu 21 Milliarden DM (Ost) vorsahen. Anfang November 1979 zog Honecker die Notbremse und gab dem Leiter des Amtes für Preise beim Ministerrat, Walter Halbritter (SPD), den Auftrag, die vorgesehene Erhöhung der Verbraucherpreise zurückzunehmen. Im Politbüro erklärte der SED-Chef, der inzwischen Angst vor der politischen Destabilisierung und einem drohenden Machtverlust bekommen hatte: „Wenn man das macht, dann kann gleich das Politbüro zurücktreten und die Regierung auch."[103]

Die proklamierte „Einheit von Wirtschafts- und Sozialpolitik" verlor Anfang der 1980er Jahre immer mehr an Anziehungskraft. Bei der Verwirklichung des Wohnungsbauprogramms hatte Ost-Berlin mit erheblichen Schwierigkeiten zu kämpfen:[104] Die

---

100 M. *Sigmund*, Genuss als Politikum. Kaffeekonsum in beiden deutschen Staaten, München 2015, S. 252.
101 Ebd., S. 254.
102 P. *Skyba*, Gesellschaftliche Strukturen und sozialpolitische Denk- und Handlungsfelder 1971–1981, in: C. Boyer/K.-D. Henke/P. Skyba (Hg.), Geschichte der Sozialpolitik in Deutschland seit 1945. Bd. 10: 1971–1989. Deutsche Demokratische Republik. Bewegung in der Sozialpolitik, Erstarrung und Niedergang, Baden-Baden 2008, S. 70–115, hier S. 111.
103 Zitiert nach: ebd., S. 113.
104 B. *Bouvier*, Die DDR – ein Sozialstaat? Sozialpolitik in der Ära Honecker, Bonn 2002, S. 187.

Zuteilung von Baumaterialien und Arbeitskräften entsprach nicht den Vorgaben. Außerdem machten organisatorische Mängel den politisch Verantwortlichen schwer zu schaffen. Dafür war aber nicht nur die fehlende Ökonomisierung der SED-Sozial- und Konsumpolitik verantwortlich, sondern auch der Umstand, dass konzeptionelle Fähigkeiten der SPK und des ZK-Apparates „wenig bzw. nur im Detail gefragt" waren.[105] Da die politische Führung um Honecker kaum noch Wert auf die Ausarbeitung entsprechender Konzeptionen – trotz des wachsenden Steuerungsbedarfs bei Konsumgütern – legte, dominierten Ad-hoc-Maßnahmen, die in kleinen Machtzirkeln der Partei getroffen wurden und nicht mehr aufeinander abgestimmt waren. Es überrascht daher nicht, dass innerhalb der SED-Spitze das Interesse an Ergebnissen der empirischen Sozialforschung, das in der Reformphase der 1960er Jahre vergleichsweise groß gewesen war, stetig abnahm.[106]

Obwohl dem Politbüro frühzeitig bewusst war, dass die ökonomische Leistungsfähigkeit der DDR nicht ausreichen würde, um die Wohlstandsversprechen einzulösen, hielt die SED-Führung am eingeschlagenen Kurs fest. Zu den vorsichtigen Kritikern gehörte der SPK-Vorsitzende Gerhard Schürer, der im Frühjahr 1978 versuchte, Honecker über den Minister für Staatssicherheit, Erich Mielke (SED), zu einem Kurswechsel zu bewegen.[107] Auf diese Weise wollte er die steigende Westverschuldung stoppen. Am 27. November 1979 widersprach Honecker im Politbüro der Ansicht, es gebe einen direkten Zusammenhang zwischen den einst beschlossenen Leistungsverbesserungen und den Wirtschaftsproblemen der DDR, und schloss Sparmaßnahmen kategorisch aus.[108] Zehn Jahre später startete Schürer einen erneuten Anlauf und schlug dem SED-Chef die Kürzung von Subventionen für Mieten, Energie und einige Konsumgüter vor.[109] Sein Vorstoß fand erneut keine Unterstützung. Daraufhin beugte sich Schürer den Mehrheitsverhältnissen in der SED-Führung und vermied einen offenen Konflikt mit Honecker.

Ab Mitte der 1980er Jahre häuften sich wieder die Berichte über Versorgungsengpässe in der DDR. Die Stimmungsberichte des MfS zeigten zudem, dass die Bedenken Honeckers gegen eine Anhebung der Verbraucherpreise 1989 an Gewicht verloren

---

105 *C. Boyer*, Gesellschaftliche Strukturen und sozialpolitische Denk- und Handlungsfelder 1981–1989, in: *C. Boyer/K.-D. Henke/P. Skyba (Hg.)*, Geschichte der Sozialpolitik in Deutschland seit 1945. Bd. 10: 1971–1989. Deutsche Demokratische Republik. Bewegung in der Sozialpolitik, Erstarrung und Niedergang, Baden-Baden 2008, S. 116–143, hier S. 119.

106 *C. Reinecke*, Empirische Sozialforschung und soziales Wissen in der SED-‚Fürsorgediktatur', in: Archiv für Sozialgeschichte 50, 2010, S. 311–334, hier S. 322.

107 *A. Malycha*, Ungeschminkte Wahrheiten. Ein vertrauliches Gespräch von Gerhard Schürer, Chefplaner der DDR, mit der Stasi über die Wirtschaftspolitik der SED im April 1978, in: Vierteljahrshefte für Zeitgeschichte 59, 2011, S. 283–305, hier S. 291.

108 *Skyba*, Sozialpolitik als Herrschaftssicherung, S. 69.

109 *H.-H. Hertle*, Die Diskussion der ökonomischen Krisen in der Führungsspitze der SED, in: *T. Pirker/M. R. Lepsius/R. Weinert/H.-H. Hertle (Hg.)*, Der Plan als Befehl und Fiktion. Wirtschaftsführung in der DDR. Gespräche und Analysen, Opladen 1995, S. 309–346, hier S. 339.

hatten, da viele DDR-Bürger für einen solchen Schritt sogar Verständnis aufbrachten.[110] Gleichzeitig war die wirtschaftliche Rückständigkeit der DDR gegenüber der Bundesrepublik unübersehbar: Ende der 1980er Jahre lag die Produktivität der DDR-Wirtschaft nach westdeutschen Schätzungen zwischen einem und zwei Dritteln hinter der der Bundesrepublik.[111] Im Herbst 1989 ging die neue SED-Führung unter Egon Krenz nach einem Kassensturz davon aus, dass die drohende Zahlungsunfähigkeit nur durch eine Senkung des Lebensstandards um 25 bis 30 Prozent zu vermeiden sei.[112] Daher sollten Kreditverhandlungen mit der Bundesregierung in Bonn aufgenommen werden, die nach dem Mauerfall am 9. November 1989 und dem Machtzerfall der herrschenden SED jedoch obsolet wurden.

Literatur

A. Bauerkämper, Ländliche Gesellschaft in der kommunistischen Diktatur. Zwangsmodernisierung und Tradition in Brandenburg 1945–1963, Köln 2002.

M. Boldorf, Sozialfürsorge in der SBZ/DDR 1945–1953. Ursachen, Ausmaß und Bewältigung der Nachkriegsarmut, Stuttgart 1998.

B. Bouvier, Die DDR – ein Sozialstaat? Sozialpolitik in der Ära Honecker, Bonn 2002.

C. Boyer/K.-D. Henke/P. Skyba (Hg.), Geschichte der Sozialpolitik in Deutschland seit 1945. Bd. 10: 1971–1989. Deutsche Demokratische Republik. Bewegung in der Sozialpolitik, Erstarrung und Niedergang, Baden-Baden 2008.

B. Ciesla, Eine sich selbst versorgende Konsumgesellschaft? Industrieller Fischfang, Fischverarbeitung und Fischwarenkonsum, in: *T. Lindenberger (Hg.)*, Herrschaft und Eigen-Sinn in der Diktatur. Studien zur Gesellschaftsgeschichte der DDR, Köln 1999, S. 205–233.

P. Fäßler, Durch den „Eisernen Vorhang". Die deutsch-deutschen Wirtschaftsbeziehungen 1949–1969, Köln 2006.

J. Gieseke, Soziale Ungleichheit im Staatssozialismus. Eine Skizze, in: Zeithistorische Forschungen 10, 2013, S. 171–198.

R. Gries, Die Rationen-Gesellschaft. Versorgungskampf und Vergleichsmentalität: Leipzig, München und Köln nach dem Kriege, Münster 1991.

P. Heldmann, Herrschaft, Wirtschaft, Anoraks. Konsumpolitik in der DDR der Sechzigerjahre, Göttingen 2004.

H.-H. Hertle, Die Diskussion der ökonomischen Krisen in der Führungsspitze der SED, in: *T. Pirker/M. R. Lepsius/R. Weinert/H.-H. Hertle (Hg.)*, Der Plan als Befehl und Fiktion. Wirtschaftsführung in der DDR. Gespräche und Analysen, Opladen 1995, S. 309–346.

D. Hoffmann/M. Schwartz (Hg.), Geschichte der Sozialpolitik in Deutschland seit 1945. Bd. 8: 1949–1961. Deutsche Demokratische Republik. Im Zeichen des Aufbaus des Sozialismus. Im Auftrag des Instituts für Zeitgeschichte, Baden-Baden 2004.

D. Hoffmann/A. Malycha (Hg.), Erdöl, Mais und Devisen. Die ostdeutsch-sowjetischen Wirtschaftsbeziehungen 1951–1967. Eine Dokumentation, Berlin 2016.

---

110 *Hoffmann*, Lebensstandard und Konsumpolitik, S. 506.
111 *A. O. Ritschl*, Aufstieg und Niedergang der Wirtschaft der DDR: Ein Zahlenbild 1945–1989, in: Jahrbuch für Wirtschaftsgeschichte 1995/II, S. 11–46, hier S. 16.
112 *Hertle*, Die Diskussion der ökonomischen Krisen, S. 344.

D. Hoffmann, Lebensstandard und Konsumpolitik, in: *D. Hoffmann (Hg.)*, Die zentrale Wirtschaftsverwaltung in der SBZ/DDR. Akteure, Strukturen, Verwaltungspraxis, Berlin 2016, S. 423–509.

P. Hübner, Konsens, Konflikt und Kompromiß. Soziale Arbeiterinteressen und Sozialpolitik in der SBZ/DDR 1945–1970, Berlin 1995.

P. Hübner, Arbeit, Arbeiter und Technik in der DDR 1971 bis 1989. Zwischen Fordismus und digitaler Revolution, Bonn 2014.

A. Kaminsky, Wohlstand, Schönheit, Glück. Kleine Konsumgeschichte der DDR, München 2001.

M. Landsman, Dictatorship and Demand. The Politics of Consumerism in East Germany, Cambridge, MA 2005.

C. Lorke, Armut im geteilten Deutschland. Die Wahrnehmung sozialer Randlagen in der Bundesrepublik und der DDR, Frankfurt/New York 2015.

I. Merkel, Utopie und Bedürfnis. Die Geschichte der Konsumkultur in der DDR, Köln 1999.

K. Pence, Building Socialist Worker-Consumers: The Paradoxical Construction of the Handelsorganisation HO, 1948, in: *P. Hübner/K. Tenfelde (Hg.)*, Arbeiter in der SBZ/DDR, Essen 1999, S. 497–526.

A. Port, Conflict and Stability in the German Democratic Republic, Cambridge 2007.

P. Poutrus, Die Erfindung des Goldbroilers. Über den Zusammenhang zwischen Herrschaftssicherung und Konsumentwicklung in der DDR, Köln 2002.

E. Scherstjanoi, SED-Agrarpolitik unter sowjetischer Kontrolle 1949–1953, München 2007.

J. Schevardo, Von der Kartenwirtschaft zum „Exquisit": Verbraucherpreise, Lebensstandard und Herrschaftslegitimation in der DDR der fünfziger Jahre, in: *A. Steiner (Hg.)*, Preispolitik und Lebensstandard. Nationalsozialismus, DDR und Bundesrepublik im Vergleich, Köln 2006, S. 87–127.

M. Schwartz, Vertriebene und „Umsiedlerpolitik". Integrationskonflikte in den deutschen Nachkriegs-Gesellschaften und die Assimilationsstrategien in der SBZ/DDR 1945 bis 1961, München 2004.

M. Sigmund, Genuss als Politikum. Kaffeekonsum in beiden deutschen Staaten, München 2015.

P. Springer, Da konnt' ich mich dann so'n bißchen entfalten. Die Volkssolidarität in der SBZ/DDR 1945–1969, Frankfurt am Main 1999.

K. Soch, Eine große Freude? Der innerdeutsche Paketverkehr im Kalten Krieg (1949–1989), Frankfurt am Main 2018.

A. Steiner, Von Plan zu Plan. Eine Wirtschaftsgeschichte der DDR, München 2004.

J. Zatlin, The Currency of Socialism. Money and Political Culture in East Germany, Cambridge 2007.

Christian Bala und Kathrin Loer

Konsum- und Verbraucherpolitik in der Bundesrepublik Deutschland

1 Einleitung

Als „Verbraucher"[1] werden Personen verstanden, die Waren und Dienstleistungen auf einem Markt zur privaten Verwendung gegen Entgelt entnehmen oder in Anspruch nehmen.[2] Diese merkatorische Definition verengt den Verbraucherbegriff auf den Akt des Kaufs.[3] Dieses Verständnis spiegelt sich unter anderem in der „Consumer Protection Charta" des Europarats von 1973 wider und bildet die Grundlage dessen, was gemeinhin als Verbraucherpolitik bezeichnet wird.[4] Allerdings umfasst der Begriff dann keineswegs hinreichend die Gebiete, die für politisches Handeln im Feld des Konsums relevant sind. Konsum in einem weiten Sinne schließt die Nutzung, im Sinne des Gebrauchs und Verbrauchs, von Dingen zur Bedürfnisbefriedigung auch jenseits der Marktentnahme mit ein.[5]

Deshalb wird im Folgenden zwischen Konsum- und Verbraucherpolitik differenziert. *Konsumpolitik* umfasst alle Maßnahmen, welche den Konsum hinsichtlich der Verwendung, des Volumens oder der Struktur des Konsums fördern, lenken und begrenzen, etwa durch Anreize, wie Subventionen oder Steuern, moralische Appelle oder Empfehlungen zur Haushaltsführung.[6] Maßnahmen in anderen Politikbereichen können konsumpolitische Wirkung entfalten, umgekehrt können durch Konsumpolitik andere, z. B. finanzielle, wirtschafts- oder umweltpolitische Ziele verfolgt werden. *Verbraucherpolitik*[7] zielt darauf ab, die Stellung von Verbrauchern durch Informationen oder Regulierungen in der Marktwirtschaft zu stärken,

---

[1] Zutreffender wäre hier Verbraucher*innen. Der vorliegende Text ist nicht durchgehend gendergerecht, dies geschieht allein aus Gründen der Lesbarkeit.
[2] *M. Jaquemoth/R. Hufnagel*, Verbraucherpolitik. Ein Lehrbuch mit Beispielen und Kontrollfragen, Stuttgart 2018, S. 16.
[3] Davon zu unterscheiden ist der rechtliche Verbraucherbegriff im Sinne des § 13 BGB, der alle natürlichen Personen als Verbraucher bezeichnet, die Rechtsgeschäfte abschließen, die nicht einer gewerblichen oder selbstständig-beruflichen Tätigkeit „zugerechnet werden können" (Ebd., S. 17f.).
[4] *E. von Hippel*, Verbraucherschutz, 3. Aufl., Tübingen 1986, S. 3, Fn. 1.
[5] *Jaquemoth/Hufnagel*, Verbraucherpolitik, S. 20
[6] *H. Berghoff (Hg.)*, Konsumpolitik. Die Regulierung des privaten Verbrauchs im 20. Jahrhundert, Göttingen 1999; *B. Meier*, Verbraucherpolitik in der Bundesrepublik Deutschland Theoretischer Bezugsrahmen, Bestandsaufnahme und Lückenanalyse (Europäische Hochschulschriften Reihe 5, Volks- und Betriebswirtschaft 578), Frankfurt am Main 1984, S. 45–48.
[7] Als Übersicht *C. Bala/W. Schuldzinski*, Verbraucherpolitik, in: *U. Andersen/J. Bogumil/S. Marschall/W. Woyke (Hg.)*, Handwörterbuch des politischen Systems der Bundesrepublik Deutschland, Wiesbaden 2020, S. 1–7.

die strukturell der Anbieterseite unterlegen sind,[8] woraus sich eine Schutzbedürftigkeit ergibt.[9]

Als Ausgangsphänomen und Anlass für verbraucherpolitisches Handeln lassen sich unterschiedlich ausgeprägte Machtasymmetrien zwischen Anbietern und Nachfragern konstatieren, die durch politische Maßnahmen ausgeglichen werden können. Sie dienen vor allem dazu, Verbrauchern Informationen über Qualität, Eigenschaften und Preise von Gütern zu vermitteln. Präventive Beratung und Bildungsangebote sollen die nachfragenden Marktteilnehmerinnen und -teilnehmer befähigen und sie durch die Organisation von Verbraucherinteressen in den politischen Prozess einbinden.[10] Elementarer Bestandteil der Verbraucherpolitik ist der Verbraucherschutz, der alle Maßnahmen umfasst, die darauf ausgerichtet sind, Verbraucher vor gesundheitlichen oder wirtschaftlichen Risiken zu schützen. Hierzu zählen insbesondere Instrumente, welche der Regulierung und Überwachung der jeweiligen Angebote dienen, beispielsweise in der Nahrungsmittelproduktion, zur Hygiene, in der Medizin, Kosmetik oder zum Schutz vor unlauteren Geschäftspraktiken. Der Staat kommt damit seinem Schutzauftrag[11] nach, ein Mindestmaß an rechtlicher, gesundheitlicher und wirtschaftlicher Sicherheit zu gewährleisten. Konsum- und Verbraucherpolitik sind Querschnittspolitiken, die mit unterschiedlichen Märkten in Verbindung stehen und so nach Themenbereichen (*issue areas*)[12] oder Bedarfsfeldern[13] differenziert werden können. Der Querschnittscharakter zeigt sich auch darin, dass Konsum- und Verbraucherpolitik äußerst heterogene und komplexe Akteurskonstellationen aufweisen, die je nach Themenbereichen und Märkten unterschiedlich zusammengesetzt sind, und damit verschiedene Regelungsdichten und Interaktionsformen hervorbringen.

In der Forschungsliteratur wurde der deutsche Weg der Verbraucherpolitik zunächst als „marktkomplementäres Informationsmodell" beschrieben, das ausschließlich darauf abziele, die Informationsasymmetrie zwischen der Angebots- und

---

8 *C. Offe*, Ausdifferenzierung oder Integration. Bemerkungen über strategische Alternativen der Verbraucherpolitik, in: Zeitschrift für Verbraucherpolitik 5, 1981, S. 119–133.
9 *M. Tamm*, Verbraucherschutzrecht. Europäisierung und Materialisierung des deutschen Zivilrechts und die Herausbildung eines Verbraucherschutzprinzips (Jus privatum 158), Tübingen 2011, S. 75ff. u. 141f.
10 *G. Scherhorn/E. Augustin/H. G. Brune/G. Eichler/A. Hoffmann/H. Schumacher/C. H. Werner/K. Wieken*, Verbraucherinteresse und Verbraucherpolitik (Kommission für Wirtschaftlichen und Sozialen Wandel 17), Göttingen 1975, S. 126–138.
11 *K. Loer* Gesundheitspolitik zwischen Schutzpflicht und Eigenverantwortung. Das Beispiel der Impfpolitik in Deutschland, in: *H. Pünder, Hermann/A. Klafki (Hg.)*, Risiko und Katastrophe als Herausforderung für die Verwaltung (Schriften der Deutschen Sektion des Internationalen Instituts für Verwaltungswissenschaften 40), Baden-Baden 2016, S. 81–104, hier: S. 83ff.
12 *F. Janning*, Die Spätgeburt eines Politikfeldes. Die Institutionalisierung der Verbraucherschutzpolitik in Deutschland und im internationalen Vergleich, Baden-Baden 2011, S. 23ff.
13 *P. Kenning*, Verbraucherwissenschaften. Begriffliche Grundlagen und Status-Quo, in: *P. Kenning/A. Oehler/L. A. Reisch/C. Grugel (Hg.)*, Verbraucherwissenschaften. Rahmenbedingungen, Forschungsfelder und Institutionen, Wiesbaden 2017, S. 3–17, hier: S. 8.

der Nachfrageseite auszugleichen und Kaufentscheidungen der zu verbessern.[14] Dieses Deutungsmuster, das vor allem auf die Untersuchung von Gunnar Trumbull zurückzuführen ist[15] und als Kritik schon in den 1970er Jahren formuliert wurde,[16] wird aus der Perspektive der historischen Forschung mittlerweile als „reduktionistisch" zurückgewiesen.[17] Kevin Rick deutet die bundesdeutsche Verbraucherpolitik als „Hybridmodell". Seine historische Analyse zeigt, dass Verbraucherinformationen und Verbraucherschutz in einem Wechselverhältnis stehen.[18] Auch wenn die Kontinuitätsthese des „Informationsmodells" noch allgegenwärtig scheint, trifft sie auf eine erhebliche Lücke, wenn es um eine politik- und geschichtswissenschaftliche Analyse geht, auf die sich dieses Argument tatsächlich stützen könnte. Schon der Charakter der Verbraucherpolitik als Querschnittsfeld lässt eine solche Konsistenz- und auch eine Kontinuitätsvermutung nicht plausibel erscheinen: Konsum- und Verbraucherpolitik stehen in Interdependenz zu anderen Politikfeldern, wobei in Folge unterschiedlicher politischer Interessen viele Konflikte und Inkongruenzen auftreten können. Dabei handelt es sich vor allem um Wirtschaft, Landwirtschaft und Ernährung, Wohnen, Gesundheit und Umwelt, aber auch um gesellschaftspolitische Fragen, die für die verbraucherpolitische Agenda von erheblicher Relevanz sind. Deshalb geht es „auch immer um eine Kontextualisierung, um die Einbindung in die jeweiligen ökonomischen, politischen und gesellschaftlichen Rahmenbedingungen".[19]

Das vorliegende Kapitel soll die Entwicklung der Konsum- und Verbraucherpolitik vor dem Hintergrund dieser Rahmenbedingungen beschreiben und analysieren. Während der verschiedenen Entwicklungsphasen in der deutschen Konsum- und Verbraucherpolitik lassen sich Kontinuitäten und Wandelungsprozesse beobachten, die

---

14 *C. Strünck/L. A. Reisch*, Verbraucherpolitik, in: *K. Mause/C. Müller/K. Schubert (Hg.)*, Politik und Wirtschaft. Ein integratives Kompendium, Wiesbaden 2018, S. 473–495.
15 *G. Trumbull*, Consumer Capitalism. Politics, Product Markets, and Firm Strategy in France and Germany, Ithaca, NY 2006, S. 24–29 u. S. 99–123. Siehe auch *C. Strünck*, Die Macht des Risikos. Interessenvermittlung in der amerikanischen und europäischen Verbraucherpolitik, Baden-Baden 2006, S. 44f.
16 Vgl. bspw. *K. Simitis*, Verbraucherschutz. Schlagwort oder Rechtsprinzip?, Baden-Baden 1976, S. 97–136.
17 *K. Rick*, Verbraucherpolitik in der Bundesrepublik Deutschland. Eine Geschichte des westdeutschen Konsumtionsregimes, 1945–1975 (Wirtschafts- und Sozialgeschichte des modernen Europa 5), Baden-Baden 2018, S. 40–44.
18 Ebd., S. 408. Siehe auch *C. Kleinschmidt*, Konsumgesellschaft, Göttingen 2008; *P. Rott/C. Torp*, Ereignishaftigkeit und Rechtsentwicklung in der Verbraucherpolitik. Eine historische und rechtswissenschaftliche Annäherung an den Umgang mit Krisen und Skandalen seit den 1970er-Jahren, in: *C. Bala/C. Kleinschmidt/K. Rick/W. Schuldzinski (Hg.)*, Verbraucher in Geschichte und Gegenwart. Wandel und Konfliktfelder in der Verbraucherpolitik (Beiträge zur Verbraucherforschung 7), Düsseldorf 2017, S. 187–207.
19 *C. Kleinschmidt*, Konsumgesellschaft, Verbraucherschutz und Soziale Marktwirtschaft: Verbraucherpolitische Aspekte des „Modell Deutschland" (1947–1975), in: Jahrbuch für Wirtschaftsgeschichte = Economic History Yearbook 47 (2006), S. 13–28, hier: S. 14.

stets von Pfadwechseln in anderen Politikfeldern, von Policy-Alternativen, Gelegenheitsstrukturen und Akteurskonstellationen beeinflusst werden.

2 Nachkriegszeit: Versorgungs- und Preispolitik

Das Leben in der Nachkriegszeit war geprägt von einer ökonomischen Situation „am absoluten Existenzminimum",[20] konsumpolitisches Ziel war daher zunächst die Versorgung mit Nahrungsmitteln als „Verbrauchsregulierung und Verbrauchslenkung".[21] Um die Preise für Nahrungsmittel, Mieten, den öffentlichen Verkehr und Rohstoffe auf einem niedrigen Niveau zu halten, kam es zunächst zu staatlicher Preisregulierung. Federführend verantwortlich dafür, aber „in seinen Entscheidungen nicht völlig autonom",[22] war seit 1947 der Direktor der Verwaltung für Wirtschaft (VfW). Im Vorfeld der Währungsreform sprach sich der ab März 1948 amtierende Direktor Ludwig Erhard für eine weitgehende „Aufhebung des Preisstopps sowie die verstärkte Förderung der Konsumgüterindustrie" aus.[23] Eine staatliche Preispolitik sollte nicht Bestandteil der von Erhard favorisierten „freien Marktwirtschaft" sein,[24] doch galten in einigen Bereichen zunächst Bewirtschaftungsmaßnahmen fort. Allerdings sorgte der Abbau der Preisbindung zwischen 1948 und 1952 für erhebliche Schwankungen in der Preisentwicklung, der Konjunktur und beim Wachstum und somit für Kritik an den Grundsätzen der Marktwirtschaft: Steigende Preise und ein Lohnstopp provozierten erheblichen Unmut und Proteste gegen Erhards Politik.[25] Deshalb kam es insbesondere für Waren des Grundbedarfs zu weiteren Regulierungen sowie zur Kopplung von der Lohn- an die Preisentwicklung. Daneben lassen sich symbolische Maßnahmen wie die Herstellung preiswerter Schuhe und Textilien („Jedermann-Programm"),[26] die Erhöhung der Preistransparenz oder die Subventionierung eines sogenannten „Konsumbrotes" beobachten.[27]

Während der Mangelwirtschaft gab es in der Bundesrepublik auf lokaler oder regionaler Ebene die Gründung von Verbraucherausschüssen und Räten als Bottom-up-Initiativen, parallel dazu entstanden in der US-amerikanischen und britischen

---

20 *Rick*, Verbraucherpolitik, S. 42.
21 Ebd., S. 43.
22 *I. Zündorf*, Der Preis der Marktwirtschaft. Staatliche Preispolitik und Lebensstandard in Westdeutschland 1948 bis 1963 (Vierteljahrschrift für Sozial- und Wirtschaftsgeschichte Beihefte 186), Stuttgart 2006, S. 39.
23 Ebd., S. 49.
24 *U. Fuhrmann*, Die Entstehung der „Sozialen Marktwirtschaft" 1948/49. Eine historische Dispositivanalyse, Konstanz 2017, S. 121–163.
25 Ebd., S. 165–230; *Zündorf*, Preis, S. 57–65.
26 *Fuhrmann*, Entstehung, S. 244–250.
27 *Zündorf*, Preis, S. 65–149.

Besatzungszone auch formale Institutionen.[28] Dabei handelte es sich auf Initiative der US-Militärregierung um sogenannte „Consumer Councils",[29] die sich in der amerikanischen Zone zum Arbeitsstab für Ernährung und Landwirtschaft als dem zentralen verbraucherpolitischen Ausschuss entwickelten. In der britischen Besatzungszone fungierte das Zentralamt für Ernährung und Landwirtschaft als entsprechende Behörde, bei der ein Verbraucherbeirat angesiedelt war.[30] Dieser Beirat sollte möglichst unterschiedliche Bevölkerungsgruppen als Mitglieder berücksichtigen, was (auch) als politische Besänftigung der Bevölkerung im Zusammenhang mit den teilweise schwierigen Verteilungsfragen wirken sollte, um die Verwaltung zu entlasten.[31] Während die Anbieterseite relativ schnell eigene Interessengruppen etablieren konnte, bildeten sich Verbraucherorganisationen erst später.

Marktungleichgewichte, Verteilungsunsicherheiten und Preisinstabilitäten sollten durch verbraucherpolitische Maßnahmen abgefedert werden. Erste verbraucherpolitische Organisationen, so der 1948 von Hermann Göckeritz gegründete Verbraucherschutz e. V., verwiesen bereits früh auf die Gefahren von Werbung[32] für den Verbraucher. Schnell wandelte sich diese Perspektive jedoch angesichts des aufkommenden Wirtschaftswunders und der umfassenden Verfügbarkeit von Waren. Die preispolitischen Maßnahmen blieben nur zeitlich begrenzt in Kraft, langfristig setzte Erhard auf Wirtschaftswachstum, das ab 1952 einsetzte, den Lebensstandard der Bevölkerung steigerte und so dazu beitrug, die Akzeptanz der Wirtschaftsordnung zu erhöhen. Steigenden Verbraucherpreisen begegnete Erhard mit Appellen zum Maßhalten, er forderte die Arbeitnehmerseite zur Zurückhaltung bei Lohnforderungen und die Arbeitergeberseite bei Preissteigerungen auf, Verbraucher sollten sich preisbewusst und vernünftig verhalten.[33]

Auch institutionelle Entwicklungen prägten die Verbraucherpolitik der Bundesrepublik in der Nachkriegszeit: Für die Ernährungs- und Agrarpolitik war die bizonale Verwaltung für Ernährung, Landwirtschaft und Forsten (VELF) unter Hans Schlange-Schöningen zuständig, der für eine stark verbraucherorientierte Agrarpolitik eintrat. Diese Position geriet in Konflikt mit Ludwig Erhard, der mit der ihm unterstellten VfW auf den souveränen Konsumenten in einer marktwirtschaftlichen Wettbewerbsordnung abzielte.[34] Diese Teilung in agrar- und wirtschaftspolitische Zuständigkeiten fand sich in Ressortzuständigkeiten auf Bundesebene wieder. Das Bundesministerium für Wirtschaft (BMWi) reklamierte dabei die Federführung im Bereich der Verbraucherpolitik im Sinne einer Steigerung des Konsums und Regulierung des

---

28 *Rick*, Verbraucherpolitik, S. 45.
29 Ebd., S. 43f.
30 Ebd., S. 43f.
31 Ebd., S. 43f.
32 Ebd., S. 68f.
33 *Zündorf*, Preis, S. 207–214.
34 *Rick*, Verbraucherpolitik, S. 55–92.

Wettbewerbs. Das Bundesministerium für Ernährung, Landwirtschaft und Forsten (BMELF) verfolgte eine landwirtschaftsorientierte Verbraucherpolitik, die vor allem auf Aufklärungsarbeit im Bereich der Ernährung und Haushaltsführung abzielte, deren konsumpolitisches Ziel es aber war, den Absatz heimischer Agrarerzeugnisse zu befördern.[35] Beide Ministerien etablierten eigene Verbraucherausschüsse und verbraucherpolitische Referate.[36]

3 „Wirtschaftswunder": Wettbewerbspolitik und Verbraucherinformationen

Langfristig setzte das BMWi konsumpolitisch auf eine funktionierende Wettbewerbsordnung. Diese nutze, so Erhards Gedanke, allen Verbrauchern und führe zu Wachstum und „Wohlstand für alle". Der Titel dieses programmatischen Buches des Ministers[37] rückte den Konsum ins Zentrum der Wirtschaftspolitik: Eine „Wirtschaft, die zugleich auch die Wachstumskräfte lebendig halten und im Fortschritt bleiben will, setzt allerdings eine dynamische und im Grunde konsumfreudige Bevölkerung voraus".[38] In Anlehnung an den Gedanken der Konsumentensouveränität hob Erhard hervor: „Nur wenn vom *Verbrauch* her [...] ein *fortdauernder Druck* auf die Wirtschaft ausgeübt wird, bleibt auch in der Produktionssphäre die Kraft lebendig, sich der gesteigerten Nachfrage beweglich anpassen zu wollen und entsprechende Risiken zu tragen".[39] Die „Soziale Marktwirtschaft", die bereits zum Gründungsmythos der jungen Bundesrepublik geworden war,[40] sollte eine Wirtschaftsverfassung sein, „die immer weitere und *breitere Schichten* unseres Volkes *zu Wohlstand zu führen vermag*. Am Ausgangspunkt stand der Wunsch, über eine breitgeschichtete Massenkaufkraft die *alte* konservative *soziale Struktur endgültig zu überwinden*".[41]

Wenn Erhard vom Verbraucher sprach, so meinte er, anknüpfend an ordoliberale Konzeptionen, das individuell entscheidende Wirtschaftssubjekt, das nicht durch „kollektivistische" Wirtschaftslenkung beeinträchtigt werden solle.[42] In

---

35 Ebd., S. 109f.
36 Ebd., S. 93–183.
37 Tatsächlich war sie von dem Journalisten Wolfram Langer verfasst worden. Siehe *W. Bührer*, Der Traum vom „Wohlstand für alle". Wie aktuell ist Ludwig Erhards Programmschrift?, in: Zeithistorische Forschungen/Studies in Contemporary History 4, 2007, H. 1–2, S. 256–262, hier: S. 257.
38 *L. Erhard*, Wohlstand für alle, 8. Aufl., Düsseldorf 1964 [Neuausgabe: Köln 2009], S. 222, Hervorhebungen im Original.
39 Ebd., S. 222, Hervorhebungen im Original.
40 *Fuhrmann*, Entstehung, S. 315–330.
41 *Erhard*, Wohlstand, S. 7, Hervorhebungen im Original.
42 *Kleinschmidt*, Konsumgesellschaft, Verbraucherschutz, S. 20; *R. Ptak*, Vom Ordoliberalismus zur Sozialen Marktwirtschaft. Stationen des Neoliberalismus in Deutschland, Opladen, S. 157–164.

diesem Sinne postulierten Politik und Wirtschaft den „mündigen Verbraucher", allerdings waren die politischen Akteure, darunter auch Ludwig Erhard, realistisch genug, die theoretisch vorausgesetzte Rationalität der Verbraucher anzuzweifeln.[43] Deshalb etikettierten die für die Verbraucherpolitik zuständigen Ressorts „bestimmte Handlungsformen als ‚rational' und erwünscht", um die „positiven Effekte für den individuellen Verbraucher sowie die Gesellschaft der Verbraucher als Ganzes" herauszustellen.[44] „Diese Betonung von Rationalität beim Konsum hatte einerseits die Funktion, scheinbar ‚unnötige' Käufe als unerwünscht erscheinen zu lassen und sie damit einzudämmen. Gleichzeitig konnten mit ihr jedoch auch gewisse Hemmnisse bei Kaufentscheidungen überwunden, d. h. bestimmte Kaufentscheidungen explizit als erwünscht etikettiert werden. Dies machte sich die Bundesregierung zum Beispiel im Wahljahr 1953 zunutze, als sie zusammen mit der Industrie den bis dato als ‚Luxusgegenstand' geltenden elektrischen Kühlschrank mittels Appellen an eine rationale Haushaltsführung zum erschwinglichen Massenprodukt stilisierte, um die Konjunktur anzukurbeln [...]".[45]

Irrationales Marktverhalten wurde von der Bundesregierung auf mangelnde Informationen zurückgeführt. Diese schienen durch das von der Industrie bereits in den 1920er Jahren etablierte RAL-Gütezeichen[46] nicht ausreichend kompensiert zu werden. So initiierte Alfred Müller-Armack im Jahr 1952 den Versuch, ein staatlich gefördertes Gütezeichen einzuführen, um das Vertrauen der Verbraucher in die Produkte zu fördern. Diese Initiative scheiterte aber vor allem am Widerstand der Anbieterseite, die sich weiter auf das RAL-Gütezeichen verließ.[47] Auch die rechtliche Ausgestaltung der Wettbewerbsordnung wurde durch die Unternehmen verzögert. Erst 1957 konnte nach mehreren vergeblichen Anläufen mit dem Gesetz gegen Wettbewerbsbeschränkungen (GWB) ein Kartellverbot durchgesetzt werden, das „aber zahllose Ausnahmen" zuließ.[48] Ab 1958 befasste sich das Bundeskartellamt (BKartA) als Bundesoberbehörde mit Verbraucherbelangen. Als ordnungspolitische Institution kam dem BKartA die Aufgabe zu, den Wettbewerb im Sinne des GWB zu schützen, d. h.

---

43 *Rick*, Verbraucherpolitik, S. 86.
44 Ebd., S. 137f.
45 Ebd., S. 138.
46 Der „Reichs-Ausschuss für Lieferbedingungen" (RAL) wurde im April 1925 gegründet als Konsortium aus Vertretern von Verbänden und Regierung und agierte als unabhängige Institution zunächst mit enger Anbindung an das Reichswirtschaftswirtschaftsministerium. *RAL Deutsches Institut für Gütesicherung und Kennzeichnung e. V.*, RAL Geschichte / Historie. https://www.ral.de/ueber-uns/ral-historie/, (abgerufen 14.01.2020).
47 *Rick*, Verbraucherpolitik, S. 154–168. Die RAL Gütesicherung existiert bis in die Gegenwart und wird heute vom Deutschen Institut für Gütesicherung und Kennzeichnung e. V. in Bonn organisiert.
48 *W. Abelshauser*, Deutsche Wirtschaftsgeschichte. Von 1945 bis zur Gegenwart (Schriftenreihe / Bundeszentrale für Politische Bildung 1204), 2. Aufl., Bonn 2011, S. 176. Siehe zur Auseinandersetzung um das GWB auch *V. R. Berghahn*, Unternehmer und Politik in der Bundesrepublik (Edition Suhrkamp Neue Historische Bibliothek 1265 = N.F., 265), Frankfurt am Main 1985, S. 152–179.

das Kartellverbot durchzusetzen, Unternehmenszusammenschlüsse zu kontrollieren und den Missbrauch von Marktmacht zu ahnden.[49]

Die Verbraucherpolitik des BMWi setzte neben der Etablierung der Wettbewerbsordnung in der Verbraucherpolitik auf eine Kooperation mit Wirtschafts- und Verbraucherverbänden und auf industrielle Selbstkontrolle durch Vereine und Ausschüsse (etwa in den Bereichen Normung und Gütezeichen). Wesentlich war in diesem Zusammenhang die Gründung der Arbeitsgemeinschaft der Verbraucherverbände (AgV) im Jahr 1953, die im Sinne einer Interessenvertretung der Verbraucher als „gesellschaftliche Gegenmacht"[50] auftreten sollte. In der AgV schlossen sich Vereinigungen zusammen, die bereits in unterschiedlicher Weise verbraucherpolitisch tätig waren (z. B. Deutscher Mieterbund, Familien- und Hauswirtschaftsverbände).

Um die Verbraucherbildung zu fördern und zum Abbau der Informationsasymmetrien beizutragen, entstanden ab Mitte der 1950er Jahre neue Ideen für die Verbraucherberatung. Die Verbraucherzentralen auf der Ebene der Bundesländer, deren Gründung von der AgV unterstützt wurde, koordinierten ab 1957 die „Verbraucheraufklärung" in institutionalisierter Weise.[51] Bund und Länder delegierten die Aufgabe der Verbraucheraufklärung an nichtstaatliche Akteure, indem sie die Verbraucherzentralen als gemeinnützige Vereine gründeten und diese durch Bundes- und Landesmittel, vor allem aus den Wirtschaftsministerien, finanzierten.[52]

Trotz der Etablierung der Verbraucherzentralen entflammte die Debatte über „warenorientierte Verbraucheraufklärung" nach dem Scheitern des „Müller-Armack-Plans" neu. Mit dem Ziel der Verbraucheraufklärung konkurrierten die AgV, die Marktübersichten erstellte und ab 1962 eigene Warentests durchführte, auf der einen und privatwirtschaftliche Akteure auf der anderen Seite, allen voran die reißerisch gemachte und auch von Werbeeinnahmen abhängige Zeitschrift „DM". Die Bundesregierung wollte kein staatliches Institut, sondern strebte eine unabhängige und neutrale Institution möglichst als Initiative der Verbraucherinnen und Verbraucher an.[53] Aus Sicht der Bundesregierung hatten weder die Interessenverbände noch der Markt geeignete Lösungen zum Ausgleich von Informationsasymmetrien hervorgebracht, weshalb 1964 eine aus öffentlichen Mitteln finanzierte Stiftung Warentest geschaffen wurde. Die Auseinandersetzung um die Warentests zeigte die „Vorbehalte von Politik und Ministerialbürokratie gegenüber der AgV",[54] was einen Prestigeverlust des Verbandes bedeutete und ein stärker staatliches Engagement markierte: „Das

---

49 *I. Schmidt/J. Haucap*, Wettbewerbspolitik und Kartellrecht: Eine interdisziplinäre Einführung, 10. Aufl., München 2013, S. 225.
50 *Kleinschmidt*, Konsumgesellschaft, Verbraucherschutz, S. 21.
51 *Rick*, Verbraucherpolitik, S. 288–291.
52 Ebd., S. 294.
53 Ebd., S. 296–323.
54 Ebd., S. 325.

verbraucherpolitische Informationsmodell beruhte demnach gerade auf dem Schutz durch die regierungsstaatlichen Institutionen und deren aktives Engagement".[55] Die staatliche Gründung der Stiftung Warentest verfestigte zudem normierende und disziplinierende Elemente des Informationsmodells, das den „mündigen Verbraucher" nicht voraussetzte, sondern auf dessen Basis es um die Erziehung der realen Verbraucher zu rationalem Verhalten im Sinne der marktwirtschaftlichen Ordnung ging.[56] Gleichzeitig verhalf diese Gründungsdebatte „der Verbraucherpolitik zum Durchbruch; sie katalysierten die Koordinierungs- und Intensivierungsbestrebungen auf Bundesebene".[57]

Auch das BMELF setzte bei seiner Verbraucheraufklärung auf nichtstaatliche Akteure und produzierte zudem eigene Bildungsmaterialien und „Ernährungswegweiser".[58] Ziel der Einbindung nichtstaatlicher Akteure, die man aber finanzierte, war es, den Eindruck von Bevormundung zu vermeiden.[59] Bereits 1950 wurde aus Mitteln des Marshall-Plans der Land- und Hauswirtschaftliche Auswertungs- und Informationsdienst (AID) gegründet, der zunächst Landwirte unterstützten sollte, um die Agrarproduktion zu steigern, aber engen Kontakt zu den Verbrauchern suchte. Ein Jahr später wurde der Bundesausschuß für volkswirtschaftliche Aufklärung (BAVA) als Verein korporativer Mitglieder der Anbieterseite gegründet, erst ab Mitte der 1950er Jahre kamen Verbraucherzentralen und andere Verbände hinzu.[60] Ziel des BAVA war es, „alle Bevölkerungskreise über Zusammenhänge, Ursachen und Wirkungen der Volkswirtschaft in leicht verständlicher Form" aufzuklären.[61] „Allein in den vier Jahren von 1951 bis 1955 erschienen ‚unter finanzieller Beteiligung interessierter Wirtschaftsgruppen' und des BMELF mehr als fünf Millionen Merk- und Flugblätter und mehr als eine halbe Million Informationsbroschüren. Bis 1965 verdreifachte sich allein die Auflage der Broschüren auf fast 15 Millionen Exemplare, während die der Merkblätter auf knapp 56 Millionen gestiegen war".[62] Auch das BMWi, das keine eigenen Mittel für die Verbraucheraufklärung hatte, beteiligte sich an dem Pressedienst „Verbraucherdienst".[63] Ab 1966 kooperierte das BMELF ebenfalls mit dem privatwirtschaftlichen Kontaktbüro Verbraucheraufklärung (KVA).[64]

Das BMELF verfügte über eine Vielzahl von Forschungseinrichtungen im Bereich Haushalt und Ernährung, angefangen bei der 1950 gegründeten Bundesforschungsanstalt für Hauswirtschaft (BfH). Ihre Aufgabe war es, wissenschaftliche „Grundlagen

---

55 Ebd., S. 329.
56 Ebd., S. 247f. u. 328f.
57 Ebd., S. 411.
58 Ebd., S. 108.
59 Ebd., S. 122f.
60 Ebd., S. 117.
61 BArch B116/24255, Bericht über den BAVA, 10.12.1955, S. 1, zit. nach *Rick*, Verbraucherpolitik, S. 118.
62 *Rick*, Verbraucherpolitik, S. 118f.
63 Ebd., S. 122f.
64 Ebd., S. 143f.

für eine rationale Haushaltsführung" zu erarbeiten, die dann über einen nichtstaatlichen Akteur – die Gesellschaft für Hauswirtschaft (GfH) – „didaktisiert an die Verbraucher weitergeben" werden sollten.[65]

Während für den wirtschaftlichen Bereich der Verbraucherpolitik BMWi und BMELF zuständig waren, bildete der gesundheitliche Verbraucherschutz einen eigenen Bereich. Mit der Regulierung von Nahrungs- und Genussmitteln reagierten staatliche Akteure auf die Industrialisierung der Produktion und auf mangelndes Vertrauen der Verbraucher. So entstand ein Kontroll- und Überwachungssystem,[66] das sich im Laufe der Zeit weiterentwickelte.

Dabei wurde die föderale Struktur des Kaiserreiches und der Weimarer Republik übernommen, die „Verwaltungskompetenz und damit [den] Vollzug des Lebensmittelrechts [...] grundsätzlich den Ländern"[67] zu überlassen, was sich auch in den einschlägigen Formulierungen im Lebensmittelrecht (zuletzt: Lebensmittel-, Bedarfsgegenstände- und Futtermittelgesetzbuch, LFGB) widerspiegelt: „Die Länder haben auf der Grundlage der genannten Vorgaben die Lebensmittelüberwachung durch einen in der Regel dreistufigen Verwaltungsaufbau organisiert (oberste Landesbehörde, Landesmittelbehörden sowie untere Vollzugsbehörden)."[68] Die Landesministerien und ihre nachgeordneten Behörden (Landesämter) koordinierten die Überwachung, während die Regierungspräsidien oder Bezirksregierungen die Fachaufsicht über die Überwachungsbehörden der Kreise und kreisfreien Städte inne hatten, deren Ämter für Lebensmittel- und Veterinärüberwachung die Kontrollen ausführten.[69] Sie wurden und werden dabei durch den Bund unterstützt.

In den Anfangsjahren der Bundesrepublik war das 1952 gegründete Bundesgesundheitsamt (BGA) für den gesundheitlichen Verbraucherschutz zuständig, das bei seiner Gründung dem Bundesministerium des Inneren (BMI) und ab 1961 dem neu gebildeten Bundesministerium des Gesundheitswesens (später: Gesundheit) (BMG) unterstand. Innerhalb des BGA war zunächst das Max-von-Pettenkofer-Institut mit Fragen des Verbraucherschutzes befasst, insbesondere mit der Zulassung von Pflanzenschutzmitteln, seine veterinärmedizinische Abteilung wurde 1972 in das Robert-von-Ostertag-Institut überführt, das Institut für Arzneimittel des BGA war für die Zulassung von Medikamenten zuständig.[70]

---

65 Ebd., S. 144.
66 *V. Hierholzer*, Nahrung nach Norm. Regulierung von Nahrungsmittelqualität in der Industrialisierung 1871–1914 (Kritische Studien zur Geschichtswissenschaft 190), Göttingen 2010.
67 *M. Müller/R. Wallau/M. Grube*, Taschenbuch der Lebensmittelkontrolle, Frankfurt am Main 2014, S. 35.
68 Ebd., S. 35.
69 BVL, Geschichte des BVL. https://www.bvl.bund.de/DE/Bundesamt/06_Geschichte/geschichte_node.html, (abgerufen 13.01.2020).
70 *D. Großklaus*, Deutschland ohne Bundesgesundheitsamt. Eine kritische Analyse, o. J., S. 4f. https://www.aerztekammer-berlin.de/40presse/15_meldungen/00401_Deutschland_ohne_BGA/00401_Deutschland_ohne_BGA.pdf, (abgerufen 22.01.2020).

Insgesamt bildete sich in den ersten Jahrzehnten der Bundesrepublik ein breites Spektrum an Institutionen heraus, die auch für die Verbraucherpolitik wesentliche Impulse setzten und Aufgaben übernahmen. Damit ergibt sich jedoch ein komplexes Gefüge an Institutionen und Akteuren, deren Interessen und Aktivitäten durchaus im Gegensatz zueinander stehen und eine wirksame Verbraucherpolitik erschweren können (z. B. Interessen an attraktiven und erschwinglichen Lebensmittelpreisen versus Qualität und Gesundheitsförderung). Interessanterweise setzte und setzt sich in vielen Bereichen der Konsumgesellschaft die Orientierung an günstigen Preisen durch und überwiegt andere Verbraucherinteressen.

Dieses Charakteristikum der Konsumgesellschaft geht einher mit einer anderen Facette, die in Deutschland zu beobachten ist: Im globalen Vergleich zeigt sich bereits für diese Zeit, dass die Bürgerinnen und Bürger der Bundesrepublik den Weg in die „Überflussgesellschaft" als „Sparer" antraten (vergleichbar mit Japan), anders als in jenen Staaten, in denen (billige) Kreditangebote den Konsum antrieben.[71] Für Deutschland lässt sich ab den 1960er Jahren konstatieren, dass das Wachstum der Einkommen und der Zugewinn an Freizeit (Absenkung des wöchentlichen Arbeitsstundenvolumens) das Verbraucher- oder vielmehr Einkaufsverhalten beeinflussten. Insofern zeigt sich Verbraucherpolitik schon früh als Querschnittsthema, sowohl angesichts des tatsächlichen Verbraucherverhaltens als auch in seiner Institutionenstruktur und Komplexität, das von anderen Politiken, wie beispielsweise der Arbeitsmarkt- und Lohnpolitik, aber auch von Fragen des Ladenschlusses etc. abhängt.

4 Keynesianische Wende: Planung und Regulierung

Mitte der 1960er Jahre trat die Konsumpolitik in eine neue Phase: Kennedys Rede über eine „Consumers' Bill of Rights" hatte zur „Entdeckung" des Verbrauchers und zu verbraucherpolitischen Initiativen auf nationaler und internationaler Ebene geführt, die u. a. in einem EG-Programm für Verbraucherschutz mündeten.[72] In der Bundesrepublik zeichnete sich 1966 eine erste Schwächung des wirtschaftlichen Wachstums ab. Aufgrund steigender Arbeitslosenzahlen und geplanter Steuererhöhungen kam es zu einem Bruch der CDU/CSU-FDP-Koalition, zu Erhards Abwahl und zur Bildung einer Großen Koalition. Diese setzte mit dem Gesetz zur Förderung der Stabilität und des Wachstums der Wirtschaft (StabG) auf eine keynesianisch orientierte antizyklische Wirtschaftspolitik, diese sollte für steigende Investitionen sorgen und zu Konsumausgaben anregen. Das bedeutete aber keine Zäsur, denn die Wirtschaftspolitik

---

[71] *F. Trentmann*, Empire of Things. How We Became a World of Consumers, from the Fifteenth Century to the Twenty-First, New York 2016, S. 11.
[72] *Hippel*, Verbraucherschutz, S. 3–21.

war bereits um „keynesianische Elemente angereichert" worden.[73] Der Unterschied lag vielmehr in der Verwissenschaftlichung von Politik und dem Anspruch, durch Planung und Steuerung Wirkung zu erzielen.[74]

Das galt auch für die Verbraucherpolitik, deren Aufsplitterung in verschiedene Ministerien noch unter Kanzler Erhard durch die Einrichtung eines Interministeriellen Ausschusses (IMA) für Verbraucherfragen überwunden werden sollte. „Durch seine Arbeit wuchs die Verbraucherpolitik ‚aus dem Zustand einzelner ad-hoc-Maßnahmen heraus und [wurde] zu einem Teilbereich konzeptioneller Wirtschafts- und Gesellschaftspolitik' ausgebaut".[75] In diesem Sinne entwickelte sich der Bedarf an verbraucherpolitisch beratender Forschung. Allein die 1971 eingesetzte Kommission für wirtschaftlichen und sozialen Wandel vergab neun Forschungsaufträge in diesem Bereich und empfahl einen Ausbau verbraucherpolitischer Maßnahmen in ihrem Schlussbericht von 1977, der allerdings wenig Beachtung fand.[76]

Administrativer Ausdruck der Bedeutung von Verbraucherpolitik waren die „Verbraucherpolitischen Berichte" der Jahre 1971 und 1975, welche die umfangreichen gesetzgeberischen Initiativen vor allem in den Bereichen rechtlicher und gesundheitlicher Verbraucherschutz sowie der Produktkennzeichnung und Verbraucherinformation bilanzierten, was mit den ökonomischen und gesellschaftlichen Entwicklungen und sich verändernden Lebensstilen korrespondierte. Allerdings entspricht die Stoßrichtung dieser Berichte auch dem Politikwechsel während der ersten Phase der sozialliberalen Koalition, in der zunächst die SPD, dann die FDP prägend wirken konnte. Dass Wirtschaftsminister Karl Schiller (SPD) keineswegs einen Bruch mit ordoliberalen Konzeptionen suchte, sondern eine Synthese mit Keynes anstrebte, prägte auch sein Verständnis von Konsum- und Verbraucherpolitik: Bereits 1954 hatte er in der Auseinandersetzung um das GWB klargestellt, dass staatliche Wettbewerbspolitik ein durchaus probates Mittel sei, die Stellung der Verbraucher am Markt zu stärken und so tatsächliche Konsumfreiheit herzustellen.[77] Schillers Diktum „Soviel Wettbewerb wie möglich, soviel Planung wie nötig", das 1959 Eingang in das Godesberger Pro-

---

73 *T. Schanetzky*, Die große Ernüchterung. Wirtschaftspolitik, Expertise und Gesellschaft in der Bundesrepublik 1966 bis 1982 (Wissenskultur und gesellschaftlicher Wandel 17), Berlin 2007, S. 55.
74 Ebd., S. 55.
75 BArch B102/168528, BMWi an Bundesminister für Arbeit und Sozialordnung betr. Berichterstattung an die Vereinten Nationen über wirtschaftliche, soziale und kulturelle Rechte, 11.2.1974, S. 3 zit. nach: *Rick*, Verbraucherpolitik, S. 372.
76 *Bundesregierung, der Bundesminister für Arbeit und Sozialordnung (Hg.)*, Wirtschaftlicher und sozialer Wandel in der Bundesrepublik Deutschland. Gutachten der Kommission für Wirtschaftlichen und Sozialen Wandel (Schriften der Kommission für Wirtschaftlichen und Sozialen Wandel 141), Göttingen 1977, S. 405–417; *Schanetzky*, Ernüchterung, S. 177.
77 *K. Schiller*, Verbraucher und Wettbewerb, in: Grundsätze und Forderungen zur Verbraucherpolitik. Drei Vorträge gehalten auf einer Tagung der Arbeitsgemeinschaft der Verbraucherverbände am 27. und 28. April 1954 in Köln (Wirtschaft und Gesellschaft 5), Hamburg 1954, S. 7–21, hier: S. 17–20.

gramm der SPD fand,[78] galt nun auch für die Ausrichtung einer Verbraucherpolitik, die innerhalb der SPD Fürsprecher wie Gerhard Weisser hatte.[79]

Allerdings war die SPD nur bis zum Rücktritt Karl Schillers 1972 federführend. Während das BMELF bereits seit Beginn der Koalition durch den FDP-Politiker Josef Ertl geführt wurde, wechselte auch das BMWi nach der Bundestagswahl 1972 in die Zuständigkeit der FDP. Diese hatte zwar ihren Widerstand gegen ein Verbot der vertikalen Preisbindung in der Novelle des GWB aufgegeben,[80] doch Wirtschaftsminister Hans Friderichs (FDP) ordnete im Zuge der Ölkrise 1973/74 die Prioritäten neu: Ein wesentlicher Unterschied zwischen Schiller und Friderichs lässt sich an den „Verbraucherpolitischen Berichten" der Bundesregierung ablesen. Beide setzten die Wettbewerbsordnung an die erste Stelle, allerdings war der erste Bericht von 1971 noch konjunkturpolitisch geprägt: Er stellte die „Sicherung der Kaufkraft und Erhöhung der Realeinkommen aller Verbraucher" als zweites verbraucherpolitisches Ziel hoch auf die Agenda und bezog sich bei der Steigerung der Kaufkraft direkt auf das StabG. Danach kam der Schutz vor gesundheitlicher Gefährdung und die Verbraucherinformation rangierte auf Platz zehn. Auch der Umweltschutz genoss unter den verbraucherpolitischen Themen hohe Aufmerksamkeit.[81] Unter Friderichs wurden konjunkturpolitische Verweise aus der verbraucherpolitischen Agenda entfernt. Die „Information und Beratung des Verbrauchers über grundlegende wirtschaftliche Zusammenhänge, über aktuelles Marktgeschehen, über richtiges Marktverhalten und über rationelle Haushaltsführung" stieg auf der Prioritätenliste direkt hinter die „Erhaltung und Förderung des Wettbewerbs in allen Wirtschaftsbereichen" auf.[82] Schon kurz nach seinem Amtsantritt hatte Friderichs verkündet, dass die Marktwirtschaft als „dynamisches Ordnungssystem [...] nicht nur ein freies und zukunftsorientiertes unternehmerisches Handeln und den informierten Verbraucher" benötige; sie „bedarf auch der ständigen politischen Weiterentwicklung".[83] Die wirtschaftspolitischen Ziele veränderten sich nach dem ersten und zweiten Ölpreisschock, ab 1977 trugen „die Konjunkturprogramme klar angebotspolitische Züge".[84] Dementsprechend wurden marktkomplementäre Instrumente wie Informationen präferiert.

---

78 *H. Grebing*, Ideengeschichte des Sozialismus in Deutschland. Teil II, in: *W. Euchner/F.-J. Stegmann/ P. Langhorst/T. Jähnichen/N. Friedrich (Hg.)*, Geschichte der sozialen Ideen in Deutschland. Sozialismus – Katholische Soziallehre – Protestantische Sozialethik. Ein Handbuch, Wiesbaden 2005, S. 355–598, hier: S. 439ff.
79 *Rick*, Verbraucherpolitik, S. 189–193.
80 *M. Epple*, Die Wurzeln der vertikalen Preisbindung in Deutschland. Eine rechtshistorische Analyse (Wirtschaftsrecht und Wirtschaftspolitik 274), Baden-Baden 2014, S. 175–187.
81 *Der Bundeskanzler*, Bericht zur Verbraucherpolitik, 18.10.1971, BT-Drucksache VI/2724, S. 3f.
82 *Bundesregierung*, Zweiter Bericht der Bundesregierung zur Verbraucherpolitik, 20.10.1975, BT-Drucksache 7/4181, S. 5.
83 Hans Friderichs zit. nach: *N. N.*, Nische für Liberale, in: Der Spiegel, 05.02.1973, S. 65.
84 *Schanetzky*, Ernüchterung, S. 212.

Zentrale verbraucherpolitische Vorhaben, welche die Markt- und Rechtsposition der Verbraucher verbesserten (etwa das AGB-Gesetz oder die Novelle des Abzahlungsgesetzes durch Einführung eines Widerrufsrechts) waren zu diesem Zeitpunkt bereits umgesetzt. Während zwischen 1949 und 1970 lediglich 25 verbraucherrelevante Maßnahmen verabschiedet worden waren, stieg ihre Zahl zwischen 1970 und 1976 auf 313, allein der „Verbraucherpolitische Bericht" des Jahres 1975 zählte „104 ‚verbraucherrelevante Rechtsvorschriften' auf, die zwischen 1971 und 1975 verabschiedet wurden".[85]

Die Bundesregierung setzte zwischen 1969 und 1977 zahlreiche Regelungen zu Produkt- und Preisangaben um (Textilkennzeichnungsgesetz, TextilKennzG und Preisauszeichnungsverordnung), sie novellierte zudem das Lebensmittelrecht und damit den gesundheitlichen Verbraucherschutz umfassend[86] und trug damit der Machtasymmetrie der Verbraucher Rechnung, deren Lebensstil sich weiter wandelte. Zudem wurde den Verbraucherzentralen mit der Novelle des Rechtsberatungsgesetzes (1980) das Recht auf die „außergerichtliche Besorgung von Rechtsangelegenheiten von Verbrauchern" gegeben.[87]

Die umfassenden Gesetzgebungsaktivitäten unter der sozialliberalen Regierung in den 1970er Jahren[88] liefen parallel zur Stärkung und Unterstützung von Verbraucherorganisationen. Zunehmend rückte der drängende Bedarf verbesserter Verbraucheraufklärung und -beratung in den Fokus. Diese Aufgabe sollten verstärkt die Verbraucherzentralen übernehmen, die unterhalb der Bundesebene von der Unterstützung der Länder abhängig waren.[89] Darin zeigt sich auch einerseits die Diversität in der föderalen Bundesrepublik, in der es auf die Initiativen und das Engagement von Landesregierungen ankam, wenn es um die schwierig zu organisierenden Verbraucherinteressen ging, und andererseits der Fokus auf Beratung und Aufklärung, auf informatorische Instrumente als Gegensatz zu stärkerer Einhegung des Marktes. Das BMWi drängte die konkurrierenden Verbraucherorganisationen zu einer Bündelung der Verbraucherarbeit und -interessenvertretung, weshalb die in der AgV versammelten Verbände und die Verbraucherzentralen 1971 als gemeinsamen Dachverband die Arbeitsgemeinschaft der Verbraucher gründeten, welche 1973 in die Konzertierte Aktion aufgenommen wurde und die sich 1986 wieder in Arbeitsgemeinschaft der Verbraucherverbände umbenannte.[90]

Institutionell kam es zu keinen größeren Reformen. Als Wettbewerbsbehörde schützte weiterhin das BKartA auch die Stellung der Verbraucher am Markt, weshalb

---

85 *Rick*, Verbraucherpolitik, S. 400f.
86 *G. Borchert*, Verbraucherschutzrecht, 2. Aufl., München 2003, S. 5.
87 Fünftes Gesetz zur Änderung der Bundesgebührenordnung für Rechtsanwälte vom 18. August 1980 (BGBl I S. 1507).
88 Für einen Überblick siehe *Kleinschmidt*, Konsumgesellschaft, Verbraucherschutz, S. 26.
89 *Rick*, Verbraucherpolitik, S. 320f. u. 397f.
90 Ebd., S. 385–393 u. 402f.; *Arbeitsgemeinschaft der Verbraucherverbände e. V.*, 40 Jahre AgV, Bonn 1993, S. 17f. u. 28.

in der Vergangenheit über einen Ombudsmann oder eine Kompetenzerweiterung hin zu einer „Verbraucherbehörde" diskutiert wurde. Gegen diese Pläne regte sich aber in den 1970er Jahren der Widerstand der Werbewirtschaft und auch von Verbraucherorganisationen, so äußerte die AgV die Befürchtung, dass solche Einrichtungen „nicht in der Lage seien effektiv zu arbeiten und die Aufgaben der AGV [sic] zu übernehmen".[91] Der AID, der BAVA und das KVA wurden 1978 zum aid e. V. fusioniert,[92] nachdem das KVA bereits Anfang der 1970er Jahre durch eine Evaluation der Verbraucheraufklärung in die Kritik geraten war: So gab es Zweifel an seiner Legitimation, denn es stellte, so der Bericht, eher den „Prototyp eines Marketing-Instituts zur Absatzförderung landwirtschaftlicher Produkte dar".[93]

In einem übergeordneten Sinne lässt sich für die Gründungszeit der Bundesrepublik und die ersten beiden Jahrzehnte des wirtschaftlichen Aufschwungs identifizieren, wie sehr die Konsumfreiheit als Teil der sozialen Marktwirtschaft sowohl politisch als auch gesellschaftlich prägend wirkte – dabei lässt sich die Entstehung einer Konsumgesellschaft, wie sie Trentmann für Deutschland diagnostiziert, als Phänomen beschreiben, das sich an dem Versprechen von „security, democracy and free unions" orientiert.[94] Im ideologischen, übergeordnet politischen Kontext transportierte diese verbraucherpolitische Stoßrichtung auch eine für die Zeit wesentliche politische Botschaft: Die Konsumgesellschaft, wie sie insbesondere auch von der regierenden CDU befördert wurde, stellte das Gegenbild zu Formen des staatlich gesteuerten Materialismus dar, wie er in der DDR bzw. in den sozialistischen Staaten geprägt wurde[95] – Konsum- und Verbraucherpolitik wirkte eben auch als ideologisch geprägte Querschnittspolitik mit Folgen für verschiedene Politikfelder.

Schon seit den 1960er Jahren beeinflusste die Veränderung von Lebensstilen die Ernährungs- und Einkaufsgewohnheiten der Bürger insofern, als dass nicht nur die Bundesrepublik umfassend elektrifiziert war, sondern auch technische Geräte wie beispielsweise Autos, Kühlschränke und Küchengeräte verfügbar waren. Damit kam es zu einem „Strukturwandel der Nahrungsmittelindustrie und der Vertriebsketten

---

91 *Scherhorn*, Verbraucherinteresse, S. 144ff.
92 Bundesarchiv, BArch B 116/61243. Land- und Hauswirtschaftlicher Auswertungs- und Informationsdienst e.V. (AID). – Zusammenlegung mit dem Bundesausschuß für volkswirtschaftliche Aufklärung e.V. (BAVA) und dem Kontaktbüro für Verbraucheraufkärung (KVA). https://invenio.bundes archiv.de/basys2-invenio/direktlink/370e809c-b56e-4a25-87d3-a88d8126ced3/ (abgerufen 10.09.2019).
93 Zur Kritik an der Verbraucheraufklärung insgesamt siehe *B. Biervert*, Wirtschaftspolitische, sozialpolitische und sozialpädagogische Aspekte einer verstärkten Verbraucheraufklärung. Die Wirksamkeit der Verbraucheraufklärung als Mittel der Erziehung des Verbrauchers zum wirtschaftlichen Verständnis. Forschungsbericht im Auftrag des Ministerpräsidenten des Landes Nordrhein-Westfalen, Köln 1972, S. 72–91. Zum KVA siehe ebd., S. 110.
94 *Trentmann*, Empire, S. 307.
95 Ebd., S. 316.

sowie des häuslichen Alltags".[96] Interessanterweise lässt sich bereits für die 1960er Jahre nachvollziehen, dass ernährungs- und gesundheitspolitische Themen die politischen Akteure beschäftigten: So führte beispielsweise die Veröffentlichung wissenschaftlicher Studien zu Gesundheitsrisiken durch Grillfleisch oder Weichmacher in Kaugummis zu Beunruhigung in der Bevölkerung und Forderungen, regulierend in Bezug auf gesundheitsschädliche Lebensmittel einzugreifen, aber auch für verbesserte Verpackungsinformationen zu sorgen.[97] Dass es sich dabei bis in die aktuelle Zeit um ein Dauerthema handelt, lässt sich mit Bezug auf die Machtasymmetrien erklären, die stets dieses verbraucherpolitische Handlungsfeld prägen. Die 1970er und 1980er Jahre waren thematisch in besonderer Weise dominiert von den „Nebenwirkungen" der veränderten Lebensstile und Gewohnheiten, vor allem aber des Massenkonsums. Sie lassen sich zudem als Jahrzehnte kennzeichnen, in denen die politische Agenda eine „Stärkung der Verbraucher"[98] verfolgte.

Bereits in den 1970er Jahren thematisierten politische Akteure Fragen der Wachstumsgrenzen (Club of Rome) und des Rohstoffverbrauchs mit seinen Konsequenzen für die Weltbevölkerung.[99] Einfluss auf politische Maßnahmen lassen sich allerdings in Deutschland in dieser Zeit noch nicht beobachten, jedoch das Aufkommen von politischen Akteuren jenseits der Regierungsparteien, die sich diesen Themen widmen (z. B. Gründung des Bundes Umwelt- und Naturschutz Deutschland in den 1970er Jahren sowie der Partei Die Grünen im Jahr 1980). Die Ölkrise 1974/1975 traf Verbraucher in der Bundesrepublik zwar in unterschiedlicher Weise durch die wirtschaftliche Rezession, sie schlug sich aber nicht nennenswert in verbraucherpolitischen Maßnahmen nieder, die damit begründet worden wären.

5 „Neuakzentuierung": Europäisierung und Marktliberalisierung

Die wirtschaftspolitische Entwicklung der späten 1970er Jahre, weg von der Globalsteuerung hin zu einem pragmatischen Policy-Mix aus ordoliberalen und keynesianischen Elementen, schrieb die Bundesregierung auch nach dem Regierungswechsel

---

[96] J.-O. Hesse, Komplementarität in der Konsumgesellschaft. Geschichte eines wirtschaftstheoretischen Konzepts, in: Jahrbuch für Wirtschaftsgeschichte / Economic History Yearbook, 48, 2007, H. 2, S. 147–168, hier: S. 149f.
[97] K. Rick, Verbraucherpolitik als Gegenmacht? Vom Scheitern einer westdeutschen Konsumentenbewegung „von unten" in den 1960er Jahren, in: Vierteljahrschrift für Sozial- und Wirtschaftsgeschichte 102, 2015, S. 161–181, hier S. 174.
[98] N. Schreiner/P. Kenning, Historische Rahmenbedingungen verbraucherrelevanter Datensammlungen, in: P. Kenning/A. Oehler/L. A. Reisch/C. Grugel. (Hg.), Verbraucherwissenschaften. Rahmenbedingungen, Forschungsfelder und Institutionen, Wiesbaden 2017, S. 81–102, hier: S. 96.
[99] Ebd., S. 97. Ähnlich Trentmann, Empire, S. 676.

von 1982 fort. Zu einer radikalen Politik der Deregulierung kam es nicht, vielmehr zu einer „Neuakzentuierung" der Sozialen Marktwirtschaft,[100] die eine Rückführung des Verbraucherschutzgedankens auf Wettbewerbspolitik und Information des Verbrauchers sowie die Ausweitung von Konsummöglichkeiten bedeutete.[101] An die umfassenden Gesetzesinitiativen ihrer Vorgänger knüpfte die Bundesregierung unter Helmut Kohl nicht an, hatte sie sich doch den Abbau von Regulierungen auf ihre Fahnen geschrieben (Waffenschmidt-Kommission),[102] um ein investitionsfreundliches Klima zu schaffen. Gleichwohl kam es zur Verabschiedung verbraucherrelevanter Rechtsvorschriften (1985: Neufassung der Preisangabenverordnung, PAngV; 1986: Haustürwiderrufsgesetz, HWiG und Neufassung des TextilKennzG; 1987: Novelle des Gesetzes gegen unlauteren Wettbewerb, UWG; 1989: Produkthaftungsgesetz, ProdHaftG, Novelle des Ladenschlussgesetzes, LadSchlG).[103]

Diese Vorhaben zeigen den politischen und institutionellen Wandel der Verbraucherpolitik im Marktsinne. Ein wichtiges Vorhaben der FDP war die als verbraucherfreundlich apostrophierte Liberalisierung des Ladenschlussgesetzes durch die Einführung eines Dienstleistungsabends. Dieser stieß aber auch auf Widerstand aus den Reihen des Koalitionspartners und endete letztlich mit einem Kompromiss, der als Einstieg in die Flexibilisierung der Öffnungszeiten gesehen wurde.[104] Während die Öffnungszeiten an Werktagen im Laufe der Zeit immer stärker ausgeweitet wurden (Einführung des „langen Donnerstags" 1989 und sukzessive Liberalisierung auf Bundesländerebene in den 1990er Jahren), blieb es weiterhin bei den traditionellen Ladenschlussgesetzen für Sonn- und Feiertage, an denen es in der Regel keinen Verkauf gibt. Ähnlich wie in Österreich, aber im europäischen Vergleich eher die Ausnahme, hielten und halten politische Akteure im Wesentlichen parteiübergreifend an dieser Regelung fest.[105]

Die Europäisierung setzte im Bereich des gesundheitlichen Verbraucherschutzes früh ein, insbesondere im Lebensmittelkennzeichnungsrecht: Bereits die Lebensmittelkennzeichnungsverordnung (LMKV) von 1981 beruhte auf der Umsetzung der EG-Etikettierungsrichtlinie.[106] Die Europäisierung der Verbraucherpolitik war durchaus an die deutsche Praxis anschlussfähig: „Bei allen Zielkonflikten zwischen Verbraucherschutz und Wettbewerbspolitik, die auch in Brüssel mit der Zeit auftraten,

---

100 Schanetzky, Ernüchterung, S. 259 u. 274; R. Zohlnhöfer, Die Wirtschaftspolitik der Ära Kohl. Eine Analyse der Schlüsselentscheidungen in den Politikfeldern Finanzen, Arbeit und Entstaatlichung, 1982–1998 (Gesellschaftspolitik und Staatstätigkeit 22), Opladen 2001, S. 166–169.
101 Janning, Spätgeburt, S. 156–158.
102 W. Jann/G. Wewer, Helmut Kohl und der „schlanke Staat". Eine verwaltungswissenschaftliche Bilanz, in: G. Wewer (Hg.), Bilanz der Ära Kohl. Christlich-liberale Politik in Deutschland 1982–1998, Opladen 1998, S. 229–266.
103 Janning, Spätgeburt, S. 156.
104 Zohlnhöfer, Wirtschaftspolitik, S. 162–166.
105 Trentmann, Empire, S. 478.
106 C. Grube, Verbraucherschutz durch Lebensmittelkennzeichnung? Eine Analyse des deutschen und europäischen Lebensmittelkennzeichnungsrechts, Berlin 1997, S. 10f. u. 15f.

bestand doch die zentrale Kontinuitätslinie der europäischen Verbraucherpolitik darin, die Verbraucher als ‚passive Marktbürger' zu konzipieren, die von einem größeren Warenangebot und mehr Wettbewerb profitieren würden. Der Europäische Gerichtshof hing dabei dem Leitbild des ‚durchschnittlich informierten, aufmerksamen und verständigen Durchschnittsverbrauchers' an".[107]

Mit dem Haustürwiderrufsgesetz und dem Produkthaftungsgesetz wurde die Europäisierung des Verbraucherrechts vorangetrieben. Diese Gesetze setzten die ersten europäischen Richtlinien zum vertraglichen Verbraucherschutz um, denen nach Abschluss der Einheitlichen Europäischen Akte (EEA) von 1986 weitere folgten. Beide Gesetze gehen auf europäische Initiativen der 1970er Jahre zurück, die aber umstritten waren. Die Bundesregierung stimmte 1984 als einzige Regierung gegen die Haustürwiderrufs-Richtlinie (RL 85/577/EWG), um das Bedürfnis nach neuen Vorschriften zunächst zu prüfen.[108] Mit dem HWiG beabsichtigte die Koalition ein nationales Gesetz zu verabschieden, das die einen Monat später verabschiedete Richtlinie umsetzte. Allerdings vertrat die FDP weiterhin die Auffassung, dass es sich um ein „überflüssiges Gesetz" handele, in das man, so der Abgeordnete Detlef Kleinert, auch durch die Verbraucherverbände hineingetrieben worden sei.[109] Die rechtliche Entwicklung folgte der Entstehung eines europäischen Verbrauchervertragsrechts, das in der ersten Richtliniengeneration (1985–1999) Mindeststandards des Verbraucherschutzniveaus in der EG bzw. der EU setzte.[110]

Eine zentrale Herausforderung für die politischen Akteure waren (und blieben) Lebensmittel- oder Tierskandale, die alltägliche Relevanz für Verbraucher hatten (und haben), und in deren Zusammenhang die Machtungleichgewichte zwischen verschiedenen Produzenten und Verbrauchern deutlich wurden. Sie rückten zudem grundsätzliche – teils ideologische oder kulturell geprägte – politische Fragen in den Mittelpunkt der Debatte, wenn sich Standpunkte zum Beispiel zur Tierhaltung, zu Ernährungsgewohnheiten oder Produktionsmethoden gegenüberstehen. Angesichts dessen ist nicht verwunderlich, dass die Entwicklungen marktkompensatorischen Lösungen des Verbraucherschutzes Auftrieb verliehen. Zwar blieben nur wenige

---

107 *Rott/Torp*, Ereignishaftigkeit, S. 190.
108 *P. Gilles*, Das Gesetz über den Widerruf von Haustürgeschäften und ähnlichen Geschäften – Anmerkungen zum jüngsten Verbraucherschutzsondergesetz im Zivilrecht unter Berücksichtigung seines rechtspolitischen Gesamtkontextes, in: Neue Juristische Wochenschrift, 1986, H. 18, S. 1131–1147, hier: S. 1136f. Siehe auch *N. Reich*, Europäisches Verbraucherschutzrecht. Binnenmarkt und Verbraucherinteresse, 2. Aufl., Baden-Baden 1993, S. 251–254; *P. Rott*, Die Umsetzung der Haustürwiderrufsrichtlinie in den Mitgliedstaaten (Schriftenreihe des Instituts für Europäisches Wirtschafts- und Verbraucherrecht e. V. 6), Baden-Baden 2000, S. 11–24.
109 BT-Protokoll 10/174, 14.11.1985, S. 13115 (C)f (Rede des BMJ Engelhard und des Abgeordneten Kleinert). Zu den politischen Konflikten siehe *Gilles*, Gesetz, S. 1131.
110 *K. Tonner*, § 3 Europäisches Verbraucherschutzrecht, in: *M. Tamm/K. Tonner* (Hg.), Verbraucherrecht: Rechtliches Umfeld, Vertragstypen, Rechtsdurchsetzung: Beratungshandbuch, 2. Aufl., Baden-Baden 2016, S. 51–67, hier: S. 52, Rn. 2 und S. 63, Rn. 50.

dieser krisenhaften Ereignisse detailliert im Gedächtnis, doch erschütterten sie das grundlegende Vertrauen der Verbraucher in Anbieter und Märkte. Neben mit Hormonen belastetem Kalbfleisch (1980/1988), Glykolwein und verunreinigtem Flüssigei in Nudeln (1985) fanden sich Nematoden in Seefischen (1987), Listeriosebakterien in Fleisch und Käse (1989).[111]

Auch wenn Winzer in Deutschland eine etwas weniger prominente Rolle als in anderen europäischen Ländern spielten, provozierte der sogenannte „Glykolwein-Skandal" als „Lebensmittelskandal" mit massenmedialer Wirkung in der Bundesrepublik Deutschland die politische Auseinandersetzung mit Fragen der Lebensmittelsicherheit und führte zu neuen gesetzlichen Regelungen (Weinfälschungen gab es besonders in Österreich, aber auch deutsche Winzer waren beteiligt) – dabei gewann zunehmend die Perspektive auf den europäischen Markt an Bedeutung.[112] Das Beispiel des Weinbaus zeigt, wie Verbraucherpolitik mit anderen Politikfeldern – hier vor allem der Agrar- und regionalen Wirtschaftspolitik – verzahnt ist, sodass Interessenlagen, politische Machtressourcen und Aushandlungsprozesse aus diesen Bereichen sich auf verbraucherpolitische Handlungsmöglichkeiten auswirken.

Bereits 1986 begann der Skandal um Rinder, die an der bovinen spongiformen Enzephalopathie (BSE) erkrankt waren und deren Fleisch in den Handel geriet. Trotz der auch in den 1990er Jahren immer wieder auftretenden krisenhaften Ereignisse (verdorbenes Fleisch, Lindan in Babybreis, mit Nikotin belastete Eier) hat erst die BSE-Krise zu tiefgreifenden institutionellen und verbraucherrechtlichen Änderungen geführt.[113]

Im Zuge des Skandals um HIV-infizierte Blutprodukte wurde das Bundesgesundheitsamt 1994 aufgelöst und seine Funktion in verschiedene Bundesbehörden aufgegliedert. Durch das Gesundheitseinrichtungen-Neuordnungs-Gesetz (GNG) wurden das Max-von-Pettenkofer-Institut und das Robert-von-Ostertag-Institut mit Teilen des Instituts für Arzneimittel und des Instituts für Sozialmedizin und Epidemiologie in das Bundesinstitut für gesundheitlichen Verbraucherschutz und Veterinärmedizin (BgVV) überführt, das im Geschäftsbereich des BMG verblieb.[114]

---

111 *K. Meyer-Hullmann*, Lebensmittelskandale und Konsumentenreaktionen. Analyse der Auswirkungen von Lebensmittelskandalen unter besonderer Berücksichtigung des Informationsverhaltens. Dargestellt am Beispiel BSE (Europäische Hochschulschriften Reihe 5, Volks- und Betriebswirtschaft 2482), Frankfurt am Main 1999; *H. Schäfer*, Gepanscht, verbraten und verkauft: Lebensmittelreport (Knaur-Taschenbücher Sachbuch aktuell 3814), München 1986.
112 *M.-A. Worth*, Schmutz und Skandal. Eine soziologische Fallstudie des Glykolweinskandals (Campus Forschung 656), Frankfurt am Main 1990.
113 *Rott/Torp*, Ereignishaftigkeit, S. 196.
114 *Großklaus*, Deutschland, S. 8; *Wissenschaftsrat*, Stellungnahme zum Bundesinstitut für gesundheitlichen Verbraucherschutz und Veterinärmedizin (BgVV). Drs. 43344/99, Köln 1999, S. 4ff. https://www.wissenschaftsrat.de/download/archiv/4344-99.pdf?__blob=publicationFile&v=3 (abgerufen 13.01.2020).

Die Bundesanstalt für Landwirtschaft und Ernährung (BLE) wurde 1995 durch die Fusion zweier dem BMELF zugeordneten Bundesbehörden gegründet: aus dem Vorläufer der Bundesanstalt für landwirtschaftliche Marktordnung (BALM) und dem Bundesamt für Ernährung und Forstwirtschaft (BEF).[115] Die BLE ist seither für die Marktbeobachtung und Einhaltung von Etikettierungsvorschriften zuständig, etwa im Zuge der BSE-Krise 2001 für die Rindfleischetikettierung, zudem fungiert sie als Projektträger (ptble) und Informationsdienstleister.[116]

Die deutsche Verbraucherpolitik der 1990er Jahre war nach der Wiedervereinigung auch mit umweltpolitischen Fragen verknüpft, die den Verbraucher betrafen, wie etwa der Abfallentsorgung (Verpackungsverordnung 1991), aber auch erstmalig der Energienutzung im Zusammenhang mit Luftreinhaltung, wie sie sich beispielsweise in der Großfeuerungsanlagenverordnung und bei Abgasregelungen für Fahrzeuge niederschlug, die den Verbraucher betrafen.[117]

Eine „Entstaatlichungspolitik" bei Bahn, Post und Telekommunikation, Strom und Gas setzte zu Beginn der 1990er Jahre ein, welche zwar eine Reaktion auf die Politik der Marktliberalisierung auf europäischer Ebene war, jedoch auch über die europäischen Richtlinien hinausging.[118] Vor allem die Liberalisierungsprozesse und die Schaffung neuer Märkte im Bereich der Infrastrukturen – vor allem der Telekommunikation – erzeugten verbraucherpolitischen Handlungsbedarf im Bereich von Informationen, Regulierung und insbesondere Beratung auf nationaler Ebene. Allerdings prägen diesen Regelungsbereich nach der Vollendung des Binnenmarktes 1993 zunehmend europapolitische Entscheidungen, die einen engen Rahmen für die nationale Politik setzen.

Die Bundesregierung förderte zwar die Verbraucherberatung und -interessenvertretung weiterhin, doch geriet die Existenz der Verbraucherzentralen Anfang der 1990er Jahre in Gefahr, als der Bund beabsichtigte, sich mit Verweis auf finanzverfassungsrechtliche Gründe aus der Finanzierung der Verbraucherzentralen zurückzuziehen. Dies beruhte u. a. auf einer Einschätzung des Bundesrechnungshofes aus dem Jahr 1976.[119] Das BMWi unterstützte die Verbraucherzentralen noch 1990 mit 6,3 Millionen DM, diese Förderung sollte aber bis 1996 eingestellt werden.[120] Die vollständige Streichung der Mittel wurde zwar abgewendet, doch blieb die Finanzlage der

---

115 *BLE*, 20 Jahre BLE: Von Ernährungsvorsorge, Butterbergen und globaler, nachhaltiger Landwirtschaft, Bonn 2015. https://www.ble.de/SharedDocs/Pressemitteilungen/DE/2015/150416_20JahreBLE.html (abgerufen 13.01.2020).
116 *BLE*, Die Bundesanstalt für Landwirtschaft und Ernährung, Bonn 2014.
117 *M. Jänicke*, Geschichte der deutschen Umweltpolitik, 30.03.2009. https://www.bpb.de/gesellschaft/umwelt/dossier-umwelt/61136/geschichte?p=all (abgerufen 14.01.2020).
118 *A. Boss/E. Bode (Hg.)*, Deregulierung in Deutschland. Eine empirische Analyse (Kieler Studien 275), Tübingen 1996; *Zohlnhöfer*, Wirtschaftspolitik, S. 359–364.
119 *Rick*, Verbraucherpolitik, S. 396f.
120 *N. N.*, Jetzt herrscht Klarheit, in: Der Spiegel, 04.11.1991, S. 83–87.

Verbraucherzentralen bis in die 2000er Jahre hinein prekär, da auch Landesregierungen Kürzungen der Förderung vornahmen.[121]

Seit Mitte bis Ende der 1970er Jahre formierten sich in der Bundesrepublik verstärkt zivilgesellschaftliche Gruppen, insbesondere ausgehend von umweltpolitischen Interessen, die auch im Sinne ökologischer Ideen mit verbraucherpolitischen Belangen in Verbindung stehen oder eine Brücke bilden zu neuen verbraucherpolitischen Organisationen. So entstand 1985 der Bundesverband Die Verbraucher Initiative e. V., dem heute ca. 7 000 Einzelpersonen als Mitglieder angehören. Der Verband widmet sich sowohl der Interessenvermittlung im politischen Raum als auch in umfassendem Ausmaß der Verbraucherbildung und -beratung.[122] Daneben wurden eine Vielzahl an themenspezifischen Verbänden und zivilgesellschaftlichen Organisationen gegründet, die sich situativ verbraucherpolitisch engagieren und vor allem im Sinne der Interessenvertretung agieren (z. B. der ADFC, 1979; der Fahrgastverband Pro Bahn, 1981; Foodwatch, 2002 u. ä.).[123]

6 Zäsur: Prävention, Verbraucheraktivierung und Differenzierung

Infolge der BSE-Krise des Jahres 2000 erfuhr die Verbraucherpolitik als Feld in Bund und Ländern einen Institutionalisierungsschub, welcher das bisherige Gefüge staatlichen Handelns erheblich veränderte.[124] Vor dieser Zäsur waren die Zuständigkeiten für Verbraucherbelange auf das BMWi, das BMELF und das BMG aufgeteilt. Mit dem Organisationserlass des Bundeskanzlers vom 22. Januar 2001 wurden erstmals die Zuständigkeiten für den gesundheitlichen und den wirtschaftlichen Verbraucherschutz im Geschäftsbereich des Bundesministeriums für Verbraucherschutz, Ernährung und Landwirtschaft (BMVEL) (ab 2005 bis 2013: Bundesministerium für Ernährung, Landwirtschaft und Verbraucherschutz, BMELV) zusammengeführt, auch wenn das BMVEL im wirtschaftlichen Bereich nur nachgeordnet zuständig war.[125] Diese Zusammenführung wurde 2013 wieder revidiert. Während das Bundesministerium für Ernährung und Landwirtschaft (BMEL) weiterhin für Ernährung und gesundheitlichen Verbraucherschutz zuständig ist, wurde der wirtschaftliche Verbraucherschutz in das Bundesministerium der Justiz und für Verbraucherschutz (BMJV) eingegliedert.

---

121 *vzbv*, Finanznot der Verbraucherzentralen. Angriff auf die Grundfesten der Verbraucherarbeit. Pressemitteilung vom 21. Juli 2003.
122 *Jaquemoth/Hufnagel*, Verbraucherpolitik, S. 158f.
123 *Bala/Schuldzinski*, Verbraucherpolitik, S. 7.
124 *Janning*, Spätgeburt, S. 158–164.
125 Ebd., S. 165.

Im Zuge der institutionellen Restrukturierung wurde das BgVV im Jahr 2002 aufgelöst, seine Aufgaben im Bereich des gesundheitlichen Verbraucherschutzes übernahmen das Bundesinstitut für Risikobewertung (BfR) und das Bundesamt für Verbraucherschutz und Lebensmittelsicherheit (BVL), das mit dem BMVEL für das Risikomanagement zuständig wurde.[126] Eine weitere institutionelle Entwicklung betraf die Verbraucherorganisationen: Während die AgV als verbraucherpolitische Interessenvertretung, der Verbraucherschutzverein (VSV) als rechtliche Verbraucherschutzorganisation sowie die Stiftung Verbraucherinstitut (VI) mit Aktivitäten zur Verbraucherbildung auf Bundesebene bislang jeweils eigenständig agierten, wuchs zunehmend der wirtschafts- und verbraucherpolitische Bedarf, eine starke einheitliche Organisation zu schaffen. Dies führte im Jahr 2000 zur Gründung des Verbraucherzentrale Bundesverbands (vzbv) im Zuge einer umfassenden Neuordnung, die der ministeriellen Strukturreform vorausging.[127]

Inhaltlich zielte die neue Ministerin Renate Künast (Bündnis 90/Die Grünen) auf eine Wende in der Agrar- und Ernährungspolitik und strebte nachhaltigen bzw. verantwortungsvollen Konsum an,[128] der bis dato eher in alternativen gesellschaftlichen Milieus eine Rolle spielte. Mit der Aktivierung der Verbraucher als Bürger (Citizen Consumers) für nachhaltige und verantwortungsvolle Lebensstile ging die Bundesregierung deutlich über die bisherigen Ziele der Verbraucherpolitik hinaus, ihre Rhetorik und die Handlungsoptionen erwiesen sich aber als anschlussfähig an bekannte Muster, wie den „mündigen Verbraucher" und die individuelle Konsumentscheidung.[129] Auf der Ebene der politischen Steuerung wurde auf Informationen gesetzt, die überzeugen oder mahnend wirken sollen.[130]

Diese Versuche, den Verbraucher zu aktivieren, korrespondierten mit dem neuen Paradigma in der Sozialpolitik, das unter der Regierung aus SPD und Bündnis 90/Die Grünen seit Beginn der 2000er Jahre verfolgt wurde: Unter dem Stichwort „Dritter Weg" zielten sozialpolitische Maßnahmen darauf ab, dass der Einzelne stärker Verantwortung übernimmt – das paradigmatische Beispiel dafür sind die Arbeitsmarktreformen („Hartz-Reformen"), mit denen Steuerungsprobleme des Staates überwunden werden sollten. „Appelle an die Eigenverantwortung und das Engagement der

---

[126] Ebd., S. 206–214.
[127] *H. Steffens*, Von der Arbeitsgemeinschaft der Verbraucherverbände (AgV) zum Verbraucherzentrale Bundesverband (vzbv). Strukturreform von 1995–2001, Bonn 2018. https://www.aloenk.tu-berlin.de/fileadmin/fg165/Publikationen/Strukturreform-Ziele-des-ifo-Gutachtens-13-03-18-fin_Korr_vP-Imprimatur-1.pdf (abgerufen 14.01.2020).
[128] *J. Lamla*, Verbraucherdemokratie. Politische Soziologie der Konsumgesellschaft, Berlin 2013, S. 354f.
[129] *V. Kneip/J. Niesyto*, Politischer Konsum und Kampagnenpolitik als nationalstaatliche Steuerungsinstrumente? Das Beispiel der Kampagne Echt gerecht. Clever kaufen, in: *S. Baringhorst/V. Kneip/A. März/J. Niesyto (Hg.)*, Politik mit dem Einkaufswagen. Unternehmen und Konsumenten als Bürger in der globalen Mediengesellschaft, Bielefeld 2007, S. 155–179.
[130] Ebd., S. 173.

Bürgergemeinschaft waren für die Politik der ‚Neuen Mitte' unter Gerhard Schröder [demnach] typisch, sodass sich auch die Politik der Agrarwende auf die Kommunikation eines solchen Leitbildes stützen konnte, nämlich auf das des ‚nachhaltigen Konsums'. Um dieses Leitbild, das keineswegs auf Ernährungsfragen beschränkt ist, gesellschaftlich und kulturell zu verankern, griff das Verbraucherministerium auf einen kooperativen Regierungsstil zurück und holte neben den Interessengruppen der Agrar- und Ernährungsindustrie nicht nur die etablierten Verbraucherverbände an einen Tisch, sondern schenkte auch neuen zivilgesellschaftlichen Akteuren Gehör, etwa der unabhängigen Verbraucherorganisation ‚foodwatch'".[131]

Mit dieser Entwicklung einer ging eine Debatte über „Verbraucherleitbilder", die maßgeblich von wissenschaftlicher Politikberatung angestoßen worden war. Diese drehte sich vor allem um die Realitätsferne von Verbraucherleitbildern und übte Kritik am Leitbild des „mündigen Verbrauchers", um stattdessen eine Differenzierung entlang von Verhaltensweisen zu erreichen. Die Debatte mündete letztlich zugespitzt in einer ursprünglich nicht intendierten Dreier-Typologie: vertrauende, verletzliche und verantwortungsvolle Verbraucher.[132] Die Kritik des bisherigen politischen Verständnisses vom Verbraucher als *Homo oeconomicus* berief sich auf Erkenntnisse der Verhaltensökonomie, welche von der Begrenztheit der menschlichen Rationalität ausgeht und dagegen die Bedeutung von Heuristiken und Biases herausarbeitet, die das Alltagshandeln prägen. Ausgehend davon setzen sich politische Akteure mit verhaltenssteuernden Techniken auseinander („Nudges" bzw. „behavioural informed tools")[133], die die Wirkungsweise von klassischen politischen Instrumenten (v. a. Information und Organisation/Kooperation) verändern können. Diese Entwicklung ist nicht auf die Verbraucherpolitik beschränkt, sondern in vielen Politikfeldern zu beobachten, in denen politische Akteure allgemeine Steuerungsprobleme moderner Gesellschaften im Sinne eines „wirksamen Regierens" zu überwinden suchen.[134]

Nicht allein BSE, sondern die Häufung von Skandalen um schädliche Produkte und Lebensmittel, führte zu einem Umdenken in der Verbraucherpolitik. Zwar stand auch bisher der Schutz der Verbraucher vor Schädigungen im Vordergrund, allerdings in Form einer Kosten-Nutzen-Abschätzung des Risikos. Die Skandale haben das Vorsorgeprinzip in der europäischen und deutschen Verbraucherpolitik stärker in den

---

131 *Lamla*, Verbraucherdemokratie, S. 380f.
132 *A. Oehler*, Entwicklungspfade der Verbraucherwissenschaften, in: *P. Kenning/A. Oehler/L. A. Reisch/ C. Grugel. (Hg.)*, Verbraucherwissenschaften. Rahmenbedingungen, Forschungsfelder und Institutionen, Wiesbaden 2017, S. 19–29, hier: S. 22. Siehe auch *C. Bala/K. Müller (Hg.)*, Abschied vom Otto Normalverbraucher: Moderne Verbraucherforschung. Leitbilder, Information und Demokratie, Essen 2015.
133 *L. A. Reisch/J. Sandrini*, Nudging in der Verbraucherpolitik. Ansätze verhaltensbasierter Regulierung, Baden-Baden 2015.
134 *K. Loer*, The Enzymatic Effect of Behavioural Science, in: *H. Straßheim/S. Beck (Hg.)*, Handbook on Behavioural Policy Making, Cheltenham 2019, S. 180–194.

Fokus rücken lassen.¹³⁵ An diesem Beispiel lässt sich erkennen, dass verbraucherpolitischer Wandel höchst voraussetzungsvoll ist: Auch wenn bestimmte Probleme kontinuierlich existieren (z. B. schädliche Lebensmittel durch bestimmte marktgetriebene Produktionsweisen), müssen verschiedene Faktoren in einer bestimmten Weise zusammenwirken, damit Themen auf die Agenda gelangen und neue Maßnahmen beschlossen werden. Diese Faktoren betreffen zum einen die Ressourcen für neue Politiken – sowohl Ideen zur Gestaltung politischer Instrumente, Informationen, aber auch finanzielle Mittel –, sie erstrecken sich aber auch auf ein Zusammenspiel von Akteuren, das Entscheidungen ermöglicht, auch durch den Ausgleich von Akteursinteressen, damit es zum Wandel kommen kann, sowie unter Umständen auf einen Einstellungswandel (u. a. auch befördert durch die „öffentliche Meinung"). Zumeist spielen diese Faktoren dann im Sinne eines politischen Wandels zusammen, wenn bestimmte entscheidungsmächtige Akteure ihrerseits die Entscheidung vorantreiben¹³⁶, wie beispielsweise der im Jahr 2000 neu formierte vzbv. Sowohl auf EU- wie auf nationaler Ebene stehen reformbereite Akteure in der Verantwortung.¹³⁷ Der Präventionsgedanke war in der Umwelt- und der Gesundheitspolitik bereits bekannt. Zudem korrespondierte diese „neue Verbraucherpolitik" mit anderen politischen Zielen, wie einer Wende in der Agrar- und Sozialpolitik.¹³⁸

Viele der bereits dargestellten verbraucherrelevanten Themen begleiten die politische Auseinandersetzung bis heute. Zunehmend geraten umwelt- und klimapolitische Themen in einen Zusammenhang mit Aspekten des Verbraucherverhaltens. Dies betrifft sehr umfassend Alltagspraktiken im Bereich von Mobilität/Verkehr (privat und beruflich), Energienutzung (zum Beispiel Heizung und Strom in Privathaushalten), Ernährung (Fleischkonsum) oder den Umgang mit Verpackungsmüll (Plastik). Darüber hinaus stellen sich zunehmend soziale Fragen mit einem starken verbraucherpolitischen Bezug, wie sie am Beispiel des „Containerns" oder im Zusammenhang mit Preisentwicklungen vor allem am Wohnungsmarkt (Mietpreisbremse) deutlich werden. Wenn für diese Bereiche allein die betroffenen und beteiligten Akteure in Markt, Politik und Gesellschaft identifiziert werden, ergibt sich schnell ein komplexes Bild, das den Charakter von Konsum- und Verbraucherpolitik als Querschnittsfeld vermittelt.

---

135 *C. Grugel*, Verbraucherpolitik statt Verbraucherschutz, in: *P. Kenning/A. Oehler/L. A. Reisch/ C. Grugel. (Hg.)*, Verbraucherwissenschaften. Rahmenbedingungen, Forschungsfelder und Institutionen, Wiesbaden 2017, S.51–66; *Janning*, Spätgeburt, S. 181–193; *Strünck*, Macht, S. 145–184.
136 *J. W. Kingdon*, Agendas, Alternatives, and Public Policies, 2. Aufl., New York 1997; *F. W. Rüb*, Multiple-Streams-Ansatz. Grundlagen, Probleme und Kritik, in: *K. Schubert/N. C. Bandelow (Hg.)*, Lehrbuch der Politikfeldanalyse, 3. Aufl., München 2014, S. 373–408.
137 *Rott/Torp*, Ereignishaftigkeit, S. 197.
138 *E. von Hippel*, Präventiver Verbraucherschutz. Vorbeugen ist besser als Heilen, in: Aus Politik und Zeitgeschichte, 2001, B 24, S. 16–22; *E. Müller*, Grundlinien einer modernen Verbraucherpolitik, in: Aus Politik und Zeitgeschichte, 2001, B 24, S. 6–15.

Teilweise etwas stärker konturiert sind verbraucherschutzpolitische Fragen, die konkrete Produkte oder Dienstleistungen betreffen. Diese gelangen kontinuierlich auf die politische Agenda, sei es im Zusammenhang mit Arzneimitteln oder Medizinprodukten (z. B. Brustimplantate), bei Kinderspielzeug (Schadstoffe) oder mit Blick auf „Abzock-Praktiken" in unterschiedlichen Bereichen (z. B. Schlüssel- oder andere Notfalldienste).

Komplexere politische Herausforderungen ergeben sich wiederum im Bereich der digitalen Dienste. Fragen von Datenschutz und Cybersecurity beschäftigen dauerhaft die politischen Akteure,[139] die häufig mit politischen Maßnahmen (auch auf EU-Ebene) den technologischen Entwicklungen nachlaufen oder die bestehenden Problemstrukturen nur schwierig bearbeiten können (Beispiel Verbraucherschutz in der Plattformökonomie). Zudem lassen sich auch in diesem Handlungsfeld Querschnittsthemen identifizieren, die den Gesetzgeber so herausfordern, dass sich unter Umständen politische Akteure innerhalb einer Regierung (Ressorts) und in jedem Fall verschiedene Stakeholder in Konflikten gegenüberstehen (z. B. in Bezug auf ökonomische, gesundheitliche und soziale Schädigung durch Konsum digitaler Dienste wie v. a. Online-Spiele, aber auch kostenpflichtige Dienstleistungsangebote und Einkäufe etc.).

Was ursprünglich als umwelt- und wirtschaftspolitisches Thema in die Öffentlichkeit geriet, wuchs sich mittlerweile zu einem virulenten verbraucherpolitischen Thema aus: Der Abgasskandal der Automobilindustrie, der seit 2015 verschiedene politische Debatten beherrscht, seit bekannt wurde, dass das Unternehmen Volkswagen in Diesel-Fahrzeuge eine illegale Abschalteinrichtung eingebaut hatte. Jenseits vielfältiger politischer Fragen, die seitdem die Tagespolitik in unterschiedlichen Ressorts betreffen, hat dieses Thema maßgeblich die Institutionalisierung der Musterfeststellungsklage geprägt, durch die eingetragene Verbraucherverbände für Verbraucher, die in gleicher Weise geschädigt wurden, den Rechtsweg beschreiten und Entschädigungen erwirken können.

Dieser Trend drückt sich auch in der weiter fortschreitenden Institutionalisierung des Politikfelds aus. Auf Länderebene wurde der Verbraucherschutz sukzessive institutionalisiert. Während im Jahr 2004 laut Verbraucherschutzindex nur fünf Bundesländer über ein Verbraucherschutzministerium verfügten (Bayern, Berlin, Niedersachsen, Nordrhein-Westfalen und Schleswig-Holstein),[140] wiesen sechs Jahre später alle 16 Länder eine klare ministerielle Zuordnung des Politikfel-

---

139 K. Loer, Erkenntnisse der Verhaltenswissenschaft können Cybersicherheit erhöhen, in: Wirtschaftsdienst 100, 2020, H. 2, S. 7–9.
140 *BRIDGES Public Affairs & Management GmbH im Auftrag des vzbv,* Verbraucherschutzindex der Bundesländer. Zur Verbraucherpolitik auf Landesebene, Berlin 2004.

des auf.[141] Gleichwohl blieb Verbraucherpolitik eine „horizontal und vertikal föderale Querschnittsaufgabe".[142]

Neue verbraucherpolitische Herausforderungen und die fortschreitende Marktliberalisierung führten zur Gründung neuer Behörden mit verbraucherpolitischen Kompetenzen: Mit dem BKartA und der 1998 gegründeten Bundesnetzagentur für Elektrizität, Gas, Telekommunikation, Post und Eisenbahnen (BNetzA) besitzt das BMWi auch nach 2001 verbraucherpolitische Kompetenzen. Zusammen mit der im Jahr 2002 geschaffenen Bundesanstalt für Finanzdienstleistungsaufsicht (BaFin), die dem Geschäftsbereich des Bundesministeriums der Finanzen (BMF) zugehörig ist, und dem Bundesamt für Justiz (BfJ), welches das Register für Musterfeststellungsklagen führt, sind diese Behörden zentrale Institutionen des wirtschaftlichen Verbraucherschutzes, der seit 2013 zum Geschäftsbereich des BMJV gehört. Mit dem Bundesamt für Sicherheit in der Informationstechnik (BSI) ist auch das Bundesministerium des Inneren ein verbraucherpolitischer Akteur. Im Bereich Ernährungsinformation wurde der aid e. V. 2016 aufgelöst, seine Aufgaben übernahmen 2017 unter dem Dach des BLE das Bundeszentrum für Ernährung (BZfE) und das Bundesinformationszentrum Landwirtschaft (BZL).[143]

7 Schluss

In vielen Politikfeldern waren und sind seit Gründung der Bundesrepublik Deutschland Belange der Verbraucher präsent – dabei besteht ein kontinuierliches Abhängigkeitsverhältnis zwischen verschiedenen Themenfeldern, zu denen Akteure mit widerstreitenden Interessen verhandeln. Der Blick auf verschiedene Phasen der verbraucherpolitischen Entwicklung in Deutschland zeigt gleichzeitig, wie sehr ökonomische, politische und gesellschaftliche Rahmenbedingungen auch die Art und Weise prägen, in der sich Verbraucherpolitik weiterentwickelt. Dies betrifft nicht nur Inhalte und Themenkonjunkturen, sondern auch institutionelle Entwicklungen. Diese Perspektive offenbart zudem die stets großen Herausforderungen in diesem Querschnittsfeld, die von Kontinuitäten, aber auch Wandel begleitet sind: Dabei lässt

---

141 *BRIDGES Politik- und Organisationsberatung GmbH im Auftrag des vzbv,* Das verbraucherpolitische Profil der Länder im Vergleich Abschlussbericht zum 3. Verbraucherschutzindex der Bundesländer, Berlin 2008, S. 25. https://www.vzbv.de/sites/default/files/downloads/verbraucherschutzindex_2008.pdf (abgerufen 13.01.2020).
142 *B. Baule,* Kommerzkultur, Verbrauchermacht, moralischer Konsum – zur Verbraucherpolitik im Föderalismus, in: *I. Härtel (Hg.),* Handbuch Föderalismus – Föderalismus als demokratische Rechtsordnung und Rechtskultur in Deutschland, Europa und der Welt. Band III: Entfaltungsbereiche des Föderalismus, Berlin 2012, S. 515–613, hier: S. 546.
143 *BZfE,* Zur Geschichte des aid infodienst. https://www.bzfe.de/inhalt/zur-geschichte-des-aid-989.html (abgerufen 13.01.2020).

sich zwar eine gewisse Konstanz darin ausmachen, dass in der Sozialen Marktwirtschaft die Marktkräfte, aber auch die Optionen für individuelles Verbraucherhandeln nicht zu sehr eingeschränkt werden sollen – diese Beobachtung stützt sich auf den großen Stellenwert, den Verbraucherinformation und -bildung in Deutschland stets einnehmen und zu dem verschiedene Akteure beitragen. Allerdings zeigt sich auch – insbesondere durch situative Ereignisse wie bei Lebensmittelskandalen, aber auch im Zusammenhang mit aktuellen technologischen Entwicklungen (Digitalisierung, z. B. Regulierungserfordernisse für Plattformökonomien) –, dass staatliche Regulierung dann notwendig ist, wenn übergeordnete Ziele wie Verbraucher- oder auch Umwelt- und Gesundheitsschutz anders nicht erreicht werden können. Zudem konnte in Deutschland beobachtet werden, welches Ausmaß an institutionellem Wandel möglich ist. Für die Zukunft ist zu erwarten, dass es in der Verbraucherpolitik in Deutschland weiterhin zum ständigen Ausbalancieren von Interessen zu konkreten Themen und Entscheidungen über die Frage kommt, wie sehr der Staat in den Markt eingreift oder er im Sinne des Informationsparadigmas sowohl Anbietern (Unternehmen) als auch Nachfragern (Verbraucher und Verbraucherinnen) viele Freiheiten lässt und sie damit selbst in Verantwortung nimmt. Darüber hinaus sind zwar gewisse institutionelle Pfade auch in der deutschen Verbraucherpolitik eingeschlagen worden, ein Pfadwechsel ist aber auch künftig möglich und denkbar. Insgesamt dürfte es sich auch in der Zukunft als sehr anspruchsvoll und herausfordernd gestalten, verbraucherpolitische Interessen in Einklang mit politischen Zielen in anderen Feldern zu bringen.

Literatur

C. Bala/C. Kleinschmidt/K. Rick/W. Schuldzinski, Verbraucher in Geschichte und Gegenwart. Wandel und Konfliktfelder in der Verbraucherpolitik (Beiträge zur Verbraucherforschung 7), Düsseldorf 2017.
C. Bala/K. Müller (Hg.), Abschied vom Otto Normalverbraucher. Moderne Verbraucherforschung. Leitbilder, Information und Demokratie, Essen 2015.
C. Bala /W. Schuldzinski (Hg.), Jenseits des Otto Normalverbrauchers. Verbraucherpolitik in Zeiten des „unmanageable consumer" (Beiträge zur Verbraucherforschung 8), Düsseldorf 2018.
C. Bala /W. Schuldzinski, Verbraucherpolitik, in: *U. Andersen, J. Bogumil, S. Marschall, W. Woyke (Hg.)*, Handwörterbuch des politischen Systems der Bundesrepublik Deutschland, Wiesbaden 2020, S. 1–7. doi:10.1007/978-3-658-23670-0_180-1.
F.-M. Belz (Hg.), Nachhaltiger Konsum und Verbraucherpolitik im 21. Jahrhundert (Wirtschaftswissenschaftliche Nachhaltigkeitsforschung 1), Marburg 2007.
H. Berghoff (Hg.), Konsumpolitik. Die Regulierung des privaten Verbrauchs im 20. Jahrhundert, Göttingen 1999.
B. Biervert / W.F. Fischer-Winkelmann (Hg.), Plädoyer für eine neue Verbraucherpolitik (Wirtschaftswissenschaft als Sozialwissenschaft 3), Wiesbaden 1978.
J. Bock /K. G. Specht (Hg.), Verbraucherpolitik, Köln 1958.

B. Ewert /K. Loer, Understanding the Challenges of Policy-Making in Public Health. Theoretical and Political Implications of Behavioural Policies in the Field of Health Promotion and Disease Prevention, Basingstoke 2019.

C. Fridrich /R. Hübner /K. Kollmann/ M.-B. Piorkowsky (Hg.), Abschied vom eindimensionalen Verbraucher, Wiesbaden 2017.

N. Gasteiger, Der Konsument. Verbraucherbilder in Werbung, Konsumkritik und Verbraucherschutz 1945–1989, Frankfurt am Main 2010.

J. Hälterlein, Die Regierung des Konsums, Wiesbaden 2015.

H.-G. Haupt/C. Torp (Hg.), Die Konsumgesellschaft in Deutschland 1890–1990. Ein Handbuch, Frankfurt am Main 2009.

T. Hecken , Das Versagen der Intellektuellen. Eine Verteidigung des Konsums gegen seine deutschen Verächter, Bielefeld 2010.

M. Hilton, Prosperity for All. Consumer Activism in an Era of Globalization, Ithaca, NY 2009.

E. v. Hippel, Verbraucherschutz, 3. Aufl., Tübingen 1986.

F. Janning, Die Spätgeburt eines Politikfeldes. Die Institutionalisierung der Verbraucherschutzpolitik in Deutschland und im internationalen Vergleich, Baden-Baden 2011.

M. Jaquemoth / R. Hufnagel, Verbraucherpolitik. Ein Lehrbuch mit Beispielen und Kontrollfragen, Stuttgart 2018.

C. Kleinschmidt, Konsumgesellschaft, Göttingen 2008.

E. Kuhlmann, Verbraucherpolitik. Grundzüge ihrer Theorie und Praxis, München 1990.

J. Lamla, Verbraucherdemokratie. Politische Soziologie der Konsumgesellschaft, Berlin 2013.

K. Rick, Verbraucherpolitik in der Bundesrepublik Deutschland. Eine Geschichte des westdeutschen Konsumtionsregimes, 1945–1975 (Wirtschafts- und Sozialgeschichte des modernen Europa 5), Baden-Baden 2018.

G. Scherhorn et al., Verbraucherinteresse und Verbraucherpolitik (Kommission für Wirtschaftlichen und Sozialen Wandel 17), Göttingen 1975.

M. Schmidt-Kessel / C. C. Germelmann (Hg.), Verbraucherleitbilder – Zwecke, Wirkweisen und Maßstäbe (Schriften zu Verbraucherrecht und Verbraucherwissenschaften 8), Jena 2016.

U. Spiekermann, Künstliche Kost: Ernährung in Deutschland, 1840 bis heute (Umwelt und Gesellschaft 17), Göttingen 2018.

H. Stoff, Gift in der Nahrung. Zur Genese der Verbraucherpolitik Mitte des 20. Jahrhunderts, Stuttgart 2015.

C. Strünck, Die Macht des Risikos. Interessenvermittlung in der amerikanischen und europäischen Verbraucherpolitik, Baden-Baden 2006.

M. Tamm, Verbraucherschutzrecht. Europäisierung und Materialisierung des deutschen Zivilrechts und die Herausbildung eines Verbraucherschutzprinzips (Jus privatum 158), Tübingen 2011.

M. Tamm / K. Tonner, Verbraucherrecht. Rechtliches Umfeld, Vertragstypen, Rechtsdurchsetzung: Beratungshandbuch, 2. Aufl., Baden-Baden 2016.

C. Torp, Wachstum, Sicherheit, Moral. Politische Legitimationen des Konsums im 20. Jahrhundert (Das Politische als Kommunikation 4), Göttingen 2012.

F. Trentmann, Empire of Things. How We Became a World of Consumers, from the Fifteenth Century to the Twenty-First, New York 2016.

G. Trumbull, Consumer Capitalism. Politics, Product Markets, and Firm Strategy in France and Germany, Ithaca, NY 2006.

Hartmut Kaelble
Grenzenlos. Der transnationale europäische Konsum 1918–2018

1 Einleitung

Grenzenloser Konsum? Seit den 1950er Jahren begann in Europa das Experiment des Abbaus der nationalen Grenzen, zuerst der Zollgrenzen für Waren, dann der Grenzen für Dienstleistungen und Personen, später der Abbau der kulturellen Grenzen der Information. Dieses Experiment weitete sich auch geografisch innerhalb Europas immer mehr aus, begann mit den sechs Ländern der Montanunion 1951 und umfasste 2018 28 Länder der Europäischen Union und auch andere Länder Europas. Grenzen wurden nicht nur im Innern Europas abgebaut. Auch nach außen wurden die Grenzen durch das System des GATT (1947) und durch die Verhandlung im Rahmen der WTO (1995) für Waren und für Dienstleistungen erheblich gesenkt. Für die internationale Kommunikation im Internet gab es sogar überhaupt keine Grenzen. Dieser Beitrag verfolgt die Auswirkungen dieses Abbaus von Grenzen auf den Konsum.

Konsum wurde freilich nicht einfach grenzenlos. Er blieb ein wichtiges Objekt von lokalen, nationalen und europäischen Identitäten. Mit ihnen wurden kulturelle Grenzen gezogen. Gleichzeitig nahm die Kaufkraft und damit auch der Konsum nicht grenzenlos zu. Im Gegenteil: Nach der außergewöhnlichen Ausweitung der Kaufkraft und der scheinbar grenzenlosen Zunahme des Konsums während des europäischen Wirtschaftswunders von den 1950er bis 1970er Jahren wurden seit den 1980er Jahren der Ausweitung der Kaufkraft und des Konsums immer mehr Grenzen gesetzt. Während die räumlichen Grenzen immer schwächer wurden, spürte die Mehrheit der Europäer die Grenzen der Kaufkraft immer stärker. Vor allem wurden auch soziale Grenzlinien durch Konsum weiterhin gezogen, Grenzlinien zwischen Oben und Unten, zwischen den Geschlechtern, zwischen Ethnien. In diesem Sinn war der Konsum alles andere als grenzenlos. Er besaß und schuf auch Grenzen.

Thema und Definition

Dieser Handbuchbeitrag beschränkt sich auf die Auswirkungen des Abbaus von geografischen Grenzen zwischen Nationalstaaten in Europa, auch der Außengrenzen der Europäischen Gemeinschaft bzw. der Europäischen Union auf den Austausch von Konsumgütern, Dienstleistungen und Konsummodellen. In diesem Sinne wird eine Engführung des Themas „Grenzenloser europäischer Konsum" gewählt.

Weit angelegt ist dieser Beitrag dagegen in der Definition des Konsums. Der Beitrag beschränkt sich nicht wie ein Großteil der Literatur zum Konsum des 19. und frühen 20. Jahrhunderts auf Konsumgüter. Er schließt auch konsumwichtige Dienstleistungen und Konsummodelle ein. Der internationale Austausch für konsumwichtige Dienstleistungen und Informationen hat so stark zugenommen und ein so großes Gewicht erhalten, dass man den heutigen Konsum ohne ihn nicht mehr verstehen kann. Dienstleistungen wie Reisen, Telefonieren, Filme, Radiohören, Fernsehen, Nutzung von Internet und sozialen Netzwerken kann man aus einer Geschichte des Konsums nicht mehr ausschließen. Im Weltmaßstab hat der Wert von Dienstleistungen im internationalen Handel rund ein Drittel des Werts der Güter erreicht.[144] Der Beitrag benutzt daher das breite Konsumverständnis der Gegenwart durchaus im Wissen, dass das Konsumverständnis der Zwischenkriegszeit und auch noch der 1950er und 1960er Jahre viel stärker auf Konsumgüter beschränkt war.

Der Beitrag befasst sich vor allem mit dem internationalen Austausch von Konsum innerhalb Europas und über die Grenzen von Europa hinweg. Der internationale Konsumaustausch baute auf einer langen europäischen Tradition der Aneignung von Konsumgütern und Konsumstilen aus außereuropäischen wie europäischen Ländern auf, veränderte sich aber seit den 1950er Jahren unter dem Einfluss der *trente glorieuses*, später der Globalisierung und noch später der Digitalisierung grundlegend und intensivierte sich. Dieser Beitrag beschreibt darüber hinaus drei Folgen dieses Wandels: Folgen für den Wandel der Konsumgesellschaft durch internationalen Konsumaustausch, Folgen für die Unterschiede des Konsums zwischen den einzelnen europäischen Ländern, die sich in Europa ohne den internationalen Konsumaustausch nicht so stark abgemildert hätten, und Folgen für die öffentlichen Debatten über Konsum, die einerseits räumliche kulturelle Grenzen des Konsums herausstellten, andererseits aber internationale Fragen des Konsums über die nationalen Grenzen hinweg aufgriffen.

Forschungsstand

Die Geschichte des Konsums in Europa wird vor allem als nationale oder lokale Geschichte geschrieben. Einen europäischen Blick auf die Geschichte des Konsums werfen aber doch eine ganze Reihe von Historikern. Der Forschungsstand dieser Blickrichtung ist gemischt.

Einerseits sind wichtige Aspekte behandelt worden. Heinz Gerhard Haupt schrieb einen ideen- und kenntnisreichen, den bisher freilich einzigen europäischen Überblick über die Entstehung des modernen Massenkonsums im 20. Jahrhundert. Zudem gehört Konsum seit der Jahrhundertwende zu den Standardthemen der Synthesen

---

[144] Trade in goods and services (exports/imports, % of GDP), 2016, OECD National Accounts Statistics: National Accounts at a Glance data.oecd.org/trade/trade-in-services.htm#indicator-chart (abgerufen 21.01.2019).

zur europäischen Geschichte im 20. Jahrhundert.[145] Auch die Forschung zur Amerikanisierung erbrachte interessante Resultate zur Aneignung und Abwehr des amerikanischen Konsummodells vor allem seit den 1920er Jahren.[146] Allgemeiner befasste sich die Kulturtransferforschung mit dem Einfluss außereuropäischer Kulturen auf Europa, aber auch mit dem wechselseitigen Einfluss europäischer Kulturen aufeinander und dabei auch mit dem Konsum.[147] Die Untersuchungen über Europadebatten in Zeitungen und Filmen behandeln auch die Debatten zum europäischen Konsum. Schließlich gibt es zu Einzelthemen eine ganze Reihe hochinteressanter Spezialuntersuchungen zu Europa als Ganzem, die vom Opernbesuch über Jazz bis zu Spitzenrestaurants, von einzelnen Nahrungsmitteln bis zu sozialen Distinktionen reichen.

Andererseits findet man erstaunlich wenig Forschung generell über den Austausch von Konsumgütern und Dienstleistungen innerhalb Europas und mit anderen Kontinenten, über den Wandel der Unterschiede des Konsums innerhalb Europas und auch wenig Forschung über die Konsumentenpolitik der Europäischen Union. Diese Forschungsstärken und Forschungslücken prägen diesen Beitrag.

Epochen

In welche Epochen man die Geschichte des Konsums im 20. und frühen 21. Jahrhundert aufteilen kann, ist vor allem für die vergangenen vier Jahrzehnte wenig überlegt

---

145 *H. G. Haupt*, Konsum und Handel. Europa im 19. und 20. Jahrhundert, Göttingen 2003; vgl. als Synthesen: *C. Charle/D. Roche (Hg)*, L'Europe. Encyclopédie historique, Arles 2018, S. 455–524 (cultures matérielles); *Manuel Schramm*, Wirtschafts- und Sozialgeschichte Westeuropas seit 1945. Wien 2018, S. 13ff., 45ff. u. 102ff.; *K. H. Jarausch*, Out of Ashes. A New History of Europe in the 20th Century, Princeton 2015, Kap.20; *E. Loyer*, Une histoire brève culturelle de l'Europe, Paris 2017, Kap. 3, 8, 11–12; *H. Kaelble*, Sozialgeschichte Europas, München 2007, Kap.4; *D. Sassoon*, The culture of the Europeans from 1800 to the Present, London 2006 (part IV und part V); *T. Judt*, Geschichte Europas von 1945 bis zur Gegenwart, München 2005, Kapitel 10; *G. Mai*, Europa 1918–1939, Stuttgart 2001, Teil VI; *P. N. Stearns*, Encyclopedia of European Social History, 6 Bde., Detroit 2001 (Bd.5, section 19 und 20). – Bei Heinz-Gerhard Haupt bedanke ich mich für die Lektüre des Aufsatzes und wichtige Hinweise.
146 Zur Amerikanisierung des Konsums vgl. *P. Gassert*, Amerikanismus, Anti-Amerikanismus, Amerikanisierung. Neue Literatur zur Sozial-, Wirtschafts- und Kulturgeschichte des amerikanischen Einflusses in Deutschland und Europa, in: Archiv für Sozialgeschichte 39.1999, S. 531–561; *A. Doering-Manteuffel*, Amerikanisierung und Westernisierung. Version: 1.0, in: Docupedia Zeitgeschichte, 18. Januar 2011; *K. H. Jarausch, H. Siegrist (Hg.)*: Amerikanisierung und Sowjetisierung in Deutschland 1945–1970, Frankfurt am Main/New York 1997; *V. de Grazia*, Das unwiderstehliche Imperium. Amerikas Siegeszug im Europa des 20.Jahrhunderts, Stuttgart 2010.
147 Vgl. als Überblicke: *M. Pernau*, Transnationale Geschichte, Göttingen 2011; *J. Osterhammel*, A „Transnational" History of Society. Continuity or New Departure? In: *H.G. Haupt/ J. Kocka (Hg.)*, Comparison and Transnational History. Central European Approaches and New Perspectives, New York/Oxford 2009, S. 39–51; *K. K. Patel*, Transnational History, in: Europäische Geschichte Online (EGO), ed.by the Leibniz Institut für Europäische Geschichte (Mainz) 2011; *H. J. Lüsebrink*, Interkulturelle Kommunikation, Interaktion, Fremdwahrnehmung, Kulturtransfer. 4. Aufl., Stuttgart 2016.

worden.[148] Ohne Zweifel ist die Zeit der Weltkriege und der Zwischenkriegszeit eine besondere Epoche, weil in dieser Zeit die nationalen Grenzen besonders hoch waren und daher der internationale Austausch des Konsums besonders stark behindert war. Es ist unbestreitbar, dass mit den 1950er Jahren eine ganz andere Epoche der politisch gewollten Internationalisierung des Konsums beginnt und die 1950er Jahre daher ein tiefer Einschnitt waren. Die anderen Epocheneinschnitte, die hier gewählt wurden, sind nicht so tief und unmittelbar einleuchtend. Es erscheint jedoch wichtig, die Epoche der beschleunigten Globalisierung in den 1980er und 1990er Jahren als eine besondere Zeit anzusehen, in der der innereuropäische Austausch durch die Globalisierung überlagert zu werden drohte, die damals noch vor allem durch nördliche Industrieländer bestimmt wurde und in der zudem Konsum durch besonders weitreichende Deregulierungen beeinflusst wurde, dagegen die Digitalisierung noch in den Anfängen steckte. Ab ungefähr der Jahrtausendwende setzte eine andere Globalisierung ein, in der der Süden der Welt, vor allem China, eine weit bedeutendere Rolle im globalen Handel mit industriellen Konsumgütern spielte, die Dynamik des internationalen Handels spürbar von Stagnation (späte 1990er Jahre und erste 2000er Jahre) oder Krisen (2009–2012) unterbrochen wurde, die Digitalisierung voll auf den Konsum wirkte, die Deregulierung sich in Europa abschwächte, die Diversität, auch des Konsums, eine neue Wertschätzung erhielt und sich am Ende auch eine Abkehr von der liberalen Handelspolitik abzeichnete. Deshalb wird die Zeit seit den 2000er Jahren als eine eigene Epoche des Konsums angesehen. Sie steht uns freilich zu nahe, um sicher zu sein, dass sich diese Epochengrenze halten lässt.

2 Die nationale Abschließung des Konsums, 1918–1950

Die Zeit vom Ende des Ersten Weltkrieges bis zum Ende des Zweiten Weltkrieges war für die Entwicklung des internationalen Konsums in Europa aus wirtschaftlichen und politischen Gründen denkbar ungünstig. Die wirtschaftlichen Gründe: Die Konsumausgaben nahmen in Europa auch in Friedenszeiten kaum zu. Selbst im prosperierenden Großbritannien wuchsen sie nur langsam von 35 Pfund pro Kopf 1920 auf 46 Pfund 1938 (jährlich 1,5 Prozent) und in Italien nur von 2 300 Lire pro Kopf 1920 auf 2 500 Lire 1939 (jährlich 0,4 Prozent). In Deutschland sanken sie sogar von 540 Mark pro Kopf 1925 auf 510 Mark 1939.[149] Zudem erholte sich zwar der internatio-

---

[148] Anregend: *J. C. Daumas*, La révolution matérielle. Une histoire de la consommation. France XIXe–XXIe siècle, Paris 2018; *M. Schramm*, Konsumgeschichte. Version 2.0, in: Docupedia-Zeitgeschichte 22.10.2019.7.

[149] Berechnet nach *P. Flora u. a.*, State, economy and society in Western Europe 1815–1975. Bd. 2, Frankfurt 1987, S. 370ff. (BSP pro Kopf zu konstanten Preisen), 415ff. (Anteil privater Konsum am BSP).

nale Handel in den 1920er Jahren vom Ersten Weltkrieg, aber während der Weltwirtschaftskrise ab 1929 brach er wieder massiv ein. Die politischen Gründe: Seit dem Ende des Ersten Weltkrieges wurden in Europa viele neue Grenzen hochgezogen. Die Kontrollen waren zudem an den alten wie neuen Grenzen erheblich rigider als in der Vorkriegszeit.[150] Darüber hinaus betreiben die meisten neuen autoritären Regime, die nach dem Frühling der Demokratien 1918 immer mehr zunahmen, eine Wirtschaftspolitik der Autarkie. Seit der Weltwirtschaftskrise schränkten auch die verbliebenen Demokratien ihre liberale Handelspolitik ein. Durch all das wurde der Austausch von Konsumgütern und -dienstleistungen erheblich erschwert.

Wie stark beeinflussten diese wirtschaftlichen und politischen Faktoren den innereuropäischen Austausch von Konsumgütern und Dienstleistungen tatsächlich? Die große Masse der Konsumgüter wurde im eigenen Land produziert und konsumiert. Der Austausch von Konsumgütern zeigte noch wenig von einem florierenden, grenzenlosen europäischen Konsum. Darüber hinaus importierten die europäischen Volkswirtschaften in der Zwischenkriegszeit weniger aus anderen europäischen Ländern. Diese Importe lagen 1900 bei 60 Prozent, sanken bis 1928 auf 56 Prozent und bis 1938 weiter auf 53 Prozent der gesamten Importe. Viele dieser Importe waren Konsumgüter. Entsprechend stagnierte oder sank der innereuropäische grenzüberschreitende Handel mit Konsumgütern zwischen 1913 und 1938. Der Import von Primärgütern, darunter auch Nahrungsmittel, sank zwischen 1913 und 1928, aber auch zwischen 1928 und 1937 fast überall mit Ausnahme Großbritanniens. Der Import von Industriegütern, darunter auch Fertigwaren, stagnierte oder fiel ebenfalls, stieg nur leicht in Großbritannien und dort auch nur zwischen 1913 und 1928.[151]

Der europäische Konsumgüterimport bestand darüber hinaus noch in hohem Maß aus Lebensmitteln, da die Landwirtschaft in den Industrieländern weniger produktiv war als in der zweiten Jahrhunderthälfte. Der Import bestand weniger aus Industriegütern und Fertigwaren, da die Industrien international noch wenig arbeitsteilig produzierten. Grob zwei Drittel Lebensmittel- und Rohstoffimporte standen grob einem Drittel Industrie- und Fertigwaren gegenüber.[152]

Nur ein besonders gut dokumentiertes Beispiel für ein wohlhabendes europäisches Land mit viel Austausch, nicht repräsentativ für ganz Europa (für mehr Beispiele fehlt der Raum): In Deutschland wurden selbst 1926, einem wirtschaftlich günstigen Jahr mit viel, aber nicht extrem starkem deutschem Außenhandel, nur 10 Prozent der privaten Konsumausgaben für Importe getätigt, davon 7 Prozent für

---

[150] Vgl. *C. Reinecke*, Grenzen der Freizügigkeit. Migrationskontrolle in Großbritannien und Deutschland 1880–1930, München 2010.
[151] Vgl. *P. Bairoch*, Geographical Structure and Trade Balance of European Foreign Trade from 1800 to 1970, in: Journal of European Economic History 3.1974, S. 577; *W. Fischer*, Wirtschaft, Gesellschaft und Staat in Europa, 1914–1980, in: *Ders. u. a. (Hg.)*, Handbuch der europäischen Wirtschafts- und Sozialgeschichte, Stuttgart 1987, S. 152ff.
[152] *W. Fischer*, Wirtschaft, Gesellschaft und Staat in Europa 1914–1980, in: *ders. u. a. (Hg.)*, Handbuch der europäischen Wirtschafts- und Sozialgeschichte, Stuttgart 1987, S. 152ff.

importierte Lebensmittel und 3 Prozent für Fertigwaren. Infolge der Weltwirtschaftskrise und der Autarkiepolitik des NS-Regimes sanken bis 1936 die Importe unter den privaten Konsumausgaben auf 4 Prozent, davon 3 Prozent Nahrungsmittelimporte. Schon bald nach dem Ende des Zweiten Weltkriegs begann der Import von Konsumgütern wieder anzusteigen. Um 1950 lag der Anteil der Konsumgüterimporte an den privaten Ausgaben wieder bei 6 Prozent.[153]

Diese importierten Konsumgüter überquerten zudem während der Zwischenkriegszeit häufig keine innereuropäische Grenze. Die meisten großen Posten der Importe von Nahrungsmitteln (Wert von über 200 Millionen Mark) kamen 1926 aus außereuropäischen Ländern nach Deutschland: Pflanzenöl aus China, Westafrika und Indien, Weizen aus den USA, Argentinien und Kanada, Kaffee aus Brasilien und Guatemala, Baumwolle aus den USA, Ägypten und Indien, Wolle aus Australien, Argentinien und Südafrika, Tabak aus Indien, Fleisch aus Argentinien. Nur wenige große Importposten der Lebensmittel kamen aus Europa. Auch bei einem Teil der größeren Importposten von Fertigwaren, bei Pharmaka, Eisenwaren und Fahrzeugen war nicht ein europäisches Land, sondern die USA das wichtigste Herkunftsland der Importe. Internationale Verflechtung durch Konsum hieß für das damalige Deutschland daher nicht primär Verflechtung mit Europa, sondern in erheblichem Maß Verflechtung mit außereuropäischen Ländern, dort übrigens kaum mit den ehemaligen deutschen Kolonien.[154] In europäischen Kolonialländern, allen voran in Großbritannien, waren die Importe von Konsumgütern aus Übersee noch höher.

In Deutschland nahmen die Importe von Konsumgütern aus Europa erst im Zweiten Weltkrieg zu, allerdings aus den besetzten Ländern teils von den Besatzungssoldaten gekauft, teils von der deutsche Besatzungsmacht requiriert, also eine ausschließlich durch militärische Besetzung erzwungene Verflechtung einseitig zum Vorteil der deutschen Konsumenten, die diesen privilegierten Kriegskonsum wiederum durch Kriegsgefallene und durch Kriegsbombardierungen bezahlten.[155]

Auch die damals modernen Konsumdienstleistungen verflochten die europäischen Länder in den 1920er Jahren wenig miteinander. Filme und Schallplatten kamen entweder aus dem eigenen Land oder aus den USA, selten dagegen aus anderen europäischen Ländern. Der meist staatliche Rundfunk war national abgeschirmt. Internationale Rundfunkanstalten gab es nicht, mit Ausnahme von Radio Luxemburg. Übersetzte Bücher vor allem aus Frankreich und Großbritannien verflochten zwar die europäischen Länder, aber vor allem das europäische Bürgertum, nicht die Masse der

---

[153] Berechnet nach: Statistisches Jahrbuch des Deutschen Reiches 1929, S. 194ff.; ebd. 1939, S. 240; Statistisches Jahrbuch der Bundesrepublik Deutschland 1953. S. 45, 235 (Importe); P. Flora u. a., State, economy and society in Western Europe 1815–1975. Bd. 2, Frankfurt 1987, S. 350, 415 (private Konsumausgaben).
[154] Statistisches Jahrbuch des Deutschen Reiches. Jg. 1929, S. 194ff.
[155] *T. Schanetzky*, Wirtschaft und Konsum im Dritten Reich, München 2015, S. 193ff.

Europäer. Auch das zunehmende Reisen führte für die Massen der Reisenden selten über die Grenzen des eigenen Landes hinaus in andere europäische Länder.[156]

Zögerte dieser abgebremste Austausch von Konsumgütern die Entstehung des Massenkonsums in Europa heraus? Es gab durchaus erste Anzeichen für die Entstehung des modernen Massenkonsums, allerdings in Europa erheblich schwächer als in den USA. Die Belastung der privaten Haushalte mit den lebensnotwendigen Ausgaben für Nahrung und Kleidung begann in den ersten Anfängen zu sinken. Die Qualität der Wohnungen, die Ausstattung mit Elektrizität, mit Frischwasser und Abwasserversorgung nahm in Teilen Europas zu. Die Ausstattung der privaten Haushalte mit Geräten begann sich zu verbessern. Die Kommunikation vor allem mit Telefon, mit Radio, mit Schallplatte, mit Fotos, mit Film, mit preiswerten Büchern, mit Illustrierten von professionellen Bildjournalisten in Massenauflage begann sich in den Städten zu intensivieren. Die Mobilität erweiterte sich nicht nur durch die Eisenbahn, sondern auch durch das Auto und durch die Organisation von Gruppen- und Massenreisen.[157] Konsumgüter wurden preiswerter, weil sie als standardisierte Fabrikprodukte billiger hergestellt werden konnten. Der Verkauf der Konsumgüter modernisierte sich vor allem durch die weitere Verbreitung des Warenhauses.

Allerdings wurden diese ersten Anfänge der Massenkonsumgesellschaft noch nicht so stark wie später vom internationalen Handel mit Konsumgütern vorangetrieben. Die meisten der neuen Konsumgüter wurden zumindest in den großen europäischen Ländern im Land selbst hergestellt. Die Beschränkungen des Handels bremsten auch die stärkere Durchsetzung der Massenkonsumgesellschaft in Europa ab.

Diese Beschränkungen beeinflussten auch die Unterschiede des Konsums zwischen den europäischen Ländern. Sie waren in dieser Epoche besonders scharf. Allerdings war auch die andere wichtige wirtschaftliche Voraussetzung für Konsum, die Entlastung vom lebensnotwendigen Konsum von Lebensmittel und Kleidern, noch unterschiedlicher als in den späteren Epochen. Italienische Haushalte mussten in den 1920er Jahren im Durchschnitt mehr als zwei Drittel ihres Budgets für Lebensmittel ausgeben, schwedische oder britische Haushalte dagegen weniger als ein Drittel.[158] Für den damals modernen Konsum blieb daher im wohlhabenden Norden und Westen Europas mehr übrig als im Süden und Osten Europas. In Frankreich fuhren um 1930 schon mehr als eine Million Privatautos auf den Straßen, in Polen oder Rumänien, beide zusammen in der Bevölkerung ungefähr so groß wie Frankreich, dagegen jeweils nur ungefähr 25 000. Radios waren in den 1920er und 1930er Jahren

---

[156] *D. Sassoon*, The Culture of the European from 1800 to the Present, London 2006, S. 952ff. (Film), 1027ff. (Bücher), 1107ff. (Schallplatte), 1125ff. (Radio); *G. Mai*, Europa 1918–1939, Stuttgart 2001, S. 142ff. (Reisen).
[157] *G. Mai*, Europa 1918–1939. Stuttgart 2001, S. 133ff.; *E. Loyer*, Une histoire brève culturelle de l'Europe. Paris 2017, S. 247ff.
[158] *A. Deaton*, The Structure of Demand 1920–1970, in: *C. Cipolla* (Hg.), The Fontana Economic History of Europe. The Twentieth Century, Part I, London 1976, S. 104.

sehr unterschiedlich häufig. Im wohlhabenden Dänemark besaß um 1930 fast schon jeder Zehnte ein Radio, im ärmeren Jugoslawien dagegen weit weniger als jeder Hundertste. Auch im Reisen waren die Unterschiede enorm. In wohlhabenden Ländern wie Belgien oder der Tschechoslowakei wurden um 1925 rund 30 bzw. 23 Eisenbahnfahrscheine jährlich pro Kopf der Bevölkerung verkauft, in einem ärmeren Land wie Rumänien dagegen kaum mehr als ein Fahrschein pro Kopf und Jahr, in Bulgarien sogar nur ein Fahrschein pro Kopf jedes zweite Jahr.[159] Dadurch entstanden auch große Unterschiede in der Beteiligung an dem internationalen europäischen Austausch von Konsum, weiter verfestigt durch die rigiden Grenzregime..

Überwand wenigstens die Debatte über Konsum diese Grenzen? Der europäische Konsum wurde in den Medien durchaus diskutiert, aber anders als in späteren Epochen. Europa wurde vor allem als Kontinent des Mangels an Konsums, als Kontinent des Hungers, der Not, der Epidemien gesehen, der Rückstand des europäischen Konsums hinter den USA beklagt oder eine Gefährdung durch Film, Jazz und Illustrierte aus den USA diskutiert. Was den europäischen Konsum ausmachte, blieb in allen diesen Debatten vage und wenig ansprechend für eine Identifizierung mit dem europäischen Konsum.[160]

3 Die Internationalisierung des Konsums durch Politik: europäische Integration und Kalter Krieg, 1950er bis 1970er Jahre

In dieser Epoche veränderten sich die wichtigsten politischen Grundlagen des internationalen Konsums in Europa. Die Politik schottete die europäischen Wirtschaften nicht mehr gegeneinander ab, sondern trieb aus drei Gründen die Internationalisierung des Konsums in Europa zunehmend voran. Im Kalten Kriege entstand eine Konkurrenz um den höheren Lebensstandard und mehr Konsum zwischen dem internationalen westlichen und dem ebenso internationalen kommunistischen Konsummodell. Darüber hinaus baute die Europäische Wirtschaftsgemeinschaft Zölle für

---

159 Berechnet nach: *B.R. Mitchell*, International Historical Statistics. Europe 1750–1988, Basingstoke 1992, S. 3ff., 715ff., 679, 754; Vgl. auch *C. Kleinschmidt*, Konsumgesellschaft, Göttingen 2008, S. 122.
160 Vgl. *S. Middendorf*, Massenkultur. Zur Wahrnehmung gesellschaftlicher Modernität in Frankreich, 1880–1980, Göttingen 2009, S. 179ff.; *F. Greiner*, Wege nach Europa. Deutungen eines imaginierten Kontinents in deutschen, britischen und amerikanischen Printmedien, 1914–1945, Göttingen 2014, S. 42ff., 191ff.; *F. G. v. Graevenitz*, Argument Europa: Internationalismus in der globalen Agrarkrise der Zwischenkriegszeit (1927–1937) , Frankfurt 2017; *D. Briesen*, Warenhaus, Massenkonsum und Sozialmoral. Zur Geschichte der Konsumkritik im 20. Jahrhundert, Frankfurt 2001; *H. Kaelble*, Europäer über Europa. Die Entstehung des modernen europäischen Selbstverständnisses im 19. und 20. Jahrhundert, Frankfurt 2001, S. 183ff.

Konsumgüter zwischen den Mitgliedsländern ab, gab zudem die Verbesserung des Lebensstandards von Anfang an als eines ihrer wichtigsten Versprechen ab und entwickelte später auch eine europäischen Konsumentenpolitik.[161] Schließlich zogen sich die USA nicht mehr wie nach dem Ersten Weltkrieg politisch aus Europa zurück. Vielmehr schufen sie in der Pax Americana nicht nur eine atlantische Sicherheitsarchitektur, sondern drängten zudem auf einen liberalisierten gemeinsamen Markt auch für amerikanische Konsumprodukte. Das alles geschah im Rahmen der außergewöhnlichen wirtschaftlichen Prosperität in Europa. Die privaten Konsumausgaben stiegen im Gegensatz zur vorhergehenden Epoche außergewöhnlich stark an. Nach den Schätzungen der OECD wuchsen sie allein von 1960 bis 1973 in der Europäischen Gemeinschaft real jährlich um über 4 Prozent, in den Beneluxländer und in den meisten skandinavischen Ländern sogar um 5 bis 7 Prozent.[162]

Der Import von Konsumgütern in Europa nahm nicht nur stark zu, sondern konzentrierte sich auch stärker als in der Epoche zuvor auf Europa, auch wenn während des Kalten Kriegs der traditionelle Handel zwischen dem östlichen und dem westlichen Europa stark eingeschränkt wurde. Der Konsum europäisierte sich. Nach Paul Bairoch kamen die Importe der europäischen Volkswirtschaften 1953 noch zu 57 Prozent, dagegen 1970 schon zu 71 Prozent aus anderen europäischen Ländern. Am Ende dieser Epoche, 1973, kam in der Europäischen Gemeinschaft der Neun mehr als die Hälfte der Importe allein aus den Mitgliedsländern, ungefähr ein weiteres Fünftel der Importe aus anderen, meist westlichen Teilen Europas (aus dem östlichen Europa weniger als 5 Prozent), also rund zwei Drittel aus Europa. Aus überseeischen Ländern, aus den USA, Japan und den Entwicklungsländern kam dagegen nur noch ungefähr ein Drittel. In allen diesen Importen machten Konsumgüter einen großen Teil aus.[163]

Dieser Umbruch hatte viel mit der grundlegenden Veränderung der Importe zu tun. Die alte Dominanz der Lebensmittel verschwand. Lebensmittel, die in der Epoche zuvor häufig aus Übersee kamen, umfassten um 1970 nur noch einen kleinen Teil, ein Sechstel der Importe. Die Importe von Fertigwaren, Fahrzeugen und Maschinen machten nun mehr als die Hälfte der Importe aus.[164] Sie kamen in der Regel nicht aus Übersee, sondern aus Europa, teilweise auch aus Japan und den USA. Der Import von Konsumgütern nahm schließlich auch deshalb zu, weil der westeuropäische private Konsum rasch wuchs. Die Importe machten jetzt rund ein Fünftel der pri-

---

161 Vgl. *G. Clemens (Hg.)*, Werben für Europa. Die mediale Konstruktion europäischer Identität durch Europafilme, Paderborn 2016, S. 533ff.; *K. K. Patel*, Projekt Europas. Eine kritische Geschichte, München 2017, S. 108ff.; *H. Kaelble*, Der Verkannte Berger. Eine andere Geschichte der europäischen Integration seit 1950, Frankfurt 2019, S. 24ff.
162 OECD. Historical statistics 1960–1983. Paris 1985, S. 51.
163 *P. Bairoch*, Geographical Structure and Trade Balance of European Foreign Trade from 1800 to 1970, in: Journal of European Economic History 3. 1974, S. 577; Eurostat. Revue 1970–1979, Luxemburg 1981, S. 235–245; vgl. auch *M. Graff/ A. H. Kenwood/ A.L.Lougheed*, Growth of the International Economy 1820–2015, 5. Aufl., Abingdon 2014, S. 278ff.
164 Vgl. Eurostat. Revue 1970–1979, Luxemburg 1981, S. 235–245.

vaten Ausgaben für Konsumgüter in der Europäischen Gemeinschaft aus, also weit mehr als in der Epoche zuvor.[165] In den Supermärkten, Warenhäusern, Elektroläden und Automärkten kamen nicht mehr nur Lebensmittel, sondern auch Autos, Waschmaschinen, Kühlschränke, Radios und Fernsehapparate häufiger aus dem Ausland, meist aus dem europäischen Ausland.

Nur zwei Beispiele: die Bundesrepublik, durch die Autarkiepolitik des NS-Regimes und den Zweiten Weltkrieg vom Weltmarkt abgeschnitten und Frankreich, 1950 noch Kolonialreich. Die Einfuhr in die Bundesrepublik stieg nicht nur generell, sie versechsfachte sich zwischen 1950 und 1972. Darüber hinaus wurde mehr aus Europa eingeführt. Die Einfuhr von Lebensmitteln aus Westeuropa stieg von rund der Hälfte auf rund zwei Drittel der Gesamteinfuhr. Die Einfuhr von Fertigwaren aus Europa, die immer schon hoch war, stieg noch rascher an als die Einfuhr von Lebensmitteln, verzehnfachte sich zwischen 1950 und 1972. Die Einfuhr aus dem östlichen Europa ging allerdings gleichzeitig durch den Kalten Krieg zurück. Die Bundesrepublik wurde dadurch weit stärker als in der Zwischenkriegszeit und während der NS-Zeit mit dem westeuropäischen Konsum verflochten. Frankreich ganz ähnlich: Noch in der unmittelbaren Nachkriegszeit kamen die Konsumgüter vor allem aus Übersee und aus den französischen Kolonien, um 1970 schon überwiegend aus den anderen westeuropäischen Ländern.[166]

Allerdings blieben in diesem internationalen Austausch wichtige Bereiche weitgehend ausgespart. Die internationale Kommunikation blieb schwerfällig. Das kurze und teure Telegramm, das komplizierte Voranmelden und Warten auf internationale Telefonate und die langsame Einführung des automatischen Telefonierens, die langsame Briefpost behinderte sie. Fernsehen und Radios blieben weitgehend national, auch weil die Fremdsprachenkenntnisse noch begrenzt waren. Das internationale Reisen war mühsam, mit tagelangen Bahnreisen oder wochenlangen Schiffsreisen über große Distanzen, die heute in wenigen Stunden erreicht werden. Die strengen Grenzkontrollen wurden nur wenig abgemildert durch die Aufhebung der Visapflicht an einigen innereuropäischen Grenzen. Der teure Zwang zum Devisenumtausch blieb. Vor allem aber lagen die jeweiligen nationalen Welten des Konsums und der alltäglichen Lebensweisen noch weit auseinander und waren wechselseitig noch unbekannt. Reiseberichte waren deshalb noch eine verbreitete Literaturgattung, die heute weitgehend verschwunden ist und dem Reiseführer mit seinen praktischen Tipps in einer ähnlichen Welt Platz gemacht hat.

---

165 Berechnet nach: Eurostat. Revue 1970–1979, Luxemburg 1981, S. 74 (Privater Konsum), 243f (Einfuhr von Lebensmitteln, Fertigwaren, Fahrzeugen und Maschinen).
166 Statistisches Jahrbuch für die Bundesrepublik 1953. S. 246ff.; dto, 1974, S. 312; *P.-Y. Pépin*, Le commerce extérieur de la France, analyse et commentaire, in : Actualité économique 38. 1963, S. 586–625 ; *J.-P. Balladur*, Les échanges extérieures de la France entre 1960 et 1970, in: Economie et statistique 1972, S. 11–21.

Der moderne Massenkonsum, der sich in dieser Epoche der wirtschaftlichen Prosperität zumindest in Westeuropa und ein Stück weit auch in einigen ostmitteleuropäischen Ländern durchsetzte, hing eng mit dieser Ausweitung des Handels mit Konsumgütern zusammen. Freilich verbesserte sich auch die andere entscheidende Voraussetzung für den modernen Massenkonsum, der Rückgang von lebensnotwendigen Ausgaben, vor allem von Ausgaben für Nahrungsmittel, fast überall in Europa mit den außerordentlich ansteigenden Realeinkommen. Dadurch hatten die privaten Haushalte Spielraum für andere Ausgaben. Sie steigerten ihre Ausgaben vor allem in fünf Bereichen. Die Ausgaben für Wohnen, also für Mieten und Eigenheime, stiegen, freilich auch deshalb, weil die Preise auf dem Wohnungsmarkt stiegen. Der Wohnungsbau wäre weit langsamer gewesen ohne die Zuwanderung von ausländischen europäischen Bauarbeitern und den Import von Baumaterialien. Die Ausgaben für Haushaltsgeräte stiegen an, am deutlichsten fassbar am Kühlschrank. Viele dieser Geräte wurden importiert. Die Ausgaben für Kommunikation stiegen an, vor allem sichtbar an Telefonen und Fernsehern, ebenfalls oft importiert. Die Ausgaben für Mobilität wuchsen ebenfalls, erkennbar an der steigenden Autodichte, die überall in Europa, wenn auch auf sehr unterschiedlichem Niveau zunahm, da gute Arbeitsplätze oft nur mit dem Auto zu erreichen waren. Die Autoimporte waren hoch. Zu dieser gesteigerten Mobilität gehörte auch die mehrwöchige Ferienreise, eine europäische Besonderheit, und die Ausgaben für Hotels, für Ferienwohnungen oder für Ferienklubs. Ferienreisen gingen oft in das Ausland, meist in das europäische Ausland. Schließlich stiegen auch die Sparquote und damit die Ausgaben für soziale Sicherheit an. Zur ansteigenden Sparquote gehören auch Lebensversicherungen, Aktienkäufe und anderen Finanzierungsarten der Vorsorge. Neue Verkaufsmethoden wie Supermärkte, Selbstbedienungstankstellen, Versandgeschäfte und Ratenkäufe weiteten sich aus, vorangetrieben auch durch internationale Unternehmen und das amerikanische Modell. Die Standardisierung von Produkten setzte sich mit internationalisierten Standardmaßen weiter durch. Insgesamt hätte sich die Massenkonsumgesellschaft langsamer durchgesetzt, wenn die Importe von Konsumgütern nicht so stark angestiegen wären.[167]

Auch die soziale Distinktion im Konsum wurde durch die Internationalisierung des Konsums beeinflusst. Als Pierre Bourdieu in den 1970er Jahren die soziale Distinktion in Frankreich untersuchte, hob sich die französische Oberschicht durch viele importierte Produkte von den anderen sozialen Klassen ab, durch Warhol, Xenakis, Brecht, Whisky, Cocktails, Bridge oder ausländische Autos. Ausländische Konsumgüter

---

[167] Anregend: *H. G. Haupt*, Konsum und Handel. Europa im 19. und 20. Jahrhundert, Göttingen 2003; *C. Kleinschmidt*, Konsumgesellschaft, Göttingen 2008, S. 145ff.; *K. Maase*, Grenzenloses Vergnügen. Der Aufstieg des Massenkonsums, Frankfurt 1997; *M. Schramm*, Konsumgeschichte. Version: 2.0, in: Docupedia-Zeitgeschichte. http://docupedia.de, 22.10.2012; *J. C. Daumas*, La révolution matérielle. Une histoire de la consommation. France XIXe–XXIe siècle, Paris 2018, S. 307ff.; *E. Loyer*, Une histoire brève culturelle de l'Europe, Paris 2017, S. 402ff.

passten in die Tendenz, die groben sozialen Distinktionen der Epoche zuvor durch die feinen Unterschiede zu ersetzen.[168]

Die starke Zunahme des Imports von Konsumgütern trug auch dazu bei, dass die Unterschiede zwischen den europäischen Ländern im Konsum in dieser Epoche besonders deutlich zurückgingen, auch wenn sie nicht verschwanden. Die Belastung mit lebensnotwendigen Ausgaben wurde ein Stück ähnlicher. Um 1950 mussten in den südlichen Ländern Italien, Griechenland und Spanien, aber auch in den durch den Krieg verarmten Ländern Österreich und Deutschland die privaten Haushalte noch über 40 Prozent für Essen ausgeben, dagegen in den wohlhabenden Länder Dänemark, Belgien, Schweiz oder Großbritannien nur etwas über ein Viertel. Um 1970 dagegen machten die Ausgaben für Ernährung fast überall nur noch ein Viertel bis ein starkes Drittel aus. Der damals moderne Konsum wurde zudem erheblich weniger unähnlich. Die Autodichte, Symbol der Mobilität, war um 1950 in dem damals besonders autofreudigen Schweden noch über fünfzig Mal höher als in dem autoarmen Jugoslawien, um 1970 dagegen nur noch achtmal so hoch. Die Dichte der Telefonapparate, Symbol der Kommunikation, war um 1950 in Schweden über dreißigmal so hoch wie in Jugoslawien, um 1970 dagegen nur noch knapp fünfzehnmal. Bei anderen damals modernen Konsumgütern wie den Fernsehapparaten, den Waschmaschinen, den Radios milderten sich die Unterschiede ebenfalls ein Stück weit ab. Die enormen Unterschiede in der Wohnqualität gingen etwas zurück. Um 1950 besaßen in Schweden, in der Bundesrepublik und in der Tschechoslowakei fast alle Wohnungen Elektrizität, in Griechenland dagegen unter 20 Prozent. 1970 dagegen waren 80 Prozent der griechischen Wohnungen elektrifiziert.[169] Das südliche, südöstliche und östliche Europa holte insgesamt im Wirtschaftsboom der 1950er und 1960er Jahre und in der Konkurrenz des Kalten Krieges um den Lebensstandard auf. Die enormen Unterschiede der Zwischenkriegszeit gehörten um 1970 der Vergangenheit an.

Ohne Zweifel setzte sich die Konsumgesellschaft nicht überall in Europa gleichzeitig durch. Aber die bekannte These, dass die Massenkonsumgesellschaft sich im Westen in den 1950er bis 1970er Jahren, im östlichen Europa in den 1980er und 1990er Jahren durchgesetzt habe, vereinfacht zu sehr. Sie verdrängt, dass sich schon vorher im Süden, Südosten und Osten Europas die Gesellschaften auf den Massenkonsum einzustellen begannen.

---

168 *P. Bourdieu*, Die feinen Unterschiede. Kritik der gesellschaftlichen Urteilskraft, Frankfurt 1882, S. 212f; *H. Kaelble*, Mehr Reichtum, mehr Armut. Soziale Ungleichheit in Europa vom 20. Jahrhundert bis zur Gegenwart, Frankfurt 2017, S. 84ff.; *C. J. Fitzmaurice*, History of Conspicuous Consumption and Distinction, in: *J. D. Wright (Hg.)*, International Encyclopedia of Social and Behavioral Sciences. 2. Aufl., Amsterdam 2015, S. 695–699.
169 Berechnet nach: *B.R.Mitchell*, International Historical Statistics. Europe 1750–1988, Basingstoke 1992, S. 721 (Autodichte=Autos pro Einwohner), 751 (Telefondichte=Telefonapparate pro Einwohner); *A. Deaton*, The Structure of Demand 1920–1970, in: *C. Cipolla (Hg.)*, The Fontana Economic History of Europe. The Twentieth Century, Part I, London 1976, S. 102ff. u. 118f (Ernährungsausgaben, Wohnungsausstattung).

Die Debatten über den europäischen Konsum der Zwischenkriegszeit liefen in den 1950er und 1960er Jahren weiter. Der amerikanische Konsum wurde weiterhin oft als das überlegene Modell debattiert, das durch den häufigen Besuch von Europäern in den Vereinigten Staaten auch eindringlich erlebt wurde. Gleichzeitig blieb die Kulturkritik an dem modernen Konsum, der oft als amerikanisch angesehen wurde, in dieser Epoche erhalten. Simone de Beauvoirs Reisebericht von 1947 über die Entfremdung des konsumierenden Amerikaners und damit überhaupt des modernen Konsums blieb weiterhin ein wichtiges Element der Debatte und tauchte auch in der konsumkritischen Debatte der Studentenbewegung 1968 auf. Gleichzeitig traten in dieser Zeit zwei Elemente in der Debatte über den europäischen Konsum etwas stärker auf. Der Lebensstandard und damit auch der Konsum wurden zu einem tragenden Element der Politik der europäischen Integration. Darüber hinaus gewann der europäische Konsum in der öffentlichen Debatte stärker als in der Zwischenkriegszeit greifbare positive Eigenschaften, eine indirekte Auswirkung der Verbesserung des europäischen Lebensstandards. Dazu gehörte vor allem die kulinarische Überlegenheit der europäischen Küche und der europäischen Nahrungsmittel, auch des europäischen Designs der Kleidung, der Möbel, der Automobile, der Haushaltsgeräte und der Architektur gegenüber dem amerikanischen Konsum. Der Konsum begann daher in dieser Epoche auch ein Element der Identifizierung mit Europa zu werden.[170]

4 Die Globalisierung des Konsums in den 1980er und 1990er Jahren

Die 1980er und 1990er Jahre waren für den europäischen Konsum aus mehreren Gründen eine neue Epoche. Die Globalisierung und damit auch der internationale Handel mit Konsumgütern und -dienstleistungen wurden dynamischer als in den Epochen davor und danach, allerdings beschränkt auf die nördliche Hemisphäre. Die Globalisierung erzeugte einen ökonomischen Druck auf mehr Austausch von Gütern und Dienstleistungen des Konsums. Europa war jedoch in dieser Epoche nicht nur Spielball der Globalisierung, sondern auch ein Akteur. Darüber hinaus waren die 1980er und 1990er Jahre die hohe Zeit der Deregulierung, in der auch für Konsum – vor allem für Wohnen, Reisen und für Medien – Regelungen abgebaut wurden, innerhalb der Europäischen Gemeinschaft bzw. Europäischen Union Hindernisse für grenzüberschreitende Dienstleistungen abgemildert wurden und die völlige Aufhebung innereuropäischer Grenzen im Schengenraum seit den 1990er Jahren eingeführt wurde. Darüber hinaus brach mit dem Ende des sowjetischen Imperiums in Europa eine wichtige Barriere im Austausch von Konsumgütern und Dienstleistungen

---

[170] Vgl. *A. Brill*, Abgrenzung und Hoffnung. „Europa" in der deutschen und britischen Presse 1945–1980, Göttingen 2014, S. 229ff.

zwischen dem östlichen und dem westlichen Europa zusammen. Der Konsum wurde allerdings in dieser Epoche abgebremst durch das schwache Wirtschaftswachstum, die geringe Zunahme der Einkommen im westlichen Europa und die Transition im östlichen Europa.

Globalisierte sich der Konsum in Europa? Es sieht überraschenderweise nicht so aus. Der Anteil der außergemeinschaftlichen Konsumgüter am europäischen Konsum änderte sich nur wenig. Auf den ersten Blick sank er sogar. Um 1970 machten die Importe von Konsumgütern von außen in die damalige Europäische Gemeinschaft der Sechs 14 Prozent des privaten Verbrauchs aus, um 1980 in der Europäischen Gemeinschaft der Neun 11 Prozent, um 2000 in der größeren Europäischen Union 9 Prozent.[171] Sie gingen allerdings vor allem deshalb zurück, weil immer mehr europäische Länder, aus denen zuvor importiert wurde, Mitglieder der Europäischen Gemeinschaft wurden. Zudem verlor ein früheres Element der Verflechtung mit Übersee, die Nahrungsmittelimporte, weiter an Bedeutung. Schon um 1980 umfassten die Nahrungsmittel nur noch 11 Prozent aller Importe, dagegen industrielle Konsumgüter, die eher aus anderen europäischen Industrieländern importiert wurden, schon 49 Prozent.[172] Sicher zeigte die Globalisierung auch Wirkung. Importe aus Übersee in die Europäische Gemeinschaft veränderten sich vor allem geografisch. Ostasien begann als neue Herkunftsregion für den europäischen Konsum aufzusteigen. Importe aus Japan lagen 1970 noch bei 1 Prozent, 1986 schon bei 4 Prozent aller Importe in die Europäische Gemeinschaft. Importe aus den USA sanken dagegen zwischen 1970 und 2000 leicht von 10 Prozent 1970 auf 7 Prozent 2000.[173] Insgesamt wurde aber der europäische Konsum nicht von der Globalisierung überrannt. Eher schon überrannten europäische Exporteure den Konsum anderswo.

Deshalb drängte die Globalisierung die Verflechtungen zwischen den Mitgliedsländern der Europäischen Gemeinschaft bzw. der Europäischen Union nicht zurück. Sicher gab es eine Trendveränderung, weil der gesamte Handel zwischen den Mitgliedsländern der Europäischen Gemeinschaft nicht mehr so rapide zunahm wie in der Epoche vorher. Aber er ging nur temporär wirklich zurück, sank zwischen 1970

---

171 Für 1970: Eurostat. Revue 1970–1979, Luxemburg 1981, S. 74, 236 ff.; ebd., 1971–1980, Luxemburg 1982, S. 66, 236ff. (engl. Eurostat. Review) (Zu Konsumgütern wurden sehr breit Nahrungsmittel, Maschinen und Fahrzeuge, andere bearbeitete Waren gerechnet. Spezifischere Angaben zu Maschinen und Fahrzeugen enthält Eurostat nicht); für 1980: für 2000, 2009, 2017: appsso.eurostat.ec.europa. eu. Tabellen „BIP und Hauptkomponenten" (dort „Individualkonsum") und „Extra-EU-Handel" (zu Konsumgütern wurden die gleichen Kategorien gerechnet wie 1970). Importierte Dienstleistungen, die in den 1990er Jahren mit der Ausweitung der Computer stark anstiegen, sind darin allerdings noch nicht enthalten, da sie von Eurostat und von der Bundestatistik nicht erfasst werden. In dieser Eurostat-Publikation lässt sich nur die Einfuhr von Konsumgütern aus allen Ländern außerhalb der EG bzw. der EU, nicht die allein aus Übersee erfassen.
172 Eurostat. Revue 1971–1980, Luxemburg 1983, S. 227ff.
173 Für 1970: Eurostat. Revue 1970–1979, Luxemburg 1981, S. 236 ff. (engl. Eurostat. Review); für 1986: ebd., 1977–1986, Luxemburg 1988, S. 189ff.; für 2000: appsso.eurostat.ec.europa.eu. „Extra-EU-Handel".

und 1980 von 51 Prozent des Gesamtimports auf 48 Prozent (wegen des Beitritts des anfangs wirtschaftlich noch außereuropäisch orientierten Großbritanniens), stieg aber bis 1986 wieder auf 58 Prozent und bis um 2000 auf 66 Prozent des Gesamtimports vor allem wegen der weiteren Beitritte.[174] Man kann davon ausgehen, dass der innergemeinschaftliche Handel mit Konsumgütern, der bei Eurostat schwer fassbar ist, sich ähnlich entwickelte. Im kommunistischen Teil Europas blieb der Handel zwischen den Ländern ebenfalls stabil. Dafür nur das Beispiel der DDR: Nach den offiziellen Statistiken verharrte der Außenhandel mit den RGW-Ländern zwischen 1970 und 1987 auf dem Niveau von rund zwei Dritteln der gesamten Einfuhr.[175] Der Handel zwischen den europäischen Staaten widerstand im Ganzen im westlichen wie im östlichen Teil Europas dem Druck der Globalisierung. Das galt wahrscheinlich auch für den Handel mit Konsumgütern.

Die Importe von Konsumgütern sind für einzelne Mitgliedsländer der Europäischen Gemeinschaft leichter fassbar. Wiederum das deutsche Beispiel: 1980 bezog die alte Bundesrepublik aus der damaligen Europäischen Wirtschaftsgemeinschaft noch 50 Prozent der importierten Konsumgüter, 1988 schon 56 Prozent, um 2000 das vereinte Deutschland aus der Europäischen Union 61 Prozent. Hinter diesen Zahlen stehen letztlich keine großen Veränderungen, da allein schon wegen des Anstiegs der Mitgliedsländer der Europäischen Gemeinschaft von sechs auf fünfzehn Mitgliedsländer der Handel der Bundesrepublik mit anderen Mitgliedsländern der Europäischen Gemeinschaft zunahm. Auf jeden Fall sanken die Importe aus der Europäischen Gemeinschaft in dieser Zeit der beschleunigten Globalisierung nicht. Beim Import von Konsumgütern aus ganz Europa nach Deutschland schlug die Globalisierung ebenfalls nicht durch. Der Import von Konsumgütern aus ganz Europa stand 1980 bei 65 Prozent und hielt sich bis 1988 bis 67 Prozent aller Konsumgüterimporte. Seltsamerweise führt die bundesdeutsche Statistik seit 1990 die Importe aus der Gesamtheit der Länder Europas bis heute nicht mehr auf.[176] Nach Eurostat blieben jedoch die deutschen Konsumgüterimporte aus Europa als Ganzem bis zur Jahrtausendwende auf diesem Niveau.[177]

Auch in dieser Epoche hingen die wichtigsten Veränderungen der Konsumgesellschaft stark von dem transnationalen Austausch des Konsums ab. Das galt, wenn auch in unterschiedlichem Ausmaß, für alle zehn neuen Entwicklungen dieser Epoche: (1) Die Massenkonsumgesellschaft setzte sich erst jetzt in ganz Europa, auch im südlichen und im östlichen Teil, durch. Ein Automobil, ein Telefon und einen

---

174 Berechnet nach: Ebd. Für 2002 Tabelle „EU-Intrahandel und internationaler Handel nach Mitgliedsstaaten", Kategorie: „Extra-EU"; für Konsumgüter hat Eurostat leider keine Zahlen zum Handel unter den Mitgliedsländern veröffentlicht.
175 Vgl. Statistisches Jahrbuch der DDR 1971. S. 294; ebd., 1989, S. 241.
176 Statistisches Jahrbuch für die Bundesrepublik 1982. S. 258 (1980); ebd., 1990, S. 256 (1988); ebd., 2001, S. 295 (2000) (nur Nahrungsmittel und Fertigwaren, keine Fahrzeuge).
177 Eurostat. EU. Handel nach SITC seit 1988. https://appsso.eurostat.ec.europa.eu (abgerufen 28.09. 2019) (EU-28-Intra- und EU-28-Extra-Handel)

Kühlschrank besaßen erst in dieser Epoche große Mehrheiten der Bevölkerung. Ohne den massiven Import von Konsumgütern wäre diese Durchsetzung nur viel langsamer vorangekommen. (2) Die Standardisierung der Waren änderte sich grundlegend, weil mit dem Einsatz von Computern eine neue Variabilität bei komplexen Konsumgütern wie etwa Autos möglich wurde. Dadurch entstanden neue Spielräume für den individuellen Konsumenten. Auch diese flexiblere Produktion von Konsumgütern setzte sich vor allem durch den internationalen Handel mit Produktionsgütern durch. (3) Die Ernährung änderte sich, weil in dieser Zeit zunehmend außer Haus und im Haus zunehmend Fertiggerichte gegessen wurden. Auch diese Ausweitung des Fast Food und der Industrienahrung war ein internationaler Umbruch im Konsum. Sie brachte einerseits eine neue Amerikanisierung des Konsums mit Burger-Restaurants, andererseits aber auch eine globale Ausweitung des europäischen internationalen Fast Food mit Pizzas, Crêperien, Croissanterien und Baguetterien. (4) Das Reisen über große Distanzen veränderte sich grundlegend mit dem Billigflugverkehr, der in den 1990er Jahren einsetzte, mit Billighotelketten und Hochgeschwindigkeitszügen. Dadurch wurde nicht nur das Reisen innerhalb Europas intensiviert und auch das Symbol des Eurorail geschaffen, sondern auch die Reisen der Europäer nach außerhalb Europas. Das Reisen wurde gleichzeitig europäischer und globaler. (5) Der Medienkonsum begann aus dem nationalen Rahmen auszubrechen. Mit der Privatisierung von Radiostationen und Fernsehanstalten seit den 1990er Jahren internationalisierten sich die Medien. Diese Privatisierung wurde von internationalen Medienkonzernen, meist europäischen Konzernen genutzt. (6) In den 1990er Jahren begann sich auch das Internet durchzusetzen, das für private Konsumenten zuerst vor allem eine neue Kommunikation mit E-Mails und neue Ausgaben für den Kauf von PCs brachte. Die Durchsetzung des Internets war völlig international. Bei der Hardware war es vor allem amerikanisch und japanisch, damals auch noch europäisch. Bei der Software entstand eine neue Welle der Amerikanisierung des privaten Konsums bisher unbekannten Ausmaßes. (7) Die Werbung internationalisierte sich. Vor allem wurde Englisch ein wichtiges Element der Werbesprache. Englische, teils echte, teils neu erfundene Begriffe („Handy") wurden als Bezeichnungen für Konsumgüter und Dienstleistungen immer mehr benutzt. Der Hintergrund für diese Veränderung war die rasche Zunahme der Fremdsprachenkenntnisse. Am Ende dieser Epoche gab bald die Hälfte der Europäer in der Europäischen Gemeinschaft an, Englisch zu sprechen.[178] Auch das hing eng mit dem internationalen Austausch von Konsumgütern und Dienstleistungen zusammen. (8) Der Handel mit Konsumgütern veränderte sich. Neben den Warenhäusern entstanden die Discounter, die im deutschen Fall Mitte der 1990er Jahre schon ein Drittel des Branchenumsatzes abwickelten. Auch die Discounter wurden internationale Unternehmen.[179] (9) Die soziale Ungleichheit des Konsums veränderte sich, da mit der neuen Variabilität der Konsumgüter und mit den neuen

---

[178] Eurobarometer Nr. 52. 2000, S. 92.
[179] *C. Kleinschmidt*, Konsumgesellschaft, Göttingen 2008, S. 146.

Dritte-Welt-Läden soziale Trennlinien verwischt wurden und durch feine, manchmal für alle, manchmal aber nur noch für Insider erkennbare Unterschiede des Konsums ersetzt wurden.[180] (10) In dieser Epoche entwickelte die Europäische Gemeinschaft eine Politik des Konsumentenschutzes und spielte bald eine Schlüsselrolle im Konsumentenschutz, zu dem Gesundheitsschutz und Sicherheit, Entschädigungsansprüche, Interessenorganisation, Informations- und Anhörungsrecht gehörten.[181] Sie führte eine Vielzahl von europäischen Regelungen etwa zur besseren Qualität von Lebensmitteln, von Geräten und Spielzeug, von Diensten im Flugverkehr, in den Banken- und Versicherungsservice ein und konnte sich dabei auf die Vertragsänderungen in der Einheitlichen Akte 1986, auf die hohen Erwartungen der Bürger, auf europäische Bürgerorganisationen und auf die Rechtsprechung des Europäischen Gerichtshofs stützen.

Die innereuropäischen Unterschiede des Konsums milderten sich in den 1980er und 1990er Jahren ein Stück weiter ab. Auch diese Abmilderung wäre ohne den Import von Konsumgütern nicht möglich gewesen. Die endgültige Durchsetzung des Massenkonsums schliff auch die Unterschiede zwischen den europäischen Ländern ab. Das galt für das Auto, das in der vorhergehenden Epoche zwar Massenkonsumgut zu werden begann, aber nur mit grundlegenden Unterschieden zwischen den europäischen Ländern. In 1980er und 1990er Jahren holten dagegen die Länder mit wenigen Autos auf, auch wenn immer noch deutliche Unterschiede bestehen blieben. Allein zwischen 1990 und 2000 verdoppelten sich die Erstzulassungen von Pkws in einem armen östlichen Land wie Bulgarien ebenso wie in einem damals noch armen westeuropäischen Land wie Irland und in einem armen südeuropäischen Land wie Griechenland. In den wohlhabenden Ländern mit viel Autobesitz wie Deutschland, Italien und Frankreich nahmen dagegen die Erstzulassungen nur noch wenig zu, stagnierten oder gingen sogar zurück. Auch ein neues Massenkonsumgut der 1990er Jahre, der PC, war um die Jahrtausendwende nicht so extrem ungleich verteilt wie der Pkw in den 1970er Jahren. In einem wirtschaftlich schwachen Land wie Griechenland besaßen immerhin halb so viele Haushalte Internetzugang wie in einem wohlhabenden Land wie Frankreich.[182]

Die Debatte über den europäischen Konsum begann sich in dieser Epoche ebenfalls zu wandeln. Die Konsumkritik veränderte sich. Sie setzte nicht mehr allein an der Amerikanisierung des europäischen Konsums an, sondern begann, den eigenen europäischen Konsum zunehmend nach Kriterien der Gesundheitsschädigung, der

---

180 *H. Kaelble*, Mehr Reichtum, mehr Armut. Soziale Ungleichheit in Europa vom 20. Jahrhundert bis zur Gegenwart, Frankfurt 2017, S. 84ff.
181 *H. W. Micklitz*, European Consumer Law, in: *E. Jones/ A. Menon/ S. Weatherill (Hg.)*, Oxford Handbook of the European Union, Oxford 2012; *J. Greenwood*, Interest Representation in the European Union, Basingstoke (Hampshire) 2017.
182 Autos, PCs: Appso.eurostat.ec.europa.eu. Tabelle „Erstzulassungen von Personenkraftwagen" und „Haushalte – Verfügbarkeit von Internet-Geräten" (ab 2003).

Umweltbelastung und der Effizienz zu beurteilen. Diese Diskussion wurde allerdings noch überwiegend von Minderheiten geführt. Auch der Konsumentenschutz rückte stärker in das Zentrum der Debatten. Kulturelle Grenzen wurden in dieser Debatte wenig gezogen.[183]

5 Die Digitalisierung des Konsums und die neue Bedeutung von Diversitäten

Diese vierte Epoche seit der Jahrtausendwende begann nicht mit einem großen Ereignis oder einem scharfen wirtschaftlichen Umbruch, sondern schälte sich allmählich mit vier Merkmalen heraus: die Digitalisierung, die schon in den 1990er Jahren einsetzte, aber erst jetzt ihre volle Wirkung auf den Konsum entfaltete; die veränderte Globalisierung mit dem Import von industriellen Konsumgütern (nicht mehr allein von Lebensmitteln und Rohstoffen) aus der südlichen Hemisphäre, vor allem aus China; die neue Wertschätzung der Diversität, der sich auch die Europäische Union mit dem Slogan „Einheit durch Vielfalt" anschloss und die in hohem Maß eine ethnische, soziale und nationale, oft vermarktete Diversität des Konsums war; schließlich auch die neue wirtschaftliche Prosperität, die allerdings nicht nur schwächer war als die Prosperität der 1950er bis 1970er Jahre, sondern auch durch die schwere und folgenreiche Krise 2009–2012 unterbrochen wurde und zudem eine Verschärfung der sozialen Ungleichheit, dabei auch einen neuen internationalen Luxuskonsum mit sich brachte.

Der Austausch der Konsumgüter mit Übersee blieb in dieser Epoche im Ganzen auf dem Niveau, das im Westen Europas bis zu den 1970er Jahren erreicht worden war und das der Globalisierung der 1980er und 1990er Jahre widerstanden hatte. Der Anteil der Importe von Konsumgütern von außerhalb in die Europäische Union an den Konsumausgaben lag um 2000 bei 9 Prozent, fiel bis 2009 leicht auf 8 Prozent ab (durch die zahlreichen neuen, mit Übersee noch wenig verflochtenen osteuropäischen Mitgliedsländer) und stieg bis 2017 wieder auf 11 Prozent an.[184] Auch die einzelnen europäischen Länder blieben eng mit der europäischen Wirtschaft verflochten. Nur zwei Beispiele: Die Importe nach Deutschland, die überwiegend aus Konsumgütern bestanden, kamen 2000 zu 70 Prozent und 2016 zu 69 Prozent aus Europa. Sicher lässt sich nicht übersehen, dass in dieser Zeit für Deutschland China statt der

---

183 Anregend: *F. Trentmann*, Herrschaft der Dinge. Die Geschichte des Konsums vom 15. Jahrhundert bis zur Gegenwart, München 2017, S. 14ff.
184 Für 2000, 2009, 2017: appsso.eurostat.ec.europa.eu. Tabellen „BIP und Hauptkomponenten" (dort „Individualkonsum") und „Extra-EU-Handel" (Zu Konsumgütern wurden wie für 1970 sehr breit Nahrungsmittel, Maschinen und Fahrzeuge, andere bearbeitete Waren gerechnet. Spezifischere Angaben zu Maschinen und Fahrzeugen enthält Eurostat nicht.

Niederlande das wichtigste Importland für Deutschland wurde. Aber an dem Übergewicht der Importe aus Europa änderte sich dadurch nichts.[185] Auch in Frankreich rückte 2017 China zum zweitwichtigsten Importland nach Deutschland auf und verdrängte Italien auf den dritten Platz. Aber auch in Frankreich umfassten die Importe aus Europa weiterhin rund zwei Drittel aller Importe.[186] In einer zentralen Hinsicht wurde die Verflechtung sogar noch enger: Der Handel zwischen dem östlichen und westlichen Europa intensivierte sich seit der Jahrhundertwende weiter. Polen gehörte für Deutschland und Frankreich, Tschechien für Deutschland zu den zehn wichtigsten Importländern.[187]

Neu für die Verflechtungen durch Konsum in Europa war der Anstieg der internationalen konsumnahen Dienstleistungen, vor allem die Nutzung des Internets für Konsum. Über E-Mails und soziale Medien mit anderen Ländern verbunden zu werden, waren im Vergleich zu Briefen und Telefonaten nicht nur billiger oder sogar kostenlos, sondern auch tatsächlich grenzenlos. Grenzen hätten im Internet nur durch massive staatliche Kontrolle und Behinderung aufrechterhalten werden können, die als Verletzung von Grundfreiheiten aufgefasst worden wären und deshalb in Europa bisher nicht eingeführt wurden. Bei diesen digitalisierten Konsumgütern und konsumnahen Dienstleistungen entstand eine vorher nie gekannte Amerikanisierung durch die Dominanz von US-Firmen, in der Hardwareproduktion etwa durch Apple, in der Softwareproduktion etwa durch Microsoft, unter den Suchmaschinen durch Google, ebenso im Internethandel etwa durch Amazon und in den sozialen Medien durch Facebook oder Instagram. Während südkoreanische und zunehmend auch chinesische Firmen zumindest bei der Hardware mitspielten, schied Europa zuletzt mit dem Zusammenbruch von Nokia weitgehend aus. Eine Rückkehr ist nicht abzusehen. Die europäische Verflechtung durch das Internet wird daher vor allem durch US-amerikanische und ostasiatische Firmen getragen.

In keiner der vorhergehenden Epochen hingen neue Tendenzen der Konsumgesellschaft so eng vom internationalen Austausch ab. Die neue Tendenz der Digitalisierung des Konsums hätte sich ohne den internationalen Handel mit Hardware und mit Software nicht durchsetzen können, da die meisten europäischen Länder weder Hardware noch Software selbst produzierten. Die Digitalisierung breitete sich sogar schneller aus als früher die Massenkonsumgesellschaft. Die Masse der europäischen Haushalte war innerhalb von anderthalb Jahrzehnten an das Internet angeschlossen. Zwar hatten sich zuvor das Radio und das Fernsehen ähnlich schnell verbreitet,

---

185 Statistisches Jahrbuch für Deutschland 2001. S. 298ff.; Statistisches Jahrbuch. Deutschland und Internationales, 2017, S. 424.
186 Tabelle „les données pays" http://lekiosque.finances.gouv.fr/site_fr (abgerufen 30.1.2019).
187 Vgl. *P. Ther*, Die neue Ordnung auf dem alten Kontinent. Eine Geschichte des neoliberalen Europa, Berlin 2004; *N. Fligstein*, Markets and Firms, in: *A. Favell/ V. Guiraudon (Hg.)*, Sociology of the European Union. Basingstoke 2011, S. 107ff.

aber bis sich das Auto und das Telefon durchsetzten, hatte es in Europa als Ganzem wenigstens sieben Jahrzehnte gebraucht.

Die internationale Digitalisierung des Konsums bestand in Europa aus fünf gleichzeitigen Prozessen: (1) Die Europäer nutzten das Internet immer häufiger: über 50 Prozent 2005, rund 70 Prozent 2010, über 80 Prozent 2015 und fast 90 Prozent 2018 in der Europäischen Union. Die Internetnutzung von zu Hause, die eher den Konsum über das Internet erfasst, stieg in der Europäischen Union von 43 Prozent 2004 auf 66 Prozent 2011, wurde danach von Eurostat nicht weiterverfolgt, dürfte aber inzwischen auf über 80 Prozent gestiegen sein.[188] Wir wissen aus Einzeluntersuchungen, dass das Internet überwiegend für Konsum genutzt wird. (2) Die Voraussetzung dafür, digitalisierte Geräte für Konsum, waren auf dem Vormarsch, zuerst der PC seit den 1990er Jahren, dann seit den 2000er Jahren Handys und Tablets. Sie drängten vor allem die Schreibmaschinen, die Fotoapparate, die Filmkameras und die klassischen Telefone, also die modernen Konsumgüter der vorhergehenden Epoche, zurück. (3) Dienstleistungen wurden digitalisiert: Bankgeschäfte, die Buchung von Flug- und Eisenbahntickets, von Theater- und Kinotickets, die Reservierung von Mietwagen, von Hotels und von Ferienwohnungen, teilweise auch Dienste der öffentlichen Verwaltungen wurden mehr und mehr online gestellt. Als Folge wurden Bankniederlassungen, Reisebüros, Theaterkassen und Niederlassungen von Fluggesellschaften geschlossen. Medizinische und juristische Beratung, Steuerberatung und Hochschulunterricht könnten folgen. Vor allem wurde der Vertrieb von Konsumgütern stärker digitalisiert. Der Online-Einkauf breitete sich aus, der Zustellverkehr nahm zu und Spezialläden in den Innenstädten mussten aufgeben. (4) Die alltägliche Kommunikation wurde stärker digitalisiert. Briefe, teilweise auch Telefonate wurden ersetzt durch E-Mails und die sozialen Medien. Das Lesen am Bildschirm statt im Buch oder in der Zeitung verstärkte sich. Das gedruckte Nachschlagewerk wurde ersetzt durch die Suchmaschine im Internet. Filme und TV-Sendungen wurden häufiger im Internet statt am Fernsehapparat und im Kino angesehen. Rundfunk wurde mit dem Handy statt mit dem Radioapparat gehört. Printmedien, Verlage, Buchhandlungen und Kinos waren bedroht. Eine andere, schnellere, fortwährend präsente, teilweise auch aggressivere, internationalere Kommunikationskultur entstand, allerdings mit scharfen Unterschieden zwischen den Generationen. (5) Es ist noch nicht klar abzusehen, wie stark die Digitalisierung auch den Besitz oder zumindest den Besitzwechsel von Konsumgütern veränderte. Eine Veränderung des Besitzes zeichnet sich beim privaten Auto ab, einem der beiden teuersten Konsumgüter. Das Mietauto, das nur für kurze Zeit zum Einkauf, für wichtige Termine oder kurze Reisen genutzt wird, begann zumindest in Großstädten den Besitz des Autos zu ersetzen. Nicht der Besitz, aber die Nutzung der Wohnung, dem anderen teuren Konsumgut, veränderte sich mit der Digitalisie-

---

[188] Vgl. http://appsso.eurostat.ec.europa.eu, Tabelle „Einzelpersonen. Internetnutzung (isoc_ci_ifp_iu)"; für Nutzung des Internets zu Hause: Tabelle „Einzelpersonen – Orte des Gebrauchs von Computern", (abgerufen 2.1.2019).

rung und der weit leichteren Vermietung der eigenen Wohnung oder Zweitwohnung an Touristen. Der Verkauf und Einkauf von gebrauchten Konsumgütern wurde über das Internet erheblich erleichtert. Dadurch könnte auf die Dauer der Besitz von Konsumgütern temporärer werden. Diese *shared economy,* wie immer sie sich entwickeln wird, wäre ohne Digitalisierung nicht denkbar.

Die Unterschiede zwischen den europäischen Ländern in den Einkommen und damit auch im Konsum gingen in dieser Epoche weiter zurück. Sie nahmen zwar in der Krise 2009–2012 vorübergehend wieder zu, milderten sich aber seitdem wieder ab.[189] Auch diese Abmilderung von Unterschieden hätte ohne den internationalen Austausch nicht stattfinden können. Nur zwei Beispiele von zentralen Konsumgütern: Im Autobesitz, einem klassischen Konsumgut, sanken die erheblichen Unterschiede, die noch um 2000 trotz aller erwähnten Konvergenz bestanden hatten, bis 2017 weiter. In den Ländern, die noch um 2000 besonders wenig Autos besaßen, wie Polen, Lettland, Ungarn, die Slowakei, Kroatien, Bulgarien und Rumänen, nahm der Autobesitz stark zu, verdoppelte sich in Extremfällen wie Polen und Rumänien, während er in den alten Autoländern kaum noch anstieg. Auch bei der Nutzung des neuen Internets, also eines modernen Konsumguts, milderten sich die Unterschiede ab. Noch um 2005 nutzten in Griechenland nur 24 Prozent, in Dänemark dagegen schon 83 Prozent, also mehr als dreimal so viele Bürger das Internet. 2018 war dieser Unterschied auf 73 Prozent Nutzer in Griechenland und 98 Prozent Nutzer in Dänemark zusammengeschrumpft.[190] Auch diese Abmilderung von Unterschieden zwischen den europäischen Ländern wäre ohne den internationalen Austausch von Konsumgütern und ohne internationale Unternehmen nicht denkbar gewesen.

Gleichzeitig wurde die Diversität widersprüchlicher als in den Epochen zuvor interpretiert. Einerseits wurde Diversität politisch in dem genannten Motto der Europäischen Union „Einheit durch Vielfalt" aufgewertet. Diversität wurde andererseits im Konsum in Restaurants, Kleidung und Möbeln praktiziert, zu den klassischen chinesischen, italienischen, griechischen und jugoslawischen Restaurants und amerikanischen Burgern kamen japanische, indische, südostasiatische und viele andere Restaurants und französische Crêperien hinzu. Diese Restaurants waren weniger Treffpunkte für Immigranten, sondern wurden von den indigenen Europäern als Erweiterung ihres Konsums betrachtet. Diversität wurde vermarktet und war Teil des europäischen Lebensstils. Gleichzeitig entstanden neue soziale Trennlinien im Konsum durch die Entstehung eines neuen, öffentlich präsentierten, luxuriösen internationalen Lebensstils, in dem europäische Luxusgüter, Autos, Kleidung, Lederwaren und Schmuck, europäische Nobelrestaurants und Nobelhotels sowie Nobelabteilungen in europäischen Krankenhäusern ein großes Gewicht besaßen.

---

[189] Vgl. *H. Kaelble*, Der verkannte Bürger. Frankfurt 2019, S. 44ff.
[190] Autos: https://ec.europa.eu/eurostat/databrowser/view/road_eqs_carhab/, Tabelle „Personenkraftwagen je 1000 Einwohner", (abgerufen 4.1.2019); Internetnutzung: https://ec.europa.eu/eurostat/databrowser/view/isoc_ci_ifp_iu/ Tabelle „Einzelpersonen, Internetnutzung", (abgerufen 2.1.2019).

Andererseits entstand ein Druck auf mehr Gleichförmigkeit zwischen den europäischen Ländern in der Eurozone durch die gemeinsame Währung, durch die Methode der offenen Koordinierung der Europäischen Union und durch die Politik des internationalen Vergleichens vonseiten von Organisationen wie die OECD, aber auch durch internationale Unternehmen, die einen einheitlichen Markt für ihre Produkte schaffen wollten. Bei aller öffentlichen Wertschätzung der Diversität sollte man diesen Druck durch Politik und Wirtschaft auf Einheitlichkeit nicht unterschätzen.

Die Debatte über die gesundheitliche Qualität des Konsums und seine Folgen für die Nachhaltigkeit der Umwelt kam in dieser Epoche in das Zentrum der öffentlichen Debatten und wurde ein wichtiges Ziel von sozialen Bewegungen, von Regierungen, aber auch von Unternehmen. Die Europäische Kommission behielt ihre zentrale Rolle in der Politik des Konsumentenschutzes bei, auch wenn sie wegen der Probleme der europäischen Wirtschaft, wegen der Lockerung des Konsumentenschutzes unter den Großmächten und auch wegen der Widerstände einiger Mitgliedsländer teilweise nur noch Minimalschutz durchsetzen konnte.[191] Gleichzeitig drehte sich die öffentlichen Debatte auch um die besondere Qualität der europäischen Produkte, der europäischen Gastronomie, des europäischen Designs, der besonderen Vielfalt der europäischen Konsumgüter, des europäischen Lebensstils. Konsum blieb damit Teil der Identifizierung mit Europa. Kulturelle Grenzen gegenüber außereuropäischen Ländern wurden dadurch stärker gezogen. Schließlich verstärkte sich die öffentliche Debatte über die Ungleichheit des Konsums, die sich nicht nur an der Ungleichheit der Vermögen und den geringen Steuerzahlungen von Großunternehmen, sondern auch an dem internationalen, öffentlich präsentierten luxuriösen Konsum entzündete.

6 Zusammenfassung

Die beiden wichtigsten Ansätze in der historischen Konsumforschung, der eher angelsächsische Ansatz der Geburt, Ausbreitung und Krise der Konsumgesellschaft und der eher französische Ansatz der sozialen Ungleichheit in den sozialen Distinktionen des Konsums achteten bisher wenig auf den transnationalen Austausch des Konsums in Europa. Die vergangenen hundert Jahre sind für transnationalen Austausch des Konsums ein spannendes Labor. Einerseits waren in der Zwischenkriegszeit die nationalen Grenzen außergewöhnlich zahlreich und rigide. Sie hemmten die Durchsetzung der Massenkonsumgesellschaft in Europa. Andererseits wurden seit den 1960er Jahren die Grenzen für Konsumgüter und Konsumdienstleistungen in Europa und weltweit immer mehr abgebaut. Dieser Handbuchbeitrag ist nur ein erster Ansatz zu

---

191 *H. W. Micklitz*, European Consumer Law, in: *E. Jones/A. Menon/S. Weatherill (Hg.)*, Oxford Handbook of the European Union, Oxford 2012; *C. Kleinschmidt*, Konsumgesellschaft, Göttingen 2008, S. 152ff.; für die Debatte: *Frank Trentmann*, Herrschaft der Dinge. Die Geschichte des Konsums vom 15. Jahrhundert bis zur Gegenwart, München 2017, S. 14ff.

einer stärkeren Berücksichtigung der transnationalen Geschichte des Konsums in Europa. Er enthält fünf Ergebnisse.

Die grenzüberschreitenden Konsumgüter und Dienstleistungen wandelten sich im vergangenen Jahrhundert grundlegend. Noch in der Zwischenkriegszeit und auch noch in der Nachkriegszeit nach dem Zweiten Weltkrieg bestand der Import von Konsumgütern in erheblichem Maß aus Nahrungsmitteln. Seit der Prosperität der 1950er bis 1970er Jahre erhielten dagegen Industrieprodukte das Übergewicht. Für die Masse der Bevölkerung bedeutete grenzüberschreitender Konsum nicht mehr vor allem Essen, sondern die Versorgung mit Autos, mit Elektrogeräten, mit Kleidern und mit Dienstleistungen wie Reisen, Musik und Filmen. Dieser grundlegende Umschwung im transnationalen Konsum hatte seine Gründe. Ein Grund für diesen Umschwung, an den oft wenig gedacht wird, war die außergewöhnliche Steigerung der Produktivität der Landwirtschaft in Europa, die den Import von Lebensmitteln weniger dringlich machte. Ein zweiter bekannter Grund war der Zuwachs der Haushaltseinkommen, die immer weniger für Nahrungsmittel und Kleider ausgegeben werden mussten und immer stärker für Industrieprodukte ausgegeben werden konnten.

Zweitens verstärkten sich die wirtschaftlichen Verflechtungen der europäischen Länder durch Konsum. Noch in der Zwischenkriegszeit waren die europäischen Länder relativ wenig durch Konsumgüter verflochten, höchstens durch einige verderbliche Nahrungsmittel wie Butter, Eier oder Südfrüchte. Nahrungsmittel verbanden die Europäer oft mit Übersee, nicht selten mit Kolonien. Seit der Prosperitätszeit der 1950er bis 1970er Jahre intensivierten sich die Verflechtungen zwischen den europäischen Länder durch Konsum, wegen des Kalten Krieges bis um 1990 nur zwischen den westeuropäischen Ländern des westlichen Europas und gesondert davon zwischen den Ländern des östlichen Europas, deren Verflechtungen durch Konsum oft unterschätzt werden. Der Anteil der Konsumgüter, die die Europäer konsumierten und die aus anderen Teilen Europas stammten, ging sprunghaft in die Höhe und erreichte um 1970 im westlichen Teil Europas rund zwei Drittel der Importe, stieg im östlichen Teil ebenfalls an.

Diese dichten Verflechtungen der europäischen Länder durch Konsum widerstanden drittens auch der beschleunigten Globalisierung der 1980er und 1990er Jahre. Es ist nicht zu übersehen, dass die Globalisierung Auswirkungen auf den transnationalen Konsum Europas besaß. Die Weltregionen, aus denen Konsumgüter nach Europa kamen, verschoben sich. Der Import von Konsumgütern aus den USA, die seit dem 19. Jahrhundert der wichtigste überseeische Konsumgüterlieferant waren, ging relativ zurück. Ostasien, damals vor allem Japan, begann für den europäischen Import von industriellen Konsumgütern wichtiger zu werden. Umgekehrt war Europa mit seinen Konsumgütern auch ein wichtiger Akteur in der Globalisierung des Konsums. Aber die zuvor erreichte Verflechtung zwischen den europäischen Ländern wurde durch die beschleunigte Globalisierung der 1980er und 1990er Jahre bis um die Jahrtausendwende nicht abgeschwächt, sondern ganz in Gegenteil durch den Zusammenbruch des sowjetischen Imperiums zwischen dem östlichen und dem westlichen Europa noch intensiviert.

Die Digitalisierung des Konsums brachte viertens seit der Jahrtausendwende neue Veränderungen des transnationalen Konsums in Europa. Sie wurde bisher von der Konsumgeschichte aus guten Gründen, vor allem wegen des zu geringen historischen Abstandes, wenig untersucht. Zwei Veränderungen des transnationalen Konsums in Europa schälen sich aber doch schon jetzt heraus. Die Digitalisierung des Konsums verstärkte die konsumnahen Dienstleistungen und änderte dadurch den transnationalen Konsum. Zudem wurden die digitalisierten Verflechtungen zwischen den europäischen Ländern nicht mehr primär durch europäische Handels- und Transportunternehmen und durch europäische Dienstleister getragen, sondern basierten vor allem auf außereuropäischen, auf amerikanischen und ostasiatischen digitalisierten Geräten, Programmen, Netzwerken und Unternehmen. Die europäischen Verflechtungen durch transnationalen Konsum ging weiterhin nicht zurück, hingen aber weit mehr als jemals zuvor an außereuropäischen Unternehmen und Innovationen und veränderten sich dadurch in ihren ökonomischen Grundlagen.

Die Europapolitik sah sich fünftens nicht unmittelbar als treibende Kraft für den grenzüberschreitenden, transnationalen Konsum. Sie startete ganz im Gegenteil in der Montanunion während der 1950er Jahre mit dem gemeinsamen Markt für Rohstoffe und für Rohprodukte, für Kohle und Stahl, vor allem um den Frieden zwischen den ehemaligen europäischen Kriegsgegnern zu sichern. Auch die Europäischen Gemeinschaft und später die Europäische Union setzten sich nicht direkt das Ziel eines transnationalen europäischen Konsums. Sie förderten ihn aber doch indirekt entscheidend, indem sie sich den Wohlstand der Bürger zum Ziel setzten und seit den 1960er Jahren schrittweise den Binnenmarkt auch für Konsumgüter und für Konsumdienstleistungen durchsetzten. Ihr Hauptziel wurde seit den 1980er Jahren der Konsumentenschutz. In zahlreichen Direktiven versuchten sie, eine bessere Qualität von Konsumgütern und von Dienstleistungen durchzusetzen, teilweise zu bürokratisiert, oft erfolgreich.

Literatur

H. Berghoff (Hg.), Konsumpolitik. Die Regulierung des privaten Verbrauchs, Göttingen 1999.
D. Briesen, Warenhaus, Massenkonsum und Sozialmoral. Zur Geschichte der Konsumkritik im 20. Jahrhundert, Frankfurt 2001.
S. Cavazza/E. Sardinelle (Hg.), La revoluzione dei consumi. Società di massa e benessere in Europa 1945–2000. Bologna 2010.
G. Clemens (Hg.), Werben für Europa. Die mediale Konstruktion europäischer Identität durch Europafilme, Paderborn 2016.
J. C. Daumas, La révolution matérielle. Une histoire de la consommation. France XIXe –XXIe siècle, Paris 2018.

A. Deaton, The structure of demand 1920–1970, in: *C. Cipolla (Hg.)*, The Fontana Economic History of Europe. The twentieth century, Part I, London 1976, S.89–130.

C. J. Fitzmaurice, History of Conspicuous Consumption and Distinction, in: *J. D. Wright, (Hg.)*, International Encyclopedia of Social and Behavioral Sciences. 2.Aufl., Amsterdam 2015, S.695–699.

N. Gasteiger, Konsum und Gesellschaft. Werbung, Konsumkritik und Verbraucherschutz in der Bundesrepublik der 1960er- und 1970er-Jahre, in: Zeithistorische Forschungen/Studies in Contemporary History, 6 (2009), S. 35–57.

F. G. v. Graevenitz, Argument Europa: Internationalismus in der globalen Agrarkrise der Zwischenkriegszeit (1927–1937) , Frankfurt 2017.

V. de Grazia, Das unwiderstehliche Imperium. Amerikas Siegeszug im Europa des 20. Jahrhunderts, Stuttgart 2010.

H. G. Haupt, Konsum und Handel. Europa im 19. und 20. Jahrhundert, Göttingen 2003.

H. G. Haupt/C. Torp (Hg.), Die Konsumgesellschaft in Deutschland 1890–1990. Ein Handbuch, Frankfurt 2009.

S. Haustein, Vom Mangel zum Massenkonsum. Deutschland, Frankreich und Großbritannien im Vergleich, Frankfurt 2007.

H. Kaelble, Europäische Besonderheiten des Massenkonsums 1950–1990, in: *H. Siegrist/H. Kaelble/J. Kocka (Hg.)*, Europäische Konsumgeschichte. Zur Gesellschafts- und Kulturgeschichte des Konsums (18. bis 20. Jahrhundert), Frankfurt am Main 1997, S.169–203.

H. Kaelble, Auf dem Weg zur europäischen Konsumgesellschaft. Charakteristika in Frankreich und Deutschland im Vergleich, in: *H. Miard-Delacroix/R. Hudemann (Hg.)*, Wandel und Integration. Deutsch-französische Annäherungen der fünfziger Jahre, München 2005, S. 193–200.

C. Kleinschmidt, Konsumgesellschaft, Göttingen 2008.

W. König, Kleine Geschichte der Konsumgesellschaft. Konsum als Lebensform der Moderne, Stuttgart 2008.

K. Maase, Grenzenloses Vergnügen. Der Aufstieg des Massenkonsums, Frankfurt 1997.

H. W. Micklitz, European Consumer Law, in: *E. Jones/A. Menon/S. Weatherill (Hg.)*, The Oxford Handbook of the European Union. Oxford 2012.

P. Ory, Comment la cuisine est devenue un art, in: *E. François/ T. Serrier (Hg.)*, Europa. Notre histoire, Paris Arènes 2017, S.1251–1264.

C. Rauh, A Responsive Technocracy? EU Politicisation and the Consumer Policies of the European Commission. ECPR Monographs Series, Colchester 2016.

K. Rick, Verbraucherpolitik in der Bundesrepublik Deutschland. Eine Geschichte des westdeutschen Konsumtionsregimes 1945–1975, Baden-Baden 2017.

T. Schanetzky, „Kanonen statt Butter". Wirtschaft und Konsum im Dritten Reich, München 2015.

M. Schramm, Wirtschafts- und Sozialgeschichte Westeuropas seit 1945. Köln 2018.

M. Schramm, Konsumgeschichte. Version: 2.0, in: Docupedia-Zeitgeschichte, http://docupedia.de, 22.10.2019.

M. Schramm, Die Entstehung der Konsumgesellschaft, in: *R. Sieder/E. Langthaler (Hg.)*, Globalgeschichte 1800–2010. Wien 2010, S. 363–383.

H. Siegrist/H. Kaelble/J. Kocka (Hg.), Europäische Konsumgeschichte. Zur Gesellschafts- und Kulturgeschichte des Konsums (18. bis 20. Jahrhundert), Frankfurt am Main 1997.

F. Trentmann, Herrschaft der Dinge. Die Geschichte des Konsums vom 15. Jahrhundert bis zur Gegenwart, München 2017.

F. Trentmann, (Hg.), The Oxford Handbook of the History of Consumption. Oxford 2012.

J. de Vries, The Industrious Revolution. Consumer Behaviour and the Household Economy, 1650 to the Present, Cambridge 2008.

Autoren und Herausgeber

Bala, Christian: Studium der Sozialwissenschaft und Geschichte an der Ruhr-Universität Bochum. 2005 Promotion in Bochum mit der Arbeit „Konservatismus, Judaismus, Zionismus: ‚Kulturkrieg' in der US-Diaspora" (Baden-Baden, 2006). Zwischen 2003 und 2011 war er in verschiedenen Funktionen am Lehrstuhl Politikwissenschaft / Politisches System Deutschlands der Fakultät für Sozialwissenschaft an der Ruhr-Universität Bochum tätig. Seit 2012 ist er Mitarbeiter der Verbraucherzentrale Nordrhein-Westfalen e. V. und Leiter der Geschäftsstelle des Kompetenzzentrums Verbraucherforschung NRW (KVF NRW). Er ist Mitherausgeber der Schriftenreihe „Beiträge zur Verbraucherforschung" und Lehrbeauftragter für Verbraucherpolitik an der Fakultät für Sozialwissenschaft der Ruhr-Universität Bochum.

Banken, Ralf: Studium der Geschichte- und Sozialwissenschaft in Münster, Promotion zur Industrialisierung der Saarregion und Habilitation zur Entwicklung des Edelmetallsektors im Dritten Reich. Seit 1990 als Wirtschafts- und Sozialhistoriker an zahlreichen Universitäten in Forschung und Lehre tätig und Apl.-Prof. an der Goethe Universität Frankfurt. Zahlreiche Forschungsbeiträge zur deutschen und europäischen Industrialisierung, der Unternehmens- und Wirtschaftsgeschichte des 18. bis 20. Jahrhunderts und der Wirtschaftsgeschichte des Dritten Reiches. Zuletzt erschien eine Studie zur NS-Steuerpolitik (2018).

Bauer, Reinhold: Studium der Wissenschafts- und Technikgeschichte, der Neueren Geschichte und der Kraftfahrzeugtechnik an der TU Berlin. 1998 Promotion an der TU Berlin, 2005 Habilitation an der Helmut-Schmidt-Universität in Hamburg (HSU). Bis 2008 Wissenschaftlicher Mitarbeiter bzw. Assistent an der HSU, nach Professurvertretungen in Bochum und Hamburg seit 2011 Professor für Wirkungsgeschichte der Technik an der Universität Stuttgart. Forschungsschwerpunkte: Innovationsgeschichte, Mobilitätsgeschichte, Geschichte der industriellen Produktion.

Berghoff, Hartmut Studium in Bielefeld, London und Berlin. Direktor des Instituts für Wirtschafts- und Sozialgeschichte an der Universität Göttingen. Von 2008 bis 2015 hat er das Deutsche Historische Institut in Washington D.C. geleitet. Er war Fellow am Wissenschaftskolleg zu Berlin und hat Gastprofessuren in Harvard, Paris und an der Henley Business School wahrgenommen. Mitherausgeber von Decoding Modern Consumer Societies, New York 2012 u. Globalizing Beauty: Consumerism and Body Aesthetics in the Twentieth Century, New York 2013.

Ciarlo, David: Studium der Geschichte an der University of Wisconsin. 2003 Promotion mit einer Arbeit über Werbung und Kolonialismus im Deutschland des 19. Jahrhunderts. 2003–2009 Assistant Professor an der Massachusetts Institute of Technology. 2009–2011 Assistant Professor an der University of Cincinnati. Seit 2011 Associate Professor an der University of Colorado. Forschungsschwerpunkte: Visual History, Geschichte des Bilderwelt, Werbung und Reklame, und Ästhetisierung im Kolonialismus, Konsumkultur, Weltkrieg, und frühe Faschismus.

Ditt, Karl: Studium der Germanistik, Geschichte und Philosophie in Münster, Göttingen und Bielefeld; Promotion und Habilitation in Bielefeld 1980 bzw. 1989; Referent im LWL-Institut für westfälische Regionalgeschichte in Münster, seit 2015 pensioniert. Forschungsschwerpunkte: Wirtschafts-, Sozial- und Kulturgeschichte Westfalens.

Engel, Alexander: 2009 Promotion in Göttingen mit einer Arbeit zu europäischen Weltmärkten für Farbstoffe in Frühneuzeit und 19. Jahrhundert. 2020 Habilitation ebendort mit einer Monografie zur Geschichte des Börsenterminhandels. Tätigkeiten an der Universität Göttingen, Harvard University und derzeit an der Universität Basel. Forschungsschwerpunkte: Geschichte von Märkten, Austausch, Globalisierung, Kapitalismus und ökonomischem Denken in der longue durée.

Fabian, Sina: Studium der Geschichte, Fachjournalistik Geschichte, Anglistik und Politikwissenschaften in Gießen und Cheltenham. 2015 Promotion in Potsdam mit der Arbeit „Boom in der Krise. Konsum, Tourismus, Autofahren in Westdeutschland und Großbritannien, 1970–1990". 2015–2016 wissenschaftliche Mitarbeiterin in Augsburg und Hannover. Seit 2016 wissenschaftliche Mitarbeiterin am Institut für Geschichtswissenschaften an der Humboldt-Universität zu Berlin mit einem Forschungsprojekt zum Alkoholkonsum in der ersten Hälfte des
20. Jahrhunderts in Deutschland.

Hähnel, Paul Lukas: Studium der Geschichte, Politik und Wirtschaftstheorie in Bonn. 2016 Promotion in Siegen mit einer Arbeit über „Föderale Interessenvermittlung im Deutschen Kaiserreich am Beispiel der Nahrungsmittelregulierung". Seit 2017 wissenschaftlicher Mitarbeiter am Lehrstuhl für Neuere Geschichte der Heinrich-Heine-Universität Düsseldorf. Aktuelles Forschungsprojekt zur Vernetzung des Bundestags mit europäischen interparlamentarischen Körperschaften in den 1950er und 1960er Jahren.

Hoffmann, Dierk: Studium der Neueren und Neuesten Geschichte, der Osteuropäischen Geschichte und der Volkswirtschaftslehre an der Ludwig-Maximilians-Universität München. 1994 Promotion mit einer Arbeit über die Einheitssozialversicherung in der SBZ/DDR. 2009 Habilitation mit einer Biografie über Otto Grotewohl an der Universität Potsdam. Stellvertretender Leiter der Berliner Abteilung des Instituts für Zeitgeschichte München – Berlin (IfZ). Seit 2014 Außerplanmäßiger Professor für Neuere und Neueste Geschichte an der Universität Potsdam. 2011–2016 Mitglied der Kommission zur Aufarbeitung der Geschichte des Bundesministeriums für Wirtschaft und Technologie und seiner Vorgängerinstitutionen. Seit 2017 Leiter des Projekts zur Geschichte der Treuhandanstalt am IfZ.

Kaelble, Hartmut: Studium Geschichte, Staatsrecht, Soziologie, em. Prof. für Sozialgeschichte HU-Berlin, Forschungsschwerpunkte: Geschichte der sozialen Ungleichheit und des Wohlfahrtsstaats, Sozialgeschichte der europäischen Integration und der deutsch-französischen Beziehungen, der historische Vergleich. Letzte Publikationen: Mehr Reichtum, mehr Armut. Soziale Ungleichheit in Europa vom 20. Jh. bis zur Gegenwart (2017); Der verkannte Bürger. Eine andere Geschichte der europäischen Integration (2019); Eine europäische Gesellschaft? Beiträge zur Sozialgeschichte Europas vom 19. bis ins 21. Jahrhundert (2020).

Kleinschmidt, Christian: Studium der Geschichte, Sozialwissenschaften und Philosophie in Bochum, 1992 Promotion im Fach Sozial- und Wirtschaftsgeschichte. Habilitation 1999. 2007 Professur für Neuere Geschichte mit dem Schwerpunkt Zeitgeschichte an der Universität Paderborn, seit 2009 Professur für Wirtschafts- und Sozialgeschichte an der Philipps-Universität Marburg. Forschungsschwerpunkte: Konsumgeschichte, Unternehmensgeschichte, Geschichte der internationalen Wirtschaftsbeziehungen.

Knake, Sebastian: Studium an der Universität Bielefeld und der Johns-Hopkins-Universität in Baltimore. 2017 Promotion an der Universität Bayreuth zum Thema „Unternehmensfinanzierung im Wettbewerb. Die Braunschweigische Staatsbank von 1919 bis 1969". Seit 2015 wissenschaftlicher Mitarbeiter am Lehrstuhl für Wirtschafts- und Sozialgeschichte der Universität Bayreuth. Aktuelles DFG-Forschungs-projekt zur Geschichte des Spar- und Anlageverhaltens privater Haushalte im Vergleich zwischen der BRD und den USA.

Köhler, Ingo Studium der Geschichtswissenschaften in Bielefeld, Promotion an der Ruhr-Universität Bochum mit einer Arbeit zur wirtschaftlichen Judenverfolgung im NS. Wissenschaftlicher Assistent und 2012 Habilitation an der Georg-August-Universität Göttingen zur Konsum- und Marketinggeschichte des Automobils. Postdoc-Fellow am DHI Washington D.C., Lehrstuhlvertretungen in Bonn und Göttingen. Zunächst Projektleiter, seit 2019 Koordinationsassistent im SPP 1859 „Experience & Expectation. Historical Foundations of Economic Behavior" an der Humboldt-Universität zu Berlin. Forschungsschwerpunkte: Geschichte des Marketing und der Marktforschung, Unternehmensgeschichte, Bürgerlichkeit und Wirtschaftskultur, Resilienz, Wirtschaftsgeschichte des NS.

König, Wolfgang: Studium der Geschichte, Geografie, Soziologie und Politikwissenschaften an der Universität des Saarlandes. 1977–1985 Wissenschaftlicher Referent für Technikgeschichte und Technikbewertung beim Verein Deutscher Ingenieure in Düsseldorf. 1985 bis zur Pensionierung 2014 Professor für Technikgeschichte an der Technischen Universität Berlin. 2009 Mitglied von acatech, Deutsche Akademie der Technikwissenschaften. Forschungsschwerpunkte zur Technik- und Konsumgeschichte des 19. und 20. Jahrhunderts.

Köster, Roman: Studium der Fächer Geschichte und Deutsch an der Ruhr-Universität Bochum. Promotion 2008 mit einer Arbeit über die Krise der Volkswirtschaftslehre in der Weimarer Republik. Habilitation 2015 mit einer Studie über die Abfallwirtschaft in Westdeutschland nach dem Zweiten Weltkrieg. Seit 2009 war er Wissenschaftlicher Mitarbeiter an der University of Glasgow, der Universität der Bundeswehr in München sowie der Albert-Ludwigs-Universität in Freiburg. Seit 2019 Vertretung der Professur für die Geschichte der Frühen Neuzeit an der Universität der Bundeswehr in München. Letzte Publikation: Einführung in die Wirtschaftsgeschichte. Theorien, Methoden, Themen, Paderborn 2020.

Kreis, Reinhild: Studium der Geschichtswissenschaft und Germanistik in München und Galway. 2009 Promotion an der LMU München. Seit 2014 Akademische Rätin a.Z. an der Universität Mannheim, 2006–2014 wissenschaftliche Mitarbeiterin in München und Augsburg, Fellowships in Washington, D.C. und Wien. 2018 Habilitation in Mannheim mit der Arbeit „Selbermachen. Eine andere Geschichte des Konsumzeitalters". 2019/20 Vertretung der Professur für Sozial- und Wirtschaftsgeschichte an der Universität Duisburg Essen.

Löhr, Katrin: Kathrin Loer studierte Europäische Studien an den Universitäten Osnabrück, Münster und Universiteit Twente (Niederlande). 2010 Promotion in Osnabrück mit einer Arbeit zu „Automobilherstellern ohne eigene Marke". Von 2012–2013 als Senior Associate in der politischen Beratung (Berlin) tätig. Zwischen 2013 uns 2020 an der FernUniversität in Hagen als Wissenschaftliche Mitarbeiterin und seit 2017 als Projektleiterin im Forschungsprojekt zu „Instrumenten in der Verbraucherpolitik". Seit Juli 2020 Professorin für Politikwissenschaft an der Hochschule Osnabrück. Forschungsschwerpunkte: Verbraucherpolitik, Public Health, Sozialpolitik und Wohlfahrtsforschung, Policy-Analyse.

Logemann, Jan: Studium der Geschichte und Nordamerikastudien in Berlin und State College, PA. Promotion in Modern History an der Pennsylvania State University 2007. Habilitation in Neuerer/ Neuester Geschichte an der Universität Göttingen 2019. Vertretungsprofessuren and der Bloomsburg University (2008) und an der Universität Kassel (2020). 2009–2014 Stipendiat und wiss. Mitarbeiter am DHI Washington und Leiter einer BMBF Forschungsgruppe. Seit 2014 wiss. Mitarbeiter am Institut für Wirtschafts- und Sozialgeschichte der Universität Göttingen. Forschungsschwerpunkte: Deutsche und amerikanische Wirtschafts- und Konsumgeschichte, Migrationsgeschichte und Geschichte der transatlantischen Beziehungen.

Mahlerwein, Gunter: Studium der Musikerziehung am Konservatorium Wiesbaden, danach Studium der Mittleren und Neueren Geschichte, Musikwissenschaft und Kunstgeschichte in Mainz, 2000 Promotion, langjährige Tätigkeit als freischaffender Musiklehrer und Historiker, seit 2011 wissenschaftlicher Mitarbeiter am Lehrstuhl für Kultur- und Mediengeschichte an der Universität des Saarlandes, zahlreiche Veröffentlichungen zur Geschichte ländlicher Gesellschaften von der Frühneuzeit bis zum Ende des 20. Jahrhunderts, zur Regionalgeschichte, zur Kultur-, Medien- und Musikgeschichte von Jugendbewegungen des 20. Jahrhunderts und zur Fernsehgeschichte.

Siegfried, Detlef: Studium der Geschichte, Soziologie und Germanistik in Kiel, 2006 Habilitation für Neuere Geschichte in Hamburg. Seit 2011 Professor für Neuere Deutsche und Europäische Geschichte an der Universität Kopenhagen. Forschungsschwerpunkte: Politik-, Sozial- und Kulturgeschichte der Bundesrepublik und Westeuropas nach 1945, Konsumgeschichte, linksradikale Bewegungen im 20. Jahrhundert, Intellektuellengeschichte.

Welskopp, Thomas: Studium der Geschichte und Soziologie an der Universität Bielefeld und der Johns Hopkins University, Baltimore, MD, USA. 1992 Promotion und 1999 Habilitation an der Freien Universität Berlin. Professurvertretungen in Zürich und Göttingen. 2003–2004 Fellow am Center for Advanced Study in the Behavioral Sciences, Stanford, CA. 2008–2009 Forschungsstipendiat am Historischen Kolleg München. Forschungsschwerpunkte u.a. Geschichte und Theorie des Kapitalismus, theoretische Probleme der Geschichtswissenschaft. Seit 2004 Professor für die Geschichte moderner Gesellschaften an der Universität Bielefeld.

Index

Abfall 130, 151, 183, 515, 516, 519, 520, 522–532, 608
Abwasser 266, 269, 270, 277, 289, 522, 623
– Industrieabwässer 270
Abzahlungsgesetz 204, 221, 222, 410, 602
Ackerbau 140, 142, 153
Adoleszenz 363
AEG 43, 95, 205, 320, 438, 443
Agfa 254, 255, 474
agrarisches Verbandswesen 155
Agrarprotektion 155
Agrarreformen 143, 145–149, 155, 156, 158
Agrarrevolution 142, 146, 160
Agrarwissenschaft 125, 159, 160
aid e. V. 603, 614
Allmende 143, 148
Altpapier 529, 543
Altstoffwirtschaft 519, 521, 522, 524
Amerikanisierung 315, 326, 329, 405, 473, 619, 632, 633, 635
Anerbenrecht 138, 155
Anleitungen 94, 95, 100, 104, 105, 111
Annoncen-Expeditionen 204, 319, 464, 469
Anschlusszwang 269
Antelmann, Bruno 250, 251
Arbeit, Afrikanische 246, 257–259
Arbeitsgemeinschaft der Verbraucherverbände / Arbeitsgemeinschaft der Verbraucher (AgV) 324, 596, 602, 603, 610
Arbeitsintensität 144, 146, 161
Arbeitskreis für Absatzfragen 405, 407
Arbeitsmarkt 34, 158, 542, 568, 599, 610
Arbeitsteilung 26, 34, 37, 40, 43, 62, 71, 165, 166, 211, 461
Arbeitsvorbereitung 186
Arbeitszeit 13, 15, 34, 71, 72, 142, 166, 167, 178, 368, 583
Archive 277
Argentinien 130, 154, 622
Ärzte 266
Ärztevereinigungen 266
Asset-backed Securities (ABS) 426
Austausch 62, 69, 73, 115, 122, 143, 160, 172, 206, 231, 237, 326, 330, 412, 422, 473, 617–621, 623, 624, 626, 629, 631–635, 637, 638

Austauschbau 176, 179–181, 183, 434
Austerität 553, 555, 556, 559, 560
Automatisierung 42, 169, 176, 178, 421, 447, 449, 450, 451, 453, 454, 456
Automobilindustrie 42, 320, 356, 391, 436, 440, 444, 446, 613
Autos 313, 357, 375, 391, 396, 397, 417, 523, 603, 623, 626, 627, 632, 633, 636, 637, 639

Backfisch 369
Bairoch, Paul 625
Bananen 115, 131
Bauern 4, 13, 18, 24, 36, 43, 71, 120, 143, 155, 157, 159, 223, 240, 493, 516, 539, 542, 565, 566, 569, 571, 576
Baumwolle 14, 21, 22, 119, 122, 127, 128, 133, 168, 170, 171, 239, 242, 542, 553, 622
Bayreuth 542
Beauvoir, Simone de 629
Beleuchtung 43, 77, 177, 270, 271, 272, 274
– Straßenbeleuchtung 274
Belgien 47, 174, 192, 229, 624, 628
Bernays, Edward 546
Bernstein, Eduard 226
Berufsfeuerwehr 264
Betriebsgrößen 138, 142, 147, 486
Beveridge Report 560
BGB 223
Biberfelle 119
Bibliothek 284
Bibliotheken 264, 265, 277, 279, 282–287, 290
– Leihbibliotheken 283, 284
Bildreklame 244
Binnenhandel 153
Blechdosen 237, 251
Bodenmarkt 156, 157
Bodenreform 563, 564
Borromäusverein 284
Börse 5, 76, 116, 133, 134
Bosch 95, 449
Bourdieu, Pierre 37, 78, 80, 81, 341, 627
Boykottmaßnahmen 490, 491
Braune Ware 443, 449
Breadwinner-Homemaker 34, 38, 40, 371
Brot 19, 24, 29, 33, 92, 96, 104, 196, 339, 344, 345, 541, 543, 552, 571, 575, 592

Brüning, Heinrich 343
Brunnengenossenschaften 266
Bücherhallen 285
Bulgarien 624, 633, 637
Bundesamt für Ernährung und Forstwirtschaft (BEF) 608
Bundesamt für Justiz (BfJ) 614
Bundesamt für Sicherheit in der Informationstechnik (BSI) 614
Bundesamt für Verbraucherschutz und Lebensmittelsicherheit (BVL) 610
Bundesanstalt für Finanzdienstleistungsaufsicht (BaFin) 614
Bundesanstalt für landwirtschaftliche Marktordnung (BALM) 608
Bundesanstalt für Landwirtschaft und Ernährung (BLE) 608, 614
Bundesausschuß für volkswirtschaftliche Aufklärung (BAVA) 597, 603
Bundesforschungsanstalt für Hauswirtschaft (BfH) 597
Bundesgesundheitsamt (BGA) 598
Bundesinformationszentrum Landwirtschaft (BZL) 614
Bundesinstitut für gesundheitlichen Verbraucherschutz und Veterinärmedizin (BgVV) 607, 610
Bundesinstitut für Risikobewertung (BfR) 610
Bundeskartellamt (BKartA) 595, 602, 614
Bundesministerium der Finanzen (BMF) 614
Bundesministerium der Justiz und für Verbraucherschutz (BMJV) 609, 614
Bundesministerium des Gesundheitswesens (später Gesundheit) (BMG) 598, 607, 609
Bundesministerium des Inneren (BMI) 598, 614
Bundesministerium für Ernährung, Landwirtschaft und Forsten (BMELF) 594, 597, 601, 608, 609
Bundesministerium für Ernährung, Landwirtschaft und Verbraucherschutz, BMELV 609
Bundesministerium für Ernährung und Landwirtschaft (BMEL) 609
Bundesministerium für Verbraucherschutz, Ernährung und Landwirtschaft (BMVEL) 610
Bundesministerium für Wirtschaft (BMWi) 593, 594, 596–598, 601, 602, 608, 609, 614

Bundesministeriums für Verbraucherschutz, Ernährung und Landwirtschaft (BMVEL) 609
Bundesnetzagentur für Elektrizität, Gas, Telekommunikation, Post und Eisenbahnen (BNetzA) 614
Bundesrat 215, 216, 219, 223, 230
Bundesrechnungshof 608
Bundesregierung 308, 414, 415, 560, 577, 587, 595, 596, 601, 602, 604–606, 608, 610
Bundesrepublik 4, 7, 12, 98, 233, 303, 304, 312, 314, 324, 338, 345, 348, 349, 351, 353, 354, 376, 378, 383, 392, 403, 412, 414, 415, 420, 424, 433, 442, 445–447, 451, 453, 456, 472, 473, 526, 531, 560, 571, 574–577, 583, 587, 589, 592–594, 598, 599, 602–604, 607, 609, 614, 626, 628, 631
Bundes Umwelt- und Naturschutz Deutschland 604
Bundeszentrum für Ernährung (BZfE) 614
Bündnis 90/Die Grünen 610
Burda Moden 95
Bürgerinitiativen 527, 529
Bürgerkrieg 182, 538, 545

Cash crops 122, 128
CDU/CSU 570, 599, 603
Chaplin, Charlie 548
Charga-Plate 423
Check Trader 401, 411, 412, 417, 418
China 16, 124, 199, 620, 622, 634
Cholera 77, 268, 270, 519, 520, 528
Chromolithographie 236
Clausewitz, Carl von 538
Club of Rome 604
CNC-Maschinen 447
Cochenille 239, 242
Columbian exchange 123
Computerintegrierte Fertigung (Computer Integrated Manufacturing) 447
Conseil National du Crédit 411
Consumer Durables Revolution 398

Daseinsvorsorge 2, 34, 49, 54, 76, 77, 264, 265
DDR 3, 4, 7, 82, 83, 100, 101, 303, 304, 309, 314, 317, 364, 376, 377, 383, 452, 453, 563, 564, 569–581, 583–586, 603, 631
Delikat-Läden 581, 584

Deponie 525, 526, 528–530
Deregulierung 77, 324, 411, 428, 604, 620, 629
Deutscher Mieterbund 596, 609
Dichter, Ernest 322, 471, 475, 476
Die Alten 384
Die Grünen 604. Siehe auch Bündnis 90/Die Grünen
Dienstleistungen 2, 3, 14, 15, 38, 49, 51, 55, 63, 64, 66, 72, 73, 76–78, 82, 83, 88, 89, 99–102, 108, 109, 174, 211, 219, 263, 298, 299, 310, 311, 329, 363, 364, 372, 373, 383, 387, 459, 475, 502, 582, 584, 589, 613, 617–619, 621, 622, 629, 632, 635, 636, 639, 640
Digitalisierung 421, 453, 454, 456, 615, 618, 620, 634, 635, 636, 637, 640
Discounter 316, 351, 497, 500, 501, 505, 508, 509, 511, 632
Dispositionskredit 424
Distribution 5, 7, 43, 44, 67, 68, 69, 73, 83, 131, 191, 192, 202, 206, 207, 297, 299, 300, 306, 315–318, 345, 463, 465, 472, 483, 531
Do it yourself (DIY) 94
Domizlaff, Hans 206, 322, 468
Dreifelderwirtschaft 24, 138, 141, 147
Dr. Oetker 44, 93, 94, 203, 463
Dufayel-System 417, 420
Dünger 41, 128, 138, 140, 141, 144, 150, 152–154, 160, 516, 541
Düsseldorf 560

Einkaufsgenossenschaft 201, 248, 315, 484, 487, 496, 509, 511
Einkaufszentren 350, 501
Einzelhandel 5, 27, 30, 43, 45, 94, 191–196, 198–204, 206, 297, 315–17, 324, 325, 350, 352, 396, 424, 428, 463, 465, 483, 484, 485, 487–494, 496, 497, 499, 500–511, 515, 523, 557, 566, 569, 571, 574, 575, 581, 583
Eisernes Dreieck 552
Elektrifizierung 274, 345
Elektrizität 6, 39, 49, 265, 269, 274–277, 288, 289, 614, 623, 628
Elektroindustrie 439, 440, 443, 444, 446, 448
Energieversorgung 3, 77, 152, 265, 289
Energiewirtschaftsgesetz 277

Erhard, Ludwig 407, 469, 472, 560, 592–594, 599, 600
Ernährung 41, 42, 52, 60, 128, 227, 228, 303, 307, 311, 313, 337, 541, 542, 550–553, 563, 565, 566, 569, 580, 591, 593, 594, 597, 603, 606, 608–612, 614, 628, 632
Ernährungskrise 565, 569
Ertl, Josef 601
Essen 93, 100, 102, 352, 353, 551, 628, 639
Eurocheque 424
Europäische Gemeinschaft 617, 625, 626, 629–633, 640
Europäische Union 617, 619, 629–631, 634, 636–638, 640
Europarat 589
Exotik 6, 22, 115, 119, 123, 126, 205, 235, 237–243, 247–250, 252–255, 259, 369, 370
Exotismus 243
Exquisit-Läden 581

Fabri, Friedrich 249
Fabrik 24, 41, 42, 61, 68, 70, 71, 90, 97, 107, 125, 129, 132, 152, 165–167, 173, 176, 177, 179, 180, 182, 184, 185, 187–189, 194, 198, 253, 254, 270, 374, 433, 438, 453, 454, 461, 463, 548, 553, 623
Fabrikantenhandel 203, 463
Fachhandel 194, 317, 483, 486–488, 494, 496, 500, 501, 503, 504, 508
Fahrradbau 180
Farbstoffe 115, 119, 124–126, 239, 254, 255, 541
– Congo Red 254
– Indigo 22, 117, 120, 122, 124, 126–128, 130, 239
Fast-Food 353, 632
FDP 599–601, 605, 606
Federal Housing Association (FHA) 413, 419
Ferngasversorgung 272, 276
Fernsehen 319, 382, 386, 455, 583, 618, 626, 635
FICO-Score 422
Filialbetrieb 43, 196, 484, 511
Filialketten 487, 490, 492, 495, 500, 505, 508–511
Filme 50, 342, 346, 363, 365, 381, 467, 547, 548, 552, 618, 619, 622, 636, 639
Finanzierungsgesellschaft 391, 417–420, 423, 425, 426

Fish and Chips 81
Fleisch 20, 21, 24, 33, 37, 41, 42, 46, 47, 79, 91, 96, 115, 129, 130, 131, 139, 152–154, 217, 226, 227, 230, 235, 345, 542, 551, 567, 576, 577, 604, 607, 608, 612, 622
Flexibilisierung 447, 448, 450, 451, 453, 456, 605
Flicken 38, 97, 99, 103, 106
Fließband 313, 316, 435, 437, 438, 440, 445, 452
Fließfertigung 178, 435, 437, 438–440, 444–446, 452
Foodwatch 609, 611
Ford, Henry 391, 434, 436
Fordismus 7, 302, 306, 310, 314, 316, 317, 416, 433–446, 449, 451–456, 466
Fordistismus 452
Ford Motor Company 179, 307, 314, 391, 398, 426, 434–437, 441, 474
Frankreich 11, 16, 22, 27, 33, 43, 47, 50, 121, 123–125, 132, 140, 143, 148, 153, 156, 171, 174, 179, 198, 229, 249, 280, 346, 385, 393–397, 400, 409, 411–413, 415, 417, 418, 420, 424, 425, 546, 557, 622, 623, 626, 627, 633, 635
Frauen 30, 34, 38, 39, 75, 87, 93, 97, 99, 101, 104, 107, 108, 167, 252, 285, 312, 325, 342, 343, 365, 367–372, 376, 378, 379, 381, 383, 384, 401, 522, 538, 549, 552, 553, 555, 568, 579
Frauenarbeit 167
Frauenbewegung 107
„freedom from want" 560
Freiligrath, Ferdinand 235, 242, 243, 247
Freizeit 36, 50, 101, 109, 250, 264, 277, 291, 297, 299, 311, 329, 330, 339–341, 348, 349, 359, 368, 372–374, 377, 383, 385–387, 454, 467, 472, 479, 502, 512, 599
Friderichs, Hans 601
Fußgängerzonen 501

Gasgesellschaften 271, 272
GATT 617
Gemeinwirtschaftlichkeit 288
Generation 6, 13, 38, 39, 89, 103, 138, 141, 156, 159, 167, 232, 366, 369, 372, 384, 385, 564, 636
Genussmittel 14–16, 20–22, 24, 27, 35–37, 41, 53, 122, 128, 154, 161, 205, 229, 230, 248, 250, 251, 299, 311, 339, 341, 373, 461, 466, 575, 578, 581, 598
Gershuny, Jonathan 109
Geschlechter 8, 13, 34, 40, 70, 98, 101, 201, 297, 303, 305, 308, 310, 365, 371, 617
Gesellschaft für Konsumforschung (GfK), Nürnberg 469, 476, 556
Getreide 19, 21, 24, 29, 89, 116, 133, 134, 138–140, 142, 144–147, 149, 151–154, 156, 193, 226, 344, 542, 571
Getreidehand 153
Getreidehandel 144
Getreidezölle 29, 154
Gewerbeordnung 29, 50, 219, 220
Giftmüll 531
Globalisierung 2, 5, 32, 43, 46, 115, 116, 119, 125, 128, 199, 229, 248, 327, 353, 446, 454, 519, 618, 620, 629–631, 634, 639
Göckeritz, Hermann 593
Großbritannien 16, 33, 34, 43, 50, 165, 168, 170–174, 179, 183, 249, 272, 284, 286, 312, 323, 346, 349, 371, 393–395, 397, 399–401, 408–415, 417, 418, 424, 428, 541, 543, 545–547, 551, 553, 555, 558, 560, 620–622, 628, 631
Grundbedürfnisse 14, 16, 19, 35, 53, 60, 310, 337, 442, 517, 553
Gründerkrise 212, 221
Grundherrschaft 19, 138, 146
Guano 118, 126, 128, 150

Hamann, Karl 570
Ham, Arthur 408
Hamsterkäufe 483
Handarbeitsunterricht 87, 97, 98
Handel 5, 6, 13, 22, 23, 27, 29–32, 41, 43, 45, 46, 53, 62, 65–68, 70, 83, 94, 104, 115–117, 124, 126, 130–134, 139, 144, 153, 171, 191–196, 198–204, 206, 214, 220, 222, 224, 226, 229–231, 239–241, 243, 245, 247, 249, 255, 259, 297, 300, 302, 313, 315–317, 325, 326, 351, 352, 367, 368, 371, 396, 401, 411, 412, 418, 424, 428, 459, 461, 463, 465, 468, 472, 483–494, 496–507, 509–512, 515, 521–524, 528, 557, 566, 567, 569–571, 573–575, 577, 578, 581–583, 618, 620, 621, 623, 625, 627, 629–635, 640
Handelsorganisation (HO) 567
Handelsspanne 484, 491, 492, 495, 500

Harem 254
Haupt, Heinz-Gerhard 63, 76, 77, 618
Hausbrand 519, 520, 523, 524
Hausfrau 34, 39, 98, 99, 102, 103, 108, 324, 367, 368, 371, 380
Haushalt 2–5, 13, 15, 16, 18–20, 29, 34–39, 43, 49, 50, 52, 65, 68–70, 80, 87–111, 123, 143, 153, 179, 204, 222, 265, 270 272, 274, 297, 298, 300, 303, 304, 306–312, 314, 316, 325, 329, 331, 340, 341, 345, 347–350, 352, 359, 371, 372, 379, 385, 393–396, 399, 400, 402, 403, 412, 413, 416, 441, 443, 448, 461, 462, 466, 472, 519, 522, 523, 529, 551, 552, 558, 567, 574, 575, 581, 584, 589, 594, 595, 597, 601, 612, 623, 627–629, 633, 635, 639
Haushaltsproduktion 5, 87–89, 91–93, 97, 98, 101–105, 107–111
Haushaltstechnik 3, 274, 310
Hausmüll 516, 523, 524, 529, 530
Hausschlachtung 91, 96, 99, 100
Haustürgeschäfte 218, 219
Haustürwiderrufsgesetz 606
Haustürwiderrufsgesetz, HWiG 605, 606
Heimarbeit 38, 71, 165–167
Heimwerken 94, 96, 109
Hire Purchase 410, 411
Honecker, Erich 377, 580–582, 585, 586
Hunger 29, 307, 339, 343, 537, 541–543, 549, 550, 552, 624
Hygiene 263, 265, 267, 268, 461, 474, 515, 522, 531, 580, 590
Hyperinflation 300, 307, 484, 485

Image 206, 460, 471, 477–479
Indien 22, 33, 37, 120, 124, 128, 132, 154, 171, 254, 622
Indiennes 115, 126, 127, 128
Individualität 60, 305, 337, 338, 342, 343, 354, 355
Individuation 81
Industrialisierung 3–5, 32, 33, 37, 41, 44, 45, 48, 61, 73, 87, 89, 96, 97, 109, 110, 119, 128–130, 149, 161, 165–168, 170–174, 178, 182, 184, 191, 199, 202, 211, 226, 279, 433, 461, 462, 516, 519, 531, 598
Industrie 4.0 433, 453, 454, 456
Industriegesellschaft 14, 54, 59–61, 89, 111, 151, 232

Industriegüter 173, 439, 621
Industrieroboter 447–450
Industrious Revolution 11–14, 53, 462
Infrastruktur 2, 6, 30, 34, 39, 46, 49, 50, 54, 76, 77, 101, 129, 153, 236, 263–265, 277, 279, 281, 288–291, 315, 316, 445, 455, 461, 493, 516, 520, 521, 525, 529, 530, 532, 608
innenpolitische Wende 212
Innovationen 1, 5, 32, 38, 42, 54, 126, 138, 152, 159, 160, 180, 191, 194, 198, 200, 201, 203, 206, 299, 300, 313, 316, 322, 329, 427, 434, 437, 438, 445, 448, 449, 452, 453, 455, 459, 483, 492, 499, 552, 640
Instalment Purchase 417
Institut für Arzneimittel 598
Institut für Sozialmedizin und Epidemiologie 607
Institutionen 3–5, 7, 8, 13, 28, 29, 40, 46–50, 68, 69, 83, 157, 173, 181, 213, 214, 282, 303, 323, 325, 381, 386, 392, 416, 428, 437, 468, 469, 470, 546, 593, 597, 599, 614
Interessenverbände 227, 229, 306, 596
Interministerieller Ausschuss (IMA) für Verbraucherfragen 600
Internet 316, 321, 323, 358, 479, 510, 617, 618, 632, 633, 635–637
Irland 633
Italien 22, 23, 27, 33, 47, 61, 123, 126, 352, 364, 620, 623, 628, 633, 635

Japan 393, 395, 397, 411, 415, 420, 424, 425, 447, 448, 551–553, 557, 599, 625, 630, 639
Jugendliche 39, 97, 98, 102, 321, 363–365, 367, 368, 371–380, 384, 386, 387
Jugendschutz 364, 374
Jugoslawien 352, 624, 628

Kaffee 1, 14, 16, 20–22, 24, 33, 37, 38, 43, 46, 65, 116, 117, 122–124, 128, 133, 196, 199, 205, 226, 238–242, 244, 248, 250, 257, 259, 311, 487, 505, 508, 557, 558, 585, 622
Kaffee-Krise 585
Kaiserliches Gesundheitsamt 48, 49, 228, 229, 231
Kaiserreich 6, 33, 35, 37, 45, 46, 48, 50, 51, 53, 54, 194, 195, 201, 211–216, 219, 223, 230, 232, 235, 249, 252, 268, 279, 282, 288, 312, 339, 341, 511, 598

Kakao 14, 16, 122, 199, 239, 241, 242, 244, 248, 250, 251, 252, 487
– aus Kamerun 250, 251
Kanalisation 76, 266
Kartell 47, 225, 226, 595
Kaufhaus 5, 27, 198, 423, 499
Kaufhäuser 27, 194, 195, 198, 206, 274, 316, 376–378, 380, 417, 424, 485, 495, 500
Kaufleute 4, 13, 14, 22, 23, 27, 28, 120, 129, 157, 184, 191, 238, 240, 250, 509
Kautschuk 124, 128, 440
Kautsky, Karl 217
Keck, Alfred 580
Kennedy, John F. 599
Keynes, John Maynard 600
Kinder 18, 36, 38, 39, 97–99, 102, 166, 167, 251, 340, 351, 365, 380–382, 387, 522, 541, 547, 548, 568, 579, 583, 585, 613
Kinderarbeit 167, 168, 380, 382
Kino 39, 50, 79, 109, 288, 299, 321, 341, 342, 363, 365, 375, 376, 379, 467, 471, 543, 547, 548, 552, 555, 557, 558, 636
Klassenstruktur 69
Kleidung 1, 14, 16, 18, 19, 21, 30, 31, 35, 38, 39, 42, 51, 53, 60, 72, 74, 87, 88, 90–93, 101, 104, 110, 168, 170, 174, 192, 308, 310, 337, 348–350, 359, 363, 365–368, 371, 373, 375, 379–381, 396, 461–463, 483, 485, 492, 499, 510, 517, 521, 553, 555, 557, 564, 569, 574, 575, 581, 583, 585, 623, 629, 637
Kleinbahnen 264
Kleinert, Detlef 606
Kochunterricht 97
Kohl, Helmut 605
Kolonialismus 243, 248–250, 252
Kolonialwaren 14, 22, 23, 115, 119, 123, 134, 196, 199, 201, 238–243, 247–250, 257, 259, 461
Kolonialwarenladen 247
Kommission für wirtschaftlichen und sozialen Wandel 600
Kommunalisierungsprozess 271
Kommunikation 28, 43, 45, 69, 119, 132, 143, 160, 199, 202, 203, 205, 206, 263, 264, 311, 316, 318–321, 373, 374, 379, 386, 459, 460, 463–466, 468, 470, 473, 475, 478, 480, 578, 608, 611, 614, 617, 623, 626–628, 632, 636
Konfektion 27, 92, 104, 488

Königsberger System 412, 417, 418
Konservierung 41, 42, 97, 130, 131, 226, 552
Konsum, aufsteigender 474
Konsumausgaben, private 36, 81, 298, 348, 399, 620, 622, 625
Konsumdebatten 6, 61, 321, 343, 401, 618, 619, 629, 634
Konsumenten 5, 8, 13, 15, 21, 23, 29, 31, 33, 43, 45, 47–49, 54, 62, 64, 68, 69, 73, 81, 83, 115, 119, 126, 155, 195, 203, 213, 217, 224, 226, 228, 229, 237, 238, 242, 245, 252, 257, 258, 259, 271, 305, 312, 313, 318, 324, 325, 328, 351–353, 356, 372, 374, 380, 386, 387, 400, 403, 405, 413, 417, 424, 425, 460, 463, 466, 469, 470, 472, 474, 475, 476, 479, 542, 551, 552, 567, 593, 632
Konsumentengenossenschaften 213
Konsumentenpolitik 619, 625
Konsumentenvereine 213
Konsumgenossenschaften 40, 43, 75, 197–201, 206, 299, 315, 325, 483, 484, 490, 492, 495, 496, 503, 504, 566. Siehe auch Konsumvereine
Konsumgut 218, 273, 278, 314, 410, 416, 549, 633, 636, 637
Konsumgüter 1, 5, 6, 13, 14, 16, 23, 24, 26, 28, 30, 33, 38, 42, 44, 49, 51, 54, 60, 62, 74, 134, 174, 176, 178, 181, 194, 197–199, 202–204, 206, 250, 263, 297, 299, 302–304, 306–309, 311, 315–317, 320, 327, 339–342, 344, 346–349, 351, 355, 356, 358, 359, 366, 367, 374, 375, 380, 382, 386, 392, 396–400, 402, 410, 416, 420, 427, 433, 437, 439–441, 443, 445, 448, 451, 452, 455, 456, 461, 464, 472, 474, 483, 484, 502, 505, 515, 522, 531, 541, 548, 563, 567, 571–573, 576, 577, 580–583, 585, 586, 592, 617–623, 625–640
Konsumkritik 45, 64, 83, 304, 312, 329, 343, 349, 359, 364, 378, 475, 633
Konsumregime 75, 80
Konsumrevolution 14, 20, 21, 122, 144
Konsumtheorien 404, 406
Konsumtion 15, 69, 73, 134
Konsumtionsregime 4, 5, 7, 8, 13, 31, 33, 46, 48, 50, 54, 300, 301–304, 306, 313, 323, 324, 455
Konsum, transnationaler 639, 640
Konsumvereine 198

Konsumvereine 40, 194, 197, 198, 297, 329, 486, 488, 490
Konsumverweigerung 364, 374
Kontaktbüro Verbraucheraufklärung (KVA) 597, 603
Kosmetik 316, 367, 369, 370, 373, 375, 379, 385, 463, 488, 506, 553, 590
Kracauer, Siegfried 342
Krankenhäuser 263, 308, 637
Kreditbüro 421, 422
Kreditgeschäfte 218, 220, 221
Kreditmarkt 6, 157, 404
Kulturtransfer 329, 619
Künast, Renate 610
Kuznets, Simon 107

Ladengeschäft 68, 191, 193–195, 199, 483, 493, 509, 511
Ladenschlussgesetz 200, 497, 504, 510, 605
Laien 93, 95
Land- und Hauswirtschaftlicher Auswertungs- und Informationsdienst (AID) 597, 603
Landwirtschaft 5, 14, 15, 24, 25, 32, 41, 51–53, 62, 71, 122, 128, 137–146, 148–154, 158–161, 166, 177, 179, 183, 214, 223, 228, 229, 265, 368, 461, 524, 527, 539, 550, 563– 566, 569, 571, 572, 576, 580, 591, 593, 594, 603, 608, 609, 614, 621, 639
Lazarsfeld, Paul 469
Le Bas, Hedley F. 546
Lebenshaltungskosten 211, 307, 373, 501, 567, 574
Lebensmittel 6, 7, 16, 21, 23, 24, 26, 28, 37, 38, 42, 46–49, 52, 53, 76, 93, 96, 104, 130, 131, 167, 183, 192, 194, 196–198, 200, 202, 213, 217–220, 226–231, 248, 302, 311, 316, 325, 345, 350, 351, 435, 462, 472, 483–485, 487, 488, 492, 496, 497, 498–500, 503, 508–510, 523, 532, 541, 550–552, 555, 565, 566, 568, 569, 571, 573–578, 580, 598, 599, 602, 604–607, 610, 611, 615, 621–623, 625, 626, 633, 634, 639
Lebensmitteleinzelhandel 485, 498
Lebensmittelkarten 565
Lebensreform 103–105
Lebensstandard 6, 16, 18, 21, 34, 52, 101, 227, 299, 302–309, 340, 343–345, 399, 407, 543, 555, 556, 559, 560, 565, 574, 577, 579–581, 583, 584, 587, 593, 624, 628, 629
Lebensunterhalt 72, 73, 75, 76, 81–83, 488
Lesen 74, 103, 235, 257, 364, 373, 636
Lichtwark, Alfred 282
Liebig's Extract of Meat Company (LEMCO) 41, 130, 131, 249
Lifestyle 299, 471, 479
Lindemann, Hugo 264, 265, 288
Lippmann, Walter 550
Litfaß, Ernst 204, 464. Siehe auch Litfaßsäulen
Litfaßsäulen 44, 204, 318
Lloyd George, David 545
Lohnarbeit 34, 37, 70, 89, 110, 120, 128, 144, 146, 148, 159
Löhne 13, 15, 16, 18, 32–34, 52, 54, 71, 169, 186, 307, 308, 343, 349, 366, 367, 436, 442, 445, 446, 466, 471, 573–575, 583
Lohn für Hausarbeit 107
Ludendorff, Erich 547, 550
Luxus 14, 15, 21–23, 25–30, 38, 41–43, 53, 60, 65, 79, 83, 96, 105, 123, 174, 198, 226, 237, 239–242, 246, 254, 268, 344, 399, 462, 495, 517, 553, 557, 567, 578, 581, 584, 595, 634, 637
Luxusgüter. Siehe Luxus

Mädchen 81, 97, 98, 102, 103, 242, 243, 254, 365, 367–369, 375, 379
Magdeburg 133, 154, 267, 273, 537
Mandeville, Bernard 32, 66
Marke 129, 205, 257, 258, 472, 479
Markenartikel 44, 320, 463, 504, 549
Markenprodukte 44, 78, 129, 203, 206, 249, 303, 319
Marketing 6–8, 26, 27, 44, 63, 191, 202, 203, 205, 255, 299, 301, 305, 312, 313, 317, 318, 320–322, 323, 327–330, 332, 354, 359, 375, 380, 382, 384, 385, 455, 459, 463, 465, 466, 468–471, 473–480, 603
Marketing-Management 7, 478
Markt 2–7, 13–15, 19, 25, 27–34, 36, 38, 42–45, 47, 53, 54, 61, 64, 68, 69, 72–80, 82, 87–92, 94, 95, 99, 106, 107, 110, 111, 116, 118, 122, 125, 126, 128–130, 132–134, 138, 139, 142–149, 153–158, 176, 179–184, 191–193, 195–197, 200, 203, 206, 211, 214, 218–220, 226, 229, 232, 240, 255, 257, 263, 264, 272, 286, 287,

298–301, 303, 304, 306, 308, 312, 313, 316, 319–322, 324–326, 329–331, 341, 358, 363, 372–376, 380, 382–386, 392, 401, 404, 410, 411, 415, 417–423, 425, 426, 428, 438, 443, 444, 447, 449, 459–461, 463–466, 469, 471–479, 484, 486, 488, 490, 492, 494, 495, 500, 502–504, 506, 508–511, 517, 541–543, 548, 552, 556, 557, 560, 566–569, 579, 584, 585, 589, 590, 592–596, 599–608, 610, 612, 614, 615, 625–627, 638, 640
Marktforschung 322, 465, 469, 473, 475–477
Marktintegration 43, 153, 154, 300, 305, 461
Marktwirtschaft. Siehe Markt
Marquette-Entscheidung 409
Marx, Karl 62, 67, 68, 132, 374
Maschinenbau 169–171, 176–178, 180, 181, 434, 435, 577
Massenkonsumgesellschaft 1, 4, 6–8, 33, 40, 54, 196, 297–299, 301, 303–305, 311, 313, 315, 317, 324, 331, 337, 338, 372, 399, 433, 442, 443, 452, 454, 471, 473, 480, 483, 515, 516, 523, 531, 553, 559, 623, 627, 628, 631, 635, 638
Massenmedien 341, 342, 363, 371, 382
Massenproduktion 5, 7, 24–26, 32, 41–44, 54, 66, 79, 89, 122, 128, 165, 174–178, 182, 183, 191, 196, 205, 206, 254, 299, 302, 306, 310, 313–317, 328, 416, 421, 433, 434, 436, 437, 439, 440, 442–446, 449, 451, 452, 454–456, 461, 466, 468
Massentierhaltung 606
MasterCard 423
Max-von-Pettenkofer-Institut 598, 607
Mäzene 279, 283, 287, 291
McCann Erickson 469, 475
Medien 39, 119, 205, 299, 310, 317–319, 321, 322, 341, 342, 363, 371, 373, 374, 381, 382, 386, 387, 464, 467, 469–471, 547, 558, 578, 624, 629, 632, 635, 636
Menschenfleisch 242
Merkantilismus 13, 14, 23, 28, 31, 46, 47, 53, 54, 65
Ministerium für Internationalen Handel und Industrie (MITI) Japan 411
Mittag, Günter 580
Möbel 15, 16, 25, 39, 42, 80, 91, 104, 200, 204, 222, 280, 316, 340, 396, 399, 466,
472, 484, 488, 492, 499, 555, 575, 629, 637
Mode 28, 82, 89, 111, 119, 175, 318, 369, 372, 375, 376, 379, 553
Moderne Gesellschaft 4, 60, 61, 62, 265, 515, 611
Modus des Konsums 2, 8, 77, 78, 82, 83
Moneylenders Acts 1900 & 1927 408, 411
Monopol 24, 29, 77, 123, 132, 240, 271, 273, 276, 288, 291, 460, 468, 584
Montanunion 617, 640
Mortgage-backed securities 425
Motivforschung 322, 471, 475–477
Müllabfuhr 263, 519, 525
Müller-Armack, Alfred 595, 596
Müllgroßbehälter 525
Müllverbrennungsanlage 526, 528–530
Multinationals 115, 128, 129, 131, 249, 327
Mundharmonikas 548, 549
Munizipalkapitalismus 288
Munizipalsozialismus 50, 264, 265, 288
Münsterberg, Hugo 466
Museen 174, 264, 265, 277, 279–282, 467, 478, 545
Musik 38, 287, 297, 313, 329, 366, 367, 370, 372, 373, 375–379, 467, 473, 479, 509, 548, 558, 639

Nahrungsmittel 18, 19, 24, 29, 30, 33, 36, 37, 41, 47, 48, 49, 51–53, 90, 94, 137, 140, 150, 203, 214, 218, 226–231, 241, 248, 250, 263, 265, 298, 339, 340, 343, 344, 348, 358, 378, 379, 500, 537, 542, 565, 568, 569, 571–573, 575, 578, 580, 584, 590, 592, 603, 619, 621, 622, 627, 629, 630, 639
Nahrungsmittelgesetz 48, 49, 227, 229
Nahrungsmittelrecht 218, 228, 230, 232
Nahrungsmittelregulierung 218, 226, 228–231
National Health Service 560
Naturkunde 124, 125, 279, 280
Naumann, Friedrich 217
Niederlande 11, 16, 22, 30, 90, 121, 123, 126, 132, 140, 144, 153, 240, 635
NS-Regime 343, 555, 559, 622, 626
Nutzenschema 469

OECD 625, 638
Onlinehandel 506, 510, 512
Orientalismus 254

Österreich 47, 154, 385, 543, 605, 607, 628
Osthaus, Karl Ernst 283

„Päckchenkrieg" 578
Passarbeit 182, 435
Personal Loan Department 419, 420
Pfandflaschen 528
Pflanzenschutz 151, 598
Plantage 122, 128, 131, 238, 240–243, 245, 252
Pop 39, 363, 374, 375, 377, 378, 380, 467, 473
Porzellan 16, 21, 22, 26, 29, 115, 119, 126, 127
Postfordismus 317, 446, 451, 453
Preisbindung zweiter Hand 317, 504
Preise 16, 32, 33, 40, 42, 43, 47, 78–80, 83, 105, 117, 133, 144, 145, 154–156, 170, 174, 176, 178, 194, 195, 197, 198, 200, 217, 219, 226, 240, 241, 251, 270, 271, 273, 283, 287–289, 297, 324, 351, 384, 436, 461, 462, 483, 484, 487, 493, 497, 500, 501, 504, 505, 509, 529, 530, 539, 541, 543, 554, 555, 566, 567, 571–575, 577, 578, 581, 583–586, 590, 592, 593, 599, 612, 627
Preissenkung 567, 574
Private Abfallwirtschaft 525
Produktionsregime 115, 434, 436, 444, 449, 451–456
Produktion, zentralisierte 68, 70, 73, 176
Propaganda 44, 100, 256, 308, 314, 319, 346, 441, 470, 537, 540, 544, 546–550, 554, 556, 558, 559, 578
Proto-Konsumgesellschaft 4, 13, 14, 18, 21, 54

Rabattgesetz 489, 496, 504, 510
Radio 129, 206, 306, 319, 372, 382, 396, 438, 443, 455, 467, 471, 475, 488, 552, 558, 559, 618, 622, 623, 626, 628, 632, 635, 636
Rathenau, Emil 274
Rationalisierung 62, 165, 175, 178, 182–189, 272, 290, 297, 306, 314, 315, 318, 329, 434, 435, 437–444, 447, 448, 451–454, 456, 461, 487, 490, 494, 497, 502, 507, 511, 525, 560
Rationierung 3, 52, 76, 82, 100, 303, 307, 308, 492, 541, 551, 553, 557, 560, 567, 568, 573–576
Realerbteilung 138, 142, 148, 155
Reckwitz, Andreas 81, 317, 321, 386
Recycling 516–518, 521, 524, 528–530, 532
Regulation W 410, 412

Reichensperger, Peter 221
Reichs-Ausschuss für Lieferbedingungen (RAL) 595
Reichstag 215, 216, 219, 221, 222, 224, 226, 229, 230, 277
Reichstagsabgeordnete 216, 221, 222, 229
Reid, Margaret 107
Reisen 173, 238, 286, 302, 305, 311, 326, 329, 355, 356, 373, 383, 385, 468, 470, 472, 474, 510, 556, 618, 623, 624, 626, 627, 629, 632, 636, 639
Reisen, 172
Reklame 43, 44, 191, 202, 204–206, 225, 235, 236, 254, 319, 459, 464, 465, 467
Reparieren 64, 93, 99, 101, 105, 108
Reproduktion 15, 61, 70–73, 76, 77, 82, 280
Ressourcen 65, 88, 91, 99, 101, 140, 142, 151, 197, 215, 216, 331, 537, 540, 554, 559, 576, 612
Revolution des Fleißes 15, 16, 20
Rheinisch-Westfälische Elektrizitätswerk AG (RWE) 276
Rick, Kevin 591
Robert-von-Ostertag-Institut 598, 607
Roosevelt, Franklin D. 404, 560
Rumänien 623, 624, 637
Rundfunkgerät 346, 438
Russel Sage Foundation 408

Sammelbilder 236
Sarotti 244, 251, 252
SB-Warenhäuser 350, 351, 499, 500, 503, 504, 507, 511
Schäfer, Erich 469
Schiller, Karl 600, 601
Schirmacher, Käthe 107
Schlachthöfe 49, 263
Schlachtvieh- und Fleischbeschaugesetz 217, 230
Schlange-Schöningen, Hans 593
Schmuck 14, 174, 200, 244, 245, 255, 538, 542, 555, 557, 637
Schnellstahl 187, 188
Schröder, Gerhard 611
Schürer, Gerhard 586
Schutzgemeinschaft für allgemeine Kreditsicherung (Schufa) 412, 422
Schwarzmarkt 3, 53, 76, 82, 303, 308, 493, 541, 551, 557, 566, 567
Schweden 47, 132, 153, 628
Schweiz 27, 33, 153, 548, 628

Schwimmbäder 309, 324, 467
Selbstbedienung 83, 206, 297, 315, 350, 492, 497–499, 511, 523, 531, 627
Selbst-Reflexivität 321, 527
Selbstversorgung 19, 43, 64, 72, 91, 98, 99, 194, 201, 309, 552, 565
Senioren 382, 383, 385
Shinpan-System 420
Silberkuhl-Schulte, Maria 107
SINUS Markt- und Sozialforschung GmbH 479
Sklaverei 116, 121, 122, 128, 242, 243, 245, 248
Sommerstallhaltung 140, 141, 143
soziale Distinktion 1, 77–79, 474, 619, 627, 628, 638
Spanien 22, 33, 37, 355, 364, 628
SPD 217, 226, 559, 566, 585, 600, 601, 610
Spiegel, Bernt 477
Staat 3, 13, 29, 30, 46, 47, 50, 54, 65, 76, 97, 98, 100, 101, 148, 172, 173, 211–213, 218, 227, 229, 263–265, 276–279, 300, 323, 343, 409, 411, 415, 428, 437, 470, 530, 539, 552, 554, 555–558, 590, 615
Städtische Electricitätswerke AG zu Berlin 274
Stadtsparkassen 264
Stadttheater 288
Stand 18, 29, 31, 60, 67, 79, 81, 201, 217, 504, 509
Standardisierung 26, 176, 178, 306, 313, 328, 350, 351, 421, 452, 462, 553, 627, 632
Status 60, 79–82, 123, 191, 238, 337, 378, 379, 455
Stiftung Verbraucherinstitut (VI) 610
Stiftung Warentest 325, 596, 597
Stöcker, Helene 108
Straßenbahnen 274
Straßenreinigung 265
Stromversorgung 76, 274, 276
Subjekt 40, 69, 73, 80, 81, 102, 213, 224, 232, 328, 331, 338, 350, 378, 382, 594
Subjektivierung. Siehe Subjekt
Subprime-Kredit 411, 418
Subsistenzarbeit 64, 72, 76, 82
Supermarkt 7, 75, 104, 313, 316, 350, 498, 499, 505, 511, 524, 626, 627

Tabak 22, 24, 29, 41, 46, 65, 115, 117, 119, 122, 123, 128, 146, 154, 196, 239, 241, 243–248, 251, 253, 255, 259, 311, 549, 556, 558, 622
– aus Neuguinea 250

Tabakmohr 243, 244, 245, 247, 255, 259
Talsperren 269, 275
Taylorismus 186, 187, 188, 189
Technische Konsumgüter 437, 441, 451, 455
Technologietransfer 171–173, 174
Tee 14, 16, 20, 22, 65, 124, 128, 199, 238–241, 248
Teilzahlung 417–420, 422, 426, 487, 497
Teilzahlungsbank 417–419, 422
Telefon 43, 77, 129, 297, 306, 348, 618, 623, 626–628, 631, 635, 636
Terminhandel 133, 134
Textilien 22, 23, 25–28, 31, 49, 71, 88, 119, 127, 146, 166, 168, 192, 196, 199, 204, 255, 316, 344, 380, 399, 496, 503, 509, 510, 542, 554, 555, 564, 571, 581, 583, 592, 602
Textilindustrie 41, 42, 165, 168, 170, 254, 367, 542
Theater 15, 38, 49, 50, 245, 264, 265, 277, 279, 286–288, 290, 309, 324, 365, 368, 371, 381, 467, 541, 548, 636
Thompson. Siehe Thompson, Walter J.
Thompson, Walter J. 319, 469, 475, 546
Thünensche Kreise 149, 153
Tiefkühlung 94, 311
Toffler, Alvin 109, 110
Tokio 552
Transportwesen 153
Trentmann, Frank 1
Trickle-Down-Effekt 15, 16, 462
Trinkwasser 265, 266
Trumbull, Gunnar 591
Truppenbetreuung 559
Tschechoslowakei 624, 628
Typhusepidemien 270

Uhrenindustrie 449
Ulbricht, Walter 376, 576, 577, 579–582
Umfragen 469, 582
„Umsiedler" 564
Umweltbewegung 104, 325
Umweltprotest 528
Umweltschutz 103, 601
Ungleichheit 8, 60–62, 66, 81, 197, 305, 309, 331, 349, 358, 359, 565, 579, 632, 634, 638
Uniform Small Loan Law 409
United Fruit Company (UFCO) 131
Universum-Film Aktiengesellschaft (Ufa) 547

Unterhaltungselektronik 441, 443, 504, 509, 510
Urbanisierung 27, 37, 44, 89, 91, 97, 110, 161, 199, 204, 211, 279, 519, 531
Urlaubsreise 38, 346, 349
USA 5, 6, 33, 42, 45, 47, 50, 60, 61, 63, 74, 79, 122, 128, 130–132, 169, 174, 179–183, 199, 203, 284, 297, 298, 303, 316, 322, 323, 326, 346, 352, 363, 364, 367, 369, 371, 377, 380, 383, 384, 391–405, 407–410, 412–414, 416, 418, 421, 422, 424–428, 434, 437, 447, 466, 468–471, 473, 475, 476, 521, 541, 546, 548, 550, 553, 560, 622–625, 629, 630, 639
Utility schemes 554, 555

Vanille 239, 242
Verband deutscher Konsumgenossenschaften (VDK) 566
Verbrauchermärkte 316, 500, 503, 504, 507, 511
Verbraucherschutz 1, 6, 7, 40, 48, 49, 54, 197, 201, 211, 213–215, 218–220, 223–226, 232, 324, 590, 591, 593, 598–600, 602, 605–607, 609, 610, 613, 614
Verbraucherschutzverein (VSV) 610
Verbraucherzentrale 325, 596, 597, 602, 608, 609
Verbraucherzentrale Bundesverbands (vzbv) 610, 612
Verbriefung 401, 425, 426
Vereinigte Staaten. Siehe USA
Verkehr 14, 33, 35, 49, 76, 109, 132, 133, 138, 144, 153–155, 167, 222, 236, 263, 264, 283, 300, 324, 340, 348, 368, 385, 423, 425, 445, 461, 493, 521, 570, 578, 584, 592, 612, 632, 633, 636
Verpackungen 7, 119, 197, 203, 205, 235, 237, 238, 244, 251–253, 257, 463, 464, 472, 523, 604, 608, 612
Versandhandel 45, 83, 199, 424, 486, 492, 503, 504, 507
Versandhaus 573
Versandhäuser 199, 401, 424, 472
Verschuldung 38, 158, 268, 270, 281, 393–395, 397, 413, 425, 426, 586
Vershofen, Wilhelm 469, 474
Versorgungslage 18, 52, 99, 302, 308, 493, 550, 559, 564, 572, 573, 575, 576, 578

Versorgungsstrategie 87–92, 95, 96, 98–104, 106, 107, 109–111
Vertragsfreiheit 222
Verwaltung für Ernährung, Landwirtschaft und Forsten (VELF) 593
Verwaltung für Wirtschaft (VfW) 592, 593
Viehhaltung 142, 146, 151, 153, 155
VISA 423
Volksgemeinschaft 100–102, 302, 344, 347, 371, 439
Volkssolidarität 568
Volkswagen 302, 314, 346, 357, 399, 441, 444, 445, 450, 451, 470, 613
vormoderne Gesellschaft 515
Vormoderne Gesellschaft 66, 518
VW Golf 357, 450

Waffenindustrie 179
Waffenschmidt-Kommission 605
Wanderhandel 192, 193
Warenhäuser 7, 38, 43, 194, 195, 199–201, 297, 299, 301, 313, 315, 339, 350, 351, 417, 465, 472, 483, 485, 486, 488–491, 493, 495, 499, 500, 503, 504, 507, 508, 511, 626, 632
Wasserversorgung 49, 265, 267–271, 289, 519, 522
Wasserwerke 267, 268
Weck 93, 94
Wegwerfgesellschaft 523
Weisser, Gerhard 601
Weiße Ware 443
Weltagrarmarkt 154
Weltmärkte 116, 128, 132–134
Werbeagentur 318, 320–322, 326, 464, 469, 475
Werberat der Deutschen Wirtschaft 470
Werbung 6, 27, 28, 44, 45, 50, 64, 83, 123, 191, 196, 198, 200–202, 204–206, 225, 235–237, 247, 249, 253–259, 297, 299, 301, 302, 305, 312, 313, 317, 318, 321, 322, 328, 329, 342, 366, 370, 372, 374, 380, 382, 384, 459–461, 464, 465, 467, 470–473, 475, 476, 479, 483, 487, 546, 558, 593, 632
Werkunterricht 87, 93, 98
Wettbewerbsrecht 218, 223, 225, 327, 491
Wirtschaftspsychologische Forschungsstelle, Wien 322, 469

Wissen 87, 91–93, 96, 98, 111, 118, 126, 127, 140, 160, 161, 182, 321, 322, 375, 428, 451, 471, 527, 529, 552
Wohnen 310, 337, 358, 359, 591, 627, 629
WTO 617

Zeitung 27, 28, 44, 204, 237, 245, 250, 284, 285, 318, 341, 342, 464, 539, 552, 619, 636
Zentralamt für Ernährung und Landwirtschaft 593
Zentralheizung 523
Zigaretten 247, 251, 253, 254, 367, 379, 548, 549, 557
Zölle 29, 30, 46, 54, 134, 154, 155, 171, 624
Zucker 14, 21, 22, 24, 37, 41, 42, 46–48, 115–117, 122, 125, 128, 130, 133, 150–154, 226, 228, 230, 239, 241, 242, 248, 571
Zuckerrüben 115, 125, 150–152, 154
Zugabeverordnung 496, 504, 510

www.ingramcontent.com/pod-product-compliance
Lightning Source LLC
Chambersburg PA
CBHW060407300426
44111CB00018B/2849